윈스펙

# 청소년 상담사

## 3급

**1교시 [1권]**

**필수 5과목 &
선택 2과목
핵심 이론
전체 수록**

이론 학습부터 최신 기출 문제 풀이까지
단계별 학습이 가능한 올인원 학습서

- 한국산업인력공단의 과목별 출제기준을 완벽 반영한 이론 수록
- 기출 유형을 반영한 과목별 확인학습 문제 수록
- 2022~2024년 최신 기출 문제 필수 5과목 & 선택 2과목 수록
- 경력 20년차 고인숙 선생님 강의 교재

**최신 기출
3개년
필수 5과목 &
선택 2과목
해설 수록**

윈스펙 원격평생교육원

상담심리 경력 20년의
강의 스토리텔러!
# 고인숙 선생님

### 학력
중앙대학교 교육학과 졸업
중앙대학교 일반대학원 교육심리 석사
중앙대학교 일반대학원 교육심리 박사수료

### 경력
전)한양여자대학교 외래교수
전)연성대학교 외래교수
전)수원여자대학 외래교수
배움사이버평생교육원 교수
배론사이버평생교육원 교수
해커스원격평생교육원 교수
한국공무원학원 교육학 교수
해커스임용 교육학 교수
티처메카 교육학교수
유비온 직업상담사 강사

### 저서
투리교육학, 형설출판사
직업심리학, 형설출판사
직업상담사, 와우패스
직업상담학, 상명출판사
직업상담실무, 상명출판사
직업상담실무, 나눔 A&T
임상심리사 2급 핵심이론서, 나눔씨패스
임상심리사 2급 기출문제집, 나눔씨패스
청소년상담사, 서울고시각
발달심리학, 해커스
동기와 정서, 해커스

# Winspec

2021년 최초 오픈 이후
**단 3년 만에 누적 수강
102,808명\* 돌파!**

**공기업 서류 합격자**들이 증명!

공기업 지원자들의 필수 선택!
**자격증 강의, NCS 직업교육 수강**하고 **한 번에 서류 통과**하자!

### 빠른 수강과 수료증 발급!
윈스펙 수강생 80% 이상!
직업교육 수료까지
단 1~5일 소요!

### 국가 인증 NCS 강의
HRD-NET에 등록된
믿을 수 있는
국가인증 NCS 강의!

### 교육비 지원
내일배움카드 사용시
교육비 최대
500만 원 지원!

### 편리한 시스템
간편한 증명서 발급부터
원하는 강의만 쏙쏙!
편리한 메뉴 검색까지!

지금 바로 '윈스펙'에서 다양한 **NCS 직업교육 무료 수강** 기회 확인하자!

지금 바로 네이버에 **'윈스펙'**을 검색하세요.
www.winspec.co.kr

\* 윈스펙 오픈 후 2024년 11월 18일까지의 누적 수강생 수

# 청소년상담사 3급
# 전 과목 정리 & 최신 기출 해설

## 고인숙 선생님의
## 청소년상담사 3급 필기
## 단기완성반(이론+기출)

**방대한 이론 학습과
최신 기출 유형 파악이 어렵다면?**

필수 5과목 + (선택) 청소년이해론 **이론 총정리**와
전 과목 기출문제 해설로 한 번에 합격하기!

상담심리 20년 경력의
청소년상담사 전문 강사
**고인숙 선생님**

## 청소년상담사 3급,
## 왜 고인숙 선생님께 들어야 할까?

### 체계적이고 이해하기
### 쉬운 이론 강의

각 과목별 핵심 개념을 짚고,
세부 이론을 체계화하여
이해하기 쉽게 설명합니다.

### 최신 기출 기반의
### 철저한 실전 대비

최신 기출 경향을 반영하여,
출제 빈도가 높은 부분을
집중 학습하고
실전 문제 풀이 능력을 향상합니다.

### 단기 합격을 위한
### 효율적인 커리큘럼

30분 내외의 [이론], [확인학습],
[기출 해설]을 통해
단기간에 전 과목을
정리할 수 있습니다.

# 청소년 상담사

## 3급

1교시 [1권]

# 서문

## 머리말

'밤비 신드롬'을 아시나요?
자연의 수풀이 우거진 유럽이나 북아메리카의 국립공원을 찾는 사람들은 아기 사슴을 자주 만나게 됩니다. 어미 사슴이 멀리 있지 않음에도 그 아기 사슴은 외롭고 쓸쓸해 보이기가 십상입니다. 산보하는 사람들은 측은한 마음도 들고, 커다란 프러시 천 인형처럼 마냥 순진하게만 보이는 동물이 가까이 다가서는 것이 기쁘기도 해서, 그 아기 사슴을 쓰다듬어 주고 싶어 합니다. 그 손짓에는 공격적인 의도가 전혀 없고, 사람이 다정하게 쓰다듬어 주면 아기 사슴은 더욱 온순한 모습을 보이기까지 합니다.
그런데 그렇게 만지는 것이 아기 사슴에게는 어떤 작용을 하게 될까요?
사람들이 다정하게 쓰다듬어 주는 그 손길이 아기 사슴에게는 치명적인 행위가 됩니다. 그 까닭은 무엇일까요?
아기 사슴이 태어나서 처음 몇 주 동안, 어미 사슴은 오로지 냄새를 통해서만 자기의 새끼를 알아볼 수 있습니다. 사람들의 손길이 아무리 다정스러웠다 해도, 일단 사람의 손길이 닿고 나면 아기 사슴의 몸에 사람의 냄새가 배어들게 됩니다. 미약하지만 오염성이 강한 그 냄새는 아기 사슴의 후각적인 신분증명서를 쓸모없게 만들어 버립니다. 아기 사슴은 가족에게 버림받는 신세가 되고 맙니다. 어떤 가족도 다시는 그를 받아 주지 않을 것이기 때문입니다. 이는 아기 사슴을 굶어 죽는 형벌에 처하는 것과 다름이 없습니다.
죽음을 불러오는 그런 애무를 일컬어 '밤비 신드롬' 또는 '월트 디즈니 신드롬'이라고 합니다. 내 방식대로의 사랑이 때로는 증오만큼이나 위험할 수도 있는 것입니다.
상담사의 손길이 얼마나 중요한 것인지를 '밤비 신드롬'을 빌어 생각해 보고자 합니다.
청소년상담사 자격을 획득하기 위해서는 밤비의 특성을 잘 파악하여야 하듯이 청소년 상담의 수험 요령을 정확히 파악하고 준비하는 것이 중요합니다.
본서는 저자가 일선 현장에서 축적한 다년간의 경험을 토대로 출제경향을 분석하고 개념을 정리하여 학습자의 문제해결 능력을 갖출 수 있도록 구성하였습니다.
훌륭한 청소년상담사가 되고자 만난 여러분, 그대들의 현명한 손길을 기다리는 청소년들을 만나기 위하여 본서가 그 첫걸음이 되기를 희망합니다.

고인숙

# 정오표 제공 및 확인 방법 안내

윈스펙에서는 정확한 콘텐츠를 제공하는 것을 가장 중시하고 있습니다.

---

윈스펙은 시험을 준비하는 수험생들이 수험 기간을 단축할 수 있도록 정확하고 효율적인 콘텐츠를 개발 및 검수하여 도서 형태로 출간하고 있습니다.

이 과정에서 전문가들에 의하여 다각적인 콘텐츠 검수가 이뤄지지만, 그럼에도 불구하고 오탈자 등의 정정 사항을 미처 발견하지 못하는 경우가 있음에 매우 안타까움을 느낍니다.

출제부터 편집까지 전부 사람이 하는 일인지라 100% 완벽하기는 어려운 것이 현실이지만, 학습 과정상 여러분에게 교재의 크고 작은 오류들이 어떠한 방해 요인으로 작용하는지 잘 알고 있기에, 저희는 책임감을 갖고 정오를 최소화하기 위하여 노력하고 있습니다.

또한 윈스펙 홈페이지를 통하여 상시로 정오표를 제공하고 있사오니, 아래 안내된 방법에 따라 정오표를 확인한 후 학습에 참고하여 주시길 바랍니다.

**항상 양질의 콘텐츠를 제공하기 위하여 더욱 노력하겠습니다.**

감사합니다.

| 홈페이지 접속 (www.winspec.co.kr) | >>> | 상단 메뉴에서 '학습지원센터' 클릭 |
|---|---|---|
| 도서명 입력(판/쇄 정보 확인) | <<< | 맨 하단의 '기타' 클릭  |

※ 도서 문의는 qna_publishing@specupad.com으로 부탁드립니다.

▶ **개요**

청소년상담사란 청소년기본법(제22조 제1항)에 따라 실시되는 '청소년 상담'과 관련된 국내 유일의 국가자격증으로, 청소년상담사 자격시험에 합격하고 청소년상담사 연수기관에서 실시하는 연수과정을 마친 사람에게 여성가족부장관이 부여하는 국가자격증임

▶ **수행직무**

한국청소년상담복지개발원, 시·도 청소년종합상담센터, 시·군·구 청소년상담센터를 비롯하여 청소년수련관, 청소년문화관, 사회복지관, 청소년쉼터, 청소년관련 복지시설 및 청소년업무 지원부서 등에서 청소년의 보호선도 및 건전생활의 지도, 수련활동의 여건조성 장려 및 지원, 청소년단체의 육성 및 활동지원, 청소년을 위한 지역사회의 유익한 환경의 조성 및 유해 환경의 정화활동 등의 직무를 수행

▶ **소관부처명**

여성가족부(청소년자립지원과)

▶ **실시기관**

1) 필기시험 시행, 응시자격서류 심사, 면접 시험 시행: 한국산업인력공단
2) 자격연수, 자격증 교부: 한국청소년상담복지개발원
   ※ 한국청소년상담복지개발원 홈페이지(www.kyci.or.kr)
   자격시험 시행 전반(원서접수, 필기시험, 응시자격, 면접시험)에 대한 문의
   → 한국산업인력공단: 1644-8000
   자격연수 및 자격증 교부관련 문의
   → 한국청소년상담복지개발원: 051)662-3103, 3104

▶ **2025년 시행일정**

| 필기시험 | | | | 면접시험 | | | |
|---|---|---|---|---|---|---|---|
| 접수기간 | 추가접수 | 시험일정 | 합격자 발표 | 접수기간 | 추가접수 | 시험일정 | 합격자 발표 |
| 07.21.~07.25. | 09.04.~09.05. | 09.13.(토) | 10.22.(수) | 11.03.~11.07. | - | 11.24.~11.29. | 12.24.(수) |

▶ **최근 5년간 통계자료**

| 구분 | | 2019년 | 2020년 | 2021년 | 2022년 | 2023년 |
|---|---|---|---|---|---|---|
| 1차 시험 (필기) | 대상(명) | 7,086 | 7,545 | 7,344 | 7,414 | 6,436 |
| | 응시(명) | 5,667 | 5,822 | 5,608 | 5,526 | 4,851 |
| | 응시율(%) | 79.97 | 77.16 | 76.36 | 74.53 | 75.37 |
| | 합격(명) | 1,549 | 3,056 | 1,469 | 2,728 | 2,334 |
| | 합격률(%) | 27.33 | 52.49 | 26.19 | 49.37 | 48.11 |
| 2차 시험 (면접) | 대상(명) | 1,675 | 3,200 | 1,782 | 2,909 | 2,758 |
| | 응시(명) | 1,626 | 3,061 | 1,710 | 2,794 | 2,599 |
| | 응시율(%) | 97.07 | 95.66 | 95.96 | 96.05 | 94.23 |
| | 합격(명) | 1,382 | 2,629 | 1,508 | 2,305 | 2,204 |
| | 합격률(%) | 84.99 | 85.89 | 88.19 | 82.50 | 84.80 |

▶ **시험방법 및 시험과목**

1. 필기시험 과목

    1) 1급 청소년상담사

    | 구분 | 시험과목 | 필기시험 |
    | --- | --- | --- |
    | 필수과목<br>(3과목) | - 상담사 교육 및 사례지도<br>- 청소년 관련법과 행정<br>- 상담연구방법론의 실제 | 과목당 25문항<br>(객관식 5지선다형) |
    | 선택과목<br>(2과목) | - 비행상담, 성상담, 약물상담, 위기상담 중 2과목 | |

    2) 2급 청소년상담사

    | 구분 | 시험과목 | 필기시험 |
    | --- | --- | --- |
    | 필수과목<br>(4과목) | - 청소년 상담의 이론과 실제<br>- 상담연구방법론의 기초<br>- 심리측정 평가의 활용<br>- 이상심리 | 과목당 25문항<br>(객관식 5지선다형) |
    | 선택과목<br>(2과목) | - 진로상담, 집단상담, 가족상담, 학업상담 중 2과목 | |

    3) 3급 청소년상담사

    | 구분 | 시험과목 | 필기시험 |
    | --- | --- | --- |
    | 필수과목<br>(5과목) | - 발달심리<br>- 집단상담의 기초<br>- 심리측정 및 평가<br>- 상담이론<br>- 학습이론 | 과목당 25문항<br>(객관식 5지선다형) |
    | 선택과목<br>(1과목) | - 청소년이해론, 청소년수련활동론 중 1과목 | |

    ※ 매 과목 100점 만점으로 하여 매 과목 40점 이상, 전 과목 평균 60점 이상 득점한 자를 필기시험 합격 예정자로 결정한다.

2. 면접시험 평가항목

    1) 청소년상담자로서의 가치관 및 정신자세
    2) 청소년상담을 위한 전문적 지식 및 수련의 정도
    3) 예의, 품행 및 성실성
    4) 의사표현의 정확성과 논리성
    5) 창의력, 판단력 및 지도력

    ※ 면접 위원(3인)의 평정점수 합계가 모두 15점(25점 만점) 이상인 자를 면접시험 합격자로 결정한다. (단, 면접위원의 과반수가 어느 하나의 평가사항에 대하여 1점으로 평정한 때에는 평정점수 합계와 관계없이 불합격으로 한다.)

▶ **응시자격**

### 1. 응시자격

| 구분 | 자격요건 | 비고 |
|---|---|---|
| 1급<br>청소년<br>상담사 | 1. 대학원에서 청소년(지도)학·교육학·심리학·사회사업(복지)학·정신의학·아동(복지)학·상담학 분야 또는 그 밖에 여성가족부령으로 정하는 상담 관련 분야(이하 "상담관련분야"라 한다)의 박사학위를 취득한 사람<br>2. 대학원에서 상담관련분야의 석사학위를 취득한 후 상담 실무경력이 4년 이상인 사람<br>3. 2급 청소년상담사로서 상담 실무경력이 3년 이상인 사람<br>4. 제1호 및 제2호에 규정된 사람과 같은 수준 이상의 자격이 있다고 여성가족부령으로 정하는 사람 | 1. 상담분야 박사<br>2. 상담분야 석사 + 4년<br>3. 2급 자격증 + 3년 |
| 2급<br>청소년<br>상담사 | 1. 대학원에서 청소년(지도)학·교육학·심리학·사회사업(복지)학·정신의학·아동(복지)학·상담학 분야 또는 그 밖에 여성가족부령으로 정하는 상담 관련 분야(이하 "상담관련분야"라 한다)의 석사학위를 취득한 사람<br>2. 대학 또는 다른 법령에 따라 이와 동등한 학력을 인정받는 기관에서 상담관련분야 학사학위를 취득한 후 상담 실무경력이 3년 이상인 사람<br>3. 3급 청소년상담사로서 상담 실무경력이 2년 이상인 사람<br>4. 제1호부터 제3호까지에 규정된 사람과 같은 수준 이상의 자격이 있다고 여성가족부령으로 정하는 사람 | 1. 상담분야 석사<br>2. 상담분야 학사 + 3년<br>3. 3급 자격증 + 2년 |
| 3급<br>청소년<br>상담사 | 1. 대학 및 「평생교육법」에 따른 학력이 인정되는 평생교육시설의 청소년(지도)학·교육학·심리학·사회사업(복지)학·정신의학·아동(복지)학·상담학 분야 또는 그 밖에 여성가족부령으로 정하는 상담 관련 분야(이하 "상담관련분야"라 한다)의 학사학위를 취득한 사람<br>2. 전문대학 또는 다른 법령에 따라 이와 동등한 학력을 인정받는 기관에서 상담관련분야 전문학사를 취득한 사람으로서 상담 실무경력이 2년 이상인 사람<br>3. 대학 또는 다른 법령에 따라 이와 동등한 학력을 인정받는 기관에서 학사학위를 취득한 후 상담 실무경력이 2년 이상인 사람<br>4. 전문대학 또는 다른 법령에 따라 이와 동등한 학력을 인정받는 기관에서 전문학사학위를 취득한 후 상담 실무경력이 4년 이상인 사람<br>5. 고등학교를 졸업하고 상담 실무경력이 5년 이상인 사람<br>6. 제1호부터 제4호까지에 규정된 사람과 같은 수준 이상의 자격이 있다고 여성가족부령으로 정하는 사람 | 1. 상담분야 4년제 학사<br>2. 상담분야 2년제 + 2년<br>3. 타분야 4년제 + 2년<br>4. 타분야 2년제 + 4년<br>5. 고졸 + 5년 |

※ 상담관련 학과 인정 시 법령에 나열되어 있는 10개 '상담관련분야'(청소년학, 청소년지도학, 교육학, 심리학, 사회사업학, 사회복지학, 정신의학, 아동학, 아동복지학, 상담학)과 이에 포함된 10개 학과명의 조합일 경우 인정하고 조합된 학과명에 10개 학과명 이외의 추가적인 문구 있을 때에는 인정 불가
   - 인정 예시: 청소년+상담학, 심리+상담학, 교육+심리학 등
   - 상담관련분야 학과명 중에 '학'자는 빠져있더라도 인정됨
※ 상담관련 학과 인정 시 '학위'명이 아닌 '학과'명 또는 '전공'명으로 판단
   - 대학의 경우: 학부명, 학과명, 전공명 중 어느 한 곳에 상담관련분야가 명시되어 있으면 인정
   - 대학원의 경우: 학과명, 전공명 중 어느 한 곳에 상담관련분야가 명시되어 있으면 인정(단, 교육학과의 경우에는 학과명만으로는 인정 불가하며 여성가족부령이 정하는 상담관련분야에 해당할 경우 인정)
※ 국외에서 취득한 학위증명서, 졸업증명서 등은 원본서류에 대해 대사관 확인(아포스티유 협약 가입 국가는 아포스티유 증명서로 대체 가능) 후 한국어로 번역 공증하여 서류심사 기간 내에 공단 서류심사 기관에 제출하여야 함

### 2. 여성가족부령으로 정하는 그 밖의 '상담관련분야'

> 상담의 이론과 실제(상담원리, 상담기법), 면접원리, 발달이론, 집단상담, 심리측정 및 평가, 이상심리, 성격심리, 사회복지실천(기술)론, 상담교육, 진로상담, 가족상담, 학업상담, 비행상담, 성상담, 청소년상담 또는 이와 내용이 동일하거나 유사한 과목 중 4과목 이상을 교과과목으로 채택하고 있는 학문분야(청소년기본법 시행규칙 제7조)
> ※ 큐넷 청소년상담사 홈페이지 – 공지사항(동일·유사교과목) 참조

※ 응시자격 참고사항
   - 복수전공으로 상담관련분야를 선택한 경우 인정(학위 취득자)
   - 연계전공 혹은 부전공으로 상담관련분야를 선택했을 경우에는 상담관련과목을 전공으로 4과목 이상을 이수한 경우에만 인정

➡ 일반선택과목, 교양과목, 교직과목, 계절학기과목을 이수한 경우 인정되지 않음
※ 동일(유사)교과목 인정여부 판단할 때 기존에 인정된 동일(유사)과목명(현재까지 인정된 과목은 공단 청소년상담사 홈페이지 공지사항 "동일유사교과목"에 첨부되어 있음)과 핵심키워드가 일치하면 과목명에 "~론", "~학", "~연구", "~과정", "~세미나", "~이론" 등이 포함된 경우나 "의", "및", "과", "Ⅰ Ⅱ", "1 2" 등과 같이 조사나 숫자가 다른 경우에 동일(유사)과목으로 인정가능(위의 문구 이외의 추가적인 문구가 있을 경우 동일(유사)교과목 심사 필요)
※ 동일(유사)교과목으로 등록 신청 시 해당 "학과장 직인"의 확인서류를 공문으로 제출

### 3. 응시등급별 상담 실무경력 인정기준(1년간 기준)

| 응시등급 | 상담유형 | 실시경력 | 비고 |
|---|---|---|---|
| 1급 및 2급 청소년상담사 | 개인상담 | 대면상담 50회 이상 실시 | 관련서류가 증빙될 경우에만 인정 |
| | 집단상담 | 24시간 이상 실시 | |
| | 심리검사 | 10사례 이상 실시 및 해석 | |
| 3급 청소년상담사 | 개인상담 | 대면상담 20회 이상 실시 | |
| | 집단상담 | 6시간 이상 실시 또는 참가 | |
| | 심리검사 | 3사례 이상 실시 및 해석 | |

※ 내담자는 청소년, 학부모, 지도자, 일반인 등을 비롯한 모든 사람이 대상임
※ 개인상담, 집단상담, 심리검사 경력을 모두 만족할 경우 1년 경력으로 인정
  - 개인상담: 대면 개인상담 경력 (전화 상담, 인터넷 상담 해당 없음)
  - 집단상담(집단원 5명 이상)
    1, 2급: 비구조화집단상담, 구조화집단상담을 지도자(리더, 코리더)로서 실시한 경력
    3급: 비구조화집단상담, 구조화집단상담, 집단상담 관련 워크숍에 실시(리더, 코리더) 및 참가(실시도 포함)한 경력
  - 심리검사
    1, 2, 3급: 전국 표준화검사와 투사검사

### 4. 상담 실무경력 인정기관

다음 표에 제시된 기관에서(정규직, 임시직, 파트타임 등으로) 개인상담, 집단상담, 심리검사를 실시한 경력임(단, 3급의 경우 집단상담 참가 경력도 인정)

- 청소년단체(청소년 기본법 제3조 제8호)
- 청소년상담복지센터(청소년복지 지원법 제29조)
- 청소년복지시설: 청소년쉼터, 청소년자립지원관, 청소년치료재활센터(청소년복지 지원법 제31조)
- 학교 밖 청소년 지원센터(학교 밖 청소년 지원에 관한 법률 제12조)
- 각급 "학교"(초중등교육법 제2조) / 각종 "대학"(고등교육법 제2조)
- 청소년상담사 자격검정위원회에서 인정하는 기관(정부기관 / 공공상담기관 / 법인체상담기관 및 민간상담기관): 예시내용 참조

※ 정부기관·공공상담기관·법인체상담기관 예시: 법무부(보호관찰소, 구치소, 교도소 등), 고용노동부(진로상담센터), 보건복지부[(아동학대예방센터, 종합사회복지관(상담업무)], 국방부(군상담 부대 및 기관), 여성가족부(성폭력상담 센터), Wee프로젝트(Wee 스쿨, 클래스, 센터) 등
※ 민간상담기관: 상담기관으로서 관할관청에 신고 또는 등록을 필한 후 상담활동(개인상담, 집단상담, 심리검사, 상담교육 등)의 실적을 제시할 수 있는 상담기관으로 【비영리 법인: 고유번호증, 민간상담기관: 사업자등록증명원】 사업자등록증명원의 단체명, 업태, 종목에 '상담, 심리, 치료, 정신의학'이 명시된 기관은 인정
  → 인정여부 결정을 위해 기관실사 및 자격검정위원회에 회부를 할 수 있음

## ▶ 청소년상담사 3급 출제기준

| 과목 | 주요항목 | 세부항목 |
|---|---|---|
| 1. 발달심리 | 발달심리학의 기초 | 발달심리학의 개념과 특징 |
| | | 발달심리학의 연구방법론 |
| | | 발달이론 및 발달심리학의 주요쟁점 |
| | 발달에 대한 전생애적 접근 | 영유아기 발달 |
| | | 아동기 발달 |
| | | 청년기 발달 |
| | | 성인기 및 노년기 발달 |
| | 주요 발달영역별 접근 | 유전과 태내발달 |
| | | 신체 및 운동발달 |
| | | 인지발달 |
| | | 성격 및 사회성 발달 |
| | | 정서 및 도덕성 발달 |
| | | 발달정신병리 |
| | 기타 | 기타 발달심리에 관한 사항 |
| 2. 집단상담의 기초 | 집단상담의 이론 | 집단상담의 기초 |
| | | 집단상담의 지도성 및 집단상담자의 기술 |
| | | 집단상담의 계획 및 평가 |
| | | 집단상담의 윤리기준 |
| | | 집단상담의 제 이론<br>- 정신분석 접근<br>- 개인심리학 접근<br>- 행동주의 접근<br>- 실존주의 접근<br>- 인간중심 접근<br>- 게슈탈트 접근<br>- 합리정서행동 접근<br>- 인지치료 접근<br>- 현실치료/해결중심 접근<br>- 교류분석 접근<br>- 예술적 접근 등 기타 접근(심리극, 미술, 음악 등) |
| | 집단상담의 실제 | 집단역동에 대한 이해 |
| | | 집단상담의 과정(초기, 중기, 종결) |
| | 청소년 집단상담 | 청소년 집단상담의 특징 |
| | | 청소년 집단상담의 제 영역 |
| | | 청소년 집단상담자의 기술 |
| | 기타 | 기타 집단상담의 기초에 관한 사항 |

| 과목 | 주요항목 | 세부항목 |
|---|---|---|
| 3. 심리측정 및 평가 | 심리측정의 기본개념 | 1. 검사, 측정, 평가의 개념<br>　– 검사개발의 원리<br>　– 난이도<br>　– 변별도<br>　– 유용도 |
| | | 2. 표준화 검사의 개념과 개발<br>　– 표준화의 개념과 개발<br>　– 규준의 개념과 개발<br>　– 검사점수의 해석<br>　– 규준참조 해석<br>　– 준거참조 해석 |
| | | 3. 통계의 기초<br>　– 척도의 종류와 해설<br>　– 명명/서열/등간/비율<br>　– 기본 개념의 적용 |
| | | 4. 신뢰도<br>　– 신뢰도의 개념<br>　– 신뢰도의 종류와 특성<br>　– 신뢰도에 영향을 주는 요인<br>　– 신뢰도의 평가 및 적용 |
| | | 5. 타당도<br>　– 타당도의 개념<br>　– 타당도의 종류와 특성<br>　– 타당도에 영향을 주는 요인<br>　– 타당도의 평가 및 적용 |
| | 검사의 선정과 시행 | 1. 검사의 종류<br>　– 투사적 검사<br>　– 정의적 검사<br>　– 행동관찰 및 면접 |
| | | 2. 검사 선정 시 고려사항<br>　– 측정학적 문제<br>　– 의뢰목적 |
| | | 3. 검사 시행 시 고려사항<br>　– 라포형성<br>　– 피검사 변인<br>　– 검사자 변인<br>　– 검사상황 변인<br>　– 검사시행준비 |
| | | 4. 윤리적 문제<br>　– 비밀보장<br>　– 이중관계<br>　– 검사결과 피드백<br>　– 성추행 및 성관계<br>　– 실시 및 해석자의 자격 |

| 과목 | 주요항목 | 세부항목 |
|---|---|---|
| 3. 심리측정 및 평가 | 인지적 검사 | 1. 지능검사<br>  – 지능의 개념과 측정<br>  – Wechsler식 지능검사<br>  – 지능지수의 해석<br>  – 집단용 지능검사 및 기타 사항 |
| | | 2. 성취도 검사<br>  – 성취도(학습기능)의 개념<br>  – 표준화 성취도 검사의 해석 |
| | 정의적 검사 | 1. MMPI<br>  – 실시 목적과 방법<br>  – 채점과 타당도 척도의 해석<br>  – 임상척도의 해석 |
| | | 2. 기타 성격검사<br>  – 성격의 기본차원<br>  – 객관성격검사 사용의 유의사항<br>  – MBTI 검사의 활용<br>  – PAI 검사의 활용 |
| | | 3. 적성검사<br>  – 적성의 개념<br>  – 표준화 적성검사의 해석방안 |
| | 투사적 검사 | 1. 투사검사의 개관<br>  – 투사검사의 특성<br>  – 투사검사의 활용방안 |
| | | 2. HTP 검사 |
| | | 3. SCT 검사 |
| | | 4. Rorschach 검사 |
| | | 5. TAT 검사 |
| | 기타 | 기타 심리측정 및 평가에 관한 사항 |

| 과목 | 주요항목 | 세부항목 |
|---|---|---|
| 4. 상담이론 | 청소년상담의 기초 | 상담의 본질 |
| | | 상담의 기능 |
| | | 상담자의 자질 |
| | | 상담자 윤리 |
| | 청소년상담의 이론적 접근 | 정신분석 |
| | | 개인심리학 |
| | | 행동주의 상담 |
| | | 실존주의 상담 |
| | | 인간중심 상담 |
| | | 게슈탈트 상담 |
| | | 합리정서행동 상담 |
| | | 인지치료 |
| | | 현실치료/해결중심 상담 |
| | | 교류분석 |
| | | 여성주의 상담 |
| | | 다문화 상담 |
| | | 통합적 접근 |
| | 청소년상담의 실제 | 상담계획과 준비 |
| | | 상담목표 |
| | | 상담과정과 절차 |
| | | 상담기술과 기법 |
| | 기타 | 기타 상담이론에 관한 사항 |
| 5. 학습이론 | 학습의 개념 | 학습의 정의, 개괄 |
| | | 학습관련 연구의 쟁점 |
| | 행동주의 학습이론 | 고전적 조건학습이론 |
| | | 조작적 조건학습이론 |
| | 인지주의 학습이론 | 사회인지이론 |
| | | 정보처리이론 |
| | 신경생리학적 학습이론 | 신경생리학적 이론 |
| | 동기와 학습 | 동기와 정서 |
| | | 동기와 인지 |
| | 기타 | 기타 학습이론에 관한 사항 |

| 과목 | 주요항목 | 세부항목 |
|---|---|---|
| 6. 청소년이해론 | 청소년 심리 | 청소년 심리의 이해 |
| | | 청소년의 심리적 발달(생물, 인지, 도덕성, 성격, 자아 정체감, 정서 등) |
| | | 청소년기의 사회적 맥락(성·성역할, 학업과 진로, 친구관계, 여가 등) |
| | 청소년 문화 | 청소년 문화 관련 이론 |
| | | 청소년 문화 실제(대중문화, 여가문화, 소비문화, 사이버문화 등) |
| | | 가족·지역사회 |
| | | 또래집단·학교 |
| | 청소년 복지와 보호 | 청소년비행 이론 |
| | | 학교부적응·학업중단 |
| | | 폭력, 자살, 가출 |
| | | 중독(약물, 인터넷, 게임 등) |
| | | 청소년 보호 |
| | | 청소년 복지 기초 |
| | | 청소년 복지 실제 |
| | | 청소년 자립지원 |
| | | 청소년 사례 통합관리 |
| | | 지역사회안전망 운영 |
| | | 청소년 인권과 참여 |
| | 기타 | 기타 청소년이해론에 관한 사항 |
| 7. 청소년수련활동론 | 청소년활동이해 | 기본개념 |
| | | 교육적 의의 |
| | | 활동관련 이론 |
| | 청소년활동 프로그램이론 | 프로그램 개발 |
| | | 프로그램 실행 |
| | | 프로그램 평가 |
| | 청소년활동지도 | 지도원리 |
| | | 지도방법 |
| | | 청소년지도자(배치 등) |
| | 청소년활동기관 설치 및 운영 | 수련시설·기관 운영 |
| | | 청소년단체 등 |
| | 청소년활동기관 설치 및 운영 | 수련활동 |
| | | 교류활동 |
| | | 문화활동 |
| | | 동아리활동 |
| | | 참여활동 |
| | | 기타 활동 |
| | 청소년활동 제도 및 지원 | 활동관련 정책사업 |
| | | 안전 및 시설 관리 |
| | 청소년활동 여건과 환경 | 교육제도 및 연계 |
| | | 지역사회 연계 |
| | 기타 | 기타 청소년수련활동론에 관한 사항 |

▶ **청소년상담사 윤리강령**

― 서문 ―

청소년상담사는 청소년의 인지, 정서, 행동, 발달을 조력하는 유일한 상담전문 국가자격증이다. 청소년상담사는 항상 청소년과 그 주변인들에게 인간으로서의 존엄성을 높이고자 노력하고, 청소년이 스스로 결정할 수 있도록 도와주며, 청소년의 아픔과 슬픔에 대해 청소년상담사로서의 책임을 다한다. 청소년상담사는 청소년이 사랑하는 가족, 이웃과 더불어 행복하게 살아갈 수 있도록 지원하기 위해 다음과 같이 윤리규정을 숙지하고 준수할 것을 다짐한다.

가. 제정 목적
　1. 청소년상담사의 책임과 의무를 분명하게 제시하여 내담자를 보호한다.
　2. 청소년상담사가 직무 중에 발생하는 문제를 처리할 수 있는 기준을 제공한다.
　3. 청소년상담사의 활동이 전문직으로서의 상담의 기능 및 목적에 저촉되지 않도록 기준을 제공한다.
　4. 청소년상담사의 활동이 지역사회의 도덕적 기대에 부합하도록 준거를 제공한다.
　5. 대한민국 청소년들의 건강·성장을 책임지는 전문가로서의 청소년상담사를 보호하는 기준을 제공한다.

나. 청소년상담사로서의 전문적 자세
　1. 전문가로서의 책임
　　가) 청소년상담사는 청소년 기본법에 따라 청소년의 권리와 책임을 다할 수 있게 지원해야 한다.
　　나) 청소년상담사는 자기의 능력 및 기법의 한계를 인식하고, 전문적 기준에 위배되는 활동을 하지 않도록 한다.
　　다) 청소년상담사는 검증되지 않고 훈련받지 않은 상담기법의 오·남용을 하지 않도록 유의한다.
　　라) 청소년상담사는 청소년과 관련된 정책, 규칙, 법규에 대해 정통해야 하고 청소년 내담자를 보호하며 청소년 내담자가 최선의 발달을 이루도록 노력해야 한다.
　2. 품위유지 의무
　　가) 청소년상담사는 전문상담자로서 품위를 손상하는 행위를 하지 않는다.
　　나) 청소년상담사는 현행법을 우선적으로 준수하되, 윤리강령이 보다 엄격한 기준을 설정하고 있다면, 윤리강령을 따른다.
　　다) 청소년상담사는 상담적 배임행위(내담자 유기, 동의를 받지 않은 사례 활용 등)를 하지 않는다.
　3. 보수교육 및 전문성 함양
　　가) 청소년상담사는 자신의 전문성을 유지·향상시키기 위해 법적으로 정해진 보수교육에 반드시 참여한다.
　　나) 청소년상담사는 다양한 사람들을 상담 함에 있어 상담에 필요한 이론적 지식과 전문적 상담 및 연구 능력을 향상시키기 위해 교육, 자문, 훈련 등 지속적인 노력을 기울여야 한다.

다. 내담자의 복지
　1. 내담자의 권리와 보호
　　가) 청소년상담사는 내담자의 복지를 증진하고 존엄성을 존중하는 것에 최우선 가치를 둔다.
　　나) 청소년상담사는 내담자가 상담 계획에 참여할 권리, 상담을 거부하거나 개입방식의 변경을 거부할 권리, 거부에 따른 결과를 고지받을 권리, 자신의 상담 관련 자료를 복사 또는 열람할 수 있는 권리 등을 보장해 주어야 한다. 단, 기록물에 대한 복사 및 열람이 내담자에게 해악을 끼친다고 판단될 경우 내담자의 기록물 복사 및 열람을 제한할 수 있다.

다) 청소년상담사는 외부 지원이 적합하거나 필요할 때 의뢰를 요청할 수 있으며 이를 청소년 내담자 및 보호자(만 14세 미만 내담 청소년의 경우)에게 알리고 서비스를 받을 수 있도록 노력한다.
라) 청소년상담사는 자신의 질병, 죽음, 이동, 퇴직 등으로 인하여 상담을 중단해야 하는 경우 이에 대한 적절한 조치를 취해야 한다.
마) 청소년상담사는 청소년 내담자에게 무력, 정신적 압력 등을 사용하지 않는다.

2. 사전 동의
   가) 청소년상담사는 상담을 시작할 때 내담자가 충분한 설명을 듣고 선택할 수 있도록 적절한 정보를 제공해야 하고, 상담자와 내담자 모두의 권리와 책임에 대해 알려줄 의무가 있다.
   나) 청소년상담사는 내담자에게 상담 과정의 녹음과 녹화 여부, 사례지도 및 교육에 활용할 가능성에 대해 설명하고, 내담자에게 동의 또는 거부할 권리가 있음을 알려야 한다.
   다) 청소년상담사는 내담자가 만 14세 미만의 청소년인 경우, 보호자 또는 법정대리인의 상담 활동에 대한 사전 동의를 구해야 한다.
   라) 청소년상담사는 내담자에게 상담의 목표와 한계, 상담료 지불 방법 등을 명확히 알려야 한다.

3. 다양성 존중
   가) 청소년상담사는 모든 인간의 기본적인 권리, 존엄성, 가치를 존중하며 성별, 장애, 나이, 성적 지향, 사회적 신분, 외모, 인종, 가족형태, 종교 등을 이유로 내담자를 차별하지 않는다.
   나) 청소년상담사는 내담자의 다양한 문화적 배경을 이해하고, 청소년상담사 자신의 고유한 문화적 정체성이 상담과정에 영향을 주지 않도록 노력해야 한다.
   다) 청소년상담사는 자신의 개인적 가치, 태도, 신념, 행위를 자각하고 내담자에게 자신의 가치를 강요하지 않는다.

라. 상담관계
   1. 다중관계
      가) 청소년상담사는 법적, 도덕적 한계를 벗어난 다중 관계를 맺지 않는다.
      나) 청소년상담사는 내담자와 연애 관계 및 기타 사적인 관계를 맺지 않는다.
      다) 청소년상담사는 내담자와 상담 비용을 제외한 어떠한 금전적, 물질적 거래 관계도 맺지 않는다.
      라) 청소년상담사는 내담자와 상담 이외의 다른 관계가 있거나, 의도하지 않게 다중관계가 시작된 경우에는 적절한 조치를 취해야 한다.
   2. 부모/보호자와의 관계
      가) 청소년상담사는 부모(보호자)의 권리와 책임을 존중하고, 청소년 내담자의 건강한 성장을 위해 부모(보호자)에게 상담자의 역할에 대해 설명하여 협력적인 관계를 성립하도록 노력한다.
      나) 청소년상담사는 내담자의 성장과 복지에 필요하다고 판단되는 경우, 내담자의 동의하에 부모(보호자)에게 내담자에 관한 최소한의 정보를 제공한다.
   3. 성적 관계
      가) 청소년상담사는 내담자 및 내담자의 가족, 중요한 타인에게 자신의 지위를 이용하여 성적 접촉 및 성적 관계를 가져서는 안 된다.
      나) 청소년상담사는 이전에 연애 관계 또는 성적인 관계를 가졌던 사람을 내담자로 받아들이지 않는다.

마. 비밀보장
　1. 사생활과 비밀보장의 의무
　　가) 청소년상담사는 내담자와 부모(보호자)의 사생활과 비밀보장에 대한 권리를 최대한 존중해야 한다.
　　나) 청소년상담사는 상담기관에 소속된 모든 구성원과 관계자·슈퍼바이저·주변인들에게도 내담자의 사생활과 비밀이 보호되도록 주지시켜야 한다.
　　다) 청소년상담사는 청소년 내담자 상담 시 사전에 상담에 대한 내담자의 동의를 받고 상담 과정에 부모나 보호자가 참여할 수 있으며, 비밀보장의 한계에 따라 정보를 제공할 수 있음을 알린다.
　　라) 청소년상담사는 청소년 내담자 상담 시, 상담 의뢰자(교사, 경찰 등)에게 내담자 및 보호자(만 14세 미만 내담 청소년의 경우)의 동의하에 정보를 제공할 수 있다.
　　마) 청소년상담사는 비밀보장의 의미와 한계에 대하여 청소년 내담자의 발달단계에 적합한 용어로 알기 쉽게 설명해 주어야 한다.
　　바) 청소년상담사는 강의, 저술, 동료자문, 대중매체 인터뷰, 사적 대화 등의 상황에서 내담자의 신원확인이 가능한 정보나 비밀 정보를 공개하지 않는다.
　2. 기록 및 보관
　　가) 청소년상담사는 내담자에게 전문적인 서비스를 제공하기 위해 상담 내용을 기록하고 보관한다.
　　나) 기록의 보관은 공공기관이나 교육기관 등은 각 기관에서 정한 기록 보관 연한을 따르고, 이에 해당하지 아니한 경우에는 3년 이내 보관을 원칙으로 한다.
　　다) 청소년상담사는 기록 및 녹음에 관해 내담자의 사전 동의를 구한다.
　　라) 청소년상담사는 면접기록, 심리검사자료, 편지, 녹음 및 동영상 파일, 기타 기록 등 상담과 관련된 기록을 보관하고 처리하는 데 있어서 비밀을 준수해야 한다.
　　마) 청소년상담사는 원칙적으로 내담자 및 보호자(만 14세 미만 내담 청소년의 경우)의 동의 없이 상담의 기록을 제3자나 기관에 공개하지 않는다.
　　바) 청소년상담사는 내담자와 보호자가 상담 기록의 삭제를 요청할 경우 법적, 윤리적 문제가 없는 한 삭제하여야 한다. 상담 기록을 삭제하지 못할 경우 타당한 이유를 내담자와 보호자에게 설명해 주어야 한다.
　　사) 청소년상담사는 퇴직, 이직 등의 이유로 상담을 중단하게 될 경우 기록과 자료를 적절한 절차에 따라 기관이나 전문가에게 양도한다.
　　아) 전자기기 및 매체를 활용하여 상담관련 정보를 기록·관리하는 경우, 기록의 유출 또는 분실 가능성에 대해 경각심과 주의 의무를 가져야 하며 내담자의 정보보호를 위해 적극적인 노력을 해야 한다.
　　자) 내담자의 기록이 전산 시스템으로 관리되는 경우, 접근 권한을 명확히 설정하여 내담자의 신상이 공개되지 않도록 조치를 취한다.
　3. 상담 외 목적을 위한 내담자 정보의 사용
　　가) 청소년상담사는 자신의 사례에 대해 보다 나은 전문적 상담을 위해 내담자 및 보호자(만 14세 미만 내담 청소년의 경우)의 동의를 구한 후 내담자에 대해 사실적이고 객관적인 정보만을 사용하여 동료나 슈퍼바이저에게 자문을 받을 수 있다.
　　나) 청소년상담사는 교육이나 연구 또는 출판을 목적으로 상담 관련 자료를 사용할 때에는 내담자 및 보호자(만 14세 미만 내담 청소년의 경우)의 동의를 구해야 하며, 신상 정보 삭제와 같은 적절한 조치를 취하여 내담자에게 피해를 주지 않도록 한다.

4. 비밀보장의 한계
　　가) 청소년상담사는 상담 시 비밀보장의 1차적 의무를 내담자의 보호에 두지만 비밀보장의 한계가 있는 경우 청소년의 부모(보호자) 및 관계기관에 공개할 수 있다.
　　나) 비밀보장의 한계가 있는 경우는 다음과 같다.
　　　　1) 청소년상담사는 내담자의 생명이나 사회의 안전을 위협하는 경우 비밀을 공개하여 그러한 위험의 목표가 되는 사람을 보호하기 위한 합당한 조치 등 안전을 확보한다.
　　　　2) 청소년상담사는 법적으로 정보의 공개가 요구되는 경우 내담자에게 그 사실을 알리고 최소한의 정보만을 제공한다.
　　　　3) 청소년상담사는 내담자에게 감염성이 있는 치명적인 질병이 있을 경우 관련 기관에 신고하고, 그 질병에 노출되어 있는 제3자에게 정보를 공개할 수 있다.
　　다) 청소년상담사는 아동학대, 청소년 성범죄, 성매매, 학교폭력, 노동관계 법령 위반 등 관련 법령에 의해 신고의무자로 규정된 경우 해당 기관에 관련 사실을 신고해야 한다.

바. 심리평가
　1. 심리검사의 실시
　　가) 청소년상담사는 심리검사를 실시하고 해석할 수 있는 능력을 배양해야 한다.
　　나) 청소년상담사는 심리검사 실시 전에 내담자 및 보호자(만 14세 미만 내담 청소년의 경우)에게 사전 동의를 받아야 한다.
　　다) 청소년상담사는 검사 도구를 선택, 실시, 해석함에 있어서 모든 전문가적 기준을 고려하여 사용한다.
　　라) 청소년상담사는 내담자에게 적절한 심리검사를 선택해야 하며 검사의 타당도와 신뢰도, 제한점 등을 고려한다.
　　마) 청소년상담사는 다문화 배경을 가진 내담자를 위한 검사 선택 시 내담자의 사회문화적 맥락을 신중히 고려해야 한다.
　2. 심리검사의 해석
　　가) 청소년상담사는 심리검사 해석에 있어 성별, 나이, 장애, 성적 지향, 인종, 종교, 문화 등의 영향을 고려하여 검사 결과를 해석한다.
　　나) 청소년상담사는 청소년이 이해할 수 있도록 심리검사의 목적, 성격, 결과에 대한 설명을 제공한다.
　　다) 청소년상담사는 심리검사 결과를 다른 이들이 오용하거나 외부에 유출하지 않도록 하여야 한다.

사. 슈퍼비전
　1. 슈퍼바이저의 역할과 책임
　　가) 슈퍼바이저는 사례지도 방법과 기법들에 대한 교육과 훈련을 지속적으로 받음으로써 사례지도 역량을 향상시키기 위해 노력한다.
　　나) 슈퍼바이저는 전자 매체를 통하여 전송되는 모든 사례지도 자료의 비밀 보장을 위해서 주의하고, 필요한 조치를 취한다.
　　다) 슈퍼바이저는 사례지도를 시작하기 전에, 진행 과정에 대해 충분히 설명한 후 동의를 받음으로써 슈퍼바이지의 적극적 참여를 독려할 책임이 있다.
　　라) 슈퍼바이저는 슈퍼바이지에게 전문가적·윤리적 규준과 법적 책임을 숙지시킨다.
　　마) 슈퍼바이저는 지속적 평가를 통해 슈퍼바이지의 한계를 파악하고, 그가 자신의 한계를 인식하고 보완할 수 있도록 돕는다.

2. 슈퍼바이저와 슈퍼바이지의 관계
  가) 슈퍼바이저는 슈퍼바이지와 상호 존중하며 윤리적, 전문적, 개인적 그리고 사회적 관계를 명료하게 정의하고 유지한다.
  나) 슈퍼바이저와 슈퍼바이지는 성적 혹은 연애 관계, 그 외에 사적인 이익관계를 갖지 않는다.
  다) 슈퍼바이저와 슈퍼바이지는 상호 간에 성희롱 또는 성추행을 해서는 안 된다.
  라) 슈퍼바이저는 가족, 친구, 동료 등 상대방에 대한 객관성을 유지하기 힘든 사람과 슈퍼비전 관계를 맺지 않는다.

아. 청소년 사이버상담
  1. 사이버상담에서의 정보 관리
    가) 운영 특성상, 한명의 내담자가 여러 명의 사이버상담자를 만나게 되는 경우 상담자들 간에 정보를 공유할 수 있음을 내담자에게 알린다.
    나) 사이버상담 운영기관에서는 이용자가 다른 사람의 신분을 도용하지 않도록 절차를 마련해야 한다.
  2. 사이버상담에서의 책임
    가) 사이버상담자는 만약에 있을지 모르는 위기개입 등의 상황을 대비하기 위해서 내담자의 신분을 확인할 방법을 가지고 있어야 한다.
    나) 사이버상담이 내담자에게 부적절하다고 간주될 경우, 상담자는 대면상담 연계 등 이에 적합한 서비스 연계를 하여야 한다.

자. 지역사회 참여 및 제도 개선에 대한 책임
  1. 지역사회를 돕는 전문가 역할
    가) 청소년상담사는 경제적 이득이 없는 경우에도 청소년의 최선의 유익을 위하여 지역사회의 기관, 조직 및 개인과 협력하고 사회공익을 위해 전문적 활동에 헌신함으로써 사회에 공헌하도록 한다.
    나) 청소년상담사는 내담자가 다른 정신건강 전문가와 상담을 받고 있음을 알게 되면, 내담자의 동의하에 그 전문가와 긍정적이고 협력적인 관계를 맺도록 노력한다.
  2. 제도 개선 노력
    가) 청소년상담사는 청소년 및 복지관련 법령, 정책 등의 적용과 개선을 위해 노력한다.
    나) 청소년상담사는 자문을 요청한 내담자나 기관의 문제 혹은 잠재된 사회문제를 규명하고 해결하는데 도움을 준다.

차. 상담기관 설립 및 운영
  1. 상담기관 운영자의 역할
    가) 청소년 상담 기관을 운영하고자 할 경우, 운영자로서의 전문성 및 역량을 갖추도록 노력해야 한다.
    나) 상담기관 운영자는 직원이나 학생, 수련생, 동료 등을 교육, 감독하거나 평가 시에 착취하는 관계를 가져서는 안 된다.
    다) 상담기관 운영자는 자신과 현재 종사하고 있는 직원의 전문적 역량 향상에 책임이 있다.
    라) 상담비용은 내담자의 재정 상태 등을 고려하여 합리적으로 책정한다.
    마) 상담기관 운영자는 직원 채용 시 자격 있는 사람을 채용해야 한다.

2. 상담기관 종사자의 역할
   가) 청소년상담사는 자신이 종사하는 기관의 목적과 운영방침을 따라야 하며, 기관의 성장 발전을 위해 노력해야 한다.
   나) 청소년상담사는 고용기관에 손해를 끼칠 수 있는 상황이나 기관의 효율성에 제한을 줄 수 있는 상황에 대해 미리 알려주어야 한다.

카. 연구 및 출판
   1. 연구 활동
      가) 청소년상담사는 청소년 문제 해결을 위해 윤리적 기준에 따라 과학적인 방법으로 연구를 계획하고 수행한다.
      나) 청소년상담사는 연구 대상자를 심리적, 신체적, 사회적 불편이나 위험으로부터 보호하여야 한다.
      다) 청소년상담사는 연구 참여자들에게 연구의 본질, 결과 및 결론에 대한 정보를 제공하는 것이 과학적 가치와 인간적 가치를 손상시키지 않는 한, 연구 참여자들이 이에 대한 정보를 얻을 수 있는 기회를 제공한다.
   2. 출판 활동
      가) 청소년상담사는 연구 결과를 출판할 경우에 자료를 위조하거나 결과를 왜곡해서는 안 된다.
      나) 청소년상담사는 투고논문, 학술발표원고, 연구계획서를 심사할 경우 제출자와 제출내용에 대해 비밀을 유지하고 저자의 저작권을 존중한다.

타. 자격취소
   1. 청소년상담사는 청소년 기본법 제21조의2(자격의 취소)에 해당하는 경우 자격이 취소된다.
      가) 청소년 기본법 제21조의 결격사유에 해당하게 된 경우
         ① 미성년자, 피성년후견인 또는 피한정후견인
         ② 파산선고를 받고 복권되지 아니한 사람
         ③ 금고 이상의 형을 선고받고 그 집행이 끝나거나 집행을 받지 아니하기로 확정된 후 3년이 지나지 아니한 사람
         ④ 금고 이상의 형을 선고받고 그 집행유예의 기간이 끝나지 아니한 사람
         ⑤ 3호 및 4호에도 불구하고 다음 각 목의 어느 하나에 해당하는 죄를 저지른 사람으로서 형 또는 치료감호를 선고받고 확정된 후 그 형 또는 치료감호의 전부 또는 일부의 집행이 끝나거나(집행이 끝난 것으로 보는 경우를 포함한다) 집행이 유예·면제된 날부터 10년이 지나지 아니한 사람
            ㉠ 「아동복지법」 제71조 제1항의 죄
            ㉡ 「성폭력범죄의 처벌 등에 관한 특례법」 제2조의 성폭력범죄
            ㉢ 「아동·청소년의 성보호에 관한 법률」 제2조 제2호의 아동·청소년대상 성범죄
         ⑥ 법원의 판결 또는 법률에 따라 자격이 상실되거나 정지된 사람
      나) 거짓이나 그 밖의 부정한 방법으로 자격을 취득한 경우
      다) 자격증을 다른 사람에게 빌려주거나 양도한 경우

파. 청소년상담사 윤리강령 제·개정 및 해석
　　1. 한국청소년상담복지개발원은 청소년상담사 윤리강령 교육·보급을 위해 노력해야 한다.
　　2. 한국청소년상담복지개발원은 청소년상담사 대상 의견 수렴 및 전문가 토론회, 자격검정위원회의 보고 등 자문을 통해 청소년상담사 윤리강령 개정안을 수립한 후 청소년상담사 윤리강령을 개정할 수 있다.
　　3. 윤리강령과 관련하여 의견이 있거나 공문 등을 통해 윤리적 판단을 요청할 경우, 한국청소년상담복지개발원에서 전문적 해석을 제공할 수 있다.
부칙
1. (시행일 18.12.20) 이 강령은 공표한 날부터 시행한다.

# 목차

## Part 1 발달심리

### Chapter 1. 발달심리학의 기초
1. 발달의 기초 — 26
2. 발달의 주요 원리(McConell의 발달의 원리) — 27
3. 발달의 주요 기제 — 28
4. 발달에 관한 학설 — 30
5. 발달연구의 최근 동향 — 32

### Chapter 2. 발달심리의 연구방법
1. 자료수집방법 — 35
2. 표집방법 — 43
3. 양적 연구와 질적 연구 — 49
4. 기술적 연구 — 51
5. 실험적 연구 — 57

### Chapter 3. 인간의 성장과 발달
1. 태내기의 발달과정 — 65
2. 태아기 — 66
3. 영·유아기 — 69
4. 아동기(7~12세) — 74
5. 청소년기(12~19세) — 76
6. 청년기(20~29세) — 81
7. 중·장년기(30~65세) — 82
8. 노년기(65세 이후) — 83

### Chapter 4. 발달이론
1. 인지발달이론 — 87
2. 성격발달이론 — 101
3. 도덕성 발달이론 — 112
4. 해비거스트(Havighurst)의 발달과업이론 — 116
5. 진로발달이론 — 119

확인학습 문제 — 128

# Part 2 | 집단상담의 기초

## Chapter 1. 집단상담의 개요

1. 집단상담의 의의 및 특징 — 188
2. 집단상담의 목적 — 189
3. 집단상담·집단지도·집단치료 — 190
4. 집단상담의 유형 — 192
5. 집단상담에 적합한 내담자 — 194
6. 개인상담에 적합한 내담자 — 195
7. 집단상담의 장점과 단점 — 196
8. 집단상담의 치료요인(얄롬) — 197
9. 집단상담자의 역할 — 200
10. 집단상담의 윤리 — 202

## Chapter 2. 집단상담이론

1. 정신분석적 집단상담 — 205
2. T-집단(Training Group) — 208
3. 참만남집단(Encounter Group) — 212
4. 개인심리학적 집단상담 — 214
5. 형태주의(Gestalt) 집단상담 — 215
6. 합리적·정서적·행동적(REBT) 집단상담 — 217
7. 교류분석적 집단상담 — 218
8. 현실치료적 집단상담 — 220
9. 행동주의적 집단상담 — 222
10. 심리극(Psychodrama) — 223

## Chapter 3. 집단상담의 실제

1. 집단역동 — 229
2. 집단상담의 과정 — 232
3. 집단상담의 평가 — 245

## Chapter 4. 집단의 리더십

1. 리더십(지도성) — 249
2. 지도성 연구의 접근방법 — 250

## Chapter 5. 청소년 집단상담

1. 청소년 집단상담 — 257

확인학습 문제 — 262

# Part 3 | 심리측정 및 평가

## Chapter 1. 심리측정의 기본 개념
1. 심리검사의 이해 ... 322
2. 심리평가의 이해 ... 327
3. 심리검사의 분류 ... 331

## Chapter 2. 통계의 기초
1. 척도의 의의 및 필요성 ... 335
2. 척도의 종류 ... 336
3. 자료의 분석 ... 338
4. 원점수와 표준점수 ... 340
5. 상관계수 ... 342
6. 규준의 이해 ... 345
7. 신뢰도 ... 350
8. 타당도 ... 355
9. 문항분석 ... 360

## Chapter 3. 객관적 검사
1. 지능검사 ... 365
2. MMPI(다면적 인성검사) ... 381
3. 성격유형검사(MBTI) ... 389
4. 성격검사(5요인검사) ... 394
5. GATB 직업적성검사 ... 397
6. Holland 흥미검사 ... 402
7. 성격평가질문지 ... 405

## Chapter 4. 투사적 검사
1. 투사검사의 의미와 특징 ... 407
2. 로샤(Rorschach) 잉크반점검사 ... 408
3. 주제통각검사 ... 411
4. HTP(집 – 나무 – 사람) 그림검사 ... 413
5. BGT(벤더게슈탈트검사) ... 415
6. 문장완성검사(SCT) ... 416

확인학습 문제 ... 420

# Part 4  상담이론

## Chapter 1. 청소년 상담의 기초

1. 생활지도 — 464
2. 생활지도의 주요 활동 — 469
3. 상담의 개념 — 472
4. 상담의 목표(Shertzer & Stone) — 474
5. 상담의 목표가 될 수 없는 것 — 475
6. 상담과 심리치료 — 476
7. 상담의 기본 원리(Biestek) — 478
8. 상담의 기본 조건 — 480
9. 라포르(rapport)의 형성 — 481
10. 상담의 형태 — 482
11. 상담자와 상담관계 — 483
12. 상담면접의 기술(상담의 대화기법) — 484

## Chapter 2. 상담의 과정

1. 초기면담 — 491
2. 상담의 종결 — 497
3. 상담면접기록 — 498

## Chapter 3. 상담이론

1. 인지적 영역의 상담이론 — 501
2. 정의적 영역의 상담이론 — 514
3. 행동적 영역의 상담이론 — 552
4. 기타 상담 — 564

확인학습 문제 — 570

# 발달심리

# Chapter 1
# 발달심리학의 기초

| 1 발달의 기초
| 2 발달의 주요 원리(McConell의 발달의 원리)
| 3 발달의 주요 기제
| 4 발달에 관한 학설
| 5 발달연구의 최근 동향

# 1 발달의 기초

**(1) 발달의 개념**

발달이란 인간이 태어나서 사망할 때까지 그 사이에 일어나는 인간 내부의 어떤 변화이다.

① 코프카(K. Koffka): 발달은 유기체의 양적 증대, 기능의 유기화, 구조의 정밀화이다.
　㉠ 양적 증대: 키가 크고 몸무게가 늘어나고 사용하는 어휘의 수가 증가한다.
　㉡ 기능의 유기화: 신생아는 마음대로 몸을 움직일 수 없지만 점차 혼자 앉고 걷게 된다.
　㉢ 구조의 정밀화: 어린이의 거칠고 어색한 행동이 차츰 세련되어지고 각 기관이 정밀화되어 간다.

② 헐로크(E. B. Hurlock): 발달은 순서가 있고 전후 맥락을 가진 한 패턴을 이루어 진행되는 점진적인 계열의 과정이다.

③ 와이너(H. Weiner): 발달은 유기체의 분화와 중심화이다.

**(2) 성장·성숙·학습의 개념**

① 성장(growth): 전 생애에 걸쳐 일어나는 양적(量的)인 변화이다.
② 성숙(maturation): 유기체의 신체 내에서 일어나는 신경생리학적·생화학적 변화이다.
③ 학습(learning): 경험이나 연습의 결과로 나타나는 비교적 지속적인 행동의 변화이다.

## 2. 발달의 주요 원리(McConell의 발달의 원리)

### (1) 발달의 순서성
① 발달에는 순서가 있으며, 이 순서는 일정하다.
② 상부(머리)에서 하부(발)로, 중심에서 말초로, 전체운동에서 부분운동 방향으로 발달한다.

### (2) 발달의 분화통합성
① 발달은 전체적이고 미분화된 기관 또는 기능에서 부분적이고 특수적 기능으로 분화되며, 또한 부분적인 기관이나 기능은 전체로 종합되어 하나의 새로운 체제로 통합된다.
② 발달은 미분화 → 분화 → 통합화의 과정을 통하여 체제화·구조화된다.

### (3) 발달의 주기성
발달은 계속적인 과정이나, 발달의 속도는 일정하지 않다. 이는 발달단계의 불규칙성을 말하는 것으로, 발달의 동요성·율동성이라고도 한다.

### (4) 발달의 연속성
발달은 비약적인 것이 아니라 연속적이고 점차적인 것으로, 이전 단계의 발달은 이후의 발달을 위한 기초를 제공하며 인간은 반드시 과거와의 연결을 가지고 발달한다.

### (5) 발달의 상호작용성
발달은 성숙과 학습의 상호작용의 결과이다. 성숙은 주로 생물학적인 성장의 결과로 나타나는 변화를 가리키며, 학습은 주로 경험의 결과로 나타나는 변화이다.

### (6) 발달의 개별성
발달에는 개인차가 있으며, 개인 간 차이뿐만 아니라 개인 내적 차이도 있다.

### (7) 발달의 예언곤란성
인간발달은 방향성과 순서성이 있으므로 예언할 수는 있으나, 아동이 성장해 감에 따라 수많은 변인들이 작용하므로 발달의 경향과 행동의 예언은 점차 어려워진다.

## 3. 발달의 주요 기제

**(1) 적기성(適期性)**
　① 모든 발달은 단계가 있으며, 각 단계에 맞는 과업이 있다.
　② 발달에는 결정적 시기(critical period)가 있다.
　　㉠ 결정적 시기란 유기체가 특정한 종류의 자극에 최고로 민감한 발달상의 시기로, 생애 다른 어떤 시기보다도 특정한 행동기술을 익히는 데 가장 용이한 시기이다.
　　㉡ 프로이트(Freud)는 3~5세를 성격형성의 결정적 시기라고 주장하였다.
　　㉢ 로렌츠(Lorenz)의 새끼 오리의 각인(imprinting) 연구: 새끼 오리는 부화 후 수 시간 내에 어떤 종류의 움직이는 물체를 보면 그것을 엄마로 생각하고 따라다닌다.
　　㉣ 인간발달과정에서 결정적 시기는 일반적으로 발달률이 가장 큰 생애 초기에 해당하며, 초기 경험이 중요하다.

**(2) 기초성(초기성)**
　① 아동의 초기 경험, 즉 유아기의 경험이 후기 발달의 바탕이 된다.
　　예 블룸(Bloom)은 수태에서 4세 사이에 지능의 50%가 발달되고, 4세에서 8세 사이에 80%의 발달이 이루어진다고 주장하였다.
　② 할로우(Harlow)의 접촉위안 실험: 발달 초기에 어머니와 유아 간의 신체적 접촉을 통한 모성 보호가 사회성 발달에 중요한 영향을 준다.

**(3) 누적성**
　앞 단계에서 잘못되면 다음 단계에서는 더욱 잘못되고, 앞 단계에서 잘되면 다음 단계에서도 잘된다는, 이른바 발달의 '빈익빈 부익부'를 의미한다.
　　예 학습부진아는 학습결손이 누적된 결과이다. → '마태효과(Mattew effect)'

> **\* 마태효과(Mattew effect)**
> – 선행지식이 풍부한 학생은 갈수록 학업성취가 높아지지만 선행지식이 결여된 학생은 갈수록 학업성취가 낮아지는 현상
> – 빈익빈 부익부 현상

**(4) 불가역성(불가소성)**

① 전 단계의 잘잘못이 후단계의 잘잘못에 영향을 끼치기는 하나, 반대로 후단계의 잘잘못이 전 단계의 잘잘못을 교정·보충해 주는 데는 한계가 있다.

② 초기의 발달 결핍을 나중에 보상하기는 어렵다. 초기의 영양실조·문화실조에 의한 발달 결핍은 나중에 풍부한 영양과 문화를 공급해도 치유되기 어렵다.

예 유아기의 영양 결핍으로 체격이 빈약할 경우 청소년기의 영양 보충으로 체중은 보충될 수 있으나 신장은 보충되기 어렵다.

## 4 발달에 관한 학설

**(1) 생득설(유전론, 소질만능설, 교육부정설)**
① 사람의 능력은 날 때부터 생득적이며, 환경의 자극에 의하여 이루어진 변화는 2차적인 것이라고 주장한다.
② 관련 학자
  ㉠ 쇼펜하우어(A. Schopenhauer): 사람이란 소질이 지배하는 것이며, 미래의 발전도 소질에 의해서 결정된다.
  ㉡ 롬브로소(C. Lombroso): 범죄자의 골상은 선천적으로 나타나 있으므로 교육의 힘으로 어찌 할 수 없다.
  ㉢ 멘델(G. J. Mendel): 생물의 특징은 염색체상에 있는 유전형질에 의하여 결정된다.
  ㉣ 손다이크(Thorndike)의 쌍생아 연구: 일란성 쌍생아는 환경을 달리한다고 하여도 유전적인 요소가 강하다.
  ㉤ 골턴(Galton)의 가계연구: 가계에 따라 지능의 차이가 있다.
  ㉥ 젠센(Jensen)의 지능 유전론: 지능의 75~80%가 유전에 의해 결정된다.

**(2) 경험설(습득설, 학습설, 환경만능설, 교육만능설)**
① 개인의 유전형질은 발달의 가능성을 가지고 있을 뿐이고, 발달의 원동력은 후천적 경험에 의한 것이다.
② 관련 학자
  ㉠ 칸트(Kant): 사람이란 교육을 필요로 하는 유일한 존재이다. 인간이란 교육적 산물 이외에 아무것도 아니다.
  ㉡ 루소(Rousseau): 인간은 자연, 사물, 인간 세 가지로부터 교육된다.
  ㉢ 라이프니츠(Leibniz): 우리에게 교육을 다오. 그러면 반세기 이내에 유럽인의 성격을 일변시켜 놓을 수 있을 것이다.
  ㉣ 왓슨(Watson): 나에게 아이를 맡겨 달라. 그러면 원하는 대로 만들어 주겠다.
  ㉤ 로크(Locke): 아동은 백지와 같아서 어떠한 인간으로도 만들 수 있다. 일생 동안의 발달은 전적으로 학습의 결과이다.

**(3) 유전과 환경의 상호작용설**
 ① 인간의 성장과 발달은 생득적으로 가지고 나온 내적인 소질인자와 후천적인 환경조건과의 상호작용에 의해서 이루어진다.
 ② 관련 학자
  ㉠ 우드워스(Woodworth)의 상승설: 인간의 심리적·정신적 능력의 근본은 유전적인 것이나, 그것을 구체적으로 실현하게 하는 것은 환경의 힘이다.
  ㉡ 레빈(Lewin)의 장(場) 이론: 인간의 행동·발달은 유기체와 유기체를 둘러싸고 있는 환경 사이의 역동적 관계로 나타난다.
  ㉢ 피아제(Piaget)의 인지발달: 인지발달은 유전과 환경의 상호작용에 의해 이루어진다.
  ㉣ 코프카(Koffka)의 체제설(Organizational Theory): 발달이란 유전과 환경 사이에 발달하려는 자아와의 역동적 관계에서 이루어진다.

# 5 발달연구의 최근 동향

**(1) 행동생물학**
① 다윈(Darwin)의 연구에 기초하여 로렌츠(Lorenz)에 의해 현대적 기초가 확립되었다.
② 1960년대 아동발달 연구에 적용되었고 최근에 활발한 연구가 진행되었다.
③ 행동생물학자들이 주장하는 개인이 환경의 영향에 반응한다는 원리는 인간 발달 연구에 다양한 방향을 제공하게 되었다.

**(2) 브론펜브레너(Bronfenbrenner)의 생태이론**
① 생태이론은 행동생물학의 보충이론으로 유전적 요소, 가정의 역사, 사회경제적 수준, 가정생활의 질, 문화적 배경과 같은 요인들이 발달과 관련된다고 보고 있다.
② 아동의 발달을 보다 정확하게 이해하기 위해서 아동에게 영향을 미치는 환경의 개념을 확장시켰다.
③ 미시체계(microsystem): 직접적으로 접하는 환경에 대한 아동의 능동성과 상호작용 패턴에 관심을 가진다.
　예 가정, 유치원, 학교, 또래집단, 놀이터 등
④ 중간체계(mesosystem): 미시체계들 간의 상호관계, 즉 아동이 적극적으로 참여하는 환경들 간의 관계성을 강조한다.
　예 가정과 학교의 관계, 가정과 또래의 관계
⑤ 외체계(exosystem): 아동이 직접적으로 접촉하지는 않지만 아동에게 영향을 미치는 환경이다.
　예 이웃, 부모의 직장, 정부기구
⑥ 거시체계(macrosystem): 아동이 속해 있는 문화적 환경 전체이다.
　예 사회적 가치, 법, 관습
⑦ 시간체계: 개인의 전 생애에 걸쳐 일어나는 변화와 사회 역사적인 환경의 변화이다.
　예 가족제도의 변화, 결혼관의 변화, 직업관의 변화 등

**(3) 비고츠키(Vygotsky)의 사회문화이론**
① 문화적으로 의미 있는 행동을 습득하는 데 있어서 아동과 사회적 상호작용을 강조하였다.
② 근접발달영역(ZPD)의 개념에 기초한 협력학습, 도제교육의 틀을 마련하였고, 사회적 구성주의 학습에 토대를 제공하였다.

# Chapter 2
# 발달심리의 연구방법

- 1 자료수집방법
- 2 표집방법
- 3 양적 연구와 질적 연구
- 4 기술적 연구
- 5 실험적 연구

# 1 자료수집방법

## [1] 관찰법

### (1) 개념
피관찰자에게 반응을 요구하지 않고 그 행동을 관찰하여 자료를 수집하는 방법이다. 도구를 사용하지 않으며 피관찰자에게 전혀 영향을 주지 않지만, 의도적 관찰이든 무의도적 관찰이든 간에 그 결과에 대한 신뢰성에 문제가 있는 것으로 지적된다. 자료수집방법 중 가장 오래되었다.

### (2) 유형
① 자연적 관찰법: 어떤 행동이나 현상을 자연적으로 발생한 그대로 관찰하는 방법으로, 비통제적 관찰법이라고도 한다.
② 실험적 관찰법: 의도적인 통제조건을 가지고 관찰하는 방법으로, 통제적 관찰법이다.
③ 참여 관찰법: 관찰자가 제3자적인 위치와 역할을 가지고 피관찰자가 의식하지 못하게 관찰하는 것이 지금까지의 관찰법이었다면, 참여 관찰법은 관찰자와 같은 행동 상황 속에 들어가서 피관찰자의 행동을 관찰하는 방법이다. 이것은 자연적 관찰법에 속한다.
④ 비참여 관찰법: 관찰 장면에는 참여하나 그들과의 공동생활에는 참여하지 않고 외부인으로서 객관적으로 관찰하는 방법이다. 대부분의 관찰은 비참여 관찰로 이루어진다고 볼 수 있다.

### (3) 장점
① 관찰자가 직접 관련된 환경 등을 조사하기 때문에 심화된 자료수집을 할 수 있다.
② 어떤 대상(문맹자, 농아 등)에도 적용시킬 수 있다.
③ 관찰 목적 이외의 부수적인 자료의 수집이 가능하다.

### (4) 단점
① 관찰하려는 장면(목적)을 포착하기가 어렵다.
② 관찰에서 선입견이나 편견이 개입하기 쉽다. 즉, 객관적 관찰이 어려운 경우가 있다.
③ 관찰 결과의 해석에 주관성이 개입될 가능성이 있다.
④ 인간 능력의 한계, 시간·공간의 제약, 평가 자체의 약점 등으로 전체 장면의 관찰이 어렵다.
⑤ 피관찰자가 관찰자를 인식하게 되면 행동이 달라진다.

## [2] 질문지법

### (1) 개념
① 자료수집에 가장 많이 사용하는 방법으로, 연구자가 일련의 문항들을 체계적으로 조직하여 피조사자(피험자)가 문항에 대해 자기의 의견을 기술하도록 하는 방법이다.
② 조사연구에서 자료수집의 한 방법으로 가장 빈번하게 사용되는 도구이다.
③ 일반적으로 어떤 사회문제나 사건에 대하여 개인들이 가지고 있는 의견이나 태도를 알아보고자 할 때 사용한다.
④ 조사대상이 다수일 때 적합하다.

### (2) 질문지의 형식
① 자유반응형: 주어진 질문에 피험자가 자신의 생각이나 의견을 자유롭게 쓰도록 하는 일종의 논문형 형식으로, 제한 자유반응형과 무제한 자유반응형이 있다.
② 선택형: 두 개 이상의 답지를 주고 선택하게 하는 방법이며, 마땅한 선택지가 없을 경우 기타란을 두어 응답자가 문장으로 자기 의견을 기입하도록 한다.
③ 체크리스트형: 평가하려는 특성을 잴 수 있는 여러 개의 동질적 문항이 주어지고 피험자는 자기와 일치하거나 해당되는 문항에 하나 또는 모두 체크하도록 하는 방법이다. 대개 20~30개의 문항을 제작하여 실시해야 의의가 있다.
④ 유목분류형: 일정한 기준이나 표준에 따라 질문항목을 분류하는 방법이다. 기준이나 표준은 혐오·찬부·흥미·태도가 된다(엄격히 말하면 택일형의 일종이다).

> 예 다음에 여러 가지 형용사가 있다. 그것이 한국인을 적절히 표현하고 있는 것이면 A, 일본인을 적절히 표현하고 있는 것이면 B, 중국인을 적절히 표현하고 있는 것이면 C라고 __ 에 적으시오.
>
> __ 재주 있는    __ 조직적인    __ 인내심 있는
> __ 비열한       __ 교활한      __ 낙관적인
> __ 민첩한       __ 아량 있는   __ 거만한

⑤ 등위형: 일명 순서형이라고도 하는데, 제시된 항목들을 좋아하거나 싫어하는 정도, 중요성, 가치, 흥미 등에 따라 순위를 매기도록 하는 방법이다. 10개 이내의 항목이 적당하다.

> 예 아래에 열거한 가치항목 중에서 당신이 생각하기에 첫째로 값지다고 생각하는 것, 둘째로 값지다고 생각하는 것, 셋째로 값지다고 생각하는 것을 각각 골라 1, 2, 3의 번호를 쓰시오.
>
> __ 건강    __ 사랑    __ 학식    __ 권력    __ 인격

⑥ 평정척도법: 조사대상자(피험자)에게 미리 정해 놓은 척도에 따라 평정하도록 요구하는 방법이다. 가장 많이 사용하는 것은 3~5단계 척도이다.

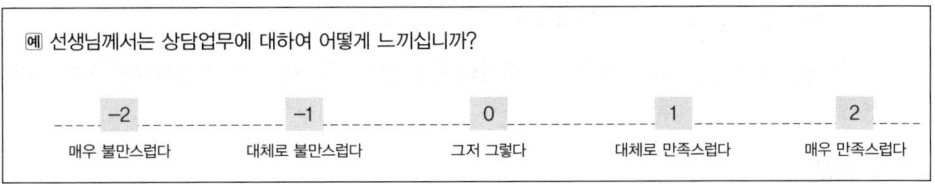

⑦ 조합비교법: 여러 개의 조사항목을 두 개씩 짝지어서 순차적으로 비교시키는 방법이다.

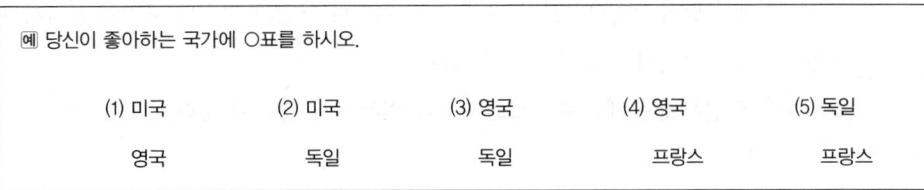

### (3) 질문지 작성 요령

① 일반사항
  ㉠ 질문지를 제작하기 전에 질문지를 작성하려는 목적이 무엇이며 어떤 내용과 범위를 가지고 어떤 대상에게 실시할 것인가를 명백하게 규정해야 한다.
  ㉡ 어떤 형식의 질문지를 사용할 것인가를 사전에 결정하는 것이 좋다.
  ㉢ 질문지의 실시방법 및 피험자의 익명 여부를 사전에 결정하는 것이 좋다.

② 문항 작성 요령
  ㉠ 질문은 간단명료하게 하고, 질문에 사용하는 용어는 명확해야 한다.
  ㉡ 문항의 수는 필요한 범위 내에서 최소로 한다.
  ㉢ 피험자를 난처하게 하거나 감정을 상하게 하는 질문은 피해야 한다.
  ㉣ 좋은 질문지를 만들기 위해서는 일차적으로 작성한 질문지를 가지고 예비 실시의 과정을 거치는 일이 필요하다.
  ㉤ 질문에 어떤 암시를 주거나 자극적인 영향을 미칠 수 있는 어구는 넣지 말아야 한다.
  ㉥ 질문지의 잠재적 목적을 피험자가 눈치채지 못하게 제작해야 한다.
  ㉦ 질문지의 범위가 너무 좁고 제한되어 있어서는 안 된다.

### (4) 장점

① 비용이 적게 들고 질문지 제작이 간편하다.
② 연구자가 피험자에게 미치는 영향을 줄일 수 있다.

③ 다른 방법으로는 조사하기 어려운 개인적인 생활경험이나 심리적 특성을 질문지를 통하여 알아볼 수 있다.
④ 반응에 시간적 여유가 있어서 정확한 응답을 기대할 수 있다.
⑤ 표준화된 질문지를 제시하고, 객관화된 문항을 사용하므로 통계처리에 용이하다.

### (5) 단점
① 문장이해력과 표현능력이 부족한 대상에게는 적용하기 어렵다(문맹자에게는 실시하기 어렵다).
② 질문지에 응답한 내용의 진위를 확인하기 어렵다(사실과 의견의 구별이 곤란하다).
③ 질문지의 회수율이 낮을 가능성이 크다.
④ 질문을 확실하게 통제할 수 없고, 자료를 엄격하게 다룰 수 없다.

## [3] 면접법

### (1) 개념
① 면대면 상황에서 언어의 상호작용을 매개로 하여 피면접자로부터 연구 목적에 부합하는 여러 가지 정보를 수집하는 방법이다.
② 면접법은 관찰법과 병행하여 실시하는 것이 통례이며 사회문제에서 널리 쓰이고 있다. 라포르(rapport) 형성이 중요하다.

### (2) 면접의 기능과 기본 원칙
① 면접의 기능: 진단의 기능, 치료의 기능
  ㉠ 문제해결에 필요한 정보나 자료를 얻는 기능이다.
  ㉡ 면접의 과정 중에 문제해결에 도움을 주는 기능이다.
② 면접의 기본 원칙
  ㉠ 바람직한 인간관계가 형성되어야 한다(라포르가 형성되어야 한다).
  ㉡ 면접을 통하여 자아를 발견하고 자신의 문제를 인식하며 그 문제해결을 위한 방법을 스스로 모색하고 사고할 수 있도록 도와주어야 한다.
  ㉢ 현실로부터 출발하여 그 현실을 인정하고 허용함으로써 거기에서 자신의 문제점을 발견할 수 있도록 도와주어야 한다.
  ㉣ 문제를 허심탄회하게 토로할 수 있도록 면접자는 피면접자로부터 존경과 신뢰를 얻고 있어야 한다.

### (3) 장점
① 면접기술이 능한 경우 질문지법에서는 수집할 수 없는 심도 있는 자료를 수집할 수 있다.
② 문장 해득력이 없는 사람에게서도 자료를 수집할 수 있다.
③ 반응의 진실성 여부를 알 수 있다.
④ 응답자(피면접자)를 확인할 수 있다.
⑤ 융통성이 있다. 면접과정에서 질문 내용을 설명하여 이해시킬 수 있으며, 피면접자의 표정이나 태도에 따라 질문을 변경할 수도 있다.
⑥ 주목적 이외의 부차적인 자료를 수집할 수 있다.

### (4) 단점
① 면접에는 고도의 기술이 필요하다.
② 시간과 경비가 많이 든다.
③ 익명(匿名)으로는 조사가 불가능하다.
④ 면접기술이 미숙하면 편견이나 그릇된 판단이 작용하기 쉽다.
⑤ 표준적인 절차가 결핍되기 쉽다. 면접이 아무리 구조화되었다 하더라도 피면접자의 응답 내용이 면접자에 따라 달라질 가능성이 있다.

## [4] 사회성 측정법

### (1) 개념
① 사회성 측정법이란 소집단 내에서의 구성원 간 사회적 관계(대인관계)를 파악하여 구성원들의 역할 상호작용을 알 수 있는 방법이다.
② 집단따돌림 현상(왕따 현상)을 파악하는 데 용이하다.
③ 수용성 검사, 교우관계 조사법이라고도 하며, 모레노(Moreno)가 창안하였다.

### (2) 의의(가치)
① 개인의 사회적 적응을 개선시킨다.
② 집단의 사회구조를 개선시킬 수 있다.
③ 집단을 조직하는 데 도움을 준다(좌석 배치, 위원회 조직 등).
④ 특수한 교육문제 해결에 적용시킬 수 있다.

### (3) 사회성 측정 실시 시 유의점
① 학급 담임이 실시하는 것이 좋다.
② 결과는 학생들에게 일절 알리지 않도록 한다(비밀 유지).

③ 집단의 한계가 명시되어 있어야 한다(우리 학교, 우리 학급, 우리 분단 등 어떤 집단에서 선택할 것인가가 명시되어 있어야 한다).
④ 한정된 집단의 전원이 조사대상이 되어야 한다(휴학자를 제외한 장기결석자와 단기결석자도 포함시켜야 한다).
⑤ 한 학기에 한 번 정도 실시하는 것이 좋다.
⑥ 초등학교 저학년은 개별 면접으로 하는 것이 좋다.

### (4) 측정방법
① 사회성 측정 행렬표
② 교우관계도(사회도, sociogram)

### (5) 측정결과 해석의 유의점
① 사회성 측정결과는 성원들이 소망하는 잠재적인 사회적 연합의 형태이며, 이것이 현실적인 관계와 반드시 일치한다고는 볼 수 없다.
② 사회성 측정은 경우에 따라서는 사실대로 측정하지 못하는 수가 있다.
③ 사회성 측정결과는 질문의 성질, 선택 허용수, 실시절차에 따라서 달라질 수 있다.
④ 교우관계도에 그려진 사회적 관계의 형태는 반드시 고정성을 띤 것은 아니다.

## [5] 의미분석법
① 오스굿(Osgood)이 개발한 것으로, 어떤 사상(事象)에 관한 개념의 심리적 의미를 분석하여 의미공간상의 위치로 표현하는 측정방법이다.
② 사람에 따라 서로 다른 의미로 쓰이는 개념의 의미를 양극적으로 대비되는 일단의 형용사를 이용하여 측정하고, 그 결과를 3차원의 의미공간에 표시해 보려는 것이 기본 취지이다.
③ 의미분석법은 평가 요인, 능력 요인, 활동 요인이 각각 독립된 X, Y, Z축을 이루는 3차원의 의미공간에서 각 개념의 위치를 상대적으로 비교하고 분석한다.

## [6] 투사법

### (1) 개념
① 투사법이란 개인적인 욕구, 지각, 해석 등이 밖으로 나타날 수 있는 자극을 피험자에게 제시함으로써 인성을 측정하는 방법이다.
② 프로이트(Freud)가 처음으로 투사라는 용어를 사용하였고, 프랭크(Frank)가 이 방법을 사용하였다.

③ 구조화되지 않은 모호한 도형이나 그림을 제시하여 피험자의 자유로운 해석과 구조에 의한 반응으로 개인의 심층에 숨어 있는 심리상태를 파악하는 방법이다.

### (2) 특징
① 피험자의 욕구, 동기, 감정, 인성구조를 밖으로 끌어내기 위해 비구조적 자극을 사용한다.
② 인성을 전체로 보고 이해한다.
③ 개인의 지각과정 또는 인지과정을 측정함으로써 정의적 특성을 판단한다.
④ 성취동기, 성격, 상상력 검사 등 임상적 진단에 쓰이는 경우가 많다.

### (3) 종류
① 로샤 잉크반점 검사(RIBT: Rorschach Ink-Blot Test): 스위스의 정신병리학자 로샤(Rorschach)가 제작한 것으로 잉크를 떨어뜨려 만들어진 대칭적 모양의 그림 10매로 구성되어 있다. 실시절차는 지시, 자유반응, 질문의 세 단계로 구성된다.
② 주제통각 검사(TAT: Thematic Apperception Test): 프로이트(Freud)의 정신분석학에 근거하여 머레이(Murray)와 모간(Morgan)이 제작하였다. 30매의 불분명한 그림과 1매의 백색 카드로 구성되어 있다. 이 중 어떤 카드는 모든 피험자에게 다 실시할 수 있지만 어떤 카드는 남녀노소에 따라 특정 피험자에게만 실시할 수 있게 되어 있으며, 보통 10매씩 나누어 2회에 걸쳐 실시하도록 되어 있다. 실시절차는 피험자에게 모호한 그림을 제시하고 피험자가 이에 대한 반응으로 이야기를 하면 실험자가 이야기 속의 내용을 분석한다.
③ 그림좌절 검사(PFT: Picture Frustration Test): 로젠츠바이크(Rosenzweig)가 제작하였으며 그림을 25개 주고 비어 있는 공간을 채워 넣게 하는 방법으로 성격을 측정한다. 우리나라에서 처음으로 제작된 투사법의 유형으로, 성격검사에 사용되다가 표준화검사로 제작되었다(유아~중학, 김재은, 중앙적성연구소).
④ 손디 검사(Szondi Test): 손디(Szondi)가 제작하였으며, 48매의 사진을 6조로 분류하여 피험자에게 1초씩 보인 후에 가장 마음에 드는 것 2매, 마음에 들지 않는 것 2매를 고르게 하는 방법이다.
⑤ 단어연상 검사: 골턴(Galton)이 제작한 후 융(Jung)이 발전시켰다. 실험자가 단어를 제시하면 피험자는 제일 먼저 떠오르는 단어를 말한다. 비정상인(정신병 환자)과 정상인을 변별하기 위해 사용한다.
⑥ 문장완성 검사: 로터(Rotter)와 페인(Payne)이 제작하였으며, 실험자가 불완전 문장의 일부분을 제시하면 피험자는 나머지 부분을 완성시킨다.

⑦ HTP 검사: House, Tree, Person, 즉 집, 나무, 사람에 대한 그림을 통해 성격을 진단하는 투사법 검사이며, 과제그림 검사이다. 문맹자에게도 실시할 수 있으며 간편성에 비해 의미 있는 자료를 얻을 수 있다는 장점이 있다. 반면, 정량화되어 있지 않고 표준화된 해석체계를 갖추기 어렵다는 단점이 있다.

⑧ 모자이크 검사: 색종이를 뜯어 붙인 그림 모형의 자극을 제시하면서 이에 반응하게 하는 방법이다.

## 2 표집방법

### [1] 표본조사의 의의

**(1) 표본조사의 개념**

대상자 전체를 대표할 수 있도록 일부만 추출하여 추출된 일부를 하나의 집단으로 취급하여 조사하는 것이다.

① 모집단: 연구의 대상이 되는 목적집단으로, 표본으로 뽑는 모체가 된 전집(수단집단)이다.
② 표본: 모집단을 대표하는 실제의 연구대상이 되는 부분적인 집단으로, 모집단에서 뽑힌 소집단이다.
③ 표집: 모집단에서 표본을 뽑는 과정을 의미한다.
④ 전수조사: 연구대상이 되는 집단 모두를 조사하는 방법으로, 총조사라고도 한다.
⑤ 표본조사: 전집(모집단)의 일부분을 표집하여 수행되는 조사, 즉 대상 집단의 일부를 관측하여 그 대상 집단 전체에 대한 정보를 구하는 과정을 의미한다.

**(2) 표본조사를 하는 이유**

① 연구에 필요한 노력과 경비를 절약할 수 있다.
② 연구를 신속하게 수행할 수 있다.
③ 조사의 정밀도를 높일 수 있다.
④ 전수조사가 불가능한 경우에는 표본조사를 할 수밖에 없다.

### [2] 표집방법의 분류

**(1) 확률적 표집방법**

전집(모집단)을 구성하고 있는 모든 요소들이 표집되는데 '0'이 아닌 어떤 확률을 가지고 있다는 것을 전제로 특정한 표집을 얻을 확률을 객관적으로 알 수 있도록 설계하여 표집하는 방법을 의미한다. 일반적인 통계적 추리는 확률적 표집을 전제로 한다. 확률적 표집방법에는 단순무선표집, 체계적 표집, 유층표집, 군집표집이 있다.

① 단순무선표집(난선표집)
  ㉠ 개념: 모집단의 모든 개체에 번호를 부여하고 무작위로 선택하는 방법이다.
  ㉡ 특징
    ⓐ 가장 기본적이고 기초적이다.
    ⓑ 전집의 각 사례는 선택될 확률이 동등해야 하고 독립적이어야 한다.

ⓒ 가장 널리 쓰이는 표집방법이다.
ⓓ 확률적 표집방법의 기초이다.
ⓒ 장점
ⓐ 전집을 구성하고 있는 요소들이 모두 독립적으로 동등하게 뽑힐 확률을 갖고 있는 상태에서 표집하므로, 대표적인 표집이 될 가능성이 있다.
ⓑ 전집의 특성에 대한 특별한 사전 지식이 없어도 가능하다.
ⓒ 적용하기가 용이하며, 표집오차의 계산도 쉽게 할 수 있다.
ⓔ 단점
ⓐ 모집단의 표본 수가 클 때에는 사용하기 어렵다.
ⓑ 모집단의 크기와 같은 수의 제비를 만들어 뽑아야 한다.
② 체계적 표집(계통적 표집, 동간격 표집)
㉠ 개념: 모집단의 각 표본에 일련번호를 붙인 다음 일정 간격으로(계통적으로) 표집하는 방법을 의미한다. 일정한 간격이 정해지면 제비뽑기로 출발점을 결정하고 출발점에서 일정한 간격으로 표본을 추출하는 방법으로 계통적 표집, 동간격 표집이라 한다.
㉡ 특징
ⓐ 전집의 크기가 비교적 작은 경우에 사용된다.
ⓑ 단순무선표집의 단점을 보완한 능률적·체계적인 간편한 방법이다.
㉢ 장점
ⓐ 적용하기가 용이하며, 표집오차의 계산도 쉽게 할 수 있다.
ⓑ 전집의 특성에 대한 특별한 사전 지식이 없어도 가능하다.
ⓒ 전집을 구성하고 있는 요소들이 모두 독립적으로 동등하게 뽑힐 확률을 갖고 있는 상태에서 표집하므로, 대표적인 표집이 될 가능성이 높다.
㉣ 단점
ⓐ 모집단의 표본 수가 클 때에는 사용하기가 어렵다.
ⓑ 모집단의 크기가 같은 수의 제비를 만들어야 뽑을 수 있다.
ⓒ 전집의 특성에 대하여 연구자가 가지고 있는 지식이 있을 경우 그러한 지식을 충분히 활용하지 못한다.
③ 유층표집
㉠ 개념: 모집단을 특질이 같은 몇 개의 하위집단으로 나누고, 각 하위집단마다 무선표집을 하는 방법을 의미한다.
㉡ 특징
ⓐ 하위집단의 내부는 동질적이며 하위집단 간에는 이질적이다.
ⓑ 표본의 대표성을 향상시켜 단순무선표집보다 표집의 오차가 적다.

ⓒ 종류
　ⓐ 비례유층표집: 유층으로 나누어진 각 집단 내에서의 표집의 크기를 전집의 구성비율과 같도록 표집하는 방법이다.
　　예 남녀의 비율이 2:1이라든가, 거주지역의 경우라면 도시 40%, 농촌 60% 등으로 구성비를 조사한다. 그리고 필요한 표집의 수만큼 각 집단에서 그 구성비율에 따라 무선적으로 뽑으면 되는 것이다.
　ⓑ 비비례유층표집: 하위집단의 크기에 비례하여 표집을 하는 것이 아니라 필요한 수만큼 각 집단에서 뽑는 방법이다.
　　예 상담사 채용집단에서 남녀를 비교할 경우 전집에서의 구성비율이 10:1이라고 할 때, 이러한 비율에 맞추어 표집한다면 남자상담사 100명을 뽑을 때 여자상담사의 수는 10명이 될 것이다. 남녀 두 집단의 특성을 비교하는데 여자상담사의 표집 수가 너무 적어 의미 있게 비교할 수 없으므로 이럴 때는 원래의 구성비율대로 할 것이 아니라 두 집단에서 필요한 수만큼 적당히 표집하는 것이 좋다.

ⓔ 장점
　ⓐ 전집의 중요 특성을 사전에 고려하므로 표집이 대표성을 띨 수 있다.
　ⓑ 표집오차가 단순무선표집보다도 적을 수 있다.
　ⓒ 하위집단들의 특성을 파악하고 또 이것을 상호 비교할 수 있다.

ⓜ 단점
　ⓐ 전집의 특성에 대하여 연구자가 가지고 있는 지식이 있을 경우 그러한 지식을 충분히 활용하지 못한다.
　ⓑ 전집에서 소수의 사례만이 가지고 있는 어떤 특성이 있을 경우 그러한 사례가 반드시 표집된다는 보장을 할 수 없다.

④ 군집표집(집락표집)
　㉠ 개념: 전집(모집단)을 집단 내의 특질을 달리하는 몇 개의 하위집단으로 나누고 그 하위집단을 단위로 표집하는 방법을 의미한다. 집단은 인위적으로 형성된 것이 아니라 자연적으로 형성된 집단이며 추출된 집단은 모두 조사한다.
　　예 A고교 2학년(12개 반)의 직업관을 조사하고자 할 때 우선적으로 2개 반을 집중적으로 조사하는 경우
　㉡ 특징
　　ⓐ 집단 내부는 이질적이나 집단 간에는 동질적이다.
　　ⓑ 모집단이 지나치게 큰 경우에는 단계적 표집을 한다.
　　ⓒ 군집표집은 단순무선표집법, 유층표집법과 병용할 수 있다.

ⓒ 장점
　　ⓐ 시간과 경비를 절약할 수 있다.
　　ⓑ 자료를 수집할 때도 선정된 몇몇 군집만을 대상으로 하기 때문에 비교적 간단하게 작업을 진행할 수 있다.
ⓔ 단점
　　ⓐ 군집의 수가 적을수록 표본오차가 커져서 전집을 잘 대표하는 표집이 되기가 어렵다.
　　ⓑ 각 사례를 독립적으로 뽑는 것이 아니기 때문에 독립적 표집을 기본 전제로 삼고 있는 보통의 통계적 추리 방법을 적용할 수 없다.
⑤ 단계적 표집: 군집표집의 한 변형으로, 전집에서 1차 표집단위를 뽑은 다음, 여기서 다시 2차 표집단위를 뽑는 등 최종단위의 표집을 위하여 몇 개의 단계를 거쳐서 표집하는 방법이다.

### (2) 비확률적 표집방법

전집(모집단)의 요소들이 뽑힐 확률을 고려하지 않고 연구자의 주관적 판단에 의해서 임의적으로 표집하는 방법을 의미한다. 이 방법은 표집에 따른 오차가 어느 정도 되는지를 계산할 수 없기 때문에 표집에서 얻은 통계치로 모수치를 추정하는데 확률적인 추리를 할 수 없다. 비확률적 표집방법에는 의도적 표집, 할당표집, 우연적 표집 등이 있다.

① 가용표집(available sampling): 가용표집은 주변의 가족, 친구 등 조사자가 쉽게 동원할 수 있는 표본을 대상으로 한다.
② 지원자표집(volunteer sampling): 자원해서 조사에 응한 사람을 대상으로 하는 방법이다.
③ 의도적 표집(purposive sampling)
　ⓐ 조사자의 주관적인 판단이 개입되어 표본을 선정하는 것으로서 모집단의 특정 부분만을 대표할 수 있는 표본 선택방법이다.
　ⓑ 미국 내 소수인종의 언어습관을 알아보려고 한다면 다른 여러 비슷한 소수인종 그룹은 배제한 채로 몇몇의 특정 그룹만을 의도적으로 선택하여 조사하는 방법이다.
　ⓒ 광고연구에서도 많이 사용되는데 특정 상품을 이용하는 사람을 추출하고 그 상품과 새로운 상품을 비교해 보는 연구 등에 이용된다.
④ 할당표집(quota sampling)
　ⓐ 할당 매트릭스를 통하여 모집단을 몇 개의 소집단으로 나누고 이의 비율에 따라 표집을 하는 것이다.
　ⓑ 매트릭스를 고안할 때에는 나이, 성별, 소득수준, 학력 등이 고려된다.
　ⓒ 표본의 추출은 무선적이 아니고 비율만을 고려할 뿐 조사자의 판단이 개입되므로 비확률적 표집방법이며 표본의 대표성은 떨어진다.

⑤ 우연적 표집(accidental sampling): 길거리를 지나가는 사람들 중 매 열 번째 사람마다 인터뷰하는 등의 방법이다.
⑥ 판단표집(judgement sampling)
　㉠ 조사자가 모집단에 대한 지식이 많을 때 사용할 수 있는 방법이다.
　㉡ 이 방법은 조사대상이 되는 모집단의 경계를 한정할 수 없을 때에 가능하며, 적은 비용으로 실시할 수 있어 주로 예비조사에 쓰인다.
　㉢ 소비자물가지수 산정 시 생산되는 모든 품목을 조사할 수 없으므로 전문가의 의견을 수렴하여 몇 개의 품목만을 표본으로 삼는 것도 판단표집의 예이다.
⑦ 눈덩이표집(snowball sampling): 주로 현장조사에서 이루어지는데 특정 모집단의 구성원의 위치를 파악하기 힘든 경우(불법체류자, 해외 노동자, 노숙자 등)에 먼저 확인 가능한 몇몇의 대상자와 인터뷰를 한 후 그들에게 다른 조사대상자를 소개받아 조사대상자의 목록을 늘리는 방법이다.

## [3] 표집의 크기

### (1) 표집의 크기에 대한 기준
① 표집의 크기가 증가함에 따라 표집오차는 점차 감소한다.
② 표집의 크기를 결정할 때는 연구문제의 성격, 전집의 크기, 표집 당시의 여건 등에 알맞도록 해야 한다.
③ 현실적 요인과 통계적 요인을 종합적으로 고려하여 필요한 표집의 크기를 결정한다.

### (2) 대표집이 필요한 경우
① 연구결과에 영향을 미칠 수 있는 중요한 변인들을 모두 통제하지 못할 경우에는 좀 더 큰 표집이 요구된다.
② 효과의 크기가 작을 것으로 예상되지만 가급적 그 효과를 검증하고자 할 경우에는 대표집을 갖고 연구하는 것이 좋다.
③ 연구대상 집단을 여러 개의 하위집단으로 분류하여 소집단 간을 서로 비교하고자 할 경우에 대표집이 필요하다.
④ 중도탈락률이 높을 것으로 예상될 때는 처음부터 필요한 표집의 크기를 여유 있게 잡는 것이 좋다.
⑤ 높은 수준의 통계적 유의도와 통계적 검증력을 요구하는 연구를 할 경우에 대표집이 필요하다.

## [4] 표집분포와 표집오차

### (1) 표집분포

전집의 특성을 요약·기술해 주는 여러 가지 수치를 모수치 또는 전집치라고 하고, 이에 대응하여 표집의 특성을 요약·기술해 주는 여러 가지 수치를 통계치 또는 표집치라고 한다. 통계적 추리를 한다는 것은 표집에서 얻은 통계치를 가지고 전집의 모수치를 확률적으로 추정하는 것을 말한다.

### (2) 표집오차

통계치와 모수치 사이에는 어쩔 수 없이 차이가 있게 마련인데, 이것을 표집오차 혹은 간단히 오차라고 부른다.

## 3. 양적 연구와 질적 연구

### [1] 양적 연구

① 실증주의 연구의 본질은 자연과학의 방법을 사회과학에도 사용함으로써 과학적 지식을 얻을 수 있다는 주장이다. 그러므로 사회과학과 자연과학의 연구대상은 달라도 연구방법은 동일해야 한다는 방법론적 일원론 또는 방법론적 자연주의 원칙을 고수한다.
② 이러한 원칙에 따르면 감각기관의 지각을 통해 관찰 가능한 현상들만 지식으로 타당하게 입증될 수 있다고 생각하고, 인간의 감정이나 주관적 경험이 관찰하기 불가능할 때 과학의 영역에서 제외시켜야 한다고 주장한다. 이러한 주장들은 방법론적 일원론, 관찰가능성, 가치중립성이라는 특징으로 요약된다.
③ 실증주의적 관점으로 인하여 합리주의적 연구는 본질적으로 계량적이므로 양적 연구라 한다.
④ 기술적 연구, 실험연구, 인과-비교 연구 등은 양적 연구라 할 수 있다.

### [2] 질적 연구

① 자연주의는 있는 그대로의 현상의 특성에 충실하고자 노력하는 철학이다. 그러므로 현상을 가능한 한 자연 상태에서 연구해야 하고 인위적인 연구방법을 거부한다.
② 질적 연구는 문화기술적, 주관적 후기 실증주의 탐구법이라고도 한다.
③ 사례연구, 역사연구, 민속방법론, 참여관찰, 심층면담, 자료분석 등은 질적 연구라 할 수 있다.

## [3] 양적 연구와 질적 연구의 비교

| 구분 | 양적 연구 | 질적 연구 |
|---|---|---|
| 실재의 본질 | 인간의 실재를 형성하는 인간의 특성과 본질이 존재한다고 가정한다. 따라서 복잡한 패러다임에 관계된 변인들에 대한 연구가 가능하다. | 객관적 실재라고 일반화시킬 수 있는 인간의 속성과 본성은 없다고 가정한다. 따라서 단편적인 연구가 아닌 총체적인 연구의 필요성을 주장한다. |
| 연구자와 연구대상 간의 관계 | 연구자와 연구대상 간의 관계가 밀접하게 되면 연구자료가 왜곡될 수 있으므로 거리를 유지한다. | 연구자와 연구대상이 서로 밀접한 관계를 유지한다. |
| 일반화 | 일반화가 가능하다. | 연구 자체가 독특하기 때문에 일반화시킬 수 없다. |
| 인과관계 | 행위 현상을 인과관계로 설명한다. | 원인과 결과를 명확하게 구별하기가 어렵다. 따라서 인과관계가 분명하지 않으므로 상호보완적인 것으로 분석한다. |
| 가치 | 객관적 절차에 의해 자료를 수집하므로 질적 연구에 비해 가치중립적이다. | 연구절차나 방법이 연구자의 주관에 의해 결정되므로 가치중립적이지 않다. |
| 연구방법 | 조사방법, 실험설계, 관찰법 | 관찰법 |

### ＊ 양적 연구와 질적 연구의 특성 비교

| 양적 연구 | 양적 연구 |
|---|---|
| • 객관적 실재 가정<br>• 기계적 인과론<br>• 연구대상과 원거리 유지<br>• 신뢰도 중시<br>• 표본 연구(대표집)<br>• 외현적 행동 연구<br>• 연역적 논리 중시<br>• 구성요소의 분석에 초점<br>• 체계적·통계적 측정 강조<br>• 결과 중시<br>• 객관적 연구 보고 | • 주관적 실재 가정<br>• 인간의 의도 중시<br>• 연구대상과 근거리 유지<br>• 타당도 중시<br>• 단일사례 연구(소표집)<br>• 내재적 현상 연구<br>• 귀납적 논리 중시<br>• 총체적 분석 강조<br>• 자연적·비통계적 관찰 강조<br>• 과정 중시<br>• 해석적 연구 보고 |

## 4 기술적 연구

기술적 연구란 사실을 조사·관찰하여 있는 그대로 기술하고 해석하는 연구이다. 즉, 어떤 현상이나 사건에 대하여 아무런 통제나 조작을 하지 않고 있는 그대로 파악하여 정확하게 기술하는 연구를 의미한다. 기술적 연구에는 사례연구, 발달연구, 상관연구, 조사연구, 내용분석, 문화기술적 연구 등이 있다.

### [1] 사례연구(case study)

#### (1) 의미
① 사례연구는 특정한 개인이나 집단을 대상으로 하여 어떤 문제나 특성을 심층적으로 조사하고 분석하는 것으로, 이는 연구방법이 문제가 아니라 연구대상 그 자체가 연구이다.
② 연구문제가 '아동의 행동 불안 특성'이라면 '손가락을 물어뜯는 행동이 지속적으로 관찰되는 아동'을 사례로 선택할 수 있다.

#### (2) 목적
사례연구의 목적은 어떤 일반적 원리나 보편적인 사실을 발견하는 데 있다기보다는 특정한 사례에 관련된 구체적 사실을 밝히고 그 사례의 모든 측면을 철저히 분석하는 데 있다.

#### (3) 특징
① 총합성
  ㉠ 사례의 어떤 특정한 측면만을 연구하는 것이 아니라 그 사례의 모든 면을 포괄적으로 고찰한다.
  ㉡ 신체적·심리적·환경적인 모든 요인을 조사하고 이러한 요인들을 토대로 그 사례가 당면한 문제를 포괄적으로 고찰한다.
② 방법의 다각성
  ㉠ 사례연구에서는 면접법, 관찰법, 실험, 표준화 검사, 자서전 등 문제해결에 도움을 주는 어떠한 방법도 이용된다.
  ㉡ 학생 자신, 주변에 있는 모든 사람들(학생의 부모, 친척, 담임 교사, 의사 등)을 수집대상으로 하여 정보를 얻는다.

③ 개별성
  ㉠ 사례연구의 대상은 개개의 사례이다. 즉, 한 개인이 당면하고 있는 문제이다.
  ㉡ 일반적으로 다른 연구방법에서는 집단의 특성, 집단 간의 차이 등에 관심을 두지만 사례연구에서는 개체에 관심의 초점을 둔다.
④ 발달적 측면 강조: 개인의 생활사를 종단적인 측면에서 밝히려고 한다.
⑤ 교육 및 치료적 의의: 사례연구의 대상이 되는 개인은 그 개인이 당면한 부적응을 교육적 또는 심리적으로 치료하여 주는 것이 일차적 목적이다.

### (4) 장점
① 사례연구는 특정 대상을 여러 측면에서 종합적으로 연구하는 것이므로 문제해결을 위해 보다 의미 있는 자료를 제공해 줄 수 있다. 그리고 개인을 좀 더 포괄적이고 총체적인 존재로 파악하는 데 도움을 준다.
② 학생들에 대해 미리 조사·수집한 자세한 자료가 있을 경우 상담의 기초를 제공하여 준다.
③ 사례연구 실시과정에서 연구자와 학생은 자주 접촉하므로 친밀한 인간관계를 형성할 수 있고 서로를 잘 이해하게 되어 문제해결에 도움이 될 수 있다.
④ 사례연구는 어떤 특정 대상의 문제해결에 도움이 될 뿐만 아니라 카운슬러나 일반 교사들에게 실제적인 사례들을 들려줌으로써 그들을 훈련시키거나 재교육하는 데 유용한 자료를 제공한다.

### (5) 단점
① 특수한 사례에 관한 것이므로 연구결과를 일반화시킬 수 없고 신뢰도·타당도에 있어서 약점이 있다. 즉, 연구자의 견해에 따라서 연구방향이 좌우될 가능성이 크고 자료의 신뢰성을 검증할 수 없다.
② 연구대상의 외면적 사실에 너무 치중한 나머지 연구대상의 내면적이고 본질적인 문제를 간과할 우려가 있다.
③ 많은 사례들을 동시에 연구대상으로 하기에는 곤란하다. 또한 시간과 노력이 많이 들기 때문에 비경제적이고 비능률적이다.

## [2] 조사연구

### (1) 의미
① 조사연구는 무엇이 존재하고 있는가를 파악하여 사실대로 기술하고 해석하는 연구이다.
② 조사연구 방법으로 가장 많이 사용되는 것은 질문지법과 면접법이다.
③ 조사연구는 표본조사에 따르는 수가 많다. 그러므로 비용이 적게 들고 신속히 처리되며, 오차가 적어 더욱 정확하다는 장점이 있다.

### (2) 목적
연구자는 관심을 가지는 어떤 사건이나 현상에 대해 아무런 조작이나 통제를 가하지 않고 자연적인 상황에서 그것을 조사하여 정확하게 기술한다.

### (3) 분류
① 사실 발견을 위한 조사연구
  ㉠ 어떤 집단의 특성이나 사건, 현상의 성질에 관한 있는 그대로의 사실을 알아보기 위한 연구이다.
  ㉡ 예를 들어, 취학 전 유아들에게 한글을 가르치는 것에 대하여 학부모·교육전문가·유치원 교사들은 각각 어떠한 의견과 태도를 가지고 있는지 조사하는 것이 여기에 속한다.
  ㉢ 아동들의 가정환경을 조사하는 것이 모두 사실 발견적인 연구이다.
  ㉣ 사실 발견을 위한 조사연구는 객관적 사실의 발견과 주관적 사실의 발견으로 구분된다.
    ⓐ 객관적 사실 발견을 위한 조사를 실태조사라 하는데, 예를 들어 가정환경조사·학교조사·지역사회조사 등이 여기에 속한다.
    ⓑ 주관적 사실 발견을 위한 조사를 의견조사 또는 태도조사라 한다.
② 가설검증을 위한 조사연구
  ㉠ 연구자가 미리 설정한 어떤 가설의 진위를 가리기 위하여 하는 연구이다.
  ㉡ 가설검증을 위한 조사연구는 조사의 객관성·타당성·신뢰성이 매우 중시된다.
  ㉢ 특히 변인 간의 인과관계를 파악하려는 조사에서는 실험적 연구를 할 때처럼 가능한 한 조사의 조건과 상황을 적절히 통제하여야 한다.
③ 규준을 만들기 위한 조사연구
  ㉠ 어떤 조건이나 상태 등을 결정할 목적으로 하는 조사이다.
  ㉡ 우리나라 취학 전 유아들의 연령별 신장이나 체중과 같은 신체적 발달의 규준치를 조사하는 것이 여기에 속한다.

ⓒ 새로 개발한 표준화 심리검사의 서울과 지방 학생들의 규준을 만들거나 남학생과 여학생의 규준을 만들기 위하여 조사하는 연구도 여기에 속한다.
ⓓ 조사의 내용에 따라서 사회조사·여론조사·학교조사 등으로 구분하거나, 자료를 수집하는 방법에 따라서 면접조사·전화조사 등으로 구분하기도 한다.

## [3] 발달연구

### (1) 의미
발달연구는 주로 시간의 경과에 따른 유기체의 변화에 관심을 두고 하는 연구이다.

### (2) 목적
발달연구는 발달의 경향, 속도, 유형, 한계 그리고 성장과 발달에 작용하는 여러 요인들 간의 관계를 탐구한다.

### (3) 유형
① 종단적 연구법
  ⓐ 시간이 흐름에 따라 특정 대상을 연구하는 것으로 동일한 연구대상을 오랜 기간 동안 계속 추적하면서 관찰하는 방법이다.
  ⓑ 예를 들면 정호의 3세·5세·7세 때의 신체적·정신적 발달을 연구한다.
  ⓒ 특징
    ⓐ 대표성을 고려한 비교적 소수의 사람을 표집한다.
    ⓑ 한 개인의 성장과 발달에 따른 변화를 파악할 수 있다.
    ⓒ 연구가 일단 시작되면 도중에 사용하던 도구를 바꿀 수가 없다. 검사결과를 통해 비교가 어렵기 때문이다.
  ⓓ 장점
    ⓐ 동일 대상을 연구함으로써 개인이나 집단의 성장과정 및 변화의 형태를 구체적으로 파악할 수 있다.
    ⓑ 대상의 개인 내 변화와 연구목적 이외의 유의미한 자료를 획득할 수 있다.
    ⓒ 성장 초기와 후기의 인과 관계를 밝히는 주제에 용이하다.
  ⓔ 단점
    ⓐ 너무나 긴 시간이 필요하고 노력, 경비가 많이 든다.
    ⓑ 표집된 연구대상이 중도 탈락하거나 오랜 시간의 흐름에 따라 비교집단과의 특성이 크게 달라질 수 있다.

ⓒ 한 대상에게 반복적으로 같은 검사도구를 사용하기 때문에 신뢰도가 약해질 수 있다.
② 횡단적 연구법
㉠ 일정 시점에서 여러 연령층의 대상들을 택하여 필요한 발달 특징들을 알아보는 방법으로, 가장 이상적인 연구방법이다.
㉡ 예를 들면 2020년에 3세가 된 재호, 5세가 된 성호, 7세가 된 영숙이의 성격발달을 연구한다.
㉢ 횡단적 연구법은 연령이 다른 개인(집단) 간에 나타나는 발달적인 차이를 단기간에 한꺼번에 비교하려고 할 때 유용하다.
㉣ 장점: 동시에 여러 연령층을 연구할 수 있어 시간과 경비가 절감되어 경제적이다.
㉤ 단점
ⓐ 연령차이뿐 아니라 출생연대가 달라서 기인하는 상이한 시대적 배경이 혼합적으로 개입될 수 있다.
ⓑ 발달과정을 일관성 있게 이해하는 데 어려움이 있다.
③ 횡단적–단기 종단적 접근법
㉠ 횡단적 접근법과 종단적 접근법을 절충한 방법이다.
㉡ 3~5년 동안 횡단적 설계의 대상 집단을 단기간 추적해서 종단적으로 발달 변화를 연구하는 것이다.
㉢ 예를 들면, 3세, 6세, 9세의 3개 집단 아동들을 연구한 후, 연구했던 3개의 집단을 3년 후에 다시 연구하는 것이다.
④ 발생과정 분석설계
㉠ 매우 적은 수의 아동의 특정 행동이 형성되고 변화해 가는 과정을 면밀히 추적하여 분석하는 방법이다.
㉡ 종단적 설계를 수정한 접근법으로 특수한 연구방법이다.
㉢ 관심이 되는 순간순간의 행동을 녹화하고 반복 관찰하여 발생과정을 철저하게 규명하는 기법이다.
㉣ 예를 들면, 또래집단에서 처음 인간관계를 시작하는 순간부터 대인관계 기술이 획득될 때까지의 과정을 분석하는 경우이다.
⑤ 시차설계법
㉠ 일정한 연령을 대상으로 시대적 변화에 따른 개인의 변화를 파악한다.
㉡ 둘 이상의 시점에서 동일한 분석단위를 장기간에 걸쳐 추적하고 연구한다.
㉢ 예를 들면, 1978년에 20세가 된 사람과 10년 후인 1988년에 20세가 된 사람은 비록 신체 연령은 동일하지만 그들이 올림픽경기에 대해 가지는 태도는 다를 수 있다. 이런 경우에 시차설계법을 사용한다.

ⓔ 두 변수 간의 원인과 결과를 비교적 정확히 알 수 있다.
　　ⓜ 비용이 많이 들고, 시간 소모가 많다.

## [4] 상관연구

### (1) 의미
① 독립된 하나의 연구로 국한되기보다는 수집한 자료들을 통계적으로 분석하고 해석하는 데 초점을 두는 연구이다.
② 어떤 상관연구는 실험적 연구와 비슷할 수도 있는데, 대개는 자연적 상황에서 변인들의 통제나 조작이 어려운 문제를 다루게 된다.
③ 어떤 두 변인 간의 상호관계를 살펴보고자 할 때, 대개 다음과 같은 사항을 조사하게 된다. 즉, 상관의 크기는 어느 정도이며 상관의 방향은 정적(靜的)인가 부적(負的)인가, 상관의 유형은 어떠한가를 조사한다.

### (2) 상관계수
① 상관의 정도(상관도)는 상관계수로 표시한다.
② 상관계수에 영향을 주는 요인
　㉠ 표본의 성질: 표본이 모집단을 대표할 수 없을 때 상관계수에 영향이 있다.
　㉡ 묶음의 오차: 자료의 묶음이 커지면 커질수록(즉, 급간의 수가 적을수록) 상관계수가 적게 나온다.
　㉢ 변산의 범위: 변산도가 작을수록 상관계수가 낮아진다.
　　예 지능과 학력 간의 상관을 알아보고자 할 때 IQ 100 이상에 한정하여 분석하는 것보다 IQ 70~140처럼 넓게 분석하면 상관이 크게 나타난다.
　㉣ 중간 분포집단을 제외한 경우: 전체 집단에서 상부집단, 하부집단만의 자료를 수집하면 상관계수가 높게 된다.

### (3) 상관도의 교육적 의의
① 두 변인 간에 상관이 있다는 것은 두 변인 간에 인과관계가 반드시 있다는 의미가 아니고 공변관계가 있다는 것을 의미한다. 공변관계란 두 개념이 동일한 위계를 가진다는 것을 말하며 상관도는 그 공변하는 방향과 정도를 수치로 나타낸다.
② 상관도의 가장 뜻있는 용도는 한 변인으로 다른 변인을 예언하여 준다는 것이며, 예언의 정확도를 지시하여 주는 것이다.

## 5  실험적 연구

### [1] 개요

(1) 어떤 변인을 인위적으로 조작하여 이를 작용시킴으로써 나타나는 변화를 관찰하는 연구로, 이론과 법칙의 발견에 목적이 있다.

(2) 논리적이며 과학적인 사고에 입각하여 가설을 세우고 이 가설에 따라 통제된 조건이나 변인의 조건을 인위적으로 조작하여 기대했던 행동이 일어나는가를 알아봄으로써 어떤 법칙을 확립하려고 한다.

(3) 연구자는 마음속으로 영가설을 사용하며 영가설이 기각될 것을 기대하면서 연구한다.

(4) 실험연구에서는 실험조건의 통제가 있어야 한다.

> ▶ 실험조건의 통제란 투입변인 외의 모든 자극변인을 실험집단과 통제집단(비교집단)에 똑같게 해 주는 것을 의미한다.

### [2] 주요 개념

#### (1) 변인

변인이란 관찰대상에 영향을 주는 조건으로, 독립변인(자극변인의 일종)과 종속변인(반응변인의 일종)으로 나누어진다.

① 독립변인: 실험계획에 의해 도입되는 환경의 어떤 요인이나 조건을 말한다.

② 종속변인: 독립변인에 대한 유기체의 모든 행동의 반응을 말한다.

③ 자극변인: 피험자에게 반응을 일으킬 어떤 요인이나 환경을 말하는 것으로, 독립변인을 포함한다.

④ 반응변인: 자극변인이 작용하였을 때 유기체가 일으키는 행동을 말하는 것으로, 종속변인을 포함한다.

#### (2) 실험집단(실험군)·통제집단(통제군)

① 실험집단: 일정한 실험조작(조건)을 가하여 그에 따른 반응의 변화를 알아보고자 하는 연구대상의 집단이다.

② 통제집단(비교집단): 종래와 같이 아무런 조작(조건)을 가하지 않고 실험집단과 어떤 차이가 있는가를 비교하기 위한 집단이다. 따라서 통제집단은 조작의 변화를 엄격히 통제한다.

## [3] 실험오차

### (1) S형 오차
실험대상(subject)을 잘못 선정한 데에서 나타나는 오차이다. 단순무선표집일 때 그 오차가 적고 임의표집일 때 그 오차가 크다.

### (2) G형 오차
실험에 관련된 집단(group)의 통제가 엄격히 이루어지지 못했거나 통제할 수 없는 요인의 개입으로 나타나는 오차이다.

### (3) R형 오차
같은 실험내용을 다른 집단에서 반복(replication) 실시했을 때 나타나는 오차이다. 이 오차를 줄이기 위해서는 실험을 하위 모집단에서 여러 번 실시하도록 해야 한다.

## [4] 실험설계의 타당성

실험설계를 구성할 때 내적 타당성(내적 타당도)과 외적 타당성(외적 타당도)을 높여야 한다.

### (1) 내적 타당성
① 개념: 내적 타당성은 어떤 실험결과를 해석할 때 반드시 고려되어야 할 요건이다. 내적 타당성이 높으면 실험결과를 그대로 믿어야 하지만, 내적 타당성이 낮으면 그것을 감안하여 해석해야 한다.
② 내적 타당성을 저해하는 요인
　㉠ 역사(history): 사전검사와 사후검사 사이에 있었던 여러 가지 특수한 사건들을 말한다.
　㉡ 성숙(maturation): 실험적 처치 이외의 시간의 흐름에 따라 나타나는 피험자의 내적 변화로, 피험자의 반응에 영향을 줄 수 있다.
　㉢ 검사(testing): 사전검사를 받은 경험이 사후검사에 주는 영향을 말한다.
　㉣ 도구 사용(instrumentation): 측정도구의 변화로 실험에서 얻은 측정치에 변화가 생기는 것을 말한다.
　㉤ 통계적 회귀(statistical regression): 피험자의 선발을 아주 극단적인 점수를 토대로 하여 결정할 경우에 나타나기 쉬운 통계적 현상을 말한다.

ⓑ 피험자의 선정(selection of respondent): 실험집단과 통제집단을 만들기 위하여 피험자를 선발할 때 두 집단 간에 동질성이 결여됨으로써 편파적으로 나타는 영향을 말한다.
ⓢ 피험자의 도중 탈락(experimental mortality): 피험자가 실험과정에서 중도 탈락함으로써 실험결과에 영향을 미치는 것을 말한다.
ⓞ 피험자의 선정요인과 성숙요인 간의 상호작용(selection-maturation interaction): 피험자의 선정요인과 성숙요인 간의 상호작용에 의해 실험의 결과가 달라지는 것을 말한다.

### (2) 외적 타당성

① 개념: 외적 타당성은 실험결과의 일반화 가능성을 말하는 것으로, 어떤 실험효과를 어떤 모집단의 어떤 사태에 또 어떤 처치변인과 측정변인에 일반화시킬 수 있느냐의 문제와 관련된다.

② 외적 타당성을 저해하는 요인: 어떤 특수한 실험에서 얻어진 결과를 그 실험이 진행된 맥락과는 다른 상황, 다른 대상, 다른 시기 등에 일반화시키는 데 제약을 주는 요인들을 말한다.

㉠ 검사 실시와 실험처치 간의 상호작용 효과: 사전검사의 실시로 인해 실험처치에 대한 피험자의 관심이 증가되거나 감소됨으로써 실험결과에 영향을 주는 것을 말한다.

㉡ 피험자의 선정과 실험처치 간의 상호작용 효과: 피험자의 유형에 따라 실험처치의 영향이 서로 다르게 나타나는 현상을 말한다.

㉢ 실험상황에 대한 반동효과: 실험상황과 일상생활 사이의 이질성 때문에 실험결과를 일반화하기가 어렵게 되는 현상을 말한다.

㉣ 중다 처치에 의한 간섭효과: 한 피험자의 여러 가지 실험처치를 받는 경우에 이전의 처치에 의한 경험이 이후의 처치를 받을 때까지 계속 남아 있음으로써 일어나는 효과를 말한다.

㉤ 변인들의 특이성: 사용된 특정한 실험설계에 대한 고려 없이 연구결과를 일반화하려는 경향으로, 독립변인에 대한 조작적 정의가 불분명하거나 성급한 일반화 시에 발생한다.

㉥ 처치방산(treatment diffusion): 다른 처치집단들이 함께 의사소통하고 서로를 통해 학습할 때 발생한다.

㉦ 실험자효과: 실험자 자신이 연구결과의 일반화에 미치는 영향이다. 성별, 나이, 불안수준 등 실험자가 지닌 개인적 특성이 미치는 영향과 실험자가 보고 느끼고 행동하는 방식이 연구결과에 미치는 영향, 즉 실험자가 바라는 방향대로 연구를 진행할 때 나타나는 효과가 있다.

## [5] 준실험설계

### (1) 의미
집단을 임의적으로 선정해서 이질적으로 구성하는 것을 말한다.

### (2) 단일집단 사후검사설계
어느 한 집단의 피험자에게 실험처치를 가하고, 그 후에 피험자의 행동을 관찰한다.

### (3) 단일집단 전후검사설계
한 집단을 연구대상으로 선정해서 실험처치를 가하기 전에 사전검사를 하고, 처치를 가한 후에 사후검사를 실시하여, 두 검사결과의 차이를 살펴봄으로써 실험처치의 효과를 검토하는 방법이다.

### (4) 이질집단 사후검사설계
실험처치 X의 효과를 확인하기 위하여 X를 경험한 집단과 경험하지 못한 집단을 단순히 비교하는 방법이다.

### (5) 시간계열 실험
어느 한 개인이나 집단을 대상으로 삼아 종속변인을 주기적으로 측정하고, 이러한 측정의 시간계열 중간에 실험적 처치를 도입하는 것이다.

### (6) 이질통제집단 전후검사설계
학교나 학급과 같이 기본의 집단을 자연상태 그대로 유지한 채 적당히 실험집단과 통제집단으로 잡아 연구에 이용한다. 현장교육연구에서 가장 널리 사용된다.

### (7) 준실험설계의 보완책
① 통제집단의 이용: 실험집단과 통제집단에서 나온 결과를 비교하면 종속변인에 대한 독립변인의 영향을 명확히 알 수 있다.
② 무선화의 방법: 실험집단과 통제집단을 동질화하는 가장 좋은 방법이다. 피험자를 전집에서 무선적으로 선정하여 표집하는 무선표집과 선정된 피험자를 실험집단과 통제집단에 무선적으로 배치하는 무선배치가 있다.
③ 짝짓기 방법: 지능·연령·성별·사회경제적 배경 중에서 실험에 가장 큰 영향을 미칠 것이라고 생각되는 변인이나 사전검사의 점수를 기준으로 해서 서로 똑같거나 매우 유사하다고

생각되는 두 사람을 짝지어 각각 실험집단과 통제집단에 비치하여 두 집단을 동질화시키는 방법이다.

### [6] 진실험설계(좋은 실험설계)

#### (1) 의미

실험군에 어떤 실험처치(독립 변인)를 가한 후 실험군(실험집단)과 통제군(통제집단)의 어떤 특성(종속 변인)을 비교하여 연구하는 것이다. 대표적인 유행에는 사전사후검사 통제집단설계, 솔로몬 4집단 설계 등이 있다.

#### (2) 사전사후검사 통제집단설계

| $R_1$ | $O_1$ | X | $O_2$ |
|---|---|---|---|
| $R_2$ | $O_3$ |   | $O_4$ |

$R_1$: 실험군
$R_2$: 통제군(비교군)
O: 관찰 또는 측정의 과정
X: 실험 변인에 의한 가치

① 설계절차
  ㉠ 피험자의 표집은 무선적 방법으로 한다.
  ㉡ 피험자를 실험군과 통제군에 무선적으로 배치한다.
  ㉢ 실험군과 통제군에 각각 사전검사($O_1$, $O_3$)를 실시한다.
  ㉣ 일정한 기간이 경과한 후 실험군에는 실험처치(X)를 가하고, 통제군에는 실험처치를 가하지 않는다. 실험군에 실험처치를 가하는 것을 제외하고는 두 집단이 같도록 조건을 통제한다.
  ㉤ 실험처치를 끝마친 후 실험군과 통제군에 각각 사후검사($O_2$, $O_4$)를 실시한다.
  ㉥ 두 집단의 사전검사와 사후검사의 차이를 통계적 방법을 이용하여 두 집단을 비교하면서 실험처치의 효과를 평가한다.
② 실험군의 사전검사와 사후검사 측정치의 차이가 통제군의 측정치의 차이보다 유의미하게 클 때 실험처치의 효과가 있다.
③ 가장 많이 사용하는 실험설계이다.

### (3) 솔로몬 4집단 설계

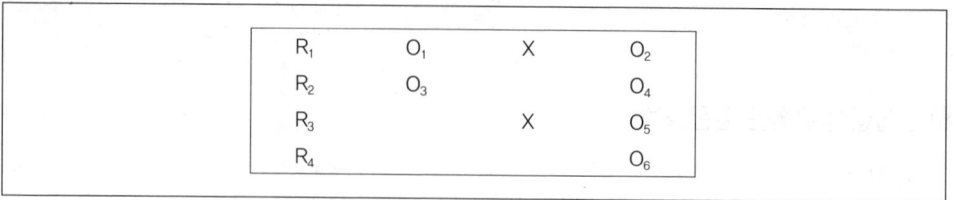

① 이 설계는 솔로몬이 사전사후검사 통제집단설계를 보완하기 위해 발표한 것으로, 현재까지 알려진 실험설계 중 가장 좋은 실험설계이다.
② 복잡성이 문제가 되지만 실험의 타당성이 확보된다는 점에서 가장 이상적인 실험설계이다.

### (4) 사후검사 통제집단설계

① 실험집단과 통제집단을 무선적으로 표집하되, 사전검사를 실시하지 않는 방법이다.
② 사전검사가 불필요하거나 실시하기 어려운 경우, 검사 실시 비용이 많이 드는 경우, 피험자의 익명성이 요구되는 경우, 사전검사와 실험처치의 상호작용이 예상되는 경우에 유용하게 사용할 수 있다.

## [7] 실험연구의 장점

① 변인들 간의 인과관계의 방향을 명백히 알아볼 수 있다.
② 연구하고자 하는 변인의 조작이 가능하다.
③ 여러 변인들 사이의 복잡한 인과관계의 규명이 가능하다.
④ 연구가 편리하고 연구의 반복이 가능하다.

## [8] 실험연구의 단점

① 실험연구 결과를 실제 현실에서 일반화하기에는 위험이 있다.
② 피험자의 표본이 대표성을 결여하기 쉬우므로 그 실험결과를 전집에 일반화하는 데에는 위험이 따른다.
③ 인위적 조작(실험처치)이 가능한 변인의 경우에만 사용이 가능하다.

## 1. 가설의 개념
가설이란 변인들 간의 관계에 대하여 잠정적으로 내린 결론이다.

## 2. 가설의 기술
(1) 변인 간의 관계로 진술한다(예 IQ가 높으면 학업성취도가 높을 것이다).
(2) 검증이 가능하도록 진술한다.
(3) 간단명료하게 진술한다.
(4) 가정적 형식을 취한다(예 만약 ~이면 ~일 것이다).

## 3. 가설의 유형
(1) 연구가설

어느 한 연구분야와 관련된 이론으로부터 논리적으로 변인과 변인 간의 관계를 추리한 진술이다(예 한 개인의 지적 수준과 학업성취도 간에는 정적 상관이 있을 것이다).

(2) 영가설

① 영가설은 '두 집단 간에는 의미 있는 차가 없다'는 가설이다.
② 연구자는 영가설이 기각되는 것을 목적으로 마음속에 설정한다. 영가설이 기각되면 다른 가설이 긍정된다(예 '프로그램 학습은 다른 학습보다 학습효과가 클 것이다'라는 가설을 연구자는 '차가 없을 것이다'라고 마음속에 세운다).

(3) 대립가설

영가설에 대립되는 가설로서 영가설이 거짓일 때 채택하기 위해 설정하는 가설이다. 보통 'A와 B의 관계의 차이가 있을 것이다'라고 진술되는 명제이다.

## 4. 가설검증의 오류

| 가설검증에 의한 결정 | $H_0$의 진위 | |
|---|---|---|
| | 진 | 위 |
| $H_0$ 부정 | 제1종 오류 | 올바른 결정 |
| $H_0$ 긍정 | 올바른 결정 | 제2종 오류 |

(1) 제1종 오류

$H_0$(영가설, 원가설)가 진(참)인 경우에 이를 부정함으로써 발생하는 오류이다.

(2) 제2종 오류

$H_0$(영가설, 원가설)가 위(거짓)인 경우에 이를 긍정함으로써 발생하는 오류이다.

# Chapter 3
# 인간의 성장과 발달

| 1  태내기의 발달과정

| 2  태아기

| 3  영·유아기

| 4  아동기(7~12세)

| 5  청소년기(12~19세)

| 6  청년기(20~29세)

| 7  중·장년기(30~65세)

| 8  노년기(65세 이후)

# 1 태내기의 발달과정

수정에서 출산에 이르는 태내기는 발생기, 배아기, 태아기의 3단계로 나뉜다.

### (1) 발생기(배란기, 난체기, 정착기)
① 수정 후 약 2주간으로 수정란이 자궁에 착상하고 태반이 발달하는 시기이다.
② 태아에 대한 외부 충격의 방지와 적정온도 유지를 위해 양수가 들어 있는 양막주머니가 형성되며, 태반도 형성된다.

### (2) 배아기
① 착상 후 약 2주부터 8주까지의 기간으로 주요 신체기관과 신경계가 모두 형성되는 시기이다.
② 배아기 동안 수정란은 외배엽·중배엽·내배엽의 세 개 층으로 분리된다.
③ 외배엽은 감각세포·신경계로, 중배엽은 근육·골격·순환기관·배설기관으로, 내배엽은 소화기관·호흡기관 등으로 발달한다.
④ 이 시기 말경 수정란은 눈·코·입술 등의 얼굴 모양과 함께 사람의 모습을 대체로 갖추게 된다.
⑤ 특히 배아기는 신체의 여러 기관이 형성되는 시기이기 때문에 모체의 질병·영양결핍·약물 등의 영향을 민감하게 받는다.

### (3) 태아기
① 임신 2개월부터 출산 전까지의 기간으로 내적 생식기뿐 아니라 외부 생식기도 형성된다.
② 주요 기관의 형성이 이루어져, 사람의 외관을 나타내게 된다.
③ 골격·근육이 계속 발달하여 팔·다리·어깨를 자율적으로 움직이며, 심장은 율동적으로 뛰게 된다.
④ 태아는 여러 가지 자극에 대해 반응을 하게 되고 이런 반응은 4개월 말경에 나타나는 태동을 통해서도 알 수 있다.
⑤ 5개월 무렵이 되면 태반이 안정되고 태아는 빨기, 삼키기, 딸꾹질 등의 반응을 하게 된다.

# 2 태아기

임신 2개월부터 출산 전까지를 태아기라고 한다.

**(1) 태아기의 발달**
  ① 제1단계(임신 초기)
    ㉠ 급속한 세포분열이 진행되는 가장 중요한 시기이다.
    ㉡ 임산부의 영양상태, 약물복용으로부터 가장 큰 영향을 받는 단계이다.
    ㉢ 임신 2개월에는 태아가 인간의 형상을 갖추기 시작한다.
    ㉣ 임신 3개월에는 성별 구별이 가능하며, 팔, 다리, 손, 발의 형태가 나타난다.
  ② 제2단계(임신 중기)
    ㉠ 손가락, 발가락, 피부, 지문, 머리카락 등이 형성된다.
    ㉡ 임신 4개월에는 태아의 크기가 현저히 변화된 것을 볼 수 있다.
  ③ 제3단계(임신 말기)
    ㉠ 태아 발달이 완성되는 시기로 태아가 모체에서 분리되어도 생존이 가능하다.
    ㉡ 임신 7개월에는 근육과 신경, 순환계의 조직이 거의 완성되며, 외부생활에 대한 준비가 되는 시기이다.
    ㉢ 임신 8~9개월까지는 발달상의 변화가 없고 다만 성숙해 가는 시기이다.

**(2) 태아에게 영향을 미치는 요인**
  ① 영양
    ㉠ 충분한 영양섭취는 태아의 발달뿐 아니라 어머니의 건강에도 필수적이다.
    ㉡ 하루에 약 300kcal 이상을 더 섭취하는 것이 좋다.
  ② 약물: 약물은 태아에게 직접적으로 치명적인 영향을 미친다. 임신 초기가 약물에 가장 취약하다.
  ③ 알코올: 태아의 순환계통과 뇌로 들어감으로써 태아알코올증후군을 유발하며, 출생 후 정신지체나 주의력 결핍, 과잉행동 등의 이상행동을 유발할 수 있다.
  ④ 흡연: 니코틴은 혈관 수축, 혈액 감소, 태반의 비정상적인 성장, 영양물의 전달 저하, 태아 체중 감소, 중추신경계의 손상, 성장의 저하를 가져온다.
  ⑤ 환경적 오염: 수은의 노출은 광범위한 두뇌손상을 일으킨다.
  ⑥ 산모의 연령 및 출산 횟수: 산모의 나이가 많으면 자연유산, 임신중독증, 난산을 겪거나 미숙아, 다운 증후군의 아이를 출산할 가능성이 높아진다.

⑦ 질병: 모체의 질병도 태내 결함을 유발하는 중요한 원인으로 작용한다.
⑧ 출산과정의 영향: 난산, 인공분만의 경우에는 출산과정에서 유의가 필요하다.

**(3) 염색체의 이상에 의한 질병**
① 다운 증후군(Down syndrome): 21번 3염색체증, 몽고증
  ㉠ 다운 증후군은 가장 흔한 염색체 질환으로서, 21번 염색체가 정상인보다 1개 많은 3개가 존재하여 정신 지체, 신체 기형, 전신 기능 이상, 성장 장애 등을 일으키는 유전 질환이다.
  ㉡ 신체 전반에 걸쳐 이상이 나타나며 특징적인 얼굴 모습을 관찰할 수 있고, 지능이 낮다.
  ㉢ 출생 전에 기형이 발생하고, 출생 후에도 여러 장기의 기능 이상이 나타나는 질환으로서 일반인에 비하여 수명이 짧다.
  ㉣ 산모의 나이가 많을수록 잘 발병한다.
② 에드워드 증후군(Edward syndrome): 18번 3염색체 증후군
  ㉠ 정상적이라면 2개이어야 할 18번 염색체가 3개가 되어 발생하는 선천적 기형 증후군이다.
  ㉡ 다운 증후군 다음으로 흔한 상염색체 삼체성 증후군으로, 약 8,000명당 1명의 빈도로 발생하며 여아에서 3~4배 정도 더 많이 발생한다.
  ㉢ 염색체 이상으로 인해 여러 장기의 기형 및 정신 지체 장애가 생기며, 치명적인 증상이 많기 때문에 대부분 출생 후 10주 이내에 사망한다. 약 10%가 생후 1세까지 생존하고 드물게 10세 이상 생존하는 경우가 있다. 생존아의 경우 대개 심한 정신 지체를 가지고 있다.
③ 파타우 증후군(Patau syndrome)
  ㉠ 13번 상염색체가 3개 있어서 태어날 때부터 중추신경계, 심장을 비롯한 중요한 신체 장기의 심한 선천성 기형을 보인다. 신생아 20,000~25,000명당 1명꼴로 발생하며 생존 기간이 짧은 선천성 염색체 이상 질환이다.
  ㉡ 소안구증, 외눈증, 구순구개열, 귀의 이상 등과 같은 안면기형을 보이며, 뇌신경계를 비롯한 중요한 장기의 선천기형을 동반하고 발육 부전과 발달 장애를 보인다.
④ 클라인펠터 증후군(Klinefelter syndrome)
  ㉠ 일반적으로 남자의 염색체는 46,XY이다. 그런데 X염색체가 1개 이상 더 존재할 때 클라인펠터 증후군이라 한다. 염색체 형태는 47,XXY, 48,XXXY, 46,XY/47,XXY 등 다양하게 나타날 수 있다.
  ㉡ 일반적으로 불임, 여성형 유방을 검사하다가 우연히 진단된다. 고환 기능 저하(남성호르몬 분비 저하, 정자 생성 불가능)와 다양한 학습 및 지능 저하가 가장 특징적인 소견이다. 키는 일반적으로 정상이거나 평균보다 약간 크다. 정상지능을 소유하기도 하지만, 미세한 학습 장애 등이 나타날 수 있다. 50% 정도의 환자에게서는 심장 판막의 이상이 동반되기도 한다.

⑤ 터너 증후군(Turner syndrome)
  ㉠ 터너 증후군은 성염색체인 X염색체 부족으로 난소 기능 장애가 발생하여 조기 폐경이 발생하며, 저신장증, 심장 질환, 골격계 이상, 자가 면역 질환 등의 이상이 발생하는 유전 질환이다.
  ㉡ 저신장이 가장 특징적이다. 출생 시 약간 작으며, 출생 후 3세까지는 비교적 정상적으로 성장하다가 이후 성장 장애가 심해져 성인의 키가 결국 140cm 정도밖에 안 된다.
⑥ 수퍼남성 증후군(Supermale syndrome)
  ㉠ 수퍼남성은 정상남성에 비해 한 개의 더 많은 Y염색체를 가지고 있다.
  ㉡ 수퍼남성은 정상적인 남성에 비해 공격적인 성격을 가지고 있어서 폭력행위를 저지르기 쉽다.
⑦ 취약 X 증후군(Fragile X syndrome)
  ㉠ X염색체에 생기는 유전자 이상으로 지적 장애 및 행동 문제들로 이어진다.
  ㉡ 가장 흔히 진단되는 지적 장애의 유전적 원인이며 여아보다 남아에게 더 흔히 나타난다.
  ㉢ 보통 감지하기 힘든 신체적 특징에는 발달 지연, 크고 돌출된 귀, 튀어나온 턱과 이마 등이 있으며 남아의 경우 고환의 크기가 크다(사춘기 이후 가장 명백함).
  ㉣ 소아들은 경도에서 중등도의 지적 장애를 겪을 수 있다. 말이나 행동의 반복, 눈 마주치기를 꺼림, 사회 불안 등과 같은 자폐증의 특징을 보이기도 한다.

# 3 영·유아기

## [1] 영아기(출생~2세)

### (1) 개요

① 제1성장 급등기에 해당한다.
② 프로이트(Freud)의 구강기, 에릭슨(Erikson)의 유아기, 피아제(Piaget)의 감각운동기에 해당한다.
③ 목적지향적인 행동을 하며, 대상영속성이 형성되는 시기이다.
④ 영아와 양육자 간의 친밀한 정서적 유대감이 강조된다.
⑤ 빨기반사, 젖찾기반사, 모로반사, 파악반사, 걷기반사, 바빈스키반사 등의 반사행동을 한다.

〈반사행동〉

| 빨기반사 | 손가락으로 뺨이나 입술에 부드러운 자극을 주면 빨려고 한다. 이는 엄마의 젖을 빨기 위한 본능적인 행동이다. |
|---|---|
| 젖찾기반사 | 영아의 볼에 무언가를 대면 얼굴을 돌려 입을 열고 빨려고 한다. |
| 모로반사 | 갑자기 큰 소리가 나거나 손에 자극을 받으면 양팔을 좌우로 벌리고 손가락을 쫙 펴며 허우적거리는 행동을 한다. 이런 행동은 생후 3~4개월이 되면 자연스럽게 사라진다. |
| 파악반사 | 아이의 손바닥에 손가락이나 다른 물건을 갖다 대면 주먹을 꽉 쥐면서 움켜잡는다. 손바닥의 파악반사는 생후 2~3개월 무렵 사라지고, 발바닥의 파악반사는 생후 8~9개월 무렵 사라진다. |
| 걷기반사 | 아이를 세워 발바닥을 바닥에 닿게 하면 걷는 듯한 반응을 한다. |
| 바빈스키반사 | 발바닥을 자극하면 발가락을 쫙 폈다가 오므린다. 생후 12~18개월 무렵까지는 흔하게 이러한 증상이 나타나지만 중추신경계의 발달이 이루어지면 자연스럽게 사라진다. |

* **알렉산더 토머스(A. Thomas)와 스텔라 체스(S. Chess)의 연구**

　유아기 기질에 대한 가장 초기 연구 가운데 유명한 연구는 알렉산더 토머스(Alexander Thomas)와 스텔라 체스(Stella Chess)가 시행한 뉴욕 장기 종단 연구(New York Longitudinal Study, NYLS)의 결과이다(Thomas & Chess, 1977). 이들은 부모와의 심층 면접을 토대로 총 아홉 가지 기질 차원을 제안했다.

1. 기질을 구성하는 9가지 요소
　- 활동 수준(activity level): 아이가 잠을 잘 때 얼마나 많이 움직이는지, 그리고 적극적인 놀이 활동을 얼마나 좋아하는지 여부
　- 접근과 철회(approach/withdrawal): 새로운 장소나 음식, 이방인, 새로운 활동 등에 얼마나 쉽게 접근하고 관심을 가지는지 여부
　- 정서의 질(quality of mood): 긍정 혹은 부정 정서를 얼마나 많이, 강하게 표현하는지 여부
　- 반응 강도(intensity of reaction): 마음에 들지 않는 상황(예 젖은 기저귀)에 접했을 때 얼마나 강한 반응을 보이는지 여부

- 반응의 역치(threshold of responsiveness): 큰 소리에 얼마나 반응하는지, 혼자서 얼마나 잘 잠자리에 드는지, 음식은 얼마나 잘 먹는지 등
- 리듬성(rhythmicity): 먹고 자는 시간이나 양이 얼마나 규칙적인지 여부
- 주의분산도(distractibility): 한 자극에 얼마나 집중할 수 있는지 혹은 다른 자극에 의해 주의가 얼마나 잘 분산되는지 여부
- 적응성(adaptability): 새로운 환경이나 활동에 얼마나 빠르게 잘 적응하는지 여부
- 주의력과 끈기(attention span and persistence): 과제나 특정 활동, 놀이 등을 끝까지 하려고 하는지 아니면 금세 포기하려고 하는지 여부

2. 기질의 3가지 유형
   - 순한(easy) 아이: 수유, 배설, 수면 등의 일상생활 습관이 규칙적이며 환경 변화에 대한 적응력도 높다. 새로운 경험에도 쉽게 적응하고 유별난 행동적 특성이 없는 편이며 사람들과 잘 어울린다. 아이들에게 가장 많은 타입으로 전체의 약 40%가 여기에 해당한다.
   - 까다로운(difficult) 아이: 생물학적 리듬이 불규칙해 수유, 배설, 수면 등의 일상생활 습관이 불규칙하고 새로운 경험에의 적응이 어려우며 주로 울음이나 저항 등의 부정적 반응을 한다. 낯선 사람을 보면 피하고 울며 새로운 음식을 주면 뱉어내는 등 환경 자극에 대한 반응의 강도가 강하고 부정적이다. 달래기도 힘이 들어 키우기에 매우 까다롭다. 전체의 약 10% 정도가 해당한다.
   - 반응이 느린(slow-to-warm-up) 아이: 환경 변화에 대한 적응이 늦고 낯선 사람이나 새로운 사물에 대해 부정적인 반응을 보인다. 그러나 까다로운 아이와는 달리 새로운 음식을 주면 뱉어내지는 않고 그냥 흘러내리게 두는 등 새로운 자극에 대한 반응 강도는 약하다. 전체의 15% 정도가 해당한다.
   - 나머지 35% 정도의 영아는 복합적인 경우에 해당한다.

## * 에인스워스(Ainsworth)의 애착유형

1. 안정애착
   약 65%를 차지하며, 안정애착 유형의 영아는 엄마와 함께 있는 동안에는 방 안을 적극적으로 탐색한다. 엄마가 방을 나가면 불안해하지만, 엄마가 돌아왔을 때 반갑게 맞이하며 금방 정서적 안정을 되찾고 다시 탐색을 한다.

2. 불안정-회피애착
   약 20%를 차지하며, 엄마와 분리되었을 때에도 별다른 불안감을 나타내지 않는다. 그리고 엄마가 돌아왔을 때에도 엄마를 별로 신경 쓰지 않는다. 엄마로부터 거절당했던 기억 때문에 자신을 위로해 줄 것이라는 확신이 없는 상태이다.

3. 불안정-저항애착
   약 10~15%를 차지하며, 엄마가 같이 있어도 주변을 잘 탐색하지 않는다. 엄마가 방을 나갔을 때에 심한 불안감을 느낀다. 엄마가 돌아와서 안아주어도 계속 울거나 분노를 표출하는 등의 불안감을 보인다. 엄마가 어떤 때에는 반응을 보이고 어떤 때에는 반응을 보이지 않는 등 일관적인 양육이 되지 않을 때 발생하며, 아기는 부모가 항상 반응해 줄 것이라고 확신하지 못한다.

4. 불안정-혼란애착
   약 5~10%를 차지한다. 혼란애착 유형의 영아는 엄마가 나갔을 때에 가장 큰 불안감을 느낀다. 엄마가 돌아왔을 때에도 엄마에게 다가가지 못하고 울기만 하거나 제자리에 있는다. 엄마가 위로의 대상인지 혼란의 대상인지 구분하지 못하는 경우이다.

### (2) 영아기의 발달단계

| 반사운동기 (출생~1월) | • 반사행동이 점차 환경에 적응하여 간다.<br>• 모든 대상을 빨기 도식에 동화시킨다. |
|---|---|
| 1차 순환반응기 (1월~4월) | • 빨기, 잡기와 같은 감각운동을 반복함으로써 점차 대상의 특성을 발견하고, 그 대상의 요구에 따라 반응을 수정한다.<br>• 외부의 대상보다는 자신의 신체에 관심이 있다.<br>• 새로운 경험을 반복하며, 초보적인 학습능력이 생긴다. |
| 2차 순환반응기 (4월~8월) | • 영아의 관심이 외부의 세계나 대상으로 옮겨간다.<br>• 우연한 발견의 의도적 반복으로 새로운 반응능력을 갖게 된다.<br>• 자신의 욕구충족을 위해 의도적으로 행동하기 시작한다. |
| 2차 도식협응기 (8월~12월) | • 친숙한 행동이나 수단을 사용하여 새로운 결과를 얻으려 하며, 의도적이고 목적적인 행동을 수행한다.<br>• 목적을 성취하기 위해 이전에 획득한 두세 가지 도식을 결합시킬 수 있게 되어 여러 가지 2차 순환반응을 조정할 수 있게 된다.<br>• 기존 도식을 새로운 대상에 적용, 조절 및 확대된다. |
| 3차 순환반응기 (12월~18월) | • 친숙한 행동으로 목표에 도달할 수 없는 경우에 전략을 수정하여 사용한다.<br>• 문제해결을 위한 새로운 수단을 발견하고 반복한다.<br>• 도식 자체가 크게 변하게 되며, 능동적으로 새로운 수단을 찾고자 노력한다. |
| 통찰기 (18월~24월) | • 행동하기 전에 사고를 통하여 행동의 결과에 대한 예측이 가능해진다.<br>• 수단과 목적의 관계에 대한 정신적 조작이 가능해진다.<br>• 표상적 사고가 시작되며 지연모방이 가능해진다.<br>• 과거의 모델 행동을 내적 표상화하여 모방하며 새로운 수단을 발견한다. |

## [2] 유아기(걸음마기, 2~4세)

### (1) 개요

① 프로이트(Freud)의 항문기, 에릭슨(Erikson)의 초아동기, 피아제(Piaget)의 전조작기에 해당된다.
② 발달이 머리 부분에서 점차 신체의 하부로 확산되며, 운동능력이 발달한다.
③ 정신적인 표상에 의한 상징놀이와 물활론적 사고를 한다.
④ 부모의 훈육에 의해 사회화의 기초가 형성된다.
⑤ 정서규제능력이 크게 증가한다.

### (2) 신체 및 운동 발달

① 유아기는 영아기에서처럼 급속한 신체발달은 이루어지지 않으나 꾸준한 신체적 성장이 이루어지는 시기다.
② 2세 반 정도가 되면 유아는 20개의 유치를 모두 가지게 된다.

③ 유아기에는 다양한 자조기능이 발달한다.

> 예 2세경 대소변 가리기, 3세경 숟가락과 젓가락 사용 및 옷 벗기, 4세경 옷 입기, 5~6세경 단추나 지퍼를 열고 닫기 및 신발 신고 벗기

### (3) 인지발달

① 자아중심적 사고: 다른 사람의 감정이나 생각, 관점이 자신과 동일하다고 생각한다. 이는 주관적이고 비사회적인 사고로, 사물이나 사건을 대할 때 타인의 관점을 고려하지 못하는 인지적 한계이다.
② 상징적 사고: 놀이활동에서 다양한 비언어적인 상징행동을 많이 사용한다.
③ 직관적 사고: 어떤 사물을 볼 때 그 사물의 대표적 속성을 바탕으로 사고하는 것이다.
④ 물활론적 사고: 모든 사물은 살아 있고 각자의 의지에 따라 움직인다는 생각을 말한다.
⑤ 도덕적 실재론: 이 시기에 유아는 의도보다는 결과에 치중하여 도덕적 판단을 한다.

### (4) 정서 및 사회성 발달

① 유아기에는 정서상태의 지속시간이 짧으나 성장과 더불어 지속시간이 길어져서 정서경험을 오래 기억할 수 있다.
② 유아의 정서표현은 일상적이며 정서표출이 빈번하게 나타난다.
③ 또래와의 풍부한 경험은 사회성 발달의 중요한 요인이다.

## [3] 학령 전기(4~6세)

### (1) 개요

① 프로이트(Freud)의 남근기, 에릭슨(Erikson)의 주도성 대 죄책감, 피아제(Piaget)의 전조작기, 콜버그(Kohlberg)의 인습 이전 수준에 해당한다.
② 신체의 양적 성장은 감소하나 지속적으로 이루어지는 시기이다.
③ 직관적 사고, 비가역적 사고를 한다.
④ 초기적 형태의 양심인 초자아가 발달한다.
⑤ 성 역할을 학습하며, 집단놀이를 통해 사회적 관계를 형성한다.

### (2) 신체 발달

① 이 시기는 성장은 빠르나 유아기만큼 빠르지는 않다. 신장은 5세쯤에 출생기의 2배가 되며, 체중은 약 5배가 된다.
② 뇌 중량은 6세에 성인의 90~95%에 달한다.
③ 5~6세가 되면 영구치가 나오게 된다.

### (3) 인지발달

① 언어습득, 상징적 표상능력, 개념적 사고 시작, 수 개념의 발달 등의 특징을 가진다.
② 직관적 분류: 사물을 특정한 기준에 따라 유목화할 수는 있으나 전체와 부분, 상위개념과 하위개념의 관계를 정확히 파악하지 못한다.
③ 중심화: 다양한 관점에서 사물을 보지 못하고 가장 분명하게 지각되는 한 면에만 초점을 두고 판단한다. 이는 보존의 개념 및 가역적 사고의 미발달을 의미한다.
④ 가족과 사회의 도덕적인 규칙을 내면화하고, 내면화된 규칙에 따라 행동한다.

#### * 유아기 운동기능의 발달

- 유아기 운동기능의 발달경향의 특징은 뇌에서 가까운 곳에서부터 발달한다.
- 눈 운동, 머리 운동, 눈과 손의 협응 동작이 먼저 선행하며 다리 운동은 그 후에 이루어진다.
- 운동기능은 수평적 동작에서 수직적 동작으로 발달하며, 대근육이 먼저 발달하고 그 다음 소근육이 발달한다.

| 연령 | 대근육 | 소근육 |
|---|---|---|
| 2세 | • 옆을 보고 걷기<br>• 계단 오르내리기<br>• 기구에 올라가기 | • 세로선 그리기 흉내<br>• 병에서 사탕 쏟기 |
| 3세 | • 한 발로 서기, 달리기<br>• 사다리 오르기<br>• 두 발로 뛰기<br>• 세발자전거 타기<br>• 튕겨오는 공 잡기 | • 가위로 종이 자르기<br>• 비슷하게 원모양 그리기<br>• 인형옷 입히고 벗기기 |
| 4세 | • 뛰어오르기<br>• 수영<br>• 던져 주는 공 잡기 | • 선을 따라 가위질하기<br>• 신발 끈 꿰고 묶기<br>• 구슬 꿰기 |
| 5세 | • 줄넘기<br>• 보조바퀴가 있는 두발자전거 타기<br>• 굴러오는 공 차기 | • 원, 사각형, 삼각형 그리기<br>• 짧은 단어 따라 쓰기 |

## 4 아동기(7~12세)

### (1) 개요
① 프로이트(Freud)의 잠복기, 에릭슨(Erikson)의 근면성 대 열등감, 피아제(Piaget)의 구체적 조작기, 콜버그(Kohlberg)의 인습적 도덕기에 해당한다.
② 10세 이전에는 남아의 키와 몸무게가 여아보다 우선하지만, 11~12세경에는 여아의 발육이 남아보다 우세해진다.
③ 보존의 개념을 획득하고, 서열화·유목화가 가능하며, 논리적인 사고를 한다.
④ 동성의 친구와 친밀감을 유지하려고 한다.
⑤ 집단놀이를 통해 개인적 목표보다 집단적 목표를 우선시하며, 협동·경쟁·협상·분업의 원리를 체득한다.

### (2) 아동기의 특징
① 단체놀이에 관심을 가지며, 경쟁의 본질과 승리의 의미를 학습한다.
② 친구를 통해 사회적 가치관이나 규범을 획득하고, 타인의 시각에서 사물을 보는 능력이 발달한다.
③ 지적 기능의 분화에 따라 객관적인 지각이 가능하다.
④ 유아기에 발달한 운동지각능력이 공간지각능력으로 발달한다.
⑤ 논리적 사고의 방해요인(자아중심성, 중심화, 비가역성 등)이 극복된다.
⑥ 수를 조작하는 조합기술이 발달한다.
⑦ 인지양식이 나타난다.
⑧ 비교적 정서적으로 안정된 시기로, 정서적 통제와 분화된 정서표현이 가능하다.
⑨ 자아존중감이 학업적 자아존중감, 사회적 자아존중감, 신체적 자아존중감으로 분화된다.

### (3) 아동기의 성장과 발달
① 심리사회적 성장과 발달
  ㉠ 구체적이고 직접적인 자극에 의한 것보다는 상상적·가상적·비현실적·초자연적인 것에 대한 공포가 많아진다. 이러한 공포의 표현이 때로는 자기의 약점을 감추려는 수단으로 반항·난폭·허세 등의 반대현상으로 나타나는 경우도 있다.

ⓒ 충동이 감소되고, 새로운 성본능이 발달하지 않은 잠복기이다. 성적 에너지를 새로운 사회적 능력의 발전과 지적 추구로 돌리게 되는 시기로서, 성적 흥미는 억압된 채 사춘기가 될 때까지 휴식상태를 유지한다.
　　ⓒ 합리적으로 대처할 수 있는 자아가 발달하는 시기이다. 문제에 대처하는 이성적인 능력의 인지가 생기게 되며, 자아존중감의 발달이 중요한 시기이다.
　　ⓔ 자기 성의 확립, 동성과의 동일시가 한층 더 확고하게 진행되는 시기이다.
　　ⓜ 근면성을 발전시키는 시기로, 자기 자신을 사회에 적응할 수 있도록 발달시킴으로써 건강한 사회에서 건설적인 역할을 수행할 수 있는 능력을 심어 주는 시기이다.
② 인지의 발달
　　㉠ 구체적 조작기: 사고와 지각을 구분하여 지각에 의해 지배되지 않고 구체적 사물이나 상황을 통해 논리적 사고가 가능하다. 동작했던 것을 머리로 생각할 수 있는 단계이다.
　　㉡ 탈중심화: 다른 중요한 요소들을 무시한 채 한 가지 요소에만 주의를 집중하는 경향이 감소한다. 한 자극의 여러 특성에 주의를 기울임으로써 보존의 개념을 이해할 수 있게 되면서 탈중심화가 나타난다.
　　㉢ 가역적 사고: 특정 조작과 역조작을 동시에 통합할 수 있는 것으로 사고가 진행되어 나온 과정을 거꾸로 되밟아 갈 수 있는 사고 능력의 발달로 보존성 개념이 획득된다.
　　㉣ 중다분류: 2개 이상의 기준을 사용하여 사물을 분류할 줄 아는 유목화의 능력이 발달한다.
　　㉤ 서열화: 대상을 그것이 지니는 특성의 양적 차원(예 크기, 무게, 밝기)에 따라 차례로 나열하는 능력을 갖춘다.
　　㉥ 상대적 비교 가능: 사물의 속성을 다룰 때 그들 사이의 관계성을 고려할 줄 안다.
　　㉦ 언어의 사회화: 언어 사용에 있어 자기중심적 경향이 줄고, 다른 사람을 이해하고 자신의 감정과 사고를 타인에게 표현하려고 한다.

## 5 청소년기(12~19세)

**(1) 개요**
① 프로이트(Freud)의 생식기, 에릭슨(Erikson)의 자아정체감 대 역할혼미, 피아제(Piaget)의 추상적 사고기에 해당한다.
② 청소년기라 함은 아동기에서 청년기로 넘어가는 과도기로서 과도기적 발달적 특성이 나타나는 시기이다.
③ 청소년기는 특히 이차적 성징의 발달과 아울러 신체발달에 따른 심리적 경험과 미래 삶에 대한 틀이 형성되는 중요한 시기이다.

**(2) 청소년기의 일반적 특성**
① 청소년기는 신체적으로 급격한 변화와 함께 심리적·사회적으로 심한 혼란과 복잡한 변화를 겪어 내적·외적 경험을 통합하고 성숙의 기초를 형성하는 시기이다.
② 청소년기의 문제가 세계 공통의 관심사가 되고 있는 이유는 산업사회에서 기술이 고도화되고 사회구조가 복잡해질수록 직업과 사회적 역할을 위한 준비기간이 길어지기 때문이다.
③ 청소년기를 '자아발견기' 또는 '자아정체성의 형성기'라고도 한다.
④ 청소년기에는 또래집단에 몰입하며, 부모로부터 분리개별화(독립)하고자 한다.
⑤ 청소년기에는 주로 또래집단에게 인정받고자 하는 욕구가 매우 강하다.
⑥ 청소년기에는 또래집단의 지지와 이해로 도덕성이 발달한다.
⑦ 청소년기에는 친구에게서 배운 가치관을 가족관계에 적용하려고 한다.
⑧ 또래집단은 청소년을 부모에게서 독립하도록 돕는 역할을 한다.

**(3) 청소년기에 대한 학자들의 표현**
① 사춘기
② 홀링워스(Hollingworth): 심리적 이유기
③ 홀(Hall): 질풍노도의 시기
④ 샬럿(Charlotte): 제2의 반항기
⑤ 레빈(Lewin): 주변인, 경계인
⑥ 앤더슨(Anderson): 과도기
⑦ 프로이트(Freud): 격동기
⑧ 정신적 여명기

### (4) 마샤(J. Marcia)의 정체감 상태(지위)

자아정체감의 지위(status)를 위기와 관여(commitment)에 따라 구분한다.

| | |
|---|---|
| 정체감혼돈<br>(identity diffusion)<br>(위기의식도 없고<br>관여도 없다) | • 자신이 누구인지, 인생에 있어 무엇을 하고 싶어 하는지 모르고, 삶에 대한 방향감이 결여되어 있다.<br>• 직업, 종교, 정치 문제에 대한 분명한 자임(自任)을 갖고 있지 않으며, 행동에 관한 일관성 있는 표준도 형성하지 않고 있다.<br>• 정체감 위기를 경험한 적도 없을 뿐만 아니라, 적극적으로 대안을 재평가하고 탐구하고 고려해 보는 과정을 고민해 본 적도 없다.<br>• 자임의 결여에서 비롯되는 것으로 청년기 초기에 흔히 볼 수 있는 일이다. 이것은 청년기 초기에 경험하는 전형적인 심리적 혼돈(chaos)이라고 할 수 있다. 어느 정도의 정체감혼돈은 청년기 초기의 정상적인 발달과정으로 보아야 한다. |
| 정체감유실<br>(identity foreclosure)<br>(위기의식은 없고<br>관여만 있다) | • 선택 사항들에 대한 고려 없이 부모와 같은 다른 사람이 선택해 준 결정을 수용하는 상태이다.<br>• 정체감유실형은 겉으로는 정체감성취형과 비슷하고, 실제로 공통점을 가지고 있기도 하지만 정체감유실형은 정체감성취형과는 다르다. 그들은 심리적 위기를 경험한 바 없으며, 그 자신에게 적용될 수 있는 다른 목표, 가치, 대안들을 고려해 본 적이 없다.<br>• 일상생활에서 정체감유실형들이 추구하고 있는 목표, 그들이 믿고 있는 가치는 부모, 종교, 동료와 같은 외부에서 결정된 것이다.<br>• 정체감유실은 흔히 부모의 지배적 영향력에 의하여 만들어진다. 그러나 반드시 부모에게만 국한되는 것이 아니다. 그들은 동료와 같은 다른 강력한 영향력에 의하여 영향을 받을 수도 있다.<br>• 나치 독일과 같은 전체주의적 체계에서의 청년집단의 운동은 제복, 깃발, 의식, 신념, 모델과 같은 영웅을 제공하여 집단정체감을 형성한다. |
| 정체감유예<br>(identity moratorium)<br>(위기의식은 있고<br>관여가 없다) | • 선택을 위한 노력 중에 있는 상태이다.<br>• 청소년들의 정체감유예는 자임이 주어지지 않은, 실험적이고 잠정적인 발달 기간의 특징으로, 많은 위기와 해결되지 않은 의문이 있다는 것을 의미한다.<br>• 청소년들이 다양한 역할을 탐험하고, 답을 찾고, 실험하고, 시도하며, 이것저것 다 해 보는 적극적인 활동을 하게 되는 청소년기의 두드러진 특색이다.<br>• 에릭슨과 미드(Erikson & Meed, 1961)는 심리적 유예 또는 마치 역할을 떠맡은 것같이 여러 가지 역할을 실험해 볼 수 있는 실험기간(as-if period)이라고 가정하였다.<br>• 실험기간이기 때문에 새로운 역할을 시도하는 가운데 발생하는 실수는 책임을 지지 않는다. |
| 정체감성취<br>(identity achievement)<br>(위기의식이 있고,<br>거기에 따른<br>관여가 있다) | • 직업이나 이성, 신앙 등을 자유롭게 고려해 본 후에 스스로 선택하여 선택한 삶에 전념하는 상태이다.<br>• 정체감성취형은 자아성취감의 위기를 성공적으로 극복하여 신념, 직업, 정치적 견해 등에 대해 자기 스스로의 의사결정을 할 수 있는 상태를 말한다.<br>• 한 개인이 심리적 유예를 경험하고, 청소년기의 정체감을 해결한 결과 최종적인 개인적 자임을 발전시켰을 때, 정체감은 성취된다.<br>• 정체감성취는 자아강도를 증가시키는 데 기여한다. 그것은 청소년기 발달이 성공적으로 완수되고, 성숙에 도달하였음을 의미한다.<br>• 정체감의 성취는 개인에게 과거와의 계속성, 미래에 대한 안정적 태도에 대한 허용과 지각을 제공한다. 정체감의 성취는 과거, 현재, 미래를 연결하는 새로운 종합능력이 생겼음을 의미한다. |

**(5) 신체·생리적 특성**

① 2차 성징의 발달의 원인과 영향
   ㉠ 남성·여성 호르몬의 분비 증가
   ㉡ 호르몬의 변화: 청소년기는 호르몬의 종류와 양적인 변화로 인해 심리적·신체적인 영향을 받는다.
   ㉢ 불안이나 호기심으로 인한 심적 불안정 상태이다.
   ㉣ 조숙, 만숙에 따른 불안감, 열등감, 소외감을 느끼기도 한다.
   ㉤ 이성에 대한 관심이 증가한다.

② 급격한 신체적 변화
   ㉠ 신장이 극적으로 성장하는 성장급등기(growth spurt)이다.
      ⓐ 청소년기에 들어서면 신장과 체중이 급성장하고, 성적인 성숙이 급격히 이루어지게 되는데 이를 성장폭발이라고 한다.
      ⓑ 여자(10~12세 정도)가 남자(12~14세 정도)보다 빨리 시작되고 빨리 완료된다.
      ⓒ 성장급등기는 평균적인 시기이며, 개인차가 현저하다.
      ⓓ 성장급등기의 개인차는 유전인자, 영양상태, 사회적 환경, 생활양식 등의 요인 때문이다.
   ㉡ 2차 성징의 출현
      ⓐ 남성호르몬(안드로겐), 여성호르몬(에스트로겐)이 왕성하게 분비된다.
      ⓑ 남자는 키가 크는 것과 동시에 성기가 커지고 음모가 자라며, 목소리가 변하게 된다.
      ⓒ 여자는 키가 크면서 가슴이 커지고 생리를 시작하며, 음모가 자라게 된다.

**(6) 신체 변화에 따른 심리 변화**

① 급격한 변화에 대한 적응 방법의 부지로 인하여 불안감을 갖게 된다.
② 신체의 불균형적 성장으로 자신의 신체에 대한 관심과 불만이 증가한다.
③ 생리적 변화는 정서적 불안정을 야기한다.
④ 조숙, 만숙에 따른 자신감, 열등감이 생기게 된다.
⑤ 타인에 대한 개념이 생겨나며 타인과의 비교를 통하여 자아의식의 발달이 촉진된다.
⑥ 자아정체감 확립을 위한 고민과 노력을 한다.

**(7) 인지적 특성**

① 인지발달의 일반적 특징
   ㉠ 뇌는 출생 후 급속히 성장하다가 청소년기 이후에 성장이 느려지기 시작한다.
   ㉡ 지능은 생득적 소질과 환경적 경험의 상호작용에 의해 변화한다.

ⓒ 지능은 출생 후 10세까지 직선으로 발달하다가 이후 발달속도가 완만해지며, 20세 이후에는 정체 및 하강한다.
ⓔ 유동적 지능(기억력, 도형지각, 지각속도, 귀납추리 등)은 대략 청소년 후기에 정점에 근접한다.
ⓜ 결정적 지능(어휘력, 이해력, 종합력, 평가능력 등)은 성인기 후반까지도 발달 가능하다.

② 추상적 사고의 발달
ⓐ 형식논리(귀납, 연역)에 의한 사고를 한다.
ⓑ 추상적 상징과 은유를 활용한다.
ⓒ 본질(원리)을 파악하려는 사고를 한다.
ⓓ 자신의 사고 자체와 사고과정에 대한 사고(반성)를 한다.

③ 논리적 추리능력의 발달
ⓐ 논리적 사고가 발달한다.
ⓑ 경험적·귀납적 사고, 가설적·연역적 사고가 가능하다.
ⓒ 조합적 사고(관련 변인들의 관계 설정과 검증 사고)를 한다.

④ 사회인지적 특성
ⓐ 자기중심성이 강해진다.

| 개인적 우화 (personal fable) | 자신을 아주 특별하고 독특한 존재로 생각한다. |
| --- | --- |
| 상상의 청중 (imaginary audience) | 자신은 항상 타인의 관심대상이어서 타인은 늘 청소년 자신을 주시한다고 생각한다. |

ⓑ 타인의 입장이 되어 보기(perspective taking): 다른 사람들의 입장이 되어 그들의 생각이나 감정을 이해할 수 있는 능력을 가지게 된다.

(8) 정서적 특성
① 청소년들의 정서는 순수한 반면 불안정하고 충동적인 면이 강하다.
ⓐ 이는 청소년기의 급격한 신체적·성적 변화에 따른 긴장과 불안, 인지와 자의식의 발달로 인한 가치관의 변화와 기성세대에 대한 거부감에서 비롯된다.
ⓑ 아동 및 성인 사이의 역할 부재에서 오는 혼돈 등이 복합적으로 일어나기 때문이다.
② 감정의 기복이 심하고 예민하며, 타인을 의식하여 수줍음이 많고 열성적이며 호기심과 모방성이 강하다.

**(9) 사회적 특성**
① 부모로부터 친구나 유명인물로 동일시 대상이 변화한다.
② 또래집단에서의 역할, 책임, 소속을 중요시한다.
③ 집단의 규율과 규칙을 중요시한다.
④ 친구관계를 중요시한다.
⑤ 이성 친구에 대한 관심이 증가한다.

## 6 청년기(20~29세)

**(1) 청년기의 개념**
① 청년기는 신체적 성숙이나 정신적 발달 등 심신 양면에 있어서 결정적 시기이며, 사회 환경의 영향을 많이 받는 시기이다.
② 청년기는 이제까지 준비해 온 것을 실현하고 구체화시키는 시기로서 사회적 측면에서 다른 사람을 사랑하고 보살피는 능력이 심화되는 시기이다.
③ 청년기의 발달은 신체적 지능이나 인지적 능력의 획득에 의해 일어나기보다는 주로 사회적·문화적 요소에 의해 주도된다.
④ 청년기는 부모로부터 독립을 하는 시기로, 독립에 대한 갈망과 불안감의 양가감정을 갖게 되며 동시에 자율성이 발달하게 된다.
⑤ 에릭슨은 이 시기의 발달상 특징으로 친밀감과 고립감을 들었다. 이 시기에 인간은 타인과 깊은 관계를 맺게 되고 친구관계·부부관계·전우애 등의 친밀감을 가진다. 이러한 친밀감은 타인의 입장 이해, 감정이입의 능력이 형성되어 있을 때 가능하고, 만일 친밀감이 형성되지 않은 경우에는 고립되어 살아갈 수밖에 없으며, 친구·애인·배우자 등을 얻기 어렵다.

**(2) 청년기의 발달과제(Havighurst)**
① 배우자 선택, 가정생활 시작하기, 자녀 양육하기, 원만한 가족관계 유지하기를 한다.
② 직업을 선택하여 최소한의 경제적 생활을 유지하고 능력 있는 사회인으로 참여한다.
③ 변화하는 사회 및 문화에 익숙해지고 그것을 받아들임으로써 자기성장의 욕구를 유지하며 시민의 의무를 완수한다.

## 7 중·장년기(30~65세)

### (1) 중·장년기의 특징
① 신체적 능력과 건강이 감퇴하기 시작하며, 갱년기를 경험한다.
② 단기기억능력은 약화되지만 장기기억능력에는 변화가 없으며, 오랜 인생경험에 의한 지혜로 문제해결능력이 높아진다.
③ 감각기관의 능력이 감소하며, 급격한 에너지 소모를 필요로 하는 일보다 지구력을 요하는 일이 더 유리하다.
④ 개성화를 통해 자아의 에너지를 외적·물질적인 차원에서 내적·정신적인 차원으로 전환한다.

### (2) 중년기의 4대 위기(Marmor)
① 신체의 노화
② 사회·문화적 스트레스 증가
③ 경제적 스트레스 증가
④ 정신적 스트레스 증가

## 8 노년기(65세 이후)

**(1) 노년기의 특징**
① 노년 전기(65~74세)에는 비교적 신체적 기능이 건강하고 자립적인 활동도 가능하다.
② 노년 후기(75세 이후)에는 신체적 기능의 약화로 일상생활 수행에 있어 타인의 도움을 필요로 한다.
③ 신체적·정서적으로 쇠약해지는 것에 대하여 적응해야 하는 시기이다.

**(2) 노화이론**
① 분리이론
  ㉠ 늙어가면서 사회와 노인들 사이에서 일어나는 현상으로서 노인들은 사회로부터 분리 혹은 은퇴한다는 것이다.
  ㉡ 노인들이 서로 떨어지거나 사회적으로 분리되는 것은 자연적 현상, 아니면 의도적으로 나타난다는 설명이다.
② 활동이론
  ㉠ 노년은 중년의 연장일 뿐이므로 활동을 중단할 것이 아니라 지속할 것을 당연하게 보기 때문에, 노년기의 생의 만족은 적정 수준의 사회적 활동을 유지할 때 가능하다는 견해이다.
  ㉡ 사회적 활동은 성공적인 노화에 필요조건이 되는 것으로, 신체적 및 정신적으로 활동에 적극 참여하면 노년기의 기능을 유지하는 데 도움이 된다고 본다.
③ 지속성 이론
  ㉠ 노년기의 성격은 젊을 때의 성격성향을 지속하는 것이지 바뀌는 것이 아니라는 견해이다.
  ㉡ 노년기의 신체적·정서적 역량의 감소는 선택적으로 사회활동에 참여하게 하며, 자기 자신에게 보다 많은 관심을 두고 특정 취미에 몰두하게 되는 경향을 보인다. 이러한 행동이 마치 노인들이 자기중심적이고 고집 세고 사회에 무관심한 성격으로 변한 것처럼 보이게 하기도 한다.
④ 사회교환이론
  ㉠ 개인과 집단 간 교환이 지속되는 경우는 교환에 참여하는 사람이 그 상호작용에서 이득을 얻는 한 지속되는데 노인이 되면 사회적 상호작용에서 이득이 감소하므로 사회적 교환활동이 감소한다는 견해이다.
  ㉡ 노인이 되면 건강, 대인관계, 수입 등 권력의 원천이 줄어들어 사회와 노인 간에 불균형 교환이 일어나게 된다. 따라서 노인의 사회 내 상호작용이 감소 내지 단절을 초래하게 된다.

⑤ 현대화이론
　㉠ 현대화가 사람들의 기본관념을 변화시키고 노인의 지위와 역할에도 영향을 미친다. 과거 전통 농경사회에서는 노인이 전문직업인, 전통문화의 전수자, 전문정치가 및 종교가로 군림하였다.
　㉡ 산업화 사회에서는 노동력이나 인력보다는 고도의 기술이 생산을 지배하게 되었다. 노인이 독점하던 지식도 젊은이에게 이전되고, 과거 노인이 독점하던 전문가의 역할도 교육받은 의사, 교사, 기타 전문가에게로 이관되었다.

> \* **발테스와 발테스의 SOC이론(보상을 수반한 선택적 적정화 모델)**
> - 노년학을 오랫동안 연구해 온 발테스와 발테스(Baltes & Baltes, 1990)는 전 생애에 걸쳐 일어나는 발달심리학의 관점에서 성공적인 노화이론으로서 SOC모델(model of selective optimization with compensation)을 제시했다.
> - SOC모델은 성공적 노화를 비롯한 인간개발 연구 및 인간의 전 생애 발달이 선택(selection), 적정화(optimization), 보상(compensation)이라는 세 가지 생애전략과 관련된 과정으로 보았다.
> - 선택, 적정화, 보상 모델은 한 개인이 노화과정에 따라 어떻게 적절하게 대응하고 활용하느냐 하는 문제, 생애과정에서 노화의 손실을 최소화하는 것이 성공적 노화 수준을 연구하는 데 효과적이라는 견해이다.
> - 선택: 주어진 환경 속에서 개인의 생활목표(신체적 건강, 가치 등)에 대한 기회와 기능, 역할의 범위를 고려해 활동의 양과 질 및 종류를 선택하는 것이다.
> - 최적화: 선택한 목표 달성을 위해 최선의 노력을 다하는 최적화를 중시한다. 다양한 수단과 방법으로 개인이 선택한 목표와 영역을 최대한 달성하는 일이다. 자신의 강점과 잠재적 기능을 동원해 성공적인 사회활동은 물론 건강관리, 레저생활, 사회봉사 등으로 노후생활을 활기차게 만드는 일이다.
> - 보상: 생물학적·사회적·인지적 기능의 상실이 일어났을 때, 어떠한 학습이나 보조기구, 외부적 도움, 심리적 보상기제 등으로 상실을 보완하는 것을 말한다. 활동의 제약과 질병으로 인한 손실을 최소화하면서 긍정적인 역할로, 그리고 주위의 자원을 활용하여 지속적인 성장을 이루어나가는 것이다. 이렇게 될 때 노화의 주관적인 요소인 정서적인 웰빙, 삶의 만족이라는 보상을 얻게 된다는 주장이다.

### (3) 죽음에 적응해 가는 과정(Kubler-Ross, 1969)
① 부정(denial): 자신의 죽음이 임박한 사실을 알았을 때 그 사실을 부정한다. 초기의 불안한 상황에 대처하는 데 있어서 비교적 건강한 방법이다. 또한 환자들로 하여금 그들의 생각을 가다듬게 함으로써 예기치 못한 충격적인 사실에 대한 완충역할을 할 수도 있다.
② 분노(anger) 자신의 죽음에 더 이상 부정할 수 없음을 깨닫고 분노, 격분, 질투, 원한의 감정을 경험하게 된다. 환자를 이해하고 따뜻한 관심을 가져 주면 시간이 지나면서 그들의 분노도 감소한다.
③ 타협(bargaining): 어떻게 해서든지 죽음이 연기되거나 지연될 수 있기를 바라면서 불가사의한 힘과 타협하고자 한다.
④ 우울(depression): 말이 없어지며, 면회를 사절하고 혼자서 울며 슬퍼하는 시간을 갖게 된다. 이 시점에서는 죽어가는 사람을 위로하지 않는 것이 좋다. 자신의 깊은 고뇌를 표현함으로써 슬픔을 감추려고 억누를 때보다 훨씬 빨리 좌절을 극복할 수 있다.
⑤ 수용(acceptance): 운명에 대해 우울해하지도 않고 분노하지도 않는 마지막 단계에 도달한다.

# Chapter 4
# 발달이론

| 1 인지발달이론
| 2 성격발달이론
| 3 도덕성 발달이론
| 4 해비거스트(Havighurst)의 발달과업이론
| 5 진로발달이론

# 1 인지발달이론

## [1] 피아제(Piaget)의 인지발달이론

1896년 스위스에서 태어난 피아제(Piaget)는 심리학 역사상 가장 영향력 있는 발달심리학자이다. 그는 생물학 박사학위를 취득한 후 심리학에 점차 흥미를 더 느끼게 되었고, 자신의 세 자녀를 대상으로 관찰한 결과를 기초로 하여 그의 초기 이론을 수립하였다.

> ▶ 인지: 지각·상상·추리 및 판단 등 모든 형태의 지각활동을 포괄하는 일반적 개념
> ▶ 인지발달: 정신과정과 점진적·순차적 변화가 점차 좀 더 복잡하고 정교화되어 가는 것

### (1) 이론의 개요

① 발생론적 인식론(genetic epistemology): 피아제는 지식의 구조와 과정의 발달에 관심을 두어 지식이 마음속에 표상되는 방법과 표상된 것이 성장함에 따라 변해가는 방법을 경험적으로 연구하였다.

② 구성론적 인지발달이론(인지적·개인적·급진적 구성주의): 아동은 물리적 환경과의 상호작용을 통해 지식을 구성한다.

③ 피아제 인지발달이론의 기본입장
  ㉠ 지능이란 환경에 적응하는 능력으로, 정(靜)적인 특성이 아니라 동(動)적인 특성이다.
  ㉡ 아동은 성인의 축소판이 아니며, 아동의 사고는 성인의 사고와 질적으로 다르다.
  ㉢ 아동은 외부 지식을 수동적으로 모사(模寫)하거나 기억하는 수동적인 존재가 아니라 세계를 해석하는 능동적인 존재이다.
  ㉣ 인지구조는 개인이 환경과의 능동적인 상호작용을 통해 구성된다. 실재(實在)는 환경 및 개인 속에 존재하는 정보를 근거로 구성되기 때문에 객관적 실재란 존재하지 않는다.
  ㉤ 개체와 물리적·사회적 환경의 상호작용은 인지발달에 큰 영향을 미친다. 상호작용은 성인과의 상호작용이 아니라 또래와의 사회적 상호작용이 중요하다.
  ㉥ 인지발달에는 유전적으로 결정된 신경계의 성숙이 전제되어야 한다.
  ㉦ 발달이란 지식이나 기능이 점진적으로 축적되어 가는 과정이 아니라 사고의 질적인 변용과정이다.

④ 인지발달이론의 주요 내용
  ㉠ 인지기능은 생득적으로 부여받은 지적 행위의 일반적 특성으로, 개체가 환경에 적응하려는 기본적인 경향성을 뜻한다.

ⓛ 인지구조는 연령에 따라 변화하는 지능의 조직된 측면으로, 생득적인 것이 아니라 유기체가 환경과의 상호작용을 통해서 구성해 나간다.
ⓒ 인지발달은 유기체와 환경 간의 연속적인 상호작용에 의해 점진적으로 구성되는 도식(schema)의 변화에 의해 발생한다.

> ▶ 도식(schema): 개인이 가지고 있는 반복될 수 있는 행동의 유형이나 인지구조

### (2) 피아제 인지발달이론의 주요 개념
① 인지기능
ⓐ 인지기능은 개체가 환경에 적응하려는 기본적인 경향성으로, 모든 생물체에게서 불변하는 작용이다. 기본적 기제로서 적응(adaptation, 순응)기능과 조직화(organization, 체제화)기능으로 구성되어 있다.
ⓛ 적응기능과 조직화기능을 통해서 적응적 활동이 정교화되고, 각 연령에 따라 질적으로 다른 계열적 활동으로 나타나게 되어 인지단계를 이룬다.
② 적응(adaptation, 순응)기능
ⓐ 적응기능은 아동이 환경과 상호작용하는 생득적 경향성을 의미하는 것으로, 환경 속에 살아남으려는 동기를 가진 하나의 과정이다.

> ▶ 적응: 동화와 조절을 통해 환경에 반응하는 도식의 순응 과정

ⓛ 현재 자신이 지각하고 이해하고 있는 모든 사물·사상·지식과 새로운 문제해결상황에서 부딪히게 될 현상과 균형을 맞추고자 하는 행동이다.
ⓒ 동화(assimilation)
  ⓐ 새로운 대상이나 사건을 현존하는 도식에 의해 이해하는 것이다.
  ⓑ 새로운 지각내용이나 지식은 기존 이해의 틀의 일부가 된다.
  ⓒ 새로운 지각물이나 자극사건을 이미 자신이 가지고 있는 도식이나 구조에 통합시키는 인지과정을 의미한다.
  ⓓ 동화는 인지구조의 변화가 아니라 도식의 양적 성장과 관련이 있다.
  ⓔ 예를 들어 '강아지'에 대한 도식을 가진 유아가 털과 네발이 있는 동물을 보고 '강아지'라고 부르는 현상을 말한다.
ⓔ 조절(accommodation)
  ⓐ 새로운 정보에 비추거나 새로운 경험에 따라 현존하는 도식을 수정하는 것이다.
  ⓑ 조절은 도식이나 구조의 질적 변화와 관련이 있다.

ⓒ 환경적 영향의 결과로 개인의 유기체 조직이 수정되어 가는 과정이다.
ⓓ 털이 있고 네발 달린 동물은 '강아지'뿐만 아니라 '고양이'도 있다는 것을 아는 것이다.
ⓜ 평형(equilibration)
　　ⓐ 현재의 인지구조와 새로운 정보 간의 균형을 회복하는 과정이다.
　　ⓑ 동화와 조절 중 어느 한쪽에 치우치지 않게 두 과정의 균형을 유지하는 것이다.
　　ⓒ 인간은 계속적으로 평형을 유지하기 위해 사고의 적절성을 검토하며, 이 과정을 통해 사고가 변화하고 발전하게 된다.
③ 조직화(organization)기능
　㉠ 조직화기능은 분리된 구조나 체계를 고차원의 체계나 구조로 통합시키는 선천적 경향성으로, 지각정보와 인지정보를 의미 있는 틀(인지구조) 속에 체계화하는 활동이다.
　㉡ 외부환경과의 접촉을 통해 받아들인 지식이나 행동을 순서화하고 일관성 있게 조직화하여 표상된 내적 구조를 가지고자 한다.
　㉢ 표상된 내적 구조(분류·범주) 속에 모든 사상이나 사물들을 귀속시킴으로써 환경에 적응하게 한다.
　㉣ '사과'와 '귤'을 더 일반적인 범주인 '과일'의 하위범주로 생각하는 것이다.

### (3) 피아제 인지발달이론의 특징

① 인지발달이란 인지구조의 계속적인 질적 변화의 과정이다.
　㉠ 지력의 발달은 몇 개의 단계를 거치는 비연속적인 경로를 밟는다.
　㉡ 한 단계에서 다음 단계로 옮겨갈 때 기존의 인지구조가 새로 형성된 인지구조 속에 흡수·통합된다.
② 인지발달의 단계는 모든 문화권을 초월해서 일정불변하다.
③ 발달의 속도에는 개인차가 있지만 발달순서에는 개인차가 없이 일정불변하다.
④ 발달단계에 있어 사고가 언어에 반영된다(행동 → 사고 → 언어).

### (4) 인지발달단계

① 감각운동기(sensori-motor period, 0~2세)

▶ 감각운동기: 영아들이 감각과 운동 기술을 사용하여 주변에 관해 배우는 단계

　㉠ 실제 대상물을 선천적으로 타고난 감각적 행동과 운동을 통해 조작하는 단계로, 반사행동으로 환경에 적응한다.
　　예 신생아의 입술에 손을 대면 빨기 시작하며, 영아의 손바닥 위에 손가락을 얹어 보면 아기는 그것을 감싸 쥔다.

> ▶ 반사행동: 태어나면서부터 가지고 있는 자극에 대한 자동적인 반응

ⓒ 반사행위를 점차로 통합하여 자신이 의도하는 목표를 달성하기 위한 수단이 되는 행위, 즉 의도적인 목표행위를 할 수 있게 된다.
   예 장난감 통 속의 장난감을 꺼낼 수 있게 된다.
ⓒ 사물의 실재성(어떤 물체를 다른 각도에서 보아도 동일하다는 것)을 인식하지 못한다.
ⓔ 대표적 행동은 대상영속성 개념이 발달하는 것이다.
   예 영아의 젖병을 수건으로 덮는다면 그 아이는 수건을 치우지 못하고 젖병이 없어졌다고 생각하지만, 감각운동기 후반기에 아이는 대상이 천이나 종이로 가려져도 그것을 능동적으로 탐색하는데, 이러한 현상은 대상이 눈에 보이지 않더라도 계속 존재한다는 것을 이해한다는 것이다.

> ▶ 대상영속성: 눈앞에 보이지 않더라도 대상이 존재한다는 사실

ⓜ 처음으로 언어를 사용하여 의사소통할 수 있는 인지구조가 발달되어 다음 단계로 넘어간다.
ⓗ 아동의 지적 활동이 내면화된 사고의 형태를 띠지 못한다.

② 전조작기(pre-operational period, 2~7세)

> ▶ 전조작기: 아동들이 마음속에서 사물을 표상하는 것을 학습하는 단계

㉠ 이 시기에는 어느 정도 정신적 표상에 의한 사고가 가능하나 개념적 조작 능력이 부족하다.
㉡ 전조작기는 전개념기(2~4세경)와 직관적 사고기(4~7세경)로 구분된다.
   ⓐ 전개념기: 이 시기의 유아는 불완전하고 비논리적인 개념을 사용하며, 어른들과는 다른 방식으로 사물에 이름을 붙이고 행동한다.
      예 어떤 움직이는 것을 가리킬 때, 그것이 승용차이든 기차이든 상관없이 모두 '자동차'라는 단어를 사용한다.
   ⓑ 직관적 사고기: 사고발달이 불완전한 단계로, 대상이나 현상의 가장 두드러진 한 가지 속성을 기준으로 대상을 파악한다. 이 시기에는 사고와 지각이 완전히 분리되지 못하고 지각이 앞선다.
      예 "오른손을 드세요."라는 선생님의 말씀을 듣고 아이는 선생님이 오른손을 들고 있는 방향만 보고 자신은 왼손을 따라 든다.
㉢ 언어발달(4세 전후)이 뚜렷해지지만 지극히 주관적이고 자기 중심적이다.

ⓔ 전조작기의 인지적 특징
  ⓐ 상징(언어)을 획득한다.
  ⓑ 가상놀이(상징적 사고): 가상적인 상황이나 사물을 사용하여 실제 상황이나 사물을 상징화하여 재현하는 것이다.
     예 소꿉놀이, 병원놀이
  ⓒ 지연모방(deferred imitation): 아동 자신이 마치 '그 모델인 양 행동(pretend)'하는 것으로, 이는 아동이 상징적 사고를 한다는 것을 말해 준다.
     예 연필 따위를 입에 물고 아버지가 파이프 물고 있는 양 흉내 낸다.
  ⓓ 물활론적 사고(animism): 모든 사물이 살아 있고, 각자의 의지에 따라 움직인다고 믿는 생각이다. 전조작기 후기로 가면 움직이는 것들을 살아 있는 것으로 생각한다.
     예 산은 움직이지 않기 때문에 산 것이 아니고, 구름은 움직이기 때문에 살아 있다고 말한다.
  ⓔ 중심화(concentration): 다양한 관점에서 사물을 보지 못하고 가장 분명하게 지각되는 한 면에만 초점을 두고 판단한다. 이는 보존의 개념 및 가역적 사고의 미발달을 의미한다.
     예 동일한 양의 우유를 서로 다른 그릇에 담았을 때 아이들이 우유가 담긴 그릇의 넓이는 무시하고 높이에만 초점을 두어 우유의 양이 다르다고 생각한다.
  ⓕ 자기중심적 사고(egocentric thought): 다른 사람의 감정이나 생각, 관점이 자신과 동일하다고 생각한다. 이는 주관적이고 비사회적인 사고로 사물이나 사건을 대할 때 타인의 관점을 고려하지 못하는 인지적 한계이다.
     예 로봇을 좋아하는 아이가 엄마의 생일 선물로 로봇을 주면 좋을 것이라고 생각한다.
  ⓖ 자기중심적 언어(비사회적 언어): 자기 생각만 일방적으로 전달하는 언어로, 이는 타인의 관점이나 입장을 보는 능력의 부족에서 오는 한계이다.
     예 집단독백 – 유아들이 놀이를 하면서 대화를 하는 것처럼 보이지만 각 유아는 실제로 자기 마음속에 있는 것에 대해서만 말하고 있는 것이다. 한 유아는 자신의 인형에 대해 이야기하고 있고, 다른 유아는 자신이 가 본 놀이동산에 대하여 이야기하고 있다.
  ⓗ 직관적 분류: 사물을 특정한 기준에 따라 유목화할 수는 있으나 전체와 부분, 상위개념과 하위개념의 관계를 정확히 파악하지 못한다.
     예 장미꽃 10송이, 백합꽃 7송이가 있는 그림을 보면서 장미꽃이 백합꽃보다 많은 것은 알지만 '꽃'이 '장미꽃'보다 많다는 것을 알지 못한다.
  ⓘ 전인과적 사고: 원인과 결과 간의 관계를 추론하는 능력의 결핍현상이다.
  ⓙ 실재론적 사고: 꿈을 실재한다고 생각하는 것으로, 구체성과 추상성에 대한 미분으로 오는 현상이다.

③ 구체적 조작기(concrete operational period, 7~11세)

> ▶ 구체적 조작기: 아동이 논리적 추론 능력과 보존에 대한 이해를 발달시키는 단계이지만 이때는 친숙한 상황을 다루는 기술만을 이용할 수 있다.

㉠ 사고와 지각을 구분하여 지각에 의해 지배되지 않고 구체적 사물이나 상황을 통해 논리적 사고가 가능하다. 동작했던 것을 머리로 생각할 수 있는 단계이다.
㉡ 구체적 조작기의 인지적 특징
ⓐ 탈중심화(decentration): 다른 중요한 요소들을 무시한 채 한 가지 요소에만 주의를 집중하는 경향이 감소한다. 한 자극의 여러 특성에 주의를 기울임으로써 보존의 개념을 이해할 수 있게 되면서 탈중심화가 나타난다.
ⓑ 가역적 사고(reversibility): 특정 조작과 역조작을 동시에 통합할 수 있는 것으로, 사고가 진행되어 나온 과정을 거꾸로 되밟아 갈 수 있는 사고 능력이 발달함으로써 보존성 개념이 획득된다.

> ▶ 가역성: 정신적 작용을 수행한 후 처음의 시작점으로 사고를 되돌릴 수 있는 능력

ⓒ 중다분류(classification): 2개 이상의 기준을 사용하여 사물을 분류할 줄 아는 유목화의 능력이 발달한다.
ⓓ 서열화(serialization): 대상을 그것이 지니는 특성의 양적 차원(예 크기, 무게, 밝기)에 따라 차례로 나열하는 능력을 갖춘다.
ⓔ 상대적 비교 가능: 사물의 속성을 다룰 때 그들 사이의 관계성을 고려할 줄 안다.
ⓕ 언어의 사회화: 언어 사용에 있어 자기중심적 경향이 줄고 다른 사람을 이해하고 자신의 감정과 사고를 타인에게 표현하려고 한다.

④ 형식적 조작기(formal operational period, 11세 이후)

> ▶ 형식적 조작기: 가설적 상황을 추상적으로 다루며 원인을 논리적으로 다룰 수 있는 단계

㉠ 언어나 기호라는 형식을 통한 사고가 가능하며, 성인의 사고방식과 질적으로 동일하다.
㉡ 형식적 조작기의 인지적 특징
ⓐ 추상적 사고: 구체적인 사물이나 대상과 관계없이 마음속에만 존재하는 추상적인 사물들에 대해서 논리적으로 생각할 수 있다.

ⓑ 가설 연역적 사고: 일반적인 사실에서 출발하여 특정한 사실에 도달할 수 있게 된다. 즉, "만일 ~하면 ~이다." 라는 연역적 사고가 가능해진다.
ⓒ 조합적 사고: 하나의 문제에 직면했을 때 모든 가능한 해결책을 논리적으로 모색해 봄으로써 결국에 가서는 문제를 해결하는 조합적 사고가 발달한다.
ⓓ 명제적 사고: 명제를 구성하고 명제들 사이의 관계에 대해 논리적으로 추론이 가능해진다.
ⓔ 논리적 사고: 과거·현재·미래를 연결하여 추론이 가능해진다.

### * 피아제(Piaget) 인지발달단계 특징

| 단계 | 특징 |
| --- | --- |
| 감각운동기<br>(0~2세) | • 감각·운동에 의한 학습<br>• 모든 것을 자기중심적으로 봄(자신의 심리세계만 존재)<br>• 사물의 실재성을 인식하지 못함<br>• 의도적인 반복행동<br>• 대표적 행동: 대상영속성 |
| 전조작기<br>(2~7세) | • 지각과 표상 등의 직접 경험과 체험적인 행동<br>• 사물을 단일 차원에서 직관적으로 분류<br>• 언어의 발달과 현저한 지적 발달<br>• 개념적·상징적 양식 획득 시작<br>• 가역성, 보존의 개념 미형성<br>• 대표적 행동: 자기중심성, 물활론적 사고, 중심화 |
| 구체적 조작기<br>(7~11세) | • 동작으로 했던 것을 머리로 생각할 수 있음(조작)<br>• 논리적 사고(실제 관찰한 대상에만 한정), 가역성 획득<br>• 언어의 복잡화<br>• 사고의 사회화<br>• 서열화의 능력과 분류능력의 출현<br>• 대표적 행동: 상대적 비교 가능, 가역적 사고 |
| 형식적 조작기<br>(11세 이후) | • 추상적 개념의 이해(추상적 사고)<br>• 문제해결에 있어 형식적 조작이 가능<br>• 사물의 인과관계 터득<br>• 가설검증 능력, 연역적 사고 가능<br>• 추리력과 적용력 발달<br>• 대표적 행동: 조합적 사고 |

### (5) 피아제 인지발달이론의 시사점

① 각 발단단계에 적합한 사고능력을 신장: 교육은 창조적이고 발전적이며 사고하는 인간을 길러야 한다. 특정한 사실이나 개념을 전수하거나 문제해결방법을 습득하는 것이 아니다.
② 아동의 현재 인지발달수준에 기초하여 교육: 아동은 성인과는 질적으로 다르게 정보를 해석·조작하기 때문에 학습자의 준비성을 고려한 교과내용·학습과제·교수전략을 제시해야 한다.

③ 교육은 암기가 아닌 인지구조의 변화: 아동의 지적발달의 구조가 부적합한 단계에서 고차원의 학습을 강요하면 아동은 흥미를 잃게 되어 결국 암기 학습의 결과를 가져오며 이것은 오래 보존되지 않는다.
④ 아동의 능동적 자발성 중시: 지식은 학습자 자신의 자발적·능동적인 활동에서 획득된다. 따라서 아동이 사물 및 환경과 직접 상호작용하도록 해줘야 한다.
⑤ 또래들과의 사회적 상호작용 촉진: 아동들은 어른들은 더 많은 것을 알고 있다고 생각하며 어른들은 일방적으로 지시하려는 경향이 강하기 때문에 어른들과의 상호작용은 인지불균형이 거의 초래되지 않는다.

### (6) 피아제 인지발달이론의 문제점
① 지적인 측면만을 지나치게 강조하여 정의적 측면을 간과하고 있다.
② 발달이 학습에 선행한다는 것에 대한 비판: 피아제는 발달단계가 크게는 고정되어 있으며 보존성과 같은 개념은 가르칠 수 있는 것이 아니라고 주장하였으나 몇몇의 다른 연구들은 피아제가 주장하는 과제 가운데 조기 발달단계에서 아동들에게 가르칠 수 있는 몇 가지 사례들을 입증했다.
③ 아동의 인지능력을 과소평가한다는 비판: 피아제는 추상적 언어와 지나치게 어려운 과제를 사용하여 아동을 혼동시킴으로써 그들의 능력을 과소평가했다는 것이다.
④ 인지발달단계의 구분에 대한 비판: 인지발달단계는 피아제가 주장한 것처럼 명확히 구분되는 것은 아니다. 발달단계 간의 전이는 극적인 변화가 아니라 점진적인 것이고, 기존의 지적인 기술이 점차 축적되어 가는 과정에서 자연스럽게 얻어지는 것이다.
⑤ 아동의 인지발달에 미치는 사회적·문화적 집단의 중요한 영향을 간과하고 있다.

### (7) 피아제의 도덕성 발달단계
피아제는 아동은 정신적 성숙을 통해 규칙을 이해할 수 있기 때문에 도덕성 발달은 인지발달과 병행한다고 생각하였고, 본질적으로 도덕성은 단계별로 발달한다고 주장하였다.
① 1단계: 도덕적 실재론의 단계 – 타율적 도덕성의 단계(7세 이전)
  ㉠ 이 시기의 아동은 이유를 찾거나 판단함이 없이 규칙에 무조건 복종한다.
  ㉡ 이 단계에서 아동은 어른들이 정해 놓은 규칙에 그대로 따르며, 규칙이란 어른들에 의해서 만들어지고 절대적이고 수정 불가능한 것으로 생각한다.
  ㉢ 이 단계에서 아동은 어떤 행동의 의도보다는 그것으로 인한 결과에 따라서 그 행동의 옳고 그름을 판단한다.

② 2단계: 협동과 호혜에 의한 도덕성의 단계 – 자율적 도덕성의 단계(7세 이후)
   ㉠ 이 단계에서 아동은 어떤 행동의 이면에 놓여 있는 행위자의 의도를 고려하여 행동의 선악을 판단한다.
   ㉡ 이 단계에서 아동은 도덕적 위반사태가 발생했을 때, 그 당시의 구체적 상황을 고려하기 시작한다.

## [2] 비고츠키(Vygotsky)의 인지발달이론

비고츠키는 러시아의 심리학자로서 그의 연구는 1970년대까지는 영어로 널리 읽히지 않았으나 그때 이후로 그의 연구들은 미국학계에 영향력을 가지게 되었다. 비고츠키 이론은 발달심리학에 있어서 강력한 힘을 가지게 되었으며, 그가 제시한 피아제의 관점에 대한 많은 비판들이 오늘날까지 영향을 미치게 되었다.

### (1) 이론의 개요

① 아동은 타인과의 관계에서 영향을 받으며 성장하는 사회적 존재이므로, 인간 이해에 있어서 사회·문화·역사적인 측면을 제시하였다.
② 인지발달은 사회문화적 맥락(context)의 영향을 받는다. 즉, 인간의 정신은 사회·문화적 환경에 의한 사회학습의 결과이다.
③ 인간은 홀로 성장하고 발달하는 것이 아니라 사회의 많은 사람들과 관계하고 도움을 받으면서 성장한다. 이 과정에서 상호작용에 필수적 도구인 언어습득을 아동발달에 가장 중요한 변인으로 간주한다.
④ 인지발달은 변증법적 교류에 의해 이루어진다.
   ㉠ 아동의 인지발달은 새로운 문제를 풀 때 기존의 방식이 아닌 다른 방식을 요구하며, 이러한 모순을 극복하며 변증법적으로 이루어진다.
   ㉡ 한 아동이 학습을 통해 잠재적 발달수준에 도달하면 잠재적 발달수준은 실제적 발달수준이 되고 새로운 잠재적 발달수준이 설정된다.
⑤ 언어가 사고(인지)발달에 선행한다.
⑥ 학습이 발달을 주도한다.
⑦ 놀이가 인지발달에 중요한 역할을 한다.

> ▶ 비고츠키 이론의 기본가정
>   – 행동이 사고를 낳는다.
>   – 발달은 변증법적 교류에 의해 이루어진다.
>   – 발달은 사회·문화적 맥락 속에서 일어난다.

### (2) 언어와 사고의 발달

① 언어발달과 사고발달의 관계

　㉠ 비고츠키는 사회적 상호작용에 필수적인 요소인 언어습득을 아동의 사고(인지) 발달에 가장 중요한 변인으로 간주한다.

　㉡ 언어와 사고는 그 발생적인 측면에서는 별개의 독립적인 기능으로 출발하나 그 발달과정에서 서로 상호작용하게 되는데, 그 상호작용에 있어서 언어발달이 사고발달에 선행하는 것으로 본다.

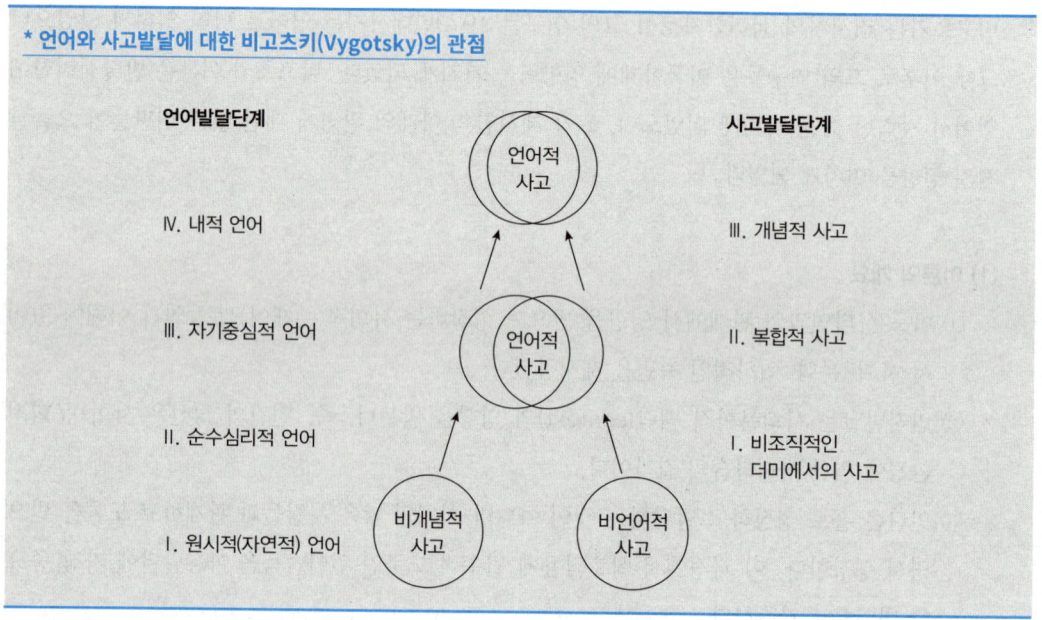

\* 언어와 사고발달에 대한 비고츠키(Vygotsky)의 관점

② 언어발달의 단계

> ▶ 언어발달의 단계: 원시적 언어 → 순수심리적 언어 → 자기중심적 언어 → 내적 언어

　㉠ 원시적 또는 자연적 단계(primitive or natural stage, 0~2세)

　　ⓐ 이 단계는 세 가지의 비지적(非知的) 언어기능으로 특징을 이룬다.

　　　- 정서적 해방을 표현하는 소리: 울음이나 만족을 나타내는 소리
　　　- 타인의 모습이나 목소리에 대해 반응하는 소리: 사회적 반응으로 해석될 수 있는 소리
　　　- 대상과 욕구에 대한 대용으로 기능하는 소리: 최초의 단어들의 출현으로 조건반사에 의해 학습

　　ⓑ 언어와 의식적 사고가 결합되기 이전의 시기이다.

ⓛ 순수심리 단계(native psychology stage, 2~4세)
  ⓐ 이 단계에서 아동은 언어의 상징적 기능을 발견하고 사물의 이름에 대한 계속적인 질문을 통해 이러한 발견을 표현하게 된다.
  ⓑ 아동은 스스로 활발한 정보를 추구하며 아동의 어휘는 급격히 증가한다.
  ⓒ 언어와 사고가 결합하기 시작한다.
ⓒ 자기중심적 언어의 단계(egocentric speech stage, 4~6세)
  ⓐ 취학 전의 유치원 아동에게서 많이 나타나며, 특히 놀이장면에서 발견된다.
  ⓑ 자기중심적 언어는 아동이 주변에 다른 사람이 존재하는가의 여부에 관계없이 자신이 활동하는 것에 독백을 하는 형태로 나타난다.
  ⓒ 자기중심적 언어는 단순히 긴장의 완화나 활동의 표현적 부산물에 그치는 것이 아니고 문제해결을 위한 계획을 모색하는 사고의 중요한 도구로서 개념적·언어적 사고가 형성되기 시작한다.
  ⓓ 비고츠키는 자기중심적 언어가 7세쯤 사라진다는 견해를 부정하고, 자기중심적 언어의 감소는 내적 언어 단계의 시작을 나타내는 것으로 파악한다.
ⓔ 내적 언어의 단계(ingrowth stage, 7세 이후)
  ⓐ 이 단계에서 아동은 자신의 머릿속에서 무성언어의 형태로 언어를 조직하는 것을 배운다.
  ⓑ 논리적 기억이라는 수단을 사용하여 사고를 하는 시기이다.
  ⓒ 내적 언어는 문제해결을 위한 중요한 도구이다.
③ 사고발달의 단계

> ▶ 사고발달의 단계: 비조직적 더미에서의 사고 → 복합적 사고 → 개념적 사고

㉠ 제1단계(비조직적 더미에서의 사고 단계): 지각에 의존하여 대상들에 대하여 대충 조직화하는 단계이다.
㉡ 제2단계(복합적 사고 단계): 자기중심적 사고에서 객관적으로 이행하는 단계로서 마음속에서 대상을 자신의 주관적 판단과 함께 대상들 간의 객관적·구체적 관련성에 근거하여 사고하는 단계이다.
㉢ 제3단계(개념적 사고 단계): 대상에 대한 분석력과 종합력을 함께 갖추어 사고하는 단계로 청소년 초기에 나타난다.

**(3) 근접발달영역(ZPD, Zone of Proximal Development)**
  ① 근접발달영역의 개념
    ㉠ 실제적 발달수준과 잠재적 발달수준 사이의 영역을 말한다.

    > ▶ 실제적 발달수준(현재 수준): 아동이 타인의 도움 없이 스스로 문제를 해결할 수 있는 현재의 발달 수준
    > ▶ 잠재적 발달수준(미래의 가능성): 다른 사람의 암시·힌트 등의 도움을 받아 문제를 해결할 수 있는 수준

    ㉡ ZPD란 아동이 혼자서는 해결할 수 없으나 성인이나 뛰어난 동료와 함께 학습하면 성공할 수 있는 영역을 의미 한다.
  ② 비계(scaffolding, 발판)설정
    ㉠ 비계란 아동이나 문제의 초보자들이 자신의 능력에 닿지 못하는 목표를 성취할 수 있도록 도움을 주는 것을 말한다.
    ㉡ 근접발달영역에 있는 아동의 능력과 수행 수준에 맞추어 구조화를 형성할 수 있도록 단서를 제공하고, 세부사항과 단계를 기억할 수 있도록 주어지는 도움을 의미한다.
    ㉢ 비계설정의 유형
      ⓐ 시범 보이기(모델링)
      ⓑ 교사가 자신의 생각을 소리 내어 말한다.
      ⓒ 학생들에게 중요한 시점에서 관련 질문을 한다.
      ⓓ 학생의 수준에 맞는 수업자료를 조정한다.
      ⓔ 조언과 단서를 제공한다.
    ㉣ 비계설정의 구성요소
      ⓐ 협동적인 문제해결
      ⓑ 상호주관성(inter-subjectivity)
      ⓒ 격려, 칭찬, 자신감 북돋아 주기
      ⓓ 자기조절 증진시키기
      ⓔ 심리적 도구와 기술적 도구의 활용
    ㉤ 비계설정을 이용한 수업활동
      ⓐ 자료나 문제를 학생의 현재 수준에 맞추어 준다.
      ⓑ 기술이나 사고과정을 시범으로 보여 준다.
      ⓒ 문제의 일부를 풀어 준다.
      ⓓ 자세한 피드백을 주고 교정하게 한다.
      ⓔ 학생의 주의의 초점을 바꾸도록 질문을 한다.

### (4) 비고츠키 이론의 시사점

① 교사는 아동의 지적 발달을 촉진하는 역할을 해야 한다. 교사는 아동의 잠재적 발달을 고려하여 아동에게 현재의 능력을 넘어서는 과제를 부여하고 조언과 도움을 주어야 한다.
② 교육은 미래지향적이어야 하고, 교수란 아동의 현재 발달수준보다 조금 앞서는 내용을 가르침으로써 발달을 주도해야 한다.
③ 교사와 아동 간의 상호작용(언어적)과 학생들 간의 협동학습이 중요하다.
④ 전통적인 평가 방식에 대한 재검토의 필요성을 제시하고 역동적인 평가를 강조한다.

## [3] 브루너(Bruner)의 인지발달이론

브루너는 피아제의 인지발달이론을 기초로 하여 아동의 인지발달은 사물이나 현상의 구조를 파악하는 방식에서 질적인 차이를 나타낸다고 보았으며, 이러한 차이를 지식의 표현양식으로 개념화하였다. 그는 아동이 세계를 고찰하는 방법의 질적인 차이에 해당하는 표현양식을 작동적 표현, 상징적 표현, 영상적 표현으로 나누었다.

### (1) 이론의 개요

① 인지발달이란 상징을 사용하는 능력의 증가이며, 이 기능을 통해 인간은 단순한 적응 이상의 논리적 행동이 가능하다.
② 인지발달이란 동시에 여러 가지 일이나 사상에 주의를 기울이거나 다룰 수 있는 능력이 증가되는 것이다.

### (2) 이론의 특징

① 브루너는 준비성의 개념을 부정하고 어떤 발달단계의 아동에게도 그 연령에 맞는 언어로 표현되기만 하면 어떤 과제도 학습이 가능하다고 주장하였다.
② 인지구조발달에 언어와 문화가 중요한 역할을 한다고 보았다.
③ 언어가 인지발달에 미치는 영향
  ㉠ 언어는 인지발달에 있어서 핵심이다.
  ㉡ 언어를 통해서 타인과 상호작용하고 세상에 대한 개념을 발달시켜 나갈 수 있다.
  ㉢ 지적인 발달은 현실을 기술할 수 있는 내적인 정보처리과정과 저장체계의 발달에 달려 있다.
  ㉣ 언어와 같은 상징체계는 새로운 결과를 예측하거나 가설을 세울 수 있도록 한다.
  ㉤ 언어는 아동의 표상체계 중에서 가장 중요한 것이다. 논리적인 인지전략을 개발할 수 있으려면 모국어의 구조에 익숙해야 한다.

④ 문화가 인지발달에 미치는 영향
  ㉠ 아동들의 표상체계는 그들의 생물학적 경향성과 문화에 따라 재창출된 것이지 자율조정적 과정으로 창출된 것이 아니다.
  ㉡ 학교교육과 같은 문화적 경험에 따라서 아동의 인지발달단계의 이행은 달라지게 된다.

### (3) 브루너의 인지발달 3단계
① 작동적 단계(0~7세): 사물 인지의 초보적 단계로 환경을 신체운동적인 활동(잡기, 만지기)을 통해서 이해한다.
② 영상적 단계(7~11세): 사물에 대한 인지가 영상이나 청각의 심상으로 획득되는 단계이다.
③ 상징적 단계(11세 이후): 언어, 수학, 논리 등의 상징체계를 통해서 사물을 이해한다.

# 2 성격발달이론

## [1] 성격이론

### (1) 성격(personality)의 개념
① 정의: 성격이란 개인이 환경에 따라 반응하는 특정적인 양식으로서, 타인과 구별되게 하는 독특하고 일관성 있는 사고·감정 및 행동 양식의 총체이다.
② 성격의 특징
  ㉠ 독특성: 어떤 한 사람을 다른 사람과 구별해 주는 특징이다.
  ㉡ 일관성: 시간이 지나거나 상황이 바뀌어도 변하지 않고 비교적 일관성 있게 나타난다.
  ㉢ 총체성: 성격이 수많은 성격 특징들의 단순한 조합이 아니라, 개인이 그 특징들을 조작하여 총체적으로 나타나는 양상이다.

### (2) 성격에 대한 여러 이론

> ▶ 성격이론
>  - 특성론: 인간을 어떤 특질에 대해 양적으로 분류
>  - 유형론: 인간을 질적으로 분류
>  - 과정론: 현재의 성격 특성을 결정하게 된 원인은 무엇이고, 성격이 어떻게 형성되고 발달하며, 성격의 형성에 유전적 요인과 환경적 요인이 어느 정도, 어떤 방법으로 영향을 주는지에 초점을 둔다(정신역동이론).

① 특성(특질)론: 모든 특성(특질)은 누구에게나 공통적으로 나타나며 양적인 차이만 있을 뿐이다.
  ㉠ 카텔(Cattell)의 이론
    ⓐ 표면특성: 성격의 외현적으로 발현되는 특성을 표정이나 동작 등을 통해서 외부로 관찰 가능한 특성이다.
    ⓑ 근원특성: 단일요인으로서 행동을 야기하는 안정적이며 지속적인 특성이다.
  ㉡ 올포트(Allport)의 이론
    ⓐ 공통특성: 어떤 문화 속에 있는 많은 사람이 공유하고 있는 특성, 같은 문화권에서 생활하는 사람들이 소유하고 있는 성격 특성이다.
    ⓑ 개별특성: 특정 개인에게만 존재하여 개인의 독특한 행동 경향성을 결정짓는 성격적 요인이다. 개별특성에는 주특성, 중심특성, 이차적 특성이 있다.

- 주특성: 개인의 행동이나 사고 양식에 가장 광범위하게 영향을 미치는 지배적인 특성
- 중심특성: 주특성보다는 덜 광범위하지만 사고와 행동의 상당 범위에 걸쳐 나타나는 특성
- 이차적 특성: 특정한 자극, 대상이나 상황 등에 독특하게 행동하는 특성으로, 그 개인을 잘 아는 사람에게만 드러나는 특성

② 성격 유형론
  ㉠ 히포크라테스(Hippocrates)의 체액기질설: 인간의 체액을 혈액, 흑담즙, 황담즙, 점액으로 구분하고 이들 체액의 우세 정도에 따라 성격이 결정된다고 본다.
    ⓐ 혈액: 다혈질(낙관, 희망)
    ⓑ 흑담즙: 우울질(비애)
    ⓒ 황담즙: 담즙질(과민성)
    ⓓ 점액: 점액질(냉담)
  ㉡ 쉘던(Sheldon)의 체형기질설: 성격의 특성을 체격과 소질과의 관계에 따라 구분한다.
    ⓐ 내배협형(비만형, 내장형): 소화기관이 발달, 사교적·향락적·애정 풍부
    ⓑ 중배협형(근골형, 신체형): 근육과 혈관조직이 발달, 투쟁적·잔인·냉정·자기주장적
    ⓒ 외배협형(세장형, 두뇌형): 피부와 신경조직이 발달, 고독·과민·감각적·내성적
  ㉢ 융(Jung)의 향성론(심리유형론): 체격만이 아니라 인간의 심리적 특징에도 유형이 있다고 보는 입장이다.
    ⓐ 외향성: 성격 특성이 쾌활하고 동적이며 적극적이고 능동적이다.
    ⓑ 내향성: 자기의 내적 기준에 의하여 행동하며 주관적으로 판단하고 결정한다.

| 외향성 | 내향성 |
| --- | --- |
| • 주의와 관심의 초점을 외부·타인에게 둔다 → 쾌활하고 동적이고 타인에게 친절하고 잘 어울린다.<br>• 객관적인 자료에 의해서 판단·결정한다. → 외적 가치기준<br>• 필요성과 기대에 의해서 행동한다.<br>• 자신의 병 같은 것에 거의 무관심하다.<br>• 적응은 언제나 보상적이다.<br>• 전형적인 신경증은 히스테리이다. | • 주의와 관심의 초점이 자기 자신의 내부로 향한다. → 소극적이고 고독을 즐긴다.<br>• 주관적으로 모든 것을 판단·결정하기 쉽다. → 내적 가치기준<br>• 절대적인 표준과 원리에 의해서 행동한다.<br>• 융통성과 적응력이 부족하다.<br>• 자신의 병 같은 것에 집착한다.<br>• 적응은 언제나 패쇄적이고 환상적이다.<br>• 전형적인 신경증은 강박관념이나 강제당하는 상태이다. |

## [2] 프로이트(Freud)의 성격발달이론

프로이트는 정신분석학이라는 조직적인 성격이론을 처음으로 제안하고 체계화하였다. 정신분석학의 기본 가정은 우리의 정신세계가 의식과 무의식의 두 부분으로 구성되어 있으며, 특히 무의식의 본질과 기능에 연구의 초점을 두고 있다.

### (1) 의식의 구조

프로이트는 인간의 의식을 의식, 전의식, 무의식의 세 수준으로 나누고, 그중에서 가장 큰 비중을 차지하는 것은 무의식이며, 이 무의식의 세계가 인간 행동의 중심이 된다고 보았다.

① 의식(consciousness): 자신이 주의를 기울이는 순간에 곧 인식할 수 있는 모든 행위와 감정이다.
② 전의식(preconsciousness): 즉시 인식되지는 않지만 주의를 집중하고 노력하면 의식적으로 떠올릴 수 있는 생각이나 감정이다.
③ 무의식(unconsciousness): 의식되지 않는 정신활동 부분으로 억압된 욕구나 본능이 깊이 자리 잡고 있는 심층영역이다.

### (2) 성격의 구조

① id(원초아, 본능) - 성격의 생물학적 요소

선천적으로 지니고 있는 원시적이고 동물적인 욕망으로, 인간의 삶을 지배하는 기본원리이고 이것은 쾌락의 원리에 의해 지배되며 인간의 모든 욕망의 저장소이다.

㉠ 기본적 기능

ⓐ 삶의 본능
  - 생존과 번식을 위한 신체적인 욕구로서 창조적·지적 활동에 대한 심리적 근원이 되는 욕구이다.
  - 삶의 본능을 지배하는 정신적 에너지를 리비도(libido)라 부른다.
  - 굶주림, 목마름, 성에 대한 욕구가 포함되며 성적 욕구가 가장 강하다.

ⓑ 죽음의 본능
  - 삶에 대한 무기력한 상태로서 타나토스(thanatos)라 부른다.
  - 미움, 공격, 파괴 등의 충동이 여기에 해당되는 것으로 인간성의 어두운 면을 설명해 준다.

㉡ 1차 과정 사고로 쾌락원칙에 지배를 받아 쾌락만을 추구하고 고통을 회피하며 자기의 욕구를 충족시켜 나아가는 과정이다.
㉢ 유기체 내부에서 일어나는 욕구나 긴장에만 관여하며, 외부의 현실세계와는 교섭을 못한다.

㉣ 성격의 무의식적 부분으로 기본적 욕구들의 저장고이며 성격형성의 기초가 된다.
② ego(자아) – 성격의 심리적 요소

외부 세계의 직접적인 영향에 의해 수정된 원자아의 일부로서, 의식된 성격의 부분으로 본능(충동)을 조절하여 현실적·합리적으로 처리하는 과정에서 발달하는 현실구조이다.

㉠ ego(자아)는 현실의 원리에 의해서 움직이는데 id(원초아, 본능)와 superego(초자아) 사이에 끼어서 조정작용을 하는 성격의 집행관·행정관·조정자로서 인간정신의 모든 것을 관장한다.

㉡ 2차 과정 사고로 자아는 본능적 충동을 현실에 맞게 또는 사회적으로 용납될 수 있도록 통제하는 기능을 지닌 성격의 부분으로 합리적이고 성숙한 사고과정이다.

③ superego(초자아) – 성격의 사회적 요소

개인의 행동을 이상에 따르도록 하는 역할을 하며, 쾌락이나 현실보다는 이상적이고 완전한 것을 지향한다.

㉠ id(원초아, 본능)와 ego(자아)의 욕구와 활동을 감시하여 사회적 법칙이나 도덕에 따르도록 행동한다.

㉡ 문화적·전통적으로 내려오는 가치와 그 사회가 요구하는 이상 등의 윤리적 가치를 포함하는 윤리적·이상적 자아이다.

㉢ superego(초자아)는 양심과 자아이상으로 구분된다.

ⓐ 양심: 자아로 하여금 본능의 직접적인 표현을 막고 id(원초아, 본능)의 충동에 대해서 여러 가지 방어기제를 쓰게 한다.

ⓑ 자아이상: 개인이 동일시하려는 사람과 비슷한 양상으로 행동하게 한다.

ⓒ 어린이가 5세쯤에 이르면 superego(초자아) 형성의 기틀이 잡히기 시작하여 청년기에 이르기까지 계속 형성·발달된다.

### (3) 성격발달단계

▶ 성격발달단계: 구강기 → 항문기 → 남근기 → 잠복기 → 생식기

① 개요

㉠ 개인의 성적 에너지인 리비도(libido)의 발생부위와 충족방식에 따라 성격발달을 유형화하였다.

㉡ 각 발달단계마다 유아가 추구하는 만족을 충분히 획득해야 다음 단계로의 이행이 순조롭다.

㉢ 각 발달단계에서 욕구불만을 느끼거나, 그 시기에 느낀 쾌감에 지나치게 몰두하게 되면 다음 발달단계로 넘어가지 못하고 고착현상(fixation)이 나타나 성인이 되었을 때 정신건강의 문제로 나타난다.

ⓔ 개인의 성격은 5~6세 이전에 그 기본적 구조가 완성되고, 그 후의 발달은 이 기본구조가 정교화되는 과정으로 보아 초기 경험의 중요성을 강조하였다.

② 성격발달단계에 따른 주요 특징
  ㉠ 구강기(oral stage, 0~18개월)
    ⓐ 구강(입, 입술)의 자극으로부터 쾌감을 얻는 시기로 어머니에게 의존하여 안정과 위협을 경험한다. 주된 성감대가 구강이다.
    ⓑ 유아는 자신에게 만족과 쾌감을 주는 인물이나 대상에게 애착을 느끼며, 성적 쾌감을 얻을 수 있는 것은 자신의 의지가 아닌 타인, 주로 어머니에 의해서이다.
    ⓒ 자아정체감(personality) 형성의 원형이 된다.
    ⓓ 이 시기에 욕구의 과잉충족이나 불충족은 성장과정에서 성격적 결함으로 나타난다.
    ⓔ 구강기 고착현상
      - 구강기 초기(구강 빨기) 단계에 고착되면 음주, 흡연, 과식 등에 관심이 많고 의존적이 된다.
      - 구강기 후기(구강 깨물기) 단계에 고착되면 손톱 깨물기, 남을 비꼬는 등 적대적이고 호전적인 성격이 된다.
  ㉡ 항문기(anal stage, 18개월~3세)
    ⓐ 배변(항문) 훈련을 통해서 항문근육의 자극을 경험하게 되고, 이 경험을 통해서 성적 쾌감을 얻게 된다. 주된 성감대가 항문이다.
    ⓑ 배변 훈련을 통해 본능적 충동에 대한 외부의 통제를 경험하게 되며, 엄격한 배변 통제 훈련은 성장과정에서 고착현상을 야기할 수 있다.
    ⓒ 항문기 고착현상
      - 항문보유고착(배변훈련이 엄격할 때)으로는 배출이 자유롭지 못하고 보유함으로써 소유욕이 증대하고 결벽증, 지나친 규율준수, 인색, 강박, 수전노, 융통성 없는 소극적 성격이 나타난다.
      - 항문방출고착(배변훈련이 허술할 때)으로는 배설을 부적절하게 본 것에서 비롯된 공격적 성향으로 무절제, 기분파, 반사회적 행동경향이 나타난다.
  ㉢ 남근기(phallic stage, 3~5세)
    ⓐ 성기에 리비도가 집중하여 성기의 자극을 통해 쾌감을 얻는 시기이다. 주된 성감대가 성기이다.
    ⓑ 이 시기의 아동은 남녀의 신체 차이, 아기의 출생, 부모의 성역할 등에 관심을 갖는다.
    ⓒ 오이디푸스 콤플렉스(Oedipus complex)
      - 남자 아이들이 어머니에게 성적인 애정을 느낀다.

- 아버지를 어머니의 애정쟁탈의 경쟁자로 생각하여 적대감을 느끼고 거세불안증(castration anxiety)을 갖게 된다.
- 불안 극복을 위해 어머니에 대한 애정을 포기하고, 아버지에 대한 동일시(identification)의 기제가 나타난다.

ⓓ 엘렉트라 콤플렉스(Electra complex)
- 아버지에 대한 애정 갈구 현상으로 여자 아이들에게 남근선망(penis envy) 현상이 나타난다.
- 남근이 없다는 사실을 인정하고 어머니의 여성스러움을 닮아간다.

ⓔ 이 시기는 매우 복잡하고 자극적인 감정이 교차되는 특징을 보이며, 성격형성에서 가장 중요한 단계이다.

ⓕ 남근기 고착현상: 성불감증, 동성애 등의 신경성 질환이 나타난다.

② 잠복기(latent stage, 6~11세)
ⓐ 성적인 욕구가 철저히 억압되어 심리적으로 평온한 시기로, 성적 활동은 침체되고 지적 활동의 에너지가 투입되는 시기이다.
ⓑ 지적 호기심이 왕성해지고 동성의 또래 관계가 긴밀하게 형성된다.
ⓒ 성적인 부분을 제외하고는 새로운 학습, 사회적 지위역할, 운동능력의 신장 등 매우 활동적인 모습을 나타낸다.
ⓓ 논리적으로 사고하여 타인의 입장도 고려할 수 있게 된다.

⑩ 생식기(genital stage, 11세 이후)
ⓐ 급속한 성적 성숙에 의해 이성에 대한 성애(性愛) 욕구가 강해져서 이성적 사랑의 대상을 찾아 만족을 얻고자 한다.
ⓑ 심리적 이유기로서 부모로부터 정서적으로 독립하려는 성향이 나타난다.
ⓒ 이 시기까지 순조롭게 발달한 사람은 타인에 대한 관심과 협동의 자세를 갖고 이타적이고 원숙한 성격을 갖게 된다.

* **프로이트(Freud) 성격발달단계별 주요 특징**

| 발달단계 | 쾌감의 원천 | 주요특징 |
|---|---|---|
| 구강기<br>(oral stage, 0~18개월) | 구강, 입술: 빨기, 물기, 삼키기 | • 원자아(id)가 발달<br>• 구강 빨기 단계: 소유욕, 신념 등의 원형, 낙천적 관대성<br>• 구강 깨물기 단계: 야유, 논쟁, 공격성, 타인 이용의 원형<br>• 고착현상: 음주, 흡연, 과식, 손톱 깨물기, 남을 비꼬는 행위 |
| 항문기<br>(anal stage, 18개월~3세) | 항문: 배변의 배설과 보유 | • 자아(ego)가 발달<br>• 유아는 본능적 충동에 대한 외부적 통제를 처음 경험<br>• 고착현상: 결벽증, 소극적 성격, 무절제, 반사회적 행동경향 |
| 남근기<br>(phallic stage, 3~5세) | 생식기의 자극: 환상의 쾌락 | • 초자아(superego)가 발달<br>• 오이디푸스 콤플렉스, 일렉트라 콤플렉스<br>• 동일시 현상<br>• 성격 형성에 가장 중요한 시기<br>• 고착현상: 성불감증, 동성애 |
| 잠복기<br>(latent stage, 6~11세) | 외계에서 지식·호기심을 구함 | • 성적 욕구의 침체기<br>• 사회성 발달과 일상생활에 적용 가능한 지식 습득 |
| 생식기<br>(genital stage, 11세 이후) | 남·녀 성기 | • 이성에 대한 사랑의 욕구가 발생<br>• 부모로부터 독립하려는 욕구가 발생 |

### (4) 프로이트 성격발달이론의 공헌점과 비판점

① 공헌점

  ㉠ 행동의 무의식적 결정요인을 강조하여, 성격 연구의 새로운 측면을 열었다.

  ㉡ 인생의 초기 경험을 강조함으로써 유아교육의 중요성을 일깨워 주었다.

  ㉢ 정신분석을 통하여 무의식을 밝혀 이상행동을 치료하는 방법을 제시하였다.

② 비판점

  ㉠ 인간을 욕망(성욕)과 과거 경험에 의해 지배되는 수동적인 존재로 보았다.

  ㉡ 문화적 특수성을 경시하였고 여성에 대한 편견은 그 보편성이 없다.

  ㉢ id, ego, superego 등의 개념이 모호하고 경험적인 검증이 불가능하다.

  ㉣ 인간 행동에 영향을 주는 상황변인이 양심의 발달에 미치는 영향을 무시하였다.

  ㉤ 과학적 정확성이 결여되어 예언하기가 곤란하다.

## [3] 에릭슨(Erikson)의 심리사회적 성격발달이론

에릭슨은 행동이 기본적으로 생물학적 요인에 의해 발생하며, 성적 및 공격적 충동을 표출하려 함으로써 동기화된다는 프로이트의 관점을 받아들인다. 하지만 에릭슨은 인간의 행동이 사회적 관심에 대한 욕구, 유능성에 대한 욕구(환경을 지배하려는 욕구), 사회적 사건의 구조와 질서에 관한 욕구라는 세 가지 사회적 충동에 의해 시작된다고 보았다.

### (1) 에릭슨의 심리사회이론의 개요
① 에릭슨은 프로이트의 심리성적 발달단계론을 이론적 기초로 삼고 있으나, 프로이트와는 달리 사회 속에서 형성되는 사회적 관계에 따라 일생을 8단계로 나누고 각 발달단계는 상호 관련성이 있다고 보았다.
② 발달에는 심리사회환경이 중요하고 심리사회적 위기의 극복을 중시한다.
③ 각 발달단계상에는 발달의 결정적 시기(critical period)가 있다.
④ 발달에는 자아가 핵심역할을 한다고 보는 자아심리학적 관점을 지니고 있다.
⑤ 각 발달단계에서 인간이 성공적으로 겪어야 하는 발달과업을 설정하고 이 과업을 적절히 해결할 수 있으면 건강한 성격을 발달시키는 기회를 가지게 되나 그렇지 않으면 성격발달 상 퇴행을 경험하게 된다는 발달의 양극이론을 제창하였다.
⑥ 현재 진행되고 있는 발달은 그 이전 단계들의 발달에 기초하여 연속적으로 이루어진다는 발달의 점성적 원리를 따른다.

### (2) 성격발달 8단계
① 신뢰감 대 불신감(trust vs. mistrust, 0~18개월)
  ㉠ 영아와 타인(어머니)의 사회적 관계에 따라 신뢰감과 불신감이 형성된다.
  ㉡ 부모 및 타인이 반응적이고 애정적이며 충분한 사랑을 제공하면 영아에게는 신뢰감이 형성되고, 거부적이고 무관심으로 보살핌을 받지 못한 영아에게는 불신감이 형성된다.
  ㉢ 어머니의 수유방법 등의 구체적인 양육행동이 내면화되면서 성격이 형성되는 시기로, 성격발달에 가장 중요한 시기이다.
  ㉣ 이 시기에 경험하게 되는 불신감과 신뢰감의 적절한 비율이 심리사회적 발달을 촉진한다.
② 자율성 대 수치감 및 회의감(autonomy vs. shame and doubt, 18개월~3세)
  ㉠ 부모에 의해 사회적으로 적합한 행동을 하도록 훈련될 때, 배변훈련을 통하여 자신의 요구와 부모의 요구가 원만한 조화를 이룰 때 자율성이 형성된다.
  ㉡ 지나치게 엄격한 배변훈련, 사소한 실수에 대한 벌 등 부모의 과잉통제는 유아의 자기 능력에 대한 수치심을 갖게 한다.

ⓒ 부모가 너무 많은 것을 해 주며 과잉보호를 하면 유아는 자신의 능력에 대한 회의감을 갖게 된다.
③ 주도성 대 죄책감(initiative vs. guilt, 3~6세)
　ⓐ 아동의 인지가 급격히 발달하며 놀이와 자기가 선택한 행동에 많은 관심을 보이는 시기이다.
　ⓑ 현실 도전의 경험이나 상상, 활동에 자유가 주어지고 부모로부터 격려를 받을 때 주도성이 형성된다.
　ⓒ 아동의 활동을 제한하고, 반응에 억압적인 태도를 취하면 죄책감이 형성된다.
④ 근면성 대 열등감(industry vs. inferiority, 6~12세)
　ⓐ 아동은 공식적 교육을 통해 사회와 문화에 대한 기초적인 인지능력과 사회적 기술을 습득해야 하는 시기이다.
　ⓑ 이 시기는 자아개념 형성의 결정적 시기이다.
　ⓒ 학교에서의 성취에 대한 인정을 받을 때 근면성이 형성된다.
　ⓓ 아동의 활동에 대해 조롱하고 거부적인 태도를 보이면 열등감이 형성된다.
⑤ 자아정체감 대 역할혼미(identity vs. role diffusion, 12~18세)
　ⓐ 이 시기에는 급격한 신체적·심리적 변화와 사회적 요구에 따라 자신의 존재에 대한 새로운 탐색을 시작한다.
　ⓑ 타인이 자신을 어떻게 생각하는지에 대하여 관심이 크고, 독립은 주장하지만 안정과 보살핌을 원하기도 하는 시기이다.
　ⓒ 이 시기의 중심과제는 자아정체감의 확립이며, 정체감 발달에는 청소년이 동일시하고자 하는 인물이나 사회집단의 영향력이 중요하다.
　ⓓ 부모나 교사들과의 동일시, 또래집단과의 상호작용, 개인의 내적 동질성이 확보될 때 자아정체감이 형성된다.
　ⓔ 성역할과 직업 선택에서 안정성을 확립할 수 없다면 혼미감을 느끼게 되고 정체감의 위기에 빠지게 된다.
⑥ 친밀감 대 고립감(intimacy vs. isolation, 18~24세)
　ⓐ 부모로부터 독립하여 사회에 참여하고, 자유와 책임을 가지고 스스로의 삶을 영위하는 시기이다.
　ⓑ 인간관계의 범위가 친구나 애인, 직장동료 등으로 확대되며, 동성 또는 이성 간의 인간적 관계에서 친근감이 형성된다.
　ⓒ 친근한 인간관계 형성에 실패하게 되면 개인은 타인과의 접촉을 회피하거나 거부적이며 공격적인 태도를 보이게 된다.

② 만족스러운 취업과 결혼이 중요한 발달과업이다.
⑦ 생산성 대 침체성(generative vs. stagnation, 24~54세)
  ㉠ 직업적 창조성, 생산성 등의 특징이 나타나며, 후세 교육에 관심을 두어 자녀들의 성공적 발달을 돕는 것이 최대의 관심사이다.
  ㉡ 자녀가 없을 때는 다음 세대를 위한 사회봉사 등을 통해 생산성을 발휘한다.
  ㉢ 생산성 형성에 실패한 개인은 무관심, 허위, 이기심을 갖게 된다.
⑧ 자아통정감 대 절망감(ego integrity vs. despair, 54세 이후)
  ㉠ 자신의 지나온 생애를 돌아보고 성찰하는 시기이다.
  ㉡ 자신의 삶에 후회가 없고 가치 있었다는 생각은 자아통정감을 형성한다.
  ㉢ 자신의 삶이 무의미한 것이었다고 느끼게 되면 절망감에 빠진다.

* 에릭슨(Erikson)의 심리사회적 발달단계표

| 발달단계 | 시기 | 주요 관계 | 덕목 | 주역할 |
| --- | --- | --- | --- | --- |
| 신뢰감 대 불신감 | 0~18개월 (영아기) | 어머니 | 희망 | 받기, 주기 |
| 자율성 대 수치감 및 회의감 | 18개월~3세 (유아기) | 아버지 | 의지력 | 참기, 배설하기 |
| 주도성 대 죄책감 | 3~6세 (유아기) | 가족 | 목적 | 창조, 시도 |
| 근면성 대 열등감 | 6~12세 (아동기) | 이웃, 학교 | 능력 | 솔선적 시도, 협력적 시도 |
| 자아정체감 대 역할혼미 | 12~18세 (청년기) | 또래집단 | 충실(성실) | 자아확인, 상호작용 |
| 친밀감 대 고립감 | 18~24세 (성인 전기) | 이성친구 | 사랑 | 양보, 자아발견 |
| 생산성 대 침체성 | 24~54세 (성인 중기) | 배우자 | 배려 | 출산, 양육 |
| 자아통정감 대 절망감 | 54세 이후 (성인 후기) | 인류 | 지혜 | 실존확립, 현실수용 |

(3) 프로이트와 에릭슨이론의 비교
  ① 공통점
    ㉠ 정신분석학에 기초를 둔 발달이론이다.
    ㉡ 인생의 초기 경험의 중요성을 강조한다.

ⓒ 성격발달은 일련의 단계를 거쳐 이루어진다.
ⓔ 원만한 성격 발달을 위해 성장과정에서 여러 가지 욕구가 충족되어야 한다.

② 차이점

| 프로이트(Freud) | 에릭슨(Erikson) |
|---|---|
| • 심리성적 발달이론: id 욕구변화 강조<br>• 가족관계(어머니)의 영향 강조<br>• 리비도(libido)의 방향 전환<br>• 무의식의 흐름 중시<br>• 발달의 부정적인 면 강조<br>• 발달의 5단계: 청년기 이후의 발달 무시<br>• 과거지향적 접근 | • 심리사회적 발달이론: 인간현실의 ego 강조<br>• 사회적 대인관계 중시<br>• 개인에 대한 가족과 사회의 영향 강조<br>• 의식의 흐름 중시<br>• 발달의 긍정적인 면 강조<br>• 발달의 8단계: 전 생애를 통해 계속적 발달<br>• 미래지향적 접근 |

# 3 도덕성 발달이론

## [1] 콜버그(Kohlberg)의 도덕성 발달이론

콜버그는 피아제의 인지발달이론에 초점을 맞추어, 주로 아동을 연구대상으로 하던 것에서 성인까지 확대하여 독자적인 도덕성 발달단계 이론을 구축하였다.

### (1) 이론의 개요

① 콜버그는 도덕성의 문제를 담고 있는 여러 가지 도덕적 딜레마를 설정하여 이에 대한 사람들의 응답에 따라 도덕적 발달과정을 설명하였다.

> **\* 하인즈의 딜레마(Heinz's dilemma)**
> 유럽의 어느 마을에 사는 하인즈의 아내는 무서운 암에 걸려 죽어 가고 있었다. 그 병을 치료하는 데는 오직 한 가지 약밖에 없는 것으로 알려져 있었다. 그 약은 같은 마을에 사는 약사가 개발한 라듐 종류의 약이었다. 그 약사는 약값으로 재료비의 열 배에 해당하는 2,000달러를 요구했다. 하인즈는 약값을 구하기 위하여 여기저기 돈을 빌리러 다녔지만 약값의 절반에 해당하는 1,000달러밖에 구하지 못하였다. 하인즈는 약사를 찾아가서 지금 아내가 죽어가고 있으니 그 약을 약값보다 싸게 1,000달러에 팔거나 아니면 외상으로 자기에게 팔면 약값을 다음에 갚겠다고 사정했다. 그러나 약사는 하인즈의 청을 거절했다. 절망에 빠져 돌아온 하인즈는 결국 약국 문을 부수고 들어가 약을 훔쳐내었다. 과연 하인즈의 행동은 정당한 것인가?

② 도덕적 판단은 도덕적 행위를 결정하는 가장 중요한 요인이다.
③ 도덕성 발달에는 인지발달이 필수적이며, 인지발달은 도달할 수 있는 도덕적 단계를 한정한다.
④ 도덕성 발달은 단계적으로 이루어지며, 모든 사람은 동일한 순서로 도덕성 발달단계를 거친다.
⑤ 도덕성 발달은 어떤 국가나 문화에 관계없이 일정한 발달단계를 거친다.
⑥ 도덕적 발달 수준을 인습(因習)을 기준으로 3수준 6단계로 구분하였다.

## (2) 도덕성 발달단계

| 수준 | 단계 | 특징 |
|---|---|---|
| 제1수준<br>인습 이전 수준<br>(전도덕기)<br>0~6세 | 1. 주관화: 벌과 복종에 의한 도덕성<br>(벌과 복종 지향) | • 신체적·물리적 힘이 복종이나 도덕 판단의 기준이 된다.<br>• 신체적 처벌을 피하기 위하여 규칙을 지킨다.<br>• 행동의 결과의 의미나 가치가 문제가 되지 않고, 표면적인 결과만으로 도덕적 판단을 한다.<br>• 약을 훔쳐야 한다. → 아내를 죽게 두면 신으로부터 벌을 받기 때문이다.<br>• 약을 훔쳐서는 안 된다. → 도둑이라고 잡혀서 벌을 받기 때문이다. |
| | 2. 상대화: 욕구 충족을 위한 수단으로서의 도덕성<br>(도구적 상대주의 지향) | • 상이나 보답을 받기 위해 규칙을 지키거나 남에게 도움을 준다.<br>• 자기 자신의 개인적 욕구를 충족시키거나 이익과 보상을 얻을 수 있는 일은 옳다.<br>• 인간관계는 상호 호혜의 원칙에 의해 행동의 가치를 결정한다.<br>• 약을 훔쳐야 한다. → 생활하는 데 아내의 도움이 필요하기 때문이다.<br>• 약을 훔쳐서는 안 된다. → 감옥에 가는 것은 아무 이익이 안 되기 때문이다. |
| 제2수준<br>인습 수준<br>(타율적 도덕기)<br>6~12세 | 3. 객체화: 대인관계에서 조화를 위한 도덕성<br>(착한 아이 지향) | • 타인의 비난을 피하고 인정받기 위해 규칙을 지킨다.<br>• 다수의 의견이나 사회적 인습에 따른다.<br>• 약을 훔쳐야 한다. → 부인을 돌보는 일은 이기적인 일이 아니기 때문이다.<br>• 약을 훔쳐서는 안 된다. → 남의 것을 훔치는 것은 나쁜 일이기 때문이다. |
| | 4. 사회화: 법과 질서를 준수하는 도덕성<br>(법과 사회질서 지향) | • 법과 질서는 정해진 의무이기 때문에 무조건 지켜야 한다.<br>• 약을 훔쳐야 한다. → 부인이 죽으면 책임을 져야 하기 때문이다.<br>• 약을 훔쳐서는 안 된다. → 도둑질하는 것은 법을 어기는 것이기 때문이다. |
| 제3수준<br>인습 이후 수준<br>(자율적 도덕기)<br>12세 이후 | 5. 일반화: 사회계약 정신으로서의 도덕성<br>(사회계약 지향) | • 법의 목적은 인간의 권리나 복지를 보장하기 위한 것이다.<br>• 법은 사회적 계약이므로 생명이나 자유와 같은 기본적 권리가 침해되지 않는 한 수정 가능하다.<br>• 타인의 의지와 권리에 의해 위배되는 행동은 피하고, 대다수의 의지와 복지에 따라 행동한다.<br>• 약을 훔쳐야 한다. → 그 상황에 처했다면 누구나 약을 훔칠 수밖에 없을 것이다.<br>• 약을 훔쳐서는 안 된다. → 약을 훔치는 것은 약사의 권리를 침해하는 것이기 때문이다. |
| | 6. 궁극화: 양심 및 보편적 도덕원리에 대한 확신으로서의 도덕성<br>(보편적 도덕원리 지향) | • 자기 자신의 양심에 따라 규칙을 지킨다.<br>• 도덕원리는 포괄적·보편적·일관성이 있어야 함을 인정하지만 도덕적 규제자로서 자신의 양심의 소리를 우선적으로 듣는다.<br>• 약을 훔쳐야 한다. → 생명권이 재산권보다 중요하기 때문이다. |

### (3) 콜버그의 도덕 교육방법
① 교사가 아동에게 구체적인 덕목이나 가치를 직접적으로 가르쳐서는 안 된다.
② 도덕적 딜레마에 대한 개방적인 토론 분위기를 조성하여 타인과의 관계 속에서 학생 스스로의 사고를 점검하고 평가하여 도덕성 발달이 함양될 수 있도록 한다.
③ 도덕적 딜레마에 대한 효과적 토론을 위한 제언
　㉠ 교사는 먼저 보다 구체적인 갈등상황과 갈등해결의 다양한 방식을 계획한다.
　㉡ 학생들이 타인의 역할과 관점을 생각하도록 격려한다.
　㉢ 학생들이 자신의 선택을 논리적으로 변론할 수 있도록 한다.
　㉣ 찬반 토론을 통해 학생들 개개인의 다른 행동과정을 분석하도록 한다.

### (4) 콜버그의 이론에 대한 비판
① 도덕적 사고와 도덕적 행위가 반드시 일치하는 것은 아니다. 단계가 높은 수준에 있다고 해서 낮은 수준에 있는 사람보다 반드시 도덕적으로 행동하는 것은 아니다.
② 도덕성 발달단계가 일정불변한 순서로 일어나며, 퇴행은 없다고 하나 개인의 도덕적 선택은 상황에 따라 다른 단계를 반영할 수 있다.
③ 인습 이후 수준의 단계는 특정 사회, 특정 계층(미국 중상류층)의 도덕성을 반영하고 있으므로 문화적 보편성에 문제가 있다.
④ 남성 중심의 도덕관으로 여성의 도덕적 추론과 여성의 도덕 발달단계에는 적절하지 않다.

## [2] 길리건(C. Gilligan)의 여성 도덕성 발달이론
길리건은 성적 갈등과 낙태 등의 문제와 관련되는 상황에서 청소년들의 도덕적 판단을 분석하였다. 그 결과 여성의 도덕적 추론을 보여 주는 보살핌의 윤리라는 도덕 발달단계를 제안하였다.

### (1) 이론의 개요
① 도덕성의 한 측면으로 여성들에게 보다 강하게 나타나는 타인에 대한 배려가 있으며, 타인과의 관계를 고려하는 도덕적 사고를 중시한다.
② 추상적인 도덕원리를 강조하는 콜버그의 '정의 지향적 도덕성'을 반대하면서 인간관계의 보살핌·책임·애착·희생을 강조하는 '대인지향성 도덕성' 이론이다.

## (2) 여성의 도덕성 발달단계(3단계 2과도기)

| 수준 | 특징 |
| --- | --- |
| 제1단계<br>자기이익 지향단계 | • 여성이 자신의 이익과 생존에 자기중심적으로 몰두하는 단계이다.<br>• 어떤 상황이나 사건이 자신의 욕구와 갈등을 일으킬 때에만 도덕적 사고와 추론을 시작하며, 어느 쪽이 자신에게 중요한가가 판단의 준거가 된다.<br>• 아동기의 미성숙한 대인 간 도덕적 사고의 수준이다. |
| 반성적 과도기 | 자신의 생존을 위주로 하는 판단이 이기적이라고 비판한다. |
| 제2단계<br>타인에 대한 책임을 인식하는 단계 | • 모성적 도덕기의 단계이다.<br>• 자신의 욕구를 억제하고 타인의 요구에 응하려는 시도를 한다.<br>• 타인에 대한 배려, 책임감, 자기희생을 지향한다. |
| 반성적 과도기 | 무조건적·자기희생적인 모성적 도덕기에 대한 반성적 재고찰이다. |
| 제3단계<br>자기와 타인을 평등하게 다루는 단계 | • 도덕적 판단의 보편적인 자기선택적 원리의 단계이다.<br>• 개인의 주장과 타인에 대한 책임이 조화된다.<br>• 자신을 무력하거나 수동적인 존재로 고려하지 않고 의사결정 과정에 적극 참여한다.<br>• 도덕성의 주요 지표: 비폭력, 평화, 박애 등은 개인적 권리와 타인에 대한 배려가 조화를 이루는 도덕성의 주요 지표이다. |

## (3) 콜버그와 길리건의 이론 비교

| 콜버그 | 길리건 |
| --- | --- |
| • 남성적 도덕성<br>• 인간관계보다 개인을 중시: 자율성 중시<br>• 권리의 도덕<br>• 정의의 윤리<br>• 형식적·추상적 해결책 중시<br>• 권리와 규칙에 대한 이해가 발달의 중심<br>• 과거지향적 접근 | • 페미니즘 윤리관<br>• 개인보다 인간관계를 중시: 애착 중시<br>• 책임의 도덕<br>• 보살핌의 윤리<br>• 맥락적·서사적 해결책 중시<br>• 책임과 인간관계에 대한 이해가 발달의 중심<br>• 미래지향적 접근 |

# 4  해비거스트(Havighurst)의 발달과업이론

해비거스트는 에릭슨의 영향을 받아 발달과업의 개념을 제시하였으며, 사회·문화적 차이에 따라서 다르나 개인이 속해 있는 문화권 내에서 기대되는 행동목록, 평생교육의 내용으로서 발달과업의 중요성을 강조하였다.

### (1) 발달과업의 이론적 개요
① 발달과업이란 인간의 발달과정에서 환경에 적응하기 위해 각 발달단계에서 반드시 성취해야 하는 개인의 과업이다.
② 각 발달단계의 과업을 성공적으로 성취하면 다음 단계에서도 잘 적응할 수 있으나, 실패하면 다음 단계에서의 발달에 곤란을 겪게 되고 불행을 느끼며 사회적으로 부적응 상태에 처하게 된다는 것이다.
③ 발달과업의 특징
  ㉠ 인생의 각 시기에 획득해야 할 행동의 형태이다.
  ㉡ 질서와 계열성을 가지고 나타난다.
  ㉢ 각 발달단계에는 결정적 시기가 있다.
  ㉣ 각 발달단계는 다음 발달단계의 행동발달에 영향을 미친다.

### (2) 각 단계의 발달과업의 특징
① 영아기 및 유아기(0~6세)
  ㉠ 보행을 배운다.
  ㉡ 딱딱한 음식 먹기를 배운다.
  ㉢ 말을 배운다.
  ㉣ 배설 통제를 배운다.
  ㉤ 성별을 구분하고 성 역할 개념을 안다.
  ㉥ 생리적 안정을 유지하는 것을 배운다.
  ㉦ 사회적·자연적 환경에 대한 단순개념을 형성한다.
  ㉧ 부모, 형제, 자매 및 타인과의 정서적 관계를 배운다.
  ㉨ 선악의 구별을 배우고 양심이 발달한다.

② 아동기(6~12세)
　㉠ 일상적인 활동에 필요한 신체적 기술을 배운다.
　㉡ 성장하는 자기 자신에 대한 건전한 태도를 형성한다.
　㉢ 동년배의 친구와 사귀는 법을 배운다.
　㉣ 읽기, 쓰기, 셈하기(3R's)의 기본적 기술을 배운다.
　㉤ 일상생활에 필요한 개념을 배운다.
　㉥ 양심, 도덕, 가치척도가 발달한다.
　㉦ 남녀 간의 적절한 성 역할을 배운다.
　㉧ 사회집단과 사회제도에 대한 태도가 발달한다.

③ 청소년기(12~18세)
　㉠ 성숙한 남녀 관계를 형성한다.
　㉡ 자기 신체를 수용하고 신체를 효과적으로 조정한다.
　㉢ 남녀 간의 사회적 역할을 학습한다.
　㉣ 부모나 다른 성인으로부터 정서적 독립을 이룬다.
　㉤ 경제적 독립의 필요성을 절실히 느낀다.
　㉥ 직업 선택을 설계하고 그에 맞는 준비를 한다.
　㉦ 시민 생활에 필요한 지식과 태도를 키운다.
　㉧ 사회적으로 책임 있는 행동을 원하고 이를 실천한다.
　㉨ 결혼과 가정생활을 준비한다.
　㉩ 적절한 과학적 지식에 맞추어 가치관과 윤리관을 확립한다.

④ 성인 전기(18~30세)
　㉠ 배우자 선택, 가정생활 시작하기, 자녀 양육하기, 원만한 가족관계 유지하기를 한다.
　㉡ 직업을 선택하여 최소한의 경제적 생활을 유지하고, 능력 있는 사회인으로 참여한다.
　㉢ 변화하는 사회 및 문화에 익숙해지고 그것을 받아들임으로써 자기 성장의 욕구를 유지하며 시민의 의무를 완수한다.

⑤ 성인 중기(30~55세)
　㉠ 시민으로서의 사회적 의무를 다한다.
　㉡ 생활의 경제적 표준을 설정하고 수행한다.
　㉢ 청소년기의 자녀를 훈육하고 선도한다.
　㉣ 성인으로서의 적절한 여가활동을 한다.
　㉤ 배우자와의 인격적 관계를 맺는다.
　㉥ 중년기의 생리적 변화를 인정하고 적응한다.
　㉦ 노부모를 봉양한다.

⑥ 성인 후기(55세 이후)
　㉠ 체력감퇴와 건강에 적응한다.
　㉡ 은퇴와 수입 감소에 적응한다.
　㉢ 사회적·시민적 의무를 이행한다.
　㉣ 배우자의 사망에 적응한다.
　㉤ 동년배와 친밀한 유대관계를 맺는다.
　㉥ 만족스러운 생활조건을 구비한다.
　㉦ 인생의 종말을 지혜롭게 지내며 인생의 참된 의미를 찾는다.

### (3) 발달과업의 의의
① 교육 목표 설정의 지표를 제시해 준다.
② 평생교육의 내용과 교육목표를 설정하는 데 시사점을 준다.
③ 어떤 기능이나 태도의 습득에는 적절한 시기가 있다는 점을 강조한다.

---

**\* 아동기 정서발달의 특징**

1. 정서인식능력의 발달
   - 영아: 다른 사람의 정서에 의해 영향을 받는다(어머니의 표정에 따라 영아의 표정도 변화).
   - 어떤 상황에 대해 학령기가 되어서야 여러 가지 정보를 고려하여 타인의 정서를 이해하는 능력이 나타난다.
   - 한 번에 한 가지 이상의 정서를 경험할 수 있다.
   - 사람의 표정이 진짜 감정을 나타내지 않을 수도 있음을 이해한다.
   - 조망능력의 발달로 직접적 고통뿐 아니라 전반적 상황에 대한 공감반응이 가능해진다.
2. 정서표현능력의 발달
   - 선천적인 일차정서(기쁨, 행복, 분노, 슬픔, 놀람, 공포)는 아동발달 과정에서 점차 분화되어 경험하는 정서의 종류가 증가한다(이차정서: 수치, 죄책감, 자부, 질투).
   - 부정적 정서인 분노를 사회적으로 허용되는 방식으로 표현한다.
   - 긍정적인 정서는 과장되기도 한다.
   - 이차정서 발달은 보다 복잡한 인지능력이 요구된다.
3. 정서조절능력의 발달
   - 초등학교 입학 후 자기조절이 급속하게 발달한다.
   - 10세경 아동: 정서를 조절하는 적응적인 일련의 기법을 지닌다.
     → 통제할 수 있는 상황: 문제 해결과 사회적 지지를 구함
     → 통제할 수 없는 상황: 상황을 재정의하거나 기분전환을 하는 방안 선택
   - 고학년 아동: 예기치 않은 일상적인 스트레스를 잘 다룬다.
   - 사춘기: 학령기보다 정서조절이 어렵고 충동적으로 반응하는 경향이 나타나기도 하는데 이는 성호르몬의 영향으로 일차정서를 담당하는 편도체가 지나치게 활성화되기 때문이다.

## 5 진로발달이론

### [1] 진로발달단계

**(1) 1단계: 진로인식단계(career awareness: 유치원~초등학교)**
① 직업과 관련하여 자아에 대한 인식을 깨우치고, 모든 직업군에 있는 직업인에 대한 존경의 태도를 기르는 시기이다.
② 학교에서 다양한 직업의 역할의식을 이해하고 잠재적으로 선택할 수 있는 기회를 갖도록 도와준다.

**(2) 2단계: 진로탐색단계(career exploration: 중학교)**
① 자아개념을 명료화하고 의미 있는 의사 결정의 경험과 기회를 갖도록 한다.
② 일과 직업세계에 대한 흥미를 유발하고 직업의 분류 및 직업군 탐색에 익숙하도록 하여 직업계획을 발전시킬 수 있도록 도와준다.

**(3) 3단계: 진로준비단계(career preparation: 고등학교)**
① 자아개념이 구체화되어 자신의 정체감이 성립되는 단계이다.
② 직업에 대한 가치를 획득하고 직업을 받아들일 수 있는 태도를 개발시킨다.
③ 진로목표에 적합한 계획을 수립하고 직업에 대한 지식과 기술을 습득한다.

**(4) 4단계: 진로전문화 단계(career specialization)**
① 전공과목을 통해 구체적으로 선택할 직업 관련 지식과 특수기술을 개발하는 시기이다.
② 미래의 직업인으로서의 긍지와 보람, 직업윤리와 가치관을 정립한다.

### [2] 긴즈버그(Ginzberg)의 발달이론

**(1) 이론의 개요**
직업 선택은 일생 동안의 의사결정과정이며, 사람들은 자신의 일로부터 상당한 만족을 추구한다. 이를 통해서 사람들은 자신의 변경된 진로목표와 직업세계라는 현실 간의 조정을 어떻게 해 나갈 수 있는지를 반복적으로 재평가하게 되는 것이다(긴즈버그).
① 개인의 직업 선택 행동을 단회적으로 이루어지는 것이 아니라, 상당한 기간에 걸쳐 이루어지는 일련의 발달 과정으로 보는 대표적인 학자이다.

② 긴즈버그는 이러한 발달과정이 대체적으로 불가역적이며, 그 과정의 모든 선택은 적성, 흥미, 능력, 가치관 및 성격 등의 개인의 내적인 요인과 외부의 현실적인 요인을 고려한 타협(compromise)의 결과로 보았다.
③ 후에 긴즈버그는 그의 발달이론에서 직업 선택과정은 개인의 평생에 걸쳐 계속된다는 것과 아울러 발달과정에서의 불가역성은 더 이상 유효하지 않다는 것 등의 수정을 한 바 있다.
④ 진로 발달은 대체로 세 단계(환상기, 잠정기, 현실기)로 발달한다고 보았다.
⑤ 발달이론은 대체로 중산층 출신의 남학생들을 위주로 이루어졌기 때문에 하류층 출신이나 여학생들에게 적용하는 데에는 한계가 있다.

### (2) 긴즈버그의 이론적 특징
① 직업선택 과정이 아동기부터 초기 성인까지의 사회·문화적 환경에 따라 주관적으로 평가·발달되었다.
② 진로선택 과정에서 초기 선택의 중요성을 강조하고 있다.
③ 직업선택이란 인간의 전 생애 동안 나타나는 것으로 보고 있다.

### (3) 긴즈버그 진로발달단계의 특징
직업선택은 대략 10세부터 21세에 걸쳐 일어나는 하나의 과정으로, 욕구와 현실 사이의 절충으로 정점에 이른다.
① 환상기(fantasy period)
  ㉠ 유년기(11세 이전)
  ㉡ 초기는 놀이 중심 단계이며, 놀이가 점차 일 중심으로 변화되기 시작한다.
  ㉢ 다양한 직업적 놀이를 통해서 나타나게 되며, 처음으로 특정 활동에 대한 선호를 나타낸다.
  ㉣ 직업선택의 근거를 개인적 소망에 두며, 현실적인 문제는 고려하지 않는다.
  ㉤ 제복, 소방차, 발레화 등 직업의 가시적 측면만을 생각한다.
  ㉥ 직업 세계에 대한 최초의 가치판단을 반영하는 시기이다.
② 잠정기(tentative period)
  ㉠ 초기 청소년기(11~17세)
  ㉡ 일이 요구하는 조건에 대하여 점차적으로 인식하는 단계로, 자신의 소망과 현실적인 문제를 함께 고려한다.
  ㉢ 처음에는 오로지 직업에 대한 자신의 흥미에만 관심이 집중되지만, 시간이 지나면서 얼마나 사회에 기여할 것인지, 돈을 많이 버는지, 자유 시간을 가질 수 있는지 등 자신의 가치관과 능력에 알맞은 직업 쪽으로 기운다.

② 고교 졸업 후 취업을 할 것인지 진학을 할 것인지 결정해야 한다.
⑩ 추상적 사고가 가능해지면서 심리적 특성으로 자신을 이해하기 시작하는 시기이다.
⑪ 잠정기 4단계
ⓐ 흥미단계(interest stage): 좋아하는 것과 그렇지 않은 것에 대한 보다 분명한 결정을 하게 된다.
ⓑ 능력단계(capacity stage): 직업적인 열망과 관련하여 자신의 능력을 깨닫게 되는 단계이다.
ⓒ 가치단계(value stage): 자신의 직업 스타일에 대하여 보다 명확한 이해를 하게 된다.
ⓓ 전환단계(transition stage): 직업선택에 대한 결정과 진로선택에 수반되는 책임의식을 깨닫게 된다.

③ 현실기(realistic period)
㉠ 청소년 중기(17세~청장년기)
㉡ 능력과 흥미의 통합단계로서 가치의 발달, 직업적 선택의 구체화, 직업적 패턴의 명료화 등이 가능해진다.
㉢ 특정 직업에 필요한 훈련, 자신의 흥미나 재능, 직업기회 등을 현실적으로 고려하여 직업을 선택한다.
㉣ 여성의 경우는 이 시기에 취업을 할 것인지 결혼을 할 것인지에 대한 결정도 해야 한다.
㉤ 청년 후기 정체감 형성의 필수요소이다.
㉥ 현실기 3단계
ⓐ 탐색단계(exploration stage): 자신의 진로선택을 2~3가지 정도로 좁혀 가는 시기이다. 대부분 이러한 선택은 애매하여 확실한 결정의 상태라고 보기는 어려우나 진로에 대한 초점 범위가 훨씬 좁혀진 상태이다.
ⓑ 구체화 단계(crystallization stage): 특정 직업 분야에 몰두하게 된다.
ⓒ 특수화 단계(specification stage): 각자가 직업을 선택하거나 혹은 특정의 진로에 맞는 직업훈련을 받게 된다.

## [3] 고트프레드슨(Gottfredson)의 진로포부 발달이론

### (1) 이론의 개요
① 고트프레드슨(1981)은 개인의 진로 발달을 진로 포부에 초점을 맞추고 진로 포부도 발달한다는 전제 아래, 사회계층 배경을 진로 포부(career aspirations)의 발달에 있어서 주요한 요소로 간주했다.

② 고트프레드슨에 따르면 다른 수준의 직업에 대한 지각이나 선호는 사회계층 배경의 작용으로 비롯되는 경향이 높다는 것이다.
③ 진로 포부 수준과 관련되는 다른 요소로는 직업의 위신, 성(性) 역할, 그 직업에 종사하는 사람들의 공통적 특징 등을 들고, 이런 것들의 종합으로 개인은 이른바 '직업 인지도(cognitive map of occupations)'를 형성한다는 것이다.
④ 고트프레드슨에 따르면 사람들은 자신의 자아 이미지에 알맞은 직업을 원하기 때문에 직업 발달에 있어서 자아개념은 진로선택의 중요한 요인이 된다.
⑤ 자아개념 발달의 중요한 결정요인은 사회계층, 지능수준 및 다양한 경험 등이다.

### (2) 직업 포부의 발달단계

진로 포부와 관련된 직업 선호를 네 단계에 걸친 발달 과정으로 파악하고 있는 것은 다른 진로 발달이론과 유사하나, 인지적인 발달과 사회 환경(특히 사회계층의 영향)을 동시에 강조하고 있다는 점이 특이하다.

① 힘과 크기 지향성(orientation to size and power, 3~5세)
  ㉠ 주로 어른들의 역할을 흉내 내고 직관적인 사고 과정을 보인다.
  ㉡ 어른이 된다는 것의 의미를 알게 된다. 사고과정이 구체화되며, 자신의 직업에 대해서 긍정적 입장을 취한다.
② 성 역할 지향성(orientation to sex and roles, 6~8세)
  ㉠ 자아개념이 성(gender)의 발달에 의해서 영향을 받게 된다.
  ㉡ 구체적인 사고를 할 수 있어 남녀 역할에 바탕을 둔 직업 선호를 하게 된다.
  ㉢ 자신이 선호하는 직업에 대해서 보다 엄격한 평가를 할 수 있게 된다.
③ 사회적 가치 지향성(orientation to social valuation, 9~13세)
  ㉠ 사회계층에 있어서의 자아를 인식하게 되고, 일의 수준에 대한 이해를 확장시킨다.
  ㉡ 사회계층이나 지능을 진로 선택의 주요 요소로 인식하게 되고 직업의 사회적 지위에 눈을 뜬다.
  ㉢ 직업에 대한 평가를 하기 위한 보다 많은 기준을 갖게 된다.
④ 내적 고유한 자아 지향성(orientation to the internal unique self, 14세 이후)
  ㉠ 내성적(introspective)인 사고를 통하여 자아인식이 발달되며, 타인에 대한 개념이 생겨난다.
  ㉡ 추상적인 사고를 하게 되고 개인적 흥미나 가치, 능력을 바탕으로 자신의 성격 유형에 관심을 갖게 된다.
  ㉢ 자아성찰과 사회계층의 맥락에서 직업적 포부가 더욱 발달하게 된다.

## [4] 수퍼(Super) 진로발달이론

### (1) 이론의 개요

① 수퍼(Super)는 긴즈버그의 초기 직업 선택 이론에서 직업 선택 발달이 아동기로부터 성인 초기에 국한되지 않고 인생의 전 생애에 걸쳐서 발달·변화된다고 비판하였다.

② 개인의 능력, 흥미, 인성 등의 차이에 따라 각기 적합한 직업 환경이 있다고 보고, 직업 선택이란 직업 선호, 생활 장면, 자아 개념 등에 의해 변화하는 연속적인 과정으로 파악한다.

③ 진로발달이론의 핵심은 진로 의식의 발달 과정이 바로 개인의 자아 개념의 발달과 그것의 실현이라고 보는 데 있다.

④ 이러한 발달 과정은 개인의 변인과 사회적 요인 간의 타협과 종합의 연속으로서, 자아 개념은 타고난 능력, 신체적 특징, 다양한 역할 수행의 기회, 역할 수행의 결과에 대한 주위의 반응 등과 상호 작용의 산물로 보고 있다.

⑤ 진로발달단계를 성장(growth), 탐색(exploration), 확립(establishment), 유지(maintenance), 쇠퇴(decline)의 연속적으로 특징지어지는 일련의 삶의 단계로 요약·설명하고 있다.

### (2) 이론의 기본 전제

① 능력, 성격, 욕구, 가치, 흥미, 특성, 자아개념 등은 사람마다 다르며, 이러한 특성들에 따라서 수많은 직업에 대한 적성이 제한된다.

② 직업에 따라 능력과 성격적 특성의 특정한 패턴이 존재한다.

③ 일반적 자아개념은 성인기에 이르면서 비교적 안정되지만, 직업적 선호와 적성, 생활하고 일하는 환경 그리고 자아개념은 시간과 경험에 따라 변한다.

④ 직업의 양상과 수준 등은 부모의 사회경제적 수준, 정신적 능력, 교육, 기술, 성격적 특성(욕구, 가치, 흥미, 특징, 자아개념 등), 진로성숙도 그리고 주어진 기회 등에 의해 결정된다.

⑤ 개인의 진로성숙도는 주어진 생애 진로단계에서 조직과 환경의 요구에 대처하는 것의 성공 여부를 결정한다.

⑥ 진로발달의 과정은 본질적으로 자아개념을 발달시키고 충족시키는 과정이며, 자아개념의 발달을 도움으로써 발달은 지도될 수 있다.

⑦ 직업 만족의 정도는 자아개념을 충족시킬 수 있는 정도에 비례한다.

⑧ 개인과 사회적 요소 간, 자아개념과 현실 간의 종합과 타협의 과정은 상담과정이나 실제 활동에서의 피드백을 통해 학습하는 과정이자 역할수행의 과정이다.

⑨ 직업은 사람의 성격조직에 영향을 주지만 개인에 따라 그 정도의 차이는 있다.

### (3) 수퍼의 진로 아치문

① 진로 아치문의 기본 구조
  ㉠ 진로 아치문은 인간 발달의 생물학적·지리학적인 면을 토대로 구성된 세 개의 커다란 돌로 이루어진 문이다.
  ㉡ 왼쪽 기둥은 개인(심리적 특징: 욕구, 지능, 가치, 흥미, 적성)을, 오른쪽 기둥은 사회(경제자원, 경제구조, 사회제도 등)를 나타내고 있다.

② 진로 아치문의 주요 개념
  ㉠ 아치문 모델에서 사용되는 주요 개념은 성격과 자아개념이다.
  ㉡ 활 모양의 기둥에는 흥미와 특징보다도 '태도'가 포함될 수 있다. 자능감, 자존감, 역할 개념 같은 자아개념은 성격에 포함된다.
  ㉢ 자연자원, 경제, 가족은 개인의 적성, 흥미, 가치 발달에 영향을 주며, 개인은 사회에 영향을 준다. 이는 기둥들 사이에는 상호작용이 있음을 의미한다.
  ㉣ 아치의 각각의 끝에는 발달단계가 있는데 왼쪽에는 아동기와 청소년기가 있고, 오른쪽에는 성년기와 장년기가 있다.
  ㉤ 개인은 각각의 단계에서 나이와 사회적 기대에 따른 발달과제에 직면하게 되며, 이 단계들을 거쳐 개인은 어떤 지위를 얻게 되고 각각의 역할에 대한 자아개념을 발달시키게 된다.
  ㉥ 아치문의 중심은 자아, 즉 의사결정자이다. 이것에 영향을 주는 것은 자아개념과 사회에서의 역할이며, 이 영향은 진로결정을 하는 데 있어서 매우 중요한 요소다.

### (4) 진로 발달단계

① 성장기(growth stage, 출생에서 14세까지의 시기)
  ㉠ 가정과 학교에서 주위의 인물들과의 동일시를 통해서 자아개념을 발달시켜 나간다.
  ㉡ 초기에는 욕구와 환상이 지배적이다가 점차 흥미와 능력을 중요시하게 된다.
  ㉢ 환상기(4~10세), 흥미기(11~12세), 능력기(13~14세) 등의 하위 단계를 거쳐서 성장한다.
    ⓐ 환상기(4~10세): 아동의 욕구가 지배적이며 역할 수행이 중시된다.
    ⓑ 흥미기(11~12세): 진로의 목표와 내용을 결정하는 데 있어서 아동의 흥미가 중시된다.
    ⓒ 능력기(13~14세): 진로 선택에 있어서 능력을 중시하며 직업에서의 훈련 조건을 중시한다.

② 탐색기(exploration stage, 15~24세까지의 시기)
  ㉠ 학교생활, 여가 활동, 시간제 일을 통한 역할 수행과 자신에게 적합한 직업을 탐색하고 잠정적으로 선택한다.

ⓒ 자신의 여러 특성들을 이해하게 되며, 점차 현실적 요인을 더욱 중시한다.
ⓒ 시도기(15~17세), 전환기(18~21세), 시행기(22~24세) 등의 하위 단계를 거친다.
　ⓐ 시도기(15~17세): 자신의 욕구, 흥미, 능력, 가치와 취업기회 등을 고려하기 시작한다. 토론이나 일의 경험 등을 통해 잠정적으로 진로를 선택해 본다.
　ⓑ 전환기(18~21세): 장래 직업세계에 들어갈 때 필요한 교육이나 훈련을 받으며 자신의 자아개념을 확립하려고 한다. 이 시기에는 현실적 요인을 중시한다.
　ⓒ 시행기(22~24세): 자신에게 적합하다고 판단되는 직업을 선택해서 거기에 종사하기 시작한다.
③ 확립기(establishment stage, 25~44세까지의 시기)
　㉠ 초기에는 시행기가 이어지는 수가 많으며, 적합한 분야를 찾아서 정착함으로써 안정을 이루게 된다.
　㉡ 정착을 위한 시행 및 안정기(25~30세)와 진보기(31~44세)를 겪는다.
　　ⓐ 시행 및 안정기(25~30세): 자신이 선택한 일의 세계가 적합하지 않을 경우에 적합한 일을 발견할 때까지 한두 차례 변화를 시도한다.
　　ⓑ 진보기(31~44세): 진로 유형이 안정되는 시기로서 개인은 그의 직업세계에서 안정과 만족감, 소속감, 지위 등을 얻게 된다.
④ 유지기(maintenance stage, 45~64세까지의 시기): 직업 세계에서 확고한 위치를 확보하여 그 직업 또는 지위를 유지하거나 계속 발전시켜 나가며, 생활의 안정을 이룬다.
⑤ 쇠퇴기(decline stage, 65세 이후의 시기): 신체적·정신적 능력이 쇠퇴함에 따라 직업 활동으로서의 정상적인 과정은 끝나게 된다. 하지만 개인차가 크며 새로운 역할이나 활동을 찾아서 시작하기도 한다.

---

**＊ 레빈슨(Levinson)의 사계절 발달이론**

　레빈슨은 35~45세의 각계각층의 남성 40명을 대상으로 그들의 삶에 대한 심층적인 면접으로 얻은 자료와 유명인의 자서전 등을 분석하고 이용하여 인생사계절론을 제시하였다. 레빈슨 이론의 가장 중요한 개념은 '인생구조'이다. 인생구조란 '일정한 시기에 있어서의 개인의 삶의 양식과 설계'를 의미하는 것이다. 즉, 인생구조는 개인의 사회·문화적인 배경, 개인 자아의 특성, 주변 세계에 대한 개인의 참여도에 따라 결정된다고 하였다.
　레빈슨은 이 인생구조의 변화에 따라 발달단계를 구분하였고 나이로 단계를 표현하는 것에는 한계가 있다고 여겨 각 단계마다 한 시기의 끝과 다른 시기의 시작을 5년 정도로 겹쳐 과도기를 두어 표현하였다.
1. 성인 이전 시기(0~17세): 레빈슨은 이 시기에 대한 언급을 하지 않았다.
2. 성인 초기 전환기(17~22세): 성인으로 진입하기 위한 준비를 하는 시기로서 주변의 정리를 통하여 새로운 단계로 들어서는 전환점의 시기이다.
3. 성인 초기 입문기(22~28세): 성인으로서 자신의 삶을 계획하고 시작하는 시기이다. 이 시기는 직업, 배우자 선택, 독립 등 중요한 선택의 시기이기도 하다. 이 시기에 꿈과 멘토는 인생구조 형성에 큰 영향을 준다.
4. 30대 전환기(28~33세): 이 시기는 성인 초기보다 현실적이어서 이전 시기의 계획이나 선택 등에 대해 보완·재평가하며 다음 구조에서 필요한 새로운 계획들을 탐색한다. 이와 같이 30대 전환기는 보완·재평가하고 새로운 선택을 하기 때문에 성인발달에서 중요한 시기라고 할 수 있다.

5. 성인 초기 절정기(33~40세): 이전시기들의 계획들이 실행되어 어느 정도 이루어진 시기로서 더 나은 위치로 가고자 노력하고 그것을 안정화시키는 단계이다. 사람의 허리에 해당하는 중심적이고 중요한 위치에 도달하게 된다.
6. 성인 중기 전환기(40~45세): 중년기로 접어드는 시기로서 자신의 삶에 대한 재평가를 하며 지나온 삶에 대한 의문을 갖게 된다. 그로 인해 '중년의 위기'를 겪게 될 수도 있는 시기이다.
7. 성인 중기 입문기(45~50세): 이 단계는 새로운 인생을 맞이하는 시기로서 다양한 변화들이 일어난다. 이 시기는 결실의 계절에 비유되기도 하며, 배우자와 주변 사람들과의 관계 재정립이 필요한 시기이다. 또한 스스로에게 몰입하며 이루어 놓은 업적들에 나름 만족하는 시기이다.
8. 50대 전환기(50~55세): 이 단계는 성인 중기의 인생구조를 재평가하며, 다음 인생구조를 위한 준비를 하는 시기이다. 그러나 성인 중기에 해당하는 10~15년 사이에 삶의 변화가 없었거나 부적절한 경험을 겪은 사람들에게는 위기가 올 수도 있다.
9. 성인 중기 절정기(55~60세): 성인 초기 절정기처럼 성인 중기의 계획과 목표를 실현하는 시기이다.
10. 성인 후기 전환기(60~65세): 새로운 인생구조로 전환하는 시기로서 노년기의 시작에 해당하는 시기이다.
11. 성인 후기(65세~): 새로운 인생구조를 확립하는 시기로서 신체적 노화나 질병에 잘 대응하며 젊음을 잃은 것에 대한 심리적 충격에 대비해야 한다.

# 확인학습 문제

**001** 발달순서에 관한 설명으로 옳지 않은 것은?

① 근위부에서 원위부로 발달한다.
② 중심부에서 말초부로 발달한다.
③ 상부에서 하부로 발달한다.
④ 대근육에서 소근육으로 발달한다.
⑤ 부분운동에서 전체운동으로 발달한다.

**정답** ⑤
**해설**
상부(머리)에서 하부(발)로, 중심에서 말초로, 전체운동에서 부분운동 방향으로 발달한다.

**002** 발달의 원리에 관한 설명으로 옳은 것은?

① 발달은 미분화운동에서 분화운동으로 이루어진다.
② 발달이 반드시 과거와의 연결을 지니는 것은 아니다.
③ 발달은 적절한 환경과 자극만 제공되면 언제든지 이루어진다.
④ 발달에는 개인 간 차이는 있지만 개인 내 차이는 없다.
⑤ 발달에 퇴행적 개념은 포함되지 않는다.

**정답** ①
**해설**
① 발달의 순서는 중심에서 말초로, 상부에서 하부로, 전체운동에서 특수운동으로, 미분화운동에서 분화운동으로 발달하는 경향이 있다.
② 발달은 비약적인 것이 아니라 연속적이고 점차적인 것으로, 이전 단계의 발달은 이후의 발달을 위한 기초를 제공하며 인간은 반드시 과거와의 연결을 가지고 발달한다.
③ 발달에는 결정적 시기나 최적의 시기가 있다.
④ 발달에는 개인차가 있으며 개인 간 차이뿐만 아니라 개인 내적 차이도 있다.
⑤ 발달은 퇴행적 변화까지 포함하는 개념이다.

**003** 인간발달의 원리에 관한 설명으로 옳지 않은 것은?

① 발달은 미분화 → 분화 → 통합화의 과정을 통하여 체제화·구조화된다.
② 발달은 성숙과 학습의 상호작용의 결과이다.
③ 발달은 비약적인 것이 아니라 연속적이고 점차적인 것이다.
④ 발달은 계속적인 과정이나, 발달의 속도는 일정하지 않다.
⑤ 발달은 계속적인 과정이므로 발달의 속도는 일정하다.

> 정답 ⑤
> 해설
> * **발달의 주기성**
>   발달은 계속적인 과정이나, 발달의 속도는 일정하지 않다. 이는 발달단계의 불규칙성을 말하는 것으로 발달의 동요성, 율동성이라고도 한다.

**004** 발달의 순서와 방향에 관한 설명으로 옳은 것을 모두 고른 것은?

> ㄱ. 상부에서 하부로
> ㄴ. 중심에서 말초로
> ㄷ. 절대적인 것에서 상대적인 것으로
> ㄹ. 구체적인 것에서 일반적인 것으로

① ㄱ, ㄴ
② ㄴ, ㄹ
③ ㄱ, ㄴ, ㄷ
④ ㄱ, ㄷ, ㄹ
⑤ ㄱ, ㄴ, ㄷ, ㄹ

> 정답 ③
> 해설
> ㄹ. 발달은 일반적인 것에서 구체적인 것으로 이루어진다.

**005** 신체발달의 원리로 옳은 것을 모두 고른 것은?

> ㄱ. 머리 쪽에서 아래쪽으로 발달
> ㄴ. 중심부에서 말초부로 발달
> ㄷ. 대근육에서 소근육으로 발달
> ㄹ. 특수운동에서 전체운동으로 발달

① ㄱ, ㄴ, ㄷ  ② ㄱ, ㄴ, ㄹ  ③ ㄱ, ㄷ, ㄹ
④ ㄴ, ㄷ, ㄹ  ⑤ ㄱ, ㄴ, ㄷ, ㄹ

**정답 ①**
**해설**
ㄹ. 신체는 전체운동에서 특수운동으로 발달한다.

**006** 연령이 같은 학생들이라도 각 학생의 지적·정의적 특성에 맞는 지도를 해야 한다는 주장과 관련된 발달원리는?

① 발달의 상관성  ② 발달의 분화성  ③ 발달의 순서성
④ 발달의 개별성  ⑤ 발달의 주기성

**정답 ④**
**해설**
발달의 개별성이란 발달의 속도, 정도, 질은 개인마다 차이가 있다는 것이다.

**007** 다음에서 설명하고 있는 발달의 원리에 해당하는 것은?

> 은영의 키는 중학교 1학년 때 10cm가 컸고 2학년 때 5cm, 3학년때 2cm 정도 컸으며, 대학생이 된 지금은 거의 변화가 없다.

① 발달은 계속적인 과정이나, 발달의 속도는 일정하지 않다.
② 발달은 중심부위에서 말초부위로 이루진다.
③ 발달은 비약적인 것이 아니라 연속적이고 점차적인 것이다.
④ 발달에는 개인차가 존재한다.
⑤ 발달에는 결정적 시기가 있다.

**정답** ⑤
**해설**
발달에 있어서 결정적 시기는 유기체가 특정한 종류의 자극에 최고로 민감한 발달상의 시기로, 생애 다른 어떤 시기보다도 특정한 행동기술을 익히는 데 가장 용이한 시기이다. 인간발달 과정에서 결정적 시기는 일반적으로 발달률이 가장 큰 생애 초기에 해당하며, 초기 경험이 중요하다.

**008** 성장과 성숙에 관한 설명으로 옳지 않은 것은?

① 성숙은 유전인자가 지니고 있는 정보에 따른 변화를 의미한다.
② 성숙은 신체 크기의 증대, 근력 증가, 인지의 확장 등을 포함한다.
③ 성장은 신체의 양적 증가를 나타내는 것이다.
④ 성숙은 경험이나 훈련과 관계없이 체계적으로 일어난다.
⑤ 성장은 일정한 시기가 지나면 정지된다.

**정답** ②
**해설**
성장은 신체의 양적 증가를 나타내며 일정한 시기가 지나면 정지된다. 성숙은 경험이나 훈련과 관계없이 유전적인 인자 등에 의해 나타날 수 있다.

**009** 발달의 특징에 해당하는 것을 모두 고른 것은?

> ㄱ. 기초성  　　　　　　　ㄴ. 적기성
> ㄷ. 누적성  　　　　　　　ㄹ. 불가역성

① ㄱ, ㄴ, ㄷ  　　② ㄱ, ㄴ, ㄹ  　　③ ㄱ, ㄷ, ㄹ
④ ㄴ, ㄷ, ㄹ  　　⑤ ㄱ, ㄴ, ㄷ, ㄹ

**정답** ⑤
**해설**
ㄱ. 기초성: 아동의 초기 경험, 즉 유아기의 경험이 후기 발달의 바탕이 된다.
ㄴ. 적기성: 모든 발달은 단계가 있으며, 각 단계에 맞는 과업이 있다.
ㄷ. 누적성: 앞 단계에서 잘못되면 다음 단계에서는 더욱 잘못되고, 앞 단계에서 잘되면 다음 단계에서도 잘된다는, 이른바 발달의 '빈익빈 부익부'를 의미한다.
ㄹ. 불가역성: 전 단계의 잘잘못이 후 단계의 잘잘못에 영향을 끼치기는 하나, 반대로 후 단계의 잘잘못이 전 단계의 잘잘못을 교정·보충해 주는 데는 한계가 있다.

**010** 인간발달에 관한 설명으로 옳지 않은 것은?

① 발달과정에서 문화적·환경적 요인은 중요하다.
② 일정한 방향으로 이루어지므로 개인적 차이는 없다.
③ 특정 단계에서의 발달은 이전 단계의 발달과업 성취와 관련이 있다.
④ 태아기에서 노년기에 이르기까지 시간적 흐름에 따라 일어나는 변화이다.
⑤ 상부에서 하부로, 중심에서 말초로, 단순한 것에서 복잡한 것으로 나타난다.

**정답** ②
**해설**
\* **발달의 개별성**
　발달에는 개인차가 있으며, 개인 간 차이뿐만 아니라 개인 내적 차이도 있다.

**011** 인간의 성장발달과정에서 특정한 심리적 특성이 학습되는 시기는?

① 결정적 시기  ② 적응기제 시기  ③ 문화정체 시기
④ 문화실조 시기  ⑤ 심리적응 시기

**정답** ①
**해설**
* 인간의 성장발달과정에서 특정한 심리적 특성이 학습되는 시기
– 에릭슨은 발달단계를 8단계로 구분하는데 이들은 독립된 것이 아니라 '연속적'이다. 각 단계의 인성 특성은 최적의 발달을 위한 '결정적 시기'가 있으며, 이 결정적 시기의 결손은 치명적이라고 보았다.
– 해비거스트는 인간발달을 영아기 및 유아기, 아동기, 청년기, 성년 초기, 성년 중기, 노년기로 나누고, 각 발달 단계에서 반드시 학습해야 할 발달과업을 제시하고 있다.

**012** 다음의 내용이 설명하고 있는 것은?

○ 발달과업의 특정 시기를 말한다.
○ 특정 시기에 맞는 환경조성이 필요하다.
○ 사춘기에 신체가 급성장하는 것, 학령 전기에 어휘가 급격하게 증가하는 것 등을 설명할 수 있는 개념이다.
○ 조기교육의 찬·반과 관련하여 언급되는 개념이다.

① 전조작기  ② 성장기  ③ 아동기
④ 결정적 시기  ⑤ 구체적 조작기

**정답** ④
**해설**
'결정적 시기'는 유기체의 발달 과정에서 특정 종류의 행동을 습득할 가능성이 특별히 높은 시기를 의미한다.

**013** 다음에서 설명하고 있는 내용과 가장 관계가 깊은 것은?

> 유아의 경우 통상적으로 만 1세 전후가 되어야 말을 하기 시작한다. 6개월 전후에 말을 할 수 있도록 아무리 특별한 자극을 주어도 언어를 습득하게 하는 데 별로 효과가 없다.

① 성장    ② 성숙    ③ 발달
④ 학습    ⑤ 경험

**정답** ②
**해설**
유전적 요인에 의한 변화를 의미하는 '성숙'은 유전적 요인이 발현될 수 있는 시간이 되어야 이루어진다. 특별한 자극이란 경험과 연습을 의미하는 것으로, 연습을 시켜도 변화가 나타나지 않았다면 이는 유전적 요인의 영향을 받기 때문이다.

**014** 다음에서 설명하고 있는 개념은?

> ○ 연령 증가와 함께 나타나는 신체적·심리적 변화를 말한다.
> ○ 상승적 변화와 감퇴적 변화를 포함한다.

① 학습    ② 유전    ③ 성숙
④ 성장    ⑤ 발달

**정답** ⑤
**해설**
유전과 환경에 의한 인간행동의 변화, 유전적 잠재력에 의한 성장과 후천적인 경험에 의하여 이루어지는 학습의 과정을 통하여 신체적인 면과 정신·심리적인 면에서 지금까지 없었던 사실들이 새롭게 순차적이고 점진적으로 전개되는 현상을 '발달'이라 한다.

**015** 브론펜브레너(Bronfenbrenner)의 생태이론에서 아동의 문제를 해결하기 위해 부모와 학교가 서로 정보를 교류하는 체계에 해당하는 것은?

① 내부체계  ② 중간체계  ③ 외체계
④ 거시체계  ⑤ 미시체계

**정답 ②**
**해설**
* 브론펜브레너(Bronfenbrenner)의 생태이론
  생태이론은 행동생물학의 보충이론으로 유전적 요소, 가정의 역사, 사회경제적 수준, 가정생활의 질, 문화적 배경과 같은 요인들이 발달과 관련된다고 보고 있다. 아동의 발달을 보다 정확하게 이해하기 위해서 아동에게 영향을 미치는 환경의 개념을 확장시켰다.
  – 미시체계(microsystem): 직접적으로 접하는 환경에 대한 아동의 능동성과 상호작용 패턴에 관심을 가진다.
    예 가정, 유치원, 학교, 또래집단, 놀이터 등
  – 중간체계(mesosystem): 미시체계들 간의 상호관계, 즉 아동이 적극적으로 참여하는 환경들 간의 관계성을 강조한다.
    예 가정과 학교의 관계, 가정과 또래의 관계
  – 외체계(exosystem): 아동이 직접적으로 접촉하지는 않지만 아동에게 영향을 미치는 환경이다.
    예 이웃, 부모의 직장, 정부기구
  – 거시체계(macrosystem): 아동이 속해 있는 문화적 환경 전체이다.
    예 사회적 가치, 법, 관습

**016** 다음 설명 중에서 옳지 않은 것은?

① 상관연구는 인간의 심리 및 발달에 영향을 미치는 여러 변인들의 상호 관련성을 밝히기 위한 연구이다.
② 실험연구는 인간의 심리에 영향을 미치는 변인들 간의 인과관계를 밝히기 위한 연구이다.
③ 사례연구는 한두 명의 조사대상자를 대상으로 얻은 연구결과를 바탕으로 발달 및 심리기제의 일반적인 양상을 추론하는 연구방법이다.
④ 참여관찰법은 연구자가 피험자의 생활환경에 직접 참여하여 피험자의 보다 진실된 반응을 확인하는 방법이다.
⑤ 자연관찰법은 자신의 생각, 태도, 관점 등을 스스로 평가하고 보고하는 형식으로서 개인의 심리적 특성에 관한 자료를 수집하는 데 많이 사용되는 방법이다.

**정답 ⑤**
**해설**
⑤ 자기보고법에 대한 설명이다. 자연관찰법은 일상적 장면에서 피험자의 행동을 있는 그대로 관찰하는 방법이다.

**017** 연구 유형과 자료수집 방법에 관한 연결로 옳은 것은?

① 실험연구: 두 변인 간 상관성 연구
② 사례연구: 무작위할당, 조작, 비교
③ 상관연구: 자서전적 기술, 변화과정 강조, 일반화 한계
④ 질적 연구: 다수 대상, 일반화 가능, 수량화, 통계법 활용
⑤ 참여관찰법: 피험자의 생활에 참여하면서 관찰법 활용

**정답** ⑤
**해설**
① 상관연구에 관한 설명이다.
② 실험연구에 관한 설명이다.
③ 사례연구에 관한 설명이다.
④ 양적 연구에 관한 설명이다.

**018** 자료수집방법 중 관찰법에 관한 설명으로 옳지 않은 것은?

① 현재의 상태를 가장 생생하게 기록할 수 있다.
② 관찰 대상자가 표현능력은 있더라도 조사에 비협조적이거나 면접을 거부할 경우 효과적이다.
③ 관찰 대상자의 내면적인 특성이나 사적 문제, 과거 사실에 대한 자료는 수집할 수 없다.
④ 응답과정에서 발생할 수 있는 오차를 감소할 수 있다.
⑤ 관찰 대상자의 변화양상을 포착하기 쉬워서 결과를 일반화할 수 있다.

**정답** ⑤
**해설**
관찰 대상자의 변화양상을 포착할 수 없으므로 결과를 일반화하는 데 제약이 있다.

* **관찰법의 장점**
  – 관찰자가 직접 관련된 환경 등을 조사하기 때문에 심화된 자료수집을 할 수 있다.
  – 관찰자가 직접 조사하기 때문에 신뢰도가 높다.
  – 어떤 대상(문맹자, 농아 등)에도 적용시킬 수 있다.
  – 관찰목적 이외의 부수적인 자료의 수집이 가능하다.

* **관찰법의 단점**
  – 관찰하려는 장면(목적)을 포착하기가 어렵다.
  – 관찰에서 선입견이나 편견이 개입하기 쉽다. 즉, 객관적 관찰이 어려운 경우가 있다.
  – 관찰결과의 해석에 주관성이 개입될 가능성이 있다.
  – 인간 능력의 한계, 시간·공간의 제약, 평가 자체의 약점 등으로 전체 장면의 관찰이 어렵다.

**019** 사례연구에 관한 설명으로 옳지 않은 것은?

① 사례연구는 양적 연구방법에 해당한다.
② 관찰연구에 비해 연구대상의 수가 적다.
③ 현상에 대한 자세한 기술 및 설명, 평가를 목적으로 한다.
④ 개인의 독특한 현상에 대한 연구에 적합하다.
⑤ 현상과 맥락 간의 경계가 불분명한 경우 다면적 증거 원천들을 사용한다.

**정답** ①
**해설**
사례연구는 질적 연구방법에 해당한다.

* **질적 연구**
  현상을 개념화, 범주화, 계량화, 이론화 이전의 자연 상태로 환원하여 최대한 '있는 그대로' 혹은 '그 본래 입장에서' 접근하는 연구의 유형 또는 방법이다. 질적 연구는 양적 연구와 대비를 이루며, 양적 연구의 한계를 비판하면서 대안적 접근으로 모색된 것이다. 질(質, quality)은 비교하기 이전의 상태 또는 측정하기 이전의 상태이다. 바꾸어 말하면, 질은 개별적 사물의 고유한 속성이며, 그것을 그것답게 만드는 내재적 특징이다.

**020** 다음에서 설명하고 있는 연구방법은?

○ 오스굿(Osgood)이 창안하였다.
○ 개념을 평가, 능력, 활동의 세 요인으로 알아본다.
○ 흔히 5단계 또는 7단계의 척도에 의해 측정한다.

① 현장연구법  ② 내용분석법  ③ 의미분석법
④ 사회성 측정법  ⑤ 투사법

**정답** ③
**해설**
'의미분석법'은 오스굿(Osgood)이 창안한 것으로 여러 가지 사물, 인간, 사상 등에 가지는 개념의 심리적 의미를 의미공간상의 위치로 표현하여 측정하고자 하는 방법이다.

**021** 다음에서 설명하고 있는 심리진단방법은?

> ○ 검사결과의 수량화가 어렵다.
> ○ 내담자의 내면세계가 자유롭게 표현된다.
> ○ 진단과 동시에 치료의 방법이 될 수 있다.

① 관찰법  ② 사회성 측정법  ③ 의미분석법
④ 투사법  ⑤ 표준화 검사법

**정답 ④**
**해설**
'투사법'이란 구조화되지 않은 자극을 제시하여 피험자의 자유로운 해석과 구조에 의한 반응으로 개인의 심층에 숨겨져 있는 충동, 욕구, 감정, 가치관 등 정신 내부의 상태를 파악하려는 방법이다. 또한 개인의 지각과정 또는 인지과정을 측정함으로써 정의적 특성을 판단하려는 방법이다.

**022** 사회성 측정(sociometry) 실시상의 유의점으로 옳은 것은?

① 선입견을 피하기 위해 학급 담임이 아닌 사람이 실시하도록 한다.
② '우리 학급', '우리 분단' 등 집단의 한계를 분명히 밝힌다.
③ 조사결과를 학생들에게 알려 스스로 교우관계를 개선하도록 한다.
④ 조사의 간소화를 위해 집단 중 일부만을 조사한다.
⑤ 초등학교 고학년은 가능한 한 개별면접을 통해 실시한다.

**정답 ②**
**해설**
* **사회성 측정 실시의 유의점**
 - 학급 담임이 실시하는 것이 좋다.
 - 결과는 학생들에게 일절 알리지 않도록 한다.
 - 집단의 한계가 명시되어 있어야 한다(우리 학교, 우리 학급, 우리 분단 등 어떤 집단에서 선택할 것인가가 명시되어 있어야 한다).
 - 한정된 집단의 전원이 조사대상이 되어야 한다(휴학자를 제외한 장기결석자와 단기결석자도 포함시켜야 한다).
 - 한 학기에 한 번 정도 실시하는 것이 좋다.
 - 초등학교 저학년은 개별면접으로 하는 것이 좋다.
 - 조사결과는 학생들에게 알리지 않는다(비밀 유지).

**023** 학급 학생들의 교우관계를 알아보는 데 가장 적절한 방법은?

① 관찰법  ② 사회성 측정법  ③ 의미분석법
④ 주제통각검사  ⑤ 진실험 설계법

**정답 ②**
**해설**
'사회성 측정법'이란 소집단 내에서의 구성원 간 사회적 관계(대인관계)를 파악하여 구성원들의 역할 상호작용을 알 수 있는 방법이다. 집단따돌림 현상(왕따 현상)을 파악하는 데 용이하다. 수용성 검사, 교우관계 조사법이라고도 하며, 모레노(Moreno)가 창안하였다.

**024** 담임 교사가 짧은 시간에 전체 학생들에 대한 여러 가지 정보를 얻을 수 있는 자료수집방법은?

① 실험법  ② 관찰법  ③ 면접법
④ 질문조사법  ⑤ 사례연구법

**정답 ④**
**해설**
'질문조사법'은 어떤 문제에 관해서 작성된 일련의 질문에 대하여 피험자가 대답을 작성하도록 하여 자료를 수집하는 방법이다.

**025** 사회조사방법의 한 형태로 연구 이유에 따른 분류에서 사실과의 관계를 파악하여 인과관계를 규명하거나 미래를 예측하기 위한 조사는?

① 설명적 조사 ② 탐색적 조사 ③ 기술적 조사
④ 횡단적 조사 ⑤ 종단적 조사

**정답 ①**
**해설**
\* **사회조사방법 – 연구 이유에 따른 분류**
1. 탐색적 조사
   - 예비조사라고도 하는데, 필요한 지식의 수준이 가장 낮은 경우에 실시하는 조사 형태이다.
   - 일반적 개념을 보다 구체적이고 측정할 수 있는 변수나 질문 또는 가설로 발전시키려는 것이다. 따라서 미개척 분야에서 개체의 도구로 많이 이용되며, 또 가설이 정립된 경우에도 이 조사를 충실히 하려면 조사에 관련된 여러 정보가 필요한데, 이 정보를 파악하기 위해서도 사용된다.
   - 탐색적 조사에서 활용되는 방법으로는 문헌조사, 경험자 면접, 연구에 자극을 주는 특례의 분석 등 세 가지가 있다.
   예) 에이즈가 어디서 발생이고, 그 원인이 무엇인지 탐색한다.
2. 기술적 조사
   - 기술적 질의에 응답하는 자료를 생산하려는 것이다.
   - 단순한 어떠한 사실의 모양이라든가 어떠한 통계적 구조, 크기나 비율 그리고 관계, 방향 등을 파악하는 조사, 사회정책 조사가 이에 속한다.
   - 연구의 단위에 있어 개인, 집단, 가족, 조직, 지역사회, 국가 등 다양하며 기술할 현상도 단순한 것에서 복잡한 것에 이르기까지 다루는 범위가 넓다.
   예) 크게는 국세, 가계, 물가조사 등이 있으며, 작게는 학부제로 넘어갈 때 학교에서 학부형에게 의견을 조사하는 것 등이 있다.
3. 설명적 조사
   - 기술적 조사 또는 그 결과의 축적 등을 토대로 하여 어떠한 사실과의 인과관계를 가지고 있음을 증명하는 조사이다.
   - 사회사업에 있어서 표적이 되는 문제의 원인을 판단하고 사회체계의 역동성을 이해하고 개입의 여러 형태가 가진 영향을 사정하는 일이 중요한데 이러한 지식의 핵이 인과관계의 주장인 것이다.
   예) 조기 영어 교육의 학부모 조사에서 찬성을 했다면 찬성자의 지위나 학력에 따라 찬성의 이유가 각기 다를 것을 조사하는 것이 설명적 조사이다.

**026** 청소년 인터넷 중독이나 범죄, 학교폭력 등과 같은 청소년의 사회적 문제에 대해 정확한 실태 파악을 하여 정책적 대안을 마련하기 위한 목적에서 실시하는 조사연구는?

① 설명적 조사　② 탐색적 조사　③ 기술적 조사
④ 횡단적 조사　⑤ 종단적 조사

> **정답 ③**
> **해설**
> **\* 기술적 조사**
> － 기술적 질의에 응답하는 자료를 생산하려는 것이다.
> － 단순한 어떠한 사실의 모양이라든가 어떠한 통계적 구조, 크기나 비율 그리고 관계, 방향 등을 파악하는 조사 사회정책조사가 이에 속한다.
> － 연구의 단위에 있어 개인, 집단, 가족, 조직, 지역사회, 국가 등 다양하며 기술할 현상도 단순한 것에서 복잡한 것에 이르기까지 다루는 범위가 넓다.
> 　예 크게는 국세, 가계, 물가조사 등이 있으며, 작게는 학부제로 넘어갈 때 학교에서 학부형에게 의견을 조사하는 것 등이 있다.

**027** 연구에서 어떠한 개념을 구체화하는 과정으로 옳은 것은?

① 변수의 측정 → 조작적 정의 → 개념적 정의
② 변수의 측정 → 개념적 정의 → 조작적 정의
③ 개념적 정의 → 변수의 측정 → 조작적 정의
④ 개념적 정의 → 조작적 정의 → 변수의 측정
⑤ 조작적 정의 → 개념적 정의 → 변수의 측정

> **정답 ④**
> **해설**
> 개념적 정의는 어떤 사물이나 현상에 대한 추상적인 정의를 의미한다. 그러나 개념 자체는 말 그대로 추상적인 관념이기 때문에 직접적인 관찰이나 실험이 가능한 실체와 정확하게 일치하지는 않는다. 그래서 측정을 하기 위해서는 개념적인 정의가 보다 구체적인 형태로 표현되어야 하는데, 이를 조작적 정의라고 한다.
> 연구에서 개념을 구체화하기 위해서는 추상적인 개념에 대한 정의를 하고 이러한 개념 정의에 대하여 연구자가 그 개념을 측정할 수 있는 구체적인 조작적 정의를 한다. 그 후에 각 개념에 대한 변수를 측정한다.

**028** 다음 ( )에 들어갈 내용을 옳게 나열한 것은?

> 연구에서 연구자가 원인이라고 규정하는 것은 ( ㄱ )이고, 그 원인으로 영향을 받는 결과로 간주되는 것은 ( ㄴ ) 이다.

① ㄱ: 독립변인, ㄴ: 종속변인
② ㄱ: 종속변인, ㄴ: 독립변인
③ ㄱ: 매개변인, ㄴ: 종속변인
④ ㄱ: 독립변인, ㄴ: 매개변인
⑤ ㄱ: 양적 변인, ㄴ: 질적 변인

**정답** ①
**해설**
- 독립변인: 연구자가 원인이라고 규정하는 변인으로, 결과에 영향을 주는 변인이다.
- 종속변인: 연구자가 결과로 간주하는 변인으로, 다른 변인에 의해서 영향을 받는 변인이다.
- 매개변인: 독립변인과 종속변인 사이에 끼어들어 결과에 영향을 주는 변인이다.

**029** 표본을 선정하기 위하여 모집단을 이질적인 하위 집단으로 나누고, 각 하위 집단 내에서 확률적으로 표집하는 방법은?

① 단순무선표집   ② 체계적 표집   ③ 군집표집
④ 유층표집       ⑤ 판단표집

**정답** ④
**해설**
① 단순무선표집(난선표집): 모집단의 모든 개체에 번호를 부여하고 무작위로 선택하는 방법이다.
② 체계적 표집(계통적 표집, 동간격 표집): 모집단의 각 표본에 일련번호를 붙인 다음 일정 간격으로(계통적으로) 표집하는 방법을 의미한다.
③ 군집표집(집락표집): 전집(모집단)을 집단 내의 특질을 달리하는 몇 개의 하위 집단으로 나누고 그 하위 집단을 단위로 표집하는 방법을 의미한다. 집단은 인위적으로 형성된 것이 아니라 자연적으로 형성된 집단이며 추출된 집단은 모두 조사한다.
⑤ 판단표집(judgement sampling): 조사자가 모집단에 대한 지식이 많을 때 사용할 수 있는 방법이다. 이 방법은 조사대상이 되는 모집단의 경계를 한정할 수 없을 때 가능하며 적은 비용으로 실시할 수 있어 주로 예비조사에 쓰인다.

**030** 표집하는 과정을 옳게 나열한 것은?

① 모집단 확정 → 표집틀 선정 → 표집방법 결정 → 표본크기 결정 → 표본 추출
② 모집단 확정 → 표집방법 결정 → 표집틀 선정 → 표본크기 결정 → 표본 추출
③ 표집틀 선정 → 모집단 확정 → 표집방법 결정 → 표본크기 결정 → 표본 추출
④ 표본크기 결정 → 모집단 확정 → 표집틀 선정 → 표집방법 결정 → 표본 추출
⑤ 표본크기 결정 → 모집단 확정 → 표집틀 선정 → 표집방법 결정 → 표본 추출

**정답** ①
**해설**
- 표집절차: 모집단 확정 → 표집틀 선정 → 표집방법 결정 → 표본크기 결정 → 표본 추출
- 표집틀(sampling frame): 표본이 추출될 수 있는 전체 모집단의 구성요소의 목록을 말한다. 예를 들어, 이러한 목록은 투표권자에 관한 정보를 얻으려면 선거등록명부가 될 것이고, 건강조사가 계획된다면 국민건강보험공단의 목록이 될 것이고, 차량소유나 도로수송이 연구대상이라면 자동차 등록명부가 될 것이다.

**031** 비확률표집방법에 해당하는 것을 모두 고른 것은?

| ㄱ. 할당표집 | ㄴ. 판단표집 |
| ㄷ. 군집표집 | ㄹ. 눈덩이표집 |

① ㄱ, ㄴ, ㄷ   ② ㄱ, ㄴ, ㄹ   ③ ㄱ, ㄷ, ㄹ
④ ㄴ, ㄷ, ㄹ   ⑤ ㄱ, ㄴ, ㄷ, ㄹ

**정답** ②
**해설**
- 확률표집방법: 단순무선표집, 체계적 표집, 유층표집, 군집표집
- 비확률표집방법: 가용표집, 지원자표집, 의도적 표집, 할당표집, 우연적 표집, 판단표집, 눈덩이표집

## 032 연구자의 편견(bias)을 가장 잘 배제할 수 있는 확률적 표집방법은?

① 판단표집  ② 눈덩이표집  ③ 군집표집
④ 우연적 표집  ⑤ 단순무선표집

**정답** ⑤
**해설**
'단순무선표집'은 사전에 미리 선택의 기초 없이 모집단의 명단에 일련번호를 부여한 후 필요한 수만큼 무선으로 추출하는 가장 기초적인 확률표집방법이다.

## 033 유층표집에 관한 설명으로 옳은 것을 모두 고른 것은?

ㄱ. 제비뽑기나 복권 추첨 등과 같은 방법으로 표본을 추출한다.
ㄴ. 길거리에서 쉽게 만날 수 있는 100명을 선택하여 표본을 추출한다.
ㄷ. 연구자의 주관적 판단으로 모집단을 대표한다고 생각되는 표본을 추출한다.
ㄹ. 무작위로 표본 단위들을 추출하는 과정에서 두 가지 이상의 변수를 사용한다.

① ㄱ  ② ㄹ  ③ ㄱ, ㄹ
④ ㄱ, ㄷ, ㄹ  ⑤ ㄱ, ㄴ, ㄷ, ㄹ

**정답** ②
**해설**
ㄱ. 단순무선표집에 관한 설명이다.
ㄴ. 우연적 표집에 관한 설명이다.
ㄷ. 판단표집에 관한 설명이다.

**034** 다음에서 설명하고 있는 내용에 해당하는 표집방법은?

> 모집단 목록에서 구성요소에 대해 규칙적인 순서에 따라 매 K번째 요소를 추출하는 방법이다.

① 단순무선표집  ② 유층표집  ③ 체계적 표집
④ 군집표집  ⑤ 할당표집

**정답 ③**
**해설**
* **체계적 표집(계통적 표집, 동간격 표집)**
  모집단의 각 표본에 일련번호를 붙인 다음 일정 간격으로(계통적으로) 표집하는 방법을 의미한다. 일정한 간격이 정해지면 제비뽑기로 출발점을 결정하고, 출발점에서 일정한 간격으로 표본을 추출하는 방법으로 계통적 표집, 동간격 표집이라 불린다.

**035** 종단연구에 관한 설명으로 옳지 않은 것은?

① 연령이 다른 여러 개인(또는 집단)을 어느 시점에서 동시에 실험하거나 동시에 조사하는 방식이다.
② 연구대상자가 특정 집단을 대표하는 소수이기 때문에 일반화하는 데 어려움이 있다.
③ 시간이 많이 소요된다.
④ 조사기간 중 탈락자가 발생할 수 있다.
⑤ 초기와 후기의 인과관계 규명에 용이하다.

**정답 ①**
**해설**
① 횡단연구에 대한 설명이다.

* **종단적 연구법**
  1. 시간의 흐름에 따라 특정 대상을 연구하는 것으로, 동일한 연구대상을 오랜 기간 동안 계속 추적하면서 관찰하는 방법이다.
  2. 대표성을 고려한 비교적 소수의 사람을 표집한다.
  3. 한 개인의 성장과 발달에 따른 변화를 파악할 수 있다.
  4. 연구가 일단 시작되면 도중에 사용하던 도구를 바꿀 수가 없다. 검사결과를 통해 비교하기가 어렵기 때문이다.
  5. 장점
     – 동일 대상을 연구함으로써 개인이나 집단의 성장과정 및 변화의 형태를 구체적으로 파악할 수 있다.
     – 대상의 개인 내 변화와 연구목적 이외의 유의미한 자료를 획득할 수 있다.
     – 성장 초기와 후기의 인과 관계를 밝히는 주제에 용이하다.
  6. 단점
     – 너무나 긴 시간이 걸리고 노력, 경비가 많이 든다.
     – 표집된 연구대상이 중도 탈락하거나 오랜 시간의 흐름에 따라 비교집단과의 특성이 크게 달라질 수 있다.
     – 한 대상에게 반복적으로 같은 검사도구를 사용하기 때문에 신뢰도가 약해질 수 있다.

**036** 횡단적 연구에 관한 설명으로 옳은 것은?

① 연구대상자를 특정 집단의 대표성이 있는 비교적 소수의 표본으로 추출한다.
② 연구 목적 외의 유의미한 정보를 획득할 수 있다.
③ 연구 초기 자료와 후기 자료의 인과관계 규명에 용이하다.
④ 동시에 여러 연령층을 연구할 수 있어 시간과 경비가 절감되어 경제적이다.
⑤ 반복적인 검사도구 사용으로 인한 신뢰성의 문제가 제기될 수 있다.

**정답 ④**
**해설**
①, ②, ③, ⑤ 종단적 연구의 특징에 해당한다.

* **횡단적 연구법**
  일정 시점에서 여러 연령층의 대상들을 택하여 필요한 발달 특징들을 알아보는 방법으로 가장 이상적인 연구방법이다. 횡단적 연구법은 연령이 다른 개인(집단) 간에 나타나는 발달적인 차이를 단기간에 한꺼번에 비교하려고 할 때 유용하다.
  - 장점: 동시에 여러 연령층을 연구할 수 있어 시간과 경비가 절감되어 경제적이다.
  - 단점: 연령 차이뿐 아니라 출생연대가 달라서 기인하는 상이한 시대적 배경이 혼합적으로 개입될 수 있다. 발달과정을 일관성 있게 이해하는 데 어려움이 있다.

**037** 질적 연구에서 주로 사용하는 방법을 모두 고른 것은?

ㄱ. 무선표집과 변인통제
ㄴ. 면담에 의한 자료수집
ㄷ. 현장조사 및 참여관찰
ㄹ. 통계적 추리에 의한 가설 검증

① ㄱ, ㄴ  ② ㄱ, ㄹ  ③ ㄴ, ㄷ
④ ㄴ, ㄹ  ⑤ ㄷ, ㄹ

**정답 ③**
**해설**
질적 연구방법으로는 면접법, 참여관찰법, 문헌연구법, 문화기술지법 등이 있다.

**038** 상관계수에 관한 설명으로 옳은 것은?

① 상관계수의 제곱근을 결정계수라고 한다.
② 상관계수는 인과관계의 정도를 나타낸다.
③ 상관이 없을 때 상관계수는 −1이 된다.
④ 두 집단 간의 평균이 유사할수록 상관계수도 커진다.
⑤ 다른 조건이 같다면 공분산이 클수록 상관계수도 커진다.

**정답** ⑤
**해설**
① 상관계수의 제곱을 결정계수라 한다.
② 상관계수는 인과관계를 의미하는 것은 아니다.
③ 상관이 없을 때 상관계수는 '0'이 된다.
④ 상관계수는 평균과는 아무런 상관이 없다.

**039** 다음 설명과 연관된 가설로 가장 적절한 것은?

> 교수법에 따른 학업성취도에는 차이가 없을 것이다.

① 연구가설　　② 영가설　　③ 대립가설
④ 차이가설　　⑤ 상대가설

**정답** ②
**해설**
**\* 가설의 유형**
1. 연구가설
   어느 한 연구분야와 관련된 이론으로부터 논리적으로 변인과 변인 간의 관계를 추리한 진술이다(예 한 개인의 지적 수준과 학업성취도 간에는 정적 상관이 있을 것이다).
2. 영가설
   - 영가설은 '두 집단 간에는 의미 있는 차가 없다'는 가설이다.
   - 연구자는 영가설이 기각되는 것을 목적으로 마음속에 설정한다. 영가설이 기각되면 다른 가설이 긍정된다(예 '프로그램 학습은 다른 학습보다 학습효과가 클 것이다'는 가설을 연구자는 '차가 없을 것이다'라고 마음속에 세운다).
3. 대립가설
   영가설에 대립되는 가설로서 영가설이 거짓일 때 채택하기 위해 설정하는 가설이다. 보통 'A와 B의 관계의 차이가 있을 것이다'라고 진술되는 명제이다.

**040** 다음 실험에서 내적 타당도를 가장 크게 저해하는 것은?

> A박사는 최근 개발한 우울증 치료 프로그램의 효과를 검증하기 위해 우울증으로 진단된 피험자들을 대상으로 프로그램을 적용하였다. 프로그램 적용 후, 피험자들의 우울증세가 적용 전에 비하여 적용 후에 유의하게 감소한 것으로 나타났다. 그런데 예기치 않게 실험 과정에서 몇몇 피험자들이 공동 구매한 복권이 일등에 당첨되어, 그들의 우울 증세 감소에 영향을 미쳤다는 사실을 알게 되었다.

① 역사
② 실험자 효과
③ 피험자 선발
④ 성숙
⑤ 통계적 회귀

**정답 ①**
**해설**
'역사'란 사전검사와 사후검사 사이에 있었던 여러 가지 사건을 말한다.

**041** 신생아 반사운동의 유형 및 특징에 관한 설명으로 옳지 않은 것은?
① 빨기 반사 – 입에 닿는 것은 무엇이든 빠는 반사행동
② 모로반사 – 갑작스러운 큰 소리나 급격한 위치이동 등 평형감각의 상실에서 오는 깜짝 놀라는 반사행동
③ 경악반사 – 음식물을 삼키는 반사운동
④ 파악반사 – 손에 잡히는 것을 꼭 쥐고 놓지 않으려는 반사행동
⑤ 바빈스키반사 – 영아의 발바닥을 간지럽게 하면 발가락을 발등 위쪽으로 부채처럼 펴는 반사운동

**정답 ③**
**해설**
음식물을 삼키는 반사운동은 삼키기 반사이고, 경악반사는 갑작스러운 움직임이나 큰 소리에 사지를 구부리는 반사행동이다.

**042** 신생아의 반사운동 중 생존에 필요한 유용한 반사를 모두 고른 것은?

> ㄱ. 모로반사　　　　　　　　ㄴ. 삼키키 반사
> ㄷ. 울기 반사　　　　　　　　ㄹ. 바빈스키 반사

① ㄱ, ㄴ　　　　② ㄱ, ㄹ　　　　③ ㄴ, ㄷ
④ ㄱ, ㄴ, ㄷ　　　⑤ ㄱ, ㄴ, ㄷ, ㄹ

**정답 ③**
**해설**
신생아의 생존에 필요한 반사행동에는 삼키기 반사, 울기 반사, 빨기 반사, 젖 찾기 반사, 재채기, 하품이 있다.

**043** 아기가 자신의 어머니에게 애착을 형성하는 과정을 이론적으로 제시한 학자는?

① 로렌츠(Lorenz)　　② 피아제(Piaget)　　③ 콜버그(Kohlberg)
④ 게젤(Gesell)　　　⑤ 보울비(Bowlby)

**정답 ⑤**
**해설**
아이가 정상적인 사람으로 커 가기 위해서는 유아기 때 엄마와의 관계가 바르게 형성되어야 한다. 유아기 때 엄마와의 올바른 관계를 통해 타인과의 관계가 형성되고 확장된다. 점점 자라면서 엄마에서 가족으로, 가족에서 친구와 사회로 확장된다. 영국의 소아과 의사였던 보울비(Bowlby)는 아기의 울고 웃는 행동에 적절한 반응을 했을 때 올바른 애착관계가 형성된다고 말한다.

**044** 보울비(Bowlby)의 애착형성단계 중 애착 대상이 다시 돌아온다는 사실을 알게 되며, 분리불안이 감소하는 단계에 해당하는 것은?

① 애착 이전 단계  ② 애착형성단계  ③ 애착단계
④ 애착 이후 단계  ⑤ 상호관계 형성단계

**정답** ⑤
**해설**
* 보울비(Bowlby)의 애착형성단계
1. 애착 이전 단계(출생~6주)
   - 위협을 느낄 때 붙잡기, 미소 짓기, 울기, 눈 응시하기 등의 반사행동이나 다양한 신호를 이용하여 주위의 사람들과 가까운 관계를 유지한다.
   - 아직 애착이 형성되지 않아 낯선 사람에게 혼자 남겨져도 별로 개의치 않는다.
2. 애착형성단계(6주~6개월 내지 8개월)
   - 아기가 친숙한 사람과 낯선 사람에게 다르게 반응하기 시작한다.
   - 자신이 필요할 때 엄마가 언제든지 반응할 것이라는 신뢰감을 발달시키기 시작한다.
   - 낯선 얼굴과 친숙한 얼굴을 구별할 수 있음에도 불구하고 부모가 자기를 혼자 남겨놓고 자리를 떠나도 아직 심한 분리불안을 보이지 않는다.
3. 애착단계(6개월 내지 8개월~18개월)
   - 영아는 이미 애착이 형성된 사람에게 적극적으로 접근하며, 애착대상이 떠나면 분리불안을 나타낸다.
   - 분리불안은 모든 문화권에서 보편적으로 나타나는데 보통 돌 전후에 나타나서 15개월 전후까지 계속된다.
   - 분리불안은 애착대상이 시야에서 사라져도 계속 존재한다는 대상영속성 개념을 아기가 획득했다는 증거이다.
4. 상호관계 형성단계(18~24개월)
   - 24개월 전후로 정신적 표상능력과 언어능력이 발달하기 때문에 아기는 애착대상의 행동을 예측할 수 있다. 즉, 엄마가 언제 다시 돌아올지 예측할 수 있으므로 분리불안이 감소하게 된다.
   - 이 단계에서 영아는 양육자와 협상을 하고 자신이 원하는 대로 그 사람의 행동을 조정하고자 한다. 뜻대로 되지 않으면 떼를 쓰기 시작한다.

**045** 애착을 인간에게서 나타나는 종 특유의 행동으로 간주하여 유아가 자신의 어머니에게 애착을 형성하는 과정을 이론적으로 제시한 학자는?

① 로렌츠(Lorenz)    ② 왓슨(Watson)    ③ 반두라(Bandura)
④ 게젤(Gesell)    ⑤ 보울비(Bowlby)

**정답** ⑤
**해설**
보울비(Bowlby)는 어린 시절 어머니와의 애착관계 형성이 아동의 정서적인 문제를 비롯하여 아동발달에 영향을 미친다는 점을 강조하였다. 그는 유아가 양육자인 어머니에게 신호를 보내고, 어머니는 그러한 신호에 생물학적으로 반응함으로써 이들 간에 애착이 형성된다고 보았다. 이때 유아의 애착행동은 선천적인 사회적 신호로 볼 수 있으며, 만약 어머니가 이러한 유아의 신호에 민감하게 반응하는 경우 이들 간의 유대관계가 공고해지는 반면, 유아가 오랜 기간 어머니에게서 격리되어 신호에 대한 어떠한 반응도 얻지 못하는 경우 어머니에게는 물론 다른 대인관계에 있어서도 부적응적인 양상을 보이게 된다는 것이다. 보울비는 사회적 관계의 질에 결정적인 영향을 미치는 민감한 시기를 '최적의 시기'로 보았다.

**046** 인간발달에 관한 설명으로 옳지 않은 것은?

① 임신 4~6월에는 손가락, 발가락 등이 형성된다.
② 21번 염색체가 정상인보다 1개 많을 때 나타나는 장애는 다운증후군이다.
③ 난자와 정자가 수정되면 인간의 염색체 수는 모두 46개가 된다.
④ 니코틴은 자연유산, 사산, 저체중아의 출산과 상관있다.
⑤ 터너증후군은 상염색체 이상으로 발생하며, 여성에게 남성적인 측면이 나타날 수 있다.

**정답** ⑤
**해설**
터너증후군은 성염색체인 X염색체의 부족으로 발생한다.

**047** 다운증후군에 관한 설명으로 옳지 않은 것은?

① 정신 지체, 신체 기형, 전신 기능 이상, 성장 장애 등을 일으키는 유전 질환이다.
② 신체 전반에 걸쳐 이상이 나타나며, 특징적인 얼굴 모습을 관찰할 수 있고 지능이 낮다.
③ 염색체 배열에서 21번 염색체가 3개일 때 발생하는 장애이다.
④ 출생 전에 기형이 발생하고, 출생 후에도 여러 장기의 기능 이상이 나타나는 질환으로서 수명과는 관계가 없다.
⑤ 산모의 나이가 많을수록 잘 발병한다.

**정답 ④**
**해설**
* **다운증후군(Down syndrome): 21번 3염색체증, 몽고증**
  - 출생 전에 기형이 발생하고, 출생 후에도 여러 장기의 기능 이상이 나타나는 질환으로서 일반인에 비하여 수명이 짧다.
  - 다운증후군은 가장 흔한 염색체 질환으로서, 21번 염색체가 정상인보다 1개 많은 3개가 존재하여 정신 지체, 신체 기형, 전신 기능 이상, 성장 장애 등을 일으키는 유전 질환이다.
  - 신체 전반에 걸쳐 이상이 나타나며, 특징적인 얼굴 모습을 관찰할 수 있고 지능이 낮다.
  - 산모의 나이가 많을수록 잘 발병한다.

**048** 태내 발달단계를 순서대로 옳게 나열한 것은?

① 발아기 → 배아기 → 태아기
② 태아기 → 배아기 → 배포기
③ 배아기 → 발아기 → 태아기
④ 발아기 → 태아기 → 배아기
⑤ 배아기 → 태아기 → 발아기

**정답 ①**
**해설**
* **태내 발달단계**
  - 발아기(배종기): 수정~약 2주
  - 배아기: 약 2주~8주
  - 태아기: 8주~출생

**049** 태아에게 영향을 미치는 요인을 모두 고른 것은?

> ㄱ. 임산부의 영양상태　　ㄴ. 임산부의 연령
> ㄷ. 임산부의 출산횟수　　ㄹ. 환경적 오염

① ㄱ, ㄴ　　② ㄱ, ㄷ　　③ ㄴ, ㄷ
④ ㄱ, ㄴ, ㄷ　　⑤ ㄱ, ㄴ, ㄷ, ㄹ

**정답** ⑤
**해설**
* 태아에게 영향을 미치는 요인
 - 영양
 - 알코올
 - 환경적 오염
 - 질병
 - 약물
 - 흡연
 - 연령 및 출산 횟수
 - 출산과정의 영향

**050** 다음에서 설명하고 있는 장애는?

> 염색체 이상과 관련이 있는 장애로서 성염색체 이상으로 X염색체가 1개이며, 전체 염색체 수가 45개이다. 외견상 여성이지만 2차적 성적 발달이 나타나지 않는다.

① 터너 증후군(Turner's Syndrome)
② 다운 증후군(Down's Syndrome)
③ 파타우 증후군(Patau Syndrome)
④ 에드워드 증후군(Edwards Syndrome)
⑤ 클라인펠터 증후군(Klinefelter's Syndrome)

**정답** ⑤
**해설**
① 터너 증후군(Turner's Syndrome): 성염색체인 X염색체 부족으로 난소의 기능 장애가 발생하여 조기 폐경이 발생하며, 저신장증, 심장 질환, 골격계 이상, 자가 면역 질환 등의 이상이 발생하는 유전 질환이다.
② 다운 증후군(Down's Syndrome, 21번 3염색체증, 몽고증): 가장 흔한 염색체 질환으로서, 21번 염색체가 정상인보다 1개 많은 3개가 존재하여 정신 지체, 신체 기형, 전신 기능 이상, 성장 장애 등을 일으키는 유전 질환이다.
③ 파타우 증후군(Patau Syndrome): 13번 상염색체가 3개 있어서 태어날 때부터 중추신경계, 심장을 비롯한 중요한 신체 장기의 심한 선천성 기형을 보인다. 신생아 20,000~25,000명당 1명꼴로 발생하며 생존 기간이 짧은 선천성 염색체 이상 질환이다.
④ 에드워드 증후군(Edwards Syndrome, 18번 3염색체 증후군): 정상적이라면 2개이어야 할 18번 염색체가 3개가 되어 발생하는 선천적 기형 증후군이다.
⑤ 클라인펠터 증후군(Klinefelter's Syndrome): 일반적으로 남자의 염색체는 46,XY이다. 그런데 X염색체가 1개 이상 더 존재할 때 클라인펠터 증후군이라 한다. 염색체 형태는 47,XXY, 48,XXXY, 46,XY/47,XXY 등 다양하게 나타날 수 있다.

**051** 중년기가 되어 신경세포가 손상되기 시작하면서 환각, 망상, 우울증, 성격 변화를 포함한 정신장애와 근육이 무력해지는 운동기능장애가 나타나는 질병은?

① 헌팅턴병  ② 다운 증후군  ③ 에드워드 증후군
④ 파타우 증후군  ⑤ 치매

**정답** ①
**해설**
* 헌팅턴병(Huntington's disease)
헌팅턴의 질병으로 알려진 유전병을 말한다. 이 병은 우성 유전자에 의해 유전되며, 유전자를 물려받은 자손에 절반의 영향을 준다. 그 증상은 환각(hallucination), 심각한 정서 변화, 치매, 무도병 동작(경직되고 변덕스러우며, 무의식적인 몸짓)과 같은 정신의 퇴보 등으로서 대개 30세 이전에는 나타나지 않는다. 이 병을 가진 사람이나 자손들을 위해서는 유전상담(genetic counseling)이 중요한 역할을 한다.

**052** 전아동기(학령 전기, 4~6세) 아동의 발달 특성에 관한 설명으로 옳지 않은 것은?

① 자신과 타인을 구분할 수 있지만 타인의 관점을 고려할 수 없다.
② 신체의 양적 성장이 급증하는 시기이다.
③ 초기적 형태의 양심인 초자아가 발달한다.
④ 기초적인 수준에서 가족과 사회의 도덕적인 규칙을 내면화한다.
⑤ 직관적 사고, 비가역적 사고를 한다.

**정답** ②
**해설**
* 전아동기(학령 전기, 4~6세)의 특징
  - 신체의 양적 성장은 감소하나 지속적으로 이루어지는 시기이다.
  - 프로이트의 남근기, 에릭슨의 학령 전기, 피아제의 전조작기 중 중·후기에 해당된다.
  - 직관적 사고, 비가역적 사고를 한다.
  - 초기적 형태의 양심인 초자아가 발달한다.
  - 성 역할을 학습하며, 집단놀이를 통해 사회적 관계를 형성한다.

053 학령 전기 아동의 발달 특성에 관한 설명으로 옳지 않은 것은?

① 적극적인 활동과 탐색 및 발견이 주요 특징으로 나타난다.
② 일반적인 신체적 건강이 이루어지는 시기로, 이러한 결과는 성인이 되어서도 영향을 미친다.
③ 이전 시기에 비해 깊은 호흡을 할 수 있으며, 심장박동률이 감소하고 혈압은 점차 상승하게 된다.
④ 일반적으로 남아들이 여아에 비해 신체발달 상태가 우세하다.
⑤ 신체적인 성장속도는 영아기와 유아기에 비해 빠른 편이다.

**정답 ⑤**
**해설**
학령 전기는 신체의 양적 성장은 감소하나 지속적으로 이루어지는 시기로, 신체적인 성장속도는 영아기와 유아기에 비해 느리다.

054 후기 아동기(학령기, 6~12세) 아동의 발달 특성에 해당하는 것을 모두 고른 것은?

ㄱ. 피아제의 구체적 조작기   ㄴ. 보존의 개념 획득
ㄷ. 논리적인 사고   ㄹ. 성 역할 개념의 습득

① ㄷ, ㄹ
② ㄱ, ㄴ, ㄷ
③ ㄱ, ㄷ, ㄹ
④ ㄴ, ㄷ, ㄹ
⑤ ㄱ, ㄴ, ㄷ, ㄹ

**정답 ②**
**해설**
\* 후기 아동기(학령기, 6~12세)의 특징
- 10세 이전에는 남아가 여아보다 키와 몸무게가 우선하지만, 11~12세경에는 여아의 발육이 남아보다 우세해진다.
- 프로이트의 잠복기, 에릭슨의 학령기, 피아제의 구체적 조작기에 해당된다.
- 보존의 개념을 획득하고, 서열화·유목화가 가능하며, 논리적인 사고를 한다.
- 동성의 친구와 친밀감을 유지하려고 한다.
- 집단놀이를 통해 개인적 목표보다 집단적 목표를 우선시하며, 협동·경쟁·협상·분업의 원리를 체득한다.

**055** 생애 단계에 관한 설명으로 옳은 것은?

① 영아기 - 영아에게는 신체적 보호뿐만 아니라 감각자극이 필요하다.
② 학령기 - 일상적인 갈등을 해결하고 자기 자신이 누구인지를 발견한다.
③ 청년기 - 성적 관심에 적절히 대처하고, 직업을 결정할 기회가 필요하다.
④ 성인기 - 경제적인 보장과 건강에 대한 대비가 필요하다.
⑤ 노년기 - 집단이나 사회의 일원으로 참여할 수 있는 기회가 필요하다.

정답 ①
해설
②, ③ 청소년기에 대한 설명이다.
④ 노년기에 대한 설명이다.
⑤ 성년기에 대한 설명이다.

**056** 인간발달에 영향을 미치는 환경에 관한 설명으로 옳지 않은 것은?

① 인간의 발달은 환경의 영향에 의해서 그 특성과 발달의 범위가 결정된다.
② 아동의 양육환경은 과정환경이 구조환경보다 더 큰 영향을 미친다.
③ 아동의 초기 경험은 지능과 태도 형성에 중요한 영향을 미친다.
④ 환경이 인간발달에 미치는 영향력은 시간이 지날수록 점차 증가한다.
⑤ 지위환경은 부모의 상태, 가족구성 및 가족상황, 사회경제적 지위를 포함한다.

정답 ④
해설
환경이 인간발달에 미치는 영향력은 시간이 지날수록 점차 감소한다.

* **아동의 양육환경**
  - 지위환경: 부모의 상태, 가족구성 및 가족상황, 사회경제적 지위
  - 구조환경: 물질적·실체적 조건, 문화적 상태, 영양 및 위생상태
  - 과정환경: 가족 간의 의사소통 및 상호작용, 자율 및 통제

**057** 청소년기의 특징으로 옳은 것은?

① 프로이트의 생식기, 에릭슨의 청소년기, 피아제의 구체적 조작기에 해당한다.
② 자기중심적 사고와 전조작기적 사고의 특성이 있다.
③ 사회적 주변인의 시기, 심리사회적 유예기간에 해당한다.
④ 다양한 역할 탐색과 선택을 하고 자율적 생활을 모색하는 시기이다.
⑤ 신체적 성숙이 거의 완성되어 최상의 신체적 상태를 유지하는 시기이다.

**정답 ③**
**해설**
* 청소년기의 특징
 - 제2성장 급등기로서 사춘기를 경험하며, 2차 성징과 함께 생식기관의 성숙이 뚜렷이 나타나는 시기이다.
 - 프로이트의 생식기, 에릭슨의 청소년기, 피아제의 형식적 조작기에 해당한다.
 - 추상적·연역적·상대론적 사고가 가능하다.
 - 이성문제, 진로문제 등의 다양한 선택과 결정을 내리는 과정에서 자아정체감을 형성하는 한편, 상상적 청중이나 개인적 우화와 같은 자아중심성을 보이기도 한다.
 - 질풍노도의 시기, 심리적 이유기, 사회적 주변인의 시기, 심리사회적 유예기간에 해당한다.

**058** 청소년기의 인지발달 특성으로 옳은 것은?

① 추상적·연역적·상대론적 사고
② 자기중심적 사고의 시작
③ 대상영속성의 획득
④ 서열화의 능력과 분류능력의 출현
⑤ 비가역적 사고

**정답 ①**
**해설**
* 형식적 조작기의 특징
 - 추상적 개념의 이해(추상적 사고)
 - 문제해결에 있어 형식적 조작이 가능
 - 사물의 인과관계 터득
 - 가설검증 능력, 연역적 사고 가능
 - 추리력과 적용력 발달
 - 대표적 행동: 조합적 사고(형식적 조작기는 연역적 사고와 과학적 추리를 실행할 수 있는 단계이다)

059 다음 보기는 비행청소년의 분류 중 우범소년에 관한 설명이다. (   )에 들어갈 내용을 옳게 나열한 것은?

> 우범소년은 ( ㄱ ) 이상 ( ㄴ ) 미만으로 장래 형벌법령에 저촉되는 행위를 할 우려가 있는 소년을 말한다.

① ㄱ: 10세, ㄴ: 14세
② ㄱ: 10세, ㄴ: 16세
③ ㄱ: 10세, ㄴ: 19세
④ ㄱ: 14세, ㄴ: 19세
⑤ ㄱ: 14세, ㄴ: 20세

**정답** ③
**해설**
* **우범소년**
  - 10세 이상 19세 미만으로 장래 형벌법령에 저촉되는 행위를 할 우려가 있는 소년
  - 집단적으로 몰려다니며 주위 사람들에게 불안감을 조성하는 성벽(性癖)이 있는 소년
  - 정당한 이유 없이 가출하는 소년
  - 술을 마시고 소란을 피우거나 유해환경에 접하는 성벽이 있는 소년
* **촉법소년**
  10세 이상 만 14세 미만의 형사미성년자로서 형벌을 받을 범법행위를 한 사람을 촉법소년이라고 하는데 촉법소년은 형사책임능력이 없기 때문에 형벌이 아닌 보호처분을 받게 된다.
* **범죄소년**
  14세 이상 19세 미만으로 범죄를 저질러 형사책임이 있는 소년

**060** 청소년기에 해당하는 사회심리성 발달단계는?

① 생산성 대 침체성
② 근면성 대 열등감
③ 신뢰감 대 불신감
④ 자아정체감 대 역할혼미
⑤ 친밀감 대 고립감

**정답 ④**
**해설**
* **정체감 대 역할혼미**(identity vs. role diffusion, 12~18세)
  - 이 시기에는 급격한 신체적·심리적 변화와 사회적 요구에 따라 자신의 존재에 대한 새로운 탐색을 시작한다.
  - 타인이 자신을 어떻게 생각하는지에 대하여 관심이 크고, 독립을 주장하지만 안정과 보살핌을 원하기도 하는 시기이다.
  - 이 시기의 중심과제는 자아정체감의 확립이며, 정체감 발달에는 청소년이 동일시하고자 하는 인물이나 사회집단의 영향력이 중요하다.
  - 부모나 교사들과의 동일시, 또래집단과의 상호작용, 개인의 내적 동질성이 확보될 때 자아정체감이 형성된다.
  - 성 역할과 직업 선택에서 안정성을 확립할 수 없다면 혼미감을 느끼게 되고 정체감의 위기에 빠지게 된다.

**061** 다음에서 설명하는 방어기제에 해당하는 것은?

> 주로 청소년기에 많이 사용되는 방어기제로, 불안을 통제하고 긴장을 감소시키기 위해 본능적 욕동을 지적 활동에 묶어두는 심리적 작용을 의미한다.

① 반동형성　　　　② 투사　　　　③ 주지화
④ 억압　　　　　　⑤ 합리화

**정답** ③
**해설**
\* **방어기제**
자아가 위협받는 상황에서 무의식적으로 자신을 속이거나 상황을 다르게 해석하여 감정적 상처로부터 자신을 보호하는 심리 의식이나 행위를 가리키는 정신분석용어이다.
1. 보상
   - 자신의 결함이나 무능에 의하여 생긴 열등감이나 긴장을 해소시키기 위하여 장점 같은 것으로 결함을 보충하려는 행동이다.
   - 학업성적이 좋지 못한 학생이 열심히 운동하는 행동
2. 합리화
   - 자신의 실패나 약점을 그럴듯한 이유를 들어 정당화하려는 자기기만의 방어기제이다.
   - 여우와 신포도형: 자기가 도달할 수 없는 목표를 부정하거나 과소평가함으로써 자기의 실패나 단점을 위장하는 방법이다.
     예 A회사 취업에 실패하고도 원래 A회사는 원하는 직장이 아니라고 말하는 경우
   - 달콤한 레몬형: 자기 자신의 현재 상태와 능력의 가치를 타당시하거나 과대시하여 자기만족을 얻으려는 방법이다.
     예 지방으로 좌천된 공무원이 도시보다 전원생활이 더 좋다고 말하는 경우
3. 투사
   - 자신의 불만이나 불안을 해소시키기 위해서 남에게 뒤집어씌우는 식의 적응기제이다.
   - 교사를 싫어하는 학생이 교사가 자기를 미워한다고 하는 경우
4. 동일시
   - 자기가 실현할 수 없는 적응을 타인이나 어떤 집단에서 발견하고 자신을 타인이나 집단과 동일시함으로써 욕구를 만족시키는 기제이다.
   - 자기의 동창생이 국회의원이라고 으스대는 경우
5. 승화
   - 억압당한 욕구가 사회적·문화적으로 가치 있는 목적으로 향하도록 노력함으로써 욕구를 충족하는 기제이다.
   - 결혼에 실패한 여성이 고아들에게 정열을 쏟는 경우
6. 치환(전위, 대치)
   - 어떤 감정이나 태도를 취해보려고 하는 대상을 다른 대상으로 바꾸어 향하게 하는 적응기제이다.
   - 부모에 대한 반항적 태도가 친구에게 대치되는 경우
7. 반동형성
   - 자기가 가지고 있는 어떤 욕망이나 경향에 대해 열등감을 가지게 될 때 그것을 억압 또는 은폐하기 위해 그것과 정반대의 욕구나 행동경향을 강조하는 기제이다.
   - 외설만화에 심취된 학생이 외설만화 퇴치운동에 적극 참여하는 경우

**062** 다음에서 설명하고 있는 해비거스트(Havighurst)의 발달과제에 해당하는 인간발달단계는?

> ○ 성숙한 남녀 관계를 형성하며, 남녀의 사회적 역할을 학습한다.
> ○ 자신의 신체를 수용하고 신체를 효과적으로 조정한다.
> ○ 직업 선택을 설계하고 그에 맞는 준비를 한다.

① 전기 아동기 ② 후기 아동기 ③ 청소년기
④ 성인 전기 ⑤ 성인 후기

**정답 ③**
**해설**
* **청소년기의 발달과제(Havighurst)**
  – 성숙한 남녀 관계를 형성한다.
  – 자기 신체를 수용하고 신체를 효과적으로 조정한다.
  – 남녀 간의 사회적 역할을 학습한다.
  – 부모나 다른 성인으로부터 정서적 독립을 이룬다.
  – 경제적 독립의 필요성을 절실히 느낀다.
  – 직업 선택을 설계하고 그에 맞는 준비를 한다.
  – 시민 생활에 필요한 지식과 태도를 키운다.
  – 사회적으로 책임 있는 행동을 원하고 이를 실천한다.
  – 결혼과 가정생활을 준비한다.
  – 적절한 과학적 지식에 맞추어 가치관과 윤리관을 확립한다.

**063** 마샤(J. Marcia)의 정체감이론에서 선택 사항들에 대한 고려 없이 부모와 같은 다른 사람이 선택해 준 결정을 수용하는 상태는?

① 정체감 혼돈   ② 정체감 유실   ③ 정체감 유예
④ 정체감 성취   ⑤ 정체감 수행

정답 ②
해설
* 마샤(J. Marcia)의 정체감 상태

| | |
|---|---|
| 정체감 혼돈(identity diffusion) | 자신이 누구인지, 인생에 있어 무엇을 하고 싶어 하는지 모르고, 삶에 대한 방향감이 결여되어 있다. |
| 정체감 유실(identity foreclosure) | 선택 사항들에 대한 고려 없이 부모와 같은 다른 사람이 선택해 준 결정을 수용하는 상태이다. |
| 정체감 유예(identity moratorium) | 선택을 위한 노력 중에 있는 상태이다. |
| 정체감 성취(identity achievement) | 직업이나 이성, 신앙 등을 자유롭게 고려해 본 후에 스스로 선택하여 선택한 삶에 전념하는 상태이다. |

**064** 다음에서 설명하고 있는 마샤(J. Marcia)가 제시한 청소년기의 정체감 상태는?

○ 정체감 위기를 경험하지 못했다.
○ 삶에 대한 방향감이 결여되어 있다.
○ 어떤 일을 하더라도 왜 하는지 모른다.
○ 타인들이 어떤 일을 왜 하는지에 관심이 없다.

① 정체감 혼돈   ② 정체감 유실   ③ 정체감 유예
④ 정체감 성취   ⑤ 정체감 수행

정답 ①
해설
'정체감 혼돈(identity diffusion)'은 자신이 누구인지, 인생에 있어 무엇을 하고 싶어 하는지 모르고, 삶에 대한 방향감이 결여되어 있는 상태이다.

065 인간의 발달단계에서 적절한 시기에 각각 이루어야 할 발달과업이 있다고 주장한 학자는?

① 프로이트(Freud)　② 해비거스트(Havighurst)　③ 에릭슨(Erikson)
④ 매슬로우(Maslow)　⑤ 피아제(Piaget)

**정답** ②
**해설**
해비거스트(Havighurst)는 특정한 발달단계에서 성취해야 하는 발달과제를 제시하였다.

066 청년기에 대한 설명으로 옳지 않은 것은?

① 부모로부터 독립하며, 직업생활을 시작한다.
② 신체적 황금기로서 모든 신체적 성장과 성숙이 거의 완성되는 시기이다.
③ 자아정체감과 관련된 정체감 유실현상이 나타나기도 한다.
④ 성 역할에 대해 학습하고 자신의 성에 적합한 행동과 사회적 관계에 관심을 갖는다.
⑤ 결혼을 통해 새로운 가족을 형성하며 활발한 사회활동을 경험한다.

**정답** ④
**해설**
④ 청소년기에 대한 설명이다.

**067** 개인이 소속된 사회의 가치관이 규정하는 인간의 바람직한 발달을 도모하는 데 필요한 문화적 환경이 취약한 환경에서 성장한 아동이 발달상 결손을 가져온다는 것을 설명하는 것은?

① 문화실조   ② 결정적 시기   ③ 문화지체
④ 아노미     ⑤ 질풍노도

**정답 ①**
**해설**
* 문화실조
개인이 소속된 사회의 가치관이 규정하는 인간의 바람직한 발달을 도모하는 데 필요한 문화적 환경이 결핍된 상태를 뜻한다. 여기서 문화적 환경이란 인류가 진화과정에서 만들어 사용해 오고 있는 문화유산 일체를 말하는 것으로, 언어, 예술, 용구, 기구, 인쇄물, 컴퓨터, 통신매체 등을 포함한다. 인간이 문화적 환경과의 접촉경험이 없거나 적을수록 고도의 문명국가에서는 사회에 적응하고 발달을 도모하는 데 있어서 불리한 입장에 처할 가능성이 높다. 일례로 오늘날과 같은 정보통신 사회에서는 일상생활에서 컴퓨터를 다용도로 사용하는 사람이 컴퓨터를 사용하지 않는 사람보다 편리하고 효율적인 생활을 할 수 있을 것이다.

**068** 프로이트(Freud)의 성격발달이론에서 관심을 갖는 주제가 아닌 것은?

① 의식의 구조   ② 심리성적 결정론   ③ 생리적 욕구
④ 과거 경험     ⑤ 유전적 요인

**정답 ⑤**
**해설**
프로이트는 인간의 의식의 구조 중 무의식을 중시하였다. 인간을 과거의 경험에 의해 지배받는 수동적인 존재로 생리적 욕구 충족의 정도에 따라 성격형성이 결정된다고 보는 심리성적 결정론적 입장을 취한다.

**069** 프로이트(Freud)의 성격의 구조에 관한 설명으로 옳지 않은 것은?

① 원초아, 자아, 초자아로 구성되어 있다.
② 초자아는 양심과 자아이상으로 구분된다.
③ 원초아는 성격의 생물학적 요소이다.
④ 자아는 성격의 사회적 요소이다.
⑤ 초자아는 자아로부터 발달한다.

**정답 ④**
**해설**
성격의 사회적 요소는 '초자아'이다. 자아는 성격의 심리적 요소로 외부 세계의 직접적인 영향에 의해 수정된 원자아의 일부로서, 의식된 성격의 부분으로 본능(충동)을 조절하여 현실적·합리적으로 처리하는 과정에서 발달하는 현실구조이다.

**070** 프로이트(Freud)의 성격발달단계를 순서대로 옳게 나열한 것은?

① 구강기 → 항문기 → 남근기 → 잠복기 → 생식기
② 구강기 → 항문기 → 잠복기 → 남근기 → 생식기
③ 구강기 → 남근기 → 항문기 → 잠복기 → 생식기
④ 잠복기 → 구강기 → 항문기 → 남근기 → 생식기
⑤ 잠복기 → 항문기 → 구강기 → 남근기 → 생식기

**정답 ①**
**해설**
\* 프로이트(Freud) 성격발달단계별 주요 특징

| 발달단계 | 쾌감의 원천 | 주요 특징 |
|---|---|---|
| 구강기<br>(oral stage, 0~18개월) | 구강, 입술: 빨기, 물기, 삼키기 | • 원자아(id)가 발달<br>• 구강 빨기 단계: 소유욕, 신념 등의 원형, 낙천적 관대성<br>• 구강 깨물기 단계: 야유, 논쟁, 공격성, 타인이용의 원형<br>• 고착현상: 음주, 흡연, 과식, 손톱 깨물기, 남을 비꼬는 행위 |
| 항문기<br>(anal stage, 18개월~3세) | 항문: 배변의 배설과 보유 | • 자아(ego)가 발달<br>• 유아는 본능적 충동에 대한 외부적 통제를 처음 경험<br>• 고착현상: 결벽증, 소극적 성격, 무절제, 반사회적 행동 경향 |
| 남근기<br>(phallic stage, 3~5세) | 생식기의 자극: 환상의 쾌락 | • 초자아(superego)가 발달<br>• 오이디푸스 콤플렉스, 엘렉트라 콤플렉스<br>• 동일시 현상<br>• 성격 형성에 가장 중요한 시기<br>• 고착현상: 성불감증, 동성애 |
| 잠복기<br>(latent stage, 6~11세) | 외계에서 지식·호기심을 구함 | • 성적 욕구의 침체기<br>• 사회성 발달과 일상생활에 적용 가능한 지식 습득 |
| 생식기<br>(genital stage, 11세 이후) | 남·녀 성기 | • 이성에 대한 사랑의 욕구가 발생<br>• 부모로부터 독립하려는 욕구가 발생 |

**071** 초자아에 관한 설명으로 옳지 않은 것은?

① 초자아는 성격의 사회적 요소이다.
② 초자아는 양심과 자아이상으로 구분된다.
③ 5세쯤에 초자아가 형성되기 시작된다.
④ 초자아는 원초아의 충동을 억제한다.
⑤ 초자아는 이상보다는 현실적인 것을 지향한다.

**정답** ⑤
**해설**
* superego(초자아) – 성격의 사회적 요소
1. 개인의 행동을 이상에 따르도록 하는 역할을 하며, 쾌락이나 현실보다는 이상적이고 완전한 것을 지향한다.
2. id와 ego의 욕구와 활동을 감시하여 사회적 법칙이나 도덕에 따르도록 행동한다.
3. 문화적·전통적으로 내려오는 가치와 그 사회가 요구하는 이상 등의 윤리적 가치를 포함하는 윤리적·이상적 자아이다.
4. 초자아는 양심과 자아이상으로 구분된다.
   – 양심: 자아로 하여금 본능의 직접적인 표현을 막고 id의 충동에 대해서 여러 가지 방어기제를 쓰게 한다.
   – 자아이상: 개인이 동일시하려는 사람과 비슷한 양상으로 행동하게 한다.
5. 어린이가 5세쯤에 이르면 초자아 형성의 기틀이 잡히기 시작하여 청년기에 이르기까지 계속 형성·발달된다.

**072** 외부 세계의 직접적인 영향에 의해 수정된 원자아의 일부로서, 의식된 성격의 부분으로 본능을 조절하여 현실적·합리적으로 처리하는 과정에서 발달하는 현실적인 성격구조는?

① 원초아   ② 자아   ③ 초자아
④ 의식   ⑤ 전의식

**정답** ②
**해설**
* ego(자아) – 성격의 심리적 요소
– 외부 세계의 직접적인 영향에 의해 수정된 원자아의 일부로서, 의식된 성격의 부분으로 본능(충동)을 조절하여 현실적·합리적으로 처리하는 과정에서 발달하는 현실구조이다.
– 자아는 현실의 원리에 의해서 움직이는데 id와 superego 사이에 끼어서 조정작용을 하는 성격의 집행관·행정관·조정자로서 인간정신의 모든 것을 관장한다.
– 2차 과정 사고로 자아는 본능적 충동을 현실에 맞게 또는 사회적으로 용납될 수 있도록 통제하는 기능을 지닌 성격의 부분으로 합리적이고 성숙한 사고과정이다.

**073** 다음 프로이트(Freud)의 발달단계 중 이성의 부모에 대한 애정으로 발생하는 오이디푸스·엘렉트라 콤플렉스와 관련된 단계는?

① 구강기　　　　　② 항문기　　　　　③ 남근기
④ 잠복기　　　　　⑤ 생식기

> 정답 ③
> 해설
> * 오이디푸스 콤플렉스(Oedipus complex)
>   - 남자 아이들이 어머니에게 성적인 애정을 느낀다.
>   - 아버지를 어머니의 애정 쟁탈의 경쟁자로 생각하여 적대감을 느끼고 거세불안증(castration anxiety)을 갖게 된다.
>   - 불안 극복을 위해 어머니에 대한 애정을 포기하고, 아버지에 대한 동일시(identification)의 기제가 나타난다.
> * 엘렉트라 콤플렉스(Electra complex)
>   - 여자 아이들이 아버지에 대한 애정 갈구 현상으로 남근선망(penis envy) 현상이 나타난다.
>   - 남근이 없다는 사실을 인정하고 어머니의 여성스러움을 닮아간다.

**074** 다음에 해당하는 프로이트(Freud)의 성격발달단계는?

> 이 시기의 아동은 남녀의 신체 차이, 아기의 출생, 부모의 성 역할 등에 관심을 갖는다. 남자 아이는 어머니에 대한 이성애적 감정과 갈등을 경험하고 극복하게 되는데, 아버지와 동일시를 통해 대리 만족을 경험할 뿐만 아니라 성 역할 태도를 발달시키고 부모의 가치와 규범 등을 내면화하게 된다.

① 구강기　　　　　② 항문기　　　　　③ 남근기
④ 잠복기　　　　　⑤ 생식기

> 정답 ③
> 해설
> * 남근기(phallic stage, 3~5세)
>   - 성기에 리비도가 집중하여 성기의 자극을 통해 쾌감을 얻는 시기이다. 주된 성감대가 성기이다.
>   - 이 시기의 아동은 남녀의 신체 차이, 아기의 출생, 부모의 성 역할 등에 관심을 갖는다.

**075** 프로이트(Freud)의 심리성적 발달단계론을 이론적 기초로 삼고 있으나 프로이트와는 달리 사회 속에서 형성되는 사회적 관계에 따라 일생을 8단계로 나누고 각 발달단계는 상호관련성이 있다고 설명하는 학자는?

① 에릭슨(Erikson)　② 피아제(Piaget)　③ 융(Jung)
④ 하비거스트(Havighurst)　⑤ 콜버그(Kohlberg)

**정답** ①
**해설**
에릭슨은 프로이트의 심리성적 발달단계론을 이론적 기초로 삼고 있으나 프로이트와는 달리 사회 속에서 형성되는 사회적 관계에 따라 일생을 8단계로 나누고 각 발달단계는 상호관련성이 있다고 보았다. 발달에는 심리사회환경이 중요하고 심리사회적 위기의 극복을 중시한다. 각 발달단계에서 인간이 성공적으로 겪어야 하는 발달과업을 설정하고 이 과업을 적절히 해결할 수 있으면 건강한 성격을 발달시키는 기회를 가지게 되나, 그렇지 않으면 성격발달상 퇴행을 경험하게 된다는 발달의 양극이론을 제창하였다.

**076** 프로이트(Freud)와 에릭슨(Erikson)에 관한 설명으로 옳지 않은 것은?

① 에릭슨은 인생 초기 경험을 중시하며 자아정체감을 강조하였다.
② 프로이트는 성격의 구조를 원초아, 자아, 초자아로 구분하였다.
③ 에릭슨은 인간의 자아발달단계를 8단계로 구분하여 설명하였다.
④ 에릭슨은 자아의 자율적이고 창조적 기능을 하는 것으로 간주하였다.
⑤ 프로이트는 생리적 욕구를, 에릭슨은 심리사회성을 중요시하였다.

**정답** ①
**해설**
에릭슨은 청소년기를 중시하며 자아정체감을 강조하였다.

**077** 다음은 에릭슨(Erikson)의 심리사회적 발달이론에 따라 특정 시기의 발달 특징을 기술한 것이다. 프로이트(Freud)가 제시한 아동의 발달단계 중 이 시기에 해당하는 것은?

> 이 시기의 아동은 소방관이나 경찰관과 같이 자신이 이해할 수 있는 직업을 수행하는 사람들을 유심히 지켜보거나 모방하려 하며, 자기가 속해 있는 사회에서 직업을 수행하는 데 필요한 기술을 직접 익히기 시작한다. 사회는 아동의 지식과 기술을 배워서 유능한 사람이 되도록 준비시켜야 한다. 만일 이 시기에 유능한 존재가 되려는 바람을 훌륭하게 성취할 수 있다면, 청소년기의 직업 선택은 단순히 보수와 지위의 문제를 초월하게 될 것이다.

① 구강기  ② 항문기  ③ 남근기
④ 잠복기  ⑤ 생식기

정답 ④
해설
* **잠복기(6~11세)**
이 시기는 성적인 욕구가 철저히 억압되어 심리적으로 평온한 시기이다. 학교에서 새로운 문제해결 능력을 획득하게 되고 사회적 가치를 내면화함으로써 자아와 초자아가 더욱 강해진다. 제시된 글은 에릭슨의 근면성 대 열등감에 해당하는 설명이다.

**078** 에릭슨(Erikson)의 심리사회이론에서 학령기에 해당하는 것은?

① 신뢰감 대 불신감
② 근면성 대 열등감
③ 자아정체감 대 정체감 혼란
④ 자아통합 대 절망
⑤ 복종 대 칭찬

정답 ②
해설
* **근면성 대 열등감(industry vs. inferiority, 6~12세)**
— 아동은 공식적 교육을 통해 사회와 문화에 대한 기초적인 인지능력과 사회적 기술을 습득해야 하는 시기이다.
— 이 시기는 자아개념 형성의 결정적 시기이다.
— 학교에서의 성취에 대한 인정을 받을 때 근면성이 형성된다.
— 아동의 활동에 대해 조롱하고 거부적인 태도를 보이면 열등감이 형성된다.

**079** 에릭슨(Erikson)의 심리사회이론 발달단계에서 청소년기에 해당하는 것은?

① 신뢰감 대 불신감
② 근면성 대 열등감
③ 자아정체감 대 역할혼미
④ 자아통합 대 절망감
⑤ 자율성 대 수치심 또는 회의감

정답 ③
해설
* 정체감 대 역할혼미(identity vs. role diffusion, 12~18세)
  - 이 시기에는 급격한 신체적·심리적 변화와 사회적 요구에 따라 자신의 존재에 대한 새로운 탐색을 시작한다.
  - 타인이 자신을 어떻게 생각하는지에 대하여 관심이 크고, 독립은 주장하지만 안정과 보살핌을 원하기도 하는 시기이다.
  - 이 시기의 중심과제는 자아정체감의 확립이며, 정체감 발달에는 청소년이 동일시하고자 하는 인물이나 사회집단의 영향력이 중요하다.
  - 부모나 교사들과의 동일시, 또래집단과의 상호작용, 개인의 내적 동질성이 확보될 때 자아정체감이 형성된다.
  - 성 역할과 직업 선택에서 안정성을 확립할 수 없다면 혼미감을 느끼게 되고 정체감의 위기에 빠지게 된다.

**080** 에릭슨(Erikson)의 심리사회적 발달단계에서 정체감 형성시기에 관한 설명으로 옳지 않은 것은?

① 이 시기에는 급격한 신체적·심리적 변화와 사회적 요구에 따라 자신의 존재에 대한 새로운 탐색을 시작한다.
② 타인이 자신을 어떻게 생각하는지에 대하여 관심이 크고, 독립은 주장하지만 안정과 보살핌을 원하기도 하는 시기이다.
③ 자아정체감 형성의 위기를 성공적으로 극복하게 되면 사회적 관습, 윤리, 가치를 지각하고 지키는 능력인 성실성이 발달한다.
④ 정체감 발달에는 청소년이 동일시하고자 하는 인물이나 사회집단의 영향력이 중요한 것이 아니라 스스로의 판단이 중요하다.
⑤ 성 역할과 직업 선택에서 안정성을 확립할 수 없다면 혼미감을 느끼게 되고 정체감의 위기에 빠지게 된다.

정답 ④
해설
청소년기의 중심과제는 자아정체감의 확립이며, 정체감 발달에는 청소년이 동일시하고자 하는 인물이나 사회집단의 영향력이 중요하다.

081  성격 형성에 영향을 미치는 요인으로는 생물학적 요인, 가정적 요인, 사회문화적 요인이 있다. 이들 관계를 잘못 연결한 것은?

① 생물학적 요인 – 체격과 외모
② 생물학적 요인 – 출생순위와 출생간격
③ 가정적 요인 – 사회화 과정
④ 가정적 요인 – 가정구성원과의 관계
⑤ 사회문화적 요인 – 문화적 환경과 사회적 요인

**정답 ②**
**해설**
출생순위와 출생간격은 성격형성에 영향을 미치는 가정적 요인에 해당된다.

082  피아제(Piaget)의 인지발달이론에서 구체적 조작기의 인지적 특성으로 옳지 않은 것은?

① 탈중심화(decentration)   ② 보존개념을 획득   ③ 자기중심적 사고
④ 가역적 사고              ⑤ 상대적 비교

**정답 ③**
**해설**
자기중심적 사고는 전조작기의 특징에 해당된다.

* 구체적 조작기(concrete operational period, 7~11세)의 인지적 특징
  – 탈중심화(decentration): 다른 중요한 요소들을 무시한 채 한 가지 요소에만 주의를 집중하는 경향이 감소한다. 한 자극의 여러 특성에 주의를 기울임으로써 보존의 개념을 이해할 수 있게 되면서 탈중심화가 나타난다.
  – 가역적 사고(reversibility): 특정 조작과 역조작을 동시에 통합할 수 있는 것으로 사고가 진행되어 나온 과정을 거꾸로 되밟아 갈 수 있는 사고 능력의 발달로 보존성 개념이 획득된다.
  – 중다분류(classification): 2개 이상의 기준을 사용하여 사물을 분류할 줄 아는 유목화의 능력이 발달한다.
  – 서열화(serialization): 대상을 그것이 지니는 특성의 양적 차원(예 크기, 무게, 밝기)에 따라 차례로 나열하는 능력을 갖춘다.
  – 상대적 비교 가능: 사물의 속성을 다룰 때 그들 사이의 관계성을 고려할 줄 안다.
  – 언어의 사회화: 언어 사용에 있어 자기중심적 경향이 줄고 다른 사람을 이해하고 자신의 감정과 사고를 타인에게 표현하려고 한다.

**083** 피아제(Piaget)의 인지발달이론에서 아동기에 관한 설명으로 옳은 것은?

① 형식적 조작기이다.
② 보존개념을 획득한다.
③ 자기중심적 사고와 물활론적 특징이 있다.
④ 추상적 사고에 의해 개념이 형성된다.
⑤ 상징화시켜 생각할 수 있는 능력이 있다.

**정답 ②**
**해설**
①, ④, ⑤ 형식적 조작기(11세 이후): 청소년기에 관한 설명이다.
② 아동기는 구체적 조작기(7~11세)에 해당된다.
③ 전조작기(2~7세): 유아기에 관한 설명이다.

* **구체적 조작기의 특징**
 - 동작으로 했던 것을 머리로 생각할 수 있음(조작)
 - 논리적 사고(실제 관찰한 대상에만 한정), 가역성 획득
 - 언어의 복잡화
 - 사고의 사회화
 - 서열화의 능력과 분류능력의 출현
 - 대표적 행동: 상대적 비교 가능, 가역적 사고

**084** 피아제(Piaget)의 이론에 관한 설명으로 옳지 않은 것은?

① 사고의 발달이 언어의 발달에 선행한다.
② 인지발달은 유기체와 환경 간의 연속적인 상호작용에 의해 발생한다.
③ 인지발달이란 인지구조의 계속적인 양적인 변화의 과정이다.
④ 인지발달의 단계는 모든 문화권을 초월해서 일정불변하다.
⑤ 인간은 주관적인 존재로서 환경과 상호작용한다.

**정답 ③**
**해설**
인지발달이란 인지구조의 계속적인 질적인 변화의 과정이다.

* **피아제의 인지발달이론의 특징**
 - 인지발달이란 인지구조의 계속적인 질적인 변화의 과정이다.
 - 인지발달의 단계는 모든 문화권을 초월해서 일정불변하다.
 - 발달의 속도에는 개인차가 있지만 발달순서는 개인차가 없이 일정불변하다.
 - 발달단계에 있어 사고가 언어에 반영된다(행동 → 사고 → 언어).

**085** 피아제(Piaget)의 인지발달이론과 일치하는 설명을 모두 고른 것은?

> ㄱ. 인지발달은 질적으로 차이가 있는 단계를 거쳐 이루어진다.
> ㄴ. 어떤 인지적 행동과제는 특정한 단계에 도달해야만 수행할 수 있다.
> ㄷ. 발달단계의 순서에는 개인차가 있다.
> ㄹ. 정의적 발달이 이루어지지 않으면 인지적 발달은 이루어질 수 없다.

① ㄱ, ㄴ  ② ㄱ, ㄷ  ③ ㄱ, ㄹ
④ ㄴ, ㄷ  ⑤ ㄱ, ㄴ, ㄷ

**정답 ①**
**해설**
발달단계의 순서에는 개인차가 없으며, 인지적 발달이 정의적 발달에 우선한다.

**086** 태어난 지 6개월 된 송이는 공을 가지고 놀다가도 그 공이 안 보이는 곳으로 굴러가 버리면 공이 자기 손에 쉽게 닿는 가까운 곳에 있어도 그 공을 찾으려 하지 않는다. 이러한 현상을 설명할 수 있는 개념은?

① 자기중심성  ② 대상영속성  ③ 보존개념
④ 불가역성  ⑤ 반사행위

**정답 ②**
**해설**
\* **대상영속성(object permanence)**
환경에 존재하는 외부 대상이나 물체가 직접적으로 지각되지 않아도 지속적으로 존재하고 있다는 것에 대한 인식을 말한다. 생후 4개월 미만의 영아는 사물이나 사람이 시야에서 사라지거나 감추어지면 그 대상이 존재하지 않는 것으로 인식한다. 반면, 8개월 이상의 영아는 사물이나 사람이 시야에서 사라지고 자신의 존재와 분리되더라도 지속적으로 존재하며 다른 시간이나 장소에서 찾아낼 수 있다는 것을 인식하게 된다. 대상영속성에 대한 개념을 확고하게 발달시킨 영아는 외부에 존재하는 물리적인 실체뿐만 아니라 자기 자신이 세상에 존재하는 독립적인 개체라는 것을 명확하게 깨닫게 된다.

**087** 다음 설명과 일치하는 개념은?

> 눈앞에 보이던 사물이 갑자기 사라져도 그 사물의 존재가 소멸되지 않는다는 것을 인식할 수 있는 능력으로, 2세 정도의 영아가 이 개념을 확립하게 된다.

① 적응성　　　　② 가역성　　　　③ 존재확인성
④ 대상영속성　　⑤ 반응성

**정답 ④**
**해설**
'대상영속성'은 존재하는 물체가 어떤 것에 가려져서 보이지 않더라도 그것이 사라지지 않고 지속적으로 존재하고 있다는 것을 아는 능력이다.

**088** 윤호는 과자를 한 개 가지고 있으면서 어머니에게 더 달라고 조르고 있다. 어머니는 윤호가 가지고 있는 과자를 둘로 쪼개어 윤호에게 돌려주었다. 그 결과 윤호는 과자를 더 달라고 하지 않고 만족하게 되었다. 윤호의 지적 발달은 피아제(Piaget)의 발달단계 중 어느 단계인가?

① 감각운동기　　　② 전조작기　　　③ 구체적 조작기
④ 형식적 조작기　⑤ 실제적 조작기

**정답 ②**
**해설**
전조작기의 보존의 개념이 발달하지 않은 중심화에 대한 설명이다.

**089** 다음 설명과 일치하는 개념은?

> 어떤 수·양·길이·면적·부피 등의 차례나 모양이 바뀌어도 그 특질을 유지한다는 것을 이해하는 능력이다.

① 유목화　　　　　② 서열화　　　　　③ 가역성
④ 보존의 개념　　　⑤ 탈중심화

**정답 ④**
**해설**
\* **보존개념**
　어떤 수·양·길이·면적·부피 등의 차례나 모양이 바뀌어도 그 특질을 유지한다는 것을 이해하는 능력이다. 피아제(Piaget)의 인지발달이론에서 보존개념은 구체적 조작기에 습득하는 가장 중요한 성취이다. 과제의 종류(수·양·길이 등)에 따라 발달되는 시기는 다소 다르나, 모든 과제의 보존개념이 구체적 조작기 동안 완성된다. 아동이 보존개념을 갖게 되었다는 것은 전조작기에서 구체적 조작기로의 이행을 나타내는 것으로, 보존개념을 획득함으로써 확고하고 논리적인 규칙을 발달시킬 수 있다.

**090** 피아제(Piaget)의 인지발달단계 중 보존개념을 획득하는 단계는?

① 감각운동기　　　② 전조작기　　　　③ 구체적 조작기
④ 형식적 조작기　　⑤ 추상적 조작기

**정답 ③**
**해설**
보존의 개념은 구체적 조작기에 형성되는 개념이다.

**091** 피아제(Piaget)의 인지발달이론에서 구체적 조작기에 나타나는 발달현상은?

① 물질의 보존개념을 습득한다.
② 가설 연역적인 추론능력을 발휘한다.
③ 자기중심적 사고가 발달하기 시작한다.
④ 대상영속성의 개념을 습득한다.
⑤ 물활론적 사고가 발달하기 시작한다.

**정답 ①**
**해설**
② 형식적 조작기에 대한 설명이다.
③, ⑤ 전조작기에 대한 설명이다.
④ 감각운동기에 대한 설명이다.

**092** 피아제(Piaget)의 인지발달단계 중 형식적 조작기의 특성에 해당하는 것은?

① 가역적 사고가 가능하고 서열화가 가능하다.
② 2개 이상의 기준을 사용하여 사물을 분류할 줄 아는 유목화의 능력이 발달한다.
③ 논리적 조작에 필요한 문제해결능력이 발달한다.
④ 아동의 사고는 귀납적이다.
⑤ 대상영속성의 개념을 습득한다.

**정답 ③**
**해설**
* 형식적 조작기의 인지적 특징
– 추상적 사고: 구체적인 사물이나 대상과 관계없이 마음속에만 존재하는 추상적인 사물들에 대해서 논리적으로 생각할 수 있다.
– 가설 연역적 사고: 일반적인 사실에서 출발하여 특정한 사실에 도달할 수 있게 된다. 즉, "만일 ~하면 ~이다."라는 연역적 사고가 가능해진다.
– 조합적 사고: 하나의 문제에 직면했을 때 모든 가능한 해결책을 논리적으로 모색해 봄으로써 결국에 가서는 문제를 해결하는 조합적 사고가 발달한다.
– 명제적 사고: 명제를 구성하고 명제들 사이의 관계에 대해 논리적으로 추론이 가능해진다.
– 논리적 사고: 과거·현재·미래를 연결하여 추론이 가능해진다.

**093** 새로운 대상이나 사건을 현존하는 도식에 의해 이해하는 것을 의미하는 피아제(Piaget)의 개념은?

① 조절   ② 동화   ③ 평형
④ 조직   ⑤ 이해

정답 ②
해설
* 동화(assimilation)
  - 새로운 대상이나 사건을 현존하는 도식에 의해 이해하는 것이다.
  - 새로운 지각내용이나 지식은 기존 이해의 틀의 일부가 된다.
  - 새로운 지각물이나 자극사건을 이미 자신이 가지고 있는 도식이나 구조에 통합시키는 인지과정을 의미한다.
  - 동화는 인지구조의 변화가 아니라 도식의 양적 성장과 관련이 있다.
  - 예를 들어 '강아지'에 대한 도식을 가진 유아가 털과 네발이 있는 동물을 보고 '강아지'라고 부르는 현상을 말한다.

**094** 정사각형의 개념을 알고 있는 학생이 마름모를 보고 정사각형이라고 말했다면, 이것을 설명하는 인지작용은?

① 조절   ② 동화   ③ 투사
④ 승화   ⑤ 통찰

정답 ②
해설
'동화(assimilation)'는 새로운 대상이나 사건을 현존하는 도식에 의해 이해하는 것이다.

**095** 표상된 내적 구조(분류·범주) 속에 모든 사상이나 사물들을 귀속시킴으로써 환경에 적응하게 하는 것은?

① 적응   ② 도식   ③ 동화
④ 평형화   ⑤ 조직화

정답 ⑤
해설
* 조직화(organization)
  - 조직화 기능은 분리된 구조나 체계를 고차원의 체계나 구조로 통합시키는 선천적 경향성으로, 지각정보와 인지정보를 의미 있는 틀(인지구조) 속에 체계화하는 활동이다.
  - 외부 환경과의 접촉을 통해 받아들인 지식이나 행동을 순서화하고 일관성 있게 조직화하여 표상된 내적 구조를 가지고자 한다.
  - 표상된 내적 구조(분류·범주) 속에 모든 사상이나 사물들을 귀속시킴으로써 환경에 적응하게 한다.
  - '사과'와 '귤'을 더 일반적인 범주인 '과일'의 하위범주로 생각하는 것이다.

**096** 콜버그(Kohlberg)의 도덕성 발달이론에서 인습 수준의 내용에 해당하는 것은?

① 생명존중  ② 인간의 존엄성  ③ 절대적 자유
④ 절대적 평등  ⑤ 대인관계에서 조화 지향

**정답** ⑤
**해설**
생명존중, 인간의 존엄성, 절대적 자유와 평등은 인습 이후 수준에 해당하는 내용이다.

* 콜버그(Kohlberg)의 도덕성 발달단계

| 수준 | 단계 | 특징 |
| --- | --- | --- |
| 제1수준<br>인습 이전 수준<br>(전도덕기)<br>0~6세 | 1. 주관화: 벌과 복종에 의한 도덕성<br>(벌과 복종 지향) | • 신체적·물리적 힘이 복종이나 도덕 판단의 기준이 된다.<br>• 신체적 처벌을 피하기 위하여 규칙을 지킨다.<br>• 행동의 결과의 의미나 가치가 문제되지 않고 표면적인 결과만으로 도덕적 판단을 한다. |
| | 2. 상대화: 욕구 충족을 위한 수단으로서의 도덕성<br>(도구적 상대주의 지향) | • 상이나 보답을 받기 위해 규칙을 지키거나 남에게 도움을 준다.<br>• 자기 자신의 개인적 욕구를 충족시키거나 이익과 보상을 얻을 수 있는 일은 옳다.<br>• 인간관계는 상호 호혜의 원칙에 의해 행동의 가치를 결정한다. |
| 제2수준<br>인습 수준<br>(타율적 도덕기)<br>6~12세 | 3. 객체화: 대인관계에서 조화를 위한 도덕성<br>(착한 아이 지향) | • 타인의 비난을 피하고 인정받기 위해 규칙을 지킨다.<br>• 다수의 의견이나 사회적 인습에 따른다. |
| | 4. 사회화: 법과 질서를 준수하는 도덕성<br>(법과 사회질서 지향) | 법과 질서는 정해진 의무이기 때문에 무조건 지켜야 한다. |
| 제3수준<br>인습 이후 수준<br>(자율적 도덕기)<br>12세 이후 | 5. 일반화: 사회계약 정신으로서의 도덕성<br>(사회계약 지향) | • 법의 목적은 인간의 권리나 복지를 보장하기 위한 것이다.<br>• 법은 사회적 계약이므로 생명이나 자유와 같은 기본적 권리가 침해되지 않는 한 수정 가능하다.<br>• 타인의 의지와 권리에 의해 위배되는 행동은 피하고 대다수의 의지와 복지에 따라 행동한다. |
| | 6. 궁극화: 양심 및 보편적 도덕원리에 대한 확신으로서의 도덕성<br>(보편적 도덕원리 지향) | • 자기 자신의 양심에 따라 규칙을 지킨다.<br>• 도덕원리는 포괄적·보편적·일관성이 있어야 함을 인정하지만 도덕적 규제자로서 자신의 양심의 소리를 우선적으로 듣는다. |

**097** 콜버그(Kohlberg)의 도덕발달단계 중 일부 단계의 도덕적 판단 근거를 기술한 것이다. 발달 순서대로 옳게 나열한 것은?

> ㄱ. 물질적 보상과 벌   ㄴ. 타인의 칭찬과 인정
> ㄷ. 사회적 관습과 법   ㄹ. 보편적 도덕원리와 양심

① ㄱ – ㄴ – ㄷ – ㄹ   ② ㄱ – ㄷ – ㄴ – ㄹ   ③ ㄱ – ㄷ – ㄹ – ㄴ
④ ㄷ – ㄱ – ㄴ – ㄹ   ⑤ ㄷ – ㄴ – ㄱ – ㄹ

정답 ①
해설
* 콜버그(Kohlberg)의 도덕발달단계
 – 1단계: 벌과 복종에 의한 도덕성
 – 2단계: 욕구 충족을 위한 수단으로서의 도덕성
 – 3단계: 대인관계에서 조화를 위한 도덕성
 – 4단계: 법과 질서를 준수하는 도덕성
 – 5단계: 사회계약 정신으로서의 도덕성
 – 6단계: 양심 및 보편적 도덕원리에 대한 확신으로서의 도덕성

**098** 콜버그(Kohlberg)의 도덕성 발달단계 중 최고 단계에 해당하는 것은?

① 욕구충족 지향단계
② 대인관계 조화 지향단계
③ 법과 질서 지향단계
④ 사회계약 지향단계
⑤ 보편적 도덕원리 지향단계

정답 ⑤
해설
* 보편적 도덕원리 지향단계
 – 자기 자신의 양심에 따라 규칙을 지킨다.
 – 도덕원리는 포괄적·보편적·일관성이 있어야 함을 인정하지만 도덕적 규제자로서 자신의 양심의 소리를 우선적으로 듣는다.

**099** 비고츠키(Vygotsky)의 인지이론에 관한 설명으로 옳지 않은 것은?

① 인지발달은 사회문화적 맥락(context)의 영향을 받는다.
② 성숙은 인지발달을 위한 기본전제이다.
③ 인지발달은 변증법적 교류에 의해 이루어진다.
④ 아동의 지적 발달은 내적 언어와 외적 언어에 의해 영향을 받는다.
⑤ 아동은 타인과의 관계에서 영향을 받으며 성장하는 사회적 존재이다.

**정답 ②**
**해설**
성숙이 인지발달을 위한 기본전제가 된다는 것은 피아제(Piaget)의 견해이다. 비고츠키는 성숙 자체가 인지발달의 기본전제가 된다고 보지 않았다. 인지발달은 사회문화적 맥락의 영향을 받으며, 변증법적 교류를 통해 이루어진다고 보았다.

* **비고츠키(Vygotsky) 이론의 특징**
– 아동은 타인과의 관계에서 영향을 받으며 성장하는 사회적 존재이므로, 인간 이해에 있어서 사회·문화·역사적인 측면을 제시하였다.
– 인지발달은 사회문화적 맥락(context)의 영향을 받는다. 즉, 인간의 정신은 사회문화적 환경에 의한 사회학습의 결과이다.
– 인간은 홀로 성장하고 발달하는 것이 아니라 사회의 많은 사람들과 관계하고 도움을 받으면서 성장한다. 이 과정에서 상호작용에 필수적 도구인 언어습득을 아동발달의 가장 중요한 변인으로 간주한다.
– 인지발달은 변증법적 교류에 의해 이루어진다.
– 언어가 사고(인지)발달에 선행한다.
– 학습이 발달을 주도한다.
– 놀이가 인지발달에 중요한 역할을 한다.

**100** 비고츠키(Vygotsky)의 언어와 사고발달에 관한 설명으로 옳지 않은 것은?

① 어려운 문제를 해결할 때, 내적 언어의 사용 빈도가 증가한다.
② 아동의 지적 발달은 내적 언어와 사회적 언어 모두 영향을 받는다.
③ 사고가 언어를 발달시키기보다는 언어가 사고의 발달을 촉진한다.
④ 2세경이 되면 사고와 언어가 결합되어, 언어는 점차 합리적으로 표현된다.
⑤ 사고는 언어에 선행하므로, 인지발달이 적절한 수준에 이르지 못하면 언어 학습은 효과가 없다.

**정답 ⑤**
**해설**
비고츠키는 언어가 사고발달에 선행한다고 보았다.

**101** 자기중심적 언어에 대한 비고츠키(Vygotsky)의 견해로 옳지 않은 것은?

① 취학 전의 유치원 아동에게서 많이 나타나며, 특히 놀이장면에서 발견된다.
② 자기중심적 언어는 문제해결을 위한 계획을 모색하는 사고의 중요한 도구이다.
③ 자기중심적 사고의 반영이다.
④ 자기중심적 언어는 자신이 활동하는 것에 독백을 하는 형태로 나타난다.
⑤ 자기중심적 언어의 감소는 내적 언어 단계의 시작을 나타내는 것으로 파악한다.

**정답 ③**
**해설**
* **자기중심적 언어**
  - 취학 전의 유치원 아동에게서 많이 나타나며, 특히 놀이장면에서 발견된다.
  - 자기중심적 언어는 아동이 주변에 다른 사람이 존재하는가의 여부에 관계없이 자신이 활동하는 것에 독백을 하는 형태로 나타난다.
  - 자기중심적 언어는 단순히 긴장의 완화나 활동의 표현적 부산물에 그치는 것이 아니고 문제해결을 위한 계획을 모색하는 사고의 중요한 도구로서 개념적·언어적 사고가 형성되기 시작한다.
  - 비고츠키는 자기중심적 언어가 7세쯤 사라진다는 견해를 부정하고, 자기중심적 언어의 감소는 내적 언어 단계의 시작을 나타내는 것으로 파악한다.

**102** 아동의 지적 발달에 있어서 현재의 상태뿐만 아니라 미래의 잠재가능성도 설명하는 개념은?

① 비계설정        ② 직관적 사고        ③ 발달과업
④ 인지도식        ⑤ 근접발달지대

**정답 ⑤**
**해설**
* **근접발달지대(ZPD, Zone of Proximal Development)**
  실제 발달수준과 잠재 발달수준과의 차이영역을 의미하는 것으로, 아동이 혼자서는 해결할 수 없으나 성인이나 뛰어난 동료와 함께 학습하면 성공할 수 있는 영역을 의미한다.

**103** 다음 내용과 연관된 학자는?

> ○ 성숙이란 인간행동이 주로 타고난 내적인 힘과 예정된 계획에 의해서 변화되어 가는 과정이다.
> ○ 형태화 과정에 의해 행위가 체계화된다.
> ○ 발달의 상호교류원리가 다른 행동에도 광범위하게 적용된다.

① 피아제(Piaget)　② 비고츠키(Vygotsky)　③ 반두라(Bandura)
④ 게젤(Gesell)　⑤ 에릭슨(Erikson)

**정답 ④**
**해설**
\* 성숙이론(maturational theory)
게젤은 태아학적 모형과 실제로 아동에 대한 방대한 관찰을 근거로 아동발달에 관한 성숙이론을 제시하였다. 이때 성숙이란 인간행동이 주로 타고난 내적인 힘과 예정된 계획에 의해서 변화되어 가는 과정을 뜻한다. 그는 성숙의 개념이 아동의 운동발달뿐 아니라 다른 영역의 발달에도 적용된다고 보았다. 역시 이 성숙에도 보편적인 순서가 있다. 물론 속도에 있어서는 개인차가 따른다. 타고난 내적인 계획과 관련하여 환경에 대한 그의 견해를 보면 환경적인 요인이 한 아동의 성장을 어느 정도 지원해 주거나 손상시키기는 하지만 발달의 기본 골격에 영향을 주지는 않는다고 한다. 발달의 기본 골격은 예정된 계획에 따라 정해진다는 것이다. 따라서 아동의 내적인 계획보다 앞서 어떤 기술이나 행동을 가르친다는 것은 효율적이지 못할 뿐 아니라 때에 따라 그 아동의 발달에 저해 요인으로 작용할 수도 있다.
게젤에 따르면 아동의 내부에 위와 같은 위기에 대처해 나가는 힘이 있는데, 이것을 그는 자기 규제력(self-regulatory power)이라고 불렀다. 이 힘은 아동이 너무 많은 것을 너무 빨리 배우도록 강요당할 때 스스로가 저항하는 힘이다. 아동 스스로가 자기 수준에 맞도록 성장을 조절하고 이끌어나가는 능력에서 비롯된 힘이다. 그는 쉬운 예로 발달의 동요상태를 들었다. 즉, 영아가 처음 걸음마를 배우기 시작할 때 몇 걸음 걷다가 다시 기다가 다시 또 몇 걸음 걸어보다가 또 기다가 하는 불안정과 안정의 과정을 주기적으로 거친다. 이러한 동요과정을 어느 정도 겪은 후에 초기의 긴장상태를 극복하고 발달의 안정권에 들어가게 된다는 것이다.

**104** 게젤(Gesell) 성숙이론에 의한 발달의 원리로 옳지 않은 것은?

① 발달은 기능상 대칭을 이루어야 효과적이다.
② 성숙은 외적 요인에 의해 영향을 많이 받는다.
③ 발달의 영향은 성숙에 의해 지속적으로 지시를 받는다.
④ 아동은 자기규제를 통해 자신의 수준과 능력에 맞게 성장을 조절해 나간다.
⑤ 발달상 서로 대칭되는 양측은 점차적으로 효과적인 체제화를 이루어 나간다.

**정답** ②
**해설**
① 기능적 비대칭의 원리에 대한 설명이다.
② 성숙은 외적 요인에 의해 영향을 거의 받지 않는다(개별적 성숙의 원리).
③ 발달 방향의 원리에 대한 설명이다.
④ 자기규제의 원리에 대한 설명이다.
⑤ 상호적 교류의 원리에 대한 설명이다.


**105** 해비거스트(Havighurst)의 발달과업 중 아동기에 해당하는 것은?

① 선악의 구별, 양심의 형성
② 유희집단
③ 사회제도에 대한 태도와 개념 발달
④ 직업교육
⑤ 성차와 성적 성숙의 학습

**정답** ③
**해설**
* 해비거스트(Havighurst)가 제시한 아동기(6~12세)의 발달과업
  - 일상적인 활동에 필요한 신체적 기술을 배운다.
  - 성장하는 자기 자신에 대한 건전한 태도를 형성한다.
  - 동년배의 친구와 사귀는 법을 배운다.
  - 읽기, 쓰기, 셈하기(3R's)의 기본적 기술을 배운다.
  - 일상생활에 필요한 개념을 배운다.
  - 양심, 도덕, 가치척도가 발달한다.
  - 남녀 간의 적절한 성 역할을 배운다.
  - 사회집단과 사회제도에 대한 태도가 발달한다.

**106** 해비거스트(Havighurst)가 제시한 청소년기의 발달과제에 해당하는 것을 모두 고른 것은?

> ㄱ. 남녀 간의 사회적 역할을 학습한다.
> ㄴ. 자기 신체를 수용하고 신체를 효과적으로 조정한다.
> ㄷ. 직업 선택을 설계하고 그에 맞는 준비를 한다.
> ㄹ. 성장하는 자기 자신에 대한 건전한 태도를 형성한다.

① ㄱ, ㄷ
② ㄱ, ㄴ, ㄷ
③ ㄱ, ㄷ, ㄹ
④ ㄴ, ㄷ, ㄹ
⑤ ㄱ, ㄴ, ㄷ, ㄹ

**정답 ②**
**해설**
성장하는 자기 자신에 대한 건전한 태도를 형성하는 것은 아동기의 발달과업이다.

* **해비거스트(Havighurst)가 제시한 청소년기(12~18세)의 발달과업**
  - 성숙한 남녀 관계를 형성한다.
  - 자기 신체를 수용하고 신체를 효과적으로 조정한다.
  - 남녀 간의 사회적 역할을 학습한다.
  - 부모나 다른 성인으로부터 정서적 독립을 이룬다.
  - 경제적 독립의 필요성을 절실히 느낀다.
  - 직업 선택을 설계하고 그에 맞는 준비를 한다.
  - 시민 생활에 필요한 지식과 태도를 키운다.
  - 사회적으로 책임 있는 행동을 원하고 이를 실천한다.

**107** 쿠블러-로스(Kubler-Ross)가 제시한 임종의 5단계를 순서대로 옳게 나열한 것은?

① 분노 - 부정 - 타협 - 우울 - 수용
② 분노 - 부정 - 우울 - 타협 - 수용
③ 부정 - 우울 - 타협 - 분노 - 수용
④ 부정 - 우울 - 분노 - 타협 - 수용
⑤ 부정 - 분노 - 타협 - 우울 - 수용

**정답 ⑤**
**해설**
* **죽음에 대한 비애과정(Kubler-Ross)**
  부정단계 → 분노단계 → 타협단계 → 우울단계 → 수용단계
  - 부정: 자신이 곧 죽는다는 사실에 충격을 받고 이를 믿지 않으려 부인한다.
  - 분노: 부정단계가 지나면 죽음의 이유에 대해 분노를 갖는다.
  - 타협: 죽음을 받아들이며 고통 감소를 위해 여러 약속을 하며 인생과업을 마칠 때까지 생이 지속되기를 희망한다.
  - 우울: 죽음을 앞두고 우울한 감정을 느낀다.
  - 수용: 거의 감정이 없는 상태로 죽음을 맞을 준비를 한다.

**108** 다음에서 설명하는 것과 연관된 이론은?

> 노년기의 신체적·정서적 역량의 감소는 선택적으로 사회활동에 참여하게 하며, 자기 자신에게 보다 많은 관심을 두고 특정 취미에 몰두하게 되는 경향을 보인다.

① 활동이론　　　② 교환이론　　　③ 현대화이론
④ 분리이론　　　⑤ 지속성 이론

**정답** ①
**해설**
*** 노화이론**
- 지속성 이론: 노년기의 성격은 젊을 때의 성격성향을 지속하는 것이지 바뀌는 것이 아니라는 견해이다. 노년기의 신체적·정서적 역량의 감소는 선택적으로 사회활동에 참여하게 하며, 자기 자신에게 보다 많은 관심을 두고 특정 취미에 몰두하게 되는 경향을 보인다. 이러한 행동이 마치 노인들이 자기중심적이고 고집 세고 사회에 무관심한 성격으로 변한 것처럼 보이게 하기도 한다.
- 분리이론: 늙어가면서 사회와 노인들 사이에서 일어나는 현상으로서 노인은 사회로부터 분리 혹은 은퇴한다는 것이다. 노인들이 서로 떨어지거나 사회적으로 분리되는 것은 자연적 현상, 아니면 의도적으로 나타난다는 설명이다.
- 활동이론: 노년은 중년의 연장일 뿐이므로 활동을 중단할 것이 아니라 지속할 것을 당연하게 보기 때문에 노년기의 생의 만족을 적정 수준의 사회적 활동을 유지할 때 가능하다는 견해이다. 사회적 활동은 성공적인 노화에 필요조건이 되는 것으로, 신체적 및 정신적으로 활동에 적극 참여하면 노년기의 기능을 유지하는 데 도움이 된다고 본다.
- 사회교환이론: 개인과 집단 간 교환이 지속되는 경우는 교환에 참여하는 사람이 그 상호작용에서 이득을 얻는 한 지속되는데 노인이 되면 사회적 상호작용에서 이득이 감소하므로 사회적 교환활동이 감소한다는 견해이다. 노인이 되면 건강, 대인관계, 수입 등 권력의 원천이 줄어들어 사회와 노인 간에 불균형 교환이 일어나게 된다. 따라서 노인의 사회 내 상호작용이 감소 내지 단절을 초래하게 된다.
- 현대화이론: 현대화가 사람들의 기본관념을 변화시키고 노인의 지위와 역할에도 영향을 미친다. 과거 전통 농경사회에서는 노인이 전문직업인, 전통문화의 전수자, 전문정치가 및 종교가로 군림하였다. 산업화 사회에서는 노동력이나 인력보다는 고도의 기술이 생산을 지배하게 되었다. 노인이 독점하던 지식도 젊은이에게 이전되고, 과거 노인이 독점하던 전문가의 역할도 교육받은 의사, 교사, 기타 전문가에게로 이관되었다.

# 집단상담의 기초

# Chapter 1
# 집단상담의 개요

| 1  집단상담의 의의 및 특징

| 2  집단상담의 목적

| 3  집단상담·집단지도·집단치료

| 4  집단상담의 유형

| 5  집단상담에 적합한 내담자

| 6  개인상담에 적합한 내담자

| 7  집단상담의 장점과 단점

| 8  집단상담의 치료요인(얄롬)

| 9  집단상담자의 역할

| 10  집단상담의 윤리

## 1  집단상담의 의의 및 특징

### (1) 집단상담의 정의

집단상담이란 비교적 정상적인 범위에 속하는 사람들이 전문적인 상담자와 함께 신뢰할 만하며 허용적인 분위기 속에서 자기 이해와 수용, 개방을 촉진하도록 집단성원 간에 상호 작용함으로써 개인의 태도와 행동의 변화를 통해 문제를 해결하고, 나아가 잠재 능력의 개발을 꾀하는 것이다.

### (2) 집단상담의 특징

① 집단상담은 정상 범위에서 심하게 일탈하지 않는 사람들을 대상으로 이루어지게 된다. 심각한 정서적·성격적 문제를 가지고 있는 사람은 제외되며, 본격적인 치료보다는 성장과 적응에 강조점이 주어진다.
② 집단상담의 상담자는 훈련받은 전문가이거나 상담에 대한 최소한의 지식과 자질을 갖추어야 한다.
③ 집단상담의 분위기는 신뢰할 만하며 수용적이어야 한다. 집단상담 과정의 요체는 자기 탐색 및 이해, 자기 개방과 피드백 주고받기에 있는데, 집단성원 상호 간의 무조건적인 수용과 신뢰할 만한 분위기는 효과적인 집단상담의 필수 조건이다.
④ 집단상담은 집단성원들이 상호 작용하는 역동적인 대인관계 과정이다. 집단상담을 개인상담과 비교하였을 때, 그 우월성은 집단의 응집력을 이용하는 데 있다. 집단 응집력은 집단 내의 친밀감, 신뢰감, 온화함, 공감적 이해로 나타나며, 적대감과 갈등을 포함할 수 있다. 응집력 있는 집단은 집단원으로 하여금 자기 개방, 위험 감수, 그리고 집단 내의 갈등에 대해 건설적으로 표현함으로써 성공적인 상담으로 나아갈 수 있다.

### (3) 집단의 속성

① 역할
② 규범
③ 지위
④ 규모
⑤ 응집성

## 2 집단상담의 목적

(1) 자기에 대한 이해를 증가시키고, 개인적 성장에의 자신감을 갖도록 한다.
(2) 개인 및 사회 생활 면에서의 발달과제를 해결해 나아가는 데에 필요한 사회적 기술과 대인관계 능력을 발전시킨다.
(3) 자기통제, 문제해결 및 의사결정의 능력을 개발하고, 이러한 능력을 직장, 가정, 학교 등의 다른 사회적 장면에서도 발휘할 수 있게 한다.
(4) 타인과의 대화에서 '공감적 경청자'가 되는 동시에 자기가 생각하고 믿는 바를 정확하게 표현할 수 있는 의사소통 능력을 향상시킨다.
(5) 각자가 자신에게 필요한 구체적인 행동목표를 설정하게 하고 그의 생산적인 실천 과정을 촉진시킨다.

---

* **집단상담의 목표와 원리**

1. 집단상담의 목표
   집단이 근거하고 있는 이론, 집단의 형태, 집단 구성원의 개인적인 필요에 따라서 다른 방식으로 정해지지만 대체로 공유하는 목표들은 다음과 같다(Corey, 1995).
   - 자신과 타인에 대한 신뢰감 형성
   - 자신에 대한 지식습득과 정체성 발달
   - 인간의 욕구나 문제들의 공통성과 보편성 인식
   - 자기수용(self-acceptance)·자신감·자기존중감 증진과 자신에 대한 시각의 개선
   - 정상적인 발달문제와 갈등을 해결하는 새로운 방식 발견
   - 자신과 타인에 대한 주도성·자율성·책임감의 증진
   - 특정 행동의 변화를 위한 구체적 계획 수립과 완수
   - 효과적인 사회적 기술 학습
   - 타인의 욕구와 감정에 대한 민감성 증진
   - 타인에 대해 배려와 염려를 바탕으로 하면서 정직하게 직면하는 방식 습득
   - 타인의 기대에 부응하는 태도에서 벗어나 자신의 기대에 맞게 사는 방식 습득
   - 가치관을 명료하게 하고 수정 여부와 수정 방식 결정

2. 집단상담의 원리
   - 자기이해
   - 자기수용
   - 자기개방
   - 자기평가
   - 자기도전

## 3 집단상담 · 집단지도 · 집단치료

**(1) 집단상담**
① 집단성원 개개인이 행동 변화에 관심을 둔다.
② 집단상담은 병리적 문제보다는 주로 발달의 문제를 다루거나 집단성원의 생활과정의 문제를 취급한다.
③ 집단성원들 간의 역동적 관계를 바탕으로 통해 개인관 심사, 대인관계, 사고 및 행동양식의 변화를 가져오는 노력이다.
④ 개인으로 하여금 자기이해와 대인관계의 능력을 향상시키고 보다 건강하게 적응할 수 있도록 환경을 조성시켜 주는 것을 일차적 목표로 하고 있다.
⑤ 이것은 본질적으로 예방적 기능을 가지고 있으나 가끔 개인이 대처해 나가야 할 특별한 문제를 다루기도 한다.
⑥ 집단상담의 크기는 보통 5~15명 또는 6~12명이며, 상담횟수는 5~25회 정도로 소요시간은 보통 1~2시간 정도이다.

**(2) 집단지도**
① 생활지도의 한 형태로서 집단과정의 주목적이 정보제공에 있고, 지도의 내용과 책임이 주로 교사나 지도자에게 있다.
② 개인이 지니고 있는 여러 가지 문제를 해결하거나, 성장과 발달을 촉진하고 사회적 적응을 돕는다.
③ 집단경험을 통한 학습기회를 제공하는 활동이다. 정규 교과교육을 제외한 방법으로는 홈룸(home room) 프로그램, 현장 견학, 클럽 활동, 학생자치회, 지역사회 조사, 집단상담, 오리엔테이션 등이 활용된다.
④ 상담과 밀접하게 관련되어 있는 집단지도로서 교육이나 직업에 관한 정보를 집단적으로 제공하기도 하고 심리검사에 관한 정보 제공·실시·결과 해석 등을 집단적으로 실시하기도 한다.
⑤ 최근에는 사회적 기능의 발달, 인간관계의 개선, 성격적 적응이나 정신건강의 향상을 위한 집단적 토의와 경험을 통한 지도가 강조되고 있다.
⑥ 집단지도의 크기는 10~60명 또는 100~300명이며, 지도횟수는 1~8회 정도로 소요시간은 보통 20~60분 정도이다.

### (3) 집단치료(집단요법)

① 무의식적 동기에 더욱 관심을 기울여 정서적 장애를 치료하는 것이 주목적이다.
② 심리적 갈등을 명료화하며 문제행동을 수정해 가는 일련의 집단면접을 말한다.
③ 집단상담보다 더 심한 장애를 가진 사람을 대상으로 하며, 보다 깊은 성격의 문제를 다루는 것이 특징이다.
④ 보다 나은 자기 이해를 통해 심리적 긴장을 감소시켜 치료적 목표를 달성하는 것으로, 비적응적 태도의 변화 및 심리적 문제의 해결에 직접적 관심을 두고 있다.
⑤ 집단치료의 크기는 4~8명이며, 치료횟수는 10~50회 정도로 소요시간은 보통 1시간 내외이다.

## 4 집단상담의 유형

다양한 유형의 집단은 집단상담의 기본적인 목표·원리·절차 및 과정, 기술 등을 공통적으로 활용하고 있는 한편, 집단의 유형마다 각기 다른 목표나 기대, 치료적 효과, 강조하는 집단과정, 집단지도자의 역할, 참여하는 집단성원들의 특성에 있어서 차이점을 나타낸다.

### (1) 참만남 집단(encounter groups)
① 참만남 집단 유형에는 인간관계 집단·잠재력 집단·T-group·성장집단 등의 그 성격에 있어서 약간씩 다른 집단들이 포함되지만, 공통적으로 자신과 타인과의 보다 의미 있는 만남과 접촉을 통해 인간관계에 대한 경험적 통찰과 학습, 인간의 실존에 대한 자각을 강조한다.
② '지금-여기'의 경험을 통해 집단성원들의 느낌이나 지각을 중심으로 자유롭고 솔직한 대화가 중요한 집단활동의 기제가 된다.
③ 성장 중심의 집단의 참여자들에게 타인과의 교류능력을 개발하게 할 뿐만 아니라 자신의 내적 가치·자기가능성 및 잠재력 등을 증진하는 효과를 가질 수 있다.

### (2) 가이던스 집단(guidance groups)
① 가이던스 집단은 구체적인 교육적인 목표를 가지고 집단성원들의 집단에서의 '지금-여기'에서의 감정보다는 강의·교수 등의 구조화된 방법들을 활용한다.
② 지도자에 의해 집단의 방향과 진행내용, 방법들이 사전에 계획되고, 구조화된 활동이 강조되며, 지도자는 교육자·촉진자의 역할을 담당한다.
③ 구조화된 집단(structured group)은 집단성원들로 하여금 특정한 주제에 대해 이해하고 기술을 개발하거나 생활에서 당면하는 적응문제의 해결에 도움이 되도록 일정한 주제·구조·내용을 가지고 진행하는 집단을 의미한다.

### (3) 상담집단(counseling groups)
① 상담집단은 주로 정신과적 문제를 갖고 있는 사람들보다는 일상생활에서 어려움을 경험하는 일반인들을 대상으로 한다.
② 성장·발달·문제예방, 자기자각 또는 의식 증진, 적응기술의 개발 등을 목표로 하며, 과거의 문제나 관계의 역동보다는 현재의 생활·느낌·사고 등에 초점을 둔다.

### (4) 치료집단(therapy groups)

① 치료집단은 주로 병원이나 임상장면에서 신경증적 장애·성격장애·정신과적 장애 등의 문제를 가진 집단성원들을 대상으로, 성격의 분석 및 재구조화, 증상의 완화 등을 목적으로 장기집단의 형태로 운영된다.

② 집단에서 다루어지는 주제는 과거 경험·무의식·성격·행동변화·임상적 증상 등이 포함되며, 행동장애·정서장애·성격장애 등에 관한 집중적인 치료와 개입이 실시된다.

### (5) 자조집단(self-help groups)

① 자조집단은 공통의 문제나 관심을 가지고 있는 사람들이 모여, 문제로 인한 스트레스를 해결하고 자신의 생활양식을 바꾸거나 효율적으로 대처해 나갈 수 있도록 동기를 갖게 하는 지지체계를 형성하는 집단을 의미한다.

② 지지집단을 통해 집단성원들은 자신의 경험을 나누고 서로에게 충고·조언·정보제공·지지 및 격려 등을 나누며 삶에 대한 희망감을 가진다.

③ 자조집단의 예로는 비만·음주·흡연의 통제를 위한 집단, 가족 중 알코올·도박 중독자가 있는 사람들을 위한 집단, 암환자 가족집단 등을 들 수 있다.

## 5 집단상담에 적합한 내담자

(1) 부끄러움이 많거나 고독한 사람으로, 자기만 그런 것이 아니라 많은 사람들이 그러한 문제를 공유하고 있음을 배울 필요와 가능성이 있는 사람
(2) 상담자에게만 의지하려는 지나친 의존심을 타인에게 확산할 필요가 있는 사람
(3) 대인관계에서 타인과 교류가 적어 자신의 능력이나 특성에 대해 타인과 지나치게 다르게 평가하고 있는 사람
(4) 사회적 기술을 습득할 필요가 있는 사람
(5) 자신의 성장을 위해 집단을 교육적 목적으로 활용하고 싶은 사람
(6) 특정 외상(trauma)을 경험하고 그것으로부터 회복하는 데 유사한 경험을 가진 사람의 도움이 필요한 사람
(7) 개인 상담을 하면서 카운슬러 이외의 다양한 사람들로부터 피드백을 받으면 도움이 될 사람
(8) 권위를 가진 사람에게 극도의 두려움을 가진 사람

## 6 개인상담에 적합한 내담자

(1) 내담자가 처한 문제가 위급하고, 원인과 해결방법이 복잡하다고 판단되는 경우
(2) 내담자 및 관련 인물들의 신상을 보호할 필요가 있는 경우
(3) 내담자의 자아개념 또는 사적인 내면세계와 관련해서 심리검사 결과를 해석해 주는 면담인 경우
(4) 내담자가 집단에서 공개적으로 발언하는 것에 대해 심한 불안과 공포를 가지고 있는 경우
(5) 내담자가 상담집단의 동료들로부터 수용될 수 없을 정도로 대인관계가 좋지 못한 경우
(6) 내담자가 자기 자신에 대한 탐색 및 통찰력이 극히 제한되어 있는 경우
(7) 내담자가 상담자나 다른 사람들에게서 주목과 인정을 강박적으로 요구할 것으로 판단되는 경우
(8) 내담자가 폭행이나 비정상적인 성적 행동을 나타내 보일 가능성이 있는 경우

# 7 집단상담의 장점과 단점

### (1) 집단상담의 장점
① 구성원의 공통된 관심사를 상담하여 구성원의 일체감, 공동체 의식을 높일 수 있다.
② 소속감과 동료의식이 강화되며, 시간적인 경제성이 있다.
③ 많은 사람에게 자신을 반영해 봄으로써 자기 이해에 도움이 될 뿐만 아니라 타인도 이해하고 수용하는 마음을 갖게 된다.
④ 구성원 스스로가 지도적 역할을 배울 수 있는 기회가 되며 또한 각기 상담자의 역할을 하기 때문에 개인적으로 위로와 지지를 받는 등 발전을 할 수 있다.

### (2) 집단상담의 단점
① 집단성원 모두에게 만족을 줄 수가 없다.
② 심각한 정신적 문제에는 적합하지 않다.
③ 모든 내담자에게 적합한 것은 아니다.
④ 시간적으로나 문제별로 집단을 구성하기가 어렵다.
⑤ 개인에게 집단의 압력이 가해지면 오히려 개인의 개성이 상실될 우려가 있다.

## 8 집단상담의 치료요인(얄롬)

### (1) 희망을 심어주기
① 집단의 효율성에 대한 환자의 믿음과 확신을 증가시킴으로써 희망을 심어 준다.
② 이 작업은 집단이 시작되기 전, 집단 형성 전의 오리엔테이션에서 치료가 환자의 긍정적 기대를 강화시키고, 부정적인 선입견을 제거하며, 집단의 치료효과를 분명하고 강력하게 설명함으로써 시작된다.
③ 집단의 구성원들은 종종 비슷한 문제를 지녔으나 치료의 효과로 인해 회복된 다른 사람과 만나게 된다. 집단치료가 끝날 무렵, 환자들이 다른 환자의 회복을 지켜보는 것이 얼마나 중요했었는지에 관한 언급을 하는 것을 종종 듣곤 하며, 이로 인해 치료 효과에 대한 희망이 생길 수 있다.

### (2) 보편성
① 대부분의 환자들은 흔하지 않은 극심한 스트레스의 경험들을 가지고 있으며, 무의식에서 흘러나온 공포스러운 생각에 주기적으로 휩싸이기 때문에 많은 환자들은 그들이 느끼는 사회적 고립감으로 인해 나만 힘들다는 느낌이 고조되어 있다.
② 환자들이 느끼는 대인관계의 어려움은 친밀한 관계의 형성을 불가능하게 한다. 일상생활에서 환자들은 타인과 유사한 느낌과 경험을 배우지도 못했고, 그들 자신을 털어 놓는 기회를 이용하지 못함으로써 궁극적으로는 타인으로부터 검증되고 수용되는 기회를 놓치게 되는 것이다.
③ 모임의 초기 단계에서, 나만 이렇다는 환자의 느낌이 사실이 아님을 보여주는 것은 환자에게 상당한 위안이 된다.

### (3) 정보전달
① 치료자나 환자들이 제공하는 충고, 제안 또는 직접적 지도뿐만 아니라 치료자가 제시해 주는 정신건강, 정신질환 그리고 일반 정신역동에 관한 교수적 강의를 포함한다.
② 그러나 일반적으로 상호작용 집단치료에서 치료자나 환자가 자신들의 경험을 뒤돌아보고 검토할 때, 교수적인 정보나 충고에는 높은 가치를 두지 않는다.

### (4) 이타주의
① 자기가 남들에게 중요할 수 있다는 사실을 발견하는 경험은 생기를 주며 그들의 자아존중감을 북돋아 준다.

② 그들은 서로에게 지지, 위로, 조언, 통찰을 제공하며, 서로 비슷한 문제를 공유한다. 치료 과정을 돌이켜 볼 때, 거의 모든 환자들은 다른 집단성원들에게 자신의 호전에 대한 공을 돌린다.
③ 때로는 다른 환자들의 분명한 조언이나 충고를 이야기하기도 하고, 때로는 단지 그들이 존재함으로써, 또는 편안하고 지속적인 관계를 맺어 서로 성장하도록 해 주었음을 이야기하기도 한다.

### (5) 초기 가족의 교정적 재현
① 집단성원들의 상호작용에는 무궁무진하게 다양한 유형들이 나타난다. 어떤 집단성원들은 지도자에게 무력하게 의존하는데, 이때 지도자가 모든 것을 알고 있다고 생각하며, 그럴 수 있는 능력을 가진 존재로 받아들인다.
② 중요한 것은 초년기의 가족 내 갈등이 다시 살아날 뿐만 아니라 이런 갈등들이 교정적으로 다시 살아난다는 점이다.
③ 초기 가족 구성원과 가졌던 부정적 대인관계 패턴과 감정을 해결할 기회를 갖는다.

### (6) 사회화 기술의 발달
① 다른 집단성원들과 사회적 관계를 형성하면서 다양한 사회화 기술을 습득한다.
② 기본적인 사회 기술의 개발인 사회적 학습은 가르칠 기술의 본질과 그 과정의 명료성이 집단치료의 유형에 따라 매우 다양하기는 하지만 모든 집단치료에서 작용하는 치료적 요인이다.

### (7) 모방행동
① 집단치료에서 환자가 자기와 유사한 문제들을 지닌 다른 환자들의 치료를 관찰함으로써 도움을 얻는다는 것은 아주 흔한 사실이다. 이러한 현상은 일반적으로 대리 또는 관찰치료라고 일컫는다.
② 치료 초기에는 동일시할 집단의 고참이나 치료자를 더 필요로 하기 때문에 모방행동은 집단치료의 후기보다는 초기에 더 중요한 역할을 한다.
③ 모방행동이 오래가지는 못할지라도 새로운 행동을 실험할 수 있도록 경직된 개인을 풀어 주고, 결국 이를 통해 적응적 연속순환을 시작할 수 있게 된다.

### (8) 대인관계 학습
① 인간은 상호적인 대인 관계의 결속을 중요하게 여기며 결국 개인은 자기에게 중요한 타인으로부터 나오는 평가에 기초하여 자아, 즉 자기역동을 발달시키는 것이다.
② 집단치료 초기에 목표는 불안이나 우울의 완화로부터 다른 사람들과 의사소통을 배우고, 더 남을 믿고, 정직하며, 사랑하는 법을 배우는 것 등으로 변화한다.

③ 집단성원과의 상호작용을 통해 자신의 대인관계에 대한 통찰과 자신이 원하는 관계 형성에 대한 아이디어를 가질 수 있으며, 대인관계 형성의 새로운 방식을 시험해 볼 수 있다.

### (9) 집단 응집력

① 집단성원들이 집단에 남아 있도록 하는 모든 힘의 합이나, 좀 더 간단히 구성원들이 느끼는 집단의 매력이다.
② 구성원들이 집단에서 따뜻함과 편안함, 소속감을 느끼고 집단을 가치 있게 여긴다. 다른 집단성원들에 의해 자신의 가치를 인정받고, 무조건적 수용과 지지를 받게 되는 집단의 조건을 말한다.
③ 응집력은 집단의 과정이 진행되는 동안 변하는 유동적인 것이다. 집단 응집력은 그 자체로서 하나의 강력한 치료적인 힘일 뿐만 아니라 다른 치료적 요인들이 최상의 기능을 하도록 하기 위한 하나의 필수적인 선행조건이다.

### (10) 정화

① 일단 지지적인 집단 유대가 형성되면 한층 유용한 것으로 집단 과정의 초기보다는 후기에 더욱 가치 있게 평가되었음을 보여준다.
② 정서를 개방적으로 표현하는 것은 집단치료에 절대적으로 필요한 것이다. 정서적 표현이 없다면 집단은 학술적 연습으로 전락하게 될 것이다. 그렇지만 그것은 과정의 한 부분이며 다른 요인들에 의해 보완되어야만 한다.

### (11) 실존적 요인들

① 인생이 때로는 부당하고 공정하지 않다는 것을 인식한다.
② 궁극적으로 인생의 고통이나 죽음은 피할 길이 없음을 인식한다.
③ 내가 아무리 다른 사람과 가깝게 지낸다 할지라도, 여전히 홀로 인생에 맞닥뜨려야 한다는 것을 인식한다.
④ 나의 삶과 죽음에 대한 기본적인 문제들에 직면하고, 그러함으로써 좀 더 솔직하게 나의 삶을 영위하고 사소한 일에 얽매이지 않는다.
⑤ 내가 다른 사람들로부터 아무리 많은 지도와 지지를 받는다 할지라도 내 인생을 살아가는 방식에 대한 궁극적인 책임은 나에게 있다는 점을 알게 된다.

## 9  집단상담자의 역할

집단상담자는 집단이론에 관한 지식, 집단상담에 적용되는 다양한 기법과 전략, 집단상담의 유형에 따른 참여 및 지도경험을 쌓음으로써 일대일의 관계가 아닌 집단의 역동을 치료적 의미에서 활용하는 자신감과 편안함을 가져야 한다.

**(1) 집단상담자의 역할**

① 집단 활동의 시작을 돕는다.
  서로 서먹하고 어떻게 해야 할지 모르는 집단성원들에게 상호작용을 시작하도록 이끌어 준다.
② 집단의 방향을 제시하고 집단 규준의 발달을 돕는다.
  집단상담의 일반적 목적과 목표, 집단의 이론적 접근에 대하여 설명하고, 적당한 규준의 발달과 유지에 도움을 준다.

> *집단규준
> 집단성원들이 그 집단에서 느끼고 행동해야 할 표준으로서 규준은 집단의 목표 달성을 돕고 집단 자체의 유지, 발전을 돕는 역할을 한다.

③ 집단의 분위기 조성을 돕는다.
  집단성원으로 하여금 스스로의 문제를 스스로의 힘으로 해결함으로써 보다 생산적인 인간으로 성장·발달하도록 돕는 분위기를 조성한다.
④ 행동의 모범을 보인다.
  관찰학습·모델링의 효과가 나타난다. 즉, 집단성원들에게 바라는 행동을 집단상담자가 자신이 먼저 시범을 보여서 집단성원들도 그렇게 하도록 돕는다.
⑤ 의사소통 및 상호작용을 촉진한다.
  집단성원들 간에 의사소통의 장애물 발견 및 제거를 돕고 원활한 상호관계를 촉진한다.
⑥ 집단성원을 보호한다.
  집단상담자는 집단성원의 거절할 권리를 인정해 주어야 하며, 집단성원 중 몇 사람 혹은 전원이 한 집단성원에게 부당하게 압력을 가할 때 즉시 개입하여 그 집단성원을 보호해 주어야 한다.
⑦ 집단활동의 종결을 돕는다.
  집단은 정해진 시간에 시작하여 정한 시간에 마쳐야 한다. 그리고 집단 전체의 종결 시에는 집단성원들로 하여금 실제의 삶에 적용하는 데 대한 가능성을 제시해 주어야 한다.

* 집단상담자의 특성(Corey, 1985)

1. 효율적인 집단상담자의 특성
   집단성원들과 정서적으로 함께 하고, 집단성원과의 상호작용 속에서 진실된 모습으로 임하는 용기, 자신을 직면하는 기꺼움, 자기인식, 진실성, 진솔성, 정체성, 집단과정에 대한 신념과 열정, 창의성, 상담자 자신의 심리적 건강, 에너지 수준, 활기 등을 유지할 수 있는 힘, 삶의 중심 유지 능력 등

2. 집단지도자의 기술
   집단의 구성 및 유지, 집단분위기의 조성, 집단규범의 설정, 의사소통 및 상호작용의 촉진, 집단상담의 문제를 윤리적인 자세로 다루기, 집단상담자로서의 모델링, 집단과정의 정확한 이해 및 치료적 활용 등

### (2) 공동지도력(협동상담자)

① 의의
   ㉠ 공동지도력은 두 명이나 또는 그 이상의 집단지도자로 구성하여 집단을 이끌어 가는 것으로, 한 명의 지도자가 주로 집단을 이끄는 역할을 하고 다른 지도자가 보조역할을 할 수도 있고, 집단지도자들의 역할이 동등하게 수행될 수도 있다.
   ㉡ 공동지도력은 이론적 배경이 같고 여러 면에서 상호보완적일수록 좋다.

② 공동지도력의 장점(김종옥 & 권중돈, 1993)
   ㉠ 지도자의 탈진을 예방할 수 있다.
   ㉡ 한 지도자는 과업목표에 치중하고, 다른 한 지도자는 사회정서적 문제에 집중하는 식으로 역할 분담이 가능하다.
   ㉢ 한 지도자가 집단에 참석하지 못할 때 다른 지도자가 집단을 지도할 수 있다.
   ㉣ 공동지도자가 참석해 있으므로 역전이를 어느 정도 방지할 수 있다.
   ㉤ 다른 관점에서 상호작용을 볼 수 있으므로 상호피드백을 통해서 전문적 성장을 가져올 수 있다.
   ㉥ 초심자 훈련에 가장 효과적인 방법이 될 수 있다.
   ㉦ 갈등이 생겼을 때 성원들에게 적절한 갈등해결방법을 보여 줄 모델이 될 수 있다.

③ 공동지도력의 단점(김종옥 & 권중돈, 1993)
   ㉠ 공동지도자 간에 화합을 할 수 없게 되면 호흡이 일치가 안 되며, 서로 다른 목적을 추구하게 되어 집단이 양극화된다.
   ㉡ 두 지도자 사이에 권력다툼, 갈등, 경쟁관계가 발생할 수 있다.
   ㉢ 신뢰나 존경에 근거한 관계가 아닌 경우 상대방의 유능함이나 개입방법을 인정하지 않고 자신의 입장만 고수한다.
   ㉣ 한 지도자가 다른 지도자에 대항하여 집단성원들과 결탁할 수 있다.
   ㉤ 비용이 많이 든다.

## 10　집단상담의 윤리

**(1) 집단에 관한 사전 안내와 동의**
① 집단성원들은 집단상담에 참여할 것을 결정하기 전에 어떤 집단에서 활동하게 될 것인지에 대하여 알 권리가 있다.
② 상담자는 집단의 목적, 기본절차, 참여자들의 수칙, 참여 비용, 집단 참여로 인한 부담요소, 집단지도자의 자격 및 경력 등에 대하여 설명해 주어야 한다.
③ 집단상담 시작 전에 집단에 대한 충분한 설명은 집단성원들이 보다 적극적이고 협조적으로 집단과정에 참여하도록 유도하며, 상담자에 대한 존경과 집단에 대한 신뢰감을 증진시킨다.
④ 청소년 집단상담에서 보호자 또는 법정 대리인의 동의를 얻는 것이 법적으로 규정되어 있는 것은 아니다. 다만, 만 14세 미만의 경우에는 부모 또는 법정 대리인의 동의서를 작성해야 한다.

**(2) 개인정보의 보호**
① 집단성원의 개인정보는 보호받을 권리(비밀보장의 권리)가 있다.
② 집단상담자는 집단활동에 참여를 희망하는 구성원들과의 사전 개별 면담을 통하여 이 문제에 대한 설명을 해야 한다.
③ 집단상담자는 비밀보장을 반복하여 교육할 책임이 있으며, 비밀유지의 한계를 분명히 명시해야 한다.

**(3) 내담자의 이익에 관한 문제**
① 집단상담자는 가능한 한 신체적 위협·협박·강제 그리고 부당한 집단 압력으로부터 부당한 집단 압력이 중단되게 개입하여야 한다.
② 집단성원들은 각자가 집단 참여 과정에 대한 시간을 공정하게 나누어 가질 권리가 있다. 내담자들이 집단 내의 자원을 고루 활용할 수 있는 기회를 보장하고, 특정인이 발언 기회를 독점하지 않도록 해야 한다.
③ 집단참여자들이 연구 활동에 포함될 경우에는 연구에 관련된 정보를 사전에 알려주어야 하며, 개인의 신분이 노출되지 않음을 주지시키고 구성원들의 사전동의를 받아야 한다.
④ 집단성원끼리 집단의 모임 밖에서 사적인 만남이 이루어질 경우, 가급적이면 집단모임에서 이를 보고하도록 설명한다.
⑤ 집단에 참여함으로써 경험하게 될지 모르는 심리적인 부담감에 관해서 사전 혹은 발생단계에서 참여자들에게 알려 주어야 한다.

### (4) 집단지도자의 행동

① 상담자는 중립적이어야 하나 개인의 가치관이 집단과정에 반영될 수도 있다. 특히 집단참여자들의 가치관과 갈등이 발생할 경우에는 상담자 자신의 가치관을 공개하는 것이 중요하다.

② 집단상담자는 익숙하지 않거나 확신이 없는 기법을 집단에 사용하지 않도록 해야 하며, 사용되는 집단 기법이 집단과정을 촉진하고 참여자들의 이익에 부합되는가를 자각하고 확인해야 하며 그 사용 결과에 대한 책임의식을 지녀야 한다.

③ 집단상담자는 집단참여자들과 부적절한 개인적 관계를 갖지 않아야 한다. 상담자의 권위나 전문적 역할을 이용하여 집단원들과 개인적으로 사회적 접촉을 하는 것은 내담자의 복지를 저해하는 것이다.

④ 집단상담자의 윤리적 행동지침
  ㉠ 집단상담자는 기법이 익숙하지 않거나 확신이 없이, 집단과정에 그 기법을 사용하지 말아야 한다.
  ㉡ 집단상담자는 집단참여자들 간에 충분하고 자연스러운 의사교류 및 감정소통을 방해할 수 있는 '게임'이나 '연습'과 같은 기법을 필요 이상으로 집단과정에 투입하지 말아야 한다.
  ㉢ 실제 생활 장면과 갈등적이거나 구성원들의 인지·정서 기능에 부담이 되는 기법을 집단과정에 도입하지 말아야 한다.

### (5) 이중관계

① 상담자는 객관성과 전문성을 지녀야 한다. 이러한 객관성 및 전문성을 저해할 수 있는 내담자와의 이중관계가 형성되어 있는 경우에는 상담을 진행하지 않아야 한다.

② 상담자들은 내담자에 대해 영향력을 가진 지위에 있는 경우가 많고 자칫 내담자로부터 받고 있는 신뢰나 의존성을 이용해서 착취할 가능성이 있기 때문이다.

---

**\* 집단상담전문가 윤리규준이 필요성**
- 서비스 수혜자 보호
- 전문가 보호
- 전문가에 대한 신뢰와 자율성 확보

**\* 집단상담전문가 윤리규준의 쟁점**
- 집단참여에 관련된 쟁점
- 비밀보장과 관련된 쟁점
- 상담관계와 관련된 쟁점
- 상담자의 능력과 관련된 쟁점
- 집단상담에서 경험할 수 있는 심리적 위험과 관련된 쟁점

# Chapter 2
# 집단상담이론

| 1 정신분석적 집단상담

| 2 T-집단(Training Group)

| 3 참만남집단(Encounter Group)

| 4 개인심리학적 집단상담

| 5 형태주의(Gestalt) 집단상담

| 6 합리적·정서적·행동적(REBT) 집단상담

| 7 교류분석적 집단상담

| 8 현실치료적 집단상담

| 9 행동주의적 집단상담

| 10 심리극(Psychodrama)

# 1 정신분석적 집단상담

### (1) 의의 및 특징
① 인생 초기의 경험을 탐색하여 내담자의 무의식에 억압되어 있는 문제의 원인을 파악한다.
② 인간에 관한 두 가지 기본가정인 심적 결정론(psychic determinism)과 무의식의 정신분석 이론이 정신분석적 집단상담의 기본을 이룬다.
③ 자아가 원초아와 초자아의 기능을 조절하여 적절한 균형을 유지하는 건강한 성격 형성에 관심을 갖는다.
④ 어렸을 때부터 생긴 무의식적 동기와 갈등을 자유연상, 해석 등의 기법을 통해 의식화시킴으로써 집단원들의 통찰을 가져오게 돕는다.

### (2) 정신분석이론 주요 개념
① 초기 갈등의 탐색: 집단상담에서 유아기 및 아동기에 뿌리가 있는 것으로 보여지는 미해결된 무의식적 갈등에 초점을 둔다.
② 의식 수준의 확대: 상담자는 현재의 부적응적 행동의 원인이 되고 있는 무의식 갈등을 의식화시키기 위해 내담자의 무의식적 갈등 내용을 해석한다.
③ 성격구조의 재구성(자아의 강화): 행동의 조정자이며 집행자인 자아가 다른 성격구조를 적절히 통합시키지 못할 때 부적응적인 행동이 형성되는 것으로 보고 치료에서는 해석을 통해 자아의 힘과 조정기능을 강화시킨다.
④ 부적응 행동과 치료: 내담자로 하여금 증상 뒤에 숨겨진 갈등의 성격을 이해시키고, 억압된 충동에 대한 자아의 통합적 기능을 강화시키려는 노력을 한다.

### (3) 집단상담의 목적
① 내담자의 성장과 발전을 저해하는 신경증적 갈등을 감소시켜 내담자의 인격적 성숙을 도모하는 것이다.
② 무의식에 억압되어 있는 문제의 원인을 탐색하고 의식화하여 자아기능을 강화한다.
③ 집단과정에서 일어나는 전이분석·자유연상·해석·현실검증을 통해 내담자가 부적응 증상에서 벗어날 수 있도록 자기 내면세계에 대한 통찰을 얻게 한다.

### (4) 집단상담자의 역할
① 집단성원들의 부모와의 전이뿐만 아니라, 집단성원들 간의 상호작용에서 오는 다른 형태의 전이와 대인관계 양식에 초점을 둔다.
② 어린 시절의 경험에 대한 언어화를 통해 통찰을 하도록 돕는다.
③ 정신분석적 상담에서 상담자의 가장 중요한 기능은 해석적인 기능이다.

### (5) 집단상담자의 기능(Slavson)
① 지도적 기능: 집단이 뚜렷한 목적과 결론 없이 지나치게 피상적인 대화에 빠져 있을 때, 밑바닥에 깔려 있는 숨은 주제를 지적하여야 한다.
② 자극적 기능: 집단이 억압, 저항, 정서적 피로, 흥미 상실로 인해 무감각 상태에 빠져 있을 때, 집단이 활기를 되찾을 수 있도록 보다 능동적인 질문을 해야 한다.
③ 확충적 기능: 집단이 상호작용에서 한 영역에 고착되어 있을 때, 이를 벗어날 수 있도록 영역을 확장시켜야 한다.
④ 해석적 기능: 집단성원이 상담자를 어떻게 지각하고 있는가를 살펴 적절한 해석을 실시해야 한다.

### (6) 집단상담기법
① 자유연상법: 집단성원들 중에 한 사람씩 지목하여 모든 집단성원들이 그 사람을 볼 때 마음에 연상되는 것을 자유롭게 이야기하도록 하는 것이다.
② 해석: 집단에서 일어나는 여러 행동의 숨은 의미에 대해서 해석하여 통찰을 하게 한다.

### (7) 집단의 진행단계
① 제1단계: 예비적 개별분석
  ㉠ 집단상담자는 각 내담자와 개별적인 면담을 통해 집단상담에 적합한 자아를 지니고 있는지를 살펴본다.
  ㉡ 현재의 어려움, 집단 참여 목적, 인생에서의 소망, 자신의 장·단점에 대한 신념들을 탐색하여 집단성원의 성격구조에 대한 인식을 갖게 되고, 각 집단성원의 문제에 대한 일차적인 진단을 내린다.
② 제2단계: 꿈과 환상을 통한 촉진관계 정립
  ㉠ 잠자는 동안에는 방어기제가 휴식상태에 들어가면서 평소에 억압되었던 욕망과 감정이 의식의 표면에 떠오르게 된다.
  ㉡ 꿈이나 환상을 이야기하면 꿈속의 주요 소재에 관한 자유연상을 시키고(등장인물, 무대), 이를 토대로 의식하지 못하고 있던 소망 및 충동의 발산기제 등을 해석해 준다.

ⓒ 이렇게 무의식적 자료를 정리함으로써 내담자가 자신의 내면세계와 문제영역에 대해 통찰을 얻도록 도와주는 것이다.

③ 제3단계: 저항의 분석

　　㉠ 상담의 진전을 방해하고 상담자에게 협조하지 않으려는 내담자의 무의식적 행동인 저항을 검토하여 이를 제거한다.

　　㉡ 내담자가 저항하는 이유는 자신의 억압된 충동이 노출되었을 때 느끼게 되는 불안으로부터 자아를 보호하기 위한 것이다.

④ 제4단계: 전이의 분석

　　㉠ 정신분석적 집단상담에서 가장 중요한 것은 전이의 발견, 분석 및 해결하는 것이다.

　　㉡ 집단성원들이 다른 집단성원과 상담자에게 자기의 부모나 형제 및 다른 중요 인물들의 특성을 투사하는 정도를 각 구성원이 깨닫게 하는 것이다.

　　ⓒ 집단상담은 다양한 집단구성원들로 이루어지기 때문에 다면적 전이현상이 유도되어 보다 폭넓은 전이관계가 관찰될 수 있다.

　　㉣ 이 단계를 성공적으로 통과하기 위해서는 상담자 및 다른 구성원들의 해석에 의해 자신의 전이행동에 대한 통찰을 획득하고 전이감정을 해소해야 한다.

⑤ 제5단계: 훈습

　　각 집단성원이 획득한 통찰에 따라 여러 생활 측면에서의 검증과 적절한 행동 변화까지 시도해야 한다.

⑥ 제6단계: 재교육 및 사회적 통합

　　내담자가 현재의 여러 대인관계 기술 및 사회적 능력들을 검토하고 확인하는 것이다.

## 2  T-집단(Training Group)

### (1) 의의 및 특징
① T-집단은 1946년 미국의 레빈(Lewin)에 의해 시작되었다.
② T-집단은 일상생활에서 원만하고 건전한 인간관계를 형성하고 유지할 수 있는 기술을 강조한다.
③ 실습, 결과 분석, 새로운 방안 탐색, 새로운 결정을 내리는 경험적 교육 과정에 중점을 둔다.
④ 집단은 과제 지향적이며 구체적 문제해결에 초점을 둔다.
⑤ 합의된 절차, 특정의 의제, 기대, 지도자 없이 비조직적으로 구성원들이 참여하며, 다른 구성원과 집단에 대한 그들의 지각을 투사하고 스스로의 활동과 상호작용을 평가한다.
⑥ 구성원들은 자신의 집단 참여에의 진전 과정을 관찰하는 방법을 배우며, 집단 내에서 중심적인 역할을 떠맡는 방법도 배우게 된다.

> **\* T-집단이 만들어진 배경**
> T-집단은 1946년 미국의 레빈(Lewin)에 의해 시작되었다. 레빈은 1890년 독일에서 태어났으나 1933년 이후 미국에서 생활하고 그 후에 MIT(Massachusetts Institute of Technology) 교수가 되었으며, 집단치료법의 선구자라고도 한다.
> 그는 긴장 해소를 위해 지도자를 집단으로 양성할 필요를 느끼고 그 일에 착수하였다. 이들을 훈련 집단(training group, T-group)이라고 하는데 당면한 문제를 효과적으로 해결하고 원만치 못한 대인관계를 원활하게 교정하기 위해서 흉금을 털어놓고 대화를 갖는다. 그 결과 상담자나 피상담자가 모두 좋은 경험을 한 것처럼 느끼고 매우 만족해 한다.
> 최초의 T-집단은 레빈의 사망 직후인 1947년에 메인주의 베텔에서 열렸다. 그들은 자기들의 훈련 조직을 내셔널 트레이닝 래보러토리(National Training Laboratory, NTL)라고 말한다. 이 NTL그룹이 먼저 뿌리를 내린 곳은 산업계였고 관리자나 중역들이 대상이 되었다. 인종 간의 긴장을 효과적으로 다룰 수 있는 지도자들을 훈련하는 것으로써 너무나 성공적이어서 유사한 실험 집단이 계속 열렸으며 1950년대 1960년대를 거치면서 사회 교육적인 강조에서 대인관계 상호작용을 더욱더 강조하는 방향으로 움직였다.

### (2) T-집단의 목표(Corey & Corey, 1992)
① 자기-존중감을 증진시키는 것이다.
② 자신의 한계를 받아들이는 것이다.
③ 친밀성을 저해하는 행동을 감소시키는 것이다.
④ 자기 자신과 타인을 신뢰하는 방법을 배우는 것이다.
⑤ 외부의 '압박'과 '부담'으로부터 자유로워지는 것이다.
⑥ 자기-인식을 증가시켜서 선택과 행동 가능성을 증가시키는 것이다.
⑦ 느낌을 가지는 것과 느낌에 따라 행동하는 것의 차이를 배우는 것이다.
⑧ 자신이 바라는 대로 하지 못하게 하는 초기의 부적절한 결정에서 벗어나는 것이다.
⑨ 다른 사람들도 고전분투하고 있다는 것을 인식하는 것이다.

⑩ 자신의 가치를 명료하게 하고 그런 가치를 수정할 것인지, 그리고 수정한다면 어떻게 수정할 것인지를 결정하는 것이다.
⑪ 불확실한 세상에서 선택하는 방법을 배우는 것이다.
⑫ 개인적인 문제를 해결할 방법을 찾아내는 것이다.
⑬ 다른 사람을 배려하는 능력을 증가시키는 것이다.
⑭ 좀 더 개방적이고 정직하게 되는 것이다.
⑮ '지금-여기'의 집단 상황에서 직접적으로 다른 구성원들을 대하는 것이다.
⑯ 다른 사람들을 지지하고 다른 사람들에게 도전하는 것이다.
⑰ 배려 깊고 신중하게 다른 사람들과 직면하는 것이다.
⑱ 자신이 원하는 것을 다른 사람들에게 요청하는 방법을 배우는 것이다.
⑲ 다른 사람들의 욕구와 느낌에 대해 민감해지는 것이다.
⑳ 다른 사람들에게 유용한 피드백을 제공하는 것이다.

### (3) T-집단 학습의 본질적 요소

① 모호성 혹은 사회적 공백상태
  ㉠ T-집단은 분명한 조직, 합의된 절차, 특수한 의제, 미리 정한 기대, 전통적인 의미의 집단 상담자 없이 시작한다.
  ㉡ 모호하고 비조직적인 성질이 참여자들로 하여금 그들 자신, 타인 및 집단에 대한 그들의 지각을 투사하고 스스로의 활동과 상호작용을 평가·측정할 수 있는 기회를 제공해 준다.
② 새로운 행동의 실험
  ㉠ 집단성원으로 하여금 바람직하지 못한 옛 행동을 버리고 새로운 행동을 실험할 수 있는 기회를 준다.
  ㉡ T-집단에서는 이때까지 해 오던 행동(학습방법)이 쓸모없게 되므로 새로운 행동 방식을 발견하는 길을 열어 준다.
③ 허용적 분위기와 심리적 안전감: 집단성원들이 무엇이든 자기가 하고 싶은 새로운 행동을 실험할 수 있게 되려면 모험을 해야 하는데 그러기 위해서는 허용적인 분위기의 조성, 집단성원의 행동에 대한 선악의 판단이 없을 것 등이 요구된다.
④ '여기-지금' 중심의 활동: T-집단은 주로 '여기-지금'의 감정과 행동에 또 지금 이 집단에서 무엇이 일어나고 있는가에 초점을 두고 있다. 그러므로 가능하면 과거의 이야기나 '지금-여기'에 있지 않은 제삼자의 이야기는 하지 않는 것이 좋다.
⑤ 자기 투입과 참여
  ㉠ 집단성원들의 실제 상호작용이 집단성원 자신들에 의하여 관찰되고 분석되므로 집단성원들의 자기투입과 직접 참여 그 자체가 학습을 위한 필수조건이 된다.

    ⓒ 학습하기 위한 방법을 학습하기 위해서 집단성원들 스스로의 몰입이 요구된다.
    ⓒ 집단상담자의 중요한 하나의 역할은 침묵을 지키는 집단성원들로 하여금 자기들의 의견을 집단 앞에 내어 놓도록 격려하는 것이다.
  ⑥ 피드백 주고받기
    ㉠ 피드백이란 상대방의 행동이 나에게 어떤 반응을 일으키는가에 대하여 그 상대에게 직접 이야기해 주는 것을 말한다.
    ㉡ 피드백이 기술적으로 이루어지지 않을 때 상대의 기분을 상하게 할 우려가 있다.
    ㉢ 상대방을 공격하거나 판단하는 태도를 나타내지 않으면서 피드백을 주는 것이 매우 중요하다.
  ⑦ 집단규범의 발달
    ㉠ T-집단이 아무리 비조직적이라고 해도 그 자체의 과정과 내용을 통제할 규준은 발달시켜야 한다.
    ㉡ 집단에서의 규준은 집단 내에서 구성원들이 행동하고 느끼는 데 대한 조직된 공통의 의사에 의한 규범이다.
    ㉢ T-집단의 규준은 집단상담자에 의하여 미리 정해진 것이 아니라 그 집단 내에서 집단성원들에 의하여 서서히 발견되고 채택되는 것이다.
    ㉣ 집단성원에 의한 규준의 발달 그자체가 학습되는 것이다.

### (4) 집단상담자의 역할

T-집단의 상담자는 일반적인 의미의 교사도 아니고, 토의 집단상담자도 아니다. 그는 구체적인 학습 내용은 미리 결정하지도 않고 혹은 집단의 일을 지도하지도 않는다. 그러나 그는 또한 수동적이지도 않고 학습이 이루어지도록 돕기 위한 책임이 없는 것도 아니다. 그는 교사 혹은 집단상담자로서의 분명한 권위를 갖지는 않으나 그렇다고 완전한 하나의 집단성원이 되지도 않는다.

① 학습의 적합한 장면의 구성: T-집단의 주목적이 집단성원들로 하여금 학습하는 방법을 돕는 것이므로 상담자의 할 일은 주로 그와 같은 학습이 일어날 수 있는 분위기를 조성하는 것이다.
② 행동의 모범을 보이기: 상담자는 자기 자신의 행동을 통하여 집단과정을 분석하는 방법, 피드백을 주고받는 법, 각자의 감정과 생각을 표현하는 법, 그리고 어떻게 '여기-지금'의 일들을 취급하는가에 대하여 시범을 보인다.
③ 의사소통의 통로를 열어주기: 상담자는 집단이 의사소통 체계를 발달시키는 데 있어서의 장애 요인을 극복하도록 돕는다. 상담자는 의문을 제기하고, 문제를 명료히 하고, 모든 집단성원의 적극적 참여를 권장함으로써 상호 이해와 일치의 발달을 향한 의사소통의 통로를 여는 데 도움을 줄 수 있다.

④ 조력자, 집단성원, 전문가로서 집단에 참여하기
  ㉠ 특별히 초기 단계에서 T-집단은 모든 책임을 집단상담자에게 지우려는 경향이 있다.
  ㉡ T-집단의 집단상담자는 전통적인 의미의 교사, 집단상담자가 아니다. 그는 오히려 학습경험의 촉진자 혹은 조력자로서의 기능을 하게 되어 있다.
  ㉢ T-집단 모형에서는 모호성과 비조직성에서 기인하는 욕구불만을 집단성원들의 참여와 학습의 수단으로 삼고 '여기-지금'의 직접경험을 학습의 기본요소로 하여 집단성원들이 집단 내에서의 다른 집단성원들의 행동을 관찰하고 피드백을 주며 집단 내에서의 경험을 분석함으로써 개인의 자기성장과 인간관계의 기술을 학습하도록 하려는 것이다.

## 3 참만남집단(Encounter Group)

**(1) 의의 및 특징**
① 실존주의 및 인간주의 철학을 배경으로 발전하였다.
② T-집단의 집단상담자들이 기존이 인간관계 훈련 집단 모델의 한계점을 보완한 것이다.
③ 자신과 타인과의 의미 있는 만남과 접촉을 통해 인간관계에 대한 경험적 통찰과 학습 및 인간의 실존에 대한 자각을 강조한다.
④ '지금-여기'의 경험을 통해 집단성원들의 느낌이나 자각을 중심으로 자유롭고 솔직한 대화가 중요한 집단활동의 기제가 된다.
⑤ 다른 사람과의 상호교류능력을 높이고, 개인의 내적 잠재력을 표출하도록 한다.

**(2) 집단상담의 목표**
집중적인 고도의 친교적인 집단경험을 통해 타인과 더 친근감을 갖고 만날 수 있도록 도움으로써 이러한 집단경험을 통해 개인의 성장과 발전·변화를 목표로 한다.

**(3) 집단상담자의 역할**
① 집단의 과정을 중시한다. 특정한 집단기술보다는 집단과정 그 자체를 중요하게 생각한다.
② '지금-여기'에 초점을 두고 개방성과 솔직성, 직면, 자기노출, 직접적인 정서적 표현을 격려하는 것이 바람직하다.

**(4) 참만남집단의 모형**
① 로저스(Rogers) 모형(인간중심상담)
  ㉠ 내담자 중심의 상담원리를 집단 과정에 적용하여 발전하였다.
  ㉡ 촉진적인 분위기에서는 집단과 집단성원의 잠재적 가능성을 계발 가능하다는 가정을 한다.
  ㉢ 사전에 진행계획이 없다.
  ㉣ 집단상담자는 집단촉진자, 집단활동의 방향설정 돕기, 심리적으로 안정된 분위기 조성, 집단성원 간의 의사소통의 사실적 의미 파악, 참된 자신의 모습으로 피드백, 집단성원 직면, 감정 표출을 원하는 집단원 도와주기 등을 한다.
  ㉤ 집단과정에서 자신의 행위, 가치관에 대해 책임감 부여, 부정적 감정을 포함한 감정과 사고의 솔직한 표현을 중시한다.
  ㉥ 진실성(일치성, 진지성), 무조건 수용, 공감적 이해를 상담자의 기법으로 강조한다.

② 스톨러(Stoller) 모형(마라톤 참만남집단)
  ㉠ 집단훈련의 시간적 집중성을 강조하여 24시간이나 48시간 동안 집중적으로 활동하는 집단이다.
  ㉡ 시간적 집중성과 참가자의 피로가 집단성원이 기존에 지니고 있던 역할가면을 벗겨주어 솔직한 자신을 드러내게 하는 개인발달의 촉진제가 된다고 본다.
  ㉢ 집단상담자는 행동의 모범, 설명을 통해 집단활동을 돕고, 신뢰감을 높일 수 있는 분위기를 조성한다.
③ 슈츠(Schutz) 모형(개방적 참만남집단)
  ㉠ 신체적 느낌과 이완을 통해 개인의 정서적 문제의 해결에 초점을 둔다.
  ㉡ 집단상담자는 행함과 경험을 강조하며 신체를 통해 표현되는 핵심적인 정서 문제를 파악하고 집단성원에게 집중적인 정서적 경험을 제공한다.
  ㉢ 의사소통, 개인의 정화를 촉진하는 기법(심리극, 도형, 신체운동연습, 명상 등)을 사용한다.

## 4 개인심리학적 집단상담

**(1) 의의 및 특징**
① 인간을 사회적 존재로 규정하고 인간 행동은 사회적 맥락에서 발달한다고 가정한다(사회적 관심).
② 인간행동은 목표 지향적이며, 즉각적이고 장기적인 목표를 지닌다.
③ 상담의 목표는 집단상담을 교육과정으로 보고 열등감과 그릇된 생활양식이 발달과정에 대한 이해를 통해 잘못된 생활목표를 변화시켜서 새로운 생활양식을 구성하고 사회적 관심을 가지도록 하는 것이다.

**(2) 집단상담자의 역할**
① 상담관계 설정: 상호존중과 신뢰할 만한 분위기를 조성하고 공동의 목표를 명시한다.
② 역동성 분석과 이해(심리적 진단)
  ㉠ 개인에 관한 행동 자료를 수집한다.
  ㉡ 개인의 주관적 조건과 객관적 조건을 탐색한다.
  ㉢ 집단성원들이 겪는 갈등의 원인에 대한 잠정적인 가설을 세운다.
③ 재교육 실시: 초기 경험에 관한 회상을 한다.

## 5 형태주의(Gestalt) 집단상담

### (1) 의의 및 특징
① '집단 속의 개인상담'으로서 집단성원들 간의 상호작용에 초점을 두기보다는 상담자가 중심이 되어 한 번에 한 집단성원의 문제를 집중적으로 다룬다.
② 집단에서 어떤 활동을 할 것이며 누구와 또 언제 그러한 상호작용이 이루어질 것인가가 대부분 집단상담자에 의해서 결정되고 인도된다.
③ 집단성원의 '지금-여기'의 경험에 중점을 두고 그것에 대한 집단성원의 자각이 이루어지도록 돕는다.
④ '왜'보다는 '어떻게'와 '무엇을'을 더 중요시한다.

### (2) 집단상담자의 역할
① 집단성원 중 한 사람의 문제를 개별적으로 다루고 나서 다른 집단성원의 문제를 다룬다.
② 집단성원들은 집단 속에서 참여적 관찰자이면서 청중이 되도록 한다.
③ 정서를 심화시키기 위한 기법들을 도입함으로써 집단을 구조화한다.
④ 집단성원들의 자기 각성을 위하여 여러 가지 기술·게임·활동 등을 책임지고 계획하고 지도한다.

### (3) 집단상담 기법
① 뜨거운 자리
　㉠ 집단상담자가 설명한 후, 집단성원 중에서 문제의 해결을 희망하는 사람을 집단상담자와 마주 보고 있는 빈자리에 앉으라고 한다.
　㉡ 희망한 집단성원은 자기를 괴롭히는 어떤 구체적인 이야기하고 하고 그 집단성원과 집단상담자 사이에 어떤 결론에 도달했다고 느낄 때까지 그 문제에 대하여 공격적인 상호작용을 한다.
　㉢ 이때의 모든 이야기는 현재의 감정 상태로 고쳐서 하며, 다른 집단성원들은 특별한 허락 없이는 그 집단성원과 집단상담자 간의 상호작용을 방해하지 않는다.
② 차례로 돌아가기
　㉠ 뜨거운 자리에 앉아 있는 집단성원이 다른 집단성원에게 한 사람씩 차례로 돌아가면서 문제에 대한 자신들의 감정이나 행동을 표현하도록 한다.
　㉡ 보통 어떤 집단성원이 모든 집단성원에게 직접 표현해야 할 것 같은 감정을 일반적으로 말로 표현했을 경우 집단상담자는 이 기술을 사용한다.

③ 신체언어: 집단상담자는 집단성원들의 신체적 단서에 유의하고 이를 지적해 줌으로써 개인의 각성을 촉진시킨다.
④ 질문형을 진술형으로 고치기: 흔히 질문이란 혼동된 메시지를 전달하고 정직한 의사소통을 방해하는 경향을 띠고 있으므로 집단상담자는 진정한 의미의 질문과 다른 이유 때문에 이용되는 질문을 구별할 수 있어야 한다.
⑤ 현실검증: 집단상담자는 현실과 내담자가 상상이 다르다는 것을 깨닫게 하여 현실을 자각하도록 한다.

#  합리적·정서적·행동적(REBT) 집단상담

### (1) 의의 및 특징
① 정서적 문제는 비합리적 신념에 기인하는 것이기 때문에 비합리적 신념을 합리적으로 대처하여 정서적 문제를 해결하고자 한다.
② 능동적·지시적·설득적인 방법을 통해 집단성원의 비합리적 사고에 대하여 논박하거나 직접적으로 맞선다.
③ 상담 및 치료과정은 논리적이고 경험적인 사고원리에 의하여 합리적 행동으로 바뀌도록 돕는 것이다.

### (2) 집단상담의 기법
① 인지적 기법: 비합리적인 신념에 대한 논박으로 비합리적인 생각과 합리적인 생각을 구별하도록 지도한다.
② 정서적 기법: 집단성원의 비합리적인 신념에 변화를 가질 수 있도록 역할연기나 시범 보이기 등을 통해 그 역할과 관련된 감정을 자각하고 가치관을 변화하도록 돕는다.
③ 행동적 기법: 집단성원 자신 또는 다른 구성원들에 대한 의식의 변화를 가져올 수 있도록 강화와 처벌, 기술훈련, 집단사회화 기법 등 다양한 행동적 기법을 적용한다.

# 7 교류분석적 집단상담

### (1) 의의 및 특징
① 집단성원들의 각자의 교류양식의 특성을 이해하도록 돕는다.
② 의사소통 훈련을 통해 긍정적인 자아 상태로의 변화를 유도하며, 개별 성원의 건강한 인성발달을 돕는다.
③ 집단성원 각 개인의 부적절한 생활각본을 버리고, 건설적인 생활각본을 지니도록 돕는다.
④ 타인과의 의사소통을 잘하기 위해 자신의 모든 자아 상태를 고르게 활용할 수 있는 능력을 발달하도록 돕는다.

### (2) 교류분석 집단상담자의 역할
① 교사: 교류분석이 무엇인가를 집단구성원에게 가르치는 역할을 한다.
② 분석자: 집단성원의 자아 상태가 적응적으로 기능하는지를 파악하는 역할을 한다.
③ 평가자: 타인과의 교류분석이 적절하게 이루어지는가를 판단하는 역할을 한다.
④ 촉진자: 부적절한 생활각본을 적절한 생활각본으로 재구성할 수 있도록 재결단을 돕는 역할을 한다.

### (3) 집단상담기법
① 구조분석
  ㉠ 과거의 경험에 의해 형성된 자아구조의 혼합이나 배타 현상의 여부를 파악하고 자신의 자아 상태들을 어떻게 확인해야 하는가를 배우게 된다.
  ㉡ 구조분석은 내담자가 어쩔 수 없다고 느끼는 행동유형을 해결하는 데 도움을 준다.
② 의사교류분석
  ㉠ 의사교류분석은 기본적으로 사람들이 자신과 다른 사람에게 무엇을 하며, 무슨 말을 하는가를 묘사하는 것이다.
  ㉡ 의사교류 유형에는 상보적·교차적·이면적 교류 유형이 있다.

③ 게임분석
  ㉠ 게임(game)이란 숨겨져 있기는 하지만 세련된 보상행동으로 보이는 일련의 암시적 혹은 이중적 의사거래이다.
  ㉡ 상담자는 내담자로 하여금 어떤 게임을 하고 있다는 사실을 받아들이고 그 결과를 상상할 수 있는 능력을 갖도록 하는 것이 요구된다.
④ 생활각본분석: 생활각본(script)이란 생의 초기에 있어서 개인이 경험하는 외적 사태들에 대한 자신의 해석을 바탕으로 하여 결정·형성된 반응양상으로서 각 개인의 가장 기본적이고 사적 생활의 결정양식을 말한다.

# 8 현실치료적 집단상담

### (1) 의의 및 특징
① 실존주의적·현상학적 관점으로 접근하는 이론이다.
② 인간은 욕구와 바람을 달성하도록 동기화되어 있고 욕구 충족을 위해 환경을 통제할 수 있다고 가정한다(선택이론/통제이론).
③ 행동하기, 생각하기, 느끼기 그리고 생물학적 행동으로 구성되어 있는 인간행동의 목적을 강조한다.
④ 집단상담의 목표는 집단성원의 바람직한 방법으로 욕구를 달성할 수 있도록 돕는 것이다.

### (2) 집단상담자의 역할과 기능
① 효과적인 집단상담자는 자신의 욕구를 충족시킬 수 있는 책임 있는 사람이어야 한다.
② 효과적인 집단상담자는 정신적으로 강해서 집단성원이 저지른 사고에 대한 동정과 핑계를 통한 호소에 저항할 수 있어야 한다.
③ 효과적인 집단상담자는 집단성원에 대한 수용에 대한 태도를 견지해야 한다.
④ 효과적인 집단상담자는 집단성원을 정서적으로 지지하고 그와 밀접한 유대관계를 맺어야 한다.

### (3) 현실치료의 진행과정(Wubbolding) – WDEP
① W: 바램(wants)
  ㉠ 상담자는 '당신은 무엇을 원하는가?'라는 질문을 한다.
  ㉡ 내담자는 그가 원하는 것, 가지고 있는 것, 얻지 못하고 있는 것을 탐색한다.
② D: 지시와 행동(direction and doing)
  ㉠ 상담자는 내담자가 그의 현재 행동에 초점을 두도록 시도한다.
  ㉡ 내담자가 원하는 것을 가질 수 있는지 관찰하도록 요구한다.
③ E: 평가(evaluation)
  ㉠ 상담자는 내담자가 자신의 행동의 질을 판단하도록 한다.
  ㉡ 상담자는 '실패에 작용하는 것은 무엇인가?', '성공하기 위해 어떤 변화가 있어야 하는가?' 하는 것을 내담자 스스로 결정하도록 돕는다.

④ P: 계획(planning)
  ㉠ 계획은 상담과정의 핵심이며 일종의 교수 단계이다.
  ㉡ 상담자는 내담자가 자신의 실패 행동을 성공적인 것으로 바꾸는 구체적인 방법을 확립하도록 돕는다.

# 9 행동주의적 집단상담

### (1) 의의 및 특징
① 적응 행동과 부적응 행동은 모두 학습된 것이며, 새로운 학습을 통해 수정 가능하다고 본다.
② 적응 행동의 강화와 부적응 행동의 약화를 통해 행동의 바람직한 수정을 도모한다.
③ 집단상담자는 집단성원의 구체적인 문제를 제거하는 동시에 생산적인 행동 및 바람직한 인간관계를 증진하도록 돕는다.
④ 집단성원들의 행동양식과 인지과정이 집단장면에서 검토되고 생산적인 방향으로 수정됨으로써 집단성원들의 사회적 기능을 증진시킨다.
⑤ 행동주의 집단상담은 교육으로 간주되므로 집단상담자는 교사의 역할을 수행한다.

### (2) 집단상담기법
① 행동강화기법: 행동계약, 자기주장훈련, 시범 보이기
② 행동약화기법: 소거, 상반행동 강화, 체계적 둔감법, 심적 포화

## 10 심리극(Psychodrama)

### (1) 의의 및 특징

① 심리극은 1921년 오스트리아의 의사였던 모레노에 의해 시작된 연극을 통한 심리치료이다.
② 심리극은 그 극의 성격에 따라 두 가지로 나누어지는데, 일반적으로 극의 목적이 사회 현상과 문제점을 인식시키는 데에 있다면 '소시오 드라마(socio drama)'라고 부르며, 개인의 내적인 문제에 초점을 맞추면 '사이코 드라마(psycho drama)'라고 부른다.
③ 어떤 역할을 각기 하고 있는 타인들의 도움을 받아 문제 상황을 행동으로 드러내 보이는 활동 과정 중에 자신에 대한 새로운 이해, 새로운 느낌, 새로운 통찰을 얻게 됨으로써 문제를 치료하는 다양한 활동기법이다.
④ 근본적으로 심리극의 이론은 개인의 행동에 대한 자기 자신의 지각을 통해서 혹은 타인의 관찰 및 논평을 통해서 자신에 대해 더 많이 알도록 할 목적으로 자발적인 방식으로 행동하고 생각하고, 느끼도록 하는 시도이다.
⑤ 심리극은 자발성과 행동성을 중시하며, 모임에 참석한 대상 중 한 명이 극의 주인공이 되어 개인의 자아와 내면의 문제에 관하여 살펴보고 이를 좀 더 발전적이고 건설적인 에너지로 바꾸고자 한다.
⑥ 상담치료와는 달리 행동을 함께 함으로써 개인의 행동하고 싶은 욕구를 충족시키고, 말만으로는 할 수 없는 개인의 감정이나 의식을 더 효율적이게 표현할 수 있도록 요구한다.
⑦ 상담치료가 불가능한 언어장애인, 정신질환자, 아동의 심리치료에도 효과적이다.

### (2) 심리극의 구성요소

① 주인공: 심리극의 주인공으로 특정 인물이 고정되어 있는 것이 아니라, 모임에 참석한 사람들 중 상황에 맞게 정해진다.
② 연출가: 심리극 집단의 지도자이자 치료자, 주인공의 심리적 차원을 이해하고, 극적인 분위기를 형성하며 문제해결에 도움을 주게 된다.
③ 보조자아
  ㉠ 주인공의 상대역이다. 주인공과 의미 있는 관계로서 부모, 애인, 형제나 자매, 선생님이 되기도 하고, 환상적인 인물, 신, 동물, 식물이나 의자, 문 등의 무생물도 될 수 있다. 또한 주인공의 변형된 자아가 될 수도 있다.
  ㉡ 보조자아는 자신의 직감에 따라서 행동하는 위험을 감수하기도 하고, 주인공이나 연출가의 지시에 따라 행동하기도 한다.

ⓒ 만약 주인공이 행동에 정정을 요구하면 그 즉시 행동을 바꾸어야 한다.
④ 관객
ⓐ 일반적인 연극의 관객과 달리 이 또한 심리극의 구성요소이다. 관객도 주인공이 될 수 있고, 주인공을 돕는 보조자아로서 연극에 참여할 수도 있다.
ⓑ 극이 끝난 후에 주인공의 극을 본 소감이나 느낌을 솔직하게 표현하며 함께 공유하는 존재이다.
⑤ 무대
ⓐ 전형적인 모형은 3단의 원형으로 되어 있다. 무대에는 발코니와 조명이 있으며, 무대에는 가벼운 소품이 있다.
ⓑ 음악이나 조명은 필수 요소는 아니지만, 극적인 효과에 큰 도움을 준다.
ⓒ 무대는 주인공이 극에 몰입하여 자신의 내면을 쉽게 표현할 수 있도록 도와주는 역할을 한다.

### (3) 심리극의 진행과정

① 준비과정(warming-up): 간단한 게임과 대화로 서로의 긴장을 풀고 친밀감을 쌓는 단계로, 이때 지도자는 주인공을 선정하기도 한다.
② 행동단계: 주인공이 선택되고 지도자의 지시와 주인공의 요구에 따라 극이 진행된다.
③ 공유단계: 극이 끝나고 모임에 참석한 구성원들이 극의 주인공과 느낌이나 감정을 공유하는 단계이다. 이때 구성원 누구도 상대방을 비방하거나 비판해서는 안 된다.

### (4) 심리극의 기법

심리극의 다양한 형태의 기법들은 주인공의 감정을 명료하게 하기 위해서, 정서적인 표현을 강화하고 돕기 위해 사용된다.

① 역할놀이(role playing)
ⓐ 심리극의 가장 기본적인 기법이다.
ⓑ 자기가 위치한 장면에서 어떤 역할을 선택해서 그것을 연기한다.
ⓒ 개인이 자유로이 역할을 창출해서 즉흥적으로 행동하거나 연극적인 역할이나, 특정 상황 속의 역할 등을 연기해 보면서 적응성·창조성·자발성을 발휘하게 된다.

② 자아표현기법(self presentation technique)
ⓐ 자신의 주관과 판단에 의한 자기식의 행위화 기법이다.
ⓑ 자신의 있는 그대로 실생활에서의 역할 및 주변 인물들에 대해 이야기한다.
ⓒ 자기소개로서는 이름, 연령, 가족, 경우에 따라 현재 겪고 있는 문제 제기, 자기 감정 생활 속에 등장하는 모든 사람, 살아있는 사람, 죽은 사람, 일상생활에서 현재 접하고 있는 사람들을 이야기한다.

ㄹ 한 사람 내지 몇 사람의 보조자아와 함께 이 중의 한 장면을 연기한다.
③ 대화법(dialogue)
  ㄱ 자아표현기법의 일종으로 주인공과 보조자아가 대화를 서로 나누면서 연기를 진행해 나간다.
  ㄴ 상호교류로서의 대화는 심리극에서 많이 사용되는 장면으로 두세 사람 사이의 교류가 이루어지며, 단순한 형식으로서의 대화는 일상생활에서의 것과 비슷하다.
  ㄷ 문제의 원인을 찾는 진단의 기초로 이용된다.
④ 독백(soliloquy)
  ㄱ 이 기법은 주인공이 어떤 장면을 연기하고 있으면서 일상적으로 혼자서 말하지 않는 때의 머릿속에 떠오르는 생각이나 느낌을 말하도록 하는 것이다.
  ㄴ 보통 주인공이 자기 자신과 나누는 대화로 방백의 형식으로 표현된다.
  ㄷ 주인공의 숨겨진 생각이나 감정이 말을 통해 드러나게 되어 주인공이 감정을 이해하는 데 도움이 된다.
⑤ 역할전환(role reverse)
  ㄱ 어떤 장면이나 상황에서의 결정적인 순간에 두 사람 사이의 역할을 서로 바꾸게 한다. 그 두 사람이 서로에 대해 더 잘 알고 있을수록 역할을 바꾸기가 쉬워진다.
  ㄴ 역할 바꾸기는 두 사람 사이의 어긋난 태도를 교정하는 데 도움이 된다. 또한 때로 타인의 위치나 역할을 이해할 수 있도록 해서 관계의 개선을 가져오기도 한다.
  ㄷ 이 기법은 심리극의 전반에 걸쳐 사용된다.
⑥ 거울기법(mirroring)
  ㄱ 주인공은 관중석에 앉아 있고 보조자아가 주인공의 역할을 하면서 그 행동방식, 다른 사람의 눈에 비친 모습을 무대 위에서 연기하여 본인에게 보여 준다.
  ㄴ 이 기법의 목적은 남의 눈에는 자신이 사회적으로 어떻게 보이는가를 보여 주는 것과 동시에 그에 따른 반응을 유도하는 데 있다.
⑦ 이중자아(double)
  ㄱ 이 기법에서 보조자아는 주인공의 뒤에 서서 주인공의 또 다른 자아(alter ego)의 역할을 한다.
  ㄴ 주인공의 심리적인 쌍둥이가 되어 그의 내면의 소리로 숨겨진 생각, 관심, 감정 등을 드러내어 주인공이 다시 이것을 충분히 표현할 수 있도록 한다.
  ㄷ 고립된 기분의 주인공에게는 다른 누군가가 자신을 이해하고 있다는 느낌을 주어 주인공의 심리적 경험을 최대한 표출시킬 수 있도록 도와주기도 한다.
  ㄹ 주인공의 감정을 유발시키는 데 가장 효과적인 방법이다.

⑧ 다중자아(multiple double)
  ㉠ 세분화된 이중자아로서 각 보조자아는 주인공의 전인격의 한 부분으로서 연기한다.
  ㉡ 혼자서 감당하기 어려운 상황이나 대상과의 관계가 피상적이고 억압적인 경우, 고립된 감정의 주인공이 압도되어 있는 경우에 이용한다.
⑨ 빈의자기법(empty chair)
  ㉠ 연출자는 빈 의자를 무대 중앙에 놓고 주인공에게 누가 그 의자에 앉아 있는가를 상상해 보며 그가 가장 이야기하고 싶은 사람이나 보고 싶은 사람을 그려 보라고 말한다.
  ㉡ 주인공이 대상을 선택하고 그를 묘사할 수 있으면 주인공에게 그 대상에 대해 마음속에서 하고 싶은 말을 하게 한다.
  ㉢ 주인공이 그 대상에 대한 자신의 감정을 쏟아놓고 나면 주인공으로 하여금 그 대상이 되어 의자에 앉아 자신이 한 말에 대한 대답을 하도록 유도한다.
  ㉣ 이 기법은 심리극의 준비단계에서 사용되며, 주인공의 사고나 느낌을 효과적으로 표현하고 정리할 수 있도록 도와준다.

# Chapter 3
# 집단상담의 실제

| 1 집단역동

| 2 집단상담의 과정

| 3 집단상담의 평가

# 1  집단역동

### (1) 집단역동의 의미
① 하나의 공통장면 또는 환경 내에서 일어나는 복합적이고 상호작용적인 힘이다(Dinkmeyer & Muro, 1979).
② 집단성원들이 목적을 달성하기 위하여 노력할 때 일어나게 되는 상호작용적 힘이다(Shertzer & Stone, 1966).
③ 집단성원들과 집단상담자 사이에 일어나는 상호작용과 에너지의 교환이다(Jacobs, Harvill & Masson, 1994).

### (2) 집단역동의 구성요소
① 의사소통과 상호작용
② 집단규범
③ 집단응집력
④ 사회적 통제
⑤ 집단문화

### (3) 집단역동의 3가지 차원
① 개인심리내적 역동: 개인상담에서 보통 탐색하게 되는 심리적 역동으로 동기, 감정, 방어, 어린시절의 기억 등을 포함한다.
② 대인 간 역동: 집단 안의 두 사람 혹은 그 이상의 사람들 사이의 관계에서 일어나는 역동으로 정서적 반응, 친밀감, 주장, 경계 등을 포함한다.
③ 전체로서의 집단역동: 집단의 발달단계, 집단규범, 집단역할, 대표적 리더십 유형, 희생양 만들기, 집단수준의 저항 등을 포함한다.

### (4) 집단응집력
① 집단응집력이란 집단성원들이 서로 얼마나 잘 어울리며, 서로 이끌리고 있느냐에 관한 것이다.
② 집단성원이 집단에 남아 있기 위하여 활동하는 모든 힘의 산물이다.
③ 집단 내 활동에 전반적인 영향을 미치고 집단의 유지에는 더 큰 영향을 미치는데 집단이 존재하려면 최소한의 응집력이 요구된다.

④ 응집력이 높은 집단의 특성
  ㉠ 자기 자신을 개방하고 자기 탐색에 집중한다.
  ㉡ 고통을 함께 나누며 해결해 나간다.
  ㉢ 자유로운 분위기에서 집단 활동에 적극적으로 동참한다.
  ㉣ 즉각적으로 자신의 느낌과 생각을 표현한다.
  ㉤ 서로 보살피며 있는 그대로 수용해 준다.
  ㉥ 정직한 피드백을 교환한다.
  ㉦ 건강한 유머를 통해 친밀해지고 기쁨을 함께한다.
  ㉧ 깊은 인간관계를 맺는다.
⑤ 응집력이 낮은 집단의 특성: 상호 신뢰감의 부족으로 피상적인 상호작용만을 교환하거나, 부정적인 감정의 표현을 억제하게 되면서 집단의 일체성이나 응집력이 생기기보다는 오히려 분열의 원인이 된다.
⑥ 집단응집력과 관련된 요인
  ㉠ 집단 내 상호작용
    ⓐ 상호작용의 질과 양이 집단의 응집력과 관계있으며, 의사소통의 형태도 응집력에 따라 다르게 나타난다.
    ⓑ 응집력이 낮은 집단의 구성원들은 비교적 독립적으로 행동하고 상대방의 의견을 고려하지 않는 반면, 잘 응집된 집단은 구성원들이 상호협조적이고 친밀하며, 합의에 도달하는 데 매우 적극적이다.
  ㉡ 사회적 영향
    ⓐ 응집된 집단의 구성원들은 집단규준에 동조하며 집단 내의 다른 사람들이 바라는 바에 따라 행동하려는 동기를 가진다.
    ⓑ 즉, 집단성원 간의 사회적 영향을 증진시키고, 그 결과로 집단표준에 대한 동조성이 증가된다.
  ㉢ 집단성원의 만족도: 응집된 집단의 구성원들은 그렇지 않은 경우보다 집단에 대하여 더 만족한다.

### (5) 집단역동에 영향을 미치는 요인들
① 집단성원의 연령: 연령이 증가함에 따라 개인은 타인과 만나는 빈도가 많아지고, 상호작용의 형태는 복잡하고 정교해진다.
② 성별과 집단행동
  ㉠ 집단행동에서도 일반적인 남녀 차이를 볼 수 있다.
  ㉡ 남자: 보다 공격적, 주장적, 지배적, 작업지향적

ⓒ 여자: 보다 수동적, 복종적, 감정적, 인간지향적
③ 집단목적의 명료성: 집단목적과 관련 없는 주제에 초점을 맞추고 작업을 하는 것은 시간과 노력 낭비, 실망과 좌절감을 줄 수 있다.
④ 집단의 크기
  ㉠ 집단이 몇 명으로 구성되는가는 집단의 역동에 영향을 미치므로 집단상담자는 사전에 집단의 크기를 고려해야 한다.
  ㉡ 너무 많은 집단성원으로 구성되는 경우: 여러 집단성원들이 제한된 시간을 나누어야 하므로 개인에게 주어지는 시간이 적은 것에 대해 불만을 나타낼 수 있다.
  ㉢ 집단의 크기가 너무 작은 경우: 집단성원들이 집단참여에 대해 부담을 갖게 되어 지나치게 소극적인 태도를 보이기도 한다.
⑤ 집단회기의 길이
  ㉠ 집단회기의 길이가 지나치게 짧아서 집단성원 개개인이 참여할 수 있는 시간이 부족하다면 집단역동에 부정적인 영향을 미친다.
  ㉡ 보통 한 회기는 1~3시간 정도이다.
⑥ 집단참여동기
  ㉠ 집단 참여가 자발적으로 이루어졌는가 혹은 강제조치에 의해 비자발적으로 이루어졌는가에 따라 집단의 역동은 달라진다.
  ㉡ 집단성원 스스로 필요에 의해 자발적으로 집단에 참여하는 것이 바람직하다.

* 집단역동에 영향을 미치는 요인
- 집단의 배경: 집단의 역사적 배경이나 집단 구성의 특징
- 집단의 참여형태: 자발적 참여인가?, 누구에게 주의를 주는가?, 집단활동의 참여도는?
- 의사소통의 형태: 신뢰할 만하고 솔직하며 진실한가?
- 집단의 응집성: 집단구성원이 하나의 통합된 전체로 묶여 있는 유대감의 정도
- 집단의 분위기: 자유롭고 허용적인 분위기인가?
- 집단행동의 규준: 집단활동과정에서 허용되는 활동규약, 책임감수에 대한 약속
- 집단원들의 사회적 관계 유형: 집단구성원 간의 친밀감과 반감
- 하위집단의 형성: 여러 요인으로 형성되는 하위집단이 집단활동에 미치는 영향
- 주제의 회피: 다루어야만 할 가치를 지닌 대화의 주제를 무의식적으로 회피해 버리는 것
- 지도성의 경쟁: 지도자가 지도성을 나눌 여지를 보이거나 지위가 확립되지 못할 때
- 숨겨진 안건: 집단구성원들이 가진 자신만이 알고 있는 관심사나 문제 또는 고민
- 제안의 묵살: 집단구성원의 안건이 묵살당하면 자신의 건전성에 대한 의심을 할 수 있음
- 신뢰수준: 집단상담의 성패가 좌우되는 요소

## 2 집단상담의 과정

### [1] 집단상담의 준비

#### (1) 집단성원의 선정
집단성원을 선정하는 데 있어서는 성별, 연령, 과거의 배경, 성격 차이 등을 고려해야 한다.

#### (2) 연령과 사회적 성숙도에 있어서는 동질적이 편이 좋으나 성(性)은 발달 수준에 따라 고려하는 것이 좋다.
① 성의 구분
  ㉠ 아동의 경우: 남녀를 따로 모집하는 것이 좋다.
  ㉡ 청소년기 이상의 경우: 남녀가 섞인 집단이 더 바람직하다.
② 연령의 구분
  ㉠ 학생의 경우: 같은 또래끼리 만나는 것을 더 편하게 생각한다.
  ㉡ 성인의 경우: 다양한 연령층이 모임으로써 서로의 경험을 교환할 수 있는 이점이 있다.

#### (3) 상담자가 주의해야 할 사항
① 상담자는 집단성원이 되고자 하는 내담자들을 미리 하나씩 면담하여 집단의 목표에 적절한지를 결정해야 한다.
② 집단성원을 선정할 때에는 개인의 배경과 성격에 주의를 기울여야 한다. 지나치게 공격적이거나 수줍은 사람은 상담집단이 제 기능을 발휘하게 어렵게 만든다.
③ 상담자는 상담집단의 기능이 무엇인지 또 집단성원들에게 무엇을 기대하고 있는지 알려 주어야 한다.
④ 집단상담의 구성원이 될 것인지의 여부는 내담자가 스스로 결정하게 해야 한다.

#### (4) 집단의 규모
① 적절한 집단의 크기는 일반적으로 6~7명에서 10~12명 수준이 보통이다. 때로는 5~8명의 구성원이 바람직한 경우도 있다.
② 집단의 크기가 너무 작으면 내담자들의 상호관계 및 행동범위가 좁아지고 각자가 받는 압력이 너무 커져서 비효율적이다.
③ 집단의 크기가 너무 커지면 내담자들의 일부는 전적으로 참여할 수 없게 되고, 상담자가 각 개인에게 적절한 주의를 기울이지 못하게 된다.

④ 학교나 교정기관, 교회 등에서의 집단지도 프로그램에는 20명 이상이 한 집단에 속하게 된다. 이런 경우 구성원들은 상담경험보다 교육경험을 하게 된다.

### (5) 모임의 빈도
① 집단상담에서는 1주일에 한 번 혹은 두 번 정도 만나는 것이 보통이다.
② 문제의 심각성이나 집단의 목표에 따라 모임의 빈도를 증감시킬 수 있다.
③ 상담시간 사이에 어느 정도 간격을 두는 이유는 상담경험에 대해 생각해 볼 기회를 주기 위한 것이다.

### (6) 소요 시간
집단상담의 적절한 시간량은 모임의 종류 및 모임의 빈도, 내담자의 연령에 따라 달라진다.
① 1주일에 한 번 만나는 집단은 한 시간에서 한 시간 반 정도 지속하는 것이 보통이다.
② 2주일에 한 번 만나는 집단은 한 번에 두 시간 정도가 바람직하다.
③ 청소년의 경우는 한 시간 내지 한 시간 반 정도가 적당하나, 아동의 경우는 20~40분 정도가 적당하다.
④ 학교 장면에서는 학교의 수업시간의 길이와 일치하게 하는 것이 보통이다.
⑤ 연속(마라톤)집단
  ㉠ 연속집단이란 집단상담의 일반적인 시간보다 더 오랫동안 모임을 계속하는 것을 말한다.
  ㉡ 연속집단에서는 한 번에 15~20시간 혹은 그 이상을 계속한다.
  ㉢ 연속집단에서는 구성원 각자가 다른 사람의 생각과 감정을 탐색하고, 서로의 관계를 이해하고, 모험적인 대인관계에 대한 반응양식을 효과적으로 배우게 된다.

---

**\* 집단상담계획서**
1. 집단의 목표
2. 실제적인 고려사항
   - 대상(나이, 성별, 사회적 기능 정도 등)
   - 집단의 규모
   - 구성원 선정 과정
   - 구성원들의 책임과 권리
   - 집단의 회기, 시간, 진행기간
   - 집단의 구조화 정도
3. 평가

## [2] 집단의 형식

### (1) 구조화된 집단과 비구조화된 집단

① 구조화된 집단
- ㉠ 집단에서 이루어질 활동들이 정해져 있어서 집단의 지도자는 계획된 순서에 따라 집단을 운영한다.
- ㉡ 주로 집단훈련에 활용된다.

② 비구조화된 집단
- ㉠ 최소한의 구조(시간·횟수, 집단성원 간에 지켜야 할 윤리적 문제 등)만 부여하고 나머지는 전적으로 집단성원과 상담자가 운영한다.
- ㉡ 주로 상담집단이나 치료집단에 많이 활용된다.

### (2) 폐쇄집단과 개방집단

집단의 목표에 따라 집단의 운영을 폐쇄형으로 할 것인가 혹은 개방형으로 할 것인가를 미리 정해야 한다.

① 폐쇄집단
- ㉠ 폐쇄집단은 상담이 시작될 때 참여했던 사람들로만 끝까지 진행하는 것이다.
- ㉡ 도중에 탈락자가 생겨도 새로운 구성원을 충원하지 않는다.
- ㉢ 대개 학교에서의 집단상담은 폐쇄집단의 형태를 취한다.

② 개방집단
- ㉠ 집단이 허용하는 한도 내에서 새로운 사람을 충원하는 것이다.
- ㉡ 이럴 경우에는 집단성원 간에 의사소통이나 수용, 지지 등이 부족해지고 갈등이 생길 수 있다.
- ㉢ 새로운 구성원을 충원할 때에는 반드시 집단성원 전체가 그 문제를 충분히 논의해야 한다.

## [3] 집단상담의 과정

### (1) 시작단계

① 집단활동을 시작하는 단계로서 조심스럽게 상호 간에 눈치를 보며 탐색하기 시작한다.
② 행동에 대한 불안감과 집단구조에 대한 불확실성, 그리고 집단지도자에 대하여 보다 의존적인 경향을 띠게 되는 것이 이 단계의 특징이다.
③ 집단성원들은 집단의 기본규칙을 알려고 애쓰며, 집단에서의 자신의 역할과 기능을 파악하려고 하는 동시에 우선은 불안한 상태로부터 피하려는 의도에서 집단지도자들에게 의존하는 경향을 나타내어 할 일을 지시해 주는 강력한 지도자를 원하기도 한다.

④ 집단지도자는 집단성원들이 자유롭게 자신의 생각과 감정을 표현하도록 유도하며, 편안한 분위기에서 존중과 공감적 수용의 태도를 학습하도록 도와야 한다.

### (2) 갈등단계

① 이 단계는 집단성원들이 집단장면과 다른 집단원에 대하여 부정적인 정서적 반응을 나타내는 것으로 특징지어진다.
② 이때쯤 집단성원들은 집단의 작용에 대하여 불만을 표시하게 되며, 일이 기대했던 대로 되지 않을 때 욕구불만에 사로잡혀 집단지도자를 공격하고 나중에는 집단성원 상호 간에도 갈등상태에 놓이게 된다. 이와 같은 현상은 집단상담의 성격상 필연적인 것이라고 말할 수 있을 것이다.
③ 일반적으로 사람들은 집단지도자가 시종일관 집단을 조직적으로 지도하리라는 기대를 가지고 집단에 참여한다. 그러나 지도자가 책임을 지지 않고 모든 것이 집단 자체에 맡겨졌을 때 그들은 당황하게 되어 주어진 자유에 대하여 불안을 느끼게 된다. 불안을 해소하려는 방법으로 처음에는 지도자를 원망하고 저항하며 공격하게 된다. 그럼에도 불구하고 지도자가 지도의 책임을 계속 지지 않을 때, 집단은 스스로 문제를 해결하지 않을 수 없게 된다.
④ 집단성원 간에는 여러 가지 상충되는 의견이 나오게 되므로 상호 간에 갈등 또는 책임전가의 현상이 나타난다.
⑤ 집단지도자는 집단성원들의 저항과 방어에 즉각적으로 개입하여 이를 해결하기 위한 지지와 도전을 제공하여야 한다.

### (3) 응집단계

① 갈등의 단계를 넘어서면 집단은 점차로 응집성을 발달시키게 된다. 이제는 부정적인 감정이 극복되고 조화적이고 협력적인 집단분위기가 발전된다.
② 집단성원들은 집단에 대하여 좋은 느낌, 즉 적극적인 관심과 애착을 갖게 되고 집단지도자와 집단과 자신을 동일시하게 된다. 그 결과 상호 간에 신뢰도가 증가되고 집단의 사기가 높아진다.
③ 집단성원들은 집단과정에 보다 깊이 관여할 수 있게 되며, 한층 깊은 수준에서의 자기 노출을 하게 된다.
④ 의사소통, 하위집단 및 역할수행 등 고유한 집단 유형의 발달이 이루어지고 상호 간에 수용이 가능하게 된다.
⑤ 이 단계에서 발달된 응집성은 자기만족과 다른 사람에게 호감을 사려는 경향에서 초래된 것이기 때문에 아직은 생산적이 되지 못한다. 집단지도자나 집단성원들은 상호 간에 친근

감을 느끼고 수용하는 이 단계를 버리고 나아가기가 힘들기 때문에 많은 집단상담은 좀처럼 이 단계를 넘어서기 힘들다.
⑥ 집단지도자는 집단의 상호작용을 촉진하는 동시에 집단성원들이 가지고 있는 성장 의지 및 능력이 발휘될 수 있도록 유도해야 한다.

### (4) 생산단계
① 집단성원들은 갈등에 직면해서도 그것을 취급하는 방법을 학습하여 능동적으로 처리할 수 있게 되었고, 행동에 대한 책임을 질 수 있으며 집단문제 해결의 활동에 참여할 수 있게 되었다. 또한 그들은 다른 사람의 가치관과 행동에 대하여 보다 큰 관용의 태도로 수용할 수도 있게 되었다.
② 개인은 대인 간의 상호작용을 통하여 자신에 대한 깊은 통찰을 얻게 되고, 그 결과 그의 행동을 변화시킬 수 있는 준비도 이루어졌다.
③ 집단성원 상호 간의 유대관계가 강해졌으므로 상호 간의 피드백이나 맞닥뜨림도 가능하게 되었다. 따라서 집단성원 상호 간에 보다 깊은 수준에서 있는 그대로의 피드백과 맞닥뜨림을 할 수 있는 모험을 하게 되고, 상호 간에 깊은 교정적·정서적 경험을 하게 된다.
④ 개인은 진정한 자기이해를 얻게 되고, 행동의 변화를 가져오게 된다.
⑤ 집단지도자는 집단성원들이 보여주는 행동의 의미를 해석해 주어 더욱 깊은 자기탐색이 가능하도록 돕고, 집단성원들의 생각과 감정, 행동의 긍정적인 변화가 실질적인 행동으로 이어질 수 있도록 격려해야 한다.

### (5) 종결단계
① 집단성원이 집단에서 바람직하지 못한 행동을 버리고 새로운 행동형을 학습하므로 소기의 목적을 달성했을 때, 그 집단은 종결의 단계에 이른다.
② 이 단계에 도달하면 집단성원 각자는 자신의 문제를 해결하게 되어 자기 노출이 감소되는 경향을 나타내며, 한편으로는 이제까지 맺어 온 깊은 유대관계에서 분리되어야 하는데 하는 아쉬움으로 착잡한 느낌을 경험하게 된다.
③ 집단지도자가 집단성원들과 함께 진행되어 온 집단과정을 반성해 보는 한편, 실생활 장면에서의 적용에 대해서도 토의하므로 집단의 전 과정을 마무리하게 된다.
④ 집단지도자는 상담의 종결에 따른 집단성원들의 감정을 다루며, 해결되지 못한 문제들을 정리해야 한다. 또한 집단성원들이 집단상담 과정에서 배운 내용들을 일상생활에서 유효하게 적용할 수 있도록 도와야 한다.

### * 집단상담 종결에서 다루어야 할 것

1. 분리감정 다루기
   - 집단성원들이 집단 외부에서도 의미 있는 관계와 자신을 지지해 주는 집단을 형성할 수 있다는 사실을 깨달았다 해도 그들은 이 특별한 모임이 해체되는 것에 대해 여전히 상실감과 슬픔을 느낄 것이다.
   - 응집력이 강한 집단이었다면 집단성원들로 하여금 상담이 끝나가고 있다는 사실과 그 헤어짐으로 인한 슬픔을 직면하도록 상담자가 격려해야 한다. 만약 이런 슬픔을 제대로 다루지 않고 그냥 넘어간다면 집단성원들은 슬픔이나 상실감과 같은 감정을 어떻게 다루는지 배울 수 있는 귀중한 기회를 놓치게 된다.
   - 헤어짐에 대한 그들의 감정을 촉진시키기 위해 상담자는 촉진자(facilitator)로서 상담이 끝나는 것에 대한 자신의 감정을 인식하고 다룰 필요가 있다.
   - 상담자 본인이 슬픔을 제대로 다루지 않고 회피한다면 아마 집단성원들도 똑같이 따라할 것이다.

2. 미해결 문제 다루기
   - 현실적으로 생각해볼 때 탐색을 시도한 문제들이 모두 해결될 수는 없다. 상담기간이 얼마 남지 않았을 때 집단성원들에게 이 사실을 상기시켜 주면 그들은 남은 시간 동안 각자 계획했던 바를 달성하려 할 것이다.
   - 상담자는 종종 다음과 같은 질문을 던진다. "만약 오늘이 상담 마지막 시간이라면 당신의 행동에 대해 어떻게 생각할까요?, 다르게 행동한다면 어떻게 하고 싶나요?" 집단상담을 통해 상담원들은 이러한 문제를 또 다른 집단상담이나 개인상담에서 계속 탐색할 준비를 한다.
   - 성공적인 집단의 지표 가운데 하나는 집단성원들이 이번 상담에만 만족하지 않고 이런 종류의 도움(혹은 다른 의미의 개인적 성장)을 다른 곳에서도 구한다는 것이다.

3. 집단경험 뒤돌아보기
   - 집단성원들에게 자신들이 겪었던 주요한 순간들을 돌아보게 하는 방법 중의 하나는 잠시 동안 그들이 함께 나눴던 순간들을 떠올리게 하는 것이다.
   - 집단상담에 처음 왔을 때 느꼈던 감정을 되새겨보고 특별했던 사건을 회상하게 한다. 각 집단성원들이 "~했을 때가 생각나요."라는 말을 꺼내도록 유도한다.
   - 친밀감과 온정, 유머, 즐거움을 느꼈던 순간뿐 아니라 갈등과 고통스러웠던 순간까지 돌아보게 함으로써 집단상담에서 겪었던 일을 전체적으로 조망할 수 있게 된다.

4. 배운 것을 실생활에 옮기는 지침
   - 집단상담은 목표가 아니라 하나의 수단이라는 것을 인식하라.
   - 변화는 천천히 눈에 띄지 않게 일어난다는 사실을 깨달아라.
   - 한 번의 집단상담만으로 인생이 달라지기를 기대하지 말라.
   - 자신이 깨달은 사실을 어떻게 할 것인지 결정하라.
   - 스스로 생각하라.

## * 코리(Corey)의 집단상담자의 과제

코리(Corey)의 집단상담 과정: 초기 단계 → 과도기 단계 → 작업 단계 → 종결 단계

1. 초기 단계의 집단상담자의 과제
    - 적극적인 집단 참여 방법 교육하기
    - 기본 규칙과 규범 형성하기
    - 집단과정의 기초 교육하기
    - 집단원의 두려움과 기대를 표현하도록 북돋워 신뢰감 형성하기
    - 치료적 행동의 촉진적 차원에서 모범이 되기
    - 집단원과 열린 마음으로 함께 머물기
    - 책임 분할을 명확하게 하기
    - 집단원들의 구체적인 개인 목표 설정을 돕기
    - 집단원들의 걱정과 의문을 공개적으로 다루기
    - 적극적 경청, 반응하기 등과 같은 대인관계 기술을 교육하기
    - 집단원들의 생각이나 느낌을 나누도록 돕기

2. 과도기 단계의 집단상담자의 과제
    - 갈등 상황을 인식하고 다루는 것의 가치를 집단원들에게 교육하기
    - 집단원들이 자신의 특성과 방어기제를 인식하도록 돕기
    - 집단원들의 저항을 존중하고, 다양한 저항을 건설적으로 다루도록 돕기
    - 상담자에 대한 도전을 직접적이고 실질적으로 다룸으로써 집단원들에게 모델링하기
    - 집단원의 문제행동 다루기
    - 집단원들이 상호 의존적이면서 독립적이도록 돕기
    - '지금-여기'와 관련된 반응을 표현하도록 격려하기

3 작업 단계의 집단상담자의 과제
    - 적절한 행동 모델 보이기
    - 지지와 직면 사이의 균형 유지하기
    - 위험을 감수하려는 집단원을 지지하고, 일상생활에 적용하도록 돕기
    - 행동 패턴의 의미를 설명하여 집단원의 자기탐색 촉진 및 다른 행동 방식을 고려하도록 돕기
    - 집단원들이 작업에 집중하고 원하는 것을 분명히 요구하도록 돕기
    - 보편적인 주제를 탐색하여 여러 집단원이 작업에 연관되도록 하기
    - 통찰을 행동으로 실행하도록 격려하기
    - 응집력을 높이는 행동을 장려하기
    - 집단원들이 생각·감정·행동에서 변화할 수 있도록 개입하기

4. 종결 단계의 집단상담자의 과제
    - 종결에 따른 감정을 잘 다스리도록 돕기
    - 집단원들에게 자기표현의 기회 주기
    - 집단원들의 변화를 강화하기
    - 집단원들이 집단에서 습득한 기술을 일상에 적용하도록 돕기
    - 집단원이 과제를 실천하도록 돕기
    - 집단원들이 집단에서 깨달은 사실을 잊지 않도록 돕기
    - 집단상담 후에도 비밀을 유지하도록 당부하기
    - 집단상담의 효과 평가하기

## [4] 집단에서의 저항

저항은 집단운영에 방해될 수도 있지만 그것을 잘 활용하면 매우 효과적일 수도 있다.

### (1) 침묵

집단에서의 침묵은 상담자에 대한 불만, 타 집단성원이나 상담자의 반응에 대한 불만, 집단에 제시된 정보나 자료에 대한 각 개인의 처리과정 등이 될 수도 있다. 상담자는 침묵의 의미를 정확히 파악하고 반영이나 해석 등을 통해 명료화시키는 것이 필요하다.

### (2) 독점

한 사람이 타인의 이야기를 듣지 않고 자신의 이야기만 하거나 집단을 주도하는 것을 의미한다.

### (3) 지나친 의존

집단 초기에 집단성원은 상담자가 자신들에게 무엇인가를 지시하고 문제를 해결해 주기를 기대하는 현상이 자주 나타난다.

### (4) 집단의 양립화나 소집단화

집단이 두 개 또는 그 이상으로 분리되어 집단 전체적인 역동이 이루어지지 않고 소집단별로 전체와는 다른 주제에 대해 이야기하거나 때에 따라서는 전혀 집단에 참여하지 않고 침묵하기도 하는 현상이다.

### (5) 주지화

① 집단에서 자신의 내면적인 세계를 개방하기보다는 지적인 토론을 벌이는 현상이다.
② 집단성원 개인의 불안, 자아에 대한 위협, 불편한 감정과 충동 등을 억누르기 위해 이와 관련된 감정을 직접 경험하는 대신 궤변이나 분석적 사고와 같은 인지과정을 통해 해소하려고 노력하는 적응기제로 감정에 저항하는 일종의 자아방어의 형태이다.

### (6) 역사가 출현

집단에서 옛날에 일어났던 일 또는 떠난 사람에 대해 이야기하는 것 등이다.

### (7) 지도자와 동일시

특정 집단성원이 상담자의 역할을 맡아 다른 집단성원에게 질문하고 충고하는 현상이다.

### (8) 소극적 참여
① 집단에서 침묵으로 일관하거나 철수행동을 보이는 등 집단활동에 미온적인 태도를 보이는 것이다.
② 소극적 참여, 침묵 역시 행동으로서 '여기-지금'의 의미 있는 경험이며 대인관계 형성방식이다.
③ 피드백을 통해 집단원을 집단작업에 적극적으로 끌어들여야 한다.

### (9) 습관적 불평
거의 매 회기마다 집단, 집단상담자 혹은 다른 집단성원에 대해 불평불만을 늘어놓는 것이다.

### (10) 일시적 구원
타인의 고통을 지켜보는 것이 어려워 이를 사전에 봉쇄하기 위한 일종의 가식적 지지행위를 말한다. '반창고 붙이기', '상처 싸매기'로도 불린다.

### (11) 사실적 이야기 늘어놓기
느낌이나 생각을 말하기보다 과거 사건에 관하여 사실 중심의 이야기를 두서없이 늘어놓는 행위이다.

### (12) 질문공세
다른 집단성원이 질문에 대한 대답을 하기도 전에 연속해서 질문을 퍼붓는 행위이다.

### (13) 충고 일삼기
다른 집단성원에게 인지적 요구, 즉 해야 할 것과 하지 말아야 할 것을 반복적으로 일러주는 행위이다.

### (14) 적대적 태도
내면에 누적된 부정적인 감정을 직간접적인 방식으로 집단상담자나 다른 집단성원들에게 표출하는 행위이다.

### (15) 의존적 자세
집단상담자나 다른 집단성원들이 자신을 보살피고 자신에 관한 사안을 대신 결정해 줄 것으로 기대하는 듯한 행동과 태도로 도움을 구하지만 어떤 도움도 받아들이지 않고 실행하지 않는 특징이 있다.

### (16) 우월한 태도
자신의 능력이 탁월하거나 도덕적인 사람처럼 행동하면서 다른 집단성원들의 행동에 대해 판단하거나 비평하며 비판적인 태도로 일관하는 특징이 있다.

### (17) 감정화
인지적이고 이성적인 면은 외면하고 전적으로 감정에 초점을 맞추고 감정적으로 처리하여 집단의 흐름을 저해하는 특징이 있다.

## [5] 집단상담의 기법

### (1) 자기노출하기
집단상담자가 집단성원에게 자신에 대한 주관적인 정보를 노출함으로써 유사성과 친근감을 전달한다.

### (2) 피드백 주고받기
① 타인의 행동에 대한 자신의 반응을 상호 간에 솔직하게 이야기 하는 것이다.
② 피드백을 주고받을 때 유의점
  ㉠ 사실적으로 진술을 하되, 가치판단을 하거나 변화를 강요하지 않아야 한다.
  ㉡ 구체적으로 관찰 가능한 행동에 대하여 그 행동이 일어난 직후에 피드백을 해 줄 때 효과적이다.
  ㉢ 변화 가능한 행동에 대해서 피드백을 하고, 가능한 대안까지 마련해서 제시하는 것이 바람직하다.
  ㉣ 한 사람에게서보다는 집단의 여러 성원들에게서 온 피드백이 더욱 효과적이다.

### (3) 행동을 제한하기
① 집단상담자는 집단성원의 비생산적인 행동에 대해 적절하게 제한하는 것이다.
② 집단성원의 행동을 제한해야 하는 경우
  ㉠ 계속적인 질문공세만을 펼치는 경우
  ㉡ 제3자에 대한 험담을 하는 경우
  ㉢ 집단 외부의 이야기를 길게 늘어놓는 경우
  ㉣ 다른 집단성원의 사적인 비밀을 캐내려고 강요하는 경우

### (4) 촉진하기

집단성원들 간의 의사소통의 장애요소를 제거하며, 보다 개방적인 자세로 자신을 표현하도록 유도한다.

### (5) 관심 기울이기

집단성원에게 전적인 관심을 표명하면서 간단한 말이나 동작으로 즉각적인 반응을 보이는 것으로, 관심을 보이고자 하는 몸짓과 얼굴표정이 중요하다.

### (6) 명료화하기

집단성원들의 정리되지 않은 감정과 생각으로 인해 문제에 포함되어 있는 혼돈과 갈등적인 느낌을 가려 내여 분명하게 해 준다.

### (7) 직면하기

집단성원의 말이나 행동이 일치하지 않거나 모순점이 있을 때, 집단성원이 미처 깨닫지 못하거나 인정하기를 거부하는 측면을 지적해 준다.

### (8) 공감적 반응하기

집단성원이 수용적이고 신뢰감 있는 느낌을 가지도록 적절히 반응한다.

### (9) 경청하기

집단성원의 말은 물론 잠재적인 감정에도 주목한다.

### (10) 반영하기

집단성원의 행동이나 말, 주요 감정을 다른 참신한 말로 바꿔준다.

### (11) 요약하기

집단성원의 감정이나 생각, 그가 한 이야기 등을 전체적으로 묶어 간략하게 정리한다.

### (12) 연결짓기

한 집단성원의 말과 행동을 다른 집단성원의 관심과 연결한다.

(13) 마음으로 지지해 주기

집단성원이 위기에 직면해 있거나 미지의 행동을 모험적으로 할 때, 바람직하지 못한 행동을 고치고자 노력할 때 이를 민첩하게 감지하고 마음의 지지를 해 준다.

(14) 해석하기

집단성원들이 자신의 문제를 새롭게 바라볼 수 있도록 행동·사고·감정에 대해 새로운 의미를 부연하거나 설명한다.

## [6] 집단상담 과정에서 집단상담자가 흔히 범하기 쉬운 문제행동

(1) 지나친 개입

① 집단상담 과정에서 집단성원들의 진술이나 행동에 대해 일일이 반응하는 것이 지나친 개입이다.
② 집단성원들이 자연스럽게 자신의 감정을 표현하고 다른 집단성원들과 자유롭게 상호작용할 수 있도록 분위기를 조성하는 것이 집단상담자에게 기대되는 역할이다.

(2) 방어적 태도

① 집단상담자들이 힘들어 하는 것들 중 하나가 집단성원들의 비판, 평가, 부정적인 반응이다.
② 집단상담자는 비판적인 태도나 부정적인 반응을 보이는 집단성원을 건설적으로 대하는 방법을 마련하면 오히려 치료적 작업을 위한 중요한 기회가 된다.
③ 집단상담자는 집단성원들이 흔히 다른 사람들의 행동에 대해 보이는 반응을 나타내기보다 자신의 내면에서 일어나는 감정, 사고, 심상 등을 토대로 집단성원들의 상위 의사소통의 의미를 면밀하게 검토해 본다.

(3) 폐쇄적 태도

① 폐쇄적 태도란 집단과정에서 집단상담자 자신의 반응을 최소화하려는 경향성을 말한다.
② 집단상담자의 폐쇄적 태도는 집단성원들의 자기개방을 저해하고 자기개방 수준에도 직간접적으로 영향을 미치게 된다.

(4) 과도한 자기개방

① 집단상담자의 특정 집단의 특정 시기에 주어진 역할에 합당한 투명성은 집단성원들의 자기개방을 촉진한다.
② 집단상담자의 '여기-지금' 경험에 대한 투명성은 집단성원들의 자기개방을 촉진하며 특정 집단의 특정 시기에 주어진 역할에 합당해야 한다. 집단 성과를 떨어뜨리는 감정 표출을 자제해야 하는 것을 의미한다.

③ 집단상담자는 역할과 기능에서 집단성원과 구분되어야 한다. 집단상담자는 집단성원들 간의 상호작용을 촉진하고, 집단 초점을 설정·유지·이동·심화하는 등 전문가로서의 임무를 수행해야 하기 때문이다.

## [7] 집단규범 형성을 위한 상담자의 과제

### (1) 자기공개의 격려
바람직한 행동 변화를 위해 집단행동에 관한 구조를 제시하거나 약간의 개념적 설명을 함으로써 집단성원들이 좀 더 적극적으로 자기공개를 하도록 계속적인 지지와 격려한다.

### (2) 솔직하고 자연스러운 언행의 촉진
느낀 감정을 솔직히, 직선적으로 표현하는 것이 기대되는 행동규범을 만든다.

### (3) 상호이해적 태도의 촉진
내담자에 대한 공감적인 이해반응을 함으로써 구성원들의 상호이해적 태도를 촉진한다.

### (4) 비생산적인 행동에 대한 개입
① 구성원들 서로가 의미 있는 도움을 주고 있다고 인정할 때 집단에서는 생산적인 변화가 일어난다.
② 상담자에게 의존하는 것, 침묵, 자기고백의 강요, 화제의 독점, 피상적 화제의 지속 등은 억제하고 제지해야 한다.

### (5) '지금-여기'에 직면시키기
① 집단상담은 '지금-여기(here and now)'에서 자신이 느낀 감정을 자유롭게 표현하도록 하는 것이다.
② 다른 집단성원, 상담자 또는 집단에 대한 그들의 느낌을 자유롭게 표현하는 것이다.
③ 자신이 느낀 감정이나 신념에 직면함으로써 자기 내면세계의 비합리성을 자각하도록 하는 것이다.

# 3  집단상담의 평가

집단상담의 전 과정이나 혹은 한 번의 모임이 끝나기 전에 그 결과에 대하여 평가하는 것이 매우 중요하다. 집단상담의 평가란 집단활동을 통하여 어느 정도의 목표가 달성되었으며, 얼마만큼의 진전이 이루어졌는가에 대하여 알아보는 과정이다. 전 집단과정이나 한 번의 모임에 대하여 집단성원들이 어떻게 느끼며 어떻게 생각하고 있는지에 대하여 상호 간에 솔직한 의견교환을 할 때, 지금까지 인식하지 못한 여러 가지 장점 및 문제점들을 발견하게 됨은 물론 보다 효과적인 방법의 개선에도 많은 도움을 얻게 될 것이다.

### (1) 집단평가의 기회

집단평가는 언제, 어느 정도의 시간 길이로 하는 것이 좋으며, 또한 전 상담 기간 중에 몇 번 정도 하는 것이 바람직하겠는가? 물론 집단의 성격과 지도자의 지도방향에 따라 차이가 나겠으나 대체로 다음과 같이 할 수 있다.

① 매 회기 끝날 무렵
　㉠ 모임의 전체 길이가 2시간 정도 될 경우, 약 15분 정도의 시간을 평가에 할애할 수 있다.
　㉡ 지도자 자신이 솔선하여 모범을 보일 수도 있고 혹은 적당하다고 보이는 한 집단성원을 지적하여 시작하게 할 수도 있으며, 때로는 자유의사에 맡기기도 하고, 차례로 돌아가면서 하게 할 수도 있다.
　㉢ 모임이 끝날 때마다 하는 평가는 주로 집단과정에 강조점을 두고 할 수도 있으나 특정 개인들의 행동에 대하여 해도 무방하다.

② 집단기간의 중간
　㉠ 매번의 모임이 끝날 때, 그날의 집단경험에 대하여 하는 평가에 추가하여 전체 집단과정의 중간에 완전히 한 번의 모임을 떼어서 평가에 활용할 필요가 있다.
　㉡ 그동안의 집단의 역학적 과정에 대한 평가도 할 수 있으나, 이때는 주로 집단원의 개인적 행동면에 치중하는 것이 보다 바람직하다.
　㉢ 사전에 평가의 시기를 정하고 모든 집단성원으로 하여금 미리 준비하도록 해야 한다.
　㉣ 질문지나 평정척도를 사용해도 좋고, 자유기술 형식을 취해도 좋으나 각 집단성원은 지도자까지 포함한 모든 집단성원의 행동 특징이나 변화에 대하여 기록한 평가서를 써오게 한다.
　㉤ 모든 집단성원이 돌아가면서 한 사람씩을 대상으로 하여 집중적으로 피드백을 해 준다.
　㉥ 이와 같은 경험을 통하여 집단성원은 자신에 대하여 깊은 통찰을 얻게 되며 막연하게 느끼고 있던 행동에 대하여 분명한 이해를 하게 된다.

③ 집단상담의 종결 시
　㉠ 집단상담의 전 과정이 끝날 무렵에 한 번 혹은 두 번의 모임을 할애하여 집단상담의 전체 경험에 관하여 평가를 해야 한다.
　㉡ 집단경험 전반에 대한 집단성원의 반응을 다루는 것과 각 집단성원의 행동목표의 달성도에 관하여 평가하는 두 가지 부분이 포함된다.
　㉢ 개인의 행동목표의 성취 여부를 평가하기 위해서는 먼저 각 집단성원으로 하여금 집단상담 결과 보고서를 작성하게 한다. 집단이 시작될 때, 각자가 작성했던 행동목표서에 비추어 어느 정도 각각의 목표를 달성했으며, 혹시 달성하지 못한 부분이 있으면 그 이유를 쓰고 앞으로 계속 노력할 계획서를 상세히 쓰도록 한다.
　㉣ 가능하면 미리 품등척도 같은 것을 만들어 배부하고, 모든 집단성원이 평정을 한 후 그 자료에 입각하여 상호 간에 피드백을 주고받는 것이 더 바람직하다.
　㉤ 집단지도자는 정직한 평가가 이루어질 수 있는 분위기를 만드는 데 유의해야 할 것이다.
④ 추후평가
　㉠ 집단상담의 전 과정이 끝나고 2~3개월이 지난 후에 한 번쯤 모든 집단성원을 불러 모아 추후평가를 갖는 것도 매우 의미가 있다.
　㉡ 집단경험이 일상생활에 어떤 결과를 초래하고 있는지, 그때의 변화가 어느 정도 계속되고 있으며, 그래서 집단상담의 효과가 어느 정도인지 등에 대하여 평가해 볼 수 있다.
　㉢ 어떤 부작용이나 문제점이 있다면 이에 대한 해결책도 모색해야 할 것이다.

### (2) 집단평가의 방법
① 공개토의 방식
　㉠ 사전에 특별한 준비 없이 집단과정에 대해서나 혹은 집단성원 간의 상호작용에 대하여 느끼거나 생각하는 바를 솔직하게 털어 놓고 의견을 교환하는 공개토의 방법이 있다.
　㉡ 언제 어디서나 별 준비 없이 실시할 수 있기 때문에 편리하다는 장점은 있으나 평가해야 할 규준이 불분명하여 일관성과 체계성을 상실할 우려가 많고 흔히 시간을 낭비할 위험도 많다.
② 측정도구를 이용하는 방법
　㉠ 간단하면서도 무기명으로 답할 수 있는 질문지나 평정척도를 사용하여 다른 방법으로는 얻을 수 없는 여러 가지 정보를 쉽게 얻을 수가 있다.
　㉡ 모든 집단성원이 각기 질문지나 체크리스트에 응답을 했으면 이를 모아서 섞은 후에 다시 배부한다. 각 집단성원은 다른 사람의 응답지를 받아 들고 차례로 집단 앞에 그 결과를 보고하고 토의한다.

**(3) 집단평가의 내용**

① 집단 자체에 관계되는 평가내용(Jenkins, 1961)

㉠ 목표지향적인 방향성: 집단이 어느 정도로 목표를 향하여 전진하고 있는가? 주제나 정규과정에서 이탈되거나 우와좌왕하고 있지는 않는가?

㉡ 집단토의나 활동의 성취도: 집단은 문제를 진단하는 단계에 있는가? 해결책을 모색하고 있는가? 아니면 최종의 결정을 내릴 단계에 이르렀는가?

㉢ 성취 혹은 진전의 속도: 집단은 적절한 속도로 효율적인 토의나 활동을 해 나가고 있는가? 아니면 지지부진 상태에서 혼란을 겪고 있는가?

㉣ 집단 자원의 활용도: 집단이 가지고 있는 가능성, 즉 모든 집단성원의 창의적인 능력을 문제해결에 충분히 활용하고 있는가? 혹은 절반 정도나 몇 사람 밖에 활용하지 못하고 있는가?

㉤ 집단활동의 개선책: 보다 생산적인 집단활동이 되기 위해서는 어떤 면의 개선이 필요할 것인가? 어떻게 하면 모든 집단성원이 각기의 능력을 발휘하면서 함께 일할 수 있겠는가?

> **\* 집단과정에 대한 평가의 내용(Jackson, 1969)**
> - 의사소통은 자유롭고 자발적이었는가 아니면 강제적이었는가?
> - 집단의 목적이 자체의 기능화에 있었는가?
> - 집단과정을 위하여 집단성원들은 책임을 분담했는가?
> - 집단은 응집성이 있었는가?
> - 집단은 어느 정도로 명백하게 사고했고 정보를 쾌히 수용했는가?
> - 집단은 피로와 긴장감으로 끝마쳤는가 아니면 이완과 수용의 느낌으로 마쳤는가?
> - 집단은 어느 정도로 자기평가를 위한 책임을 받아들였는가?
> - 지도자나 자원인사에 대한 집단의 태도는 어떠했는가?
> - 집단성원들은 어느 정도로 상호 간의 역할행동을 지각하고 이에 반응하는 능력을 발전시켰는가?
> - 집단은 어느 정도로 통찰력을 발달시키고 창조적인 행동을 할 수 있었는가?

② 집단성원 개인의 성장에 관한 평가

㉠ 집단과업 성취를 돕는 역할 행동이 있었는가?

㉡ 집단의 유지·발전을 돕는 역할 행동이 있었는가?

㉢ 개인의 욕구 충족을 위한 역할 행동이 있었는가?

# Chapter 4
# 집단의 리더십

| 1 리더십(지도성)

| 2 지도성 연구의 접근방법

# 1 리더십(지도성)

### (1) 지도성의 개념
① 베니스(Bennis): 지도성이란 타인을 자기가 바라는 대로 행동하도록 유도하는 과정이다.
② 피들러(Fiedler): 지도성이란 지도자가 그의 집단 구성원들의 일을 지시하고 조정하는 과정에 종사하는 특정한 행위이다.
③ 카츠(Katz)와 칸(Kahn): 지도성의 본질은 조직의 일상적인 지시에 기계적으로 복종하도록 집단의 활동에 영향을 주는 과정이다.
④ 리팜(J. M. Lipham): 지도성은 새로운 구조를 창안하거나 조직의 목적과 목표를 달성 혹은 변화시키는 절차이다.
⑤ 일반적 개념: 지도성이란 조직의 목적을 효율적으로 달성하기 위하여 조직 구성원들의 협동적 노력을 유도하고 촉진하는 기술 또는 영향력을 의미한다.

### (2) 지도성의 범주
① 형식적 구성요소
  ㉠ 지도자: 자신의 외부에 영향력을 행사하고 지식과 경험을 토대로 조직을 관리·운영하며, 조직의 미래에 대한 비전을 제시한다.
  ㉡ 추종자: 지도자의 지시에 따라 역할을 수행하는 수동적인 존재가 아닌 지도자의 파트너로서 역할을 주도적으로 수행하는 능동적인 존재이다.
  ㉢ 환경: 리더십이 발휘되는 맥락에 해당한다.
② 실질적 내용
  ㉠ 비전: 집단이나 조직의 미래에 대한 그림이자 전망이다.
  ㉡ 목표: 비전의 실현을 위한 구체적인 도달점에 해당된다. 목표는 구체적·객관적이어야 하며, 유의미한 것이어야 한다.
  ㉢ 전략: 비전과 목표에 도달하기 위한 방법이다.

---

* 지도성의 요소
- 지속성
- 타협성
- 창의성
- 관대성
- 시간관리

## 2 지도성 연구의 접근방법

**(1) 특성 이론**
① 초기 지도성 연구의 접근방법으로, 지도자가 가진 특성을 중심으로 지도성을 연구하는 심리학적 접근방법이다.
② 특성론자들은 이 세상에는 지도자와 추종자로 구분될 수 있는 두 종류의 사람들이 있어서, 지도자는 추종자가 소유하고 있지 않은 특성을 가지고 있고, 그러한 특성을 소유하고 있는 지도자는 어느 집단이나 상황에서도 유능한 지도자가 될 수 있다고 가정하였다.
③ 지도자의 자질과 특성을 연구한 사람들은 각기 다양한 지도자의 특성을 제시하고 있는데, 이들이 제시한 지도자의 특성은 성실성, 용기, 상상력, 신뢰성, 통찰력, 지능, 주도성, 사교성 등이다.
④ 지도자는 어떤 특성을 구비해야 한다고 보고 그것을 구비한 자는 어떤 집단이나 상황 아래서도 지도자가 된다고 보는 입장이다.

**(2) 행동과학적 접근(행동 이론)**
① 지도자가 어떤 특성을 가지고 있느냐에 관심을 가지기보다는 지도자가 나타내는 행동을 연구한다.
② 아이오와 대학의 지도성 연구: 레빈(Lewin), 리피트(Lippit), 화이트(White)는 지도자의 행위유형이 집단의 태도와 생산성에 미치는 영향을 분석하여 지도성 유형을 전제형·민주형·자유방임형으로 분류하였다.
  ㉠ 전제형 지도성: 조직의 정책, 목표, 과제 등의 중요한 결정과정에 구성원들을 참여시키지 않고 지도자가 독단적으로 의사결정을 하는 지도성이다.
  ㉡ 민주형 지도성: 조직의 정책·목표·과제 등의 중요한 결정과정에 구성원들의 자발적인 참여에 의한 집단토의를 통하여 의사결정이 이루어지도록 적극 유도한다. 이 지도성을 가진 지도자 아래에서는 구성원의 만족감, 작업에 대한 관심, 생산성이 높았다. 가장 효율적인 지도성 유형이다.
  ㉢ 자유방임형 지도성: 조직의 정책·목표·과제 등의 중요한 결정과정에 지도자의 참여를 최소화하고 구성원들이 자유롭게 결정하도록 완전한 자율을 허락하는 지도성이다.
③ 오하이오 주립대학의 지도성 연구: 할핀(Halpin)과 위너(Winer)는 할핀과 쿤즈가 개발한 지도자행정기술 질문지(LBDQ; Leader Behavior Description Questionnaire)를 이용하여 지

도자의 과업 중심 차원과 인화 중심 차원으로 구분하여 측정하였다. 유능한 지도자는 1 유형에 속하는 지도자이다.

|  | | |
|---|---|---|
| 높음<br>↑<br>과업 중심<br>↓<br>낮음 | Ⅲ 과업 중심적 유형<br>(인화 낮음, 과업 높음) | Ⅰ 효과적 유형<br>(인화 높음, 과업 높음) |
| | Ⅳ 비효과적 유형<br>(인화 낮음, 과업 낮음) | Ⅱ 인화 중심적 유형<br>(인화 높음, 과업 낮음) |
| | 낮음 ←──── 인화 중심 ────→ 높음 | |

④ 미시간 대학의 지도성 연구: 미시간 대학의 리커트(Likert)는 지도성을 과업(직무) 중심 감독자와 종업원 중심 감독자로 구분하여 측정하였다.
  ㉠ 과업 중심 감독자: 하위자들이 정해진 방법, 명세화된 작업순환과정, 시간표준에 의한 적정 속도로 분주하게 일하는 것에 관심을 집중하고 있다.
  ㉡ 종업원 중심 감독자: 하위자들의 문제 중에서 인간적 측면, 고도의 성취목표가 정해진 효과적인 작업집단을 형성하는 일에 관심을 집중하고 있다.
  ㉢ 리커트는 두 유형의 감독자가 이끄는 사무, 판매, 제조업과 같은 업종에 대한 연구에서 종업원 중심 감독자가 과업 중심 감독자보다 높은 생산성을 올리고 있음을 알았다.

### (3) 상황 이론

① 지도자로서의 일정한 자격이나 특성의 중요성을 인정하면서도 지도자가 나타나게 되는 상황을 분석하여 지도성을 설명하려는 사회학적 접근방법이다.
② 지도자의 내면적인 인성적 특성보다는 현실적으로 지도자가 처해 있는 사회적 상황, 즉 조직의 구조와 기능, 집단의 성격과 목적, 구성원의 태도와 욕구 등을 파악하고 그것들과 지도자와의 관계를 밝힘으로써 지도성을 이해하려고 한다.
③ 지도성은 집단 현상이기 때문에 상황에 따라 다양하게 나타날 뿐만 아니라 심지어 같은 상황에서도 시간차에 따라 달라진다.
④ 우발성 이론에 영향을 주었다.

### (4) 우발성 이론

피들러(Fiedler)가 제시한 이론으로, 지도성은 지도자와 부하의 관계, 과업(업무)구조, 지도자의 지위(직위)권력에 의해 유동적으로 결정된다. 집단상황의 호적(好適)을 결정하는 요인은 지도자와 부하의 관계, 과업(업무)구조, 지도자의 지위(직위)권력이다.

① 지도자의 부하의 관계: 지도자가 부하들에게 기꺼이 수용되고 존경받는 정도이다. 지도자가 부하들에게 호의적으로 수용되고 존경받을수록 더 큰 영향력을 행사할 수 있다.
② 과업(업무)구조: 과업의 구조화가 잘되어 있으며, 지도자와 부하가 해야 할 내용이나 방법을 정확하게 알 수 있다.
③ 지도자의 지위(직위)권력: 지도자의 지위권력은 지도자가 부하들에게 상벌을 줄 수 있는 권한으로, 지도자의 지시를 따를 수 있게 함으로써 지도자가 그의 과업을 용이하게 수행할 수 있게 해 준다.

### (5) 카리스마적 지도성 이론

① 카리스마적 지도성(charismatic leadership)의 'charisma'란 희랍어 재능(gifts)에서 유래되었으며 성서에서는 이것을 예언, 교훈, 지혜 등 특별한 능력에 관계된 개념으로 사용하였다. 카리스마적 지도성은 베버(Weber)의 권위 유형에서 비롯되었다.
② 카리스마적 권위란 지도자의 모범적 성격, 예외적 신성성, 영웅적 자질을 바탕으로 한 헌신에 권위를 둔 것으로, 카리스마적 지도자는 위기에서 사람을 구원할 수 있는 해결책을 지닌 신비롭고 자아도취적이며 사람을 끌어들이는 흡인력을 지닌 사람으로 지각하고, 구성원들이 이와 같은 지도자의 특성을 목격하고 그에게는 초자연적·초인적인 능력이 있다고 인정하면 카리스마 현상이 발현된다.
③ 카리스마적 지도자의 특성
  ⊙ 비전: 카리스마적 지도자는 현상의 문제점을 인식하고 이를 극복할 수 있는 비전을 제시한다. 이러한 비전은 구성원들의 노력을 자극하고 통합하는 효과를 지니며 결국 구성원들의 과업성과를 높인다.
  ⊙ 이미지와 신뢰 형성: 카리스마적 지도자는 신뢰를 확립하여 확고한 자신감과 도덕적 확신, 개인적인 수법과 희생, 비관례적인 전술 등에 의해 목표를 달성한다. 카리스마적 지도자는 특별한 통찰력과 능력을 지니고 있으며, 구성원들과는 구별되는 경험과 지식을 소유하고 이들이 비전에 일치하도록 행동한다. 카리스마적 지도자는 자신의 이익보다 구성원들의 요구에 헌신함으로써 그들의 지지를 받는다.
  ⊙ 개인화된 지도성: 카리스마적 지도성의 특성은 지도자의 권력이 개인적 성격이라는 것이다. 그러므로 권력의 원천이 준거래 권력(referent power)과 전문적 권력에 있다.

### (6) 변혁적 지도성 이론

① 개념
  ⊙ 1978년 번즈(Burns)는 저서 『Leadership』에서 지금까지의 지도성을 거래적 지도성이라 하고 새로운 개념의 지도성을 변혁적 지도성이라고 하여, 다음과 같이 개념화하였다.

ⓐ 거래적 지도성은 지도자가 구성원들의 노력과 봉사에 대한 보상을 그들에게 제공함으로써 그들을 동작화시킨다.
　　　ⓑ 변혁적 지도성은 지도자와 구성원이 서로의 동기유발 수준을 높여 주며 보다 원대한 목표를 달성해야 한다는 의식을 제고시켜 준다.
　　ⓒ 배스(Bass)는 번즈의 이론을 토대로 지도성을 거래적 지도성과 변혁적 지도성으로 구분하고 보다 심층적으로 변혁적 지도성을 개념화하였다.
　　　ⓐ 거래적 지도성을 전통적 지도성으로 보고, 구성원이 지도자의 기대에 부응하는 데 대하여 지도자가 보상을 해 주는 교환관계로 본다. 거래적 지도성은 구성원의 성과를 지도자의 기대와 구성원 자신들이 기대하는 수준 이상으로 제고시키기 어렵다는 데 문제가 있다고 주장한다.
　　　ⓑ 변혁적 지도성은 지도자가 구성원들에게 자신에게 기대하는 것 이상의 성과를 달성하도록 동기를 유발시켜 구성원들이 특정 결과에 더 많은 노력과 높은 조직헌신성을 발휘하게 한다. 그뿐만 아니라 지도자는 구성원들에게 자신감을 심어 줌으로써 높은 성과를 달성할 수 있다는 기대감을 상승시켜 준다. 이러한 기대감의 상승은 구성원들의 의식을 변화시켜 조직문화가 변화되어 달성에 대한 의지가 더욱 확고해져서 기대 이상의 성과를 달성하게 된다는 것이다.
② 변혁적 지도자가 구성원의 동기를 유발하는 방법
　　ⓐ 높은 생산성이나 능률성 등과 같은 결과의 중요성에 대한 구성원들의 의식수준을 높여준다.
　　ⓑ 구성원들이 조직 전체의 이익을 위하여 그들의 개인적인 이해관계를 초월할 수 있도록 유도한다.
　　ⓒ 구성원들에게 상위 수준의 욕구인 도전감, 책임감, 성취감 등의 성장욕구를 자극하고 충족시켜 준다.
③ 거래적 지도자와 변혁적 지도자의 특성
　　ⓐ 거래적 지도자의 특성: 조직에서 안정을 주도하고 관리하는 지도자로, 보상에 관심을 가지고 있고 업무를 할당하고 그 결과를 평가하며, 예외에 의한 관리에 치중하고 책임과 결정을 기피하는 지도성이다.
　　ⓑ 변혁적 지도자의 특성: 조직에서 변화를 주도하고 관리하는 지도자로, 카리스마, 영감, 지적 자극, 개인적 배려에 치중하며 조직 합병을 주도하고 신규 부서를 만들어 내며 조직 문화를 새로 창출해 내는 지도성이다.
④ 변혁적 지도자의 임무: 변혁적 지도자는 원하는 성과를 얻기 위하여 보상을 교환하는 차원을 넘어선다. 변혁적 지도자의 임무는 다음과 같다.
　　ⓐ 변화의 필요성을 정의한다.

ⓛ 새로운 비전을 창출하고 헌신하게 한다.
　　ⓒ 장기적인 목표에 집중한다.
　　ⓔ 구성원들이 높은 수준의 목표를 달성하기 위해 자신의 관심 사항을 넘어설 수 있도록 고취시킨다.
　　ⓜ 현재의 조직 내부 직무보다는 지도자의 비전을 수용하기 위하여 조직을 변화시킨다.
　　ⓑ 경험 있는 구성원들이 그들 자신과 동료의 발전을 위해 보다 많은 책임을 지게 하고, 나아가 구성원들도 지도자가 되게 함으로써 궁극적으로 조직을 변형시킨다.

### (7) 문화적 지도성 이론
① 개념: 문화적 지도성 이론이란 인간의 의미 추구 욕구를 만족시킴으로써 그 구성원들을 조직의 주인으로 만들고 조직의 제도적 통합을 가능하게 하는 효과적인 지도성을 말한다.
② 커닝햄(Cunningham)과 그레소(Gresso)의 모형
　　㉠ 조직 문화는 직무수행을 개선하기 위한 기제가 되기 때문에 직무수행에 대한 우연적·일시적·이의적인 영향력만을 가지게 된다. 그러나 그에 상응하는 변화에 대한 지원이 그 문화에서 일어나지 않으면 그러한 행동과 구조는 오래 지속될 수 없다.
　　㉡ 효과적인 문화의 구성 요소는 버티컬 슬라이스, 결핍보다는 비전, 동료관계, 신뢰와 지원이 필요하고 권력과 지위보다는 가치와 흥미, 폭넓은 참여, 지속적 성장, 장기적 전망에 따른 현재의 생활, 질 높은 정보에 대한 용이한 접근, 개선의 유지와 지속 등이 있다.
　　㉢ 효과적인 문화를 형성함으로써 학교조직의 수월성을 높일 수 있다.

### (8) 초우량 지도성 이론
① 맨즈(Mans)와 심스(Sims)가 제안하였다.
② 공식화된 조직, 권력, 권위 그리고 직원 통제를 강조하는 전통적인 지도성 모형은 비효과적이기 때문에 직원의 자율성을 바탕으로 한 새로운 지도성 이론이 필요하다고 하였다.
③ 초우량 지도성이란 지도자가 구성원들 스스로 판단하고 행동하며 그 결과도 책임지는 자율적 지도자를 만드는 지도성을 의미한다. 초우량 지도성은 자율적 지도성에서 출발하였다.
④ 초우량 지도성 이론의 기본 전제
　　㉠ 추종자들은 자기지시적이고 스스로 통제할 수 있다.
　　㉡ 추종자들이 그들을 이끄는 방식에 영향을 줄 수 있는 사람이 효과적인 지도자이다.
　　㉢ 관리 및 조직에 대한 통제는 추종자들에 의해 지각되고, 평가되고, 수용되는 방식에 따라 효과가 달라진다.

⑤ 초우량 지도성 이론의 특징
  ㉠ 초우량 지도자는 추종자들이 스스로 자율적 지도자가 되도록 교육하는 시스템을 개발하고 실행하는 사람이다.
  ㉡ 초우량 지도성은 추종자의 자기관리를 위한 장기적 잠재력 개발에 초점을 두고 있다.
  ㉢ 초우량 지도성과 자율적 지도성에서는 직원들이 외적인 통제보다는 자기지도적이고 내적인 통제에 의해 생산적이고 성공적인 직무수행이 가능하다.

* **지도자로서 집단상담자의 역할**
– 집단활동의 시작을 돕는다.
– 집단의 방향을 제시하며, 집단규준의 발달을 돕는다.
– 지지와 격려로서 집단의 신뢰적인 분위기를 조성한다.
– 집단성원들에게 행동의 모범을 보인다.
– 집단성원들 간의 의사소통 및 상호작용을 촉진시킨다.
– 집단성원의 심신을 보호하며, 거절의 권리를 인정한다.
– 집단활동의 종결을 돕는다.

# Chapter 5
# 청소년 집단상담

| 1  청소년 집단상담

# 1 청소년 집단상담

## [1] 청소년 집단상담의 필요성

(1) 청소년기의 중요한 타자(significant others)는 부모나 교사에서 또래, 친구들로 변화되어 동료들로부터 많은 영향을 받게 되므로 집단상담 장소는 최상의 치료공간이 될 수 있다.

(2) 청소년은 또래와의 관계를 잘 유지할 수 있는 방법이나 또래들과 함께 할 수 있는 방법에 관심이 많다.

(3) 청소년은 또래들이 주는 피드백에 매우 민감하며, 또래 속에서의 소속감과 안정감을 찾으려 노력한다.

(4) 청소년은 자신들의 생활의 대부분을 또래와 관련된 것들에 쏟는 경향이 있다.

## [2] 청소년 집단상담의 특성

### (1) 자존감 회복
① 아동기를 거치면서 경험한 패배의식과 열등감을 극복하고 자신감과 자존감을 높이는 것이 중요하다.
② 자신의 느낌을 인식하고 수용하는 경험, 많은 사람들과 자신의 경험, 생각, 느낌, 희망, 신념을 자유롭게 교환하는 기회가 필요하다.

### (2) 성적 갈등의 해소
① 성적 욕구와 성 역할에 대한 급격한 변화로 혼란을 경험하면서 죄책감을 갖기도 한다.
② 이성에 대한 호기심과 관심이 많아 친밀한 관계형성을 원하면서도 이성과의 접촉을 두려워한다.

### (3) 외로움과 고립감의 극복
정서성이 극대화되는 시기이며, 동시에 신체적·심리적·사회적인 발달로 인해 외로움과 고립감에 빠지기도 한다.

### (4) 탈자기중심
청소년기는 제2의 자기중심성 시기이다. 집단상담 경험은 다른 사람에 대한 관심과 이해를 갖게 하는 사회적 존재로서의 경험을 갖게 한다.

(5) 자아의 발견과 진로결정
① 청소년기는 부모로부터 심리적이며 물리적인 독립을 준비하는 시기이다.
② 부모나 교사의 일방적인 요구나 기대에서 벗어나 자신이 정말 원하는 것, 자신의 삶의 목표를 찾는 것, 자신이 가장 중요하게 생각하는 가치는 어떤 것인가 등을 찾는 시기로 이것은 다양한 사람들과의 만남이나 경험을 통해서 견고해질 수 있다.

## [3] 청소년 집단상담의 준비

(1) 집단성원 선별(Aronson & Scheidlinger)
① 10~14세 청소년들의 경우
  ㉠ 부인하고 외현화하고, 생각을 확고히 굳히는 경향이 있으며, 더욱 자기의식적이면서 자기인식에는 큰 관심을 보이지 않는 특징이 있다.
  ㉡ 집단구성원들이 모두 남자이거나 모두 여자인 동성집단일 때 더 잘 기능한다.
② 15~18세 청소년들의 경우: 더 큰 분노도 참을 수 있게 되며, 남녀가 함께 있는 집단에서 서로 어떻게 상호작용하는지를 배우는 것이 중요하다.

(2) 집단의 크기 결정
① 집단의 크기는 최소 6명에서 최대 12명으로 구성하는 것이 효과적이다.
② 2~3명의 청소년들로 구성되면 역동적인 집단경험을 하지 못하게 되며, 15명 이상의 집단에서는 구성원들에게 오히려 집단이 압도된다.

(3) 집단은 폐쇄집단으로 구성하는 것이 효과적이다.
집단이 일단 시작되면 더 이상 다른 참가자를 받지 않아야 하며, 집단 실시 기간에 대해서도 집단을 시작할 때 미리 집단성원들에게 알리는 것이 좋다.

## [4] 청소년 집단상담의 목표

(1) 청소년들이 성장, 발달하고 변화하도록 돕는다.
(2) 청소년들이 각자의 환경을 수용하고 이에 적응하도록 돕는다.
(3) 청소년들이 그들의 발달과정에서 발생하는 다양한 요구를 충족시키고 그들의 느낌과 태도를 점검하는 것을 배우고, 그들의 행동을 동기의 측면에서 이해하고, 자신의 능력에 자신감을 갖도록 돕는다.
(4) 청소년들이 집단 상호 인간관계를 통하여 다른 사람들을 이해함으로써 새로운 관점으로 자신과 타인을 보며 일상생활의 문제 해결과 의사결정에 도움이 되는 가치체계를 발견하도록 돕는다.

(5) 청소년들이 자신에게 관심 있는 문제를 해결하는 과정에서 새로운 관점을 발달시키고 자유롭고 충분히 융통성이 있도록 돕는다.

## [5] 청소년 집단상담의 기능

(1) 자신과 타인을 이전과 다르게 보고 느낄 수 있는 유일한 경험을 제공한다.

(2) 이전과 다르게 행동하도록 격려하고 지원한다.

(3) 일상생활에서 경험하는 문제들을 점검하도록 한다.

(4) 서로 영향을 주고받는 경험과 함께 다른 사람에게 미치는 자신의 영향력을 분석하도록 만든다.

## [6] 청소년 집단상담 참여자(집단성원)들의 참여지침

### (1) 바람직한 집단상담 참여자 행동

① 상담자를 포함한 집단의 다른 참여자들에게 호감을 갖고 신뢰감을 갖는다.

② 미래에 대해 희망적인 느낌을 갖는다.

③ 선택의 의지와 자유를 느낀다.

④ 전에 생각했던 것보다 지금 나는 훨씬 매력 있다.

### (2) 집단상담 참여자로서 이해하고 기억해야 할 내용

① 집단상담은 목표달성을 위한 집단활동이다.

② 자신에 대해 얼마만큼 이야기할 것인지 결정한다.

③ 변화에 따르는 저항이 생길 것을 알아야 한다.

④ 자신의 긍정적인 모습을 발견한다.

⑤ 매 회기마다 집단상담 전에 준비하고 집단상담이 끝난 후에 정리하는 것은 상담의 효과를 높여준다.

⑥ 집단상담 과정에서 지속되는 느낌이 있을 때 표현해야 한다.

⑦ 다른 집단성원들에게서 받는 일관된 피드백에 주의를 집중해야 한다.

## [7] 청소년 집단상담 실시과정에서 나타나는 문제와 대처방안

### (1) 집단과정에서 나타나는 문제

① 신뢰확립

㉠ 주로 집단 초기에 집단성원들은 자신의 문제를 내놓을 정도로 집단이 안전한가, 집단상담자는 믿을 만한가 등을 끊임없이 탐색한다.

㉡ 이 신뢰감이 형성되어야 집단에 거리낌 없이 참여할 수 있다.

② 자기개방에 대한 안전지대 알기
　㉠ 청소년들은 집단상담자를 시험해 본다.
　㉡ "약물을 복용해 본 적이 있나요?", "이혼해 보셨어요?"
③ 지도자의 성격이 미치는 영향
　㉠ 청소년들은 세심한 태도, 열의와 활력, 개방성, 솔직함을 공유하는 상담자들에게 더 잘 반응한다.
　㉡ 청소년기에 공포를 경험했거나 직면하기 어려운 문제들이 있다면 이것을 용기를 가지고 충분히 탐색해서 역전이에 빠지지 않도록 하는 것이 중요하다.
④ 집단성원들이 완전히 냉담하고 말을 잘 하지 않으며 지겨워할 경우: 청소년들에게 비교적 비활동적인 집단상담 형태는 힘든 경험일 것이다. 그러나 이런 집단성원들의 냉담함은 상담자에게도 매우 힘든 장애물이다.
⑤ 집단이 무질서하고 혼란스럽고 계획된 일정이 아닌 것에 관심을 가지는 경우: 집단 밖에서의 사건들이 겹쳐서 집단 안에 돌발적인 분위기가 생기는 경우로, 집단에 장애가 되는 경우이다.

### (2) 다루기 어려운 집단성원 문제
① 집단을 주도하여 주의를 산만하게 하는 집단성원
② 자신을 드러내지 않고 다른 집단성원들의 관심을 끌어들이는 집단성원

## [8] 청소년 집단상담의 장점
(1) 청소년들의 '자신만이 특이하다'는 생각에 또래집단에서 감정과 경험을 나눔으로써 도전의식을 제공한다.
(2) 상담자가 제공하는 안전한 구조 속에서 독립적 행동을 연습한다.
(3) 개인상담 시 성인과의 관계에서 오는 불편감을 감소시켜 준다.
(4) 청소년기의 자기애적 사고에 도전하게 한다.
(5) 감정이입, 존중, 상대방에 대한 관심 등 새로운 사회적 기술을 연습시킨다.
(6) 집단성원들의 자아 강도를 높일 수 있는 기회를 제공한다.

## 확인학습 문제

**001** 집단상담에 관한 설명으로 옳지 않은 것은?

① 집단상담은 집단성원의 공통의 목적을 달성하고자 하는 목표지향적 활동이다.
② 집단상담은 집단성원에게 의도적인 집단경험을 제공한다.
③ 집단의 영향력은 집단서비스의 매개물이다.
④ 집단응집력이 강한 집단은 자기노출에 대한 저항이 크다.
⑤ 집단을 구성할 때에는 집단성원의 동질성과 이질성을 함께 고려해야 한다.

**정답** ④
**해설**
집단응집력이란 집단성원들이 서로 얼마나 잘 어울리며, 서로 이끌리고 있느냐에 관한 것이다. 집단응집력이 강할수록 집단성원의 자기노출에 대한 저항감이 감소한다.

**002** 집단상담에 관한 설명으로 옳지 않은 것은?

① 집단상담의 상담자는 훈련받은 전문가이거나 상담에 대한 최소한의 지식과 자질을 갖추어야 한다.
② 집단상담은 정서적·성격적 문제를 가지고 있는 사람을 포함하며, 치료와 성장 및 적응에 강조점이 주어진다.
③ 집단상담은 집단 구성원들이 상호 작용하는 역동적인 대인관계 과정이다.
④ 집단상담은 한 명의 상담자가 동시에 다수의 내담자를 대상으로 집단과정을 통해 교육적 및 치료적인 효과를 얻어내려는 형태의 상담이다.
⑤ 집단상담 과정의 요체는 자기 탐색 및 이해, 자기 개방과 피드백 주고받기에 있다.

**정답** ②
**해설**
**\* 집단상담의 특징**
- 집단상담은 정상 범위에서 심하게 일탈하지 않는 사람들을 대상으로 이루어지게 된다. 심각한 정서적·성격적 문제를 가지고 있는 사람은 제외되며, 본격적인 치료보다는 성장과 적응에 강조점이 주어진다.
- 집단상담의 상담자는 훈련받은 전문가이거나 상담에 대한 최소한의 지식과 자질을 갖추어야 한다.
- 집단상담의 분위기는 신뢰할 만하며 수용적이어야 한다. 집단상담 과정의 요체는 자기 탐색 및 이해, 자기 개방과 피드백 주고받기에 있는데, 구성원 상호 간의 무조건적인 수용과 신뢰할 만한 분위기는 효과적인 집단상담의 필수 조건이다.
- 집단상담은 집단성원들이 상호 작용하는 역동적인 대인관계 과정이다. 집단상담을 개인상담과 비교하였을 때, 그 우월성은 집단의 응집력을 이용하는 데 있다. 집단 응집력은 집단 내의 친밀감, 신뢰감, 온화함, 공감적 이해로 나타나며, 적대감과 갈등을 포함할 수 있다. 응집력 있는 집단은 집단성원으로 하여금 자기 개방, 위험 감수, 그리고 집단 내의 갈등에 대해 건설적으로 표현함으로써 성공적인 상담으로 나아갈 수 있다.

**003** 집단상담에 관한 설명으로 옳지 않은 것은?

① 집단상담은 정상 범위에서 심하게 일탈하지 않는 사람들을 대상으로 이루어지게 된다.
② 집단상담의 목표는 자기이해와 자기수용, 자기도전을 통하여 문제해결을 하는 것을 돕는 것이다.
③ 집단상담은 집단성원들 간의 역동적 관계를 바탕으로 통해 개인 관심사, 대인관계, 사고 및 행동양식의 변화를 가져오는 노력이다.
④ 집단상담은 생활지도의 한 형태로서 집단과정의 주목적이 정보제공에 있고 지도의 내용과 책임이 주로 교사나 지도자에게 있다.
⑤ 집단상담은 본질적으로 예방적 기능을 가지고 있으나 가끔 개인이 대처해 나가야 할 특별한 문제를 다루기도 한다.

**정답 ④**
**해설**
④ 집단지도에 관한 설명이다.

**\* 집단지도**
- 생활지도의 한 형태로서 집단과정의 주목적이 정보제공에 있고 지도의 내용과 책임이 주로 교사나 지도자에게 있다.
- 개인이 지니고 있는 여러 가지 문제를 해결하거나 성장과 발달을 촉진하고 사회적 적응을 돕는다.
- 집단경험을 통한 학습기회를 제공하는 활동이다. 정규 교과교육을 제외한 방법으로는 홈룸(home room) 프로그램, 현장견학, 클럽 활동, 학생자치회, 지역사회 조사, 집단상담, 오리엔테이션 등이 활용된다.
- 상담과 밀접하게 관련되어 있는 집단지도로서 교육이나 직업에 관한 정보를 집단적으로 제공하기도 하고 심리검사에 관한 정보제공·실시·결과 해석 등을 집단적으로 실시하기도 한다.
- 최근에는 사회적 기능의 발달, 인간관계의 개선, 성격적 적응이나 정신건강의 향상을 위한 집단적 토의와 경험을 통한 집단적 토의와 경험을 통한 지도가 강조되고 있다.
- 집단지도의 규모는 10~60명 또는 100~300명이며, 지도횟수는 1~8회 정도, 소요시간은 보통 20~60분 정도이다.

**004** 집단상담에 적용되는 원칙과 기술에 관한 설명으로 옳은 것은?

① 집단성원에게 제공되는 피드백은 동시에 많이 주어지는 것이 효과적이다.
② 집단 내에서 준수해야 할 집단규칙은 집단상담자가 제공해야 한다.
③ 집단성원의 자기노출 수준은 집단발달단계 및 집단응집력과 관련이 있다.
④ 성장집단에서는 낮은 수준의 구조화가 효과적이다.
⑤ 종결단계에서는 이전보다 모임의 빈도를 자주하고 시간은 길게 하는 것이 바람직하다.

**정답 ③**
**해설**
① 집단성원에게 제공되는 피드백은 하나씩 차례대로 주는 것이 효과적이다.
② 집단규칙은 집단상담자와 집단성원이 함께 만드는 것이다.
③ 집단성원의 자기노출 수준은 처음에 낮다가, 추후에 역동성과 응집력이 가장 높은 문제해결단계에서 가장 높아진다. 따라서 집단발달단계 및 집단응집력과 관련이 있다.
④ 성장집단은 높은 수준의 구조화가 효과적이다.
⑤ 종결단계에서는 모임의 빈도나 시간이 점차 줄어드는 것이 바람직하다.

**005** 집단상담에 관한 설명으로 옳지 않은 것은?

① 집단의 규모는 보통 5~15명 또는 6~12명 정도가 바람직하다.
② 소속감과 동료의식을 함양시킬 수 있다.
③ 개인의 발달상의 문제와 태도 및 행동의 변화에 초점을 둔다.
④ 지나친 적대감, 심한 정서장애를 경험하고 있는 사람에게는 적합하지 않다.
⑤ 집단상담은 개인의 특별한 문제를 다루기는 하나 예방적 기능을 수행하지는 못한다.

**정답 ⑤**
**해설**
* **집단상담**
– 집단성원 개개인이 행동 변화에 관심을 둔다.
– 집단상담은 병리적 문제보다는 주로 발달의 문제를 다루거나 구성원의 생활과정의 문제를 취급한다.
– 집단성원들 간의 역동적 관계를 바탕으로 통해 개인 관심사, 대인관계, 사고 및 행동양식의 변화를 가져오는 노력이다.
– 개인으로 하여금 자기이해와 대인관계의 능력을 향상시키고 보다 건강하게 적응할 수 있도록 환경을 조성시켜 주는 것을 일차적 목표로 하고 있다.
– 이것은 본질적으로 예방적 기능을 가지고 있으나 가끔 개인이 대처해 나가야 할 특별한 문제를 다루기도 한다.
– 집단상담의 규모는 보통 5~15명 또는 6~12명이며, 상담횟수는 5~25회 정도, 소요시간은 보통 1~2시간 정도이다.

**006** 접수면접에서 다루는 내용으로 옳은 것을 모두 고른 것은?

> ㄱ. 외모와 행동
> ㄴ. 호소문제
> ㄷ. 스트레스원
> ㄹ. 사회적 지원체계

① ㄱ, ㄹ
② ㄱ, ㄴ, ㄷ
③ ㄱ, ㄷ, ㄹ
④ ㄴ, ㄷ, ㄹ
⑤ ㄱ, ㄴ, ㄷ, ㄹ

**정답** ⑤
**해설**
* **접수면접에서 다루는 내용**
 - 내담자에 대한 기본 정보: 성별, 생년월일, 종교, 질병에 관한 정보, 투약 여부, 치료경험이나 신청경로 등의 기본적인 내용
 - 외모와 행동: 내담자의 옷차림, 머리상태, 특이한 행동, 말할 때의 억양이나 습관, 시선의 적절성, 대화태도와 예절 등에 대한 관찰내용
 - 호소문제: 내담자가 상담을 받으려는 이유나 방문목적
 - 현재 및 최근의 주요 기능상태: 최근의 상태와 지난 1년간의 상태 파악
 - 스트레스원: 내담자에게 스트레스를 주는 원인을 파악하되 내담자의 표현과 언어로 기록
 - 사회적 지원체계: 내담자의 어려움과 고민을 들어주고 상의할 만한 사람이 있는지 파악
 - 호소문제와 관련된 개인사나 가족관계

**007** 집단의 개념에 관한 설명으로 옳지 않은 것은?

① 특정한 목적을 가지고 다수의 사람들이 일정 기간 동안 계속해서 만난다.
② 집단의 성원의 행동은 집단규범에 의하여 영향을 받는다.
③ 성원 간에 의미 있는 정도로 상호의존적 관계를 가지고 있다.
④ 여러 사람이 공통의 흥미나 관심, 동기에 의해 일시적으로 어떤 장소에 모이는 것이다.
⑤ 집단 응집력은 사람들로 하여금 하나의 단위로 통합하도록 하는 '우리라는 느낌'을 반영한다.

**정답** ④
**해설**
④ 군집의 개념에 해당된다.

* **군집**
집단이 성립하려면 같은 목적을 가지고 일정 기간 동안 계속적인 만남이 이루어져야 한다. 일시적인 목적을 가지고 만나는 것은 집단이라 정의하기 어렵고 불특정 다수의 인간이 공통의 흥미나 관심, 동기에 의해 일시적으로 어떤 장소에 떼지어 한 곳에 모여 있는 상황이다. 브라운(Roger William Brown)은 집합체를 (1) 크기, (2) 집합, (3) 성극화(成極化), (4) 동일시라는 4가지 차원으로 분류하였지만 이것에 기초하면 군집은 일시적·부정기적인 접촉을 가지고 성극화되어 일시적인 동일시를 갖는 집합체라는 것이 된다. 단, 성원 간에 기능이 분화되어 있지 않고, 목적이 서로 인식되어 있지 않고, 소속이 일시적이기 때문에 지속성이 없다는 등의 점에서 조직적인 사회집단과는 다르다. 군집은 익명성 때문에 책임감과 개성이 없어져 암시와 심리적인 감염에 의해 감정이나 사상이 하나의 방향으로 전환되어 사상이 단락적이고 본능적인 행동으로 달리기 쉽다는 것이 특징이라고 할 수 있다. 공중(公衆)도 유사한 개념이라고 할 수 있지만 공중의 성원은 심리적인 것만의 결합체로 정서적 흥분을 나타내지 않기 때문에 군집과는 구별된다.

### 008 집단상담 시 주의할 내용으로 옳은 것을 모두 고른 것은?

> ㄱ. 자신 또는 다른 사람에게 설교하는 말투를 사용하지 않는다.
> ㄴ. 위로의 말을 제공하여 감정의 긴장을 완화시킨다.
> ㄷ. 도움을 제공하려고 노력하기 전에 경청한다.
> ㄹ. 너무 빨리 충고해 줌으로써 그것을 고정시키지 않는다.

① ㄱ, ㄴ
② ㄷ, ㄹ
③ ㄱ, ㄴ, ㄷ
④ ㄱ, ㄷ, ㄹ
⑤ ㄴ, ㄷ, ㄹ

**정답 ②**
**해설**
집단성원의 감정의 긴장을 누그러뜨리려는 노력을 하는 것은 바람직하지 않다. 집단성원의 있는 그대로의 감정을 표출하도록 격려한다.

### 009 집단의 분류에 관한 설명으로 옳지 않은 것은?

① 공식적 집단은 객관적 조직과 공적인 절차와 체제를 가진 제도적으로 결성된 집단이다.
② 성원집단은 실제로 성원으로서 소속된 집단을 말한다.
③ 준거집단은 개인이 행동이나 태도 또는 가치관 등의 판단기준으로 삼고 있는 집단을 말한다.
④ 비공식적 집단은 자연발생적인 사적 상호작용을 주체로 하는 집단이다.
⑤ 참만남집단은 구체적인 교육적인 목표를 가지고 집단원들의 집단에서의 '지금–여기'에서의 감정보다는 강의·교수 등의 구조화된 방법들을 활용한다.

**정답 ⑤**
**해설**
⑤ 가이던스집단에 해당되는 설명이다.

* **참만남집단(encounter groups)**
  - 참만남집단 유형에는 인간관계 집단, 잠재력 집단, T-group, 성장집단 등의 그 성격에 있어서 약간씩 다른 집단들이 포함되지만, 공통적으로 자신과 타인과의 보다 의미 있는 만남과 접촉을 통해 인간관계에 대한 경험적 통찰과 학습, 인간의 실존에 대한 자각을 강조한다.
  - '지금–여기'의 경험을 통해 집단원들의 느낌이나 지각을 중심으로 자유롭고 솔직한 대화가 중요한 집단활동의 기제가 된다.
  - 성장 중심의 집단의 참여자들에게 타인과의 교류능력을 개발하게 할 뿐만 아니라 자신의 내적 가치, 자기가능성 및 잠재력 등을 증진하는 효과를 가질 수 있다.

**010** 집단상담의 목표로 적절하지 않은 것은?

① 인간의 욕구나 문제들의 공통성과 보편성을 인식한다.
② 자신과 타인에 대한 주도성·자율성·책임감을 증진한다.
③ 자신의 결정에 대한 지각과 지혜로운 결정능력을 증진한다.
④ 자신의 기대보다는 타인의 기대에 부응하는 태도를 습득한다.
⑤ 효과적인 사회적 기술을 학습한다.

**정답 ④**
**해설**
* **집단상담의 목표(Corey, 1995).**
  - 자신과 타인에 대한 신뢰감 형성
  - 자신에 대한 지식습득과 정체성 발달
  - 인간의 욕구나 문제들의 공통성과 보편성 인식
  - 자기수용(self-acceptance)·자신감·자기존중감 증진과 자신에 대한 시각의 개선
  - 정상적인 발달문제와 갈등을 해결하는 새로운 방식 발견
  - 자신과 타인에 대한 주도성·자율성·책임감의 증진
  - 특정 행동의 변화를 위한 구체적 계획 수립과 완수
  - 효과적인 사회적 기술 학습
  - 타인의 욕구와 감정에 대한 민감성 증진
  - 타인에 대해 배려와 염려를 바탕으로 하면서 정직하게 직면하는 방식 습득
  - 타인의 기대에 부응하는 태도에서 벗어나 자신의 기대에 맞게 사는 방식 습득
  - 가치관을 명료하게 하고 수정 여부와 수정 방식 결정

**011** 집단상담의 장점으로 옳지 않은 것은?

① 시간과 경제적인 측면에서 효율적이다.
② 타인과 상호교류할 수 있는 능력이 개발된다.
③ 개인상담보다 심층적인 내면의 문제를 다루기에 더 효율적이다.
④ 내담자들이 개인상담보다 더 쉽게 받아들이는 경향이 있다.
⑤ 집단상담은 개인상담보다 내담자의 부담감이 크지 않다.

**정답 ③**
**해설**
개인상담이 집단상담보다 내담자의 심층적인 내면의 문제를 다루기에 더 효율적이다.

**012** 집단상담의 장점에 해당되지 않은 것은?

① 구성원의 공통된 관심사를 상담하여 구성원의 일체감, 공동체 의식을 높일 수 있다.
② 자기 이해에 도움이 될 뿐만 아니라 타인도 이해하고 수용하는 마음을 갖게 된다.
③ 다양한 구성원들이 참여하므로 학습경험이 풍부해질 수 있다.
④ 성원들과의 바람직한 상호작용을 통하여 보다 깊은 성격 문제의 변화에 효과적이다.
⑤ 소속감과 동료의식이 강화되며, 시간적인 경제성이 있다.

**정답** ④
**해설**
* **집단상담의 장점**
  - 구성원의 공통된 관심사를 상담하여 구성원의 일체감, 공동체 의식을 높일 수 있다.
  - 소속감과 동료의식이 강화되며, 시간적인 경제성이 있다.
  - 많은 사람에게 자신을 반영해 봄으로써 자기 이해에 도움이 될 뿐만 아니라 타인도 이해하고 수용하는 마음을 갖게 된다.
  - 구성원 스스로가 지도적 역할을 배울 수 있는 기회가 되며 또한 각기 상담자의 역할을 하기 때문에 개인적으로 위로와 지지를 받는 등 발전을 할 수 있다.

**013** 1차 집단에 해당하는 것을 모두 고른 것은?

ㄱ. 가족　　　　　　　　　　ㄴ. 어린시절 또래집단
ㄷ. 학교　　　　　　　　　　ㄹ. 대학 총동창회

① ㄱ, ㄴ　　　　② ㄱ, ㄷ　　　　③ ㄴ, ㄹ
④ ㄷ, ㄹ　　　　⑤ ㄱ, ㄴ, ㄹ

**정답** ①
**해설**
* **집단접촉방식에 따른 분류[쿨리(Cooley), 1864~1929]**
  - 제1차 집단: 얼굴과 얼굴을 맞대는 밀접한 결합을 이루어 공동의 작업이나 공동생활을 하는 집단인데, 그 밀접한 결합 속에서 각각의 개인을 공통된 전체 안에 융화시켜 공동생활이 개인의 자아 그 자체로 되는, 개인의 사회성의 형성에 있어 기본적인, 즉 자아의 형성에 있어서 제1차적인 집단이다. 그 특징은 직접적인 접촉에 의한 결합, 각 성원 사이의 연대감과 일체감, 생애 중 지속되는 자아형성의 사회적 원형, 타 집단에서의 인간관계를 안정시키는 기능 등을 가진다. 이 사회집단의 구체적인 예는 가족·그룹·근린(近隣)집단 등을 말한다.
  - 제2차 집단: 제1차 집단에 비교되어 쓰이며 쿨리 자신은 이 개념을 규정하고 있지 않았는데, 그 이후의 미국 사회학자 사이에서 제1차 집단 이외의 집단을 나타내는 개념으로서 사용되었다. 그것은 간접적인 접촉을 통하여 결합된 집단이며 특수한 이해관계를 매개로 한 집단이다. 예를 들면 학교·조합·정당 등이 여기에 해당한다.

014 다음에서 설명하고 있는 집단상담기법은?

> 집단상담자는 두 부분의 개입을 하게 된다. 첫 번째는 낡은 사고에 대한 평가이며, 두 번째는 낡은 사고나 새로운 사고의 적절성을 검증하는 실험을 해 보는 것이다. 의문 형태의 개입은 집단상담자가 정답을 제시하기보다는 집단성원들 스스로 해결 방법에 다가가도록 유도한다.

① 인지적 기법  ② 정서적 기법  ③ 실제적 기법
④ 논리적 기법  ⑤ 심상적 기법

**정답 ①**
**해설**
'인지적 기법'에서는 집단성원의 적극적이고 능동적인 참여가 필요하다.

015 다음에서 설명하고 있는 집단상담의 원리는?

> 집단과정에서 집단성원이 자신에 대해 이해하고 수용한 자신을 있는 그대로 나타내 보이는 것이다.

① 자기수용  ② 자기평가  ③ 자기도전
④ 자기개방  ⑤ 자기이해

**정답 ④**
**해설**
'자기개방'은 집단상담에서 집단지도자나 집단성원들이 다른 사람이 지각할 수 있도록 상대방에게 있는 그대로의 자기 자신을 전달하고 나타내는 행위를 의미한다.

**016** 집단지도에 관한 설명으로 옳지 않은 것은?

① 집단지도는 생활지도의 한 형태로 정보제공이 집단과정의 주목적이다.
② 집단지도는 지도의 내용과 책임이 주로 교사나 지도자에게 있다.
③ 집단지도는 심리검사에 관한 정보제공, 실시, 결과 해석 등을 집단적으로 실시하기도 한다.
④ 집단지도의 규모는 보통 5~15명 또는 6~12명이 바람직하다.
⑤ 집단지도는 과거보다는 현재나 미래에 초점을 둔다.

**정답** ④
**해설**
집단지도의 규모는 보통 10~60명 또는 최대 100~300명 정도가 바람직하며, 집단상담의 규모는 보통 5~15명 또는 6~12명이 바람직하다.

**017** 집단치료에 관한 설명으로 옳지 않은 것은?

① 집단치료는 무의식적 동기에 관심을 갖는다.
② 집단치료는 정서적 장애를 치료하는 것이 주목적이다.
③ 집단치료는 집단상담보다 더 심한 장애를 가진 사람을 대상으로 한다.
④ 집단치료는 과거보다는 현재 및 미래에 비중을 둔다.
⑤ 집단치료는 심리적 갈등을 명료화하여 문제행동을 수정하고자 한다.

**정답** ④
**해설**
\* **집단치료(집단요법)**
− 무의식적 동기에 더욱 관심을 기울여 정서적 장애를 치료하는 것이 주목적이다.
− 심리적 갈등을 명료화하며 문제행동을 수정해 가는 일련의 집단면접을 말한다.
− 집단상담보다 더 심한 장애를 가진 사람을 대상으로 하며, 보다 깊은 성격의 문제를 다루는 것이 특징이다.
− 보다 나은 자기 이해를 통해 심리적 긴장을 감소시켜 치료적 목표를 달성하는 것으로, 비적응적 태도의 변화 및 심리적 문제의 해결에 직접적 관심을 두고 있다.
− 집단치료의 규모는 4~8명이며, 치료횟수는 1~8회 정도, 소요시간은 보통 1시간 내외이다.

018 다음 설명에 해당하는 것은?

> ○ 병리적 문제보다는 주로 발달의 문제를 다루거나 구성원의 생활과정의 문제를 취급한다.
> ○ 본질적으로 예방적 기능을 가지고 있다.
> ○ 규모는 보통 5~15명 또는 6~12명이다.

① 집단상담
② 집단지도
③ 집단치료
④ 집단훈련
⑤ 집단교육

**정답 ①**
**해설**
'집단상담'은 생활과정상의 문제해결과 바람직한 성장발달을 위하여 전문적으로 훈련된 집단상담자의 지도 및 동료들과의 역동적인 상호 교류를 함으로써 각자의 감정, 태도, 생각 및 행동양식 등을 탐색·이해하고 보다 성숙한 수준으로 향상시키는 과정이다.

019 집단상담에서 협동상담자가 진행할 때의 장점으로 옳지 않은 것은?

① 한 지도자는 과업목표에 치중하고, 다른 한 지도자는 사회정서적 문제에 집중하는 식으로 역할 분담이 가능하다.
② 한 집단상담자가 직접 집단 활동에 참여하거나 집단을 지도할 때 다른 집단상담자는 객관적인 입장에서 집단활동을 관찰할 수 있다.
③ 경쟁적 관계를 가지게 되는 경우 집단상담자 개인과 집단과정에 발전을 도모할 수 있다.
④ 갈등이 생겼을 때 성원들에게 적절한 갈등해결방법을 보여줄 모델이 될 수 있다.
⑤ 지도자의 소진을 방지할 수 있으며, 초심자 훈련에 가장 효과적인 방법이 될 수 있다.

**정답 ③**
**해설**
협동상담자(공동지도자) 두 지도자 사이에 권력다툼, 갈등, 경쟁관계가 발생하면 이는 집단 유지에 저해가 될 수 있다.

**020** 청소년 집단상담의 장점으로 옳지 않은 것은?

① 청소년기의 자기애적 사고에 도전하게 한다.
② 개인상담 시 성인과의 관계에서 오는 불편감을 감소시킨다.
③ 집단성원의 자아강도를 낮출 수 있는 기회를 제공한다.
④ 또래집단에서 감정과 경험을 나눔으로써 도전의식을 제공한다.
⑤ 상담자가 제공하는 안전한 구조 속에서 독립적 행동을 연습할 수 있다.

정답 ③
해설
* 청소년 집단상담의 장점
  - 청소년들의 '자신만이 특이하다'는 생각에 또래집단에서 감정과 경험을 나눔으로써 도전의식을 제공한다.
  - 상담자가 제공하는 안전한 구조 속에서 독립적 행동을 연습한다.
  - 개인상담 시 성인과의 관계에서 오는 불편감을 감소시켜 준다.
  - 청소년기의 자기애적 사고에 도전하게 한다.
  - 감정이입, 존중, 상대방에 대한 관심 등 새로운 사회적 기술을 연습시킨다.
  - 집단성원들의 자아강도를 높일 수 있는 기회를 제공한다.

**021** 얄롬(Yalom)이 제시한 집단의 치료적 효과로 옳지 않은 것은?

① 이타주의　　　② 희망을 심어주기　　　③ 대인관계 학습
④ 성원의 순응　　⑤ 정화

정답 ④
해설
* 집단의 치료적 효과(Yalom)
  - 희망을 심어주기　　　- 보편성
  - 정보전달　　　　　　- 이타주의
  - 초기 가족집단의 교정적 재현　- 사회화 기술의 발달
  - 모방행동　　　　　　- 대인관계 학습
  - 집단응집력　　　　　- 정화
  - 실존적 요인들

022 얄롬(Yalom)이 제시한 집단상담의 치료적 효과에 해당하는 것을 모두 고른 것은?

ㄱ. 모방행동   ㄴ. 집단응집력
ㄷ. 실존적 요인   ㄹ. 이타주의

① ㄴ, ㄹ    ② ㄱ, ㄴ, ㄷ    ③ ㄱ, ㄷ, ㄹ
④ ㄴ, ㄷ, ㄹ    ⑤ ㄱ, ㄴ, ㄷ, ㄹ

**정답 ⑤**
**해설**
* **집단의 치료적 효과(Yalom)**
  - 희망을 심어주기
  - 정보전달
  - 초기 가족집단의 교정적 재현
  - 모방행동
  - 집단응집력
  - 실존적 요인들
  - 보편성
  - 이타주의
  - 사회화 기술의 발달
  - 대인관계 학습
  - 정화

023 집단상담에 가장 적합한 내담자는?

① 여러 사람 앞에서 공개적으로 이야기하는 것에 대하여 불안감을 갖는 내담자
② 위기의 문제를 지니고 있으며, 해결방법이 복잡하다고 판단되는 내담자
③ 비정상적인 성적 행동을 취할 가능성이 있는 내담자
④ 권위를 가진 사람에게 극도의 두려움을 가진 내담자
⑤ 타인으로부터 인정받고 싶은 욕구가 크고, 집단을 혼자 주도할 가능성이 있는 내담자

**정답 ④**
**해설**
①, ②, ③, ⑤ 개인상담이 필요한 경우에 해당한다.

* **집단상담에 적합한 내담자**
  - 부끄러움이 많거나 고독한 사람으로, 자기만 그런 것이 아니라 많은 사람들이 그러한 문제를 공유하고 있음을 배울 필요와 가능성이 있는 사람
  - 카운슬러에게만 의지하려는 지나친 의존심을 타인에게 확산할 필요가 있는 사람
  - 대인관계에서 타인과 교류가 적어 자신의 능력이나 특성에 대해 타인과 지나치게 다르게 평가하고 있는 사람
  - 사회적 기술을 습득할 필요가 있는 사람
  - 자신의 성장을 위해 집단을 교육적 목적으로 활용하고 싶은 사람
  - 특정 외상(trauma)을 경험하고 그것으로부터 회복하는 데 유사한 경험을 가진 사람의 도움이 필요한 사람
  - 개인상담을 하면서 카운슬러 이외의 다양한 사람들로부터 피드백을 받으면 도움이 될 사람
  - 권위를 가진 사람에게 극도의 두려움을 가진 사람

**024** 집단상담에 적합하지 않은 경우는?

① 자신의 성장을 위해 집단을 교육적 목적으로 활용하고 싶은 내담자
② 타인과 대화를 포함한 사회적 기술의 습득이 필요한 내담자
③ 내담자가 자기노출에 대해 위협을 느끼는 경우
④ 권위를 가진 사람에게 극도의 두려움을 가진 내담자
⑤ 내담자가 일탈적인 성적 행동의 가능성을 가지고 있는 경우

**정답** ⑤
**해설**
내담자가 일탈적인 성적 행동의 가능성을 가지고 있는 경우는 개인상담이 적합하다.

* **개인상담에 적합한 내담자**
 – 내담자가 처한 문제가 위급하고, 원인과 해결방법이 복잡하다고 판단되는 경우
 – 내담자 및 관련 인물들의 신상을 보호할 필요가 있는 경우
 – 내담자의 자아개념 또는 사적인 내면세계와 관련해서 심리검사 결과를 해석해 주는 면담인 경우
 – 내담자가 집단에서 공개적으로 발언하는 것에 대해 심한 불안과 공포를 가지고 있는 경우
 – 내담자가 상담집단의 동료들로부터 수용될 수 없을 정도로 대인관계가 좋지 못한 경우
 – 내담자가 자기 자신에 대한 탐색 및 통찰력이 극히 제한되어 있는 경우
 – 내담자가 상담자나 다른 사람들에게서 주목과 인정을 강박적으로 요구할 것으로 판단되는 경우
 – 내담자가 폭행이나 비정상적인 성적 행동을 나타내 보일 가능성이 있는 경우

**025** 집단상담과 개인상담의 공통점에 관한 설명으로 옳지 않은 것은?

① 상담의 과정을 통해 내담자의 자기 이해를 돕는다.
② 일상생활에서 발생하는 발달상의 문제 해결을 돕는다.
③ 내담자의 자아개념 또는 사적인 내면세계와 관련해서 심리검사 결과를 해석해 준다.
④ 내담자들의 자기 수용, 자기 공개가 중요하다.
⑤ 내담자의 사적인 정보에 대한 비밀을 보호한다.

**정답** ③
**해설**
내담자의 자아개념 또는 사적인 내면세계와 관련해서 심리검사 결과를 해석하는 것은 집단상담보다는 개인상담을 하는 것이 바람직하다.

**026** 단기상담의 특징으로 옳지 않은 것은?

① 단기상담의 회기 수는 단 1회이다.
② 내담자가 가진 자원 또는 강점에 중점을 둔다.
③ 정신병이나 심각한 장애 문제에 적용하기 힘들다.
④ 경우에 따라 만성적인 문제에도 효과적으로 적용할 수 있다.
⑤ 장기상담에 비해 경제적이다.

**정답 ①**
**해설**
단기상담의 회기 수는 평균적으로 6~8회 정도로 대개 25회 이내에 이루어지는 것이 일반적이며, 상담 시간이 제한되어 있기에 내담자가 호소하는 문제의 본질이 무엇인지 빠르게 판단해야 하고, 핵심문제 중심으로 내담자의 현재의 심리적 상태에 대한 분명한 평가가 초기에 이루어지고 구체적인 상담계획이 이루어져야 한다.

**027** 정신분석적 집단상담에 관한 설명으로 옳지 않은 것은?

① 심적 결정론(psychic determinism)과 무의식의 정신분석 이론이 정신분석적 집단상담의 기본을 이룬다.
② 집단성원은 문제를 말하고 꿈이나 환상 등의 무의식적 자료를 의식화한다.
③ 자유연상, 꿈과 환상의 분석, 저항과 전이의 해석, 훈습과 같은 기법들을 이용한다.
④ 초자아가 원초아와 자아의 기능을 조절하여 적절한 균형을 유지하는 건강한 성격 형성에 관심을 갖는다.
⑤ 내담자의 인생 초기의 경험을 탐색하여 내담자의 무의식에 억압되어 있는 문제의 원인을 파악한다.

**정답 ④**
**해설**
자아가 원초아와 초자아의 기능을 조절하여 적절한 균형을 유지하는 건강한 성격 형성에 관심을 갖는다.

**028** 정신분석적 집단상담의 과정을 순서대로 옳게 나열한 것은?

① 예비적 개별분석 → 꿈과 환상을 통한 촉진관계 정립 → 저항의 분석 → 전이의 분석 → 훈습 → 재교육 및 사회적 통합
② 예비적 개별분석 → 꿈과 환상을 통한 촉진관계 정립 → 전이의 분석 → 저항의 분석 → 훈습 → 재교육 및 사회적 통합
③ 예비적 개별분석 → 저항의 분석 → 전이의 분석 → 훈습 → 꿈과 환상을 통한 촉진관계 정립 → 재교육 및 사회적 통합
④ 예비적 개별분석 → 저항의 분석 → 꿈과 환상을 통한 촉진관계 정립 → 전이의 분석 → 훈습 → 재교육 및 사회적 통합
⑤ 예비적 개별분석 → 전이의 분석 → 저항의 분석 → 훈습 → 꿈과 환상을 통한 촉진관계 정립 → 재교육 및 사회적 통합

**정답 ①**
**해설**
* **정신분석적 집단상담의 과정**
  예비적 개별분석 → 꿈과 환상을 통한 촉진관계 정립 → 저항의 분석 → 전이의 분석 → 훈습 → 재교육 및 사회적 통합

**029** 개인주의 집단상담에 관한 설명으로 옳지 않은 것은?

① 개인주의 상담에서는 인간을 사회적 존재로 규정한다.
② 개인주의 상담에서 집단성원은 자신에 대한 통찰을 발달시킨다.
③ 개인주의 상담에서는 인간을 목표지향적인 존재로 본다.
④ 개인주의 상담에서는 가족관계를 개인의 성격발달에 있어서 중요한 요인으로 본다.
⑤ 개인주의 상담에서 인간의 행동은 사회적 맥락의 영향을 받지 않는 것으로 본다.

**정답 ⑤**
**해설**
* **개인주의 상담의 특징**
  - 인간을 사회적 존재로 규정하고, 인간 행동은 사회적 맥락에서 발달한다고 가정한다(사회적 관심).
  - 인간행동은 목표 지향적이며 즉각적이고 장기적인 목표를 지닌다.
  - 상담의 목표는 집단상담을 교육과정으로 보고 열등감과 그릇된 생활양식이 발달과정에 대한 이해를 통해 잘못된 생활목표를 변화시켜서 새로운 생활양식을 구성하고 사회적 관심을 가지도록 하는 것이다.

**030** 다음에서 설명하는 것으로 알맞은 것은?

> ○ 1946년 미국의 레빈(Lewin)에 의해 시작되었다.
> ○ 이 집단은 일상생활에서 원만하고 건전한 인간관계를 형성하고 유지할 수 있는 기술을 강조한다.
> ○ 실습, 결과 분석, 새로운 방안 탐색, 새로운 결정을 내리는 경험적 교육 과정에 중점을 둔다.

① 참만난집단　　　　② T-집단　　　　③ 자조집단
④ 성장집단　　　　　⑤ 가이던스집단

**정답** ②
**해설**
＊ T-집단
- T-집단은 1946년 미국의 레빈(Lewin)에 의해 시작되었다.
- T-집단은 일상생활에서 원만하고 건전한 인간관계를 형성하고 유지할 수 있는 기술을 강조한다.
- 실습, 결과 분석, 새로운 방안 탐색, 새로운 결정을 내리는 경험적 교육 과정에 중점을 둔다.
- 집단은 과제 지향적이며 구체적 문제해결에 초점을 둔다.
- 합의된 절차, 특정의 의제, 기대, 지도자 없이 비조직적으로 구성원들이 참여하며, 다른 구성원과 집단에 대한 그들의 지각을 투사하고 스스로의 활동과 상호작용을 평가한다.
- 구성원들은 자신의 집단참여에의 진전 과정을 관찰하는 방법을 배우며, 집단 내에서 중심적인 역할을 떠맡는 방법도 배우게 된다.

**031** 참만남집단에 관한 설명으로 옳지 않은 것은?

① 훈련집단(T-그룹)을 보완하는 특징이 있다.
② 집중적인 고도의 친교적인 집단경험을 통해 타인과 더 친근감을 갖게 한다.
③ 인간관계에 대한 경험적 통찰과 학습 및 인간의 실존에 대한 자각을 강조한다.
④ 과거의 경험을 통해 집단원들의 느낌이나 자각을 중심으로 자유롭고 솔직한 대화가 중요한 집단 활동의 기제가 된다.
⑤ 실존주의와 인간중심 철학을 배경으로 발달한 집단모형이다.

**정답 ④**
**해설**
* **참만남집단(encounter groups)**
    - 참만남집단 유형에는 인간관계 집단, 잠재력 집단, T-group, 성장집단 등의 그 성격에 있어서 약간씩 다른 집단들이 포함되지만, 공통적으로 자신과 타인과의 보다 의미 있는 만남과 접촉을 통해 인간관계에 대한 경험적 통찰과 학습, 인간의 실존에 대한 자각을 강조한다.
    - '지금-여기'의 경험을 통해 집단원들의 느낌이나 지각을 중심으로 자유롭고 솔직한 대화가 중요한 집단활동의 기제가 된다.
    - 성장 중심의 집단의 참여자들에게 타인과의 교류능력을 개발하게 할 뿐만 아니라 자신의 내적 가치, 자기가능성 및 잠재력 등을 증진하는 효과를 가질 수 있다.
    - '지금-여기'의 경험을 통해 집단원들의 느낌이나 자각을 중심으로 자유롭고 솔직한 대화가 중요한 집단 활동의 기제가 된다.

**032** 자조집단의 예로 적절한 것을 모두 고른 것은?

| ㄱ. 비만의 문제 통제를 위한 집단 | ㄴ. 가족의 도박중독을 겪는 사람들 |
|---|---|
| ㄷ. 알코올 중독 통제를 위한 집단 | ㄹ. 암환자 가족 |

① ㄱ, ㄴ  ② ㄱ, ㄷ  ③ ㄴ, ㄹ
④ ㄷ, ㄹ  ⑤ ㄱ, ㄴ, ㄷ, ㄹ

**정답 ⑤**
**해설**
* **자조집단**
    - 자조집단(self-help groups)은 공통의 문제나 관심을 가지고 있는 사람들이 모여, 문제로 인한 스트레스를 해결하고 자신의 생활양식을 바꾸거나 효율적으로 대처해 나갈 수 있도록 동기를 갖게 하는 지지체계를 형성하는 집단을 의미한다.
    - 지지집단을 통해 집단원들은 자신의 경험을 나누고 서로에게 충고·조언·정보제공·지지 및 격려 등을 나누며 삶에 대한 희망감을 가진다.
    - 자조집단의 예로는 비만·음주·흡연의 통제를 위한 집단, 가족 중 알코올·도박 중독자가 있는 사람들을 위한 집단, 암환자 가족집단 등을 들 수 있다.

**033** T-집단에 관한 설명으로 옳지 않은 것은?

① 불확실한 세상에서 선택하는 방법을 배우는 것이다.
② 다른 사람들을 지지하고 다른 사람들에게 도전하게 한다.
③ 다른 사람을 배려하는 능력을 증가시키는 것이다.
④ 집중적인 고도의 친교적인 집단경험을 통해 타인과 더 친근감을 갖고 만날 수 있도록 한다.
⑤ 외부의 압박과 부담으로부터 자유로워지는 것이다.

**정답** ④
**해설**
참만남집단에서는 집중적인 고도의 친교적인 집단경험을 통해 타인과 더 친근감을 갖고 만날 수 있도록 도움으로써 이러한 집단경험을 통해 개인의 성장과 발전·변화를 목표로 한다.

**034** T-집단의 학습을 기능하게 하는 요소에 해당하는 것을 모두 고른 것은?

> ㄱ. 모호성 혹은 사회적 공백상태　　ㄴ. 새로운 행동의 실험
> ㄷ. 집단규범의 발달　　　　　　　　ㄹ. 자기투입과 참여

① ㄱ, ㄴ, ㄷ　　② ㄱ, ㄴ, ㄹ　　③ ㄱ, ㄷ, ㄹ
④ ㄴ, ㄷ, ㄹ　　⑤ ㄱ, ㄴ, ㄷ, ㄹ

**정답** ⑤
**해설**
\* T-집단 학습의 본질적인 요소
 - 모호성 혹은 사회적 공백상태
 - 새로운 행동의 실험
 - 허용적 분위기와 심리적 안정감
 - '여기-지금' 중심의 활동
 - 자기투입과 참여
 - 피드백 주고받기
 - 집단규범의 발달

**035** T-집단 상담자의 주요 역할로서 가장 거리가 먼 것은?

① 학습의 적합한 장면의 구성
② 행동의 모범을 보이기
③ 의사소통의 통로를 열어주기
④ 지시자로서 집단에 참여하기
⑤ 전문가로서의 기능 수행

**정답** ④
**해설**
T-집단의 상담자는 일반적인 의미의 교사도 아니고, 토의 집단 상담자도 아니다. 그는 구체적인 학습 내용은 미리 결정하지도 않고 혹은 집단의 일을 지도하지도 않는다. 그러나 그는 또한 수동적이지도 않고 학습이 이루어지도록 돕기 위한 책임이 없는 것도 아니다. 그는 교사 혹은 집단상담자로서의 분명한 권위를 갖지는 않으나 그렇다고 완전한 하나의 집단원이 되지도 않는다.

**036** 다음에서 설명하고 있는 내용에 해당하는 것은?

> ○ T-집단의 집단상담자들이 기존의 인간관계 훈련 집단 모델의 한계점을 보완한 것이다.
> ○ 자신과 타인과의 의미 있는 만남과 접촉을 통해 인간관계에 대한 경험적 통찰과 학습 및 인간의 실존에 대한 자각을 강조한다.
> ○ '지금-여기'의 경험을 통해 집단성원들의 느낌이나 자각을 중심으로 자유롭고 솔직한 대화가 중요한 집단활동의 기제가 된다.

① 참만남집단　　　② T-집단　　　③ 상담집단
④ 자조집단　　　　⑤ 치료집단

**정답** ①
**해설**
참만남집단의 상담목표는 집중적인 고도의 친교적인 집단경험을 통해 타인과 더 친근감을 갖고 만날 수 있도록 도움으로써 이러한 집단경험을 통해 개인의 성장과 발전·변화를 목표로 한다.

**037** 구조화집단에 관한 설명으로 옳지 않은 것은?

① 한 회기는 매주 2시간 정도로 4~5주에서 한 학기 동안 지속된다.
② 구조화된 연습 과제를 통해 집단성원들로 하여금 문제를 인식하도록 한다.
③ 집단성원들이 특수한 기술을 개발할 수 있도록 돕기 위한 집단프로그램이다.
④ 구조화집단은 사람들이 특정 기술을 발전시키고 특정 주제를 이해하도록 돕는다.
⑤ 집단 초기에 집단성원들과의 면접을 통하여 그들이 다루고자 하는 특정 분야를 어떻게 극복하고 있는지 파악한다.

**정답** ⑤
**해설**
구조화집단은 집단 초기에 집단성원들에게 질문지를 제공하여 그들이 다루고자 하는 특정 분야를 어떻게 극복하고 있는지 파악한다.

**038** 구체적인 교육적인 목표를 가지고 집단원들의 집단에서의 '지금-여기'에서의 감정보다는 강의·교수 등의 구조화된 방법들을 활용하는 집단상담의 유형은?

① 참만남집단   ② 가이던스집단   ③ 상담집단
④ 치료집단    ⑤ 자조집단

**정답** ②
**해설**
* **가이던스집단(guidance group)**
 - 가이던스집단은 구체적인 교육적인 목표를 가지고 집단성원들의 집단에서의 '지금-여기'에서의 감정보다는 강의·교수 등의 구조화된 방법들을 활용한다.
 - 지도자에 의해 집단의 방향과 진행내용, 방법들이 사전에 계획되고, 구조화된 활동이 강조되며, 지도자는 교육자·촉진자의 역할을 담당한다.
 - 구조화된 집단(structured group)은 집단성원들로 하여금 특정한 주제에 대해 이해하고 기술을 개발하거나 생활에서 당면하는 적응문제의 해결에 도움이 되도록 일정한 주제·구조·내용을 가지고 진행하는 집단을 의미한다.

**039** 다음에서 설명하고 있는 것과 가장 관련 있는 집단은?

> ○ 집단원들을 대상으로, 성격의 분석 및 재구조화, 증상의 완화 등을 목적으로 장기집단의 형태로 운영된다.
> ○ 행동장애·정서장애·성격장애 등에 관한 집중적인 개입이 실시된다.

① 참만남집단　　② 가이던스집단　　③ 상담집단
④ 치료집단　　　⑤ 자조집단

**정답 ④**
**해설**
* **치료집단(therapy groups)**
  - 주로 병원이나 임상장면에서 신경증적 장애·성격장애·정신과적 장애 등의 문제를 가진 집단원들을 대상으로, 성격의 분석 및 재구조화, 증상의 완화 등을 목적으로 장기집단의 형태로 운영된다.
  - 집단에서 다루어지는 주제는 과거경험·무의식·성격·행동변화·임상적 증상 등이 포함되며, 행동장애·정서장애·성격장애 등에 관한 집중적인 치료와 개입이 실시된다.

**040** 참만남집단에 관한 설명으로 옳지 않은 것은?

① 참만남집단은 자신과 타인과의 보다 의미 있는 만남과 접촉을 강조한다.
② 참만남집단은 인간관계에 대한 경험적 통찰과 학습, 인간의 실존에 대한 자각을 강조한다.
③ 참만남집단은 집단원들의 느낌이나 지각을 중심으로 자유롭고 솔직한 대화가 중요한 집단활동의 기제가 된다.
④ 참만남집단은 집단원들로 하여금 특정한 주제에 대해 이해하고 기술을 개발하거나 생활에서 당면하는 적응문제의 해결에 도움이 되도록 일정한 주제·구조·내용을 가지고 진행하는 집단을 의미한다.
⑤ 참만남집단은 자신의 내적 가치·자기가능성 및 잠재력 등을 증진하는 효과를 가질 수 있다.

**정답 ④**
**해설**
④ 가이던스집단에 대한 설명이다.

**041** 참만남집단에 관한 설명으로 옳은 것은?

① 지도자에 의해 집단의 방향과 진행내용, 방법들이 사전에 계획되고, 구조화된 활동이 강조된다.
② 구조화된 소집단에서 집단성원 모두가 직접 참여하여 스스로의 목표를 설정한다.
③ 성장 중심의 집단의 참여자들에게 타인과의 교류능력을 개발하게 한다.
④ 집단성원들은 자신의 경험을 나누고 서로에게 충고·조언·정보제공·지지 및 격려 등을 나누며 삶에 대한 희망감을 가진다.
⑤ 집단에서 다루어지는 주제는 과거경험·무의식·성격·행동변화·임상적 증상 등이 포함된다.

**정답 ③**
**해설**
① 가이던스집단에 대한 설명이다.
② 참만남집단은 비구조화된 소집단에서 집단성원 모두가 직접 참여하여 스스로의 목표를 설정한다.
④ 자조집단에 대한 설명이다.
⑤ 치료집단에 대한 설명이다.

**042** 로저스(Rogers)의 인간중심상담에 관한 설명으로 옳지 않은 것은?

① 인간은 선(善)하기 때문에 스스로의 문제를 해결할 수 있다고 가정한다.
② 집단을 움직이게 하기 위해서 상담기법보다는 상담자의 태도를 중요시한다.
③ 집단상담자의 태도로 진실성, 무조건적 수용, 공감적 이해를 강조한다.
④ 집단을 조직하고 운영하는 특정한 규칙이나 절차는 없고, 회기에 대한 규칙을 만드는 것은 집단 참가자이다.
⑤ 인간의 자아상태를 현실적 자아, 이상적 자아, 도덕적 자아로 구분한다.

**정답 ⑤**
**해설**
인간중심상담에서 제시한 3가지 자아는 현실적 자아, 이상적 자아, 타인이 본 자아이다.

**043** 인간중심상담의 주요 기술에 해당하는 것을 모두 고른 것은?

> ㄱ. 동정 ㄴ. 진실성
> ㄷ. 해석 ㄹ. 공감

① ㄹ　　② ㄴ, ㄹ　　③ ㄷ, ㄹ
④ ㄱ, ㄴ, ㄹ　　⑤ ㄱ, ㄴ, ㄷ, ㄹ

정답 ②
해설
* **인간중심상담의 주요 기술**
  - 진실성(진지성, 일치성)
  - 무조건 수용
  - 공감적 이해

**044** 인본주의 철학을 배경으로 발전한 상담으로 인간의 본성에 대한 긍정적인 견해를 지니며, 개인의 성장과 변화를 조력하는 상담자의 비지시적인 태도를 강조하는 상담기법은?

① 인간중심 집단상담
② 현실요법 집단상담
③ 인지행동 집단상담
④ 교류분석 집단상담
⑤ 형태주의 집단상담

정답 ①
해설
인간중심상담은 인간의 잠재력과 가능성에 대한 신뢰를 바탕으로 로저스(C. Rogers)가 창시한 이론이다.

**045** 게슈탈트 집단상담에 관한 설명으로 옳지 않은 것은?

① 게슈탈트 집단상담은 상담자가 중심이 되어 한 번에 한 집단원의 문제를 집중적으로 다룬다.
② 집단상담은 개인의 행동에 영향을 미치는 인지적 요인을 중요하게 다루어 간다.
③ 게슈탈트 집단상담은 '왜'보다는 '어떻게'와 '무엇을'을 더 중요시한다.
④ 집단상담자의 역할을 기법들을 능숙하고 적절하게 사용하는 것이다.
⑤ 게슈탈트 집단상담은 '지금-여기'의 경험에 중점을 두고 그것에 대한 집단성원의 자각이 이루어지도록 돕는다.

**정답** ②
**해설**
② 인지행동적 집단상담에서 강조하는 내용이다.

*** 게슈탈트 집단상담**
– '집단 속의 개인상담'으로서 집단성원들 간의 상호작용에 초점을 두기보다는 상담자가 중심이 되어 한 번에 한 집단원의 문제를 집중적으로 다룬다.
– 집단에서 어떤 활동을 할 것이며 누구와 또 언제 그러한 상호작용이 이루어질 것인가가 대부분 집단상담자에 의해서 결정되고 인도된다.
– 집단성원의 '지금-여기'의 경험에 중점을 두고 그것에 대한 집단성원의 자각이 이루어지도록 돕는다.
– '왜'보다는 '어떻게'와 '무엇을'을 더 중요시한다.

**046** 게슈탈트 집단상담의 주요 개념에 해당하지 않는 것은?

① 분할주의　　　② 총체론　　　③ 장이론
④ 이미지 형성　　⑤ 체험확장

**정답** ①
**해설**
인간을 분할론적으로 접근하는 상담은 정신분석적 상담에 해당한다.

**047** 형태주의 집단상담이론에 관한 설명으로 옳지 않은 것은?

① 게슈탈트 심리학을 근간으로 하여 펄스(Perls)를 중심으로 발달한 상담이론이다.
② 집단상담자는 집단구성원 중 한 사람의 문제를 개별적으로 다루고 나서 다른 구성원의 문제를 다룬다.
③ 지도자는 해석이나 설명을 거의 사용하지 않으며 '지금-여기'에 초점을 둔다.
④ 집단성원은 갈등과 생활의 문제를 다룰 수 있는 능력도 지니고 있다고 본다.
⑤ 집단성원들은 자기각성을 위하여 여러 가지 기술·게임·활동 등을 스스로 책임지고 계획한다.

**정답 ⑤**
**해설**
집단상담자는 집단성원들의 자기각성을 위하여 여러 가지 기술·게임·활동 등을 책임지고 계획하고 지도한다.

**048** 다음 설명에 해당하는 게슈탈트 집단상담의 기법은?

○ 집단상담자가 설명한 후, 집단원 중에서 문제의 해결을 희망하는 사람을 집단상담자와 마주 보고 있는 빈 자리에 앉으라고 한다.
○ 희망한 집단원은 자기를 괴롭히는 어떤 구체적인 이야기하고 그 집단원과 집단상담자 사이에 어떤 결론에 도달했다고 느낄 때까지 그 문제에 대하여 공격적인 상호작용을 한다.

① 뜨거운 자리
② 차가운 자리
③ 차례로 돌아가기
④ 신체언어
⑤ 상상기법

**정답 ①**
**해설**
뜨거운 자리 기법을 적용할 때 모든 이야기는 현재의 감정 상태로 고쳐서 하며, 다른 집단성원들은 특별한 허락 없이는 그 집단성원과 집단상담자 간의 상호작용을 방해하지 않도록 한다.

**049** 인간의 인지와 정서와 행동 간의 역학관계 중 인지적 요인을 가장 중시하는 상담기법은?

① 개인심리적 상담모형
② 게슈탈트 집단상담모형
③ 합리적·정서적 행동치료모형
④ 의사교류 분석적 모형
⑤ 인간중심 집단상담모형

**정답 ⑤**
**해설**
* **합리적·정서적 행동치료모형**
  - 정서적 문제는 비합리적 신념에 기인하는 것이기 때문에 비합리적 신념을 합리적으로 대처하여 정서적 문제를 해결하고자 한다.
  - 능동적·지시적·설득적인 방법을 통해 집단성원의 비합리적 사고에 대하여 논박하거나 직접적으로 맞선다.
  - 상담 및 치료과정은 논리적이고 경험적인 사고원리에 의하여 합리적 행동으로 바뀌도록 돕는 것이다.

**050** 집단에게 적용할 수 있는 엘리스(Ellis)의 합리적 정서행동 치료에 관한 설명으로 옳지 않은 것은?

① 인간의 부적응적 행동은 비합리적이고 비논리적인 사고의 결과에서 생겨난 것이다.
② 비합리적 사고는 인간의 정서에 영향을 미치고 이것이 신경증적 행동의 결과로 나타난다.
③ 상담 및 치료과정은 논리적이고 경험적인 사고원리에 의하여 합리적 행동으로 바뀌도록 돕는 것이다.
④ ABCDE모형을 적용한 상담과정이 있다.
⑤ 자신과 타인과의 의사소통을 잘하기 위해 자신의 모든 자아상태를 고르게 활용할 수 있는 능력을 발달하도록 돕는다.

**정답 ⑤**
**해설**
⑤ 교류분석적 상담에서 강조하는 내용이다.
* **교류분석적 집단상담**
  - 집단성원들의 각자의 교류양식의 특성을 이해하도록 돕는다.
  - 의사소통 훈련을 통해 긍정적인 자아상태로의 변화를 유도하며, 개별 성원의 건강한 인성발달을 돕는다.
  - 집단성원 각 개인의 부적절한 생활각본을 버리고 건설적인 생활각본을 지니도록 돕는다.
  - 타인과의 의사소통을 잘하기 위해 자신의 모든 자아상태를 고르게 활용할 수 있는 능력을 발달하도록 돕는다.

**051** 의사교류 분석적 모형에 관한 설명으로 옳지 않은 것은?

① 타인과의 의사거래방식을 분석하여 의사거래의 질을 높일 수 있도록 조력하는 상담이다.
② 집단성원들이 개인의 부적절한 생활각본을 버리고 건설적인 생활각본을 지니도록 돕는다.
③ 행동의 동기로서 자극의 욕구는 일차적 욕구에 해당한다.
④ 인간의 자아를 부모 자아, 어른 자아, 어린이 자아의 세 가지 상태로 구분한다.
⑤ 구조분석은 생의 초기에 있어서 개인이 경험하는 외적 사태들에 대한 자신의 해석을 바탕으로 하여 결정한다.

**정답** ⑤
**해설**
* **생활각본분석**
생활각본(script)이란 생의 초기에 있어서 개인이 경험하는 외적 사태들에 대한 자신의 해석을 바탕으로 하여 결정·형성된 반응양식으로서 각 개인의 가장 기본적이고 사적 생활의 결정양식을 말한다.

**052** 현실치료적 접근모형과 관련이 없는 것은?

① 통제이론　　② 선택이론　　③ 생물학적 동기
④ 내담자의 책임강조　　⑤ 욕구달성

**정답** ③
**해설**
생물학적 동기를 강조하는 것은 정신분석적 상담이론에 해당된다.

* **현실치료적 집단상담**
  – 실존주의적·현상학적 관점으로 접근하는 이론이다.
  – 인간은 욕구와 바람을 달성하도록 동기화되어 있고 욕구 충족을 위해 환경을 통제할 수 있다고 가정한다(선택이론/통제이론).
  – 행동하기, 생각하기, 느끼기 그리고 생물학적 행동으로 구성되어 있는 인간행동의 목적을 강조한다.
  – 집단상담의 목표는 집단성원의 바람직한 방법으로 욕구를 달성할 수 있도록 돕는 것이다.

**053** 행동주의적 집단상담에 관한 설명으로 옳지 않은 것은?

① 집단성원의 적응 행동과 부적응 행동은 모두 학습된 것으로 가정한다.
② 집단상담자는 적극적으로 가르치고, 미리 결정된 활동절차에 따라 집단이 진행되도록 이끈다.
③ 부적응 행동은 재조건화에 의해 수정 가능하다고 본다.
④ 집단상담에 모방에 의한 사회적 학습 또는 관찰학습이론을 효과적으로 적용한다.
⑤ 집단성원들의 행동양식과 정서과정이 집단장면에서 검토되고 생산적인 방향으로 수정한다.

**정답** ⑤
**해설**
집단성원들의 행동양식과 인지과정을 검토한다.

**\* 행동주의적 상담**
- 적응 행동과 부적응 행동은 모두 학습된 것이며, 새로운 학습을 통해 수정 가능하다고 본다.
- 적응 행동의 강화와 부적응 행동의 약화를 통해 행동의 바람직한 수정을 도모한다.
- 집단상담자는 집단성원의 구체적인 문제를 제거하는 동시에 생산적인 행동 및 바람직한 인간관계를 증진하도록 돕는다.
- 집단성원들의 행동양식과 인지과정이 집단장면에서 검토되고 생산적인 방향으로 수정됨으로써 집단성원들의 사회적 기능을 증진시킨다.
- 행동주의 집단상담은 교육으로 간주되므로 집단상담자는 교사의 역할을 수행한다.

**054** 행동주의 집단상담에 관한 설명으로 옳지 않은 것은?

① 강화를 통한 학습의 효과를 높이려면 내담자가 바람직한 행동을 한 후 즉시 강화를 해야 한다.
② 부적 강화는 내담자가 바람직하지 못한 행동을 한 후, 혐오적인 성질을 띤 강화물을 제공하는 것이다.
③ 행동조형이란 내담자가 한 번도 해 본 적이 없는 새로운 행동을 가르치는 것이다.
④ 학습된 행동을 유지시키기 위해서는 연속강화보다 부분강화가 더 효과적이다.
⑤ 프리맥원리, 토큰법, 모델링 등의 기법을 활용한다.

**정답** ②
**해설**
어떤 행동을 한 후 혐오적인 성질을 띤 것을 제공하는 것은 처벌(수여성 벌)이다. 강화란 바람직한 행동의 빈도를 높이고자 하는 것으로, 부적 강화는 어떤 행동을 한 후 혐오적인 것을 제거함으로써 바람직한 행동의 빈도를 높이는 방법이다.

**055** 심리극의 특징으로 옳지 않은 것은?

① 자발성과 행동성을 중시하여 갈등을 말보다는 행동으로 직접 표현하여 드러내도록 하는 기법이다.
② 어린아이들이나 정신질환자 같이 언어표현을 잘하지 못하는 사람들에게 효과적인 방법이다.
③ 심리극에서는 역할에 맞는 의상과 무대장치가 필요하지 않다.
④ 심리극의 구성요소는 주인공, 연출가, 보조자아, 관객, 무대이며 집단상담자가 주인공의 역할을 한다.
⑤ 보조자아는 주인공이 행동에 정정을 요구하면 그 즉시 행동을 바꾸어야 한다.

정답 ④
해설
심리극의 주인공은 특정 인물이 고정되어 있는 것이 아니라, 모임에 참석한 사람들 중 상황에 맞게 정해진다.

* **심리극의 특징**
  – 어떤 역할을 각기 하고 있는 타인들의 도움을 받아 문제 상황을 행동으로 드러내 보이는 활동과정 중에 자신에 대한 새로운 이해, 새로운 느낌, 새로운 통찰을 얻게 됨으로써 문제를 치료하는 다양한 활동기법이다.
  – 근본적으로 심리극의 이론은 개인의 행동에 대한 자기 자신의 지각을 통해서 혹은 타인의 관찰 및 논평을 통해서 자신에 대해 더 많이 알도록 할 목적으로 자발적인 방식으로 행동하고 생각하고, 느끼도록 하는 시도이다.
  – 심리극은 자발성과 행동성을 중시하며 모임에 참석한 대상 중 한명이 극의 주인공이 되어 개인의 자아와 내면의 문제에 관하여 살펴보고 이를 좀 더 발전적이고 건설적인 에너지로 바꾸고자 한다.
  – 상담치료와는 달리 행동을 함께 함으로써 개인의 행동하고 싶은 욕구를 충족시키고, 말만으로는 할 수 없는 개인의 감정이나 의식을 더 효율적으로 표현할 수 있도록 요구한다.
  – 상담치료가 불가능한 언어장애인, 정신질환자, 아동의 심리치료에도 효과적이다.

**056** 심리극에 관련된 주요 개념으로 적절하지 않은 것은?

① 독백
② 자발성과 창조성
③ 잠재력과 죄의식
④ 역할연기
⑤ 새로운 행동연습

정답 ③
해설
잠재력과 죄의식은 실존주의적 상담의 주요 개념으로, 인간은 자신의 능력을 평가하는 과정에서 불안을 느낀다는 것이다.

**057** 심리극의 기법에 관한 설명으로 옳은 것은?

① 자아표현기법 – 주인공의 심리적인 쌍둥이가 되어 그의 내면의 소리로 숨겨진 생각, 관심, 감정 등을 드러내어 주인공이 다시 이것을 충분히 표현할 수 있도록 한다.
② 빈 의자 기법 – 주인공이 어떤 장면을 연기하고 있으면서 일상적으로 혼자서 말하지 않는 때의 머릿속에 떠오르는 생각이나 느낌을 말하도록 하는 것이다.
③ 빈 의자 기법 – 세분화된 이중자아로서 각 보조자아는 주인공의 전인격의 한 부분으로서 연기한다.
④ 거울기법 – 주인공은 관중석에 앉아 있고 보조자아가 주인공의 역할을 하면서 그 행동방식, 다른 사람의 눈에 비친 모습을 무대 위에서 연기하여 본인에게 보여준다.
⑤ 이중기법 – 어떤 장면이나 상황에서의 결정적인 순간에 두 사람 사이의 역할을 서로 바꾸게 한다.

**정답** ④
**해설**
① 이중자아기법에 관한 설명이다.
② 독백에 관한 설명이다.
③ 다중자아기법에 관한 설명이다.
⑤ 역할전환에 관한 설명이다.

**058** 심리극의 구성요소에 해당하는 것을 모두 고른 것은?

| ㄱ. 연출자 | ㄴ. 보조자아 |
| --- | --- |
| ㄷ. 관객 | ㄹ. 무대 |

① ㄴ, ㄷ      ② ㄱ, ㄴ, ㄷ      ③ ㄱ, ㄴ, ㄹ
④ ㄴ, ㄷ, ㄹ      ⑤ ㄱ, ㄴ, ㄷ, ㄹ

**정답** ⑤
**해설**
심리극의 구성요소는 주인공, 연출자, 보조자아, 관객, 무대 등이다.

059 집단역동의 구성요소에 해당하는 것을 모두 고른 것은?

ㄱ. 의사소통과 상호작용   ㄴ. 집단규범
ㄷ. 집단응집력           ㄹ. 사회적 통제

① ㄱ, ㄷ
② ㄱ, ㄴ, ㄷ
③ ㄱ, ㄷ, ㄹ
④ ㄴ, ㄷ, ㄹ
⑤ ㄱ, ㄴ, ㄷ, ㄹ

정답 ⑤
해설
* 집단역동의 구성요소
 - 의사소통과 상호작용
 - 집단규범
 - 집단응집력
 - 사회적 통제
 - 집단문화

060 아동 집단상담의 목적으로 적절하지 않은 것은?

① 아동의 자기이해, 자기수용 및 자기관리 능력의 습득
② 아동의 개인적 관심사에 대한 주관적인 검토를 통한 조력
③ 집단생활 능력과 바람직한 대인관계 기술의 습득
④ 자유로운 감정의 표현과 발산방법 습득
⑤ 일상생활에서 나타나는 문제의 해결을 위한 실천적 행동의 습득

정답 ②
해설
아동상담의 아동 개인의 관심사에 대한 객관적인 검토를 한다.

**061** 청소년 집단상담의 집단역동과 관계있는 것을 모두 고른 것은?

> ㄱ. 이기심　　　　　　　ㄴ. 대인관계 학습
> ㄷ. 모방행동　　　　　　ㄹ. 특수성

① ㄱ, ㄹ　　　② ㄴ, ㄷ　　　③ ㄱ, ㄴ, ㄷ
④ ㄴ, ㄷ, ㄹ　　⑤ ㄱ, ㄴ, ㄷ, ㄹ

**정답 ②**
**해설**
집단역동에는 이기심이 아니라 이타심, 특수성이 아니라 보편성이 포함된다.

**062** 청소년 집단상담에서 주로 다루는 내용으로 적절하지 않은 것은?

① 성적 갈등　　② 자존감 회복　　③ 학습장애
④ 자아 발견과 진로결정　　⑤ 탈자기중심

**정답 ③**
**해설**
* **청소년 집단상담의 특성**
  - 자존감 회복
  - 성적 갈등의 해소
  - 외로움과 고립감의 극복
  - 탈자기중심
  - 자아의 발견과 진로결정

**063** 집단상담의 과정에 관한 설명으로 옳지 않은 것은?

① 집단준비단계, 참여단계, 과도기적 단계, 작업단계, 종결단계, 추수작업 등의 단계가 있다.
② 준비단계는 집단상담에 대하여 구조화하는 단계이다.
③ 종결단계는 해결되지 않은 주제를 마무리하고 앞으로 개인의 성장을 위해 어떻게 살 것인가를 전망하는 활동이 전개된다.
④ 과도기적 단계는 집단성원들이 집단장면과 다른 집단원에 대하여 부정적인 정서적 반응을 나타내는 것으로 특징지어진다.
⑤ 추수작업단계는 집단에 응집력이 생기고 생산적인 활동이 이루어지는 시기이다.

**정답 ⑤**
**해설**
⑤ 작업단계에 관한 내용이다.

**064** 집단상담의 진행단계를 순서대로 옳게 나열한 것은?

① 참여단계 → 과도기적 단계 → 작업단계 → 종결단계
② 참여단계 → 작업단계 → 과도기적 단계 → 종결단계
③ 과도기적 단계 → 참여단계 → 작업단계 → 종결단계
④ 시작단계 → 생산단계 → 갈등단계 → 응집단계 → 종결단계
⑤ 시작단계 → 갈등단계 → 생산단계 → 응집단계 → 종결단계

**정답 ①**
**해설**
* **집단상담의 과정**
  - 탐색단계(참여단계): 집단의 분위기를 형성하는 단계로, 집단에 참여하게 된 목적을 분명하게 하고 구성원들 간에 서로 소개한다. 상담자는 구성원들이 친숙하게 되도록 도와주어야 한다.
  - 과도기적(변화) 단계: 구성원으로 하여금 집단에 참여하는 과정에서 일어나는 망설임, 저항, 방어 등을 자각하고 정리하도록 도와주는 단계이다. 상담자는 구성원들이 자기 자신과 타인을 받아들이고 이해하게 하여 줌으로써 구성원들의 성장을 돕는다.
  - 작업단계: 집단상담의 핵심단계로 구성원들이 자신의 구체적인 문제를 활발히 논의하며, 바람직한 관점과 행동방안을 모색하는 과정이다. 구성원들이 자기의 행동을 변화시켜 구체적 행동을 한다.
  - 종결단계: 상담자와 구성원들은 집단과정에서 배운 것을 미래의 생활에 어떻게 적용할 것인가를 생각하게 한다. 상담자는 구성원들에게 앞으로의 행동 방향에 대해 주의를 기울이도록 상기시킨다.

**065** 집단상담의 발달과정에서 참여단계에 관한 설명으로 옳은 것은?

① 상담자가 구성원들에게 앞으로의 행동 방향에 대해 주의를 기울이도록 하는 단계이다.
② 집단 성원들이 자신의 구체적인 문제를 활발히 논의하는 단계이다.
③ 참가자들의 망설임, 저항, 방어 등을 자각하고 정리하도록 도와주는 단계이다.
④ 집단에 참여하게 된 목적을 분명히 밝히는 단계이다.
⑤ 구성원들이 자기의 행동을 변화시켜 구체적 행동을 하는 단계이다.

**정답** ④
**해설**
① 종결단계에 관한 설명이다.
② 작업단계에 관한 설명이다.
③ 과도기적 단계에 관한 설명이다.
⑤ 작업단계에 관한 설명이다.

**066** 집단상담의 발달과정에서 과도기적 단계에 관한 설명으로 옳지 않은 것은?

① 참여단계와 과도기적 단계가 명확히 구분되지는 않는다.
② 참여단계에서 생산적인 작업단계로 넘어가는 과도기적 과정이다.
③ 집단지도자의 개입이 중요하지 않은 단계이다.
④ 집단성원 간에는 여러 가지 상충되는 의견이 나오게 되므로 상호 간에 갈등 또는 책임전가의 현상이 나타난다.
⑤ 집단지도자가 집단성원들의 저항과 방어에 즉각적으로 개입하여 이를 해결하기 위한 지지와 도전을 제공하여야 하는 단계이다.

**정답** ③
**해설**
과도기적 단계에서는 집단지도자는 집단성원들의 저항과 방어에 즉각적으로 개입하여 이를 해결하기 위한 지지와 도전을 제공하여야 한다.

**067** 집단상담에서 과도적 단계의 특징으로 옳은 것은?

① 상담자와 구성원들은 집단과정에서 배운 것을 미래의 생활에 어떻게 적용할 것인가를 생각하게 한다.
② 상담자가 구성원들이 자기 자신과 타인을 받아들이고 이해하게 하여 줌으로써 구성원들의 성장을 돕는다.
③ 집단의 구조를 결정하고 집단규범을 정한다.
④ 구성원들이 자신의 구체적인 문제를 활발히 논의하며, 바람직한 관점과 행동방안을 모색하는 과정이다.
⑤ 집단과정이 각 개인에게 주었던 영향을 평가한다.

**정답 ②**
**해설**
①, ⑤ 종결단계에 관한 설명이다.
③ 참여단계에 관한 설명이다.
④ 작업단계에 관한 설명이다.

**068** 집단상담의 작업단계에서 집단상담자의 역할에 해당하지 않는 것은?

① 집단성원이 지니고 있던 부정적 감정을 정화할 수 있도록 조력한다.
② 집단성원의 자기개방을 도와 집단성원 상호 간에 동료의식을 느끼도록 한다.
③ 자기노출, 피드백, 맞닥뜨림의 기술을 활용한다.
④ 집단의 문제해결을 위하여 집단성원들이 자유롭게 대안을 제시할 수 있도록 유도한다.
⑤ 집단성원들이 집단상담 과정에서 배운 내용들을 일상생활에서 유효하게 적용할 수 있도록 도와야 한다.

**정답 ⑤**
**해설**
⑤ 종결단계에서의 역할에 해당한다.

**069** 집단상담의 종결단계에 관한 설명으로 옳지 않은 것은?

① 이 단계에 도달하면 집단성원 각자는 자신의 문제를 해결하게 되어, 자기 노출이 더욱 적극적으로 증가되는 경향을 나타난다.
② 집단지도자는 상담의 종결에 따른 집단성원들의 감정을 다루며 해결되지 못한 문제들을 정리해야 한다.
③ 집단상담의 집단지도자가 집단성원들과 함께 진행되어 온 집단과정을 반성해 본다.
④ 집단상담자와 집단성원들은 집단과정에서 배운 것을 미래의 생활장면에 어떻게 적용할 것인가를 생각해야 한다.
⑤ 종결해야 할 시간이 가까워지면, 집단 관계의 종결이 다가오는 데 대한 집단성원들의 느낌을 토의하는 것이 필요하다.

**정답** ①
**해설**
* **종결단계**
  - 집단성원이 집단에서 바람직하지 못한 행동을 버리고 새로운 행동형을 학습하므로 소기의 목적을 달성했을 때, 그 집단은 종결의 단계에 이른다.
  - 이 단계에 도달하면 집단성원 각자는 자신의 문제를 해결하게 되어, 자기 노출이 감소되는 경향을 나타내며, 한편으로는 이제까지 맺어 온 깊은 유대관계에서 분리되어야 하는데 하는 아쉬움으로 착잡한 느낌을 경험하게 된다.

**070** 집단상담의 종결단계에서 다루어야 할 내용으로 적절하지 않은 것은?

① 분리감정 다루기
② 미해결 문제 다루기
③ 집단경험 뒤돌아보기
④ 배운 것을 실생활에 옮기는 지침
⑤ 집단성원의 소속감 확인

**정답** ⑤
**해설**
⑤ 작업단계에서 다루어야 할 내용이다.

**071** 집단상담의 시작단계에서 집단상담자의 역할에 해당하지 않는 것은?

① 편안한 분위기 조성
② 집단성원의 생각과 감정 표현 유도
③ 희망감 고취
④ 저항과 방어에 즉각적인 개입
⑤ 수용적 태도

**정답** ④
**해설**
저항과 방어에 즉각적인 개입은 갈등단계의 내용에 해당한다. 집단상담의 시작단계에서 집단상담자는 집단성원들이 자유롭게 자신의 생각과 감정을 표현하도록 유도하며, 편안한 분위기에서 존중과 공감적 수용의 태도를 학습하도록 도와야 한다.

**072** 집단상담에서 종결단계에 관한 설명으로 옳지 않은 것은?

① 상담자와 내담자는 양가감정을 경험한다.
② 집단성원들이 자신의 문제를 해결하게 됨으로써 자기노출을 줄인다.
③ 이제까지 유지되어 온 유대관계에서 분리를 해야 하므로 아쉬움을 경험한다.
④ 추수집단 모임을 결정할 필요가 있다.
⑤ 집단성원들은 집단상담자의 집중적 지도성에서 벗어나 분산적 지도성의 패턴을 보인다.

**정답** ⑤
**해설**
⑤ 작업단계의 내용에 해당한다.

**073** 리더십의 구성요소에 해당하는 것을 모두 고른 것은?

> ㄱ. 타협성　　　　　　　　ㄴ. 관대성
> ㄷ. 융통성　　　　　　　　ㄹ. 창의성

① ㄱ, ㄴ, ㄷ　　② ㄱ, ㄴ, ㄹ　　③ ㄱ, ㄷ, ㄹ
④ ㄴ, ㄷ, ㄹ　　⑤ ㄱ, ㄴ, ㄷ, ㄹ

정답 ②
해설
* 지도성의 요소
　- 지속성
　- 타협성
　- 창의성
　- 관대성
　- 시간관리

**074** 다음에서 설명하고 있는 리더십 이론은?

> ○ 이 세상에는 지도자와 추종자로 구분될 수 있는 두 종류의 사람들이 있다.
> ○ 지도자는 성실성, 용기, 상상력, 신뢰성, 통찰력, 지능, 주도성, 사교성 등을 지니고 있다.

① 행동이론　　② 카리스마이론　　③ 상황이론
④ 특성이론　　⑤ 우발성이론

정답 ④
해설
* 특성이론
　- 초기 지도성 연구의 접근방법으로, 지도자가 가진 특성을 중심으로 지도성을 연구하는 심리학적 접근방법이다.
　- 특성론자들은 이 세상에는 지도자와 추종자로 구분될 수 있는 두 종류의 사람들이 있어서 지도자는 추종자가 소유하고 있지 않은 특성을 가지고 있고, 그러한 특성을 소유하고 있는 지도자는 어느 집단이나 상황에서도 유능한 지도자가 될 수 있다고 가정하였다.
　- 지도자의 자질과 특성을 연구한 사람들은 각기 다양한 지도자의 특성을 제시하고 있는데, 이들이 제시한 지도자의 특성은 성실성, 용기, 상상력, 신뢰성, 통찰력, 지능, 주도성, 사교성 등이다.
　- 지도자는 어떤 특성을 구비해야 한다고 보고 그것을 구비한 자는 어떤 집단이나 상황 아래서도 지도자가 된다고 보는 입장이다.

**075** 변혁적 리더십 이론에 관한 설명으로 옳은 것은?

① 지도성 이론에서 상황이론은 변혁지향적 리더십 이론에 속한다.
② 구성원 각자가 스스로를 이끌 수 있도록 만드는 리더십을 말한다.
③ 지도자가 구성원들의 조직문제에 대한 인지수준을 끌어올리기 위해 노력한다.
④ 지도자가 조직의 성과를 향상시키기 위해 구성원이 원하는 다양한 보상을 제공한다.
⑤ 지도자의 모범적 성격, 예외적 신성성, 영웅적 자질을 바탕으로 한 헌신에 권위를 둔 것이다.

> **정답 ③**
> **해설**
> 변혁적 지도성은 지도자가 구성원들에게 자신에게 기대하는 것 이상의 성과를 달성하도록 동기를 유발시켜 구성원들이 특정 결과에 더 많은 노력과 높은 조직헌신성을 발휘하게 한다. 그뿐만 아니라 지도자는 구성원들에게 자신감을 심어 줌으로써 높은 성과를 달성할 수 있다는 기대감을 상승시켜 준다. 이러한 기대감의 상승은 구성원들의 의식을 변화시켜 조직문화가 변화되어 달성에 대한 의지가 더욱 확고해져서 기대 이상의 성과를 달성하게 된다는 것이다.

**076** 리더십에 관한 설명으로 옳은 것은?

① 아이오와 대학의 지도성 연구는 지도자의 행위 유형이 집단의 태도와 생산성에 미치는 영향을 분석하여 지도성 유형을 전제형·민주형·자유방임형으로 분류하였다.
② 오하이오 주립대학의 지도성 연구는 지도성을 과업(직무) 중심 감독자와 종업원 중심 감독자로 구분하여 측정하였다.
③ 미시간 대학의 지도성 연구는 지도자의 과업 중심 차원과 인화 중심 차원으로 구분하여 측정하였다.
④ 우발성 이론은 지도자로서의 일정한 자격이나 특성의 중요성을 인정하면서도 지도자가 나타나게 되는 상황을 분석하여 지도성을 설명한다.
⑤ 카리스마 이론은 지도자와 구성원이 서로의 동기유발 수준을 높여 주며, 보다 원대한 목표를 달성해야 한다는 의식을 제고시켜 준다.

> **정답 ①**
> **해설**
> ② 미시간 대학의 지도성 연구에 관한 설명이다.
> ③ 오하이오 연구에 관한 설명이다.
> ④ 상황이론에 관한 설명이다.
> ⑤ 변혁적 지도성 이론에 관한 설명이다.

**077** 다음 대화에서 두 교장선생님이 공통적으로 적용하고 있는 지도성 이론은?

> 김 교장: 요즘 우리 학교 선생님들은 인화를 강조하는 저의 지도방식에 대해 불만을 가지고 있습니다. 이 때문에 저는 선생님에게 교사로서의 과업을 강조하는 지도성을 발휘하려 애쓰고 있습니다.
> 박 교장: 우리 학교 선생님들은 전반적으로 성숙도 수준이 매우 높은 것으로 판단됩니다. 그래서 저는 요즘 위임적인 지도성을 발휘하려고 노력하고 있습니다.

① 특성이론  ② 행위이론  ③ 우발성 이론
④ 상황이론  ⑤ 변혁적 이론

**정답 ④**
**해설**
* **상황이론**
  - 지도자로서의 일정한 자격이나 특성의 중요성을 인정하면서도 지도자가 나타나게 되는 상황을 분석하여 지도성을 설명하려는 사회학적 접근방법이다.
  - 지도자의 내면적인 인성적 특성보다는 현실적으로 지도자가 처해 있는 사회적 상황, 즉 조직의 구조와 기능, 집단의 성격과 목적, 구성원의 태도와 욕구 등을 파악하고 그것들과 지도자와의 관계를 밝힘으로써 지도성을 이해하려고 한다.
  - 지도성은 집단 현상이기 때문에 상황에 따라 다양하게 나타날 뿐만 아니라 심지어 같은 상황에서도 시간차에 따라 달라진다.
  - 우발성 이론에 영향을 주었다.

**078** 집단상담자의 역할에 관한 설명으로 옳지 않은 것은?

① 집단상담자는 집단성원 개인의 정보를 보호하고 비밀을 보장한다.
② 집단상담자는 집단 규준의 발달을 돕는다.
③ 집단상담자는 집단성원들의 문제해결을 위해 조력한다.
④ 집단상담자는 집단의 방향을 설정하기 위해 집단성원에게 지시한다.
⑤ 집단상담자는 집단 활동의 시작과 종결을 돕는다.

**정답 ④**
**해설**
집단의 방향 설정은 집단상담자와 집단성원이 함께 설정하는 것이지 집단상담자가 일방적으로 지시하는 것은 아니다.

**079** 집단상담자의 인간적 자질과 가장 거리가 먼 것은?

① 용기
② 인간에 대한 관심
③ 끈기
④ 자신의 성격에 대한 이해
⑤ 유머감

**정답** ④
**해설**
상담자 자신의 가치관, 신념, 기대, 사고과정 및 여러 가지 성격 특성에 관한 객관적 분석과 이해는 집단상담자의 '전문적' 자질에 해당된다.

* **집단상담자의 인간적 자질(이형득, 1979)**
  - 인간에 대한 선의와 관심
  - 자신에 대한 각성
  - 용기
  - 창조적 태도
  - 끈기
  - 유머감

**080** 집단상담자의 전문적 자질과 가장 거리가 먼 것은?

① 자신에 대한 각성
② 철학적 사상에 관한 이해
③ 상담이론에 대한 연구
④ 개인적 상담이론의 개발
⑤ 자신의 가치관에 대한 이해

**정답** ①
**해설**
자신에 대한 각성은 상담자의 '인간적' 자질에 해당된다.

* **상담자의 전문적 자질**
  - 상담자 자신의 가치관, 신념, 기대, 사고과정 및 여러 가지 성격 특성에 관한 객관적 분석과 이해
  - 자신이 처한 시대적 배경, 문화적·사회적 경향과 지배적인 철학적 사상들에 관한 정확한 이해
  - 여러 기존의 상담이론들에 대한 철저한 연구
  - 자신의 개인적 상담이론의 개발

**081** 집단에서 자신의 내면적인 세계를 개방하기보다는 지적인 토론을 벌이는 현상은?

① 역사가 출현 ② 독점 ③ 의존하기
④ 동일시 ⑤ 주지화

> **정답** ⑤
> **해설**
> ① 역사가 출현: 집단에서 옛날에 일어났던 일 또는 떠난 사람에 대해 이야기하는 것 등이다.
> ② 독점: 한 사람이 타인의 이야기를 듣지 않고 자신의 이야기만 하거나 집단을 주도하는 것을 의미한다.
> ③ 의존하기: 집단 초기에 집단성원은 상담자가 자신들에게 무엇인가를 지시하고 문제를 해결해 주기를 기대하는 현상이 자주 나타난다.
> ④ 지도자 동일시: 특정 집단성원이 상담자의 역할을 맡아 다른 집단성원에게 질문하고 충고하는 현상이다.

**082** 집단성원 선정 시 고려사항에 해당하는 것을 모두 고른 것은?

| ㄱ. 집단의 목표 | ㄴ. 집단의 유형 |
| ㄷ. 집단의 역할 | ㄹ. 집단의 크기 |

① ㄴ, ㄹ ② ㄱ, ㄴ, ㄷ ③ ㄱ, ㄷ, ㄹ
④ ㄴ, ㄷ, ㄹ ⑤ ㄱ, ㄴ, ㄷ, ㄹ

> **정답** ⑤
> **해설**
> 집단성원을 선정할 때에는 집단의 목표, 유형, 크기, 역할, 성별, 연령, 과거 배경, 성격 등을 고려해야 한다.

**083** 효과적인 집단상담을 위한 집단의 장소 및 분위기에 관한 설명으로 옳지 않은 것은?

① 집단을 실시하는 장소의 위치와 크기는 집단성원의 구성요인과 상담목적에 따라 다를 수 있다.
② 집단 상담실은 심리적인 안정감을 줄 수 있고 아늑한 곳이어야 한다.
③ 집단 상담실은 집단성원들의 자유로운 신체적 활동을 할 수 있는 규모가 되어야 한다.
④ 집단상담의 장소는 상담의 목적에 따라 폐쇄적 장소 또는 개방적 장소로 할 수 있다.
⑤ 집단상담에서 보조적인 기재를 사용할 경우에는 집단성원의 동의를 받아야 한다.

**정답 ④**
**해설**
효과적인 집단상담을 위해서 상담의 장소는 폐쇄형인 것이 바람직하다.

**084** 집단의 크기에 관한 설명으로 옳지 않은 것은?

① 집단성원의 연령에 따라 집단의 크기가 달라질 수 있는데 나이가 어릴수록 많은 수의 구성원이 효과적이다.
② 집단의 크기는 모든 집단성원이 원활하게 상호작용을 할 수 있는 규모여야 한다.
③ 집단의 규모는 상담의 목적에 따라 다르지만 일반적으로 7~8명 정도가 이상적이다.
④ 인지적 활동에 관여하거나 정서적 활동에 관여하는 것과 집단의 규모는 관련이 있다.
⑤ 집단의 규모가 너무 크면 집단성원 중 일부가 집단과정에 참여할 수 없게 될 수 있으므로 적절한 규모가 중요하다.

**정답 ①**
**해설**
집단성원의 연령에 따라 집단의 크기가 달라질 수 있는데 나이가 어릴수록 적은 수의 구성원이 효과적이다.

**085** 청소년 집단상담의 장점으로 옳지 않은 것은?

① 청소년들의 자신의 독특성에 대한 자의식을 형성하게 된다.
② 상담자가 제공하는 안전한 구조 속에서 독립적 행동을 연습한다.
③ 개인상담 시 성인과의 관계에서 오는 불편감을 감소시켜 준다.
④ 집단성원들의 자아 강도를 높일 수 있는 기회를 제공한다.
⑤ 감정이입, 존중, 상대방에 대한 관심 등 새로운 사회적 기술을 연습시킨다.

**정답** ①
**해설**
청소년들의 '자신만이 특이하다'는 생각에 대하여 또래집단에서 감정과 경험을 나눔으로써 도전의식을 제공한다.

**086** 청소년 집단 구성에 관한 설명으로 옳지 않은 것은?

① 집단성원을 구성할 때 가능한 경우 연령의 범위를 제한하는 것이 바람직하다.
② 집단성원의 개인적 친밀함은 오히려 집단과정에서 자기 개방을 방해할 수도 있다.
③ 비슷한 취미로 형성된 동아리는 집단상담의 효과적인 구성원이 될 수 있다.
④ 15세 이전의 청소년들의 경우 동성집단보다는 혼성집단이 더 바람직하다.
⑤ 심각한 행동장애가 있는 경우 동성집단이 혼성집단보다 더 바람직하다.

**정답** ④
**해설**
15세 이전의 청소년(아동)의 경우에는 동성집단이 상담에 더 효과적이다.

**087** 폐쇄집단의 특징으로 옳지 않은 것은?

① 집단성원 간 응집력이 매우 높다.
② 집단성원의 역할행동에 대한 예상이 가능하다.
③ 대개의 학교상담에서 취하는 집단형식이다.
④ 집단과정에서 자원의 활용과 피드백이 제한될 수 있다.
⑤ 새로운 성원의 참여로 집단과업 과정이 방해될 수 있다.

**정답 ⑤**
**해설**
⑤ 개방집단에 관한 설명이다.

**088** 집단상담에서 집단훈련의 시간적 집중성을 강조하며 24시간이나 48시간 동안 집중적으로 활동하는 집단에 해당하는 것은?

① T-집단  ② 마라톤 집단  ③ 구조화 집단
④ 가이던스 집단  ⑤ 인간중심 집단

**정답 ②**
**해설**
* **스톨러(Stoller) 모형(마라톤 참만남집단)**
 - 집단훈련의 시간적 집중성을 강조하며 24시간이나 48시간 동안 집중적으로 활동하는 집단이다.
 - 시간적 집중성과 참가자의 피로가 집단원이 기존에 지니고 있던 역할가면을 벗겨주어 있는 그대로의 자신을 드러내 주는 개인발달의 촉진제가 된다고 본다.
 - 집단상담자는 행동의 모범을 보이고, 설명을 통해 집단활동을 돕고, 신뢰감을 높일 수 있는 분위기를 조성한다.

**089** 집단상담을 진행하는 기간에 관한 설명으로 옳지 않은 것은?

① 집단상담자는 집단상담을 시작하기 전에 미리 그 기간을 분명히 하고 종결시기도 명시해야한다.
② 집단상담자가 집단의 빈도와 시간을 미리 설정하는 것은 상담과정의 유연성을 저해하므로 바람직하지 않다.
③ 집단기간의 설정은 연령별로 다르게 하는 것이 바람직하다.
④ 집단과정의 기간은 상담의 목적에 따라 몇 년 동안 지속되는 경우도 있다.
⑤ 집단상담자가 집단의 기간을 명료화하는 것은 집단성원의 참여도와 관련이 있다.

**정답 ②**
**해설**
집단상담자는 상담을 시작하기 전에 상담과정에 대한 구조화를 통해 집단의 기간을 분명히 명시하면 집단과정에 대한 집단성원의 참여를 활성화하여 상담의 효과를 증진시킬 수 있다.

**090** 다음 상황에서 집단지도자의 반응으로 옳은 것은?

> 행동장애를 지닌 청소년의 문제해결능력 증진을 위해 집단을 8회기로 계획하였다. 집단성원 중 한명이 지금까지 참여한 것만으로도 도움이 되었기 때문에 앞으로 참여하지 않아도 될 것 같다고 종결의 의사를 표현하였다.

① 집단의 회기가 남아있기 때문에 프로그램의 영향을 평가하기에 미흡하므로 거절한다.
② 집단과정에서의 평가를 즉각적 실시하여 결론을 도출한다.
③ 상담 초에 구조화된 회기까지 참여 후, 상담 효과에 대해 논의하자고 한다.
④ 종결의 시점이 아니어도 내담자가 이미 도움이 된다고 하였기 때문에 종결을 수락하는 것이 좋다.
⑤ 집단성원이 좌절하지 않을 정도의 거절 의사를 표현하고 상황을 설명한다.

**정답 ④**
**해설**
상담의 종결은 상담자와 내담자 모두에 의해서 실시될 수 있다. 처음 계획한 대로 상담을 진행하는 것이 좋으나 상담의 회기를 채우지 않고 조기 종결을 하게 될 경우에는 종결에 대해 신중하게 결정을 해야 한다. 내담자가 조기 종결을 원하는 경우 가급적 이를 허용하고, 집단활동에 대한 계속적인 참여결정은 내담자의 선택을 존중한다.

**091** 집단상담에서 공동지도력의 장점에 관한 설명으로 옳지 않은 것은?

① 1인 집단지도자가 실시하는 것보다 경제적이다.
② 공동지도자끼리 상호작용을 함으로써 집단성원들에게 시범을 보일 수 있다.
③ 지도자의 소진을 방지할 수 있으며 초심자 훈련에 효과적인 방법이다.
④ 한 지도자가 집단에 참석하지 못할 때 다른 지도자가 집단을 지도할 수 있다.
⑤ 갈등이 생겼을 때 집단성원들에게 적절한 갈등해결방법을 보여 줄 모델이 될 수 있다.

> **정답 ①**
> **해설**
> 공동지도는 1인 지도에 비해 비용이 많이 든다.
>
> **\* 공동지도력의 장점(김종욱 & 권중돈, 1993)**
> - 지도자의 탈진을 예방할 수 있다.
> - 한 지도자는 과업목표에 치중하고, 다른 한 지도자는 사회정서적 문제에 집중하는 식으로 역할 분담이 가능하다.
> - 한 지도자가 집단에 참석하지 못할 때 다른 지도자가 집단을 지도할 수 있다.
> - 공동지도자가 참석해 있으므로 역전이를 어느 정도 방지할 수 있다.
> - 다른 관점에서 상호작용을 볼 수 있으므로 상호 피드백을 통해서 전문적 성장을 가져올 수 있다.
> - 초심자 훈련에 가장 효과적인 방법이 될 수 있다.
> - 갈등이 생겼을 때 집단성원들에게 적절한 갈등해결방법을 보여 줄 모델이 될 수 있다.

**092** 집단상담에서의 행동목표 설정에 관한 설명으로 옳지 않은 것은?

① 집단상담에 참여하는 개인의 목적과 목표가 분명히 설정되었을 때 집단참여 이유를 알 수 있다.
② 행동목표의 설정 목적은 행동변화를 가져왔는지에 대한 결과 평가를 가능하게 한다.
③ 행동목표는 집단과정의 변화에도 불구하고 초기 설정 그대로 일관성을 유지해야 한다.
④ 행동목표는 구체적으로 관찰 가능하게 진술해야 한다.
⑤ 집단성원의 문제점에 대해 집단 내에서 충분한 토의를 바탕으로 설정하는 것이 바람직하다.

> **정답 ③**
> **해설**
> 행동목표는 집단과정의 변화가 있다면 다시 평가하여 조정하는 것이 바람직하다.

093 집단상담의 기법으로서 공감적 이해의 내용으로 옳지 않은 것은?

① 내담자의 내적 경험에 대한 이해를 전제로 한다.
② 내담자의 주관적 경험에 맞추어 가는 것이다.
③ 내담자의 입장이 되어 생각하며 느껴보도록 한다.
④ 내담자의 생각과 느낌을 가장 잘 나타낼 수 있는 단어를 찾아낸다.
⑤ 상담자는 직접적이고 구체적인 단어로 표현하는 것이 좋다.

**정답** ②
**해설**
공감적 이해는 내담자의 입장이 되어 충분히 이해하면서도 상담자는 객관성을 유지하여 결코 내담자의 주관적 경험에 초점을 맞추어서는 안 된다.

094 집단상담에서의 피드백에 관한 설명으로 옳지 않은 것은?

① 솔직하고 구체적인 피드백은 집단원의 행동이 다른 구성원에게 어떤 영향을 주었는가를 알게 한다.
② 집단상담에서의 피드백보다는 개인상담에서의 피드백이 더 강력한 영향력을 발휘한다.
③ 피드백은 자기성장을 위한 학습에 필수적인 요소이다.
④ 다른 참가자의 행동으로 자신이 어떤 영향을 받았는지에 대해 이야기한다.
⑤ 상대방에 대한 존중과 배려가 없는 피드백은 단지 불손한 처사로 간주된다.

**정답** ②
**해설**
집단상담에서의 피드백은 개인상담에 비해 더 강력한 영향력을 발휘한다.

**095** 다음 중 피드백을 주고받을 때 유의할 점으로 옳지 않은 것은?

① 사실적인 진술을 하되, 가치판단을 하거나 변화를 강요하지 않는다.
② 구체적으로 관찰 가능한 행동에 대하여, 그 행동이 일어난 직후에 해줄 때 효과적이다.
③ 변화 가능한 행동에 대해서 피드백을 한다.
④ 솔직한 피드백이란 집단성원끼리 속에 있는 말은 모두 하라는 의미이다.
⑤ 한 사람에게서 보다는 집단의 여러 사람들에게 받은 피드백이 더욱 효과적이다.

**정답 ④**
**해설**
솔직해야 한다는 말이 다른 집단성원들에게 속에 있는 아무 말이나 거침없이 모두 하라는 의미는 아니다.

**096** 집단상담의 기법으로서 경청에 관한 설명으로 옳지 않은 것은?

① 상담자는 내담자의 말뿐만 아니라 몸짓이나 표정 등에 주의를 기울인다.
② 내담자의 어린 시절에 비롯된 병리적인 현상보다는 내담자의 내재적인 감정과 반응에 주목한다.
③ 내담자의 이야기에 주의집중하고 있음을 나타내는 것이다.
④ 상호작용을 하는 동안에 개인 중심의 접근법을 발달시킨다.
⑤ 경청의 요소로는 청취, 이해, 반응 등이 있다.

**정답 ④**
**해설**
경청하기는 상호작용을 하는 동안에 타인 중심의 접근법을 발달시키는 것이다.

**097** 다음과 같은 내용이 있을 시 활용해야 하는 집단상담의 기법은 무엇인가?

> ○ 집단성원의 계속적인 질문 공세가 있을 때
> ○ 집단성원이 제삼자의 험담을 할 때
> ○ 집단성원이 집단 외부의 이야기를 길게 늘어놓을 때
> ○ 집단성원이 다른 집단성원의 사적인 비밀을 캐내려고 강요할 때

① 해석 ② 직면 ③ 촉진하기
④ 행동 제한하기 ⑤ 자기노출하기

**정답** ④
**해설**
행동 제한하기는 바람직하지 못하고, 비생산적인 집단성원의 행동을 제한하는 것으로, 상담자는 집단성원의 인격을 공격하지 않으면서 비생산적인 행동에 대하여 개입한다.

**098** 집단상담의 기술로서 직면하기에 해당하는 예로 가장 적절한 것은?

① "식구들이 좀 더 조용히 해주면 공부를 더 잘 할 수 있을 것 같다는 말이지?"
② "그 말이 무슨 뜻인지 나는 잘 모르겠는데 다시 한번 말해 주겠니?"
③ "너와 친구 사이에 다른 아이가 끼어들면 얄미워하면서 아무하고나 친하게 지내는 것이 좋다고 말하는 것이 이상하게 들리는구나."
④ "나도 학창시절 친구들한테 따돌림을 당한 적이 있었지. 글쎄 나에게 도움이 되었던 방식이 너에게도 도움이 될지 모르겠구나. 그러니 좀 더 그 문제에 대해서 이야기 해주면 좋겠구나."
⑤ "너는 지금 너의 말이 잘못됐다고 생각해 보지는 않았니?"

**정답** ③
**해설**
① 반영하기에 해당한다.
② 명료화에 해당한다.
④ 자기노출하기에 해당한다.
⑤ 유도질문에 해당한다.

**099** 다음 대화의 내용과 연관된 집단상담의 기술로서 가장 적절한 것은?

> 내담자: "이 좋은 날 집구석에 처박혀 있으니 정말 미치겠네. 에이 신경질 나."
> 상담자: "입시 때문에 나가 놀려고 해도 불안하고 집에 있자니 답답하고… 오늘은 정말 짜증이 난 모양이구나."

① 공감적 이해  ② 명료화  ③ 반영하기
④ 즉시성  ⑤ 자기노출

**정답 ①**
**해설**
공감적 이해는 상담자가 내담자의 입장에서 내담자가 경험하고 있는 감정과 개인적인 중요한 의미를 정확하게 감지하고 또 상담자가 이해한 것을 내담자에게 전달해 주는 것이다.

**100** 집단상담의 기술로서 집단성원들 간의 의사소통의 장애요소를 제거하며, 보다 개방적인 자세로 자신을 표현하도록 유도하는 기법은?

① 행동 제한하기  ② 관심 기울이기  ③ 직면하기
④ 자기노출하기  ⑤ 촉진하기

**정답 ⑤**
**해설**
촉진하기는 집단성원이 보다 적극적으로 집단활동에 참여할 수 있도록 돕는 기법이다.

**101** 집단성원이 위기에 직면해 있거나 미지의 행동을 모험적으로 할 때, 바람직하지 못한 행동을 고치고자 노력할 때 이를 민첩하게 감지하고 지지해 주는 기법은?

① 마음으로 지지해 주기　② 질문하기　③ 자기노출하기
④ 촉진하기　⑤ 맞닥뜨리기

정답 ①
해설
마음으로 지지해 주기는 집단성원의 행동 변화를 위한 노력에 대하여 지지해 주는 기법이다.

**102** 다음 내용에 해당하는 집단상담의 기술로 가장 적절한 것은?

> P군은 항상 질문공세를 잘 펴고 다른 사람의 행동을 해석해 주려고만 힘쓰므로 집단의 기능을 자신도 모르게 방해하고 있다. 이런 경우 집단지도자는 "P군, 자네는 주로 질문을 많이 하고 아니면 남의 행동에 대해서 해석을 해주는 데 시간을 많이 보내고 있는데, 나는 아직도 자네 자신에 대해서는 전혀 알 수가 없어서 답답하네. 만일 이와 같은 자네의 행동에 대하여 잘 음미해 보지 않으면 이 집단과정이 끝날 때까지도 자네는 우리들 중의 아무에게도 알려지지 않는 낯선 외톨이가 될까 봐서 불안하다."라고 하였다.

① 해석하기　② 질문하기　③ 자기노출하기
④ 촉진하기　⑤ 직면하기

정답 ⑤
해설
직면은 집단성원의 말이나 행동이 일치하지 않거나 모순점이 있을 때, 집단성원이 미처 깨닫지 못하거나 인정하기를 거부하는 측면을 지적해 준다.

**103** 집단상담의 기술에 관한 설명으로 옳지 않은 것은?

① 연결짓기 – 한 집단성원의 말과 행동을 다른 집단성원의 관심과 연결한다.
② 재진술하기 – 집단성원의 행동이나 말, 주요 감정을 다른 참신한 말로 바꿔준다.
③ 공감적 반응하기 – 집단성원이 수용적이고 신뢰감 있는 느낌을 가지도록 적절히 반응한다.
④ 관심 기울이기 – 집단성원에게 전적인 관심을 표명하면서 간단한 말이나 동작으로 즉각적인 반응을 보이는 것으로, 관심을 보이고자 하는 몸짓과 얼굴표정이 중요하다.
⑤ 자기노출하기 – 상담자는 적절한 때에 자기 자신에 대한 사적인 정보를 개방하는 것이다.

**정답 ②**
**해설**
② 반영에 대한 설명이다. 반영은 집단성원의 행동이나 말이나 주요 감정을 상담자가 다른 참신한 말로 바꿔주는 기법이다.

**104** 집단상담자가 집단성원의 행동을 제한해야 하는 경우로 옳지 않은 것은?

① 집단성원이 지나치게 질문만 계속하는 경우
② 집단성원이 자신의 부정적인 감정을 표출하는 경우
③ 다른 집단성원의 사적인 비밀을 캐내려고 강요하는 경우
④ 제3자에 대해 험담을 하는 경우
⑤ 집단 외부의 이야기를 장황하게 늘어놓는 경우

**정답 ②**
**해설**
행동 제한하기는 집단성원의 비생산적인 행동에 대해 적절하게 제한하는 것이다.

* **집단성원의 행동을 제한해야 하는 경우**
  – 계속적인 질문공세만을 펼치는 경우
  – 제3자에 대한 험담을 하는 경우
  – 집단 외부의 이야기를 장황하게 늘어놓는 경우
  – 다른 집단성원의 사적인 비밀을 캐내려고 강요하는 경우

**105** 다음에서 설명하는 내용에 해당하는 것은?

> ○ 집단상담자가 자기의 무의식적인 감정을 내담자에게 투사하는 것이다.
> ○ 자기탐색, 지도감독, 교육분석 등을 통해 이를 해결할 수 있다.

① 자기노출  ② 지성화  ③ 전이
④ 역전이  ⑤ 투사

**정답 ④**
**해설**
전이는 내담자가 상담자에게 다른 중요한 인물에게 느꼈던 감정을 상담자에게 옮기는 것이고, 역전이는 상담자가 내담자에게 무의식적 감정을 옮기는 것이다.

**106** 집단평가의 방법에 해당하는 것은 모두 고른 것은?

> ㄱ. 공개토의방식  ㄴ. 실험법
> ㄷ. 측정도구 이용  ㄹ. 녹화법

① ㄴ, ㄹ  ② ㄱ, ㄴ, ㄷ  ③ ㄱ, ㄷ, ㄹ
④ ㄴ, ㄷ, ㄹ  ⑤ ㄱ, ㄴ, ㄷ, ㄹ

**정답 ③**
**해설**
집단평가의 방법은 공개토의방식, 측정도구 이용, 관찰법, 녹화법 등이 있다.

**107** 집단상담전문가 윤리규준의 필요성에 관한 설명으로 옳지 않은 것은?

① 서비스 수혜자의 보호는 물론 집단상담자의 자신의 보호를 그 목적으로 한다.
② 서비스에 내포되어 있는 잠재적 유해요소들로부터 수혜자를 보호한다.
③ 질이 낮은 서비스를 제공하는 일부 상담자로부터 전문가를 보호한다.
④ 전문가 보호 측면에서 지도자의 책임 있는 역할을 요구한다.
⑤ 서비스의 질을 구별하는 장치를 둠으로써 전문가집단 전체의 와해를 방지할 수 있다.

**정답** ④
**해설**
서비스 수혜자 보호 측면에서 지도자의 책임 있는 역할이 요구되는 것이다.
* **집단상담전문가 윤리규준의 필요성**
  - 서비스 수혜자 보호: 전문적 서비스에 내포되어 있는 잠재적 유해요소들로부터 수혜자를 보호하기 위해서 어떤 규제, 즉 윤리규준이나 지침이 필요하다. 전문가는 자격증 및 면허제도를 통해서 자신의 일을 독점하고, 그 결과 일반 수혜자로부터 그들의 서비스에 대해 과도한 비용을 받는다든지 질이 떨어지는 서비스를 제공함으로써 수혜자에게 피해를 줄 수 있다. 이러한 피해를 방지하기 위해서도 전문가의 윤리 규준이 필요하다.
  - 전문가의 보호: 윤리규준을 명확히 규정하여 전문가집단 내에서 양질의 서비스와 불량 서비스를 구별하는 장치를 둠으로써 한두 사람의 잘못으로 인해 전문가집단 전체의 와해를 방지할 수 있다.

**108** 상담자의 기본적 윤리원칙에 해당하는 것을 모두 고른 것은?

| ㄱ. 자율성 | ㄴ. 선행 |
| ㄷ. 무해성 | ㄹ. 공정성 |

① ㄱ, ㄴ, ㄷ    ② ㄱ, ㄴ, ㄹ    ③ ㄱ, ㄷ, ㄹ
④ ㄴ, ㄷ, ㄹ    ⑤ ㄱ, ㄴ, ㄷ, ㄹ

**정답** ⑤
**해설**
* **상담자의 기본적 윤리원칙**(Kitchener, 1984; 노인영, 2005)
  - 자율성: 내담자가 자신의 행동을 스스로 선택할 권리 보장
  - 선행: 타인을 위해 선한 일을 해야 함
  - 무해성: 내담자에게 해가 되는 행동 금지
  - 공정성: 성별, 성지향성, 인종, 지위에 상관없이 모든 내담자를 동등하게 대함
  - 충실성: 내담자와의 약속을 준행하며 신뢰로운 행동을 해야 함

**109** 집단상담 지도 시 유의사항에 해당하지 않는 것은?

① 집단상담 진행과정에 대한 상세한 안내
② 내담자 심신의 위협으로부터 보호
③ 사적 노출 강요하지 않기
④ 공평한 기회 제공
⑤ 말할 내용에 대한 제시

**정답** ⑤
**해설**
집단성원의 권리를 존중하여 말할 내용에 대한 선택의 자유를 준다.

**110** 집단상담전문가 윤리규준과 관련된 쟁점으로 옳지 않은 것은?

① 내담자에 대한 비밀보장의 책임은 상담에 관련된 모두에게 해당된다.
② 집단상담자는 내담자의 동의 없이는 결코 내담자의 비밀을 공개할 수 없다.
③ 집단상담자와 내담자의 관계는 인격적으로 평등하다.
④ 집단상담자는 내담자에게 상담의 본질과 목적에 대해 설명할 의무가 있다
⑤ 집단상담자와 내담자 간의 이중관계는 상담을 촉진시킨다.

**정답** ⑤
**해설**
상담자는 객관성과 전문적인 판단에 영향을 미칠 수 있는 이중관계는 피해야 하며, 가까운 친구, 친인척 혹은 지도교수나 상사 등은 다른 전문가에게 의뢰하여 도움을 주어야 한다. 상담자는 특별한 경우를 제외하고 내담자와 상담실 밖에서 사적인 관계를 유지하지 않도록 한다. 또한 어떠한 종류의 성적 관계도 피해야 한다.

# 심리측정 및 평가

# Chapter 1
# 심리측정의 기본 개념

1 심리검사의 이해

2 심리평가의 이해

3 심리검사의 분류

# 1 심리검사의 이해

**(1) 심리검사의 의의**
① 개인이 반응할 수 있는 일련의 자극을 제시하고, 그에 대해 반응에 기초하여 측정하려는 속성에 대해 점수를 부여하는 절차이다.
② 개인의 대표적인 행동표본을 표준화된 심리학적 측정방식으로 측정하는 체계적인 과정이다.
③ 능력, 성격, 흥미, 태도 등과 같은 인간의 심리적 속성이나 심리적 구성개념을 수량화하기 위해서 표준화된 측정도구를 의미한다.

**(2) 심리검사의 기능**
① 내적인 심리적 구성물이나 특성의 진단(diagnosis): 개인의 정서적 특성, 지능을 포함한 다양한 분야의 능력, 태도나 가치관 등의 특정 속성에서 볼 수 있는 개인차를 진단할 수 있으며, 동일한 사람의 특정 속성이 시간에 따라 어떻게 다른가를 측정할 수 있다.
② 미래의 행동이나 성과에 대한 예측: 심리검사는 향후의 행동이나 성과를 예측하려는 용도로도 쓰인다.
③ 분류 및 배치: 심리검사는 어떤 기준에 따라 대상을 특정한 범주에 배치하는 분류의 기준으로 사용된다.
④ 자기이해 증진: 심리검사 결과는 눈에 보이지 않는 개인의 심리적 구성물에 대한 기초 정보를 제공해 줌으로써 자기에 대한 이해를 증진시켜 개인 성장을 돕는다.
⑤ 평가: 심리검사는 치료나 교수방법, 학습과 발달의 정도 등을 객관적으로 평가하기 위해 사용되기도 한다.

**(3) 심리검사의 발달**
지능검사(사고/지식) → 적성검사(사고/지식 + 행동능력) → 성격검사

> **\* 성격검사**
> 중증의 정신장애자들을 감별하기 위한 선별도구로서 고안된 것이다.

### (4) 심리검사의 기본가정

① 검사자에 대한 가정: 검사자는 수검자가 효율적으로 반응할 수 있도록 라포(rapport)를 형성하고, 검사문항의 적용과 대상자의 반응을 기록하며, 표준화된 지시에 따라 반응을 채점하는 일 등에 대하여 적절히 훈련되어 있고 숙달되어 있는 것으로 간주한다.

② 행동표집에 대한 가정: 인간의 모든 행동을 빠짐없이 측정한다는 것은 불가능하기 때문에 검사에서의 행동표집은 검사하려는 그 분야의 행동을 대표하는 동시에 표집의 크기에 있어서도 적절하다는 가정이 받아들여져야 한다.

③ 문화환경에 대한 가정: 검사를 받는 대상들은 반드시 꼭 같지는 않더라도 서로 비슷한 문화환경 속에서 지내왔다는 것이 가정되어 있다. 그러므로 어떤 특정한 문화권에서 만들어진 심리검사를 다른 문화권에서 직접적으로 사용하는 것은 바람직하지 않다.

④ 측정오차에 관한 가정: 인간의 행동을 측정하는 데에는 오차가 있다는 것을 가정하며 일정한 범위의 오차를 허용한다. 따라서 검사결과 나타난 지수를 절대시하거나 극히 정확한 것으로 생각하는 것은 문제가 있다.

⑤ 현재 행동에 관한 가정: 오직 현재의 행동만이 측정의 대상이 된다는 것이 가정되어 있다. 어떤 검사에 의해 측정된 행동은 그 검사가 실시된 그 당시의 행동이기 때문에 비교적 긴 시간 속에서 표집된 하나의 행동이라고 할 수 있다.

⑥ 미래 행동의 예언에 관한 가정: 측정 대상자의 미래 행동은 현재 행동으로 미루어 추측된다는 것을 가정한다. 즉, '모든 진단은 예진(prognosis)'이라는 말처럼 현재의 행동을 측정함으로써 그 측정의 결과를 미래 행동의 예언에 활용한다.

### (5) 심리검사의 한계

① 불명확한 측정대상: 인간의 태도 가운데 고등 정신작용에 속하는 사고력, 응용력, 비판력, 종합력 또는 정의적 영역에 속하는 감상력, 창작력, 가치관 등은 파악하기가 어려우며 정확히 측정할 수 없는 불분명한 대상이다.

② 불분명한 측정방법: 심리적 구성물들은 눈에 보이거나 손으로 만져지지 않기 때문에 신장이나 체중을 측정하는 것처럼 측정방법이 명확하지 않다.

③ 간접 측정: 연필의 길이를 알아보기 위해서는 눈금 있는 자를 이용하면 측정하면 되지만, 인간의 성실성이나 자아개념 등은 실제 눈에 보이지 않기 때문에 측정하고자 하는 심리적 구성물과 관련 있는 행동에 대한 정보를 수집하고 관찰하여 간접적으로 미루어 측정할 수밖에 없다.

④ 수량화의 위험성: 심리검사는 본질적으로 인간행동의 증거를 수량화하는 방법이다. 그러나 불분명한 대상에 대한 간접적인 측정의 결과에 숫자를 부여하는 것은 간단한 일이 아니다.

### (6) 심리검사의 윤리적 문제(한국심리학회 검사 사용규정)
① 검사 선택 시 검사자가 신뢰도와 타당도에 대해 충분히 검토해야 한다.
② 검사자는 검사에 임하는 피검자의 정서 상태를 잘 이해하고, 검사의 목적에 대해 충분히 설명해야 한다.
③ 검사자는 절차에 익숙해야 하고, 검사요강에 제시된 표준화된 방식으로 가능하면 외부 자극이 없는 안정된 분위기에서 검사를 실시해야 한다.
④ 검사의 채점에 있어서 사용자는 전문적 자격과 경험을 갖춘 사람으로서 검사요강에 제시된 표준화된 채점절차를 주의 깊게 따라야 한다.
⑤ 검사자는 전문성을 유지하고, 자신이 실시한 검사 결과에 대한 책임과 능력, 기술의 한계를 알고 있어야 한다.
⑥ 검사자는 검사의 적절성에 대해 피검자에게 충분히 설명하고, 동의를 얻으며 비밀을 보장할 의무가 있다.

> **\* 미국의 심리학회(APA) 검사의 윤리강령(제8조)**
> - 심리학자는 평가기법을 이용할 때 의뢰인이 그 기법의 목적과 본성을 자신이 이해할 수 있는 언어로 충분히 설명을 받을 권리가 있음을 인정하며, 이런 권리를 제한할 때는 사전에 문서로 동의를 받는다.
> - 심리학자는 심리검사나 다른 평가기법을 개발하고 표준화할 때, 기존의 잘 확립한 과학적 과정을 따라야 하며 APA의 관련 기준을 참조한다.
> - 심리학자는 평가결과를 보고할 때, 평가환경이나 수검자를 위한 규준의 부적절성으로 인한 타당도나 신뢰도에 관한 모든 제한점을 지적한다. 심리학자는 평가결과와 그 해석을 다른 사람이 오용하지 않도록 노력한다.
> - 심리학자는 평가결과가 시대에 뒤떨어진 것일 수 있음을 인식한다. 심리학자는 이렇게 측정을 오용하지 않기 위해 노력한다.
> - 심리학자는 채점과 해석 서비스가 그런 해석에 이르기 위해 사용한 과정과 프로그램의 타당도에 대한 적절한 증거를 갖출 수 있게 한다. 공공에 대한 자동해석 서비스도 전문가끼리의 컨설팅과 같은 것으로 간주한다.
> - 심리학자는 적절한 훈련이나 교습, 후원이나 감독을 받지 않은 사람들이 심리검사기법을 이용하는 것을 조장하거나 권장하지 않는다.

### (7) 심리검사 결과 해석 시 유의사항
① 해석에 대한 내담자의 반응 고려 : 내담자는 해석과정에서 적극적으로 관여하게 된다. 검사자는 단지 내담자와 연관되어서만 의미가 있는 것이고, 해석은 점수를 분별하려는 협조적 노력으로 보는 것이 좋다. 단계별로 결과를 도식화하고 내담자의 반응을 점검하는 것이 중요하다.
② 검사결과에 대해 이해하기 쉬운 언어 사용 : 내담자가 이해할 수 있는 말을 사용해야 한다.
③ 내담자의 점수범위 고려 : 점수는 정확하지는 않지만 내담자의 진점수에 걸쳐 있는 범위 내에서 점수가 나온다는 점을 명심해야 한다. 상담자는 점수를 한 지점이라고 보기보다는 오히려 범위로 생각해야 한다.
④ 검사결과에 대한 중립적 판단 : 상담자는 검사결과에 대해 중립적 입장을 취하고 내담자를 평가하는 주관적 판단을 배제해야 한다.

⑤ 검사결과에 대한 내담자의 방어 최소화: 검사결과에 대한 상담자의 태도는 중립적이고 무비판적이어야 하는 반면에, 낮거나 위협적인 점수에 대한 내담자의 반응을 경계할 필요가 있고 내담자의 방어를 최소화하기 위해 해석의 기회를 가질 필요가 있다.
⑥ 검사지의 대상과 용도의 명확화: 검사지가 측정하는 것이 무엇이고 측정하지 않는 것이 무엇인지를 명확하게 제시해야 한다.
⑦ 유자격자(전문적이 자질과 경험을 갖춘 사람)가 검사결과를 해석해야 한다.
⑧ 다른 검사의 정보나 관련 자료를 함께 고려하여 결론을 내린다.
⑨ 검사의 결과를 가지고 대상을 명명하거나 낙인 찍어서는 안 된다.
⑩ 검사결과가 악용되어서는 안 된다.
⑪ 자기충족예언을 해서는 안 된다.
⑫ 규준에 따라 해석되어야 한다.

### (8) 심리검사 개발과정

① 1단계: 가설개념의 영역규정단계(구성개념)
  ㉠ 개발자는 정확한 정의를 통해 포함시킬 것과 배제할 것을 명확히 규정한다.
  ㉡ 대개는 문헌연구 통해 개념 정의를 한다.
② 2단계: 문항표집단계(있는 문항 다 만들어 보는 것)
  ㉠ 구체적으로 언급한 영역을 측정할 문항을 만드는 과정이다.
  ㉡ 문항표본 작성 초기에는 구성개념을 반영하는 행동에 관한 모든 가능한 문항을 만드는 것이 바람직하며, 최초의 문항목록은 많은 수정을 거쳐서 최종적으로 검사에 사용될 문항선별 기초가 된다.
  ㉢ 탐색적 조사, 즉 문헌조사, 질문지 조사 등의 기법들을 사용한다.
  ㉣ 문항목록대상으로 문항 편집을 한다. 이때 각 문항의 단어를 정확히 이해할 수 있게 편집하고 단어의 문장 내 단어의 의미를 이중적으로 사용하지 않도록 해야 한다.
  ㉤ 문항배열이 유형화되지 않도록 유의해야 한다.
③ 3단계: 사전검사 자료수집단계
  ㉠ 문항편집을 통해 확정한 문항을 이용해서 사전검사를 실시한다.
  ㉡ 보통 100명 내외의 응답자에게 실시한다.
  ㉢ 사전검사에서 얻은 결과는 문항 수정을 위한 피드백의 자료가 된다.
④ 4단계: 측정의 세련화단계
  문항과 전체 점수의 상관관계를 보거나 내적 합치도를 살펴본다.

⑤ 5단계: 본검사 자료수집단계

　　문항들을 수정·첨가·삭제하여 적절한 요건을 충족시키는 문항군을 구성한 후 새로운 표본을 이용하여 본 검사의 자료를 수집한다.

⑥ 6단계: 신뢰도와 타당도 평가단계

　　어느 정도 세련된 표본으로 새로운 사람들에게 실시하여 신뢰도와 타당도를 평가한다.

⑦ 7단계: 규준개발단계

　　㉠ 최종 검사지를 제작한 후 검사규준을 마련하고, 대표성 있는 규준집단을 표집한다.

　　㉡ 규준은 인구통계변인에 의해 집단별로 제작하는 것이 일반적이다.

## 2  심리평가의 이해

**(1) 심리평가의 의의**

① 심리검사와 면담, 행동 관찰 등을 통해 필요한 자료를 수집하는 과정과 정신 병리 및 인간 행동 발달 등과 관련한 전문 지식을 바탕으로 수집된 자료를 토대로 종합적인 평가를 내리는 전문적인 과정이다.

② 인간에 대한 심리학적 지식, 정신병리와 진단에 대한 지식, 임상적 경험 등을 통해 이루어지는 지식과 이론의 통합과정이다.

③ 단순히 심리검사결과를 제시하는 것이 아닌 다양한 정보의 종합을 통해 문제해결에 도움을 제공하는 문제해결의 과정에 해당한다.

④ 내담자의 인지적·정의적·사회적 측면에 대한 다양한 정보를 수집하고 이를 토대로 정보를 종합하여 내담자에 대한 최종적인 해석과 판단을 내리는 과정이다.

> **\* 정신상태검사**
> 
> 정신상태검사란 검사자가 정신과 환자 면담 시에 관찰한 것과 받은 인상의 총체를 기술하는 임상평가 부분이다. 환자의 병력은 일단 얻어 놓으면 대체로 변하는 것이 아닌데 반하여 정신 상태란 매일 혹은 시간에 따라 자꾸 변하는 것이다. 정신상태검사는 면담 중에 관찰된 환자의 외모, 말, 행동 및 생각을 기술하는 것이다.
> - 전반적인 외모, 태도, 행동
> - 기분 상태
> - 지각
> - 사고의 상태 및 사고내용
> - 의식 및 인지기능: 의식 상태, 지남력, 주의집중력, 지능과 지식, 기억력, 판단력
> - 병식

**(2) 심리평가의 기능**

① 내담자 및 주변 환경에 대한 이해

② 문제의 명료화 및 세분화

③ 개인의 인지적 기능 및 감정 평가

④ 치료계획 및 치료전략의 제시

⑤ 치료적 관계의 유도

⑥ 치료 결과 및 효과에 대한 평가

**(3) 심리검사 및 심리평가의 시행단계**
  ① 검사 전 면담
    ㉠ 수검자의 불안감을 해소하고 친숙한 분위기를 조성한다.
    ㉡ 검사자와 수검자 간의 공식적인 관계를 정의한다.
    ㉢ 수검자의 검사에 대한 기대와 관심을 고양시킨다.
  ② 검사 계획 및 심리검사 선정
    ㉠ 검사 실시의 상황 및 목적에 따른 검사의 시행 여부를 결정한다.
    ㉡ 검사 목적에 가장 잘 부합되는 심리검사를 선택한다.
    ㉢ 심리검사도구의 타당성·신뢰성·객관성·경제성·실용성 등을 고려한다.
  ③ 검사환경 조성
    ㉠ 검사자와 수검자 간 우호적이고 협력적인 관계를 수립한다.
    ㉡ 수검자의 언어적·비언어적 메시지에 대하여 경청한다.
    ㉢ 검사 과정상 경험할 수 있는 정서에 대하여 충분히 설명한다.
  ④ 검사 실시
    ㉠ 검사 목적에 따른 구체적인 계획을 설정한다.
    ㉡ 검사자는 검사 과정 및 시행 지침 등에 대한 숙지가 있어야 한다.
    ㉢ 보다 직접적이고 객관적인 평가를 위한 행동관찰을 한다.
  ⑤ 검사 채점 및 검사 결과 해석
    ㉠ 표준화된 검사 지침에 따라 채점을 한다.
    ㉡ 검사자의 객관성 및 전문성에 기초하여 검사결과를 해석한다.
    ㉢ 해석된 내용에 대한 적절한 증거를 갖춘 타당성을 검증한다.
  ⑥ 검사 후 면담
    ㉠ 심리검사의 보다 전문적인 해석을 위한 수검자의 과거력 및 개인력을 파악한다.
    ㉡ 수검자의 가족, 직업 및 작업 상황, 현재 상황에 대한 개인적 판단, 주거환경, 경제적 문제, 긴장 및 스트레스 등에 대하여 고려한다.
    ㉢ 수검자의 발달과정 및 현재 생활 상황, 성격 및 대인관계 방식, 환경과의 상호작용 등에 대하여 이해한다.
  ⑦ 종합평가 및 진단
    ㉠ 수집된 자료의 정리 및 종합을 통한 진단을 실시한다.
    ㉡ 검사자의 전문적·통합적 능력이 요구된다.
    ㉢ 수검자의 심리적 요인 발견, 장점 및 단점, 잠재력 등을 구분한다.

⑧ 검사 결과의 상담
  ㉠ 검사자의 수검자에 대한 심리검사 결과를 제시한다.
  ㉡ 검사결과에의 피드백을 통한 수검자의 자존감을 고양한다.
  ㉢ 수검자 자신에 대한 통찰의 기회를 제공하며, 상담에 적극적으로 참여하는 계기를 마련한다.

**(4) 심리평가의 윤리적 고려사항**
① 내담자에 대한 제반 평가과정에서 항상 내담자의 권익보호를 염두에 두어야 한다.
② 평가도구의 유효성을 확보하기 위해 객관적이고 표준화된 평가도구를 사용하여야 한다.
③ 평가를 활용하여 내담자로 하여금 문제가 심각하게 악화될 수 있으므로 즉각적인 진단 및 처방이 필요하다는 점을 인식시킨다.
④ 도덕적·윤리적으로 문제가 될 수 있는 평가도구는 그 효과성이 명백하다고 할지라도 사용해서는 안 된다.
⑤ 분류는 불필요한 낙인효과를 가져올 수 있으므로 가능한 한 사용을 자제하도록 하며, 사용 시에도 신중을 기해야 한다.
⑥ 평가 결과를 통해 내담자의 문제가 명백히 밝혀지는 경우 이를 토대로 내담자에 대한 적절한 치료적 개입이 이루어져야 한다.
⑦ 평가과정을 통해 얻어진 대부분의 정보는 내담자의 사생활 보호 및 비밀유지 차원에서 보호되어야 한다.

### * 평정의 착오(평정의 오류)

1. 집중경향의 착오
   평정할 때 아주 좋은 점수 또는 아주 나쁜 점수를 피하고 중간적인 점수를 주는 경우의 착오이다.
2. 표준의 착오
   표준을 잘못 선정한 것에서 나타나는 착오이다. 즉, 한 평정자는 다른 평정자보다 낮게 또는 높게 평정하는 경우의 착오이다.
3. 인상의 착오(halo effect, 후광효과)
   평정자가, 피평정자가 주는 인상에 의해 평정하는 경우의 착오이다. 한 개인의 특성을 긍정적으로 보면 다른 특성도 긍정적으로 보는 경향에서 오는 착오를 말한다. 한 가지 긍정적인 면 때문에 다른 면을 좋게 평정하는 경우를 관대의 착오(관대화의 착오)라 하고, 부정적인 면 때문에 다른 면을 나쁘게 평정하는 경우를 엄격의 착오라 한다.
4. 논리적 착오
   논리적으로 아무런 관련이 없는 두 개의 특성을 마치 논리적인 관계가 있는 것처럼 여기는 것에서 나타나는 착오이다.
5. 관대화의 착오
   평정할 때 후한 점수를 주려는 경우의 착오이다.
6. 대비의 착오
   평정할 때 평정자가 가지고 있는 특성을 피평정자가 가지고 있으면 낮게, 평정자가 가지고 있지 않은 특성을 피평정자가 가지고 있으면 높게 평정하는 경우의 착오이다.
7. 근접의 착오
   시간적·공간적으로 가깝게 평정하는 특성 사이에 상관이 높아지는 착오이다. 누가적 관찰 기록에 의존하지 않고 학기 말에 급하게 평정하는 경우에 나타난다.
8. 무관심의 착오
   평정자가 피평정자의 행동을 면밀하게 관찰하지 못한 경우에 발생되는 착오이다. 다인수 학급에서 교사가 학생의 행동에 무관심한 경우에 나타난다.
9. 의도적 착오
   교사가 특정 학생에게 특정한 상을 주기 위해 관찰 결과와 다르게 과장하여 평정하는 착오이다.

# 3  심리검사의 분류

**(1) 검사 실시방식에 따른 분류**
① 속도검사와 역량검사
　㉠ 속도검사(speed test)
　　ⓐ 시간제한을 두는 검사이며, 보통 쉬운 문제로 구성된다.
　　ⓑ 제한된 시간에서 수행능력을 측정하는 것으로 문제해결력보다는 숙련도를 측정하는 검사이다.
　㉡ 역량검사(power test)
　　ⓐ 어려운 문제들로 구성되며, 숙련도보다는 문제해결력을 측정하는 검사이다.
　　ⓑ 피검사자들이 시간의 부족보다는 답을 몰라서 못 푸는 문제들로 구성된다.
② 개인검사와 집단검사
　㉠ 개인검사(individual test)
　　ⓐ 피검사자 한 사람씩 개별적으로 실시하는 검사이다.
　　ⓑ 타당성, 실시의 정확성을 특징으로 하며, 임상적 해석이 가능하다.
　　ⓒ 실시가 복잡하고, 전문적 능력과 장시간이 소요된다.
　　ⓓ 한국판 웩슬러 지능검사(K-WAIS), 일반 직업적성검사(GATB), TAT(주제통각검사), HTP, 로샤검사
　㉡ 집단검사(group test)
　　ⓐ 한 번에 여러 명에게 실시할 수 있는 검사이다.
　　ⓑ 실시가 용이하고 경제적이다.
　　ⓒ 검사장면의 오차요인에 대한 통제가 어렵다.
　　ⓓ 다면적 인성검사(MMPI), 성격유형검사(MBTI), 캘리포니아 심리검사
③ 지필검사와 수행검사
　㉠ 지필검사
　　ⓐ 종이에 인쇄된 문항에 연필로 응답하는 방식의 검사이다.
　　ⓑ 물리적·신체적 조작이나 행동을 요구하지 않으며, 실시하기가 쉽고 집단검사로 제작하기에 좋다.
　　ⓒ 운전면허시험의 필기시험, 질문지 및 검사

ⓒ 수행검사
  ⓐ 수검자가 대상이나 도구를 직접 다루도록 하는 검사이다.
  ⓑ 주로 일상생활과 유사한 상황에서 직접 행동해 보도록 하는 방식이다.
  ⓒ 운전면허시험의 주행시험, 웩슬러 지능검사의 동작검사

### (2) 측정 내용에 따른 분류

① 인지적 검사
  ㉠ 인지능력을 평가하기 위한 검사이다.
  ㉡ 극대 수행검사로 문항에 정답이 있는 검사이다.
  ㉢ 응답 시간에 대한 제한이 주어지며, 최대한의 능력 발휘가 요구되는 검사이다.
  ㉣ 지능검사, 적성검사, 성취도검사 등이 해당된다.
② 정서적 검사
  ㉠ 비인지적 검사이며, 정서, 동기, 흥미, 태도, 가치 등을 재는 검사이다.
  ㉡ 습관적 수행검사로 문항에 정답이 없는 검사이다.
  ㉢ 응답시간의 제한이 없으며, 최대한 정직한 답이 요구되는 검사이다.
  ㉣ 성격검사, 흥미검사, 태도검사 등이 해당된다.

### (3) 사용목적에 따른 분류

검사점수를 다른 대표적인 집단의 점수와 비교해서 해석하는가, 특정 기준을 토대로 해석하고 사용하는가의 차이에 따라 구분한다.
① 규준참조검사
  ㉠ 심리검사는 대개 규준참조 검사이다(상대평가).
  ㉡ 규준참조검사는 개인의 점수를 다른 사람들의 점수와 비교하여 상대적으로 어떤 수준인지를 알아보는 것이 주목적이다.
  ㉢ 이때 비교기준이 되는 점수를 규준(norm)이라 한다.
② 준거참조검사
  ㉠ 검사점수를 타인과 비교하는 것이 아니라 어떤 기준점수와 비교해서 이용하려는 목적의 검사이다(절대평가).
  ㉡ 당락(pass-fail) 점수가 정해져 있는 검사가 이에 해당된다.
  ㉢ 운전면허필기시험, 국가자격시험

### (4) 검사자극 특성에 다른 분류
① 객관적 검사
- ㉠ 구조적 검사라고도 하며, 검사에서 제시되는 문항의 내용이나 그 의미가 객관적으로 명료화되어 있다.
- ㉡ 개인의 독특성을 측정하기보다는 개인마다 공통적으로 지니는 특성이나 차원을 기준으로 하여 개인들을 상대적으로 비교한다.
- ㉢ 검사 결과를 통해 나타나는 개인의 특성 및 차이는 각각의 문항들에 대한 반응 점수를 합산한 수 그 차이를 평가하는 과정으로 전개된다.
- ㉣ K-WAIS, K-WISC-Ⅵ, MMPI, MBTI, 16PFT 등

② 투사적 검사
- ㉠ 비구조적 검사라고도 하며, 개인의 다양한 반응을 무제한적으로 허용한다.
- ㉡ 개인의 독특한 심리적 특성을 측정하는 데 주목적을 둔다.
- ㉢ 모호한 검사자극을 통해 수검자가 자신의 내면적인 욕구나 성향을 외부에 자연스럽게 투사할 수 있도록 유도한다.
- ㉣ 잉크반점검사, 주제통각검사, HTP, SCT 등

# Chapter 2
# 통계의 기초

■ 1 척도의 의의 및 필요성

■ 2 척도의 종류

■ 3 자료의 분석

■ 4 원점수와 표준점수

■ 5 상관계수

■ 6 규준의 이해

■ 7 신뢰도

■ 8 타당도

■ 9 문항분석

# 1 척도의 의의 및 필요성

**(1) 척도의 의의**

척도란 논리적으로 또는 경험적으로 서로 연관되어 있는 여러 개의 문항 또는 지표로 이루어진 복합적인 측정도구이다.

**(2) 척도의 필요성**

① 하나의 문장이나 지표로는 제대로 측정하기 어려워 복합적인 개념을 측정할 수 없다.
② 여러 개의 지표(문항)를 하나의 점수로 나타냄으로써 자료의 복합성을 줄일 수 있다.
③ 척도의 단일 차원성(척도를 구성하는 문항은 공통적인 특성을 나타내야 함)을 검증해 볼 수 있다.
④ 복수의 지표로 구성된 척도를 사용하면 단일문항(지표)을 사용하는 경우보다 측정의 오류를 줄일 수 있고, 측정의 타당성과 신뢰성을 높일 수 있다.

## 2 척도의 종류

**(1) 명명척도**
① 숫자의 차이로 측정한 속성의 대상에 따라 다르다는 것만을 나타내는 척도이다.
② 관찰대상의 고유한 속성을 분류하기 위해서 이름이나 범주를 대표하는 숫자나 기호를 부여한 척도이다.
③ 성별, 혈액형, 결혼 여부 등이 이에 해당한다.
④ 남성 = '1', 여성 = '2'로 구분할 경우, 숫자 1과 2는 양이나 크기의 차이가 아니라 상태의 차이이므로 가감승제 등의 일체의 연산이 불가능하다.

예 ㉠ 주민등록번호에서 남자에게는 '1', 여자에게는 '2'를 배당하는 경우
㉡ 여러 가지 교수법에 1, 2, 3, 4의 숫자를 부여하여 이를 구분하고자 하는 경우
㉢ 우편번호, 학생들의 학번, 야구선수들의 등 번호

**(2) 서열척도(ordinal scale)**
① 숫자의 차이로 측정한 속성의 차이에 관한 정보뿐만 아니라 그 순위관계에 대한 정보도 포함하고 있는 척도이다.
② 관찰대상을 비교하기 위해서 다과(多寡) 또는 대소(大小)의 순위에 따라 수치를 부여한 척도를 말하는 것이다.
③ 선호(選好) 정도, 중요 순위, 사회계층 등이 이에 해당한다.
④ 초졸 = '1', 중졸 = '2', 고졸 = '3', 대졸 = '4'로 구분할 경우, 척도의 각 수치 간의 양적인 다과나 대소의 서열은 유지되지만, 두 수치 간의 간격은 다르다.

예 ㉠ 반 학생을 키 순서대로 번호를 매기는 경우
㉡ 성적에 따라 수, 우, 미, 양, 가로 분류하는 것
㉢ 시험결과에 따라 석차를 매기는 것
㉣ 백분위 점수

**(3) 등간척도**
① 수치상의 차이가 실제 측정한 속성 간의 차이와 동일한 숫자집합을 말한다.
② 특성들의 등간 서열 관계를 설명할 목적으로 숫자 또는 기호를 부여한 척도이다.
③ 온도, 물가지수, 생산성지수, 주가지수, 광고인지도, 만족도, 상표선호도 등 절대 영점이 존재하지 않는 데이터가 이에 해당한다.

④ 갑의 IQ = '80', 을의 IQ = '160'인 경우, 척도의 간격이 일정하나 절대 영점이 존재하지 않기 때문에 을의 IQ가 갑의 IQ보다 80점 높다고 말할 수는 있으나, 2배라고 말할 수는 없다.

예 온도, 달력

### (4) 비율척도

① 차이정보와 서열정보, 등간정보 외에 수의 비율에 관한 정보도 담고 있는 척도이다.
② 절대영점을 가지고 있는 각 특성들의 등간서열 관계를 설명할 목적으로 숫자 또는 기호를 부여한 척도를 말하는 것이다.
③ 간격척도의 특성에 비율 계산이 가능하다는 속성이 부가된 척도이다.
④ 시청률, 구독률, 가격, 점수, 급여액, 매출액, 무게, 나이 등이 이에 해당한다.

예 ㉠ 원점수를 가공해서 얻은 표준점수인 Z점수, T점수, H점수, 스테나인 점수
㉡ IQ검사의 원점수를 가공해서 얻은 편차 IQ 등

---

**\* 척도화 방식**

피험자가 수행한 것에 대해 숫자를 부여하여 수행능력의 수준을 나타내도록 하는 절차이다. 척도화는 관찰된 행동이나 특성을 수량화하기 위해서 체계적인 규칙과 의미 있는 측정 단위를 개발하는 절차라고도 말할 수 있다. 따라서 척도화를 통해 관찰된 행동이나 특성이 측정 변인을 나타내는 하나의 연속성(continuum)상에서 어느 위치에 오는지를 정해줄 수 있다. Stevens(1946)는 측정 척도의 수준을 명명척도(nominal scale), 서열척도(ordinal scale), 동간척도(interval scale), 비율척도(ratio scale)로 분류하였으며, 척도 제작을 위한 방법으로는 리커트 척도(Likert scale), 써스톤 척도(Thurstone scaling), 거트만 척도(Guttman Scale)가 있다.

1. 리커트 척도(Likert scale): 응답자중심방식
   – 응답자들의 개인적인 차이를 알아보려 할 때 사용되고 특정 자극에 대하여 응답치 차이를 조사한다.
   – 표준화된 양식을 이용하는 방법으로 각 진술문에 대해 5개의 선택지들(전혀 그렇지 않다, 그렇지 않다, 보통이다, 그렇다, 매우 그렇다) 중에 하나를 표시하여 응답한 각 진술문의 선택지(5단계)에 부여되어 있는 점수를 합산하여 구한다.
2. 서스톤 척도(Thurstone's equal-appearing interval scales): 자극중심방식
   – 특정 응답자에 대하여 자극이 가지고 있는 특성에 대한 응답치의 차이를 조사하여 자극들의 특성 차이를 알아보려는 것이다.
   – 피검사자에게 다수의 진술문들을 제시하여, 동의하는 진술문에는 모두 ∨ 표시를 하고, 동의하지 않는 진술문에는 아무런 표시도 하지 않도록 한다. 각 피검사자의 점수는 ∨ 표시를 한 각 진술문에 부여되어 있는 척도치를 모두 합한 값을 ∨ 표시를 한 진술문의 수로 나누어서 구한다.
3. 거트만 척도(Guttman's scalogram scale): 반응중심방식
   – 응답자의 개인특성의 차이와 자극특성의 차이를 동시에 알아보려는 방법이다.
   – 어떤 사상(事象)에 대한 태도를 일련의 질문에 의해 측정하는데, 이때 질문이 그 사상에 대하여 호의적·비호의적(非好意的), 관심·무관심 등의 축(軸)에 관하여, 어떤 순서하에 나열되도록 하는 것이 특징이다.

# 3 자료의 분석

### (1) 분포
① 분포란 자료를 정확하게 제시하는 가장 기본적인 방법이다.
② 분포의 제시는 일단 점수대를 구획 지어 놓고 각 점수대에 속하는 점수의 빈도를 정리하여 분포도를 만드는 것이다.
③ 정상(정규)분포
　㉠ 일반적으로 많은 데이터를 자연 상태에서 수집하면 데이터는 중앙에 가장 많이 있고, 양 끝으로 갈수록 그 수가 줄어드는 경향을 보인다. 이러한 가장 일반적인 분포를 정규분포라 한다.
　㉡ 이들 모양을 종모양(bell-shape)이라 하고 그래프로 표현하면 아래 그림과 같다.
　㉢ 분포의 중앙에 한 개의 정점을 갖는 좌우대칭 모양을 형성한다.
　㉣ 정상분포의 정중앙에 해당되는 값이 평균이다.
　㉤ 분포가 평균을 중심으로 얼마나 모여 있는지의 정도를 표현하는 값이 표준편차이다.

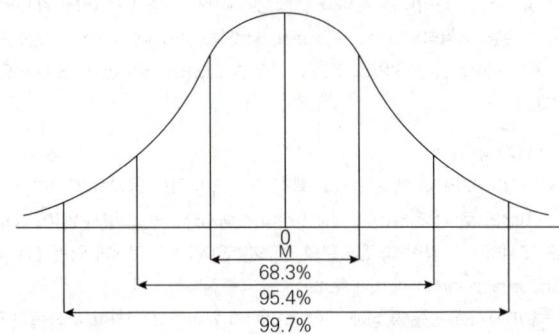

### (2) 평균
① 한 집단의 특성을 가장 간편하게 표현하기 위해 개발된 개념 중의 하나가 평균이다.
② 한 집단의 특성을 나타내는 대푯값으로는 중앙치, 최빈치, 평균치 등이 있는데, 가장 많이 이용되는 대푯값이 평균치이다.
③ 변량을 차례로 나열했을 때 중앙에 있는 값을 중앙치라고 하고, 변량에서 가장 자주 얻는 값을 최빈치라고 한다.
④ 평균치는 집단에 속한 모든 점수의 합을 집단의 사례수로 나눈 값이다.

**(3) 표준편차**

① 표준편차는 집단의 각 수치들이 그 집단의 평균치로부터 평균적으로 얼마나 떨어져 있는가를 나타내는 것으로, 점수들이 평균에서 벗어난 거리를 나타내는 통계치이다.

② 표준편차는 한 집단의 수치들이 어느 정도 동질적인지를 표현하기 위해 개발된 통계치의 하나이며, 변산성(variability)을 나타내기 위한 통계치이다.

③ 표준편차는 집단의 변산도를 나타내 주는 것이다. 표준편차가 크면 점수가 넓게 분산되어 있다는 것이므로 집단이 이질적이고, 표준편차가 작으면 집단이 동질적이다.

④ 표준편차는 여러 집단의 변산도를 비교하는 데 매우 유용하며, 정상분포나 이와 유사한 분포에 적용하면 특정 점수의 위치를 파악하는 데 쓸모가 있다.

## 4  원점수와 표준점수

**(1) 원점수**
① 성적을 표시하는 데 사용하는 척도(尺度)의 일종이다.
② 테스트에서 정답 수, 바른 반응의 횟수, 찬성한 항목 수 등을 가리킨다.
③ 문항의 수 또는 채점방법에 따라서 점수의 크기가 여러 가지로 나올 수 있으나, 대개는 100점 만점으로 하는 것이 상례이다.
④ 원점수의 결점
  ㉠ 어떤 점수가 어디에 있는지 비추어 볼 의거점이 없다.
  ㉡ 문제가 쉽거나 어려움에 따라 점수가 크게 변하므로 안정성이 없다.
  ㉢ 여러 가지 점수들은 그것들을 서로 비교할 수 없다.
  ㉣ 원점수 그 자체는 그다지 의미가 없으며, 학생 지도에도 별로 도움이 되지 못한다.

**(2) 표준점수**
① 표준점수의 의미
  ㉠ 검사나 조사에서 얻은 원점수들은 평균과 표준편차가 모두 다르기 때문에 이들을 단순히 더하거나 빼서는 비교할 수가 없다.
  ㉡ 그래서 이 원점수들을 평균이 같고 표준편차도 같은 정상분포곡선상에서의 상대적 위치로 표시하여 의미 있는 비교를 가능하게 하기 위해 사용하는 것이 표준점수이다.
② 표준점수의 활용
  ㉠ 만점이 다른 두 개 이상의 검사점수를 더하여 총점을 내고, 이를 비교하고자 할 때 만점과 평균, 표준편차가 다른 원점수를 단순히 더하게 되면 각 점수들이 총점에 미치는 영향들이 모두 다르기 때문에 제대로 된 비교를 할 수 없다.
  ㉡ 이때 원점수들을 표준점수로 전환시킨 다음, 이를 더하면 총점의 상대적 위치를 정할 수 있게 된다.
③ 표준점수의 특징
  ㉠ 원점수와는 달리 의미 있는 의거점을 갖는다.
  ㉡ 백분위점수와는 달리 능력의 동간성을 갖는다.
  ㉢ 상대적 위치도 함께 짐작할 수 있다.
  ㉣ 여러 종류의 척도나 검사에서 나온 결과를 의미 있게 비교할 수 있다.

**(3) 표준점수의 종류**
　① Z점수
　　　㉠ 의미: Z점수는 절대영점이 '0'이고, 동간이 '1'인 척도로 원점수를 전환한 것이다.
　　　㉡ 공식: Z = (원점수 − 평균)/표준편차
　　　㉢ 단점: Z점수의 단점은 −(마이너스) 점수가 나온다는 것과 단위가 너무 넓어 소수점이 나온다는 점이다.
　② T점수
　　　㉠ 원점수를 Z점수로 전환할 경우 원점수가 평균 이하일 때는 마이너스 값이 나오게 된다.
　　　㉡ 이러한 불편함을 보완하기 위해 표준편차의 단위를 10, 평균을 50으로 하여 전환한 점수가 T점수이다.
　　　㉢ 공식: T = 10Z + 50
　③ H점수
　　　㉠ H점수는 T점수를 변형한 것으로 단위를 14σ로 한다.
　　　㉡ 공식: H = 14Z + 50

## 5 상관계수

**(1) 상관분석의 의미**

상관분석이란 주어진 측정치를 가지고 두 변인들 간의 상관의 정도를 분석하는 것이다.

**(2) 상관관계의 의미**

① 상관이란 두 개의 변인 간의 관계를 말하는 것으로, 두 변인 간에 상관이 있다는 것은 한 변인의 값이 변함에 따라 다른 한 변인의 값이 체계적으로 변하는 경향이 있다는 것을 의미한다.
② 상관은 두 변인이 단지 함께 변함을 의미할 뿐이며, 두 변인 간에 인과관계가 있다는 것을 의미하지는 않는다.
③ 주전자의 물을 끓일 때 시간이 흐를수록 주전자의 물의 온도는 높아진다. 이럴 경우 시간과 물의 온도의 상관관계가 높다고 해서 시간이 물의 온도를 높이는 원인이라고 말할 수는 없다.

**(3) 상관도와 상관계수**

① 상관도는 두 변인 간에 한 변인이 변함에 따라 다른 변인이 어떻게 변하느냐의 정도를 말한다.
② 상관계수는 상관의 크기를 수치로 나타낸 것을 말한다.
③ 상관계수를 제곱하면 결정계수가 되는데, 이 결정계수는 어느 한 변인이 다른 변인을 설명 또는 예언해 주는 정도를 나타낸다.

**(4) 상관의 방향과 상관의 정도**

① 상관도는 상관계수(r)로 계산하는데 상관계수는 +1.00에서 −1.00까지의 수치를 취한다.
② +, − 부호는 상관의 방향을 제시해 주는데 +(정상관)일 경우에는 두 변인이 같은 방향으로 증감하는 관계이고, −(역상관)인 경우에는 서로 반대 방향으로 증감하는 관계이며, .00은 상관이 없음을 나타낸다.
③ +, −는 상관의 방향을 말해 줄 뿐이며, 상관계수의 절대치가 높으면 높을수록 두 변인 간의 상관관계가 높다.

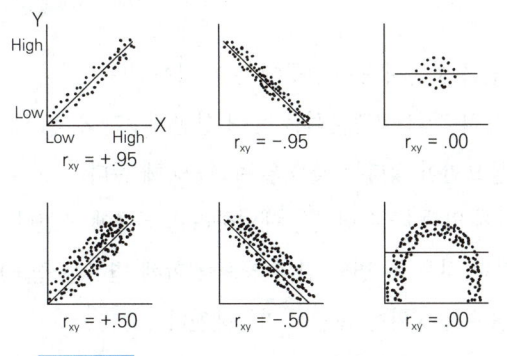

그림 1 │ 산포도 모양에 따른 상관계수의 크기

④ 상관의 정도

| .90~1.00 | 극고 상관 |
|---|---|
| .70~.90 | 고상관 |
| .40~.70 | 중위상관 |
| .20~.40 | 저상관 |
| .00~.40 | 미소상관 |

**(5) 상관계수의 크기에 영향을 미치는 요인**

상관계수를 해석할 때 주의해야 할 또 다른 점은 상관계수의 크기가 점수의 제한, 서로 다른 두 집단의 결합 등 여러 가지 요인들에 의해 달라질 수 있다는 점이다.

① 점수의 제한

㉠ 두 변인 중 어느 쪽이든 관찰한 점수의 범위가 그 변인의 실제 범위보다 제한될 경우 상관계수의 크기는 실제 크기보다 작아진다.

㉡ 예를 들어, 입학성적과 학업성취도의 관계를 밝히는 연구를 하려고 한다면, 입학성적에서 일정수준 이하의 사람들은 탈락되기 때문에 입학성적 이하의 점수를 얻은 사람으로부터는 학업성취도를 얻을 수 없게 된다. 이렇게 해서 얻은 자료는 학업성취도의 전 범위를 포괄하지 못하므로 입학성적 이상인 사람들만의 점수로 추출해낸 상관계수는 실제 두 변인의 상관계수에 비해 더 작아진다는 것이다.

② 서로 다른 집단의 결합

㉠ 각 집단 내에서 두 변인 간의 상관이 없는데도, 이들 두 집단의 자료를 결합해서 상관계수를 측정하면 두 변인 간에 상관이 높은 것으로 나타날 수도 있다.

㉡ 반대로 각 집단 내에서 두 변인 간의 상관이 높은데도, 두 집단 자료를 합해서 상관계수를 측정하면 상관계수가 낮은 것으로 나타날 수 있다.

**(6) 상관분석의 용도**
① 상관분석은 공통요인을 발견하려는 연구에 많이 사용된다.
→ 수학과 과학의 성적 간의 상관분석을 통해 상관계수가 정적(+)으로 높게 나왔다면 수학과 과학 사이에 공통요인이 많다는 것을 알 수 있게 해 준다.
② 상관분석은 한 변인에 의해 다른 변인을 예언하려는 연구에 쓰인다.
→ 상관관계가 높다는 것은 두 변인 간의 공변량(함께 변하는 정도)이 많다는 것이므로, 상관계수가 높게 나올수록 정확한 예언이 가능해진다.
③ 심리검사의 신뢰도 검증에 이용된다.
→ 한 검사의 점수를 두 번 얻어 이 두 점수 간의 상관관계를 분석하면 검사의 신뢰도를 파악할 수 있다. 이런 검사의 신뢰도계수는 대개 .90 이상을 요구한다.

## 6  규준의 이해

**(1) 원점수와 규준의 개념**

① 원점수
  ㉠ 원점수란 검사를 채점해서 얻은 최초의 점수를 말한다.
  ㉡ 원점수는 다른 개인과 비교해서 한 개인의 수준을 평가할 수 있는 정보를 제공해 주지 못한다.
  ㉢ 원점수는 기준점이 없기 때문에 특정 점수의 크기를 비교하기 어렵다.
  ㉣ 원점수로는 서로 다른 검사의 결과를 동등하게 비교할 수 없다.
  ㉤ 원점수들은 서열척도일 뿐 등간척도는 아니다.

② 규준
  ㉠ 규준(norm)이란 특정 검사점수의 해석에 필요한 기준이 되는 자료를 의미한다.
  ㉡ 규준이란 한 개인이 집단 안에서 어느 정도의 위치를 차지하는가를 알아보기 위한 지표이다.
  ㉢ 검사에서 얻어진 원점수는 그 자체로 어떤 의미를 갖지 못한다. 이 검사결과와 비교하고자 하는 어떤 집단의 검사결과와 비교할 때, 이때 비교하고자 하는 집단의 검사결과를 규준이라고 한다.

**(2) 규준의 필요성**

① 어떤 규준과 비교하느냐에 따라 개인의 검사결과의 해석은 달라진다(임인재, 1993).
② 다른 사람들의 검사결과를 참고로 개인 점수의 상대적 위치를 파악하여 검사 점수의 상대적인 해석을 하기 위하여 규준이 필요하다.
③ 대표집단의 분포도를 통하여 한 개인의 점수가 분포도의 어떤 위치에 속하는지 알아볼 수 있다.
④ 규준을 통하여 한 개인이 획득한 원점수가 대표집단의 평균 정도에 해당하는지, 평균보다 더 높거나 낮은 위치에 해당하는지를 찾아낼 수 있다.
⑤ 본질적으로 심리검사의 점수는 상대적인 것이다. 이런 상대적인 점수를 해석하기 위해서는 어떤 기준이 마련되어야 한다.
⑥ 심리검사점수는 흔히 표준화된 집단의 검사점수와 비교함으로써 그 의미를 해석하게 되는데, 이러한 해석에 필요한 기준이 되는 자료가 규준인 것이다.

**(3) 규준을 이용한 변환점수의 종류**

① 규준을 이용하여 원점수는 변환점수로 바뀌게 된다.
② 백분위 점수, 연령 및 학년 점수, 표준점수 등

### (4) 규준의 제작

① 규준은 기본적으로 특정 모집단(전집, population)을 대표하는 표집(sample)을 구성하고, 표본집단에 검사를 실시하여 얻은 점수를 체계적으로 분석해서 만든다.
② 표본집단은 모집단에 대한 대표성 확보할 수 있어야 한다.

### (5) 규준의 종류와 활용 이해

> ▶ 집단 내 규준: 개개 수검자의 원점수를 규준집단의 수행 정도와 비교해 볼 수 있다.
> ▶ 발달 규준: 수검자의 정상적인 발달경로에서의 이탈 정도를 알 수 있다.

① 집단 내 규준: 거의 모든 표준화검사들은 집단 내 규준을 제공한다. 즉, 개인의 원점수를 규준집단의 수행과 비교해 볼 수 있도록 하는 것으로서 원점수가 서열척도에 불과한 것에 비해 집단 내 규준 점수들은 심리측정학상 등간척도의 성질을 갖도록 변환하는 것이 일반적이며, 그 의미가 명확할 뿐만 아니라 대부분의 통계적 분석에 적절하게 사용할 수 있다.

　㉠ 백분위 점수
　　ⓐ 특정 집단의 점수분포에서 한 개인의 상대적 위치를 나타내는 유도점수로, 백분위수·백분단계위수라고도 한다.
　　ⓑ 한 집단의 점수분포상에서 어떤 일정한 점수에 대한 백분위란 그 점수 미만에 놓여 있는 사례의 전체 사례에 대한 백분율을 말한다.
　　ⓒ 예를 들어, 한 적성검사에서 A라는 사람이 170점을 받았는데, 이 점수 아래 전체 사례의 75%가 있다면 A의 백분위점수(또는 백분위)는 75가 된다.
　　ⓓ 백분점수란 어떤 주어진 원점수에 대하여 이에 해당하는 분위를 구하고자 하는 경우에 백분위와 관련한 점수이다.
　　ⓔ 백분점수의 큰 이점은 계산하기 쉽고 훈련 없이도 비교적 이해하기 쉬우며, 여러 종류의 원점수를 백분점수로 환산해 놓으면 서로 비교할 수 있다는 것이다.
　　ⓕ 백분점수는 개인의 점수를 표준집단에 비춘 상대적 위치를 알려줄 뿐, 개인 간의 점수 차를 양적으로 보여주지는 않는다.
　　ⓖ 그 때문에 백분점수로서는 평균값 상관계수 및 그 이외의 통계값은 계산할 수 없다는 결점이 있지만 보편성·타당성·대중성이 있어 여러 검사 제작에 널리 쓰인다.

　㉡ 표준점수(standard score)
　　ⓐ 통계학적으로 정규분포를 만들고 개개의 경우가 표준편차상에 어떤 위치를 차지하는지를 보여주는 차원 없는 수치이다.
　　ⓑ 표준점수는 분포의 표준편차를 이용하여 개인이 평균으로부터 벗어난 거리를 표시하는 것이다.

ⓒ 표준값, Z값(Z-value), Z점수(Z score)라고도 한다.
ⓓ 표준점수란 평균이 0이고 표준편차가 1이 되도록 변환한 값이다. 표준점수는 원점수에서 평균을 뺀 후 표준편차로 나눈 값이다.
ⓔ 표준값 z는 원수치인 x가 평균에서 얼마나 떨어져 있는지를 나타낸다. 음수이면 평균 이하, 양수이면 평균 이상이다.
ⓕ 표준점수는 서로 다른 체계로 측정한 점수들을 동일한 조건에서 비교할 수 있게 해 준다.
ⓖ 예를 들어, 한 집단의 영어와 수학 점수를 각기 표준점수로 변환하면 두 점수 모두 평균이 0이고 표준편차가 1인 분포로 전환되기 때문에 표준점수를 비교하면 특정 학생의 영어와 수학점수의 상대적 위치를 쉽게 파악할 수 있다.

ⓒ 표준등급
ⓐ 스테나인 점수: standard와 nine의 합성어로, 표준 9단계 점수라고도 칭한다.
ⓑ 원점수 분포를 평균치가 5, 표준편차가 2인 점수분포로 옮겨 놓은 것으로, 원점수의 분포를 9개의 단위로 나눈다.
ⓒ 최고점수는 9점, 최저점수는 1점 중간부분이 5점이다.
ⓓ 학생들의 점수를 정해진 범주에 집어넣음으로서 학생들 간의 점수 차가 작을 때 생길 수 있는 지나친 확대해석을 미연에 방지할 수 있다.
ⓔ 이 방법은 매유 쉽고 이론적인 토대가 탄탄하여 널리 이용된다.
예 성취도검사, 적성검사, 내신등급제(현재 고등학생들의 성적 등급제)

* 스테나인 점수 변환에 쓰이는 정상곡선의 백분율(%)

| 스테나인 | 1 | 2 | 3 | 4 | 5 | 6 | 7 | 8 | 9 |
|---|---|---|---|---|---|---|---|---|---|
| 백분율(%) | 4 | 7 | 12 | 17 | 20 | 17 | 12 | 7 | 4 |

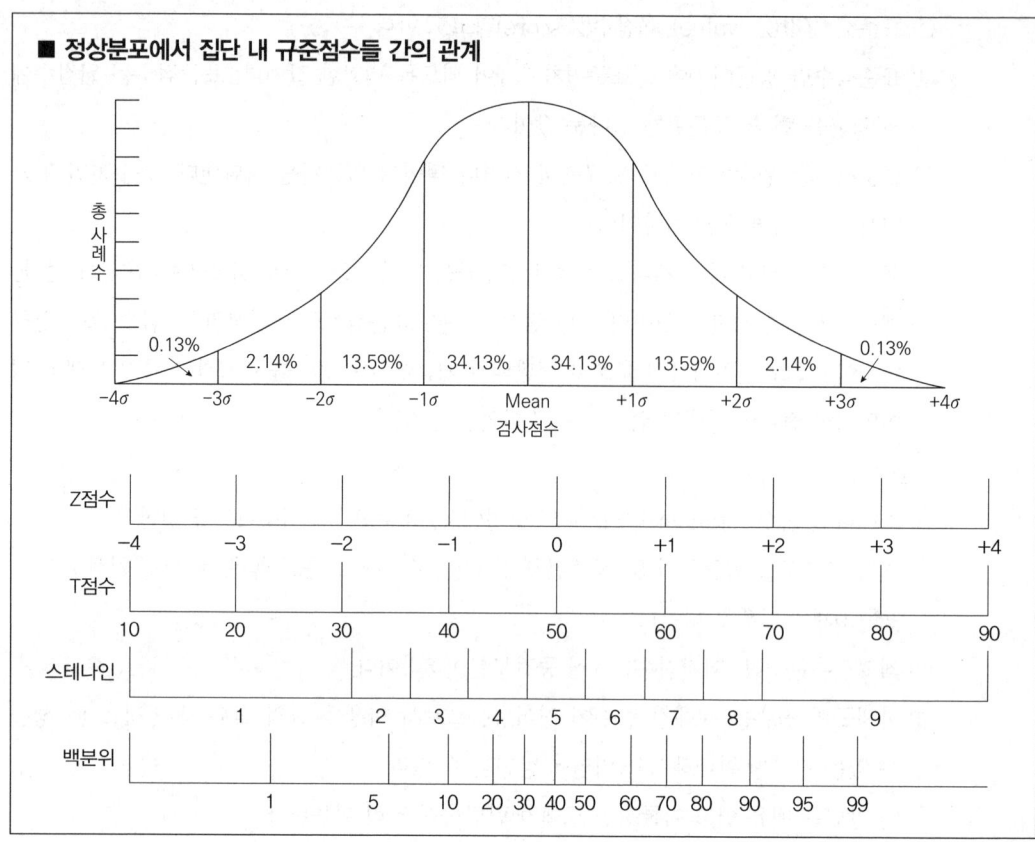

② 발달 규준: 수검자가 정상적인 발달경로에서 얼마나 이탈해 있는지를 표현하는 방식으로 원점수에 의미를 부여하는 것이다. 이러한 발달 규준을 토대로 한 점수는 심리측정학적으로는 다소 조잡해서 점수 자체를 통계적으로 처리하기에는 적합하지 않다는 평가를 받고 있기는 하지만, 기술적인 목적, 특히 개개인에 관한 집중적인 임상 연구와 연구목적에서는 상당히 유용하다.

㉠ 연령규준

ⓐ 연령규준이란 개인의 점수를 규준집단에 있는 사람들의 연령에 비교해서 몇 살에 해당하게 되는지를 해석할 수 있도록 하는 방법이다.

예 일반지능검사에서 개인점수를 확인한 다음 연령표를 통하여 정신연령을 계산

ⓑ 각 연령의 아동들이 얻은 점수의 평균이나 중앙치를 정리하여 특정 아동의 점수가 어떤 연령의 평균에 해당하는지를 알아볼 수 있게 한다.

㉡ 학년규준

ⓐ 학년별 평균이나 중앙치를 이용해서 규준을 제작하는 방법이다.

ⓑ 어떤 학생의 능력수준을 같은 학년의 학생들과 비교하는 것도 중요하지만, 그 학생의 능력수준이 몇 학년에 해당하는 것인지를 알아보기 위한 것이다.

  ⓒ 어떤 학생의 언어이해력 수준이 3학년 학생들의 평균과 같다면 실제 언어이해력 수준은 학년과 관계없이 3학년 수준이라고 해석할 수 있다. 그러나 이 학생의 다른 능력도 3학년 수준이라고 볼 수 있는 것은 아니다.
 ⓒ 단계규준(서열규준): 개인의 행동을 관찰하여 발달관계상 어느 정도 위치에 있는지를 해석할 수 있게 하는 방법이다.
③ 규준 해석의 유의점
 ㉠ 규준은 절대적이거나 보편적이 것이 아니며 영구적인 것이 아니므로, 규준집단이 모집단을 잘 대표하는 것인지를 확인하는 것이 중요하다.
 ㉡ 검사요강(test manual)을 검토하여 규준집단의 다양한 변인들을 잘 고려하여 제작된 것인지를 살펴보아야 한다.
 ㉢ 오래된 규준 제작에 대해서는 특별히 해석에 주의해야 한다.

## 7 신뢰도

**(1) 신뢰도(Reliability)의 개념**
① 신뢰도란 믿을 수 있는 정도를 의미한다. 가령 몸무게를 10번 재었는데 그때마다 결과가 다르고 또 차이가 심하다면 그 저울은 믿을 수 없는 저울, 즉 신뢰성이 없는 저울이다.
② 측정된 결과치의 안정성, 일관성, 예측가능성, 정확성 등이 내포된 개념이다.
③ 측정도구가 측정하고자 하는 현상을 일관성 있게 측정하는 능력 또는 동일한 개념에 대해 측정을 반복했을 때 동일한 측정값을 얻을 가능성을 말한다.
④ 검사조건이나 검사 시기에 관계없이 얼마나 점수들이 일관성이 있는가, 비슷한 것을 측정하는 검사의 점수와 얼마나 일관성이 있는가 하는 것을 말한다.

**(2) 신뢰도의 종류(신뢰도의 검증방법)**
① 검사–재검사 신뢰도(안정성 계수)
　㉠ 동일한 측정도구를 이용하여 동일한 상황에서 동일한 대상에게 일정기간을 두고 반복 측정하여 최초의 측정치와 재측정치가 동일한지의 여부를 평가하는 방법이다.
　㉡ 이 계수는 검사점수가 시간의 변화에 따라 얼마나 일관성이 있는지를 뜻하므로 이 계수를 시간에 따른 안정성을 나타내는 안정성 계수라고 한다.
　㉢ 서로 다른 시기에 측정한 두 검사 점수의 차이는 결국 두 시간 간격 사이에 발생하는 다양한 요인들의 영향을 받는다.
　　ⓐ 개인적 요인: 성숙, 피로, 기분, 질병
　　ⓑ 환경적 요인: 날씨, 소음, 기타 방해 요인
　㉣ 재검사 신뢰도가 높다는 것은 그 검사의 수검자의 조건이나 환경조건들의 무선적 변화의 영향을 덜 받는다는 것을 뜻한다.
　㉤ 측정간격은 시험효과를 고려하여 보통 2주 정도로 한다. 시간 간격이 너무 짧으면 연습효과가 발생하게 되고, 시간 간격이 너무 길게 되면 성숙효과가 발생한다.
　㉥ 장점: 측정도구 자체를 직접 비교할 수 있고 적용이 간편하다.
　㉦ 단점
　　ⓐ 검사요인효과: 처음 측정이 재검사점수에 영향을 미치는 효과
　　ⓑ 성숙요인효과: 측정간격이 길 때에 조사대상집단의 특성 변화에 따른 효과
　　ⓒ 역사요인효과: 측정기간 중에 발생한 사건의 영향

② 동형 검사 신뢰도(동형성, 동등성 계수)
  ㉠ 미리 두 개의 동형 검사를 제작하여 그것을 같은 대상에서 실시하여 두 검사의 점수를 기초로 하여 상관계수를 산출하는 방법으로, 동형성 계수라고도 한다.
  ㉡ 이때의 두 동형 검사는 문항은 다르지만 동질적인 내용으로 구성된다.
  ㉢ 자아개념검사와 같은 표준화검사를 제작할 때 재고자 하는 특성은 모두 자아개념이지만, 구체적인 문항들은 서로 상이한 두 검사 A형, B형을 만들어 이것을 동시에 혹은 적당한 시간 간격을 두고 한 집단에 실시하여 A형의 결과와 B형의 결과의 상관계수를 낸다. 이처럼 동일한 특성을 측정하고자 하는 두 검사가 얼마나 동등한 특성을 재느냐를 따지는 것이 관심이므로 이 방법에서 나온 신뢰도를 동등성 계수라고도 한다.
  ㉣ 동형 검사 신뢰도는 시간적 요인, 즉 기억·연습에 의한 변화를 감소시킬 수 있으므로 재검사 신뢰도보다 바람직하다.
  ㉤ 동형의 검사도구를 만들기가 어렵다는 단점이 있다.
③ 반분 신뢰도(동질성 계수)
  ㉠ 한 개의 검사를 어떤 대상에서 실시한 후 이를 적절히 두 부분으로 나누어 독립된 검사로 취급하여 두 검사 점수를 기초로 하여 상관계수를 산출하는 방법으로, 동질성 계수라고도 한다.
  ㉡ 반분 신뢰도는 재검사 신뢰도가 부적당하거나 동형 검사를 만들기 어려울 때 사용할 수 있는 방법이다.
  ㉢ 이때 얻은 신뢰도는 반분된 것이므로 교정 공식을 사용하여 검사 전체의 신뢰도를 산출하여야 한다. 교정 공식으로는 스피어먼-브라운(Spearman-Brown) 공식을 사용한다.

  $$R = \frac{2\gamma}{1+\gamma}$$  * R: 교정된 신뢰도 계수, $\gamma$: 부분검사의 신뢰도 계수

  ㉣ 반분의 방법
    ⓐ 전후반분법
      - 전체 문항이 100개 있으면 1~50번까지를 한 부분, 51~100까지를 또 한 부분으로 나누어 각각 채점하고 둘 사이의 상관을 내는 방법이다.
      - 이 방법은 검사에 특히 속도 요인이 많이 포함되었거나 또는 검사문항이 곤란도의 순위로 나열된 경우에는 동형 검사로 나누어졌다는 보장을 하기가 어렵다.
    ⓑ 기우반분법
      - 문항의 번호가 기수인 것들을 한 부분으로 하고, 우수인 것들을 다른 한 부분으로 하여 따로 채점하고 둘 사이의 상관을 내는 방법이다.

- 이 방법은 문항들이 동질적이고 곤란도의 순서가 쉬운 것에서 어려운 것으로 배열된 경우에는 적당하다.
- 이질적인 문항이 산재해 있거나 혹은 곤란도의 순서로 문항배열이 되어 있지 않을 경우에는 맹목적인 분할법이 될 수 있다.

ⓒ 난수표에 의해 두 부분으로 나누는 방법: 이 방법은 문항이 어떻게 선택되어도 무방한 경우에 적용된다.

ⓓ 의식적인 비교에 의한 반분법: 의식적으로 각 문항의 종목, 내용, 곤란도 등 문항의 성질을 고려하여 비슷한 두 부분으로 분할하는 방법이다.

ⓔ 반분 신뢰도의 장점

ⓐ 노력과 경비가 적게 든다.
ⓑ 동일 집단을 다시 접촉하기 곤란한 경우에 적당하다.

ⓕ 반분 신뢰도의 단점: 반분하는 방법에 따라 단일한 신뢰도가 산출되지 않는다.

④ 문항 내적 합치도

㉠ 한 검사에 있는 문항 하나하나를 모두 한 개의 독립된 검사로 생각하고 그 합치성·동질성·일치성을 종합하는 방법이다.

㉡ 문항 내적 합치도의 계산은 Kuder-Richardson 공식(진위형) 또는 Cronbach-$\alpha$ 공식을 사용한다.

⑤ 채점자 신뢰도

㉠ 채점자들의 판단에 기초하여 채점 또는 평가가 이루어질 때에는 채점자 사이에 불일치가 일어날 수 있다. 즉, 대부분의 검사들이 실시와 채점을 위하여 표준화 절차를 제공하고 있기 때문에 실시나 채점요인으로 인한 오차변량을 무시해도 좋지만, 창조성 검사나 투사적 성격검사 등과 같이 채점자에게 많은 재량권이 있는 검사의 경우에는 채점자의 판단에 따른 왜곡이나 오류로 인하여 동일한 수검자에 대해서도 다른 점수가 나타날 수 있다.

㉡ 따라서 이런 검사들을 쓸 때에는 통상적인 신뢰도 계수를 측정하는 것 못지않게 채점자 신뢰도(inter-rater reliability; 또는 평가자 간 신뢰도)에 대한 측정도 필요하다. 이것은 한 집단의 검사용지를 두 명의 검사자가 각자 독립적으로 채점한 다음, 개개의 수검자들한테서 관찰된 두 개의 점수를 가지고 통상적인 방법에 따라 상관관계를 따져 보게 되며, 이때 나타나는 신뢰도 계수가 바로 채점자 신뢰도의 측정치가 된다.

### (3) 신뢰도 계수에 영향을 미치는 요인

① 개인차
  ㉠ 수검자의 개인차가 전혀 없을 경우에는 수검자의 검사점수가 모두 동일하게 나타나 신뢰도 계수는 0이 되며, 반면에 개인차가 충분히 클 경우에는 검사점수가 매우 낮은 점수에서부터 상당히 높은 점수까지 널리 분포하여 신뢰도 계수는 더욱 높게 나타난다.
  ㉡ 즉, 검사의 신뢰도는 표본의 특성에 따라 달라지기 때문에 검사의 신뢰도를 평가할 때는 표본이 충분히 넓은 범위의 개인차를 잘 대표하는 것인지 검토할 필요가 있다.

② 문항 수
  ㉠ 검사의 문항이 여러 개라는 것은 결국 하나의 특성을 여러 번 측정한다는 것을 의미한다. 따라서 검사의 문항 수가 많을 때가 적을 때보다 신뢰도는 더 높게 나타난다.
  ㉡ 문항 수를 늘린다고 해서 검사의 신뢰도가 정비례하여 늘어나는 것은 아니며, 어느 정도 이상이 되면 문항 수가 늘어나도 신뢰도는 거의 증가하지 않는다.
  ㉢ 문항 수가 너무 많아지면 실시와 채점 등에 상당한 부담이 되므로 문항 수를 늘려서 신뢰도를 늘리고자 할 때에는 손익을 충분히 계산해서 결정해야 한다.

③ 문항에 대한 반응 수: 개인의 직무만족, 조직몰입 등의 태도검사는 대부분 설문지를 이용하게 된다. 이 경우 5점 또는 7점 척도를 이용하는데, 문항의 반응 수가 5나 7을 넘게 되면 검사의 신뢰도는 더 이상 올라가지 않고 평행선을 그리게 된다.

④ 검사 유형(속도검사의 신뢰도)
  ㉠ 어떤 신뢰도 계수는 검사 유형에 따라 다르게 나타날 수 있다.
  ㉡ 예를 들어 검사의 시간제한이 있는 속도검사의 경우에는 앞서 설명했듯이 수검자들이 0점을 받는 문항들은 반분신뢰도를 계산할 때 양쪽으로 나뉘어져서 상관계수의 값을 증가시키기 때문에 반분신뢰도보다는 검사-재검사 신뢰도 계수를 측정하여 사용하는 것이 더 바람직하다.

⑤ 신뢰도 검증방법에 따른 요인: 같은 검사라도 어떤 종류의 신뢰도를 측정했는가에 따라 측정오차가 조금씩 다를 수 있기 때문에 신뢰도 계수가 다르게 나타난다.

### (4) 신뢰도의 향상 방법

① 문항의 수가 많아야 한다.
② 답지의 수가 많아야 한다.
③ 문항곤란도는 50%를 유지해야 한다.
④ 문항변별도가 높아야 한다.
⑤ 문항의 지시문이나 설명이 명확해야 한다.

⑥ 충분한 시험 실시 시간을 주어야 한다.
⑦ 시험 실시 상황이 적합해야 한다. 즉, 부정행위·부주의로 인한 오답이 없어야 한다.
⑧ 변산도가 커야 한다. 능력의 범위가 넓으면 전체 변량에 대한 진점수 변량 부분이 상대적으로 커지기 때문에 신뢰도가 높아진다.
⑨ 문항이 동질적이어야 한다.
⑩ 평가 내용을 전체 범위 내에서 골고루 표집해서 문항을 작성하여야 한다.
⑪ 객관적인 채점방법을 사용하여야 한다.

# 8 타당도

**(1) 타당도의 개념**
① 측정의 타당도는 측정도구를 통해 측정하고자 하는 것을 얼마나 실제에 가깝게 측정하고 있는가를 의미한다.
② 타당도는 측정도구가 측정하고자 하는 개념이나 속성을 얼마나 정확히 반영하느냐의 정도를 나타내는 것으로 측정개념에 대한 개념적 정의와 조작적 정의의 타당도를 의미한다.
③ 특정의 타당도의 핵심은 개념과 측정지표 간의 적합도의 정도를 의미하며, 구성개념과 측정지표가 적합할수록 측정의 타당도는 높다.

**(2) 타당도의 종류(타당도의 검증방법)**
① 내용 타당도(논리적 타당도, 교과 타당도): 검사 내용에 기초한 근거
  ㉠ 타당도의 중심이 되는 것으로 평가도구가 측정하려는 내용을 얼마나 충실하게 측정하고 있는지를 논리적으로 알아보려는 것이다.
  ㉡ 특히 학력검사를 제작할 때 많이 검토되는 타당도이며, 단순한 내용분석을 하거나 논리적 사고에 의해 판단하는 것이므로 수량적으로 표시되지 않고 전문가에 의해 판단된다.
  ㉢ 내용 타당도의 준거는 '교과목표, 교재내용, 교과과정을 얼마나 충실하게 재고 있느냐'이다.
  예 수학 검사 문항이 교수목표를 대표하는 전 영역에서 표집되었다면 이 검사는 내용 타당도가 높다.
② 안면 타당도(face validity): 검사 내용에 기초한 근거
  ㉠ 안면 타당도는 실제로 무엇을 측정하는가의 문제가 아니라 검사가 측정한다고 하는 것을 측정하는 것처럼 보이는가의 문제이다.
  ㉡ 즉, 안면 타당도는 수검자에게 그 검사가 타당한 것처럼 보이는가를 뜻하는 것이다.
③ 준거 타당도(criterion-related validity): 다른 변수에 기초한 근거
  ㉠ 준거 타당도란 어떤 심리검사가 특정 준거와 어느 정도의 관련이 있는지를 나타낸다. 그 검사의 점수와 준거 점수의 상관계수가 바로 준거 타당도 계수가 된다.
  ㉡ 준거 타당도를 확인하는 방법으로는 예언 타당도와 공인 타당도(동시타당도)가 있다.
  ㉢ 예언 타당도
    ⓐ 한 검사가 피험자의 미래의 행동이나 특성을 어느 정도 정확하고 완전하게 예언하느냐를 추정하는 것이다.

ⓑ 이때의 준거는 시간적으로 미래의 행동이나 특성이다. 즉, 선행검사(X)와 준거(Y)를 상관계수로 나타낸다.
ⓒ 상관계수가 크면 예언의 정확성이 높고, 상관계수가 작으면 예언의 정확성이 낮다.
㉮ 대입수학능력시험 점수가 높은 학생이 대학 입학 후에도 성적이 우수하다면 이 시험은 예언 타당도가 높다.

ⓓ 공인 타당도(동시 타당도)
ⓐ 예언에 관계없이 한 개의 외적 준거와 검사 간의 상관을 나타내는 방법이다.
ⓑ 해당 검사 점수와 현재의 다른 어떤 준거 점수 간의 상관계수로 파악하는 방법이다.
ⓒ 공인 타당도는 그 준거가 현재의 행동이나 특성이다. 선행검사(X) 준거(Y)를 상관계수로 나타낸다.
ⓓ 공인 타당도는 준거의 성질을 예언하는 것이 아니라 공통 요인(공인)의 유무를 확인하는 것으로 검사 X로 준거 Y를 대체할 수 있는지를 알아보고자 할 때 쓰이는 타당도이다.
ⓔ 경험적 자료에 기초한다고 하여 경험적 타당도, 통계적 타당도라고도 불린다.
㉮ 새로 만든 영어학력검사 점수가 높은 학생이 현재 사용하고 있는 영어학력검사에서 높은 점수를 받았다면 새로 만든 영어학력검사는 공인 타당도가 높다.

④ 구인 타당도(심리적 타당도, 구성 타당도): 내적 구조에 기초한 근거
㉠ 한 검사가 의도하는 특성을 재어 주고 있는가를 어떤 이론적인 가설을 설정하여 경험적으로 검증하거나 논리적으로 따지는 과정이다.
㉡ 구인 타당도는 구성 변인이 타당도가 있느냐 없느냐를 알아보는 것이다.

> ▶ 가설의 예: "창의성은 유창성·융통성·정교성·조직성으로 구성될 것이다."에서 유창성·융통성·정교성·조직성은 구성 요인(구인) 내지 구성 변인이다.

㉢ 구인 타당도는 어떤 검사가 정의되지 않은 인간의 심리적 특성을 가설을 설정하여 조작적으로 정의한 후 그 검사가 구성 요인(구인)을 제대로 측정하고 있는지를 밝히는 것이다.
㉣ 구인 타당도는 가장 많은 종류의 증거를 요구한다.
㉮ 창의력 검사에서 창의력이 유창성·유통성·정교성·조직성으로 구성되어 있다고 할 때 그 검사도구가 이 구인(즉, 유창성·융통성·정교성·조직성)을 제대로 측정하였다면 창의력 검사는 구인 타당도가 높다.
㉤ 구인 타당도를 구하는 방법에는 발달적 변화, 요인분석, 수렴타당도와 변별타당도 등이 있다.
ⓐ 발달적 변화
– 어떤 속성들은 발달에 따라 수준이 변화하는데, 이러한 발달적 변화들은 구성 타당도의 증거로 사용될 수 있다.
㉮ 지능을 포함한 능력들은 보통 아이들이 발달함에 따라 점차 증가하는데, 이런 종류의 속성을 측정하는 검사가 타당한 것이라면 연령이 높아짐에 따라 그 검사 점수 역시 더 높게 나타나게 될 것이다.

- 성격처럼 발달적 변화가 있다 하여도 그리 두드러지지 않는 경우에는 발달적 변화를 구성 타당도의 증거로 볼 수 없으므로, 발달적 변화를 구성 타당도의 필요충분조건이라고 생각하는 오류를 범해서는 안 된다.

ⓑ 요인분석
- 요인분석은 검사의 구인 타당도를 확인하기 위해 가장 널리 사용되는 방법으로, 검사를 구성하는 문항들 간의 상호 상관관계를 분석해서 서로 상관이 높은 문항들을 묶어 주는 통계적 기법이다.
- 요인분석을 이용하면 어떤 검사가 그 검사의 토대가 된 이론이 예측하는 것과 같은 구조를 가지고 있는지를 확인할 수 있으며, 이것이 바로 구성 타당도의 증거가 되는 것이다.
- 예) 홀랜드(Holland, 1992)는 사람들의 직업성격(vocational personality; 또는 직업흥미) 유형을 6가지로 분류하였으며, 사람들은 이들 유형 중 어떤 한 유형과 닮게 되는데, 특정 유형과 닮으면 닮을수록 그 유형의 성격 특성과 관련 있는 행동을 많이 나타내게 되고 직업을 선택할 때에도 자신의 능력을 발휘할 수 있도록 자신의 성격 유형과 일치하는 환경을 선택하게 된다고 하였다. 이러한 주장을 토대로 검사를 개발할 경우에 그 검사는 직업성격 유형을 대표하는 다양한 활동 특성에 대한 문항들로 구성될 것이며, 이 검사 결과를 요인분석하였을 때 서로 상관이 높은 문항군집이 6개가 아니라 다른 수의 군집으로 나타난다면 이 검사는 홀랜드의 이론을 제대로 반영하지 못하는 검사이며, 구인 타당도가 낮은 것이다.

ⓒ 수렴타당도와 변별타당도
- 어떤 검사가 측정하고자 하는 속성을 제대로 측정하는 것이라면, 검사점수는 이론적으로 그 속성과 관계가 있는 변인들과는 높은 상관관계를 갖고, 관계가 없는 변인들과는 낮은 상관관계를 가져야 한다.
- 이론적으로 관계가 있는 변인과 상관관계가 높을 때 수렴타당도(convergent validity)가 높다고 하며, 관계가 없는 변인과 상관관계가 낮을 때 변별타당도(discriminant validity)가 높다고 한다.
- 예) 어떤 정서지능검사가 타당한 것이라면 이론적으로 정서지능과 관계가 있는 사회적 유능감과는 높은 상관관계를 보일 것이다.

> ▶ **다특성·다방법 행렬표(MTMM: multitrait-multimethod matrix)**
> 1. 다특성·다방법 행렬표(MTMM)는 수렴 타당도와 변별 타당도를 한 번에 확인할 수 있는 방법이다.
> 2. 이 절차는 두 가지 이상의 특성을 두 가지 이상의 방법으로 측정해서 상호상관을 평가하는 것이다.
> 3. 예를 들어 지배성과 사회성, 성취동기를 각각 자기 보고식 문항, 투사적 기법 그리고 또래 평정법으로 측정했을 경우, 이들 각 측정방법에 따른 점수들의 상관계수를 행렬표로 만들어 볼 수 있다.
> 4. 이때 각 검사들의 결과가 다음과 같을 때 높은 구성 타당도를 갖는다고 할 수 있다.
>    - 동일한 특성을 상이한 방법에 의해 측정한 검사점수들 간의 상관계수가 높아야 한다(수렴 타당도).
>    - 이 상관계수는 상이한 특성을 동일한 방법으로 측정한 검사점수 간의 상관계수(변별 타당도)보다 높아야 한다.
>    - 이 상관계수는 상이한 특성들을 상이한 방법으로 측정한 것들 간의 상관계수에 비해서 월등하게 높아야 한다.

⑤ 결과 타당도

　㉠ 비교적 최근에 등장한 타당도 개념으로 평가를 실시한 결과에 대해 가치를 판단하는 것이다.

　㉡ 평가 결과를 교수-학습과정에서 얼마나 의미 있게 활용하였는가의 정도를 말한다.

　㉢ 수행평가는 학습의 최종 성적을 산출하기보다는 교수-학습의 개선을 목적으로 하기 때문에 평가 결과가 얼마나 유용하고 가치 있는가를 판단하는 결과 타당도를 더욱 중시한다고 볼 수 있다.

　　예 수행평가가 학생들의 동기를 많이 유발하였다면 그 수행평가는 결과 타당도가 높다.

## (3) 준거 관련 타당도의 크기에 영향을 미치는 요인

내용 타당도나 구성 타당도를 확인하는 절차는 그 검사의 타당도의 크기가 얼마나 되는지 수치로 확인하기 어렵다.

① 표집오차: 검사점수와 준거점수의 상관계수는 모집단을 대표하는 표본을 대상으로 얻게 된다. 그런데 표본이 모집단을 잘 대표하지 못할 경우 표집오차는 커지고, 타당도계수는 낮아진다.

② 준거측정치의 신뢰도: 준거측정치의 신뢰도는 그 검사의 타당도계수에 영향을 미친다. 준거측정치의 신뢰도가 낮으면 검사의 준거타당도는 낮아지게 된다.

③ 준거측정치의 타당도: 준거측정치가 해당 준거개념을 얼마나 잘 반영하고 있는가 하는 준거측정치의 타당도는 검사의 준거 타당도에 영향을 미치게 된다.

> ▶ 준거왜곡: 준거결핍과 준거오염
>  - 준거결핍: 준거측정도구가 개념준거의 내용을 충분히 반영하지 못하는 경우
>  - 준거오염: 준거측정도구가 개념준거와 관련이 없는 내용을 포함하고 있는 경우

④ 범위제한: 준거 타당도의 계산을 위해 얻은 검사점수와 준거점수의 자료들이 전체 범위를 포괄하지 못하고 일부 범위만을 포괄하는 경우를 말한다. 이러한 자료에 의해 얻은 상관계수의 크기는 실제의 상관계수보다 작아진다.

### (4) 신뢰도와 타당도의 관계

① 타당도는 측정하려는 것을 얼마나 충실하게 측정하고 있는가와 관계가 있다.
② 신뢰도는 무엇을 측정하든 측정의 정확성과 관계가 있다.
③ 신뢰도는 타당도의 충분조건이 아니고 필요조건이다.
④ 신뢰도를 높이려 할 때 타당도는 오히려 내려갈 수도 있다.

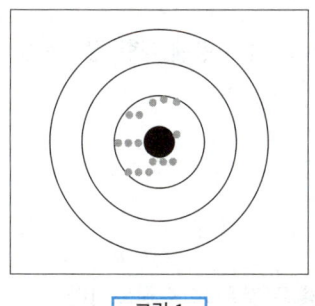
그림 1
신뢰도와 타당도가 높은 경우

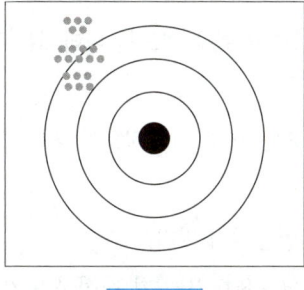
그림 2
신뢰도는 높고,
타당도가 낮은 경우

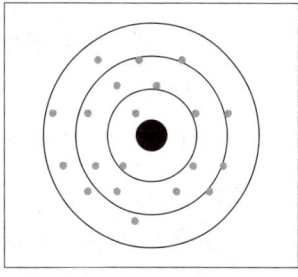
그림 3
신뢰도와 타당도가 낮은 경우

# 9 문항분석

문항분석이란 어떤 검사를 구성하는 각 문항의 양호도를 검증하는 것을 말한다. 문항분석의 유형에는 추측 요인의 교정, 문항곤란도, 문항변별도, 문항반응분포가 있다.

**(1) 추측 요인의 교정**
① 개념: 선다형 검사에서 추측에 의한 정답의 가능성을 제거하는 것이다.
② 교정 공식

$$S = R - \frac{W}{n-1}$$ 　＊S: 교정된 점수, R: 교정 전의 정답 수, W: 오답의 수, n: 문항의 답지 수

**(2) 문항곤란도**
① 개념
　㉠ 문항곤란도란 한 문항의 어렵고 쉬운 정도를 나타내는 것으로, 한 문항에 대한 정답률을 의미한다.
　㉡ 상대평가에서의 문항곤란도는 평가 50% 정도가 좋다.
② 특징
　㉠ 문항곤란도는 0~100%에 변산되어 있다.
　㉡ 일반적으로 문항곤란도는 20~80% 사이가 적절하며 가장 좋은 것은 50% 정도이다.
　㉢ 검사 구성 시 문항곤란도의 정도에 따라 문항 수를 배열한다.
　㉣ 아주 쉬운 문항은 능력이 낮은 학생의 동기유발을 위해, 어려운 문항은 높은 학생의 성취감을 위해 포함시킨다.
③ 문항곤란도 공식

$$P = \frac{R}{N} \times 100$$ 　＊P: 문항곤란도, R: 해당 문항 정답자 수, N: 전체 반응자 수

### (3) 문항변별도

① 개념
  ㉠ 문항 하나하나가 얼마나 피험자의 상하 능력을 잘 변별(식별)해 내는가의 정도를 의미한다.
  ㉡ 상위집단에 속하는 피험자가 하위집단에 속하는 피험자보다 각 문항에 대한 정답의 확률이 높아야 그 문항의 변별도가 있다고 할 수 있다.
  ㉢ 문항이 무엇을 측정하고 있느냐, 측정해야 할 것을 측정하고 있느냐, 학생의 능력을 변별하는 힘이 있느냐를 묻는 것으로 문항 내적 합치도나 문항 외적 타당도와 동의어로 사용한다.

② 특징
  ㉠ 문항변별도는 검사의 총점이라는 내적 준거에 의해 문항의 타당도를 고려한다.
  ㉡ 문항변별도 지수는 +값을 가지면서 그 값이 커야 바람직하다. 문항곤란도가 50% 정도일 때 가장 크다.
  ㉢ 문항변별도는 상대평가와 절대평가에 모두 유용하게 쓰인다.
  ㉣ 학습의 성공자와 실패자의 변별이 잘되는 교육목표가 어느 것인지를 확인하는 데 유용한 정보를 제공한다.

③ 문항변별도 공식

$$DI = \frac{Rh - Rl}{f}$$

\* DI: 문항변별도 지수, Rh: 상부집단의 정답자 수, Rl: 하부집단의 정답자 수, f: 상부집단의 사례 또는 하부집단의 사례

④ 문항변별도 지수
  ㉠ 변산 범위: 문항변별도 지수의 범위는 −1.00~+1.00이다. 문항변별도 지수가 '0'일 경우는 변별력이 없다.
  ㉡ 양호한 문항변별도 지수는 +0.30~+0.70이다.
  ㉢ 문항곤란도가 50%일 때 문항변별도 지수는 +1.00에 가깝다.
  ㉣ 문항변별도 지수가 '−'일 경우는 하부집단의 정답자 수가 많다.
  ㉤ 문항변별도는 검사의 총점이라는 내적 준거에 의하여 문항 내적 합치도를 고려한다.

### (4) 문항반응분포

① 개념: 문항반응분포란 문항의 각 답지에 어떻게 반응하고 있는가를 분석함으로써 그 답지가 의도하였던 기능이나 역할을 하고 있는지를 알아보는 것을 의미한다.
② 바람직한 문항반응분포
  ㉠ 정답지에 50%가 반응하고, 나머지 오답지에 골고루 반응하여야 한다.
  ㉡ 정답지에는 상위집단의 반응이 많고 오답지에는 하위집단의 반응이 많아야 한다.

③ 문항반응분포의 분석

| 〈문항 1〉 (*는 정답) | | | 〈문항 2〉 (*는 정답) | | | 〈문항 3〉 (*는 정답) | |
|---|---|---|---|---|---|---|---|
| 답지 | 반응자 수 | | 답지 | 반응자 수 | | 답지 | 반응자 수 |
| ① | 54 | | ①* | 90 | | ①* | 200 |
| ②* | 140 | | ② | 80 | | ② | 80 |
| ③ | 53 | | ③ | 70 | | ③ | 0 |
| ④ | 50 | | ④ | 60 | | ④ | 20 |
| N | 300 | | N | 300 | | N | 300 |

[해석]
1. 〈문항 1〉은 좋은 분포이다. 정답에 많은 수가 분포되어 있고 나머지 오답은 비슷한 분포를 가지고 있다. 문항곤란도가 약 47%로 50%에 가깝다.
2. 〈문항 2〉는 정답이 제구실을 못하고 있다. 오답과 정답의 반응 수가 비슷하므로 이런 문항은 정답이나 오답을 수정해야 한다.
3. 〈문항 3〉은 정답에만 몰려 있고 3번 답지와 4번 답지가 제구실을 하고 있지 않다. 이런 문항은 오답을 수정하거나 대치하여야 한다.

# Chapter 3
# 객관적 검사

1 지능검사

2 MMPI(다면적 인성검사)

3 성격유형검사(MBTI)

4 성격검사(5요인검사)

5 GATB 직업적성검사

6 Holland 흥미검사

7 성격평가질문지

# 1 지능검사

## (1) 지능의 개념

환경이나 어떤 문제 사태에 직면하여 환경에 적응하고 문제를 해결하는 능력이다.

① 고등정신능력(Terman, Thurstone, Spearman)
   ㉠ 추상적인 사고능력을 강조하는 개념으로, 지능은 구체적인 것(기계적 도구, 감각활동)보다 추상적인 것(아이디어, 상징, 관계, 개념, 원리)을 취급하는 능력으로 보고 있다.
   ㉡ 지나치게 한정적이라는 비판을 받고 있다.
② 적응능력(Stern, Pinter, Colvin)
   ㉠ 지능은 새로운 문제 사태에 대처하는 적응능력이다.
   ㉡ 너무 포괄적이어서 다양하고 복잡한 인간의 적응행동 모두를 지능으로 간주할 수 있느냐는 문제점이 있다.
③ 학습능력(Dearborn, Woodrow) : 지능은 경험에 의한 학습능력이다.
④ 종합적 능력(Wechsler) : 지능은 유목적적으로 행동하고, 합리적으로 사고하며 환경을 효과적으로 다루는 개인의 종합적인 능력이다.

## (2) 지능의 구성요인

① 일반요인설(Spearman)
   ㉠ 지능의 구조는 일반요인(general factor)으로 구성되어 있다는 견해이다.
   ㉡ 인간의 여러 가지 정신능력은 정적인 상관관계가 있음을 강조하면서 그것은 어떤 공통요인이나 일반요인이 존재하고 있기 때문이라는 것이다.
   ㉢ 일반요인은 누구나 생득적인 것이며, 인간의 모든 정신기능에 작용한다고 본다.
② 2요인설(Spearman)
   ㉠ 일반요인설을 수정하여 제시된 이론으로, 지능의 구조를 일반요인(g-factor)과 특수요인(s-factor)으로 설명하고 있다.
   ㉡ g요인(general factor)은 정도의 차이는 있으나 모든 개인이 공통으로 갖고 있는 능력을 말하는 것으로 이해력, 관계추론능력 등 모든 정신작용에 존재하는 것을 말한다.
   ㉢ s요인(special factor)은 특정 분야에 대한 능력으로 여러 가지 다른 과제에서 얼마나 높은 점수를 얻느냐로 나타낼 수 있다.

③ 다요인설(Thorndike)
　㉠ Spearman이 주장하는 g요인은 존재하지 않는다고 보고 있다.
　㉡ 지능의 영역을 기계적 지능, 사회적 지능, 추상적 지능으로 구분하였다.
　　ⓐ 기계적 지능: 손이나 손가락을 사용할 때 기민성과 정교함에 관계되는 지능이다.
　　ⓑ 사회적 지능: 주위 사람과 협동하고 교제하는 능력을 말한다.
　　ⓒ 추상적 지능: 언어와 추상적 개념에 관한 지능을 말한다.
　　ⓓ 추상적 지능을 검사하는 4개 요인(C.A.V.D)
　　　- 문장완성력(Sentence Completion)
　　　- 산수추리력(Arithmetic reasoning)
　　　- 어휘력(Vocabulary)
　　　- 지시를 따를 수 있는 적응력(Direction)

④ 군집요인설(Thurstone)
　㉠ 요인분석의 방법을 고안하여 인간의 기본능력(Priamry Mental Ability : PMA)으로 7개 요인, 즉 언어이해요인, 수요인, 공간요인, 지각속도요인, 기억요인, 추리요인, 언어(어휘)유창성으로 구성되어 있다고 밝혔다.
　㉡ 현재 사용되고 있는 많은 지능검사들은 이 이론의 영향을 받아 제작된 것이다.

⑤ 복합요인설(Guilford)
　㉠ Guilford는 Thurstone의 기본 정신능력을 확장하고 발전시켜 지능구조모형을 제안하였다.
　㉡ 일차원적으로 지능에 대한 올바른 설명은 부족하다고 지적하고 삼차원적인 지능구조이론(Structure Of Intellect : SOI)을 제시하였다.
　㉢ 인간의 지능은 3개의 필수적인 차원이 존재한다고 보았으며 내용(5) × 조작(6) × 결과(6) 차원의 조합으로 설명하고 있다.

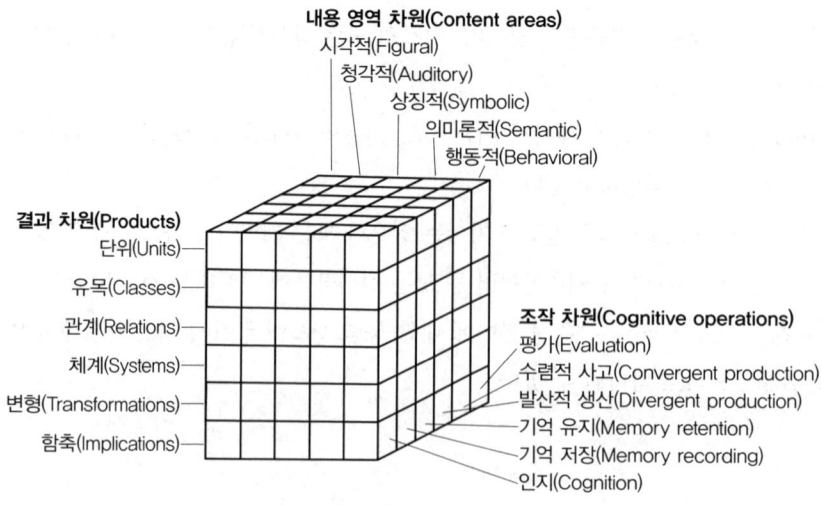

② 3차원적 지능의 구조
  ⓐ 내용(자료)의 차원: 시각, 청각, 상징, 의미, 행동으로 조작이 수행되는 대상을 말한다.
    – 시각적 내용: 구체적인 도형이나 형상, 대소(大小), 방향 등에 관한 지식
    – 상징적 내용: 문자, 숫자, 기호 등의 지식
    – 의미적 내용: 무엇을 의미하는 단어나 문장
    – 행동적 내용: 인간의 상호 행동 내용, 인간관계
    – 청각적 내용
  ⓑ 인지(조작)활동의 차원: 평가, 수렴, 발산, 기억장치, 기억저장, 인지로 어떠한 인지과제에 대한 지적 활동들이 수행되는 정신적 조작 또는 과정이다.
    – 기억저장: 기억기록(부호화)
    – 기억파지: 기억 유지
    – 인지적 사고력: 여러 가지 지식과 정보의 발견 및 인지와 관련된 사고력
    – 수렴적 사고력: 이미 알고 있는 지식이나 기억된 정보에서 어떤 지식을 도출해 내는 능력
    – 확산적 사고력: 이미 알고 있거나 기억된 지식 이외에 새로운 지식을 창출해 내는 능력. 주어진 문제에 대한 해결책을 가능한 한 다양하고 많이 찾아내는 사고로 창의력과 밀접
    – 평가적 사고력: 기억되고 인지되고 생산된 지식 정보의 정당성·정확성·양호성을 판단하는 능력
  ⓒ 결과(산출)의 차원: 단위, 유목, 관계, 체계, 변형, 함축으로 특정 유형에 대한 구체적인 조작의 수행에서 비롯되는 산출을 말한다.
    – 단위: 지식과 정보의 형태
    – 유목: 어떤 공통적 특징을 지닌 일련의 사물의 집합
    – 관계: 두 사물 간의 관련성
    – 체계: 상호 관련된 여러 부분의 복합적 조직
    – 변형: 지식과 정보를 다른 모양으로 표현하는 것
    – 함축: 어떤 지식이나 정보가 함축하고 있는 뜻
  ⓓ 3차원의 상호작용결과: 180개의 복합요인을 제시하였으며, 각 하위 범주들을 상호 독립적인 것으로 보았다.
◎ Guilford 지능이론의 공헌점
  ⓐ 종래의 지능 검사에 의해서만 측정되던 지능의 협소한 계열을 확장시켰다.
  ⓑ 학습, 문제해결력, 창의력 같은 문제를 새롭게 볼 수 있는 틀을 마련하였다.

- ⓗ Guilford 지능이론의 문제점: Guilford 지능이론은 그 모델의 복잡성으로 인해 교실에서 공식적으로 적용하기가 어렵다는 한계점을 지니고 있다.
⑥ Cattell과 Horn의 유동적 지능과 결정적 지능이론(Gf-Gc theory)
  ㉠ Cattell은 Thurstone이 제작한 PMA검사 등을 분석하여 Spearman이 말한 일반지능을 유동지능(Fluid Intelligence: Gf)과 결정지능(Crystallized Intelligence: Gc)로 나누었다.
  ㉡ Horn은 유동적 지능과 결정적 지능을 종합하여 전체적 지능(G)을 제시하였다.
  ㉢ 유동적 지능
    ⓐ 선천적으로 타고난 학습능력과 문제해결능력으로 유전적·신경생리적 영향에 의해 발달한다.
    ⓑ 주로 비언어적이고 특정한 문화적 환경에 국한되지 않고 학교 학습에 관련되지 않는 지능이다.
    ⓒ 과거의 경험이나 능력이 도움이 안 되는 새로운 환경에 대한 과제해결능력이다.
    ⓓ 유동적 지능은 속도, 기계적 암기, 지각력, 일반적 추리력 등의 능력에서 잘 나타난다.
    ⓔ 15세경에 절정에 이르다가 점차 감소한다.
  ㉣ 결정적 지능
    ⓐ 과거의 학습과 경험을 적용시켜서 획득한 판단력이나 습관이다.
    ⓑ 환경적·문화적·경험적 영향에 의해 발달하며, 가정환경, 교육 정도, 직업 등의 영향을 받는다.
    ⓒ 학업 성취력의 기초가 되며, 안정성과 성취력에 의한 인지능력이다.
    ⓓ 인생 초기 환경조건에 의존하는 능력이다.
    ⓔ 학습과 함께 발달하는 능력으로 성인 이후에도 계속 발달될 수 있으며 평생교육에 의해 형성된다.
    ⓕ 언어능력, 문제해결력, 논리적 추리력, 상식 등에서 잘 나타난다.

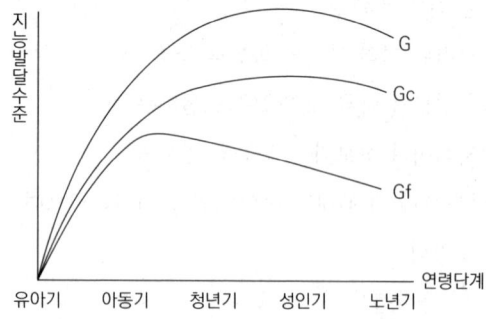

### (3) 가드너(Gardner)의 다중지능이론(Multiple Intelligence: MI)

가드너(Gardner)는 문화인류학, 인지심리학, 발달심리학, 심리측정학, 인물전기연구, 동물생리학, 신경해부학 등에서 8가지 준거, 즉 뇌손상에 의한 분리, 비범한 재능을 가진 사람들의 존재, 독자적인 발달사, 진화사, 핵심활동의 존재, 실험적 증거, 심리측정학적 증거, 상징체계에서의 부호화 등을 주관적으로 설정하여 주관적 요인분석에 기초하여 9가지 지능을 구성하였다.

① 이론의 개요
  ㉠ 지능은 한 문화권 혹은 여러 문화권에서 가치 있게 인정되는 문제를 해결하거나 산물을 창조해내는 능력이다.
  ㉡ 언어적 지능과 논리·수학적 지능만을 지나치게 강조하는 기존의 지능검사는 지능의 범위를 너무 협소하게 보고 있다고 비판한다.
  ㉢ 지능검사는 학생들의 각기 다른 능력을 드러낼 수 있도록 달라져야 하며, 학교교육도 개인의 장점을 극대화할 수 있어야 한다고 주장하고 있다.
  ㉣ 지능의 개념을 더욱 광범위하고 실용적 관점에서 파악하면서 지능을 일상생활 속에서 다양한 방식으로 작용하는 기능적 개념으로 보고 있다.

② 9가지 지능의 종류
  ㉠ 언어지능
    ⓐ 단어를 효과적으로 사용하는 능력, 언어분석력, 언어자료 이해력, 어휘의 소리나 리듬에 민감한 능력을 의미한다.
    ⓑ 시인, 극작가, 연설가, 정치가, 언론인, 편집자
  ㉡ 논리·수학적 지능
    ⓐ 분류하고 범주화하기, 패턴을 지각하고 이해하기, 체계적으로 추리하기, 추상적으로 추리하기 등과 같은 능력이다.
    ⓑ 수학자, 논리학자, 통계전문가, 과학자, 컴퓨터 프로그래머
  ㉢ 음악적 지능
    ⓐ 음악적인 기본요소, 즉 음조, 리듬, 음색에 대한 민감성과 자기 주변에서 듣는 음악과 소리에 대한 민감성 등과 관련된 능력이다.
    ⓑ 작곡가, 연주가
  ㉣ 공간적 지능
    ⓐ 사물을 정확하게 지각하기, 다양한 관점에서 사물을 그려보거나 회전한 모습을 상상해봄으로써 공간상에서 사물을 조작하기, 구체물에 대한 자신의 지각을 2차원 또는 3차원으로 바꿔보기와 같은 능력이다.

ⓑ 예술가, 건축가, 항해사
ⓜ 신체-근육운동적 지능
　ⓐ 자신의 신체동작을 조정하는 능력 또는 사물을 능숙하게 조작하는 것과 관련된 지능이다.
　ⓑ 무용가, 운동선수
ⓗ 대인 간 지능
　ⓐ 다른 사람의 기분, 기질, 동기 및 의도를 식별하고 그에 적절하게 반응하는 능력, 다른 사람과 어울리는 것, 다른 사람이 일을 하도록 동기를 유발하는 것, 다른 사람들에게 영향을 주는 능력 등이다.
　ⓑ 종교인, 상담사, 판매원
ⓢ 개인 내적 지능
　ⓐ 자신의 내적 과정과 특성에 대해 인식하기, 자신의 사고, 느낌, 정서를 구분하기, 자신의 행동을 이해하고 안내하는 방법으로 사고, 느낌, 정서에 의존하는 능력, 그리고 행동할 때 그러한 감정 상태를 활용하는 능력이다.
　ⓑ 소설가, 임상가
ⓞ 자연관찰지능
　ⓐ 동·식물이나 주변의 사물을 자세히 관찰하여 차이점이나 공통점을 찾고 분석하는 능력이다.
　ⓑ 동물학자, 식물학자, 사냥꾼
ⓩ 실존지능(반쪽지능)
　ⓐ 인간의 존재 이유, 생과 사의 문제, 희노애락, 인간의 본성, 가치 등 철학적·종교적으로 사고할 수 있는 능력이다.
　ⓑ 철학자, 종교가

> ▶ 반쪽지능: 뇌에 해당하는 부위가 없고 아동기에는 나타나지 않기 때문에 붙여진 것이다.

③ 다중지능이론의 의의
㉠ 모든 학생이 같은 내용을 같은 방식으로 공부해서 같은 기준으로 평가받아야 한다는 전통적인 획일적 교육을 비판하고 학생의 개인차를 고려한 교육의 중요성을 강조하고 있다.
㉡ 학생들에게 다양한 학습영역에서 다양한 학습경험, 즉 학교에서의 교육 내용의 다양화를 제시하고 있다.
㉢ 각 지능의 특성을 활용한 수업전략을 창의적으로 구안하여 실행할 수 있는 교사의 역할, 학생-교육관계자, 학교-지역사회 연계자의 관계를 중시하고 있다.

ⓔ 교육에 있어서 MI를 통합한 통합교육을 통해 다양한 지능을 발달시킬 것을 목표로 개인의 지적 능력에 따라 내용을 선정하고 가르쳐야 한다는 통합교과 운영을 제시하고 있다.
ⓜ 객관화된 지능검사를 지양하고 자연상황에서 관찰이나 포트폴리오 등과 같은 다양한 방법으로 지능을 측정할 것을 제안하였다.

### (4) 스턴버그(Sternberg)의 삼원지능이론(삼두이론, 삼위일체이론)

스턴버그(Sternberg)는 지능에 관한 기존의 이론들이 모두 불완전하여 제한된 측면만을 다루고 있다고 보고 이들 이론들을 포괄할 수 있는 삼원지능이론을 제안하였다. 이 이론은 지적 행동이 일어나는 사고과정의 분석을 활용하여 지능을 파악한 정보처리적 접근방법을 활용한다.

① 이론의 개요
  ㉠ 지능은 삶에 적합한 환경을 의도적으로 선택하거나 조성하고, 그 환경에 적응하는 능력을 말한다.
  ㉡ 지적 기능과 사고기능은 분리하기 어렵지만 지능에 더 비중을 둔 이론이다.
  ㉢ 보다 완전한 지능이 되기 위해서는 개인, 행동, 상황 등 세 가지 요소를 고려해야 한다.

② 지능의 3요소

▶ 지능의 3요소: 성분적 요소, 경험적 요소, 맥락적 요소

㉠ 성분적 요소
  ⓐ 분석적 지능, 구성적 지능, 요소적 지능, 전통적 지능으로 새로운 지식을 획득하고 그 지식을 논리적인 문제 해결에 적응하는 기능을 한다.
  ⓑ 지능을 내부 개인의 내적 세계와 관련시켜 '어떻게' 지적 행동이 발생되는가에 초점을 둔 것이다.
  ⓒ 기본적인 정보처리를 위해 3가지 정보처리 성분(메타요인, 수행요인, 지식습득요인)으로 구성되어 있다고 본다.
  ⓓ 상위성분(메타요인)
    - 어떤 과제 해결에 착수하거나 완수 시에 정신적·신체적으로 행하는 모든 것을 조정하는 제어 과정의 기능을 한다.
    - 과제 착수나 과제해결 과정에서 피드백을 해석할 때 사용하는 전반적 전략으로 고차적인 정신과정이다.
    - 일을 계획하기, 수행과정 감독하기, 수행결과 평가하기 등의 역할을 한다.
  ⓔ 수행성분(수행요인)
    - 메타요인의 지시를 실행하는 하위수준이다.

- 과제를 입력시키고, 관계를 추리하고, 가능한 해결전략을 비교하는 것 등이 포함된다.
ⓕ 지식습득성분(획득요인)
- 문제를 어떻게 해결할 것인가를 학습하는 데 사용하는 정신과정이다.
- 적절한 정보와 무관한 정보를 가려내는 것, 새로운 정보를 기존의 정보에 관련시키는 것 등이 포함된다.

ⓛ 경험적 요소
ⓐ 창의력, 통찰력, 파지요인으로 새로운 과제를 처리하는 통찰력이나 익숙한 과제를 자동적으로 수행하는 능력이다.
ⓑ 지능을 외부 세계와 내부 세계를 매개하는 경험과 관련시키고, 행동이 '언제' 적절한가를 통찰하는 기능에 초점을 둔 요소이다.
ⓒ 새로운 문제에 당면했을 때 낡고 부적절한 사고방식을 버리고 새로운 개념체계를 선택하는 3가지 통찰력(선택적 부호화, 선택적 결합, 선택적 비교)으로 구성되어 있다고 본다.
ⓓ 선택적 부호화: 사고나 문제 해결과정에서 적절한 중요 정보에 주의를 기울이는 능력이다.
ⓔ 선택적 결합: 최초에 서로 관련이 없는 요소들을 연관시켜 새로운 것을 창출해 내는 능력이다.
ⓕ 선택적 비교: 기존의 것들을 새로운 각도에서 보고 이로부터 새로운 것을 유추해 낼 수 있는 능력이다.

ⓒ 맥락적 요소
ⓐ 상황적 지능, 실용적 지능, 사회적 지능이다.
ⓑ 외부환경에 대응하는 능력, 현실상황에 적응하거나 환경을 선택하고 변화시키는 능력이다.
ⓒ 전통적 지능검사의 IQ점수나 학업성적과는 무관한 능력으로 학교교육을 통해서 얻어지는 능력이 아니라 일상의 경험에 의해서 획득되고 발달되는 능력이다.
ⓓ 일상적 문제해결능력, 실제적인 적응능력, 사회적 유능성이 포함된다.

③ 성공지능
㉠ 분석적·창조적·실천적이라는 세 측면을 잘 해내는 능력을 의미하며, 성공지능의 세 측면은 상호 관련되어 있다.
ⓐ 분석적 지능: 문제를 해결하고 아이디어의 질을 판단하는 데 필요한 지능이다.
ⓑ 창조적 지능: 문제점과 아이디어를 훌륭하게 파악하는 데 필요한 지능이다.
ⓒ 실천적 지능: 일상생활에서 훌륭한 아이디어와 분석방식을 활용하는 데 필요한 지능이다.
㉡ 성공지능은 세 측면이 균형을 이룰 때 가장 효과적이며, 그것을 가지고 있는 것 자체보다는 그것을 적절히 활용하는 시기와 방법을 아는 것이 중요하다.

ⓒ 성공지능이 높은 사람은 능력을 가지고 있기만 한 것이 아니라, 오히려 그 능력을 적절히 활용하는 시기와 방법을 늘 생각하는 사람이다.
② 분석적 지능은 주로 기존의 IQ검사가 주로 다루어 온 전통적인 능력을 의미한다.
⑩ 성공지능의 시사점
ⓐ 성공지능은 학교교육에서 세 가지 요소 가운데 지나치게 분석적 지능만을 중시하고 있는 점에 대하여 비판하고 있다.
ⓑ 개인의 성공에 있어서 창조적 능력과 실천적 능력이 필요한 것이라면 학교에서는 당연히 이를 가르쳐야만 한다.

### (5) 지능의 측정
① 지능지수(IQ)
㉠ 개인의 지적 능력을 측정하는 검사결과가 환산되어 나온 수치로서 정신연령과 생활연령과의 비율을 의미한다.
㉡ 비율지능지수는 20세 이전까지는 의미가 있으나 성년 이후에는 의미가 없다.
㉢ 지능지수 산출공식

$$IQ = \frac{정신연령(MA)}{생활연령(CA)} \times 100$$

② 편차지능지수(deviation IQ)
㉠ 지능의 분포를 정상분포로 고려하여 평균과 표준편차를 기초로 지능지수를 나타내는 것을 의미한다.
㉡ 각 연령집단을 모집단으로 한 정상분포에서 평균을 100, 표준편차를 15로 변환시킨 표준점수로 환산한 척도이다.
㉢ 각 연령집단에서 실시해서 얻은 원점수 자체는 의미가 없고 연령집단의 원점수에서 각 개인의 점수가 차지하는 상대적 위치가 어디냐에 더 큰 관심을 두고 있다.
③ 지능검사 활용상의 유의사항
㉠ IQ는 개인의 지적 기능의 한 가지 지표로만 생각해야 한다.
㉡ IQ는 학교 현장에서 유용하게 사용될 수 있지만 그것 자체로서 완벽하지는 않으므로 과잉해석은 피해야 한다.
㉢ 지능검사의 하위검사는 항상 오차가 크고 신뢰도와 타당도가 낮으며 그 자체만으로는 의미가 없으므로 그 변산에 특별히 유의해야 한다.
② IQ는 항상 고정되어 있거나 정밀하지 않으므로 IQ점수를 하나의 '띠(점수대)' 또는 점수 범위로 생각해야 한다.

ⓜ IQ는 다른 예측요소(과거의 성적, 정서적 성숙 정도, 흥미, 적성, 건강 등)와 함께 사용되어야 한다.
ⓑ IQ점수만으로 학급편성을 한다든가, 부모에게 자녀의 IQ를 상세한 설명(IQ점수의 취약점과 의미) 없이 알려주는 일 등은 삼가야 한다.

④ 지능의 안정성과 변동성(Bayley)
㉠ 지능은 고정된 것이 아니다.
㉡ 지능의 변화는 출생 후 초기 수년에 걸쳐서 가장 크게 일어난다.
㉢ 연령 수준에 따라서 지능에 변화를 일으키는 요소가 다르다.
㉣ 지능은 가정의 사회경제적 지위, 부모의 교육수준과 관련되어 있다.
㉤ 지능은 성인이 되어 어느 정도 결정되면 일생을 통해 큰 변화가 나타나지 않는다.
㉥ 지능은 남녀 간에 유의미한 차이가 없다.
㉦ 도시와 시골과의 환경 차는 지능과 유의미한 차이가 있다.

> **\* 플린효과**
>
> 플린효과라 일컫는 IQ(Intelligence Quotient)의 증가 현상은 1980년대 초반 뉴질랜드의 심리학자 제임스 플린(James Flynn)이 국가별 IQ지수의 변동추세를 조사하면서 밝혀졌다.
> 1950년대부터 1980년대까지 유럽·미국·오스트레일리아·뉴질랜드·일본 등의 IQ검사에서 모두 같은 현상이 관찰되었으며, 이후 심리학·진화생물학·사회학 등 다양한 분야에서 논제가 되고 있다.
> 플린은 미국의 신병 지원자들의 IQ 검사결과를 분석해 신병들의 평균 IQ가 10년마다 3점씩 올라간다는 사실을 발견했으며, 1987년 14개국으로 대상을 확대 실시한 조사에서도 비슷한 결과를 얻었다. 벨기에·네덜란드·이스라엘에서는 한 세대, 즉 30년 만에 평균 IQ가 20점이 올랐고, 13개국 이상의 개발도상국에서도 5~25점 증가했다는 보고서가 발표되었다. 이러한 IQ의 증가가 실제적인 지적 능력의 향상인가 하는 점에서는 의견이 엇갈리고 있으나 플린은 인간 집단에 특별한 유전체적 변화가 없이 짧은 시기에 그렇게 큰 진화적 변화가 나타날 수는 없다고 보고 있으며, IQ의 증가가 지적 능력의 발전에서 기인한다기보다는 정신적 활동을 점점 더 많이 요구하는 현 사회현상의 반영으로 보고 있다.

### (6) 지능검사의 유형

① 측정 내용에 따른 분류
㉠ 일반지능검사: 일반지능을 종합적으로 측정하는 검사로 대부분의 지능검사가 이에 해당된다.
㉡ 특수지능검사: 특수능력을 분리시켜서 측정하는 검사로 추리력 검사, 기억력 검사, 주의력 검사 등과 같이 독립된 정신기능을 측정한다.

② 문항의 표현 양식에 의한 분류
㉠ 언어검사($\alpha$ 검사): 검사문항이 주로 언어로 구성되어 있으며, 피험자가 언어를 사용해서 문항에 답하도록 구성된 검사이다.
㉡ 비언어검사($\beta$ 검사): 취학 전 아동, 문맹자, 언어장애자, 노인, 외국인을 대상으로 지능을 측정하기 위해 개발된 검사이며, 대개 도형, 그림, 기호, 실제의 작업을 통해 지능을 검사한다.

③ 응답방식에 의한 분류
  ⊙ 동작검사: 피험자로 하여금 구체적 재료를 가지고 어떤 작업·동작을 요구하는 검사로, 실제 작업결과로 지능 수준이나 질을 판단하려는 방법이다.
  ⓒ 필답검사: 종이 위에 모든 검사문항이 제시되어 피험자가 읽고 쓰기로 응답하는 검사로 주로 집단검사에 사용된다.
④ 검사대상에 따른 분류
  ⊙ 개인검사
    ⓐ 타당성, 실시의 정확성, 임상적 해석이 가능하다.
    ⓑ 실시가 복잡하고, 전문적 능력과 장시간이 소요된다.
  ⓒ 집단검사
    ⓐ 실시가 용이하고 경제적이다.
    ⓑ 검사장면의 오차요인에 대한 통제가 어렵다.

### (7) 지능검사의 종류

① 비네(Binet) 지능검사
  ⊙ 최초의 표준화된 지능검사로, 1905년 프랑스에서 비네(Binet)와 사이먼(Simon)에 의해서 만들어졌다.
  ⓒ 정신에 결손이 있는 아동들을 선별하는 목적으로 만들어진 검사이다.
  ⓒ 단어의 정의, 그림 알아보기, 그림 변형하기 등의 과제를 선택하여 이질적인 아동에게 실시한 후 너무 어렵거나 쉬운 극단적인 문제들을 제외시켰다.
  ⓔ 주어진 연령에서 평균적인 능력을 지닌 아동이라면 풀 수 있다고 가정된 객관적인 검사지이다.
  ⓜ 비네(Binet)는 정신연령이라는 개념을 제시하였는데, 각 나이집단에 따라 점수를 표준화하였다.

② Stanford – Binet 지능검사
  ⊙ 1916년 Binet 지능검사를 스탠퍼드(Stanford) 대학의 터먼(Terman) 교수가 미국의 문화에 맞도록 표준화한 검사이다.
  ⓒ 처음으로 지능지수(IQ)의 개념이 사용되었으며 1937년에 개정판이 나왔다.
  ⓒ 개정판의 특징
    ⓐ 문항이 129문항으로 증가되었으며, 대상이 2세에서부터 성인에게까지 확대되었다.
    ⓑ 아동용에는 동작검사 형식의 문항을 주로 사용하고, 성인용에는 언어검사 문항을 많이 사용하여 발달단계를 고려한 변화를 보인다.
    ⓒ 검사실시 방법과 채점이 보다 객관성을 지니게 되었다.

③ 웩슬러(Wechsler) 지능검사
  ㉠ 언어영역과 동작영역의 두 부분으로 구성되어 있다.
  ㉡ 편차 IQ라는 개념을 제안하였다.
  ㉢ WIPPSI, WISC, WAIS 세 가지 종류가 있다.
    ⓐ WIPPSI(Wechsler Primary and Preschool Scale of Intelligence, 4~7세)
      - 언어검사: 일반 지식, 일반이해, 유사성, 어휘, 산수, 문장 등 6가지로 구성
      - 동작검사: 나무토막 조립, 그림 완성, 동물의 집, 미로 찾기, 기하학적 도형 등 5가지로 구성
    ⓑ WISC(Wechsler Intelligence Scale for Children, 7~16세)
      - 언어검사: 일반 지식, 일반 이해, 유사성, 어휘, 산수, 수 암기 등 6가지로 구성
      - 동작검사: 그림 완성, 그림 배열, 나무토막 조립, 물건퍼즐, 부호 기입, 미로 찾기 등 6가지로 구성
    ⓒ WAIS(Wechsler Adult Intelligence Scale, 성인용)
      - 언어검사: 일반 지식, 일반 이해, 유사성, 어휘, 수리력, 수 암기 등 6가지로 구성
      - 동작검사: 그림 완성, 그림 배열, 물건퍼즐, 나무토막 조립, 숫자-부호 등 5가지로 구성

④ SOMPA(System of Multi cultural Pluralistic Assessment)
  ㉠ 웩슬러(Wechsler)의 WISC를 보완하여 제작되었으며, 아동의 의료적 요소와 문화·인종·사회경제적 배경을 고려한 지능검사이다.
    ⓐ 의료적 요소: 아동의 키, 몸무게, 시각, 청각, 예민성, 병력 등의 전반적 건강 상태
    ⓑ 사회적 요소: 교우관계, 학교 외적 생활 측면 등을 면접을 통해 파악
  ㉡ 5~11세 공립학교 아동들에 대한 이해와 비차별적인 평가를 위한 목적을 지니고 있다.

⑤ K-ABC(Kaufman Assessment Battery for Children: 아동용 Kaufman 지능검사, 2~12세)
  ㉠ 아동의 학습잠재력과 성취도 측정을 위한 지능검사로, 언어검사와 비언어적 검사로 이루어져 있다.
  ㉡ 문화적 편향을 극복하고자 하는 목적으로 개발되었으며, 청각장애나 언어장애자, 외국인 아동들에게 유용한 검사이다.
  ㉢ 순차처리척도, 동시처리척도, 인지처리과정척도(순차처리 + 동시처리), 습득도척도로 구성되어 있다.

⑥ 집단지능검사: 세계 1차 대전 때 임무에 적합한 군인을 변별하기 위한 목적으로 Yerkes가 만든 것으로, 군인 알파검사(Army $\alpha$ Test, 언어성 검사)와 군인베타검사(Army $\beta$ Test, 동작성 검사) 두 가지가 있다.

⑦ 우리나라의 지능검사
  ㉠ 간편지능검사: 1954년 정범모에 의해 제작된 최초의 지능검사로 집단지능검사이다.
  ㉡ KIT-S 지능검사
    ⓐ 1984년 한국행동과학연구소가 전국 고등학생을 대상으로 제작한 집단지능검사이다.
    ⓑ 언어능력, 수리력, 추리력, 공간지각력 등의 4개 하위요인으로 구성되어 있다.
    ⓒ IQ를 전국, 도시, 농촌의 3개의 특수집단으로 나누어 산출할 수 있는 규준을 마련해 놓고 있다.

### (8) 웩슬러(Wechsler) 지능검사

① 의의 및 특징
  ㉠ 웩슬러가 1939년에 제작한 개인지능검사로서, 지능의 다양한 영역을 총체적인 관점에서 평가한다.
  ㉡ 인지적 요인뿐만 아니라 비인지적 요인도 추론할 수 있다.
  ㉢ 비율지능지수방식과는 달리 편차지능지수를 사용한다.
  ㉣ 언어성 검사와 동작성 검사로 구성되어 있다.
  ㉤ 현재의 지능수준은 물론 병전 지능수준까지 측정한다.
  ㉥ 검사자가 모든 문제를 구두 언어나 동작으로 제시할 수 있도록 함으로써 문맹자를 대상으로 한 검사도 가능하다.

② 검사의 구성
  ㉠ K-WISC-Ⅳ(6세 0개월~16세 11개월, 15개 소검사로 구성)

| 하위검사 | | 측정내용 |
|---|---|---|
| 언어이해지표(VCI) | 공통성 | 융통성, 언어적 개념 형성능력, 추상적·논리적 사고력, 장기기억력 |
| | 어휘 | 개인의 획득된 지식, 언어적 개념형성 정도 |
| | 이해 | 실용적 정보, 문제해결력, 표준지식, 문화적 기회, 양심이나 도덕의식 발달 수준 |
| | 상식(보충소검사) | 기본지식 수준 |
| | 단어추리(보충소검사) | 언어적 이해, 유추 및 일반적 추론 능력, 언어적 추상화, 특정 분야의 지식, 서로 다른 유형의 정보를 통합 및 종합하는 능력, 대체 개념을 만들어 내는 능력 |

| | 하위검사 | 측정 내용 |
|---|---|---|
| 지각추론지표(PRI) | 토막 짜기 | 지각력, 공간적 시각력, 추상화 개념화 |
| | 공통그림 찾기 | 추상화, 범주적 추론 능력 |
| | 행렬추리 | 유동성 지능, 비언어적 추론, 유추적 추론, 비언어적 문제해결, 공간적 시각화 |
| | 빠진 곳 찾기(보충소검사) | 시각적 변별력, 관찰력, 집중력, 추론력, 시간 조직화 능력 |
| 작업기억지표(WMI) | 숫자 | 단기 청각 기억력, 주의집중력 |
| | 순차연결 | 주의력, 유연성, 청각적 작업기억, 시공간적 형상화, 처리속도 능력 |
| | 산수(보충소검사) | 자율적 학습능력, 집중력, 주의력, 기억력 |
| 처리속도지표(PSI) | 기호 쓰기 | 눈과 손의 협응력, 정보처리능력, 단기기억력, 집중력 |
| | 동형 찾기 | 시각-운동 처리속도, 단기 시각기억, 시각-운동 협응, 인지적 유연성, 시각적 변별, 집중력 |
| | 선택(보충소검사) | 처리속도, 시각적 선택 주의력, 각성, 시각적 무시 |

ⓒ K-WAIS

| | 하위검사 | 측정 내용 |
|---|---|---|
| 언어성 검사 | 기본지식 | 개인이 가지는 기본 지식의 정도 |
| | 숫자 외우기 | 청각적 단기기억, 주의력 |
| | 어휘문제 | 일반지능의 주요 지표, 학습능력과 일반개념 정도 |
| | 산수문제 | 수 개념 이해와 주의집중력 |
| | 이해문제 | 일상경험의 응용능력, 도덕적·윤리적 판단능력 |
| | 공통성문제 | 유사성 파악능력과 추상적 사고능력 |
| 동작성 검사 | 빠진 곳 찾기 | 사물의 본질과 비본질 구분능력, 시각예민성 |
| | 차례 맞추기 | 전체 상황에 대한 이해와 계획 능력 |
| | 토막 짜기 | 지각적 구성능력, 공간표상능력, 시각. 운동 협응 능력 |
| | 모양 맞추기 | 지각능력과 재구성능력, 시각. 운동 협응 능력 |
| | 바꿔 쓰기 | 단기기억 및 민첩성 시각, 운동 협응 능력 |

ⓒ K-WAIS-Ⅳ(16세 0개월~69세 11개월)
  ⓐ 언어성과 동작성에 대한 구분 없이 전체 지능을 제시한다.
  ⓑ 언어이해, 지각추론, 작업기억, 처리속도 등 4요인 측정
  ⓒ 기존의 K-WAIS 소검사 중 차례 맞추기, 모양 맞추기 제외

- 소검사: 행렬추론, 퍼즐, 동형 찾기 추가
- 보충검사: 순서화, 무게 비교, 지우기 추가

ⓓ 기존 K-WAIS의 지능지수 범위 45~150을 40~160으로 확장

| 조합척도 또는 지수척도 | | | 소검사 | |
|---|---|---|---|---|
| | | | 핵심소검사 | 보충소검사 |
| 전체척도 (FS) | 일반능력지수 (GAI) | 언어이해지수 (VCI) | 공통성 어휘 상식 | 이해 |
| | | 지각추론지수 (PRI) | 토막 짜기 행렬추론 퍼즐 | 무게 비교 빠진 곳 찾기 |
| | 인지효능지수 (CPI) | 작업기억지수 (WMI) | 숫자 산수 | 순서화 |
| | | 처리속도지수 | 동형 찾기 기호 쓰기 | 지우기 |

③ 웩슬러(Wechsler) 지능검사의 실시
  ㉠ K-WAIS 실시 시간: 60~90분 정도 소요
  ㉡ 웩슬러 검사는 개인검사로 검사실시에 대하여 검사요강을 충분히 숙지하고, 사전에 충분한 연습을 거친 후에 실시하여야 한다.
  ㉢ 검사의 진행순서: 기본지식 → 빠진 곳 찾기 → 숫자 외우기 → 차례 맞추기 → 어휘문제 → 토막 짜기 → 산수 문제 → 모양 맞추기 → 이해 문제 → 바꿔 쓰기 → 공통성 문제

④ 웩슬러(Wechsler) 지능검사의 채점과정
  ㉠ 각 문항에서 얻은 점수를 합산하여 하위검사들의 원점수를 산출한다.
  ㉡ 각 하위검사의 원점수를 환산점수 산출표를 토대로 환산점수로 바꾼다(평균을 10으로, 표준편차는 3으로 변환한 점수).
  ㉢ 하위검사들은 차례로 더해져서 언어성 검사와 동작성 검사에 대한 환산점수를 구하고 이를 다시 합하여 전체 검사점수의 환산점수를 구한다.
  ㉣ 각 환산점수를 검사요강의 연령별 지능지수 산출표를 참고해서 언어성 IQ, 동작성 IQ, 전체 IQ를 구한다.

⑤ 웩슬러(Wechsler) 지능검사 해석 시 유의점
  ㉠ 쉬운 문제는 실패하나 어려운 문제는 성공한 문항
  ㉡ 흔하지 않은 기괴한 응답을 한 문항
  ㉢ 한 문항에 대하여 강박적으로 여러 가지 응답을 한 것
  ㉣ 잘 모르면서 짐작으로 응답한 문항

ⓜ 지나치게 구체적으로 응답한 문항
ⓑ 정서적인 응답을 한 문항
ⓢ 반항적인 내용의 응답을 한 문항
ⓞ 차례 맞추기에서 순서는 맞추고 적절한 설명을 하지 못한 상황

## 2. MMPI(다면적 인성검사)

### (1) 이론적 배경
① MMPI, 즉 미네소타 다면적 인성검사(Minnesota Multi-phasic Personality Inventory)는 세계적으로 가장 널리 쓰이고 가장 많이 연구되어 있는 객관적 성격검사로 미네소타 대학의 Starke Hathaway와 Joyian Mckinley에 의해 처음으로 발표되었다.
② MMPI는 정신질환자를 평가하고 진단함에 있어 보다 효율적이고 신뢰할 만한 심리검사를 개발하려는 목적으로 제작된 검사이다.
③ MMPI는 질문지형 성격검사지만 문항들은 투사법적인 함축성을 띠고 있고 567문항 중에서 16개 문항 각각은 한 번 더 중복해서 질문하도록 되어 있다.
④ MMPI는 대표적인 자기 보고식 검사로 여타의 검사들과 마찬가지로 임상가의 수련과 경험이 필요하다.

### (2) MMPI의 구성요소
4개의 타당도 척도와 10개의 임상척도로 구분되며, 진위형으로 응답한다.

### (3) MMPI의 타당도 척도
수검자가 일관된 모습으로 반응한 정도를 나타낸 내적 일치성을 의미한다.
① ?척도(알 수 없다 척도): 무응답 개수로 피검사자의 검사태도 측정
② L척도(부인척도): 자신을 좋은 모양으로 나타내 보이려는 부정직 정도 측정
③ F척도(허구척도): 보통 사람들과 다르게 응답하는 사람 탐지, 이상반응경향, 정신병리 정도 측정
④ K척도(교정척도): 방어심과 경계심 정도 측정

### (4) 타당도 척도의 내용과 해석
① ?척도(알 수 없다 척도)
  ㉠ 무반응 문항과 '그렇다'와 '아니다' 둘 다 대답한 문항들의 총합이다.
  ㉡ 반응누락(빠트리고 대답하지 않은 것)은 반응태도에 좌우되며 지시를 어떻게 이해했는가에 영향을 받는다.
  ㉢ 이 척도의 T점수가 70 이상일 경우는 프로파일이 무효일 가능성이 매우 높거나, 문항을 읽고 이해할 수 있는 능력이 부족하거나, 검사자에 대한 불신감을 나타내는 경우이다.

② L척도(Lie scale, 부인척도): 15문항
  ㉠ L척도의 목적은 원래 피검자가 자신을 남들에게 실제보다 좋게 보이려는 방향으로 다소간 고의적, 부정직, 세련되지 못한 시도를 알아내는 것이다.
  ㉡ L점수는 낮을수록 자신의 인간적인 약점을 솔직하게 고백하려는 태도이고, 높을수록 자신의 문제를 억압·부인하면서 사회적으로 올바르게 행동한다고 주장하려는 태도이다.
  ㉢ 이 척도의 T점수가 70 이상일 경우는 수치심 또는 도덕적 판단에 대한 공포가 있거나 자신의 바람직하지 못한 특성을 억압하고 부인하는 경우이다.
  ㉣ 부인방어기제를 주로 쓰는 환자로서 히스테리, 건강염려증, 편집증 환자일 경우가 많다.

③ F척도(Frequency scale): 64개 문항
  ㉠ 보통 사람들과 다르거나 비정형적으로 대답하는 사람을 탐지하여 다른 생각이나 경험을 가진 정도를 측정하려는 것이다.
  ㉡ F척도는 64개 문항 중 35개는 순수하게 F척도를 위해서만 채점되고 29개 문항은 Pa(편집증), Pt(강박증), Sc(정신분열증), Ma(경조증)에서 중복하여 채점하므로 F점수가 높을수록 4개 임상척도, 특히 Pa와 Sc가 높아진다.
  ㉢ F척도의 T점수가 70이상일 경우는 극도로 불안하고 도움을 원하거나, 자아정체로 고민하는 청소년 등이 여기에 속한다.
  ㉣ F척도의 중요한 3가지 임상적 기능
    ⓐ 검사받는 태도의 지표: 비정상적으로 대답한 경향을 탐지하는 효과
    ⓑ 정신병리의 심각성: 프로파일이 무효(T점수 70 이상, 원점수 16 정도)가 아니라고 확인되었을 경우 그만큼 정신병리가 심각하다는 것을 알려 준다.
    ⓒ 그 외 일반적 적응행동에 대해서 추정을 가능하게 한다.

④ K척도(Correction scale): 30개 문항
  ㉠ K척도는 심한 정신장애를 가지고 있으면서도 정상 프로파일을 보여주는 사람들을 알아내기 위해서 경험적으로 선택한 문항들이다
  ㉡ 측정내용: '방어성'과 '경계심', K척도는 L척도가 측정하는 행동의 일부와 중복되나 K는 L보다 매우 은밀하고 세련된 사람들을 측정한다.
  ㉢ K척도의 낮은 점수: 임상프로파일은 높아지고, Pa, Pt, Sc, Ma의 점수들이 높아지는 경향성이 있다.
  ㉣ K척도의 높은 점수: 임상프로파일이 낮아지고 Hs, D, Hy 점수가 높아는 경향성이 있다.

* **MMPI-2**

MMPI-2는 원판 MMPI의 문제점과 해석에 있어서의 부족한 점을 보완하기 위하여 개발되었다(미국 1989년, 한국판 2004년). 그러나 원판 MMPI의 사용에 의해 오랜 기간 축적되어 온 자료와 지식을 활용하기 위하여 표준 척도의 변화는 최소한으로 하였기 때문에 기본적으로 원판 MMPI와 큰 차이는 없다고 할 수 있다.

MMPI-2는 MMPI의 문제점이 보완되었고, 타당도 척도가 추가되었으며, 재구성 임상 척도의 도입, 내용 척도의 확장, 새로운 보충 척도와 성격병리 5요인 척도의 추가 등의 변화가 있다.

* **MMPI-2 5개의 타당성 척도 추가**

- VRIN(무선반응 비일관성 척도): 피검자가 무선적으로, 즉 문항의 내용을 고려하지 않고 '아무렇게나 반응'하는 경향을 탐지한다.
- TRIN(고정반응 비일관성 척도): 피검자가 문항 내용과 관계없이 모든 문항을 '그렇다'로 반응하거나 '아니다'로 반응하는 경향을 탐지한다.
- F(B)(비전형-후반부 척도): 검사 후반부의 비전형 반응을 탐지한다. 검사 실시 과정에서 발생하는 피검자의 수검태도 변화를 알아내는 데 사용된다.
- F(P)(비전형-정신병리 척도): 정신과 외래환자와 일반 규준 집단 모두에서 매우 낮은 빈도로 반응한 문항들로 구성되어 있다.
- S(과장된 자기제시 척도): 방어성에 대한 추가적인 정보를 주는 척도로 긍정 왜곡을 하는 경우를 탐지해내도록 구성되어 있다.

### (5) MMPI의 임상척도

① 척도 1. 건강염려증(Hs: Hypochondriasia)
  ㉠ 건강에 대한 불안과 다양한 신체적 증상에 대한 집착 정도
  ㉡ 수검자가 호소하는 신체증상을 통해 다른 사람을 조종하려는 것은 아닌지 측정한다.
  ㉢ 높은 점수(T 70 이상): 책임이나 심리적 문제를 직접 처리하기보다는 주변 사람들을 조종하려는 의도가 있다. 자기중심적이고, 이기적이고, 자기도취적이다.
  ㉣ 낮은 점수(T 45 이하): 건강염려증이 주는 고통을 부인하는 상태이다. 정상의 통증이나 증상마저 거부하거나 매우 약화될 때까지 병을 무시하는 지나친 자신감이 있는 경우이다.

② 척도 2. 우울증(D: Depression)
  ㉠ MMPI 시행 당시 느끼는 우울의 정도를 측정(반응성 우울 측정)
  ㉡ 높은 점수(T 70 이상): 우울증적 증상이 있어 불안해 하고 위축되어 있다. 비관적이고, 자기비하적이며, 문제해결능력이 없다고 느낀다.
  ㉢ 낮은 점수(T 45 이하): 능동적이고 기민하며, 낙관적인 사람으로 대체로 자신감이 있고, 정서적으로 안정되어 있다.

③ 척도 3. 히스테리(Hy: Hysteria)
  ㉠ 현실적 어려움이나 갈등을 처리하기 위한 존재 부인의 양과 형태 측정
  ㉡ 높은 점수: 대개 신체적 증상을 나타냄으로써 스트레스를 대처하거나 책임을 회피하려고

한다. 보통 때는 아무 증상이 없다가 스트레스 유무에 따라 증상이 나타나기도 하고 사라지기도 한다.
  ⓒ 경미한 상승(T 60~65): 감정이 풍부하고 인정이 많고 열정적인 사람들이지만 스트레스 상황에서는 이러한 장점이 심신장애나 부인방어로 바뀐다.
  ⓔ 낮은 점수: 대체로 일상생활에 순응적이고 현실적이며, 논리적이지만 흥미의 범위가 제한되어 있다.

④ 척도 4. 반사회성(Pd: Psychopathic Deviate)
  ㉠ 비사회적이며 비도덕적인 정도
  ㉡ 높은 점수(T 65 이상): 화가 나 있고 싸우는 사람이다. 주로 권위적 대상과 갈등을 겪고 있는 환자이다. 이 갈등은 적대감이나 반항심으로 나타난다.
  ㉢ 경미한 상승(T 56~64): 자기주장을 잘하고 신체적 원기와 욕구를 잘 표현하는 정상인이다.
  ㉣ 낮은 점수: 매우 통속적이고 순응적이며 권위에 복종적이다.

⑤ 척도 5. 남녀성향(Mf: Masculinity-Feminity)
  ㉠ 남성적, 여성적 성향 정도
  ㉡ 높은 점수(T 70 이상, 남자): 정형화된 남성적 흥미가 부족하고, 심미적이고 예술적인 관심이 높다. 남성적 역할에 불안정한 태도를 보이며 여성적 역할을 동일시하는 경향이 있다.
  ㉢ 낮은 점수(T 40 이하, 남자): 강박적으로 남성적인 특성을 과시하려는 경향이 있다. 공격적이고 모험적이며 거칠고 부주의하다.
  ㉣ 높은 점수(T 70 이상, 여자): 전통적인 여성 역할을 거부하는 것이 특징이다. 매우 공격적이고 경쟁적이며 자유분방하고 자신만만하며 자발적이다.
  ㉤ 낮은 점수(T 44 이하, 여자): 전통적인 여성적 취미나 활동에 관심이 많은 전형적인 여자이다.

⑥ 척도 6. 편집증(Pa: Paranoia)
  ㉠ 대인관계에 민감성, 의심성, 자기 주장성 정도 측정
  ㉡ 높은 점수(T 70 이상): 의심이 많고 적대적이며, 피해망상이나 과대망상을 보인다.
  ㉢ 낮은 점수(T 44 이하): 흥미의 범위가 좁고, 고집이 세고, 회피적이며, 경계심이 많고 불만이 많다.

⑦ 척도 7. 강박증(Pt: Psychasthenia)
  ㉠ 만성적 불안의 정도
  ㉡ 높은 점수(T 70 이상): 사소한 일에도 걱정이 많고 내성적이며 강박적인 사고를 하는데, 이런 것들이 불안정감이나 열등감으로 발전하기도 한다.
  ㉢ 낮은 점수(T 40 이하): 불안 없이 잘 적응하는 자신만만한 사람이다. 안정되어 있고 자신에게 만족하고 있는 사람이며, 성공지향적이고 유능하며 걱정이 없는 사람이다.

⑧ 척도 8. 정신분열증(Sc: Schizophrenia)
  ㉠ 정신적 혼란의 정도
  ㉡ 높은 점수(T 70 이상): 사고와 의사소통에 곤란이 있다. 대인관계보다 백일몽이나 환상을 더 즐긴다. 열등감도 높고 심한 자기불만에 빠져 있다. 사회적 접촉을 피하고 혼자 있기를 즐기며 현실과 환상을 구분하지 못한다.

⑨ 척도 9. 경조증(Ma: Hypomania)
  ㉠ 정신적 에너지의 정도
  ㉡ 높은 점수(T 70 이상): 사고의 비약 및 과장성을 보이고, 행동으로는 과잉활동성, 정서적 흥분, 기분의 고양 등이 나타난다.
  ㉢ 낮은 점수(T 40 이하): 생활력 및 활동수준이 낮은 환자, 합리성이나 자신감이 부족하고 감정억제가 심한 편이다.

⑩ 척도 10. 내향성(Si: Social Introversion)
  ㉠ 내향성과 외향성의 정도
  ㉡ 높은 점수(T 70 이상): 사회적으로 내향적이고 수줍어하며 현실 도피적이다. 혼자 있거나 소수의 사람들하고만 있는 것을 좋아한다.
  ㉢ 낮은 점수(T 40 이하): 외향적이며, 사람들과 함께 있는 것을 좋아한다.

### (6) 검사 실시
① 피검자에 대한 고려 사항
  ㉠ 독해력: 초등학교 수준(글을 읽을 줄 알면 가능)
  ㉡ 나이: 하한선 16세, 상한선 제한 없음
  ㉢ 지능: IQ 80 이상 가능
  ㉣ 피검자의 정신상태: 심하게 혼란하거나 우울증, 강박적 성격이나 충동적이거나 비협조적인 사람의 경우 검사 시간 체크 필요
② 검사자는 진지하고 성실한 태도로 검사 목적과 결과의 비밀 보장
③ 피검자 답안지 회수 전 전체적 작성 실태 검토
④ 검사 답안지 작성 요령 설명
⑤ 자주 묻는 질문: 가능한 한 솔직하게 응답하라, 비슷한 방향으로만 응답

### (7) 해석방법

① 유의사항
   ㉠ 무정보 해석 금지
   ㉡ 면담, 관찰, 기타 다른 검사 자료를 종합적 분석 요구

② MMPI의 일반적 해석 단계
   ㉠ 검사태도에 대한 검토: 양적 측면, L, F, K 몇 가지 타당 척도 검토, 질적인 면에 대한 고려는 시간, 행동 등을 검토하여 해석의 보조자료 활용
   ㉡ 척도별 점수에 대한 검토: 척도별 징후가 정상범위에 속하는 원래의 상황(성별, 연령, 교육, 증상)에 따른 가설 설정
   ㉢ 척도별 연관성에 대한 검토: 결과에서 얻어지는 상반된 가설들을 해결하는 과정이 전체 프로파일 해석에 매우 중요하다. 환자의 신상지표와 일치하지 않는 척도들의 정보를 검토할 필요가 있다.
   ㉣ 척도 간 응집 및 분산에 대한 분석: MMPI 해석 체계의 핵심인 상승척도 쌍의 분석을 위해서 T점수가 70 이상으로 상승하는 것을 원칙으로 한다.
   ㉤ 낮은 임상척도에 대한 검토: 낮은 점수가 반드시 높은 점수가 의미하는 것과 반대되는 측면만 나타내는 것이 아니고 낮은 점수 나름대로 특별한 의미가 있는 경우가 있을 수 있다.
   ㉥ 형태 분석: 척도의 집단을 묶어서 세 쌍을 동시에 고찰하는 방법이 있다.
   ㉦ 전체 프로파일 형태에 대한 분석: 고려되는 프로파일의 특징은 척도들의 상승도 기울기 및 굴곡이다.

---

**\* MMPI-A(청소년용)**

**1. 개요**

MMPI의 문항 내용이 상당수 청소년에게 어색하고 부적합하며 청소년 특유의 경험과 관련된 문항이 미포함되었다. 또한 평가시 원점수를 성인 규준으로 적용하여 T점수를 환산할 경우 평가 결과가 과잉 해석될 수 있어 MMPI-A가 개발되었다.
- 실시대상: 만 13~18세 청소년
- 읽기수준: 초등학교 졸업 이상의 읽기 수준
- 검사시간: 40~90분
- 검사문항: 478문항(진위형)

**2. 해석**
- 검사 외 요인
- 증상과 행동
- 알코올 및 약물문제
- 신체적·성적 학대
- 반응 태도
- 학교문제
- 대인관계
- 강점과 장점

\* **MMPI-2와 MMPI-A 내용척도**

| MMPI-2 | MMPI-A |
|---|---|
| 불안(A/Anxiety) | 불안(A-anx) |
| 강박성(OBS/Obsessiveness) | 강박성(A-obs) |
| 우울(DEP/Depression) | 우울(A-dep) |
| 건강염려(HEA/Health Concerns) | 건강염려(A-hea) |
| 기태적 정신상태(BIZ/Bizarre Mentation) | 기태적 정신상태(A-biz) |
| 분노(ANG/Anger) | 분노(A-ang) |
| 냉소적 태도(CYN/Cynicism) | 냉소적 태도(A-cyn) |
| 낮은 자존감(LSE/Low Self-esteem) | 낮은 자존감(A-lse) |
| 사회적 불편감(SOD/Social Discomfort) | 사회적 불편감(A-sod) |
| 가정 문제(FAM/Family Problems) | 가정문제(A-fam) |
| 부정적 치료 지표(TRT/Negative Treatment Indicator) | 부정적 치료 지표(A-trt) |
| 공포(F/Fears) | |
| 반사회적 특성(ASP/Antisocial Practices) | |
| A 유형(TPA/Type A) 행동 | |
| 직업적 곤란(WRK/Work Interference) | |
| | 소외(A-aln) |
| | 품행문제(A-con) |
| | 학교문제(A-sch) |
| | 낮은 포부(A-las) |

## * MMPI-2와 MMPI-A 보충척도

| MMPI-2 | MMPI-A |
|---|---|
| 불안(A/Anxiety) | 불안(A) |
| 억압(R/Repression) | 억압(R) |
| 자아 강도(Es/Ego Strength) | |
| 지배성(Do/Dominance) | |
| 사회적 책임감(Re/Social Responsibility) | |
| 대학생활 부적응(Mt/College Maladjustment) | |
| 적대감(Ho/Hostility) | |
| 적대감 과잉통제(O-H/Over controlled Hostility) | |
| 중독 인정(AAS/Addiction Admission) | |
| 중독 가능성(APS/Addiction Potential) | |
| 남성적 역할(GM/Masculine Gender Role) | |
| 여성적 역할(GF/Feminine Gender Role) | |
| 결혼생활 부적응(MDS/Marital Distress) | |
| 외상 후 스트레스 장애(PK/Post-Traumatic StressD.) | |
| 알코올 중독(MAC-R/MacAndrew Alcoholism-R) | 알코올 중독(MAC-R) |
| | 알코올/약물 문제 인정(ACK) |
| | 알코올/약물 문제 가능성(PRO |
| | 미성숙(IMM) |

# 3 성격유형검사(MBTI)

**(1) 이론적 개요**
① 융(C. G. Jung)의 심리유형론을 근거로 하는 심리검사로, 마이어스브릭스 유형지표(The Myers-Briggs Type Indicator)의 약어이다.
② 마이어스브릭스 성격진단 또는 성격유형지표라고도 한다.
③ 1921~1975년에 브릭스(Katharine Cook Briggs)와 마이어스(Isabel Briggs Myers) 모녀에 의해 개발되었다.

**(2) MBTI 4개의 양극차원**
① 외향형 / 내향형
  ㉠ 외향형: 폭넓은 대인관계를 유지하며 사교적이며 정열적이고 활동적이다.
  ㉡ 내향형: 깊이 있는 대인관계를 유지하며 조용하고 신중하며 이해한 다음에 경험한다.
② 감각형 / 직관형
  ㉠ 감각형: 오감에 의존하여 실제의 경험을 중시하며 지금, 현재에 초점을 맞추고 정확·철저하게 일처리한다.
  ㉡ 직관형: 육감 내지 영감에 의존하며 미래지향적이고 가능성과 의미를 추구하며 신속·비약적으로 일처리한다.
③ 사고형 / 감정형
  ㉠ 사고형: 진실과 사실에 주관심을 갖고 논리적이고 분석적이며 객관적으로 판단한다.
  ㉡ 감정형: 사람과 관계에 주관심을 갖고 상황적이며 정상을 참작한 설명을 한다.
④ 판단형 / 인식형
  ㉠ 판단형: 분명한 목적과 방향이 있으며 기한을 엄수하고 철저히 사전에 계획하고 체계적이다.
  ㉡ 인식형: 목적과 방향은 변화 가능하고 상황에 따라 일정이 달라지며 자율적이고 융통성이 있다.

### (3) MBTI 16가지 유형

| 구분 | 감각/사고 | 감각/감정 | 직관/감정 | 직관/사고 |
|---|---|---|---|---|
| 내향/판단 | ISTJ | ISFJ | INFJ | INTJ |
| 내향/인식 | ISTP | ISFP | INFP | INTP |
| 외향/인식 | ESTP | ESFP | ENFP | ENTP |
| 외향/판단 | ESTJ | ESFJ | ENFJ | ENTJ |

### (4) MBTI 4가지 기질별 특징

자신의 4가지 유형중에 가운데 2가지 유형을 심리적 기능이라고 한다.

① ST 기능 유형: 실질적·사실적 유형

과학분야(분석적·실험적), 의학분야, 공학분야, 기술분야, 체육분야, 통계분야(사실 중심) 등

㉠ 과제를 조직·지시하고 완성할 수 있다.

㉡ 능률적이고 실질적이며 신뢰할 만하다.

㉢ 판단에 있어서 객관적이고 논리적이며 비개인적이고 공정하다.

㉣ 정확하고 올바른 것을 좋아한다.

㉤ 조직화된 일을 잘 수행한다.

㉥ 조직체에서 가장 잘 적응할 수 있는 유형이다.

㉦ 사실과 경험을 가장 잘 다루는 사람이다.

② SF 기능 유형: 동정적·우호적 유형

정치외교 분야, 경영분야, 서비스분야, 사회복지분야, 교육분야(실무 중심), 상담분야 등

㉠ 인간적인 따뜻함을 가지고 있다.
㉡ 작업관계를 응집력이 있게 만드는 능력이 있다.
㉢ 사람에게 관심이 있다.
㉣ 사람을 지원하고 도와주는 데 익숙하다.
㉤ 집단과정을 촉진시키는 데 익숙하다.
㉥ 기꺼이 경청하고 상담하고 타협한다.
㉦ 사회적인 면과 대인관계에 대해서 잘 알고 있다.
㉧ 타인에 대한 고마움과 칭찬을 기꺼이 그리고 쉽게 표현할 수 있다.

③ NF 기능 유형: 열정적·통찰적 유형

예술분야, 작가분야, 상담분야, 교육분야(비전중심), 컨설팅 분야, 종교분야 등

㉠ 다른 사람들에게서 변화에 대한 열정과 몰입을 이끌어 내는 능력이 있다.
㉡ 언제 변화를 시도해야 되는가를 안다. 대안과 가능성, 새로운 접근, 이전에 일어나지 않았던 일들에 관심을 갖는다.
㉢ 변화를 필요한 것으로 인식하며, 새로운 아이디어, 비범한 것, 비논리적인 것에도 개방적이며 전통의 구애를 받지 않는다.
㉣ 사실과 세부사항들을 해석하여 보다 광범위한 사실로 수렴하는 능력이 있다.
㉤ 인간의 복지문제를 해결하는 데 관심이 있다.
㉥ 다양하고 탐색적인 방법으로 과제에 접근한다.
㉦ 규칙이나 지시가 최소한으로 주어지는 다소 애매하고 불분명한 상황에서도 편안한 마음으로 일을 한다.

④ NT 기능 유형: 논리적·창의적 유형

과학분야(창의적인, 아이디어적인), 상품기획분야, 전문 컨설팅 분야, 통계분야(미래전망) 등

㉠ 자료를 조직하고 통합하는 능력이 있다.
㉡ 어려운 과제를 수행하는 데 있어 인내할 줄 알고 지구력이 있다.
㉢ 장기적인 계획을 세우고 해야 할 일을 구조화하여 조직의 목표를 달성하는 능력이 있다.
㉣ 판단이 객관적이며 편파적이지 않고 비개인적이다.
㉤ 능력과 완벽을 추구하며 간결하고 정확한 것을 좋아한다.
㉥ 이전에 배운 것을 새로운 상황에 적용하는 능력이 있다.

### (5) MBTI 16가지 성격유형의 특성

| 성격유형 | 특성 |
|---|---|
| ISTJ<br>세상의 소금형 | 신중하고 조용하며 집중력이 강하고 매사에 철저하며 사리분별력이 뛰어나다. |
| ISFJ<br>임금 뒤편의 권력형 | 조용하고 차분하며 친근하고 책임감이 있으며 헌신적이다. |
| INFJ<br>예언자형 | 인내심이 많고 통찰력과 직관력이 뛰어나며 양심이 바르고 화합을 추구한다. |
| INTJ<br>과학자형 | 사고가 독창적이며 창의력과 비판분석력이 뛰어나며 내적 신념이 강하다. |
| ISTP<br>백과사전형 | 조용하고 과묵하고 절제된 호기심으로 인생을 관찰하며 상황을 파악하는 민감성과 도구를 다루는 뛰어난 능력이 있다. |
| ISFP<br>성인군자형 | 말없이 다정하고 온화하며 친절하고 연기력이 뛰어나며 겸손하다. |
| INFP<br>잔다르크형 | 정열적이고 충실하며 목가적이고, 낭만적이며 내적 신념이 깊다. |
| INTP<br>아이디어 뱅크형 | 조용하고 과묵하며 논리와 분석으로 문제를 해결하기 좋아한다. |
| ESTP<br>수완좋은 활동가형 | 현실적인 문제해결에 능하며 적응력이 강하고 관용적이다. |
| ESFP<br>사교적인 유형 | 사교적이고 활동적이며 수용적이고 친절하며 낙천적이다. |
| ENFP<br>스파크형 | 따뜻하고 정열적이고 활기에 넘치며 재능이 많고 상상력이 풍부하다 |
| ENTP<br>발명가형 | 민첩하고 독창적이며 안목이 넓으며 다방면에 관심과 재능이 많다 |
| ESTJ<br>사업가형 | 구체적이고 현실적이고 사실적이며 활동을 조직화하고 주도해 나가는 지도력이 있다. |
| ESFJ<br>친선도모형 | 마음이 따뜻하고 이야기하기 좋아하고, 양심 바르고 인화를 잘 이룬다. |
| ENFJ<br>언변능숙형 | 따뜻하고 적극적이며 책임감이 강하고 사교성이 풍부하고 동정심이 많다. |
| ENTJ<br>지도자형 | 열성이 많고 솔직하고 단호하고 지도력과 통솔력이 있다. |

**(6) MBTI의 용도**
  ① 현재의 직업불만족의 이유를 탐색하는 데 쓰일 수 있다.
  ② 내담자를 도와 직업대안을 찾을 수 있다.
  ③ 내담자를 도와 적합한 직업 환경을 찾아내는 데 쓰일 수 있다
  ④ 왜 개인이 특정 직업을 좋아하는지 그 이유를 제시할 수 있다.

## 4 성격검사(5요인검사)

**(1) 이론적 배경**
① 성격심리학자들이 정상인의 성격을 기술하는 기본차원에 따른 'Big Five 이론'을 배경으로 개발된 검사이다.
② 'Big Five'란 외향성, 호감성, 성실성, 정서적 불안정성, 경험에 대한 개방성을 말한다.

**(2) 5요인**
① 외향성
  ㉠ 외향적인 사람은 사교적이며 활달하고 말을 많이 하고 자기주장을 잘한다.
  ㉡ 흥분과 자극을 좋아하고 명랑하고 힘이 넘치며 선천적으로 낙관적이다.
  ㉢ 내향적인 사람은 외향성의 반대가 아니라 외향적 특징이 없는 것으로 봐야 한다.
② 호감성(수용성)
  ㉠ 외향성과 함께 대인관계적인 양상과 관련된 차원이다.
  ㉡ 이타적이며 타인과 공감을 잘하고 기꺼이 도와주며 상대방도 도움을 줄 것이라고 생각한다.
  ㉢ 호감성이 부족한 사람은 자기중심적이고 타인의 의도를 의심하고 경쟁적이다.
  ㉣ 호감성 차원의 양극단은 사회적으로 바람직하지 않으며, 개인의 정신건강에도 유익하지 않다.
③ 성실성
  ㉠ 매사에 꼼꼼히 계획하고 일정을 조직화하고 끈질기게 과제를 수행하는 일종의 자기통제력을 기본요소로 한다.
  ㉡ 목표를 가지고 행동하며 의지가 강하다.
  ㉢ 높은 성실성 점수는 학문적 및 직업적 성취와 관련 있지만, 까다로움, 강박적인 깔끔함, 일중독자 증상을 보일 수도 있다.
④ 정서적 불안정성(신경증)
  ㉠ 두려움, 슬픔, 당혹감, 분노, 죄책감과 같은 부정적인 정서의 경험을 나타내는 차원이다.
  ㉡ 점수가 낮은 사람은 정서적으로 안정되어 있고 어려운 상황에 큰 두려움 없이 대처할 수 있다.
⑤ 경험에 대한 개방성(개방성)
  ㉠ 개방적인 사람은 자기 자신과 자신을 둘러싼 세계에 관심이 많고 새로운 윤리, 사회, 정치, 사상을 기꺼이 받아들인다.
  ㉡ 감정의 긍정적인 면과 부정적인 면을 모두 예민하게 받아들여 풍부한 경험을 지니고 있다.

ⓒ 점수가 높을수록 건강하고 성숙한 사람으로 볼 수 있다.

ⓓ 개방적인 사람과 그렇지 않은 사람 모두 사회에서 중요한 역할을 한다.

### (3) 5요인 검사의 구성

① 총 188개 문항으로 구성: 성격(172문항), 사회적 바람직성 척도(13문항), 부주의 척도(3문항)

② 5요인 하위척도

ⓐ 외향성: 온정성, 사교성, 리더십, 적극성, 긍정성,

ⓑ 호감성: 타인에 대한 믿음, 도덕성, 타인에 대한 배려, 수용성, 겸손, 휴머니즘

ⓒ 성실성: 유능감, 조직화 능력, 책임감, 목표지향성, 자기통제력, 완벽성

ⓓ 정서적 불안정성: 불안, 분노, 우울, 자의식, 충동성, 스트레스 취약성

ⓔ 경험 개방성: 상상력, 문화, 정서, 경험추구, 지적 호기심

**\* NEO-PI-R 하위척도**

| 신경과민성 | 외향성 | 개방성 | 우호성 | 성실성 |
|---|---|---|---|---|
| 불안 | 따뜻함 | 공상 | 신뢰성 | 유능함 |
| 우울 | 자기주장성 | 감성 | 이타성 | 의무감 |
| 자의식 | 활동성 | 실행력 | 순응성 | 성취 추구 |
| 적대감 | 사교성 | 심미안 | 솔직성 | 질서정연함 |
| 충동성 | 흥분 추구 | 아이디어 | 겸손함 | 자기절제 |
| 스트레스 취약성 | 긍정 정서 | 가치 | 온유함 | 신중성 |

### (4) 실시와 채점

① 실시

ⓐ 대상: 중학생 이상

ⓑ 유형: 개인검사, 집단검사

ⓒ 소요시간: 30~40분 정도(엄격한 시간제한 불필요)

② 채점

ⓐ 채점판을 이용하여 28개 하위척도 각각에 해당하는 문항들에 응답한 번호를 합산하여 원점수를 구한다.

ⓑ 요인별 점수는 요인에 속한 하위척도의 원점수를 모두 합산하여 구한다.

ⓒ 구해진 원점수를 가지고 규준표를 이용하여 성별에 따른 환산점수를 구한다(T점수: 평균 50, 표준편차 10).

ⓔ 환산된 표준점수를 토대로 프로파일을 작성한다.

### (5) 해석
① 5개의 일반적 성격요인에서 뚜렷하게 높거나 낮은 점수에 대하여 설명하고 그 요인들 간의 관계에 대해서 설명하도록 노력한다.
② 요인 간의 관계로 설명할 수 있는 개인 특성
　㉠ 정서: 정서적 불안정성, 호감성
　㉡ 대인관계: 외향성, 호감성
　㉢ 활동성: 외향성, 성실성
　㉣ 기본적인 태도: 경험에 대한 개방성, 호감성
　㉤ 과제수행: 성실성, 정서적 불안정성
　㉥ 학업: 경험에 대한 개방성, 성실성

## 5  GATB 직업적성검사

미국에서 개발한 일반적성검사로 우리나라는 이 검사를 토대로 한 표준화된 검사들이 'GATB 직업적성검사' 또는 '적성종합검사'라는 이름으로 사용된다. 직업상담 및 진로지도에 가장 많이 활용하는 노동부 직업적성검사의 모태이다.

### (1) GATB 직업적성검사의 구성요소
① 15개의 하위검사를 통해서 9개 분야의 적성을 측정할 수 있다.
② 15개의 하위검사는 11개의 지필검사와 4개의 수행검사로 구성되어 있다.

### (2) 검출되는 적성
① 지필검사
  ㉠ 지능(G)
    ⓐ 일반적 학습능력. 설명이나 지도내용과 원리를 이해하는 능력, 추리판단하는 능력, 새로운 환경에 빨리 순응하는 능력을 말한다.
    ⓑ 하위검사: 입체공간검사, 어휘검사, 산수추리검사
  ㉡ 형태지각(P)
    ⓐ 실물이나 도해 또는 표에 나타나는 것을 세부까지 바르게 지각하는 능력, 시각으로 비교 판별하는 능력, 도형이나 형태의 음영, 근소한 선의 길이나 넓이 차이를 지각하는 능력, 시각의 예민도 등을 말한다.
    ⓑ 하위검사: 기구대조검사, 형태대조검사
  ㉢ 사무지각(Q)
    ⓐ 문자나 인쇄물, 전표 등의 세부를 식별하는 능력, 잘못된 문자나 숫자를 찾아 교정하고 대조하는 능력, 직관적인 인지능력의 정확도나 비교·판별하는 능력을 말한다.
    ⓑ 하위검사: 명칭비교검사
  ㉣ 운동반응(K)
    ⓐ 눈과 손 또는 눈과 손가락을 함께 사용해서 빠르고 정확한 운동을 할 수 있는 능력, 눈으로 겨누면서 정확하게 손이나 손가락의 운동을 조절하는 능력을 말한다.
    ⓑ 하위검사: 타점속도검사, 표식검사, 종선기입검사

ⓜ 공간적성(S)
  ⓐ 공간상의 형태를 이해하고 평면과 물체의 관계를 이해하는 능력, 기하학적 문제해결능력, 2차원이나 3차원의 형체를 시각으로 이해하는 능력을 말한다.
  ⓑ 하위검사: 평면도 판단검사, 입체공간검사
ⓗ 언어능력(V)
  ⓐ 언어의 뜻과 그에 관련된 개념을 이해하고 사용하는 능력, 언어 상호 간의 관계와 문장의 뜻을 이해하는 능력, 보고 들은 것이나 자신의 생각을 발표하는 능력을 말한다.
  ⓑ 하위검사: 어휘검사
ⓢ 수리능력(N)
  ⓐ 빠르고 정확하게 계산하는 능력을 말한다.
  ⓑ 하위검사 : 산수추리검사, 계수검사
② 동작검사
  ㉠ 손의 재치(M)
    ⓐ 손을 마음대로 정교하게 조절하는 능력, 물건을 집고, 놓고 뒤집을 때 손과 손목을 정교하고 자유롭게 운동할 수 있는 능력을 말한다.
    ⓑ 하위검사: 환치검사, 회전검사
  ㉡ 손가락 재치(F)
    ⓐ 손가락을 정교하게 조절하는 능력, 작은 물건을 정확하고 신속히 다루는 능력을 말한다.
    ⓑ 하위검사: 조립검사, 분해검사

⟨GATB 직업적성검사의 구성⟩

| 하위검사명 | 검출되는 적성 | | 측정방식 |
|---|---|---|---|
| 기구대조검사 | (P) 형태지각 | | 지필검사 |
| 형태비교검사 | | | |
| 명칭비교검사 | (Q) 사무지각 | | |
| 종선기입검사 | (K) 운동조절 | (T) 손 운동속도 | |
| 타점속도검사 | | | |
| 표식검사 | | | |
| 평면도판단검사 | (S) 공간판단 | (G) 일반지능 (학습능력) | |
| 입체공간검사 | | | |
| 어휘검사 | (V) 언어 | | |
| 산수추리검사 | (N) 수리 | | |
| 계수검사 | | | |
| 환치검사 | (M) 손 재치 | | 도구검사 |
| 회전검사 | | | |
| 조립검사 | (F) 손가락 재치 | | |
| 분해검사 | | | |

**(3) 채점 및 적용과정**

① 채점과 원점수 산출
  ㉠ 지필검사는 맞은 문항 수를, 수행검사는 행한 개수를 센다.
  ㉡ 종선기입검사, 타점속도검사의 수치가 원점수가 된다.

② 환산점수 산출
  ㉠ 요강에 수록된 환산표에 의거 원점수를 환산점수로 전환한다.
  ㉡ 평균은 100이며, 표준편차는 20이다.

③ 적성별 점수 산출: 환산점수를 이용하여 적성분야별 점수를 산출한다.

〈각 적성요인 점수의 평가수준〉

| 점수 | 평가수준 |
|---|---|
| 125점 이상 | 최상(상위 11% 이내) |
| 110~124점 | 상(상위 20% 이내) |
| 100~109점 | 중상(상위 50% 이내) |
| 90~99점 | 중(하위 50% 이내) |
| 75~89점 | 하(하위 20% 이내) |
| 74점 이하 | 최하(하위 11% 이내) |

④ 적성직무군 선정: 2~3개 적성분야를 조합, 15개 직무군을 제공하고 각 직무군에서 필요로 하는 적성분야의 점수에 따라 다시 2~3개 하위 직무군으로 분류한다.

〈GATB 직업적성검사의 중요적성요인별 대표 적성직무군〉

| 중요적성요인 | 직업적성유형 | 대표 적성직무군 |
|---|---|---|
| 일반지능(학습능력) 언어능력, 산수능력 | 인문계통의 전문적 직업 | 인문계통의 전문직업계, 법무 관련 직종, 저작·편집 및 보도직계 |
| 일반지능(학습능력) 언어능력, 사무지각 | 언어능력을 특히 필요로 하는 사무적 직업 | 기획 관리의 사무직계, 상담·면접 사무직계 등 |
| 일반지능(학습능력) 산수능력, 공간판단력 | 자연과학계통의 전문적 직업 | 연구·개발직계, 치료보건직계, 운항직계, 전자계산기 조작직계, 기술직 등 |
| 일반지능(학습능력) 산수능력, 사무지각 | 산술능력을 필요로 하는 일반 사무적 직업 | 경리 및 그 관련직계, 계수·기록직계 등 |
| 일반지능(학습능력) 사무지각, 운동조절 | 기계적 사무직 | 속기 및 통신업무직계, 사무용기기 조작직계, 인쇄관계직계 |
| 일반지능(학습능력) 사무지각, 손 재치 | 기계장치의 운행 및 공안직 | 각종 차량의 운행직계, 기계·화학 장치의 조절 및 감시직계 등 |
| 일반지능(학습능력) 사무지각 | 일반적 판단과 주의력을 필요로 하는 직 | 판매업계, 통신업무직계, 대인봉사직계(비서, 항공기안내원 등) 등 |
| 일반지능(학습능력) 공간판단력, 형태지각 | 응용미술직 | 도안 및 그 관련직계, 미술적 배열직계, 대인봉사직계(미용사, 이용사) |
| 산수능력, 공간판단력, 손 재치 | 설계, 제도 및 전기 관계직 | 설계에 관한 기술직, 제도 및 그 관련직계(전기배선, 판금, 목형 등), 전기기능직 |
| 사무지각, 손가락 재치, 형태지각 | 제관 및 제화직 | 인쇄관련직계(문선공, 옵셋제판공 등), 제도 및 그 관련직(제도공, 현도공) |
| 사무지각, 형태지각 | 검사 및 선별직 | 시각에 의한 정밀검사 및 간이검사직계 |

| | | |
|---|---|---|
| 공간판단력, 형태지각, 손가락 재치 | 조형 직 손가락 재치를 위주로 하는 직 | 전기기계·계기·광학기계 조립 및 수선직계, 편물·제봉 관련 직계, 목제품·피혁제품·금속재료 가공직계 등 |
| 공간판단력, 형태지각, 손 재치 | 조형 및 손 재치를 위주로 하는 직 | 금속인쇄기류 조작직계, 기계금속부품조립 및 그 관련 직계(기구수리 포함), 운송기계조립·수리직계 등 |
| 형태지각, 손 재치 | 육체노동직 | 봉재재료 재단직, 운전 관련 직계, 금속가공기계 조작직계, 제지 및 가공직계 등 |
| 운동조절, 손가락 재치, 손 재치 | 감시직 및 육체노동직 | 임·어업계, 채굴직계, 하역직계, 전기부품조립계, 기계봉제직계 등 |

## 6  Holland 흥미검사

### (1) 이론적 배경
① 홀랜드(Holland)의 개인·환경 간 적합성 모델을 토대로 개발된 것이다.
② 직업흥미 유형 6가지, 직업환경 유형 6가지로 구분한다.
③ 사람과 환경 유형이 일치하는 경우 최대한의 잠재력을 발휘한다고 보고 있다.

### (2) 홀랜드Holland의 직업분류체계 주요 가정
① 사람들은 자신의 기술과 능력을 발휘하고 자신의 태도와 가치관에 따라 일할 수 있는 환경을 선호한다.
② 개인의 행동은 자신의 성격과 자신이 속한 환경 특성과의 상호작용에 의해서 결정된다.
③ 문화권의 대부분의 사람들은 6가지 성격유형 중 하나로 분류될 수 있다.
④ 6가지 종류의 환경이 있으며 대부분의 환경에는 그 성격 유형에 일치하는 사람이 머물고 있다.
⑤ 일관성·차별성·정체성·일치성·계측성의 주요 개념을 가정한다.

### (3) 홀랜드(Holland)의 6가지 흥미유형

| 코드 | 진로코드 | 성격적성 | 대표적 직업 |
| --- | --- | --- | --- |
| R | 실재형<br>뚝딱이 | 솔직, 성실, 소박, 검소, 말이 적으며 신체적으로 활동적이고 기계적 적성이 높다. | 기술자, 엔지니어, 농부, 자동차정비사, 전자수리기사, 전기기사, 운동선수 |
| I | 탐구형<br>따지기 | 탐구심 및 지적 호기심이 많고, 논리적·분석적·합리적이며, 수학적 및 과학적 적성이 높다. | 과학자, 의사, 생물학자, 화학자, 인류학자, 물리학자 |
| A | 예술형<br>튀는 아이 | 개방적이고 자유분방하고, 상상력이 풍부하고 감수성이 강하며, 예술에 소질이 있으며 창의적 적성이 높다. | 예술가, 연예인, 소설가, 미술가, 음악가, 무용가 |
| S | 사회형<br>수다쟁이 | 봉사적이며, 다른 사람에게 친절하고 이해심이 많고, 남을 도와주려고 하고, 인간관계 능력이 높으며, 사람들을 좋아한다. | 사회복지사, 심리상담가, 교사, 종교인, 간호사, 유치원교사 |
| E | 기업형<br>나서기 | 열성적이고 경쟁적이고 야심적이며, 통솔력이 있어 지도력과 설득력이 있다. 또한 언어적성이 높다. | 경찰, 정치가, 판사, 영업사원, 상품구매인, 보험회사원 |
| C | 관습형<br>꼼꼼이 | 계획성·책임감·조심성이 있고, 빈틈이 없으며, 변화를 좋아하지 않는다. 또한 사무능력과 계산능력이 높다. | 서기, 세무사, 경리사원, 행정공무원, 은행원, 감사원 |

### (4) 흥미검사 구성

① 흥미검사는 5개의 하위검사로 구성되어 있으며, 각 하위검사는 각기 6개의 흥미 유형을 측정할 수 있는 문항들로 구성되어 있다.
② 각 하위검사는 모두 6개의 차원(유형)을 반영하는 문항들을 포함하고 있다.
③ 5개의 하위검사를 통해 6가지 차원별 점수를 얻을 수 있다.

| 하위검사 | 내용 |
| --- | --- |
| 활동검사 | 평소에 좋아하거나 하고 싶은 활동에 대한 검사 |
| 유능성검사 | 자신에게 어떤 능력이 있다고 생각하는 지에 대한 검사 |
| 선호직업검사 | 평소 어떤 직업을 좋아하는지에 대한 검사 |
| 선호분야검사 | 현재나 과거에 어떤 과목이나 학문분야를 선호하는지에 대한 검사 |
| 일반성향검사 | 자신의 일방적인 성향이나 태도 검사 |

### (5) 흥미검사의 육각모형과 해석

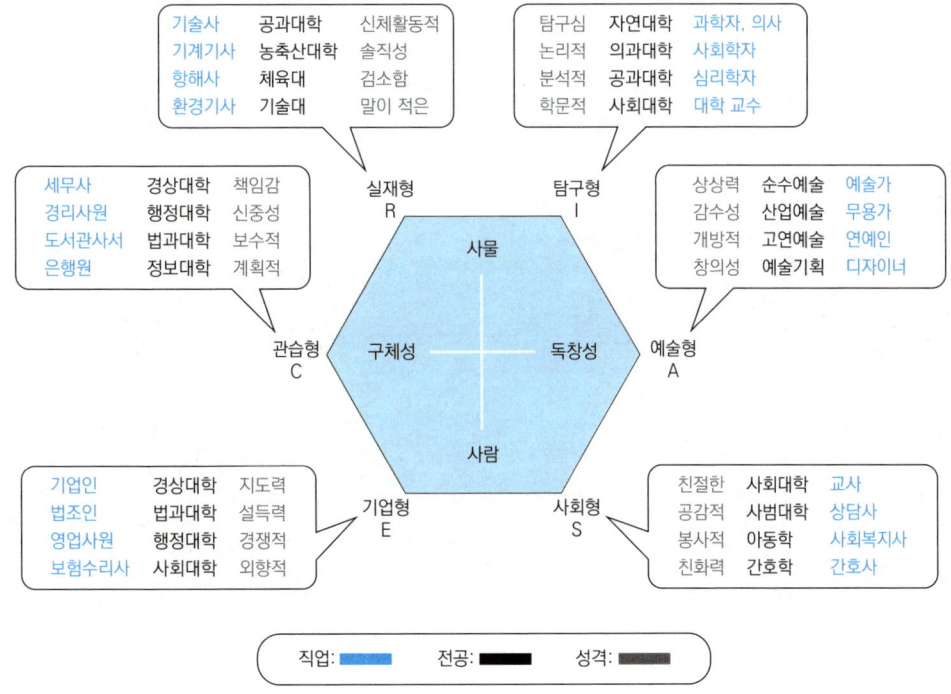

**(6) 흥미검사에 대한 평가**
① 장점
⊙ 흥미검사는 홀랜드의 이론을 토대로 제작된 것으로서, 이론적 토대가 비교적 탄탄하다는 평가를 받는다.
ⓒ 성인을 대상으로 하는 직업진로지도가 가능하므로 직업상담에 적합하다는 장점이 있다.
② 문제점
⊙ 개인적·환경적 요인을 도외시하고 있다.
ⓒ 구체적인 절차가 없다.
ⓒ 성적(gender) 편견을 없애지 못하였다.
㉢ 성격요인의 발달과정에 대한 설명이 없다.
㉣ 변화시킬 가능성을 고려하지 않았다.

# 7 성격평가질문지

(1) 성격평가질문지(PAI, Personality Assessment Inventory)는 머레이(Morey)가 제작한 객관형 성격평가 질문지이다. 이 검사는 성인의 다양한 정신병리를 측정하기 위해 구성된 성격검사로 임상진단, 치료계획 및 진단집단을 변별하는 데 정보를 제공해 주고 정상인에게도 적용할 수 있는 성격검사이다.

(2) 정상과 이상의 구별뿐만 아니라 척도별로 3~4개의 구체적인 하위척도로 구성되어 있어서 현재 개인이 경험하고 있는 어려움이나 불편을 호소하고 있는 영역을 구체적이고 전반적으로 파악할 수 있다.

(3) 현대사회를 살면서 일반인들이 흔히 경험하는 대인관계문제, 공격성, 스트레스, 알코올문제 및 약물문제까지도 파악할 수 있다.

**(4) 구성척도**

① 정신장애를 측정하는 데 가장 타당하다고 보는 22개 척도에 344개 문항을 선별하여 구성하였고 4점척도(0-3)로 이루어진다.

② 4개의 타당도척도와 11개의 임상척도, 5개의 치료고려척도와 2개의 대인관계척도가 있다. 이 중 10개 척도에는 해석을 보다 용이하게 하고 임상적 구성개념을 포괄적으로 다루는 데 도움을 주는 3~4개의 하위척도가 포함되어 있다.

| 타당도척도 | 비일관성척도, 저빈도척도, 부정적 인상척도, 긍정적 인상척도 |
|---|---|
| 임상척도 | 신체적 호소척도, 불안척도, 불안 관련 장애척도, 우울척도, 조증척도, 망상척도, 정신분열병 척도, 경계선적 특징척도, 반사회적 특징척도, 알코올문제척도, 약물문제척도 |
| 치료고려척도 | 공격성척도, 자살관념척도, 스트레스척도, 비지지척도, 치료거부척도 |
| 대인관계척도 | 지배성척도, 온정성척도 |

# Chapter 4
# 투사적 검사

1 투사검사의 의미와 특징

2 로샤(Rorschach) 잉크반점검사

3 주제통각검사

4 HTP(집-나무-사람) 그림검사

5 BGT(벤더게슈탈트검사)

6 문장완성검사(SCT)

## 1 투사검사의 의미와 특징

(1) 애매한 자극을 주어 그에 대한 반응으로 피검자의 비인지적 특성을 추론한다.
(2) 관찰할 수 없는 측면을 탐색하는 것이 주목적이다.
(3) 프로이트가 강조한 무의식적 측면에 근거하고 있다.
(4) 로샤의 잉크반점검사, 주제통각검사(TAT), HTP, BGT, 문장완성검사 등이 있다.

# 2 로샤(Rorschach) 잉크반점검사

**(1) 로샤검사의 특징**

① 좌우 대칭의 불규칙한 잉크 무늬가 어떠한 모양으로 보이는가에 따라 그 사람의 성격이나 정신 상태, 무의식적 욕망 따위를 판단하는 인격 진단 검사법이다. 로샤(Rorschach)가 고안한 일종의 투사법으로 성격 심리학, 문화 인류학 따위의 분야에 널리 응용한다.

② 1921년 스위스 정신과 의사 로샤가 개발한 검사로 10개의 카드를 보고 위치, 결정요인, 내용 등의 반응에 따라 채점을 한다.

③ 이 검사는 진단과 예언에 있어서 많은 제한을 받는데 피험자의 다양한 반응에 따른 주관적 채점이 있을 수 있으므로 채점방법의 이해, 평가자의 고도의 훈련, 풍부한 경험 등이 요구된다.

④ 잉크반점으로 이루어진 검사로 무채색 카드 5매, 부분적인 유채색카드 2매, 유채색 카드 3매 등 총 10매로 구성되어 있다.

⑤ "이 그림이 무엇으로 보이는가?"라는 지시에 따른 지각적 반응들을 반응영역, 결정인 내용, 평범 반응, 발달질(DQ), 형태질(FQ), 조직활동(Z)등으로 채점되어 빈도와 비율들이 계산된다.

⑥ 평가자는 이러한 자료들이 기록된 '구조적 요약'과 '채점계열', 검사기간 중 내담자가 보인 행동, 검사자의 질문, 카드를 다루는 모습, 반응시간, 두서없이 하는 말들, 반응 내용의 유형, 반응 중의 정적인 내용 등을 분석하여 내담자이 성격 특성 등을 밝혀낸다.

⑦ 성격과 관련된 측면들, 즉 태도, 동기, 포부수준, 갈등, 정서적 표현, 공상적 활동, 상상력, 독창성 등에 관한 단서뿐만 아니라 지적인 통제력, 지각의 명료성, 현실접촉 및 자아강도 등에 대한 자료를 얻을 수 있다.

그림 1  잉크반점검사 01

### (2) 검사의 실시방법 및 유의점

검사실시는 자유연상단계와 질문단계인 두 개의 주요 부분으로 구성된다.

① 자유연상단계
  ㉠ 피검자가 10장의 카드를 보고 말한 내용을 모두 기록한다.
  ㉡ 피검자의 모든 반응을 검사자가 그대로 기록한다.
  ㉢ 피검자의 반응을 암시하거나 유도해서는 안 된다.

② 질문단계
  ㉠ 자유연상단계가 끝나면 반응을 정확히 분류하기 위해서 질문을 한다.
  ㉡ 질문단계에서는 피검자에 의하여 응답된 내용만을 다루는데, 자유연상단계에서 피검자가 반응한 내용을 질문한다.
  ㉢ 주의할 점은 가능성 있는 모든 결정 요인에 대한 유도적인 질문이나 지시적인 질문은 피하고 비지시적인 방법으로 질문하는 것이다.
  ㉣ 질문단계 이후 정보가 부정확한 내용에 관해서 직접적인 질문을 하는 한계음미단계가 있는데 색채와 음영 반응, 움직임 등에 대하여 직접적인 질문을 한다.

### (3) 검사결과의 처리

반응의 채점은 로샤반응에 대한 반응을 로샤부호로 바꾸는 과정이다. 로샤반응을 부호로 바꾼 다음에는 각 부호의 빈도, 백분율, 비율, 특수 점수를 산출하여 이러한 자료들을 체계적으로 요약하고 해석을 시도하게 된다.

① 반응의 위치: 피검자가 반점의 어느 부분에서 반응하는가?
② 반응위치의 발달질: 위치 반응은 어떤 발달수준을 나타내는가?
③ 반응의 결정요인: 반응을 결정하는 데 영향을 준 반점의 특징은 무엇인가?
④ 형태질: 반응된 내용은 자극의 특징에 적절한가?
⑤ 반응내용: 반응은 어떤 내용범주에 속하는가?
⑥ 평범반응: 일반적으로 흔히 일어나는 반응인가?
⑦ 조직활동: 자극을 조직화하여 응답했는가?
⑧ 특수점수: 특이한 언어반응이 일어나고 있는가?
⑨ 쌍반응: 사물을 대칭적으로 지각하고 있는가?

**(4) 반응의 주요 채점 원칙**

① 피검자가 자유연상단계에서 자발적으로 응답한 반응만 채점한다. 따라서 질문단계에서 검사자의 질문을 받고 유도한 반응은 원칙적으로 채점하지 않는다. 그러나 질문단계에서 응답되었다 할지라도 검사자의 질문을 받지 않고 자발적으로 피검자가 응답한 경우라면 채점에 포함된다.
② 반응단계에서 나타난 모든 요소들이 빠짐없이 채점되어야 한다. 혼합반응에서처럼 피검자가 응답한 내용을 어느 부분도 빼놓지 않고 모두 채점해야 한다는 점은 채점 과정에서 주의해야 하는 중요한 원칙이다.

**(5) 검사결과의 해석**

① 로샤검사의 해석을 위해서는 로샤검사 자체에 대한 지식뿐 아니라 검사자의 기본지식이 요구된다.
② 검사자는 로샤검사 자료에서 제시되는 가설의 타당성을 검토해 나가는 과정에서 기본적으로 지니고 있는 다각적 지식을 근거로 당면한 사례를 검토하고 종합하는 과정을 거치게 된다.
③ 이러한 해석의 가정을 세우고 이를 수용하거나 배제함에 있어서 판단의 근거가 되는 것은 규준자료이다.
④ 검사자는 로샤검사를 통해 한 개인의 반응 형태를 전체적으로 파악하여 개인 내적 특징을 해석하고자 시도하는 한편, 규준자료를 근거로 하여 개인 간 비교를 통하여 개인의 특징을 해석하여야 한다.
⑤ 해석과정
　㉠ 가설설정단계: 이 단계에서는 로샤반응을 채점하여 그 결과를 정리한 구조적 요약-반응의 빈도, 비율, 백분율, 반응의 특수점수를 통하여 가설이 설정되고 반응계열 분석, 자유연상과 질문단계에서의 언어 표현이 분석되면서 가설이 검토된다. 해석과정은 구조적 요약, 반응계열, 자유연상내용, 질문단계내용의 순서로 검토되고 이러한 과정에서 전문가의 경험과 기술에 따라 풍부한 가설이 제기될 수 있다.
　㉡ 통합단계: 앞에서 제시된 다양한 가설적 내용을 논리적 연결에 따라 통합해야 하는데 이 단계는 단순하게 가설들을 함께 나열하는 것이 아니라 가설을 기각·변형·명료화하고 검사자의 경험에 따라 이러한 통합된 내용을 근거로 하여 행동과 정신병리에 대한 지식을 추가하면서 개인 행동을 깊이 이해하는 과정을 진행시켜 나가야 한다.

# 3 주제통각검사

**(1) 주제통각검사(Thematic Apperception Test: TAT)의 특징**

① 무의식적 욕구, 동기, 성격 따위를 알아보기 위한 투사법 검사이다. 피검자에게 모호한 그림을 보여 주고 그림에 대한 자유로운 이야기를 꾸며 내게 하여, 그 속에 투사된 마음속의 희망·사상·감정 따위를 알아내어 그 사람의 욕구나 동기를 밝히려는 검사이다. 미국의 머레이(Murray, H. A.)와 모건(Morgan, C. D.)이 창안하였다.

② 여러 생활 장면을 반영하는 상황 속에 내담자가 쉽게 동일시하는 인물들을 30매의 그림카드와 1매의 공백카드로 구성되었다.

③ 내담자가 성인 남녀, 소년, 소녀인지에 따라 19매의 그림과 1매의 공백카드가 제시되는데 심리검사 배터리의 일부로 사용되는 경우 보통 10매의 카드만 사용되기도 한다.

④ 각 그림에 대해 현재 무슨 일이 일어나고 있고 인물들의 생각, 느낌, 행동은 어떤지, 과거에는 어떠했고 미래에는 어떻게 될 것인지 상상력을 발휘하여 이야기를 만들어 보도록 한다.

⑤ 수집된 자료는 분석, 해석 및 진단단계를 거쳐 내담자의 야망, 동기, 갈등, 태도 그리고 이와 유사한 성격 측면들이 역동적으로 추론된다.

그림 1 　주제통각검사

### (2) 검사 해석의 기본가정

① 피검자가 제시하는 이야기의 구성내용은 그의 내적인 역동에서 비롯된 것이므로, 그 이야기의 내용이나 구조는 필연적으로 피검자의 내적인 상태와 인과관계를 맺고 있다.

② 피검자는 이야기 속의 어느 한 사람과 자신을 동일시하게 되며, 그 가상적 인물을 통해 자신의 욕구와 갈등을 드러낸다.

③ 피검자가 드러내는 욕구와 갈등은 종종 간접적·상징적인 방식으로 표출된다.

④ 피검자의 욕구와 갈등을 진단하는 데 있어서 피검자의 이야기가 모두 동등한 가치와 중요성을 가지는 것은 아니다.

⑤ 피검자의 이야기는 그림 자체에 의해 도출된 주제보다 그렇지 않은 주제를 담고 있을 때 더욱 중요할 수 있다.

⑥ 피검자의 이야기 중 특정 주제가 반복되어 나타나는 경우 그것이 피검자의 욕구와 갈등을 잘 반영하는 것일 수 있다.

# 4 HTP(집-나무-사람) 그림검사

### (1) HTP의 특징
① 1948년 벅(Buck)에 의해 처음 제창되었으며, 1958년 햄머(Hammer)에 의해 발전되었다.
② 피검자가 자신의 개인적 발달사와 관련된 경험을 그림에 투사한다는 점에 기초한다.
③ 집, 나무, 사람은 인간에게 친밀한 주제이기 때문에 HTP를 통하여 환경에 대한 적응적인 태도, 무의식적 감정과 갈등을 파악하려고 한다.
④ 다른 어떤 주제보다도 피검자의 지식 수준 및 연령 등을 고려할 때 받아들이기 쉬우므로 모든 연령의 피검자에게 실시할 수 있으며, 문맹자에게 적합하다.
⑤ 로샤검사나 주제통각검사의 경우 제시된 자극에 대한 피검자의 수동적인 반응을 이끌어내는 반면, HTP는 수검자자 직접 반응을 구성해 가는 능동적인 반응과정으로 전개된다.
⑥ HTP는 언어적인 표현을 전제로 하지 않으므로 비언어적인 방식으로 표출되는 성격의 단면을 포착하는 것이 가능하다.
⑦ 검사의 실시는 집 → 나무 → 사람 순으로 진행한다.

### (2) 지시
① 용지 4매, 연필, 지우개를 준비하여 집, 나무, 사람을 각각 그리도록 한다. 준비한 종이의 우측 상단에 조그맣게 1~4 번호를 적어둔다(인물화에서 남녀의 어느 쪽을 먼저 그렸는지 알기 위함).
② 검사를 실시할 준비가 되면 설명한다. 피검자가 그린 그림이 현저하게 만화처럼 그려지거나 막대형 그림, 추상적 그림을 경우에는 다시 한번 그리도록 하는 것이 좋다.
③ 집, 나무, 사람의 매 그림마다 소요시간을 기록한다.

### (3) HTP의 고유상징

| 고유상징 | 내용 |
|---|---|
| House(집) | • 거주하는 장소로, 피검자의 집에서 생활, 가족과의 상호작용과 관련(집의 분위기나 상황 등)<br>• 어린 아동의 경우 집의 상황과 부모 형제 관계를 연관지을 수 있음<br>• 결혼한 성인의 경우 피검자가 배우자와 살고 있는 현재의 가정상황을 나타내기도 하고, 어린 시절 부모와의 관계를 나타내기도 함<br>• 자신의 자화상, 현실 검증력, 자아의 강도, 성적인 갈등 및 과거·현재·미래의 가정상황과 가족 관계의 특징들이 나타남 |
| Tree(나무) | • 성격의 중요한 측면으로 신체상과 자아개념을 나타냄<br>• 피검자의 보다 깊고 무의식 수준에서 느끼는 자신의 모습과 감정을 반영<br>• 피검자의 대인관계방식, 타인에 대해 느끼는 감정들이 드러남(자신의 모습에 대한 갈등과 방어)<br>• 사람 그림보다 혼란스러운 감정이나 부정적인 감정이 나타남(임상적으로 볼 때 사람 그림보다는 나무 그림에서 깊이 숨겨진 감정을 표현하는데 자기방어를 덜하고 자신을 드러내는 데 대한 두려움도 적기 때문에 사람의 얼굴, 몸, 팔보다는 나무의 줄기나 가지에 자신의 감정을 보다 쉽게 투사하고 드러냄)<br>• 나무 그림과 사람 그림이 어떻게 다른지 검토해 봄으로써 피검자의 갈등과 방어 정도를 평가할 수 있음 |
| Person(사람) | • 성격의 중요한 측면으로 신체상과 자아개념을 나타냄<br>• 피검자 자신의 모습에 대한 지각과 환경과의 관계를 나타내는 매개체<br>• 피검자의 대인관계방식, 타인에 대해 느끼는 감정들이 드러남(자신의 모습에 대한 갈등과 방어) |

### (4) HTP의 장점

① 실시가 쉽다(연필, 종이).
② 시간이 많이 걸리지 않는다(20~30분 정도).
③ 중간 채점이나 기호 채점의 절차를 거치지 않고 그림을 직접 해석할 수 있다.
④ 피검자의 투사를 직접 목격할 수 있다.
⑤ 언어 표현이 어려운 사람, 즉 수줍거나 억압된 아동 또는 외국인이나 문맹자에게도 적용할 수 있다.
⑥ 연령이나 지능에 제한을 받지 않는다.

# 5 BGT(벤더게슈탈트검사)

### (1) BGT의 특징
① 1938년 벤더(Bender)가 정신병리의 유형과 지각과의 관계를 연구하기 위한 목적으로 고안한 투사적 검사이다.
② 형태심리학의 창시자인 베르타이머(Wertheimer)가 형태지각 실험에 이용한 기하학적 도형을 검사도구로 사용하였다.
③ 검사자는 피검자에게 약 '11cm × 10cm' 크기의 카드 9장으로 구성된 도형들을 제시한다. 카드는 도형 A를 포함하여 도형 1~8까지로 구성되어 있다.
④ 언어표현이 아닌 단순한 도형그림 작성 방식이므로, 언어능력이나 언어표현이 제한적인 사람, 언어적인 방어가 심한 환자에게 효과적으로 적용할 수 있다.
⑤ 9개의 도형을 제시하고 베껴서 그리도록 하는 검사로 휴대하기가 간편하며, 검사 자체가 용이하고 그 실시와 채점 및 해석이 다른 투사기법들보다 쉽다.
⑥ 검사자는 피검자가 해당 도형들을 어떻게 지각하여 재생하는지 관찰함으로써 성격을 추론할 수 있으며, 피검자에 대한 정신병리적 진단 및 뇌손상 여부도 탐지할 수 있다.

### (2) BGT가 유용한 검사자
① 언어적인 방어가 심한 경우: 적절히 말할 수 있는 능력이 없거나, 능력은 있더라도 표현할 의사가 없는 피검자
② 문맹자, 교육을 받지 못한 피검자, 외국인 피검자
③ 뇌기능 장애가 있는 피검자
④ 정신지체가 있는 피검자
⑤ 완충검사(buffer test)로 쓰인다: 긴장 완화, 라포르 형성에 도움이 된다.

# 6 문장완성검사(SCT)

### (1) 문장완성검사의 특징
① 문장완성검사는 다수의 미완성 문장을 피검자가 자기 생각대로 완성하도록 하는 검사로, 단어연상검사의 변형으로 발전된 것이다.
② 개인의 욕구상태와 부모 및 교사, 동성·이성 친구들에 대한 태도를 파악하기 위한 검사로 성격 역동에 대한 심리진단 정보를 얻고 전반적인 심리적 적응을 판단하는 데 사용한다.
③ 생활영역과 타인에 대한 태도, 의견 등 비교적 인격의 표면층을 밝힐 수 있으므로 공포, 걱정, 야망 및 후회 등과 같은 요소가 밝혀지는 경우가 많다.
④ 완성되지 않은 문장을 완성함으로써 부모와의 갈등, 집안문제, 대인관계문제, 자아존중감 등 자기 자신에 대한 제반 사항들에 대해 살펴볼 수 있다.

### (2) 구성
아동용 및 청소년용은 30문항, 성인용은 50문항으로 구성되어 있다.

### (3) SCT 발전
① Cattell은 Galton의 자유연상검사로부터 단어연상검사를 발전시켰다.
② Kraeplin과 Jung이 임상적 연구를 통해 토대를 구축하였고, Rapaport와 그 동료들에 의하여 성격진단을 위한 유용한 투사법으로 확립되었다.
③ 최초로 미완성 문장을 검사에 이용한 것은 Ebbinghaus(1897)로 지능의 측정을 위해 이 기법을 사용하였다.
④ 문장완성검사를 성격영역에 활용하기 시작한 사람은 Tendler(1930)로 사고방식과 정서 반응의 진단을 구별하였다.
⑤ Rohde(1946)는 청소년 문제를 다루거나 내담자의 욕구, 내적 갈등, 환상, 감정, 태도, 야망, 적응상의 어려움 등에 대해 파악하고자 할 때 사용하였다.
⑥ Stein(1947), Symonds(1947), Rotter와 Willerman(1947), Carter(1947) 등이 실험적이고 경험적인 연구들을 통하여 문장완성검사의 임상적 활용에 대한 가능성을 보여준다.
⑦ 현재 임상현장에서는 Sacks의 문장완성검사(SSCT)가 가장 널리 사용된다.

### (4) 장점
① 문장완성검사는 단어연상검사에 비하여 문장에 나타난 감정적 색채나 문장의 맥락 등을 통해서 피검자의 태도, 피검자가 주의를 쏟고 있는 특정 대상이나 영역이 보다 잘 제시될 수 있다.
② 반응의 자유와 가변성도 허용할 수 있다.
③ 검사의 목적을 피검자가 뚜렷하게 의식하기 어려우므로 비교적 솔직한 답을 얻을 수 있다. 안다고 하더라도 좋은 답과 나쁜 답의 분간이 어렵다.
④ 검사를 실시하고 그 결과를 해석함에 있어서 다른 투사법검사보다 비교적 특별한 훈련이 필요하지 않다.
⑤ 집단적으로 실시할 수 있어 노력상 경제적이며, 시행·채점·해석에 소요되는 시간이 적다.
⑥ 검사지를 용이하게 작성할 수 있으며 여러 특수 상태에 부합할 수 있도록 검사문항을 수정할 수 있다.

### (5) 단점
① 그 결과를 어느 정도 객관적으로 채점할 수 있다고 하나 표준화 검사에서와 같이 완전히 객관적으로 채점할 수 없다.
② 결과를 토대로 하여 성격을 임상적으로 분석하려면 상당한 지식과 훈련이 필요하다.
③ 다른 투사법과 같이 검사의 목적을 완전히 은폐하지는 못한다.
④ 피검자의 언어 표현능력이 부족하거나 지시에 협조적이지 않으면 만족할 만한 결과를 얻을 수 없다.
⑤ 미완성의 문장 내에 개인의 심리적인 특성이 투사될 가능성은 무정형의 잉크 반점에 투사될 가능성에 비해 제한된다.

### (6) 검사의 해석
① 성격적 요인: 지적 능력 요인, 정의적 요인, 가치지향적 요인, 정신역동적 요인
② 결정적 요인: 신체적 요인, 가정적·성장적 요인, 대인적·사회적 요인
③ 해석 시 유의사항
   ㉠ 짧게 그리고 자유롭게 표현된 문장에는 감춰진 의미가 중요한 단서가 되는 일이 많기 때문에 수량적 평가는 의미가 없다.
   ㉡ 전체를 통해 잘 읽어 보고 일관된 특징, 표현상의 모순, 미묘한 감정, 각 영역에서의 방향성, 타인에게 비춰지는 자기의 모습, 진기한 반응, 이해하기 어려운 반응 등을 간추려 보아야 한다.

### * 객관적 검사와 투사적 검사의 장점과 단점

1. 객관적 검사의 장단점
   ① 장점
      - 객관적 검사는 시행과 채점, 해석이 간편하여 시행시간이 비교적 짧다.
      - 개인 간 비교가 객관적으로 제시될 수 있기 때문에 객관성이 보장될 수 있다.
      - 충분한 검사가 되어 있고 표준화되어 있어 신뢰도와 타당도가 높다.
   ② 단점
      - 내용에 따라 쉽게 방어가 일어난다.
      - 개인이 대답하는 방식에 일정한 흐름이 있어서 방식에 따라 결과가 영향을 받는다.
      - 자유롭게 자기표현을 할 수 없어서 검사결과가 지나치게 단순화되는 경향이 있다.

2. 투사적 검사의 장단점
   ① 장점
      - 투사적 검사 반응은 개인에 따라 매우 독특하며 그것은 개인을 이해하는 데 매우 유용하다.
      - 반응과정에서 피검사자는 불분명하고 애매모호한 검사자극 때문에 방어를 하기가 어렵다.
      - 검사자극의 모호함으로 인해 개인의 반응이 다양하게 표현되고 그러한 다양성은 개인의 독특한 심리적 특성을 반영해 준다.
   ② 단점
      - 신뢰도 검증에 있어서 재검사 신뢰도가 매우 낮게 평가되고 있다.
      - 검사결과에 대한 해석은 임상적 증거에 의한 것으로 그 타당도 검증이 매우 빈약하다.
      - 검사자의 인종, 성, 태도, 선입견 등 여러 상황적 요인에 의해 강한 영향을 받는다.

## 확인학습 문제

**01** 규준참조검사에 관한 설명으로 옳지 않은 것은?

① 개인의 점수를 다른 사람들의 점수와 비교를 통해 어떤 위치인지를 알아볼 목적으로 실시한다.
② 상대평가라고도 하며 규준집단에서 점수분포를 고려한다.
③ 분포, 평균, 표준편차 등이 제시된다.
④ 원점수, 표준점수, 백분위점수 등이 보고된다.
⑤ 특정 기준점수를 토대로 개인의 위치를 파악한다.

**정답** ⑤
**해설**
연구자가 정한 기준점수를 토대로 개인의 점수를 파악하려는 것은 준거참조검사에 해당된다. 규준참조검사는 상대평가로서 개인의 점수를 다른 사람, 규준집단과의 비교를 통해 상대적인 위치를 알아볼 목적으로 실시되며, 대부분의 심리검사가 이에 해당된다.

**02** 표준화 검사를 평가하기 위한 항목에 해당하는 것을 모두 고른 것은?

ㄱ. 규준
ㄴ. 신뢰도와 타당도
ㄷ. 검사실시 및 채점과정
ㄹ. 해석방법

① ㄷ, ㄹ
② ㄱ, ㄴ, ㄷ
③ ㄱ, ㄷ, ㄹ
④ ㄴ, ㄷ, ㄹ
⑤ ㄱ, ㄴ, ㄷ, ㄹ

**정답** ⑤
**해설**
\* 검사의 표준화
 - 표준화란 검사재료, 시간제한, 검사의 순서, 검사장소, 지시문 읽기 등 검사실시의 모든 과정과 응답한 내용을 점수화하는 것이 가능하도록 채점절차를 세부적으로 명시하는 것이다.
 - 표준화 검사란 경험적으로 작성되어 실시 및 사용을 위한 분명한 지침이 있고 규준 및 신뢰도와 타당도의 자료가 제시되는 검사를 의미한다.
 - 표준화과정이란 검사의 실시, 채점, 그리고 해석방법이 일관성을 유지하도록 함으로써 동일한 검사과정이 이루어지도록 하는 과정을 의미한다.

**03** 야구선수의 등판번호(back number)와 같이 분류의 기능만을 갖고 있는 척도는?

① 명명척도   ② 서열척도   ③ 등간척도
④ 비율척도   ⑤ 절대척도

**정답 ①**
**해설**
① 명명척도: 숫자의 차이로 측정한 속성이 대상에 따라 다르다는 것만을 나타내는 척도이다.
  예 운동선수의 등번호
② 서열척도: 숫자의 차이로 속성의 차이에 관한 정보뿐만 아니라 그 순위관계에 대한 정보도 포함하고 있는 척도이다.
  예 성적에 따른 1~60등까지의 순위
③ 등간척도: 수치상의 차이가 실제 측정한 속성 간의 차이와 동일한 숫자 집합을 의미한다. 등간이란 척도상의 모든 단위 사이의 간격이 일정하다는 뜻이며, 상대적인 영점은 존재하지만 절대영점은 존재하지 않는다.
  예 온도
④ 비율척도: 차이정보, 서열정보, 등간정보 외에 수의 비율에 관한 정보도 담고 있는 척도이다. 절대영점이 있어서 모든 통계적 분석에 적용된다.
  예 가격, 구독률, 시청률

**04** 성적을 수, 우, 미, 양, 가로 평정하였을 때 사용된 측정의 척도는?

① 명명척도   ② 서열척도   ③ 등간척도
④ 비율척도   ⑤ 절대척도

**정답 ②**
**해설**
* 서열척도
  숫자의 차이로 속성의 차이에 관한 정보뿐만 아니라 그 순위관계에 대한 정보도 포함하고 있는 척도이다.

**05** 김 교사는 수학시험을 치른 후 학급 학생들의 점수를 0점에서 100점까지 매기고, 학습 학생들의 평균점수와 표준편차를 산출하였다. 이때의 수학점수는 무슨 척도인가?

① 명명척도   ② 서열척도   ③ 등간척도
④ 비율척도   ⑤ 절대척도

**정답 ③**
**해설**
* 등간척도
  수치상의 차이가 실제 측정한 속성 간의 차이와 동일한 숫자 집합을 의미한다.

**06** 척도와 측정 대상이 옳게 연결된 것은?

① 명명척도 – 성별, 혈액형
② 등간척도 – 자격 등급
③ 서열척도 – 시청률
④ 비율척도 – 온도
⑤ 비율척도 – 원점수

**정답 ①**
**해설**
② 자격 등급은 서열척도의 측정 대상으로 적절하다.
③ 시청률은 비율척도의 측정 대상으로 적절하다.
④ 온도는 등간척도의 측정 대상으로 적절하다.
⑤ 원점수는 서열척도의 측정 대상으로 적절하다.

**07** 척도에 관한 설명으로 옳지 않은 것은?

① 척도는 측정하고자 하는 대상에 수치나 기호를 부여하는 것이다.
② 명명척도는 관찰대상의 고유한 속성을 분류하기 위해서 이름이나 범주를 대표하는 숫자나 기호를 부여한 척도이다.
③ 등간척도는 시험결과에 따라 석차를 매기는 것 등이 이에 해당된다.
④ 서열척도는 선호(選好) 정도, 중요 순위, 사회계층 등이 이에 해당한다.
⑤ 비율척도는 절대영점을 가지고 있는 각 특성들의 등간서열 관계를 설명한다.

**정답 ③**
**해설**
③ 서열척도에 관한 설명이다.

**08** 집단의 변산도를 알아보는 데 필요한 통계치는?

① 문항변별도　　② 내적합치도　　③ 표준편차
④ 표준등급　　　⑤ 표준점수

> **정답** ③
> **해설**
> * **표준편차**
> - 표준편차는 집단의 각 수치들이 그 집단의 평균치로부터 평균적으로 얼마나 떨어져 있는가를 나타내는 것으로, 점수들이 평균에서 벗어난 거리를 나타내는 통계치이다.
> - 표준편차는 한 집단의 수치들이 어느 정도 동질적인지를 표현하기 위해 개발된 통계치의 하나이며, 변산성(variability)을 나타내기 위한 통계치이다.
> - 표준편차는 집단의 변산도를 나타내 주는 것이다. 표준편차가 크면 점수가 넓게 분산되어 있다는 것이므로 집단이 이질적이고, 표준편차가 작으면 집단이 동질적이다.
> - 표준편차는 여러 집단의 변산도를 비교하는 데 매우 유용하며, 정상분포나 이와 유사한 분포에 적용하면 특정 점수의 위치를 파악하는 데 쓸모가 있다.

**09** 표준편차에 관한 설명으로 옳지 않은 것은?

① 표준편차는 집단의 변산도를 나타낸다.
② 표준편차는 그 계산에 있어서 모든 점수를 고려한다.
③ 표준편차가 클수록 점수가 넓게 분산되어 있다는 것이다.
④ 한 집단의 모든 점수에 일정한 수를 더하거나 빼는 경우 표준편차도 변한다.
⑤ 표준편차는 정상분포나 이와 유사한 분포에 적용하면 특정 점수의 위치를 파악하는 데 쓸모가 있다.

> **정답** ④
> **해설**
> 표준편차는 집단의 각 수치들이 그 집단의 평균치로부터 평균적으로 얼마나 떨어져 있는가를 나타내는 것으로, 점수들이 평균에서 벗어난 거리를 나타내는 통계치이다. 한 집단의 모든 점수에 일정한 수를 더하거나 빼더라도 표준편차가 변하지 않는다.

**10** 집중경향치에 해당하는 것은?

① 범위　　　　　② 분산　　　　　③ 사분편차
④ 중앙치　　　　⑤ 표준편차

**정답** ④
**해설**
* **집중경향치**
- 중앙치: 집중경향치의 하나로서 한 집단의 점수분포에서 전체 사례를 상위반과 하위반, 즉 상하 50%로 나누는 점이다. 이 중앙치를 중심으로 전체 사례의 반이 이 점의 상위에, 나머지의 반이 이 점의 하위에 있게 된다. 예를 들어 12, 13, 16, 19, 20과 같이 5개의 사례가 순서로 나열되어 있는 경우에는 이것이 홀수의 사례 수를 갖고 있으므로, 그 중간에 위치한 16이 중앙치가 된다. 이때에 22라는 사례가 하나 더 있는 짝수의 사례 수를 가진 경우에는 (16 + 19) / 2, 즉 17.5가 중앙치가 된다.
- 평균: 집중경향치의 하나로서 한 집단에 속하는 모든 점수(定値)의 합을 이 집단의 사례 수 N으로 나누어 준 값이다. 일반적으로 평균이라고 하면 집중경향치 중의 어느 하나, 또는 대표치를 말하는 수가 있으므로 이를 엄격히 구별하기 위하여 산술평균이라고 부른다. 예를 들어 한 집단 내에 5개의 사례가 다음과 같이 3, 5, 8, 10, 14의 값을 가질 때, 이 집단의 점수 합은 40이므로 산술평균은 8이 된다.
- 최빈치: 집중경향치의 하나로서 점수분포상에서 가장 빈도가 많은 점수이다. 흔히 MO로 표시한다. 예를 들어 12, 12, 14, 14, 18, 18, 18, 18, 19, 20, 20의 경우처럼 묶지 않은 자료에서는 18이 그 빈도가 4로서 가장 많으므로 최빈치가 된다. 최빈치는 손쉽게 분포의 경향을 빨리 알아볼 수 있는 장점을 가지고 있는 반면에 표집에 따른 변화가 가장 크고 또한 어떻게 자료를 묶느냐에 따라 변화가 커서 집중경향치 중에 가장 안정성이 적다는 단점을 가지고 있다.

**11** 정규분포에 관한 설명으로 옳은 것을 모두 고른 것은?

> ㄱ. 평균이 중앙값, 최빈치의 위치와 같다.
> ㄴ. 평균을 중심으로 좌우대칭으로 분포한 곡선이다.
> ㄷ. 분포 곡선은 X축과 절대로 만나지 않는다.
> ㄹ. 평균을 중심으로 좌우 1표준편차 내에 자료의 약 99%가 분포한다.

① ㄱ, ㄴ　　　　② ㄱ, ㄷ　　　　③ ㄴ, ㄷ
④ ㄱ, ㄴ, ㄷ　　⑤ ㄱ, ㄴ, ㄷ, ㄹ

**정답** ④
**해설**
ㄹ. 정상분포곡선은 평균을 중심으로 좌우 1표준편차 내에 자료의 약 68%가 분포한다.
* **정상(정규)분포**
- 일반적으로 많은 데이터를 자연 상태에서 수집하면 데이터는 중앙에 가장 많이 있고 양 끝으로 갈수록 그 수가 줄어드는 경향을 보인다. 이러한 가장 일반적인 분포를 정규분포라 한다.
- 이들 모양을 종모양(bell shape)이라 한다.
- 분포의 중앙에 한 개의 정점을 갖는 좌우대칭 모양을 형성한다.
- 정상분포의 정중앙에 해당되는 값이 평균이다.
- 분포가 평균을 중심으로 얼마나 모여 있는지의 정도를 표현하는 값이 표준편차이다.

**12**  정규분포에 관한 설명으로 옳지 않은 것은?

① 정상분포곡선에서는 평균과 중앙치와 최빈치가 일치한다.
② 종모양(bell shape)으로 하나의 꼭짓점을 가진다.
③ 평균을 중심으로 좌우 1표준편차 내에 자료의 약 68%가 분포한다.
④ 평균을 기준으로 좌우 대칭이다.
⑤ 분포가 평균을 중심으로 얼마나 모여 있는지의 정도를 표현하는 값이 평균이다.

**정답** ⑤
**해설**
분포가 평균을 중심으로 얼마나 모여 있는지의 정도를 표현하는 값이 표준편차이다.

**13**  청상 고등학교 1학년 학생 100명이 수학시험을 치른 결과 평균이 60점, 표준편차가 15점으로 나타났다. 정규분포를 가정할 때, 75점 이상의 점수를 얻은 학생의 수는?

① 15명　　　　　　② 16명　　　　　　③ 17명
④ 18명　　　　　　⑤ 19명

**정답** ②
**해설**
이 분포에서 75점을 얻은 학생은 평균에서 좌우로 1표준편차 벗어난 위치에 해당된다. 정규분포곡선에서는 ±1 표준편차 사이에 전체 자료의 약 68%가 분포한다. 따라서 +1표준편차는 상위 약 16%의 위치이다. 전체 학생 수가 100명이므로 16%는 16명이라 할 수 있다.

**14** 표준점수에 관한 설명으로 옳지 않은 것은?

① 원점수들을 평균이 같고 표준편차도 같은 정상분포곡선상에서의 상대적 위치로 표시하여 의미 있는 비교를 가능하게 하기 위해 사용하는 것이다.
② Z점수는 평균에서 원점수를 뺀 후 표준편차로 나눈 값이다.
③ Z점수는 절대영점이 '0'이고, 동간이 '1'인 척도로 원점수를 전환한 것이다.
④ T점수는 평균이 50, 표준편차가 10으로 변환한 것이다.
⑤ 원점수들을 표준점수로 전환시킨 다음, 이를 더하면 총점의 상대적 위치를 정할 수 있게 된다.

**정답** ②
**해설**
Z = (원점수 − 평균) / 표준편차

*표준점수의 특징
- 원점수와는 달리 의미 있는 의거점을 갖는다.
- 백분위점수와는 달리 능력의 동간성을 갖는다.
- 상대적 위치도 함께 짐작할 수 있다.
- 여러 종류의 척도나 검사에서 나온 결과를 의미 있게 비교할 수 있다.

**15** 다음 특성을 모두 지니고 있는 점수는?

○ 원점수를 통계적 절차를 통해 비교 가능한 척도로 변환한 점수
○ 분포의 표준편차를 이용하여 개인 간, 집단 간, 교과 간 비교가 가능한 점수
○ 점수의 동간성이 있어서 가감승제를 할 수 있는 점수

① 규준점수　　　② 준거점수　　　③ 등위점수
④ 편차점수　　　⑤ 표준점수

**정답** ⑤
**해설**
원점수들을 평균이 같고 표준편차도 같은 정상분포곡선상에서의 상대적 위치로 표시하여 의미 있는 비교를 가능하게 하기 위해 사용하는 것이 표준점수이다.

**16** 표준점수(Z-score)에 관한 설명으로 옳은 것은?

① 표준화된 검사에서 얻은 원점수이다.
② 평균을 0, 표준편차를 1로 변환한 점수이다.
③ 상대적인 기준이 되는 검사점수의 기본 단위점수이다.
④ 100점을 만점으로 하여 표현한 상대적인 위치 점수이다.
⑤ 동간성이 없어 가감승제가 어려운 점수이다.

**정답** ②
**해설**
* Z점수
 - 의미: Z점수는 절대영점이 '0'이고, 동간이 '1'인 척도로 원점수를 전환한 것이다.
 - 공식: Z = (원점수 − 평균) / 표준편차
 - 단점: − (마이너스) 점수가 나온다는 것과 단위가 너무 넓어 소수점이 나온다는 점이다.

**17** 청상 고등학교 3학년 1반 학생들의 수학능력시험 평균점수는 100점이고 표준편차는 10점이다. 이때 원점수 110점을 받은 학생의 Z점수와 T점수를 순서대로 옳게 나열한 것은?

① 1, 40   ② −1, 40   ③ 0, 50
④ −1, 60   ⑤ 1, 60

**정답** ⑤
**해설**
1. Z점수 = (원점수 − 평균) / 표준편차
 (110 − 100) / 10 = 1
 ∴ Z점수 = 1
2. T점수 = (10 × Z점수) + 50
 (10 × 1) + 50 = 60
 ∴ T점수 = 60

**18** 다른 학생과의 비교할 수 있는 정보가 가장 적은 점수는?

① Z점수　　　　② T점수　　　　③ H점수
④ 원점수　　　　⑤ 표준점수

> **정답** ④
> **해설**
> **\* 원점수의 결점**
> – 어떤 점수가 어디에 있는지 비추어 볼 의거점이 없다.
> – 문제가 쉽거나 어려움에 따라 점수가 크게 변하므로 안정성이 없다.
> – 여러 가지 점수들은 그것들을 서로 비교할 수 없다.
> – 원점수 그 자체는 그다지 의미가 없으며, 학생 지도에도 별로 도움이 되지 못한다.

**19** 평정 시 관찰대상자에 관한 다른 정보가 평정에 영향을 미침으로써 발생하는 평정오류는?

① 집중경향 오류　　　② 관대의 오류　　　③ 후광효과
④ 대비의 오류　　　　⑤ 근접의 오류

> **정답** ③
> **해설**
> **\* 평정오류**
> – 관대의 오류(leniency error) : 평정자들이 자기와 친분이 있는 사람들을 지나치게 높게 평정해 주는 경향이다.
> – 엄격의 오류(severity error) : 자신이 싫어하는 사람들을 지나치게 엄격하게 평정하는 경향이다.
> – 집중경향 오류(central tendency error) : 평정자들이 극단적으로 높거나 낮은 점수보다는 중간 수준의 점수를 많이 주는 경향성이다.
> – 후광효과(halo effect) : 관찰대상자에 관한 다른 정보가 평정에 영향을 미치는 것으로, 긍정적 혹은 부정적으로 나타날 수 있다.
> – 논리에 의한 오류(logical error) : 논리적으로 연결된 것처럼 보이는 두 가지 항목에 대해 유사한 평가를 하는 경향이다.
> – 대비의 오류(contrast error) : 평정자들이 많은 사람을 평정할 때 평가대상이 되는 속성을 어떻게 보는가에 따라 자신과 정반대로 평가하거나 아니면 아주 비슷하게 평가하는 양면성을 말한다.
> – 근접오류(proximity error) : 시간적 혹은 공간적으로 근접해 있는 항목들에 대해서는 멀리 떨어져 제시된 항목들보다 비슷하게 평가하는 경향성이다.

**20** 평가자가 자신에게 부족한 특성을 평할 때는 대상자에게 실제보다 높은 평점을 주고, 자신이 가지고 있는 특성을 평할 때는 실제보다 낮은 평점을 주게 되는 오류에 해당하는 것은?

① 논리적 오류  ② 표준의 오류  ③ 후광의 오류
④ 근접의 오류  ⑤ 대비의 오류

**정답 ⑤**
**해설**
대비의 오류(contrast error)는 평정자들이 많은 사람을 평정할 때 평가대상이 되는 속성을 어떻게 보는가에 따라 자신과 정반대로 평가하거나 아니면 아주 비슷하게 평가하는 양면성을 말한다.

**21** 평정의 오류를 방지하기 위한 대책으로 옳지 않은 것은?

① 피평정자들의 요구를 반영하여 다양한 방법으로 평정한다.
② 연구되는 행동에 대해 보편적으로 관찰 가능한 용어들을 사용한다.
③ 평정척도에서 관찰될 수 있는 특정 행동에 대하여 구체적 용어를 사용한다.
④ 평정척도에 의해 얻어진 자료들을 실제 장면에 적용해 본다.
⑤ 가능한 경우 여러 관찰자의 평정들을 조사하여 참조한다.

**정답 ②**
**해설**
평정오류를 감소시키기 위해서는 대상행동에 대한 분명한 정의를 내리고, 관찰자를 훈련시켜야 한다. 또한 평정결과의 신뢰도를 확인하기 위한 관찰자 내 신뢰도나 관찰자 간 신뢰도 등을 산출하여 확인하고, 불일치 정도가 높은 자료는 분석에서 배제하거나 결과해석에 신중을 기해야 한다.

**22** 타당도에 관한 설명으로 옳은 것은?

① 타당도는 측정의 일관성(안정성)을 의미한다.
② 구인타당도는 연구자가 측정하고자 하는 추상적 개념이 실제로 측정도구에 의해 제대로 측정되었는가의 정도를 나타낸다.
③ 내용타당도에는 예측타당도와 동시타당도가 있다.
④ 안면타당도는 연구자나 전문가의 주관적인 판단에 의존한다.
⑤ 준거타당도가 피검자의 미래의 상태와 관련된 경우 공인타당도라고 부른다.

정답 ②
해설
① 측정의 일관성(안정성)은 신뢰도에 관련된다.
③ 준거타당도에 관한 설명이다.
④ 내용타당도에 관한 설명이다.
⑤ 예언타당도에 관한 설명이다.

**23** 새로 개발된 검사와 기존의 타당도가 인정된 검사와의 상관을 통해 검증하는 타당도는?

① 공인타당도    ② 예언타당도    ③ 내용타당도
④ 구인타당도    ⑤ 안면타당도

정답 ①
해설
* 준거타당도
- 준거타당도는 어떤 심리검사가 특정 준거와 어느 정도 관련이 있는지를 나타낸다. 검사 도구에 의한 점수와 어떤 준거 간의 상관계수에 의하여 검사도구의 타당성을 검증하는 방법으로서 예언타당도와 동시타당도가 있다.
- 예언타당도는 한 검사가 피검자의 미래의 어떤 행동이나 특성을 어느 정도 정확하고 완전하게 예언하느냐를 추정하는 것이다. 학교 입학시험 때 점수가 좋은 학생이 입학 후에도 계속 성적이 좋으면 이 시험은 예언타당도가 높은 것이다.
- 동시타당도(공인타당도)는 예언에 관계없이 한 개의 외적 준거 검사 간의 상관을 나타내는 방법이다. 새로운 검사를 제작하였을 때 기존에 타당성을 보장받고 있는 검사와의 유사성 혹은 연관성에 의하여 타당성을 검증하는 방법이다. 즉, 외국어 시험의 동시타당도를 높이기 위해 동시에 TEPS나 TOEFL 같은 공인된 시험을 함께 시행하여 상호비교하고 시험점수가 높으면 공인타당도가 높은 것으로 판단하는 것이다. 동시타당도의 장점은 계량화되어 타당도에 대한 객관적인 정보를 제공할 수 있다는 점이고, 단점은 타당성을 입증받은 기존의 검사가 없을 경우 동시타당도를 추정할 수 없다는 것이다.

**24** 다음 내용에서 설명하는 것과 연관된 것은?

> A 회사에서는 전 직원을 대상으로 적성검사를 실시하였고, 그 결과에 근거하여 직무배치를 하였다. 적성검사의 결과를 토대로 직무배치를 한 후 직원들의 직무에 대한 만족도가 높은 것으로 나타났다. 이는 직무적성이 직원들의 직무에 대한 만족도와 상관이 높은 것으로 평가될 수 있다.

① 안면타당도  ② 구성타당도  ③ 준거타당도
④ 수렴타당도  ⑤ 변별타당도

**정답** ③
**해설**
준거타당도(criterion-related validity)란 어떤 심리검사가 특정 준거와 어느 정도의 관련이 있는지를 나타낸다. 제시된 글의 내용은 한 검사가 피험자의 미래의 행동이나 특성을 어느 정도 정확하고 완전하게 예언하느냐를 추정하는 것으로 준거타당도 중 예언타당도에 해당된다.

**25** 학생들의 학업성취도를 평가하기 위한 검사 도구를 개발하려고 할 때 교사가 가장 관심을 기울여야 하는 타당도는?

① 내용타당도  ② 구인타당도  ③ 예언타당도
④ 공인타당도  ⑤ 안면타당도

**정답** ①
**해설**
'내용타당도'는 검사를 구성하는 문항들이 전체 내용 영역의 문항들을 얼마나 잘 반영하는가에 관한 정도로, 주로 성취검사에 적용된다. 검사 구성 시에 출제자의 안목과 지식에 의해 확보되어야 하며 전문가의 주관적 판단으로 평가된다.

**26** 평가의 타당도를 확인하기 위하여 가장 많은 종류의 증거를 요구하는 것은?

① 내용타당도  ② 구인타당도  ③ 예언타당도
④ 공인타당도  ⑤ 안면타당도

**정답** ②
**해설**
'구성(구인)타당도'는 심리검사가 심리적 구성개념을 제대로 측정하고 있는지를 평가하는 방법으로, 가장 많은 종류의 증거를 요구한다. 구성(구인)타당도를 검증하는 방법에는 발달적 변화, 요인분석법, 수렴타당도와 변별타당도가 있다.

**27** 측정하고자 하는 현상을 일관성 있게 측정하는 능력, 즉 어떤 측정도구를 동일한 현상에 반복 적용하여 동일한 결과를 얻게 되는 정도를 나타내는 것은?

① 타당도 ② 신뢰도 ③ 객관도
④ 정확도 ⑤ 변별도

**정답** ②
**해설**
'신뢰도'는 측정도구가 측정하고자 하는 현상을 일관성 있게 측정하는 능력 또는 동일한 개념에 대해 측정을 반복했을 때 동일한 측정값을 얻을 가능성을 말한다. 검사조건이나 검사 시기에 관계없이 얼마나 점수들이 일관성이 있는가, 비슷한 것을 측정하는 검사의 점수와 얼마나 일관성이 있는가 하는 것을 말한다.

**28** 검사도구의 타당도와 신뢰도에 관한 설명으로 옳은 것은?

① 신뢰도는 타당도를 높이기 위한 충분조건이다.
② 타당도는 측정의 일관성에 관한 것으로 주로 계수로 수량화된다.
③ 신뢰도는 검사가 목적으로 삼는 특성을 충실하게 재는 것에 관련된다.
④ 하나의 응답에 채점점수가 서로 다른 것은 나타난 신뢰도의 문제이다.
⑤ 신뢰도가 높으면 타당도도 높다고 볼 수 있다.

**정답** ④
**해설**
\* **타당도와 신뢰도**
- 타당도는 측정하려는 것을 얼마나 충실하게 측정하고 있는가와 관계가 있고, 신뢰도는 무엇을 측정하든 측정의 정확성과 관계가 있다.
- 타당도는 무엇을 측정하느냐의 문제로 얼마나 잘 측정하는지의 지표이고, 신뢰도는 어떻게 측정하느냐의 문제로 얼마나 일관성 있게 측정하고 있는지의 지표이다.
- 신뢰도가 타당도보다 더 수립하기는 용이하나 일반적으로 타당도 확보가 더 중요하다.
- 신뢰도는 타당도의 충분조건이 아니고 필요조건이며, 신뢰도를 높이려고 할 때 타당도는 오히려 내려갈 수도 있다.

**29** 검사의 신뢰도 추정방법에 관한 설명으로 옳지 않은 것은?

① 검사 – 재검사법은 동일한 측정도구를 이용하여 동일한 상황에서 동일한 대상에게 일정기간을 두고 반복 측정하여 최초의 측정치와 재측정치가 동일한지의 여부를 평가하는 방법이다.
② 반분 신뢰도 – 재검사 신뢰도가 부적당하거나 동형 검사를 만들기 어려울 때 사용할 수 있는 방법이다.
③ 쿠더–리차드슨 신뢰도 계수 – 문항 내적 합치도를 추정하는 방식이다.
④ 반분법 – 한 검사에 있는 문항 하나하나를 모두 한 개의 독립된 검사로 생각하고 그 합치성·동질성·일치성을 종합하는 방법이다.
⑤ 동형 검사 신뢰도 – 시간적 요인(즉, 기억·연습에 의한 변화)을 감소시킬 수 있으므로 재검사 신뢰도보다 바람직하다.

**정답** ④
**해설**
반분 신뢰도는 한 개의 검사를 어떤 대상에서 실시한 후 이를 적절히 두 부분으로 나누어 독립된 검사로 취급하여 두 검사 점수를 기초로 하여 상관계수를 산출하는 방법으로 동질성 계수라고도 한다.

**30** K–R20, K–R21, 크론바흐 알파계수는 어느 유형의 신뢰도에 속하는가?

① 검사–재검사 신뢰도  ② 반분신뢰도  ③ 동형검사신뢰도
④ 채점자 신뢰도  ⑤ 문항 내적 신뢰도

**정답** ⑤
**해설**
'문항 내적 합치도'는 한 검사에 있는 문항 하나하나를 모두 한 개의 독립된 검사로 생각하고, 그 합치성·동질성·일치성을 종합하는 방법이다. 문항 내적 합치도의 계산은 Kuder–Richardson 공식(예/아니오 문항)이나 크론바흐 알파공식을 사용한다.

**31** 문항분석에 관한 설명으로 옳지 않은 것은?

① 문항이 어려울수록 변별력이 높아진다.
② 문항 추측을 많이 할수록 변별력이 떨어진다.
③ 문항이 쉬우면 문항 추측의 가능성이 떨어진다.
④ 문항의 난이도는 문항의 통과율과 같은 말이다.
⑤ 문항의 난이도가 높으면 쉬운 문항이다.

**정답 ①**
**해설**
변별도는 문항 난이도가 50% 정도일 때 가장 높게 나타난다.

**32** 상대평가를 위한 선다형 객관식 문항의 난이도에 관한 설명으로 옳은 것은?

① 난이도가 큰 문항일수록 좋다.
② 난이도가 높을수록 변별력도 좋다.
③ 난이도는 학습위계의 검증 정보로 활용될 수 없다.
④ (정답자 ÷ 응시자) × 100은 난이도 계수 계산공식의 하나이다.
⑤ 모든 검사문항의 난이도 계수가 동일하면 응시자들의 점수도 동일하다.

**정답 ④**
**해설**
① 난이도가 중간인 문항일수록 좋다.
② 난이도가 중간일 때 변별력도 좋다.
③ 난이도는 학습위계의 검증 정보로 활용될 수 있다. 즉, 위계가 낮을수록 난이도가 크고 위계가 높을수록 난이도가 작다.
⑤ 난이도는 정답률을 나타내는 것이므로 이것이 동일하다고 응시자들의 점수가 같을 수는 없다.

**33** 객관적 검사에 관한 설명으로 옳지 않은 것은?

① 검사의 시행, 채점, 해석이 간편하다.
② 내용에 따라 방어가 쉽게 일어날 수 있다.
③ 투사검사에 비해 반응에 대한 상황요인의 영향을 크게 받는다.
④ 개인 간의 객관적 비교가 가능하다.
⑤ 신뢰도, 타당도가 높다.

**정답 ③**
**해설**
객관적 검사는 투사검사에 반응에 비해 상황요인(검사자의 인종, 성, 태도, 선입견 등)의 영향을 적게 받는다.

**34** 심리검사에 관한 설명으로 옳은 것을 모두 고른 것은?

> ㄱ. 심리검사의 목적은 검사결과를 얻는 것이다.
> ㄴ. 심리검사는 측정하고자 하는 개인의 심리특성을 대표하는 행동진술문들을 표집해 놓은 측정도구이다.
> ㄷ. 심리검사의 객관성을 유지하기 위해서는 표준화된 절차에 따라 실시되어야 한다.
> ㄹ. 심리전문가라고 하더라도 해당 검사에 대한 훈련을 마친 후에 그 검사를 사용해야 한다.

① ㄷ, ㄹ
② ㄱ, ㄴ, ㄹ
③ ㄱ, ㄷ, ㄹ
④ ㄴ, ㄷ, ㄹ
⑤ ㄱ, ㄴ, ㄷ, ㄹ

**정답 ④**
**해설**
심리검사의 목적은 검사결과를 얻는 것이 아니라 예측, 분류 및 진단, 자기이해의 증진에 있다.

**35** 심리검사 시 고려해야 할 변인으로서 반응에 대한 상황 변인에 해당하는 것을 모두 고른 것은?

> ㄱ. 검사자의 성별
> ㄴ. 검사자의 인종
> ㄷ. 검사자의 태도
> ㄹ. 좌석의 상태

① ㄷ, ㄹ  ② ㄱ, ㄴ, ㄷ  ③ ㄱ, ㄷ, ㄹ
④ ㄴ, ㄷ, ㄹ  ⑤ ㄱ, ㄴ, ㄷ, ㄹ

**정답 ⑤**
**해설**
반응에 대한 상황적 요인에는 검사자의 인종, 성, 태도, 선입견 등이 있다.

**36** 지능 및 지능검사에 관한 설명으로 옳은 것을 모두 고른 것은?

> ㄱ. 지능은 시간의 경과에 따라 변하지 않는 특징을 갖고 있다.
> ㄴ. 편차 IQ란 한 개인의 지능을 그와 동일 연령 집단 내에서 상대적 위치로 규정한 IQ이다.
> ㄷ. 지능검사는 개인의 교육적·문화적 경험과 독립적이라는 점에서 신뢰할 수 있는 검사이다.
> ㄹ. 지능검사는 인지적 영역의 검사로 문제해결력을 측정한다.
> ㅁ. 단일요인으로는 지능이 개인의 성취도를 가장 잘 예언해 준다.

① ㄱ, ㄴ, ㄷ  ② ㄱ, ㄷ, ㅁ  ③ ㄴ, ㄷ, ㅁ
④ ㄴ, ㄹ, ㅁ  ⑤ ㄷ, ㄹ, ㅁ

**정답 ④**
**해설**
ㄱ. 지능이란 발달하는 것이다.
ㄷ. 지능검사는 사회적·문화적 배경과 관련이 있다.

**37** 학자와 지능에 대한 연구를 연결한 것으로 옳지 않은 것은?

① 길포드(Guilford) – 복합요인설
② 카텔(Cattell) – 위계적 요인설
③ 스피어만(Spearman) – 2요인설
④ 가드너(Gardiner) – 다요인설
⑤ 스턴버그(Sternberg) – 삼원지능설

**정답** ④
**해설**
가드너는 지능을 다중지능이론으로 설명한다.

* **다중지능이론(multiple intelligences theory)**
미국의 하버드 대학교 교수인 가드너(Gardner)가 1983년에 출판한 그의 저서 『마음의 틀(Frames of mind)』에서 제시한 지능이론이 '다중지능이론'이다. 이 이론에서는 기존의 지능이론과는 달리 인간의 지능은 서로 독립적이며 다른 여러 종류의 능력으로 구성되어 있다고 본다. 따라서 다중지능이론이란 각 개인이 특정 분야의 개념과 기능을 어떻게 배우고, 활용하며, 발전시켜 나가는가 하는 특정 분야에서의 '문제해결 능력' 또는 '가치 있는 결과를 생산하는 능력'으로서 한 개인이 속한 문화권에서 가치 있다고 인정하는 분야의 재능을 말한다. 가드너는 인간의 지적 활동을 서로 독립적인 아홉 개의 분야로 나누어 각 분야에 대응하는 아홉 가지 지능을 제시하고 있다. 아홉 가지 지능에는 언어지능, 논리-수학적 지능, 공간지능, 신체-운동적 지능, 음악지능, 개인 간 지능, 개인 내 지능, 자연주의적 지능 및 실존지능이 포함된다.

**38** 지능에 관한 설명으로 옳은 것은?

① 지능은 단일능력요인이다.
② 지능의 발달은 환경의 영향을 받는다.
③ 지능과 창의성은 r = 1.0의 상관을 지닌다.
④ 사람들의 지능지수는 정적편포를 이룬다.
⑤ 지능지수는 (생활연령 ÷ 정신연령) × 100으로 표현한다.

**정답** ②
**해설**
① 지능은 복합적인 요인 또는 능력을 지니고 있다.
③ 지능과 창의성은 r = .20의 정도로 낮은 상관을 지닌다.
④ 사람들의 지능지수는 정상분포를 이룬다.
⑤ 지능지수는 (정신연령 ÷ 생활연령) × 100으로 표현한다.

**39** 길포드(Guilford)는 서스톤(Thurstone)의 기본 정신능력을 확장하고 발전시켜 지능구조모형을 제안하였다. 길포드가 제시한 지능구조의 3차원적 입체모형에서 내용의 차원에 해당하지 않는 것은?

① 청각　　　　　② 행동　　　　　③ 시각
④ 상징　　　　　⑤ 관계

**정답** ⑤
**해설**
* 지능구조의 3차원적 입체모형

| 내용(자료)의 차원 | 시각, 상징, 의미, 행동, 청각 |
|---|---|
| 조작(인지)의 차원 | 기억 저장, 기억 파지, 인지적 사고력, 수렴적 사고력, 확산적 조작, 평가적 사고력 |
| 결과(산출)의 차원 | 단위, 유목, 관계, 체계, 변환, 함축 |

**40** 서스톤(Thurstone)이 제시한 지능요인에 해당하지 않는 것은?

① 언어유창성　　　② 기억요인　　　③ 공간요인
④ 이해요인　　　　⑤ 추리요인

**정답** ④
**해설**
서스톤(Thurstone)은 인간의 기본능력(Priamry Mental Ability : PMA)으로 7개 요인, 즉 언어이해요인, 수요인, 공간요인, 지각속도요인, 기억요인, 추리요인, 언어(어휘)유창성으로 구성되어 있다고 밝혔다.

**41** 카텔(Cattell)이 제시한 결정적 지능의 특징으로 옳은 것은?

① 과거의 경험이나 능력이 도움이 안 되는 새로운 환경에 대한 과제해결능력이다.
② 속도, 기계적 암기, 지각력, 일반적 추리력 등의 능력에서 잘 나타난다.
③ 유전적·신경생리적 영향에 의해 발달한다.
④ 학습과 함께 발달하는 능력으로 성인 이후에도 계속 발달될 수 있으며 평생교육에 의해 형성된다.
⑤ 15세경에 절정에 이르다가 점차 감소한다.

**정답** ④
**해설**
①, ②, ③, ⑤ 유동지능에 대한 설명이다.

* **결정적 지능**
  - 과거의 학습과 경험을 적용시켜서 획득한 판단력이나 습관이다.
  - 환경적·문화적·경험적 영향에 의해 발달하며, 가정환경·교육 정도·직업 등의 영향을 받는다.
  - 학업 성취력의 기초가 되며, 안정성과 성취력에 의한 인지 능력이다.
  - 인생 초기 환경조건에 의존하는 능력이다.
  - 학습과 함께 발달하는 능력으로 성인 이후에도 계속 발달될 수 있으며 평생교육에 의해 형성된다.
  - 언어능력, 문제해결력, 논리적 추리력, 상식 등에서 잘 나타난다.

**42** 가드너(Gardner)의 다중지능(MI)에 속하는 지능만을 묶은 것은?

① 일반지능, 언어적 지능, 특수지능
② 언어적 지능, 유동적 지능, 논리-수학적 지능
③ 신체-운동적 지능, 공간적 지능, 대인적 지능
④ 음악적 지능, 논리-수학적 지능, 결정적 지능
⑤ 논리-수학적 지능, 분석적 지능, 언어적 지능

**정답** ③
**해설**
다중지능에는 언어지능, 논리-수학적 지능, 신체-운동적 지능, 음악적 지능, 공간지능, 대인 간 지능, 개인 내적 지능, 자연관찰 지능, 실존 지능 등이 있다.

**43** 가드너(Gardner)가 제시한 지능의 유형으로서 자신의 지각을 2차원 또는 3차원으로 바꿔 보기와 연관이 있는 지능은?

① 논리-수학지능 ② 공간적 지능 ③ 음악지능
④ 자연탐구지능 ⑤ 신체-운동지능

**정답** ②
**해설**
사물을 정확하게 지각하기, 다양한 관점에서 사물을 그려보거나 회전한 모습을 상상해 봄으로써 공간상에서 사물을 조작하기, 구체물에 대한 자신의 지각을 2차원 또는 3차원으로 바꿔보기와 같은 능력이다. 예술가, 건축가, 항해사 등이 이에 해당된다.

**44** 지능검사에 관한 설명으로 옳은 것은?

① 스탠포드-비네 검사는 영재아를 판별하기 위하여 제작된 검사이다.
② 웩슬러 지능검사는 언어적 검사와 동작성 검사로 구성되어 있다.
③ 비네 지능검사는 아동용 지능검사이며, 언어성과 동작성 검사로 구성되어 있다.
④ 비율IQ는 생활연령을 정신연령으로 나누어 100을 곱한 것이다.
⑤ 웩슬러 지능검사는 개인의 비율IQ이다.

**정답** ②
**해설**
① 스탠포드-비네 검사는 정신지체를 감별할 목적으로 제작되었다.
③ 비네 지능검사는 언어성 검사로 구성되어 있다.
④ 비율IQ는 정신연령을 생활연령으로 나누어 100을 곱한 것이다.
⑤ 웩슬러 지능검사는 편차IQ이다.

**45** 지능검사의 목적에 해당하는 것을 모두 고른 것은?

> ㄱ. 임상진단의 명료화
> ㄴ. 인지적·지적 특성 파악
> ㄷ. 기질적 뇌손상 유무 파악
> ㄹ. 합리적 치료 목표 수립

① ㄱ, ㄹ
② ㄴ, ㄷ
③ ㄱ, ㄴ, ㄷ
④ ㄱ, ㄴ, ㄹ
⑤ ㄱ, ㄴ, ㄷ, ㄹ

정답 ⑤
해설
* 지능검사의 목적
 – 개인의 지적능력 수준을 평가할 수 있다.
 – 개인의 인지적·지적기능의 특성을 파악할 수 있다
 – 기질적 뇌손상 유무를 파악할 수 있다.
 – 임상적 진단을 명료하게 할 수 있는 토대를 제공한다.
 – 합리적 치료목표 설정을 가능하게 한다.

**46** 비네-사이몬(Binet-Simon) 지능검사에 관한 설명으로 옳지 않은 것은?

① 최초의 표준화된 지능검사이다.
② 정신에 결손이 있는 아동들을 선별하는 목적으로 만들어진 검사이다.
③ 모든 연령에게 적용 가능한 지능지수이다.
④ 정신연령이라는 개념이 도입되었다.
⑤ 주어진 연령에서 평균적인 능력을 지녔다면 모두 풀 수 있다고 가정한다.

정답 ③
해설
비네-사이몬(Binet-Simon) 지능검사는 비율IQ로 15세 전후의 연령에만 의미가 있다.

**47** 웩슬러(Wechsler) 지능검사에 관한 설명으로 옳지 않은 것은?

① 언어성 검사, 추리성 검사, 동작성 검사로 이루어져 있다.
② 연령에 따라 WWPSI, WISC-Ⅳ, WAIS를 실시한다.
③ 편차지능지수로 평균은 100, 표준편차는 15를 적용하여 산출한다.
④ 동작성 검사에는 빠진 곳 찾기, 차례 맞추기, 바꿔쓰기 등이 포함된다.
⑤ 언어성 검사에는 기본지식이 포함된다.

**정답** ①
**해설**
웩슬러(Wechsler) 지능검사는 언어성 검사, 동작성 검사로 이루어져 있다.

**48** 웩슬러(Wechsler) 지능검사에 관한 설명으로 옳은 것은?

① 언어성 검사에는 기본지식, 산수문제, 바꿔 쓰기 등이 포함된다.
② 인지적 검사이지만 반응양식, 검사행동양식으로 개인이 독특한 심리 특성도 파악할 수 있다.
③ 객관적 검사이므로 해석에 유의점이 비교적 적다.
④ 동작성 검사에는 빠진 곳 찾기, 차례 맞추기, 공통성문제 등이 포함된다.
⑤ 동작성 검사의 영향으로 신뢰도와 타당도가 낮다.

**정답** ②
**해설**
웩슬러 지능검사는 인지적 영역을 측정하는 검사이지만 개인의 독특한 심리 특성도 추론해 볼 수 있다.

* **웩슬러 지능검사의 구성**

| 하위검사명 | | 측정 내용 |
| --- | --- | --- |
| 언어성 검사 | 기본지식 | 개인이 가지는 기본지식의 정도 |
| | 숫자 외우기 | 청각적 단기기억, 주의력 |
| | 어휘문제 | 일반지능의 주요지표, 학습능력과 일반개념 정도 |
| | 산수문제 | 수 개념 이해와 주의집중력 |
| | 이해문제 | 일상경험의 응용능력, 도덕적·윤리적 판단능력 |
| | 공통성문제 | 유사성 파악능력과 추상적 사고능력 |
| 동작성 검사 | 빠진 곳 찾기 | 사물의 본질과 비본질 구분능력, 시각예민성 |
| | 차례 맞추기 | 전체 상황에 대한 이해와 계획 능력 |
| | 토막 짜기 | 지각적 구성능력, 공간표상능력, 시각-운동 협응능력 |
| | 모양 맞추기 | 지각능력과 재구성능력, 시각-운동 협응능력 |
| | 바꿔 쓰기 | 단기기억 및 민첩성, 시각-운동 협응능력 |

**49** 웩슬러(Wechsler) 지능검사의 하위검사 중 언어성 검사에 해당하는 것을 모두 고른 것은?

> ㄱ. 숫자 외우기  ㄴ. 산수문제
> ㄷ. 이해 문제   ㄹ. 바꿔 쓰기

① ㄱ, ㄴ   ② ㄱ, ㄷ   ③ ㄴ, ㄷ
④ ㄱ, ㄴ, ㄷ   ⑤ ㄱ, ㄷ, ㄹ

**정답** ④
**해설**
ㄹ. 바꿔 쓰기는 동작성 검사에 해당된다.

**50** 웩슬러(Wechsler) 지능검사에서 일반지능의 주요지표, 학습능력과 일반개념 정도를 알아보는 하위검사는?

① 이해문제   ② 기본지식   ③ 공통성 문제
④ 어휘문제   ⑤ 바꿔 쓰기

**정답** ④
**해설**
'어휘문제'는 언어성 검사로 일반지능에서 주요하게 다루는 지표 중 하나이다.

**51** 웩슬러(Wechsler) 지능검사의 하위검사로 '바꿔 쓰기'를 통해 측정할 수 있는 것과 가장 거리가 먼 것은?

① 단기기억력   ② 민첩성   ③ 주의력 및 집중력
④ 일반개념 이해력   ⑤ 시각-운동 협응능력

**정답** ④
**해설**
일반개념에 대한 이해력은 어휘문제에서 측정한다.

**52** 성격의 의의에 대한 설명으로 옳지 않은 것은?

① 성격이란 개인이 환경에 따라 반응하는 특정적인 양식이다.
② 성격은 타인과 구별되게 하는 독특하고 일관성 있는 사고·감정 및 행동 양식의 총체이다.
③ 성격은 시간이 지나거나 상황이 바뀌어도 변하지 않고 비교적 일관성 있게 나타난다.
④ 성격은 수많은 성격 특징들의 단순한 조합으로 표현되는 양식이다.
⑤ 성격이란 어떠한 주어진 상황에서 그가 어떠한 행동을 할 것인가를 우리들에게 예상케 한다.

**정답 ④**
**해설**
성격이란 개인이 환경에 따라 반응하는 특정적인 양식으로서, 타인과 구별되게 하는 독특하고 일관성 있는 사고·감정 및 행동 양식의 총체이다.

*** 성격의 특징**
 - 독특성: 어떤 한 사람을 다른 사람과 구별해 주는 특징이다.
 - 일관성: 시간이 지나거나 상황이 바뀌어도 변하지 않고 비교적 일관성 있게 나타난다.
 - 총체성: 성격이 수많은 성격 특징들의 단순한 조합이 아니라, 개인이 그 특징들을 조작하여 총체적으로 나타나는 양상이다.

**53** 투사적 성격검사와 비교하여 볼 때 객관적 성격검사의 장점으로 옳은 것은?

① 객관성이 높다.
② 반응이 풍부하다.
③ 방어가 어렵다.
④ 반응이 독특하다.
⑤ 자유로운 해석이 가능하다.

**정답 ①**
**해설**
*** 객관적 검사의 장점**
 - 간편성: 객관적 검사는 시행과 채점, 해석이 간편하여 시행시간이 비교적 짧다.
 - 객관성: 개인 간 비교가 객관적으로 제시될 수 있기 때문에 객관성이 보장될 수 있다.
 - 신뢰도와 타당도가 높다: 충분한 검사가 되어 있고 표준화되어 있다.

*** 객관적 검사의 단점**
 - 내용에 따라 쉽게 방어가 일어난다.
 - 개인이 대답하는 방식에 있어서 일정한 흐름이 있어서 방식에 따라 결과가 영향을 받는다.
 - 자유롭게 자기표현을 할 수 없어서 검사결과가 지나치게 단순화되는 경향이 있다.

**54** 성격검사의 분류 중 투사검사에 해당하는 것을 모두 고른 것은?

> ㄱ. HTP  ㄴ. TAT
> ㄷ. SCT  ㄹ. CPI

① ㄹ  ② ㄱ, ㄴ  ③ ㄱ, ㄴ, ㄷ
④ ㄱ, ㄷ, ㄹ  ⑤ ㄴ, ㄷ, ㄹ

**정답** ③
**해설**
ㄹ. CPI(캘리포니아 성격검사)는 객관적 검사이다.

**＊ 투사검사의 특징**
- 애매한 자극을 주어 그에 대한 반응으로 피검자의 비인지적 특성을 추론한다.
- 관찰할 수 없는 측면을 탐색하는 것이 주목적이다.
- 프로이트가 강조한 무의식적 측면에 근거하고 있다.
- 로샤의 잉크반점검사, 주제통각검사(TAT), HTP, BGT, 문장완성검사(SCT) 등이 있다.

**55** 수검자가 자신의 부정적인 이미지를 회피하여 거짓으로 인정받을 수 있는 방향으로 대답하여 발생하는 오류는?

① 위증에 의한 편향  ② 사회적 바람직성 편향  ③ 타인에 의한 편향
④ 인정욕구에 의한 편향  ⑤ 왜곡에 의한 편향

**정답** ②
**해설**
사회적 바람직성 편향(social desirability bias)은 수검자 또는 응답자가 진짜 응답 대신에 자신의 긍정적인 이미지를 나타내는 응답을 하고자 하거나 사회적으로 바람직하고 정상적인 대답이라고 믿는 응답을 하는 것을 말한다.

**56** 다면적 인성검사(MMPI)에 관한 설명으로 옳지 않은 것은?

① MMPI는 세계적으로 가장 널리 쓰이고 가장 많이 연구되어 있는 객관적 성격검사이다.
② MMPI는 대표적인 자기 보고식 검사로 여타의 검사들과 마찬가지로 임상가의 수련과 경험이 필요하다.
③ MMPI는 질문지형 성격검사지만 문항들은 투사법적인 함축성을 띄고 있다.
④ MMPI는 제1차 세계대전 중 많은 사람들을 선별하는 과정에서 필요성이 대두되어 제작되었다.
⑤ MMPI는 경험적 제작방식을 탈피하고 논리적 제작방식을 이용하여 개발되었다.

**정답** ⑤
**해설**
MMPI, 즉 미네소타 다면적 인성검사(Minnesota Multi-phasic Personality Inventory)는 세계적으로 가장 널리 쓰이고 가장 많이 연구되어 있는 객관적 성격검사로 미네소타 대학의 스타크 해서웨이(Starke Hathaway)와 맥킨리(J. C. Mckinley)에 의해 처음으로 발표되었다. 이전의 논리적 제작방식을 탈피하고 경험적 제작방식을 이용하여 개발되었다.


**57** 다음에서 설명하는 다면적 인성검사(MMPI)의 타당도 척도는?

> 이 척도의 목적은 원래 피검자가 자신을 남들에게 실제보다 좋게 보이려는 방향으로 다소간 고의적, 부정직, 세련되지 못한 시도를 알아내는 것이다.

① ?척도  ② L척도  ③ F척도
④ K척도  ⑤ D척도

**정답** ②
**해설**
* L척도(Lie Scale, 부인척도): 15문항
  - L척도의 목적은 원래 피검자가 자신을 남들에게 실제보다 좋게 보이려는 방향으로 다소간 고의적, 부정직, 세련되지 못한 시도를 알아내는 것이다.
  - L점수는 낮을수록 자신의 인간적인 약점을 솔직하게 고백하려는 태도이고, 높을수록 자신의 문제를 억압·부인하면서 사회적으로 올바르게 행동한다고 주장하려는 태도이다.
  - 이 척도의 T점수가 70 이상일 경우는 수치심 또는 도덕적 판단에 대한 공포가 있거나 자신의 바람직하지 못한 특성을 억압하고 부인하는 경우이다.
  - 부인방어기제를 주로 쓰는 환자로서 히스테리, 건강염려증, 편집증 환자일 경우가 많다.

**58** MMPI의 타당도 척도 중 K척도에 관한 설명으로 옳지 않은 것은?

① '교정척도'라고도 한다.
② 부인척도와 일부 중복되어 있다.
③ 30개의 문항으로 구성되어 있다.
④ 문항은 논리적 방법이 아닌 경험적 근거에 의해 선발된 것이다.
⑤ 점수가 높은 경우에 속하는 대상으로는 극도로 불안하고 도움을 원하거나 자아정체로 고민하는 청소년 등이 있다.

> **정답** ⑤
> **해설**
> 극도로 불안하고 도움을 원하거나, 자아정체로 고민하는 청소년 등은 F(허구척도)의 점수가 높다.
>
> * **K척도(correction scale: 교정척도): 30개 문항**
>   – K척도는 심한 정신장애를 가지고 있으면서도 정상 프로파일을 보여주는 사람들을 알아내기 위해서 경험적으로 선택한 문항들이다
>   – 측정 내용: '방어성'과 '경계심', K척도는 L척도가 측정하는 행동의 일부와 중복되나 K는 L보다 매우 은밀하고 세련된 사람들을 측정한다.
>   – K척도의 낮은 점수: 임상프로파일은 높아지고, Pa, Pt, Sc, Ma의 점수들이 높아지는 경향성이 있다.
>   – K척도의 높은 점수: 임상프로파일이 낮아지고, Hs, D, Hy 점수가 높아지는 경향성이 있다.

**59** MMPI의 임상척도 중 다음에서 설명하는 것은?

> ○ 이 척도의 점수가 높은 사람의 특징은 분노감, 충동성, 예측 불허성 등이다.
> ○ 이 척도의 점수가 높은 사람은 주로 권위적 대상과 갈등을 겪고 있는 사람이다.
> ○ 비행청소년의 경우에 해당한다.

① 척도 2 우울증(D)  ② 척도 3 히스테리(Hy)  ③ 척도 4 반사회성(Pd)
④ 척도 6 편집증(Pa)  ⑤ 척도 7 강박증(Pt)

> **정답** ③
> **해설**
> * **척도 4 반사회성(Pd: Psychopathic Deviate)**
>   – 비사회적이며 비도덕적인 정도를 재려는 것으로 50개의 문항으로 구성되어 있다.
>   – 높은 점수(T 65 이상): 화가 나 있고 싸우는 사람이다. 주로 권위적 대상과 갈등을 겪고 있는 환자이다. 이 갈등은 적대감이나 반항심으로 나타난다.
>   – 경미한 상승(T 56~64): 자기주장을 잘하고 신체적 원기와 욕구를 잘 표현하는 정상인이다.
>   – 낮은 점수: 매우 통속적이고 순응적이며 권위에 복종적이다.

**60** MMPI 임상척도에 관한 설명으로 옳지 않은 것은?

① Hs(건강염려증) – 높은 점수는 자기중심적이고 이기적이고 자기도취적이다.
② D(우울증) – 죽음과 자살의 편견을 측정한다.
③ Mf(남녀성향) – 남녀의 역할과 흥미에 관련된 항목에 동의하는 정도를 측정한다.
④ Hy(히스테리) – 억압, 현실에 냉담하고 무관, 각종 망상, 환각, 사고와 행동의 모순을 측정한다.
⑤ Ma(경조증) – 사고와 행동의 과잉, 지나친 정서적 흥분, 관념의 비약, 열광적, 과도한 낙천주의 등을 측정한다.

**정답 ④**
**해설**
- Hy(히스테리)는 현실적 어려움이나 갈등을 처리하기 위한 존재 부인의 양과 형태를 측정한다.
- Sc(정신분열증)는 정신의 혼란 정도, 억압, 현실에 냉담하고 무관, 각종 망상, 환각, 사고와 행동의 모순을 측정한다.

**61** 성격유형검사(MBTI)에 관한 설명으로 옳지 않은 것은?

① 융(C. G. Jung)의 심리유형론을 근거로 하는 심리검사이다.
② 판단양식에 따라 판단형과 인식형으로 나눌 수 있다.
③ 주의집중과 에너지 흐름의 방향에 따라 외향형과 내향형으로 나눌 수 있다.
④ MBTI는 현재의 직업불만족의 이유를 탐색하는 데 쓰일 수 있다.
⑤ MBTI는 4개의 성격차원으로 구성되어 16가지 성격유형을 알아본다.

**정답 ④**
**해설**
* **MBTI의 4가지 성격차원**
1. 외향성과 내향성: 주의집중과 에너지 방향
   - 외향형은 폭넓은 대인관계를 유지하며 사교적이며 정열적이고 활동적이다.
   - 내향형은 깊이 있는 대인관계를 유지하며 조용하고 신중하며 이해한 다음에 경험한다.
2. 감각과 직관: 정보수집의 방법
   - 감각형은 오감에 의존하여 실제의 경험을 중시하며 지금, 현재에 초점을 맞추고 정확, 철저하게 일처리한다.
   - 직관형은 육감 내지 영감에 의존하며 미래지향적이고 가능성과 의미를 추구하며 신속, 비약적으로 일처리한다.
3. 사고와 감정: 판단과 결정과정
   - 사고형은 진실과 사실에 주관심을 갖고 논리적이고 분석적이며 객관적으로 판단한다.
   - 감정형은 사람과 관계에 주관심을 갖고 상황적이며 정상을 참작한 설명을 한다.
4. 판단과 인식: 행동이행과 생활양식의 지표
   - 판단형: 분명한 목적과 방향이 있으며 기한을 엄수하고 철저히 사전에 계획하고 체계적이다.
   - 인식형: 목적과 방향은 변화 가능하고 상황에 따라 일정이 달라지며 자율적이고 융통성이 있다.

**62** 다음에서 설명하는 MBTI의 유형은?

> ○ 폭넓은 대인관계를 선호한다.
> ○ 다양성과 행위를 좋아한다.
> ○ 느린 직무에 대해 종종 참을성이 없다.
> ○ 행동보다는 말을 먼저 하는 경향이 있다.

① 외향형(E)　　② 감각형(S)　　③ 사고형(T)
④ 판단형(J)　　⑤ 인식형(P)

**정답 ①**
**해설**
외향형은 폭넓은 대인관계를 유지하며 사교적이며 정열적이고 활동적이다.

**63** MBTI의 성격유형 중 감각형의 특징에 해당하는 것을 모두 고른 것은?

> ㄱ. 현재 초점　　　　　　ㄴ. 정확한 일처리
> ㄷ. 가능성과 의미 추구　　ㄹ. 나무를 보려는 경향

① ㄱ, ㄴ　　② ㄱ, ㄴ, ㄷ　　③ ㄱ, ㄴ, ㄹ
④ ㄴ, ㄷ, ㄹ　　⑤ ㄱ, ㄴ, ㄷ, ㄹ

**정답 ③**
**해설**
감각형은 오감에 의존하여 실제의 경험을 중시한다. 지금·현재에 초점을 맞추고 정확·철저하게 일처리하며 숲보다는 나무를 보려는 경향이 있다.

**64** 성격 5요인 검사(Big-5)의 하위요인으로 옳지 않은 것은?

① 성실성　　② 정서적 개방성　　③ 외향성
④ 수용성　　⑤ 경험에 대한 개방성

**정답 ②**
**해설**
성격 5요인 검사의 하위요인은 외향성, 호감성(수용성), 성실성, 정서적 불안정성, 경험에 대한 개방성이다.

**65** 직업적성검사가 측정하고자 하는 것은?

① 특수 직종에 맞는 사람을 선별한 목적으로 주로 사용된다.
② 일반적인 지적 능력을 알아내어 광범위한 분야에서 그 사람이 성공적으로 수행할 수 있는지를 측정한다.
③ 개인의 흥미를 알아내어 직업에 대안을 탐색하려는 데 목적이 있다.
④ 개인이 지니고 있는 습관적으로 나타날 수 있는 어떤 특징을 측정한다.
⑤ 문제해결력보다는 숙련도를 측정하여 직업에서의 수행을 예측하고자 한다.

**정답** ①
**해설**
직업적성검사란 개인이 맡은 특정의 직무(job)를 성공적으로 수행할 수 있는지를 측정하는 도구로서 개인의 잠재력 직업능력을 측정한다. 직업적성검사는 상담과정을 통하여 수검자가 자신을 객관적으로 이해할 수 있게 함으로써 자신이 진정으로 하고 싶어 하는 직업분야에서 요구하는 직무수행요건을 충족시키기 위해 자신을 연마하고 그에 동화시키고자 하는 직업적 동기를 유발하는 데 도움이 된다.

**66** 홀랜드(Holland)의 인성이론에서 현실적(realistic) 직업환경에 가장 적절한 것은?

① 과학자, 의사  ② 변호사, 영업사원  ③ 회계사, 세무사
④ 교사, 상담자  ⑤ 농부, 기술자

**정답** ⑤
**해설**
\* **현실적(realistic) 유형**
 – 솔직, 성실, 소박, 검소하고 말이 적으며, 신체적으로 활동적이고 기계적 적성이 높다.
 – 기술자, 엔지니어, 농부, 자동차정비사, 전자수리기사, 전기기사, 운동선수 등이 이 직업환경에 포함된다.

**67** 다음 설명에 해당하는 홀랜드(Holland)의 직업성격 유형은?

> 다른 사람과 함께 일하거나 다른 사람을 돕는 것을 즐기지만 도구와 기계를 포함하는 질서정연하고 조직적인 활동을 싫어한다.

① 현실형  ② 탐구형  ③ 예술형
④ 사회형  ⑤ 진취형

**정답 ④**
**해설**
홀랜드(Holland)의 직업성격 유형 중 사회형 유형은 다른 사람과 함께 일하거나 다른 사람을 도와주기를 좋아한다. 사람들에 대한 교육, 보살핌, 계몽 등 봉사적 활동과 사회적 성취가 적절하므로 대표적 직업으로는 사회사업가, 교사, 사서, 성직자, 이발사, 카운슬러 등이 있다.

**68** 홀랜드(Holland)의 직업모형 중 직업군의 연결이 옳지 않은 것은?

① 현실형 – 운전사
② 진취형 – 부동산 중개인
③ 사회형 – 이발사
④ 예술형 – 인테리어 장식가
⑤ 관습형 – 관제사

**정답 ⑤**
**해설**
관제사는 현실형에 포함된다.
\* **관습형**
이 유형은 체계적으로 자료를 잘 처리하고 기록을 정리하거나 자료를 재생산하는 것을 좋아하는 대신 심미적 활동은 피한다. 자료와 서류의 기록 정리, 계획과 업무 처리 등 체계적 환경이 적절하므로 대표적 직업으로는 은행원, 서기, 세무사, 회계 사무원, 비서, 속기사 등이 있다.

**69** 홀랜드(Holland)의 이론에 관한 설명으로 옳은 것을 모두 고른 것은?

> ㄱ. RIE가 RSE보다 일관성이 높다.
> ㄴ. 현실형 유형은 기계, 도구, 동물에 관한 체계적인 조작활동을 좋아한다.
> ㄷ. 기업형 유형에 맞는 대표적인 직업은 회계사, 경리사원 등이다.
> ㄹ. 예술형 유형은 표현이 풍부하고 독창적이며 비순응적이다.

① ㄱ　　② ㄱ, ㄴ　　③ ㄱ, ㄴ, ㄹ
④ ㄴ, ㄷ, ㄹ　　⑤ ㄱ, ㄴ, ㄷ, ㄹ

**정답 ③**
**해설**
홀랜드의 육각형 모형에서 이웃할수록 일관성이 높다
ㄷ. 관습형 유형에 맞는 대표적인 직업은 회계사, 경리사원 등이다.

**70** 투사적 검사에 관한 설명으로 옳지 않은 것은?

① 투사적 검사는 애매모호한 자극을 통해 내담자의 비인지적 특성을 추론한다.
② 투사적 검사는 객관적인 검사 반응과 다르게 매우 독특한 반응이 나타난다.
③ 투사적 검사는 내담자가 검사자극에 대하여 적절한 방어를 하는 데에 어려움이 있다.
④ 투사적 검사는 객관적 검사에 비해 상황적 요인의 영향을 크게 받는다.
⑤ 투사적 검사는 개인의 무의식적인 측면을 파악하기 위해 구조화된 자극을 제시한다.

**정답 ⑤**
**해설**
투사적 검사는 애매모호한 자극, 즉 비구조화된 자극을 통해 내담자의 비인지적 특성을 추론한다.

**71** 비투사검사에 해당하는 것을 모두 고른 것은?

> ㄱ. CPI  ㄴ. MMPI
> ㄷ. TAT  ㄹ. HTP

① ㄴ  ② ㄱ, ㄴ  ③ ㄴ, ㄹ
④ ㄷ, ㄹ  ⑤ ㄱ, ㄴ, ㄷ

**정답** ②
**해설**
ㄷ, ㄹ. TAT(주제통각검사)와 HTP(집 – 나무 – 사람)는 투사검사에 해당된다.

**72** 다음 투사검사 중 구성기법을 주로 활용하는 것은?

① 문장완성검사
② 로샤검사
③ 표현기법
④ 집 – 나무 – 사람 그림검사
⑤ 주제통각검사

**정답** ⑤
**해설**
* **투사검사기법**
  – 구성기법: TAT(주제통각검사), BGT
  – 연상기법: 단어연상검사, 로샤 잉크반점검사
  – 완성기법: 문장완성검사, 그림좌절검사
  – 표현기법: HTP, 인물화검사

**73** 로샤(Rorschach) 검사에 관한 설명으로 옳지 않은 것은?

① 좌우 대칭의 불규칙한 잉크 무늬로 구성되어 잉크반점검사라고도 한다.
② 성격과 관련된 측면들뿐만 아니라 지적인 통제력, 지각의 명료성, 현실접촉 및 자아강도 등에 대한 자료를 얻을 수 있다.
③ 무채색 카드 5매, 부분적인 유채색 카드 2매, 유채색 카드 3매 등 총 10매로 구성되어 있다.
④ 질문단계에서 검사자의 질문을 받고 유도한 반응까지 채점한다.
⑤ 일종의 투사법으로 성격 심리학, 문화 인류학 따위의 분야에 널리 응용한다.

**정답 ④**
**해설**
피검자가 자유연상단계에서 자발적으로 응답한 반응만 채점한다. 따라서 질문단계에서 검사자의 질문을 받고 유도한 반응은 원칙적으로 채점하지 않는다. 그러나 질문단계에서 응답되었다 할지라도 검사자의 질문을 받지 않고 자발적으로 피검자가 응답한 경우라면 채점에 포함된다.

**74** 로샤(Rorschach)검사에서 기본적인 채점에 관한 변인으로 옳지 않은 것은?

① 반응시간     ② 특수점수     ③ 조직활동
④ 반응의 위치  ⑤ 평범반응

**정답 ①**
**해설**
반응의 채점은 로샤반응에 대한 반응을 로샤부호로 바꾸는 과정이다. 로샤반응을 부호로 바꾼 다음에는 각 부호의 빈도, 백분율, 비율, 특수 점수를 산출하여 이러한 자료들을 체계적으로 요약하고 해석을 시도하게 된다.
- 반응의 위치: 피검자가 반점의 어느 부분에서 반응하는가?
- 반응위치의 발달질: 위치 반응은 어떤 발달수준을 나타내는가?
- 반응의 결정요인: 반응을 결정하는 데 영향을 준 반점의 특징은 무엇인가?
- 형태질: 반응된 내용은 자극의 특징에 적절한가?
- 반응내용: 반응은 어떤 내용범주에 속하는가?
- 평범반응: 일반적으로 흔히 일어나는 반응인가?
- 조직활동: 자극을 조직화하여 응답했는가?
- 특수점수: 특이한 언어반응이 일어나고 있는가?
- 쌍반응: 사물을 대칭적으로 지각하고 있는가?

**75** 로샤(Rorschach)검사 시 채점항목의 연결로 옳은 것은?

① 평범반응: 일반적으로 흔히 일어나는 반응인가?
② 발달질: 반응하기 위해 잉크반점의 어떤 부분이 사용되었는가?
③ 반응내용: 특이한 언어반응이 일어나고 있는가?
④ 쌍반응: 일반적으로 흔히 일어나는 반응인가?
⑤ 특수점수: 자극을 조직화하여 응답했는가?

**정답 ①**
**해설**
② 반응위치의 발달질: 위치 반응은 어떤 발달수준을 나타내는가?
③ 반응내용: 반응은 어떤 내용범주에 속하는가?
④ 쌍반응: 사물을 대칭적으로 지각하고 있는가?
⑤ 특수점수: 특이한 언어반응이 일어나고 있는가?


**76** 주제통각검사(TAT)에 관한 설명으로 옳지 않은 것은?

① 투사검사의 일종으로 머레이와 모건에 의해 개발되었다.
② 검사에 사용되는 도구는 내담자의 연령에 구분 없이 20장의 카드를 선택하여 사용한다.
③ 30매의 그림카드와 1매의 공백카드로 구성되었다.
④ 해석방법으로서 욕구-압력 분석법이 가장 널리 사용되고 있다.
⑤ 내담자의 야망, 동기, 갈등, 태도 그리고 이와 유사한 성격 측면들이 역동적으로 추론된다.

**정답 ②**
**해설**
* **TAT(주제통각검사)**
1. 내담자가 성인 남녀, 소년, 소녀인지에 따라 19매의 그림과 1매의 공백카드가 제시되는데, 심리검사 배터리의 일부로 사용되는 경우 보통 10매의 카드만 사용되기도 한다.
2. 가장 보편적인 진단방법은 말레의 '욕구-압력' 분석을 사용한다. 분석은 다섯 가지 조건으로 행해진다.
   - 이야기의 주인공은 누구이며 어떤 특징을 가지고 있는가.
   - 주인공의 욕구·의도, 행동의 종류, 욕구의 대상, 그리고 그 현실성을 분석한다.
   - 주인공에게 어떤 외부로부터의 힘이 작용하였으며 그 욕구를 어떻게 방해하고 있는가를 분석한다. 이것을 압력분석이라고 한다. 또한 욕구와 같은 방법으로 압력의 원천과 현실성을 본다.
   - 내적 상태, 이야기 그 자체의 정동성(情動性) 등을 살핀다.
   - 이야기의 결과로서 주인공은 성공했는가, 실패했는가, 만족했는가, 불만이었나 등을 분석한다.

   이렇게 함으로써 어떤 욕구가 강하게 나타났으며 또 그것이 어떤 방해나 촉진을 받고 있는지에 대한 마음의 구조를 이해할 수 있다.

**77** 다음 TAT의 해석방법 중 정신분석이론에 기초한 비조직적 분석방법으로 자유연상에 의해 무의식의 내용을 해석하는 방법에 해당하는 것은?

① 표준화법  ② 주인공 중심 해석법  ③ 직관적 해석법
④ 대인관계법  ⑤ 지각법

> **정답** ③
> **해설**
> \* TAT 분석방법
> - 표준화법: TAT를 수량화하려는 입장으로 평면적이고 통계적으로 TAT 분석을 시도한다. 검사기록에서 뽑은 TAT 반응상 특징을 항목별로 분류한 뒤 유사 혹은 이질의 피검사자군에서 작성된 표준화자료에 비교해서 분석한다.
> - 주인공 중심의 해석법: 이야기에 나오는 주요 인물, 주인공을 중심으로 분석하는 방법으로 주인공 중심법, 욕구-압력 분석법, 이야기 속 인물분석법이 있다.
> - 직관적 분석법: 정신분석이론에 기초한 비조직적 분석방법으로, 해석자의 통찰적인 감정이 개입 능력에 따른다. 반응 기저의 무의식적 내용을 자유연상을 활용하여 해석하는 방식이다.
> - 대인관계법: 인물들의 대인관계 사태 분석법, 이야기 중 인물 간 및 인물들에 대한 피검사자의 역할에 비춰 공격, 친화 및 도피감정을 중심으로 분석하는 방식이다. 이야기에 나온 여러 인물의 사회적 지각 및 인물들의 상호관계를 중심으로 분석하는 방식이다.
> - 지각법: 피검자의 이야기 내용의 형식을 분석하는 것으로, 도판의 시각 자극의 왜곡, 언어의 이색적 사용, 사고나 논리의 특성, 이야기 자체의 기묘한 왜곡 등을 포착한다.

**78** HTP검사에 관한 설명으로 옳지 않은 것은?

① 피검자가 자신의 개인적 발달사와 관련된 경험을 그림에 투사한다는 점에 기초한다.
② 잉크반점검사에 비해 정보량이 빈약하다.
③ 모든 연령의 피검자에게 실시할 수 있으며, 문맹자에게 적합하다.
④ 준비가 간편하며 시간이 적게 소요된다.
⑤ 검사자가 제시한 자극에 대한 수검자의 수동적인 반응과정으로 전개된다.

> **정답** ⑤
> **해설**
> 로샤검사나 주제통각검사의 경우, 제시된 자극에 대한 피검자의 수동적인 반응을 이끌어내는 반면, HTP검사는 수검자가 직접 반응을 구성해 가는 능동적인 반응과정으로 전개된다.

**79** 집–나무–사람 그림검사에 관한 설명으로 옳지 않은 것은?

① 인물화 검사보다 심리적 특성에 대한 더 많은 정보를 입수할 수 있다.
② 집(House)은 자아의 강도, 성적인 갈등 및 과거, 현재, 미래의 가정상황과 가족관계의 특징들이 나타난다.
③ 나무(Tree)는 사람 그림보다 혼란스러운 감정이나 부정적인 감정이 나타난다.
④ 사람(Person)은 성격의 중요한 측면으로 신체상과 자아개념을 나타낸다.
⑤ 피검사자가 그림을 그리는 순서는 중요하지 않다.

**정답 ⑤**
**해설**
검사는 집 → 나무 → 사람 순으로 실시하며 집, 나무, 사람의 매 그림마다 소요시간을 기록한다.

**80** HTP의 형식적·구조적 해석에 관한 설명으로 옳지 않은 것은?

① 30초가 지나도 시작하지 못하거나, 2분 이내나 30분 이후에 완성한다면 갈등, 완벽성, 강박성향 등 특별한 의미를 갖는 것으로 해석한다.
② 정신장애가 있는 경우 그림이 바뀔 때마다 정동반응을 보인다.
③ 그림의 크기는 자존감, 자기확대 욕구, 공상적인 자아에 대한 단서를 제공한다.
④ 그림의 위치가 중앙에 있으면 불안함을 나타내는 것으로 볼 수 있다.
⑤ 어느 부분에 지우는 것은 그 부분의 상징하는 것에 대한 피험자의 갈등으로 볼 수 있다.

**정답 ④**
**해설**
보통 그림을 가운데에 그리는 것은 일반적이다. 이는 적정수준의 안정감을 보이는 것이며, 완고하며 융통성이 부족한 것으로 해석된다.

**81** HTP의 집(House)에 대한 내용적 해석으로 옳지 않은 것은?

① 지붕이 지나치게 큰 경우는 공상에 열중하며 외면적인 대인관계로부터 도피하려는 경향을 나타낸다.
② 창문이 없는 경우 환경에 대한 관심의 결여와 적의, 폐쇄적인 사고, 상당한 편집증적 경향성으로 본다.
③ 벽은 환경과의 직접적인 상호작용, 대인관계에 대한 정도로 해석한다.
④ 문이 작은 것은 환경과의 접촉을 꺼리고 무력감과 우유부단함으로 해석된다.
⑤ 굴뚝과 연기는 친밀한 인간관계로서의 따뜻함과 남성의 성기를 상징한다.

**정답 ③**
**해설**
문은 환경과의 직접적인 상호작용, 대인관계에 대한 정도로 해석하며, 벽은 자아의 강도와 관계가 된다.

**82** HTP의 사람(Person)에 대한 내용적 해석으로서 환경과 접촉하는 가장 중요한 기관으로 해석되는 얼굴의 부위는?

① 눈　　　　　　　② 코　　　　　　　③ 입
④ 귀　　　　　　　⑤ 턱

**정답 ①**
**해설**
* HTP의 사람(Person)에서 얼굴에 대한 해석
 – 눈: 사람의 내면생활을 나타내는 '마음의 창'일 뿐 아니라 환경과 접촉하는 가장 중요한 기관
 – 코: 성적 상징(남근 상징)
 – 입: 말에 의해 타인과 접촉하는 기관으로 적극성, 공격성, 성적인 것
 – 귀: 정서자극에 대한 반응
 – 턱: 공격성, 자기 주장적 성향

**83** HTP의 나무(Tree)에 대한 내용적 해석으로서 성장과 발달에 있어서 에너지, 창조력, 생명력, 생활에 느끼는 감정을 반영하는 것은?

① 뿌리　　　　　② 줄기　　　　　③ 가지
④ 잎　　　　　　⑤ 열매

**정답 ②**
**해설**
* HTP의 나무(Tree)에 대한 해석
 – 뿌리: 현실을 지배하는 자신의 능력에 대한 인지
 – 가지: 환경과의 관계, 자신이 가지고 있는 능력, 가능성, 적응성
 – 잎, 열매: 욕구 수준, 정서 상태
 – 줄기: 성장과 발달에 있어서 에너지, 창조력, 생명력, 생활에 느끼는 감정

**84** 벤더게슈탈트검사(BGT)에 관한 설명으로 옳지 않은 것은?

① 정신병리의 유형과 지각과의 관계를 연구하기 위한 용도로 고안한 검사이다.
② 비언어적·투사적 심리검사에 해당한다.
③ 수검자는 9장의 그림에 자신의 성격 및 정서, 갈등상황을 투사한다.
④ 지각의 형태학적 측면을 연구하기 위한 기하학적 도형을 검사도구로 사용하였다.
⑤ 언어능력이나 언어표현이 제한적인 사람, 언어적인 방어가 심한 환자에게 적용하기 어렵다.

**정답 ⑤**
**해설**
벤더게슈탈트검사는 언어표현이 아닌 단순한 도형그림 작성 방식이므로, 언어능력이나 언어표현이 제한적인 사람, 언어적인 방어가 심한 환자에게 효과적으로 적용할 수 있다. 9개의 도형을 제시하고 베껴서 그리도록 하는 검사로 휴대하기가 간편하며 검사 자체가 용이하고 그 실시와 채점 및 해석이 다른 투사기법들보다 쉽다.

**85** BGT의 장점에 해당하지 않는 것은?

① 언어적인 방어가 심한 환자에게 적용할 수 있다.
② 정신지체를 진단할 수 있다.
③ 교육 장면에서 아동 및 청소년의 학습장애를 진단할 수 있다.
④ 지각장애가 발생하는 과정을 규명하기 용이하다.
⑤ 검사 실시가 단순하며 실시 시간이 비교적 짧게 소요된다.

> **정답** ④
> **해설**
> BGT는 시각·운동협응 과정을 통해 지각 정도를 파악하는데, 지각장애가 시지각 과정에서 나타난 것인지 운동반응에서 나타난 것인지 명확히 규명하기는 어렵다.

**86** 문장완성검사(SCT)에 관한 설명으로 옳지 않은 것은?

① 최초로 미완성 문장을 검사에 이용한 것은 에빙하우스(Ebbinghaus)로 지능의 측정을 위하여 이 기법을 사용하였다.
② 내담자의 욕구, 내적 갈등, 환상, 감정, 태도, 야망, 적응상의 어려움을 파악하는 데 이용될 수 있다.
③ 미완성의 문장 내에 개인의 심리적인 특성이 투사될 가능성은 로샤검사에 비해 높다.
④ 집단적으로 실시할 수 있어 노력상 경제적이며, 시행·채점·해석에 소요되는 시간이 적다.
⑤ 반응의 자유와 가변성도 허용할 수 있다.

> **정답** ③
> **해설**
> 미완성의 문장 내에 개인의 심리적인 특성이 투사될 가능성은 무정형의 잉크 반점에 투사될 가능성에 비해 제한된다.

**87** SCT의 해석과정으로서 성격적 요인에 해당하는 것을 모두 고른 것은?

> ㄱ. 대인적·사회적 요인　　　ㄴ. 정의적 요인
> ㄷ. 정신역동적 요인　　　　ㄹ. 가치지향적 요인

① ㄱ　　　　　　② ㄱ, ㄴ　　　　　　③ ㄱ, ㄴ, ㄷ
④ ㄴ, ㄷ, ㄹ　　　⑤ ㄱ, ㄴ, ㄷ, ㄹ

**정답** ④
**해설**
* SCT의 해석
  – 성격적 요인: 지적 능력 요인, 정의적 요인, 가치지향적 요인, 정신역동적 요인
  – 결정적 요인: 신체적 요인, 가정적·성장적 요인, 대인적·사회적 요인

# 상담이론

# Chapter 1
# 청소년 상담의 기초

1 생활지도

2 생활지도의 주요 활동

3 상담의 개념

4 상담의 목표(Shertzer & Stone)

5 상담의 목표가 될 수 없는 것

6 상담과 심리치료

7 상담의 기본 원리(Biestek)

8 상담의 기본 조건

9 라포르(rapport)의 형성

10 상담의 형태

11 상담자와 상담관계

12 상담면접의 기술(상담의 대화기법)

# 1 생활지도

### [1] 생활지도의 개념

**(1) 어원적 의미**

생활지도는 영어로 guidance인데 이 말은 '이끌어 주다, 안내하다, 지도하다'라는 의미를 나타낸다.

**(2) 일반적 의미**

생활지도란 학생이 겪는 일상생활의 여러 가지 문제들을 스스로 해결할 수 있도록 도와주며 지도하기 위한 조직적 봉사활동을 의미한다.

### [2] 생활지도의 개념상의 특징

① 생활지도는 결과가 아니라 하나의 과정(process)이다.
② 생활지도는 개인의 발달을 돕는 조력(helping)이다.
③ 생활지도는 모든 학생을 대상으로 해야 한다.
④ 생활지도는 개인(individual)에게 관심을 갖는다.
⑤ 생활지도는 자율성을 기본원리로 한다.
⑥ 생활지도는 자기 자신과 환경과의 올바른 적응과 이해를 돕는다.
⑦ 생활지도는 전인적 발달에 역점을 두어야 하며, 처벌이나 제지보다는 성장을 돕는 적극적인 활동이어야 한다.

### [3] 생활지도에 대한 그릇된 개념

**(1) 도의 교육**

학생의 도덕적 태도나 행동을 배양하는 것을 생활지도의 목표로 보는 관점이다.

**(2) 문제아 지도**

문제 학생을 지도하는 것을 생활지도라고 보는 관점이다.

**(3) 사건 처리**

학생들이 어떤 사건을 일으켰을 때, 그 사건을 처리하고 수습하는 것을 생활지도라고 보는 관점이다.

## [4] 생활지도의 발달

### (1) 직업지도와 학업지도(초기)
① 생활지도 초기에는 직업지도와 학업지도가 강조되었다.
② 생활지도는 파슨즈(Parsons)가 1908년 보스턴시에 직업지도국을 설치하여 청소년 선도운동을 전개한 것이 최초이다.

### (2) 정신위생의 도입(전환기)
① 1929년 경제공황 이후 직업생활에 대한 관심으로 생활지도에 커다란 변혁이 일어났다.
② 정신위생이나 사회적 적응능력이 직업생활을 성공시키는 중요한 요인임이 강조됨에 따라 정신위생이 생활지도에 있어서 중요한 위치를 차지하게 되었다.

### (3) 집단지도의 중시(발전기)
① 1930년대 이후로 협동적 인간상이 요구되기 시작하였다.
② 시대의 요구에 부응하기 위해 종래의 생활지도의 주류가 개별지도 및 개별적인 상담방법을 사용한 데 반하여 집단적 지도방법이 강조되었다.

### (4) 상담심리의 분리
① 제2차 세계대전 이후에 상담심리학이 전문과학으로 성립되었다.
② 생활지도의 일반기능으로부터 상담이 분리되어 생활지도가 전문화되었다.

## [5] 생활지도의 목표

> ▶ 생활지도의 목적: 생활지도는 학생이 당면한 여러 문제를 스스로 해결하고 환경에 적응하도록 도와주는 것을 목적으로 한다.

### (1) 생활지도의 직접목표
① 학생이 자기 자신을 정확하게 이해하도록 돕는다.
② 학생이 자기 자신의 노력으로 자기능력과 흥미 기타 여러 가지 자질을 발견하여 그것을 최대한으로 발전시키도록 돕는다.
③ 학생이 수시로 당면하는 자신의 문제를 정확하게 파악하고 자기의 힘으로 해결할 수 있도록 돕는다.
④ 학생이 다양하고 복잡한 생활환경 속에서 스스로 현명하게 선택하고 적응할 수 있게 돕는다.

⑤ 학생이 자기가 속한 사회를 위하여 공헌할 수 있도록 돕는다.
⑥ 학생이 신체적·지적·정서적·사회적으로 잘 조화되고 통합된 인생을 즐길 수 있도록 돕는다.
⑦ 학생이 앞으로의 성장과 생활을 위하여 보다 건전하고 성숙된 적응을 할 수 있는 영구적인 기초를 구축하도록 돕는다. 생활지도의 핵심목표는 학생 각 개인의 자율적 성장을 돕는 것이다.

### (2) 생활지도의 간접목표
① 교사들이 학생들을 더 정확하게 이해할 수 있도록 도와준다.
② 생활지도 프로그램은 교사들에게 체계적인 현직교육을 통하여 교사들로 하여금 학생의 문제와 행동을 진단하고 이해할 수 있도록 도와준다.
③ 학교계획을 세울 때 학생의 지도상황을 고려하여 특수문제에 대해서는 전문가의 도움을 받는다.

## [6] 생활지도의 주요 영역

### (1) 학업지도
학교생활 적응에 도움을 주는 오리엔테이션, 교육정보를 제공하고, 전공과목·특별활동의 선택 등을 위한 지도, 학습태도 및 학습방법의 지도, 진학 및 진로 지도, 학습부진아·우수아 지도 등이 있다.

### (2) 직업지도
직업 선택을 위한 적성과 흥미조사, 직업정보의 제공, 직업준비교육, 직업상담, 취업알선, 졸업 후의 추수지도 등이 있다.

### (3) 인성 지도
정서문제, 성격문제, 욕구불만의 진단과 해석, 개인적 습관, 태도, 생활목표, 계획 그 밖에 개인적 적응문제 등에 대한 지도가 있다.

### (4) 사회성 지도
교양, 도덕적 윤리관, 사회의 미풍양속, 관례에 대한 적응, 교우관계·이성문제·가족관계 등 바람직한 인간관계 발달 등에 대한 지도가 있다.

### (5) 건강지도
신체적·정신적 건강과 공중위생의 이해, 안전교육, 정신위생 등에 대한 지도가 있다.

### (6) 여가지도
여가의 적절한 이용, 적당한 여가활동의 선택, 여가활동의 숙련을 위한 지도가 있다.

### (7) 도덕성 지도
건전한 도덕관, 질서의식의 함양, 정의와 진실의 함양, 정서의 순화 지도 등이 있다.

### (8) 순결지도
성교육·가족계획·인구문제 등에 관한 지도이다.

## [7] 생활지도의 기본 원리

### (1) 개인 존중의 원리(수용의 원리)
① 생활지도는 기본적으로 인간의 존엄성을 인정하는 민주적 이념에서 출발한다.
② 한 개인이 사회의 구성원으로서 수용되어야 하며 인간적 존재로 받아들여져야 한다.

### (2) 자율성 존중의 원리
① 생활지도는 학생 개인의 정상적인 성장과 발달을 돕는 조력과정이다.
② 학생의 문제해결에 있어서 학생 본인의 자율적인 능력과 태도를 강조한다.

### (3) 적응의 원리
① 생활지도는 개인의 생활에 대한 적응을 도와준다.
② 학생의 능동적·적극적인 적응을 강조한다.

### (4) 인간관계의 원리
① 생활지도는 태도나 가치관의 변화 등 정의적인 학습과 관련이 깊다. 이러한 정의적인 학습은 교사와 학생 간의 참다운 인간관계, 즉 감정이 교류하는 관계가 성립될 때 가능하다.
② 상담에 있어서 라포르(허용적인 분위기, 온화한 분위기, 친밀감) 조성이 필요한 이유가 이 원리에 기인한다.

### (5) 자아실현의 원리
① 생활지도의 궁극적인 목적은 개인의 자아실현에 있다.
② 자아실현은 인간의 내적 동기를 인정하고 전인격적인 발달을 통해서만 가능하다.

## [8] 생활지도의 실천 원리

### (1) 계속성의 원리
생활지도는 학생들의 입학 후 정치활동(定置活動)에서부터 졸업 후의 추후활동에 이르기까지 계속적으로 행해져야 한다.

### (2) 통합성의 원리(전인적 원리)
생활지도는 개인의 특수한 생활영역이나 기능 등의 일부분만을 다루는 것이 아니라 개인의 전체적인 면을 다룬다. 즉, 생활지도는 학생의 전인적 입장에서 다루어야 한다.

### (3) 균등의 원리
생활지도는 학생 개개인의 잠재가능성이 최대한으로 발달하도록 도와주는 활동이므로 문제 학생이나 부적응 학생뿐만 아니라 전체 학생을 대상으로 이들의 잠재가능성을 최대로 발달시켜야 한다.

### (4) 과학성의 원리
생활지도는 학생을 이해하기 위해 구체적이고 객관적인 자료를 수집하고 활용하여야 한다.

### (5) 적극적 예방의 원리
생활지도는 소극적인 치료보다는 적극적인 예방지도에 중점을 두어야 한다.

### (6) 협동의 원리
생활지도는 전체 교사 간의 상호 협동은 물론 학교와 가정, 지역사회 인사 간의 협동이 있어야 그 효과를 극대화할 수 있다.

### (7) 조직의 원리
생활지도는 생활지도교사를 중심으로 구체적인 조직기구를 가지고 행해져야 한다. 생활지도의 조직체계와 조직활동은 목표 달성의 효율적인 수단이 되기 때문이다.

## 2. 생활지도의 주요 활동

> ▶ 생활지도과정: 학생조사활동 ⇨ 정보활동 ⇨ 상담활동 ⇨ 정치활동(배치활동) ⇨ 추수활동

### [1] 조사활동(Inventory Service)

#### (1) 의미
① 학생조사활동이란 학생 이해에 필요한 모든 자료를 수집하는 학생이해활동을 의미한다.
② 생활지도의 가장 기초적인 단계로, 학생의 요구·흥미·성장가능성·생활환경 등에 대한 이해를 위해 학생에 관한 자료를 수집하는 활동이다.

#### (2) 조사영역
가정환경, 학업성취도, 학업적성, 지적 능력, 신체 및 정신건강, 교외 생활, 학습 및 직업 흥미, 특수능력, 성격, 장래의 희망과 계획 등이 포함된다.

#### (3) 유의사항(조사방법의 원칙)
① 객관적이고 신뢰도가 높은 조사가 되어야 한다.
② 생활지도의 목적에 합당한 것이어야 한다.
③ 다양한 방법과 기술을 활용해 충분한 정보를 활용해야 한다.
④ 조사결과를 정확하게 기록하고 보관하여 실제 지도에 유용하게 활용될 수 있도록 해야 한다.

#### (4) 방법
각종 표준화검사, 관찰법, 질문지법, 면접법, 평정법, 사회성 측정법, 투사법, 사례연구 등이 활용될 수 있다.

> ▶ 표준화검사: 표준화된 절차에 따라 전문가가 제작한 검사로, 인간 행동의 표본을 객관적으로 측정하는 검사를 말한다(예 지능검사, 적성검사, 학력검사, 흥미검사, 성격검사).

## [2] 정보활동(Information Service)

### (1) 의미
① 학생들이 당면한 여러 가지 문제해결과 적응에 필요한 자료와 정보를 제공하는 활동이다.
② 학생들에게 필요한 각종 정보 및 자료를 제공하여 학생들의 개인적 성장과 사회적 적응을 돕기 위한 활동이다.

### (2) 영역
① 교육정보: 교육활동에 관계되는 모든 정보를 제공해 준다. 교육과정 및 특별활동과 관계되는 정보, 장학금·학점·도서관·전공 및 부전공 휴학·복학·자격증 등에 관한 정보가 포함된다.
② 직업정보: 직업의 선택이나 준비에 유용한 모든 자료를 말한다. 입사조건, 보수, 승진, 근로자의 수요의 공급 등에 관한 정보가 포함된다.
③ 개인적·사회적 정보: 개인의 인성적 적응과 사회적 적응을 돕는 데 필요한 일종의 정보가 포함된다. 학생이 자신을 이해하고 인간 성장과 행동의 심리적 원리를 이해하고 자신의 정신건강을 유지하여 원만하고 행복한 사회관계를 맺어가는 정보를 제공한다.

### (3) 정보제공방법
정보제공실, 게시판, 정보제공지, 학교신문과 방송, 오리엔테이션, 학습회의 등을 통하여 정보를 제공할 수 있다.

## [3] 상담활동(Counseling Service)

### (1) 의미
① 상담활동은 상담자와 피상담자(내담자) 간의 상담과 면접기술을 통하여 행해지는 학생들의 자율성과 문제해결 과정이다.
② 학생들의 적절한 감정처리에 조력함으로써 정신건강을 향상시키고 적응을 돕는 활동이다.
③ 상담활동은 생활지도활동의 중핵적인 활동으로 생활지도의 목표와 일치하는 것이다.

### (2) 상담활동의 성격
① 상담은 전문적 조력의 과정이다.
② 상담은 문제를 가진 학생(내담자)과 그를 돕는 사람(상담자)과의 1대1의 관계이다.
③ 상담은 언어적 수단에 의한 역동적 상호작용 과정이다.
④ 상담은 문제해결뿐만 아니라 인성의 성장과 통일을 도와주는 과정이다.
⑤ 상담은 학습의 과정이다.

## [4] 정치(定置)활동(Placement Service)

### (1) 의미
정치활동이란 취업지도·진학지도·학과 선택 지도 등에 있어 자신의 진로를 정확하게 이해하여 자기 자신의 자리매김을 현명하게 하는 데 조력하는 활동이다.

### (2) 영역
① 교육적 정치: 교과목 선택, 계발활동과 부서의 선택, 과외활동, 상급학교 선택 등이 관련된다.
② 직업적 정치: 진로 선택, 직업 선택, 부업 알선 등이 관련된다.

## [5] 추수(追隨)활동(Follow-up Service)

### (1) 의미
① 지도를 받은 학생들의 추후의 적응 상태를 보살피며 부작용에 대한 조력과 보다 나은 적응을 돕는 활동이다.
② 상담활동을 받은 학생들의 결과를 분석·평가하여 새로운 생활지도계획이나 전체적인 생활지도 프로그램 개선을 위한 가치 있는 자료로 활용되는 활동이다.

### (2) 방법
전화, 면접, 관찰, 질문지, 방문지도 등이 활용될 수 있다.

### (3) 대상
재학생, 퇴학생, 졸업생

## 3  상담의 개념

**(1) 상담의 일반적 정의**

상담이란 도움을 필요로 하는 피상담자와 전문적인 훈련을 받은 상담자와의 면대면(face to face) 관계에서 수용적이고 구조화된 관계를 형성하고 내담자(피상담자)가 자기 자신과 환경에 대해 의미 있는 이해를 증진하도록 함으로써, 내담자 스스로가 자기이해·의사결정·문제해결이 이루어지도록 상담자가 전문적으로 도와주는 과정이다.

**(2) 상담에 대한 학자들의 정의**

① 윌리엄슨(Williamson): 상담이란 훈련과 기술, 믿음으로 상담자가 내담자의 적응문제를 해결하는 면대면의 활동이다.
② 로저스(Rogers): 상담이란 치료자와의 친밀하고 안전한 관계에서 자아의 구조가 이완되어 부정했던 경험을 자각해서 새로운 자아로 통합하는 과정이다.
③ 크럼볼츠(Krumboltz): 상담이란 문제를 가진 사람들을 도와주는 과정이다.

**(3) 상담이라고 할 수 없는 것(Patterson)**

① 상담의 과정에서 정보의 제공이 이루어지기는 하나, 정보를 제공하는 활동 자체가 상담은 아니다.
② 상담에서 충고, 제안, 권장 등이 가능하지만, 이것들 자체가 상담은 아니다.
③ 간접적인 방법에 의해서라도 설득·권고·유도에 의해서 신념·태도·행동에 영향을 미치는 것은 상담이 아니다.
④ 상담은 훈육이 아니며, 협박·경고·위협 등에 의해서 행동을 변화시키는 것은 상담이 아니다.
⑤ 어떤 일이나 행동을 내담자에게 지시하는 것은 상담이 아니다.
⑥ 상담에서 면담이 중요한 부분을 차지하나, 직접적인 대화나 면담이 곧 상담은 아니다.

**(4) 상담의 특징(Patterson)**

① 상담은 내담자가 자발적으로 변화하는 것에 관련된다. 즉, 내담자가 변화를 원하고 있으며 변화를 위해 필요한 도움을 구하고 있다.
② 상담의 목표는 피상담자의 자발적인 변화를 촉진하기 위한 조건들을 제공하는 데 있다.
③ 다른 모든 인간관계와 마찬가지로 한계 내지 제한이 내담자에게 주어진다.

④ 내담자의 행동 변화를 촉진할 수 있는 조건들은 면접을 통하여 제공된다.
⑤ 잘 듣는 것(청취)이 상담의 전부는 아니라도 상담과정에서 중요한 부분이다.
⑥ 상담자는 내담자를 다른 인간관계에서의 이해와는 질적으로 구별되는 이해를 하고 있다.
⑦ 상담은 사적(私的)으로 이루어지며, 논의된 내용은 비밀이 유지된다.

## 4 상담의 목표(Shertzer & Stone)

**(1) 행동의 변화**

상담은 개인의 생산적이고 행복한 생활을 하는 데 방해가 되는 행동을 감소하거나 제거시키고, 개인의 만족하고 성공적인 생각을 하는 데 도움이 되는 행동의 변화를 가져오게 한다.

**(2) 정신건강의 증진**

상담은 정신질환의 원인이 되는 여러 가지 병리적인 요소를 제거하거나 수정해야 할 문제에 대한 치료를 함으로써 적극적인 정신건강을 촉진하게 한다.

**(3) 문제해결과 병적 증세 제거**

내담자의 제반 문제와 시험 걱정, 불감증, 무기력 등과 같은 병적인 증세를 체계적이고 과학적인 방법으로 해결해 나가는 데 초점을 둔다.

**(4) 의사결정**

상담은 내담자의 능력·흥미·기회를 이해하는 것뿐만 아니라 중요한 의사결정을 도와준다.

**(5) 개인적 효율성의 향상**

생산적인 사고를 증진하고 적응적인 인간관계를 형성하며 다양한 문제 상황에 효과적으로 대처하는 능력을 길러준다.

## 5  상담의 목표가 될 수 없는 것

**(1) 상담자가 내담자의 문제를 상담자의 관점에서 해결해 준다.**

상담은 내담자의 관점에서 내담자 스스로 문제를 해결하도록 조력하는 것이다.

**(2) 내담자의 행복감과 만족감을 증진시킨다.**

자신과 환경에 대한 참된 이해는 고통을 수반하기도 하며 행복이나 만족은 상담의 결과로 생기는 부산물이지 결코 그 자체가 목표가 되는 것은 아니다.

**(3) 가정·사회·학교가 내담자로 인해 만족하고 행복하게 된다.**

상담의 목표는 학생으로 하여금 환경에 피동적으로 적응하게 하거나 학생에 대한 만족감을 얻도록 하는 것에 있지 않다.

**(4) 내담자로 하여금 올바른 행동을 하거나 바른 선택을 하도록 설득하거나 권고한다.**

설득하고 권고하는 것이 상담의 목표가 될 수 없다.

# 6 상담과 심리치료

**(1) 생활지도, 상담, 심리치료의 개념**

① 생활지도(guidance)
  ㉠ 학생들이 학교 내외에서 직면하는 적응과 발달상의 문제해결을 돕기 위한 교육적·사회적·도덕적·직업적 영역의 계획적인 지도활동이다.
  ㉡ 학급 담임교사, 상담교사 및 전 직원이 담당한다.
  ㉢ 정보, 조언, 의사결정의 문제를 다룬다.

② 상담(counseling)
  ㉠ 자격을 갖춘 상담교사가 학생 개개인의 문제해결을 돕는 과정이다. 특정 집단을 상담하고 학교에서 태도의 변화, 사고 심리적 갈등의 문제를 다룬다.
  ㉡ 생활지도의 일부이다.
  ㉢ 행동과 태도의 변화, 사고와 심리적 갈등의 문제를 다룬다.
  ㉣ 정상인을 대상으로 교육적·상황적 문제해결과 현재의 의식적 자각을 중시한다.

③ 심리치료
  ㉠ 훈련된 전문가가 개인과 전문적인 관계를 의도적으로 형성하여 정서적 문제를 심리적 방법으로 치료하는 것이다.
  ㉡ 개인의 문제적 증상을 제거·완화·수정하고 장애행동을 조정하며, 긍정적 성격발달 증진을 목적으로 한다.
  ㉢ 성격장애, 심리장애의 문제를 다룬다.
  ㉣ 재구성적·심층분석적 문제해결과 과거의 무의식적 동기의 자각을 중시한다.

(2) 상담과 심리치료의 비교

| 구분 | 상담 | 심리치료 |
|---|---|---|
| 대상 | 정상인 | 비정상인(환자) |
| 문제 | 정상의 문제 | 비정상의 문제 |
| 대상영역 | • 현실적 불안에 근거한 의식의 세계<br>• 교육, 직업, 결혼 등의 선택과 결정 | • 신경증적 불안에 근거한 무의식의 갈등 세계<br>• 지속적이고 반복적인 감정과의 갈등 |
| 목적 | 성장과 발달 촉진 ⇨ 치료 예방 | 장애의 제거나 완화 ⇨ 치료와 교정 |
| 방법 | • 인지적 방법<br>• 일시적 욕구불만이나 갈등 해결, 면접 중 조언 | • 정서적 방법<br>• 성격장애자의 치료와 교정 |
| 시간 | 단시간 소요 1~20회 | 장시간 소요 20~100회 |
| 형태 | • 교육적·상황적 문제해결<br>• 의식 내용의 자각에 주력 | • 재구성적·심층분석적 문제해결<br>• 무의식적 동기의 자각(통찰)에 주력 |
| 적용분야 | 교육학, 심리학, 사회사업학 | 의학, 임상심리학 |
| 자료 | 현재적·의식적 자료 | 과거의 역사적 사실과 무의식적 자료 |
| 내담자 문제 | 질병으로 간주하지 않음 | 질병으로 간주함 |
| 비용 | 무료 | 유료 |
| 실시장소 | 학교, 지역사회, 봉사기관, 기업체, 상담소 | 환자가정, 병원, 진료기관 |
| 공통점 | 내담자의 문제해결, 개인의 성장과 발전 촉진 ||
| 상호 관계 | 상담은 심리치료를 포함 ||

## 7 상담의 기본 원리(Biestek)

**(1) 개별화의 원리**

상담자는 내담자의 개인차를 고려하여 내담자의 개성과 특성을 이해하고 보다 나은 적응을 위해 조력해야 하며, 상담방법도 내담자에 따라 상이한 방법과 기술을 활용해야 한다.

**(2) 의도적 감정표현의 원리**

상담자는 내담자가 긍정적 감정뿐만 아니라 부정적 감정도 표현할 수 있도록 온화한 분위기를 조성해 주어야 한다.

**(3) 통제된 정서관여의 원리**

상담자는 내담자의 정서의 변화에 민감하게 반응하여 적절한 대응책을 마련하기 위해 여러 가지 감정을 억제 또는 통제하여야 한다.

**(4) 수용의 원리**

상담자는 내담자를 인격체로서 존중하여 내담자의 긍정적 측면뿐 아니라 부정적 측면도 있는 그대로 받아들여야 한다.

**(5) 비심판적 태도의 원리**

상담자는 내담자의 행동·태도·가치관 등을 객관적으로 평가해야 하며 일방적으로 가치를 판단해서는 안 된다.

**(6) 자기결정의 원리**

상담자는 내담자가 자기 힘으로 문제를 해결할 수 있다는 신념에서 상담을 시작하여야 한다.

**(7) 비밀보장의 원리**

상담자는 상담을 통해 얻은 자료들을 공개해서는 안 된다.

* **상담자가 상담내용을 공개해야만 하는 경우(비밀보장 예외)**
  - 내담자가 자신이나 타인을 해칠 위험성이 있는 경우
  - 아동학대, 성폭력 등 범죄에 관한 내용을 알게 된 경우
  - 내담자의 보호자의 요청이 있는 경우(내담자가 아동이거나 특수아인 경우)
  - 내담자가 정보의 공개를 승인한 경우
  - 법원이 공개를 명한 경우
  - 상담자가 수습기간에 지도를 받고 있는 학생인 경우

# 8 상담의 기본 조건

▶ 상담형성의 기초
- 수용
- 공감적 이해
- 일치

### (1) 수용(무조건적인 긍정적 존중)
① 인간의 가치와 존엄에 대한 인식을 전제로 한다.
② 내담자의 모든 것을 있는 그대로 받아들이는 것이다. 즉, 내담자가 가지고 있는 좋은 점, 좋지 않은 점들을 그대로 수용하는 것이다. 다시 말하면 내담자의 존재 그 자체, 제반 특성, 구체적인 행동을 수용하는 것이다.
③ 수용의 대상
  ㉠ 내담자의 현재의 상황, 즉 존재 그 자체를 수용한다.
  ㉡ 내담자의 제반 특성을 수용한다.
  ㉢ 내담자의 구체적 행동을 있는 그대로 수용한다.

### (2) 공감적 이해(감정이입적 이해)
① 내담자의 입장에서 내담자의 내면세계를 이해하는 것이다.
② 공감적 이해의 측면
  ㉠ 상담자는 내담자의 언어적 표현뿐만 아니라 언어적 표현이 이면에 있는 감정적 의미까지도 이해해야 한다.
  ㉡ 상담자는 내담자의 비언어적 표현(표정, 몸짓, 자세)의 의미나 감정도 이해해야 한다.
  ㉢ 상담자는 내담자의 행동추구의 궁극적 동기의 측면에서 행동을 이해해야 한다.

### (3) 일치(명료성, 진실성, 순수성)
① 상담자와 내담자의 상담목표와 동기가 서로 일치하는 것이다.
② 상담자의 내면적인 경험과 경험에 대한 인식, 인식된 경험의 표현 등이 일치되어야 한다.

#  라포르(rapport)의 형성

### (1) 라포르(rapport)의 개념
라포르란 상담자와 내담자가 상호 간에 신뢰하며 존경하고 감정적으로 친근감을 느끼는 인간관계이며 상호적인 책임관계가 있는 분위기라고 할 수 있다.

### (2) 라포르의 형성요인
① 상담자는 친절하고 부드러운 태도를 지녀야 한다.
② 상담자는 내담자의 현실과 감정을 수용하는 태도를 지녀야 한다.
③ 상담자는 내담자가 자유로운 표현과 행동을 할 수 있도록 허용적인 분위기를 조성해야 한다.
④ 상담자는 내담자를 인간적으로 존중해야 한다.
⑤ 상담자는 내담자의 표현이나 행동을 면박하거나 비판해서는 안 된다.
⑥ 상담자는 내담자의 문제를 도덕적인 문제와 결부시키거나 가치 판단의 태도를 취해서는 안 된다.
⑦ 상담자는 성의를 가지고 대함으로써 내담자로부터 신뢰감과 책임감을 얻어야 한다.
⑧ 상담자는 내담자에게 은혜를 베푼다는 인상을 주어서는 안 된다.

### (3) 라포르의 형성방법(Davis & Robinson)
① 동정: 상담자가 내담자에 대하여 동정하는 표현이나 언어로 대한다.
② 확신: 상담자가 내담자의 문제는 해결될 수 있다고 격려하고 안심시킨다.
③ 승인: 상담자가 내담자가 한 말이나 행동에 대해 동의를 표시한다.
④ 유머: 상담자가 내담자의 긴장이나 불안을 해소시켜 주기 위하여 유머를 사용한다.
⑤ 객관적 자료의 사용: 교과서, 참고도서, 연구결과 등 내담자의 문제를 해결하는 데 도움이 될 객관적 자료를 제시한다.
⑥ 개인 사례의 제시: 상담자가 내담자의 문제와 비슷한 문제를 가지고 있는 개인의 사례를 제시한다.
⑦ 위협: 상담자가 내담자의 잘못된 행동이 곤경에 빠질 것이라고 암시한다.
⑧ 놀라는 표정: 상담자를 내담자가 진술한 말이나 행동에 대하여 놀라움의 표현을 한다.
⑨ 인도: 상담자를 내담자가 한 말을 출발점으로 하여 다음의 화제로 이어간다.

## 10 상담의 형태

| 구분 | 상담문제 | 상담자 활동 |
|---|---|---|
| 위기상담 | • 자살기도<br>• 약물중독<br>• 사망 또는 이별<br>• 실연 또는 실직 | • 개인적 지지<br>• 직접적 개입<br>• 적합한 치료기관에의 의뢰 등 |
| 촉진상담 | • 직업문제<br>• 학업문제<br>• 결혼에의 적응 등 | • 개인상담<br>• 정보제공<br>• 행동지시 등 |
| 예방상담 | • 성교육<br>• 약물교육<br>• 자살 예방<br>• 학교폭력 예방<br>• 인터넷중독 예방 등 | • 개인상담<br>• 정보제공<br>• 적합한 프로그램에의 의뢰 등 |
| 발달상담 | • 긍정적 자아개념 발달<br>• 청소년의 진로 및 직업탐색<br>• 중년기의 진로변경<br>• 노년기의 죽음의 수용 등 | • 개인적 발달과 관련된 개인상담<br>• 가치관의 명료화<br>• 의사결정의 검토 등 |

# 11 상담자와 상담관계

**(1) 상담자의 자질(Rogers)**
　① 인간관계에 대한 민감성
　② 객관적인 태도와 정서적으로 격리된 태도
　③ 자기 자신을 이해하며 자신의 정서적인 제한점과 결점을 아는 능력
　④ 개인에 대한 존중과 있는 그대로 받아들일 줄 아는 능력 및 의욕
　⑤ 인간행동의 이해

**(2) 상담자의 인간적 자질**
　① 인간에 대한 있는 그대로의 이해와 존중
　② 상담에의 순수한 열정과 열의
　③ 다양한 경험의 습득
　④ 자신에 대한 이해와 존중
　⑤ 올바른 가치관의 정립

**(3) 상담자의 전문적 자질**
　① 상담이론 및 다양한 심리학적 지식에 대한 심층적인 이해와 활용
　② 상담기술의 훈련 및 올바른 적용
　③ 다양한 환경 및 문화적 차이에 대한 이해
　④ 상담자의 윤리 준수
　⑤ 자신의 능력의 한계에 대한 인정

**(4) 상담자의 역할**
　① 교육자의 역할　　　　② 조력자의 역할
　③ 안내자의 역할　　　　④ 변화촉진자의 역할
　⑤ 조정자의 역할　　　　⑥ 자문가의 역할
　⑦ 옹호자의 역할　　　　⑧ 조직개발자의 역할
　⑨ 연구자의 역할

# 12 상담면접의 기술(상담의 대화기법)

## (1) 구조화
① 상담 시작 초기 단계에서 상담에 필요한 제반 규정과 상담에 있어서의 한계에 관하여 설명해 주는 것이다.
② 상담과정의 본질 및 제한조건, 목적에 대하여 상담자가 정의를 내려 주고 상담에 대한 방향 설정을 돕는다.

> 학생: 상담실에 매일 와야 해요?
> 교사: 상담은 보통 1주일에 한 번 하는데, 필요하다면 더 자주 할 수도 있단다.
> 학생: 그런데 제가 선생님께 말씀드리는 거, 우리 엄마한테 말씀하실 건가요?
> 교사: 아니란다. 네가 여기서 말하는 것은 선생님만 알고 있을 거야. 하지만 네가 네 자신이나 다른 사람에게 해가 되는 일을 한다고 생각이 들면 부모님께 말씀드릴 수도 있어.

## (2) 수용
① 내담자의 말에 대한 상담자의 긍정적이고 수용적인 말로 간단하게 응답하는 것이다.
② 상담자가 내담자의 이야기에 주의집중하며 듣고 있다는 것을 나타내는 기법이다.
③ 내담자의 말에 대하여 가치판단이나 평가를 하는 것은 금물이다.

## (3) 명료화
① 내담자의 대화 내용을 분명히 하고 내담자가 표현하고자 하는 바를 정확히 지각하였는지를 확인하는 기법이다.
② 막연하고 모호한 것을 분명하게 정리해 보는 것이다.
③ 내담자의 말 속에 내포하고 있는 뜻을 파악하여 내담자에게 명확하게 말해 주는 것이다.

> 학생: "나는 태어나지 말았어야 했나 봐요."
> 교사: "난 이해가 잘 안되는데 무슨 뜻인지 자세히 설명해 줄래?"

### (4) 재진술(내용 되돌려 주기)

내담자의 진술에 표현된 핵심적인 인지 내용을 다시 진술하는 기법으로, 내담자가 표현한 바를 상담자의 언어로 바꾸어서 표현하는 것이다.

> 학생: "친구들이 저만 따돌리고, 선생님들께서도 저에게 관심이 없어요."
> 교사: "친구들이 너만 따돌리고, 선생님들께서도 관심이 없다는 말이구나."

### (5) 반영(정서 되돌려 주기)

① 내담자의 말과 행동에서 표현된 기본적인 감정·생각·태도를 상담자가 다른 말로 진술해 보는 기법이다.
② 내담자의 말을 그대로 되풀이하는 것이 아니라 그 내용의 밑바탕에 흐르고 있는 감정을 파악하는 것이 중요하다.

> 학생: 우리 엄마, 아빠는 제가 의과대학에 진학해서 의사가 되기를 바라세요. 하지만 어려서부터 제 꿈은 좋은 선생님이 되는 것이었거든요. 저는 사범대학에 진학해서 학생들을 잘 가르치고 지도하는 정말 좋은 선생님이 되고 싶어요.
> 교사: 네가 장차 의사가 되었으면 하는 부모님의 기대와 교사가 되려는 너의 꿈이 일치하지 않아서 많이 혼란스러운가 보구나. 너는 네 꿈을 이루기 위해 의과대학보다는 사범대학에 진학하고 싶은가 본데…….

### (6) 요약

① 반복해서 강하게 표현하는 주제들을 확인하여 드러내는 대화의 기법이다.
② 단순하게 앞에서 진술된 내용을 간추려 정리하는 수준이 아니라, 여러 상황과 장면들 속에 흩어져 표현된 이야기 주제들을 찾아내어 묶고 이를 내담자에게 돌려주는 것이다.

### (7) 인도

① 내담자가 이야기를 하고 있을 때 이를 촉진하거나, 더 계속하거나, 화제를 바꾸고 싶을 때 사용하는 기법이다.
② 요약의 수준을 넘어 새로운 화제로 전환을 유도하여 탐색하려는 주제와 관련 있는 대화로 초점을 좁혀 갈 수 있다.

### (8) 직면

① 내담자가 미처 깨닫지 못하거나 인정하기를 거부하는 생각과 느낌에 대해 주목하도록 하는 것으로서, 언어적 행동과 비언어적 행동이 불일치되는 점을 깨닫게 하기 위한 방법이다.
② 내담자가 가지고 있는 불일치·모순·생략 등을 상담자가 내담자에게 기술해 주는 것이다.
③ 내담자가 자신 경험의 일부로 지각하기를 두려워하거나 거부하는 어떤 측면에 주의를 돌리도록 요청하는 것이다.
④ 주의할 점
  ㉠ 내담자의 변화와 성장을 증진시킬 수도 있지만 내담자에게 심리적인 위협과 상처를 줄 수도 있다.
  ㉡ 상담자는 내담자가 그것을 받아들일 수 있는 준비가 되어 있는지를 면밀히 고려하여 사용하여야 한다.
  ㉢ 내담자를 배려하는 상호 신뢰의 맥락에서 행해져야 하며, 결코 내담자에 대한 좌절과 분노를 표현하는 수단으로 사용해서는 안 된다.

> 내담자: 지난밤 꿈에 저는 아버지와 사냥을 갔어요. 제가 글쎄 사슴인 줄 알고 총을 쏘았는데, 나중에 가까이 가 보니 아버지가 죽어 있었어요. 그래서 깜짝 놀라 잠을 깼어요. 제가 얼마 전에 '디어 헌터'라는 영화를 보아서 그런 꿈을 꾸었는지도 모르겠어요.
> 상담자: 혹시 아버지가 일찍 사고로 세상을 떠났으면 하는 생각이 마음 한구석에 있었던 것 아닌가요?

### (9) 즉시성

① 현재 내담자와 대화를 하며 상담자가 내적으로 경험하는 것을 현재 이루어지고 있는 상호작용에 바로 활용하는 것이다.
② 현재 내담자와 상담자가 맺는 관계에서 부적응적 특성이 반복되어 나타날 때 그 점에 초점을 맞추어 개입하는 것이다.
③ 일상생활에서 의존적인 사람이 상담실에서도 상담자에게 지나치게 의존하는 경우 내담자가 상담자와 맺는 관계에 대해 언급하면서 내담자의 의존성을 지적하고 직면하게 하는 등의 기법이다.

> *** 즉시성이 유용한 경우**
> – 방향감이 없는 관계의 경우
> – 긴장이 감돌고 있을 경우
> – 신뢰성에 의문이 제기될 경우
> – 상담자와 내담자 간에 상당한 정도의 사회적 거리가 있을 경우
> – 내담자 의존성이 있을 경우
> – 역의존성이 있을 경우
> – 상담자와 내담자 간에 친화력이 있을 경우

### (10) 해석(재구조화)

① 내담자로 하여금 자기의 문제를 새로운 각도에서 이해하도록 그의 생활경험과 행동의 의미를 설명하는 것이다.

② 내담자가 과거의 생각과는 다른 참조체제를 바탕으로 자신의 문제를 바라볼 수 있도록 돕는 것이다.

③ 내담자가 인식하지 못하는 의미까지도 설명해 준다는 면에서 해석은 가장 어려우면서 '무의식 세계에 대한 전문적 분석능력'을 요한다.

### (11) 자기노출

① 상담자가 자신의 경험, 사고, 생각을 내담자에게 전달하는 것이다.

② 내담자는 상담자의 자기노출에 공감의 분위기가 형성되어 있음을 인식하면서, 자신이 무엇을 말하고 있으며 무엇을 느끼고 있는지 이해하는 데 도움을 얻을 수 있다.

③ 자기노출은 때때로 위험을 수반하므로 민감하게 다루어야 한다.

### (12) 침묵의 처리

① 내담자가 자기자신을 음미해 보거나 생각을 간추리는 과정에서의 침묵: 이때 상담자는 침묵을 깨뜨리지 말고 인내심을 가지고 기다려야 한다.

② 상담자에 대한 저항으로서의 침묵: 상담자는 그 침묵의 원인이 되는 내담자의 숨은 감정을 언급하고 다루어 나가야 한다.

③ 내담자의 말에 대하여 상담자가 확인해 주거나 해석해 주기를 기대함으로써 발생한다.

* **상담 또는 의사소통에 있어서 핵심이 되는 8가지 기법(Carkuff)**

1. 상담자와 내담자 간의 기본적인 인간관계를 수립하는 기법
   ① 온정: 내담자에 대한 관심과 배려하는 마음을 전달하는 것
   ② 공감: 내담자의 입장에서 그의 마음을 이해하는 것
   ③ 존중: 내담자의 인간적 능력, 선택을 존중하는 것

2. 더욱 심화된 관계를 맺게 하며, 내담자로 하여금 자신의 문제를 더 잘 이해하도록 돕는 기법
   ④ 구체적 반응: 내용의 핵심에 대해 구체적으로 반응하는 것
   ⑤ 진실성: 상담자가 느낌과 생각을 진솔하고 솔직한 태도로 나타내 보이는 것
   ⑥ 자기노출: 상담자로서 독특하고 구체적인 감정·태도·경험을 공개하는 것

3. 내담자가 자신의 문제를 보다 현실적으로 이해하도록 하며 실제 문제 해결을 시도하는 것을 돕는 기법
   ⑦ 직면: 내담자가 이야기한 내용과 실제 행동 사이의 불일치, 내담자의 애매한 말, 의식하지 못한 생각, 욕구, 감정 등을 솔직하게 지적하는 것
   ⑧ 관계의 즉시성: 지금-여기에서 두 사람 간에 일어나고 있는 일에 대해 민감하고 직접적으로 반응하는 것

# Chapter 2
# 상담의 과정

| 1  초기면담

| 2  상담의 종결

| 3  상담면접기록

# 1 초기면담

## [1] 초기면담의 유형

### (1) 내담자 대 상담자의 솔선수범 면담

① 관계의 시작을 알리는 면담으로, '내담자에 의해 시작된 면담'과 '상담자에 의해 시작된 면담'이 있다.

② 내담자에 의해 면담이 요청되었을 때 상담자는 내담자의 목적을 확신하지 못하여 다소 불안감을 느낄 수 있으나, 상담자는 가능한 내담자의 말에 귀를 기울이면서 이러한 불안감을 극복하여야 한다.

③ 상담자에 의해 면담이 시작된 경우 상담의 실시 이유를 설명하여 내담자의 긴장감을 완화시키도록 해야 한다.

### (2) 정보 지향적 면담

① 탐색: '누가, 무엇을, 어디서, 어떻게'로 시작되는 질문으로 한두 마디 이상의 응답을 구할 수 있으며, '왜'라는 질문은 내담자를 방어적인 위치에 두기 때문에 피하는 것이 좋다.

② 폐쇄형 질문: '예, 아니오'와 같은 특정하고 제한된 응답을 요구하는 것으로, 이런 폐쇄적인 질문은 짧은 시간에 상당한 양의 정보를 추출해 내는 데 아주 효과적이다.

③ 개방형 질문: 폐쇄적인 질문과는 대조적으로 '무엇을, 어떻게' 등과 같은 단어로 시작된다. 이것은 내담자가 말할 수 있는 많은 시간을 허락하는 것이 좋다.

### (3) 관계 지향적 면담

재진술과 감정의 반영 등을 이용하여 상담자가 적극적으로 듣고 있다는 것을 내담자에게 전달하고자 하는 면담의 유형이다.

## [2] 초기면담의 주요 요소

### (1) 감정이입

감정이입은 상담자가 객관적 자세를 잃어버리지 않으면서도 마치 자신이 내담자 세계에서의 경험을 갖는 듯한 능력을 말한다.

**(2) 언어적 행동**
① 도움이 되는 언어적 행동: 이해 가능한 언어 사용, 내담자의 진술을 들어보고 명백히 함, 적절한 해석, 근본적인 신호에 대한 반응, 언어적 강화, 적절한 정보 제공, 긴장을 줄이기 위한 유머 사용, 비판단적 태도 등
② 도움이 되지 않는 언어적 행동: 충고, 타이름, 달래기, 비난, 감언, 권유, 광범위한 시도와 질문, '왜'라는 질문, 지시적, 요구적, 생색내는 태도, 과도한 해석, 내담자가 이해하지 못하는 단어 사용 등

**(3) 비언어적 행동**
① 도움이 되는 비언어적 행동: 내담자와 유사한 목소리 톤, 기분 좋은 눈의 접촉을 유지, 가끔 고개를 끄덕임, 가끔 미소를 지음, 가끔 손짓을 함, 내담자에게 신체적으로 가깝게 접근함, 부드러움, 내담자에게 몸을 기울임, 가끔 접촉함, 개방적인 몸짓 등
② 도움이 되지 않는 비언어적 행동: 내담자를 멀리 쳐다보는 것, 내담자로부터 떨어져 앉거나 돌아앉는 것, 조소하는 것, 얼굴을 찡그리는 것, 언짢은 얼굴을 하는 것, 입을 꽉 문 것, 손가락질을 하는 것, 몸짓이 흐트러짐, 하품하는 것, 눈을 감는 것, 목소리가 즐겁지 않은 것, 너무 빠르게 또는 느리게 이야기하는 것 등

**(4) 상담사의 자기노출**
① 상담자가 자신의 사적인 정보를 드러내 보이는 것으로, 내담자가 상담자에 대해서 알 수 있도록 하는 것을 의미한다.
② 내담자의 측면에서 볼 때 노출하기는 성공적인 상담을 위해서 필요한 것으로 볼 수 있으나 상담자에게는 노출이 항상 필요한 것은 아니다.

**(5) 즉시성**
① 상담자가 내담자와의 상호작용 과정에서 내담자의 반응에 민감하게 동조하는 것을 말한다.
② 상담자는 내담자와의 상담관계에 관한 감정을 '지금-여기'의 형태로 반응할 수 있어야 한다.
③ 상담을 진행하는 '지금-여기'에서 '상담자-내담자'의 관계를 탐색하는 것을 말한다.

**(6) 유머**
① 유머는 민감성과 타이밍을 동시에 요구한다. 상담 장면에서의 유머는 품위를 손상시키는 것이 아니다. 유머를 적절하게 활용한다면 여러 가지 치료적 효과를 갖는 임상도구라 할 수 있다.

② 유머를 통해 내담자의 저항을 우회할 수도 있고 긴장을 없애거나 내담자를 심리적 고통에서 벗어날 수 있도록 도울 수 있고, 상황을 보다 분명하게 지각할 수 있다.

### (7) 직면
① 직면은 문제를 있는 그대로 확인시켜 주어 내담자가 문제와 맞닥뜨리도록 함으로써 내담자로 하여금 현실적인 대처방안을 찾을 수 있도록 도전시키는 과정이다.
② 직면은 내담자가 잘 받아들인다면 매우 효과적인 방법이지만 그렇지 않다면 내담자에게 위협이 되고 효과적인 상담관계를 저해할 수 있으므로 주의해서 사용되어야 한다.

### (8) 계약
① 계약은 목표달성에 포함된 과정과 최종결과에 초점을 두는 것으로, 초기면담에서 내담자가 하고 싶은 일을 파악하여 내담자와의 관련된 변화를 위한 구체적인 목표를 설정해야 한다.
② 상담자는 계약의 초점이 변화에 있음을 강조해야 한다. 상담자는 내담자의 행동, 사고 혹은 느낌상의 변화를 촉진하는 계약을 강조해야 한다.

### (9) 리허설
① 일단 계약이 설정되면, 상담자는 내담자에게 선정된 행동을 연습하거나 실천하도록 함으로써 내담자가 계약을 실행하는 기회를 최대화하도록 도울 수 있다.
② 리허설은 명시적 리허설과 암시적 리허설 두 가지 종류가 있다.
  ㉠ 명시적 리허설: 내담자로 하여금 그가 하고자 하는 것을 말로 표현하거나 혹은 행위로 나타내 보일 것을 요구하는 것이다.
  ㉡ 암시적 리허설: 원하는 목표를 상상하거나 숙고해 보는 것이다.

## [3] 초기면담의 단계

> *** 초기면담의 단계**
> 1. 면담 준비
> 2. 내담자와의 만남 및 관계 형성을 위한 준비
> 3. 구조화 – 초기계약 설정과 비공식적 역할 수립
> 4. 비밀 유지의 한계 설정
> 5. 내담자에 관한 평가사항
> 6. 초기면담 시 필요한 주의사항
> 7. 초기면담의 종결

### (1) 면담 준비

내담자들은 자발적 혹은 의뢰되어 상담자를 찾은 이들이다. 첫 면접을 위해 검사, 질문지, 구조화된 질문지 등을 이용할 수 있고, 상담 신청 시 받은 접수 자료나 기존의 자료를 통해 내담자에 대한 예비적 인상을 얻을 수 있으며, 평가 과정의 중복을 피하거나 면담을 준비하기 위해 자료를 세밀하게 검토한다.

### (2) 내담자와의 만남 및 관계 형성을 위한 준비

① 상담회기를 준비한다.
② 내담자를 만나고 즉각 내담자의 관심에 동참한다.
③ 언어적-비언어적 행동으로 온정·존중·보호를 표현한다.
④ 문화적 차이와 성별에 따라 내담자의 관심에 민감하게 반응한다.
⑤ 내담자와 상담자의 역할에 따라 초기 기대를 발전시킨다.
⑥ 좋은 관계 형성을 위한 전략을 사용한다.
⑦ 정확하고 효율적으로 내담자의 문제를 명시하고 내담자가 목표를 수립하도록 돕는다.

### (3) 구조화 – 초기계약 설정과 비공식적 역할 수립

① 초기계약 설정
  ㉠ 상담에 대한 구조화는 첫 회 상담에서 필수적인 요소이다. 초기면담에서는 내담자와 상담자 모두 직업상담 과정에서 어떤 일이 일어날지 어떤 일이 일어나야 하는지에 대한 기대를 갖게 된다.
  ㉡ 초기계약 설정은 목표달성의 과정과 최종결과에 초점을 두는 것으로, 내담자와 상담자의 기대가 확실해지면 상담과정 동안 일어날 일에 대해 차이점을 해결하고 일치점을 만드는 것이 계약설정의 핵심이 된다.

ⓒ 무엇을 해야만 한다보다는 내담자가 원하는 것의 내용을 물어서 계약내용으로 설정한다.
② 비공식적 역할 수립: 상담자와 내담자는 계약에 의한 외재적 동의뿐만 아니라 상담자는 내담자가 독립적으로 의사결정을 하고 문제해결을 할 수 있도록 조력하고, 내담자는 스스로 성장하고 문제해결을 할 수 있다는 내면적 동의하에 상담과정이 시작될 수 있도록 하여야 한다.

### (4) 비밀 유지의 한계 설정
① 초기면담이 어느 정도 진행되면 비밀 유지에 대한 것을 반드시 논의해야 하는데 상담자는 내담자에게 내담자 자신이나 주변 사람이 위험하지 않는 한 비밀을 유지하겠다는 말을 해 주어야 한다.
② 상담자는 상담관리자나 다른 전문상담자에게 상담 과정에서 상담자가 잘 수행했는지에 대한 평가를 받기 위해 상담의 방법이나 내용을 토의할 수 있음을 알려주어야 한다.

### (5) 내담자에 관한 평가사항
① 내담자의 검사점수와 프로파일, 표정, 옷의 특징, 말의 속도, 상담자를 대하는 태도, 자세 등과 같은 비언어적 행동
② 태도, 흥미, 가치관, 성격변인을 포함하는 특성
③ 대인관계기술, 직무기술, 작업습관, 정보탐색기술, 검사수행기술, 의사결정기술 등을 포함한 행동
④ 전반적인 기술, 자아 또는 주어진 영역에서 형성되는 지각된 능력과 관련된 인지(자기효능감)

### (6) 초기면담 시 필요한 주의사항
① 상담 초기에 다루어야 할 주의사항
  ㉠ 상담과정에 대한 설명
  ㉡ 상담자가 하는 일
  ㉢ 내담자에 대한 기대
  ㉣ 상담 시간의 제한 및 상담 주기
  ㉤ 상담료의 책정과 지불방식
  ㉥ 상담시간을 지키지 못할 때의 연락법
  ㉦ 파괴적인 행동을 제한하기 위한 행동제한
② 일지를 통한 상담과정 확인: 상담자는 상담과정 일지를 통해 상담을 적절히 진행하고 있는지 확인한다.

**(7) 초기면담의 종결**
① 초기면담을 종결할 때 수행되어야 하는 활동
㉠ 내담자와 상담자 간의 역할과 비밀 유지에 관해 그들이 약속한 동의 내용을 요약한다. 이 요약은 상담자가 할 수도 있고, 내담자가 할 수도 있다.
㉡ 상담을 진행하면서 필요하다면 과제물을 부여할 수도 있다.
㉢ 상담 시 반드시 지켜야 할 준수사항은 모두 지킨다.
② 초기면담 시 요약할 사항
㉠ 내담자에 대한 정보를 얻을 수 있는 모든 자료를 검토하여, 섣불리 내담자에 대해 결론을 내리지 않도록 한다.
㉡ 찾아올 내담자에게 초점을 맞추기 위해 마음의 준비를 한다.
㉢ 내담자를 따뜻하게 맞이하고, 좋은 관계를 형성할 수 있는 기법을 사용한다.
㉣ 상담과정과 역할에 대한 서로의 기대를 명확히 한다.
㉤ 비밀성에 대해 논의하고 설명한다.
㉥ 어떤 자료평가방법을 사용할지를 결정한다.
㉦ 제시된 문제 또는 목표를 결정한다.
㉧ 동기를 평가한다.
㉨ 다음 면담으로 넘어갈 근거를 만들어 놓고 종결한다.

## 2 상담의 종결

상담종결단계에서는 통찰을 바탕으로 현실 생활에 적용할 수 있는 새로운 행동을 시험하고 평가한다. 상담관계를 끝낼 때 상담자는 내담자가 느낄 수 있는 여러 감정을 충분히 다루어 주어야 한다. 상담자의 치밀한 계획하에 점진적으로 종결이 이루어져야 한다.

### (1) 상담의 종결 시기 결정
내담자가 호소하는 불편들이 사라지면 종결을 계획한다. 종결할 때 지나치게 의존적인 내담자는 분리 불안과 함께 상담자에게 거절당하는 듯한 기분을 느낄 수 있고, 상담자는 내담자의 의존적인 성향을 강화시키는 행동을 가능한 한 피한다. 이를 방지하기 위해 상담 기간을 정해 두는 것도 방법이다.

### (2) 종결단계에서 하는 일
① 이별의 감정 다루기: 내담자가 분리 불안을 잘 다루면서 스스로 설 수 있도록 지지하여야 한다. 종결 후에도 상담이 가능하다는 것을 알려 주어 내담자에게 심리적인 안정감을 줄 수 있도록 해야 한다.
② 상담 성과에 대한 평가와 문제 해결력 다지기: 상담 과정을 통해서 변화하고 성장한 것은 무엇인지, 상담을 통해 해결하지 못한 것은 무엇인지 탐색해 본다. 일상생활에서 상담 성과가 유지되기 위해서 필요한 노력을 구체화한다.
③ 추수상담에 관해 논의하기: 추수상담은 내담자의 행동 변화를 지속적으로 점검하고, 내담자가 잘하는 점을 강화하고 부족한 점을 보완할 수 있다.

### (3) 상담 종결 시 고려 사항
① 내담자의 측면에서는 내담자들은 상담이 오래 지속되면 상담자에게 의존하게 되는데 이때 상담을 끝낼 시기를 되도록 빨리 이야기해 두는 것이 좋다.
② 내담자가 미리 종결 준비를 할 수도 있다. 그리고 상담자의 측면에서는 상담자는 종결이 내담자에게 미치는 영향에 대한 고려가 있어야 하며 종결 시기를 미리 알려 주어 그에 대비하도록 하는 것이 필요하다.

# 3 상담면접기록

면접기록은 상담자가 소속하고 있는 기관의 보관 자료로서 내담자를 보다 잘 이해하고 상담진행 내용의 검토를 위한 필요한 요소이다.

## [1] 면접기록의 목적

(1) 상담을 촉진시킨다.
(2) 훈련 및 연구목적에 이용된다.
(3) 다른 전문가의 검토 자료가 된다.
(4) 행정 및 법률적으로 이용된다.

## [2] 면접기록의 일반적인 지침

(1) 내담자의 행동이나 사건 위주로 기록한다.
(2) 정확하고 간결하게 기록한다.
(3) 가치판단적 단어를 쓰지 않는다.
(4) 목적과 정도 및 초점에 따라 기록의 양이나 내용을 조절한다.
(5) 내담자에게 불리한 표현은 삼간다.

## [3] 기록상의 유의점과 기록시기

(1) 면접이 끝난 후에 중요한 요점들을 회상해 가면서 기록한다. 상담 중에 기록을 하게 되면 내담자가 부담스러워 할 수 있으며 자연스러운 면접을 방해받기 때문에 비록 내담자에게 양해를 구했다 하더라도 면담 중에 기록하는 것은 좋은 방법이 아니다.
(2) 녹취를 사용할 경우에는 내담자의 양해를 구하고 녹음하며, 내담자가 원하는 경우에는 녹음의 내용을 들려주어 오해되는 부분이 없도록 한다.
(3) 여러 가지 변수들로 인해 상담에 대한 기록이 철저히 관리되지 못할 수 있으므로 상담을 마칠 때 기록할 수 있는 시간적인 여유를 감안해서 면접을 끝내도록 하고 부득이한 경우도 면접 직후 가능한 한도까지 기록해 두는 것이 바람직하다.
(4) 상담 면접의 기록을 잘 보관하는 것도 중요하다. 상담 면접의 내용을 기록한 메모나 서류철 등은 열쇠로 잠글 수 있는 서랍 속에 철저히 보관해 두는 것이 원칙이며, 상담자들의 전문성, 윤리적 책임과 직결되는 문제이기도 하다.

(5) 면접 기록에 관해 내담자에게 양해를 얻을 때에는 기록의 필요성을 내담자가 이해할 수 있도록 충분히 설명하고 그 기록들은 철저히 관리되어 외부에 노출되는 일이 없으며, 면접 기록과 관련하여 문제가 없다는 것을 확신할 수 있도록 약속해야 한다.

## [4] 면접기록의 종류

### (1) 접수 내용의 기록

① 접수기록의 주요 내용: 내담자의 행동발달 수준, 내담자가 상담을 신청한 경우, 내담자가 지니고 있는 문제, 내담자의 생활배경, 심리검사 및 임상적 진단, 상담 계획 및 조치(내담자의 기대사항, 상담예정기간, 상담의 목표, 절차, 한계점 등)

② 접수기록의 활용: 처음의 접수기록을 다시 검토함으로써 상담방법과 상담진행 방향을 수정하는 자료로 활용할 수 있으며, 내담자가 무엇을 가장 기대하고 무엇에 가장 관심이 있는지 검토하여 내담자를 이해하고 상담의 진행방향을 결정하는 주요 요인이 된다.

### (2) 진행과정과 종결 내용

① 진행과정의 기록 내용
  ㉠ 진행과정의 기록은 정규면접의 내용을 기록하는 것이다.
  ㉡ 내담자의 문제, 상담자의 제안, 조치사항, 생활 여건의 변동사항, 내담자의 태도 변화 및 상담진행 내용, 내담자의 복장, 약속시간 엄수 여부, 면접기간 중 내담자 가족의 방문이나 전화 여부 등을 기록할 수 있다.

② 종결 내용의 기록
  ㉠ 상담이 종결된 경로와 전체적인 상담결과에 대한 평가가 주요 내용이 된다.
  ㉡ 몇 회의 상담 횟수를 거쳤는지, 약속시간 이행 여부, 상담의 결과로 이루어진 변화, 변화에 대한 내담자의 반응이나 해석을 요약할 수 있다.
  ㉢ 또한 종결 자체에 대한 내용을 기록할 수 있다. 내담자 또는 상담자 측에서 종결이 제안되거나 고려된 이유와 내담자의 반응, 상담자의 해석 및 장래계획의 협의 내용 등 상담이 어떠한 맥에서 이루어졌는지를 간결하게 기록한다.

# Chapter 3
# 상담이론

1 인지적 영역의 상담이론

2 정의적 영역의 상담이론

3 행동적 영역의 상담이론

4 기타 상담

# 1  인지적 영역의 상담이론

인지적 영역의 상담이론은 내담자의 문제해결을 도울 때 인지적 사고력을 강조한다. 즉, 개념, 사고, 신념, 합리적인 문제해결, 정보처리 등의 영역을 다룬다. 지시적 상담, 합리적·정의적·행동적 상담, 인지치료, 개인구념 상담 등이 있다.

## [1] 지시적 상담(특성-요인 상담)

### (1) 개요
① 학교 상담 이론의 선구자인 윌리엄슨(Williamson)과 달리(Darley)가 주장한 것으로, 임상적 상담 혹은 특성-요인 상담이라고도 한다.
② 내담자의 모든 문제에 대하여 지시적인 요소로서 문제해결을 돕는 상담방법이다.
③ 지시적 상담이란 상담자가 내담자에게 인생의 장애에 대한 해석을 해 주고 정보를 주거나 제언 또는 충고를 해 주는 상담을 의미한다.
④ 내담자인 학생이 자신에 관하여 왜곡된 견해를 가지고 있기 때문에 학생을 좀 더 객관적으로 볼 수 있는 입장에 있는 전문가인 상담자가 학생에게 올바른 결정을 내리도록 지시·암시·충고 등을 해 주어야 한다는 입장이다.

### (2) 이론적 가정
① 상담자는 탁월한 식견, 경험과 정보를 가지고 있으므로 문제해결에 대한 암시와 충고·조언을 할 수 있다.
② 내담자는 자신의 문제를 객관적으로 볼 수 없고 독립적으로 해결하지 못한다.
③ 개인의 부적응 행동은 지적 과정에 의해 수정되어야 한다.
④ 상담의 목표는 상담과정보다는 문제해결의 장면을 통해 결정된다.
⑤ 상담은 자기이해를 돕는 학습안내이며, 자기 생활의 최적의 적응을 돕는 재학습·재교육이다.

> ▶ 특성-요인이론의 인간본성에 대한 기본가정
> - 인간은 선과 악의 잠재력을 모두 지니고 있는 존재이다.
> - 인간은 선을 실현하는 과정에 타인의 도움을 필요로 하는 존재이다.
> - 인간의 선한 생활을 결정하는 것은 자기 자신이다.
> - 선의 본질은 자아의 완전한 실현이다.
> - 인간은 누구나 그의 독특한 세계관을 지닌다.

### (3) 지시적 상담의 특징
① 특성이론에 기초한다.
② 상담자가 지시·정보제공 등을 적극적으로 하며, 상담의 주도적인 역할을 강조한다.
③ 내담자가 가지고 있는 문제행동을 대상으로 문제의 원인을 규명하고 해결하는 것이 목적이다.

### (4) 상담의 과정
① 분석(analysis): 내담자에 관한 정보와 자료의 수집으로 이루어지며, 분석의 목적은 내담자를 현재와 미래의 적응 조건과 결부시켜 내담자를 이해하는 데 있다.
② 종합(synthesis): 분석에서 얻은 자료를 체계적으로 정리하고 배열하여 내담자의 특성이 명백히 나타날 수 있도록 종합한다.
③ 진단(diagnosis): 내담자가 지닌 문제의 특징이나 원인에 관한 결론의 도출 단계로, 내담자의 두드러진 특징과 문제를 기술한다.
④ 예진(prognosis): 내담자의 문제가 앞으로 어떻게 발전될 것인가를 예측한다. 진단은 과거와 현재에 관계되는 반면, 예진은 미래와 관계되므로 예측이라 할 수 있다.
⑤ 상담(counseling): 상담자가 내담자인 학생에게 자기 자신이 정확히 이해·발견·통찰을 한 상태에서 자신의 문제를 스스로 해결할 수 있도록 조언·안내·충고 등을 하는 조직적 조력 과정이다.
⑥ 추후지도(follow-up service): 내담자가 상담 후 잘 적응하고 있는지 또는 새로운 문제에 부딪히고 있는지를 확인하고 도와주는 과정이다.

### (5) 상담자의 역할
① 친밀감을 조성하여 허용적 분위기를 만든다.
② 내담자인 학생이 자신을 이해할 수 있도록 조력한다.
③ 내담자에게 행동계획을 제언해 주어야 한다. 상담자가 조언을 할 때는 직접적·설득적·설명적 방법으로 제시한다.
④ 상담자는 계획을 실천한다.
⑤ 상담자의 능력 범위를 초월하는 문제는 다른 전문가에게 의뢰한다.

### (6) 상담의 기술
① 강제적 환경에의 순응: 상담자는 내담자가 환경에 타협·순응할 것을 강요한다.

② 환경의 변경: 문제 환경을 제거하고 문제 원인을 제거하는 등 환경을 변화시켜 문제를 해결한다.
③ 적당한 환경의 선택: 내담자의 개성이나 성격에 맞는 환경을 선택하도록 돕는다.
④ 태도의 변경: 내담자의 심리적 변화를 일으키게 한다.
⑤ 필요한 기술의 습득: 문제해결에 필요한 기술이나 기능을 습득하도록 한다.

### (7) 지시적 상담이론의 공헌점
① 상담 발달의 초기단계에서 개인의 문제를 과학적으로 접근하려고 함으로써 상담 자체를 전문화하는 데 기여하였다.
② 객관적 검사자료를 강조하여 심리측정 기술의 발달 및 상담기술의 발달에 기여하였다.
③ 다른 이론들이 인간 문제의 정의적 영역에 치중하고 있음에 반해, 문제해결의 인지적 접근을 강조하여 상담활동에 균형을 이루게 하였다.
④ 진단을 중시하여 문제 발생의 원인과 그 제거의 중요성을 부각하였다.

### (8) 지시적 상담이론의 문제점
① 상담자의 지시적 역할이 지나치게 강조되어 비민주적이다.
② 내담자의 가능성이 상담자의 지나친 지시로 제한될 수 있다.
③ 정의적 측면을 무시하고 지적인 문제와 과거에 중점을 두고 있다.
④ 객관적 자료에 지나치게 의존하여 객관적 자료를 과신하고 있다.

## [2] 합리적·정의적·행동적 상담(REBT)

### (1) 개요
① 엘리스(Ellis)가 주장한 이론으로, 인간의 사고과정 특히 신념이 인간행동을 유발하는 가장 큰 원동력이 된다는 점에 중점을 두었다.
② 인간의 심리적 고통은 대부분 사고, 신념, 상념과 같은 인지적인 특성에 관련된다고 본다.
③ 따라서 상담자는 내담자가 가지고 있는 비합리적이고 비현실적인 사고, 신념, 상념을 합리적이고 현실적인 사고, 신념, 상념으로 재조직하도록 내담자를 도와주는 상담이론이다.

### (2) 이론적 가정
① 인간은 합리적일 수도 비합리적일 수도 있다.
② 인간은 인지적이고 동시에 정의적이며 행동적이다.
③ 인간의 사고와 정서는 밀접하게 연결되어 있다.

### (3) 성격의 세 가지 측면

엘리스(Ellis)는 성격이 생리적·심리적·사회적 세 가지 측면으로 나누어 형성되었다고 보았다.

① 생리적 측면
- ㉠ 인간 성격의 생물학적 측면을 강조한다.
- ㉡ 인간에게는 사용되지 않은 거대한 성장 자원과 자신의 사회적·개인적 운명을 변화시킬 수 있는 능력이 있다.
- ㉢ 동시에 사람들이 비합리적으로 생각하고 스스로에게 해를 끼치려는 예외적으로 강력한 선천적 경향성도 가지고 있다.
- ㉣ 자신이 원하는 것을 얻지 못한다고 여길 때 여러 상황을 두루 비난하는 경향을 매우 강하게 가지고 태어난다.
- ㉤ 인간은 생득적이며 후천적인 자기 파괴 방식으로 자기 자신을 파괴한다.

② 사회적 측면
- ㉠ 인간은 사회 집단 내에서 양육된다.
- ㉡ 인생의 많은 시간을 타인에게 인상을 남기려고 하고, 타인이 자신을 인정하고 승인한다고 믿을 때, 일반적으로 자기 자신을 가치 있는 사람으로 본다.
- ㉢ 정서적 장애가 타인들이 자신에 대해 어떻게 생각할지에 대한 지나친 염려와 관련 있다.
- ㉣ 다른 사람들이 자신을 좋게 생각할 때에만 자기 스스로를 수용할 수 있다는 믿음으로부터 기인한다.
- ㉤ 타인의 인정과 승인에 대한 절대적이고 긴박한 욕구로 인해 불안과 우울을 피할 수 없게 된다.

③ 심리학적 측면
- ㉠ 정서적 혼란이 비합리적인 신념에서 유발된다.
- ㉡ 개인이 비합리적 사고를 통해 불안과 우울을 경험하게 된다.
- ㉢ 비합리적 사고를 통해 스스로 불안함을 느끼고 우울해짐 → 우울한 것에 대해 불안해함 → 불안감에 다시 우울하게 되는 악순환을 경험함

### (4) 정신건강 기준

엘리스(Ellis)가 제시한 다음과 같은 정신건강적 기준은 상담의 목표로 활용될 수 있다.

① 자기 관심(self-interest): 인간이 자기 자신에 대해 완전히 몰두하면 정서적으로 건강한 사람은 자기 자신에 관심을 가질 수 있는 역량을 가지고 있다.
② 사회적 관심(social-interest): 집단 속에서 유리되지 않고 관계적인 맥락 속에서 인간에 대한 관심을 지니고 있다.

③ 자기 지향(self-direction): 자신의 삶에 대한 책임감이 있으며 자신의 문제에 대해 독립적으로 풀 수 있는 능력이 있다.
④ 관용(tolerance): 타인의 실수에 관용적이며 실수하는 사람들을 비난하지 않는다.
⑤ 유연성/융통성(flexibility): 자신의 생각에 대해 융통성이 있으며 변화에 대해 수긍하고 타인에 대해 편협하지 않은 견해를 가지고 있다.
⑥ 불확실성의 수용(acceptance of uncertainty): 성숙한 사람은 불확실성의 세계를 살고 있음을 깨닫는다.
⑦ 몰입/몰두(commitment): 자신의 외부세계에 대해 중대하게 몰두할 수 있는 능력이 있다.
⑧ 과학적 사고(scientific thinking): 성숙한 사람은 깊게 느끼고 구체적으로 행동할 수 있다. 또한 정서나 행동의 결과를 숙고해 봄으로써 정서나 행동을 규율화시킬 수 있다.
⑨ 자기 수용(self-acceptance): 그들이 살아 있다는 사실 자체를 받아들인다. 그리고 그들의 기본적인 가치를 타인의 평가나 외부적 성취에 의해서 평가하지 않는다.
⑩ 위험 감수/위험 무릅쓰기(risk-taking): 정서적으로 건강한 사람은 일부러 모험을 시도한다.
⑪ 비이상주의/반유토피아주의(non-utopianism): 성숙하고 건강한 사람은 이상향적 존재를 성취할 수 없다는 사실을 받아들인다.

### (5) 비합리적 신념의 뿌리 당위성 3가지

① 자신에 대한 당위성: 나는 반드시 훌륭한 일을 수행해야만 하며, 타인의 인정을 받아야만 한다.
   예 나는 모범적인 사람이 되어야 한다.
   　 나는 실수를 해서는 안 된다.
② 타인에 대한 당위성: 타인은 반드시 나를 공정하게 대우하며, 가족들은 나를 사랑해야만 한다.
   예 부모니까 나를 사랑해야 한다.
   　 학생이니까 공부를 열심히 해야 한다.
③ 조건에 대한 당위성: 세상의 조건들은 내가 원하는 방향으로 가야만 한다.
   예 나의 방은 항상 깨끗해야 한다.
   　 나의 가정은 항상 사랑으로 가득 차 있어야 한다.

> **\* 엘리스(Ellis)가 제시한 비합리적 신념**
> - 모든 사람에게 사랑이나 인정을 받는 것은 개인에게 절대적으로 필요한 일이다.
> - 가치 있는 사람이 되려면 매사에 유능하고 완벽해야 한다.
> - 어떤 사람은 나쁘고 사악하고 악랄하며 이런 사람은 마땅히 비난과 처벌을 받아야 한다.
> - 세상일이 원하는 대로 되지 않을 때 절망한다.
> - 불행은 외적 환경 때문이므로 개인의 힘으로 어찌할 수 없다.
> - 내가 두려워하는 일이 실제로 일어날 가능성이 있음을 늘 걱정해야 한다.
> - 역경이나 책임은 직면하는 것보다 피하는 것이 좋다.
> - 인간은 타인에게 의지해야 하며, 의지할 만한 그 누군가가 필요하다.
> - 인간의 과거는 현재의 행동을 결정하며 과거의 영향에서 벗어날 수 없다.
> - 인간은 타인의 문제와 혼란으로 인해 늘 괴로워하고 속상해한다.
> - 모든 문제에는 항상 정답이 있기 마련이다. 만약 그런 정답을 찾지 못한다면 매우 비극적이다.

### (6) 상담과정(ABCDE 전략)

① A(Activation event, 선행사상): 인간의 정서를 유발하는 어떤 사상(사건이나 현상)을 말한다. 선행사상 또는 촉발사상이라고 할 수 있다.
② B(Belief, 신념): 선행사상에 대하여 각 사람이 지닌 신념을 의미한다.
③ C(Consequence, 결과): 선행사상과 관련된 신념으로 인해 생긴 정서적 결과이다. 만일 합리적 신념을 가지고 있다면 그 상황에 적절한 정서적 반응을 할 수 있게 되며, 비합리적 신념을 가지고 있다면 부적절한 정서, 즉 죄책감·불안·분노 등을 보일 것이다.
④ D(Dispute, 논박): 비합리적 신념·사고·상념에 대하여 도전하고 다시 생각하도록 하면서 재교육하기 위해 적용하는 논박을 의미한다. 비합리적 신념을 철저히 논박하는 것은 부정적 감정을 긍정적 감정으로 바꾸는 데 목적이 있는 것이 아니고 감정적인 균형을 이루는 데 목적이 있다.
⑤ E(Effect, 효과): 논박의 인지적 효과를 의미한다.

### (7) 상담기법

① 인지적 기법
  ㉠ 내담자의 생각 중 비합리적인 생각과 비합리적인 생각에 근거한 언어를 찾아 합리적 생각과 언어로 바꾸는 것을 말한다.
  ㉡ REBT 핵심은 비합리적 신념을 합리적 신념으로 바꾸는 것이다(인지적 기법이 가장 중요함).
  ㉢ 논리적 논박, 경험적 논박, 실용적 논박, 구조화된 논박, REBT를 다른 사람에게 적용해 보기, 독서 및 시청각 요법, 자신의 상담 내용을 담은 녹음테이프 듣기 등이 있다.

② 정서적 기법
  ㉠ 불안과 관련된 신체적 변화를 인식하는 법을 가르쳐 준다. 근육긴장을 완화시킴으로써 불안을 줄이는 이완절차를 실행한다.
  ㉡ 합리적·정서적 심상법, 청담자의 무조건적 수용, 치료자의 자기 개방, 유머의 사용, 합리적 자기진술문의 사용, 정서와 관련된 용어의 사용 등이 있다.
③ 행동적 기법
  ㉠ 내담자가 새롭게 습득해야 할 행동을 목표로 설정하여 행동을 연습하도록 가르치고 격려한다.
  ㉡ 강화기법, 과제부과, 자극통제 등이 있다.

### (8) REBT상담의 장점
① 인지적 측면에 주로 의존하고 있지만 종합적인 접근방법이다.
② 상담에 있어 합리적 사고와 논리적 신념에 대한 중요성을 재인식시켰다.
③ 사고와 신념이 정서와 행동에 미치는 영향을 규명하였다.
④ 자신의 정서적 장애에 대한 통찰과 함께 통찰된 것을 실제 행동으로 옮기도록 해야 함을 강조하였다.

### (9) REBT상담의 단점
① 인간의 신념을 바꾸는 것은 올바른 상황판단을 전제로 하기 때문에 심한 성격장애자에게는 사용할 수 없다.
② 내담자의 자율적 성장을 저해할 수 있다.
③ 내담자의 지적 수준이나 자발성에 따라 내담자가 제한된다.
④ 인지적·지시적인 측면의 강조로 정의적인 측면을 소홀히 한다.

## [3] 인지치료

### (1) 개요
① 베크(Beck)의 이론으로, 인지치료는 합리적 정서치료와 더불어 인지행동적 상담이론 중 가장 널리 알려지고 보편화된 상담이론이다.
② 엘리스(Ellis)와 마찬가지로 원래 정신분석적 훈련을 받았던 베크는 특히 우울증 치료에 관심이 있었다. 그는 기존의 정신분석적 이론이 우울증을 치료하는 데 한계가 있음을 발견하고 대안적인 이론을 구축하였는데 그 결과가 인지치료 이론이다.

③ 인지치료라는 용어는 크게 두 가지 의미로 쓰인다. 하나는 인지를 변화시킴으로써 심리적 문제를 해결하려는 상담 접근들을 포괄하여 지칭하는 것이고, 다른 하나는 베크에 의해 개발된 우울증에 대한 인지치료를 나타내는 것이다.

④ 원래 인지치료 이론은 우울증을 치료하는 이론으로서 출발하였으나 점차로 불안과 공포증 등을 포함한 정서적 문제 전반, 그리고 사람들의 성격적 문제를 치료하는 이론으로까지 확장되었다.

### (2) 핵심개념

베크의 인지치료 이론에서 가장 핵심이 되는 개념은 자동적 사고, 역기능적 인지도식, 인지오류이다.

① 자동적 사고
  ㉠ 자동적 사고란 자신의 의지와는 상관없이 부지불식간에 떠오르는 생각들을 말한다.
  ㉡ 사람들이 경험하는 환경적 자극들과 심리적 문제 사이에는 '자동적 사고'라는 인지적 요소가 개입되어 있다.
  ㉢ 환경적 자극으로부터 어떤 내용의 자동적 사고를 떠올리는가 하는 것이 문제가 된다.
    예 사랑하는 여성이 헤어지자는 말을 했을 때 청년의 자동적 사고 분류
      ⓐ 긍정적 자동사고: "나는 아픈 만큼 더 성숙할 수 있어."
      ⓑ 중립적 자동사고: "그녀는 나와 인연이 아닌가 봐."
      ⓒ 부정적 자동사고: "그녀 없이 나는 인생의 의미를 찾을 수 없다."
  ㉣ 심리적 문제는 스트레스 사건을 경험했을 때 부정적 자동사고로부터 발생한다.

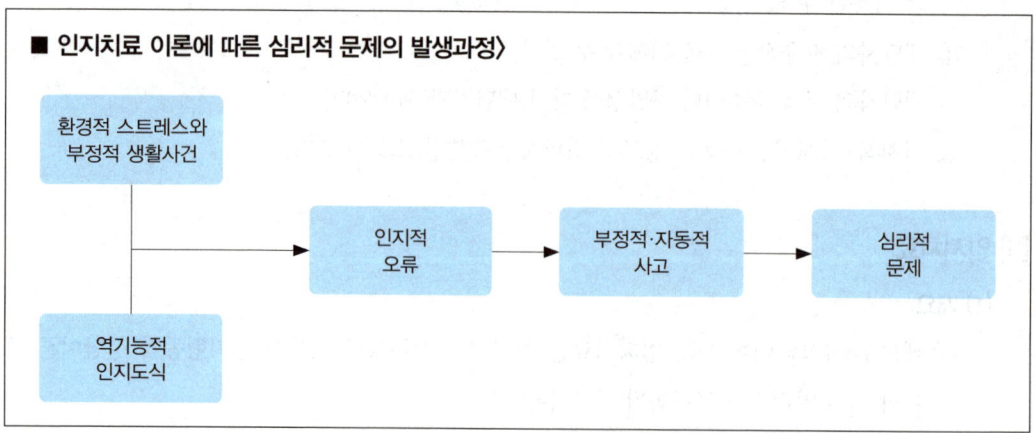

■ 인지치료 이론에 따른 심리적 문제의 발생과정

---

\* **인지 삼제(cognitive triad): 우울증을 경험하는 사람들의 자동적 사고**

- 자신에 대한 비관적 생각: "나는 무가치한 사람이다."
- 앞날에 대한 염세적 생각: "나의 앞날은 희망이 없다."
- 세상에 대한 부정적 생각: "세상은 살기가 매우 힘든 곳이다."

② 역기능적 인지도식
  ㉠ 부정적 성질의 인지도식(세상을 이해하는 틀)
  ㉡ 역기능적 인지도식을 가지고 있는 사람이 스트레스 사건 경험 시에 부정적 내용의 자동적 사고를 자신도 모르게 떠올리게 되며, 그 결과로 심리적 문제가 발생한다.
③ 인지적 오류의 종류: 기능적 인지도식에 의해 현실을 제대로 지각하지 못하거나 사실·의미를 왜곡하여 받아들이는 것이다.

| | |
|---|---|
| 흑백논리<br>(이분법적 사고) | 사건의 의미를 이분법적인 범주 둘 중의 하나로 해석하는 오류이다.<br>• 어떤 일의 성과를 성공이냐 실패냐 이분법적으로 평가하거나 타인이 나를 사랑하는가 미워하는가의 둘 중의 하나로만 생각할 뿐 회색지대를 인정하지 않는 경우<br>• 완벽한 성공이 아니면 실패다.<br>• 일등이 아니면 바보다.<br>• 죽으면 죽었지 그렇게는 못한다. |
| 선택적 추상<br>(정신적 여과) | 상황이나 사건의 주된 내용은 무시하고 특정한 일부의 정보에만 주의를 기울여 전체의 의미를 해석하는 오류<br>• 발표 시 많은 사람이 긍정적인 반응을 했음에도 불구하고 한두 명의 부정적 반응에만 선택적으로 주의를 기울여 실패했다고 단정짓는 경우<br>• 몇 녀석들 때문에 살기가 싫어. |
| 의미 확대 및<br>의미 축소 | 사건의 중요성이나 의미를 지나치게 과장하거나 축소하는 오류<br>• 시험에 낙제 한 번하면 인생이 끝장이다.<br>• 수석을 하고도 운이 좋아서 그랬다.<br>• 한두 번 지각한 학생을 보고 게으르다고 판단하였다. |
| 과잉일반화 | 한 번의 부정적 사건을 마치 계속적으로 반복되고 있는 실패로 생각하는 것<br>• 한두 번의 실연으로 '언제나', '누구에게나' 실연당할 것이라고 생각하는 것<br>• 새 똥은 언제나 내 차에만 떨어져.<br>• 직장을 잃어버렸으니 모든 것을 잃었어.<br>• 아침부터 이러니 하루가 뻔하다. |
| 장점 무시<br>(긍정격하) | 자신의 긍정적인 면은 무시, 부정적인 면은 부각<br>• 아니요, 운이 좋았어요.<br>• 잘못 보셨어요, 못 했어요.<br>• 놀리지 마세요. |
| 재앙화<br>(파국적 예상) | 사소한 문제도 크게 부풀려 걱정한다. 현실적인 고려 없이 부정적으로만 예상<br>• 이걸 들켰으니 이제 나는 큰일 났다.<br>• 가슴 아래가 이상해, 유방암이 아닐까?<br>• 한 명, 두 명 학생이 떨어지다 문 닫는 거 아닌가? |
| 이름 붙이기 | 고정적이고 전반적인 이름을 붙인다.<br>• 저 사람은 위선자야, 상종을 말아야 해.<br>• 나는 인생의 패배자야.<br>• 그 사람은 악질이야. |

### (3) 상담방법
① 내담자의 부정적 자동적 사고를 적절한 적응적 사고로 대치한다.
② 부정적·자동적 사고의 기저를 이루는 근원적·역기능적 인지도식을 찾아내어 현실적인 것으로 바꾼다.

### (4) 인지치료과정의 5단계
① 1단계: 내담자가 느끼는 감정의 속성 확인, 구체적 상황과 함께 묶기
② 2단계: 감정과 연합된 사고, 신념, 태도 확인
③ 3단계
  ㉠ 내담자의 사고를 1~2개 문장으로 요약, 정리
  ㉡ 상담자가 믿는 신념이나 행동의 핵심을 분석하여 내담자와 함께 정확하게 파악하였는지 검토
④ 4단계
  ㉠ 내담자의 현실과 이성적 사고를 조사하도록 개입
  ㉡ 의문문 형태의 개입(객관적 증거 위주, 사례 위주)
    ⓐ 신념은 실제로 진실인가? 객관적 자료는?
    ⓑ 증거가 없다면 신념을 설명할 수 있는 설명이 또 있는가?
    ⓒ 최악의 사태의 관점에서, 실제로도 그렇게 나쁠까?
    ⓓ 최악으로 생각하는 결과가 벌어질 가능성이 얼마나 되나?
    ⓔ 수행판단에 대한 기대, 기준은 얼마나 합리적인가? 스스로에게 높고 어려운 기준을 쓴다면 다른 사람보다 당신이 더 잘해야 하는 이유는?
⑤ 5단계: 과제부여, 새로운 사고, 신념의 적절성 검증

---

**\* 인지치료의 진행과정 8단계**

1. 내담자의 심리적 문제를 구체화하여 상담목표로 설정한다.
2. 인지치료의 기본원리를 설득력 있게 설명한다.
3. 내담자의 삶 속의 심리적 문제의 원인이 되는 환경적 자극과 자동적 사고를 탐색·조사한다.
4. 자동적 사고의 현실적 타당성을 파악한다.
5. 환경적 자극에 대한 타당한 대안을 탐색하고 부정적 사고와 대치한다.
6. 환경적 자극을 왜곡하게 만드는 역기능적 인지도식을 탐색하여 확인한다.
7. 역기능적 인지도식의 내용을 현실성·합리성·유용성 측면에서 검토해 본다.
8. 보다 현실적·합리적 인지도식을 탐색하고 내면화시킨다.

### (5) 인지치료의 상담기술

① 재귀인(reattribution): 사건의 대안적인 원인을 고려하여 자동적 사고와 가정을 검증하도록 하는 것이다.
② 재정의(redefining): 문제가 자신의 개인적인 통제를 넘어선 것이라고 믿는 내담자를 움직일 수 있는 방법이다.
③ 탈중심화(decentering): 다른 사람들의 관심이 자신에게 집중되어 있다고 믿는 불안한 내담자를 상담하는 데 사용된다.
④ 행동적 기술: 내담자의 기술훈련, 점진적 이완, 활동계획하기, 행동 시연, 노출치료 등이 사용된다.

### (6) 사고변화기록지의 5개 컬럼

① 상황(situation): 불쾌한 감정을 유발한 실제 사건, 생각의 흐름, 기억의 내용을 기술한다.
  ㉠ 기분 나쁜 감정을 일으키게 한 일이나 생각 또는 상황은 무엇이었습니까?
  ㉡ (혹시 있었다면) 어떤 기분 나쁜 신체적 감각을 느꼈습니까?
② 감정(emotions): 앞선 상황에서 발생한 감정의 유형(슬픔, 불안, 분노 등) 및 그 감정의 강도를 기술한다.
  ㉠ 상기 상황에서 발생한 자신의 감정(슬픔, 불안, 분노 등)은 무엇이었습니까?
  ㉡ 그 감정의 정도는 얼마나 심했습니까?
③ 자동적 사고(automatic thoughts): 감정과 연관된 자동적 사고 및 그 사고의 확신 정도를 기술한다.
  ㉠ 어떤 생각(과/이나) 장면이 마음속을 스쳐 갔습니까?
  ㉡ 그것들을 각각 얼마나 믿었습니까?
④ 합리적 반응(rational response): 자동적 사고에 대한 합리적 반응 및 그 반응의 확신 정도를 기술한다.
  ㉠ (선택적) 어떤 사고의 왜곡을 하였습니까?
  ㉡ 각각의 반응들을 얼마나 믿습니까?
⑤ 결과(outcome): 현 상황에서 자동적 사고의 확신 정도와 결과적 감정 강도를 기술한다.
  ㉠ 이제 각각의 자동적 사고들을 얼마나 믿고 있습니까?
  ㉡ 지금 어떤 감정을 느끼며 그 감정의 정도는 얼마나 심합니까?
  ㉢ 이제 무엇을 하려 합니까?

> **＊ 자동적 사고를 수정하기 위한 소크라테스식 질문 사용 시 유의점**
> – 구체적인 성과를 얻을 수 있는 질문을 한다.
> – 내담자를 학습과정에 참여하도록 이끄는 질문을 한다.
> – 내담자가 취조하는 듯한 느낌을 받지 않도록 질문을 한다.
> – 내담자의 인지기능, 주의집중력 등을 고려하여 수준에 맞게 질문을 한다.
> – 정해진 결론을 유도하는 질문을 삼간다.
> – 필요하다면 선다형의 질문을 활용한다.

### [4] 개인구념이론(Personal Construct Theory: PCT)

#### (1) 개요

① 개인구념이론은 켈리(Kelly)가 발전시킨 이론이다.

② 구념(構念, construct)
  ㉠ 켈리가 주장한 구념은 개념과 유사하면서도 좀 더 포괄적인 의미를 가진 것으로, 현실을 지각하고 해석하는 일관적인 양식을 나타낸다.
  ㉡ 인간이 자신의 세계를 지각하는 유형 또는 판형이다. 인간은 자신의 세계를 구념을 통해 보며, 이 구념을 자신이 창조하여 세계를 구성하는 현실들에 맞추어 본다고 한다.

③ 건설적 대안주의: 인간이 인간 문제를 탐색하고 생각할 때는 언제나 건설적인 대안이 있게 마련이다. 인간은 대부분 부단히 건설적 대안을 추구하는 존재이다.

④ 과학자로서의 인간
  ㉠ 모든 사람은 직업적인 또는 전문적인 과학자라고 할 수 없으나 과학자와 똑같은 기능을 수행하고 있다.
  ㉡ 모든 사람은 자기 나름대로 가설을 설정하고 검증하여 본다. 결국 인간은 과학적인 노력에 의하여 경험적 세계에 대해 건설적 의미를 창출하려고 노력한다. 따라서 인간의 행동은 삶의 현상을 구념하는 양식과 내용에 따라 결정된다고 볼 수 있다.

⑤ REBT(Ellis) 이론이 인간사고의 합리성과 비합리성, 사고 내용에 관심을 둔 반면, 개인구념이론은 사고의 원리와 특성을 규명하면서 전체 사고과정을 파악하려고 하였다.

#### (2) 상담과정

① 수용: 다른 사람의 구념을 통하여 세계를 볼 수 있는 것을 의미한다. 수용은 상담자가 내담자의 구념을 이해하기 위한 선행 조건이 된다.

② 구념의 대안탐색 실험: 현재 구념보다 더 효율적이고 합리적이며 현실적인 구념을 탐색하기 위한 실험을 한다. 이때 상담자는 가설을 발전시키고 검증할 수 있도록 적극적인 활동을 전개해야 한다.

③ 새로운 구념의 습득: 구념의 재건 과정을 통해 삶의 모든 문제를 효과적으로 다룰 수 있는 구념들을 습득하도록 한다.

### (3) 상담기법

① 역할 실행
  ㉠ 내담자가 타인과 상호작용하는 데 요구되는 여러 기능을 습득하게 하는 방법이다.
  ㉡ 내담자가 다른 사람의 역할을 해 보게 함으로써 내담자의 어떤 현상에 대한 구념을 변화시키게 하는 것이다.
  ㉢ 역할실행은 자연스럽게 이루어져야 하고 내담자에게 부담을 주어서는 안 된다.

② 고정역할 치료
  ㉠ 간단한 역할 실행을 넘어서 집중적·장기적인 노력을 통하여 내담자의 어떤 현상에 대한 구념을 변화시키는 것이다.
  ㉡ 상담실이 아닌 생활 장면에서 2주 이상의 긴 기간 동안 인위적으로 실행한다.
  ㉢ 자기성격 묘사, 고정역할 묘사, 고정역할 실행의 단계로 이루어진다.

> ▶ 자기성격 묘사: 내담자가 가지 자신을 객관적이고 자유롭게 표현하도록 한다.
> ▶ 고정역할 묘사: 내담자의 구념체계를 변화시킬 만한 구념적 특성을 가진 인물을 묘사하여 이 인물의 고정된 역할을 제시한다.
> ▶ 고정역할 실행: 상담자가 작성한 고정역할 묘사를 내담자에게 실행시키는 것이다.

# 2 정의적 영역의 상담이론

정의적 영역에서는 증오심·질투·시기·불안·죄책감 등과 같은 부정적 정서나 사랑·기쁨·긍지 등과 같은 긍정적 정서를 모두 포함하나, 상담에서는 주로 부정적 정서가 다루어진다. 정신분석적 상담, 실존주의적 상담, 비지시적 상담, 분석심리학적 상담 등이 있다.

## [1] 정신분석적 상담

### (1) 개요
① 프로이트(Freud)의 성격 이론을 근거로 한 것으로, 인간의 부적응 행동의 원인을 무의식 세계에 억압되어 있는 감정으로 보고 이 억압된 감정을 파헤쳐서 부적응 행동을 치료할 수 있다는 이론이다.
② 인간의 부적응 행동의 원인을 무의식적 동기와 욕구에서 비롯된다고 보고, 내담자가 지닌 무의식의 세계를 의식화하여 문제를 치료하려는 상담방법이다.

### (2) 주요 개념
① 인간의 정신세계
  ㉠ 의식: 한 개인이 현재 각성하고 있는 모든 행위와 감정들을 포함한 것이다.
  ㉡ 전의식: 조금만 노력하면 쉽게 의식화될 수 있는 사고, 즉 이용 가능한 기억을 말한다.
  ㉢ 무의식: 의식적 사고에 의해 억압되고 금지된 생각이나 감정, 자기 힘으로는 의식으로 떠올릴 수 없는 생각이나 감정을 말한다.
② 개인의 성격
  ㉠ id(원초아)
    ⓐ id는 쾌락원리가 지배되는 것으로 쾌락의 추구가 목적이며 1차 과정에 의해 기능한다.
    ⓑ 개인의 심리적 에너지의 원천이자 본능이 자리 잡고 있는 곳으로 생득적인 것이다.
    ⓒ 기본적인 생물학적 반사·충동·본능을 포함하고 있다.
  ㉡ ego(자아)
    ⓐ ego는 id의 본능과 외부 현실세계를 중재하고 현실원리에 입각한 2차 과정에 의해 기능한다.
    ⓑ 성장과정에서 id로부터 생성된다.
    ⓒ id와 superego의 중재자로 양쪽의 요구를 현실에 입각해서 판단함으로써 합리적 행동을 하게 한다.

ⓒ superego(초자아)

ⓐ superego는 후천적인 학습에 의해서 생겨난다.

ⓑ 도덕적·사회적 가치의 기초가 되며 도덕에 위배되는 충동을 억제하는 기능을 한다.

③ 성격발달단계

| 발달단계 | 쾌감의 원천 | 주요 특징 |
|---|---|---|
| 구강기<br>(oral stage,<br>0~18개월) | 구강, 입술: 빨기, 물기, 삼키기 | • 원자아(id)가 발달<br>• 구강 빨기 단계: 소유욕, 신념 등의 원형, 낙천적 관대성<br>• 구강 깨물기 단계: 야유, 논쟁, 공격성, 타인 이용의 원형<br>• 고착현상: 음주, 흡연, 과식, 손톱 깨물기, 남을 비꼬는 행위 |
| 항문기<br>(anal stage,<br>18개월~3세) | 항문: 배변의 배설과 보유 | • 자아(ego)가 발달<br>• 유아는 본능적 충동에 대한 외부적 통제를 처음 경험<br>• 고착현상: 결벽증, 소극적 성격, 무절제, 반사회적 행동 경향 |
| 남근기<br>(phallic stage,<br>3~5세) | 생식기의 자극: 환상의 쾌락 | • 초자아(super-ego)가 발달<br>• 오이디푸스 콤플렉스, 엘렉트라 콤플렉스<br>• 동일시 현상<br>• 성격 형성에 가장 중요한 시기<br>• 고착현상: 성불감증, 동성애 |
| 잠복기<br>(latent stage,<br>6~11세) | 외계에서 지식·호기심을 구함 | • 성적 욕구의 침체기<br>• 사회성 발달과 일상생활에 적용 가능한 지식 습득 |
| 생식기<br>(genital stage,<br>11세 이후) | 남·녀 성기 | • 이성에 대한 사랑의 욕구가 발생<br>• 부모로부터 독립하려는 욕구가 발생 |

### (3) 정신분석 상담의 특징

① 부적응 행동을 무의식적 원인으로 본다.

② 부적응 행동을 억압의 증거로 본다.

③ 임상적 관찰로부터 부적응의 원인을 이끌어 낸다.

④ 부적응 행동의 치료는 과거의 생활사적 기초에 입각한다.

⑤ 치료는 무의식적인 것을 통제함으로써 가능하다.

⑥ 자유연상, 꿈의 분석, 감정전이의 분석, 최면술 등이 중요한 치료수단이 된다.

⑦ 내담자의 과거의 인간관계가 현재의 치료과정에 전이하는 현상은 부적응 행동의 치료에 중요한 요소이다.

⑧ 내담자가 과거의 연상을 계속하지 못하고 거부하는 현상도 치료에 포함시킨다.

### (4) 상담의 목적

① 본능이나 초자아의 기능을 조절하고 자아의 기능을 강화하여 성격구조의 조화로운 발달을 도모한다.
② 내담자가 현실에 적응하고 대처하는 방어기제의 올바른 이해를 통해 자신의 심리적 문제를 해결할 수 있도록 한다.
③ 무의식에 근거하고 있는 갈등을 의식 수준으로 끌어올려 내담자의 문제행동에 대한 각성과 통찰을 도와 건설적인 성격 형성에 조력한다.

### (5) 상담기법

① 자유연상법: 내담자나 환자의 무의식 세계에 억압되어 있는 내용을 의식화하는 것으로, 내담자나 환자에게 마음에 떠오르는 대로 이야기하게 하는 것이다. 내담자는 자유연상을 통해 과거를 회상하고 그 상황 속에서 느꼈던 여러 가지 감정들을 발산한다.
② 최면요법: 성인의 부적응 행동의 원인은 아동기에 있으므로 최면술을 걸어 어린 시절의 기억을 살리게 한다. 일반적으로 급성 환자는 최면술에 잘 걸리지만 만성 환자는 잘 걸리지 않으며 지능이 높은 사람은 지시에 잘 따르지 않는 경우가 많다.
③ 저항의 분석: 자유연상을 할 때 유아기나 아동기의 경험이 대부분 망각되기 때문에 그때의 느낌을 말할 수 없게 되거나 저항하게 되는 경우가 있다. 과거의 중요한 경험을 기억하지 못하거나 심리적으로 불안을 유발할 수 있는 내용에 대해 말할 수 없는 것은 심리적 저항으로 인해 생기는 일이다. 저항의 분석의 목적은 내담자가 저항의 원인을 지각하여 처리할 수 있도록 도와주는 일이다.
④ 꿈의 분석: 정신분석에서는 꿈의 해석을 통해 무의식적 정신활동을 이해하게 된다. 내담자가 꾼 꿈을 보고하게 하는 것으로 꿈을 보고할 경우 꿈의 내용도 중요하지만 꿈에 관련된 상징적 의미 등에 더 관심을 둔다.
⑤ 감정전이의 분석: 내담자가 아동기에 부모 또는 가족들의 경험에서 느꼈던 감정(애착, 애정, 증오, 질투, 수치 등)과 상념이 상담자에게로 옮겨지는 것을 말한다. 감정전이는 긍정적인 방향으로든 부정적인 방향으로든 이루어질 수 있기 때문에 상담자는 여러 가지 형태의 전이를 잘 다루고 분석함으로써 내담자의 적응기제를 이해하고 이를 치료적으로 활용할 수 있다.
⑥ 해석: 정신분석에서는 모든 무의식적 자료에 대해서 자유연상을 통해서 무의식적인 동기와 갈등을 이해할 수 있는데 이 자유연상만으로는 불충분하다. 상담자는 이들 무의식적 자료와 정보들이 지니고 있는 상징적 의미를 내담자에게 해석해 줄 수 있다. 이러한 해석을 통해 내담자는 자신의 문제에 대해 통찰이 생기며 심리적 문제를 해결하는 데 도움이 된다.

⑦ 버텨주기: 내담자가 막연하게 느끼지만 스스로는 직면할 수 없는 불안과 두려움에 대해 상담자의 이해를 적절한 순간에 적합한 방법으로 전해 주면서, 내담자에게 의지가 되어 주고 따뜻한 배려로서 녹여 준다.
⑧ 간직하기: 내담자가 불안과 두려움을 느끼는 충동과 체험에 대해 상담자가 즉각적으로 반응하는 대신 이를 마음속에서 간직하여 적절히 통제함으로써 위험하지 않도록 변화시킨다.

> ▶ **훈습(working-through)**
> – 전이감정을 이해하고 해결하기 위한 장기적인 과정(3~4년)이다.
> – 해석의 반복과 저항의 형태를 탐색하여 과거의 행동유형을 변화시키고 새로운 선택을 하게 한다.
> – 부모의 절대적인 사랑과 수용을 기대하던 유아기적 욕구에서 자유롭게 되어 보다 성숙하게 된다.

### (6) 방어기제

자아가 위협받는 상황에서 무의식적으로 자신을 속이거나 상황을 다르게 해석하여 감정적 상처로부터 자신을 보호하는 심리의식이나 행위를 가리키는 정신분석 용어이다.

① 보상: 자신의 결함이나 무능에 의하여 생긴 열등감이나 긴장을 해소시키기 위하여 장점 같은 것으로 결함을 보충하려는 행동이다.
  예 학업성적이 좋지 못한 학생이 열심히 운동하는 행동

② 합리화
  ㉠ 자신의 실패나 약점을 그럴듯한 이유를 들어 정당화하려는 자기기만의 방어기제이다.
  ㉡ 여우와 신포도형: 자기가 도달할 수 없는 목표를 부정하거나 과소평가함으로써 자기의 실패나 단점을 위장하는 방법이다.
    예 A 회사 취업에 실패하고도 원래 A 회사는 원하는 직장이 아니었다고 말하는 경우
  ㉢ 달콤한 레몬형: 자기 자신의 현재 상태와 능력의 가치를 타당시하거나 과대시하여 자기만족을 얻으려는 방법이다.
    예 지방으로 좌천된 공무원이 도시보다 전원생활이 더 좋다고 말하는 경우

③ 투사: 자신의 불만이나 불안을 해소시키기 위해서 남에게 뒤집어씌우는 식의 적응기제이다.
  예 교사를 싫어하는 학생이 교사가 자기를 미워한다고 하는 경우

④ 동일시: 자기가 실현할 수 없는 적응을 타인이나 어떤 집단에서 발견하고 자신을 타인이나 집단과 동일시함으로써 욕구를 만족시키는 기제이다.
  예 자기의 동창생이 국회의원이라고 으스대는 경우

⑤ 승화: 억압당한 욕구가 사회적·문화적으로 가치 있는 목적으로 향하도록 노력함으로써 욕구를 충족하는 기제이다.

예 결혼에 실패한 여성이 고아들에게 정열을 쏟는 경우

⑥ 치환(전위, 대치): 어떤 감정이나 태도를 취해 보려고 하는 대상을 다른 대상으로 바꾸어 향하게 하는 적응기제이다.

예 부모에 대한 반항적 태도가 친구에게 대치되는 경우

⑦ 반동형성: 자기가 가지고 있는 어떤 욕망이나 경향에 대해 열등감을 가지게 될 때 그것을 억압 또는 은폐하기 위해 그것과 정반대의 욕구나 행동경향을 강조하는 기제이다.

예 외설만화에 심취된 학생이 외설만화 퇴치운동에 적극 참여하는 경우

*** 불안의 종류**
- 현실적 불안: 외부세계에 객관적인 공포대상이 현존하고 있을 때 느끼는 불안이다.
- 신경증적 불안: 원초아의 충동이 의식될지도 모른다는 위협으로 정서적 반응이다.
- 도덕적 불안: 자아가 초자아로부터 처벌을 예감할 때 발생한다.

### (7) 정신분석 상담의 공헌점
① 인간의 무의식적 동기나 욕구에 의해서 사고와 행동이 결정된다고 보았다.
② 성격(personality)에 관한 최초의 이론을 수립하였다.
③ 치료법으로 면접법을 확립하였으며 일관성 있는 심리치료 체제를 발전시켰다.
④ 인생 초기 경험을 정교화하여 아동 양육과 발달관에 큰 영향을 주었다.

### (8) 정신분석 상담의 비판점
① 인간행동에서 본능을 지나치게 강조하였다.
② 인간관이 너무 부정적이고 결정론적이고 기계적이다.
③ 인간의 합리성을 지나치게 경시하였다.
④ 추리적인 치료법에 의존하고 치료기간이 길다.

## [2] 실존주의 상담

### (1) 개요
① 실존주의적 상담은 실존주의 철학에 영향을 받은 상담이론으로, 인간 불안의 문제를 인간존재의 가장 중요한 문제로 보고 인간 불안의 문제의 원인을 인간 존재의 의미에서 찾는 상담이다.

② 이 이론에서는 인간의 부적응 행동은 인간이 타고난 경향성을 실현하지 못한 결과라고 믿고, 인간의 타고난 경향성을 포함한 자신의 존재 의미를 찾아 자아실현하는 것을 목표로 한다.
③ 대표자로는 메이(May), 프랑클(Frankl), 빈스방거(Binswanger)가 있다.

### (2) 이론적 가정
① 인간 존재의 가장 중요한 문제는 불안의 문제이다.
② 인간 존재의 불안의 원인은 본질적인 시간의 유한성과 죽음 또는 부존재의 불안에 기인한다.
③ 문제의 해결방법은 인간의 타고난 가능성을 포함한 인간 존재의 가치와 삶의 참된 의미를 발견하여 자아실현하는 것이다.
④ 인간의 자기책임, 자기 존재의 의미, 삶의 결정은 오직 자신만이 할 수 있다는 가정에서 출발한다.
⑤ 정서적 장애는 삶에서 보람을 찾는 능력이 없는 실존적 신경증에서 기인된다.
⑥ 상담관계는 상담자와 내담자의 만남의 관계이며, 만남의 과정에서 내담자는 향상적인 급진적 변화를 가져오게 되어 치료의 효과를 거둔다.

* 실존주의 상담에서 말하는 인간 존재의 본질
- 인간은 지금-여기에 내던져진 존재다.
- 인간은 시간 안에 있다. 인간은 시간 속에서 죽음을 만나며 그래서 늘 불안하다.
- 인간은 시간 안에서 미래를 선취한다.
- 인간은 자유의지를 가지고 있으며, 자신의 삶을 선택하고 만들어 간다(자유).
- 인간의 삶은 결정되어 있는 것이 아니라 스스로 만들어 가는 형성적 존재다(형성).
- 인간은 자신의 삶을 스스로 책임져야 하는 존재다(책임).

### (3) 상담관계의 원리
① 비도구성의 원리: 상담관계는 능률이나 생산성을 따지는 기술적인 관계가 아니며, 상담자는 수단이나 도구가 아니다.
② 자아중심의 원리: 내담자의 내면적·주관적인 자아에 주된 초점을 주고 개인의 자아세계 내면에 있는 심리적 실체를 중심으로 이루어진다.
③ 만남의 원리: 지금(now)과 여기(here)의 현실을 강조하고, 상담자가 직면하는 내담자의 감정, 판단, 생각을 중시한다.
④ 치료할 수 없는 위기의 원리: 치료나 적응, 위기의 극복이 상담 목적이 아니라 인간성의 회복이 상담의 목적이다.

### (4) 주요 개념
① 실존적 신경증: 정서적 장애는 억압된 충동이나 외상(trauma), 약한 자아 등에서 나타나는 것이 아니라 삶의 의미를 찾을 능력이 없기 때문에 나타난다.
② 이상심리의 원인: 수축된 현존(내던져짐), 자율성과 독립성의 결핍(실존적 병약) 등이다.
③ 새로운 치료상의 관계: 치료자와 환자의 관계를 '만남(인격적 관계)'으로 규정한다.
④ 행운: 치료 과정에 있는 환자의 급진적 변화와 향상이 가능한 시기를 말한다.

### (5) 주요 주제
① 자유와 책임: 자유는 책임을 가정하며, 인간은 선택할 수 있는 자유를 가진 자기 결정적 존재이기 때문에 책임을 져야 한다.
② 잠재력과 죄의식: 자신의 능력을 평가하는 과정에서 불안을 느낀다.
③ 존재와 비존재: 비존재에 대한 불안감을 말한다.
④ 시간: 시간의 유한성은 인간을 불안하게 한다.

### (6) 양식세계
① 고유세계(내면세계): 자신의 세계로서 개인이 자신에게 가지는 관계를 의미한다.
② 공존세계(사회세계): 인간이 사회적 존재로서 인간만이 지니고 있는 대인관계를 의미한다.
③ 영적 세계: 인간 각자가 가지고 있는 믿음이나 신념세계로서 종교적 가치와 관계를 의미한다.
④ 주변 세계(물리적 세계): 인간이 접하며 살아가는 환경 또는 생물학적 세계를 의미한다.

### (7) 상담기법
① 의미요법
　㉠ 프랑클(Frankl)이 제시한 상담기법으로, 1938년에 저술한 저서에서 실존분석과 의미치료라는 말을 사용하였다.
　　ⓐ 실존분석: 내담자로 하여금 자신의 책임의식을 갖게 하는 노력이다.
　　ⓑ 의미치료: 내담자의 성격에서 무의식적이고 정신적인 요인을 자각하게 하는 것이다.
　㉡ 부적응의 원인은 '삶의 의미'를 찾는 능력이 없기 때문이라고 보았다.
　㉢ 철학적·정신적 문제로 고통받고 있는 사람을 도와주는 상담기법으로, 이들에게 철학적·정신적 문제를 솔직하게 인식시키는 것이다. 이때 철학적·정신적 문제란 생의 의미(즉, 삶과 죽음·고통·근로·사랑)를 말한다.
　㉣ 내담자의 성격에서 무의식적 정신적 요인을 자각하고 자신에 대한 책임감을 의식적으로 받아들이도록 하는 데 목표를 둔다.

ⓜ 의미치료의 세 가지 기본원리
  ⓐ 어떤 조건에서의 삶도 의미가 있다.
  ⓑ 사람에게는 삶의 의미를 찾으려는 의지가 있으며 이 의지를 달성했을 때 행복하다.
  ⓒ 제한된 상황에서도 우리는 삶의 의미를 찾는 자유가 있다는 것이다.
② 현존분석
  ㉠ 빈스방거(Binswanger)가 제시한 상담기법으로, 내담자의 내적 생활사를 밝혀 그 세계 내의 존재의 구조를 분석하는 것이다.
  ㉡ 이를 위해 상담자와 내담자는 현 존재의 공동의 입장에 있어야 한다. 즉, 상담자는 내담자를 객체로 취급하는 것이 아니고 현 존재의 상대이어야 한다.
  ㉢ 내담자의 생활사, 행동, 경과 등을 관찰·기술하여 내담자의 내적 세계의 의미를 해석하는 것이다.

### (8) 실존치료법의 특징

① 실존분석은 내담자의 증상이나 심리적 타격에 관심을 두는 것이 아니라 증상에 관한 내담자의 태도에 관심을 둔다.
② 불안의 문제를 기대불안으로 본다. 기대불안이란 전에 불안을 일으킨 상태가 재발하지 않을까 하는 불안에 대한 불안이다.
③ 실존분석의 최종 목적은 내담자로 하여금 인생의 적극적인 가치를 자기 속에서 발견하여 인생의 목표를 긍정적으로 지향하게 하는 것이다.
④ 기대불안에 대한 치료 방법
  ㉠ 역설적 지향 방법(역설적 의도)
    ⓐ 불안이나 공포를 피하지 않고 적극적으로 대결시켜 극복하게 하는 방법이다.
    ⓑ 불면증 환자에게 잠을 자지 않도록 한다.
  ㉡ 반성제거법(역반응)
    ⓐ 내담자의 지나친 자기의식과 반성에서 벗어나게 하여 인생의 참뜻을 찾게 하는 방법이다.
    ⓑ 불면증 환자가 잠을 자려고 애쓰는 대신에 음악을 듣거나 다른 흥미 있는 일을 하는 등 주의를 다른 곳으로 돌리면 오히려 쉽게 잠을 이룰 수 있다.
  ㉢ 소크라테스 대화법: 내담자와 대화 도중 내담자가 무시했거나 잊고 있었던 자신의 내면 세계를 스스로 발견하도록 내담자의 무의식을 파고드는 방법이다.

### (9) 실존주의 상담이론의 공헌점
① 개성이나 자각을 행동의 결정요인으로 보아 내담자의 개별성과 자아를 존중하였다.
② 인간의 자유와 책임을 강조하고 보다 능동적인 삶을 살도록 조력한다.
③ 긍정적인 인간관을 제시하였다.

### (10) 실존주의 상담이론의 문제점
① 검증하기 어려운 철학적 측면에 치우쳐 구체적인 상담기법에 소홀하다.
② 이론이 체계적이지 못하고 추상적이기 때문에 과학적 체계성이 부족하다.

## [3] 비지시적 상담(인간중심 상담, 내담자중심 상담)

### (1) 개요
① 비지시적 상담은 내담자가 중심적 역할을 하며 상담자는 허용적인 분위기를 조성하여 내담자가 자기통찰과 수용을 통하여 스스로 문제를 해결할 수 있도록 도와주는 상담을 의미한다.
② 이 상담에 있어서 중심이 되는 신념은 사람은 누구나 자신의 문제를 이해할 수 있으며 자신의 문제를 해결할 수 있는 능력이 있다고 본다.
③ 로저스(Rogers)가 〈상담의 정신치료법〉(1942)에서 주장하였다.

### (2) 이론적 가정
① 상담의 주목적은 내담자의 자발적인 문제해결이다.
② 내담자는 자신의 문제를 선정할 권리가 있다.
③ 내담자는 기회가 주어지면 자신의 진정한 행복을 약속하는 최적의 인생목표를 선택할 수 있다.
④ 상담활동은 내담자로 하여금 자신의 문제를 독립적으로 다룰 수 있는 능력을 길러 주는 데 중점을 둔다.
⑤ 모든 개인이 지니는 성장가능성은 개인의 당면한 문제를 자력으로 해결하는 데 결정적인 역할을 한다.
⑥ 인간은 근본적으로 선하고 협조적이고 건설적이며 진실하다.
⑦ 인간의 행동을 단편적으로 이해해서는 안 되며 조직된 전체로서 이해해야 한다.
⑧ 치료 그 자체가 성장의 경험을 의미한다.
⑨ 개인의 과거 장면보다 현재의 직접 장면을 더 중시한다.

### (3) 로저스(Rogers)가 제시하는 상담과정 12단계
① 내담자는 자발적으로 도움을 받으러 온다.
② 상담이라는 상황을 정의한다.
③ 상담자는 내담자가 문제에 대한 감정을 자유롭게 표현할 수 있도록 북돋아 준다.
④ 상담자는 내담자가 표출하는 부정적 감정을 받아들이고 알아주고 정리해 주어야 한다.
⑤ 내담자는 성격 성장에 보탬이 되는 긍정적 감정과 충동을 표현한다.
⑥ 상담자는 내담자의 긍정적 감정을 인정하고 받아들인다.
⑦ 부정적 감정과 긍정적 감정을 경험하면 자기애와 자기수용, 즉 통찰이 일어난다.
⑧ 통찰과 뒤섞여서 여러 가지 의사결정을 할 수 있는 길이 선명하게 보인다.
⑨ 내담자는 긍정적 행동을 취하게 된다.
⑩ 보다 깊은 통찰과 성장이 이루어진다.
⑪ 내담자는 통합된 긍정적 행동을 점점 더 많이 하게 된다.
⑫ 내담자는 도움을 받을 필요를 덜 느끼게 되고 치료관계를 종결해야겠다는 생각을 하게 된다.

### (4) 상담과정에서의 강조점
① 상담자와 내담자 사이의 인간관계를 형성하는 관계성을 중시한다.
② 상담 시 동정은 금물이다.
③ 상담자와 내담자 사이의 허용적 분위기(rapport) 형성을 상담의 조건으로 본다.
④ 내담자의 자유로운 감정표현을 중시한다.

> ▶ 라포르(rapport) 형성 조건
>  - 상담면접의 장면을 제3자에게 보이지 않는다.
>  - 이야기의 중심을 내담자에게 둔다.
>  - 상담자는 온화한 마음과 성실성을 표면에 드러낸다.

### (5) 상담의 특징
① 내담자가 자신의 문제를 대부분 말로서 표현하는 내담자 중심의 상담이다.
② 자아개념의 변화 과정, 즉 성장의 원리에 기초하고 있다.
③ 상담과정에서 진단의 단계를 배제한다.
④ 개인이 스스로 문제를 찾아 해결하도록 한다.
⑤ 내담자가 상담의 성공과 실패에 대한 책임을 진다.
⑥ 상담자의 임무는 라포르의 형성에 있다.

⑦ 정의적 영역의 상담으로 인성지도에 중점을 둔다.
⑧ 성공적인 상담의 결과는 자아개념의 변화이다.
⑨ 감정의 방출 → 통찰 → 긍정적 행동 → 통합적 행동 순의 성장단계를 기대한다.
⑩ 인간을 현상학적 존재로 보며, 내담자의 자기인식과 세계인식에 주 관심을 둔다.
⑪ 동일한 상담원리를 정상적인 상태에 있는 사람이나 정신적으로 부적응 상태에 있는 사람 모두에게 적용한다.

### (6) 현상학적 장
① '경험적 세계' 또는 '주관적 경험'으로 지금-여기(now and here)에서의 개인의 주관적인 경험을 중시하는 개념이다.
② 특정 순간에 개인이 지각하고 경험하는 모든 것을 의미한다.
③ 동일한 현상이라도 개인에 따라 다르게 지각하고 경험하므로 이 세상에는 개인적 현실, 즉 '현상학적 장'만이 존재한다.
④ 개인은 자신의 현상학적 장에 입각에 구성된 현실에 반응하기 때문에 모든 개인은 서로 다른 독특한 특성을 보인다.

### (7) 가치조건화
① 타인의 인정을 받기 위하여 부정적인 평가를 받을 수 있는 행동이나 말은 억압하고, 긍정적인 평가를 받을 수 있는 자신의 감정과 생각, 행동을 표현하려는 경향성을 의미한다.
② 아동의 경우 자신에게 의미 있는 대상인 부모로부터 긍정적인 자기 존중을 받기 위한 과정에서 부모의 양육태도에 의해 가치조건화가 형성하게 된다.
③ 부모의 가치조건을 강요하여 긍정적 자기 존중의 욕구가 좌절되고, 부정적 자기 개념이 형성되면서 심리적 어려움이 발생된다.

### (8) 실현화 경향성(actualizing tendency)
① 로저스(Rogers)가 가정한 유일한 동기는 '실현화 경향성(actualizing tendency)'이다.
② 실현화 경향성은 자신을 유지하거나 성장시키는 데 도움이 되는 방향으로 자신의 모든 능력을 개발하려는 선천적 경향성이다.
③ 유기체가 단순한 실체에서 복잡한 실체로, 의존성에서 독립성으로, 고정성에서 유연성으로 변화하고자 하는 유기체의 경향성으로 자기를 보존·유지·향상시키고자 하는 것이다.
④ 실현화 경향성은 모든 유기체에서 볼 수 있으며, 유기체의 성장과 발달을 촉진하고 지지한다.
⑤ 로저스는 인간이 긍정적인 방식으로 발전하려는 타고난 실현화 경향성이 인간다움뿐만 아니라 인간 스스로를 발전시키고 유지시킬 수 있다고 생각한다.

### (9) 상담기법

① 진실성(진지성, 일치성): 상담자는 내담자와의 관계에서 경험하는 것을 충분하고 솔직하게 표현하고 이러한 경험들이 내담자의 자아개념과 일치되는 상태를 말한다.

② 무조건적·긍정적인 관심: 상담자가 내담자를 평가하거나 판단하지 않고 내담자가 나타내는 감정이나 행동 특성들을 있는 그대로 수용하며 존중하는 태도를 말한다.

③ 정확한 공감적 이해: 상담자가 내담자의 경험과 감정을 정확하게 이해하려고 노력하는 것을 말한다.

### (10) 인간중심상담에서 상담의 한계

① 책임의 한계: 내담자는 자신의 문제와 행위에 대해 책임을 져야 한다.
② 시간의 한계: 상담 시 시간의 한계를 설정하여 내담자가 잘 적응하도록 해야 한다.
③ 행위의 한계: 내담자의 공격적 행위는 한계를 지워야 한다.
④ 애정의 한계: 상담 시 상담자가 내담자에게 보이는 애정에는 한계가 있음을 표현한다.

#### * 지시적 상담과 비지시적 상담

| 구분 | 지시적 상담(Williamson) | 비지시적 상담(Rogers) |
| --- | --- | --- |
| 인간관 | 인간은 선하나 문화적 갈등이 심하다. | 인간은 생득적으로 선하다. |
| 주도자 | 상담자 | 내담자 |
| 대상 | 지적인 적응문제 | 정서적 반응문제 |
| 목표 | 문제의 원인 해명과 치료 | 정서적 긴장, 불안, 공포 해소 |
| 이론 | 특성·요인이론 | 자아이론 |
| 진단 | 개인을 진단하기 위한 모든 자료가 필요 | 개인의 과거보다는 현재의 직접 장면이 중요 |
| 방법 | 지시, 충고, 암시, 설득 | 수용, 일치, 공감적 이해, 라포르 형성 |
| 결과 | 문제의 해결 | 통찰과 자아이해 심화, 치료 자체가 성장의 경험 |

## [4] 형태주의 상담이론(Gestalt therapy)

### (1) 개요

① 창시자는 펄스(Perls)이며, 정의적 영역의 상담에 속한다.
② 정신분석학, 형태주의 심리학, 현상학, 실존주의를 이론적 바탕으로 한다.
③ 상담자가 내담자로 하여금 자신들의 현재를 느끼고 경험하는 것을 무엇이 방해하는지를 알 수 있도록 도움으로써 내담자가 '여기-지금(here and now)'을 완전히 경험할 수 있도록 돕는 상담이론이다.

④ 인간에 대한 분석적 접근을 반대하고 전체로서의 통합과 지각을 강조한다. 특히 신체적 기능과 정신적 기능의 통합을 강조한다.
⑤ 전경(figure)과 배경(ground)의 형성과 소멸과정을 통해 인간 행동의 많은 부분을 설명한다.
⑥ 신경증환자, 완벽주의자, 지나치게 엄격하고 억압된 자에게 효과적인 상담방법이다.

### (2) 이론적 가정
① 인간은 본질적으로 선하지도 악하지도 않다.
② 인간은 전체적·현재 중심적이며, 선택의 자유에 의해 잠재력을 작성할 수 있는 존재이다.
③ 인간은 그가 속한 환경을 떠나서는 이해될 수 없으며, 내·외적 자극에 대해 능동적으로 반응하고 그에 대한 책임을 질 수 있다.
④ 인간 생활을 지각과 운동 형태의 형성과 소멸의 과정으로 본다. 즉, 적응이 잘된 사람은 형태의 생성과 소멸이 잘 진행된 사람이고, 적응이 잘 안된 사람은 외적 세계와 자신의 지각적 접촉이 이루어지지 않았거나 욕구와 행동을 억압하여 형태의 생성과 소멸과정이 방해를 받는 경우라고 본다.
⑤ 상담자는 상담을 통해 내담자의 언어와 행동, 현재의 느낌 등에 주의를 기울여 각성함으로써 형태의 생성과 소멸을 방해하는 요인을 제거해야 한다.
⑥ 지금(now)을 중시하여 현재를 제외하고는 아무것도 존재하지 않는다고 본다.

### (3) 인간관(8가지)
① 인간은 통합된 부분들로 이루어진 복합물이다.
② 인간은 환경의 한 부분이며 환경과 분리하여서는 인간을 이해할 수 없다.
③ 인간은 내·외적 자극에 대해 반응할 방법을 선택하며 세계에 대한 행위자이다.
④ 인간은 모든 감각, 사고, 정서, 지각을 충분히 인식할 수 있는 잠재력을 가지고 있다.
⑤ 인간은 인식력을 가지고 있기 때문에 선택할 수 있다.
⑥ 인간은 자기 자신의 삶을 효과적으로 영위할 수 있는 능력을 가지고 있다.
⑦ 인간은 과거와 미래를 경험할 수 없으며, 현재에서만 자기 자신을 경험할 수 있다.
⑧ 인간은 기본적으로 선하지도 않고 악하지도 않다.

### (4) 상담원리
① 총체론: 인간은 어느 한쪽 측면으로 보지 말고 통일된 전체로 보아야 한다.
② 장이론: 모든 것은 상호 관련되어 있으며, 유동적이고 변화하는 진행형에 있다.

③ 이미지 형성: 인간은 매 순간마다 환경을 조직해 독특한 이미지를 만든다. 이때 미분화된 이미지를 배경, 부각된 이미지를 전경이라 한다. 상담의 목표는 바람직한 전경을 형성하게 하는 데 있다.
④ 자기조절: 인간은 불균형상태를 복원하거나 성장해 나가도록 계속 자기조절을 한다.

**(5) 주요 개념**

① 게슈탈트(gestalt)
  ㉠ 게슈탈트라는 말은 '전체', '모습', '형태' 등의 뜻을 지닌 독일어이다. 게슈탈트 심리학자에 의하면 개체는 어떤 자극에 노출되면 그것들을 하나하나의 부분으로 보지 않고, 완결성·근접성·유사성의 원리에 따라 하나의 의미 있는 전체 혹은 형태, 즉 '게슈탈트'로 만들어 지각하는 경향이 있다고 한다.
  ㉡ 개체가 게슈탈트를 형성하는 이유는 누구나 자신의 욕구나 감정을 하나의 의미 있는 전체로 조직화하여 지각하려 하기 때문이다. 건강한 개체는 매 순간 자신에게 중요한 게슈탈트를 선명하고 강하게 형성하여 전경으로 떠올리는 데 반해, 그렇지 못한 개체는 전경을 배경으로부터 명확하게 구분하지 못한다.

② 전경-배경

> ▶ 전경(figure)과 배경(ground): 개인이 대상을 인식할 때 관심이 있는 부분은 전경이고, 그 밖의 부분은 배경이다.

  ㉠ 우리가 대상을 인식할 때 우리에게 관심 있는 부분은 지각의 중심 부분으로 떠오르지만 나머지는 배경으로 보낸다. 게슈탈트를 형성한다는 말은 개체가 어느 한순간에 가장 중요한 욕구나 감정을 전경으로 떠올린다는 말과 같은 뜻이다.
  ㉡ 건강한 개체는 매 순간 자신에게 중요한 게슈탈트를 선명하고 강하게 형성하여 전경으로 떠올릴 수 있는 데 반해, 그렇지 못한 개체는 전경을 배경으로부터 명확히 구분하지 못한다. 즉, 특정한 욕구나 감정을 다른 것과 구분하여 강하게 게슈탈트로 형성하지 못한다. 이런 사람들은 흔히 자신이 진정으로 하고 싶은 일이 무엇인지 잘 모르며, 따라서 행동목표가 불분명하고 매사에 의사결정을 잘하지 못하고 혼란스러워한다.

③ 미해결 과제와 회피
  ㉠ 개체가 게슈탈트를 형성하지 못했거나, 게슈탈트를 형성했어도 이것의 해소가 방해받을 때, 그것은 배경으로 사라지지 못하고 전경으로 떠오르지도 못한 채 중간층으로 남아 있게 된다. 왜냐하면 개체는 게슈탈트를 계속 완성하려 하는데, 아직 완결되지 않아 계속 전경으로 떠오르려 하기 때문이다. 이를 '미해결 과제'라고 한다.

  ⓒ 미해결 과제를 해결하기 위해서는 '지금-여기(here and now)'에서 느끼는 감정과 생각을 알아차리는 것이다. 미해결 과제는 끊임없이 전경으로 떠오르려 하기 때문에, 항상 '지금-여기'에 모습을 드러내고 있으며, 개체는 단지 이것을 회피하지 말고 알아차리기만 하면 된다.

④ 접촉(contact)
  ㉠ 접촉은 전경으로 떠오른 게슈탈트를 해소하고, 위해 환경과 상호작용하는 행위를 뜻한다. 즉, 에너지를 동원하여 실제로 환경과 만나는 행동이 접촉이다.
  ⓒ 게슈탈트가 형성되어 전경으로 떠올라도 이를 환경과의 접촉을 통해 완결하지 못하면 배경으로 물러나지 못한다.
  ⓒ 접촉은 알아차림과 함께 서로 보완적으로 작용하여 '게슈탈트 형성-해소'의 순환과정을 도와 개체의 성장에 이바지한다.

⑤ '지금-여기'에 대한 강조: 게슈탈트 치료자는 경험하는 유기체에게 현재가 중요함을 강조한다. 현재만이 유일하게 중요한 시제다. 반면에 과거는 지나가 버렸고, 미래는 아직 오지 않았다. 내담자가 과거를 이야기할 때 치료자는 마치 그것이 현재 살아 있는 것처럼 내담자에게 과거를 현재화하도록 요구한다.

⑥ 자각과 책임감: 자각이란 우리가 생각하고, 느끼고, 감지하고, 행동하는 것을 인식하는 과정이다. 상담자는 게슈탈트 치료를 통해 내담자들이 경험하고 행동하는 것은 무엇이건 간에 타인에게 탓을 돌리지 않고 자신이 책임을 지도록 한다.

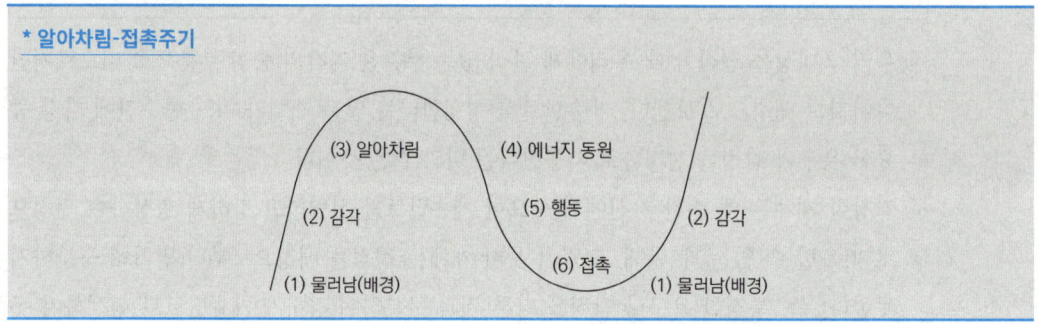

* 알아차림-접촉주기

### (6) 접촉을 방해하는 것

내담자들이 다양한 심리적 문제나 증상을 나타내는 것은 각기 다른 원인에 의한 접촉경계 장애 때문이다.

① 내사
  ㉠ 개체가 환경의 요구를 무비판적으로 받아들이는 것을 의미한다.
  ⓒ 개인은 환경과의 접촉을 통해 자신에게 필요한 것을 외부로부터 받아들이는데 사회와

부모의 가치관을 비판을 통해 자기 것으로 동화시키지 못하고 무비판적으로 받아들임으로써 내면적인 갈등을 일으키는 현상을 말한다.

② 투사
  ㉠ 자신의 생각이나 욕구, 감정을 타인의 것으로 지각하는 것을 의미한다.
  ㉡ 자신이 타인에 대해 애정이나 적대감을 갖고 있으면서 오히려 타인이 자신에게 그러한 감정을 갖고 있는 것으로 지각하는 것이다.
  ㉢ 내사된 도덕적 규범 때문에 자신의 특정한 욕구나 감정을 허용할 수 없는 경우에 이를 타인의 것으로 지각함으로써 해결하려고 한다.

③ 융합
  ㉠ 개인이 서로의 독자성을 무시하고 동일한 가치와 태도를 지닌 것처럼 여기는 것을 의미한다.
  ㉡ 융합관계에 있는 사람들은 겉으로는 서로 지극히 위하고 보살펴 주는 사이인 것처럼 보이지만 내면적으로 독립적으로 행동하지 못하고 의존관계에 빠져 있는 경우가 많다.
  ㉢ 부부 사이나 부모–자녀 사이에서 많이 발견된다.
    ⓐ 융합 관계에 있는 두 사람은 태아와 어머니의 관계처럼 서로 간에 경계가 없이 마치 하나의 개체인 것처럼 착각하며 산다.
    ⓑ 내가 행복하면 너도 행복하고, 내가 불행하면 너도 불행을 느끼는 일심동체의 관계와 같다. 하지만 두 개체가 똑같은 감정이나 생각을 가진다는 것이 사실상 불가능하기 때문에 그러자면 삶이 활기를 잃어버리게 된다.

④ 반전
  ㉠ 개인이 다른 사람이나 환경에 하고 싶은 행동을 자기 자신에게 하는 것, 타인이 자신에게 해 주기를 바라는 행동을 스스로 자기 자신에게 하는 것을 의미한다.
  ㉡ 반전은 개인이 성장한 환경이 억압적이거나 비우호적이어서 자연스러운 접촉행동을 할 수 없는 경우에 부모와 환경의 태도를 자신의 것으로 내사하기 때문에 일어난다.
  ㉢ 자기가 타인이나 환경과 상호작용하는 대신에 자기 자신을 행동의 대상으로 삼거나, 타인에게 화를 내는 대신에 자기 자신에게 화를 내거나, 타인으로부터 위로받는 대신에 스스로 자위하는 것 등이다.

⑤ 편향
  ㉠ 환경과의 접촉으로 인해 감당하기 힘든 심리적 결과가 초래될 것이라고 예상할 때 환경과의 접촉을 피해버리거나 자신의 감각을 둔화시킴으로써 환경과의 접촉을 약화시키는 것을 의미한다.
  ㉡ 말을 장황하게 하거나 초점을 흐리는 것, 말하면서 상대방을 쳐다보지 않거나 웃어버리는 것, 추상적인 차원에서 맴도는 것 등이 있다.

⑥ 자의식
  ㉠ 개체가 자신에 대해 지나치게 의식하고 관찰하는 현상을 의미한다.
  ㉡ 자신의 행동에 대한 타인의 반응을 지나치게 의식하기 때문에 발생한다.
  ㉢ 욕구나 감정을 지니고 있지만 그러한 행동을 했을 때의 결과를 확신하지 못하기 때문에 행동을 억제한 채 엉거주춤한 상태로 자신의 어색한 모습을 의식하게 될 때 생기는 심리상태이다.
  ㉣ 항상 관찰자의 위치에서 자신의 행동을 감시하고 통제하여 편안한 마음으로 타인과 접촉하지 못하고 긴장 상태에 머물러 있다.
  ㉤ 자의식이 강한 사람은 다른 사람으로부터 존경받고 싶고, 관심을 끌고 싶어 하지만, 거부당할까 두려워 행동을 드러내지 못하는 사람이며, 이는 충족되지 않은 자기애 욕구에 의해 발생한다고 볼 수 있다.

**(7) 상담자의 역할**
  ① 관심과 감동의 능력: 상담자는 내담자의 존재와 그의 삶의 이야기에 대해 진지한 흥미와 관심을 보일 수 있어야 하며, 내담자의 이야기에 감동할 수 있는 능력이 있어야 한다.
  ② 존재 허용적인 태도: 상담자는 내담자 스스로 자신의 삶을 살도록 허용해 주어 내담자의 존재를 허용하는 마음을 가져야 한다.
  ③ 현상학적 태도: 모든 치료행위에서 상담자는 내담자로 하여금 스스로 문제를 발견하게 하고 탐색과 실험을 통하여 스스로 문제를 해결해 나가도록 도와주어야 한다.
  ④ 창조적 대응: 상담자는 위의 현상학적 태도에 따라 내담자의 현상을 따라가기는 하지만 내담자의 문제에 함께 빠져서는 안 되며, 내담자가 갖고 있는 고정된 시각에 대안을 제시해 줄 수 있어야 한다.

**(8) 상담목적**
  ① 언제나 잘 통합된 인간형성이다.
  ② 통합된 인간을 형성하기 위해 내담자의 개인적 각성을 증진시키고, 내담자가 여기-지금의 삶을 살아가도록 돕는 것이다. 즉, 개인적 각성의 향상이다.

**(9) 상담과정**
  ① 제1단계: '여기-지금(here-now)'에 대한 자각
    상담자는 내담자로 하여금 감각을 집중시키면서 자신을 경험하도록 하며, 자신의 실존적 의미를 말로 표현하도록 요구한다.

② 제2단계: 욕구 좌절에 대한 자각

상담자는 내담자로 하여금 심리적 욕구가 충족되지 못한 상태임을 자각하도록 하며, 이러한 욕구에 대한 자각과 수용 그리고 자신에게 내재된 잠재력을 통해 행동 변화가 이루어질 수 있도록 인식시킨다.

③ 제3단계: 자아통합의 촉진 및 실현

자기 자신 및 타인 그리고 이전 상황들에 대해 새로운 관점을 가지도록 하며, 자신의 선택에 의해 새로운 행동을 결정하고 어려운 상황에 대처하는 기술을 익히도록 한다. 또한 자신의 능력에 대해 자신감을 가지도록 하며, 자신이 원하는 것과 사회적인 요구 간에 균형이 이루어지도록 한다.

### (10) 상담기법

① 자기 각성 기법: 지금 여기에서 체험되는 것들을 자각하는 것으로, 욕구와 감정자각, 신체자각, 환경자각, 언어자각, 책임자각 등이 있다.

② 빈 의자 기법: 가장 많이 쓰이는 기법 중 하나로서 내담자로 하여금 갈등 상태에 있는 어떤 감정문제를 해결하는 데 도움이 되는 기법이다. 내담자는 그가 지니고 있는 감정들을 빈 의자에 투사함으로써 그 감정을 확실히 체험하고 각성할 수 있도록 하는 것이다.

③ 뜨거운 자리: 내담자로 하여금 자기를 괴롭히는 어떤 구체적인 문제를 이야기하게 하고, 그 후 상담자는 그것에 대하여 직접적이고 공격적으로 직면시켜 줌으로써 미해결의 과제를 해결하게 하는 기법이다.

④ 꿈 작업: 표현되지 못한 감정, 충족되지 못한 욕구, 미완성된 상황이 꿈에 나타난다고 본다. 즉, 지금-여기에서 미해결 과제가 꿈에 나타난다는 것이다. 꿈속에 숨겨진 메시지를 찾아 생활상의 문제를 발견하고 내담자가 자신에 대한 자각을 발전시킬 수 있다.

⑤ 환상게임: 환상은 고통스럽고 지겨운 현실에서 일시적 해방을 즐기게 하며 환상을 통한 학습은 현실에의 적응을 돕는다. 또 환상을 통해 자신의 미완성된 것, 바라는 것이 드러남으로써 자신을 알게 해 주며 창조와 관련되기도 한다.

---

**\* 5개의 신경증의 층**

펄스(Perls)는 상담을 통해 성격이 변화되는 과정을 양파 껍질을 벗기는 것에 비유했다. 인간은 심리적 성숙을 얻기 위해 다섯 단계의 신경증의 층을 벗겨야 한다고 한다. 다섯 가지 층을 가장 바깥에 있는 층부터 순서대로 살펴보면 다음과 같다.

- 피상층(허위층, 가짜층, 진부층): 다른 사람들과 진정하지 않고, 형식적이며, 의례적인 규범에 따라 피상적으로 접촉하는 수준을 말한다.
- 공포층(역할연기층): 자기 고유의 모습을 드러내면 중요한 타인들로부터 거부당하게 될 것이라는 두려움 때문에, 자기 고유의 모습으로 살기보다는 부모나 주위 환경의 기대에 따라 행동하는 단계이다.
- 교착층(난국층, 곤경층): 역할연기의 무의미함을 깨닫고 역할연기를 그만두지만, 스스로 자립할 수 있는 능력이 미비한 상태여서 무기력과 두려움을 느끼는 단계이다. 이 단계에 속하는 사람들은 흔히 방향감각을 잃고, 환경을 헤쳐 나갈 수 있는 방법을 찾지 못해 오도 가도 못하는 실존적 딜레마에 빠지게 된다.

- 내파층(내적 파열층): 억압하고 차단해 왔던 욕구와 감정을 인식하게 되지만 여전히 환경을 의식하게 되면서 파괴력을 지닌 에너지를 자신의 내부로 발산하는 단계이다. 내담자의 내부에서 폭발한 에너지는 내담자의 내면세계를 파괴하고 피폐하게 만든다.
- 외파층(폭발, 외적파열층): 자신의 감정이나 욕구를 더 이상 억압하거나 차단하지 않고 직접 외부 대상에게 표현하게 되는 단계이다. 이 단계에 도달한 내담자는 과거에 억압하고 차단했던 욕구와 감정을 분명히 인식하고 강한 게슈탈트를 형성하여 환경과의 접촉을 통해 미결과제를 완결 짓는다.

### (11) 형태주의 상담에 대한 평가
① 형태주의 상담의 공헌점
㉠ 인간의 본성에 대한 숨겨진 갈등을 가진 사람들에게 통찰을 제공하는 데 매우 유용하다.
㉡ 다양한 상담기법을 활용하여 적용 가능한 분야가 넓다.
㉢ 심리적 기능을 방해하는 미해결 과제를 지각하고 처리하는 데 도움이 된다.
② 형태주의 상담의 제한점
㉠ 인간의 성격발달에 대한 이론적 설명이 부족하다.
㉡ 인간 감정에 대한 강조를 하는 데 반하여 인지적 사고를 경시하고 있다.
㉢ 과도한 주관적 개인주의에 기초하고 있기 때문에 공동체의 영향을 경시한다.

## [5] 상호교류분석이론(TA, 심리교류분석, 의사거래분석)

### (1) 개요
① 창시자는 번(Berne)으로 정신분석학자 융(Jung)의 사상에 영향을 받은 이론이다.
② 인간 행동의 이면에 숨겨져서 그 행동에 동기를 부여하는 숨겨진 배경들과 그 배경이 나타나는 과정을 분석하는 상담방법이다.
③ 체계적 성격 이론이며 혁신적 상담이론이다.
④ 개인상담뿐만 아니라 집단상담, 조직 역동, 산업체 문제 등에 광범위하게 적용된다.
⑤ 정신분석적 상담과 유사하면서도 독특성과 창조성이 있다.

### (2) 이론적 가정
① 인간의 모든 것은 어릴 때 결정되나 변화될 수 있다. 즉, 인간은 스스로 결정하고 자신을 변화시켜 가며 자신의 생활을 돌볼 수 있다.
② 인간은 자신의 목표나 행동양식을 선택할 수 있는 능력을 지니고 있으므로 개인은 자신이 내린 과거 결정을 이해할 수 있고 이에 대하여 다시 결정을 내릴 수 있는 능력을 지니고 있다.
③ 모든 사람은 어버이(Parent ego), 어른(Adult ego), 어린이(Child ego) 등 세 가지 자아상태(PAC)를 가지고 있고, 이 중 어느 하나가 상황에 따라 한 개인의 행동을 지배한다.

④ 모든 인간은 세 개의 자아상태로 인격을 이루고 있는데 이것은 각각 분리되어 있으며 특이한 행동의 원칙이 된다.

⑤ 가장 먼저 발달하는 자아상태는 어린이 자아상태이고 다음에는 어버이 자아상태, 마지막에는 어른 자아상태이다.

⑥ 특징

| | |
|---|---|
| 어버이 자아상태(P) | • 부모로부터 물려받은 자아상태로 가치관, 신념, 도덕관 등을 표현한다. 도덕적 반응을 나타낸다.<br>• 출생에서부터 5년간 주로 부모를 통해 모방 또는 학습되는 내용들로 구성된다.<br>• 무비판적·무조건적 수용에 의해 비현실적·독선적이며, 무조건적·금지적인 양상을 보인다.<br>• 비판적인 부모 자아(CP), 양육적인 부모 자아(NP) |
| 어른 자아상태(A) | • 객관적·자율적으로 정보를 처리하고 확률을 추정하는 것과 관련되어 있는 것으로 현실적이고 논리적이며 자신과 환경에 관련된 정보를 분석·저장·인출하는 인지적 기능을 담당한다. 사실을 사실로 보는 반응을 나타낸다.<br>• 대략 18개월부터 발달하기 시작하여, 12세경에 정상적으로 기능한다.<br>• 내적 욕구와 외적 욕구를 중재한다.<br>• 어른 자아를 효과적으로 사용하는 경우 어린이 자아와 어버이 자아를 조화롭게 할 수 있으나, 어른 자아가 지나친 경우 타산적인 사람으로 보일 수 있다. |
| 어린이 자아상태(C) | • 언제나 고태적(古態的)·퇴행적(退行的)인 자아상태이다. 감정적이고 순진한 반응을 나타낸다.<br>• 어린 시절에 실제로 느꼈거나 행동했던 것과 똑같은 감정이나 행동을 나타내는 자아 상태이다.<br>• 프로이트의 '원초아'에 대응되며, 나이와 상관없이 실제적인 행동 및 사고가 어린 아이와 유사하다.<br>• 자유로운 어린이 자아(FC), 순응적인 어린이 자아(AC) |

⑦ 자아도

㉠ 자아상태 내의 에너지의 기능과 양을 막대 그림 형태로 상징화한 것이다.

㉡ 어버이는 비판적 어버이(CP)와 교양적 어버이(NP)로 나누었으며, 아이는 자유로운 아이(FC)와 순종적이거나 반항적인 각색된 아이(AC)로 나누었는데, 어른은 나누지 않았다. 이 다섯 가지의 자아상태에 투사된 심리적 에너지의 양에 따라 성격이 달라진다.

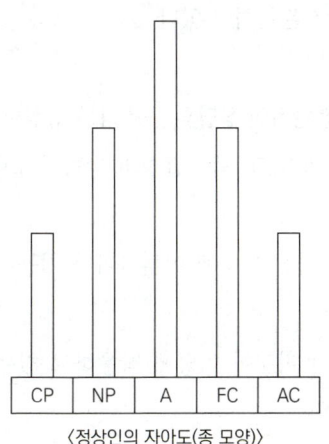

〈정상인의 자아도(종 모양)〉

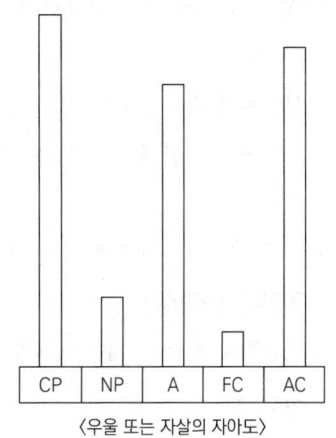

〈우울 또는 자살의 자아도〉

ⓒ 막대그래프가 높을수록 그 자아상태에 투자한 에너지와 시간의 양이 많고, 낮을수록 투자한 에너지와 시간의 양이 적다. 자아도는 향상성을 가정하고 있으므로 어떤 하나의 자아상태의 에너지가 증가하면 다른 자아상태는 그만큼 감소한다.

---

**\* 자아상태의 병리**

오염(혼합)과 배타(배척)가 자아기능에 장애를 초래한다.

1. 오염(혼합)
   - 성인자아가 부모자아, 아동자아와 충분히 구별되지 않고 오염되는 상태를 말한다.
   - 성인자아의 경계가 견고하지 못하고 부모자아, 아동자아가 성인자아의 기능에 영향을 미친다.
   - 부모자아(비판적)가 오염되면 편견이 심해진다.
   - 아동자아가 오염되면 망상, 환각이나 공포 등의 아동적인 공포증을 보이게 된다.
2. 배타(배척)
   - 세 자아의 경계가 지나치게 경직되어서 심적 에너지 이동이 거의 불가능한 상태이다.
   - 부모자아(비판적)가 배척된 상태에서는 물건을 훔쳐도 죄책감이 없다.

---

### (3) 상담의 목표

① 상담의 목적: 교류분석상담의 주된 목적은 개인이 자신의 삶에 대해 책임지고 스스로 지도할 수 있는 자율성을 갖도록 하는 것이다(Berne, 1964)

② 상담의 목표: 교류분석의 목적을 달성하기 위한 구체적인 목표는 다음과 같다.
  ㉠ 혼합이 없이 어른 자아가 정상적으로 기능할 수 있도록 한다.
  ㉡ 배타가 없이 상황에 따라 P, A, C가 적절히 기능할 수 있도록 한다.
  ㉢ 금지령, 회색경품권, 만성부적감정을 각성시켜 게임에서 벗어나게 한다.
  ㉣ 초기 결단 및 이에 근거한 생활각본을 새로운 결단에 근거해 자기긍정-타인긍정의 생활각본으로 바꾼다.

### (4) 상담의 과정

계약분석, 구조분석, 상호교류분석, 게임분석, 생활각본분석이 있다.

① 계약분석
  ㉠ 상담자와 내담자가 상담목표에 대한 합의 및 전반적인 상담의 구조화를 형성하는 것이다.
  ㉡ 계약에는 성취해야 할 목표, 상담자와 내담자의 역할, 목표달성의 방법이 포함된다.

② 구조분석
  ㉠ 내담자의 자아상태에 관한 분석으로, 과거의 경험 때문에 어른자아가 기능하지 못하는 원인을 분석한다.
  ㉡ 내담자로 하여금 자신의 자아상태를 발견해서 이것이 어떻게 작용하고 있는가를 인식시킨다.

③ 상호교류분석
　㉠ 상호교류란 두 사람의 자아상태에서 이루어지는 자극과 반응으로, 내담자가 실제 타인과 맺고 있는 상호교류작용 상태를 이해하고자 하는 것이다.
　㉡ 내담자의 의사소통이나 대인관계상의 문제점을 분석하고 확인하는 것이다.
　㉢ 상보교류
　　ⓐ 자극이 지향하는 그 자아상태로부터 반응이 나오며, 자극을 보냈던 그 자아상태로 반응이 다시 돌아온다.
　　ⓑ 평행적 교류이며 갈등이 없는 교류로서 대화가 중단되지 않고 계속될 수 있다.
　㉣ 교차교류
　　ⓐ 의사소통 방향이 평행이 아니고 서로 교차될 때 이루어지는 교류이다.
　　ⓑ 갈등적인 교류로서 대화지만 오래 지속되지 못하고 중단되며 대화의 단절을 가져온다.
　㉤ 이면교류
　　ⓐ 의사교류에 관계된 자아 중 겉으로 드러나는 사회적 자아와 실제로 기능하는 심리적 자아가 서로 다른 의사교류를 말한다.
　　ⓑ 겉으로는 합리적인 대화이지만 이면에 다른 동기나 저의를 감추고 있는 교류이다.
　　ⓒ 진솔한 대화가 잘 안되고 서로 불신하고 경계하는 사이에서 자주 발생하는 교류이다.

④ 게임분석
　㉠ 게임이란 일련의 연속적 교류가 이루어진 결과로 두 사람이 모두 나쁜 감정으로 끝나는 심리적 교류이다.
　㉡ 게임분석에서 중요한 것은 어루만짐(stroke)으로, 이는 타인으로부터의 인정을 말하는 것이다. 어루만짐은 긍정적 어루만짐과 부정적 어루만짐 두 가지가 있다.
　㉢ 어루만짐
　　ⓐ 인간이 사회적 상호작용을 하는 기본적인 동기는 타인으로부터 인정에 대한 욕구이다.
　　ⓑ 인간은 어루만짐을 받기 위해 게임을 하게 된다.
　　ⓒ 어루만짐을 주고받는 방식은 학습되는 것이며, 방식에 따라 개인의 성격 형성이 달라진다.
　　ⓓ 어릴 때는 신체적 접촉에 의한 어루만짐이 대부분이다. 2~4세부터는 언어를 통한 어루만짐이 일어나고, 그 후에는 점차 언어적 어루만짐의 비중이 커진다.

> **\* 게임을 하는 이유**
> – 애정이나 인정 자극을 받기 위해서 한다.
> – 생활시간을 구조화하기 위해서 한다.
> – 자신의 만성적인 부정적 감정을 유지하기 위해서 한다.
> – 자신의 기본적인 생활태도를 반복하고 확인하기 위해서 한다.

⑤ 생활각본분석
　㉠ 생활각본은 생의 초기에 있어서 개인이 경험하는 외적 사태들에 대한 자신의 해석을 바탕으로 하여 형성되고 결정된 환경에 대한 반응행동 양식이다.
　㉡ 생활각본의 분석은 자신의 생활양식을 이해하여 현재 자신의 생활에 대하여 새롭게 재결단할 수 있는 기회를 제공하는 데 목적이 있다.
　㉢ 4가지 생활자세

| 자기부정 – 타인긍정<br>(I'm not OK-You're OK)<br>피해적 인간관계<br>마조히즘적 경향 | • 아이들 출생 시 상황이 중요하다.<br>• 어릴 때 부모의 무조건적인 인정자극 경험(You're OK)<br>→ 타인의 친밀한 관계를 맺기 어려움, 열등감, 죄의식, 우울, 타인 불신, 정도가 심하면 자살로 이어질 수 있다. |
|---|---|
| 자기부정 – 타인부정<br>(I'm not OK-You're not OK)<br>파괴적 인간관계<br>종말적 경향 | • 생후 1년을 전후한 경우가 중요하다.<br>• 자신의 몸을 움직이나 생각과 같이 되지 않아 넘어져서 다치기도 한다(I'm not OK).<br>→ 인생에 대한 무가치감, 허무감, 정신분열 증세, 자살이나 타살의 충동을 느낌, 일생 동안 정신병원이나 교도소 출입 |
| 자기긍정 – 타인부정<br>(I'm OK-You're not OK)<br>공격적 인간관계<br>새디즘적 경향 | • 2~3세의 경험이 중요하다.<br>• 외부의 도움 없이 생존할 수 있는 자신감(I'm OK)<br>→ 지배감, 우월감, 양심 부재, 타인에 대한 불신, 비난, 증오, 살인과 관련된 행동 특징, 독재자, 비행자, 범죄자에게 흔히 볼 수 있다. 자신의 잘못을 타인이나 사회에 돌려 자신을 희생당하고 박해받는 사람으로 여긴다. |
| 자기긍정 – 타인긍정<br>(I'm OK-You're OK)<br>생산적 인간관계<br>애정적 경향 | • 3세 이후가 중요하다.<br>• 어른자아가 기능하기 시작<br>• 앞의 3가지 생활자세는 자기긍정-타인긍정의 자세로 변화 가능(모든 사람이 자연히 변화하는 것은 아니다)<br>→ 정신적·신체적으로 건전, 사물을 건설적으로 대함, 타인 존재의 의미를 충분히 인정하는 건설적인 인생관을 지닌 사람이다. |

**(5) 상호교류분석이론의 장점**
　① 대인관계에서 의사소통의 질을 개선할 수 있는 구체적인 방안을 제시하였다.
　② 효율적인 부모가 될 수 있는 길을 제시하였다. 즉, 인정자극과 자녀의 어른 자아를 상대로 이야기하는 것의 중요성과 자녀와의 대화에서 금지령과 그에 따른 초기 결단이 일생 동안 악영향과 암시적 교류의 원인임을 분명히 제시한다.
　③ 상담자의 혁신적인 상담이 아니라 내담자 스스로 자신을 변화시킬 수 있는 방법을 제시해 자신을 이해하고 분석하여 보다 자율적인 인간이 될 수 있게 한다.
　④ 상담자와 내담자의 계약을 중요시해 서로의 자유와 책임을 분명히 해 준다.
　⑤ 자신의 상담기술만을 고집하지 않고 다른 상담기술 등을 병행하여 상담목적을 달성케 한다.

### (6) 상호교류분석이론의 문제점

① 주요 개념이 인지적 요인을 다루고 있기 때문에 지적 능력이 낮은 내담자에게 부적절할 수 있다.
② 이론과 개념들의 타당성을 검증하거나 지지하기 위해 수행된 경험적 연구가 부족하다.
③ 주요 개념들이 추상적이고 그 의미가 모호하여 실제로 적용하는 데 어려움이 많다.
④ 창의적인 면도 있지만 새로운 개념같이 보이는 것도 실제로는 다른 이론가들이 이미 사용한 개념들과 유사점이 많아 독특성이 부족하다.

## [6] 개인심리상담

### (1) 개요
① 창시자는 아들러(Adler)이다.
② 프로이트의 정신분석으로부터 발전된 아들러의 개인심리학에 기초한 상담이론이다.
③ 개인심리학은 개인을 전체로 보아 개인의 일부는 다른 나머지 부분을 변화시키지 않고서는 변화시킬 수 없다는 것을 기본 가정으로 삼고 있다.

### (2) 이론적 가정
① 인간은 의미의 세계 속에 살고 있으며, 현실 자체보다 현실에 부여하는 의미가 중요하다.
② 인간의 행동은 열등감의 보상이며, 열등감의 보상은 모든 인간이 본질적으로 추구하는 경향성이다.
③ 인간의 열등감은 하나의 동기가 되어 각 개인은 열등감을 극복하려는 노력을 하게 되며, 그 결과 진보·성장·발달하는 것이다.
④ 가족관계나 개인의 발달에 관심을 갖고 있다.
⑤ 상담은 내담자가 가진 자신의 열등감과 생활양식의 발달과정을 이해하고, 이것이 현재 그의 생활과제의 해결에 어떻게 영향을 미치고 있는가를 이해하도록 하여 그의 생활목표와 생활양식을 재구성하도록 도와주는 것이다.
⑥ 개인의 목표, 생활양식, 태도, 동기 등에 상담의 초점을 두고 있다.

### (3) 주요 개념
① 생활양식
  ㉠ 의미 있는 삶의 목표를 추구하기 위해 개인이 지니고 있는 기본적 지향이나 성격이다.
  ㉡ 모든 사람이 생활양식을 가지고 있지만 어떤 사람도 똑같은 유형을 갖지 않는다.
  ㉢ 어린 시절 가족관계 속에서 상호작용에 의해 학습되지만 수동적으로 조형되는 것이 아니라 스스로 창조하는 것이다.

ㄹ '사회적 관심'과 '활동수준'을 기준으로 지배형, 기생형, 도피형, 사회적 유용형으로 구분된다.
- ⓐ 지배형: 독단적·공격적·활동적이지만 사회적 인식이나 관심이 거의 없는 사람
- ⓑ 기생형: 타인으로부터 많은 것을 얻어내려는 기생적인 방법으로 자신만의 욕구를 충족하려는 사람
- ⓒ 도피형: 사회적 관심이 없고 인생에 참여하려는 활동을 하지 않는 사람
- ⓓ 사회적 유용형: 자신과 타인의 욕구를 동시에 충족시키려고 노력하고, 인생 과업을 위해 기꺼이 타인과 협동하는 사람

② 사회적 관심
- ㉠ 개인이 사회의 일부라는 인식과 더불어 사회적 세계를 다루는 개인의 태도를 의미한다.
- ㉡ 개인은 사회소속에 대한 욕구를 지녔고 이러한 소속감을 가질 때만 문제에 직면하고 그것을 처리하려고 노력한다.

③ 초기기억
- ㉠ 초기기억은 어린 시절 경험 중 구체적이며 특수한 기억을 의미한다.
- ㉡ 생후 6개월부터 9세까지의 선별된 기억으로 내담자의 생활양식, 신념, 사회적 관계, 행동목표 등에 의미 있는 단서를 제공한다.
- ㉢ 상담자는 내담자의 초기기억을 통해 내담자의 생활양식에 대하여 이해할 수 있으며, 이를 통해 내담자의 삶의 목표를 파악하는 데 유용할 수 있다.

④ 열등감과 보상
- ㉠ 열등감
  - ⓐ 개인이 잘 적응하지 못하거나 해결할 수 없는 문제에 직면했을 때 생기는 것이다.
  - ⓑ 모든 인간으로 하여금 무언가를 추구할 수 있게 하는 동기이다.
  - ⓒ 열등감은 누구에게나 있고, 인간이 성숙해지고 자신의 잠재력을 실현하는 데 필요한 것이다.
  - ⓓ 인간의 심층심리에 자리 잡고 있는 열등감이 모든 병리현상의 일차적 원인이며, 많은 정신병리현상은 열등감에 대한 이차적인 반응이다.
  - ⓔ 인간은 누구나 열등한 존재로 태어나기 때문에 인간이 된다는 것이 곧 열등감을 갖게 되는 것이다.
  - ⓕ "열등감은 연약한 인간에게 자연이 준 축복이다.", 즉 열등상황을 극복하여 우월의 상황으로 밀고 나가게 하는 힘을 지닌 강한 열등감은 인간의 잠재능력을 발달시키는 자극제 또는 촉진제로써의 역할을 한다.
- ㉡ 보상: 잠재력을 발휘하도록 인간을 자극하는 건전한 반응, 즉 열등감에서 우월감을 갖도록 어떤 것을 유발하는 반응이다.

> **\* 열등감의 근원**
>
> 1. 기관열등감: 개인의 신체, 외모, 건강과 관련된 열등감으로, 부모로부터 물려받은 자신의 신체에 대하여 어떻게 생각하는가와 관련된 것이다.
> 2. 과잉보호
>    - 부모의 자녀교육과 관련된 것으로, 자녀를 독립적으로 또는 의존적으로 키우느냐는 부모의 교육방식에 따라 달라진다.
>    - 부모가 모든 것을 다 해주기 때문에 스스로가 무능하다고 생각하고 다른 사람들이 자신을 돌봐야 하고, 부모가 없을 때 안 좋은 일이 일어날 수도 있다고 생각한다.
>    - 삶의 어려운 고비에 부딪혔을 경우 해결할 능력이 없다고 믿고 열등감에 젖게 된다.
> 3. 양육태만
>    - 부모가 자녀에 대한 최소한의 도리를 하지 않는 것과 관련된 것으로, 부모의 사랑과 관심은 매우 중요한 요소이다.
>    - 자녀에게 사랑을 베풀기를 거부하거나 무관심한 부모 밑에서 자란 자녀는 자신의 가치에 대해 회의를 하고 자신이 세상에서 필요 없는 존재라는 생각에 빠지게 된다.
>    - 문제를 직면하고 해결하기보다는 회피하고 저항적인 태도를 보인다.

⑤ 허구적 최종목적론
    ㉠ 아들러는 인간의 행동이 과거 경험에 의해 좌우되기보다는 미래에 대한 기대에 의해서 더 좌우된다고 생각하였다.
    ㉡ 허구적 최종목적론은 미래에 실재하는 것이기보다 주관적으로 또는 정신적으로 현재의 행동에 영향을 주는 이상으로 여기-현재에 존재하는 것을 의미한다.
    ㉢ 아들러는 개인의 모든 심리현상은 그의 허구적 최종목적을 이해함으로써 설명될 수 있다고 주장하였다.
    ㉣ 이 최종의 목적 때문에 인간은 무엇을 진실로 수용하게 될 것인가, 어떻게 행동할 것인가, 그리고 사건들을 어떻게 해석할 것인가를 위한 창조적 힘을 갖는다.

⑥ 가족구조·출생순위에 따른 성격
    ㉠ 첫째 아이
        ⓐ 부모의 사랑과 관심을 받지만, 둘째 아이가 태어나면 '폐위된 왕'이 된다.
        ⓑ 첫째 아이는 권위의 중요성을 동생보다 더 잘 이해한다.
        ⓒ 퇴행적인 행동, 권위적 인물이나 규율에 쉽게 동조하는 행동, 책임감, 타인 배려의 모습이 나타난다.
    ㉡ 중간 아이
        ⓐ 둘째 아이의 가장 큰 특성은 '경쟁'이다.
        ⓑ 아들러는 이들이 공통적으로 달리는 꿈을 꾼다고 하였다.
        ⓒ 둘째는 태어나면서 첫째와의 경쟁 그리고 막내가 태어나면서 막내와의 경쟁적인 관계에 있게 된다.
        ⓓ 경쟁적인 성향, 승부욕, 적응력, 소유욕이 강하게 나타난다.

ⓒ 막내 아이
  ⓐ 막내는 과잉보호될 가능성이 크며, 과잉보호 때문에 의존적이 된다.
  ⓑ 특징으로는 응석받이 행동, 낮은 독립심, 열등감 등이 있다.
ⓔ 외동 아이
  ⓐ 외동 아이는 가족 내에서 경쟁할 사람이 없기 때문에 경쟁 대상이 될 가능성은 약하다.
  ⓑ 외동으로서 이들은 관심의 중심이 되고 자신의 중요성에 대해 과장된 견해를 갖고 있다.

### (4) 상담과정
① 상담관계의 설정: 내담자와 상담자 사이에 따뜻하고 배려하는 공감적 관계를 형성한다.
② 내담자의 역동성 분석과 이해: 내담자의 목표, 생활양식, 중요한 경험에 부여한 해석 등을 탐색한다.
③ 통찰을 위한 해석: 내담자의 과오를 해석한다.
④ 재교육: 개인의 목표, 생활양식, 인생의 의미를 재구성할 수 있도록 재교육한다.

### (5) 개인심리상담 기술
① 격려하기: 내담자가 성장을 위한 모험을 할 수 있도록 한다.
② 심상 만들기: 바람직한 목표를 설정하게 한다.
③ 가상행동: 마치 ~인 것처럼 행동한다. 내담자가 바라는 행동을 가상장면에서 해 보거나 바람직한 자신의 모습을 상상하여 해 보도록 하는 것이다.
④ 역설적 의도: 자신의 잘못된 행동을 객관적인 입장에서 확인하도록 하여 행동의 책임이 자신에게 있음을 깨닫도록 한다.
⑤ 스프에 침 뱉기: 내담자의 행동과 흡사한 행동을 재현하여 내담자가 자신의 부정적 행동을 종식하도록 한다.
⑥ 단추 누르기: 유쾌한 경험과 유쾌하지 않은 경험을 번갈아 가며 생각하도록 한다.
⑦ 과제부여: 문제해결을 위해 치료자가 특정한 과제를 개발하여 내담자에게 부과한다.
⑧ 수렁 피하기: 내담자의 자기 패배적인 생각을 피하도록 돕는다.

### (6) 개인심리상담의 공헌점
아동교육과 부모교육 및 집단상담, 가족상담에 적용할 수 있다.

### (7) 개인심리상담의 문제점
① 지나치게 주관적 경험에 기초하고 있다.
② 지적 통찰을 지나치게 강조하므로 지적 수준이 낮은 내담자에게는 적합하지 않다.

## [7] 분석심리학적 상담

### (1) 분석심리학적 상담의 개요

① 인간관

  ㉠ 인간은 긴 역사의 산물로 생물학적·문화적·정신적 유전을 '집단 무의식'을 통해 선조로부터 물려받은 존재이다.

  ㉡ 인간의 마음은 의식(consciousness), 개인무의식(individual unconsciousness), 집단무의식(collective unconsciousness)으로 구성된다.

  ㉢ 인간의 성격은 아동기의 경험과 원형에 의해 부분적으로 결정될 수 있다.

  ㉣ 아동기의 경험이 인간의 성격에 영향을 미치지만, 성격 형성을 좌우하지 않는다.

  ㉤ 인간은 자유의지와 자발성이 있다.

  ㉥ 인간은 중년기의 경험 및 미래에 대한 희망과 기대에 의해 많은 영향을 받는다.

  ㉦ 인간은 중년기에 개성화 혹은 자기화 수준이 달성되게 되면 '보편적 성격(universal personality)'을 발달시킨다.

  ㉧ 인간은 항상 지금 이 순간보다 더 좋아지고 나아지려는 희망을 갖고 있는 존재이다.

| 프로이트의 무의식 | 융의 집단무의식 |
| --- | --- |
| • 과거의 경험이자 억압된 욕구와 기억으로 사람마다 다르다.<br>• 분석심리학의 개인 무의식에 해당된다.<br>• 무의식을 단지 의식에서 받아들일 수 없는 유아기적 욕구와 해결되지 못한 '갈등의 창고'로 본다. | • 개인이 아닌 인류 전체의 경험으로 생겨나는 무의식이다.<br>• 정신분석에서는 찾아볼 수 없었던 새로운 개념으로 태어날 때부터 마음에 자리 잡고 있다(예 신화와 민담, 전설).<br>• 집단무의식을 의식에 활력을 주는 원천이자 마음을 성숙하게 하는 '창조의 샘'이라고 본다. |

② 기본가정

  ㉠ 성격은 집단무의식과 그것의 활동에 의해 영향을 받는다.

  ㉡ 자아에 수용될 수 없는 무의식적 요소는 개인무의식에 머무르게 된다.

  ㉢ 콤플렉스는 활동적 원형 이미지 주변에서 형성되어 작동된다.

  ㉣ 자아(ego)는 무의식과 외부세계를 중재한다.

  ㉤ 자기(self)는 전체를 의미하며 조직화된 원형이다.

  ㉥ 원형은 집단무의식의 기관으로서 기능한다.

  ㉦ 무의식적 내적 세계인 정신적 현실은 외적 세계처럼 중요하다.

  ㉧ 남근기(오이디푸스 시기) 갈등보다 그 이전의 중요한 경험·불안·방어에 관심을 둔다.

  ㉨ 성격의 성숙은 평생에 걸쳐 진행되며 생의 후반기에 개성화 과정에서 가속화가 가능하다.

  ㉩ 자기조절체계인 정신은 건설적인 무의식적 보상의 원리를 이용한다.

ⓒ 정상적이거나 병리적 자아방어는 자기조절적인 정신 내에서 갈등을 다루기 위해 대립되는 힘이다.
ⓔ 정신은 자발적으로 심리적 전체, 의식과 무의식의 통합, 자기치료를 추구한다.
ⓟ 퇴행은 적응적 의미를 가질 수 있으며, 자아와 자기에 대한 기여로 일어난다.
ⓗ 정신에너지는 정신적 과정과 표상에 기여하는 일반적인 가설적 에너지이다.
ⓐ 개성화 과정은 개인의 심리적 유형과 관련하여 생애에 걸쳐 진행된다.

**(2) 분석심리학적 상담의 주요 개념**

① 정신 구조

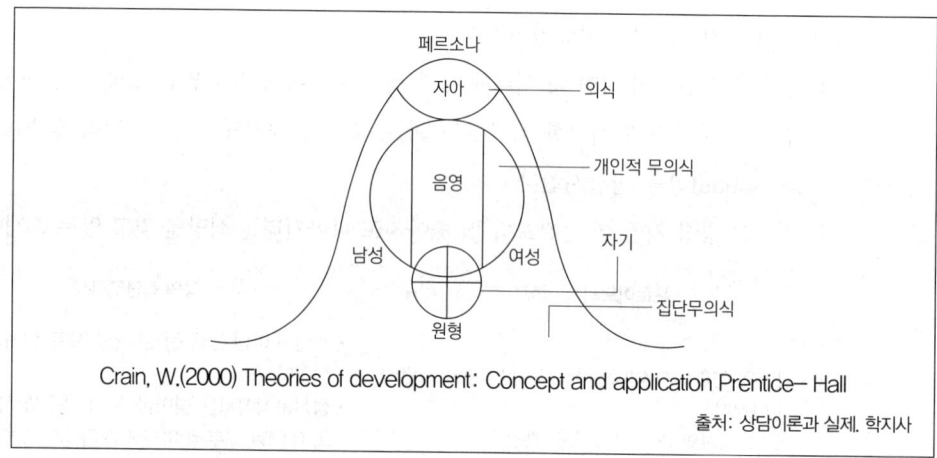

Crain, W.(2000) Theories of development: Concept and application Prentice-Hall
출처: 상담이론과 실제, 학지사

㉠ 자아(ego)
ⓐ 자아는 의식적인 마음이며 언제 어느 때나 알 수 있는 지각, 기억, 사고 및 감정으로 이루어져 있다.
ⓑ 자아는 해롭거나 위협적인 자극들과 무의미하고 부적절하고 보잘것없는 자극들을 걸러 내는 기능을 한다.
ⓒ 자아는 의식에 이르는 문지기로 의식을 지배한다.
ⓓ 자아가 갖는 정신 에너지 방향은 외향성(extra version)의 태도와 내향성(intra version)의 태도에 의해 결정된다.
ⓔ 모든 외향적인 사람들 혹은 모든 내향적인 사람들이 똑같지 않다.
 - 외향성: 의식을 외적 세계 및 타인에 향하게 하는 성격태도
 - 내향성: 의식을 자신의 내적·주관적 세계로 향하게 하는 성격태도
ⓕ 외향적인 사람들과 내향적인 사람들이 세계에 대한 태도가 합리적이냐 비합리적이냐 하는 점에서 다르다.
 - 합리적 기능: 사고와 감정

- 비합리적 기능: 감각과 직관
- 심리적 태도와 기능을 조합하여 8가지 심리적 유형이 결정된다(MBTI의 기초).

ⓒ 개인 무의식(personal unconscious)
ⓐ 개인의 과거 경험에서 비롯된 내용이다.
ⓑ 의식에 인접한 부분으로 쉽게 의식화될 수 있는 망각된 경험이나 감각경험으로 구성된다.
ⓒ 의식 속에 더 이상 남아 있지 않지만 쉽게 의식부로 떠오를 수 있는, 의식되었지만 내용이 중요하지 않거나 고통스러운 것이기 때문에 망각되었거나 억제된 자료의 저장소이다.
ⓓ 프로이트의 전의식과 유사한 개념이지만 무의식까지 포함한 개념이다.
ⓔ 개인무의식은 살아가면서 축적되어 있는 억압된 기억·환상·소망·외상·욕구의 저장소로서, 성격의 선한 면과 악한 면을 모두 지니고 있는 음영(shadow)이 존재한다.
ⓕ 의식부와 개인무의식 사이에서 서로 빈번한 왕래가 있어 필요시 즉시 의식부 안에서 인식할 수 있도록 상기해 낸다.
ⓖ 콤플렉스(complex)는 하나의 공통된 주제에 관한 정서와 사고의 군집으로 우리의 주변 모든 것을 어떻게 지각하고 어떤 가치와 흥미, 동기를 가질 것이냐 하는 것을 결정한다.

> **\* 콤플렉스(complex)**
> – 개인무의식 안에 많은 기억을 축적하는 과정에서 발생하는 콤플렉스는 '정신적 외상을 입은 순간들이 모여 있는 억압된 기억'이라고 하는 특수한 유형의 관념 덩어리를 말한다.
> – 콤플렉스는 억압된 불쾌한 생각이나 감정적 색채를 띤 표상을 말한다.
> – 콤플렉스는 자립적인 관념으로, 자체적인 추진력을 가지고 사고와 행동을 강력하게 지배할 수 있다.
> – 콤플렉스는 부정적 요소뿐만 아니라 긍정적 요소도 같이 가지고 있어서 성장을 방해하기도 하지만 촉진하기도 한다.

ⓒ 집단무의식(collective unconscious)
ⓐ 분석심리학의 이론체계에서 가장 핵심적인 개념이다.
ⓑ 인간의 정신적 소인이 유전된 것이라고 생각한다.
ⓒ 개인적 경험이 아닌 사람들이 역사와 문화를 통해 공유해 온 모든 정신적 자료의 저장소로, 인류의 보편적인 종교적·심령적·신화적 상징들과 경험들이 저장되어 있다.

② 정신에너지의 원리
㉠ 정신에너지
ⓐ 융은 전체적 성격을 정신이라고 하였다.
ⓑ 정신에너지인 리비도를 통해 지각하고, 생각하고, 느끼고, 소망하는 심리적 활동이 수행된다고 본다.

- ⓒ 융이 제안한 정신에너지가 기능하게 하는 3가지 원리
  - ⓐ 대립원리(opposition)
    - 정신을 대립 원리에 작동하는 실체로 생각한다.
    - 신체에너지 내에 반대되는 힘이 대립 혹은 양극성으로 존재하여 갈등을 야기한다고 본다.
    - 야기된 갈등이 정신에너지를 생성하는 데 필요하다고 생각한다.
  - ⓑ 등가원리(equivalence)
    - 물리학의 열역학 법칙인 에너지보존 원리를 정신적 기능에 적용하여 등가 원리를 가정한다.
    - 어떤 조건을 생성하는 데 사용된 에너지는 상실되지 않고 성격의 다른 부분으로 전환되고 성격 내에서 에너지의 계속되는 재분배가 이루어진다.
    - 깨어 있는 동안에 의식 활동을 위해 사용한 정신에너지는 잠자는 동안에 꿈으로 전환된다.
  - ⓒ 균형원리(entropy)
    - 물리학에서의 균형 원리는 에너지 차이의 평형을 의미한다.
    - 성격 내에 균형 혹은 평형에 대한 경향성이 있다.
- ③ 주요 개념
  - ⓐ 원형
    - ⓐ 집단무의식을 구성하고 있는 인류 역사를 통해 물려받은 정식적 소인으로 내용이 아니라 형태를 지닌 이미지, 심상을 의미한다.
    - ⓑ 보편적인 경험들이 인간 내부에 있는 심상으로 나타나거나 표현되는 것이다.
    - ⓒ 원형이란 인간의 꿈, 환상, 신화, 예술에서 반복해서 나타나는 조상들의 경험(집단무의식 포함)을 대표하는 원시적인 이미지 또는 패턴이라고 할 수 있다.
    - ⓓ 원형은 인간이 갖는 보편적·집단적·선험적인 심상들로 분석심리학의 성격구조에서 중요한 요인이다.
  - ⓒ 페르소나(persona)
    - ⓐ 고대 그리스 연극에서 배우들이 쓰던 가면을 뜻한다.
    - ⓑ 진정한 자신의 모습이 아닌 사회적으로 만들어진 가짜의 모습이다.
    - ⓒ 상황이나 사람에 따라서 순간의 요구에 맞추어 어떤 행동이나 태도를 취하는 것이다.
    - ⓓ 개인이 사회적 요구들에 대한 반응으로 밖으로 내놓는 공적인 얼굴이다.
    - ⓔ 페르소나가 나쁜 것은 아니지만 자신의 내면 세계를 무시하고, 집단정신에 지나치게 동일시하면 자신을 돌볼 수 없다(예 체면).

ⓕ 건강한 정신의 목표: 페르소나를 수축시키고 정신의 다른 측면을 발달시키는 것이다.
ⓒ 아니마(anima)와 아니무스(animus)
ⓐ 아니마(anima): 남성 속의 여성성(Eros)
ⓑ 아니무스(animus): 여성 속의 남성성(Logos)
ⓓ 음영(shadow, 그림자)
ⓐ 무의식의 의식화 과정에서 제일 먼저 만나는 것으로 의식에 가까운 무의식이다.
ⓑ 인간의 어둡거나 사악한 측면을 나타내는 원형이다.
ⓒ 대부분의 경우 음영은 긍정적인 자아상과 반대되기 때문에 대체로 부정적인 편이다.
ⓓ 인간의 원초적인 동물적 욕망에 기여한다.
ⓔ 인간의 양면성을 반영한다.
ⓜ 자기(self)
ⓐ 자기실현의 종착점이자 시작점이다.
ⓑ 정신의 모든 측면의 통일성, 통합성 및 전체성을 향해 노력하는 것으로, 자기발달을 인생의 궁극적 목표라고 본다.
ⓒ 자기는 항상 목표를 미래에 두고 사람을 앞으로 끌어당기기 때문에 동기를 유발하는 힘으로 작용한다.
ⓓ 의식과 무의식이 통합된 것이라고 할 수 있다.
ⓔ 많은 원형 중 가장 핵심적인 원형으로 인간 성격의 조화와 통합을 위해 노력한다.
ⓕ 인생의 가장 결정적인 변화의 시기인 중년의 시기에 나타난다.
ⓖ 이상적인 자기실현자의 모습
  - 지극히 평범함 사람의 모습을 갖춘다.
  - 자기 분수를 안다.
  - 자기가 어디로 가야 하는지를 알고 그 길로 간다.

④ 공시성(동시성, synchronicity)
㉠ 융이 사건을 초자연적인 성질로 보기 위해 사용한 개념으로, 인간 정신 내의 주관적 경험과 외부 현실에서 동일한 시간에 다른 장소에서 일어나는 객관적 사건이 서로 의미가 있다는 것이다.
㉡ 어떤 의미 있는 사건들 중에는 인과성의 결과에 의한 것도 아니며 또 인간의 의도에 의한 결과도 아닌 경우가 있다.
㉢ 우리는 집단무의식을 통해 다른 사람들 및 자연과 연결되어 있음을 나타내는 것이다.

⑤ 확충(amplification)
㉠ 확충이란 인류의 거의 모든 시대에 걸친 종교사·문화사·정신사의 영역에서 동류(同類)의 혹은 유사한 그림 모티브(주제)들을 통해 꿈과 같은 체험을 확장·심화시키는 것이다.

ⓛ 확충의 목적: 꿈, 공상, 환각, 그림 등 인간에게 생긴 모든 상징적인 의미와 원형의 근원을 이해하는 데 있다.
⑥ 개성화(individuation)
  ㉠ 융이 자기 속에서 전체화가 어떻게 이루어지는지를 설명하기 위해 사용한 개념으로, 하나의 전일성을 지닌 본래의 자기가 되는 것이다.
  ㉡ 개성화는 개별 존재가 되는 것이다.
  ㉢ 개성화를 자기화 혹은 자기실현으로 해석할 수 있다.
  ㉣ 융은 개성화된 인간을 건강한 인격의 소유자로 보았다.
  ㉤ 개성화된 인간의 특성

| 자각 | 의식과 무의식 수준에서 모두 자기 자신을 잘 이해함 |
|---|---|
| 자기수용 | 자신의 본성(장점과 단점, 선과 악의 측면)을 수용함 |
| 자기통합 | 성격의 모든 측면들이 통합되고 조화를 이루어 모든 것이 표출됨(이성적 특성, 이전에 지배적이지 못했던 태도와 기능, 무의식의 총체) |
| 자기표현 | 자기 자신을 있는 그대로 나타내어 솔직한 생각과 기분을 표출함 |
| 인간 본성의 수용과 관용 | 모든 인류 경험의 저장소인 집단무의식에 대해 개방적이며, 인간 상황을 보다 잘 인식하고 관대함을 가짐 |
| 미지와 신비의 수용 | 초자연적이며 영혼적인 현상에 관심을 갖고 수용함 |
| 보편적 성격 | 성격의 어느 한 측면으로 태도나 기능 혹은 원형에 지배받지 않음 |

### (3) 분석심리학적 상담과정
① 고백 단계
  ㉠ 상담자와 내담자의 치료적 동맹(therapeutic alliance)이 형성된다.
  ㉡ 내담자 자신의 개인사를 고백하고 정화를 경험함으로써 의식적 및 무의식적 비밀을 치료자와 공유한다.
  ㉢ 상담자와 제한점을 나누면서 모든 사람이 약점을 가지고 있다는 점을 자각하게 된다.
  ㉣ 내담자의 강렬한 정서가 방출된다.
  ㉤ 치료자는 무비판적이고 공감적인 태도를 유지한다.
② 명료화 단계
  ㉠ 내담자의 정서적 또는 지적으로 자신의 문제에 대한 통찰을 얻게 한다.
  ㉡ 내담자가 갖는 증상의 의미, 아니마와 아니무스, 음영, 현재 생활 상황과 고통 등을 명료화한다.

ⓒ 현재 겪는 정서적 어려움이나 비현실적 생각과 환상이 아동기에 어떻게 시작되었는가에 대해 해석한다.
ⓔ 전이와 역전이를 탐색한다.
③ 교육 단계
ⓐ 내담자의 페르소나와 자아에 초점이 맞춰진다.
ⓑ 내담자가 사회적 존재로서 부적응적 또는 불균형적 삶을 초래한 발달과정의 문제에 초점을 둔다.
ⓒ 많은 경우 교육 단계를 마치고 치료가 종결된다.
④ 변형 단계
ⓐ 개성화를 지향하는 과정에 맞춰진다.
ⓑ 내담자의 의식과 무의식을 포함한 전체적 성격의 주인인 자기의 실현을 이루기 위한 과정이다.

### (4) 분석심리학적 상담기법
① 꿈 분석
ⓐ 환자의 무의식에 대한 이해, 무의식에 이르는 왕도이다.
ⓑ 꿈은 미래를 예견한다.
  예) 꿈에서 오랜만에 만난 친구가 죽었다는 소식을 그다음 날 듣게 되는 것
ⓒ 꿈은 보상적이다.
  예) 몹시 수줍어하는 사람이 파티에서 매우 활동적인 역할을 하는 꿈을 꿈
② 단어연상검사
ⓐ 환자의 콤플렉스에 대해 이해하고 환자의 콤플렉스를 밝히고자 한다.
ⓑ 개인이 어떤 자극 단어에 마음에 떠오르는 어떤 단어로 반응하는 투사기법이다.
③ 증상분석
ⓐ 환자가 경험하고 있는 증상들에 초점을 두면서 환자가 증상에 대해 자유연상을 하도록 하여 그 내용을 분석하는 것이다.
ⓑ 프로이트의 정화법과 유사하다.
④ 사례사
ⓐ 환자의 심리적 장애의 발달사를 추적하기 위해 주로 사용된다.
ⓑ 생애사를 재구성하도록 요구하며, 이를 '생애사의 재구성'이라고 한다.
⑤ 상징의 사용: 내담자의 사고, 감정, 행동을 유발하는 충동적 힘의 역동성과 패턴을 상징적으로 생각하고 이해할 수 있는 능력을 강조한다.

⑥ 그림치료: 환자의 무의식적 감정이나 사고를 스스로 표현하도록 장려하기 위한 하나의 수단이다.

### (5) 분석심리학적 상담에 대한 평가
① 공헌점
　㉠ 성격심리학 이론 중에서 가장 심층적인 이론이다.
　㉡ 무의식의 개념을 집단무의식으로까지 확대하였다.
　㉢ 단어연상검사, 유형론을 통해 과학적 심리학에 영향을 주었다.
　㉣ 심리학 이외의 다양한 분야에 큰 영향력을 미쳤다.
② 제한점: 집단무의식과 같은 비과학적 측면을 중시한다.

## [8] 현실치료 상담(reality therapy)

### (1) 개요
① 글레서(Glasser)가 창시한 상담전략이다.
② 인간은 궁극적으로 자기 결정을 하고 자기 삶에 책임을 갖고 있다는 견해에 근거한 이론이다.
③ 내담자가 현실적인 행동을 배워서 성공적으로 현실을 타개하여 나갈 수 있는 방법에 초점을 둔 비교적 단기간의 상담이다.
④ 내담자는 자신의 행동에 책임이 있으며 내담자의 현재 행동을 자신의 욕구를 충족시키기 위한 선택으로 간주한다.
⑤ 욕구충족을 위한 세 가지 능력(3R), 즉 현실성(Reality), 책임성(Responsibility), 옳고 그름(Right or wrong)을 중시한다.

〈현실치료 욕구의 종류〉

| 구분 | 내용 |
| --- | --- |
| 소속과 사랑의 욕구 | 사람들에게 소속되고 싶은 욕구이며, 다른 사람을 사랑받고자 하는 욕구이다. |
| 통제력(power)에 대한 욕구 | 성취와 완수에 대한 욕구이며, 자신의 인생을 변화시키는 데 있어서의 자신감에 대한 욕구이다. |
| 자유의 욕구 | 선택하는 것에 대한 욕구이다. |
| 재미(fun)의 욕구 | 인생을 즐기고, 웃고, 유머를 가지려는 욕구이다. |
| 생존(survival)에 대한 욕구 | 자신의 삶과 건강을 유지하려는 것에 관한 욕구이다. |

### (2) 이론적 가정

① 무의식적 갈등이나 원인들에 관심을 두지 않고 의식적인 면을 강조한다.
② 과거보다는 현재, 시간감정보다는 내담자의 현재 행동에 초점을 둔다.
③ 내담자의 생활 실패 원인을 파악하기 위하여 자기 행동의 질을 판단하는 내담자의 가치관과 역할에 중점을 둔다.
④ 상담자는 내담자와 전이 인물이 아닌 있는 그대로의 자신으로 냉철하게 직시하도록 하는 것이다.
⑤ 내담자로 하여금 책임 있는 행동을 계획하도록 도와준다.
⑥ 내담자로 하여금 의사결정을 하도록 도와주고 책임 있는 행동단계에 따라 수행하겠다고 다짐한다.
⑦ 내담자가 계획을 실천 내지 실현하지 않았을 때 변명을 받아들이지 않는다.
⑧ 내담자가 실패했을 때 처벌하지 않고 합리적인 결과가 나타나기를 바란다.

### (3) 주요 개념

① 기본욕구(basic need): 인간에게는 기본적으로 생존, 자유, 힘, 즐거움, 소속의 욕구가 있다고 보는 견해이다.
② 전 행동(total behavior): 인간의 모든 전체적인 행동은 목적이 있으며, 전 행동은 행동하기(doing), 생각하기(thinking), 느끼기(feeling), 생리적인 기능(physiology)으로 구성되어 있다.
③ 선택이론(choice theory)
  ㉠ 인간은 욕구충족을 위하여 행동을 한다.
  ㉡ 인간이 하는 모든 행동은 선택할 수 있다.
  ㉢ 이미 실행한 행동 또는 개인에 의해서 이루어진 행동이라는 것이다.
④ 통제이론(control theory)
  ㉠ 인간은 행동을 선택할 때에 자신의 욕구를 최대한으로 충족시키기 위해서 자신을 통제한다.
  ㉡ 자신을 통제함으로써 자신의 욕구를 충족시킴과 동시에 주변 환경과의 관계를 유지 또는 발전시켜 나간다.

### (4) 상담의 과정

① 제1단계: 관계형성 단계
  상담자는 내담자와 라포르를 형성한다.

② 제2단계: 현재 행동에의 초점
상담자는 내담자가 욕구 충족을 위해 현재 어떠한 행동을 하는지 알아본다.
③ 제3단계: 자기행동 평가를 위한 내담자 초청 단계
현재 내담자의 행동이 욕구 충족에 도움이 되는지 또는 방해가 되는지 내담자 스스로 평가하도록 돕는다.
④ 제4단계: 내담자의 행동계획 발달을 위한 원조 단계
현재 행동 중 부정적인 것을 찾아 긍정적인 것으로 고치기 위해 행동계획을 수립한다.
⑤ 제5단계: 내담자의 의무수행 단계
내담자가 계획한 활동을 그대로 실천하겠다는 다짐을 받아낸다.
⑥ 제6단계: 변명 거부 단계
내담자의 변명도 받아들이지 않으며, 실행하지 않은 잘못을 받아들이도록 한다.
⑦ 제7단계: 처벌 금지 단계
내담자를 지나치게 처벌하는 경우 더욱 패배적인 정체감을 가질 수 있으므로, 상담자는 처벌자 대신 지지자로서 역할을 수행한다.
⑧ 제8단계: 포기 거절 단계
내담자의 변화 가능성에 끝까지 신뢰를 보낸다.

### (5) 현실치료의 특징
① 과거나 미래보다 현재에 초점을 둔다.
② 내담자의 책임감과 행동의 도덕성을 강조한다.
③ 내담자의 자율적이고 합리적인 모습을 강조한다.
④ 내담자 스스로 계획을 수립하고 수행을 평가하도록 한다.
⑤ 내담자가 용기를 잃지 않고 자신감을 가질 수 있도록 한다.
⑥ 상담자는 개입의 초점을 내담자의 문제행동에 둔다.
⑦ 내담자의 책임감 없는 행동이나 변명, 합리화를 금한다.
⑧ 효과적인 욕구 충족을 위해 새로운 방법을 교육시키고자 한다.

### (6) 웁볼딩(Wubbolding)의 현실치료의 진행 절차(WDEP)
① W: 바람(wants)
  ㉠ 상담자는 '당신은 무엇을 원하는가?'라는 질문을 한다.
  ㉡ 내담자는 그가 원하는 것, 가지고 있는 것, 얻지 못하고 있는 것을 탐색한다.

② D: 지시와 행동(direction and doing)
　㉠ 상담자는 내담자가 그의 현재 행동에 초점을 두도록 시도한다.
　㉡ 내담자가 원하는 것을 가질 수 있는지 관찰하도록 요구한다.
③ E: 평가(evaluation)
　㉠ 상담자는 내담자가 자신의 행동의 질을 판단하도록 한다.
　㉡ 상담자는 '실패에 작용하는 것은 무엇인가?', '성공하기 위해 어떤 변화가 있어야 하는가?' 하는 것을 내담자 스스로 결정하도록 돕는다.
④ P: 계획(planning)
　㉠ 계획은 상담과정의 핵심이며 일종의 교수 단계이다.
　㉡ 상담자는 내담자가 자신의 실패 행동을 성공적인 것으로 바꾸는 구체적인 방법을 확립하도록 돕는다.

### (7) 현실치료 상담의 공헌점
① 통제이론이나 선택이론을 개발하여 실존주의 상담에 비해 구체적으로 책임지는 방법을 제시하였다.
② 구체적 행동과 선택·책임을 강조하므로 현실적이고 구체적인 문제행동에 대한 치료 효과가 크다.

### (8) 현실치료 상담의 문제점
① 내담자의 책임을 지나치게 강조함으로써 어린이와 같이 현실적 책임 능력이 없는 미숙자에게는 그대로 적용하기 어렵다.
② 통제이론에 대한 실증적인 검증이 필요하다.

# 3 행동적 영역의 상담이론

　행동적 영역의 상담이론은 행동주의 심리학에서 주장하는 조건화 이론에 근거하고 있는 이론으로 상호제지 상담이론, 행동수정 상담이론이 있다.

## [1] 행동주의

### (1) 행동주의자들의 인간관
① 인간은 좋지도 나쁘지도 않은 상태로 이 세상에 태어났다.
② 인간은 환경의 자극에 의해 반응하는 유기체이다.
③ 인간의 행동은 유전과 환경의 상호작용에 의해 형성된다.
④ 인간의 행동은 학습된 부정적 혹은 긍정적 습관으로 구성된다.
⑤ 인간의 행동은 생활환경이 제공하는 강화의 형태와 그 빈도에 의해 결정된다.

### (2) 행동주의 학습이론의 기본 전제
① 유기체인 인간과 동물은 여러 가지 행동을 한다.
② 행동의 방사로 인하여 행동의 결과를 가지게 되어 미래의 행동을 감소 또는 증가시킨다.
③ 행동의 결과는 유기체의 조직과 환경에 의해 결정되고, 작동적 행동은 행동의 결과에서 얻어진 이차적 행동의 선택이다.

### (3) 행동주의 학습이론의 기본가정
① 행동은 살아 있는 유기체의 기본적 특성이다.
② 행동은 수정될 수 있으며, 이러한 수정은 학습을 통하여 이루어질 수 있다.
③ 대부분 인간 행동은 학습된 것이다(Skinner, 1953: Wolpe, 1958).
④ 행동의 형성·유지·제거는 환경자극에 따라 좌우되며, 환경의 변화는 행동의 변화를 일으킨다. 환경적 변화란 반응에 앞서 주어지는 선행자극과 반응 다음에 수반되는 후속자극의 형태로 나타날 수 있다. 어떤 경우이든 유기체가 환경조건에 적응하는 방식으로 행동은 변화된다.
⑤ 행동과 환경자극 간에는 기능적 관계가 있다.

### (4) 고전적 조건화

고전적 조건화(classical conditioning)는 본능적 또는 반사적인 반응과 흡사한 불수의적 정서 또는 생리반응을 하게 하는 학습의 한 형태이다. 러시아의 생리학자 파블로프(Pavlov)의 동물실험을 통해 확립되었고, 미국의 심리학자 왓슨(Watson)이 이론을 인간에게 적용하여 행동주의 학습이론의 기초를 확립하였다. 고전적 조건형성 이론은 자극을 가했을 때 자동적으로 나타나게 되는 학습된 반응으로 중성자극을 반응을 유발하는 조건자극으로 변화시켜 조건반응을 일으키게 하는 조건형성 이론이다.

① 고전적 조건형성
  ㉠ 일정한 자극에 의해서 선천적으로 유발되는 반응을 그것과 아무런 관계가 없는 중성자극과 연합시킴으로써 그 중성자극이 조건자극으로 변화되어 조건반응을 일으키게 하는 것이다.
  ㉡ 개에게 음식물을 주면 타액을 분비하게 되는데, 종소리를 울리고 음식물을 주는 일을 몇 차례 반복하게 되면 나중에는 종소리만 울려도 개가 타액을 분비한다. 여기에서 개는 종소리에 대해 반응하도록 조건이 형성된 것이다. 이러한 과정을 고전적 조건형성이라고 한다.

② 파블로프(Pavlov)가 발견한 조건형성 개념들
  ㉠ 소거: 조건형성이 되었더라도 무조건자극 없이 계속해서 조건자극만 주면 조건반응이 일어나지 않는 것이다.
  ㉡ 자극 일반화: 조건형성이 되었을 때 조건자극과 비슷한 자극에도 조건반응이 일어나는 것이다.
  ㉢ 자극 변별: 조건형성에서 조건자극에만 고기를 주고 그 외의 자극에 고기를 주지 않을 때 조건자극과 다른 자극을 변별한다.

③ 파블로프(Pavlov)식 조건형성의 법칙
  ㉠ 내부 제지의 법칙: 조건형성이 이루어지고 나서 무조건자극을 제시하지 않고 계속해서 조건자극만 제시하면, 이미 확립된 조건반응이 일어나지 않는 법칙이다.
  ㉡ 외부 제지의 법칙: 조건형성이 확립된 후 조건자극과 함께 새로운 방해자극을 제시하면 조건반응의 크기가 줄어든다. 또 소거된 조건반응도 조건자극을 제시하면 조건반응이 나타난다. 즉, 새로운 외부자극은 잘 확립된 조건반응의 양을 줄이거나 조건반응의 양을 늘리는 데 크게 작용한다.

▶ **Watson & Raynor(1920)가 유아에게 공포반응이 학습되는 조건형성 과정실험**

파블로프의 고전적 조건형성 이론을 인간에게 적용시켰다. 영아에게 선천적으로 타고난 특질이 있으며 그들의 성장·발달은 양육환경과 그들의 생활에서 중요한 위치를 차지하는 부모를 비롯한 주변 사람들의 양육방식과 태도에 달려 있다. 영아의 정서반응이 선천적인 것이 아니고 자극과 반응의 연합에 의해서 학습된 것임을 증명하였다.

예 11개월된 알버트라는 영아에게 흰쥐 실험
처음에 아이에게 흰쥐를 보여주었을 때는 가지고 놀려고 하였으나, 흰쥐와 함께 아이가 무서워하는 큰 소리를 들려주기를 반복하자 여덟 번째부터 흰쥐를 보기만 하면 울면서 피하는 공포반응을 보였다. 조건형성을 거쳐 호기심과 호감이 공포로 바뀐 것이다. 왓슨은 이를 통해 파블로프의 조건형성이 단순히 동물의 침 분비의 문제가 아니며, 인간의 특정 대상에 대한 불안, 공포 등과 같은 복잡한 정서 반응 획득의 기본 원리가 될 수 있다는 것을 보여 준 것이다.

④ 고전적 조건형성의 활용
  ㉠ 체계적 둔감화: Wolpe의 상호제지이론에서 발달한 상담기법으로, 불안이나 공포를 이를 제지할 수 있는 즐거운 행동과 조건화하고, 강도가 낮은 수준부터 높은 수준까지를 점진적으로 접하게 하여 벗어나게 하는 방법이다.
  ㉡ 혐오치료: 어떤 행동을 제거하기 위해 그 행동을 할 때마다 혐오스러운 자극을 주는 것이다.
  ㉢ 역조건화: 이미 어떤 반응을 일으키고 있는 (무)조건자극에 새로운 무조건 자극을 더 강하게 연합시킴으로써 이전 반응을 제거하고 새로운 반응을 조건형성시키는 것이다.
    예 즐거운 활동(먹기, 놀이 등)을 하는 동안 공포반응을 야기하는 조건자극을 제시하면 이 조건자극은 공포반응이 아닌 즐거운 활동과 조건화되어 공포반응을 억제하게 되는데, 이를 역조건화라고 한다.

⑤ 고전적 조건형성의 예
  ㉠ 자라 보고 놀란 가슴 솥뚜껑 보고 놀란다.
  ㉡ 불에 덴 강아지 반딧불에도 끙끙한다.
  ㉢ 뱀에 물린 사람은 새끼줄에도 놀란다.
  ㉣ TV광고: 좋아하는 연예인이 선전하는 제품을 선호한다.
  ㉤ 신 과일을 보면 침이 나온다.
  ㉥ 병원에서 주사를 맞아 본 아이들이 병원에만 가도 운다.

**(5) 조작적(작동적) 조건화**

조작적 조건화(operant conditioning)는 행동한 뒤에 주어지는 결과에 따라, 관찰 가능한 행동의 빈도와 강도가 변화되는 학습의 한 형태이다. 결과(consequence)는 행동이 이루어진 뒤에 나타나는 것(자극)이며, 미래의 행동에 영향을 미친다. 사람들이 자발적으로 보여주는 행동을 설명할 수 없는 단순 인접성이나 고전적 조건화의 단점을 극복할 수 있게 하는 이 개념은 스키너(B. F. Skinner, 1904~1990)의 연구가 선도적이다. 스키너는 학습자의 반응은 행동 이전의 자극이나 환경보다는 행동의 결과에 따라 더 많이 결정된다고 주장했다.

① 스키너(Skinner)의 연구
  ㉠ 고전적 조건화: 자극 → 반응 유도(자극에 대해 반응하는 반사행동의 학습)
  ㉡ 조작적 조건화: 반응 → 자극 유도(유기체 스스로 조작하는 행동의 학습)
  ㉢ 어떤 반응이 일어날 확률을 높이기 위해서 자극과 자극 혹은 자극과 반응을 짝짓는 것
  ㉣ 강화원리와 처벌을 이용하여 특정한 행동패턴을 습득
  ㉤ 강화자극: 긍정적 자극(음식)과 부정적 자극(전기자극)
  ㉥ 강화계획: 토큰보상제도, 모방학습, 긍정적 강화, 행동조성, 자기표현훈련 등

② 스키너 실험

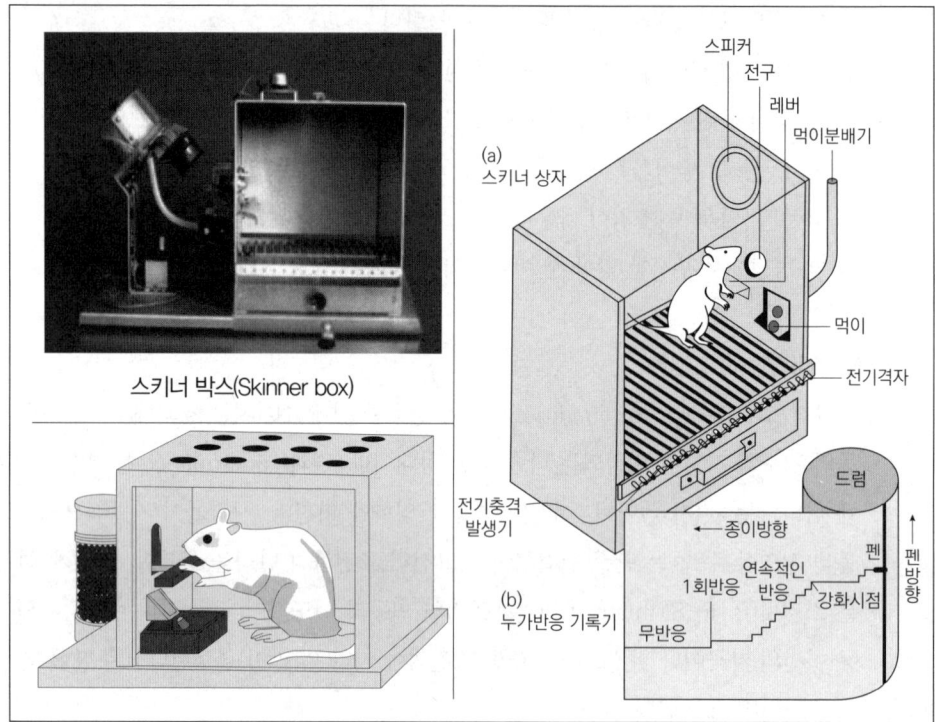

㉠ 스키너는 스스로 '스키너 박스'라고 명명한 조그만 실험상자를 만들어 실험하였다.
㉡ 스키너는 먹이를 강화요인으로 사용하기 위하여 실험 전 며칠간 23시간 동안 흰쥐에게 먹이를 박탈하고 1일 1회만 먹도록 순응시키며 먹이의 양도 조절하여 보통 체중의 80%를 유지시킨다.
㉢ 실험이 시작되면, 흰쥐는 상자 안에서 쉬지 않고 계속 움직이면서 새로운 환경을 탐색하다가 우연히 지렛대를 눌러 먹이가 먹이통에 떨어지는 것을 보고 이를 먹고는 다시 지렛대를 누르는 행동을 계속하게 되었다. 즉, 지렛대를 누르는 반응은 먹이라는 강화를 받았기 때문에 반복된 것이며, 다시 누르면 또다시 강화를 받기 때문에 지렛대를 누르는 반응은 증가하게 되었다. 이러한 절차가 반복됨에 따라 흰쥐는 지렛대 누르는 반응을 학습하게 된다.
㉣ 스키너는 흰쥐가 이러한 행동을 통하여 환경에 스스로 작용함으로써 어떤 결과를 생성해 내는 것을 작동이라고 하고, 이와 같은 절차로 학습되는 과정을 작동조건 형성이라 하였다.
③ 강화: 강화(reinforcement)란 행동이 다시 나타날 가능성을 증가시켜 주는 사건이다. 바람직한 행동을 증가시킬 목적으로 강화인(reinforcer)을 제공하며, 정적 강화와 부적 강화라는 두 가지 형태를 가지고 있다. (일차적 강화 vs. 이차적 강화, 사회적 강화)
예 흰쥐에게 주어지는 먹이, 어린이에게 하는 칭찬, 학생에게 주어지는 상장 등

㉠ 정적 강화는 유쾌한 것을 제공하여 바람직한 행동의 강도를 증가시키는 것이다.

　예 칭찬, 별표, 사탕 등

㉡ 부적 강화는 불쾌한 것, 혐오적인 것을 제거하여 바람직한 행동의 강도를 증가시키는 것이다.

　예 꾸중, 벌, 전기충격 등

④ 강화계획: 강화인의 빈도와 강화인이 주어지는 시점에 대한 패턴을 의미한다.

㉠ 고정간격계획: 유기체의 반응비율과 관계없이 특정한 시간간격을 정해 놓고 그 기간이 경과한 후에 강화가 주어지는 것이다.

　예 월급, 기말고사

㉡ 변동간격계획: 강화가 일정한 시간간격에 따라 일어나다가 강화 사이의 간격이 불규칙해져서 예측할 수 없는 것이다.

　예 낚시

㉢ 고정비율계획: 미리 정해 놓은 또는 고정된 횟수의 반응을 수행한 후에 강화를 제공한다. 즉, 특정한 횟수의 행동이 일어난 후에 강화가 주어지는 것이다.

　예 성과급(보너스)

㉣ 변동비율계획: 강화를 받는 데 필요한 반응의 수가 어떤 정해진 평균의 범위 안에서 무작위로 변하는 것이다.

　예 로또, 도박

⑤ 처벌: 어떤 행동의 결과로 주어지는 자극이 행동을 약화시키거나 빈도를 감소시키면 처(punishers)라 하며, 행동을 감소시키기 위해 처벌인을 사용하는 과정을 처벌이라 한다. 수여성 처벌과 제거형 처벌의 두 가지 종류가 있다. 수여성 처벌은 처벌인을 제시받은 결과로 학습자의 행동이 감소할 때 일어난다. 그러나 제거형 처벌은 자극을 제거시킨 결과나 정적 강화를 얻지 못한 결과로 행동이 감소될 때 일어난다.

㉠ 가하는 벌(제1종의 벌): 부적 강화물을 가하는 것, 불쾌자극을 제시

㉡ 감하는 벌(제2종의 벌): 정적 강화물을 박탈하는 것, 쾌자극을 제거

㉢ 처벌의 사용: 처벌의 사용이 야기할 수 있는 몇 가지 문제점은 다음과 같다.

ⓐ 체벌(physical punishment)은 공격성을 가르칠 수 있다. 종종 체벌을 받은 사람은 뒤에 다른 사람에게 비슷한 체벌을 주는 행동을 한다(Bandura, 1986).

ⓑ 처벌은 더 강한 반응의 원인이 된다. 권위 있는 사람에게 저항하는 것을 배운 학생들은 처벌을 받은 뒤 더욱더 반항적이 되기 쉽다(Nilsson & Archer, 1989).

ⓒ 처벌은 단지 일시적으로 행동을 억제시킬 뿐이다. 처벌을 주는 사람이 계속적으로 처벌을 사용하려 하지 않는 한, 처벌은 불량행동의 문제를 해결할 수 있는 장기적인 해결책은 아니다(Walters & Grusec, 1977).

ⓓ 처벌은 학생들이 처벌인뿐만 아니라 처벌을 주는 사람까지도 피하게 만든다. 처벌을 받은 사람은 잡히지 않을 지능적인 방법을 찾으려 하고, 학생은 자주 처벌을 주는 교사를 피할 것이다(Cressey, 1978).

ⓔ 처벌은 부정적인 감정을 초래한다. 고전적 조건화를 통해 학생들은 교실과 처벌받은 것을 연합할 것이고, 교실은 부정적인 감정을 생산해 내는 조건화된 자극이 된다(Baldwin & Baldwin, 1998). 학생들은 그들의 부정적 감정을 과제, 다른 교사 그리고 학교에 일반화시킬 것이다(Jenson, Sloane & Young, 1988).

## [2] 상호제지 상담

### (1) 개요
① 상호제지 상담이론은 파블로프(Pavlov)의 고전적 조건화설에 바탕을 둔 이론으로, 월페(Wölpe)가 체계화하였다.
② 모든 신경증적인 행동(불안, 공포, 긴장)은 조건 반사에 의해 학습되는 것이므로 그것과 대립되거나 양립될 수 없는 다른 강력한 자극에 의해 소멸시키는 방법이다.

### (2) 이론적 가정
① 모든 신경증적 반응은 이것과 대립되거나 양립될 수 없는 다른 반응에 의해서 제지될 수 있다.
② 상담의 목적은 신경증적 행동을 이와 양립할 수 없는 적응적 반응을 통해서 제지시키는 것이다.
③ 불안을 중요 개념으로 다루고 있다.

▶ 불안(Wölpe): 유해한 자극에 대한 유기체의 특징적이고 자동적인 반응이다.

**\* 상호제지 실험**

고양이에게 전기 충격을 가함으로써 그 고양이가 심한 불안 반응을 하도록 조건화하여 불안 반응이 어느 정도 강하게 지속되게 한 다음, 고양이가 배가 고플 때 음식을 주면서 가장 낮은 전압에서 점진적으로 높은 전압의 충격을 주었더니 고양이는 높은 전기 충격에도 불안 반응을 나타내지 않았다. 이것은 고양이가 학습한 불안이 음식을 먹는 행동에 의해 제지된 것을 보여준다.

### (3) 상담기법
① 주장적 훈련: 대인관계에서 오는 불안과 공포를 치료하는 데 효과적인 것으로, 내담자로 하여금 불안 외의 감정을 표현하도록 하여 불안을 제지하는 상담기법이다.

② 체계적 둔감법: 불안·공포를 제거하기 위해 불안과 양립할 수 없는 이완 반응을 끌어낸 다음, 불안을 유발시키는 경험을 상상하게 하여 불안을 제거하는 방법이다.
　㉠ 1단계(근육이완): 심층적인 근육이완 훈련을 받는데, 근육이완 훈련은 먼저 손과 팔의 근육의 긴장을 이완하는 것으로 시작하여 머리, 어깨, 목, 가슴 몸통, 다리의 순으로 진행된다.
　㉡ 2단계(불안위계도 작성): 내담자의 가장 편안한 상태를 0이라고 생각하고 가장 불안한 상태를 100이라는 수치로 생각하여 불안위계도를 작성한다.
　㉢ 3단계(불안자극 제시): 근육이 이완된 상태에서 작성된 불안위계도에 따라 가장 불안을 적게 유발하는 자극에서부터 차례대로 자극을 제시한다. 불안을 유발하는 자극은 실물이나 실제적인 상황을 통해서 이루어질 수 있으나 상상을 통한 자극의 제시를 많이 사용한다.
　㉣ 4단계(불안해소): 불안을 가장 많이 유발하는 자극이나 장면을 상상해도 근육이 이완되어 있으면 불안이 해소되었다고 본다.

## [3] 행동수정 상담

### (1) 개요
① 스키너(Skinner)의 작동적 조건화 이론을 바탕으로 한 것으로 크럼볼츠(Krumboltz), 소레슨(Thoresen), 호스포드(Hosford), 반두라(Bandura)에 의해 발전되었다.
② 행동수정 상담의 기본 원리는 강화와 조건화를 활용하여 바람직한 행동은 강화시키고 바람직하지 못한 행동은 약화 또는 제거하는 것이다.
③ 모든 경험은 후천적 경험에 의해 학습한 것으로, 현재의 문제행동도 학습에 의해 약화 또는 제거할 수 있다.

### (2) 이론적 가정
① 관찰 가능한 행동에 관심을 가진다. 관찰 가능하고 측정 가능한 심리적 영역에 국한되는 것이 과학적이라고 믿는다.
② 인간의 이상행동은 학습된 것이므로 이상행동은 재학습시킬 수 있다고 본다.
③ 인간의 모든 행동은 정상행동이든 이상행동이든 다 같은 학습 원리에 의해 습득된 것이다. 따라서 이상행동은 무의식적인 동기나 내면적인 심리작용 결과가 아니다.
④ 바람직하지 않은 부적응 행동 또는 이상행동은 행동수정, 즉 재조건화 또는 재학습에 의해 교정될 수 있다.

### (3) 바람직한 행동의 증강기법

① 행동계약
  ㉠ 교사와 학생이 행동에 대하여 무엇을 해야 할지를 구체화한 다음, 성공적으로 수행한 행동에 대하여 얻어지는 보상을 명시하여 계약을 맺고 그대로 시행하는 방법이다.
  ㉡ 협상과정은 각자의 합리적인 목표를 세우는 것을 배우고 계약 조건을 지키는 것을 학습하도록 함으로써 그 자체가 교육적 경험이 될 수 있다.

② 간헐강화
  ㉠ 어떤 행동에 대하여 몇 가지 기준에 의해 선택적으로 강화를 해 주는 방법이다.
  ㉡ 기대반응을 했을 때마다 강화하는 것이 아니고, 어떤 때는 강화를 하고 어떤 때는 강화를 하지 않는 행동이다.

③ 차별강화
  ㉠ 여러 행동 중 어느 하나만을 선택적으로 강화하는 것을 말한다.
  ㉡ 학습자가 바람직한 행동을 했을 때는 강화를 주고, 그렇지 못한 행동을 보일 때는 무관심하게 내버려두는 방법이다.

④ 토큰강화
  ㉠ 바람직한 행동을 했을 때 직접 보상 대신에 상표나 점수를 주어 강화하는 방식이다.
  ㉡ 표나 점수가 모이면 이를 노는 것, 먹는 것, 어디에 가는 것 등과 같은 다른 강화자극으로 바꿀 수 있도록 하는 방법이다.
  ㉢ 토큰강화의 종류
    ⓐ 긍정적 방법: 바람직한 행동을 보일 때 상표나 점수를 주는 방법
    ⓑ 부정적 방법: 일정한 수의 상표를 주었다가 바람직하지 못한 행동을 보일 때 제공되었던 상표를 회수하는 방법
  ㉣ 토큰강화의 장점
    ⓐ 원하는 반응이 나타났을 때 편리하게 강화할 수 있다.
    ⓑ 행동의 강도를 계속 유지할 수 있다.
    ⓒ 포화현상을 방지할 수 있다.
    ⓓ 교환될 수 있는 강화자극의 종류를 다양하게 할 수 있다.
    ⓔ 연속적으로 일어나는 행동계열을 중단 없이 강화할 수 있다.
    ⓕ 욕구 충족을 지연시키는 습관을 형성할 수 있다.
    ⓖ 직접 강화물을 사용하는 것보다 간편하게 처리할 수 있다.
    ⓗ 독립적인 강화 프로그램으로 사용할 수 있다.
    ⓘ 강화의 지연을 예방할 수 있다.

⑤ 프리맥(Premack) 원리
  ㉠ 학생들이 평소에 자주 나타내 보이는 행동을 강화인으로 사용하는 방법이다.
  ㉡ 빈도가 높은 행동은 빈도가 낮은 행동에 대해서 강화력을 갖는다.
  ㉢ 보다 더 선호하는 활동이 덜 선호하는 활동의 강화자로 이용될 수 있다.
  ㉣ 컴퓨터 게임을 좋아하고 숙제를 싫어하는 아동에게 숙제를 마치면 컴퓨터 게임을 할 수 있도록 한다.
⑥ 용암법(단서철회)
  ㉠ 특정한 행동을 학습시키기 위해 특정한 행동에 대한 도움을 제공하고, 스스로 그 행동을 할 수 있을 때까지 점차로 도움을 줄여가는 방법이다.
  ㉡ 한 행동이 다른 사태에서도 발생할 수 있도록 그 조건을 점차적으로 변경해 주는 과정의 방법이다.
  ㉢ 골프 연습, 야구방망이로 공을 치는 법 연습
⑦ 행동조성(shaping)
  ㉠ 목표행동을 설정하고 강화를 이용해서 목표행동을 점진적으로 형성하는 기법이다.
  ㉡ 학생이 한 번도 해 본 적이 없거나 거의 하지 않는 행동을 여러 단계로 나누어 강화해 줌으로써 바람직한 행동을 학습할 수 있도록 하는 것이다.
  ㉢ 행동조성을 할 때에는 행동목표를 확인하고, 출발점 행동을 파악하며, 목표도달을 위한 단계를 설정한다.

### (4) 바람직하지 못한 행동을 약화시키는 기법
① 타임아웃(time-out)
  ㉠ 벌의 일종으로서 부적응행동을 했을 때 유쾌한 활동을 할 기회를 박탈하는 방법이다.
  ㉡ 부적응행동을 한 학생을 일시적으로 다른 장소에 잠시 격리시키는 방법이다.
  ㉢ 전제조건
    ⓐ 학생이 격리되어 있는 장소에 학생에게 흥미와 재미를 유발할 강화 자극이 없어야 한다.
    ⓑ 문제행동을 일으키는 장소가 떠나기 싫어할 정도로 재미있어야 한다.
  ㉣ 타임아웃의 효과가 있으려면 타임아웃에 들어간 학생의 행동을 교사가 감독할 수 있는 범위 안에 있어야 한다.
  ㉤ 수업시간에 장난치는 학생을 잠시 교실 뒤로 가서 서 있게 한다.
② 상반행동강화
  ㉠ 문제행동을 감소시키거나 제거하기 위하여 그 문제행동에 상반되는 행동을 강화함으로써 바람직한 행동으로 바꾸는 기법이다.

   ⓒ 수업시간에 떠들 때 꾸지람하기보다는 조용히 주의 집중할 때 칭찬을 한다.
  ③ 상호제지법
   ㉠ 불안을 일으키는 상황에서 그것과 양립할 수 없는 반응을 제시하고 불안 반응을 감소시키거나 억압시키는 방법이다.
   ㉡ 화가 난 사람이 음식을 마구 먹으면서 화를 가라앉히는 행동을 한다.
  ④ 부적 연습법
   ㉠ 바람직하지 못한 행동을 계속적으로 반복·연습하게 하여 피로를 느끼게 함으로써 행동을 수정하는 방법이다.
   ㉡ 컴퓨터 게임을 좋아하는 학생에게 하루 종일 지칠 때까지 컴퓨터 게임을 하도록 시킨다.
  ⑤ 혐오치료법
   ㉠ 바람직하지 못한 행동에 대하여 혐오스러운 자극을 연합시켜 바람직하지 못한 행동을 수정하는 기법이다.
   ㉡ 애연가에게 담배로 인해 폐가 손상된 영상을 보여준다.

> ▶ 내적인 행동변화를 촉진시키는 방법: 체계적 둔감법, 근육이완법, 인지적 모델링, 사고정지
> ▶ 외적인 행동변화를 촉진시키는 방법: 토큰법, 모델링, 역할연기, 주장훈련, 자기관리프로그램, 행동계약, 혐오치료

**(5) 행동주의적 상담의 과정**
 ① 상담관계의 형성: 행동주의적 접근에서도 또한 상담자는 가치 판단 없이 내담자가 말하는 것을 수용하고 이해하려는 노력이 필요하다(Wolpe, 1958).
 ② 문제행동의 규명: 내담자 스스로가 자신의 문제행동을 분명히 알고 있는 경우도 있지만 그렇지 못할 경우도 많다. 상담자는 내담자 스스로 자신의 문제를 확실히 알 수 있도록 도와주어야 한다(상담관계 형성 이후 문제행동 규명할 것).
 ③ 현재의 상태 파악
  ㉠ 내담자에 의해 제시된 문제행동을 분석한다. 문제행동을 분석할 때는 내담자가 지나치다고 한 과잉행동이나, 부족하다고 한 결핍행동의 구체적 행동에 초점을 둔다.
  ㉡ 문제행동이 일어나는 장면을 분석한다.
  ㉢ 동기를 분석한다. 내담자가 일상생활에서 강화를 받고 있는 사건이 무엇인지 분명히 밝힌다.
  ㉣ 문제행동을 변화시키는 데 도움이 될 만한 발달 과정에 대한 자료를 분석한다.
  ㉤ 자기 통제력을 분석한다.

　　　　ⓑ 사회적 관계를 분석한다.
　　　　ⓢ 사회적·문화적 규범이나 환경적 제약, 물리적 환경을 분석한다.
　④ 상담 목표의 설정: 얻어진 정보와 이에 대한 분석을 토대로 하여 상담자와 내담자는 서로 받아들일 수 있는 상담목표를 설정한다.
　⑤ 상담기법의 적용: 행동주의적 접근에서는 내담자가 더욱 효과적인 학습방법을 배우도록 하는 데 초점을 두고 언어적 및 매체 활용의 여러 가지 학습방법을 사용할 수 있다.
　⑥ 상담결과의 평가: 상담자가 얼마나 상담을 잘 했는지, 사용되고 있는 특별한 상담 기술이 얼마나 효과가 있는지를 알아보는 데 사용된다. 행동주의적 접근에서는 상담이 끝날 때는 물론이고 상담 도중에도 평가가 계속되는 것이다.
　⑦ 상담의 종결: 상담목표가 달성되었는지 및 추가적인 상담이 필요한지에 대한 탐색의 기회가 되기도 한다. 상담자는 내담자가 이제까지의 상담활동을 통해서 배운 원리를 공식적인 상담이 끝난 후에도 계속 자신의 삶에 적절히 적용할 수 있도록 돕는 데 초점을 두고 상담을 종결한다.

### (6) 행동주의 상담의 공헌점
　① 학습과정에 관해서 알려진 지식을 상담과정에 적용하고 연구를 수행함으로써 상담을 과학으로 발전하게 하였다.
　② 상담의 결과를 측정할 수 있게 함으로써 구체적이고 실증적 행동목표를 명백하게 하였다.
　③ 환경 내에 존재하는 여러 가지 제약을 어떻게 제거할 수 있으며, 효율적 행동의 학습을 위한 환경적 조건을 어떻게 조성할 수 있는가 하는 점을 밝혔다.

### (7) 행동주의 상담의 문제점
　① 행동적 영역을 지나치게 강조하고 상담 관계 자체를 부차적인 것으로 간주한다.
　② 상담의 기술을 지나치게 강조하는 경향이 있다.
　③ 내담자의 독특성을 강조하고 특수한 상담방법이 필요하다고 하나 실제로 많은 내담자들이 비슷하거나 동일한 문제를 지니고 있는 경우가 많으며 이를 위해 동일한 상담방법이 필요한 경우가 많다.
　④ 학습이론에서 발전된 특정 개념, 가설, 법칙들은 아직 인간의 모든 학습 현상을 종합적으로 설명할 수 있을 정도로 포괄적이지 못하다.

## 4 기타 상담

### [1] 해결중심 상담

#### (1) 개념
① 해결중심모델은 1980년대에 미국 밀워키 단기가족치료센터의 인수 버그(Insoo Berg)와 드 셔쯔(Steve de Shazer) 연구팀에 의해 개발되었다.
② 기존의 증상 중심 관점에서 벗어나 예외 중심의 기능적인 측면을 강화한 이론으로, 문제의 원인을 규명하기보다는 내담자가 원하는 바에 초점을 두어 이미 가지고 있는 자원(강점, 성공경험, 예외상황)을 활용하여 단기간 내에 해결방안을 구축하고자 하는 이론이다.
③ 해결중심적 단기상담은 한 부분의 변화는 전체 체계의 변화를 가져온다는 체계론적 입장을 지지한다.

#### (2) 특징
① 정신건강에 대한 강조: 내담자가 자신의 문제를 다루는 데 있어서 성공했던 경험에 일차적인 초점을 두는 것으로, 무엇이 잘못되었는지보다는 무엇이 잘 되었고 그것을 어떻게 활용하는가에 관심을 갖는다.
② 내담자의 강점 및 자원 활용
  ㉠ 이 원리는 내담자의 강점, 자원, 건강한 특성들을 도출해 냄으로써 제시된 문제를 해결하려는 것이다.
  ㉡ 내담자의 강점과 자원 그리고 능력에 초점을 두며, 결함이나 장애는 가능한 한 다루지 않는다. 잘못이나 과거의 실패를 고치려고 노력하는 것보다는 과거의 성공이나 장점을 찾아내어 그것을 확대시키는 것이 수월하다.
  ㉢ 즉, 내담자가 바라는 결과를 성취하기 위해 내담자가 이미 갖고 있는 자원, 지식, 믿음, 행동, 증상, 사회 관계망, 환경, 개인적 특성 등을 활용하는 것이다.
③ 탈이론적·비규범적 접근: 이 모델은 기본적으로 '문제의 해결'이 아니라 '해결한 경험'과 '예외적 경험'을 찾는 것을 중요시한다.
④ 내담자 견해 중시
  ㉠ 내담자가 경험하는 문제에 대한 어떠한 가정도 하지 않는다. 대신에 내담자가 호소하는 독특한 불평에 기초하여 개별화된 해결책을 발견하고자 한다.
  ㉡ 따라서 내담자의 견해는 액면 그대로 수용되어 진정한 내담자 중심의 치료접근이 가능하다.

⑤ 간략화
　㉠ 복잡한 문제라고 하여 반드시 그 해결방법이 복잡할 것이라는 가정은 잘못된 것이다. 작은 변화가 또 다른 변화를 가져오며 더 나아가서는 큰 변화를 가져올 수 있다.
　㉡ 치료는 파급효과를 가져온다고 믿기 때문에 치료개입은 가장 단순한 것에서부터 시작한다.
⑥ 변화의 불가피성 강조
　㉠ 인간의 삶 속에서 변화는 끊임없이 일어나고 있기 때문에 종종 치료는 자연스럽게 일어나는 변화를 단지 확인하고 그 변화를 해결책으로 활용하는 작업이 된다.
　㉡ 치료자의 역할은 긍정적인 변화가 일어나도록 돕고, 이를 해결책의 구축으로 이어지게 하는 것이다.
⑦ 현재와 미래 지향성 추구
　㉠ 해결중심적 단기치료는 과거를 깊이 연구하기보다는 내담자로 하여금 현재와 미래의 상황에 적응하도록 돕는 데 일차적인 관심을 갖는다.
　㉡ 치료면담의 과정은 내담자로 하여금 과거와 문제로부터 멀어지게 하고 미래와 해결책을 지향하도록 한다.
⑧ 협력 관계 구축
　㉠ 이 모델은 해결 방안을 발견하고 구축하는 치료과정 중 내담자의 협력을 중시한다.
　㉡ 진정한 협력적인 치료관계는 내담자가 치료자에게 협력할 때뿐 아니라 치료자도 내담자에게 협력할 때 이루어진다고 믿기 때문에 치료자는 내담자가 치료에 협력하도록 시종일관 의식적으로 노력한다.

### (3) 치료목표

① 해결중심 단기치료의 목표는 도움을 받으러 온 가족이 그들 자신의 생활을 보다 만족스럽게 하기 위해서 현재 하고 있는 것과는 다른 것을 하거나 생각해 내도록 하여 현재 가족이 가지고 있는 문제를 해결하고자 하는 것이다.
② 목표를 위해서 치료자는 내담자가 아직 잘 사용하고 있지 못하는 능력을 찾아주어야 하며, 나아가 그들의 문제를 다루어 나갈 보다 나은 기술을 이끌어 줄 수 있어야 한다.

### (4) 치료기법

① 해결중심적 가족치료는 전략적 가족치료보다 구체적인 기법을 사용한다.
② 가족이 보다 구체적인 목표를 설정할 수 있도록 돕기 위한 몇 개의 질문기법을 사용한다.
③ 치료구조는 팀접근법을 사용한다. 이것은 치료팀이 문제의 다양한 관점, 즉 해결의 다양한 관점을 제공해 줄 수 있다는 생각에 근거한 것이다.

④ 치료에 쓰이는 질문기법으로는 면담 이전의 변화를 묻는 질문, 예외질문, 기적질문, 척도질문, 대처질문 등이 있다.

### (5) 대표적 기법
① 면담 전 변화에 관한 질문: 해결중심모델의 기본가정은 변화란 불가피한 것이므로 계속적으로 일어나고 있다고 보는 것이다. 따라서 내담자가 처음 면담을 약속한 이후부터 지금까지 어떠한 변화가 있었는지에 대해 질문하는 기법이다.
② 예외질문: 어떠한 문제에도 예외는 있기 마련이라는 것이 해결중심치료의 기본전제이다. 해결중심모델에서는 한두 번의 중요한 예외를 찾아냄으로써 해결방안에 접근하는 기법이다.
③ 기적질문: 기적이 일어나서 문제가 해결되었다고 상상해 보도록 하면서 문제와는 별개로 해결책을 떠올려 보도록 하는 질문이다. 이 질문을 통해 상담사는 내담자가 바꾸고 싶어 하는 것을 스스로 설명하게 하여 문제에 대한 집착으로부터 해결중심영역으로 들어가게 한다.
④ 척도질문: 숫자의 마력을 이용하여 내담자에게 자신의 문제, 문제의 우선순위, 성공에 대한 확신, 변화를 위해 투자할 수 있는 노력, 진행에 관한 평가 등의 수준을 수치로 표현하도록 하는 방법이다.
⑤ 대처질문: 자신의 미래를 매우 절망적으로 보아 아무런 희망이 없다고 하는 내담자에게 주로 사용한다. 내담자가 자신의 고난을 어떻게 대처해 왔는가에 대해 질문하는 기법이다.
⑥ 관계성 질문: 내담자와 밀접한 관계에 있는 다른 사람들에 대한 질문이다. 사람이 자신의 희망, 힘, 한계, 가능성 등을 지각하는 방식은 자신에게 중요한 타인이 자신을 어떻게 보고 있을 것이라는 생각과 밀접한 관계가 있다.
⑦ 간접적인 칭찬: 내담자에 대한 어떤 긍정적인 것을 암시하는 질문이다. 간접적인 칭찬은 내담자로 하여금 자신의 강점이나 자원을 발견하도록 이끄는 자기 칭찬의 질문 형태를 취하기 때문에 직접적인 칭찬보다 더 바람직하다.

### (6) 상담자의 역할
① 해결중심적 대화: 내담자가 문제를 다른 시각에서 바라보게 하며, 내담자의 생활에서 문제시되지 않았거나 문제가 해결되는 시점의 예외적 상황을 발견하도록 돕는다.
② 알지 못함의 자세(not knowing posture)
　㉠ 내담자가 자기 삶의 전문가라고 믿고 '알지 못함'의 자세를 취한다.
　㉡ 언어적·비언어적 행동으로 내담자에게 풍부하고 진실한 호기심을 전달한다.

## [2] 통합적 상담

### (1) 개념

전통적으로 상담은 상담자가 한 가지 기법으로 내담자를 상담했다. 반면 현대의 상담에서는 여러 가지 기법을 통합해 자기 스타일로 만들어 내담자의 목표 달성에 조력하는데 이것이 통합적 상담이다.

### (2) 상담과정

① 상담의 시작: 왜 여기에 왔고 무엇을 원하고 어떤 도움을 바라는지 들어야 하며 어떻게 해야 할지를 알려준다. 비밀보장과 같은 기본적인 규칙도 알려주어야 한다.

② 치료관계: 내담자와 함께 하고 내담자의 말에 귀를 기울여 느끼려는 자세가 중요하다. 신뢰를 구축하기 위해서는 상담자의 인격이 지식과 상담기술 못지않게 중요하다.

③ 치료목표의 설정: 구체적이고 분명한 목표를 설정한다. 매 회기마다 목표를 세우는 것이 좋다. 그 회기에 말하고 싶은 것과 말하고 싶지 않은 것, 말하면 무엇이 도움이 될지 물어본다.

④ 다양성에 대한 이해와 적용: 차이점을 자유롭게 이야기할 수 있도록 도와주는 것이 중요하다.

⑤ 저항을 이해하고 다루기: 성장과 긍정적인 변화에도 불편함이 따를 수 있다. 저항은 현재를 유지하려는 의식 또는 무의식적 시도이다.

⑥ 상담에서의 인지적 측면: 통합적 상담이란 어떤 기법을 언제, 어떤 내담자에게 사용할 것인지를 학습하는 것을 말한다. 엘리스(Ellis)의 합리적 정서 행동 치료의 ABC이론이 유용하다.

⑦ 상담에서의 정서적 측면: 내담자가 현재 무엇을 느끼는지 확인하고 그것을 어떻게 할지 돕는 것이다. 내담자의 감정을 확인하고 표현하도록 도와주는 것은 치료의 핵심적 요소이다.

⑧ 상담에서의 행동적 측면: WDEP기법이 유용하다.

⑨ 통합적 관점: 사람은 인지 - 정서 - 행동의 측면 모두에서 살펴보아야 한다.

⑩ 전이와 역전이를 처리하기: 정신 분석적 모델이 잘 설명해 주고 있다.

⑪ 과거가 현재에 어떻게 영향을 끼치는가를 이해하기: 게슈탈트 치료가 유용하다.

⑫ 결정과 행동 변화를 위한 상담: 의미 있는 사람들과 상호작용하는 방식을 어떻게 변화시킬지를 결정해야 한다.

## * 여성주의 상담(feminist counseling)

여성의 정서적인 문제들이 많은 부분 우리 사회의 성차별주의로 인해 야기된다는 데에 초점을 맞추고 자기인식을 통한 통합된 인간이 되도록 그들의 성장을 돕고, 그와 함께 여성 문제의 원인이 되는 현실적인 차별과 억압을 해소하는 방향으로 나아갈 것을 지향하는 상담적 접근이다.

1. 1960년대에 서구에서 일어난 여성운동을 시작으로 여성에 대한 새로운 상담 접근이 필요하다는 인식이 생겼다.
2. 여성주의 상담은 여성주의적 이론과 방법을 상담에 도입하여 여성들이 자신을 재발견하고 사회 현실 구조를 새롭게 바라봄으로써 건강하게 성장하도록 돕는 것에 목표를 두고 있다.
3. 여성주의 상담은 사회적 근거와 정치적 근거를 가지고 있어 내담자의 문제 해결을 돕는 것 외에도 사회 변화를 이끌기 위한 상담의 역할에 대해서도 강조하고 있다.
4. 상담 장면에서도 사회에서 경험할 수 있는 불평등한 권력이 재현되지 않도록 상담자와 내담자의 관계가 평등할 수 있도록 노력하며, 여성이 경험한 것을 존중하는 입장을 취한다.
5. 내담자의 심리적 불편감을 저항과 생존을 위한 기술이며 의지라고 보는 입장을 가지고 있다.
6. 여성주의 상담은 다음의 개념들을 강조하고 있다(Corey, 2003).
    - 문제를 개인적 수준에서보다는 사회정치적이며 문화적 맥락에서 보기
    - 여성 경험의 본질을 독창적 관점에서 생각하기
    - 여성의 심리적 건강을 평가하는 전통적 방법에 도전하기
    - 내담자가 환경의 억압적 측면을 다루는 사회적 행동을 하도록 격려하기

# 확인학습 문제

**001** 생활지도의 기본원리에 해당하는 것은?

① 문제 학생을 대상으로 한다.
② 예방보다는 치료에 중점을 둔다.
③ 상식적인 판단에 기초한다.
④ 학생들의 판단보다는 교사의 판단에 중점을 둔다.
⑤ 처벌보다는 지도를 앞세운다.

**정답** ⑤
**해설**
\* **생활지도의 기본원리**
– 소수의 문제아 지도가 아니라 전체 학생을 대상으로 한다.
– 치료보다는 예방지도에 중점을 둔다.
– 학생의 입장에서 학생을 파악하여 스스로 문제해결을 할 수 있도록 돕는다.
– 처벌보다는 지도를 앞세운다.

**002** 다음 주장이 담고 있는 생활지도의 성격은?

> 생활지도는 정상적으로 성장하고 있는 모든 아동을 대상으로 그들의 성장 가능성을 극대화하기 위한 활동을 해야 한다.

① 문제예방　　② 훈육지도　　③ 행동치료
④ 발달촉진　　⑤ 인성형성

**정답** ④
**해설**
생활지도는 개개인의 성장·발달을 돕고, 잠재능력을 계발해서 현재는 물론 장래에도 자신의 힘으로 능히 헤쳐 나갈 수 있도록 조력해 주는 조직적 교육활동이다.

**003** 생활지도 활동 중 취업지도, 진학지도 등과 같이 학생 자신의 적성과 희망하는 진로를 정확하게 이행하여 현명한 선택을 하도록 도움을 주는 활동은?

① 정보(情報)활동  ② 상담(相談)활동  ③ 정치(定置)활동
④ 추수(追隨)활동  ⑤ 조사(調査)활동

**정답 ③**
**해설**
'정치활동'이란 취업지도·진학지도·학과선택지도 등에 있어 자신의 진로를 정확하게 이해하여 자기 자신의 자리매김을 현명하게 하는 데 조력하는 활동이다.
- 교육적 정치: 교과목 선택, 계발활동과 부서 선택, 과외활동, 상급학교 선택 등이 관련된다.
- 직업적 정치: 진로 선택, 직업 선택, 부업 알선 등이 관련된다.

**004** 다음 생활지도의 원리 중 사전 예방지도에 중점을 두고 실천해야 할 것은?

① 계속성의 원리  ② 적극성의 원리  ③ 균등성의 원리
④ 협동성의 원리  ⑤ 통합성의 원리

**정답 ②**
**해설**
* **생활지도의 실천원리**
  - 계속성의 원리: 생활지도는 학생들의 입학 후 정치활동(定置活動)에서부터 졸업 후의 추후활동에 이르기까지 계속적으로 행해져야 한다.
  - 적극적 예방의 원리: 생활지도는 소극적인 치료보다는 적극적인 예방지도에 중점을 두어야 한다.
  - 균등의 원리: 생활지도는 학생 개개인의 잠재가능성이 최대한으로 발달하도록 도와주는 활동이므로 문제 학생이나 부적응 학생뿐만 아니라 전체 학생을 대상으로 이들의 잠재가능성을 최대로 발달시켜야 한다.
  - 협동의 원리: 생활지도는 전체 교사 간의 상호 협동은 물론 학교와 가정, 지역사회 인사들 간의 협동이 있어야 그 효과를 극대화할 수 있다.
  - 통합성의 원리(전인적 원리): 생활지도는 개인의 특수한 생활영역이나 기능 등의 일부분만을 다루는 것이 아니라 개인의 전체적인 면을 다룬다. 즉, 생활지도는 학생의 전인적 입장에서 다루어야 한다.

**005** 상담에 관한 설명으로 옳은 것은?

① 내담자의 합리적 계획, 의사결정력에 중점을 둔다.
② 내담자는 미숙한 존재이므로 개인의 결정권을 존중할 필요는 없다.
③ 충고를 통해 내담자의 행동의 변화를 가져오고자 하는 것이다.
④ 행동 변화나 의사결정은 상담자가 원하는 것이어야 한다.
⑤ 상담자는 주관적인 견해를 갖고 있어야 한다.

**정답 ①**
**해설**
상담이란 상담자가 도움을 필요로 하는 사람에게 전문적 지식과 기능을 가지고 내담자(來談者) 자신과 환경에 대한 이해를 증진시키며, 합리적이고 현실적이며 효율적인 행동양식을 증진시키거나 의사결정을 내릴 수 있도록 원조하는 활동이다.

* 상담의 특징
 - 모든 행동 변화나 의사결정은 내담자가 원하는 것이어야 한다.
 - 상담은 자발적 변화가 일어날 수 있는 조건을 제공하는 것이어야 하며, 개인이 선택하고 결정할 권리를 존중해야 한다.
 - 합리적 계획, 문제해결, 의사결정, 환경적 압력에 대한 대응, 일상 행동습관 등과 같은 일상생활의 문제에 중점을 둔다.

**006** 상담의 정의로 옳지 않은 것은?

① 상담은 학습의 과정이다.
② 상담은 전문적 조력의 과정이다.
③ 상담은 설득·권고·유도를 하는 과정이다.
④ 상담은 인성의 성장을 위해 도와주는 과정이다.
⑤ 상담은 언어적 수단에 의한 역동적 상호작용 과정이다.

**정답 ③**
**해설**
* 상담이라고 할 수 없는 것(Patterson)
 - 상담의 과정에서 정보의 제공이 이루어지기는 하나, 정보를 제공하는 활동 자체가 상담은 아니다.
 - 상담에서 충고, 제안, 권장 등이 가능하지만, 이것들 자체가 상담은 아니다.
 - 간접적인 방법에 의해서라도 설득·권고·유도에 의해서 신념·태도·행동에 영향을 미치는 것은 상담이 아니다.
 - 상담은 훈육이 아니며, 협박·경고·위협 등에 의해서 행동을 변화시키는 것은 상담이 아니다.
 - 어떤 일이나 행동을 내담자에게 지시하는 것은 상담이 아니다.
 - 상담에서 면담이 중요한 부분을 차지하나, 직접적인 대화나 면담이 곧 상담은 아니다.

**007** 상담에 대한 정의로 옳은 것은?

① 상담은 내담자 스스로가 자기이해·의사결정·문제해결이 이루어지도록 상담자가 전문적으로 도와주는 과정이다.
② 상담은 내담자의 행동을 수정하기 위하여 어떤 일이나 행동을 내담자에게 지시하는 것이다.
③ 상담은 상담자가 내담자에게 충고, 설득, 조언을 통해 행동의 변화를 가져오게 하는 조정과정이다.
④ 상담은 내담자에게 정보를 제공하는 것이다.
⑤ 상담은 상담자의 전문적 기술로써 내담자의 문제를 직접 해결해 주는 과정이다.

**정답** ①
**해설**
**\* 상담활동의 성격**
- 상담은 전문적 조력의 과정이다.
- 상담은 문제를 가진 학생(내담자)과 그를 돕는 사람(상담자)과의 1대1의 관계이다.
- 상담은 언어적 수단에 의한 역동적 상호작용 과정이다.
- 상담은 문제해결뿐만 아니라 인성의 성장과 통일을 도와주는 과정이다.
- 상담은 학습의 과정이다.

**008** 상담의 목표에 해당하지 않는 것은?

① 상담은 개인의 생산적이고 행복한 생활을 하는 데 방해가 되는 행동을 감소하거나 제거시키고, 개인의 만족하고 성공적인 생각을 하는 데 도움이 되는 행동의 변화를 가져오게 한다.
② 상담은 정신질환의 원인이 되는 여러 가지 병리적인 요소를 제거하거나 수정해야 할 문제에 대한 치료를 함으로써 적극적인 정신건강을 촉진하게 한다.
③ 내담자의 제반 문제와 시험 걱정, 불감증, 무기력 등과 같은 병적인 증세를 체계적이고 과학적인 방법으로 해결해 나가는 데 초점을 둔다.
④ 내담자의 능력·흥미·기회를 이해하고 중요한 의사결정을 해준다.
⑤ 내담자의 생산적인 사고를 증진하고 적응적인 인간관계를 형성하며 다양한 문제 상황에 효과적으로 대처하는 능력을 길러준다.

정답 ④
해설
* 상담의 일반적인 목표
 – 행동의 변화
 – 정신건강의 증진
 – 문제해결과 병적 증세 제거
 – 의사결정
 – 개인적 효율성의 향상

**009** 다음 상담의 기본원리 중 의도적 감정표현의 원리에 관한 설명으로 옳지 않은 것은?

① 상담자는 진지한 경청의 자세를 유지한다.
② 내담자와의 온화한 분위기를 형성한다.
③ 내담자의 긍정적 감정뿐 아니라 부정적인 감정에도 주의를 기울인다.
④ 내담자에게 심리적인 지지를 표현한다.
⑤ 내담자에게 적절한 시기에 정보를 제공하고 해결책을 제시한다.

정답 ⑤
해설
* 의도적 감정표현의 원리
 상담자는 내담자가 긍정적 감정뿐만 아니라 부정적 감정도 표현할 수 있도록 온화한 분위기를 조성해 주어야 한다.

**010** 다음 상담의 기본원리 중 통제된 정서적 관여의 구성요소에 해당하는 것끼리 옳게 묶은 것은?

> ㄱ. 절제  ㄴ. 민감성
> ㄷ. 이해  ㄹ. 반응

① ㄱ, ㄹ  ② ㄴ, ㄹ  ③ ㄱ, ㄴ, ㄷ
④ ㄱ, ㄷ, ㄹ  ⑤ ㄴ, ㄷ, ㄹ

**정답** ⑤
**해설**
* **통제된 정서적 관여의 구성요소**
  – 민감성: 내담자의 말이나 행동, 감정에 상담자가 적절하면서도 기민하게 대처해 가는 것이다.
  – 이해: 상담자가 내담자가 겉으로 드러내 보이는 언행의 의미를 탐색하는 과정이다.
  – 반응: 내담자의 행동과 표현에 대하여 상담자가 적절하게 자신을 드러내 보이는 것이다.

**011** 상담의 기본원리에 관한 설명으로 옳지 않은 것은?

① 개별화의 원리 – 상담방법도 내담자에 따라 상이한 방법과 기술을 활용해야 한다.
② 수용의 원리 – 상담자는 내담자를 있는 그대로 받아들여야 한다.
③ 비심판적 태도의 원리 – 상담자는 내담자를 일방적으로 가치판단해서는 안 된다.
④ 비밀보장의 원리 – 상담자는 상담을 통해 얻은 자료들을 공개해서는 안 된다.
⑤ 자기결정의 원리 – 상담자는 문제를 자기 스스로 해결할 수 있다.

**정답** ⑤
**해설**
* **자기결정의 원리**
  상담자는 내담자가 자기 힘으로 문제를 해결할 수 있다는 신념에서 상담을 시작하여야 한다.

**012** 상담활동에서 라포르(rapport) 형성에 도움이 되지 못하는 것은?

① 명랑하고 따뜻한 마음과 태도
② 부드러운 분위기와 비밀의 보장
③ 상담 내용이나 언행에 대한 무비판적 태도
④ 자유롭게 이야기할 수 있는 상담 분위기
⑤ 내담자에게 은혜를 베푼다는 인상을 주기

**정답** ⑤
**해설**
상담자는 내담자에게 은혜를 베푼다는 인상을 주지 말아야 한다.

**013** 로저스(Rogers)는 상담자의 기본 자질로 5가지를 들고 있다. 이에 해당하지 않는 것은?

① 인간관계에 대한 민감성
② 객관적인 태도와 정서적으로 격리된 태도
③ 자기 자신을 이해하며 자신의 정서적인 제한점과 결점을 아는 능력
④ 인간행동에의 이해
⑤ 인간행동에의 동정

**정답** ⑤
**해설**
* 로저스(Rogers)가 제시한 상담자의 5가지 기본 자질
 - 인간관계에 대한 민감성
 - 객관적인 태도와 정서적으로 격리된 태도
 - 자기 자신을 이해하며 자신의 정서적인 제한점과 결점을 아는 능력
 - 개인에 대한 존중과 있는 그대로 받아들일 줄 아는 노력 및 이해
 - 인간행동에의 이해

**014** 일반적인 상담자의 역할에 해당하는 것을 모두 고른 것은?

> ㄱ. 교육자　　　　　　　　ㄴ. 조력자
> ㄷ. 촉진자　　　　　　　　ㄹ. 연구자

① ㄱ, ㄴ　　　　② ㄱ, ㄷ　　　　③ ㄴ, ㄷ
④ ㄱ, ㄴ, ㄷ　　　⑤ ㄱ, ㄴ, ㄷ, ㄹ

**정답 ⑤**
**해설**
* 일반적인 상담자의 역할
  - 교육자의 역할
  - 조력자의 역할
  - 안내자의 역할
  - 변화촉진자의 역할
  - 조정자의 역할
  - 자문가의 역할
  - 옹호자의 역할
  - 조직개발자의 역할
  - 연구자의 역할

**015** 상담자의 기본적인 자질로서 가장 적절한 것은?

① 내담자의 언어적 표현뿐만 아니라 비언어적 의미도 이해한다.
② 내담자의 문제상황에 대하여 전적으로 동감한다.
③ 상담 과정에서 자신의 감정을 드러내지 않는다.
④ 내담자의 비현실적 기대나 요구를 지적하고 수정한다.
⑤ 자신의 신념과 가치관에 대한 확고한 주관을 가지고 상담한다.

**정답 ①**
**해설**
상담자는 내담자의 언어표현뿐 아니라 그 이면에 포함되어 있는 의미를 잘 파악할 수 있어야 한다.

**016** 상담과 심리치료에 관한 설명으로 옳지 않은 것은?

① 상담은 주로 정상적인 내담자를 대상으로 하여 정상의 문제를 다룬다.
② 심리치료는 주로 환자를 대상으로 하여 비정상적인 문제를 다룬다.
③ 상담은 주로 개인의 성장과 발달을 촉진하는 데 목적이 있다.
④ 심리치료의 자료는 과거의 역사적 사실과 무의식적 자료에 의존한다.
⑤ 심리치료는 상담을 포함하는 개념이다.

**정답** ⑤
**해설**
* 상담과 심리치료의 비교

| 구분 | 상담 | 심리치료 |
|---|---|---|
| 대상 | 정상인 | 비정상인(환자) |
| 문제 | 정상의 문제 | 비정상의 문제 |
| 대상영역 | • 현실적 불안에 근거한 의식의 세계<br>• 교육, 직업, 결혼 등의 선택과 결정 | • 신경증적 불안에 근거한 무의식의 갈등 세계<br>• 지속적이고 반복적인 감정과의 갈등 |
| 목적 | 성장과 발달 촉진 ⇨ 치료 예방 | 장애의 제거나 완화 ⇨ 치료와 교정 |
| 방법 | • 인지적 방법<br>• 일시적 욕구불만이나 갈등 해결, 면접 중 조언 | • 정서적 방법<br>• 성격장애자의 치료와 교정 |
| 시간 | 단시간 소요 1~20회 | 장시간 소요 20~100회 |
| 형태 | • 교육적·상황적 문제해결<br>• 의식 내용의 자각에 주력 | • 재구성적·심층분석적 문제해결<br>• 무의식적 동기의 자각(통찰)에 주력 |
| 적용분야 | 교육학, 심리학, 사회사업학 | 의학, 임상심리학 |
| 자료 | 현재적·의식적 자료 | 과거의 역사적 사실과 무의식적 자료 |
| 내담자 문제 | 질병으로 간주하지 않음 | 질병으로 간주함 |
| 비용 | 무료 | 유료 |
| 실시장소 | 학교, 지역사회, 봉사기관, 기업체, 상담소 | 환자가정, 병원, 진료기관 |
| 공통점 | • 내담자의 문제해결<br>• 개인의 성장과 발전 촉진 | |
| 상호 관계 | 상담은 심리치료를 포함 | |

**017** 상담을 통해 내담자에게 도움을 줄 수 있는 사항에 해당하지 않는 것은?

① 내담자의 정상적인 발달상의 문제
② 내담자의 지속적이고 반복적인 감정과의 갈등 문제
③ 내담자의 사회적 부적응 문제
④ 내담자의 자기 이해
⑤ 내담자의 자기 수용

**정답 ②**
**해설**
내담자의 지속적이고 반복적인 감정과의 갈등 문제는 심리치료의 대상영역이다.

**018** 상담자가 상담을 성공적으로 수행하기 위해서 준수해야 할 사항은?

① 구체적인 충고는 피한다.
② 내담자와 공감적인 태도를 지닌다.
③ 상담자가 많은 것을 이야기한다.
④ 상담자 혼자의 힘으로 문제를 해결한다.
⑤ 상담자의 필요를 중심으로 상담을 한다.

**정답 ②**
**해설**
상담관계 형성의 기본조건은 무조건 수용, 진실성, 공감적 이해이다.

## 019 위기상담에 해당하는 것을 모두 고른 것은?

┌─────────────────────────────────────────┐
│ ㄱ. 자살기도              ㄴ. 약물중독      │
│ ㄷ. 인터넷 중독           ㄹ. 학업문제      │
└─────────────────────────────────────────┘

① ㄱ, ㄴ　　　　② ㄱ, ㄷ　　　　③ ㄴ, ㄹ
④ ㄱ, ㄴ, ㄷ　　⑤ ㄱ, ㄷ, ㄹ

**정답 ①**
**해설**
**\* 위기상담**
위기를 겪고 있는 내담자를 위한 상담이다. 위기발단 사건의 충격을 감소시켜 현재의 위기에 잘 대처함으로써 단기적 측면으로는 한순간의 위급한 문제를 해결하는 것이지만, 장기적 측면으로는 개인의 건강뿐만 아니라 자아상이나 신뢰, 확신 등의 인격적 자원들을 보충하고 강화시켜 위기 이전의 수준보다 더 나은 상태로 성장할 수 있게 돕는 전인상담이라 할 수 있다. 이러한 위기상담은 현재 발달과정상의 위기나 특수한 상황 위기를 겪고 있는 모든 사람들이 그 대상으로 간주되는데, 대개 신체적·심리적·경제적·영적 위기에 대한 상담을 포함한다.
예 자살기도, 약물중독, 사망, 이별, 실연, 실직 등

## 020 예방상담에 해당하는 것을 모두 고른 것은?

┌─────────────────────────────────────────┐
│ ㄱ. 약물교육              ㄴ. 결혼 적응문제  │
│ ㄷ. 성교육                ㄹ. 진로탐색      │
└─────────────────────────────────────────┘

① ㄱ, ㄴ　　　　② ㄱ, ㄷ　　　　③ ㄴ, ㄹ
④ ㄱ, ㄴ, ㄷ　　⑤ ㄱ, ㄴ, ㄷ, ㄹ

**정답 ②**
**해설**
예방상담의 상담문제에는 성교육, 약물교육, 폭력예방, 자살예방, 인터넷 중독 예방 등이 있다.

**021** 발달상담에 해당하지 않는 것은?

① 자아개념 발달
② 진로탐색
③ 학업문제
④ 중년기의 진로 변경
⑤ 노년기의 죽음에 대한 수용

**정답** ③
**해설**
학업문제 상담은 촉진상담에 해당된다.

**022** 다음 내용에서 설명하는 것과 가장 관련 없는 것은?

> 고등학교 1학년에 재학 중인 A군은 중학교 3학년 때 친한 친구들이 본드를 흡입하는 장면을 목격하였다. 처음에는 친구들을 만류하던 A군은 친구들로부터 따돌림을 당하는 느낌이 들었고 친구들과 어울려 본드를 흡입하게 되었다. 이후에 점차 본드를 흡입하는 횟수가 늘어났고 최근에 본드흡입장면이 학교 선생님께 적발되어, 학교로부터 정학 처분을 받게 되었다. A군은 스스로 본드를 끊기 위해 노력해 왔으나 번번히 실패를 하였으며, 이에 청소년상담사를 찾아 도움을 청하게 되었다.

① 제시된 사례에 해당되는 상담은 위기상담이다.
② 내담자가 청소년이므로 발달적인 접근으로 상담을 진행한다.
③ 내담자에 대하여 직접적인 중재와 처치가 필요하다.
④ 내담자의 입장을 이해하는 심리적인 지지가 중요하다.
⑤ 상태의 심각성을 고려하여 전문치료기관과의 협조가 필요하다.

**정답** ②
**해설**
A군의 상태는 약물중독이므로 위기상담에 해당된다. 발달상담은 자아개념의 발달, 청소년의 진로 및 직업탐색, 중년기의 진로 변경, 노년기의 죽음에 대한 수용 등이 해당된다.

**023** 상담 초기에 중요하게 다룰 부분으로 옳지 않은 것은?

① 상담목표를 설정한다.
② 상담 진행에 대하여 구조화한다.
③ 내담자가 도움을 청하는 내용과 이유를 파악한다.
④ 상담 과정에 대하여 내담자와 합의를 한다.
⑤ 문제가 발생한 배경을 탐색하며 구체적 탐색과 직면, 저항의 처리가 이루어져야 한다.

**정답 ⑤**
**해설**
문제가 발생한 배경을 탐색하는 것은 상담 초기에 실시되지만 구체적 탐색과 직면, 저항의 처리는 상담 중기에 나타나는 활동이다.

**024** 면접 기록을 할 때 개인의 사생활을 보호하기 위한 지침으로 옳지 않은 것은?

① 상담서비스 제공에 필요하거나 서비스 전달 및 평가와 관련된 것만 기록한다.
② 내담자의 사적인 생활이나 행동 등에 대한 민감한 정보는 일반적인 용어로 상세히 기록한다.
③ 상담기록은 반드시 잠금장치가 되어 있는 곳에 보관하여야 한다.
④ 특별히 허가된 매우 예외적인 경우를 제외하고는 기록파일 자체를 기관 외부로 유출하지 않는다.
⑤ 전산화된 기록은 암호장치를 두어 합법적 권한을 가진 사람만이 접근하도록 한다.

**정답 ②**
**해설**
상담면접기록은 일반화된 용어로 작성하지만 내담자의 사적인 생활이나 행동 등에 대한 민감한 정보는 상세히 기록하지 않는다.

025 상담자는 상담을 통해 알게 된 내담자에 관한 개인정보를 보호해야 한다. 비밀보호에서 제외되는 상황에 해당되는 것을 모두 고른 것은?

> ㄱ. 법원의 요구가 있을 때
> ㄴ. 내담자가 성 학대를 받은 사실을 알게 되었을 때
> ㄷ. 내담자가 자신에게 해를 입히려는 의도를 밝혔을 때
> ㄹ. 내담자가 부모에게 상습적으로 학대받고 있는 사실을 알게 되었을 때

① ㄱ, ㄷ
② ㄱ, ㄴ, ㄷ
③ ㄱ, ㄷ, ㄹ
④ ㄴ, ㄷ, ㄹ
⑤ ㄱ, ㄴ, ㄷ, ㄹ

정답 ⑤
해설
* 비밀보장의 예외사항
 - 자신이나 타인을 해칠 가능성이 노출되었을 때
 - 아동학대, 성범죄와 관련되어 있을 때
 - 법원에서 요구할 때
 - 미성년자의 법적 보호자가 요구할 때

026 다음 대화의 답변 ㉠~㉤ 중에서 가장 높은 수준의 수용적 존중은 어느 것인가?

> "남자 친구한테 온 편지라고 저한테 보여주시지도 않고 엄마 마음대로 뜯어보시면 어떻게 해요."
>
> ㉠옛날 같으면 결혼도 할 나이지, 그러나 아직 그런데 신경 쓸 나이가 아니지 않니?
> ㉡엄마가 자식 편지를 못 뜯어보면 어떻게 하니?
> ㉢네 일은 네게 맡겨도 되는 건데 엄마가 좀 지나쳤구나.
> ㉣잘못인 줄 알면서도 걱정이 돼 그랬다.
> ㉤못된 송아지 엉덩이에 뿔 난다더니 벌써부터 연애니?

① ㉠
② ㉡
③ ㉢
④ ㉣
⑤ ㉤

정답 ③
해설
* 수용적 존중 수준 5
 상대방에게 한 인간으로서의 가치와 자유인으로서의 잠재력에 대해 매우 깊은 긍정적인 존중을 전달하는 수준이다.

**027** 상담 종결 시의 과업에 해당하는 것을 모두 고른 것은?

> ㄱ. 정서적 반응 다루기   ㄴ. 효과의 유지와 강화하기
> ㄷ. 의뢰하기            ㄹ. 종결시기 정하기

① ㄱ, ㄴ, ㄷ   ② ㄱ, ㄴ, ㄹ   ③ ㄱ, ㄷ, ㄹ
④ ㄴ, ㄷ, ㄹ   ⑤ ㄱ, ㄴ, ㄷ, ㄹ

**정답** ⑤
**해설**
* **종결단계의 과업**
 - 적절한 종결시기 결정하기
 - 정서적 반응 다루기
 - 효과의 유지와 강화하기
 - 의뢰하기
 - 평가하기

**028** 다음의 상황에서 나올 수 있는 어머니의 응답 중 공감수준이 가장 높은 것은?

> 엄마! 남의 방에 노크도 없이 막 들어오면 어떡해요. 여긴 내 방이란 말이에요.

① 너 왜 화를 내고 그러니? 집 안에서 꼭 노크를 해야 하니?
② 미안해, 엄마가 잘못했구나.
③ 어, 얘 말하는 것 좀 봐. 엄마가 자식 방에도 맘대로 못 들어오니?
④ 혼자 있고 싶었는데 방해를 받아서 기분이 몹시 상했나 보구나.
⑤ 너도 엄마 방에 들어올 때 노크하지 않잖니? 입장을 바꿔 생각해 보렴.

**정답** ④
**해설**
공감적 이해란 밖으로 나타난 행위 그 자체를 이해하는 것이 아니라 주관적으로 움직이는 내담자의 내적 참조 체계로부터 상담자가 내담자를 이해하는 것이다. 감정이입적 이해라고도 하며 결코 동일시가 아니다. 또한 동정이나 동감과는 구별해야 한다.

**029** 학생이 "나는 태어나지 말았어야 했나 봐요."라고 말했을 때, 상담교사가 "난 이해가 잘 안되는데 무슨 뜻인지 자세히 설명해 줄래?"라고 반응했다. 상담교사가 사용한 면담기술은?

① 직면　　　　② 명료화　　　　③ 재진술
④ 감정의 반영　⑤ 구조화

> **정답** ②
> **해설**
> '명료화'는 내담자의 대화 내용을 분명히 하고 내담자가 표현하고자 하는 바를 정확히 지각하였는지를 확인하는 기법이다. 내담자의 말 속에 내포하고 있는 뜻을 파악하여 내담자에게 명확하게 말해 주는 것이다.

**030** 다음 대화의 내용에 해당하는 상담의 기법으로서 가장 적절한 것은?

> 내담자: "저는 영숙이하고만 친하게 지내고 싶은데, 우리 사이에 다른 아이가 끼어들려고 해서 얄미워요. 그러나 아무하고나 친하게 지내는 것이 좋지요."
> 상담자: "너와 영숙이 사이에 다른 아이가 끼어들면 얄미워하면서 아무하고나 친하게 지내는 것이 좋다고 말하는 것은 이상하게 들리는구나."

① 경청　　　　② 재진술　　　　③ 직면
④ 명료화　　　⑤ 반영

> **정답** ③
> **해설**
> * 직면
> 내담자가 미처 깨닫지 못하거나 인정하기를 거부하는 생각과 느낌에 대해 주목하도록 하는 것으로서, 언어적 행동과 비언어적 행동이 불일치되는 점을 깨닫게 하기 위한 방법이다. 내담자가 가지고 있는 불일치·모순·생략 등을 상담자가 내담자에게 기술해 주는 것이다.

**031** 다음 대화에 나타난 상담교사의 상담행위로 가장 적절한 것은?

> 학생: 상담실에 매일 와야 해요?
> 교사: 상담은 보통 1주일에 한 번 하는데, 필요하다면 더 자주 할 수도 있단다.
> 학생: 그런데 제가 선생님한테 말씀드리는 거, 우리 엄마한테 말씀하실 건가요?
> 교사: 아니란다. 네가 여기서 말하는 것은 선생님만 알고 있을 거야. 하지만 네가 너 자신이나 다른 사람에게 해가 되는 일을 한다고 생각이 들면 부모님께 말씀드릴 수도 있어.

① 직면
② 명료화
③ 상담자의 자기노출
④ 상담의 목표설정
⑤ 상담의 구조화

**정답 ⑤**
**해설**
\* 구조화
　상담 시작 초기 단계에서 상담에 필요한 제반 규정과 상담에 있어서의 한계에 관하여 설명해 주는 것이다. 상담과정의 본질 및 제한조건, 목적에 대하여 상담자가 정의를 내려 주고 상담에 대한 방향설정을 돕는다.

**032** 상담의 기법 중 즉시성이 유용한 경우에 해당하지 않는 것은?

① 방향감이 없는 관계의 경우
② 신뢰감이 형성된 경우
③ 사회적 거리가 있을 경우
④ 친화력이 있을 경우
⑤ 역의존성이 있을 경우

**정답 ②**
**해설**
\* 즉시성이 유용한 경우
　- 방향감이 없는 관계의 경우
　- 긴장이 감돌고 있을 경우
　- 신뢰성에 의문이 제기될 경우
　- 상담자와 내담자 간에 상당한 정도의 사회적 거리가 있을 경우
　- 내담자 의존성이 있을 경우
　- 역의존성이 있을 경우
　- 상담자와 내담자 간에 친화력이 있을 경우

**033** 다음에서 설명하는 상담의 기법은?

> ○ 내담자가 이야기를 하고 있을 때 이를 촉진하거나, 더 계속하거나, 화제를 바꾸고 싶을 때 사용하는 기법이다.
> ○ 요약의 수준을 넘어 새로운 화제로 전환을 유도하여 탐색하려는 주제와 관련 있는 대화로 초점을 좁혀 갈 수 있다.

① 인도  ② 명료화  ③ 요약
④ 환언  ⑤ 해석

**정답** ①
**해설**
② 명료화: 내담자의 대화 내용을 분명히 하고 내담자가 표현하고자 하는 바를 정확히 지각하였는지를 확인하는 기법이다.
③ 요약: 반복해서 강하게 표현하는 주제들을 확인하여 드러내는 기법이다.
④ 환언: 내담자의 진술에 표현된 핵심적인 인지 내용을 다시 진술하는 기법이다.
⑤ 해석: 내담자로 하여금 자신의 문제를 새로운 각도에서 이해하도록 설명하는 기법이다.

**034** 청소년 내담자 상담 시 상담자의 자세로 옳지 않은 것은?

① 청소년이 자기 이해를 할 수 있도록 돕는다.
② 청소년의 언어적인 표현보다는 이면에 내재한 감정에 더 많은 관심을 가진다.
③ 청소년이 자신을 개방할 수 있도록 허용적인 분위기를 조성한다.
④ 청소년에게 충고 또는 설득을 통해 행동 변화를 유도한다.
⑤ 청소년을 인격적으로 존중한다.

**정답** ④
**해설**
내담자에게 충고나 설득을 통해 변화를 유도하는 것은 바람직한 상담자의 자세가 아니다.

**035** 학교에서 상담을 실시할 때 교사가 지켜야 할 사항으로 옳지 않은 것은?

① 학생 스스로 무엇이 문제인지를 깨닫도록 도와준다.
② 학생에게 이중질문을 하여 응답에 대한 선택권을 준다.
③ 교사와 함께 문제를 해결하도록 노력한다.
④ 예비상담을 통해 학생에 대한 상담자의 기대를 이야기한다.
⑤ 학생의 입장에서 문제를 보고 해결책을 모색하도록 한다.

**정답 ②**
**해설**
이중질문은 기껏해야 내담자에게 양자택일을 할 뿐이고, 최악의 경우에는 흔히 두 가지 질문을 동시에 포함하고 있기 때문에 내담자 쪽에서 두 질문 중 어느 쪽에 답변을 해야 할지 모르게 된다. 이중질문은 상담에 효과적이지 못하다.

**036** 다음 대화에 해당하는 상담자의 상담기법으로 가장 적절한 것은?

> 학생: "성적이 떨어져서 공부할 마음이 안 생겨요. 선생님은 그런 적이 없으셨어요?"
> 상담자: "중학교 3학년 때였는데 노력은 하는데도 성적이 자꾸 떨어져서 무척 속상해 한 적이 있었어."

① 자기노출    ② 공감    ③ 수용
④ 직면         ⑤ 해석

**정답 ①**
**해설**
'자기노출'이란 내담자가 새로운 시각을 갖게 하기 위해 사용할 수 있는 기술 중 하나로, 상담자가 자신에 대한 어떤 것을 공개하여 내담자가 그것을 공유하게 하는 기법이다.

**037** 상담의 기법 중 해석에 대한 설명으로 옳지 않은 것은?

① 해석은 상담자가 내담자의 행동마다 즉시 실시해야 한다.
② 해석은 내담자가 자기 문제를 다른 각도로 바라보도록 돕는 것이다.
③ 해석은 내담자가 인식하지 못하는 의미까지 설명해 준다.
④ 해석은 내담자가 자신의 문제를 이해하고 받아들일 수 있을 때 실시한다.
⑤ 해석은 무의식 세계에 대한 전문적 분석능력을 요한다.

**정답** ①
**해설**
* **해석(재구조화)**
  내담자로 하여금 자기의 문제를 새로운 각도에서 이해하도록 그의 생활경험과 행동의 의미를 설명하는 것이다. 내담자가 과거의 생각과는 다른 참조체제를 바탕으로 자신의 문제를 바라볼 수 있도록 돕는 것으로, 내담자가 인식하지 못하는 의미까지도 설명해 준다는 면에서 해석은 가장 어려우면서 '무의식 세계에 대한 전문적 분석능력'을 요한다.

**038** 다음 대화에 해당하는 상담자의 상담기법으로 가장 적절한 것은?

> 내담자: "형하고 싸우면 왜 저만 야단치세요? 형도 잘한 게 없어요."
> 상담자: "다 같이 공평하게 대해 주면 좋겠단 말이구나."

① 직면　　② 조언　　③ 해석
④ 수용　　⑤ 환언

**정답** ④
**해설**
'수용'은 내담자에 대해 가치판단하지 않고 있는 그대로 받아들여 주는 것이다.

**039** 다음 내용에 대하여 가장 수준 높은 자기노출의 반응으로 적절한 것은?

> "오늘 학교에서 선생님한테 매를 맞았어요. 우리 학교 선생님은 잘 때려요. 엄마도 학교 다닐 때 매를 맞아본 적이 있어요?"

① "누구나 그런 경험이 있지."
② "언젠가는 따귀도 맞은 적이 있었어. 잘못은 했지만 얼마나 아프고 분했던지 지금도 잊혀지지 않아."
③ "잘 모르겠다. 기억이 잘 안 나는데… 네가 잘하면 매를 맞을 리 없잖니?"
④ "엄마도 학교에서 매를 맞은 적이 있지."
⑤ "엄마도 초등학교 때 숙제를 안 해가서 매를 맞은 적이 있어. 그때 몹시 속이 상하더라."

**정답 ⑤**
**해설**
자기노출은 상담자가 자신의 경험·사고·생각을 내담자에게 전달하는 것이다.

---

**040** 다음 대화에 해당하는 상담의 기법으로 가장 적절한 것은?

> 내담자: 지난밤 꿈에 저는 아버지와 사냥을 갔어요. 제가 글쎄 사슴인 줄 알고 총을 쏘았는데, 나중에 가까이 가 보니 아버지가 죽어 있었어요. 그래서 깜짝 놀라 잠을 깼어요. 제가 얼마 전에 '디어 헌터'라는 영화를 보아서 그런 꿈을 꾸었는지도 모르겠어요.
> 상담자: 혹시 아버지가 일찍 사고로 세상을 떠났으면 하는 생각이 마음 한구석에 있었던 것 아닌가요?

① 직면   ② 반영   ③ 초점화
④ 조언   ⑤ 바꿔 말하기

**정답 ①**
**해설**
'직면(confrontation)'은 내담자가 미처 깨닫지 못하거나 인정하기를 거부하는 생각과 느낌에 대해 주목하도록 하는 것으로서, 언어적 행동과 비언어적 행동이 불일치되는 점을 깨닫게 하기 위한 방법이다.

041 다음 내용에 해당하는 상담의 기법은?

> ○ 단순하게 앞에서 진술된 내용을 간추려 정리하는 수준이 아니라, 여러 상황과 장면들 속에 흩어져 표현된 이야기 주제들을 찾아내어 묶고 이를 내담자에게 돌려주는 것이다.
> ○ 상담과정에 있어서 새로운 회기를 시작할 때 이전 회기의 내용과 자연스럽게 연결함으로써 상담과정을 촉진할 수 있다.

① 반영  ② 재진술  ③ 요약
④ 명료화  ⑤ 해석

**정답 ③**
**해설**
'요약'은 반복해서 강하게 표현하는 주제들을 확인하여 드러내는 대화의 기법이다.


042 상담의 기법 중 침묵의 처리에 관한 설명으로 옳지 않은 것은?

① 상담관계가 제대로 이루어지기도 전에 일어난 침묵은 대개 부정적이며 두려움의 한 형태로 해석된다.
② 상담자는 섣불리 침묵을 깨지 않도록 주의해야 한다.
③ 상담자는 일반적으로 내담자가 침묵을 혼자 책임질 수 있다면 계속 놔두는 것이 좋다.
④ 침묵의 원인에는 내담자의 숨은 감정이 담겨 있다.
⑤ 내담자가 상담자 개인에 대한 적대감에서 오는 저항이나 불안 때문에 생기는 침묵의 경우 상담을 종결한다.

**정답 ⑤**
**해설**
* **침묵의 의미(내담자)**
일반적으로 내담자가 침묵을 혼자 책임질 수 있다면 계속 놔두는 것이 좋으나, 내담자에게 그러한 준비가 되어 있지 않다고 생각된다면 상담자가 개입하는 것이 바람직하다.
- 상담관계가 제대로 이루어지기도 전에 일어난 침묵은 대개 부정적이며 두려움의 한 형태로 해석됨
- 내담자의 생각이 바닥났거나 다음에 무슨 말을 해야 좋을지 헤매는 경우
- 상담자 개인에 대한 적대감에서 오는 저항이나 불안 때문에 생기는 침묵
- 내담자가 자신의 느낌을 표현하려고 최대한 노력하는데도 말로 잘 표현하기 힘든 경우
- 내담자가 상담자에게서 재확인을 바라거나 상담자의 해석 등을 기대하여 침묵에 들어가는 경우
- 내담자가 방금 이야기했던 것에 관해 생각을 계속하고 있는 경우
- 침묵은 내담자가 이전에 표현했던 감정 상태에서 생긴 피로를 회복하고 있다는 것으로 해석되기도 함

**043** 상담의 목표에 관한 설명으로 옳지 않은 것은?

① 목표는 내담자의 가치와 일관되어야 한다.
② 목표는 합리적인 시간 내에 성취되어야 한다.
③ 목표는 타당해야 한다.
④ 목표는 현실적이어야 한다.
⑤ 목표는 측정하는 것이 아니다.

**정답 ⑤**
**해설**
목표는 측정 가능해야 한다. 일반적인 행동으로 진술하여 성과를 확인하기 어려운 주관적인 내용으로 목표를 설정하는 것이 아니라 객관적으로 측정 가능하게 진술하는 것이 바람직하다.

**044** 내면의 동기와 욕구를 의식화하여 부적응 행동을 해결하고자 하는 상담이론은?

① 현실치료 상담이론
② 정신분석적 상담이론
③ 형태주의 상담이론
④ 행동주의 상담이론
⑤ 교류분석 상담이론

**정답 ②**
**해설**
정신분석학 상담은 프로이트(Freud)의 성격 이론을 근거로 한 것으로, 인간의 부적응 행동의 원인을 무의식 세계에 억압되어 있는 감정으로 보고 이 억압된 감정을 파헤쳐서 부적응 행동을 치료할 수 있다는 이론이다. 인간의 부적응 행동의 원인을 무의식적 동기와 욕구에서 비롯된다고 보고, 내담자가 지닌 무의식의 세계를 의식화하여 문제를 치료하려는 상담방법이다.

**045** 프로이트(Freud)의 성격발달이론에 관한 설명으로 옳지 않은 것은?

① 성적 쾌감을 충족시키고자 하는 신체부위를 중심으로 발달단계를 구분하였다.
② 각 발달단계에서 본능적 욕구가 적절하게 충족되지 않으면 고착현상이 나타난다.
③ 만 5세를 성격형성의 결정적인 시기로 규정한다.
④ 인간은 과거의 영향에 의해 지배되는 환경결정론적 입장이다.
⑤ 성격의 구조를 원초아, 자아, 초자아로 구분한다.

**정답 ④**
**해설**
프로이트는 인간의 문제행동을 과거의 성적 욕구와 연관된 것으로 보았다. 프로이트는 인간을 생물학적인 존재로 규정하고 심리성적 결정론의 입장을 취한다.

**046** 프로이트(Freud)의 성격발달단계 중 오이디푸스 콤플렉스가 나타나는 단계는?

① 구강기　　　② 항문기　　　③ 남근기
④ 잠복기　　　⑤ 생식기

**정답 ③**
**해설**
* **남근기(phallic stage)**
　리비도가 성기 부위에 집중되며 성적애착이 이성의 부모에게 향한다. 이 시기에 이성의 부모에게 성적 애착을 느끼고 동성의 부모에게 경쟁의식을 느끼는 오이디푸스 컴플렉스(Oedipus complex)와 엘렉트라 컴플렉스(Electra complex)가 형성된다. 프로이트는 남근기가 끝날 무렵에 아동의 성격이 대부분 형성된다고 믿었다.

**047** 프로이트(Freud)의 성격발달단계 중 성적 욕구의 침체기로, 동성 친구나 외부 세계에 관심이 집중되는 단계는?

① 구강기 ② 항문기 ③ 남근기
④ 잠복기 ⑤ 생식기

정답 ④
해설
* 잠복기(latent stage, 6~11세)
  성적 욕구의 침체기로 사회성 발달과 일상생활에 적용 가능한 지식을 습득하는 시기이다.

**048** 프로이트(Freud)의 성격 구성요소 중 원초아(id)에 관한 설명으로 옳지 않은 것은?

① 생물학적 반사·충동·본능을 포함하고 있다.
② 개인의 심리적 에너지의 원천이자 본능이 자리한 곳이다.
③ 정신에너지와 기본 욕구들의 저장소이다.
④ 쾌락의 원리가 지배되는 것으로 쾌락의 추구가 목적이다.
⑤ 원초아의 일부가 외계와 접촉 변화하여 초자아가 형성된다.

정답 ⑤
해설
* id(원초아)
  - id는 쾌락원리가 지배되는 것으로 쾌락의 추구가 목적이며 1차 과정에 의해 기능한다.
  - 개인의 심리적 에너지의 원천이자 본능이 자리 잡고 있는 곳으로 생득적인 것이다.
  - 기본적인 생물학적 반사·충동·본능을 포함하고 있다.
  - 원초아의 일부가 외계와 접촉 변화하여 자아(ego)가 형성된다.

**049** 프로이트(Freud)의 성격 구성요소 중 자아(ego)에 관한 설명으로 옳지 않은 것은?

① 자아는 원초아로부터 생성된 것이다.
② 현실의 원리에 입각하여 기능한다.
③ 본능과 외부 현실세계를 중재하는 역할을 한다.
④ 후천적인 학습에 의해서 생겨난다.
⑤ 본능과 같이 원시적이고 조직되지 않은 충동을 조직화한다.

**정답 ④**
**해설**
후천적인 학습에 의해서 생겨난 것은 superego이다.

* **ego(자아)**
  - ego는 id의 본능과 외부 현실세계를 중재하고 현실원리에 입각한 2차 과정에 의해 기능한다.
  - 성장과정에서 id로부터 생성된다.
  - id와 superego의 중재자로 양쪽의 요구를 현실에 입각해서 판단함으로써 합리적 행동을 하게 한다.

**050** 정신분석적 상담이론에 관한 설명으로 옳지 않은 것은?

① 정신분석은 무의식을 연구하는 심리학, 심층심리학이다.
② 심리성적 결정론적 입장으로 인간의 사고와 정서 및 행동에 있어서 무의식에 내재된 욕구에 관심을 둔다.
③ 심리치료에 주로 적용되는 이론으로 단기간의 치료가 가능하다.
④ 프로이트(Freud)가 발표하고 융(Carl Jung), 아들러(Alfred Adler) 등이 수정하고 정교화한 이론이다.
⑤ 무의식을 의식화하는 기법으로 자유연상법, 꿈의 해석, 감정전이의 분석 등을 한다.

**정답 ③**
**해설**
정신분석이론은 무의식을 의식화하여 치료하는 기법으로 치료기간이 길다는 단점이 있다.

* **정신분석이론**
  프로이트(S. Freud)가 발표하고 융(Carl Jung), 아들러(Alfred Adler), 랭크(Otto Rank), 스태클(Wilhelm Stekl), 클레인(Melanie Klein), 존스(Ernest Jones) 등과 같은 많은 이론가나 분석가들이 수정하고 정교화한, 인간의 성격과 성격발달에 대한 가정과 치료방법으로 현재 정신분석에 대해 알려진 대부분의 개념들은 프로이트 이론[즉, 쾌락원칙(pleasure principle), 현실원리(reality principle), 리비도(libido), 무의식(unconscious), 이드(id), 자아(ego), 초자아(superego), 정신성적 발달이론(psychosexual development theory)]에서 유래하였다. 다른 분석가들이 강조한 개념으로는 방어기제(defense mechanism)(안나 프로이트, Anna Freud), 대립관계(object relations)(딕스, H. V. Dicks), 열등감(inferiority complex)(아들러), 집합적 무의식 원형(융), 의지론(랭크), 심리사회 발달(에릭슨), 분리된 개인(말러, Mahler), 정신분석 이론(설리번, Harry Stack Sullivan) 등이 있다. 정신분석이론, 특히 그것의 아류인 자아심리학과 신프로이트학파는 1940~1965년에 사회사업의 진단학파에서는 임상사회사업(clinical social work)과 개별사회사업(social casework) 이론에 많은 영향을 끼쳤다.

**051** 정신분석적 상담의 특징에 해당하지 않는 것은?

① 부적응 행동을 무의식적 원인으로 본다.
② 임상적 관찰로부터 부적응의 원인을 이끌어 낸다.
③ 부적응 행동의 치료는 과거의 생활사적 기초에 입각한다.
④ 내담자의 전이 현상은 부적응 행동의 치료를 저해하는 요인이다.
⑤ 문제행동의 원인을 통찰하고 새로운 행동을 가능하게 한다.

정답 ④
해설
내담자의 과거의 인간관계가 현재의 치료과정에 전이하는 현상은 부적응 행동의 치료에 중요한 요소이다.

**052** 프로이트(Freud)의 정신적 요소들에 관한 설명으로 옳지 않은 것은?

① 꿈의 상징성, 감정전이 등은 무의식을 이해할 수 있는 중요한 수단이 된다.
② 무의식의 억압되어 있는 자료들은 의식의 세계로 표출될 수 없다.
③ 전의식은 조금만 노력하면 쉽게 의식화될 수 있는 사고, 즉 이용 가능한 기억을 말한다.
④ 의식은 한 개인이 현재 각성하고 있는 모든 행위와 감정들을 포함한 것이다.
⑤ 무의식은 자기 힘으로는 의식으로 떠올릴 수 없는 생각이나 감정을 말한다.

정답 ②
해설
정신분석의 상담목적은 무의식을 의식화시켜서 더 이상 무의식에 억압되어 있는 본능적 충동에 따르지 않고 건강한 자아가 기능하도록 하는 것이다. 무의식은 의식의 수준으로 표출될 수 있다.

**053** 정신분석이론에서의 신경증적 불안에 관한 설명으로 옳은 것은?

① 자아가 초자아로부터 처벌을 예감할 때 발생한다.
② 외부세계에 객관적인 공포대상이 현존하고 있을 때 느끼는 불안이다.
③ 원초아의 충동이 의식될지도 모른다는 위협으로 정서적 반응이다.
④ 양심과 관련된 불안이다.
⑤ 자아가 위협받는 상황에서 무의식적으로 자신을 속이거나 상황을 다르게 해석하는 것이다.

**정답 ③**
**해설**
①, ④ 도덕적 불안에 관한 설명이다.
② 현실적 불안에 관한 설명이다.
⑤ 방어기제에 관한 설명이다.

**054** 자유연상법을 주로 이용하는 상담은?

① 비지시적 상담    ② 현실치료 상담    ③ 정신분석 상담
④ 형태주의 상담    ⑤ 행동수정 상담

**정답 ③**
**해설**
정신분석 상담은 내담자의 무의식에 억압되어 있는 욕구를 의식화하여 문제를 해결하고자 하는 상담이론이다.

* **자유연상법**
  내담자나 환자의 무의식 세계에 억압되어 있는 내용을 의식화하는 것으로, 내담자나 환자에게 마음에 떠오르는 대로 이야기하게 하는 것이다. 내담자는 자유연상을 통해 과거를 회상하고 그 상황 속에서 느꼈던 여러 가지 감정들을 발산한다.

**055** 전이에 관한 설명으로 옳지 않은 것은?

① 내담자가 아동기에 부모 또는 가족들의 경험에서 느꼈던 감정과 상념이 상담자에게로 옮겨지는 것을 말한다.
② 전이는 내담자가 과거의 경험에서 오는 부정적인 감정을 옮기는 것이다.
③ 상담자는 전이의 형태를 잘 다루어 치료에 활용할 수 있다.
④ 상담자가 내담자에게 자신의 무의식적 감정을 투사하는 것은 역전이이다.
⑤ 훈습(working-through)은 전이의 해결책으로 사용될 수 있다.

**정답 ②**
**해설**
* 전이
내담자가 아동기에 부모 또는 가족들의 경험에서 느꼈던 감정(애착, 애정, 증오, 질투, 수치 등)과 상념이 상담자에게로 옮겨지는 것을 말한다. 감정전이는 긍정적인 방향으로든 부정적인 방향으로든 이루어질 수 있기 때문에 상담자는 여러 가지 형태의 전이를 잘 다루고 분석함으로써 내담자의 적응기제를 이해하고 이를 치료적으로 활용할 수 있다.

**056** 다음 내용과 연관된 정신분석적상담의 기법은?

> 내담자가 막연하게 느끼지만 스스로는 직면할 수 없는 불안과 두려움에 대해 상담자의 이해를 적절한 순간에 적합한 방법으로 전해주면서, 내담자에게 의지가 되어 주고 따뜻한 배려로써 녹여준다.

① 최면요법          ② 전이의 분석          ③ 저항의 분석
④ 버텨주기          ⑤ 간직하기

**정답 ④**
**해설**
제시된 글은 버텨주기에 대한 설명이다.
* 간직하기
내담자가 불안과 두려움을 느끼는 충동과 체험에 대해 상담자가 즉각적으로 반응하는 대신 이를 마음속에 간직하여 적절히 통제함으로써 위험하지 않도록 변화시킨다.

**057** 정신분석적 상담이론의 공헌점으로 옳지 않은 것은?

① 인간의 무의식적 동기나 욕구에 의해서 사고와 행동이 결정된다고 보았다.
② 성격(personality)에 관한 최초의 이론을 수립하였다.
③ 인생 초기 경험을 정교화하여 아동양육과 발달관에 큰 영향을 주었다.
④ 치료법으로 면접법을 확립하였으며 일관성 있는 심리치료 체제를 발전시켰다.
⑤ 인간관이 결정론적이고 인간의 합리성을 중시하였다.

정답 ⑤
해설
* 정신분석 상담의 비판점
 - 인간행동에서 본능을 지나치게 강조하였다.
 - 인간관이 너무 부정적이고 결정론적이고 기계적이다.
 - 인간의 합리성을 지나치게 경시하였다.
 - 추리적인 치료법에 의존하고 치료기간이 길다.

**058** 상담에서 자아와 경험과의 불일치를 문제상황으로 보는 상담이론을 정립한 학자는?

① 로저스(Rogers)  ② 아들러(Adler)  ③ 프로이트(Freud)
④ 펄스(Perls)    ⑤ 글래서(Glasser)

정답 ①
해설
* 로저스(Rogers)
 내담자 자신이 본래 성장욕구 또는 자기실현의 욕구를 가지고 있어서, 적절한 치료적 상황이 주어진다면 스스로 증세나 부적응에서 해방되어 '충분히 기능을 발휘할 수 있는 인간'에 가까워진다고 보았다. 그러므로 그와 같은 치료적 변화를 위하여 필요한 치료자의 태도를 중시하여, 치료자 자신의 자기일치(自己一致), 환자에 대한 무조건적인 긍정적 관심을 보이고, 일치된 공감적 이해를 들었다.

**059** 인간중심상담의 인간에 대한 기본 가정으로 옳지 않은 것은?

① 인간마다 현실을 각기 달리 지각하고 주관적인 경험이 행동을 지배한다.
② 인간은 내부경험보다는 오히려 외부현실에 의해 이끌어진다.
③ 인간은 기본적으로 자유로우며 자신의 행동에 책임을 지는 존재이다.
④ 인간행동은 유목적적이며, 합리적이고 건설적이다.
⑤ 인간은 지속적으로 성장해 나가는 미래지향적 존재이다.

**정답** ②
**해설**
로저스(Rogers)는 인간마다 현실을 각기 달리 지각하고 주관적인 경험이 행동을 지배한다고 믿었다. 다시 말해서 사람이 외부현실보다는 오히려 내부적인 경험에 의해 이끌어진다는 것이다. 개인을 이해하는 유일한 방법은 그들의 개인적인 세계에 들어가서 그들의 내적 참조체계를 이해하는 것이다. 로저스는 오랜 임상경험을 바탕으로 인간은 기본적으로 자유로우며 자신의 행동에 책임을 지고, 유목적적이며, 합리적이고 건설적인 방향으로 지속적으로 성장해 나가는 미래지향적 존재라고 보고 있다. 따라서 이러한 선천적 잠재력을 발휘할 수 있는 조건들이 적절히 갖추어진다면 인간은 무한한 성장과 발전이 가능하다고 결론지었다.

**060** 로저스(Rogers)의 인간중심상담을 적용하기에 가장 적절한 내담자는?

① 컴퓨터 게임에 몰두하는 학생
② 친구들에게 소외당할까 고민하는 학생
③ 시험시간에 부정행위가 반복적으로 나타나는 학생
④ 학교 후배에게 금품탈취행위를 반복하는 학생
⑤ 축구 선수가 되는 과정에 대해 궁금해하는 학생

**정답** ②
**해설**
인간중심상담은 내담자의 외적인 행동의 변화보다는 내적인 갈등 해소에 더 효과적인 상담기법이다.

**061** 비지시적 상담에 관한 설명으로 옳지 않은 것은?

① 상담기법보다 상담자의 태도를 강조한다.
② 개인을 이해하는 유일한 방법은 그들의 내적 참조체계를 이해하는 것이다.
③ 외부세계에 중점을 두기보다는 개인의 주관적 경험에 관심을 둔다.
④ 자아상태를 현실적·이상적·도덕적 자아로 구분한다.
⑤ 자아개념을 중요시하는 현상학적 이론에 기초한다.

**정답 ④**
**해설**
인간중심상담에서의 자아는 현실적 자아, 이상적 자아, 타인이 본 자아이다.

**062** 내담자중심상담에서 가장 중요하게 생각하는 개념은?

① 내담자 분석   ② 심리검사의 실시   ③ 공감적 태도
④ 추수지도      ⑤ 내담자 평가

**정답 ③**
**해설**
* **비지시적 상담기법**
  - 진실성(진지성, 일치성): 상담자는 내담자와의 관계에서 경험하는 것을 충분하고 솔직하게 표현하고, 이러한 경험들이 내담자의 자아개념과 일치되는 상태를 말한다.
  - 무조건적·긍정적인 관심: 상담자가 내담자를 평가하거나 판단하지 않고 내담자가 나타내는 감정이나 행동 특성들을 있는 그대로 수용하며 존중하는 태도를 말한다.
  - 정확한 공감적 이해: 상담자가 내담자의 경험과 감정을 정확하게 이해하려고 노력하는 것을 말한다.

**063** 인간중심상담에서 활용하는 주요 상담기법을 모두 고른 것은?

> ㄱ. 진지성  ㄴ. 공감
> ㄷ. 무조건적 수용  ㄹ. 해석

① ㄱ, ㄴ  ② ㄱ, ㄹ  ③ ㄷ, ㄹ
④ ㄱ, ㄴ, ㄷ  ⑤ ㄴ, ㄷ, ㄹ

**정답 ④**
**해설**
* 인간중심상담기법
 - 진실성(진지성, 일치성)
 - 무조건적·긍정적인 관심
 - 정확한 공감적 이해

**064** 인간중심상담이론에 근거를 두고 있는 성격이론에 관한 설명으로 옳지 않은 것은?

① 개인의 변화는 주관적인 경험에 의한 것이다.
② 개인은 지금 현재 경험하고 지각하는 대로 반응한다.
③ 인간은 자아실현의 경향을 성취하기 위하여 항상 노력하고 도전한다.
④ 개인의 내적 참조체계를 통해서 개인을 이해하기는 어렵다.
⑤ 개인의 부적응은 개인의 자아개념과의 경험의 불일치로 생긴 결과이다.

**정답 ④**
**해설**
로저스(Rogers)는 개인을 이해하는 유일한 방법은 그들의 개인적인 세계에 들어가서 그들의 내적 참조체계를 이해하는 것으로 보았다.

**065** 비지시적 상담방법의 기본 가정으로 옳은 것은?

① 교사가 중심이 되는 상담이 효과적이다.
② 감정적인 면보다는 지적인 면이 더욱 중요하다.
③ 학생의 과거보다는 현재의 장면이 더욱 중요하다.
④ 교사와 학생은 일정한 거리를 유지하는 것이 좋다.
⑤ 학생의 자기 이해보다는 교사의 조언이 중요하다.

정답 ③
해설
* 비지시적 상담의 기본 가정
 - 정서적인 적응문제를 중시한다.
 - 내담자가 주도적인 역할을 한다.
 - 상담자의 임무는 허용적 분위기를 조성하는 것이다.
 - 개인의 과거보다는 현재의 직접 장면이 중시된다.
 - 정서적 긴장, 불안, 공포의 해소가 상담의 기본 목표이다.

**066** 인간중심상담의 과정에 관한 설명으로 옳지 않은 것은?

① 상담 과정에서 내담자가 스스로 문제를 해결할 수 있는 것으로 규정한다.
② 상담 과정에서 상담기법보다 상담자의 태도를 중요시한다.
③ 상담에서 요구되는 상담자과 내담자의 관계의 특징을 분명하게 밝힌다.
④ 심리측정과 같은 객관적인 자료를 통하여 내담자를 평가한다.
⑤ 인간행동에서 주관성을 강조한다.

정답 ④
해설
인간중심상담은 인간은 스스로 자아실현의 경향성을 지닌 존재로 규정하므로 내담자를 평가하거나 조작하려 하지 않는다.

**067** 다음과 같은 의미를 갖고 있는 상담방식은?

> ○ 모든 인간은 적절한 환경이 제공된다면 스스로 성장할 수 있으며 자아실현을 할 수 있는 능력이 있다.
> ○ 문제의 치료적 과정을 중시한다.

① 현실치료 상담  ② 비지시적 상담  ③ 지시적 상담
④ 형태주의 상담  ⑤ 합리적 상담

**정답 ②**
**해설**
'비지시적 상담'은 내담자가 중심적 역할을 하며, 상담자는 허용적인 분위기를 조성하여 내담자가 자기통찰과 수용을 통하여 스스로 문제를 해결할 수 있도록 도와주는 상담을 의미한다. 이 상담에 있어서 중심이 되는 신념은 사람은 누구나 자신의 문제를 이해할 수 있으며 자신의 문제를 해결할 수 있는 능력이 있다고 보는 것이다.

**068** 인본주의에서 제시한 '완전히 기능하는 사람'의 특징으로 옳지 않은 것은?

① 꾸준히 개인적 성장을 추구한다.
② 현실과 자기 자신을 잘 조화시킨다.
③ 여러 가지 극단적인 성격 특징을 명확히 구분한다.
④ 타인에게 의존하지 않고 일을 추구한다.
⑤ 절정경험을 많이 갖고 있다.

**정답 ③**
**해설**
* **'완전히 기능하는 사람'의 특징**
  – 꾸준히 개인적 성장을 추구한다.
  – 현실과 자기 자신을 잘 조화시킨다.
  – 개방적이고 자발적이며 주위의 사상을 있는 그대로 받아들인다.
  – 타인에게 의존하지 않고 일을 추구한다.
  – 다른 사람에 비해 절정경험을 더 많이 갖고 있다.
  – 여러 가지 극단적인 성격 특징을 조화시킨다.

**069** 인간중심상담에서 제시한 한계에 해당하지 않는 것은?

① 애정의 한계　　② 행위의 한계　　③ 책임의 한계
④ 시간의 한계　　⑤ 표현의 한계

정답 ⑤
해설
* **인간중심상담에서의 상담의 한계**
  - 책임의 한계: 내담자는 자신의 문제와 행위에 대해 책임을 져야 한다.
  - 시간의 한계: 상담 시 시간의 한계를 설정하여 내담자가 잘 적응하도록 해야 한다.
  - 행위의 한계: 내담자의 공격적 행위는 한계를 지워야 한다.
  - 애정의 한계: 상담 시 상담자가 내담자에게 보이는 애정에는 한계가 있음을 표현한다.

**070** 인간중심상담의 제한점에 관한 설명으로 옳지 않은 것은?

① 상담자의 태도보다는 상담의 기술을 중시한다.
② 상담 결과에 대한 내담자의 책임을 강조한다.
③ 정의적 측면을 강조한 나머지 인지적 측면을 소홀히 다룬다.
④ 언어표현능력이 부족한 내담자에게는 적합하지 않다.
⑤ 주관적인 경험에 의존하여 객관적인 자료를 경시한다.

정답 ①
해설
인간중심상담에서는 상담기법보다는 상담자의 태도를 중요시한다.

**071** 내담자에 대한 면접과 심리검사를 실시하여 문제의 원인을 진단한 후 전문가가 이를 토대로 직접적인 조언이나 처방을 중시하는 상담기법은?

① 현실치료 상담 ② 지시적 상담 ③ 비지시적 상담
④ 행동주의 상담 ⑤ 형태주의 상담

**정답** ②
**해설**
'지시적 상담기법'은 상담자의 주도하에 내담자의 문제에 대한 객관적인 자료를 토대로 하여 정보를 제공하며, 조언이나 충고하는 것을 중시하는 상담기법이다.

**072** 다음에 해당하는 상담이론은?

○ 생활지도의 궁극적 목적을 자기 통제에 둔다.
○ 체계화된 교육계획에 따라 부적응 상태를 변화시킬 수 있다.
○ 부적응 행동의 원인은 잘못된 학습에 있다.
○ 학생의 인격 자체보다는 부적응 행동의 교정에 관심이 있다.

① 자아이론 ② 절충이론 ③ 정신분석이론
④ 행동수정이론 ⑤ 교류분석이론

**정답** ④
**해설**
'행동수정'은 소위 행동주의의 학습이론에 근간을 둔 접근으로, 학습이론에 기초하고 있기 때문에 학습의 원리를 적용하여 심리적 및 행동의 장애를 교정하여 바람직한 행동을 습득시키는 기법이다.

**073** 인지이론의 기본가정으로 옳지 않은 것은?

① 인간의 행동은 사고에 의해 결정되며 부정확한 지각과 생각이 부적응적인 행동을 초래한다.
② 잘못된 인지, 왜곡된 생각, 비합리적 신념은 개인의 의식수준 밖에서 일어난다.
③ 인간의 감정은 사회적 상황에 대해 생각하고 말하고 가정하고 믿는 것으로부터 초래된다.
④ 정상적이거나 역기능적인 행동, 느낌, 사고 등은 학습의 결과이다.
⑤ 잘못된 생각을 학습하고 이를 지속적으로 사용하면서 자신도 모르게 역기능적 정서가 형성된다.

**정답 ④**
**해설**
④ 행동주의이론의 기본가정에 해당된다.

**074** 행동주의 상담이론에 관한 설명으로 옳지 않은 것은?

① 인간의 내면적 행동보다는 외현적 행동에 초점을 둔다.
② 인간의 모든 행동은 학습된 것으로 본다.
③ 인간과 동물은 질적으로 다르다고 전제한다.
④ 행동주의 학습이론을 토대로 발전하였다.
⑤ 목표는 구체적이고 측정할 수 있는 것을 강조한다.

**정답 ③**
**해설**
행동주의는 인간과 동물은 양적인 차이만 있을 뿐이지 질적으로 다르지 않다고 전제한다.

**075** 행동주의상담의 목표에 관한 설명으로 옳지 않은 것은?

① 부적응 행동을 변화시킨다.
② 내담자의 현실적인 공포나 불안을 제거한다.
③ 장차 일어날 부적응 행동을 예방한다.
④ 효율적 의사결정 과정을 학습하도록 한다.
⑤ 자기규제가 아니라 타인의 규제에 의한 행동수정을 한다.

**정답** ⑤
**해설**
자기규제에 의하여 학습될 수 있다. 인간은 자신의 가치나 행동 기준에 따라 자신의 행동을 스스로 평가하게 하고, 그 결과에 따라 자기를 긍정하거나 비판함으로써 자신을 강화하거나 처벌한다.

**076** 행동주의자들의 인간관에 관한 설명으로 옳지 않은 것은?

① 인간은 선하기도 하고 악하기도 하다.
② 인간은 환경의 자극에 의해 반응하는 유기체이다.
③ 인간의 행동은 유전과 환경의 상호작용에 의해 형성된다.
④ 인간의 행동은 학습된 부정적 혹은 긍정적 습관으로 구성된다.
⑤ 인간의 행동은 생활환경이 제공하는 강화의 형태와 그 빈도에 의해 결정된다.

**정답** ①
**해설**
행동주의 이론가들은 인간은 선하지도 않고 악하지도 않다고 본다. 인간이 선하기도 하고 악하기도 하다고 전제하는 것은 지시적 상담이론가들이다.

**077** 행동주의적 접근과 가장 관계가 적은 상담이론은?

① 파블로프의 고전적 조건형성이론
② 스키너의 조작적 조건형성이론
③ 반두라의 사회학습이론
④ 벡의 인지치료이론
⑤ 에릭슨의 심리사회이론

**정답 ⑤**
**해설**
에릭슨의 심리사회이론은 인간의 성격발달 단계에서 개인의 자아와 사회의 역할을 모두 중시하는 것으로, 프로이트가 성적 본능을 중시한 것과는 달리 사회문화가 성격 발달에 미치는 영향을 강조하였다.

**078** 행동주의상담에서의 부적응에 관한 설명으로 옳지 않은 것은?

① 부적응행동과 적응행동은 모두 학습의 결과이다.
② 역기능적 사고 또는 인지오류에 기인한다.
③ 부적응행동은 수정될 수 있으며, 이러한 수정은 학습을 통하여 이루어질 수 있다.
④ 부적응행동은 그 행동의 강화에 의해 형성된다.
⑤ 행동과 환경자극 간에는 기능적 관계가 있다.

**정답 ②**
**해설**
역기능적 사고, 인지오류는 벡(Beck)의 인지치료의 주요 개념이다.

**079** 다음에서 설명하는 내용과 연관된 행동주의상담의 기본개념은?

> 교사와 학생이 행동에 대하여 무엇을 해야 할지를 구체화한 다음, 성공적으로 수행한 행동에 대하여 얻어지는 보상을 명시하여 계약을 맺고 그대로 시행하는 방법이다.

① 변별
② 행동계약
③ 행동조형
④ 리허설
⑤ 정적 강화

**정답 ②**
**해설**
*** 행동계약**
교사와 학생이 행동에 대하여 무엇을 해야 할지를 구체화한 다음, 성공적으로 수행한 행동에 대하여 얻어지는 보상을 명시하여 계약을 맺고 그대로 시행하는 방법이다. 협상과정은 각자의 합리적인 목표를 세우는 것을 배우고 계약 조건을 지키는 것을 학습하도록 함으로써 그 자체가 교육적 경험이 될 수 있다.

**080** 행동주의상담의 치료기법 중 불안감소기법에 해당하는 것을 모두 고른 것은?

> ㄱ. 체계적 둔감법
> ㄴ. 홍수법
> ㄷ. 행동조성
> ㄹ. 자기주장훈련

① ㄱ, ㄴ
② ㄱ, ㄷ
③ ㄱ, ㄴ, ㄷ
④ ㄱ, ㄴ, ㄹ
⑤ ㄴ, ㄷ, ㄹ

**정답 ④**
**해설**
*** 행동주의상담의 치료기법**
- 불안감소기법: 체계적 둔감법, 주장훈련, 근육이완법, 노출법, 홍수법 등
- 학습촉진기법: 강화, 변별학습, 모델링, 행동조성, 행동계약, 토큰경제 등

**081** 상호제지이론에서 발달한 상담기법으로 불안이나 공포를 이를 제지할 수 있는 즐거운 행동과 조건화하고, 강도가 낮은 수준부터 높은 수준까지를 점진적으로 접하게 하여 벗어나게 하는 방법은?

① 혐오치료  ② 심상적 노출법  ③ 홍수법
④ 체계적 둔감법  ⑤ 자기주장훈련

**정답 ④**
**해설**
* **체계적 둔감법(systematic desensitization)**
  불안·공포를 제거하기 위해 불안과 양립할 수 없는 이완 반응을 끌어낸 다음, 불안을 유발시키는 경험을 상상하게 하여 불안을 제거하는 방법이다.
  - 1단계(근육이완): 심층적인 근육이완 훈련을 받는데 근육이완 훈련은 먼저 손과 팔의 근육의 긴장을 이완하는 것으로 시작하여 머리, 어깨, 목, 가슴 몸통, 다리의 순으로 진행된다.
  - 2단계(불안위계도 작성): 내담자의 가장 편안한 상태를 0이라고 생각하고, 가장 불안한 상태를 100이라는 수치로 생각하여 불안위계도를 작성한다.
  - 3단계(불안자극 제시): 근육이 이완된 상태에서 작성된 불안위계도에 따라 가장 불안을 적게 유발하는 자극에서부터 차례대로 자극을 제시한다. 불안을 유발하는 자극은 실물이나 실제적인 상황을 통해서 이루어질 수 있으나 상상을 통한 자극의 제시를 많이 사용한다.
  - 4단계(불안해소): 불안을 가장 많이 유발하는 자극이나 장면을 상상해도 근육이 이완되어 있으면 불안이 해소되었다고 본다.

**082** 담배를 피우면 니코틴과 결합하여 구토가 나는 약을 투약하여 흡연 환자를 치료하는 행동치료기법에 해당하는 것은?

① 행동조성  ② 혐오치료  ③ 자기표현훈련
④ 상표제도  ⑤ 홍수법

**정답 ②**
**해설**
'혐오치료'는 어떤 행동을 제거하기 위해 그 행동을 할 때마다 혐오스러운 자극을 주는 것이다.

**083** 강화, 모방, 사회적 상호작용 등으로 인간의 행동을 설명하는 이론은?

① 대상관계이론　　　② 강화이론　　　③ 사회학습이론
④ 행동수정이론　　　⑤ 특성요인이론

**정답 ③**
**해설**
*** 반두라(Bandura)의 사회학습이론**
인간의 인지능력에 관심을 가지며, 모델링을 통한 관찰학습과 모방학습을 강조한다. 사회학습이론은 관찰과 모방에 의한 사회학습을 통해 내담자의 문제행동이 제거될 수 있음을 보여준다. 대인(對人) 및 집단상황에서 일어나는 인간행동의 형성과 변용에 관한 심리학적 이론이다.
이 이론의 입장에서는 인간의 사회적 행동뿐만 아니라 개인의 성격 같은 심리적 특성도 사회적 과정, 특히 대인관계를 통해 학습된다고 본다. 그래서 동물의 행동보다 인간의 학습행동을 중시하며, 언어·인지·동기·태도·가치관 및 퍼스낼리티(personality) 등을 특히 중요시하고, 인간의 사회적 상호관계가 이러한 심리적 특성의 형성에 미치는 영향과 또 개인의 이러한 특성이 사회적 상호관계에 미치는 영향에 관심을 가진다.
대표적인 사회적 학습이론은 ① 사회적으로 보상받은 행동은 강화되고, 그렇지 못한 행동은 약화된다는 행동주의와 심리학적 강화의 원리로 사회적 행동을 설명하는 강화이론, ② 대부분의 학습은 대인관계를 통해 이루어지며, 타인의 행동을 모방하고 관찰함으로써 사회적 행동이 학습된다는 관찰학습 또는 모방이론, ③ 사회적 상호작용 관계의 상황에서 서로 주고받는 상과 벌, 보상과 희생의 이해관계로서 사회적 행동을 설명하려는 사회적 상호작용 관계의 이론, ④ 개념 형성·지각·인지조직·태도·신념 및 기대 같은 인간의 내적·심리적 과정, 즉 인지과정을 강조하는 인지이론의 입장 등이 있다.

084 행동주의상담의 과정을 순서대로 옳게 나열한 것은?

① 상담관계의 형성 → 문제행동 규명 → 현재 상태 파악 → 상담목표 설정 → 상담기술 적용 → 상담결과 평가
② 상담관계의 형성 → 현재 상태 파악 → 문제행동 규명 → 상담목표 설정 → 상담기술 적용 → 상담결과 평가
③ 상담목표 설정 → 상담관계의 형성 → 현재 상태 파악 → 문제행동 규명 → 상담기술 적용 → 상담결과 평가
④ 상담목표 설정 → 문제행동 규명 → 상담관계의 형성 → 현재 상태 파악 → 상담기술 적용 → 상담결과 평가
⑤ 현재 상태 파악 → 상담관계의 형성 → 상담목표 설정 → 문제행동 규명 → 상담기술 적용 → 상담결과 평가

> 정답 ①
> 해설
> * 행동주의상담의 과정
>   1. 상담관계의 형성
>   2. 문제행동의 규명
>   3. 현재의 상태 파악
>   4. 상담목표의 설정
>   5. 상담기법의 적용
>   6. 상담결과의 평가
>   7. 상담의 종결

085 행동주의 상담이론의 공헌점으로 옳지 않은 것은?

① 학습과정에 관해서 알려진 지식을 상담과정에 적용하고 연구를 수행함으로써 상담을 과학으로 발전하게 하였다.
② 상담의 결과를 측정할 수 있게 함으로써 구체적이고 실증적 행동목표를 명백하게 하였다.
③ 다양한 문제행동에 대해 효율적 행동의 학습을 위한 환경적 조건을 어떻게 조성할 수 있는가 하는 점을 밝혔다.
④ 내담자에게 부합하는 구체적인 상담기법을 다양하게 적용하였다.
⑤ 상담의 기술이 중요함을 강조하였다.

> 정답 ⑤
> 해설
> 상담의 기술을 지나치게 강조하는 경향이 있는 것은 행동주의 상담의 제한점이다.

**086** 아들러(Adler)의 개인심리상담의 내용으로 옳지 않은 것은?

① 인간을 총체적인 존재로 접근한다.
② 인간은 목적지향적인 존재이다.
③ 인간의 무의식보다는 의식을 강조한다.
④ 인간을 사회적 존재로 본다.
⑤ 과거보다는 현실 그 자체를 중시한다.

**정답** ⑤
**해설**
개인주의 상담에서는 현실 그 자체보다는 현실에 부여하는 개인의 의미를 중요시한다.


**087** 개인심리상담이론의 내용으로 옳지 않은 것은?

① 개인심리상담은 어떤 징후의 제거가 아닌 내담자 자신의 자아인식을 증대하도록 하는 것을 궁극적인 목적으로 한다.
② 인간의 행동은 열등감을 극복하려고 나타나는 것으로, 열등감은 개인의 발달에 부정적인 영향을 미친다.
③ 개인은 사회적 존재로 사회적인 관심을 통해 개인의 목표를 사회적인 목표로 전환한다.
④ 개인의 성격은 유전적인 조건과 상황에 의해 결정되는 것이 아니라 스스로 성격을 완성해 나간다.
⑤ 생활양식은 아동기 경험에 의해 수동적으로 형성되지 않고, 외부 사건에 대한 개인의 태도에 의해 형성된다.

**정답** ②
**해설**
아들러는 인간의 행동은 각 개인이 지니고 있는 열등감을 극복하고자 나타나는 것으로, 이러한 행동이 인간을 진보·성장·발전하게 한다고 보고 있다.

**088** 아들러(Adler)의 개인심리학 이론의 내용으로 옳은 것은?

① 인간의 관심은 우월감 형성보다 성적 만족에 있다.
② 성격 형성에 있어 가족구조, 출생서열 등에 관심을 둔다.
③ 생활양식은 아동기 경험에 의해 수동적으로 형성된다.
④ 인간의 행동을 유발하는 것은 우월감이다.
⑤ 개인은 외적 자극인 사회적 환경에 의해서 동기화된다.

**정답** ②
**해설**
① 인간의 관심은 열등감을 극복하여 우월감을 추구하는 것이다.
③ 생활양식은 아동기 경험에 의해 수동적으로 형성되지 않고, 외부 사건에 대한 개인의 태도에 의해 형성된다.
④ 인간의 행동은 열등감을 극복하고자 나타나는 것이다.
⑤ 개인은 환경과 상호작용에 의해 동기화된다.

**089** 상담에서 다음의 내용을 강조한 인물은?

○ 열등감
○ 생활양식
○ 사회적 관심
○ 허구적 최종 목적론

① 번(Berne)  ② 아들러(Adler)  ③ 로저스(Rogers)
④ 프로이트(Freud)  ⑤ 펄스(Perls)

**정답** ②
**해설**
아들러의 개인심리상담의 주요 개념으로는 열등감, 보상, 우월성 추구, 생활양식, 사회적 관심, 가공적 목적론(허구적 최종 목적론) 등이 있다.

**090** 개인심리상담의 주요 개념에 해당하는 것을 모두 고른 것은?

> ㄱ. 생활양식  ㄴ. 사회적 존재
> ㄷ. 열등감  ㄹ. 자기효능감

① ㄹ
② ㄱ, ㄴ, ㄷ
③ ㄱ, ㄷ, ㄹ
④ ㄴ, ㄷ, ㄹ
⑤ ㄱ, ㄴ, ㄷ, ㄹ

**정답** ②
**해설**
**\* 자기효능감**
반두라(Bandura)가 제시한 개념으로, 개인이 스스로 상황을 극복할 수 있고 자신에게 주어진 과제를 성공적으로 수행할 수 있다는 신념이나 기대를 말한다.

---

**091** 다음은 교칙을 위반한 학생의 문제행동의 원인에 대해 설명한 상담기록의 일부이다. 여기에 적용된 상담 접근방법은?

> 상습적으로 다른 학생들에게 폭력을 휘두르는 영철이의 행동은 자신의 열등감을 극복하고 우월해지고자 하는 동기가 표출된 결과이다. 이러한 행동은 자신을 알아주지 않는 주위 사람들에 대해 공격성을 나타냄으로써 자신도 중요한 사람이 될 수 있을 것으로 여기는 행동으로 볼 수 있다.

① 행동주의적 접근
② 인간중심적 접근
③ 정신분석적 접근
④ 개인심리학적 접근
⑤ 인지행동주의적 접근

**정답** ④
**해설**
**\* 개임심리상담의 이론적 가정**
- 인간은 의미의 세계 속에 살고 있으며, 현실 자체보다 현실에 부여하는 의미가 중요하다.
- 인간의 행동은 열등감의 보상이며, 열등감의 보상은 모든 인간이 본질적으로 추구하는 경향성이다.
- 인간의 열등감은 하나의 동기가 되어 각 개인은 열등감을 극복하려는 노력을 하게 되며, 그 결과 진보·성장·발달하는 것이다.
- 가족관계나 개인의 발달에 관심을 갖고 있다.
- 상담은 내담자가 가진 자신의 열등감과 생활양식의 발달과정을 이해하고, 이것이 현재 그의 생활과제의 해결에 어떻게 영향을 미치고 있는가를 이해하도록 하여 그의 생활목표와 생활양식을 재구성하도록 도와주는 것이다.
- 개인의 목표, 생활양식, 태도, 동기 등에 상담의 초점을 두고 있다.

**092** 개인심리 상담이론의 상담기술 중 '스프에 침 뱉기'에 관한 설명으로 옳은 것은?

① 내담자가 느낄 수 있도록 내담자와 비슷한 행동을 하여 내담자가 그 행동에 대하여 치러야 할 대가가 있음을 느끼고 그 행동을 종식시키도록 하는 것이다.
② 내담자가 진퇴양난에 처한 자신의 모습을 파악하여 자기 파괴적인 행동이나 비합리적 사고를 자각하도록 한다.
③ 실제 상황이 아닌 가상장면을 통해 가상의 역할을 행동해 보고 깨닫도록 한다.
④ 무엇을 생각할지를 결정하기만 하면 자신의 감정을 이끌어 낼 수 있음을 알려준다.
⑤ 객관적인 자기가 되어 잘못된 자기의 행동을 비추어보면 책임이 자신에게 있게 됨을 알고 깨닫게 된다.

**정답 ①**
**해설**
② 자신을 파악하기에 관한 설명이다.
③ 마치 ~인 것처럼 행동하기에 관한 설명이다.
④ 단추 누르기에 관한 설명이다.
⑤ 역설적 의도에 관한 설명이다.

**093** 형태주의 상담이론에 관한 설명으로 옳지 않은 것은?

① 인간은 전체적·현재 중심적이며, 선택의 자유에 의해 잠재력을 작성할 수 있는 존재이다.
② 지금(now)을 중시하여 현재를 제외하고는 아무것도 존재하지 않는다고 본다.
③ 인간 생활을 지각과 운동 형태의 형성과 소멸의 과정으로 본다.
④ 개인의 성장을 방해하는 장애물을 제거하는 것보다 증상의 완화나 제거로 개인의 성장을 돕는 것을 목표로 한다.
⑤ 인간은 환경의 한 부분이며, 환경과 분리하여서는 인간을 이해할 수 없다.

**정답 ④**
**해설**
상담의 목표는 증상의 완화나 제거보다는 개인의 성장을 방해하는 장애물을 제거하여 개인의 성장을 돕는 것이다.

094 다음 내용과 연관된 상담이론은?

○ 펄스(Perls)
○ 현상학, 실존주의
○ 이미지 형성

① 상호교류 상담이론　② 현실치료 상담이론　③ 형태주의 상담이론
④ 실존주의 상담이론　⑤ 인간중심 상담이론

정답 ③
해설
* **형태주의 상담이론(게슈탈트 상담이론)**
  - 창시자는 펄스(Perls)이며, 정의적 영역의 상담에 속한다.
  - 정신분석학, 형태주의 심리학, 현상학, 실존주의를 이론적 바탕으로 한다.
  - 상담자가 내담자로 하여금 자신들의 현재를 느끼고 경험하는 것을 무엇이 방해하는지를 알 수 있도록 도움으로써 내담자가 '여기-지금(here and now)'을 완전히 경험할 수 있도록 돕는 상담이론이다.
  - 인간에 대한 분석적 접근을 반대하고 전체로서의 통합과 지각을 강조한다. 특히 신체적 기능과 정신적 기능의 통합을 강조한다.
  - 전경(figure)과 배경(ground)의 형성과 소멸과정을 통해 인간 행동의 많은 부분을 설명한다.
  - 신경증 환자, 완벽주의자, 지나치게 엄격하고 억압된 자에게 효과적인 상담방법이다.

095 다음 내용과 관련된 상담이론에서 주로 적용하는 상담기법은?

상담은 내담자가 알아차림(awareness)을 통해 '지금-여기'의 감정에 충실하거나 미해결 과제를 자각하고 표현하게 하여 비효율적인 감정의 고리에서 벗어나도록 돕는 것을 목표로 한다.

① 빈 의자 기법　② 자유연상　③ 합리적 논박
④ 체계적 둔감법　⑤ 역설적 의도

정답 ①
해설
제시된 글은 형태주의상담에 대한 것이다. 형태주의의 주요 상담기법으로는 자기각성기법, 빈 의자 기법, 뜨거운 자리, 꿈 작업, 환상 게임 등이 있다.

**096** 형태주의 상담이론에서 제시하는 인간관에 해당하지 않는 것은?

① 인간은 환경의 한 부분이며 환경과 분리하여서는 인간을 이해할 수 없다.
② 인간은 인식력을 가지고 있기 때문에 선택할 수 있다.
③ 인간은 자기 자신의 삶을 효과적으로 영위할 수 있는 능력을 가지고 있다.
④ 인간은 통합된 부분들로 이루어진 복합물이다.
⑤ 인간은 기본적으로 선하기도 하고 악하기도 하다.

**정답** ⑤
**해설**
* 형태주의 인간관(8가지)
 - 인간은 통합된 부분들로 이루어진 복합물이다.
 - 인간은 환경의 한 부분이며 환경과 분리하여서는 인간을 이해할 수 없다.
 - 인간은 내·외적 자극에 대해 반응할 방법을 선택하며 세계에 대한 행위자이다.
 - 인간은 모든 감각, 사고, 정서, 지각을 충분히 인식할 수 있는 잠재력을 가지고 있다.
 - 인간은 인식력을 가지고 있기 때문에 선택할 수 있다.
 - 인간은 자기 자신의 삶을 효과적으로 영위할 수 있는 능력을 가지고 있다.
 - 인간은 과거와 미래를 경험할 수 없으며, 현재에서만 자기 자신을 경험할 수 있다.
 - 인간은 기본적으로 선하지도 않고 악하지도 않다.

**097** 펄스(Perls)가 제시한 5개의 신경증층 중 다음 설명에 해당되는 것은?

> 역할연기의 무의미함을 깨닫고 역할연기를 그만두지만, 스스로 자립할 수 있는 능력이 미비한 상태여서 무기력과 두려움을 느끼는 단계이다.

① 피상층  ② 공포층  ③ 교착층
④ 내파층  ⑤ 외파층

**정답** ③
**해설**
펄스(Perls)는 상담을 통해 성격이 변화되는 과정을 양파 껍질을 벗기는 것에 비유했다. 인간은 심리적 성숙을 얻기 위해 다섯 단계의 신경증의 층을 벗겨야 한다고 한다.

098 형태주의 상담이론의 상담 기술에 해당하는 것을 모두 고른 것은?

> ㄱ. 언어자각  ㄴ. 신체자각
> ㄷ. 환경자각  ㄹ. 책임자각

① ㄱ, ㄴ  ② ㄴ, ㄷ  ③ ㄱ, ㄴ, ㄷ
④ ㄱ, ㄷ, ㄹ  ⑤ ㄱ, ㄴ, ㄷ, ㄹ

정답 ⑤
해설
* 자기각성기법
'지금-여기'에서 체험되는 것들을 자각하는 것으로, 욕구와 감정자각, 신체자각, 환경자각, 언어자각, 책임자각 등이 있다.

099 형태주의 상담이론의 상담 기술 중 내담자로 하여금 자기를 괴롭히는 어떤 구체적인 문제를 이야기하게 하고, 그 후 상담자는 그것에 대하여 직접적이고 공격적으로 직면시켜 줌으로써 미해결의 과제를 해결하게 하는 기법은?

① 빈 의자 기법  ② 책임 자각 기법  ③ 꿈 작업
④ 환상게임  ⑤ 뜨거운 자리

정답 ⑤
해설
'뜨거운 자리'는 내담자가 자신의 문제를 회피하지 않고 직면하도록 돕는 기법이다.

**100** 의사교류분석 상담에 관한 설명으로 옳지 않은 것은?

① 인간 행동의 이면에 숨겨져서 그 행동에 동기를 부여하는 숨겨진 배경들과 그 배경이 나타나는 과정을 분석하는 상담방법이다.
② 상담의 목표는 자기 패배적인 생활각본을 버리고, 개인이 자신의 삶에 대해 책임지고 스스로 지도할 수 있는 자율성을 갖도록 하는 것이다.
③ 상담의 목적은 내담자가 그의 현재 행동과 삶의 방향에 대한 새로운 결정을 내리는 것을 원조하는 것이며 자율성의 성취에 있다.
④ 모든 사람은 어버이(Parent ego), 어른(Adult ego), 어린이(Child ego) 등 세 가지 자아상태(PAC)를 가지고 있고, 이 중 어느 하나가 상황에 따라 한 개인의 행동을 지배한다.
⑤ 자아상태의 병리현상으로 세 자아의 경계가 지나치게 경직되어서 심적 에너지 이동의 거의 불가능한 상태를 오염이라고 한다.

**정답** ⑤
**해설**
세 자아의 경계가 지나치게 경직되어서 심적 에너지 이동의 거의 불가능한 상태를 '배타(배척)'이라고 한다.

* **자아상태의 병리**
  오염(혼합)과 배타(배척)가 자아기능에 장애 초래
  1. 오염(혼합)
     - 성인자아가 부모자아, 아동자아와 충분히 구별되지 않고 오염되는 상태를 말한다.
     - 성인자아의 경계가 견고하지 못하고 부모자아, 아동자아가 성인자아의 기능에 영향을 미친다.
     - 부모자아(비판적)가 오염되면 편견이 심해진다.
     - 아동자아가 오염되면 망상, 환각이나 공포 등의 아동적인 공포증을 보이게 된다.
  2. 배타(배척)
     - 세 자아의 경계가 지나치게 경직되어서 심적 에너지 이동이 거의 불가능한 상태이다.
     - 부모자아(비판적)가 배척된 상태에서는 물건을 훔쳐도 죄책감이 없다.

**101** 다음 내용에 설명하는 상담이론은?

> ○ 인간 행동의 이면에 숨겨져서 그 행동에 동기를 부여하는 숨겨진 배경들과 그 배경이 나타나는 과정을 분석하는 상담방법이다.
> ○ 자아의 상태를 부모 자아, 어른 자아, 어린이 자아로 나누었다.

① 인간중심 상담이론   ② 의사교류분석 상담이론   ③ 정신분석적 상담이론
④ 형태주의 상담이론   ⑤ 실존주의 상담이론

**정답 ②**
**해설**
\* **교류분석상담**
- 창시자는 번(Berne)으로 정신분석학자 융(Jung)의 사상에 영향을 받은 이론이다.
- 인간 행동의 이면에 숨겨져서 그 행동에 동기를 부여하는 숨겨진 배경들과 그 배경이 나타나는 과정을 분석하는 상담방법이다.
- 체계적 성격이론이며, 혁신적 상담이론이다.
- 개인상담뿐만 아니라 집단상담, 조직 역동, 산업체 문제 등에 광범위하게 적용된다.
- 정신분석적 상담과 유사하면서도 독특성과 창조성이 있다.

**102** 의사교류분석 상담이론에 관한 설명으로 옳지 않은 것은?

① 인간은 스스로 결정하고 자신을 변화시켜 가며 자신의 생활을 돌볼 수 있다.
② 인간은 자신의 목표나 행동양식을 선택할 수 있는 능력을 지니고 있다.
③ 모든 사람은 어버이(Parent ego), 어른(Adult ego), 어린이(Child ego) 등 세 가지 자아상태(PAC)를 가지고 있다.
④ 세 개의 자아상태는 각각 분리되어 있으며 특이한 행동의 원칙이 된다.
⑤ 가장 먼저 발달하는 자아상태는 어린이 자아상태이고 다음에는 어른 자아상태, 마지막에는 어버이 자아상태이다.

**정답 ⑤**
**해설**
가장 먼저 발달하는 자아상태는 어린이 자아상태이고 다음에는 어버이 자아상태, 마지막에는 어른 자아상태이다.

**103** 의사교류분석 상담이론에서 제시하는 자아의 구성요소 중 자유로운 아이의 속성을 나타내는 것은?

① CP  ② NP  ③ A
④ FC  ⑤ AC

정답 ④
해설
어버이는 비판적 어버이(CP)와 교양적 어버이(NP)로 나누었으며, 아이는 자유로운 아이(FC)와 순종적이거나 반항적인 각색된 아이(AC)로 나누었는데, 어른은 나누지 않았다.

**104** 의사교류분석 상담과정 중 게임분석에서 어루만짐(stroke)은 중요하다. 어루만짐(stroke) 제한규칙에 해당하는 것을 모두 고른 것은?

ㄱ. 스트로크를 줄 수 있다고 해도 무작정 주지 마라.
ㄴ. 스트로크가 필요하다고 해서 함부로 요구하지 마라.
ㄷ. 스트로크를 원해도 쉽게 받아들이지 마라.
ㄹ. 스트로크를 원하지 않더라도 애써 거절하지 마라.

① ㄱ, ㄴ  ② ㄱ, ㄷ  ③ ㄱ, ㄴ, ㄷ
④ ㄴ, ㄷ, ㄹ  ⑤ ㄱ, ㄴ, ㄷ, ㄹ

정답 ⑤
해설
* 어루만짐(stroke) 제한규칙
 – 스트로크를 줄 수 있다고 해도 무작정 주지 마라.
 – 스트로크가 필요하다고 해서 함부로 요구하지 마라.
 – 스트로크를 원해도 쉽게 받아들이지 마라.
 – 스트로크를 원하지 않더라도 애써 거절하지 마라.
 – 자기 자신에게 스트로크를 주지 마라.

**105** 다음의 내용과 관계있는 교류분석 상담이론의 기본 개념은?

> 생의 초기에 있어서 개인이 경험하는 외적 사태들에 대한 자신의 해석을 바탕으로 하여 형성되고 결정된 환경에 대한 반응행동 양식이다.

① 생활각본 ② 심리적 게임 ③ 어루만짐
④ 자아상태 ⑤ 생활양식

**정답 ①**
**해설**
생활각본은 생의 초기에 있어서 개인이 경험하는 외적 사태들에 대한 자신의 해석을 바탕으로 하여 형성되고 결정된 환경에 대한 반응행동 양식으로, 생활각본의 분석은 자신의 생활양식을 이해하여 현재 자신의 생활에 대하여 새롭게 재결단할 수 있는 기회를 제공하는 데 목적이 있다.

**106** 의사교류분석 상담이론에서 의사교류에 관계된 자아 중 겉으로 드러나는 사회적 자아와 실제로 기능하는 심리적 자아가 서로 다른 의사교류를 의미하는 것은?

① 게임교류 ② 상보교류 ③ 교차교류
④ 이면교류 ⑤ 생활교류

**정답 ④**
**해설**
\* 이면교류
- 의사교류에 관계된 자아 중 겉으로 드러나는 사회적 자아와 실제로 기능하는 심리적 자아가 서로 다른 의사교류를 말한다.
- 겉으로는 합리적인 대화이지만 이면에 다른 동기나 저의를 감추고 있는 교류이다.
- 진솔한 대화가 잘 안되고 서로 불신하고 경계하는 사이에서 자주 발생하는 교류이다.

**107** 다음에 제시된 벡(Beck)의 인지치료 과정을 순서대로 옳게 나열한 것은?

> ㄱ. 내담자가 느끼는 감정의 속성 확인, 구체적 상황과 함께 묶기
> ㄴ. 감정과 연합된 사고, 신념, 태도 확인
> ㄷ. 내담자의 사고를 1~2개 문장으로 요약·정리
> ㄹ. 내담자의 현실과 이성적 사고를 조사하도록 개입
> ㅁ. 과제 부여, 새로운 사고, 신념의 적절성 검증

① ㄱ - ㄴ - ㄷ - ㄹ - ㅁ
② ㄱ - ㄷ - ㄹ - ㅁ - ㄴ
③ ㄱ - ㄷ - ㅁ - ㄴ - ㄹ
④ ㄷ - ㄴ - ㅁ - ㄱ - ㄹ
⑤ ㄷ - ㄱ - ㄹ - ㅁ - ㄴ

**정답** ①
**해설**
* **인지치료의 과정**
  – 1단계: 내담자가 느끼는 감정의 속성 확인, 구체적 상황과 함께 묶기
  – 2단계: 감정과 연합된 사고, 신념, 태도 확인
  – 3단계: 내담자의 사고를 1~2개 문장으로 요약·정리
  – 4단계: 내담자의 현실과 이성적 사고를 조사하도록 개입
  – 5단계: 과제 부여, 새로운 사고, 신념의 적절성 검증

**108** 다음 내용에서 상담자는 어느 이론의 입장에서 상담하고 있는가?

> ○ 은아는 항상 남보다 공부를 잘하고 선생님으로부터 인정받아야 한다고 생각하고 있다.
> ○ 그래서 은아는 성적이 떨어지거나 선생님으로부터 꾸중을 들으면 심하게 좌절을 한다.
> ○ 상담자는 상담 과정에서 은아가 가지고 있는 신념은 현실성이 없음을 깨우치려고 노력하고 있다.
> ○ 상담자는 은아에게 '남으로부터 항상 인정받고 있는 사람'이 있으면 예를 들어보라고 말하기도 한다.

① 행동주의 상담이론
② 정신분석적 상담이론
③ 형태주의적 상담이론
④ 특성요인 상담이론
⑤ 합리적·정서적·행동적 상담이론

정답 ⑤
해설
* **합리적·정서적·행동적 상담이론**
  - 엘리스(Ellis)가 주장한 이론으로, 인간의 사고과정 특히 신념이 인간행동을 유발하는 가장 큰 원동력이 된다는 점에 중점을 두었다.
  - 인간의 심리적 고통은 대부분 사고·신념·상념과 같은 인지적인 특성에 관련된다고 본다.
  - 따라서 상담자는 내담자가 가지고 있는 비합리적이고 비현실적인 사고·신념·상념을 합리적이고 현실적이고 사고·신념·상념으로 재조직하도록 내담자를 도와주는 상담이론이다.

**109** 인지적·정서적·행동적 상담이론의 특징에 관한 설명으로 옳지 않은 것은?

① 인간의 부적응적 행동은 비합리적 신념에 의해 나타난다.
② 인간의 인지와 정서와 행동의 상호작용 중 인지를 중시한 이론이다.
③ 행동에 영향을 미치는 감정의 요인을 배제하고 인지적 요인을 탐색한다.
④ 내담자의 행동적 문제를 수정하기 위하여 교육적인 시도가 이루어진다.
⑤ 상담과정에서 ABCDE과정을 적용한다.

정답 ③
해설
인간의 부적응 행동에 영향을 주는 감정을 파악하고 감정에 영향을 주는 인지를 탐색하는 상담기법이다.

**110** 합리적·정서적 행동치료의 구체적인 목표에 해당하는 것을 모두 고른 것은?

> ㄱ. 사회 관심　　　　　　　　ㄴ. 관용
> ㄷ. 자기 관심　　　　　　　　ㄹ. 모험

① ㄱ, ㄷ　　　② ㄴ, ㄹ　　　③ ㄱ, ㄴ, ㄷ
④ ㄴ, ㄷ, ㄹ　　　⑤ ㄱ, ㄴ, ㄷ, ㄹ

**정답** ⑤
**해설**
\* REBT 상담 목표
　- 자기 관심(self-interest)
　- 사회 관심(social-interest)
　- 자기 지향(self-direction)
　- 융통성(flexibility)
　- 불확실성의 수용(acceptance of uncertainty)
　- 관용성(tolerance)
　- 자기수용(self-acceptance)
　- 과학적 사고(scientific thinking)
　- 모험(risk taking)

**111** 현실치료 상담이론에 관한 설명으로 옳지 않은 것은?

① 무의식적 갈등이나 원인들에 관심을 두지 않고 의식적인 면을 강조한다.
② 과거보다는 현재, 내담자의 현재 행동보다는 시간감정에 초점을 둔다.
③ 내담자로 하여금 책임 있는 행동을 계획하도록 도와준다.
④ 개인의 정신병적 행동이 개인의 선택에 의한 것임을 강조한다.
⑤ 인간의 욕구를 5가지로 설명한다.

**정답** ②
**해설**
과거보다는 현재, 시간감정보다는 내담자의 현재 행동에 초점을 둔다.

\* 현실치료
　- 글레서(Glasser)가 창시한 상담전략이다.
　- 인간은 궁극적으로 자기 결정을 하고 자기 삶에 책임을 갖고 있다는 견해에 근거한 이론이다.
　- 내담자가 현실적인 행동을 배워서 성공적으로 현실을 타개하여 나갈 수 있는 방법에 초점을 둔 비교적 단기간의 상담이다.
　- 내담자는 자신의 행동에 책임이 있으며 내담자의 현재 행동을 자신의 욕구를 충족시키기 위한 선택으로 간주한다.

**112** 글레서(Glasser)의 현실치료 이론에 관한 설명으로 옳지 않은 것은?

① 인간은 궁극적으로 자기 결정을 하고 자기 삶에 책임을 갖고 있다는 견해에 근거한 이론이다.
② 무의식적 갈등이나 원인들에 관심을 두지 않고 의식적인 면을 강조한다.
③ 인간의 욕구는 소속의 욕구, 통제력의 욕구, 자유의 욕구, 재미의 욕구, 생존의 욕구가 있다.
④ 인간의 모든 행동은 자신의 욕구를 충족시키기 위한 것이다.
⑤ 책임 있는 감정과 정서는 정신건강의 원인이 되며, 불행은 감정과 정서에 대한 무책임의 결과이다.

**정답** ⑤
**해설**
책임 있는 행동은 정신건강의 원인이 되며, 불행은 행동에 대한 무책임의 결과이다. 현실치료에서는 감정과 정서보다 행동을 중요시한다.

**113** 사소한 문제도 크게 부풀려 걱정하고 현실적인 고려 없이 부정적으로만 예상하는 인지오류는?

① 파국적 예상　　② 흑백논리　　③ 선택적 추론
④ 긍정격하　　　⑤ 과대평가

**정답** ①
**해설**
\* **재앙화(파국적 예상)**
사소한 문제도 크게 부풀려 걱정하고 현실적인 고려 없이 부정적으로만 예상한다.
예 이걸 들켰으니 이제 나는 큰일 났다.
예 가슴 아래가 이상해. 유방암이 아닐까?
예 한 명, 두 명 학생이 떨어지다 문 닫는 거 아닌가?

**114** 실존주의상담의 원리에 해당하는 것을 모두 고른 것은?

> ㄱ. 도구성의 원리
> ㄴ. 자아중심의 원리
> ㄷ. 만남의 원리
> ㄹ. 치료할 수 있는 위기의 원리

① ㄱ, ㄴ　　　　② ㄴ, ㄷ　　　　③ ㄱ, ㄴ, ㄷ
④ ㄴ, ㄷ, ㄹ　　　⑤ ㄱ, ㄴ, ㄷ, ㄹ

**정답 ②**
**해설**
비도구성의 원리, 치료할 수 없는 위기의 원리이다.

* **실존주의 상담관계의 원리**
  - 비도구성의 원리: 상담관계는 능률이나 생산성을 따지는 기술적인 관계가 아니며 상담자는 수단이나 도구가 아니다.
  - 자아중심의 원리: 내담자의 내면적·주관적인 자아에 주된 초점을 주고 개인의 자아세계 내면에 있는 심리적 실체를 중심으로 이루어진다.
  - 만남의 원리: 지금(now)과 여기(here)의 현실을 강조하고, 상담자가 직면하는 내담자의 감정, 판단, 생각을 중시한다.
  - 치료할 수 없는 위기의 원리: 치료나 적응, 위기의 극복이 상담 목적이 아니라 인간성의 회복이 상담의 목적이다.

**115** 실존주의 상담에 관한 설명으로 옳은 것은?

① 인간 불안의 문제를 인간 존재의 가장 중요한 문제로 보고 인간 불안의 문제의 원인을 인간 존재의 의미에서 찾는 상담이다.
② 인간의 문제는 자기개념과 개인의 경험 간의 불일치로 인해 나타난다.
③ 인간의 부적응 행동은 학습된 것이며 재학습이 가능하다.
④ 인간 생활을 지각과 운동 형태의 형성과 소멸의 과정으로 본다.
⑤ 목표는 현실적이고 책임질 수 있는 행동을 하며, 성공적인 정체감을 개발하여 자율성을 갖게 하는 것이다.

**정답 ①**
**해설**
② 인간중심 상담에 관한 설명이다.
③ 행동주의 상담에 관한 설명이다.
④ 형태주의 상담에 관한 설명이다.
⑤ 현실치료에 관한 설명이다.

# Winspec

## 지금, 나를 위한 '성장' 기회, 윈스펙 직무교육

현장에서의 업무 경험만으로는 성장에 한계가 있다는 것을 스스로 느끼고 있지 않으신가요? 날마다 반복되는 업무 속에서 어떻게 하면 더 전문적이고 효율적으로 일할 수 있을지 고민할 때, 바로 **윈스펙 직무교육**이 해답이 될 수 있습니다.

## 분야별 Best 인기강의

### 경영기획
1. [직장인을 위한 협상 능력 UP!] 업무 성과를 높이는 협상 전략
2. [업무능력 500% 상승!] : 노션, 먼데이, Chat GPT, 직장 내 커뮤니케이션 A to Z
3. 왕초보도 바로 따라 하는 실전 비즈니스 영어 회화!

### 마케팅 전략기획
1. 비전공자도 바로 따라하는 디지털 마케팅 : SNS, 언론 홍보
2. [초보 마케터를 위한 패키지] : 마케팅의 기초부터 브랜드&홍보 마케팅까지
3. [구글 패키지] 마케팅 업무 효율을 극대화하는 구글 도구와 SEO, GA

### 사무행정
1. [문서 작성 능력 UP! 패키지] : 왕초보도 쉽게 배우는 노션, 워드 자동화, 보고서 작성법
2. 왕초보를 위한 실무 엑셀 : 데이터 분석과 자동화
3. 왕초보도 쉬운 구글 스프레드시트 활용법 : 나만의 업무 대시보드 제작하기

### 응용SW엔지니어링
1. 비전공자도 쉽게 시작하는 C언어 기초
2. 왕초보도 할 수 있는 파이썬 프로그래밍 : 기초 개념부터 자동 매매봇 구현까지
3. 왕초보를 위한 프론트엔드 개발자 첫걸음 : 기초 코딩, 리액트, 취업 가이드까지 한 번에!

* 이 외 93개 분야, 약 370개 온라인 콘텐츠 보유

# K-디지털 기초역량훈련

「K-디지털 기초역량훈련」은 디지털 역량 부족으로 취업 또는 업무 적응에 어려움을 겪는 구직자 및 재직자를 대상으로 실무 중심의 강의를 제공합니다.

* K-디지털 기초역량훈련 과정은 유효기간에 따라 조기에 판매 종료될 수 있습니다.

### 비전공자도 쉽게 배우는 생산관리 데이터분석 실습

- 실제 현장 데이터를 활용한 실습 중심 커리큘럼
- Colab 활용 기초부터 실무 적용 수준까지 Level up

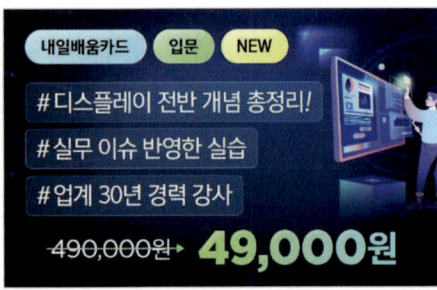

### 비전공자도 쉽게 배우는 디스플레이 제조 공정

- LCD, OLED, Micro-LED 등 최신 제조 공정과 실무 기술을 반영한 커리큘럼

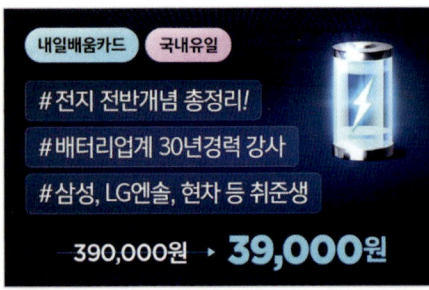

### 비전공자도 쉽게 배우는 2차전지 제조기술 과정

- 2차전지의 원리, 소재, 제조 기술까지 한 번에 배우는 실무 중심 커리큘럼

# Winspec

2021년 최초 오픈 이후
## 단 3년 만에 누적 수강
# 102,808명* 돌파!

### 공기업 서류 합격자들이 증명!

공기업 지원자들의 필수 선택!
**자격증 강의, NCS 직업교육 수강**하고 **한 번에 서류 통과**하자!

**빠른 수강과 수료증 발급!**
윈스펙 수강생 80% 이상!
직업교육 수료까지
단 1~5일 소요!

**국가 인증 NCS 강의**
HRD-NET에 등록된
믿을 수 있는
국가인증 NCS 강의!

**교육비 지원**
내일배움카드 사용시
교육비 최대
500만 원 지원!

**편리한 시스템**
간편한 증명서 발급부터
원하는 강의만 쏙쏙!
편리한 메뉴 검색까지!

지금 바로 '윈스펙'에서 다양한 **NCS 직업교육 무료 수강** 기회 확인하자!

지금 바로 네이버에 '**윈스펙**'을 검색하세요.
www.winspec.co.kr

* 윈스펙 오픈 후 2024년 11월 18일까지의 누적 수강생 수

# 청소년상담사 3급
# 전 과목 정리 & 최신 기출 해설

## 고인숙 선생님의
## 청소년상담사 3급 필기
## 단기완성반(이론+기출)

**방대한 이론 학습과
최신 기출 유형 파악이 어렵다면?**

필수 5과목 + (선택) 청소년이해론 **이론 총정리**와
**전 과목 기출문제 해설**로 한 번에 합격하기!

상담심리 20년 경력의
청소년상담사 전문 강사
**고인숙 선생님**

## 청소년상담사 3급,
## 왜 고인숙 선생님께 들어야 할까?

### 체계적이고 이해하기
### 쉬운 이론 강의

각 과목별 핵심 개념을 짚고,
세부 이론을 체계화하여
이해하기 쉽게 설명합니다.

### 최신 기출 기반의
### 철저한 실전 대비

최신 기출 경향을 반영하여,
출제 빈도가 높은 부분을
집중 학습하고
실전 문제 풀이 능력을 향상합니다.

### 단기 합격을 위한
### 효율적인 커리큘럼

30분 내외의 [이론], [확인학습],
[기출 해설]을 통해
단기간에 전 과목을
정리할 수 있습니다.

# 청소년 상담사

### 3급

2교시 [2권]

# 목차

## Part 5 학습이론

### Chapter 1. 학습의 개념
1. 학습의 일반적인 개념 — 10
2. 학습의 요인 — 11
3. 학습의 4대 요소 — 12
4. 학습의 도식(김호권) — 13
5. 학습의 특징 — 14
6. 학습에 관한 학설 — 15
7. 학습지도(교수, 수업)의 원리 — 16
8. 학습의 법칙 — 18

### Chapter 2. 행동주의 학습이론
1. 행동주의 학습이론의 개요 — 21
2. Thorndike의 시행착오설 — 22
3. Pavlov의 고전적 조건화 — 25
4. Skinner의 조작적 조건화 — 28
5. Guthrie의 접근적 조건화(S-R 접근설) — 32
6. Hull의 강화이론(신행동주의) — 33
7. 사회학습이론 — 35

### Chapter 3. 인지주의 학습이론
1. 인지주의 학습이론의 개요 — 41
2. Wertheimer의 형태이론 — 42
3. Köhler의 통찰설 — 44
4. Lewin의 장(場) 이론(Field theory) — 46
5. Tolman의 기호-형태설(Sign-Gestalt theory) — 47
6. 정보처리이론 — 50

### Chapter 4. 인본주의 학습이론
1. 이론적 개요 — 57
2. 학습이론의 특징 — 58
3. 학습원리 — 59
4. 교사의 역할(Combs) — 60
5. Maslow이론 — 61
6. Rogers의 유의미학습이론 — 63
7. 인본주의의 교육적 적용 — 64
8. 인본주의 학습이론에 대한 비판 — 65

## Chapter 5. 신경망이론

1. 개요     **67**
2. 이론의 기본 가정     **68**

## Chapter 6. 동기와 학습

1. 동기(Motivation)     **71**
2. 성취동기(Achievement motivation)     **79**
3. 포부수준(LOA: Level Of Aspiration)     **81**
4. 자아개념(Self concept)     **82**
5. 욕구(Need)     **85**
6. 불안(Anxiety)     **87**
7. 켈러(Keller) 학습동기 유발 수업설계(ARCS)     **90**

## Chapter 7. 학습의 개인차

1. 기억과 망각     **95**
2. 전이     **99**
3. 연습     **102**

## Chapter 8. 기타 학습이론에 관한 사항

1. 가네(Gagne)의 목표별 수업     **105**

확인학습 문제     **112**

# Part 6 | 청소년이해론

## Chapter 1. 청소년 심리

1. 청소년의 개념 및 정의 ... 160
2. 청소년의 특성 ... 162
3. 청소년기 특성 발달이론 ... 165

## Chapter 2. 청소년 문화

1. 청소년 문화의 의미와 성격 ... 181
2. 청소년의 대중매체 문화 ... 184
3. 청소년 여가문화 ... 185
4. 청소년 문화정책의 지향과 대안 ... 188

## Chapter 3. 청소년 복지

1. 청소년 복지의 개념과 의의 ... 191
2. 청소년 복지의 발전과정 ... 193
3. 청소년 복지의 특성 ... 195
4. 청소년 복지의 실태와 프로그램 ... 196

## Chapter 4. 청소년 환경

1. 가정 ... 201
2. 지역사회 ... 202
3. 학교 ... 203
4. 교우관계 ... 205
5. 대중매체 ... 208

## Chapter 5. 청소년 문제이론

1. 청소년 문제의 정의 ... 211
2. 청소년 문제의 원인에 관한 이론 ... 213

## Chapter 6. 청소년 문제행동

1. 청소년 폭력 ... 221
2. 청소년 가출 ... 228
3. 청소년 자살 ... 233
4. 학업중단 ... 243
5. 약물중독 ... 247
6. 인터넷 중독 ... 251

확인학습 문제 ... 254

# Part 7  청소년수련활동론

## Chapter 1. 청소년활동 이해
1. 청소년활동의 개념 … 300
2. 활동 관련 이론 … 303

## Chapter 2. 청소년활동 프로그램 이론
1. 프로그램 개발 … 307
2. 프로그램 실행 … 319
3. 프로그램 평가 … 321

## Chapter 3. 청소년활동지도
1. 지도원리 … 327
2. 지도방법 … 329
3. 청소년지도사 … 339

## Chapter 4. 청소년활동기관 설치 및 운영
1. 수련시설·기관 운영 … 343
2. 청소년단체 … 354

## Chapter 5. 청소년활동 실제
1. 수련활동 … 359
2. 교류활동 … 368
3. 문화활동 … 370
4. 동아리활동 … 372
5. 참여활동 … 373
6. 기타 활동 … 375

## Chapter 6. 청소년활동 제도 및 지원
1. 활동 관련 정책사업 … 379
2. 안전 및 시설관리 … 388

## Chapter 7. 청소년활동 여건과 환경
1. 교육제도 및 연계 … 391
2. 지역사회 연계 … 394

확인학습 문제 … 396

# Part 8 청소년상담사 3급 기출문제

## 제21회 청소년상담사 3급 기출문제

### · 1교시 ·

| | |
|---|---|
| 제1과목(필수): 발달심리 | **439** |
| 제2과목(필수): 집단상담의 기초 | **448** |
| 제3과목(필수): 심리측정 및 평가 | **456** |
| 제4과목(필수): 상담이론 | **463** |

### · 2교시 ·

| | |
|---|---|
| 제1과목(필수): 학습이론 | **472** |
| 제2과목(선택): 청소년이해론 | **480** |
| 제3과목(선택): 청소년수련활동론 | **488** |

## 제22회 청소년상담사 3급 기출문제

### · 1교시 ·

| | |
|---|---|
| 제1과목(필수): 발달심리 | **497** |
| 제2과목(필수): 집단상담의 기초 | **505** |
| 제3과목(필수): 심리측정 및 평가 | **513** |
| 제4과목(필수): 상담이론 | **520** |

### · 2교시 ·

| | |
|---|---|
| 제1과목(필수): 학습이론 | **529** |
| 제2과목(선택): 청소년이해론 | **538** |
| 제3과목(선택): 청소년수련활동론 | **546** |

## 제23회 청소년상담사 3급 기출문제

### · 1교시 ·

| | |
|---|---|
| 제1과목(필수): 발달심리 | **555** |
| 제2과목(필수): 집단상담의 기초 | **564** |
| 제3과목(필수): 심리측정 및 평가 | **573** |
| 제4과목(필수): 상담이론 | **581** |

### · 2교시 ·

| | |
|---|---|
| 제1과목(필수): 학습이론 | **589** |
| 제2과목(선택): 청소년이해론 | **598** |
| 제3과목(선택): 청소년수련활동론 | **606** |

| 정답 및 해설 | **청소년상담사 3급 기출문제** |

## 제21회 청소년상담사 3급 기출문제

### · 1교시 ·

| 제1과목(필수): 발달심리 | 614 |
| 제2과목(필수): 집단상담의 기초 | 619 |
| 제3과목(필수): 심리측정 및 평가 | 623 |
| 제4과목(필수): 상담이론 | 627 |

### · 2교시 ·

| 제1과목(필수): 학습이론 | 631 |
| 제2과목(선택): 청소년이해론 | 635 |
| 제3과목(선택): 청소년수련활동론 | 640 |

## 제22회 청소년상담사 3급 기출문제

### · 1교시 ·

| 제1과목(필수): 발달심리 | 647 |
| 제2과목(필수): 집단상담의 기초 | 656 |
| 제3과목(필수): 심리측정 및 평가 | 661 |
| 제4과목(필수): 상담이론 | 666 |

### · 2교시 ·

| 제1과목(필수): 학습이론 | 671 |
| 제2과목(선택): 청소년이해론 | 676 |
| 제3과목(선택): 청소년수련활동론 | 683 |

## 제23회 청소년상담사 3급 기출문제

### · 1교시 ·

| 제1과목(필수): 발달심리 | 690 |
| 제2과목(필수): 집단상담의 기초 | 696 |
| 제3과목(필수): 심리측정 및 평가 | 701 |
| 제4과목(필수): 상담이론 | 705 |

### · 2교시 ·

| 제1과목(필수): 학습이론 | 710 |
| 제2과목(선택): 청소년이해론 | 714 |
| 제3과목(선택): 청소년수련활동론 | 721 |

# 학습이론

# Chapter 1
# 학습의 개념

| 1 학습의 일반적인 개념

| 2 학습의 요인

| 3 학습의 4대 요소

| 4 학습의 도식(김호권)

| 5 학습의 특징

| 6 학습에 관한 학설

| 7 학습지도(교수, 수업)의 원리

| 8 학습의 법칙

## 1 학습의 일반적인 개념

(1) '학습'이란 경험이나 연습의 결과로 발생하는 비교적 지속적인 행동의 변화이다. 행동은 외현적 행동과 내면적 행동 모두를 포함한다.

(2) 인간의 발달에는 학습적 발달과 성숙적 발달이 있다. 학습과 성숙을 엄격히 구분하기는 어려우며, 또한 이들은 상호보완적 관계에서 개체가 발달한다.

(3) 학습의 개념에는 연습, 변화, 자기조절, 지속성이라는 개념적 특성을 가지고 있다. 따라서 학습에는 생득적 반응경향에 의한 변화, 성숙에 의한 변화, 일시적인 변화는 제외된다.

(4) 교사의 지도에 의해 새로운 지식이나 기능, 행동을 습득하여 실생활에 활용할 수 있는 재체계화 과정으로서, 결과적으로 행동의 변화를 가져온다.

(5) 학자들에 의한 정의
   ① R. M. Gagne: "학습은 성장에 의한 일시적인 변화가 아니라 상당 기간 지속적으로 나타나는 인간 특성 또는 능력의 변화이다."
   ② C. T. M. Morgan & King: "학습이란 경험이나 연습의 결과로써 일어나는 비교적 영속적인 행동의 변화"이다.
   ③ E. R. Hilgard: "학습이란 연습이나 훈련의 결과로써 일어나는 연속적인 행동 변화"라고 정의하여 모간과 같은 입장을 취한다.
   ④ K. Lewin: "학습이란 인지구조의 변화를 말한다."
   ⑤ Koffka: 학습은 지각과정과 그 흔적이 복잡한 구조 속에서 조직화되는 재체계화의 과정이다.
   ⑥ 이용걸(1971): 학습이란 개인이 환경과 상호작용하는 과정에서 일어나는 여러 가지 형태의 비교적 지속적인 변화들이며, 따라서 선천적으로 이미 형성되어 있는 행동과 신경계통의 성숙으로 말미암아 거의 자연적으로 일어나는 변화 또는 피로나 약물 등으로 인한 일시적인 변화들은 학습으로부터 제외된다.

(6) 학습에 대한 행동주의와 형태심리학의 정의
   ① 행동주의 심리학: 유기체에 대하여 어떠한 자극 또는 환경을 마련해 주어 그 반응으로 일어나는 비교적 지속적인 변화의 과정이다.
   ② 형태심리학: 인지구조의 변화과정이다.

## 2  학습의 요인

**(1) 목표**

학습의욕으로부터 우러나오는 목표나 목표의식을 뜻하는 것으로, 학습자의 노력이나 방향을 조정하여 학습의 효과를 얻는다.

**(2) 준비성**

학습자의 신체적·정신적 성숙의 정도를 나타내며, 학습자가 이미 학습한 반응 또는 행동은 학습목표달성에 큰 영향을 준다.

**(3) 장면**

학습자의 학습 환경을 말하며, 한 학습장면에서의 학습한 과거의 경험은 다른 비슷한 장면에 직면했을 때 학습의 효과를 가져온다.

**(4) 해석**

학습자는 과거의 경험을 재해석한다.

**(5) 반응**

해석결과에 따라 직접 행동으로 옮기는 것을 의미한다.

**(6) 좌절**

목표를 달성하지 못했을 때 나타난다.

## 3 학습의 4대 요소

**(1) 동기**

학습하려고 하는 의욕을 의미하며, 학습과정에서 동기가 차지하는 비중은 매우 크다.

**(2) 감지**

밖으로부터 주어지는 자극을 학습자가 받아들여 지각하는 것을 의미한다.

**(3) 반응**

학습과정에서 학습자가 행동으로 나타내는 반응으로, 가시적 반응과 비가시적 반응을 포함한다.

**(4) 강화**

학습자의 행동 변화에 대한 보상이다.

**학습의 도식(김호권)**

$$학습(Learning) = A - (B + C + D)$$

A: 개인에게 일어난 모든 변화  B: 생득적 반응경향에 의한 변화
C: 성숙에 의한 자연적인 변화  D: 일시적 변화

### (1) 학습으로 볼 수 있는 행동
① 해결하지 못한 문제를 여러 가지 방법으로 계속 제시하였더니 그 문제를 해결할 수 있게 되었다.
② 읽지 못하던 책을 읽을 줄 알게 되었다.
③ 지속적이기는 하지만 바람직하지 못한 습관이 형성되었다.
④ 유치원에 다니면서 할 줄 몰랐던 거짓말을 하게 되었다.
⑤ 지속적인 제3자가 관찰할 수 없는 태도가 변화되었다.
⑥ 자전거를 타고, 자동차를 운전한다.

### (2) 학습으로 볼 수 없는 행동
① 갓난아이의 울음 또는 화가 나면 침이 마르는 결과
② 어떤 특수한 자극들에 대하여 모든 학생들이 일시적 반사행동이 나타났다.
③ 아기가 자라면서 걸을 수 있게 되었다.
④ 학습의 변화를 보이지 않다가 고학년이 되면서 자연스럽게 변화되었다.
⑤ 체육시간 다음의 수업시간에 학생들의 주의집중력이 약화되었다.
⑥ 본드를 흡입한 후 학급토론에 열심히 참여하였다.

## 5  학습의 특징

(1) 학습은 그 결과로 행동의 변화를 가져온다.
(2) 학습은 연습·반복의 결과로 일어난다. 따라서 성숙을 통하여 자연적으로 일어나는 행동 변화는 제외된다.
(3) 학습은 비교적 영속적인 행동의 변화이다.
(4) 학습은 직접 관찰하기가 어렵다. 학습은 실천과 구별된다.

## 6  학습에 관한 학설

**(1) 저장설**

전통적 학설로, 학습을 지식과 기술을 습득하고 저장하는 것으로 본다. 인간의 정신능력은 무한하여 많은 내용을 저장할 수 있다고 믿었다.

**(2) 능력연마설**

학습을 인간의 정신능력(기억력, 판단력, 추리력 등)을 연마하는 것으로 본다. 이 학설은 형식도야설·능력심리학의 입장이다.

**(3) 행동변화설**

오늘날의 지배적인 견해로, 학습을 경험이나 연습의 결과로 나타나는 비교적 지속적인 행동의 변화로 본다(Morgan). 학습은 경험과 훈련을 통한 행동의 변화이다(Jersild).

# 7 학습지도(교수, 수업)의 원리

### (1) 개별화의 원리
① 학습자의 흥미·필요·능력 등 학습자의 개인차에 알맞은 학습활동의 기회를 마련해 주어야 한다.
② 교육방법의 중핵적인 활동원리이며, 모든 지도 방법의 출발점이다. 따라서 개별화의 원리와 자발성의 원리는 동전의 앞뒤와 같이 밀접한 관계가 있다.

### (2) 사회화의 원리
① 학습자의 사회성(사회관계, 인간관계)을 함양할 수 있도록 교수해야 한다.
② 공동학습을 통하여 협력적이고 우호적인 학습을 진행한다.
③ 공동학습에 있어서 교사의 역할은 조력자·공동참여자이다.

### (3) 자발성의 원리
① 학습자 자신이 능동적·자발적으로 학습에 참여하는 데 중점을 둔 원리이다.
② 학습자 자신의 활동과 노력을 중시하는 노작 교육과 함께 행함으로써 배운다는 사상에 기초를 둔 원리이다.
③ 학습자가 강한 학습동기를 가지고 적극적으로 참여할 수 있도록 교수해야 한다. 자기활동의 원리, 흥미의 원리, 창조의 원리라고도 한다.

### (4) 직관의 원리
① 사물에 대한 개념을 인식시키는 데 있어서 언어보다는 구체적인 사물을 직접 제시하거나 경험시킴으로써 효과를 볼 수 있다는 원리이다.
② 시청각교육은 직관의 원리에 근거한다.

### (5) 통합의 원리(동시학습의 원리)
① 학습을 부분적·분과적으로 지도하는 것이 아니고 종합적인 전체로서 지도하자는 원리이다.
② 지식 내용의 지적과정의 통합, 지식과 정의적 특성의 통합, 교과의 통합 등으로 동시학습의 원리와 같으며, 전인교육을 목적으로 한다.

**(6) 목적의 원리**

① 교육은 목적을 가진 의식적인 활동이며, 학습지도는 그 목적을 실현하기 위한 구체적인 방법이다.

② 교수목표를 분명하게 제시할 때 교사는 그 목표를 달성시킬 수 있는 제반 교수활동이 이루어지며 학습자는 적극적인 학습활동이 이루어진다.

**(7) 과학성의 원리**

학습자의 논리적 사고력을 충분히 발달시킬 수 있도록 수업의 과학적 수준을 높여야 한다는 원리이다.

## 8 학습의 법칙

**(1) 효과의 법칙(law of effect)**
① 만족을 수반하는 학습은 적극적·능동적 활동을 가져온다는 법칙이다.
② 학습동기 유발을 통해 학습자의 적극적·능동적 활동을 가져오게 한다는 법칙이다.
③ 학습효과를 가져오도록 하기 위하여 강화의 원리가 적용되는 법칙이다.
④ 프로그램 학습은 바로 이 효과의 법칙과 스키너(Skinner)의 강화이론을 적용한 것이다.

**(2) 준비성의 법칙(law of readiness)**
① 학습자가 학습에 대한 심신의 태세가 갖추어져 있어야 학습효과가 나타난다는 법칙이다.
② 준비성이 갖추어져 있을 때 자발학습 및 주체적인 학습이 가능하다.

**(3) 접근의 법칙(law of contiguity)**
선행학습과 후행학습이 시간적·공간적으로 접근할 때 학습효과가 나타난다는 법칙이다.

**(4) 빈도의 법칙(law of frequency)**
① 학습자료의 제시 횟수 또는 학습기회 및 학습행위의 수가 많을수록 학습효과가 나타난다는 법칙이다.
② 연습의 법칙, 사용의 법칙이라고도 한다.

**(5) 개별성의 법칙(law of individual)**
① 학습자의 능력이나 성향(즉, 학습자의 개인차)을 고려할 때 학습효과가 나타난다는 법칙이다.
② 준비성의 법칙과 관계가 깊다.

# Chapter 2
# 행동주의 학습이론

| 1 행동주의 학습이론의 개요

| 2 Thorndike의 시행착오설

| 3 Pavlov의 고전적 조건화

| 4 Skinner의 조작적 조건화

| 5 Guthrie의 접근적 조건화(S-R 접근설)

| 6 Hull의 강화이론(신행동주의)

| 7 사회학습이론

# 1 행동주의 학습이론의 개요

(1) 학습을 경험의 결과로 나타나는 관찰할 수 있는 행동의 변화라고 정의하고 있다.
(2) 근본적 원리는 자극과 반응 간의 연합이다(S-R이론, 연합이론).
(3) 외부로부터 자극을 받으면 반응을 하게 되고, 그 반응이 성공하여 보상을 받게 되면 학습행동은 강화된다.
(4) 인간의 학습과 동물의 학습 간에는 양적인 차이만 있을 뿐 질적인 차이는 없다.
(5) 시행착오에 의한 학습을 강조한다.
(6) 모든 연구는 과학적이어야 한다. 과학적 연구는 관찰 가능한 사건이나 현상에 한정되어야 한다.
(7) 인간의 행동은 환경에 의해서 통제와 예측이 가능하다.

## 2 Thorndike의 시행착오설

**(1) 시행착오설의 개요**
① 시행착오설이란 문제 해결을 위해 여러 가지 반응을 시도하다가 우연적으로 성공하여 행동의 변화를 가져온다는 이론이다.
② 손다이크(Thorndike)의 학설을 연결설·연합설·효과설이라고도 한다.
③ 손다이크는 실험적인 검증을 통해 학습을 자극과 반응의 검증으로 본 최초의 학자이다.
④ 학습이란 시행착오의 과정에서 우연적으로 성공하여 만족스러운 행동은 강화되고 불만족스럽거나 실패한 행동은 약화됨으로써 이루어진다.
⑤ 학습은 습관의 형성이며, 습관들이 더욱더 결합되는 방식에 의해 복잡한 행동도 학습된다.
⑥ 학습은 지식의 습득이 아니라, 새로운 환경에 적응하는 행동의 변화이다.

**(2) 시행착오설 실험**
① 고양이의 문제 상자 실험
   ㉠ 닫힌 상자 안에 배고픈 고양이를 가두어 두고 상자 밖에 생선(목표)을 놓아둔다.
   ㉡ 상자 안에 발판을 만들어 놓고 이것을 누르면 상자의 문이 열린다.
   ㉢ 고양이는 상자 밖의 생선을 먹으려고 여러 가지 시행과 착오를 거듭하다가 우연히 발판을 밟게 되어 상자의 문이 열리고 생선을 먹게 되었다(우연적 성공-우연 학습).
   ㉣ 시행-착오-우연적 성공의 과정을 수십 번 거듭한 끝에 고양이는 한 번의 시행착오도 없이 발판을 밟고 먹이를 먹게 된다.
② 쥐의 미로 실험
   ㉠ 입구에서 출구까지 복잡한 미로를 만들어 놓고 쥐를 그 안에 가둔다.
   ㉡ 미로의 출구에는 먹이(목표)를 놓아둔다.
   ㉢ 쥐가 입구에서 출구까지 어떻게 찾아가는지를 관찰한다.
   ㉣ 쥐가 출구에 도착하여 먹이를 먹게 되는 행동까지 소요되는 시간을 관찰한다.

**(3) 시행착오설의 학습법칙**
① 준비성의 법칙
   ㉠ 행동에 대한 준비를 의미하는 것으로 결합은 준비가 되어있을 때 만족스럽게 되고, 준비가 되어 있지 않을 때 불만족스럽다.
   ㉡ 준비성은 문제 사태에 대한 상황적 문제의식을 갖는 것으로도 볼 수 있다.

ⓒ 준비성이란 학습해 낼 준비가 얼마나 되어 있는가의 준비도 문제이지 학습자의 성숙도를 의미하는 것은 아니다.
　　ⓓ 준비가 된 상황에서 어떤 것을 하도록 허용되면 강화, 즉 보상이 이루어지지만, 준비성을 갖추지 못했을 때 어떤 것을 하도록 강요되거나 혹은 준비성이 갖추어졌는데도 허용되지 않는다면 벌이 된다는 것이다.
② 연습의 법칙(빈도의 법칙)
　　ⓐ 자극과 반응의 결합이 연습횟수가 많으면 많을수록 강해지고 적으면 적을수록 약해진다.
　　　ⓐ 사용의 법칙: 연습하면 결합이 강화된다.
　　　ⓑ 불사용의 법칙: 연습하지 않으면 결합이 약화된다.
　　ⓑ 반복연습은 학습 내용을 단계별로 나누어 실시하는 것이 효과적이다.
　　ⓒ 피드백 없이 단지 연습만으로는 학습의 개선이 일어나지 않음을 실험을 통하여 입증하여 1930년대 이후 폐기되었다.
③ 효과의 법칙(결과의 법칙)
　　ⓐ 자극과 반응의 결합이 유쾌하고 만족한 상태를 수반할 때는 그 행동의 횟수나 강도가 증가하고, 불쾌하며 불만족스러운 상태를 수반할 때는 행동의 횟수나 강도가 감소한다.
　　ⓑ 학습에 있어서 피드백을 강조한다.
　　ⓒ 벌보다는 보상이 행동형성에 효과적이라는 생각을 갖게 된다.
　　　ⓐ 유형적인 보상: 상을 주고 필요한 물건을 사주는 것 등
　　　ⓑ 무형적(상징적)인 보상: 칭찬이나 미소, 머리 쓰다듬어 주기 등
　　ⓓ 학습에 있어서의 동기의 중요성을 최초로 강조한 것이다(도구적 조건형성설).
　　　ⓐ 유기체는 보상을 얻는 데 능동적이다.
　　　ⓑ 만족한 결과를 초래한 반응이 학습되고, 불만족스러운 결과를 초래한 반응은 점차 하지 않게 된다.
　　　ⓒ 도구적 조건형성은 조작적 조건형성과 밀접한 관계가 있다.
　　ⓔ 학습이 자극과 반응 간의 단순한 접근보다는 반응의 결과에 의해 달라진다는 것을 의미하고 있다.
④ 5개의 하위법칙
　　ⓐ 다양반응의 법칙: 주어진 자극에 대하여 적절한 반응이 나타날 때까지 여러 가지 반응을 시도하게 되며, 우연하게 나타난 적절한 반응이 성공함으로써 학습이 이루어진다는 법칙이다.
　　ⓑ 요소우월성의 법칙: 유기체가 자극상황 전체에 비선택적으로 그냥 반응하는 것이 아니라 자극상황 중에서 가장 중요하고 우월하다고 지각하는 자극요소에 우선적으로 반응한다는 법칙이다.

ⓒ 자세 또는 태도의 법칙: 피로 정도나 정서 상태 등의 유기체의 자세나 태도가 행동을 결정하는것뿐만 아니라 만족과 불만족을 결정하는 데 중요한 역할을 할 수 있으므로 학습에 영향을 준다는 법칙이다.
ⓔ 유사성의 법칙: 새로운 다른 자극에 동일한 반응을 하게 되는 것은 두 개의 자극 상황이 동일한 자극요소를 많이 공유하고 있기 때문이라는 법칙이다.
ⓜ 연합이동의 법칙: 파블로프(Pavlov)의 고전적 조건형성과정과 유사한 법칙으로, 반응하기 쉬운 장면에서 결합이 쉽게 일어나며, 자극과 반응 사이에 일련의 변화로 완전히 보존되면 새로운 장면에서의 다른 자극에 대하여서도 그러한 반응이 일어난다는 법칙이다.

### (4) 교육적 적용

손다이크는 그의 이론과 법칙을 수학과목에 적용하여 아래와 같은 몇 가지 수칙을 제시하였는데, 이는 다른 교과목에도 적용 가능하며 보다 나은 교육 효과를 낳을 수 있다.
① 학습자가 직면한 상황을 충분히 고려해야 한다.
② 새로운 사실과 기존의 사실을 결합하기 위한 어떤 방법을 생각해야 한다.
③ 결합은 일시적으로 일어나는 것이 아니므로 꾸준하게 시도해야 한다.
④ 다른 상황과 유사한 조건이라면 결합이 잘 일어나지 않을 것은 시도하지 않는 것이 좋다.
⑤ 여러 가지 방법보다는 유효할 것으로 보이는 한 가지 방법으로 결합을 유도하는 것이 좋다.
⑥ 결합은 나중에 실행될 것으로 보이는 방식을 택하는 것이 좋다.
⑦ 따라서 일상생활과 관련된 반응과 결합시키는 것이 효과적이다.

## 3 Pavlov의 고전적 조건화

### (1) 고전적 조건화의 개요
① 러시아의 생리학자 파블로프(Pavlov)에 의해 발전된 이론으로, 개가 침을 분비하는 여러 가지 상황을 관찰하여 일정한 법칙을 밝혀 낸 결과를 학습의 현상을 설명하는 데 적용한 이론이다.
② 파블로프의 조건반사이론이 왓슨(Watson)의 행동주의와 결합되어 고전적 조건형성설이라 불린다.
③ 조건화란 처음에는 중립적이던 자극이 일정한 훈련을 받게 되면, 나중에는 무조건 자극의 제시 없이 조건자극만으로도 새로운 반응이나 행동의 변용을 가져올 수 있게 된다는 것이다.

### (2) 고전적 조건형성 실험
① 배고픈 개에게 무조건자극(음식물)을 가하면 무조건반응(침)을 보인다.
② 중립자극(종소리)과 무조건자극(음식물)을 반복적으로 가한다.
③ 조건자극(종소리)만 가해도 조건반응이 나타난다.

### (3) 조건형성 과정

| | |
|---|---|
| 조건 형성 전 | 무조건자극(UCS, 음식물) → 무조건반응(UCR, 침) |
| 조건 형성 중 | 중립자극(NS, 종소리) + 무조건자극(UCS, 음식물) → 무조건반응 |
| 조건 형성 후 | 조건자극(CS, 종소리) → 조건반응(CR, 침) |

* 자극과 반응
- 무조건자극(Unconditioned Stimulus: UCS): 자동적으로 정서적·생리적 반응을 만들어 내는 자극
- 무조건반응(Unconditioned Response: UCR): 자동적·자연적으로 일어나는 정서적·생리적 반응
- 중립자극(Neutral Stimulus: NS): 반응과 연결되지 않은 자극
- 조건자극(Conditioned Stimulus: CS): 조건 형성 후 정서적·생리적 반응을 일으키는 자극
- 조건반응(Conditioned Response: CR): 이전 중성자극에 대한 학습된 반응

### (4) 고전적 조건화의 주요 현상

| | |
|---|---|
| 자극의 일반화 | 일단 조건이 형성되고 난 직후 유기체가 유사한 조건자극에 대해서 모두 반응하는 것을 의미한다.<br>• 개가 종소리만 듣고도 침을 흘리게 된 후면 비슷한 종소리만 들어도 침을 흘리게 된다.<br>• 국사시간이 교사의 지루한 설명으로 재미가 없었다면 유사한 과목인 사회나 세계사도 흥미를 느끼지 못한다. |
| 변별 | 조건화된 자극과 유사한 자극에 모두 반응하던 유기체가 자극을 구분해서 반응하게 되는 것을 의미한다.<br>• 비슷한 종소리만 들어도 침을 흘리던 개가 처음의 종소리와 거의 같은 것에 대해서만 침을 흘리게 되는 경우이다.<br>• 국사시간이 지루하게 느껴졌던 것과 마찬가지로 사회나 세계사도 재미없을 것이라고 생각했는데 사회 담당 교사의 다양한 학습자료 제시나 열정적 교수법에 의해 흥미를 느끼게 되었다. |
| 소거 | 조건이 형성되고 난 후 무조건 자극이 제시되지 않고 조건자극만 반복해서 제시될 경우, 조건반응은 점점 약해져서 마침내 일어나지 않게 되는 현상을 말한다.<br>• 고기를 주지 않고 종소리만 반복해서 들려주게 되면 나중에는 종소리를 들어도 침을 흘리지 않게 된다.<br>• 학기 초나 수업 시작 시에만 열정적 수업태도를 보이더니 점차 사회 담당 교사도 국사 교사와 유사하게 지루한 수업을 진행함으로써 사회과목에 대한 흥미도 점점 사라지게 되었다. |
| 제지(금지) | 일단 형성된 조건반응도 실험장면에서 조건자극과 무조건자극과 관계없는 다른 자극이 개입되면 조건화 과정이 간섭받아 약화되고 중단되는 현상이다.<br>• 종소리와 고기의 짝짓기 과정에서 다른 음악소리가 개입되면 침 분비가 줄어들거나 사라진다. |
| 자발적 회복과 재조건형성 | 조건반응이 일어나지 않게 된 후(소거현상이 일어난 후) 일정 기간이 흐른 후, 조건자극만을 제공할 경우 다시 조건반응이 일어나게 되는 현상을 말한다.<br>그리고 조건자극과 무조건자극을 계속하여 연결을 제시하면 조건반응은 원래의 강도로 돌아가는데, 이를 재조건 형성이라고 한다.<br>• 음식이 제공되지 않고 종소리만 들려줄 경우 더 이상 침을 흘리지 않는 소거 현상이 일어난 후 일정 기간이 지나서 조건화되었던 그 종소리나 유사한 종소리를 들었을 경우 다시 조건화된 반응, 즉 침을 흘리게 되는 경우를 말한다.<br>• 사회 담당 교사가 자주 사용하던 흥미로운 교수법이나 학습자료를 학기 중간 정도에 다시 사용함으로써 사회과목에 대한 학기 초 형성되었던 흥미나 학습동기가 다시 유발되었다. |
| 고차적 조건형성 | 조건자극이 조건반응을 형성하고 난 후, 제2의 자극과 짝지어진 경우 제2자극이 조건반응을 일으키게 되는 것을 말한다. 이런 방식으로 제3, 제4의 조건자극을 만들어 낼 때, 이를 고차적 조건형성이라고 한다.<br>• 발자국 소리(제2의 자극)가 종소리(조건자극)와 연합되었을 때 발자국 소리만으로도 침을 흘리게 된다.<br>• 사회 담당 교사가 수업 종료 시 쪽지 시험을 볼 때 늘 빨간 뿅망치를 들고 진행하였는데 뿅망치만 보면 수업 종료가 다가옴을 알게 됨과 더불어 사후평가나 확인학습을 알리는 신호가 되었다. |

### (5) 고전적 조건형성의 기본 원리

① 시간의 원리
  ㉠ 중립자극을 무조건자극보다 시간적으로 먼저 제시할 때 가장 효과적으로 조건화가 이루어지며 가장 적당한 시간적 간격은 약 0.5초 이내이며 5초 이상 지연되면 조건형성이 이루어지지 않는다고 본다.

ⓒ 조건자극의 시간적 관계에 따른 조건반사의 종류

| | |
|---|---|
| 지연조건화 | 조건자극이 무조건자극보다 먼저(약 0.5초) 제시되고, 조건자극이 제시되는 동안 무조건자극이 계속 주어진다. |
| 동시조건화 | 조건자극과 무조건자극이 동시에 제시되고, 무조건자극이 주어지는 동안 조건자극이 계속 제시된다. |
| 흔적조건화 | 조건자극을 먼저 제시한다. 조건자극이 종료되고 나서 일정 시간이 지난 후에 무조건자극을 제시한다. |
| 역행조건화 | 무조건자극을 먼저 제시하고, 조건자극을 나중에 제시한다. |

ⓒ 지연조건화 – 동시조건화 – 흔적조건화 순으로 조건화가 잘 이루어지고, 역행조건화는 조건화가 이루어지지 않는다.

② 강도의 원리: 무조건자극의 강도가 강하면 강할수록 조건형성이 용이해진다는 것이다. 그러나 너무 강하면 오히려 방해가 될 수도 있다.

③ 일관성의 원리: 조건형성을 이루기 위해 제시되는 중립자극이 처음부터 끝까지 일관성이 있어야 한다.

④ 계속성의 원리: 조건반사 행동이 나타날 때까지 중립자극을 계속적으로 충분히 제공해야 조건형성이 가능하게 됨을 의미한다.

# 4 Skinner의 조작적 조건화

### (1) 조작적 조건화의 개요
① 파블로프(Pavlov)의 고전적 조건화는 조건반응의 외적 자극에 관심을 두었다면, 스키너(Skinner)의 조작적 조건화는 인간은 외부의 자극 없이 의식적으로 행동할 수 있는 존재임을 착안하여 이론을 체계화하였다.
② 스키너는 반응과 조작적 행동을 엄격히 구별하였다.
　㉠ 반응이란 단순히 자극에 의해서 이끌어져 나오는 것이다.
　㉡ 조작적 행동이란 유기체가 스스로 의식적으로 발산해서 보여 주게 되는 행동이다.
③ 고전적 조건화가 반응을 유발하는 조건자극에 관심을 두었다면(S형 조건반사), 조작적 조건화는 행동의 결과에 관심을 두고 있다(R형 조건반사).
④ 유기체의 자발적 행동이 자극의 기능을 하고, 보상에 의하여 강화가 이루어진다.

### (2) 고전적 조건화와 조작적 조건화의 비교

| 고전적 조건화 | 조작적 조건화 |
|---|---|
| • S형 조건화: 외부의 자극에 의해 유발된 반응에 관심을 둔다.<br>• S형 조건화는 강화가 자극과 상관되어 있다.<br>• 행동이 앞서 제시되는 자극에 의해 통제된다.<br>• 인간의 비자발적·반사적인 행동의 발달과 관련된다.<br>　→ 정서적·불수의적(반응적) 행동이 학습된다.<br>• 자극이 반응 앞에 오며, 반응은 추출(elicited)된다.<br>• 한 자극이 다른 자극에 대치된다. | • R형 조건화: 유기체 스스로 방출하는 반응에 관심을 두며, 조작적 조건형성은 결과에 의해 통제된다.<br>• R형 조건화는 강화가 자발적으로 시도된 반응과 상관되어 있다.<br>• 행동이 뒤따르는 결과에 의해 통제된다.<br>• 인간의 자발적·유목적적 행동의 발달과 관련된다.<br>　→ 목적지향적·수의적(조작적) 행동이 학습된다.<br>• 반응이 보상(효과) 앞에 오며, 반응은 방출(emitted)된다.<br>• 자극의 대치는 일어나지 않는다. |

### (3) 조작적 조건화 실험
① 흰쥐 상자 실험
　㉠ 전구, 지렛대, 먹이통, 그물막 장치가 배열된 스키너 박스(Skinner box)를 제작하여 실험하였다.
　㉡ 상자 안에 흰쥐를 집어넣고 쥐가 지렛대를 누르면 먹이통에서 먹이가 나오도록 하였다.
　㉢ 흰쥐는 상자 안을 왔다갔다하다가 얼마 안 가서 벽에 지렛대를 누르고 먹이를 얻게 되었다.
　㉣ 쥐는 그 후에 지렛대를 누르면서 음식물을 먹는 행동을 형성하게 되었다.

> ▶ 지렛대: 조건자극
> 지렛대를 누르는 것: 조건반응
> 음식물: 강화물

**＊ 비둘기 상자 실험**
실험상자 안에 콩을 넣어 두고 몇 개의 색깔을 달리한 표적이 있어 특정 표적을 비둘기가 찍으면 콩이 나오고 다른 표적을 찍으면 콩이 나오지 않는 장치를 해 놓았다. 이때 비둘기는 콩이 나오는 색깔의 표적을 계속해서 찍는 것을 보았다. 이것은 효과의 법칙으로 설명될 수 있다.

② 조작적 조건형성 실험의 결과
  ㉠ 유기체의 행동은 스스로 작용한 결과이다.
  ㉡ 먼저 반응을 하고 그다음에 강화가 주어진다(반응 자극 강화).
  ㉢ 유기체의 능동적 반응이 간접적으로 자극의 역할을 하여 강화를 가져온다.
  ㉣ 강화가 행동 변화의 핵심적 변수이다.

### (4) 강화(reinforcement)
① 강화의 개념
  ㉠ 강화란 특정 행동이나 반응의 확률 또는 빈도를 증가시키는 현상을 말한다.
  ㉡ 강화물(reinforcer)이란 강화의 수단으로 사용되는 사물이나 행위를 말한다.
② 강화의 종류
  ㉠ 정적(적극적) 강화: 바람직한 어떤 반응을 보일 때 보상(좋아하는 것: 칭찬, 선물)을 줌으로써 후에 어떤 장면에 처했을 때 그 반응이 다시 일어날 확률을 증가시켜 주는 것이다.
  ㉡ 부적(소극적) 강화: 바람직한 어떤 반응을 보일 때 주어진 혐오적 상황(싫어하는 것: 화장실 청소)을 제거 또는 면제해 줌으로써 그 결과 반응의 빈도가 증가하는 것이다.
③ 강화물

| 강화물 유형 | 의미 | 예 |
|---|---|---|
| 정적 강화물 | 반응을 한 후 제시했을 때 그 반응의 확률을 증가시키는 기능을 하는 자극 | 과자, 칭찬, 상, 보너스 |
| 부적 강화물 | 반응을 한 후 제거했을 때 그 반응의 확률을 증가시키는 기능을 하는 자극 | 전기충격, 꾸중, 벌 청소, 잔소리, 질책 |
| 1차적 강화물 | 선천적으로 반응확률을 증가시켜주는 무조건적 강화물 | 음식, 물, 따뜻함, 수면, 전기충격, 성 |

| | | |
|---|---|---|
| 2차적 강화물 | 학습된 강화물<br>: 중립자극이었던 것이 1차적 강화물과 연결되어 반응확률을 증가시키는 기능을 획득한 강화물. 즉 처음에는 강화의 기능이 없었던 물건이나 대상이 인간의 본능적 욕구를 충족시켜주는 1차적 강화물과 연결되어 강화의 기능을 지니게 된 것 | 돈, 격려, 칭찬, 사회적 인정, 쿠폰, 지위, 휴식, 자격증, 비난, 실격<br>(돈은 처음에는 종이에 지나지 않았으나 1차적 강화물, 즉 옷이나 음식과 결합하여 강력한 보상이 되었다) |
| 일반화된 강화물 | 2차적 강화물 중에서 여러 개의 1차적 강화물과 결합된 강화물, 박탈조건이 아니더라도 효과를 발휘한다. | 돈, 지위, 권력, 명성<br>(음식물은 박탈된 상태에서만 강화의 기능을 하지만 돈은 박탈 여부에 관계없이 강화물의 기능을 발휘한다. 즉, 돈은 백만장자에게도 강화의 기능을 발휘한다) |

### (5) 강화계획

학습자의 행동에 대하여 강화의 제시나 중단을 지시하는 규칙 또는 절차이다. 강화계획은 시간적 차원과 반응수의 차원을 고려하여 구성될 수 있다.

① 계속적 강화
　㉠ 새로운 행동을 학습할 때 정확한 반응마다 매번 강화를 제공하는 것으로, 학습의 초기에 효과가 있다.
　㉡ 그러나 새로운 행동을 가르치거나 또는 어떤 행동을 계속 유지시키기 위해서 빈번히 강화를 할 필요는 없다.

② 간헐적(부분) 강화
　㉠ 계속적으로 강화를 제공하는 것이 아니라 부분적으로 강화를 제공하는 것으로, 학습의 후기 단계에 제공하는 것이 효과적이다.
　㉡ 때로는 계속적으로 주어지는 강화보다 간헐적으로 주어지는 강화가 더욱 효과적일 때도 있다.
　㉢ 간헐적 강화계획 유형

| 강화계획 | 강화절차 | 적용사례 |
|---|---|---|
| 고정간격계획<br>(Fixed Interval schedule: FI) | 일정한 시간 간격을 두고 강화를 제공한다. | 월급, 기말고사 |
| 변동간격계획<br>(Variable Interval schedule: VI) | 시간간격을 일정하게 정하지 않고 변동적으로 강화를 제공한다. | 쪽지시험, 낚시 |
| 고정비율계획<br>(Fixed Ratio schedule: FR) | 일정한 반응횟수가 일어날 때마다 강화를 제공한다. | 보너스 |

| 변동비율계획<br>(Variable Ratio<br>schedule: VR) | 평균적으로 반응횟수를 정하여 대략적으로 그만큼의 반응이 일어났다고 볼 때 강화를 제공한다. | 복권, 도박 |

ⓔ 반응확률이 높은 순서: 변동비율계획 > 고정비율계획 > 변동간격계획 > 고정간격계획

**(6) 벌(punishment)**

① 벌의 개념: 벌이란 강화와 상반되는 개념으로, 원하지 않는 행동을 제거 또는 약화시키는 것이다.

② 벌의 유형

| 벌의 유형 | 의미 | 예 |
|---|---|---|
| 제1형(적극적, 수여성) 벌 | 원하지 않는 행동을 보일 때 혐오적인 강화물을 주는 것이다. | 싫어하는 것: 질책, 체벌 등 |
| 제2형(소극적, 제거성) 벌 | 원하지 않는 행동을 보일 때 선호하는 강화물을 박탈하는 것이다. | 좋아하는 것: 컴퓨터 게임, 약속된 외식 등 |

* 벌의 지침
- 벌은 처벌적이어야 한다. 즉, 벌은 행동을 약화시키는 기능이 있어야 한다.
- 행동이 끝난 후 즉시 처벌해야 한다.
- 처벌을 하기 전에 미리 경고를 하는 것이 좋다.
- 처벌을 하는 행동을 분명하고 구체적으로 정의해야 한다.
- 처벌을 하는 이유를 분명하게 설명해야 한다.
- 벌의 강도는 적당해야 한다.
- 처벌 후 보상을 주지 말아야 한다.
- 대안적인 행동을 분명하게 제시해야 한다.
- 일관성 있게 처벌해야 한다.
- 처벌받는 사람이 아니라 잘못된 행동에 대해 처벌해야 한다.
- 처벌을 할 때 개인적인 감정을 개입시키지 말아야 한다.

## 5. Guthrie의 접근적 조건화(S-R 접근설)

### (1) 접근적 조건화 개요

① 거스리(Guthrie)는 자극-반응 접근이론의 대표자로서, 파블로프(Pavlov)의 이론을 심리학계에서 공인하여 이론의 체계를 세우는 데 공헌하였다.
② 학습의 법칙으로 인접의 법칙(law of contiguity)을 주장한다.
  ㉠ 주어진 자극과 다음 자극 사이의 연합이 잘 이루어지려면 자극과 반응 사이에 접근될 수 있는 성질이 있어야 한다.
  ㉡ 어떤 자극의 연합에 수반되는 행동은 나중에 자극이 다시 생길 때 또 발생하는 경향이 있다는 것이다.
  ㉢ 습관 형성을 자극과 반응의 근접이라고 보았다는 점에서 초기 행동주의와 비슷하다.
  ㉣ 초기 행동주의와의 차이점은 보상이나 강화를 학습에 있어서 필수적인 것으로 보지 않는 것으로 강화 없이도 습관 형성이 가능하다는 것이다.
③ 학습이 일어나는 것은 바로 자극과 반응이 근접해서 제시되기 때문에 이것은 습관의 형성이라는 것이다.
④ 손다이크(Thorndike)는 요소끼리의 연합을 강조한 데 비해, 거스리는 자극의 성질을 강조하였다.
⑤ 1회 시행학습설: 반복 시행 없이 단 한 번만으로도 학습은 가능하기 때문에 교사는 분명한 지식을 제공해 주어야 한다.

### (2) 습관을 바꾸는 방법

① 식역법(threshold method): 자극의 강도를 점진적으로 증가시켜서 반응하지 않게 한다.
  예 한 학생이 시험불안이 있을 경우, 교사는 처음에는 학생에게 즐거운 과제를 제시함으로써 그 불안을 제거하고, 점차적으로 그 시험과 같은 일련의 과제들을 제시하는 것이다.
② 피로법(exhaustion-method): 개인이 너무 지쳐서 습관적인 방식으로 반응할 수 없을 때까지 자극을 계속 제시하는 것이다.
  예 종이 공을 던지는 아동의 경우, 아동으로 하여금 지쳐서 계속할 수 없을 때까지 종이 공을 만들어 계속해서 던지게 하는 것이다.
③ 양립할 수 없는 자극법(incompatible stimulus method): 습관적 반응이 일어날 수 없을 때 그리고 반대의 반응 혹은 양립할 수 없는 반응이 일어날 것일 때 자극을 제시하는 것이다.
  예 지나치게 서로 간에 경쟁하는 성취동기가 높은 학급의 경우, 학생들 사이에 경쟁을 줄이려면 교사는 학급을 소집단들로 나누어 각 집단에 경쟁보다는 협력을 요구하는 학업과제를 주고 개인 수행보다는 집단 수행을 기초로 성적을 부과하는 것이다.

## 6 Hull의 강화이론(신행동주의)

**(1) Hull 이론의 개요**
   ① S-O-R설: 자극과 반응 사이에 유기체(organism) 변인 추가
      ㉠ 자극과 반응의 결합은 유기체의 상태에 따라 다르다.
      ㉡ 자극이 주어지면 곧바로 반응이 나타나는 것이 아니라 유기체의 내적 조건과 습관에 의하여 수정되어 반응이 발생한다.
   ② 학습은 새로운 습관의 형성이며, 이는 추동 감소, 강화에 의해 이루어진다.
   ③ 학습은 일정하지 않은 크기로 증가한다. 학습 초기에 급격히 증가하나 차츰 하강한다.

**(2) 자극과 반응을 매개하는 유기체의 특성**
   ① 추동
      ㉠ 생물학적 욕구를 의미한다.
      ㉡ 신체가 요구하는 어떤 것이 부족하거나 고통스러운 자극 때문에 생기는 유기체의 일시적 상태이다.
      예 배고픔, 목마름, 통증 등
   ② 습관강도
      ㉠ 단서와 반응이 강화를 받으면서 계속 반복하면서 생기는 학습된 연결 강도를 의미한다.
      ㉡ 이 습관은 영구적 연결로서 그 강도의 증가는 있을 수 있으나 감소란 있을 수 없다.
   ③ 유인동기
      ㉠ 어떤 행동에 대해 기대되는 보상의 정도이다.
      ㉡ 유인값의 수준은 바로 앞선 몇몇 시행에 의한 보상의 양에 의존한다.
   ④ 반응억제
      ㉠ 방금 시행한 반응을 하지 않으려는 경향이다.
      ㉡ 한 반응에서 생기는 반응억제의 양은 그 반응을 할 때 요구되는 노력의 양에 의존한다.
      ㉢ 반응억제는 피로와 거의 비슷한 개념이라 할 수 있다.

**(3) 행동유발 공식**
   반응경향성 = 추동(drive) × 습관강도(학습의 강도)

> **\* 추동 감소 이론(drive-reduction theory)**
> 강화물 효과의 원인을 추동의 감소에서 찾는 강화이론이다. 이 이론은 음식이나 물과 같은 일차 강화물에 대해서는 상당히 잘 적용되지만 생리적 욕구를 감소시키는 것처럼 보이지 않는 강화물도 많다. 교사들은 음식이나 물보다는 긍정적인 피드백(예 "좋아.", "맞아요." 등)과 칭찬으로 행동을 강화하는 경우가 더 많다. Hull은 이 비판에 대응하여, 그런 이차 강화물은 추동을 감소시키는 일차 강화물과의 연합을 통해서 강화력을 갖게 된다고 주장하였다.

# 7 사회학습이론

**(1) 이론의 개요**
① 반두라(Bandura)가 대표적인 학자로서 관찰학습, 모방학습, 인지적 행동주의 학습이라고도 한다.
② 사회학습이란 인간 행동의 학습은 실험적인 상황이 아니라 사회생활 속에서 타인의 행동을 관찰하고 모방한 결과로 보며, 주위의 사람과 사건들에 주의·집중함으로써 정보를 획득하는 학습이다.
③ 모델을 직접 관찰함으로써 이루어지는 경우가 많으나, 최근에는 대중매체의 발전으로 언어나 사진, 그림과 같은 상징적 모델을 모방하는 경우도 많다.
④ 조작적 조건형성의 원리를 이용해서 모방을 통한 인간의 사회학습을 설명하면서도 인간 행동의 목적지향성과 상징화나 기대와 같은 인지과정의 중요성을 인정하고 있다.
⑤ 행동주의에서 인지주의 이론으로 넘어가는 과도기 이론으로 평가받고 있다.
⑥ 학습은 모델의 행동을 모방하거나 대리적 조건형성을 통해서 이루어진다.

**(2) 학습과정**

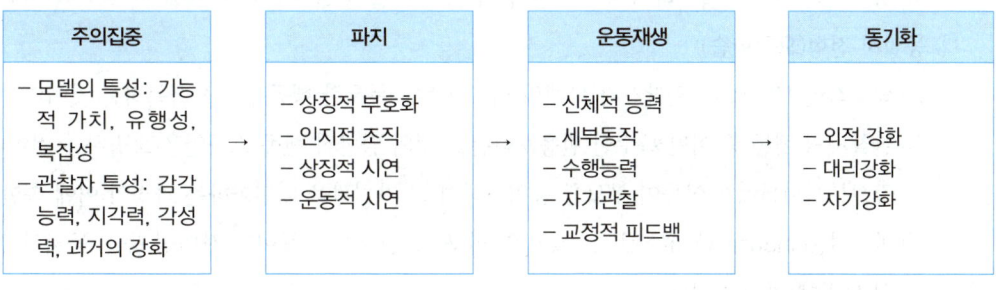

① 주의집중: 모방하려는 모델의 행동에 주의를 기울이는 과정으로, 모델의 특성과 관찰자의 특성으로부터 영향을 받는다.
② 파지
  ㉠ 모델을 관찰한 후 일정기간 동안 모델의 행동을 언어적 방법이나 상징적인 형태로 기억하는 것을 말한다.
  ㉡ 상징적 형태로 기억하기 위해서는 모델의 행동을 상징적으로 기호화해야 한다.
  ㉢ 일단 정보를 인지적으로 저장하고 나면 관찰학습이 일어난 뒤 오랜 시간이 경과해도 이용할 수 있다.

③ 운동재생
  ⊙ 모방하려는 것을 실제 행동으로 옮겨 정확하게 재생하는 단계이다.
  ⓒ 행동의 정확한 재생을 위해 운동기술과 신체적 능력이 있어야 하고, 이를 위해 성장과 연습이 필요하다.
  ⓒ 자신의 행동을 관찰하고 자신의 행동과 기억하고 있는 모델의 행동을 비교하면서 계속 자기의 행동을 수정하여 모델의 행동을 재생할 수 있게 해 주는 교정적 피드백이 필요하다.
④ 동기화
  ⊙ 강화를 통해 행동의 동기를 높여 주는 단계이다. 강화는 관찰자로 하여금 모델과 같이 행동하면 자기도 강화를 받는다는 기대를 갖게 하고 학습의 수행으로 유인하는 역할을 한다.
  ⓒ 강화는 학습(새로운 행동의 획득)을 유발하는 변인이 아니라 수행(학습의 결과)을 동기화한다.
  ⓒ 직접적 강화 외에 대리적 강화와 자기 강화에 의해 영향을 받는다.

### (3) 학습전형
① 직접모방전형(모방학습)
  ⊙ 무의도적인 모방으로, 관찰자는 모델의 행위를 관찰하고 모델이 하는 행동을 그대로 시행함으로써 보상을 받는다.
  ⓒ 맹목적인 행동을 습득하기에 적합한 방법으로, 연습을 필요로 하지 않을 때 효과적이다.
② 동일시 전형(모형학습)
  ⊙ 의도적인 모방으로, 관찰자가 모델의 비도구적인 독특한 행동유형을 습득하는 것이다.
  ⓒ 관찰자의 행동 중 어떤 특수한 반응보다는 모델의 일반적 행동 스타일을 모방하는 것이다.
  ⓒ 정신분석이론에서 아동이 부모를 동일시하여 그 가치관을 내면화하는 과정이 이에 속한다.
  ⓔ 반두라(Bandura)와 휴스턴(Huston)의 연구: 불필요한 행동이나 잔인성 등도 동일시 전형의 모방에 의한 것이다.
③ 무시행학습 전형
  ⊙ 관찰자가 모델의 행동을 미리 해 볼 기회가 없거나 모방에 대한 강화가 없음에도 불구하고 학습하는 것이다.
  ⓒ 동일시 학습과의 차이점은 모방된 행동이 도구적 반응이며 모델 자신이 보상을 받는 것이다.
  ⓒ 반두라(Bandura)와 로스(Ross)의 연구: 실제의 성인모델, 영화모델, 만화모델의 공격적인 행동을 관찰한 아동들의 공격적 행동의 모방에는 차이가 없었으나, 실험상황에서 공격적 행동을 전혀 관찰하지 않은 통제집단에 비해서는 공격적 행동이 월등히 강하게 나타났다.

④ 동시학습 전형
  ㉠ 모델과 관찰자가 동시에 동일한 과제의 학습을 진행하는 과정에서 관찰자가 모델의 행동을 모방하는 것이다.
  ㉡ 관찰자로 하여금 모델의 행동에 주의를 기울이도록 제시한다는 점에서 무시행학습과 다르고, 관찰된 모델의 행동을 정확히 모방하여도 보상을 받지 않는다는 점에서 직접모방학습과 다르다.
  ㉢ 사회적 촉진: 관찰자의 행동을 모델이 할 때, 모델이 관찰자의 행동에 미치는 영향을 의미한다.
  ㉣ 청중효과: 관찰자의 모방행동이 사람이 많은 곳에서 반응의 빈도가 증가하는 상태를 말한다.
⑤ 고전적 대리조건형성 전형
  ㉠ 모델이 정서적으로 경험하는 것을 관찰하고 그와 비슷한 정서적 반응을 학습하는 것이다.
  ㉡ 관찰자의 과거 경험이 모델의 행동과 공유될 때 보다 효과적으로 나타나고, 전혀 경험이 상이할 때는 학습이 이루어지기 어렵다.
  ㉢ 대리선동: 관찰자가 모델이 무조건 정서적 반응을 일으키는 것을 목격하고 그에 대해서 정서적으로 반응하는 것이다.
  ㉣ 감정이입: 관찰자의 반응이 모델의 반응과 같을 때 나타난다.
  ㉤ 동정: 관찰자의 반응이 모델의 반응과 다를 때 나타난다.

**(4) 관찰학습 요인**
  ① 관찰학습의 효과
    ㉠ 타인의 행동을 관찰함으로써 학습이 이루어진다는 것이다.
    ㉡ 모델의 지위·능력·권력이 중요한 요인으로 작용한다.
  ② 대리적 강화와 제거효과
    ㉠ 타인의 행동을 관찰함으로써 어떤 특수한 행위를 억제하거나 피하게 하는 경우가 있다.
    ㉡ 어떤 사람의 행동의 결과가 나쁜 것을 관찰했을 때 제거효과가 크다.
  ③ 자기통제의 과정
    ㉠ 모델의 행동이 관찰자의 행동을 통제하는 것이 아니라 관찰자 자신의 내적인 인지적 통제, 자기규제에 의해 학습이 이루어진다.
    ㉡ 사회학습은 모델의 특성뿐만 아니라 관찰자의 과거경험, 욕구, 의도 등의 요인에 의해 영향을 받게 된다.

④ 모델링의 유형

| 인지적 모델링 | • 모델의 시범을 모델의 생각과 행동에 대한 언어적 설명과 함께 보여 주는 과정<br>• 학습자가 전문가의 사고를 배울 수 있게 해 주는 모델링 |
|---|---|
| 직접 모델링 | 모델의 행동을 단순하게 모방하려는 시도<br>예 시험공부를 할 때 친구를 따라 한다. |
| 상징적 모델링 | 책, 연극, 영화 또는 TV에 등장하는 주인공들의 행동 모방<br>예 10대는 10대 취향의 인기 있는 TV쇼에 나오는 연예인처럼 옷을 입기 시작한다. |
| 종합적 모델링 | 관찰한 행동의 부분들을 종합함으로써 행동으로 발전<br>예 형이 책을 꺼내기 위해 의자를 사용하는 것과 엄마가 찬장 문을 여는 것을 보고, 의자를 사용해 혼자 서서 찬장 문을 연다. |
| 자기 모델링 | 자기 자신의 행동을 관찰하고 반성한 결과로 일어나는 모방 |

⑤ 모델링의 효과

㉠ 새로운 행동의 학습: 타인이 하는 행동을 관찰함으로써 새로운 반응을 학습할 수 있다.

㉡ 억제를 변화시키기: 타인의 행동을 관찰함으로써 어떤 특수한 행위를 억제하거나 피하게 되는 수가 있다.

㉢ 이미 학습한 행동의 촉진: 모방은 행동을 촉진하는 작용을 한다.

㉣ 정서 유발(정서적 각성 효과): 개인의 정서적 반응은 모델의 정서 표출을 관찰함으로써 바뀔 수 있다.

(5) 스키너(Skinner)의 행동주의와 반두라(Bandura)의 사회학습이론의 차이점

| 구분 | 스키너 | 반두라 |
|---|---|---|
| 인간행동의 결정요인 | 기계론적 환경결정론: 환경이 인간행동을 결정하는 '일방적' 관계를 제시함 | 상호작용적 결정론: 인간행동은 개체의 인지특성과 행동, 환경의 상호작용의 결과 |
| 인간의 합리성에 대한 견해 | 논의 자체를 거부(연구 대상에서 제외) | 인간은 합리적으로 행동을 계획하는 것이 가능 |
| 인간본성에 대한 견해 | 자극 – 반응의 객관적인 관점에서 설명 | 환경으로부터의 객관적 자극에 반응 할 때 주관적 인지 요인이 관여: 주관적 관점과 객관적 관점을 모두 수용 |
| 기본가정 | 인간의 자기통제능력 부정 | 인간의 자기통제능력 긍정 |
| 강화와 학습 | 외적 강화가 수반되어야 학습 가능 | 외적 강화 없이 학습 가능 |
| 강화와 처벌에 대한 해석 | 강화인과 처벌인을 행동의 직접적인 원인으로 봄 | 강화인과 처벌인은 기대를 갖게 한다고 봄(행동은 간접적 원인) |
| 학습에 대한 관점 | 관찰 가능한 행동의 변화 | 이전과는 다른 행동을 나타내 보일 수 있도록 정신구조의 변화 |

# Chapter 3
인지주의 학습이론

1. 인지주의 학습이론의 개요
2. Wertheimer의 통찰이론
3. Köhler의 통찰실험
4. Lewin의 장(場) 이론 (Field theory)
5. Tolman의 기호-형태설 (Sign-Gestalt theory)
6. 정보처리이론

# Chapter 3
# 인지주의 학습이론

| 1  인지주의 학습이론의 개요

| 2  Wertheimer의 형태이론

| 3  Köhler의 통찰설

| 4  Lewin의 장(場) 이론(Field theory)

| 5  Tolman의 기호-형태설(Sign-Gestalt theory)

| 6  정보처리이론

**인지주의 학습이론의 개요**

**(1) 인지주의 학습이론의 특징**
① 학습자의 내적 과정(인지과정)을 연구대상으로 한다.
② 학습이란 행동의 변화가 아니라 인지구조의 변화이다.
③ 인지란 인간의 두뇌 속에서 일어나는 지각, 기억, 사고, 문제해결 등과 같은 복잡한 정신과정 또는 정보처리과정이다.
④ 학습을 요소요소로 분할해서 파악할 것이 아니라 하나의 전체로서 파악한다.
⑤ 전체는 부분의 합 이상이라는 가정으로 인간은 환경을 지각할 때 개별 자극체로 지각하는 것이 아니라 요소들 간의 관계를 기초로 전체 지각을 한다.
⑥ 문제해결은 문제의 요점을 파악하고 전체적으로 통합하며, 목적과 수단의 관계에서 통찰이 성립되어 일어난다.
⑦ 형태학습과 통찰학습을 통한 학습과정을 강조한다.

> ▶ 형태학습: 전체학습, 구조학습, 관계학습, 구조화된 전체 장면 학습
> ▶ 통찰학습: 즉시적인 이해, 문제장면을 구조화된 전체로 지각

⑧ 인간의 학습과 동물의 학습 간에는 질적인 차이가 있다.
⑨ 본격적인 연구는 Chomsky의 무의미철자법을 통한 언어연구에서 시작되었다.
⑩ 대표적 학자: Wertheimer, Köhler, Koffka, Lewin, Tolman, Piaget, Ausubel, Bruner

**(2) 인지주의 학습이론의 주요 가정**
① 인지적 성장 및 변화는 일생을 통해 이루어진다.
② 인지는 개인이 환경적 사건의 의미를 능동적으로 구성한 결과이다.
③ 개인의 특정 영역에 대한 인지적 유능성은 개인이 기능하는 맥락이다.
④ 개인의 구체적인 행동은 환경적 사건에 대한 인지적 표상에 따라 달라진다.
⑤ 개인의 인지적 표상은 사회적 기능 및 정서적 안녕에 영향을 미친다.
⑥ 개인의 인지적 변화는 행동상의 변화로 이루어진다.

# 2  Wertheimer의 형태이론

**(1) 개요**
① Wertheimer는 형태심리학의 창시자이며 인지학습이론의 선구자이다.
② 학습이란 문제를 구성하는 요소들 간의 상호관계를 파악하여 그들 간의 관계를 재구성하는 것이다.
③ 학습은 요소요소로 파악되는 것이 아니라 전체적인 파악 과정이다.
④ 학습은 지각, 학습, 기억 등의 인지활동이 기계적인 연합이 아니라 부분들의 일정한 관계에 의해 전체로 조직하는 것이다.
⑤ 인간은 자신이 본 것을 조직화하려는 성향을 가지고 있고, 뇌와 마음의 활동도 전체성을 가지며 각각의 활동을 합한 것 이상이다.
⑥ 인간은 패턴과 같은 규칙을 통해 본인이 생각한 내용을 구조화하고 조직화를 한다는 내용을 담고 있다.
⑦ 인간은 문제의 구조를 보려 하고 '부분'이 포함된 '전체'를 보려 하는 성향을 갖고 있다는 뜻이다.
⑧ '전체'는 단순히 부분들의 합이 아니고 구조화된 측면으로 바라보아야 하며, '부분'은 이렇게 규정된 '전체'에 의해 정의를 내릴 수 있다는 관계적 결정의 원리를 형태심리학은 포함하고 있다.

**(2) 지각에 대한 가정**
① 파이현상(가현운동)
  ㉠ 인간이 지각하는 것은 정적(靜的)인 부분이 아니라 동적(動的)인 운동 그 자체에 의한 전체이다(영사기에 필름을 돌리면 운동현상으로 지각되는 현상).
  ㉡ 파이현상은 정지해 있는 물체를 빠른 속도로 연속해서 보면, 시각이 그 물체들을 개별적으로 감지할 수 있는 역치를 넘어서게 되기 때문에 마치 물체가 움직이는 것처럼 보이게 되는 시각의 착각현상을 말한다.
  ㉢ 인간은 자극을 있는 그대로 지각하지 않고 유의미한 전체로 지각하고 경험한다. 파이현상의 효과는 지각적 경험이 물리적 자극과 일대일로 대응한다는 과거의 가정으로는 분명 설명할 수 없는 것이었다.
  ㉣ 지각된 운동은 고립된 하나하나의 자극에 의해서가 아니라 자극의 상관적 특성에 따른 출현적 경험에 의해 나타난다.

ⓜ 관찰자의 신경계와 관찰자의 경험은 물리적으로 입력되는 정보를 하나씩 수동적으로 기록하지 않는다. 오히려 이러한 자극을 받게 되면, 지각 경험만이 아니라 신경조직화가 분화한 부분들을 가진 하나의 완전한 영역으로 즉시 생성되기 시작한다.

ⓑ '전체는 부분과 부분의 합보다 크다'라는 형태이론의 기본 견해가 정립되었다.

② 프래그난츠 법칙: 인간이 문제 상황을 지각할 때에는 여러 부분을 조직하고 연결시키는 방법에 따라 지각은 달라지는데, 이는 여러 부분을 조직하고 하나로 연결시키는 데는 어떤 법칙을 따르게 된다는 이론이다.

㉠ 유사성의 법칙: 어떤 것을 지각함에 있어서 개개의 독립된 부분은 비슷한 것끼리 하나로 이루어가면서 지각하게 된다.

㉡ 근접성의 법칙: 가까이 있는 요소들은 멀리 떨어져 있는 동일한 요소들보다 하나의 의미 있는 형태로 지각하게 된다.

㉢ 폐쇄성(완결성)의 법칙: 독립된 부분의 조직 및 연결에 있어서는 불완전한 것도 그대로 지각하는 것이 아니라 완전한 것으로 보아 연결해 지각하게 된다.

㉣ 연속성(계속성, 방향성)의 법칙: 같은 방향으로 패턴이나 흐름을 형성하는 자극 요소들은 서로 연결된 것처럼 연속적인 직선이나 도형으로 지각하게 된다.

㉤ 간결성(단순성)의 법칙: 복잡한 사물을 지각할 때 가급적 단순화시켜 조직하여 지각하려고 한다.

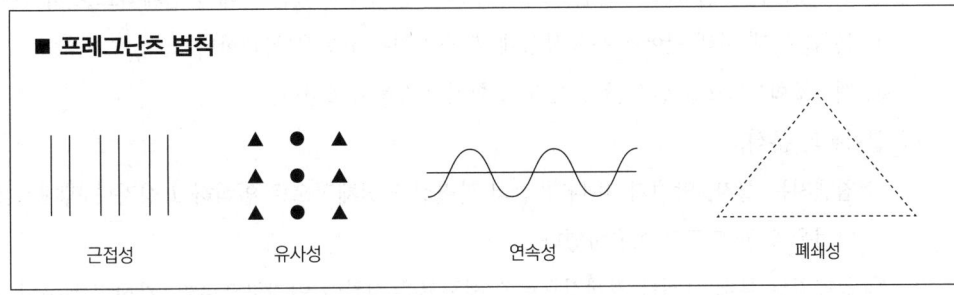

■ 프래그난츠 법칙

## 3  Köhler의 통찰설

**(1) 개요**
① 학습은 전체적인 관계를 파악하는 통찰에 의해 이루어지는 문제해결적 행동의 변용과정이다.
② 통찰이란 상황을 구성하는 요소(수단-목적) 간의 관계를 파악하는 것이다.
③ 통찰학습이란 문제 사태를 전체적으로 이해하고 그것을 분석하여 인지함으로써 목표달성을 위한 행동과 결부시켜 재구성 또는 재조직화하는 것이다.
④ Köhler가 Sultan이라는 침팬지를 대상으로 한 연구로부터 발전된 이론이다.

**(2) 통찰학습 실험**
① 실험 내용: 천장 위에 바나나(목표물)를 매달아 놓고 방 안 구석에 크기가 다른 나무상자를 몇 개 넣어 두고 그 방 안에 침팬지 Sultan을 넣었다. 처음에는 Sultan이 바나나를 획득하는 데 실패하지만 한참 후 갑자기 해결책을 발견(통찰)하여 방 안에 있던 상자를 쌓아 놓고 올라가 바나나를 따 먹었다.
② 통찰의 과정: 전체의 파악 → 분석 → 종합(재구조화)
  ㉠ 전체 파악: 학습목표를 중심으로 하여 그를 둘러싸고 있는 사태를 전체적으로 파악한다.
  ㉡ 분석: 문제 사태 안에서 목표달성에 관련이 있는 요인을 분석한다.
  ㉢ 재구조화: 목표를 달성할 수 있도록 환경구조를 개조한다.
③ 실험결과 분석
  ㉠ 침팬지는 상자, 막대기, 바나나 간의 관련성을 전체적으로 인식하고 상자나 막대기를 목적달성을 위한 도구로 이용하였다.
  ㉡ 침팬지는 문제 사태를 전체적으로 이해하고 분석하여 인지함으로써, 자신의 목표달성을 위한 행동과 결부시켜 재구성 또는 재체제화하는 과정을 거쳤다.
  ㉢ 침팬지의 행동과정에서는 목적과 수단, 전체화 부분과의 관계 등의 인지 장(場)의 재체제화가 진행되었다.
  ㉣ 실험과정에서 나타난 또 하나의 특징은 침팬지에게도 도구를 사용할 줄 아는 심리적 이해력이 있었다는 점이다.
④ 통찰학습 실험으로 얻은 결론
  ㉠ 학습은 시행착오나 자극과 반응의 연합 과정처럼 점진적으로 이루어지는 것이 아니라 순간적인 통찰(insight)에 의하여 이루어진다(A-ha 경험).

ⓒ 통찰은 상황(장)을 구성하는 사물(요소)들 간의 관계의 구조, 즉 형태를 발견하는 순간에 비약적으로 일어난다.

　　ⓓ 문제의 해결은 단순한 과거 경험의 축적이 아니고 그의 경험적 사실을 재구성하는 인지구조의 변화과정이다.

　　ⓔ 학습이란 문제 해결적이며, 행동의 변용과정이다.

⑤ 통찰학습의 특징

　　ⓐ 문제해결이 갑자기 일어나며 완전하다.

　　ⓑ 통찰에 의해서 획득된 해결을 바탕으로 하는 수행에는 거의 오차가 없고 원활하다.

　　ⓒ 통찰에 의해서 얻어진 문제해결은 상당 기간 동안 유지될 수 있다.

　　ⓓ 통찰에 의해서 터득한 원리는 쉽게 다른 상황에 적용 가능하다.

# 4 Lewin의 장(場) 이론(Field theory)

### (1) 개요
① 레빈(Lewin)은 초기에 형태심리학적 원리에 입각한 기억의 역학적 연구와 동기에 관한 연구를 하였다.
② 그 후에 독자적인 영역을 개척하여 위상심리학을 발전시키고 인지적 구조라는 개념을 도입하여 장 이론을 정립하였다.
③ 학습이란 장(場: 심리적 인지구조, 유기체의 생활공간)의 변화이다.
④ 학습이란 개인이 지각하는 외부의 장과 개인의 내적·개인적 영역의 심리적 장의 관계에서 일어나는 인지구조의 성립 또는 변화이다.
⑤ 학습은 개체와 환경과의 함수관계 $B = f(P \cdot E)$이다.

> ▶ 위상심리학: 어떤 순간에 처해 있는 생활공간의 구조에서 어떤 행동이 일어날 수 있으며, 어떤 행동이 일어날 수 없는가를 연구하는 심리학
> ▶ 벡터심리학: 현실에서 어떤 방향으로 얼마나 강한 행동이 일어나는가를 연구하는 심리학

### (2) 장 이론의 특징
① 지각과 실재는 상대적인 것으로 주장한다. 즉, 개인이 감각기관을 통해 받아들이는 실재는 자신의 요구와 목적에 의해 다시 재구성하는 것으로 본다.
② 유의성의 원리를 강조한다. 즉, 개인은 자신이 설정한 목표를 달성하는 데 유리한 쪽으로 지적인 사고를 한다는 것이다.
③ 현시성의 원리를 중시한다. 장이란 현재의 순각적인 의미밖에 없기 때문에 과거의 경험마저도 현재의 의미로 변하여 현재의 장 영역이 되며, 미래의 희망도 현재의 심리적 장 안에 있기 때문에 현재의 장를 이룬다는 것이다.
④ 개인은 유목적적으로 행동하고 목적을 추구하기 위해 자기에게 유리한 면으로 통찰하고 의미를 변화시키는데 학습이란 이러한 통찰 또는 인지구조의 변화로 본다.

# 5  Tolman의 기호-형태설(Sign-Gestalt theory)

### (1) 개요
① 기호-의미이론, 기대이론, 목적적 행동주의 등으로 표현되기도 한다.
② 톨만(Tolman)은 신행동주의(S-O-R)에 속하면서도 학습이론에 있어서는 인지적 측면을 강조함으로써 그의 이론은 인지주의이론으로 분류된다.
③ 톨만은 레빈(Lewin)의 영향을 받아 이론을 구축하였는데 장(field)이라는 개념 대신에 인지지도(cognitive map) 개념을 도입하였다.
④ 학습이란 자극-반응의 결합이 아니라 기호-형태-기대, 또는 기호-의미체의 관계라고 주장하였다.

### (2) 기호-형태 학습설
① 학습은 단순히 S-R 상황에서 일어나지 않고 다양한 상황 속에서 가능하다.
② 학습자 내부에서 일어나는 새로운 각성이나 기대를 중시한다.
③ 모든 행동에는 기대·각성·인지가 수반된다.

### (3) 기호-형태설의 특징
① 학습은 환경에 대한 인지지도(cognitive map)를 신경조직 속에 형성시키는 것이다.
② 학습은 자극과 자극 사이에 형성된 결속이다. 그러므로 그의 이론을 S-S(Sign-Signification) 이론이라고 한다.
③ 학습하는 행동은 목적지향적이며, 학습에 있어서 개인차를 인정하였다(학습에 있어서 유전적 요인, 연령, 훈련, 내분비선의 개인차가 행동의 예측과 이해에 주요한 요인이다).
④ 학습의 형태에는 보수기대, 장소학습, 잠재학습이 있다.
⑤ 학습은 어떤 동작을 배우는 것이 아니라 어떤 반응이 어떤 목표를 달성하게 하느냐 하는 목적과 수단의 관계를 의미하는 기호를 배우는 것이다.
⑥ 톨만은 문제사태의 인지를 학습에 있어서 가장 필요한 조건이라고 생각하였다. 그는 학습의 목표를 의미체라 하고 그것을 달성하는 수단이 되는 대상을 기호(sign)라고 부르고, 이 양자 간의 수단, 목적 관계를 기호-형태라고 칭하였다.

### (4) 기호-형태 실험

① 실험 내용: 세 집단의 쥐를 미로상자에 넣고 목적지에 도착하는 실험을 12일간 실행하였다.
  ㉠ A집단(매일 보상): 쥐가 목적지에 도착할 때마다 먹이를 주어 강화를 하였다. 이 집단의 쥐들은 그 결과 실험이 종료될 무렵에는 1~2개의 오류만을 범하고 목적지에 도착하였다.
  ㉡ B집단(무보상): 쥐가 목적지에 도착해도 먹이를 주지 않았다. 이 집단의 쥐들은 실험이 끝날 때까지 계속해서 많은 오류를 범하였다.
  ㉢ C집단(11일째 처음으로 보상): 10일 동안은 쥐가 목적지에 도착해도 먹이를 주지 않다가 11일째에 처음으로 목적지에 도착했을 때 먹이를 주었다. 그 결과 12일에 이 집단의 쥐들을 거의 실수를 하지 않고 거의 정확하게 목적지에 도착하는 행동을 보였다. 11일째에 제시한 단 한 번의 강화가 그다음 날의 수행을 극적으로 변화시켰다.

② 실험 결과
  ㉠ 학습은 자극-반응의 결합을 통한 행동의 학습이 아니라 인지지도, 즉 기호-형태-기대를 신경조직 속에 형성하는 것이다.
  ㉡ 학습은 어떤 행동의 결과로서 적절한 목표에 도달할 수 있다는 인식이며, 이렇게 하면 목표에 도달할 수 있다는 기대가 성립하는 것이다.
  ㉢ 학습자가 수단과 목표의 의미관계를 파악하고 인지지도를 형성하는 것이 학습이다.
  ㉣ 학습은 어떤 동작을 배우는 것이 아니라 어떤 반응이 어떤 목표를 달성하게 하느냐 하는 수단과 목표의 관계를 의미하는 기호를 배우는 것이다.
  ㉤ 학습은 자극과 반응 간의 관계가 아니라 자극들 사이의 관계이다. 따라서 쥐의 미로학습 실험에서 쥐는 먹이를 찾아가는 길을 인지지도라는 기호-형태로 기억(잠재학습)하고 있다가 문제상황이 다시 주어지면 이를 이용하여 찾아가는 것이다.

### (5) 학습이론

① 보상예기(reward expectance) 학습
  ㉠ 동물들은 행동을 할 때 특정 목표에 대한 사전인지를 가지고 있어서 '이렇게 하면 이런 결과가 나타날 것'이라는 기대를 가지며, 보상이란 이러한 '기대에 대한 확인'을 의미한다.
  ㉡ 동물은 예기했던 좋은 먹이를 나쁜 먹이로 대치하면 경악과 좌절감을 표시하는 행동을 한다.
  ㉢ 원숭이가 보는 앞에서 엎어 놓은 그릇 속에 바나나를 넣었다가 원숭이가 보지 않을 때 원숭이가 덜 좋아하는 야채로 바꾸어 놓자, 원숭이는 바나나만을 찾고 채소는 먹으려 하지 않았다. 평소에 먹던 야채이지만 원숭이는 바나나라는 보상을 기대하고 있었기 때문에 실망을 하고 야채를 먹지 않은 것이라고 톨만은 보았다.

② 장소학습(place learning)
  ㉠ 동물은 목표에 도달하는 특수한 반응보다 미로와 목표지점과의 관계를 더욱 쉽게 학습한다.
  ㉡ 유기체의 학습은 장소에 대한 인지적 지도를 형성하는 과정이다.
  예 비둘기가 매일 먹이를 구하러 일정한 장소를 찾아 날아가고, 철새들이 겨울이 되면 우리나라의 일정한 지역을 찾아 수만 리를 찾아 날아온다.
③ 잠재적 학습(latent learning)
  ㉠ 일정한 기간 동안 강화를 하지 않고 미로를 돌아다니게 한 동물로 먹이를 주기 시작하면 곧 강화를 계속했던 동물과 똑같이 정확하게 행동한다.
  ㉡ 잠재학습이란 어느 한순간에 유기체에게 잠재되어 있지만, 행동으로 드러나지 않은 학습을 의미한다(우연적 학습).
  ㉢ 강화 없이도 학습은 일어난다. 즉, '보상'이란 수행변인이지 학습변인은 아니다.

> ▶ 학습과정의 요소
>   - 의미체: 학습의 목표
>   - 기호: 목표를 달성하는 수단
>   - 형태: 기호와 의미체(수단과 목표의 관계)
>   - 기대: 가설 형성
>   - 인지지도: 인지구조가 모여서 하나의 가상도로서 성립된 것
>   - 인지구조: 하나의 인식형태, 사고방식으로 수단과 목표의 관계를 아는 것

# 6 정보처리이론

**(1) 개요**

① 정보처리이론가들은 학습자를 능동적인 존재로 보며, 사고(thinking)를 연구대상으로 다룬다.
② 인간이 외부세계로부터 획득한 정보를 어떻게 지각하고 이해하며 기억하는가에 대한 이론이다.
③ 인지심리학의 한 분야로 인지발달과 인간의 학습을 컴퓨터처럼 정보를 입력하고 저장하며 인출하는 과정과 유사한 것으로 보았다.
④ 정보처리이론의 기본가정은 인간의 학습을 외부로부터의 정보(자극)를 획득하여 저장하는 과정이라고 본다.
⑤ 정보처리체계의 대표적 모형은 앳킨슨(Atkinson)과 쉬프린(Shiffrin)의 기억모형(1968)이다.

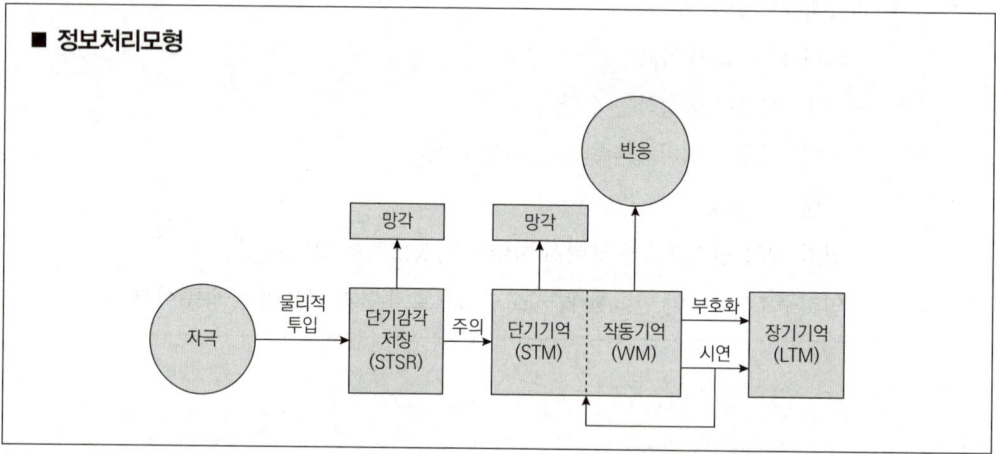

■ 정보처리모형

**(2) 정보저장소**

① 감각등록기(sensory register)
  ㉠ 학습자가 환경으로부터 눈이나 귀와 같은 감각수용기관을 통해 정보를 최초로 저장하는 곳으로, 감각기억이라고도 한다.
  ㉡ 자극을 아주 정확하게 저장하지만, 매우 짧은 시간 동안 저장한다. 그 수용량은 제한이 없지만 즉시 처리되지 않을 경우 곧 유실되는 특징을 갖는다.
  ㉢ 시각 정보의 경우 약 0.5~1초, 청각의 경우 2~4초 정도 정보를 저장한다고 알려져 있다.
  ㉣ 두 가지 이상의 감각 정보가 동시에 제시되는 것은 정보처리에 도움을 주지 못한다[브로드벤트(Broadbent)의 청취조건 실험].
    예 교사가 판서를 하면서 설명하는 경우 학생은 필기에 집중하여 설명을 잘 듣지 못한다.

ⓜ 주의를 받은 자극과 정보만이 다음의 기억저장고인 단기기억으로 전이될 수 있다.

   예 칵테일파티효과: 자신에게 의미 있는 정보에만 주의를 기울인다.

② 작동기억(working memory) / 단기기억(short-term memory)

   ㉠ 감각기관으로부터 들어온 정보를 단기간 저장하는 곳이다.
   ㉡ 성인의 경우 보통 5~9개의 정보가 약 20~30초 동안 저장된다.
   ㉢ 정보의 저장량과 지속시간에 제한이 있어서, 분리되어 있는 항목들을 보다 크고 의미 있는 단위로 조합하는 청킹(chunking)을 함으로써 정보의 수용량을 증가시킬 수 있다.
   ㉣ 단기기억의 용량을 증가시키는 방법: 인지부하이론(cognitive load theory)

| 청킹 | • 분리된 항목들을 보다 의미 있는 큰 단위로 묶는 정신과정이다.<br>• 'r, u, n'이라는 세 철자는 작동기억 속에서 세 개의 단위이지만 이를 'run'의 단어로 조합하면 하나의 단위가 되어 기억을 용이하게 할 수 있는 것이다. |
|---|---|
| 자동화 | • 자각이나 의식적인 노력 없이 수행할 수 있는 정신적 조작의 사용이다.<br>• 기능습득의 초기 단계에서 기능수행은 작동기억에 많은 부담을 주지만, 기능이 숙련되고 발달단계가 높아짐에 따라 그 부담이 줄어 자동화의 단계에 이르면 아무런 부담을 주지 않는다.<br>• 자동화는 정보조작의 효율성을 증가시키므로 조작공간은 감소하지만 저장공간은 증가시킨다.<br>• 자동차 운전이 자동화되어 운전을 하면서 말을 하거나 다른 수행을 할 수 있다. |
| 이중처리 | – 시각과 청각의 두 구성요소가 작동기억에서 함께 정보를 처리하는 방식이다.<br>– 연구에 의하면 언어로 된 설명이 시각자료로 보충될 때 학생들은 더 많이 기억하게 된다 [파비오(Paivio) 이중부호화이론]. |

   ㉤ 단기기억 속에 정보를 유지하는 방법(시연, rehearsal)

| 유지시연 | • 정보를 마음속에서 반복하는 것(기계적 암송)<br>• 한 번 사용하고 잊어버리려는 정보(예 전화번호)를 지속시키는 데 좋은 방법 |
|---|---|
| 정교화시연 | • 기억하고자 하는 정보를 이미 알고 있는 정보(장기기억 속의 정보)와 연결시키는 것<br>• 연합과 심상을 이용하여 새로운 정보를 기존 지식과 관련짓는 과정<br>• 작업기억 속에 정보를 유지할 뿐만 아니라 장기기억 속으로의 정보이동에도 도움 |

③ 장기기억(long-term memory)

   ㉠ 장기기억은 무한한 정보를 영구적으로 저장할 수 있는 곳으로, 일상기억과 의미기억 두 부분으로 구성되어 있다고 가정한다.
   ㉡ 일상기억(episodic memory)
      ⓐ 주로 개인의 경험을 보유하는 저장소로서, 정보는 주로 발생한 때와 장소에 기초하여 이미지로 부호화된다.
      ⓑ 일상기억은 기억되는 경험이 매우 의미 있는 경우가 아닐 때에는 종종 인출에 실패하는 경향이 있는데, 이는 보다 최근에 발생한 정보로 인해 인출이 방해를 받기 때문이다.

ⓒ 의미기억(semantic memory)
  ⓐ 의미기억에는 문제해결전략과 사고기술 그리로 사실, 개념, 일반화, 규칙 등이 저장된다.
  ⓑ 학교에서 학습하는 대부분의 내용들은 장기기억 중 의미기억에 저장되며, 의미기억에 저장되는 정보들은 서로 연관을 맺으면서 체계적인 네트워크를 구성한다.

**(3) 정보처리의 과정**
① 주의집중
  ㉠ 주의집중이란 자극에 반응하는 것을 의미한다.
  ㉡ 감각기억에 들어온 수많은 자극들은 주의집중을 하지 않으면 곧 유실된다.
  ㉢ 학습은 주의집중을 함으로써 시작되는 것이다.
  ㉣ 주의집중의 특징은 선택적이라는 것이다.
  ㉤ 수업 중 주의집중 유지 방안
    ⓐ 인쇄물 활용 시 밑줄, 진한 글씨, 별표 등을 이용해서 강조한다.
    ⓑ 언어로 정보를 제시할 때 음성의 고저·강약·세기를 조절하고 특이한 발성으로 강조한다.
    ⓒ 다양한 자료와 시청각 매체를 이용하고 흥미로운 자료를 제공한다.
    ⓓ 수업 내용을 제대로 이해하고 있는지 수시로 질문한다.
② 지각(perception)
  ㉠ 지각이란 감각적 기억에 들어온 정보를 받아들여 의미를 부여하고 해석하는 과정이다.
  ㉡ 감각등록기에 들어온 자극에 일단 주의집중을 하면 그러한 자극에 대한 지각을 하게 된다.
  ㉢ 객관적 실재(주의집중한 자극)에 대하여 개인의 경험에 의해 다르게 받아들이는 주관적 실재로서의 정보를 의미한다.
  ㉣ 일반적으로 정보를 잘못 지각하여 그 정보가 장기기억으로 전달된 경우, 그것을 제거하는 것이 어려워진다.
③ 시연(rehearsal)
  ㉠ 시연이란 작동기억 속에서 이루어지는 처리과정으로, 정보를 여러 가지 방법으로 계속적으로 반복하는 것을 의미한다.
  ㉡ 작동기억 속에 들어온 정보는 시연을 통해 파지되기도 하고 장기기억으로 전이가 이루어지기도 한다.
  ㉢ 시연을 통한 장기기억으로의 전이는 내용을 충분히 반복해서 시연하는 경우에 일어난다.
  ㉣ 시연은 아동이 가장 처음 사용하게 되는 장기기억으로의 전이 방법이다.
④ 부호화(encoding)
  ㉠ 부호화란 장기기억 속에 존재하고 있는 기존의 정보에 새로운 정보를 연결하거나 연합하는 것으로, 작동기억에서 장기기억으로 정보를 이동시키는 과정을 의미한다.

ⓒ 부호화는 정보처리 모델에서 가장 중요한 인지처리 과정이다.
ⓒ 물리적 자극을 기억에 수용할 수 있는 부호로 바꾸어서 기억에 입력하는 것을 의미한다.
ⓔ 자료를 단순하게 만들어 주며, 자료를 기억하게 하는 단서를 제공해 준다.
ⓜ 정보를 능동적으로 변형하는 것이다.
ⓗ 유의미한 부호화 방법

| | |
|---|---|
| 정교화<br>(elaboration) | • 기존의 도식 확장하기<br>• 새로운 정보에 의미를 추가하거나 그 정보를 기존 지식과 연결하여 의미를 부여하는 전략이다.<br>• 논리적 추론, 연결적 결합, 구체적 사례를 제시, 구체화, 문답법, 노트필기, 요약하기, 유추, 기억보조술, 쐐기법, 키워드법 |
| 조직화<br>(organization) | • 순서를 조합하고 새로운 정보를 연결하기<br>• 학습하기 쉽고 기억하기 쉽게 하기 위한 전략으로, 정보를 군집화하거나 표로 만드는 것과 같이 질서 있게 논리적인 관계를 갖는 망을 구성하는 것을 조직화라고 한다.<br>• 유목별 군집화, 그래프, 표, 순서도, 행렬표, 개요 적기, 개념적 위계, 개념간 관계지도 작성 |
| 활동 | • 연결을 생성함에 있어 학습자에게 최대한 능동적인 역할 부여하기<br>• 적극적인 학습 활동이 학습을 촉진하며 학습효과를 더 가져온다는 것이다. |

⑤ 인출(retrieval)
ⓐ 인출이란 정리된 자료에서 필요한 파일 하나를 끄집어내는 것과 같이 필요할 때에 정보를 기억 속에서 찾아내는 것을 의미 한다.
ⓑ 인출의 성공·실패는 이용가능성과 접근성으로 설명될 수 있다.
ⓒ 인출 조건이 부호화 조건과 일치할수록 인출이 촉진된다. 즉, 최초 부호화의 맥락과 인출 맥락이 일치할 때 정보의 인출이 더 잘된다.
ⓓ 정보가 장기기억 속에 저장되어 있어도 인출단서가 없으면 접근할 수 없다.
ⓔ 장기기억에 존재하는 특정한 정보에 대해 정확하게 접근할 수 있는 인출단서가 없거나 장기기억에 저장된 정보가 체계적이지 못할 때 설단현상(tip of the tongue phenomenon)이 발생한다.

**(4) 상위인지(초인지, meta-cognitive)**

① 개념
ⓐ 플라벨(Flavell)이 최초 사용한 개념으로, 인지에 대한 인지를 의미한다.
ⓑ 자신의 인지 또는 사고에 관한 지식으로 자신의 인지 장치와 그 장치가 어떻게 작동하는지에 대하여 갖는 인식을 말한다.
ⓒ 사고하는 방법에 대한 사고 활동이다.
ⓓ 상위인지의 주요 기술은 계획, 점검, 평가 등이다.
ⓔ 자기 자신의 인지과정을 인식·성찰·통제하는 정신활동 또는 능력을 말한다.

② 구성요소
　㉠ 절차적 지식: 무엇을 어떻게 해야 할지를 아는 것이다.
　㉡ 조건적 지식: 과제해결의 조건에 관한 지식으로 언제 해야 할지를 아는 것이다.
　㉢ 인지적 지식: 절차적 지식이나 조건적 지식 등의 상위인지능력을 사용하는 것이다.

**(5) 정보처리이론에 따른 학습 전략**
① TOTE 모델: 인간의 조절 행위를 나타내는 모델로 인간 행동이 TOTE 위계관계로 조직되는 것이며, 행동을 위한 계획도 이렇게 함으로써 형성된다고 본다.
　㉠ Test(검사): 상황의 분석과 판단을 시도하는 단위이다.
　㉡ Operation(조작): 최초의 분석이나 상황판단에 따라서 문제해결을 시도하는 행동단계이다.
　㉢ Retest(재검사): 최초의 상황판단과 그것에 기초한 문제해결 노력의 결과를 보고 문제해결 여부나 혹은 판단의 잘잘못이 나타난 결과의 적부를 가리려는 단계이다.
　㉣ Exit(종결): 문제해결 과정의 최종 단계로서 재검사의 결과 문제해결이 이루어졌다면 또 다른 문제해결로 옮겨가거나 일단 당면한 문제해결작업을 끝내는 단계이다.

② MURDER 모델
　㉠ Mood(분위기): 학습 분위기를 조성한다.
　㉡ Understand(이해): 주어진 과제의 목표와 조건을 이해한다.
　㉢ Recall(회상): 학습 과제와 관련된 정보를 찾는다.
　㉣ Detect(탐색): 빠진 점, 틀린 점, 정보조직 방법 등을 찾는다.
　㉤ Elaboration(정교화): 정보를 적절한 방법으로 정교화한다.
　㉥ Review(복습): 잘 학습되지 못한 부분을 다시 살펴본다.

③ SQ4R 모델
　㉠ Survey(개관하기): 학습 자료를 훑어보고 제목에 유의하기
　㉡ Question(질문하기): 학습 자료에 대해 질문하기
　㉢ Read(읽기): 질문에 답을 하기 위해 자료를 읽기
　㉣ Reflect(숙고하기): 학습 내용을 숙고하기, 아이디어를 기존 지식에 관련짓기
　㉤ Recite(암송하기): 질문에 답하기, 정보를 제목과 관련짓기
　㉥ Review(검토하기): 정보를 조직하기, 이해되지 않는 부분 다시 학습하기

④ 정보처리이론의 수업 적용 방안
　㉠ 학생들이 수업에 주의를 기울이게 만든다.
　㉡ 학생들이 중요한 내용과 중요하지 않은 내용을 구분하고, 가장 필수적인 정보에 중점을 두어 학습하게 한다.

ⓒ 학생들이 새로운 정보와 이미 알고 있는 내용을 연결시킬 수 있도록 도와준다.
ⓔ 정보를 반복해 주고 복습시킨다.
ⓜ 자료를 분명하게 조직적으로 제시한다.
ⓗ 암기에 의존하지 않고 의미를 이해하도록 강조한다.

# Chapter 4
# 인본주의 학습이론

| 1 이론적 개요

| 2 학습이론의 특징

| 3 학습원리

| 4 교사의 역할(Combs)

| 5 Maslow이론

| 6 Rogers의 유의미학습이론

| 7 인본주의의 교육적 적용

| 8 인본주의 학습이론에 대한 비판

**이론적 개요**

**(1) 대표학자**
　　매슬로우(Maslow), 올포트(Allport), 로저스(Rogers), 콤즈(Combs)

**(2)** 실존주의 철학과 인간주의 심리학에 이론적 토대를 둔 학습이론으로 제3심리학이라고도 한다.

**(3)** 정신분석학과 행동주의 심리학에 대한 비판을 토대로 대두된 학습이론이다.

**(4) 인본주의의 인간에 대한 기본 가정**
　　① 인간이란 부분의 합보다 크다.
　　② 인간의 실존은 다른 사람들과의 관계 속에서 나타난다.
　　③ 인간은 자기 자신, 자기의 존재를 의식한다.
　　④ 인간은 자신의 삶에서 수동적인 방관자가 아니라 스스로 삶을 선택하는 존재이다.
　　⑤ 인간은 목적 지향적 존재이다.

**(5) 인본주의의 교육목표**
　　전인적 발달

## 2  학습이론의 특징

(1) 인간의 내면세계(내적 행동, 내적 동기)에 관심을 갖는다.
(2) 학습자는 긍정적인 자기 지향성과 자유의지를 가지고 스스로 동기화되는 열정적인 존재이다.
(3) 교육의 궁극적 목표는 자아실현과 성장에 있으며, 인간적인 환경조성을 위해 노력한다.
(4) 학생 중심의 교육을 지향한다.
(5) 교사는 학습의 안내자, 촉진자, 조력자, 보조자이자 동료이다.

## 3 학습원리

**(1) 자기결정의 원리**
① 학생 스스로가 자신이 학습할 것을 결정해야 한다는 원리이다.
② 학생의 필요, 욕구, 호기심 등을 충족시켜 주는 것만이 진정한 의미에서 학습이며, 그렇지 않은 것들은 학습된다 하더라도 곧 망각된다(Goodman).
③ 교사의 역할은 학생들의 활동에 이용될 수 있는 정보와 장비를 제공하는 것이다.

**(2) 자발적 학습의 원리**
① 사실적인 지식의 습득보다 사고하는 방법이나 학습하는 방법을 배워야 한다는 원리이다.
② 학교는 학생으로 하여금 명시적 목표의 학습을 원하도록 만들어야 한다.

**(3) 자기평가의 원리**
① 자기평가는 자발성 발달의 필수조건이기 때문에 자기평가만이 진정한 평가이다.
② 비교와 등급 매김은 학생에게 모욕감을 주는 것으로 자기평가만이 유일한 평가라는 것이다.
③ 교사나 학교에 의한 평가는 단일정답과 암기를 요구하기 때문에 진정한 의미의 학습을 저해한다는 것이다.

**(4) 지(知)와 정(情)의 통합의 원리**
① 인지적 학습과 정의적 학습을 통합하고자 한다.
② 인간의 기본감정을 중시한다.
③ 학습이란 새로운 정보나 경험을 획득하는 동시에 그것들의 개인적 의미를 발견하는 것이다.

**(5) 위협으로부터 해방의 원리**
① 학습은 위협이 없는 상태에서 가장 쉽게, 가장 의미 있게, 가장 효과적으로 이루어진다는 것이다.
② 오늘날의 학교는 타인은 물론 자신으로 하여금 자신을 조롱하고 비난하도록 위협하고 있다고 경고하고 있다.

**교사의 역할(Combs)**

(1) 교사는 학생을 신뢰하고 존중함으로써 최대한의 학생 성장을 유도하여 학습 분위기를 조성하여야 한다.
(2) 교사는 학생 개개인의 욕구를 파악하여 그 욕구를 건전한 방향에서 충족하도록 도와줌으로써 학생이 학습에서 행복감을 느끼도록 해 주어야 한다.
(3) 교사는 학생들로 하여금 감정이나 느낌 등을 표현하도록 도와주어야 한다.

## 5 Maslow이론

**(1) 인간의 본성**

① 인간은 수동적인 동시에 능동적이다.

② 인간은 선(good)하다.

③ 인간은 하나의 기본적인 동기를 가지고 있다(자아실현).

④ 행동은 개인의 지각에 의해 결정된다.

⑤ 자아개념이 행동을 결정하는 가장 중요한 요인이다.

⑥ 행동을 변화시키려면 지각을 변화시킨다.

⑦ 학습과 행동의 장애는 위협의 소산이다.

**(2) 동기위계론**

① 인간의 동기에는 위계가 있다.

② 기본적인 동기가 충족되지 않으면 다음 단계의 동기가 발생하지 않으며 충족될 수 없다.

③ 보통 사람은 유기체의 어떤 결핍을 만회하려는 결핍욕구가 있으며, 자아실현인은 잠재력과 성취, 주변 세계에 대한 이해, 조화, 질서, 아름다움을 추구하려는 심리적 욕구를 지니고 있다.

④ 동기위계

　㉠ 결핍동기: 생리적 욕구, 안전의 욕구, 애정·소속의 욕구, 자아존중의 욕구

　㉡ 성취동기: 자아실현의 욕구, 지식과 이해의 욕구, 심미적 욕구

**(3) 학습목표**

① 1차적 학습목표는 자아실현이다.

② 2차적 학습목표는 읽기, 쓰기 등의 기술의 습득이다.

③ 자아실현인의 행동적 특성

　㉠ 자기의 내면적 핵심을 수용하고 표현한다.

　㉡ 개인의 본성이 갖고 있는 가능성을 충분히 발휘한다.

　㉢ 질병, 신경증, 정신병 또는 근본적인 인간능력의 상실 혹은 감퇴 등이 적게 존재한다.

### (4) 학습방법

① 내래학습: 자아실현을 추구하는 학습으로 내재적 보상을 의미한다.
② 외래학습: 외재하는 사실이나 정보를 수동적으로 받아들이는 것이다.
③ 경험적 지식: 경험되는 것과 경험하는 사람 간의 직접적 교류에서 얻어지는 지식이다.
④ 관찰자적 지식: 관찰을 통해 얻어지는 수동적인 지식이다.
⑤ 결핍인지: 결핍동기의 만족이나 좌절에 의하여 조직된 인지이다.
⑥ 성장인지: 인지 자체가 목적인 인지형태를 말한다.
⑦ 자아실현을 위한 방법으로서 학교교육을 강조하였다.

## 6　Rogers의 유의미학습이론

**(1) 유의미학습의 특징**
　① 개인적인 몰두의 특성이 있다. 전인은 인지적·정의적 양면에서 학습에 몰두한다.
　② 자기주도적 학습이다. 충동이나 자극이 외부로부터 올 때도 발견감, 도달감, 취득감, 이해감은 내부로부터 온다.
　③ 확산적 학습이다. 이는 학습자의 행동, 태도, 성격까지도 개인차를 만든다.
　④ 학습자에 의해서 학습이 평가된다.
　⑤ 유의미학습의 본질은 의미이다. 학습이 일어날 때는 학습자에게 의미의 요소가 전 경험 속에 형성된다.

**(2) 자유학습이론의 주장**
　① 학습자가 자기주도적이고 자기의도적인 학습을 하는 자유가 보장된 학습이다.
　② 자유학습은 자기실현 경향으로부터 동기 지워진다.
　③ 자유학습체제에서 교사의 역할은 학습자의 자유로운 잠재가능성의 실현을 돕는 촉진자로서의 역할이다.

**(3) 자기실현 경향성으로서의 동기**
　① 인간의 모든 능력을 개발하는 유기체의 선천적인 경향성이다.
　② 인간 존재의 가장 기본적인 동기이다.

**(4) 완전히 기능하는 인간으로서의 학습목표**
　① 완전히 기능하는 인간은 자기의 잠재력을 최고로 활용하는 사람이다.
　② 완전기능인의 특징
　　㉠ 경험에 대한 개방성
　　㉡ 실존적인 삶
　　㉢ 자신에 대한 신뢰
　　㉣ 자유·의식감과 창조성

## 7 인본주의의 교육적 적용

(1) 학습자는 자기 성장력을 지니고 있으므로 교사나 부모는 지시적인 존재가 아니라, 학습자가 잘 성장할 수 있도록 돕는 조력자 또는 안내자 역할을 해야 한다.
(2) 학습자가 학습과정의 주체가 될 때 교육의 효과는 극대화된다.
(3) 학습과정에 학습자의 정서, 감정, 자아개념과 같은 정의적 특성이 중요한 변인으로 작용하므로, 교사나 부모는 학습자가 바람직한 정의적 특성의 발달을 이룰 수 있도록 도와주어야 한다.

## 8  인본주의 학습이론에 대한 비판

(1) 인본주의 교육의 중심개념이 모호하고, 결론이 매우 사변적이다.
(2) 지나치게 희망적이고, 비현실적이며, 불확실한 관찰과 가정 때문에 일관성이 결여되어 있다.
(3) 구체적인 교육실천 방안을 제시하지 못하고 있다.

# Chapter 5
# 신경망이론

| 1 개요

| 2 이론의 기본 가정

## 1 개요

(1) 인간의 기억이 신경망으로 구성되어 있고, 기억 내용들이 노드(nod) 사이의 연결강도로 저장된다고 보는 이론이다.
(2) 신경망이론에서는 단기기억과 장기기억이 기억마디들의 활성화 정도에 따라 구분된다고 설명하고 있다.

## 이론의 기본 가정

(1) 뇌의 기억은 분산저장에 의존하고 있다. 즉, 정보처리이론에서는 장기기억에 정보가 저장된다고 가정하지만, 신경망이론에서는 인간의 뇌에 저장된 다량의 정보는 각기 서로 다른 위치에 분산되어 저장된다고 가정하고 있다.

(2) 뇌의 시냅스(synapse)는 그 자체가 정보의 저장에 사용된다. 그리고 인간의 기억에 가장 많은 영향을 주는 요인은 시냅스 내부에서 일어나는 전기적·화학적인 변화이다.

(3) 뇌의 내부신호는 디지털(digital) 형태와 아날로그(analog) 형태가 혼합된 것으로 가정한다. 왜냐하면, 뇌는 복잡한 정보를 항상 정확하게 처리하는 것은 아니기 때문이다.

(4) 신경망의 비상안전 기능이란 몇 개의 뉴런이 손상된 경우에도 기억의 회상이 가능하다는 것을 의미한다. 이는 정보가 뉴런과 시냅스에 분산되어 저장되어 있기 때문이다.

---

**\* 시냅스(synapse)**

신경계를 이루는 최소 단위를 뉴런(neuron)이라 하는데, 이 뉴런의 접속 부분을 시냅스라고 한다. 우리 몸 안에는 신경세포를 연결하는 '시냅스'라는 것이 존재한다. 필요에 따라 여러 신경세포들을 연결해 주면서 정보를 필요한 곳으로 전달하는 역할을 하는 시냅스는 출생 이후 만 8개월까지 급속도로 많이 만들어진다. 그리고 만 8개월이 지나면 아기는 성인보다 두 배나 더 많은 시냅스를 지니게 되어, 성인보다 두 배나 더 많은 정보를 전달하며 두뇌를 사용할 수 있게 된다. 10세 정도가 되면 시냅스 가지치기를 하여 사춘기 즈음에는 거의 반 정도의 시냅스가 없어진다.

# Chapter 6

1. 동기(Motivation)

2. 성취동기(Achievement motivation)

3. 포부수준(LOA. Level Of Aspiration)

4. 자아개념(Self concept)

5. 욕구(Need)

6. 불안(Anxiety)

7. 켈러(Keller) 학습동기 유발 수업모형(ARCS)

# Chapter 6
# 동기와 학습

| 1 동기(Motivation)

| 2 성취동기(Achievement motivation)

| 3 포부수준(LOA: Level Of Aspiration)

| 4 자아개념(Self concept)

| 5 욕구(Need)

| 6 불안(Anxiety)

| 7 켈러(Keller) 학습동기 유발 수업설계(ARCS)

# 동기(Motivation)

### (1) 동기의 개념
① '움직인다'는 의미의 라틴어 'movere'에서 유래되었다.
② 개인 활동과 행동의 활발성을 증가시키기도 하고 감소시키기도 하는 요인으로, 개인의 행동 수준 또는 강도를 결정해 주는 심리적 구조이며 과정이다.
③ 인간 행동의 촉진적 역할을 하는 추동(drive), 욕구(need), 흥미, 가치 및 태도 등을 포함하는 말로서 체내의 심리적 결핍상태 또는 평형이 파괴된 상태이다.
④ 어떤 일을 행하게 되는 원천이다.
⑤ 개인의 행동을 결정하는 의식적·무의식적 원인이다.

### (2) 학자들의 정의
① Warren(1943): 개인의 행동을 결정하는 요인으로 작용하는 의식적 경험 또는 무의식적 조건이다.
② Guthrie(1952): 반응의 강도를 높이는 조건이다.
③ Lindsley(1957): 어떤 목표를 지향하는 행동을 일으키고, 방향을 잡아주고 유지하는 힘의 총합이다.
④ Atkinson(1958): 행동의 방향과 강도 및 지속에 대한 직접적인 영향이다.
⑤ Comb & Snygg(1959): 자아개념을 보존하고 향상시키기 위한 지속적인 힘이다.
⑥ Young(1961): 인간과 동물의 행위를 결정짓는 요인이다.
⑦ Chauhan(1980): 동인과 목표를 연결하는 개념이다.

### (3) 동기의 특성
① 개개인의 동기는 정확하게 파악하기 어려우며, 행동은 단 하나의 동기에 의해서 유발된다고 판단하기 어렵다.
② 동기는 행동의 다양성을 낳는 요인이며, 유발된 특정 행동을 일정 목표나 대상으로 이끌어 가는 역할을 한다.
③ 동기는 생리적인 면, 심리적인 면, 연상적인 면, 감정적인 면 등을 지니고 있다.
④ 동기는 개인차가 존재한다.
⑤ 동기는 시간적으로나 공간적으로 거리가 있는 목표대상에 대해서도 작용한다.

**(4) 동기의 기능**
① 행동촉진 기능: 동기는 유기체의 행동을 촉진시킨다.
② 목표지향 기능: 동기는 유기체의 행동방향을 결정지어 준다.
③ 선택적 기능: 동기는 유기체가 행동을 선택하게 하는 기능을 한다.

**(5) 동기의 구성요소**
① 생물학적 요소
  ㉠ 행동생물학에서 행동은 유전구조의 산물이므로 유전자가 지시하는 대로 행동을 시작하고 방향을 결정한다고 가정한다.
  ㉡ 행동신경과학에서는 보상중추가 동기와 관련되어 있다고 본다.
    ⓐ 보상시스템은 강력한 생물학적 힘을 발휘해서 인간이 적극적으로 무언가를 원하고 찾도록 만들고 일단 그것을 얻으면 기분이 좋아지게 만든다.
    ⓑ 보상에 대한 기대가 인간 행동에 동기부여를 하는 것이다.
    ⓒ 뇌의 보상중추는 쾌감중추라고도 하며, 자극을 받으면 도파민 분비가 증가한다.
② 학습된 요소
  ㉠ 동기는 본능과 같이 생물학적으로 주어진 것이 아닌, 성장하면서 서서히 획득되는 추동, 즉 권력, 성공, 성취에 대한 욕구 등과 관련된 것이다.
  ㉡ 공포감과 같은 정서는 고전적 조건화에 의해 학습된 대표적인 정서로서 행동의 근원이 되는 요인이다.
  ㉢ 조작적 조건화에서 말하는 일차적·이차적 강화나 내재적·외재적 보상 등은 행동의 근원이 되는 동기의 학습된 요소이다.
③ 인지적 요소
  ㉠ 톨만(Tolman)의 기대라는 인지적 개념에 기초하여 1950~1960년대에 인지혁명이라 일컫는 심리학의 패러다임 전환이 제기되었고, 이와 더불어 동기의 개념 탐색에서도 인지적 요소가 강조되었다.
  ㉡ 인간의 기대, 목표, 신념, 태도 등이 동기를 결정한다고 본다.

**(6) 동기의 유형**
① 학습 관련 분류
  ㉠ 일반동기(general motivation)
    ⓐ 일반동기는 학습상황에서 지식의 습득과 지능의 숙달을 위해 노력하는 지속적이고 폭넓은 경향을 의미한다.

ⓑ 일단 형성되기 시작하면 초등학교와 중등학교를 거쳐 대학과 직장, 그 밖의 사회생활에까지 계속 유지되며, 교육과정 전반에 걸쳐 영향을 미치게 된다.

ⓒ 교과목에 따라 어느 정도 차이는 있을 수 있지만, 긍정적인 동기유발은 특정 과목이나 주제영역을 뛰어넘어 광범위한 영역에서 활성화될 수 있다.

ⓛ 특수동기(specific motivation)

ⓐ 특수동기는 학습에 있어서 특정 과목 혹은 특정 수업시간의 학습에서만 학습을 촉진시키게 하는 동기를 의미한다.

ⓑ 교사의 통제범위 안에 들어 있다고 볼 수 있으며, 특정 전략에 의해 변화될 수 있다.

ⓒ 학생들이 자신이 좋아하는 교사의 교과목에 대하여 다른 교과목보다 높은 학업성취를 나타내는 경향과 관련 있다.

② 보상 관련 분류

㉠ 외적 동기(external motivation)

ⓐ 외적 동기는 활동 자체와는 별개로 환경적 유인과 결과들로부터 발생하는 동기를 의미한다.

ⓑ 외적 동기는 개인이 외부로부터 받을 수 있는 강화자로서의 동기를 의미한다.

ⓒ 외적 동기는 과제와 관련 없는 외부의 보상을 얻으려는 것과 관련된 동기이다.

ⓓ 외적 동기로 인한 활동은 목적을 달성하기 위한 수단으로 주로 사용한다.

ⓔ 외적 동기는 단기적인 효과는 있으나 장기적인 효과를 기대하기 어렵다.

ⓕ 외적 동기는 개인 내부의 동기를 감소시키거나 개인에게 낮은 자기인식과 편협한 초점을 형성시킬 수 있다는 비판을 받기도 한다.

㉡ 내적 동기(internal motivation)

ⓐ 내적 동기는 개인이 본질적으로 가지고 있는 동기로서, 개인의 흥미나 호기심과 같은 요인에서 유래하는 스스로의 욕구에 대한 반응을 의미한다.

ⓑ 내적 동기는 자신의 흥미에 따르고 역량을 연습하고, 적정 도전을 추구하고 숙달하려는 선천적인 경향성이다.

ⓒ 내적 동기는 개인이 과제에 대한 외부의 보상과 상관없이 능동적으로 활동에 참여할 때 형성된다.

ⓓ 내적 동기는 과제를 하거나 활동하는 그 자체가 보상이 되는 동기이다.

ⓔ 개인의 성취동기, 자아실현의 욕구 등은 대표적인 내적 동기의 예이다.

> **\* 보상**
>
> 1. 보상은 잠재적 동기요인이다.
> 2. 보상은 어떤 때에는 작용을 하지만, 어떤 때에는 작용을 하지 않는다.
> 3. 보상에 대해 선천적으로 민감하게 만드는 생리적 기제
>    - 뇌의 도파민 방출, 행동활성화체계(BAS)를 활성화시킨다.
>    - BAS의 활성화는 선천적으로 희망과 흥미 같은 긍정적 감정의 발생과 관련이 있다.
>    - 행동을 촉진하는데, 개인적 이득을 알려주는 환경적 신호에 접근하도록 격려한다.
> 4. 외재적 보상은 긍정적 정서를 활성화시키고, 개인적 이득 기회를 신호해 주기 때문에 행동을 촉진한다.
> 5. 보상의 숨겨진 대가
>    - 보상의 숨겨진 대가는 내재적 동기에 대한 보상의 역효과를 의미한다.
>    - 내재적으로 흥미로운 활동에 대한 외재적 보상을 제공하는 것은 전형적으로 미래의 내재적 동기를 손상시킬 수 있다.
> 6. 기대된 보상, 유형적 보상
>    - 기대된 보상은 내재적 동기를 손상시키지만, 기대하지 않은 보상은 그렇지 않다.
>    - 유형적 보상은 내재적 동기를 손상시키지만, 언어적·상징적 보상은 그렇지 않다.
> 7. 외재적 보상의 원하는 효과와 원하지 않는 효과
>
> | 누군가에게 어떤 활동을 하도록 하기 위해 보상 사용하기 ||
> | --- | --- |
> | 원하는 일차적 효과 | 원하지 않는 부작용 |
> | 명령이나 요구 따위에 응하여 어떤 활동이나 행동을 하게 한다. | • 내재적 동기를 감소시킨다.<br>• 학습의 질과 과정을 방해한다.<br>• 자율적 자기조절 능력을 방해한다. |

### (7) 동기 유발방법

① 내적 동기 유발방법

  ㉠ 학습문제에 대하여 지적 호기심을 제공한다.

  ㉡ 성취감을 갖게 한다.

  ㉢ 실패의 경험을 줄인다.

  ㉣ 지식, 기능, 인격 등에 감명을 줄 수 있는 모델을 상정하고 이에 동일시하도록 한다.

② 외적 동기 유발방법

  ㉠ 학습목표를 분명히 알게 한다.

  ㉡ 학습 결과를 상세히 알려 준다.

  ㉢ 적절한 상과 벌을 이용한다.

  ㉣ 약간의 경쟁심을 자극한다.

> **\* 동기유발의 요소(Dececo)**
>
> - 각성: 유기체가 흥분하고 있는 상태
> - 기대: 특정한 행동을 한 다음에 특정한 결과가 나오리라고 믿는 잠재적 신념
> - 유인: 학습자가 학습의 성과 달성 시 얻을 수 있는 실제적 목표물
> - 보상과 벌

### (8) 동기 유발 연구 결과(Hurlock)
① 나이가 어릴수록 상찬이 효과적이다.
② 학년이 높아질수록 질책도 효과가 있다.
③ 우수아는 질책이 효과적이다.
④ 열등아는 상찬이 효과적이다.
⑤ 내향적인 학생은 상찬, 외향적인 학생은 질책이 효과적이다.
⑥ 여학생은 남학생보다 상찬이 동기유발에 적합하다.

### (9) 동기와 학습
① 동기는 학습적 습관을 형성해 준다.
② 동기는 충동을 일으킨 만큼 실제 행동을 하게 한다.
③ 학습의 진행에 따라 동기 유발이 되는 경우도 있다.

### (10) 학교에서의 학습동기
① 학습동기의 개념
   ㉠ 학습자로 하여금 어떠한 학습목표를 향하여 학습행동을 하게 하는 학습자의 모든 심리적인 상태를 말한다.
   ㉡ 학습 현장에서 학습자들로 하여금 어떤 학습 내용에 대해 배우고자 하는 학습의욕을 가지고 학습활동을 전개하는 모든 심리적인 자세를 의미한다.
   ㉢ 교육의 장에서 이루어지는 구체적인 학습과제에 대한 성공적인 성취와 직결된 동기이다.
② 학습동기의 구성요소
   ㉠ 계획 세우기, 목표에 집중하기
   ㉡ 배우고자 하는 내용과 그것을 어떻게 배울 것인지에 대한 상위적 인식
   ㉢ 새로운 정보에 대한 능동적 탐구
   ㉣ 피드백에 대한 명확한 지각
   ㉤ 성취에서 오는 자부심과 만족
   ㉥ 실패의 두려움이나 불안감의 제거
   ㉦ 학생의 정신적 노력의 질
③ 학습동기 유발이 좌절된 학습자 행동의 특성(Brophy)
   ㉠ 무엇을 학습해야 할지 모른다.
   ㉡ 학습 내용이 지루하고 재미없다.
   ㉢ 학습과제를 마치는 데 상당한 시간과 노력이 요구된다.
   ㉣ 제한된 경험을 갖고 있고, 선수학습 요소가 결핍되어 있다.

ⓜ 학습에 대하여 불안을 가지고 있다.
　　　ⓑ 소외감을 갖고 있고 자아존중감이 없다.
　　　ⓢ 성적이 낮으면 벌을 받는다고 생각한다.
　　　ⓞ 낮은 포부수준을 갖고 있다.
　　　ⓩ 낮은 성취동기를 갖고 있다.
　　　ⓒ 교사가 싫으면 해당 교과목도 싫어하게 된다.
　④ 학습동기 유발을 위한 교사의 역할(Brophy)
　　　㉠ 명세적 교육목표를 제시해 주고, 어떻게 성취할 수 있는지, 어떤 보상이 주어지는지를 설명해 주어야 한다.
　　　㉡ 학습 내용이 흥미롭도록 실제의 예나 사건을 제시하고, 시청각 학습이나 활동학습을 통한 유인체제를 강구해 주어야 한다.
　　　㉢ 학습목표를 몇 단계로 분할하여 단기목표도 제시해 주어야 한다.
　　　㉣ 학생의 학습경험에 대한 배경을 확인하여 우선적으로 학습해야 할 정보를 제공해 주어야 한다.
　　　㉤ 교실의 수업풍토에서 학생들에게 심리적 안정감이 형성되도록 교수-학습전략을 채택해야 한다.
　　　㉥ 학생 스스로 존엄성이 있고 개성이 있음을 깨우쳐 주고, 다른 학생에게서 찾아볼 수 없는 장점을 발견하여 적극적으로 격려해 주어야 한다.
　　　㉦ 다른 학생의 성적과 비교하지 말고, 자기 설정 목표와 경쟁하고 개인의 학업 향상을 강조해 주어야 한다.
　　　㉧ 실현 가능한 목표를 성취하도록 도와주어야 한다.
　　　㉨ 학생에게 자기효능감을 갖도록 해 주고 성취의 가치를 재인식시켜 주어야 한다.
　　　㉩ 학생과 신뢰관계를 유지하며 적극적인 상호작용을 하도록 노력해야 한다.
　⑤ 교사가 동기유발 시 유의할 점(Brophy)
　　　㉠ 학습동기란 학습자의 개인적 욕구와 학습의 목표를 결합시켜 줄 때 효과적으로 유발된다.
　　　㉡ 학습자들에게 학습목표를 명확하게 인식시켜 준다. 특히 학생들에게 학습목표를 구체적이고 실제적인 것으로 밝혀주고 제시해 줄 때, 학생들은 그 목표에 개인의 욕구를 투사시키기가 용이해진다.
　　　㉢ 학습과제의 특성이 학습자의 흥미나 적성에 부합될수록 학습동기를 유발시켜 준다.
　　　㉣ 학습의 과정에서 학습의 결과에 대한 지속적인 정보의 제공은 학습동기를 유지시켜 주고 강화시켜 준다.

ⓜ 학생들에게 긍정적인 자아개념을 갖거나 형성하도록 도와주는 것은 학습동기 유발에 효과적인 방략이다. 학생 자신의 본래적 능력 수준을 인식시켜 주고, 노력하면 해낼 수 있다는 자신감을 부여해 줌으로써 긍정적인 자아개념을 형성시켜 준다.
ⓑ 협동학습전략이나 경쟁학습전략을 적절히 활용하면 학습동기를 유발시키는 데 효과적이다.

### (11) 와이너(Weiner)의 귀인이론(attribution theory)
① 개념
㉠ 어떤 상황의 성공과 실패에 대한 원인을 귀속시키는 경향성이다.
㉡ 학교에서의 학생들이 학습의 성공과 실패에 대해 어떻게 설명하는가에 대한 체계적인 이해를 하고자 하는 이론이다.
② 귀인의 유형: 귀인의 3차원
㉠ 원인의 소재 차원: 성공, 실패의 원인을 학생 자신의 내부에서 찾느냐, 외부에서 찾느냐의 문제이다.

| 내적 요인 | 능력, 노력 |
|---|---|
| 외적 요인 | 학습과제 난이도, 재수 |

㉡ 원인의 안정성: 찾은 원인이 시간과 상황에 따라 어떻게 변하는가의 문제이다.

| 안정성 | 능력, 학습과제 난이도 |
|---|---|
| 불안전성 | 노력, 재수 |

㉢ 통제가능성 차원: 찾은 이유들이 학생의 의지에 의해 통제될 수 있는가, 통제될 수 없는가의 문제이다.

| 통제 가능 | 노력 |
|---|---|
| 통제 불가능 | 능력, 학습과제 난이도, 재수 |

③ 3차원의 8가지 조합 귀인

| 차원 분류 | 실패에 대한 이유 |
|---|---|
| • 내적 – 안정적 – 통제 불가능<br>• 내적 – 안정적 – 통제 가능<br>• 내적 – 불안정적 – 통제 불가능<br>• 내적 – 불안정적 – 통제가능<br>• 외적 – 안정적 – 통제 불가능<br>• 외적 – 안정적 – 통제 가능<br>• 외적 – 불안정적 – 통제 불가능<br>• 외적 – 불안정적 – 통제 가능 | • 낮은 적성<br>• 절대 공부를 안 한다.<br>• 시험 당일에 아팠다.<br>• 그 시험을 위해 공부하지 않았다.<br>• 학교의 요구사항이 너무 높다.<br>• 교사가 편파적이다.<br>• 운이 나빴다.<br>• 친구들이 도와주지 못했다. |

④ 귀인변화 훈련
㉠ 통제 부위는 변할 수도 있고 어느 정도 특정 상황이나 활동에 따라 다를 수도 있다.
㉡ 귀인변화 훈련의 목적은 학생들의 성공과 실패에 대한 귀인을 바꾸어 줌으로써 동기화하려는 것을 목적으로 한다.
㉢ 귀인변화 훈련 시 주의점
ⓐ 학습된 무기력감에 빠진 학생들의 경우에는 노력을 강조하는 귀인변화 훈련이 악영향을 미칠 수도 있음을 주의해야 한다.
ⓑ 누적된 학습결손으로 인해 학습된 무기력감에 빠진 학생들의 경우 귀인변화 훈련과 효율적으로 학습전략의 교수가 수반되어야 한다.
㉣ 와이너의 귀인 변경 프로그램: 실패 → 능력 결핍 → 무능감 → 성취 감소에서 실패 → 노력 결핍 → 죄책감과 수치감 → 성취 증가로 변경

⑤ 학습동기를 증가시키는 요인
㉠ 외적 요인보다는 내적 요인에 귀인한다.
㉡ 안정적 요인보다는 불안정적 요인에 귀인한다.
㉢ 통제 불가능 요인보다는 통제 가능 요인에 귀인한다.

⑥ 귀인이론의 시사점
㉠ 학습의 성공과 실패에 대한 학생 자신의 지각을 강조한다.
㉡ 학습과 성공과 실패에 대한 어떤 이유를 찾는 인지적인 과정과 찾아진 인지적인 요소를 중시한다.
㉢ 학생들에게 자신의 학습결과에 대해 스스로 책임지도록 해야 한다.
㉣ 실제로 학습현장에서 성공감을 맛볼 수 있게 해 주어야 한다.
㉤ 학교에서는 학생들에게 성공은 자신의 노력과 능력에 달려 있다는 느낌과 확신을 갖도록 가르칠 필요가 있다.
㉥ 학습의 성공과 실패를 자신의 노력에서 찾도록 해야 한다.

# 2 성취동기(Achievement motivation)

### (1) 성취동기의 개념
① 도전적이고 어려운 문제를 해결함으로써 만족을 얻으려는 의욕 또는 기대를 의미한다.
② 학교 상황에서는 학업성취에 대한 의욕 또는 동기라고 볼 수 있다.

### (2) 성취동기 개념의 발달과 적용
① H. A. Murray(1938)에 의해 처음 소개되었고, D. McClelland에 의해 더욱 연구 발전되었다.
② Murray는 성취동기를 측정할 수 있는 TAT(Thematic Apperception Test, 주제통각검사)를 창안하여 동기의 종류·방향·강도를 측정하였다.
③ McClelland(1965)는 성취동기를 개발시킬 수 있는 12가지 원리를 제시하였는데, 이것을 기초로 한 성취동기 육성과정에 의하면, 의지와 욕구가 결핍된 학생일수록 상취동기 개발프로그램에 의한 혜택을 줄 수 있다.
④ Frazan은 성취지수(AQ)를 도출하여 성취동기를 측정하였다.

$$AQ = \frac{EQ}{IQ} \times 100 (EQ = 교육지수)$$

⑤ D. Kolb의 연구에 의하며 성취동기와 학업성취 간에는 정적인 상관관계가 나타난다.
⑥ 성취동기는 일반적 욕구 또는 불안과는 달리 특수한 것으로서 상황의 영향을 더 많이 받는다.

> **\* McClelland(1965)의 성취동기를 개발시킬 수 있는 12가지 원리**
> 1. 어떤 동기를 육성할 수 있고, 육성할 것이고, 또 육성하겠다는 신념을 미리 가지고 있을 때, 새로운 동기의 육성과정은 더 성공할 수 있다.
> 2. 새로운 동기를 개발하는 것이 현실적이고 합리적이라고 인식할 때, 동기 육성과정은 보다 성공할 수 있다.
> 3. 개발하고자 하는 어떤 동기의 제 측면을 명백히 기술할 수 있다고 생각하고 있으면, 그 동기는 개발될 가능성이 높다.
> 4. 어떤 동기를 그와 관련된 행위와 연결시킬 수 있을 때, 그 동기는 사고와 행동에 변화가 일어나고 지속될 가능성이 높다.
> 5. 새로 육성한 동기를 일상생활의 여러 가지 일에 연결시킬 수 있을 때, 그 동기는 개인의 사고와 행동에 보다 큰 영향을 미칠 수 있다.
> 6. 새로 육성된 동기를 자아상을 개선하는 것 중의 하나라고 생각할 때, 그 동기는 사고와 행동에 영향을 미칠 가능성이 높아진다.
> 7. 새로 개발된 동기가 그 사회에서 대중을 이르는 문화적 가치의 향상이라고 인식하고 경험할 때, 그 동기는 미래의 사고와 행동에 보다 큰 영향을 미칠 가능성이 높다.
> 8. 개인이 새로 형성된 동기와 관련된 구체적인 목표를 달성하려는 신념을 가지고 노력할 때, 그 동기는 미래의 사고와 행동에 보다 큰 영향을 미칠 가능성이 높다.
> 9. 자기가 설정한 목표의 성취과정의 진도를 기록하고 있을수록 새로 형성된 동기는 미래의 사고와 행동에 영향을 미칠 가능성이 높다.

10. 자신의 장래 행동을 스스로 수행할 수 있는 능력의 소유자임을 타인으로부터 인정받고 존경받는 대인관계 분위기에서 동기 변화의 가능성은 더욱 높아진다.
11. 일상이 되풀이되는 생활환경에서 벗어나 자아탐구의 중요성을 극적으로 고양할 수 있는 분위기에서 행동 변화의 가능성은 더욱 높아진다.
12. 새로운 동기를 형성함으로써 새로운 집단의 구성원이 될 가능성이 있을 때, 동기 변화의 가능성은 더욱 높아진다.

### (3) 성취동기가 높은 사람의 행동 특성
① 과업지향성: 과제를 마쳤을 때 뒤따르는 보상보다는 과제를 성취해 나가는 과정 그 자체에 만족을 느끼며 자신의 능력을 평가하는 것에 더 흥미를 관심을 갖는다.
② 적절한 모험성: 자신이 가지고 있는 능력과 기술이 성취해 낼 수 있는 적절한 모험성과 곤란도를 내포하고 있는 과업을 선택하여 도전하기를 좋아한다.
③ 자신감: 경험이 없는 일이지만 해 낼 수 있다는 믿음과 자신감을 갖고 있다.
④ 정력적이고 혁신적인 활동성: 자기가 하는 일에 보다 더 열중하고, 새로운 과업을 찾고 계획하여 이를 성취해 나가는 데 온갖 정열을 다 동원한다.
⑤ 자기책임감: 과업 수행 결과를 모두 자기가 책임지는 강한 의지가 있다.
⑥ 결과에 대한 지식: 과업 성취 결과를 구체적으로 예견함으로써 목표달성의 수단으로 삼는다.
⑦ 미래지향성: 미래의 성취를 위하여 현재의 고통과 갈등을 참고 도전한다.

### (4) 성취동기와 학업성취
① 성취동기와 학업성취 간에는 정적인 상관관계가 있다(D. Kolb의 연구결과).
② 성취동기 육성과정을 받은 학생의 성적이 그렇지 않은 학생들보다 월등히 높다.

#  포부수준(LOA: Level Of Aspiration)

### (1) 포부수준의 개념
① 포부수준은 문제 상황과 직접적으로 관련된 동기로서 구체적 과제에서의 구체적 성취도 또는 목표의 수준을 의미한다.
② F. Hoppe에 의해 처음으로 소개된 개념으로, Hoppe에 의하면 한 개인이 어떤 문제에 성공한 뒤에는 그 과제 수행에 대한 기대수준을 높이며, 실패한 뒤에는 기대수준을 낮추는 경향이 있다고 한다.
③ 포부수준은 실패에 수반되는 실패감을 피하고자 하는 욕망으로 인하여 포부수준을 낮추려는 경향과 가능한 한 높은 수준의 성공을 이루려는 욕망으로 인하여 포부수준을 높이려는 경향의 두 가지 상반되는 경향 간의 절충으로 설정된다.

### (2) 포부수준에 대한 연구 결과(Sears)
① 과거에 성공경험이 많은 학생들은 어떤 과제에 당면했을 때 그들의 포부수준을 현실적으로 높이려는 경향이 있다.
② 장기간의 실패를 맛본 학생들은 그들의 포부수준을 낮춤으로써 실패만을 피하려는 경향이 있다.
③ 어떤 학생들은 마치 성공하겠다는 희망이 성공을 가져다주는 듯이 그들의 기대를 비현실적으로 높게 가지기도 한다.

### (3) 포부수준과 학습
① 학습에 대한 성공 경험이 많을수록 포부수준을 높여주지만 실패는 포부수준을 낮게 한다.
② 포부수준에 있어 가장 이상적인 설정은 학생들이 자기능력보다 약간 어렵지만 실제 수행에서는 자신의 실제 노력으로 달성 가능한 정도의 포부수준을 설정하게 하는 것이다.

## 4 자아개념(Self concept)

**(1) 개념**
① 성공을 계속해 온 학생은 자신을 긍정적으로 보고, 실패를 계속해 온 학생은 자신을 부정적으로 보는 경향이 있는데, 이와 같이 자기 자신에 대한 관점을 자아개념이라고 한다.
② 자아개념은 사회적인 것으로 환경과의 관계 속에서 나타나는 자기 자신에 대한 태도, 즉 자아상(self-image)이다.

**(2) 자아개념의 특성**
① 자아개념은 조직화되고 구조화되어 있다.
② 자아개념은 다면적이다. 다면적 구조는 일반성의 차원에서 보면 위계적이다.
③ 자아개념은 안정성이 있고 발달적이다.
④ 자아개념은 평가적 특성을 지니고 있다.
⑤ 자아개념은 다른 개념들과 독립적이다.

**(3) 자아개념의 발달**
① 내·외적 환경에 의하여 형성되고 발달한다.
② 어린이들의 자아개념은 주위의 성인들에 의해서 형성된다.
③ 성인들의 경우 자기 자신에 대한 탐색활동을 통해서 형성될 수도 있다.

**(4) 자아개념의 종류**
① 긍정적 자아개념: 자기 자신을 가치 있고 유능하다고 생각하며 자신을 신뢰하는 경향으로 자신을 긍정적으로 평가하는 개념이다.
② 부정적 자아개념: 자기 자신을 가치 없고 무능하다고 생각하며 자신을 불신하려는 경향으로 자신을 부정적으로 평가하는 개념이다.

**(5) 자아개념의 구조**
일반적 자아개념: 학문적 자아개념, 사회적 자아개념, 정서적 자아개념, 신체적 자아개념

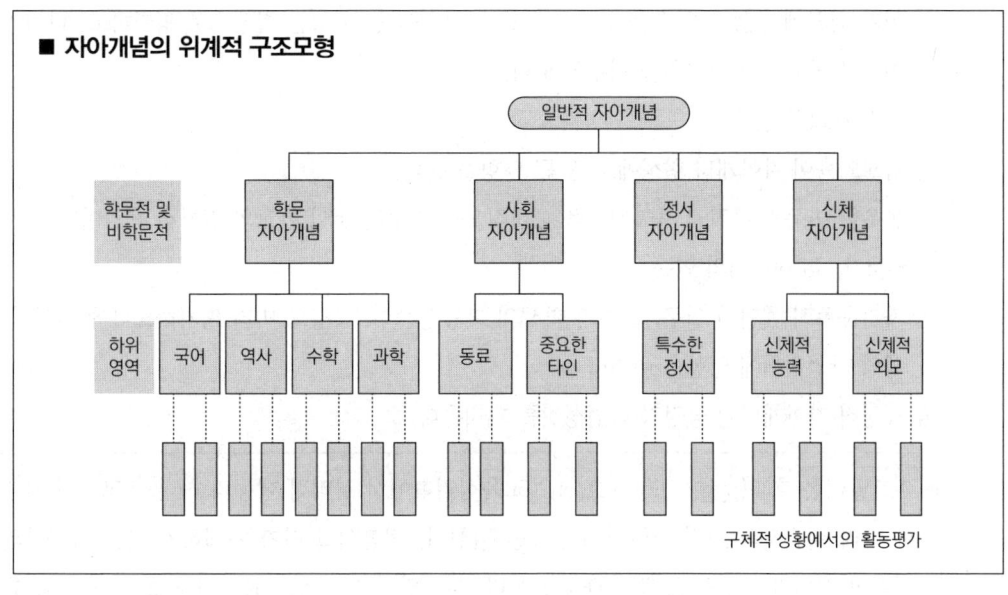

① 학문적 자아개념(Bloom): 특정 교과나 학습과 관련된 생각이다.
② 사회적 자아개념: 자신에게 중요한 타인들(가족, 교사, 친구 등)과 자신이 어떤 관계에 있다고 생각하는 것이다.
③ 정서적 자아개념: 자신의 정서 상태, 성격, 도덕성 등에 관한 생각이다.
④ 신체적 자아개념: 자신의 외모와 신체적 능력에 대한 생각이다.

### (6) 자아개념에 관한 연구

① B. S. Bloom의 연구
  ㉠ 학문적 자아개념은 학업성적을 예언하는 가장 강력한 개념이다.
  ㉡ 초등학교 이후 학업성적 편차의 약 25%를 설명한다.
  ㉢ 학문적 자아개념과 학업성적의 상관은 저학년보다 고학년에서 더 뚜렷하다.

② B. W. Brookover, A. Patterson, S. Thomas의 연구
  ㉠ 자아개념과 교과 성적 간에는 의미 있는 정적 상관관계가 있다.
  ㉡ 일반적 능력 자아개념과 구별되는 특정 교과목별 자아개념이 있다.
  ㉢ 자아개념은 타인의 자신을 어떻게 평가하고 있는가에 대한 지각과 의미 있는 정적 상관관계가 있다.

③ W. Purkey의 연구
  ㉠ 학업성적이 우수한 학생들은 긍정적인 자아개념을 지니고 있다.
  ㉡ 학업성적이 좋지 않은 학생은 부정적인 자아개념을 지니고 있다.

④ D. J. Alvord, L. W. Glass의 연구
  ㉠ 자아개념은 학업성취에 영향을 미치고, 학업성취는 자아개념에 영향을 미친다.

ⓒ 읽기 검사에서 높은 점수를 얻은 학생들은 자신을 능력 있는 학생으로 평가하고, 나아가서 계속 성공적인 학업성취를 이루고 있다.
　⑤ P. A. Zirkel의 연구
　　　㉠ 학교교육이 자아개념 형성에 가장 큰 영향을 준다.
　　　ⓒ 불우한 아동의 부정적 자아개념을 긍정적으로 바꾸는 것이 학교의 일차적 책임이다.
　⑥ Rosental, Jacobson의 연구
　　　㉠ 자기충족적 예언의 연구: 교사가 학생의 가능성을 어느 정도 미리 평가하느냐에 따라서 학생의 학업성취에 영향을 미친다.
　　　ⓒ 긍정적 자아개념이 긍정적 학업성취를 가져온다.

> ▶ 피그말리온 효과(pygmalion effect): 교육심리학에서 심리적 행동의 하나로 교사의 기대에 따라 학습자의 성적이 향상되는 것을 말한다. 덧붙여 교사가 기대하지 않는 학습자의 성적이 떨어지는 것을 골렘 효과라고 한다. 피그말리온 효과는 교사기대 효과, 로젠탈 효과, 실험자 효과 등으로 불리고 있다.

　⑦ 김호권의 연구
　　　㉠ 자아개념은 중요한 타인의 평가와 자기가 속한 준거 집단의 영향을 크게 받는다.
　　　ⓒ 개별지도법이나 완전학습법이 부정적 자아개념을 긍정적 자아개념으로 바꾸는 데 유용하다.

### (7) 자아개념과 학교학습

① Torshen의 연구에서 학문적 자아개념과 학교성적의 상관은 $r=.50$인 것에 비하여 비학문적 자아개념과 학업성적의 상관은 $r=.25$이다.
② 김기정의 연구에서 학문적 자아개념과 학업성적의 상관은 $r=.45$이며, 비학문적 자아개념과 학업성적의 상관은 $r=.20$이다.
③ 학업성적과 자아개념 간에는 정적인 상관이 있으며, 비학문적 자아개념보다는 학문적 자아개념이 더 높은 상관을 보인다.
④ 학업성적이 자아개념 형성에 영향을 미치는지, 자아개념이 학업성적에 영향을 미치는지에 대해서는 상반된 주장이 나오고 있다.
⑤ 일반적으로 학업성적이 학생의 자아개념 발달에 의미 있는 영향을 줄 수 있으며, 자아개념이 학업성적을 위한 중요한 매개변인이 될 수 있다.

## 5 욕구(Need)

**(1) 개념**
① 개체의 결핍이나 결함 상태로 심신의 평형상태를 유지하려는 노력이며, 이로 인해 정신적·신체적 긴장상태가 유발되는 현상을 의미한다.
② 욕구는 보편적인 정력의 동기로서 개인의 각성 수준(흥분상태)을 말한다.
③ 욕구는 생득적이며 학습되지 않는 것으로, 모든 유기체의 공통된 특징이다.

> ▶ 욕구(need) = 충동(drive)

**(2) 각성상태와 학업성취도**
① 각성상태란 유기체가 흥분하고 있는 상태로 학습자의 기민성·반응성·주의집중 등의 수준을 말한다.
② 각성수준이 낮으면 권태가 있고 각성수준이 과도하게 높으면 불안과 긴장상태가 나타나 행동의 능률이 떨어진다.
③ 최적의 각성수준은 중간 정도이며, 이때 가장 능률적인 행동을 일으킨다.

**(3) 욕구좌절**
① 욕구좌절이란 유기체의 욕구가 비현실적인 경우이거나 현실적인 욕구라도 내적 혹은 외적 방해에 의해서 충족되지 않고 저지되었을 때 느끼는 주관적인 경험을 의미한다.
② 욕구좌절에 대한 반응(공격성) 양태
  ㉠ 외벌적 반응: 공격적 반응이 교사나 충분히 뒷바라지를 하지 못한 부모 등에게 향하는 경우이다.
  ㉡ 내벌적 반응: 노력하지 않은 자기나 자기 능력의 탓을 하는 경우이다.
  ㉢ 무벌적 반응: 아무렇지도 않게 넘겨 버리는 경우이다.
③ 욕구좌절과 관련된 개념들
  ㉠ 욕구좌절 내성: 욕구좌절을 극복하거나 견디어 내는 정도를 말하는 것으로, 주로 학습에 의해 습득되며, 모든 문제에 인내성 있게 접근하려는 경향이 있는 사람들에게서 발견된다.
  ㉡ 상대적 결핍감: I. L. Jenis에 의해 제시된 개념으로, 욕구좌절이 개인 현실이나 전체 상황에서 객관적으로 경험되는 것이 아니라, 주관적이며 부분적인 상황에서 상대와의 비교에서 경험될 때 사용되는 말이다.

ⓒ 학습된 무기력감(learned helplessness)
  ⓐ 계속되는 실패와 좌절을 통하여 매사에 무관심해지거나 생의 의욕을 잃고 자포자기한 상태까지 이르게 되는 현상을 말한다.
  ⓑ 학습된 무기력감을 가진 학습자의 특징
    - 처음 과제를 시작할 때부터 낮은 기대를 가지고 있다.
    - 어려움에 부딪히면 쉽게 포기하는 경향이 있다.
    - 실패의 원인을 능력 부족으로 귀인한다.
    - 성공을 운이나 과제 같은 외적이고 통제 불가능한 원인으로 돌린다.
    - 실패를 경험한 다음 미래의 성공에 대한 기대가 급속도로 낮아지는 특징을 보인다.
    - 학업적 자아개념이 매우 부정적이다.
    - 수동성, 우울, 인내심 부족, 자기 통제성 결여 등과 같은 증상을 보인다.
    - 어떤 과업이 주어지면 실패할 것이라는 부정적인 기대를 갖고 있다.
ⓔ 학습된 무기력감을 극복하기 위한 효과적 방법
  ⓐ 학생들에게 상황은 변화될 수 있는 것임을 믿게 하기 위해서는 노력이 효과가 있었다는 실제적 증거가 필요하다.
  ⓑ 학생의 실력이 특정 분야에서 향상되었거나 잘한 것을 강조한다.
  ⓒ 과거의 노력과 과거의 성취들과의 연관성을 강조한다.
  ⓓ 학생들의 과제물에 대하여 특별히 요구사항을 달아서 되돌려 주고, 만약 학생이 조금이라도 향상이 되면 칭찬해 준다.

# 6 불안(Anxiety)

**(1) 개념**
① 불안은 공포, 걱정, 생리적 긴장으로 특징지어지는 정서반응의 하나로, 뚜렷하지 않은 대상으로부터 느끼는 심리적 동요상태를 말한다.
② 불안은 여러 가지로 설명되고 있지만 일반적으로 불쾌감을 느끼는 상태, 흥분을 느끼는 상태 및 불쾌하고 고통스러운 것을 예상하는 상태 등이 포함된다.

**(2) 불안을 느끼는 사람들에게 나타나는 현상**
① 공포 또는 위험을 의식적으로 느끼게 되는데, 그와 같은 위협을 느끼게 하는 직접적인 대상이 무엇인가를 식별할 수 없으므로 왜 불안을 느끼는지를 알 수 없다.
② 생리적 흥분(각성)과 신체적 고통을 느끼게 되는데, 이에는 여러 가지 신체적 변화와 불안이 수반된다.
③ 흔히 나타나는 징후로는 심장과 혈관에 나타나는 징후, 호흡의 장애 등이 있으며, 불안이 오랜 시간 지속되면 이 같은 신체적 징후가 만성화될 수도 있다.
④ 불안에서 오는 각성상태는 불면증, 빈번한 배설, 땀, 근육의 긴장, 피로 및 기타의 당혹과 고통으로 나타날 수도 있다.
⑤ 사고 작용에 지장을 가져오거나 환경적 요청에 효과적으로 대응하는 것이 어렵게 되는 등 문제해결 또는 인지적 통제 기능에 지장을 가져온다.

**(3) 불안의 유형**
① 특성불안과 상황불안
　㉠ 특성불안(trait anxiety)
　　ⓐ 일반불안, 성격불안이라고도 한다.
　　ⓑ 개인에게 내재되어 있는 불안을 의미한다.
　　ⓒ 어느 정도 지속적이어서 때나 상황에 관계없이 항상 불안을 느끼는 경향을 의미한다.
　㉡ 상황불안(state anxiety)
　　ⓐ 특수불안, 상태불안이라고도 한다.
　　ⓑ 상황 또는 대상에 따라 나타나기도 하고 나타나지 않기도 하며, 느끼는 정도 또한 상황에 따라 다르다.

② 현실적 불안(objective anxiety)
  ㉠ 외부에 존재하는 위험을 인지했을 때에 받는 고통스러운 감정적 경험을 말한다.
  ㉡ 위험의 인지와 불안의 발생은 어떤 물체 또는 환경조건이 주어질 때 저절로 두려워하게 되는 유전적 경향에 의하며, 개인의 생애에서 후천적으로 학습된 경우도 있다.
  ㉢ 어린이들은 다량의 자극이 주어질 때 그들의 자아가 이를 조절할 수 있을 만큼 발달해 있지 못하기 때문에 공포감에 사로잡히게 된다.
③ 신경증적 불안(neurotic anxiety)
  ㉠ 본능으로부터 오는 위험성이 인지될 때 일어나는 것으로, 자아의 억제력이 본능의 대상 추진력을 막지 못하여 어떤 갑작스러운 충동적인 행위를 저지르지 않을까 하는 상태에서 오는 불안이다.
  ㉡ 신경증적 불안은 아주 사소한 일에도 즉각적인 반응을 일으켜서 항상 불안해 하는 조바심의 형태로 나타난다.
  ㉢ 신경증적 불안은 정신적 공황의 상태로 나타나는데 심리적 공황이란 고통스러운 신경증적 불안에서 벗어나기 위해 자아(ego)나 초자아(super ego)의 제지에도 불구하고 본능(id)의 요구에 맹목적으로 따르게 되는 감정적 배설행위이다.
  ㉣ 심리적 공황에 의한 행동은 평소에 대수롭지 않게 넘어가던 문제에 대해서도 아주 극단적으로 반응하는 형태로 나타난다.
④ 도덕적 불안(moral anxiety)
  ㉠ 도덕적 불안은 자아 속에 죄악감 또는 부끄러움으로 느껴지게 되는 양심으로부터 오는 위험이 인지될 때 일어난다.
  ㉡ 도덕적 불안을 만들어 내는 공포감은 원래 객관적인 것이다.
  ㉢ 도덕적인 사람은 나쁜 짓을 저지르려는 생각만으로도 스스로 부끄럽게 여기며, 부도덕한 사람은 강한 초자아를 가지고 있기 때문에 도덕률에 어긋나는 생각이나 행동을 하게 되어도 평범한 일로 넘길 수 있다.

**(4) 불안과 학교학습**

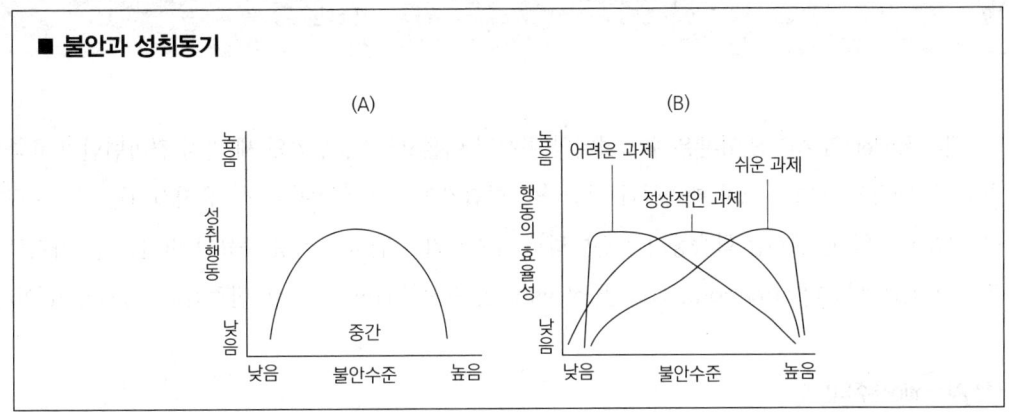

① 불안과 학습과제 난이도의 관계

　㉠ 쉬운 과제인 경우: 불안이 높은 학생이 성취도가 높다.

　㉡ 어려운 과제인 경우: 불안이 낮은 학생이 성취도가 높다.

② 학습과 불안의 관계

　㉠ 기계적인 암기 학습의 경우: 불안이 낮은 학생은 학습 초기에 우수하고, 불안이 높은 학생은 학습 후기에 우수하다.

　㉡ 개념학습의 경우: 불안이 높고 지능이 높은 학생이 성취도가 높다.

③ IQ와 불안의 관계

　㉠ IQ가 높은 학생의 경우: 불안이 높을 때 성취도가 높다.

　㉡ IQ가 중간 정도인 학생의 경우: 불안이 낮을 때 성취도가 높다.

　㉢ IQ가 낮은 학생의 경우: 불안 수준은 성취도에 아무런 영향을 미치지 않는다.

## 7 켈러(Keller) 학습동기 유발 수업설계(ARCS)

켈러(Keller)의 ARCS 이론은 수업설계의 미시적 이론으로서, 수업의 세 가지 결과변인인 효과성, 효율성, 매력성 중에서 특히 매력성과 관련하여 학습자의 동기를 유발하고, 유지시키는 각종 전략들을 제공하고 있다. 켈러는 학습동기를 유발하고 유지시키기 위하여 가장 중요한 변인들을 4가지로 지적하고 있는데 '주의(attention), 관련성(relevance), 자신감(confidence), 만족감(satisfaction)'이다.

### (1) Attention(주의)
① 관심을 끌고 호기심을 자극하며, 주의집중을 유지할 수 있도록 하는 동기 전략
② 지각적 주의환기, 탐구적 주의환기, 다양성 전략 등이 있다.

| | |
|---|---|
| 지각적 주의환기 전략 | • 시청각 매체의 활용(멀티미디어)<br>• 비일상적 사건이나 내용 제시<br>• 주의분산의 자극 지양 |
| 탐구적 주의환기 전략 | • 능동적 반응 유도<br>• 문제해결활동의 구상 장려<br>• 신비감 제공 |
| 다양성 전략 | • 다양한 교수 방법 혼합<br>• 교수 자료의 형태 변화<br>• 목표 – 내용 – 방법의 기능적 통합 |

### (2) Relevance(관련성)
① 개인적 삶, 미래 욕구, 성취 욕구 및 관계성 욕구와 연관하여 동기 유발
② 친밀성 전략, 목표지향성 전략, 필요 또는 동기와 부합성 전략 등이 있다.

| | |
|---|---|
| 친밀성 전략 | • 친밀한 인물 또는 사건의 활용<br>• 구체적이고 친숙한 그림 사용<br>• 친밀한 예문 및 배경지식의 활용 |
| 목표지향성 전략 | • 실용성에 중점을 둔 목표 제시<br>• 목표지향적인 학습형태 활용<br>• 목적의 선택가능성 부여 |
| 필요 또는 동기와 부합성 전략 | • 다양한 수준의 목적 제시<br>• 학업성취 여부의 기록체제 활용<br>• 경쟁이 없는 안전한 학습상황 제공 |

### (3) Confidence(자신감)

① 일을 성공시킬 수 있는 능력이 있다는 것을 느끼고, 과제의 성공에 대한 확신이 있을 때 유발
② 학습 필요조건 제시, 성공 기회 제시, 개인적 조절감 증대 전략 등이 있다.

| 학습 필요조건 제시 전략 | • 학습 목표와 수업 구조 제시<br>• 평가기준 및 피드백 제시<br>• 선수학습능력의 판단<br>• 시험의 조건 확인 |
|---|---|
| 성공 기회 제시 전략 | • 쉬운 것에서 어려운 것으로 과제 제시<br>• 적정 수준의 난이도 유지<br>• 다양한 수준의 시작점 제시<br>• 다양한 사건 제시<br>• 다양한 수준의 난이도 제시 |
| 개인적 조절감 증대 전략 | • 학습의 끝을 조절할 수 있는 기회 제공<br>• 학습 속도의 조절 가능<br>• 원하는 학습 부분으로 재빠른 회기 가능<br>• 선택 가능하고 다양한 과제와 난이도 제공<br>• 성공을 노력이나 능력에 귀인 |

### (4) Setisfaction(만족감)

① 학습자의 노력과 결과가 자신의 기대와 일치하고 학습자가 그 결과에 만족하면 학습 성취의 수준이 향상된다.
② 내적 강화, 외적 강화, 공정성 지각 전략 등이 있다.

| 내적 강화 전략 | 학습한 내용의 적용 기회 제공(연습문제, 후속학습상황, 모의상황) |
|---|---|
| 외적 강화 전략 | • 강화 계획: 보상 제공<br>• 높은 성취에 외적 보상 제공 |
| 공정성 지각 전략 | • 수업 목표와 내용의 일관성 유지<br>• 연습과 시험 내용의 일치 |

* 숙달목표와 수행목표
- 숙달목표는 학습과제 자체를 마스터함으로써 새로운 지식이나 기술을 습득하고 능력을 높이며 도전적인 과제를 성취하는 데 주안을 둔다.
- 수행목표는 자기 자신이 다른 사람들보다 상대적으로 능력이 더 높다는 것을 입증 내지 과시하려고 하거나 다른 사람들이 자신의 능력이 낮다고 인식하는 것을 회피하는 데 주안을 둔다.

| 구분 | 숙달목표 | 수행목표 |
|---|---|---|
| 목표지향점 | 학습과 이해 및 향상, 지식 증진 | 타인과의 능력 비교 |
| 과제선정 | 도전적 과제 | 쉬운 과제 |
| 학습결과의 귀인 | 노력 | 능력 |
| 학습전략의 선택 | 상위인지 전략 | 피상적인 전략, 자기장애 전략 |

# Chapter 7
# 학습의 개인차

| 1 기억과 망각

| 2 전이

| 3 연습

# 1 기억과 망각

**(1) 기억**

① 기억의 개념: 일상에서 경험한 내용을 저장하고 보존하며 필요한 경우에 이를 재생하여 활용하는 일련의 과정이다.

② 기억의 과정
  ㉠ 기명(memorizing): 새로운 경험을 머릿속에 새기는 일이다. 정보 처리 용어로는 부호화에 해당한다.
  ㉡ 파지(retention): 경험에서 얻은 정보를 유지하고 있는 작용이다.
  ㉢ 재생(recall): 파지된 것을 다시 의식화하는 과정이다.
  ㉣ 재인(recognition): 기명된 내용과 재생된 내용이 일치되도록 하는 것이다.

③ 기억의 단계(Atkinson & Shiffrin의 구조이론)
  ㉠ 기억은 몇 개의 단계로 이루어지며 각 단계는 독특한 특징을 가지고 있다.
  ㉡ 정보는 감각기억, 단기기억을 거쳐 최종적으로 장기기억에 저장되어, 필요한 상황에서 재생·활용된다는 견해이다.
  ㉢ 기억 구조모형
    ⓐ 감각기억
      - 외부로부터의 정보를 감각수용기에 감각적 유입을 거쳐 극히 짧은 기간 동안 저장되는 기억이다.
      - 시각 기억은 약 1초 정도, 청각 기억은 4~5초 정도 유지된다.
      - 정보 중 필요한 부분만을 기억장치에 보내고 나머지 정보는 대부분 소실된다.
    ⓑ 단기기억
      - 감각 경로를 통해 유입된 경험 내용이 의식화되어 20~30초 동안의 흔적으로 남는 기억이다.
      - 단기기억이 장기기억으로 저장되지 못하고 그 흔적이 의식화되지 못하면 망각현상이 일어난다.
      - 기억체제 속에서 정보의 흐름을 지배하는 가장 중추적인 기능을 담당하는 기억이다.
    ⓒ 장기기억
      - 단기기억에서 파지된 정보가 비교적 영속적으로 저장되는 기억이다.
      - 장기기억에 저장된 정보는 다시 재생·활용되고 반응으로 나타난다.
      - 장기기억에 저장된 정보는 조직적이고 체계화된 형태로 저장되는 것으로 보고 있다.

**(2) 망각**

① 망각의 개념: 망각이란 시간이 경과함에 따라 학습된 행동이나 내용이 지속되지 않고 소멸되거나 장기기억된 내용을 의식화하지 못하는 현상을 말한다.

② 망각의 원인

    ㉠ 불사용의 법(Thorndike, Ebbinghaus)

        ⓐ 기억흔적 쇠잔론, 소멸설이라고도 불린다.

        ⓑ 망각은 기억흔적으로 남아 있는 정보를 사용하지 않거나 연습하지 않음으로써 시간이 경과함에 따라 소멸된다고 보는 관점이다.

        ⓒ Thorndike의 학습의 법칙 중 연습의 법칙과 관련이 있다.

    ㉡ 간섭설(Jenkins, Dallenbach)

        ⓐ 금지설이라고도 불린다.

        ⓑ 기억된 정보가 그 뒤에 발생하는 새로운 학습을 방해하거나, 새로운 학습 정보가 이미 기억된 것의 재생을 방해하기 때문에 망각이 일어난다고 보는 관점이다.

        ⓒ 간섭의 유형

           - 선행간섭(순행제지): 선행학습의 내용에 의해서 후행학습이 방해를 받는 경우이다.

           - 후행간섭(역행제지): 후행학습의 내용에 의해서 선행학습이 방해를 받는 경우이다.

    ㉢ 기억흔적 변용론(Koffka)

        ⓐ 재체제화설이라고도 한다.

        ⓑ 학습 내용 중 전체적인 윤곽이나 일반적인 의미만 기억에 남고 세부적인 부분은 차차 희미해지는 경우이다.

        ⓒ 이를 메우기 위해 세부적 부분의 기억이 전체적 구조나 일반적 의미와 합치되도록 재체제화하기 때문에 망각이 일어난다고 보는 관점이다.

    ㉣ 억압설(Freud)

        ⓐ 정서적 요인이 기억에 작용하여 망각을 일으킨다는 관점이다.

        ⓑ 의식화하기 곤란한 문제나 사회적으로 금기시되고 있는 사항 또는 충격적 경험 등과 같이 그것을 의식함으로써 불안이 야기되는 기억 등은 무의식적으로 억압되기 때문에 망각이 일어난다고 보는 관점이다.

    ㉤ 소멸설(Miller)

        ⓐ 흔적쇠퇴설이라고도 한다.

        ⓑ 시간의 경과에 따라 기억 흔적이 점차 소멸된다고 보는 관점이다.

③ 에빙하우스(H. Ebbinghaus)의 망각곡선

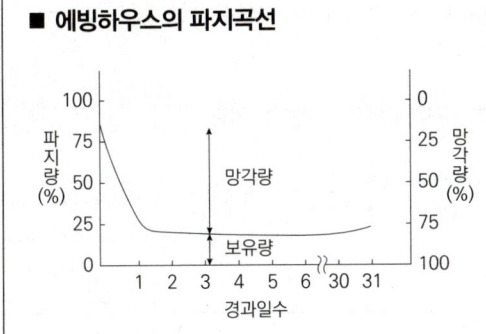

| 경과시간 | 파지율(%) | 망각율(%) |
|---|---|---|
| 0.33 | 58.2 | 41.8 |
| 1 | 44.2 | 55.8 |
| 8.8 | 35.8 | 64.2 |
| 24 | 33.7 | 66.3 |
| 48 | 27.8 | 72.2 |
| 6×24 | 25.4 | 74.6 |
|  | 21.1 | 78.9 |

㉠ 학생들에게 무의미 철자를 암기시키고 시간의 경과에 따른 파지 정도를 확인하여 제시되었다.
㉡ 학습한 직후 망각이 가장 많이 일어나고, 시간의 경과함에 따라 망각의 정도가 완만해진다.

④ 망각을 방지하기 위한 방법
㉠ 적절한 지도계획을 세워 학습한다.
㉡ 연습은 학습한 직후에 시키는 것이 효과가 있으며, 간격을 두고 때때로 연습시키는 것도 효과가 있다.
㉢ 학습의 정도는 한 학습을 완전히 끝내고 다음 학습에 임하여야 한다.
㉣ 학습 자료는 학습자에게 유의미하게 구성하여 질서 있게 학습시키는 것이 좋다.
㉤ 정확한 반응에 만족스러운 보상을 즉각적으로 준다.
㉥ 학습자에게 구두 암송을 하게 한다.
㉦ 방해효과를 제공한다.
㉧ 최초 학습을 확고하게 하기 위한 적절하고 광범위한 학습기회를 제공한다.
㉨ 과잉학습을 제공한다.

> ▶ 과잉학습: 일정한 수준까지 학습한 경우를 100%로 한다면 다시 그 이상으로 학습을 반복할 경우의 학습을 의미한다. 크루커(Kruger)는 과잉학습이 파지를 증가한다고 주장하였다.

**\* Mnemonics(기억술)**
- Loci법: 내용이나 정보를 자신이 알고 있는 장소나 거리 등과 관련시켜 기억하고 재생하는 방법
- 정보의 요약기법: 여러 정보의 두문자어를 따라 기억하는 방법
  - 예 조선시대 역대 임금: 태정태세문단세…
- 정보의 의미화: 기억해야 할 정보를 정보와 관련되어 있는 의미와 관련지어 기억하는 방법
  - 예 이삿짐센터: 2424
- 정보의 구조화: 기억해야 할 정보를 나름대로 구조화하여 기억하는 방법
  - 예 582285라는 수의 기억: 582만을 기억하고 나머지는 역순인 285로 구조화
- 정보의 속성에 유의하는 방법
- 정보를 언어나 신체적 동작에 연결시키는 방법

## 2 전이

**(1) 개념**
① 전이란 어떤 상황에서 학습한 내용을 새로운 장면에 적용하거나 사용하는 것이다.
② 학습의 효과가 다음 학습이나 적응에 영향을 주는 학습효과이다.
③ 선행학습이 후행학습에 미치는 영향 또는 효과를 말한다.
④ 선행학습장면과 후행학습장면이 서로 다르다는 것을 전제로 한다.

> ▶ 단순학습(mere learning): 선행학습장면과 후행학습장면이 동일할 때는 전이라고 하지 않고 단순학습이라고 한다.

**(2) 전이의 종류**
① 적극적 전이와 소극적 전이
  ㉠ 적극적 전이(긍정적 전이, 정적 전이): 선행학습이 후행학습에 긍정적 효과를 주어 후행학습을 확장하거나 촉진시키는 경우이다.
  ㉡ 소극적 전이(부정적 전이, 부적 전이): 선행학습이 후행학습에 부정적 효과를 주어 후행학습을 방해하거나 억제시키는 경우이다.
  ㉢ 영전이(zero transfer): 선행학습이 후행학습에 전혀 영향을 주지 않는 경우이다.
② 수평적 전이와 수직적 전이(Gagné)
  ㉠ 수평적 전이: 선행학습이 후행학습과 내용이 다르지만 난이도가 비슷한 수준의 것이어서 영향을 미치는 현상으로, 한 분야에서 습득된 것이 다른 분야나 실생활에 응용되는 것을 의미한다.
  ㉡ 수직적 전이: 선행학습과 후행학습 간에 내용이나 특성 면에서 어떤 위계관계가 있어서 영향을 미치는 현상으로, 낮은 수준에서의 학습이 그보다 고차원적인 학습을 촉진시키는 것을 의미한다.
③ 특수전이와 일반전이
  ㉠ 특수전이: 선행학습과 후행학습 간에 구체적 요인에 의해 전이가 일어나는 것을 의미한다.
  ㉡ 일반전이: 여러 면에서 전이의 효과가 나타나는 것으로 일반적인 원리를 이해해 전이를 일으키는 현상을 의미한다.

### (3) 전이이론

① 형식도야설(Locke)
  ㉠ 기본관점
    ⓐ 능력심리학에 기초하고 있으며 교과 중심 교육과정에서 중시한다.
    ⓑ 능력심리학에서는 인간의 정신은 추리력·판단력·분별력·상상력 등 몇 개의 능력에 의해서 성립되고 있으므로 학습은 이러한 제 능력을 연마함으로써 가능하다고 본다.
    ⓒ 교과라는 형식을 통해 일반정신 능력이 잘 훈련되면 여러 가지 특수한 분야에 걸쳐서 저절로 전이가 일어난다고 본다.
    ⓓ 헬라어·라틴어·수학 등을 가장 중요한 과목으로 간주하고, 이 과목들이 마음의 단련과 추리능력 증진에 가장 유용한 것으로 보고 있다.

> ▶ 형식도야설
> - 형식도야설에서 표방하는 전이는 일반적인 전이이다. 즉, 면도날을 딱딱한 가죽에 갈면 날카로워져서 수염을 잘 자를 수 있듯이, 어려운 교과를 통해서 정신능력을 단련해 두면 나중에 문제해결을 잘할 수 있다는 견해이다.
> - 형식도야설의 최상의 교과
>   3학: 문법·수사·논리
>   4예: 산수·기하학·천문학·음악

  ㉡ 형식도야설 비판
    ⓐ 추리능력을 발달시키는 데 한 교과가 다른 교과보다 우수하다는 증거가 없다.
    ⓑ 수학이 수학문제를 제외한 다른 문제의 능력을 기르는 데 꼭 필요한 것은 아니다.
  ㉢ 실질도야설
    ⓐ Dewey 이후 많은 심리학자들이 형식도야설의 전이이론에 비판을 가하면서 실질도야설이 대두하게 되었다.
    ⓑ Thorndike, Humphrey 등의 연구에서 특정 교과는 그 교과가 학생들에게 주는 의미가 있는 것이지 다른 교과가 학생들에게 주는 의미는 없다는 결론을 내렸다.
    ⓒ 학습효과는 전이되는 것이 아니다.
    ⓓ 학생들의 장래에 필요한 많은 문화 내용과 교과들을 실제로 가르쳐야 한다는 주장이다.

② 동일요소설(Thorndike)
  ㉠ 형식도야설을 비판하면서 등장한 이론으로, 경험 중심 교육과정에서 중시한다.
  ㉡ 동일요소설은 선행학습과 후행학습 사이에 동일 요소가 있을 때 전이가 잘 일어난다고 본다.
  ㉢ 특수전이를 강조하며 선행학습과 후행학습의 두 요소가 사이의 유사성이 클수록 전이가 잘 일어나는 것으로 본다.

③ 일반화설(동일원리설, Judd)
  ㉠ 동일요소설을 비판하면서 등장한 이론으로 학문 중심 교육과정에서 중시한다.
  ㉡ 전이가 일어나려면 학습 내용의 기본원리를 파악하는 것이 중요하다고 본다.
  ㉢ 전이가 일어날 수 있는 중요한 조건은 학생들이 새로운 장면에 적용하거나 일반화할 수 있는 일반법칙이나 원리를 학습하는 것이라고 한다.
  ㉣ 두 가지 학습과제 사이에 원리가 유사할 때 전이가 잘 이루어지며, 원리를 학습한 다음에 구체적 사례에 적용하면 전이가 잘 일어난다.

> **\* Judd의 실험**
> 두 집단으로 나누어 한 집단에는 빛의 굴절의 원리를 가르쳐 주고, 다른 집단은 가르쳐 주지 않은 후 창을 던져 수중에 있는 목표물을 맞히는 실험을 하였다. 그 결과 빛의 굴절 원리를 배운 집단이 배우지 않은 집단보다 목표물을 적중하는 확률이 높게 나타났다.

④ 형태이조설(Koffa)
  ㉠ 일반화설의 확장으로 볼 수 있으며, 형태심리학의 원리에 기초한 것이다.
  ㉡ 상황에서의 완전한 수단·목적관계를 이해하는 것이 원리를 이해하는 것보다 전이가 잘 일어난다고 보는 견해이다.
  ㉢ 선행경험의 구조 속에 포함된 인지구조가 새로운 학습장면에 그대로 옮겨짐으로써 전이가 일어난다는 것이다.
  ㉣ Bruner의 발견학습도 이 이론을 지지한다고 볼 수 있다.

> **\* Köhler의 닭모이 실험**
> A모이(밝은 모이)와 B모이(어두운 모이)를 제시하고 이 중 밝은 모이(A)를 먹을 수 있도록 계속해서 학습시킨다. 학습된 닭들에게 A모이와 C모이(A모이 보다 밝은 모이)를 제시한다. 그 결과 닭들은 C모이를 먹는 것을 발견했다.

### (4) 전이에 영향을 미치는 요인
① 유사성 요인: 선행학습과 후행학습 간의 유사성이 높을수록 전이가 잘 일어난다.
② 학습정도 요인: 선행학습이 철저히 이루어졌을 때 전이가 잘 일어난다.
③ 시간 간격 요인: 두 학습 사이의 경과 시간이 짧을수록 전이가 잘 일어난다.
④ 학습자 지능 요인: 학습자의 지능이 높을수록 전이가 잘 일어난다.
⑤ 학습자 태도 요인: 학습자의 태도가 적극적일수록 전이가 잘 일어난다.
⑥ 학습방법 요인: 학습방법을 알면 전이가 잘 일어난다.
⑦ 학습원리 요인: 개별적 사실보다 학습 원리를 잘 파악할수록 전이 효과가 크다.
⑧ 학습시간 요인: 학습 시간이 충분할수록 전이가 잘 일어난다.

# 3 연습

### (1) 개념
연습이란 일정한 목적을 가지고 능력을 향상시키기 위하여 작업을 되풀이하는 과정과 그 효과를 포함하는 전체 과정이다.

### (2) 연습의 효과(Ebbinghaus)
① 행동을 쉽고, 빠르고, 정확하고, 익숙하게 하여 오류를 감소시킨다.
② 의식작용이 생략된다.
③ 운동이 자동적으로 이루어진다.

### (3) 연습의 단계
① 제1단계(의식적 연습): 작업을 진행하는 과정에서 하나하나 의식하고 모든 힘과 정성을 다하여 연습하는 단계이다.
② 제2단계(기계적 연습): 반복 학습함에 따라 쉽고, 신속하고, 정확한 행동을 갖추는 단계이다.
③ 제3단계(응용적 연습): 전 단계의 연습에서 얻은 것을 종합적으로 이용해서 하나의 종합된 작업을 완성시키는 단계이다.

### (4) 연습(학습)곡선
① 일정한 목적에 따라 어떤 작업을 반복·연습하면 그 작업에 능숙해지는 진보의 현상이 나타나게 되는데 이 진보의 경향을 그래프로 표시한 것이 연습곡선이다.
② 연습곡선은 소요되는 시간에 따라 진보량도 상승하는 것이 일반적이다.
③ 고원현상: 한참 상승하다가 지속적인 연습에도 불구하고 학습능률이 오르지도 않고 한동안 제자리에 머물러 있는 상태를 말한다.
④ 고원현상이 나타나는 이유
  ㉠ 긴장이나 피로감
  ㉡ 학습과제에 대한 실망이나 흥미의 상실
  ㉢ 학습과제의 곤란도 증가
  ㉣ 정서적 불안정
  ㉤ 적절한 학습방법 채택의 실패

ⓗ 과제의 일부분에 신경 집중
ⓘ 나쁜 습관의 고집 또는 현상

■ **연습곡선**

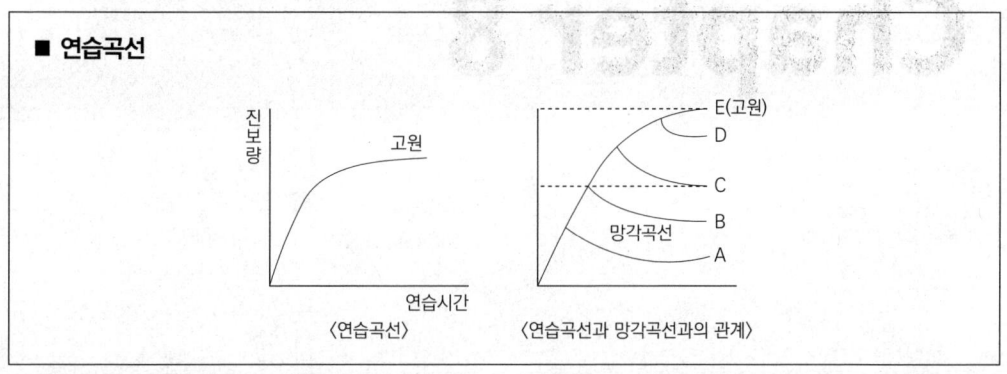

⑤ 학습곡선과 망각곡선의 관계
  ㉠ 연습의 초기 상태인 무반응권에서는 망각이 심하나 최대 반응권에 도달할수록 망각의 정도는 적어진다.
  ㉡ 연습의 시간이 적으면 망각이 빠르고(A, B), 연습의 시간이 많으면 망각이 느려진다(C, D).

# Chapter 8
# 기타 학습이론에 관한 사항

**1 가네(Gagne)의 목표별 수업**

# 1  가네(Gagne)의 목표별 수업

**(1) 목표별 수업이론의 개요**

① 가네(Gagne)가 창안한 목표별 수업이론은 목표에 따라 학습조건이 다르다는 데에서 목표별 수업이론 또는 학습 조건적 수업이론이라고도 한다.

② 학습의 내적 조건과 외적 조건을 강조하고 있으며, 개념·법칙 등 지적 학습에도 관련되므로 인지적 학습이론을 주장하고 있으나 최근에는 정보처리 학습이론을 많이 반영하고 있다.

③ 학습은 목표별·위계적으로 진행되어야 하며, 전 단계의 학습은 다음 단계의 학습에 필수적인 선행조건이다.

④ 이 이론의 핵심은 학교 학습과제의 분류체계를 만드는 데 있으며, 가네는 학습과제 분석을 체계화하였다.

⑤ 가네에 의하면 학교학습에는 학습영역(학습효과, 학습력), 학습사태, 학습조건의 3가지 요소가 관여한다.

**(2) 목표별 수업이론 모형**

| 독립변인 | | 종속변인 |
|---|---|---|
| (외적 조건)<br>강화<br>연습<br>접근 | (내적 조건)<br>선행학습<br>학습동기<br>자아개념<br>주의력 | (학습력)<br>획득<br>파지<br>전이 |

※ 독립변인(학습조건: 외적 조건과 내적 조건)은 종속변인에 영향을 준다.

① 독립변인의 개념

  ㉠ 외적 조건

    ⓐ 강화: 어떤 행동에 대한 보상이 있을 때 새로운 행동의 학습이 강화된다.

    ⓑ 연습(반복): 자극사태와 그에 따른 반응을 반복하거나 연습할 때 학습이 증진되고 파지가 확실해진다.

    ⓒ 접근: 학습자가 반응해야 할 자극사태와 적절한 반응이 시간적으로 가까이 있을 때 학습이 효과적으로 이루어진다.

  ㉡ 내적 조건

    ⓐ 선행학습: 새로운 학습은 이미 학습된 내용을 바탕으로 이루어진다.

ⓑ 학습동기: 성공적인 학습을 위해서는 학습동기를 유발하고 이를 지속시키는 것이 중요하다.
ⓒ 자아개념: 긍정적인 자아개념을 형성할 때 학습에 대한 자신감이 증진된다.
ⓓ 주의력: 학습과제에 대한 주의 집중력이 있으면 학습효과가 높아진다.
② 종속변인의 개념: 학습력이란 학습을 통해서 길러지는 능력으로 학습성과(학습결과)이다. 학습력의 유형은 다음과 같다.
㉠ 언어정보: 명제적 지식으로, 정보(사실·이론·원리)를 아는 것이다.
㉡ 지적 기능: 방법적 지식으로, 무엇을 하는 방법을 아는 것이다.
㉢ 인지전략: 학습자들이 이전에 경험하지 않았던 문제 상황에 자신이 가지고 있는 지식과 기능을 사용하는 방법이다.
㉣ 태도: 학습자가 어떤 종류의 활동·대상·사람들 중에서 어느 것을 선택하도록 하는 학습자의 내적 상태이다.
㉤ 운동기능: 인간 활동과 관련되는 기능으로 어떤 일을 수행하기 위한 몸의 움직임을 말한다.
③ 학습과 기억의 단계(정보처리과정)
㉠ 동기유발 단계: 기대 또는 목표
㉡ 감지 단계: 주의, 선택적 지각
㉢ 획득 단계: 기호화
㉣ 파지 단계: 기억 저장
㉤ 재생 단계: 재처리
㉥ 일반화 단계: 전이
㉦ 행동화 단계: 반응
㉧ 피드백 단계: 강화

### (3) 가네의 9단계 수업사태
① 수업사태의 개요
㉠ 수업은 학습자의 내적 학습력과 적절하게 상호작용하여 이 내적 학습력에서 변화가 생기도록 학습의 외적 조건을 배열하는 것이다.
㉡ 수업사태는 교실 수업장면에서의 일련의 교사활동을 의미하는 것으로, 학습의 조건 중 외적 조건을 제공하는 것이다.
㉢ 교사가 수업 중에 시간의 흐름에 따라 교사가 실천하여야 할 활동 내용으로서, 수업절차에 관한 것이다.
㉣ 교사가 수업장면에서 학습의 외적 사태를 통제하는 일련의 활동을 수업사상이라 하는데, 가네는 일반적인 수업사상을 9가지로 제시하였다.

② 9단계 수업사태
  ㉠ 학습을 위한 준비단계
    ⓐ 주의집중 단계
      - 이 단계에서는 학습자의 신경을 흥분시켜 학습과제에 주의를 집중시키는 활동이다.
      - 동기유발의 단계에 해당한다.
    ⓑ 학습목표의 제시단계
      - 학습자로 하여금 학습목표의 방향을 설정하도록 하는 단계로서, 지속적이며 목표 지향적인 것이 특징이다.
      - 학습자의 실행 통제과정을 활력화하는 것으로서, 학습자가 이번 시간의 학습과제에 대한 기대감을 갖도록 하는 활동을 한다.
      - 교사는 기대감을 심어주기 위해서 이번 시간에 학습을 하면 구체적으로 무엇을 할 수 있겠다는 것을 명확히 알 수 있도록 수업목표를 명세적으로 진술하여야 한다.
    ⓒ 선수능력의 제시단계
      - 작동기억에 있는 정보를 인출하도록 자극하는 것이다.
      - 본 학습과제의 선수학습능력을 재생시켜 본 학습에 통합시킴으로써 학습을 촉진하는 활동을 한다.
      - 작동기억으로의 재생, 즉 선수학습능력의 재생을 제공해 준다.
  ㉡ 획득과 수행: 일단 자극이 수용되어 감지되면 획득단계에 이르면서 개인은 어떤 반응을 보이기 시작하게 되는데, 이것이 바로 새로운 능력이 획득되었음을 의미하는 것이다.
    ⓐ 학습 자료의 제시단계
      - 이 단계에서는 선택적으로 지각할 특징을 강조하는 것으로서 학습자에게 제시되는 과제는 학습자의 수행과 관련되도록 해야 한다.
      - 중요한 자극 특징을 작동기억 속에 일시적으로 저장하도록 하는 단계이다.
      - 선택적 지각의 단계이다.
    ⓑ 학습지도 단계
      - 자극 특성이 장기기억으로 저장되는 단계이다.
      - 이 단계에서는 언어적 부호화를 하도록 돕는 것으로서, 교사는 답을 가르쳐 주기보다는 앞에서 제시된 선행학습 능력을 잘 조합하여 문제를 스스로 해결할 수 있도록 돕는 사고과정을 암시해 주는 것이 필요하다.
      - 의미론적 부호화 단계이다.
    ⓒ 수행유발 단계
      - 장기기억으로부터 새롭게 저장된 부호를 재생하고 반응을 실행한다.

- 이 단계에서는 충분한 학습지도를 한 다음 그것을 직접 해 보게 함으로써 학습의 결과를 교사와 학생 자신에게 확인시켜 주는 활동을 한다.
- 재생과 반응의 단계이다.

ⓓ 정보송환 단계
- 강화를 받을 수 있는 기회를 마련해 주는 것으로서, 수행결과의 정확성 또는 정확성의 정도에 대한 피드백을 한다.
- 피드백은 학습자의 수행결과를 관찰한 후에 제공되는 것으로 학습자가 학습목표를 달성했음을 의미하는 것이다.
- 강화, 즉 피드백의 단계이다.

ⓒ 재생과 전이: 전이는 학습자가 학습한 능력을 새로운 상황에 적용하거나 일반화할 수 있어야 함을 의미한다.

ⓐ 수행평가 단계
- 인출을 활성화하고 강화를 해 주는 것이다.
- 이 단계에서 중요한 것은 평가의 타당성과 신뢰성을 보장하는 것이다.
- 재생을 위한 암시단계이다.

ⓑ 파지와 전이 촉진
- 이 단계는 인출을 위한 단서와 전략을 제공하는 것이다.
- 파지를 촉진하는 데는 연습이 많이 활용된다.
- 전이를 촉진하는 데는 여러 가지 새로운 장면에 응용을 하게 하는 방법이 사용된다.
- 일반화의 단계이다.

③ 학습사태와 수업사태의 관계

| 구분 | 단계 | 기능 |
| --- | --- | --- |
| 학습을 위한 준비 | 주의 | 주의집중 |
|  | 기대 | 학습자에게 목표 알려 주기 |
|  | 작동기억에 재생 | 선수학습의 재생 자극하기 |
| 획득과 수행 | 선택적 지각 | 학습과제에 내재한 자극 제시하기 |
|  | 의미의 부호화 | 학습을 안내하기 |
|  | 반응 | 성취행동의 유도 |
|  | 강화 | 피드백의 제공 |
| 재생과 전이 | 재생단서 | 성취행동의 평가 |
|  | 일반화 | 파지 및 전이 높이기 |

### (4) 학습의 5대 영역

① 언어적 정보
- ㉠ 학교학습의 가장 기본적인 영역으로, 명제적 지식 또는 선언적 지식으로 어떤 사실이나 사건에 대해 구두로 말하거나 글로 진술하여 쓰는 것을 말한다.
- ㉡ 사물의 이름이나 단순한 사실, 원리, 일반화, 조직화된 정보가 이에 속한다.
- ㉢ 이 영역의 학습과 파지는 보다 포괄적인 의미의 맥락 속에서 정보를 제시받는 데서 얻어진다.
- 예 ⓐ 문자·숫자·요일·사물의 이름을 아는 것
  ⓑ '이것은 학교이다', '우리나라의 수도는 서울이다' 등의 사실을 아는 것
- ㉣ 수업의 원리
  - ⓐ 선행조직자 제공: 학습할 내용을 모두 포괄하는 의미의 조직체를 제공한다.
  - ⓑ 이름이나 명칭의 기호화를 의미 있게 한다.
  - ⓒ 영상화의 원리: 시각적·청각적 영상을 제시한다.
  - ⓓ 재생과 일반화: 기억의 재처리에 필요한 단서를 제시한다.

② 지적 기능
- ㉠ 지적 기능이란 무엇을 하는 방법을 아는 것으로, 방법적 지식 또는 절차적 지식으로 구어·읽기·쓰기·수의 사용 등과 같이 기호나 상징을 사용하여 환경과 상호작용할 수 있는 능력을 말한다.
- ㉡ 지적 기능을 갖게 되면 주위 환경을 나름대로 개념화해서 반응할 수 있다.
  - 예 '분수를 소수로 바꾸는 법을 안다', '긍정문을 의문문으로 바꾸는 법을 안다' 등
- ㉢ 학교에서 가장 강조하고 있고 또 가장 많은 부분을 차지하는 기능이다.
- ㉣ 지적 기능학습의 순서: 변별학습 – 구체적 개념 – 추상적 개념 – 규칙학습 – 고차적 규칙
- ㉤ 가네는 지적 기능을 8가지 학습유형으로 위계화하였다.
- ㉥ 지적 기능의 학습을 위해 내적 조건이 구비되어야 한다.

③ 인지전략
- ㉠ 인지전략이란 학습자들이 이전에 경험하지 않았던 문제 상황에 자신이 가지고 있는 지식과 기능을 사용하는 방법이다.
- ㉡ 학습자가 새로운 대상이나 복잡한 문제의 핵심을 파악해서 개념화하는 것이다.
- ㉢ 문제해결의 과정에서 개인이 보여주는 내적 행동의 양식으로 학습자 자신의 주의집중, 학습, 기억, 사고를 통제하는 내부의 통제과정이다.
- ㉣ 인지전략이 중시되는 이유: 자신의 학습과정이나 기억 및 사고과정을 관리하는 방법의 계발과 관련되기 때문이다.
- ㉤ 인지전략이 학교학습의 가장 큰 목표지만 그 학습과정의 평가방법이 개발되어 있지 않다.

ⓑ 언어정보와 지적 기능의 학습에서는 그 대상으로 직접적으로 관련된 내용이 있는 데 반해, 인지전략의 학습에서는 학습자 자신의 사고과정이 인지전략의 대상이 된다.
ⓢ 인지전략은 지적 기능과는 달리 매 시간의 수업에서 결정적으로 영향을 받지 않지만, 비교적 오랜 기간에 걸쳐 발달한다.

④ 태도
  ㉠ 학습자가 여러 종류의 활동들, 대상들, 사람들 중에서 어느 것을 선택하도록 하는 어떤 사람의 내적·정신적 경향성을 의미한다.
  ㉡ 태도를 가르치는 방법은 강화의 방법, 대리적 강화, 동일시의 방법 등이 있다.

⑤ 운동기능
  ㉠ 인간 활동의 작업과 관련되어 학습되는 기능으로 어떤 일을 수행하기 위한 몸의 움직임을 말한다.
  ㉡ 네모 그리기, 자전거 타기, 타이프 치기, 피아노 치기 등
  ㉢ 장기간의 반복적인 연습을 통해서 잘 학습되며, 파지에 미치는 영향도 크다.

## (5) 지적 기능의 8가지 위계학습

지적 기능의 하위 유목에는 8가지 학습이 있는데, 이 학습은 위계적 성격을 띠고 있다. 따라서 한 형태의 학습이 이루어지기 위해서는 전 단계의 학습이 선행되어야 한다. 학습과제 분석과 관련된다.

① 신호학습: 가장 단순한 형태의 학습으로 신호 자극에 대해 반사적 반응을 함으로써 이루어지는 학습이다. 고전적 조건형성과정을 통해 수동적으로 행동하는 학습이다
  예 빨간불(자극)을 보면 정지한다(반응).

② 자극·반응학습: 기대되는 특정의 반응이 나타나도록 체계적인 자극을 기하여 이루어지는 학습이다. 조작적 조건형성을 통해 능동적으로 행동하는 학습이다.

③ 운동연쇄학습: 운동기능에 있어서 자극과 반응이 연쇄되어 관념적 관념을 연결시키는 학습이다.
  예 자동차 시동 걸기, 글씨 쓰기, 걷기, 뛰기 등

④ 언어연상학습: 언어로서 기명된 내용이 이미 얻은 경험체계에 연결되어 필요한 경우에 재생하게 하는 학습이다.
  예 우리말 단어와 같은 뜻을 가진 외국어 단어를 학습한다.

⑤ 변별학습: 유사한 대상을 구별하는 학습이다. 식별학습이라고도 한다.
  예 강아지와 고양이를 구별한다.

⑥ 개념학습: 구체적 사실에서 공통적인 것을 뽑아 그것을 기준으로 사물을 분류할 수 있게 하는 학습으로 언어가 주된 수단이 된다.
  예 할머니, 어머니, 누나에게 공통점을 찾는다.

⑦ 원리학습: 둘 이상의 개념에서 하나의 규칙 내지 법칙을 발견하는 학습이다.
　예 사각형의 넓이를 구하려면 가로와 세로를 곱하면 된다.
⑧ 문제해결학습: 둘 이상의 원리를 조작하여 문제를 해결할 수 있는 학습이다.
　예 하나의 원리를 사용하여 새로운 문제를 해결하는 방안을 찾는다.

# 확인학습 문제

**01**  학습을 경험이나 연습을 통하여 학습자들에게 일어나는 비교적 지속적인 행동이나 인지의 변화라고 정의할 때 학습의 영역을 바르게 나타낸 것은?

> A: 개인에게 일어나는 변화
> B: 생득적 반응 경향에 의한 변화
> C: 성숙에 의한 자연적 변화
> D: 일시적 변화

① 학습(L) = B + C
② 학습(L) = B + D
③ 학습(L) = A − (B + C)
④ 학습(L) = A − (B + D)
⑤ 학습(L) = A − (B + C + D)

**정답** ⑤
**해설**
학습은 개인에게 일어난 모든 변화 중 생득적 반응이나 자연적 변화, 일시적 변화는 제외된다.

**02** 학습의 범위에 포함되는 것은?

① 환경자극에 의한 개인의 내적인 변화
② 생득적 반응 경향에 의한 변화
③ 성숙에 의한 자연적 변화
④ 외적 사건 등에 의한 일시적 변화
⑤ 자율적 반응성 의한 변화

**정답** ①
**해설**
학습의 범위에서 생득적 반응 경향에 의한 변화, 성숙에 의한 자연적 변화, 일시적 변화는 제외된다.

**03** 학습으로 옳지 않은 것은?

① 전기에 감전된 적이 있는 사람이 정전기에 깜짝 놀라 피하게 되었다.
② 번개가 치면 천둥소리를 대비해 귀를 막는다.
③ 학습의 변화를 보이지 않다가 고학년이 되면서 자연스럽게 변화되었다.
④ 유치원에 다니면서 할 줄 몰랐던 거짓말을 하게 되었다.
⑤ 선생님에게 인사를 잘해서 칭찬을 받으면, 다른 어른들에게도 인사를 한다.

**정답** ③
**해설**
자연스러운 변화는 학습이라 볼 수 없다.

**04** 학습지도원리 중 전인교육을 강조하는 것은?

① 개별화의 원리     ② 목적의 원리     ③ 사회화의 원리
④ 통합화의 원리     ⑤ 자발성의 원리

**정답** ④
**해설**
\* **학습지도의 원리**
1. 개별화의 원리
    - 학습자의 흥미·필요·능력 등 학습자의 개인차에 알맞은 학습활동의 기회를 마련해 주어야 한다.
    - 교육방법의 중핵적인 활동원리이며, 모든 지도 방법의 출발점이다. 따라서 개별화의 원리와 자발성의 원리는 동전의 앞 뒤와 같이 밀접한 관계가 있다.
2. 사회화의 원리
    - 학습자의 사회성(사회관계, 인간관계)을 함양할 수 있도록 교수해야 한다.
    - 공동학습을 통하여 협력적이고 우호적인 학습을 진행한다.
    - 공동학습에 있어서 교사의 역할은 조력자·공동참여자이다.
3. 자발성의 원리
    - 학습자 자신이 능동적·자발적으로 학습에 참여하는 데 중점을 둔 원리이다.
    - 학습자 자신의 활동과 노력을 중시하는 노작 교육과 함께 행함으로써 배운다는 사상에 기초를 둔 원리이다.
    - 학습자가 강한 학습동기를 가지고 적극적으로 참여할 수 있도록 교수해야 한다. 자기활동의 원리, 흥미의 원리, 창조의 원리라고도 한다.
4. 직관의 원리
    - 사물에 대한 개념을 인식시키는 데 있어서 언어보다는 구체적인 사물을 직접 제시하거나 경험시킴으로써 효과를 볼 수 있다는 원리이다.
    - 오늘날 시청각교육이 강조되고 있는데 이 원리는 여기에 근거한다.
5. 통합의 원리(동시학습의 원리)
    - 학습을 부분적·분과적으로 지도하는 것이 아니고 종합적인 전체로서 지도하자는 원리이다.
    - 지식 내용의 지적 과정의 통합, 지식과 정의적 특성의 통합, 교과의 통합 등으로 동시학습의 원리와 같으며, 전인교육을 목적으로 한다.
6. 목적의 원리
    - 교육은 목적을 가진 의식적인 활동이며, 학습지도는 그 목적을 실현하기 위한 구체적인 방법이다.
    - 교수목표를 분명하게 제시할 때 교사는 그 목표를 달성시킬 수 있는 제반 교수활동이 이루어지며 학습자는 적극적인 학습활동이 이루어진다.
7. 과학성의 원리
    학습자의 논리적 사고력을 충분히 발달시킬 수 있도록 수업의 과학적 수준을 높여야 한다는 원리이다.

**05** 사물에 대한 개념을 인식시키는 데 있어서 언어보다는 구체적인 사물을 직접 제시하거나 경험시킴으로써 효과를 볼 수 있다는 학습지도원리는?

① 직관의 원리  ② 사회화의 원리  ③ 자발성의 원리
④ 통합의 원리  ⑤ 목적의 원리

> **정답** ①
> **해설**
> * **직관의 원리**
>   사물에 대한 개념을 인식시키는 데 있어서 언어보다는 구체적인 사물을 직접 제시하거나 경험시킴으로써 효과를 볼 수 있다는 원리이다.

**06** 다음 속담과 가장 밀접한 학습지도원리는?

> 말을 물가에 끌고 가기는 쉬우나, 물을 먹지 않으려는 말에게 먹이기는 어렵다.

① 개별화의 원리  ② 목적의 원리  ③ 사회화의 원리
④ 통합화의 원리  ⑤ 자발성의 원리

> **정답** ⑤
> **해설**
> * **자발성의 원리**
>   학습자 자신이 능동적·자발적으로 학습에 참여하는 데 중점을 둔 원리이다.

**07** 조건형성을 위한 연합의 법칙에 해당하는 것을 모두 고른 것은?

> ㄱ. 근접성   ㄴ. 빈도
> ㄷ. 강도     ㄹ. 차별성

① ㄱ          ② ㄴ, ㄷ          ③ ㄱ, ㄴ, ㄷ
④ ㄴ, ㄷ, ㄹ   ⑤ ㄱ, ㄴ, ㄷ, ㄹ

> **정답** ③
> **해설**
> 조건형성을 위한 연합의 법칙에는 크게 근접성, 빈도, 강도의 3가지 법칙이 있다.

**08** 개인적인 본능이나 유전보다는 후천적인 요인에 초점을 두며 행동수정을 주된 목적으로 하는 학습이론은?

① 정신역동이론  ② 인지발달이론  ③ 행동주의이론
④ 인간중심이론  ⑤ 사회학습이론

**정답 ③**
**해설**
* **행동주의이론**
인간의 외현적 행동만을 탐구대상으로 하는 심리학의 한 분파이다. 제창자인 J. B. Watson은 1913년 '행동주의자가 본 심리학'이라는 논문에서 심리학이 자연과학의 객관적·실험적 분과이며, 그 목적은 행동의 예언과 통제에 있다고 하였다. 유기체는 외부환경자극에 반응하여 적응한다는 가정 아래, 그러한 자극과 반응의 기계적 연합을 규명하고, 그러한 연합을 이용하여 행동을 예언하거나 변화시킬 수 있다고 보았다. 그렇기 때문에 본능이나 유전보다는 후천적 학습의 중요성을 강조한다.
행동주의 심리학의 주요 가정은 인간의 이해방법도 다른 유기체의 이해방법과 달라야 할 필요가 없으며, 객관적으로 관찰 가능한 행동을 관찰함으로써 인간행동을 이해할 수 있으며, 복잡한 행동은 단순한 자극-반응 연합들의 복합체이고, 행동은 환경에 의하여 결정되며, 유전이나 뇌는 결정적으로 중요한 기능을 하지는 않는다는 것 등이다. 행동주의의 대표적인 심리학 이론으로는 I. Pavlov의 고전적 조건이론인 자극-반응 이론과 B. F. Skinner의 조작적 조건이론을 들 수 있다. 완전학습이론이나 행동치료 상담이론은 행동주의 심리학 이론의 예로서 교육이나 상담에 실질적인 영향을 미쳤다.

**09** 행동주의 학습이론에 해당하지 않는 것은?

① 손다이크(Thorndike)의 시행착오이론
② 파블로프(Pavlov)의 고전적 조건형성이론
③ 쾰러(Köhler)의 통찰이론
④ 스키너(Skinner)의 조작적 조건형성이론
⑤ 헐(Hull)의 추동감소이론

**정답 ③**
**해설**
쾰러(Köhler)의 인지주의의 이론으로 통찰학습이란 문제 사태를 전체적으로 이해하고 그것을 분석하여 인지함으로써 목표달성을 위한 행동과 결부시켜 재구성 또는 재조직화하는 것이다.

**10** 행동주의 이론의 기본가정과 가장 거리가 먼 것은?

① 근본적 원리는 자극과 반응 간의 연합이다.
② 인간의 학습과 동물의 학습 간에는 양적인 차이만 있을 뿐 질적인 차이는 없다.
③ 과학적 연구는 관찰 가능한 사건이나 현상에 한정되어야 한다.
④ 인간의 행동은 환경에 의해서 통제 가능하지만 예측은 불가능하다.
⑤ 강화에 의해 새로운 행동이 형성된다.

**정답** ④
**해설**
행동주의 이론에서 유기체의 행동은 환경에 의해서 통제와 예측이 가능한 것으로 전제한다.

**11** 행동주의 학습이론에 관한 설명으로 옳은 것은?

① 인간은 선하기도 하고 악하기도 한 존재로 본다.
② 외부로부터 자극을 받으면 반응을 하게 되고, 그 반응이 성공하여 보상을 받게 되면 학습행동은 강화된다.
③ 학습은 인지구조가 변화하는 것이다.
④ 인간은 생득적으로 학습하려는 의욕을 가지고 있다.
⑤ 인간의 행동은 물리적 환경의 영향에 의해 조작되지만 사회적 환경에 의해서 좌우되지 않는다.

**정답** ②
**해설**
행동주의 학습이론에서는 인간은 선하지도 않고 악하지도 않은 존재로 보며 인간의 행동은 모든 환경의 영향을 받는 것으로 전제한다. 학습의 결과는 행동의 변화로 나타난다.

**12** 행동주의 학습이론의 인간에 대한 관점으로 옳지 않은 것은?

① 인간의 행동에 대한 결정론적 시각을 거부한다.
② 인간의 행동은 환경의 자극에 의해 동기화된다.
③ 인간의 행동은 예측 가능하기 때문에 통제가 가능하다.
④ 인간의 행동은 행동반응에 따른 강화에 의해 결정된다.
⑤ 인간의 행동은 외적인 환경에 의해 동기화된다.

**정답** ①
**해설**
행동주의 학습이론은 유기체의 행동은 환경의 영향에 의해 조작된다는 환경결정론적 입장을 취한다.

**13** 손다이크(Thorndike)의 시행착오설의 학습 법칙 중 다음의 내용과 관련이 있는 것은?

> ○ 자극과 반응의 결합이 유쾌하고 만족한 상태를 수반할 때는 그 행동의 횟수나 강도가 증가한다.
> ○ 학습에 있어서 피드백을 강조한다.

① 만족의 법칙　　② 준비성의 법칙　　③ 과정의 법칙
④ 연습의 법칙　　⑤ 효과의 법칙

**정답** ⑤
**해설**
* **시행착오설의 학습법칙**
  – 준비성의 법칙: 행동에 대한 준비를 의미하는 것으로 결합은 준비가 되어있을 때 만족스럽게 되고, 준비가 되어 있지 않을 때 불만족스럽다.
  – 연습의 법칙(빈도의 법칙): 자극과 반응의 결합이 연습횟수가 많으면 많을수록 강해지고 적으면 적을수록 약해진다.
  – 효과의 법칙(결과의 법칙): 자극과 반응의 결합이 유쾌하고 만족한 상태를 수반할 때는 그 행동의 횟수나 강도가 증가하고, 불쾌하며 불만족스러운 상태를 수반할 때는 행동의 횟수나 강도가 감소한다.

**14** 손다이크(Thorndike)의 시행착오설에서 학습을 위한 5개의 하위법칙 중 다음의 설명과 관련 있는 것은?

> 주어진 자극에 대하여 적절한 반응이 나타날 때까지 여러 가지 반응을 시도하게 되며 우연하게 나타난 적절한 반응이 성공함으로써 학습이 이루어진다는 법칙이다.

① 다양반응의 법칙  ② 요소우월성의 법칙  ③ 자세 또는 태도의 법칙
④ 유사성의 법칙  ⑤ 연합이동의 법칙

**정답 ①**
**해설**
*** 5개의 하위법칙**
- 다양반응의 법칙: 주어진 자극에 대하여 적절한 반응이 나타날 때까지 여러 가지 반응을 시도하게 되며 우연하게 나타난 적절한 반응이 성공함으로써 학습이 이루어진다는 법칙이다.
- 요소우월성의 법칙: 유기체가 자극상황 전체에 비선택적으로 그냥 반응하는 것이 아니라 자극상황 중에서 가장 중요하고 우월하다고 지각하는 자극요소에 우선적으로 반응한다는 법칙이다.
- 자세 또는 태도의 법칙: 피로 정도나 정서 상태 등의 유기체의 자세나 태도가 행동을 결정하는 것뿐만 아니라 만족과 불만족을 결정하는 데 중요한 역할을 할 수 있으므로 학습에 영향을 준다는 법칙이다.
- 유사성의 법칙: 새로운 다른 자극에 동일한 반응을 하게 되는 것은 두 개의 자극 상황이 동일한 자극요소를 많이 공유하고 있기 때문이라는 법칙이다.
- 연합이동의 법칙: 파블로프(Pavlov)의 고전적 조건형성과정과 유사한 법칙으로 반응하기 쉬운 장면에서 결합이 쉽게 일어나며, 자극과 반응 사이에 일련의 변화로 완전히 보존되면 새로운 장면에서의 다른 자극에 대하여서도 그러한 반응이 일어난다는 법칙이다.

**15** 고전적 조건화에 관한 설명으로 옳지 않은 것은?

① 조건화가 이루어지려면 중립자극은 무조건자극과 동시에 혹은 그에 조금 앞서서 주어야 한다.
② 중립자극은 무조건자극을 제시한 직후에 제시할 때 조건형성이 잘 일어난다.
③ 조건화가 이루어진 후 무조건자극의 제시 없이 계속 조건자극만 제시하면 조건화되었던 행동이 사라진다.
④ 조건형성을 이루기 위해 제시되는 중립자극이 처음부터 끝까지 일관성이 있어야 한다.
⑤ 무조건자극의 강도가 강하면 강할수록 조건형성이 용이해진다.

정답 ②
해설
* 조건화의 원리
 - 시간의 원리: 중립자극을 무조건자극보다 시간적으로 먼저 제시할 때 가장 효과적으로 조건화가 이루어지며 가장 적당한 시간적 간격은 약 0.5초 이내이며 5초 이상 지연되면 조건형성이 이루어지지 않는다고 본다.
 - 강도의 원리: 무조건자극의 강도가 강하면 강할수록 조건형성이 용이해진다는 것이다. 그러나 너무 강하면 오히려 방해가 될 수도 있다.
 - 일관성의 원리: 조건형성을 이루기 위해 제시되는 중립자극이 처음부터 끝까지 일관성이 있어야 한다.
 - 계속성의 원리: 조건반사 행동이 나타날 때까지 중립자극을 계속적으로 충분히 제공해야 조건형성이 가능하게 됨을 의미한다.

**16** 다음 설명에 해당하는 조건화 형성 원리는?

> 파블로프의 실험에서 먹이를 종소리보다 먼저 제시하였더니 조건화가 형성되지 않았다.

① 시간의 원리   ② 강도의 원리   ③ 계속성의 원리
④ 일관성의 원리   ⑤ 역조건의 원리

정답 ①
해설
* 시간의 원리
 중립자극을 무조건자극보다 시간적으로 먼저 제시할 때 가장 효과적으로 조건화가 이루어지며 가장 적당한 시간적 간격은 약 0.5초 이내이며 5초 이상 지연되면 조건형성이 이루어지지 않는다고 본다.

**17** 다음 속담에 해당하는 학습이론은?

> "자라 보고 놀란 가슴 솥뚜껑 보고 놀란다."

① 고전적 조건화  ② 조작적 조건화  ③ 도구적 조건화
④ 사회학습이론  ⑤ 구성주의이론

**정답** ①
**해설**
고전적 조건화에서 자극의 일반화에 관한 내용이다. 자극의 일반화는 일단 조건이 형성되고 난 직후 유기체가 유사한 조건자극에 대해서 모두 반응하는 것을 의미한다.

**18** 고전적 조건화에서 조건형성이 이루어지기 전의 종소리의 특성에 해당하는 것은?

① 중립자극  ② 조건자극  ③ 중립반응
④ 조건반응  ⑤ 무조건 반응

**정답** ①
**해설**
조건형성이 이루어지기 전의 종소리는 개의 반응과는 무관한 중립자극이다. 조건형성이 이루어졌을 때 종소리는 조건자극이 된다.

19  다음 설명에 해당하는 이론은?

> 초등학교 6학년 담임교사가 점심시간에 떠들며 식사를 하고 있는 아동들의 행동을 관찰하고 있다가 바닥에 떨어진 친구의 필통을 주워 주는 학생을 지적하여 칭찬을 해 주었다. 그 후 그 학생은 계속해서 착한 일을 많이 하는 것이 눈에 띄었다.

① 파블로프의 고전적 조건형성
② 왓슨의 조건형성이론
③ 스키너의 조작적 조건형성
④ 반두라의 사회학습이론
⑤ 레빈의 장 이론

**정답** ③
**해설**
스키너는 파블로프와 왓슨의 반응적 행동에 관한 연구와는 달리 유기체 스스로 임의로 조작하는 행동을 통해 이루어지는 조작적 조건형성에 대해 연구하였다. 유기체는 스스로 임의로 조직하는 행동을 통해 이루어지는 조작적 조건형성에 대해 연구하였다. 유기체는 스스로 우연한 행동을 하게 되고 그 결과 정적 보상을 받게 되면, 후에 그와 비슷한 행동을 반복하여 나타낸다는 것이다. 이와 같이 특정 반응 뒤에 보상을 얻을 수 있도록 함으로써 반응률을 높이는 과정을 '강화'라고 한다. 그는 인간의 행동이 '강화'와 '처벌'에 의해 조작될 수 있다고 하였다. 그로 인해 그의 이론을 '강화이론'이라고도 한다.

20  스키너(Skinner)의 조작적 조건형성에 관한 설명으로 옳지 않은 것은?

① 조작적 조건형성에서 유기체는 행동을 유발하는 능동적인 존재이다.
② 유기체가 원하는 결과를 얻기 위해 선택적으로 반응을 방출한다.
③ 유기체가 환경자극에 능동적으로 반응해서 나타나는 조작적 행동을 설명하는 개념이다.
④ 유기체의 기능적 법칙을 수립하는 데 있어서 반응 가능성은 관련이 크다.
⑤ 조건화란 처음에는 중립적이던 자극이 일정한 훈련을 받게 되면, 나중에는 무조건자극의 제시 없이 조건자극만으로도 새로운 반응이나 행동의 변용을 가져올 수 있게 된다는 것이다.

**정답** ⑤
**해설**
⑤ 고전적 조건화에 해당되는 내용이다.

**21** 다음 설명에 해당하는 조건화의 주요 현상은?

> 학기 초나 수업 시작 시에만 열정적 수업태도를 보이더니 점차 사회 담당 교사도 국사 교사와 유사하게 지루한 수업을 진행함으로써 사회과목에 대한 흥미도 점점 사라지게 되었다.

① 소거  ② 변별  ③ 자극의 일반화
④ 제지  ⑤ 재조건 형성

**정답 ①**
**해설**
'소거'는 조건이 형성되고 난 후 무조건자극이 제시되지 않고 조건자극만 반복해서 제시될 경우 조건반응은 점점 약해져서 마침내 일어나지 않게 되는 현상을 말한다.

**22** 조건형성에서 나타나는 주요 현상에 관한 설명으로 옳지 않은 것은?

① 일단 형성된 조건반응은 실험장면에서 조건자극과 무조건자극과 관계없는 다른 자극이 개입되면 조건화가 더욱 강해진다.
② 소거현상이 일어난 후 일정 기간이 흐른 후, 조건자극만을 제공할 경우 다시 조건반응이 일어난다.
③ 조건화된 자극과 유사한 자극에 모두 반응하도록 유기체가 자극을 구분해서 반응한다.
④ 조건이 형성되고 난 후 무조건 자극이 제시되지 않고 조건자극만 반복해서 제시될 경우, 조건반응은 점점 약해져서 마침내 일어나지 않게 된다.
⑤ 일단 조건이 형성되고 난 직후 유기체가 유사한 조건자극에 대해서 모두 반응한다.

**정답 ①**
**해설**
① 제지는 일단 형성된 조건반응도 실험장면에서 조건자극과 무조건자극과 관계없는 다른 자극이 개입되면 조건화 과정이 간섭받아 약화되고 중단되는 현상이다.
② 자발적 회복에 관한 설명이다.
③ 변별에 관한 설명이다.
④ 소거에 관한 설명이다.
⑤ 자극의 일반화에 관한 설명이다.

**23** 강화에 관한 설명으로 옳은 것은?

① 벌은 상황에 따라 강화자로 사용할 수 있다.
② 학습의 초기단계에는 자주 강화를 하는 것이 효과적이다.
③ 변동비율 강화보다 고정비율 강화가 효과적이다.
④ 행동이 나타난 후 일정한 시간이 지나서 강화를 하는 것이 효과적이다.
⑤ 부적 강화는 혐오스러운 자극을 제거하여 특정 행동의 빈도를 낮추는 것이다.

**정답 ②**
**해설**
① 벌은 강화자로 사용할 수 없다.
③ 고정비율 강화보다 변동비율 강화가 효과적이다.
④ 행동이 나타난 후 즉시 강화를 하는 것이 효과적이다.
⑤ 부적 강화는 혐오자극을 제거하여 원하는 행동의 빈도를 높이는 것이다.

**24** 착한 일을 하면 교실 청소를 면제해 주는 경우와 관련된 강화기법은?

① 정적 강화　　　　② 부적 강화　　　　③ 정적 처벌
④ 부적 처벌　　　　⑤ 소거

**정답 ②**
**해설**
* 강화
  - 정적 강화: 선호사항 제시
  - 부적 강화: 혐오사항 제거
* 벌
  - 1차벌(적극적 벌, 수여성 벌): 혐오사항 제시
  - 2차벌(소극적 벌, 제거성 벌): 선호사항 제거

**25** 다음 설명에 해당하는 강화스케줄은?

> 상표 10장을 모으면 '환경왕' 메달을 수여하기로 하고, 교실 바닥의 쓰레기를 줍거나 거울을 닦는 등 환경미화를 위한 바람직한 행동을 한 번 할 때마다 상표를 하나씩 주었다.

① 연속강화계획　　② 고정간격계획　　③ 변동간격계획
④ 고정비율계획　　⑤ 변동비율계획

정답 ④
해설
* 강화계획
 1. 연속강화
 2. 간헐강화
  – 고정간격강화: 월급
  – 변동간격강화: 낚시
  – 고정비율강화: 보너스
  – 변동비율강화: 로또

**26** 반응률과 지속성이 가장 높은 경우에 해당하는 강화계획은?

① 보너스　　② 월급　　③ 낚시
④ 기말고사　　⑤ 도박

정답 ⑤
해설
 ① 고정비율강화에 해당한다.
 ② 고정간격강화에 해당한다.
 ③ 변동간격강화에 해당한다.
 ④ 고정간격강화에 해당한다.
 ⑤ 변동비율강화에 해당한다.

* 강화의 효과
 변동비율강화 > 고정비율강화 > 변동간격강화 > 고정간격강화

**27** 다음에서 김 교사가 영희의 행동을 변화시키기 위해서 사용한 강화 원리는?

> 영희는 수학을 잘하는 아동이다. 김 선생님은 수학 시간에 영희에게 자신이 푼 문제를 발표하게 하였다. 영희는 긴장했는지 얼굴이 빨개지면서 한 마디도 하지 못했다. 다음 시간부터 김 선생님은 영희가 수학 시간에 한 마디라도 발표하면 그때마다 관심을 보여 주었고, 오랫동안 발표를 할 때에는 적극적으로 관심을 보여 주었다. 그 이후 영희는 차차 용기를 내어 스스로 발표하게 되었다.

① 정적 강화　　② 부적 강화　　③ 상반행동강화
④ 차별행동강화　　⑤ 간헐강화

**정답** ①
**해설**
* **강화의 종류**
  - 정적(적극적) 강화: 바람직한 어떤 반응을 보일 때 보상(좋아하는 것: 칭찬, 선물)을 줌으로써 후에 어떤 장면에 처했을 때 그 반응이 다시 일어날 확률을 증가시켜 주는 것이다.
  - 부적(소극적) 강화: 바람직한 어떤 반응을 보일 때 주어진 혐오적 상황(싫어하는 것: 화장실 청소)을 제거 또는 면제해 줌으로써 그 결과 반응의 빈도가 증가하는 것이다.

**28** 다음 설명에 해당하는 학습 방법은?

> 유아에게 배변훈련을 시킬 때에는 가장 먼저 유아가 배변 의사를 표시하였을 때, 그 다음 순서로 바지를 내리기, 변기에 앉기, 배변 후 처리 등의 각 단계마다 강화를 제공함으로써 스스로 배변이 가능하도록 지도하는 것이 효과적이다.

① 토큰강화　　② 상반행동강화　　③ 행동계약
④ 행동조형　　⑤ 자기강화

**정답** ④
**해설**
'행동조형'은 최종행동을 여러 단계로 나누어 낮은 단계에서부터 하나씩 강화하여 점진적으로 목표행동에 접근하는 것이다.

**29** 조건화에 관한 설명으로 옳지 않은 것은?

① 고전적 조건형성은 반응이 추출되고, 조작적 조건형성은 반응이 방출된다.
② 고전적 조건형성은 자극에 관심을 두고, 조작적 조건형성은 반응에 관심을 둔다.
③ 고전적 조건형성은 불수의적 행동이 학습되고, 조작적 조건형성은 수의적 행동이 학습된다.
④ 고전적 조건형성에서는 한 자극이 다른 자극을 대치하지만, 조작적 조건형성에서 자극의 대치는 일어나지 않는다.
⑤ 고전적 조건형성은 유기체의 능동성, 조작적 조건형성은 유기체의 수동성을 강조한다.

**정답** ⑤
**해설**
고전적 조건형성은 유기체의 수동성, 조작적 조건형성은 유기체의 능동성을 강조한다. 고전적 조건형성은 정서적·불수의적으로 학습되는 현상을 설명하지만 조작적 조건형성은 목적지향적·수의적으로 학습되는 현상을 설명한다.

**30** 다음의 내용에 해당하는 것은?

> 게임을 좋아하고 수학 공부를 싫어하는 아이에게 어머니께서 "수학 공부를 2시간 하면, 1시간 놀 수 있도록 해 주겠다."라고 말씀하셨다.

① 통찰학습  ② 잠재학습  ③ 행동조성
④ 관찰학습  ⑤ 프리맥의 원리

**정답** ⑤
**해설**
프리맥의 원리(Premack's principle)란 선호하는 반응은 덜 선호하는 반응을 강화하여 행동의 발생 빈도를 증가시킬 수 있다는 원리이다.

**31** 추동감소이론을 통해 인간의 행동과 학습을 설명한 학자는?

① 파블로프(Pavlov)　　② 스키너(Skinner)　　③ 손다이크(Thorndike)
④ 거스리(Guthrie)　　⑤ 헐(Hull)

**정답** ⑤
**해설**
* 헐(Hull) 추동감소이론(drive-reduction theory)
강화물의 효과의 원인을 추동의 감소에서 찾는 강화이론이다. 이 이론은 음식이나 물과 같은 일차 강화물에 대해서는 상당히 잘 적용되지만 생리적 욕구를 감소시키는 것처럼 보이지 않는 강화물도 많다. 교사들은 음식이나 물보다는 긍정적인 피드백 (예 "좋아.", "맞아요." 등)과 칭찬으로 행동을 강화하는 경우가 더 많다. 헐은 이 비판에 대응하여, 그런 이차 강화물은 추동을 감소시키는 일차 강화물과의 연합을 통해서 강화력을 갖게 된다고 제안하였다.

**32** 다음 설명과 관련 있는 행동주의 학습이론은?

> ○ 자극과 반응의 결합은 유기체의 상태에 따라 다르다.
> ○ 자극이 주어지면 곧바로 반응이 나타나는 것이 아니라 유기체의 내적 조건과 습관에 의하여 수정되어 반응이 발생한다.

① 스키너의 조작적 조건화
② 손다이크의 연합이론
③ 파블로프의 고전적 조건화
④ 헐의 체계적 조건화
⑤ 톨만의 기호형태이론

**정답** ④
**해설**
헐(Hull)의 체계적 조건화는 동일한 자극이 주어져도 유기체 내부의 욕구나 성향에 따라 반응을 달리 나타낸다는 것으로, 학습에서 유기체 내부의 욕구와 습관을 중요시한다.

**33** 거스리(Guthrie)의 습관에 관한 설명으로 옳지 않은 것은?

① 주어진 자극과 다음 자극 사이의 연합이 잘 이루어지려면 자극과 반응 사이에 접근될 수 있는 성질이 있어야 한다.
② 어떤 자극의 연합에 수반되는 행동은 나중에 자극이 다시 생길 때 또 발생하는 경향이 있다.
③ 학습에 있어서 보상이나 강화는 필수적인 요건이다.
④ 학습이 일어나는 것은 바로 자극과 반응이 근접해서 제시되기 때문에 이것은 습관의 형성이라는 것이다.
⑤ 습관 형성을 자극과 반응의 근접이라고 보았다는 점에서 초기 행동주의와 비슷하다.

**정답 ③**
**해설**
거스리는 습관 형성을 자극과 반응의 근접이라고 보았다는 점에서 초기 행동주의와 비슷하다. 차이점은 보상이나 강화를 학습에 있어서 필수적인 것으로 보지 않는 것으로 강화 없이도 습관 형성이 가능하다는 점이다.


**34** 반두라(Bandura)의 사회학습이론에 관한 설명으로 옳지 않은 것은?

① 행동주의에서 인지주의 이론으로 넘어가는 과도기 이론으로 평가받고 있다.
② 인간행동은 '자극-반응'의 연합에 의해 결정된다.
③ 학습은 모델의 행동을 모방하거나 대리적 조건형성을 통해서 이루어진다.
④ 외적 강화 없이도 학습이 이루어진다고 본다.
⑤ 인간의 행동은 환경과 인지의 상호작용으로 나타난다.

**정답 ②**
**해설**
\* 사회학습이론
대인(對人) 및 집단상황에서 일어나는 인간행동의 형성과 변용에 관한 심리학적 이론이다. 이 이론의 입장에서는 인간의 사회적 행동뿐만 아니라 개인의 성격 같은 심리적 특성도 사회적 과정, 특히 대인관계를 통해 학습된다고 본다. 그래서 동물의 행동보다 인간의 학습행동을 중시하며, 언어·인지·동기·태도·가치관 및 퍼스낼리티(personality) 등을 특히 중요시하고, 인간의 사회적 상호관계가 이러한 심리적 특성의 형성에 미치는 영향과 또 개인의 이러한 특성이 사회적 상호관계에 미치는 영향에 관심을 가진다.
대표적인 사회적 학습이론은 ① 사회적으로 보상받은 행동은 강화되고, 그렇지 못한 행동은 약화된다는 행동주의와 심리적 강화의 원리로 사회적 행동을 설명하는 강화이론, ② 대부분의 학습은 대인관계를 통해 이루어지며, 타인의 행동을 모방하고 관찰함으로써 사회적 행동이 학습된다는 관찰학습 또는 모방이론, ③ 사회적 상호작용 관계의 상황에서 서로 주고받는 상과 벌, 보상과 희생의 이해관계로서 사회적 행동을 설명하려는 사회적 상호작용 관계의 이론, ④ 개념형성·지각·인지조직·태도·신념 및 기대 같은 인간의 내적·심리적 과정, 즉 인지과정을 강조하는 인지이론의 입장 등이 있다.

**35** 다음 설명에 해당하는 것은?

> 전 세계의 사람들이 유튜브를 통해 본 가수의 노래와 춤을 따라서 한다. 그러나 사람들은 가수의 행동을 기계적으로 모방하는 것이 아닌 새로운 행동으로 창조해 내기도 한다.

① 자극학습　　② 관찰학습　　③ 대리학습
④ 인지학습　　⑤ 조건화 학습

**정답 ④**
**해설**
'관찰학습'은 다른 사람(모델)의 행동을 관찰한 결과 행동이 변화하는 것을 말한다. 관찰학습의 과정은 반두라(Bandura)가 체계적으로 연구하였는데, 관찰학습은 주의 과정, 파지 과정, 재생산 과정, 동기화 과정을 통해 일어난다.

**36** 사회학습이론에서 강화의 의미로 옳지 않은 것은?

① 학습의 동기화 과정에서 중요한 요인이다.
② 외적 강화, 자기강화, 대리강화가 있다.
③ 외부로부터 제시되는 강화만을 중요시한다.
④ 관찰자에게 학습에 대한 기대를 가지게 한다.
⑤ 강화를 통해 행동의 동기를 높일 수 있다.

**정답 ③**
**해설**
사회학습이론에서는 외부에서 제시되는 직접강화뿐 아니라 대리강화, 자기강화를 중시한다.

**37** 관찰학습의 과정을 순서대로 옳게 나열한 것은?

① 주의집중과정 – 운동재생과정 – 기억과정 – 동기화과정
② 주의집중과정 – 기억과정 – 운동재생과정 – 동기화과정
③ 주의집중과정 – 운동재생과정 – 기억과정 – 동기화과정
④ 동기화과정 – 주의집중과정 – 운동재생과정 – 동기화과정
⑤ 동기화과정 – 주의집중과정 – 기억과정 – 운동재생과정

> **정답** ②
> **해설**
> **\* 관찰학습의 과정**
> – 주의집중: 모방하려는 모델의 행동에 주의를 기울이는 과정으로 모델의 특성과 관찰자의 특성에 영향을 받는다.
> – 파지: 모델을 관찰한 후 일정기간 동안 모델의 행동을 언어적 방법이나 상징적인 형태로 기억하는 것을 말한다.
> – 운동재생: 모방하려는 것을 실제 행동으로 옮겨 정확하게 재생하는 단계이다.
> – 동기화: 강화를 통해 행동의 동기를 높여주는 단계이다. 강화는 관찰자로 하여금 모델과 같이 행동하면 자기도 강화를 받는다는 기대를 갖게 하고 학습의 수행으로 유인하는 구실을 한다.

**38** 다음의 특징을 가지는 반두라(A. Bandura)의 관찰학습 과정의 단계는?

○ 상징적 부호화   ○ 인지적 조직
○ 상징적 시연    ○ 운동적 시연

① 주의집중   ② 파지   ③ 운동반응
④ 동기화    ⑤ 일반화

> **정답** ②
> **해설**
> **\* 파지**
> 모델을 관찰한 후 일정기간 동안 모델의 행동을 언어적 방법이나 상징적인 형태로 기억하는 것을 말한다.

## 39 다음 김 교사의 학습행동 관리 전략을 뒷받침하는 가장 적절한 이론은?

> 김 교사는 학생들에게 수업 중에 질문이나 대답을 할 때 손을 들어 허락을 받은 후 발표를 하도록 규칙을 정하였다. 그는 수업 첫날에 질문하고 대답하는 요령에 대해 적절한 시범을 보이고, 질문이나 대답을 할 때 손을 드는 학생들을 적극적으로 칭찬하였다. 그러자 1주일 후에는 학습의 모든 학생들이 이 규칙을 따르기 시작하였다.

① 인지학습이론   ② 통찰학습이론   ③ 사회학습이론
④ 정보처리이론   ⑤ 형태학습이론

**정답 ③**
**해설**
사회학습이란 인간 행동의 학습은 실험적인 상황이 아니라 사회생활 속에서 타인의 행동을 관찰하고 모방한 결과로 보며, 주위의 사람과 사건들에 주의 집중함으로써 정보를 획득하는 학습이다.

## 40 반두라(Bandura)의 자기효능감에 관한 설명으로 옳지 않은 것은?

① 개인이 스스로 상황을 극복할 수 있고 자신에게 주어진 과제를 성공적으로 수행할 수 있다는 신념이나 기대를 말한다.
② 자아인지 발달은 물론 아동의 성취지향적인 행동과 밀접한 관계가 있다.
③ 높은 자기효능감은 긍정적인 자아인지를 촉진하고 지속적인 과제지향적 노력을 하게 한다.
④ 자기 스스로 환경을 통제하고 결과에 대하여 보상을 주는 것이다.
⑤ 아동 초기에는 부모의 언어적 지시에 따른 시행착오적인 경험들이 아동의 자기효능감 판단에 중요한 영향을 미친다.

**정답 ④**
**해설**
자기효능감이란 개인이 스스로 상황을 극복할 수 있고 자신에게 주어진 과제를 성공적으로 수행할 수 있다는 신념이나 기대를 말한다. 이러한 자기효능감 판단은 아동의 자아인지 발달은 물론 아동의 성취지향적인 행동과 밀접한 관계가 있다. 높은 자기효능감은 긍정적인 자아인지를 촉진하고 지속적인 과제지향적 노력을 하게 하여 높은 성취수준에 도달하게 하나, 낮은 자기효능감은 부정적인 자기평가를 하여 자신감이 결여되고 성취지향적 행동을 위축시킬 수 있다. 아동 초기에는 부모의 언어적 지시에 따른 시행착오적인 경험들이 아동의 자기효능감 판단에 중요한 영향을 미친다. 아동이 성장함에 따라 적절한 모델을 설정함으로써 합리적인 자기효능감을 판단할 수 있도록 해야 한다.

**41** 자기효능감의 원천에 해당하는 요소들을 모두 고른 것은?

> ㄱ. 언어적 격려　　　　　　　ㄴ. 대리경험
> ㄷ. 생리적 정서적 고양　　　　ㄹ. 성공경험

① ㄱ, ㄴ　　　　② ㄴ, ㄹ　　　　③ ㄱ, ㄴ, ㄷ
④ ㄴ, ㄷ, ㄹ　　　⑤ ㄱ, ㄴ, ㄷ, ㄹ

**정답 ⑤**
**해설**
\* 자기효능감의 원천
 - 달성체험: 가장 중요한 요인으로, 나 자신이 무언가를 달성하거나 성공한 경험
 - 대리경험: 나 이외의 다른 사람이 무언가를 달성하고 성공하는 행위를 관찰하는 것
 - 언어적 설득: 언어적인 격려, 본인의 능력에 대한 설명을 듣는 것
 - 생리적 정서적 고양: 술 등의 약물 및 기타 요인

**42** 인지주의 학습이론이 기초하고 있는 기본 가정이 아닌 것은?

① 동물의 학습과 인간의 학습 간에는 질적인 차이가 있다.
② 학습의 기본단위는 요소와 요소들 간의 관계이다.
③ 심리학적 탐구대상은 인간의 내적·정신적 과정이어야 한다.
④ 인간의 행동은 특정한 환경적 자극에 대한 기계적 반응이다.
⑤ 개인의 인지적 변화는 행동상의 변화로 이루어진다.

**정답 ④**
**해설**
인지는 개인이 환경적 사건의 의미를 능동적으로 구성한 결과이다.

**43** 지각심리학에서 프레그난츠(Pregnanz) 법칙에 해당하는 것은?

① 개방성의 법칙　② 원시성의 법칙　③ 유사성의 법칙
④ 복잡성의 법칙　⑤ 불연속의 법칙

> **정답 ③**
> **해설**
> **\* 프래그난츠 법칙**
> 인간이 문제 상황을 지각할 때에는 여러 부분을 조직하고 연결시키는 방법에 따라 지각은 달라지는데, 이는 여러 부분을 조직하고 하나로 연결시키는 데는 어떤 법칙을 따르게 된다는 이론이다.
> – 유사성의 법칙: 어떤 것을 지각함에 있어서 개개의 독립된 부분은 비슷한 것끼리 하나로 이루어가면서 지각하게 된다.
> – 근접성의 법칙: 가까이 있는 요소들은 멀리 떨어져 있는 동일한 요소들보다 하나의 의미 있는 형태로 지각하게 된다.
> – 폐쇄성(완결성)의 법칙: 독립된 부분의 조직 및 연결에 있어서는 불완전한 것도 그대로 지각하는 것이 아니라 완전한 것으로 보아 연결해 지각하게 된다.
> – 연속성(계속성, 방향성)의 법칙: 같은 방향으로 패턴이나 흐름을 형성하는 자극 요소들은 서로 연결된 것처럼 연속적인 직선이나 도형으로 지각하게 된다.
> – 간결성(단순성)의 법칙: 복잡한 사물을 지각할 때 가급적 단순화시켜 조직하여 지각하려고 한다.

**44** 형태심리학에서 보는 학습의 원리에 해당하는 것은?

① 반복　② 강화　③ 자극
④ 연습　⑤ 통찰

> **정답 ⑤**
> **해설**
> '통찰'이란 상황을 구성하는 전체적인 상황의 '관계를 파악(아하 현상)'하는 것을 의미하는데, 이때 관계 발견을 잘하느냐 잘하지 못하느냐 하는 차이는 결국 지능의 차이를 가져온다. 학습이란 '학습장면의 전체적인 관계의 파악(= 통찰)'이라고 본다.

**45** 형태주의 학습이론의 공헌점은?

① 외재적 강화에서 내재적 강화로 관심을 옮겨 놓았다.
② 지각과 학습은 모두 행동상 과정이 특징적임을 보여주었다.
③ 행동주의적 연구자들의 연구결과를 부연하는 이론이 되었다.
④ 학습이론의 주류를 형성하면서 소단위의 접근의 중요성을 부각시켰다.
⑤ 형태주의 심리학이 통찰적 학습에 초점을 두고 강화의 근거를 증명하였다.

**정답** ①
**해설**
형태주의 학습이론은 행동주의 학습이론과 달리 인간은 강화 또는 처벌이 수반되지 않아도 학습이 가능하다고 봄으로써 내재적 동기(강화)를 중요시한다.

**46** 인지주의 학습이론을 가장 잘 반영한 것은?

① 학습과제 간의 내적 관계를 발견하게 한다.
② 타임아웃 방법을 사용하여 행동을 수정한다.
③ 학습동기 유발을 위해 토큰강화기법을 사용한다.
④ 명세적인 목표 진술방식에 의해 목표를 진술한다.
⑤ 목표로 하는 행동을 달성시키기 위해 조금씩 훈련의 강도를 높여 간다.

**정답** ①
**해설**
① 인지주의 학습이론은 인간의 사고에 관심을 갖는 것이다.
②, ③, ④, ⑤ 모두 행동주의적 입장이다.

**47** 인지주의 학습원리를 가장 잘 적용한 것은?

① 잘못한 것에 대해 벌을 주었다.
② 책의 내용을 요약해서 발표하게 하였다.
③ 자신의 생각을 정리하여 발표하게 하였다.
④ 용암법을 사용하여 학생의 행동을 수정하였다.
⑤ 여러 행동 중 어느 하나만을 골라 선택적으로 강화하였다.

**정답 ③**
**해설**
인지주의 학습원리는 외적 행동을 가져오는 인간의 내적 정신과정을 객관적이고 과학적인 방법으로 연구하는 것으로, 인지과정이나 사고과정을 중시한다.

**48** 다음 설명과 연관된 이론에 해당하는 것은?

> 강화 없이도 학습은 일어난다. 즉, '보상'이란 수행변인이지 학습변인은 아니다.

① 스키너의 강화학습  ② 쾰러의 통찰학습
③ 반두라의 관찰학습  ④ 피아제의 인지학습
⑤ 톨만의 잠재학습

**정답 ⑤**
**해설**
* **톨만(Tolman)의 잠재학습**
학습의 성립에 필요한 것으로 간주되는 보수나 반응이 없는데도 불구하고, 잠재적으로 이루어지는 학습을 말한다. 톨만은 목표 상자에 보수(먹이)가 없는 미로를 마음대로 달리게 한 쥐가 보수를 넣어 주면 급속히 학습하게 된다는 유사한 사실을 실험으로 확인하였다.

**49** 선생님께서 우리 고장의 모습을 그려 보라고 하셨다. 영희는 지난주에 배운 우리 고장의 모습을 생각해서 고장의 모습을 그렸다. 지난주에 배운 우리 고장의 모습에 관한 정보가 저장된 기억은?

① 감각기억　　　　② 단기기억　　　　③ 작동기억
④ 장기기억　　　　⑤ 메타기억

> **정답 ④**
> **해설**
> 이전의 정보를 저장하고 있는 곳은 '장기기억'이다.

**50** 대화를 하면서 돈을 세는 장면에서, 대화에 충실한 사람은 자신이 센 돈이 얼마인지를 알지 못하는 경우가 대부분이다. 이런 현상과 가장 관계가 깊은 것은?

① 감각등록기　　　② 정교화　　　　　③ 부호화
④ 장기기억　　　　⑤ 단기기억

> **정답 ①**
> **해설**
> 정보처리이론은 인간이 외부세계로부터 획득하는 정보를 어떻게 지각하고 이해하고 기억하는가를 연구하는 것으로 정보처리체제모형은 '자극 → 단기감각장치 → 단기기억 → 장기기억 → 반응' 순으로 진행된다.
> 주어진 내용은 한곳에 주의집중하다 보면 다른 것에 주의집중할 수 없어서 무엇인지 알지 못하는 것과 관련이 있는 '감각등록기'에 대한 설명이다.

**51** 김 교사는 10개의 수 '0, 4, 1, 3, 4, 5, 9, 9, 8, 7'을 칠판에 쓴 후 학생들이 쉽게 기억하도록 하기 위해 041, 345, 9987로 묶어 다시 제시하였다. 김 교사가 한 행동과 가장 관계가 깊은 것은?

① 청킹   ② 시연   ③ 유지
④ 파지   ⑤ 주의

**정답 ①**
**해설**
* **청킹(chunking)**
  - 분리된 항목들을 보다 의미 있는 큰 단위로 묶는 정신과정이다.
  - 'r, u, n'이라는 세 철자는 작동기억 속에서 세 개의 단위이지만 이를 'run'의 단어로 조합하면 하나의 단위가 되어 기억을 용이하게 할 수 있는 것이다.

**52** 최 교사는 공기를 주제로 과학 수업을 하면서 풍선에 공기를 서서히 불어 넣어 학생들 앞에서 터뜨리기도 하고, 판서할 때 중요한 개념 밑에 노란색으로 밑줄을 그어 그 개념을 강조하기도 하였다. 최 교사의 이런 행동을 가장 잘 설명할 수 있는 것은?

① 자동화   ② 정교화   ③ 선택적 주의
④ 일반화   ⑤ 자발적 회복

**정답 ③**
**해설**
풍선을 터뜨리거나, 중요한 개념 밑에 노란색으로 밑줄을 긋는 이유는 '선택적 주의'를 끌기 위한 것이다.

**53** 감각기억에 관한 설명으로 옳지 않은 것은?

① 시각 정보의 경우 약 0.5~1초, 청각의 경우 2~4초 정도 정보를 저장한다.
② 자극을 아주 정확하게 저장하지만, 매우 짧은 시간 동안 저장한다.
③ 감각기억의 수용량은 제한이 없다.
④ 정보를 최초로 저장한다.
⑤ 두 가지 이상의 감각 정보가 동시에 제시되는 것은 정보처리에 도움이 된다.

**정답** ⑤
**해설**
두 가지 이상의 감각 정보가 동시에 제시되는 것은 정보처리에 도움을 주지 못한다.
예 교사가 판서를 하면서 설명하는 경우 학생은 필기에 집중하여 설명을 잘 듣지 못한다.

**54** 단기기억의 일반적인 기억용량으로 옳은 것은?

① 5±2개　　　② 6±2개　　　③ 7±2개
④ 8±2개　　　⑤ 9±2개

**정답** ③
**해설**
단기기억은 감각시스템으로부터 들어온 정보를 선택적으로 처리하는 활동 중 기억으로서, 일반적으로 성인의 경우 보통 5~9개의 정보가 약 20~30초 동안 저장될 수 있다.

**55** 장기기억에 관한 설명으로 옳지 않은 것은?

① 장기기억은 무한한 정보를 영구적으로 저장할 수 있는 곳이다.
② 일상기억은 주로 개인의 경험을 보유하는 저장소이다.
③ 장기기억의 정보는 오랜 기간 사용하지 않을 경우 손실된다.
④ 일상기억은 종종 인출에 실패하는 경향이 있는데, 이는 보다 최근에 발생한 정보로 인해 인출이 방해를 받기 때문이다.
⑤ 의미기억은 문제해결전략과 사고기술 그리고 사실, 개념, 일반화, 규칙 등이 저장된다.

> **정답** ③
> **해설**
> 장기기억은 무한한 정보를 영구적으로 저장할 수 있는 곳으로, 일상기억과 의미기억 두 부분으로 구성되어 있다고 가정한다.

**56** 다음 사례와 가장 깊은 기억은?

> 철수는 수첩에서 친구의 전화번호를 찾아 그 번호를 잊지 않기 위해 암송을 하면서 전화기 번호판을 누르고 있었다. 그런데 옆에 있던 친구가 갑자기 질문을 하는 바람에 철수는 조금 전에 기억하고 있던 전화번호를 잊어 버렸다.

① 감각기억　　　　② 장기기억　　　　③ 단기기억
④ 절차기억　　　　⑤ 서술기억

> **정답** ③
> **해설**
> 철수는 지금 생각하고 있던 것을 잠시 잊은 상황이기 때문에 현재적 관점의 '단기기억'에 해당한다.

**57** 상위인지(metacognition)에 관한 설명으로 옳은 것을 모두 고른 것은?

> ㄱ. 상위인지에는 개인차가 나타나지 않는다.
> ㄴ. 상위인지의 주요한 기술은 계획, 점검, 평가 등이다.
> ㄷ. 상위인지는 자신의 사고 과정에 대한 인식이다.
> ㄹ. 상위인지는 추리, 이해, 문제해결 과정에 영향을 주지만 학습과는 무관하다.

① ㄱ, ㄴ  ② ㄱ, ㄹ  ③ ㄴ, ㄷ
④ ㄴ, ㄹ  ⑤ ㄷ, ㄹ

**정답 ③**
**해설**
상위인지는 자신의 인지 또는 사고에 관한 지식으로 자신의 인지 장치와 그 장치가 어떻게 작동하는지에 대하여 갖는 인식을 말한다. 상위인지의 주요 기술은 계획, 점검, 평가 등이다.

**58** 인본주의의 인간에 대한 기본 가정으로 옳지 않은 것은?

① 인간이란 부분의 합보다 크다.
② 인간의 실존은 다른 사람들과의 관계 속에서 나타난다.
③ 인간은 자기 자신, 자기의 존재를 의식한다.
④ 인간은 자신의 삶에서 수동적인 방관자가 아니라 스스로 삶을 선택하는 존재이다.
⑤ 인간은 과정 지향적 존재이다.

**정답 ⑤**
**해설**
인본주의에서는 인간을 목적 지향적인 존재로 보고 있다.

**59** 학습동기 측면에서 다음과 같은 상황을 가장 경계하는 학습이론은?

> 우희는 컴퓨터 게임을 마친 후, '이제 공부 좀 해야겠다'고 결심하였다. 그리고 책꽂이에서 책을 꺼내 공부하려고 하는데, 갑자기 밖에서 "얘, 공부 좀 해라!"라는 어머니의 말씀을 듣고 공부할 의욕이 사라졌다.

① 사회적 학습이론  ② 인본주의 학습이론  ③ 정신분석적 학습이론
④ 행동주의 학습이론  ⑤ 정보처리 학습이론

**정답 ②**
**해설**
인본주의 심리학은 인간을 능동적인 성장가능 잠재력을 가지고 있는 주체로 보고, 보다 자기조절적·자기통제적이며 자기선택적이기 때문에 강요와 통제를 지양하고 그보다는 자발성과 자율성을 더욱 강조하여야 한다고 하였다.

**60** 자아실현의 심리적 조건에 해당하는 것은?

① 성장동기  ② 결핍동기  ③ 외재동기
④ 사회규범  ⑤ 행동양식

**정답 ①**
**해설**
매슬로우(Maslow)는 자아실현은 성장동기가 계속적으로 충족되는 것이라고 하였다.

**61** 매슬로우(Maslow)의 인본주의 관점에 의한 인간의 기본적인 욕구에 해당하는 것을 모두 고른 것은?

> ㄱ. 결핍 욕구　　　　　　　ㄴ. 성취 욕구
> ㄷ. 성장 욕구　　　　　　　ㄹ. 재미 욕구

① ㄱ, ㄴ　　　② ㄱ, ㄷ　　　③ ㄴ, ㄹ
④ ㄱ, ㄴ, ㄷ　　　⑤ ㄱ, ㄴ, ㄷ, ㄹ

**정답 ②**
**해설**
매슬로우는 인간의 욕구에 위계가 있음을 설명하고 결핍욕구에 생리적 욕구, 안전의 욕구, 애정·소속의 욕구, 자존의 욕구와 성장욕구에 자아실현의 욕구를 분류하였다.

**62** 학습동기에 대한 내적 동기유발에 속하지 않는 것은?

① 성공감·만족감을 고취시킨다.
② 멀티미디어로 호기심을 자극한다.
③ 프리맥 원리를 사용하여 학습시킨다.
④ 교정적 피드백을 주어 자신감을 증진시킨다.
⑤ 실생활에서 사용할 수 있는 과제를 해결한다.

**정답 ③**
**해설**
프리맥 원리는 외적 동기를 유발하는 방법이다. 외적 동기 유발은 학습동기의 목표가 학습행동 이외에 있으며 행동이 수단의 역할을 하는 경우이다. 외적 동기유발방법으로는 상벌, 성공과 실패, 자각, 성취의 결과를 알려 주는 것 등이 있다.

**63** 학습동기를 높이기 위한 방법으로 옳지 않은 것은?

① 학습과제를 실생활과 관련시켜 흥미를 갖도록 한다.
② 학습목표를 달성한 그룹에게 스티커를 주어 경쟁심을 유발한다.
③ 미디어 자료를 활용하여 지적 호기심을 자극한다.
④ 학습과제를 단계별로 확인하여 성취감을 느낄 수 있게 한다.
⑤ 학습목표를 제시하지 않는다.

**정답** ⑤
**해설**
①, ③, ④ 외적 동기유발방법에 해당한다.
② 내적 동기유발방법에 해당한다.
⑤ 학습목표를 분명히 제시하는 것은 외적 동기유발에 효과적이다.

**64** 학습에서의 외적 동기를 유발하는 방법에 해당하는 것은?

① 적절한 상과 벌을 이용한다.
② 성취감을 갖게 한다.
③ 감명을 줄 수 있는 모델을 상정하고 이에 동일시하도록 한다.
④ 지적 호기심을 자극한다.
⑤ 실패의 경험을 줄인다.

**정답** ①
**해설**
②, ③, ④, ⑤ 내적 동기를 유발하는 방법이다.

**65** 학습동기이론에서 동기유발을 위한 방안으로 옳지 않은 것은?

① 학습의 결과에 대한 정보를 제공한다.
② 학습자의 능력에 맞는 학습 목표를 선정한다.
③ 벌보다는 상에 보다 적극적으로 보상한다.
④ 인지적 동기유발의 기회를 더 많이 제공한다.
⑤ 경쟁을 통해 동기를 유발한다.

정답 ③
해설
상과 벌은 적절하게 사용하여야 한다.

**66** 학생의 능력에 적합한 과제를 주어 성공경험을 맛보게 하는 교사의 행동과 가장 밀접한 관계가 있는 것은?

① 문제해결 전략지도  ② 인지적 평형 유도  ③ 조작적 사고력 신장
④ 독립적 사고 육성   ⑤ 성취동기 육성

정답 ⑤
해설
* **성취동기 육성**
  - 성취동기란 도전적이고 어려운 문제를 해결함으로서 만족을 얻으려는 의욕 또는 기대를 의미한다.
  - 학생이 쉽게 달성할 수 있는 학습과제를 주어서 그 과제를 완성하도록 하여 성공감을 갖도록 하면 학습에 대한 동기 유발이 된다.
  - 학생에게 성공감을 주어 더욱 의욕적으로 학업에 임하도록 학생이 수준에 맞는 과제를 부여한다.

**67** 성취동기가 높은 사람의 행동 특성을 모두 고른 것은?

> ㄱ. 미래지향성　　　　　　ㄴ. 모험심
> ㄷ. 과업지향적 행동　　　　ㄹ. 정열적이고 혁신적인 활동성

① ㄱ, ㄴ, ㄷ　　② ㄱ, ㄴ, ㄹ　　③ ㄱ, ㄷ, ㄹ
④ ㄴ, ㄷ, ㄹ　　⑤ ㄱ, ㄴ, ㄷ, ㄹ

**정답 ⑤**
**해설**
* 성취동기가 높은 사람의 행동 특성
  - 과업지향적 행동
  - 적절한 모험성
  - 자신감
  - 정력적이고 혁신적인 활동성
  - 자기책임감
  - 결과에 대한 지식
  - 미래지향성

**68** 켈러(Keller)의 ARCS 이론에 관한 설명으로 옳지 않은 것은?

① ARCS 이론은 교수의 세 가지 결과 변인인 효과성, 효율성, 매력성 중에서 특히 효율성에 초점을 두고 있다.
② 주의는 학습자의 호기심 자극과 관련된다.
③ 관련성은 학습자의 목표와 연관된다.
④ 자신감은 성공에 대한 자각에서 비롯된다.
⑤ 만족감은 지속적인 피드백과 강화와 관련된다.

**정답 ①**
**해설**
켈러(Keller)는 학습 환경에서 학습자들의 동기를 유발시키고 계속 유지시키기 위한 전략을 ARCS 이론으로 발전시켰다. ARCS 이론은 교수의 세 가지 결과 변인인 효과성, 효율성, 매력성 중에서 특히 매력성과 관련하여 학습동기를 유발하고 유지시키는 각종 전략을 제공하고 있으며 학습동기를 유발하고 유지시키기 위하여 가장 중요한 변인을 주의(Attention), 관련성(Relevance), 자신감(Confidence), 만족감(Satisfaction)의 4가지로 지적하고 있다.

* ARCS 모형의 요건
  - 주의(Attention): 학습자의 흥미 충족, 호기심 자극
  - 관련성(Relevance): 학습자의 욕구와 목표에 맞게
  - 자신감(Confidence): 성공의 확신을 느끼게
  - 만족감(Satisfaction): 내적·외적 보상으로 학습 수행 재강화

**69** 내적이고 안정적이며, 통제 불가능한 귀인변인은?

① 지능  ② 행운  ③ 노력
④ 가정배경  ⑤ 과제곤란도

> **정답** ①
> **해설**
> * 귀인의 유형: 귀인의 3차원
> 1. 원인의 소재 차원: 성공, 실패의 원인을 학생 자신의 내부에서 찾느냐, 외부에서 찾느냐의 문제이다.
>
> | 내적 요인 | 능력, 노력 |
> |---|---|
> | 외적 요인 | 학습과제 난이도, 재수 |
>
> 2. 원인의 안정성: 찾아진 원인이 시간과 상황에 따라 어떻게 변하는가의 문제이다.
>
> | 안정성 | 능력, 학습과제 난이도 |
> |---|---|
> | 불안전성 | 노력, 재수 |
>
> 3. 통제가능성 차원: 찾아진 이유들이 학생의 의지에 의해 통제될 수 있는가, 통제될 수 없는가의 문제이다.
>
> | 통제 가능 | 노력 |
> |---|---|
> | 통제 불가능 | 능력, 학습과제 난이도, 재수 |

**70** 영희는 시험점수가 낮은 이유를 "시험 칠 때 갑자기 배가 아팠어요."라고 부모님께 말씀드렸다. 영희의 말은 와이너(Weiner)의 귀인이론에 근거하여 원인의 소재, 안정성, 통제가능성의 세 차원으로 설명할 때, 바르게 나열한 것은?

| | 원인 소재 | 안정성 | 통제가능성 |
|---|---|---|---|
| ① | 내적 요인 | 안정적 | 통제 가능 |
| ② | 내적 요인 | 불안정적 | 통제 불가능 |
| ③ | 내적 요인 | 불안정적 | 통제 가능 |
| ④ | 외적 요인 | 안정적 | 통제 가능 |
| ⑤ | 외적 요인 | 불안정적 | 통제 불가능 |

> **정답** ②
> **해설**
> 시험 칠 때 아픈 것은 자기 자신의 몸 상태와 연관되므로 '내적 요인', 몸 상태는 고정적인 것이 아니므로 '불안정적', 자신의 의지에 의해 통제될 수 있는 것이 아니므로 '통제 불가능'에 해당한다.

**71** 귀인에 영향을 미치는 요인에 해당하는 것을 모두 고른 것은?

> ㄱ. 과거 실패 경험  ㄴ. 일관성
> ㄷ. 연령의 차이   ㄹ. 행동의 독특성

① ㄱ, ㄴ, ㄷ   ② ㄱ, ㄴ, ㄹ   ③ ㄱ, ㄷ, ㄹ
④ ㄴ, ㄷ, ㄹ   ⑤ ㄱ, ㄴ, ㄷ, ㄹ

**정답 ⑤**
**해설**
\* 귀인에 영향을 미치는 요인
다른 사람과의 비교 정도, 일관성, 과거 성공 또는 실패의 경험, 성별의 차이, 개인적 성향, 연령의 차이와 기타 요인으로 사회적·문화적 원인, 교사의 태도, 행동의 독특성 등이 있다.

**72** 다음에서 주장하고 있는 개념은?

> 학습자로서의 학생이 습득하는 기억, 사고, 기능, 사회성 기타의 지식이 학습활동, 사회생활로 연결되지 않는다면 학교교육 본래의 의미는 소실되어 버린다.

① 학습의 파지   ② 학습의 망각   ③ 학습의 전이
④ 학습의 목표   ⑤ 학습의 동기

**정답 ③**
**해설**
'전이'란 선행학습이 후행학습에 영향을 주는 것으로 어떤 상황에서 학습한 내용을 새로운 장면에 적용하거나 사용하는 것을 말한다.

**73** 학교에서 배운 영어와 세계사가 외국인과 대화하는 데 도움을 주었다면 이는 어떤 현상을 말하는 것인가?

① 조건반사　　　② 학습전이　　　③ 모방학습
④ 자발적 회복　　⑤ 자극일반화

**정답 ②**
**해설**
'학습전이'는 어떤 상황에서 학습한 내용을 새로운 장면에 적용하거나 사용하는 것이다.

**74** 학습의 전이를 높이는 방법으로 옳지 않은 것은?

① 유의미한 학습을 시킨다.
② 일반적인 용어로 목표를 진술한다.
③ 학습의 시간을 많이 갖도록 한다.
④ 신구 간의 학습의 유사성을 높인다.
⑤ 원리나 개념들을 다양하게 제시한다.

**정답 ②**
**해설**
목표가 구체적일 때 전이가 잘 일어난다.

**75** "면도날을 딱딱한 가죽에 갈면 날카로워져서 수염을 잘 자를 수 있듯이, 어려운 교과를 통해서 정신능력을 단련하면 나중에 문제해결을 잘 할 수 있다."라고 보는 전이이론은?

① 일반화설  ② 구체화설  ③ 형식도야설
④ 형태이조설  ⑤ 동일요소설

정답 ③
해설
* 전이이론
– 형식도야설: 인간의 정신은 추리력·판단력·분별력·상상력 등 몇 개의 능력에 의해서 성립되고 있으므로 학습은 이러한 제 능력을 연마함으로써 가능하다고 본다.
– 동일요소설: 손다이크(Thorndike)가 주장한 것으로서, 선행학습과 후행학습 사이에 동일 요소가 있을 때 전이가 잘 일어난다고 본다.
– 일반화설: 주드(Judd)가 주장한 것으로서, 전이가 일어나려면 학습내용의 기본원리를 파악하는 것이 중요하다고 본다.
– 형태이조설: 코프카(Koffka)가 주장한 것으로서, 상황에서의 완전한 수단·목적관계를 이해하는 것이 원리를 이해하는 것보다 전이가 잘 일어난다고 보는 견해이다.

**76** 다음 설명과 연관된 전이의 이론에 해당하는 것은?

> 두 집단으로 나누어 한 집단에는 빛의 굴절의 원리를 가르쳐 주고, 다른 집단은 가르쳐 주지 않은 후 창을 던져 수중에 있는 목표물을 맞히는 실험을 하였다. 그 결과 빛의 굴절 원리를 배운 집단이 배우지 않은 집단보다 목표물을 적중하는 확률이 높게 나타났다.

① 일반화설  ② 구체화설  ③ 형식도야설
④ 형태이조설  ⑤ 동일요소설

정답 ①
해설
'일반화설'은 주드(Judd)가 주장한 것으로서, 전이가 일어나려면 학습내용의 기본원리를 파악하는 것이 중요하다고 본다.

**77** 기억의 과정을 순서대로 옳게 나열한 것은?

① 기명 → 파지 → 재생 → 재인
② 기명 → 재인 → 파지 → 재생
③ 기명 → 파지 → 재인 → 재생
④ 파지 → 재생 → 기명 → 재인
⑤ 파지 → 재인 → 기명 → 재생

> **정답 ①**
> **해설**
> **\* 기억의 과정**
> – 기명(memorizing): 기억 과정에서, 새로운 경험을 머릿속에 새기는 일이다. 정보 처리 용어로는 부호화에 해당한다.
> – 파지(retention): 경험에서 얻은 정보를 유지하고 있는 작용이다.
> – 재생(recall): 파지된 것을 다시 의식화하는 과정이다.
> – 재인(recognition): 기명된 내용과 재생된 내용이 일치되도록 하는 것이다.

**78** 학습자의 기억을 돕기 위한 전략으로 옳은 것을 모두 고른 것은?

> ㄱ. 한 가지 학습방법이나 교수매체를 계속 활용한다.
> ㄴ. 같은 정보를 다양한 상황이나 예를 통해 여러 번 제시한다.
> ㄷ. 서로 관련된 정보는 시간적·공간적으로 가깝게 제시한다.
> ㄹ. 복잡한 개념이나 문제일수록 즉각적인 반응정보를 준다.
> ㅁ. 학습자에게 의미 있는 정보가 더 오래 기억되므로, 학습자의 기존 경험이나 흥미에 부합되는 정보를 제시한다.

① ㄱ, ㄴ, ㄷ  ② ㄱ, ㄴ, ㄹ  ③ ㄴ, ㄷ, ㅁ
④ ㄷ, ㄹ, ㅁ  ⑤ ㄴ, ㄷ, ㄹ, ㅁ

> **정답 ③**
> **해설**
> ㄱ. 여러 가지 방법과 매체를 활용하여 여러 번 정보를 제시할 경우 학습자의 기억을 도울 수 있다.
> ㄹ. 복잡한 개념이나 문제는 충분히 생각할 시간을 주고 피드백을 주는 것이 좋다.

**79** 망각에 관한 설명으로 옳지 않은 것은?

① 억압설은 정서적 요인이 기억에 작용하여 망각을 일으킨다는 관점이다.
② 소멸설은 학습내용 중 전체적인 윤곽이나 일반적인 의미만 기억에 남고, 세부적인 부분은 차차 희미해지는 경우이다.
③ 선행학습이 후행학습에 영향을 주어 낮은 회상률을 보이는 것을 순행간섭이라고 한다.
④ 정보처리론 입장은 망각을 인출 실패로 간주한다.
⑤ 흔적쇠퇴이론은 시간의 경과에 따라 기억 흔적이 점차 소멸된다고 보는 관점이다.

**정답 ②**
**해설**
기억흔적 변용론(Koffka) 재체제화설에 대한 설명이다.

**80** 다음 학습전략 중 망각이 가장 쉽게 일어나는 경우는?

① 학습자가 정보를 정교화하도록 한다.
② 학습자가 정보를 심상화하도록 한다.
③ 학습자가 정보에서 의미를 찾도록 한다.
④ 여러 가지 정보를 나열적으로 제시한다.
⑤ 학생이 행동적으로 참여하는 수업을 한다.

**정답 ④**
**해설**
* 망각을 방지하기 위한 방법
- 적절한 지도계획을 세워 학습한다.
- 연습은 학습한 직후에 시키는 것이 효과가 있으며, 간격을 두고 때때로 연습시키는 것도 효과가 있다.
- 학습의 정도는 한 학습을 완전히 끝내고 다음 학습에 임하여야 한다.
- 학습자료는 학습자에게 유의미하게 구성하여 질서 있게 학습시키는 것이 좋다.
- 정확한 반응에 만족스러운 보상을 즉각적으로 준다.
- 학습자에게 구두 암송을 하게 한다.
- 방해효과를 제공한다.
- 최초 학습을 확고하게 하기 위한 적절하고 광범위한 학습기회를 제공한다.
- 과잉학습을 제공한다.

**81** 망각을 방지하는 방법으로 옳지 않은 것은?

① 방해효과를 제공한다.
② 완전한 습득 이후에 다음 학습으로 이행한다.
③ 복습은 최초학습에 최대한 가깝도록 한다.
④ 과잉학습을 삼간다.
⑤ 기억된 자료 간의 간섭을 삼간다.

정답 ④
해설
과잉학습은 망각을 방지하는 효과가 있다.

**82** 연습방법 중 분습법을 선택하는 것이 적절한 경우에 해당하는 것은?

① 학습하는 과제의 응집성·연속성·복잡성·조직성이 높은 경우
② 학습자의 지능이나 연령이 높은 경우
③ 과제가 비교적 복잡한 경우
④ 과제가 독립적인 부분들로 이루어진 경우
⑤ 학습자가 부분기능 또는 부분과제의 학습이 되어 있지 않은 경우

정답 ③
해설
* **분습법이 효과적인 경우**
  – 기계적인 단순과제를 학습할 때
  – 학습량이 많을 때
  – 학습 내용이 어렵고 복잡할 때
  – 학습자의 지적 능력이나 연령이 낮을 때

**83** 연습방법 중 전습법을 선택하는 것이 적절하지 않은 경우에 해당하는 것은?

① 기계적인 단순과제를 학습할 경우
② 상대적으로 적은 노력과 시간이 투입되는 경우
③ 학습자의 과제 해결 능력이 뛰어난 경우
④ 학습 내용이 비교적 단순한 경우
⑤ 학습자가 어느 정도의 망각에도 불구하고 높은 학습 수준을 유지하는 경우

**정답** ①
**해설**
* 전습법이 효과적인 경우
 - 학습하는 과제의 응집성(凝集性)·연속성·복잡성·조직성이 높을 때
 - 학습자가 부분기능 또는 부분과제의 학습이 되어 있지 않을 때
 - 학습과제가 운동기능에 관련된 것인 경우에는 기능의 일관성이 높을 때
 - 언어적 학습과제인 경우에는 학습과제의 유의미성이 높으며, 학습량이 비교적 적은 것으로 조직되어 있을 때
 - 학습자의 지능이나 연령이 높을 때

**84** 가네(Gagne)가 학습과제의 위계적 분석이 가능하다고 본 학습능력은?

① 언어정보  ② 지적 기능  ③ 인지전략
④ 태도    ⑤ 운동기능

**정답** ②
**해설**
지적 기능이란 무엇을 하는 방법을 아는 것으로, 방법적 지식 또는 절차적 지식으로 구어·읽기·쓰기·수의 사용 등과 같이 기호나 상징을 사용하여 환경과 상호작용할 수 있는 능력을 말한다. 가네는 지적 기능을 8가지 학습유형으로 위계화하였다.

**85** 가네(Gagne)의 학습조건이론 중 학습의 외적 조건에 해당하는 것을 모두 고른 것은?

> ㄱ. 선행학습　　　　　　　ㄴ. 연습
> ㄷ. 학습동기　　　　　　　ㄹ. 강화

① ㄱ, ㄴ　　② ㄱ, ㄷ　　③ ㄴ, ㄷ
④ ㄴ, ㄹ　　⑤ ㄴ, ㄷ, ㄹ

**정답 ④**
**해설**
**＊ 외적 조건**
- 강화: 어떤 행동에 대한 보상이 있을 때 새로운 행동의 학습이 강화된다.
- 연습(반복): 자극사태와 그에 따른 반응을 반복하거나 연습할 때 학습이 증진되고 파지가 확실해진다.
- 접근: 학습자가 반응해야 할 자극사태와 적절한 반응이 시간적으로 가까이 있을 때 학습이 효과적으로 이루어진다.

**86** 다음의 설명과 관련된 가네(Gagne)의 학습된 능력의 영역은?

> ○ 학습이나 사고에 대한 통제 및 관리능력이다.
> ○ 다양한 상황에서의 문제해결 경험을 통해 개발된다.
> ○ 비교적 오랜 기간에 걸쳐 습득되는 참조적 능력이다.

① 언어 정보　　② 지적 기능　　③ 인지전략
④ 운동 기능　　⑤ 태도 영역

**정답 ③**
**해설**
**＊ 인지전략**
- 인지전략이란 학습자들이 이전에 경험하지 않았던 문제 상황에 자신이 가지고 있는 지식과 기능을 사용하는 방법이다.
- 학습자가 새로운 대상이나 복잡한 문제의 핵심을 파악해서 개념화하는 것이다.
- 문제해결의 과정에서 개인이 보여주는 내적 행동의 양식으로 학습자 자신의 주의집중, 학습, 기억, 사고를 통제하는 내부의 통제과정이다.
- 인지전략은 지적 기능과는 달리 매 시간의 수업에서 결정적으로 영향을 받지 않지만, 비교적 오랜 기간에 걸쳐 발달한다.

**87** 가네(Gagne)의 수업원리 중 학습자들이 이전에 경험하지 않았던 문제 상황에 자신이 가지고 있는 지식과 기능을 사용하는 방법은?

① 언어 정보   ② 지적 기능   ③ 인지전략
④ 운동 기능   ⑤ 태도 영역

> **정답** ③
> **해설**
> ① 언어 정보: 학교 학습의 가장 기본적인 영역으로, 명제적 지식 또는 선언적 지식이다.
> ② 지적 기능: 무엇을 하는 방법을 아는 것이다.
> ④ 운동 기능: 인간 활동의 작업과 관련되어 학습하는 기능이다.
> ⑤ 태도 영역: 학습자가 어떤 종류의 활동, 대상, 사람들 중에서 어느 것을 선택하도록 하는 어떤 사람의 내적·정신적 경향성을 의미한다.

**88** 가네(Gagne)가 제시한 학습의 단계에서 획득과 수행의 단계에 해당하지 않는 것은?

① 작동적 기억의 재생   ② 선택적 지각   ③ 의미의 부호화
④ 반응   ⑤ 강화

> **정답** ①
> **해설**
> \* 학습사태와 수업사태의 관계
>
> | 구분 | 단계 | 기능 |
> | --- | --- | --- |
> | 학습을 위한 준비 | 주의 | 주의집중 |
> | | 기대 | 학습자에게 목표 알려주기 |
> | | 작동기억의 재생 | 선수학습의 재생 자극하기 |
> | 획득과 수행 | 선택적 지각 | 학습과제에 내재한 자극 제시하기 |
> | | 의미의 부호화 | 학습을 안내하기 |
> | | 반응 | 성취행동의 유도 |
> | | 강화 | 피드백의 제공 |
> | 재생과 전이 | 재생단서 | 성취행동의 평가 |
> | | 일반화 | 파지 및 전이 높이기 |

**89** 다음 설명에 해당하는 학습의 위계는?

> 구체적 사실에서 공통적인 것을 뽑아 그것을 기준으로 사물을 분류할 수 있게 하는 학습으로 언어가 주된 수단이 된다.

① 자극·반응학습　② 원리학습　③ 언어연상학습
④ 변별학습　⑤ 개념학습

**정답** ⑤
**해설**
* **지적 기능의 8가지 위계학습**
  - 신호학습: 가장 단순한 형태의 학습으로 신호 자극에 대해 반사적 반응을 함으로써 이루어지는 학습이다.
  - 자극·반응학습: 기대되는 특정의 반응이 나타나도록 체계적인 자극을 기하여 이루어지는 학습이다.
  - 운동연쇄학습: 운동기능에 있어서 자극과 반응이 연쇄되어 관념적 관념을 연결시키는 학습이다.
  - 언어연상학습: 언어로서 기명된 내용이 이미 얻은 경험체계에 연결되어 필요한 경우에 재생하게 하는 학습이다.
  - 변별학습: 유사한 대상을 구별하는 학습이다.
  - 개념학습: 구체적 사실에서 공통적인 것을 뽑아 그것을 기준으로 사물을 분류할 수 있게 하는 학습으로 언어가 주된 수단이 된다.
  - 원리학습: 둘 이상의 개념에서 하나의 규칙 내지 법칙을 발견하는 학습이다.
  - 문제해결학습: 둘 이상의 원리를 조작하여 문제를 해결할 수 있는 학습이다.

# 청소년이해론

# Chapter 1
# 청소년 심리

| 1 청소년의 개념 및 정의

| 2 청소년의 특성

| 3 청소년기 특성 발달이론

# 1 청소년의 개념 및 정의

**[1] 어의(語義)에 따른 정의**

　(1) 어원에 따른 정의

　　① 청소년이란 청년과 소년을 함께 지칭하는 말로, 영어로는 'adolescent'와 'youth'라는 개념을 내포한다.
　　② 'adolescent'는 주로 육체적 성장의 측면을 강조했지만 최근에는 인지·정서·사회적 측면의 성장 및 성숙을 포괄한다.
　　③ 'youth'는 사회적 맥락에서 흔히 사용되며, 청소년의 자율성과 책임성, 시민성 등을 강조하는 용어이다.
　　④ 청소년은 'adolescent'와 'youth'가 합쳐진 말로 육체적·심리적 발달과정의 특성과 문화적 특성을 포함하는 개념으로 보아야 한다.

　(2) 용어에 따른 정의

　　① 과도기
　　　　㉠ 미숙한 아동기에서 성숙한 성인기로 옮아가는 시기
　　　　㉡ 신체적·생리적·심리적·사회적 측면에서 이중적 특성
　　② 질풍노도기
　　　　㉠ 청소년기 특성에 대한 Hall의 규정
　　　　㉡ 부모와의 갈등, 심리적 불안정, 위험행동
　　③ 심리적 이유기
　　　　㉠ 자아를 찾고 자기 가치를 발견
　　　　㉡ 독립적인 자아 형성 욕구(요구)
　　　　㉢ 정신적 의존관계에 있는 부모로부터 이탈
　　　　㉣ 자신의 판단과 책임하에 행동하려 함
　　　　㉤ 부모로부터 벗어나 친구나 또래집단에 관심
　　④ 주변인
　　　　㉠ 아동과 성인의 경계에 놓여 있는 존재
　　　　㉡ 보호 통제의 해제와 성인 의무 면제의 지불유예 상태
　　⑤ 제2의 탄생기
　　　　㉠ 주체 발견·형성의 시기

ⓛ 정신적 독립의 시기

### [2] 학문영역에서의 정의

#### (1) 법률학적 측면

| 법령별 | 연령 및 청소년 기준 |
| --- | --- |
| 청소년 기본법상 청소년 | 청소년육성정책에 관한 기본적인 사항을 정하고 있는 관계로 그 대상을 9세 이상 24세 이하의 자로 규정(청소년 기본법 제3조 제1호) |
| 청소년 보호법 | 만 19세 미만의 자 |
| 청소년활동 진흥법 | 9세 이상 24세 이하의 자 |
| 청소년복지 지원법 | 9세 이상 24세 이하의 자 |
| 아동복지법상의 아동 | • 18세 미만으로 규정(아동복지법 제2조)<br>• 유엔의 '아동의 권리에 관한 협약' 등 국제적 기준과 같으며 청소년 보호법상의 청소년보다 협의의 개념 |
| 형법 형사상 미성년자 | 14세 미만의 자 |
| 근로기준법상의 연소자 | 18세 미만의 자 |
| 소년법상의 소년 | • 19세 미만의 자<br>• 보호처분 대상자: 만 10세~만 19세 미만 |
| 게임산업진흥에 관한 법률에 의한 연소자 | 18세 미만 또는 고등학교 재학 중인 학생 |
| 음악산업진흥에 관한 법률에 의한 연소자 | 18세 미만 또는 고등학교 재학 중인 학생 |
| 공연법에 의한 연소자 | 18세 미만 또는 고등학교 재학 중인 학생 |

#### (2) 심리학적 측면

부모로부터 정서적으로 분리: 자아정체감 형성 시기

#### (3) 생물학적 측면

① 육체적으로 성체로 발달하는 시기
② 사춘기 시작(생식가능시기): 성적 생식능력 완성 시기

#### (4) 사회학적 측면

① 회의세대: 14~25세의 지불유예기
② 자주적인 자기결정이 허용되는 시기(대학 진학, 취업, 결혼)

#### (5) 교육학적 측면

성취인이 되어 가는 과정의 기간

#### (6) 한국의 사회적 통념

중·고등학교 시기

# 2 청소년의 특성

> 1. 청소년기에 들어서면서부터 급격한 성장을 거쳐 신체적으로는 성인의 수준에 도달한다.
> 2. 청소년의 생활과 행동에는 성적 성숙이 기초가 되어 종전의 불안정성이 사라지면서 점진적으로 세련된 양상으로 변한다.
> 3. 성격구조에 있어서도 원초아, 자아가 강하게 표면화된다.
> 4. 자아의식이 발달하여 모든 생활과 행동의 기초를 이룬다.
> 5. 자의식(self-consciousness)이 높아지는 것과 동시에 자존심, 자기주장, 독립심이 강해진다.
> 6. 각 단계의 심리적 발달의 모든 면을 쌓아 올려서 개성이 뚜렷해진다.
> 7. 자의식의 발달과 개성이 강해지면서 부적응 현상이 나타나기도 한다.

## [1] 신체·생리적 특성

### (1) 2차 성징의 발달의 원인과 영향

① 남성·여성 호르몬의 분비 증가(호르몬의 변화): 청소년기는 호르몬의 종류와 양적인 변화로 인해 심리적·신체적인 영향을 받는다.
② 불안이나 호기심으로 인한 심적 불안정한 상태이다.
③ 조숙, 만숙에 따른 불안감, 열등감, 소외감을 느끼기도 한다.
④ 이성에 대한 관심이 증가한다.

### (2) 급격한 신체적 변화

① 신장이 극적으로 성장하는 성장급등기(growth spurt)이다.
  ㉠ 청소년기에 들어서면 신장과 체중이 급성장하고, 성적인 성숙이 급격히 이루어지게 되는데 이를 성장폭발이라고 한다.
  ㉡ 여자(10~12세 정도)가 남자(12~14세 정도)보다 빨리 시작되고 빨리 완료된다.
  ㉢ 성장급등기는 평균적인 시기이며, 개인차가 현저하다.
  ㉣ 성장급등기의 개인차는 유전인자, 영양상태, 사회적 환경, 생활양식 등의 요인 때문이다.
② 2차 성징의 출현
  ㉠ 남성호르몬(안드로겐), 여성호르몬(에스트로겐)이 왕성하게 분비된다.
  ㉡ 남자는 키가 크는 것과 동시에 성기가 커지고 음모가 자라며, 목소리가 변하게 된다.
  ㉢ 여자는 키가 크면서 가슴이 커지고 생리를 시작하며, 음모가 자라게 된다.

### (3) 신체 변화에 따른 심리 변화

① 급격한 변화에 대한 적응 방법의 부지로 인하여 불안감을 갖게 된다.
② 신체의 불균형적 성장으로 자신의 신체에 대한 관심과 불만이 증가한다.
③ 생리적 변화는 정서적 불안정을 야기한다.
④ 조숙, 만숙에 따른 자신감, 열등감이 생기게 된다.
⑤ 타인에 대한 개념이 생겨나며 타인과의 비교를 통하여 자아의식의 발달이 촉진된다.
⑥ 자아정체감 확립을 위한 고민과 노력을 한다.

## [2] 인지적 특성

### (1) 인지발달의 일반적 특징

① 뇌는 출생 후 급속히 성장하다 청소년기 이후에 느려지기 시작한다.
② 지능은 생득적 소질과 환경적 경험의 상호작용에 의해 변화한다.
③ 지능은 출생 후 10세까지 직선으로 발달하다 이후 발달속도가 완만해지며, 20세 이후 정체 및 하강한다.
④ 유동적 지능(기억력, 도형지각, 지각속도, 귀납추리 등)은 대략 청소년 후기에 정점에 근접한다.
⑤ 결정적 지능(어휘력, 이해력, 종합력, 평가능력 등)은 성인기 후반까지도 발달 가능하다.

### (2) 추상적 사고의 발달

① 형식논리(귀납, 연역)에 의한 사고
② 추상적 상징과 은유 활용
③ 본질(원리)을 파악하려는 사고
④ 자신의 사고 자체와 사고과정에 대한 사고(반성)

### (3) 논리적 추리능력의 발달

① 논리적 사고의 발달
② 경험적·귀납적 사고, 가설적·연역적 사고 가능
③ 조합적 사고(관련 변인들의 관계 설정과 검증 사고)

### (4) 사회인지적 특성

① 자기중심성이 강해진다.
  ㉠ 개인적 우화(personal fable): 자신을 아주 특별하고 독특한 존재로 생각한다.

ⓒ 상상의 청중(imaginary audience): 자신은 항상 타인의 관심대상이어서 타인은 늘 청소년 자신을 주시한다고 생각한다.
　② 타인의 입장이 되어 보기(perspective taking): 다른 사람들의 입장이 되어 그들의 생각이나 감정을 이해할 수 있는 능력을 가지게 된다.

---

**＊ 엘킨드(D. Elkind)가 제시한 청소년기 자아중심성으로 인하여 나타나는 현상**

- 상상 속의 청중: 청소년들이 행동할 때 언제나 다른 사람들이 자신의 행동을 주시하고 있다고 생각하는 것으로서 비록 자기 의견이 다른 사람들에게 받아들여지지 않는다 하더라도 어디엔가 자기의 아이디어를 받아주고 갈채를 보내는 청중이 있다고 상상하는 것이다. 사춘기의 소년·소녀들은 '상상의 관중'을 염두에 두고 마치 자신이 무대에 선 배우처럼 타인들의 관심의 초점이 된다고 믿는다.
  - 예 지나치게 외모에 신경을 쓰기
    길을 걸을 때도 다른 사람들이 자기를 보고 있다고 생각하고 의식하기
    다른 사람을 의식해 타인이 알지 못하는 실수에 고민하고 사소한 비판에도 민감하게 반응
- 개인적 우화: 자신의 독특성에 대해 비합리적이고 허구적인 관념으로 자신의 감정과 사고가 너무나 독특해서 다른 사람들은 절대 이해할 수 없으며, 자신이 매우 중요한 인물이라고 믿는다.
  - 예 자신의 우정, 사랑 등은 다른 사람은 결코 경험하지 못하는 것으로 생각하는 것
    다른 사람이 경험하는 죽음, 위험, 위기 등은 자신에게는 일어나지 않을 것으로 생각하는 것

---

## [3] 정서적 특성

① 청소년들의 정서는 순수한 반면 불안정하고 충동적인 면이 강하다.
　㉠ 이는 청소년기의 급격한 신체적·성적 변화에 따른 긴장과 불안, 인지와 자의식의 발달로 인한 가치관의 변화와 기성세대에 대한 거부감에서 비롯된다.
　㉡ 아동 및 성인 사이의 역할 부재에서 오는 혼돈 등이 복합적으로 일어나기 때문이다.
② 감정의 기복이 심하고 예민하며, 타인을 의식하여 수줍음이 많고 열성적이며 호기심과 모방성이 강하다.

## [4] 사회적 특성

① 부모로부터 친구나 유명인물로 동일시 대상이 변화한다.
② 또래집단에서의 역할, 책임, 소속을 중요시한다.
③ 집단의 규율과 규칙을 중요시한다.
④ 친구관계를 중요시한다.
⑤ 이성 친구에 대한 관심이 증가한다.

# 3 청소년기 특성 발달이론

## [1] 생물학적 이론

### (1) 이론의 개요
① 생물유전적 요인이 청소년기 급격한 신체적 변화를 가져오는 청소년기 특성에 초점을 두고 있다.
② 청소년기 혼란은 생물학적이기 때문에 사회문화적 환경과 관계없이 필연적이고 보편적인 현상이다.
③ 청소년기 다른 능력이나 자질도 특별한 학습이나 훈련 없이 나타난다.
④ 성숙과정에서 나타나는 대부분의 문제들은 시간이 지나면 해결된다. 그러므로 청소년에 대한 관용이 필수적이다.
⑤ 개인차나 개인적 소질도 유전적 요인에 의하므로 존중하여야 한다.
⑥ 대표적 이론: 홀(S. Hall)의 재현이론, 게젤(A. Gesell)의 성숙이론

### (2) 홀(S. Hall)의 재현이론(recapitulation theory)
① 생물학적인 견해의 대표자인 홀에 의하면, 모든 사람은 인류가 오늘날의 인류가 되기 위해서 역사적으로 걸어왔던 단계들을 개인적인 발달을 할 때에도 재현한다고 한다.

| 발달단계 | 발달적 특징 |
|---|---|
| 유아기(출생~4세) | 동물적이고 원시적인 발달을 재현하는 시기 |
| 아동기(5~7세) | 술래잡기나 장난감 총 놀이로 동굴 거주와 수렵 및 어로 시대를 재현하는 시기 |
| 청소년 전기(8~14세) | 야만시대의 삶을 재현하는 시기 |
| 청소년 후기(15~24세) | 급진적이고 '질풍노도의 시기'라고 불릴 만큼 안정성이 결여된 문명 초입기를 재현하는 시기 |
| 성인기(24세 이후) | 문명생활을 하는 시기 |

② 홀은 청소년기를 '질풍노도의 시기'라고 보았다. 청소년은 정서적으로 불안정하지만, 청소년기가 지나면 보다 고차원적이고 더욱 완전한 인간의 특성이 드러나 새로운 탄생을 맞이하게 된다고 본 것이다.
③ 홀의 청소년에 관한 이론이 청소년의 발달 문제는 내적으로 통제된 것이라고 시사하였고 청소년 문제의 해결이 아주 용이하게 접근될 수 있었기 때문에 홀의 견해는 후에 청소년을 연구하는 데 있어서 지대한 영향을 끼쳤다고 볼 수 있다.

④ 부모나 사회는 청소년의 발달에 있어서 간섭을 하여서는 아니 되며, 청소년기를 벗어나게 되면 모든 문제가 자연히 해결되거나 해소된다는 것이며, 심지어는 청소년의 심각한 비정상적인 행태도 정상으로 볼 수 있다는 것을 시사하고 있다.
⑤ 홀의 재현이론에 대한 비판
   ㉠ 사춘기 호르몬과 같은 생물학적 요인을 지나치게 강조한 반면 가족의 영향, 친구의 영향과 같은 환경적 요인을 과소평가하였다.
   ㉡ 청소년기를 '질풍노도의 시기'라고 보았는데, 이는 청소년기의 불안정한 심리상태를 지나치게 강조한 것이라는 것이다. 즉, 어떤 문화에서는 이와 같은 격동기를 전혀 거치지 않는 것으로 알려져 있기 때문이다
   ㉢ 문제행동에 대해서도 관용해야 하며, 간섭은 문제를 악화시킨다고 주장하였는데, 그것이 타당한가에 관한 것이다.
   ㉣ 미국에서 25% 정도의 청소년만 불안정을 경험했다는 연구에서 볼 수 있는 것처럼 청소년기 불안정과 혼란은 보편적이지 않다. 또 급격한 변화가 아니라 점진적 변화이다.

### (3) 게젤(A. Gesell)의 성숙이론
① 게젤은 태아학적 모형과 실제로 아동에 대한 방대한 관찰을 근거로 아동발달에 관한 성숙이론을 제시하였다. 이때 성숙이란 인간행동이 주로 타고난 내적인 힘과 예정된 계획에 의해서 변화되어 가는 과정을 뜻한다.
② 게젤은 연령에 따른 청소년의 행태를 제시하였다. 이는 10~16세의 각 나이에서 나타나는 독특한 성장유형에 대한 경험적 연구의 결과이다.
   ㉠ 10세에는 권위를 인정하고, 삶을 있는 그대로 받아들이며, 자신 있고 순종하며, 가정을 좋아하고, 동성친구를 좋아하는 태도를 보이며, 집단과 조직에 참여하고, 공평함에 대한 강한 의식을 지니며 외모에는 무관심한 행태를 보이는 평형과 균형의 시기이다.
   ㉡ 16세는 성인이 되기 직전기의 원형으로서 자기 의식적이고 보다 독립적이며, 자신만만하고 보다 균형감각을 가지고 있으며, 성격이 원만해지고 보다 자기 통제적이며, 사고는 점차 미래 지향적으로 되고, 유쾌하고 친근하며, 사교성이 풍부하고, 적응력이 발달되며, 이성 간의 교제도 성적인 이유가 아닌 동성과 같은 친구로서의 교제가 가능해지는 행태를 보인다.
③ 게젤은 인간에게 새롭게 나타나는 행동은 학습에 의해서라기보다는 유전적인 성숙의 결과라고 주장하였다. 행태적인 특성과 발달성향의 순서가 유전인자와 생물적인 요인에 의해 조정된다고 보았기 때문에, 타고난 유전적 요인에 의해 아동의 성장과 발달이 결정된다고 생각하였다.

④ 게젤은 아동의 특징과 능력에 대한 표준을 제시하여 이를 토대로 부모나 교사가 그들의 성숙 수준에 부합되는 과제를 통해 그들 스스로 내적 계획에 따라 발달할 수 있도록 충분한 시간을 부여할 것을 강조하였다.
⑤ 부모나 교사가 아동의 발달에 대해 지나친 기대를 가진 나머지 아동의 성숙 수준을 넘어서는 성취를 요구하는 것은 오히려 아동의 발달에 부적절하며, 아동의 부적응 행동을 야기한다.
⑥ 환경은 성숙에 어느 정도 영향을 미치지만 그 작용은 개별적이고 제한적이다.
⑦ 개인의 자질과 성장유형은 그 아동이 속한 문화와 관련이 있으며, 바람직한 문화는 아동의 독특한 개성을 맞춰줄 수 있어야 한다.

## [2] 정신분석학적 이론

정신분석이론은 인간의 의식 속에 지각된 사실만으로는 인간의 심리적 현상을 이해하기는 부족하다고 여긴다. 발달은 무의식적인 것이며 이러한 무의식의 진행과정을 탐구하는 것을 강조한다.

### (1) 지그문트 프로이트(S. Freud)

① 프로이트는 인간의 정신세계를 의식, 전의식, 무의식으로 나누고 무의식의 세계를 중시하였다.
② 성격의 구조를 원초아(id), 자아(ego), 초자아(superego)로 분류하였다.
  ㉠ 원초아(id)는 심리적 에너지의 원천이자 본능이 자리 잡고 있는 곳이며, 쾌락의 원칙에 따른다.
  ㉡ 자아(ego)는 현실의 원칙에 따라서 현실적이고 논리적인 사고를 하며 환경에 적응한다. 자아는 원초아의 본능과 외부 현실세계를 중재 또는 통제하는 역할을 한다.
  ㉢ 초자아(superego)는 쾌락보다는 완전함을 추구하고, 현실적인 것보다 이상적인 것을 추구한다.
③ 개인의 발달과정에서 성욕을 특히 강조한 프로이트는 성적 본능의 에너지를 리비도(libido)라 하고 리비도의 집중부위에 따라 성격발달단계를 구강기, 항문기, 남근기, 잠복기, 생식기의 5단계로 구분하였다.
④ 성격발달에 있어 인생의 초기 5~6년 동안의 경험이 중요하다고 가정하였기 때문에 청소년기에 대해서는 별다른 관심을 두고 있지 않다.
  ㉠ 청소년기의 특징을 규정하는 오이디푸스 콤플렉스(Oedipus complex), 엘렉트라 콤플렉스(Electra complex)의 재인식을 지적하였다.
  ㉡ 남근기 동안 나타나는 이 갈등은 남아가 아버지를 동일시하고 여아가 어머니를 동일시함으로써 해결되며, 이후 잠복기 동안 무의식 속에 억압된다.

ⓒ 사춘기의 시작과 함께 이성의 부모에 대한 성적 애착은 되살아나지만 근친상간에 대한 금기가 내면화되어 청소년들은 그것을 인식하지 못한다. 그 대신 청소년들은 아버지나 어머니를 생각나게 하는 연상의 이성에게 매력을 느끼고 첫사랑을 경험한다.

### (2) 안나 프로이트(A. Freud)

① 안나 프로이트는 사춘기의 호르몬 변화와 생리적 변화들이 잠복기 동안 억압되었던 리비도 에너지를 더 강한 성적 충동으로 재현한다고 주장했다.
② 청소년기는 기본적으로 내적 갈등(inter conflict), 심적 불평등(psychic disequilibrium), 엉뚱한 행동(erratic behavior)이 지배하는 시기이다.
③ 청소년은 한편으로는 자기중심적인 면을 지니고 있는가 하면, 다른 한편으로는 자기희생과 헌신을 보이는 면이 있다.
④ 열정적인 사랑의 관계를 쉽게 맺기도 하지만 쉽게 깨기도 하며, 이기적이고 물질 지향적이기도 하지만 때로는 고고한 이상을 탐닉하기도 한다.
⑤ 청소년은 남에 대해 전혀 고려하지 않는가 하면 자기의 상한 감정에 대하여 무척 분노하기도 하며, 가벼운 낙천주의와 극단적인 염세주의 사이를 왔다갔다하는 양립적인 면을 보인다.
⑥ 청소년의 행동은 사춘기에 나타나는 갑작스러운 성적 에너지의 증가로 인해 스트레스를 일으키며 제2의 오이디푸스 콤플렉스를 유발한다. 이러한 불안과 갈등, 죄의식에서 벗어나기 위해 방어기제를 사용하거나 사회적으로 용인될 수 없는 가족에 대한 성적인 열망은 동성애(친구와의 친밀감)를 추구하게 된다.
⑦ 청소년들이 경험하는 혼란과 갈등은 정상적 발달 과정의 일부분일 뿐 병리적 현상이 아니며, 이러한 혼란의 부족을 발달적 장애로 보았다. 다시 말해 사춘기에 혼란을 겪지 않으면 발달상에 문제가 있는 것이라고 주장했다.

## [3] 인지발달이론

인지발달이론은 인간의 인지발달을 유기체와 환경의 상호작용으로 파악한 이론이다. 정신분석이론은 청소년의 무의식적인 사고를 중요성을 강조하지만 인지발달이론은 청소년의 의식적인 정신구조를 중요시하며 합리적인 사고를 강조하는 것이다.

### (1) 피아제(Piaget)의 인지발달이론

① 인지발달이론의 대표적 학자인 피아제는 인간은 특정한 인지적 발달 경향성을 가지고 태어나지만, 친구·성인 등과 같은 사회적 환경과의 상호작용을 어떻게 하느냐에 따라 지적 능력은 차이가 난다고 하였다.

② 인지발달단계를 감각운동기(sensory motor stage), 전조작기(pre-operational stage), 구체적 조작기(concrete operational stage), 형식적 조작기(formal operational stage)의 네 단계로 구분하였으며, 질적으로 다른 이 단계는 정해진 순서대로 진행되고 단계가 높아질수록 복잡성이 증가한다고 하였다.

③ 피아제에 따르면 청소년기에 해당되는 형식적 조작기는 구체적 조작기와는 달리 문제해결에 있어 과거·현재·미래를 모두 이용할 수 있으며, 추상적이고 논리적인 사고가 가능하며, 상대적이고 다차원적인 사고가 가능하다.

④ 형식적 조작기의 청소년들은 자신이 누구인가 하는 근본적인 존재에 대한 의문을 갖기도 하고 부모와 자신을 분리해서 생각하기도 하며 부모와는 다른 의견을 주장하기도 한다.

⑤ 청소년은 이제 자신의 삶의 의미를 음미하고 사회적인 규범이나 가치관을 이해하고, 현실과 반대되는 가설적인 상황을 이해할 수 있다.

⑥ 청소년들은 피아제가 제시한 형식적 조작 사고를 발달시키는데, 이와 같은 성숙한 사고체계로 문학, 수학, 그리고 과학의 복잡한 체계를 익힐 수 있다. 그것은 미래의 목표를 계획하도록 하며, 과거와 현재를 현실적인 자아정체감으로 통합시켜 준다. 이러한 능력은 성인다운 사회·정서적 적응을 위해 필수적이다.

### (2) 콜버그(Kohlberg) 도덕성 인지발달이론

① 도덕성 인지발달이론의 대부인 콜버그는 인간의 도덕성 추론 능력의 발달은 인지적 발달과 관련되어 있기 때문에 도덕 발달도 단계적이며, 이러한 발달 순서는 모든 사람과 모든 문화에서 동일하게 나타난다고 생각하였다.

② 콜버그는 도덕 추론 단계를 전인습적 도덕성 단계(pre-conventional morality stage), 인습적 도덕성 단계(conventional morality stage), 후인습적 도덕성 단계(post-conventional morality stage)의 3수준으로 구분하고, 각 수준을 다시 두 단계로 세분하여 총 6단계로 구분하였다.

　㉠ 전인습적 수준은 행위의 결과가 가져오는 보상이나 처벌에 의해 옳고 그름을 판단하는 수준으로 행동의 의도보다는 결과를 고려하여 자신이나 타인의 욕구를 충족시키는 것이 옳다고 생각한다.

　㉡ 인습적 수준은 사회적으로 기대와 규칙을 중요한 판단 근거로 사용하며, 올바른 일이란 사회적 질서를 유지하는 것이라고 생각한다.

　㉢ 후인습적 수준은 도덕적 가치와 원리에 초점을 맞추면서 개인의 권리를 존중한다. 법이나 규칙은 개인의 자유의 규제가 아닌 극대화를 위해 제정된 것이기 때문에 사회적 약속은 대다수의 이익을 위해 변화될 수 있다고 생각한다.

③ 도덕성 발달은 청소년기를 지나 성인기까지 계속되는데 모든 사람이 후인습적 수준에 이르는 것이 아니라 성인 대부분은 인습적 수준에 머물러 있다고 한다. 또한 이러한 현상은 개인이 현재의 도덕적 추론방식을 반성할 충분한 기회를 제공받지 못했기 때문이므로 교육이나 지도자의 역할이 중요하다고 하였다.

## [4] 심리사회적 발달이론

청소년발달에 관한 심리 사회적 발달이론의 대표적인 학자는 에릭 에릭슨(Erik Erikson)이며, 그 외에 해리 스택 설리반(Harry Stack Sullivan)과 마샤(J. Marcia) 등이 있다. 이 이론가들은 유기체에게 중요한 생활사건과 그 사건의 발생시기, 타인과의 관계, 문화적인 특성 등과 같은 심리사회적 요인이 인간의 발달에 중요한 영향을 미친다고 주장한다.

### (1) 에릭슨(Erikson)의 심리사회성 발달이론

① 에릭슨은 인성의 발달을 생물학적 차원, 사회적 차원, 개인적 차원 등 세 가지 차원들 간의 부단한 상호작용의 결과로 본다.
  ㉠ 생물학적 차원: 모든 인간이 보편적으로 가지고 있는 특성으로서 인간은 출생 시 누구나 욕망과 충동을 가지고 태어나며, 인간의 발달은 미리 정해진 순서대로 진행이 되고 부분적으로는 성숙요인의 지배를 받는다.
  ㉡ 사회적 차원: 인간의 발달이 적정 수준에 도달하기 위해 꼭 필요한 것으로 상호작용의 형태로 나타난다.
  ㉢ 개인적 차원: 개개인의 인간이 가질 수 있는 독특한 측면으로서, 생물학적 환경과 사회적 환경이 비슷하다 하더라도 개개인이 동일한 인성을 갖게 되지는 않는다.
  ㉣ 위의 세 가지 차원을 적절히 통합한 사람은 이른바 심리적으로 건강한 사람이고, 확고한 정체감을 확립한 사람이다(Erikson, 1968).
② 에릭슨은 인간의 발달단계를 8단계로 구분하고 각 발달단계마다 해결해야 할 중요한 발달 과업과 위기가 있는데 이러한 과업과 위기를 성공적으로 달성할 때 개인은 건강한 발달을 할 수 있다고 주장하였다.
③ 특히 청소년기가 자아정체감을 형성하는 결정적인 시기로 보고 청소년기에 경험하는 관계들에 의해 자아정체감을 형성하게 되는데 만약 청소년기에 자아정체감 위기를 성공적으로 극복하지 못한다면 부적절한 자아를 갖게 되어 일탈이나 비행과 같은 부적응적 행동을 보일 수 있으며, 건강한 성인으로서의 성장도 어렵다고 본다.
④ 그러나 에릭슨은 생물학적 이론이나 정신분석이론처럼 청소년기가 다른 발달시기에 비해 특별히 혼란과 스트레스가 많은 시기라고 보지 않았는데, 이는 인간의 경우 어떤 발단단계를 거친다고 해도 매 단계마다 극복해야 할 위기와 과업이 있다고 보기 때문이다.

⑤ 에릭슨의 심리사회적 발달이론은 개인의 발달 과정에서 심리적 적응과 사회적 맥락과의 관계를 특히 중요시한 것이 가장 핵심이다.

**(2) 설리반(Sullivan)의 이론**
① 설리반은 성격은 대인관계에 의해 일생에 의해 형성되기 때문에 성격의 변동성을 주장한다. 그러나 성격발달의 가장 중요한 시기는 유아에서 청소년 초기까지이며 이때 형성된 성격이 광범위하고 보편적인 틀을 지닌다고 한다.
② 인간 성장의 사회적 측면을 강조하며 대인관계의 측면에서 인간의 발달이 잘 이해될 수 있다고 하였다.
③ 특히 다른 정신분석이론가들이 부모-자녀 관계의 중요성에 관심을 집중시켰던 것과는 달리 청소년기 발달에 친구관계가 중요한 역할을 함을 강조하였다.
④ 프로이트의 잠복기를 매우 중요한 시기로 보고, 이 시기를 제3단계인 소년기와 제4단계인 전청소년기의 두 단계로 나누었다.
⑤ 설리반의 성격발달 7단계
  ㉠ 제1단계 유아기: 유아기의 주요한 경험양식은 원형적이며, 유아는 어머니의 행동에 근거하여 자신을 독립된 개체로 인식하기 시작한다.
  ㉡ 제2단계 아동기: 주요한 경험양식은 병렬적이며, 언어능력이 증가함에 따라 통합적으로 변해 간다. 부모의 언어적 표현은 아이의 자기에 대한 지각에 매우 중요하다.
  ㉢ 제3단계 소년기
    ⓐ 이 시기는 친구를 필요로 하는 시기이다. 다양한 인간 형태를 알게 되고 협동심과 경쟁심을 배우게 되며, 괄목할 만한 지적 성장을 하면서 여러 종류의 사회적 고정관념도 습득하게 된다.
    ⓑ 이 시기의 중요한 사건으로는 '감독 형태의 학습(learning of supervisory patterns)'을 들 수 있는데, 이것은 어린이가 상상적인 인물을 마음속에 간직하고 있어서 그 상상적 인물이 항상 자신을 감독한다고 느끼므로 다른 사람이 보지 않는다 하더라도 이 상상 인물의 존재 때문에 자기 행동을 통제하게 된다는 것이다.
  ㉣ 제4단계 전청소년기
    ⓐ 모든 것을 털어놓고 이야기할 수 있는 단짝이 필요한 시기로서 단짝 관계가 형성되는 것이 특징이고 또한 관심이 변화되는 것이 특징이다.
    ⓑ 이때의 청소년들은 단짝과 사적이고 은밀한 정보를 주고받으며 정직함, 충성심, 신의에 기반을 둔 가깝고 상호적인 우정을 형성한다.
    ⓒ 전청소년기의 단짝 관계는 치유적 기능도 할 수 있다. 즉, 아동기 동안 생겼을 수 있는 대인 관계 문제가 단짝 관계를 통해 치유될 수 있다는 것이다. 아울러 전청소년기

동안 친밀한 우정관계를 형성하는 것은 청년기나 성인기에 친밀한 관계를 형성하기 위한 밑거름이 된다.

ⓓ 따라서 이 시기의 발달이 이후에 다른 사람들과 지지적 관계를 형성하고, 사회적 자신감과 자기 가치감을 느끼는 데에도 결정적인 영향을 미칠 수 있다.

㉤ 제5단계 청소년 초기

ⓐ 이 시기의 상호작용 욕구는 이성과의 애정관계를 형성하는 욕구로 나타난다.

ⓑ 문제는 이 시기에 생리적 변화와 함께 성적 만족에 대한 새로운 욕구와 긴장 및 불안감이 생기고, 현실적으로는 자신의 성적 욕구 충족이 불가능하다는 것을 깨닫게 되므로 이 욕망을 의식 밖으로 밀어내려는 노력을 하고 빨리 불안에서 벗어나려 함으로써 갈등과 혼란을 겪는다는 것이다.

㉥ 제6단계 청소년 후기

ⓐ 청소년 초기의 혼란과 갈등이 어느 정도 안정을 찾게 되는 시기이다.

ⓑ 이때는 이제까지 발달해온 지적 성장이 활짝 꽃을 피우는 시기이며, 보다 광범위한 시각을 갖게 되어 주변적이고 지엽적인 문제에서 정치적·사회적 문제로 관심을 확장하게 된다.

ⓒ 성적 적응도 어느 정도 이루어져 각 욕구 간의 평형을 이루는 등 서서히 안정의 단계로 접어드는 시기이다.

㉦ 제7단계 성인기

ⓐ 결혼을 통해 부모로서의 역할을 하는 시기이다.

ⓑ 이 시기의 경험양식은 통합적이며 상징적이다.

ⓒ 성인기에 이르러서야 인간은 온전하게 사회화된 발달을 이루게 된다.

**(3) 마샤(Marcia)의 이론**

① 마샤는 에릭슨의 자아정체감에 대한 개념을 보완하여 자아정체감을 자신에 대한 태도, 가치, 신념으로 간주하였다.

② 청소년기에 형성된 자아정체감은 변하지 않는 것이 아니라 성인기에도 변화될 수 있는 것으로 보았다.

③ 각 개인의 자아정체감 상태를 두 가지 차원, 즉 자신에 대한 탐구와 관여에 따라 정체감 혼미, 정체감 유실, 정체감 유예, 정체감 성취의 4가지 유형으로 구분하고 있다.

▶ 마샤(J. Marcia)의 정체감 상태

| | |
|---|---|
| 정체감 혼돈(identity diffusion) | 자신이 누구인지, 인생에 있어 무엇을 하고 싶어 하는지 모르고, 삶에 대한 방향감이 결여되어 있다. |
| 정체감 유실(identity foreclosure) | 선택 사항들에 대한 고려 없이 부모와 같은 다른 사람이 선택해 준 결정을 수용하는 상태이다. |
| 정체감 유예(identity moratorium) | 선택을 위한 노력 중에 있는 상태이다. |
| 정체감 성취(identity achievement) | 직업이나 이성, 신앙 등을 자유롭게 고려해 본 후에 스스로 선택하여 선택한 삶에 전념하는 상태이다. |

④ 자신에 대한 탐구는 개인이 자신의 가치, 진로, 신념을 형성하기 위해 얼마나 많은 시행착오와 탐구를 하였는지를 평가하고, 관여 정도는 가치, 진로, 신념에 대해 얼마나 확고한 생각을 가지고 있는가를 말한다.

⑤ 청소년기 초기 자아정체성은 일반적으로 정체감 혼미나 유예 수준에 머물러 있다. 이들의 정체감 형성에는 부모의 조력이나 청소년 자신의 미래 전망에 대한 숙고적인 사색이 주요 역할을 하는 것으로 알려져 있다.

## [5] 사회학습이론

사회학습이론은 인간의 행동은 사회적이고 상황적인 맥락에 의해 결정되므로 인간발달을 어떤 획일화된 단계로 구분할 수 없다고 본다. 다른 이론들이 각 발달단계마다 상이한 심리적 과정이 일어난다고 보는 데 반해 사회학습이론에서는 유아, 아동, 청소년, 성인은 모두 동일한 심리과정을 갖는다고 주장한다.

### (1) 반두라(Bandura)의 관찰학습이론

① 반두라는 전통적인 학습이론을 확대하여 인간의 사회적 행동을 설명하려고 하였다. 즉, 그는 전통적 학습이론에서 경시하였던 감정이나 이미지 혹은 기대 등의 관찰 불가능한 내적 과정을 인정하고 소위 관찰학습에 의해 학습이 이루어진다고 주장하였다.

② 관찰학습은 관찰자가 타인의 행동을 관찰하고 그것을 인지적으로 처리하여 자신의 행동을 결정하는 과정을 포함한다.

③ 관찰학습 과정은 관찰대상이 되는 모델의 행동과 관찰자의 인지적 의사결정 과정의 두 가지 요인으로 구성된다.

④ 반두라의 초기 연구들(Bandura, 1969, 1973)은 모델의 역할을 강조하였으나 후기의 연구들(Bandura, 1977, 1982)은 개인의 인지적 의사결정 과정을 강조하였다.

⑤ 반두라는 관찰학습이 일어나는 과정을 주의(attention) 과정, 파지(retention) 과정, 운동재생(motor reproduction) 과정, 동기유발(motivation) 과정으로 설명하고 있으며, 습득과 수행을 구별하고 관찰학습이 수행으로 옮기기 위해서는 적절한 보상이나 강화와 같은 동기유발이 필요하다.
⑥ 사회학습이론에 의하면 청소년들은 그 사회의 성인들이 말하는 대로 하기보다는 성인들이 행동하는 것을 본 대로 행동한다는 것이다.
⑦ 반두라는 청소년기가 하나의 불연속적인 발달단계가 아닌 매일의 환경으로부터 받는 사회적 자극의 결과로 나타나는 연속적인 과정이라고 주장한다.

### (2) 베네딕트(Benedict)의 문화학습이론

① 베네딕트는 문화적 조건화(cultural conditioning) 과정에서의 연속성(continuity)과 불연속성(discontinuity)을 바탕으로 아동기에서 성인기로의 이동을 설명하였다.
② 개인의 성격발달에 미치는 문화의 사회화 영향을 분석하는 수단으로서 연속성과 불연속성을 이론적 구성개념으로 활용하였다.
③ 개인의 성장은 사회환경적 영향을 받지 않는다면 점진적이고 연속적으로 이루어질 것이나, 사회적 집단들의 요구나 기대, 제한 혹은 처치 방법에 따라 불연속성이 나타날 수 있다.
④ 결론적으로 베네딕트는 아동기에서 성인기로의 이동의 질적 특성이 청소년기의 경험을 결정한다고 주장하였다. 즉, 유연하고 계속적인 이동은 청소년기의 갈등과 혼란을 야기시키지 않는 반면, 갑작스럽거나 비계속적인 이동은 정서적 긴장과 갈등을 일으킨다는 것이다.

## [6] 인본주의이론

인본주의이론은 행동주의 학습이론과는 반대되는 입장으로 인간은 원래 선하며, 적절한 환경이 주어지면 자신의 잠재능력을 실현하려는 경향성이 있다고 가정한다. 이러한 인간관은 인간의 본능과 인간의 갈등 무의식을 중요시하는 정신분석이론이나 인간을 수동적이며 환경의 지배를 강하게 받는 존재라고 인식하는 행동주의적 관점과는 확연한 차이가 있다.

### (1) 로저스(Rogers)의 인본주의적 이론

① 로저스는 인간은 근본적으로 자기실현을 취하려는 동기와 스스로 자신의 문제를 해결하고 이해할 수 있는 능력을 가지고 있다는 관점에서 출발하기 때문에 청소년 역시 이러한 잠재력을 가지고 있다고 본다.
② 로저스의 이론에서 자아는 매우 중요한 개념이다. 자신이 지각하는 자아와 다른 사람이 자신을 보는 자아 간의 일치가 중요하다. 이 양자가 일치하지 않으면 청소년은 부적응적으로 되어 불안, 방어, 왜곡된 사고를 낳게 된다.

③ 현재 있는 그대로의 모습인 실제 자아(real self)와 자기가 되고 싶은 모습인 이상적 자아(ideal self)와의 차이가 적절할 때 이상적인 자아가 되기 위한 노력을 기울이지만, 두 자아 간의 격차가 너무 커지면 오히려 부적응적인 문제를 유발한다고 하였다.

④ 청소년기 자아는 아동기의 경험과 주변의 의미 있는 타인과의 경험에 의해 많은 영향을 받기 때문에 주변의 부모, 교사, 친구와 얼마나 긍정적인 경험을 하였느냐가 건강한 성장에 중요한 요인이 된다는 것이다.

### (2) 매슬로우(Maslow)의 자기실현이론

① 심리적으로 건강한 사람에 대해 초점을 맞추었던 매슬로우의 이론은 사람은 기본적으로 선하며, 존경받을 만하고, 적합한 환경 조건이 주어진다면 자신의 잠재력을 실현해나가려 한다는 인본주의 철학에 입각하고 있다.

② 인간이 본래 진, 선, 미를 추구하며 자기완성을 위한 자신이 독특한 능력을 최대한 발휘하려는 자기실현이 동기가 있다고 강조하였다.

③ 인간욕구의 위계설을 개념화하여, 사람은 태어나면서 기본적인 욕구를 가지고 태어나며, 이러한 욕구를 충족하기 위해 행동한다고 보았다.

④ 인간의 기본적 욕구는 생리적 욕구, 안전의 욕구, 애정과 소속에 대한 욕구, 자존에 대한 욕구, 자아실현의 욕구 다섯 가지로 구분하였으며 각 욕구에는 위계가 있다고 보았다.

⑤ 이러한 욕구들은 위계적이기 때문에 하위의 기본적 욕구 충족이 이루어져야 상위의 성장욕구에 관심을 갖고 이 욕구를 달성할 수 있다고 하였으며, 자기실현하는 사람이 되기 위해서는 위계적으로 배열되어 있는 다섯 가지의 욕구들이 충족되어야 한다고 주장하였다.

## [7] 생태학적 이론

### (1) 생태학적 이론(ecological theory)

① 생태학적 이론은 유전적 요소, 가정의 역사, 사회경제적 수준, 가정생활의 질, 문화적인 배경과 같은 요인들이 발달과 관련된다고 보고 있으며, 인위적인 실험실 연구가 아닌 실제 삶의 맥락 내에서 행하고 연구하고자 하는 접근을 취한다.

② 생태학적 접근은 최근 발달심리학의 여러 영역에서 강하게 부각되고 있는 경향이며, 특히 지각발달과 성적 및 사회성 발달 연구에서 중시되고 있다.

③ 아동발달에 대한 생태학적 이론은 환경적 요소에 의해 영향을 받는 통합된 유기체로서의 전인적 아동(whole child)을 생각한다.

### (2) 브론펜브레너(Uri Bronfenbrenner)의 생태학적 접근

① 생태학적 접근의 대표적인 학자인 브론펜브레너는 '맥락 속의 발달(development-in-context)' 혹은 '발달의 생태학(ecology of development)'을 연구해야 한다고 주장하였다. 여기서 생태학(ecology)이란 개인이나 유기체가 경험하고 있는 혹은 개인과 직접·간접으로 연결되어 있는 환경적 상황을 의미한다.

② 생태학적 접근(ecological approach)에서는 가족, 지역사회, 문화 등 인간이 몸담고 있는 생태환경을 보다 체계적으로 구조화하고 이들 환경체계와 개인 간의 관계를 이해하는 것을 인간발달의 주요 과제로 삼고 있다.

   ⊙ 활동적이며 성장하는 인간이 환경과 어떻게 관계되어 있는지를 이해하는 방법으로, 인간 발달의 생태학을 생각하였다.

   ⊙ 유아의 발달이 이루어지는 주변 세계와 더 넓은 세계 사이의 관계를 이해하려고 하였고, 유아들의 주변 세계에 대한 해석과 그 해석들이 어떻게 변화하는지에 초점을 두었다.

③ 브론펜브레너는 그의 저서 『인간 발달의 생태학(The Ecology of Human Development, 1979)』에서 사람과 상황이 상호작용한 방식들을 설명했다.

   ⊙ 브론펜브레너의 모델은 그의 은유(metaphor)를 통해서 잘 이해할 수 있다. 러시아 인형이란 가장 큰 인형 속에 점차 작은 인형들이 차례로 들어 있는 것이다. 상황들도 역시 더 큰 상황 속에 담겨 있다. 미시체계는 중간체계 속에 담겨 있고, 중간체계는 외체계 속에 담겨 있다.

   ⊙ 그는 이러한 각각의 상황들 속에서의 역동성과 그 상황들 간의 전이(轉移)에 관심을 가졌다.

④ 브론펜브레너는 인간을 둘러싸고 있는 생태학적 환경을 가장 가까운 것에서부터 가장 먼 것에 이르기까지 네 개의 구조체계로 구분하였다.

   ⊙ 미시체계(microsystem)

      ⓐ 미시체계는 가정환경이나 학교환경처럼 개인에게 직접적인 영향을 주는 체계이다.

      ⓑ 미시체계는 발달하는 아동과 사회 사이의 직접적이고 복잡한 관계를 말한다.

        – 특별히 가정, 학교, 또래집단, 이웃, 운동팀, 수련캠프, 교회 등과 같이 일대일로 만나서 직접적으로 친숙한 대인관계를 형성하는 물리적 사회적 환경이다.

        – 이 환경에서 상호교류함으로써 아동은 자아정체감을 획득한다.

        – 개인이 발달하고 변화하는 것처럼 미시체계의 환경도 매일 매 순간 변화한다. 따라서 항상 변화하고 유동하는 존재로 파악된다.

      ⓒ 미시체계는 일개인의 일생에 있어서 가장 절실하고 지대한 영향을 끼친다.

        – 특히 청소년기에 미시체계가 동료집단일 경우 개인의 심리발달에 미치는 영향력은 크다.

- 동료집단은 지위, 우정, 인기, 소속감 같은 중요한 심리적 보상을 제공하기도 하고 절도, 흡연, 음주, 약물 사용, 성적 행동 등을 부추기는 역기능적인 면을 동시에 가지고 있다.

ⓒ 중간체계(mesosystem)
  ⓐ 중간체계는 미시체계들을 연결시켜 주며 미시체계들이 중복되어서 생기는 대인관계를 의미한다. 즉, 아동이 적극적으로 참여하는 두 개 또는 더 많은 수의 환경들 간의 상호관계를 말한다.
  ⓑ 예를 들어 가정과 학교의 관계, 가정과 동료집단과의 관계가 대표적이다.
  ⓒ 중간체계는 한 개의 미시체계와 다른 한 개의 미시체계 사이의 연결 관계를 말하기 때문에 어떤 하나의 미시체계에서 일어나는 사건들은 다른 미시체계에서 일어나는 아동의 행동과 발달에 영향을 끼친다.
  ⓓ 가정, 학교, 동료집단에서 각각 경험한 것들이 아동에게 통합적으로 맥락을 가지면서 경험된다.
  ⓔ 한 개인이 여러 가지 역할을 수행하는데 그 역할 사이에 적절한 조정이나 비율이 발생하고 각각의 미시체계의 구성원들 사이에도 조화와 통일이 발생한다.

ⓒ 외체계(exosystem)
  ⓐ 외체계는 개인이 직접적인 관련성은 없으나 개인에게 영향을 미치는 사회적 구조인 환경요소를 포함한다.
    - 예를 들어 부모의 직업은 그들의 사고와 행동에 영향을 미치고, 자녀의 양육방식에 영향을 미쳐 마침내 자녀의 성격발달에 영향을 미치게 된다.
  ⓑ 외체계는 발달하는 개인에 직접적으로 관여하는 발달의 장은 아니지만 아동의 발달에 간접적으로 영향을 끼치는 사건이나 장면을 말한다.
    - 예를 들어 부모의 직장, 손위형제가 다니는 학교, 학급, 이웃의 특징, 학교와 지역사회 간의 관계이다.
  ⓒ 정치적·경제적·사회적 의사결정기구(예 교육부, 문화관광부, 법무부, 보건복지부 등 청소년 관련기관 등)와 같이 보다 큰 환경맥락을 일컬어 외체계라고 한다. 개인이 속해 있는 체계도 있지만 직접적으로 관련되지 않은 체계도 있다.
  ⓓ 청소년 발달에 가장 큰 영향을 미치는 외체계는 부모의 직장, 부모의 친구집단, 이웃공동체 등이다. 이 외에도 대중매체, 교육위원회, 지방의회, 지방교통체계, 종교단체, 시민단체, 산업체 등이 외체계에 포함될 수 있다.
  ⓔ 비록 청소년은 이러한 외체계의 의사결정과정에 직접적으로 참여하지는 않지만, 외체계 내에서 결정된 사항들은 중간체계와 미시체계를 통해 직접적으로 혹은 간접적으로 청소년의 생활에 영향을 미친다.

② 거시체계(macrosystem)
    ⓐ 거시체계는 개인이 속한 사회나 하위문화의 이념 및 제도의 유형으로 사회문화적 규범과 같은 커다란 체계를 말하며 개인에게 간접적 영향을 준다.
    ⓑ 거시체계는 문화적·정치적·사회적·법률적·종교적·경제적·교육적 가치와 공공정책의 핵심을 구성한다. 개인과 직접적인 관련이 거의 없지만 가장 근본적이고 중대한 변화를 초래한다.
    ⓒ 거시체계가 가지는 시대정신이나 풍토는 청소년의 신념과 구체적인 행동에 영향을 미친다.
        - 예를 들어, 오늘날 포스트모더니즘은 청소년 세대의 행동 준거가 되었으며, 성적 매력에 대한 사회 전반의 거시체계적 가치는 거식증, 폭식증과 같은 청소년의 섭식장애를 유발하는 요인이기도 하다.
◎ 시간체계
    ⓐ 초기의 생태학적 모델에서는 없었으나 새롭게 추가된 체계이다.
    ⓑ 전 생애에 거쳐 일어나는 변화와 사회역사적인 환경을 의미한다.

# Chapter 2
# 청소년 문화

| 1 청소년 문화의 의미와 성격

| 2 청소년의 대중대체 문화

| 3 청소년의 여가문화

| 4 청소년 문화정책의 지향과 대안

# 1 청소년 문화의 의미와 성격

## [1] 청소년 문화의 개념 및 특성

(1) 사회적 범주로서의 청소년층을 특징짓는 하위문화를 가리킨다. 주요 특징은 다음과 같다.
  ① 유행이나 취향에서 독특하고, 특히 음악이나 의복에서 현저하게 나타난다.
  ② 가족보다는 친구나 동료집단에 대한 중점적인 사회관계를 갖는다.
  ③ 노동보다는 여가를 중시하는 태도를 취한다.
  ④ 성인문화에 대해 도전적이고 개성적인 생활문화를 탐닉한다.
  ⑤ 여가행동이나 취미에서의 무계급성 등의 특징이 있다.

(2) 성인과 청소년의 구별은 분명하지만, 청소년 문화에 완전히 일치하는 것은 없고, 성, 인종, 계급, 교육, 그리고 각종 문화적 양식에서 다양함을 보이고 있다.

(3) 현대사회에서 특정의 청소년 문화의 성장은 매스미디어의 영향에 크게 의존하며, 특히 산업사회의 풍요가 요인이 되고 있다. 이것은 청소년층을 위한 새로운 문화상품의 시장을 만들어 냈으며, 자본주의경제의 한 탈출구를 형성하고 있다.

---

**\* 문화의 개념**

1. 총체론적 관점
   - 총체론적 관점에서 문화는 한 인간집단의 생활양식의 총체를 의미한다.
   - 타일러: 문화는 지식, 신앙, 예술, 법률, 도덕, 관습 그리고 사회의 한 구성원으로서 인간에 의해 얻어진 다른 모든 능력이나 관습들을 포함하는 복합총체이다.
   - 환경에 적응하는 메커니즘으로서의 문화의 기능적인 요소를 강조한다.
   - 환경에 적응하는 과정에서 축적된 지식들로서의 도구, 기술, 사회조직, 언어, 관습, 신앙 등의 총합체를 문화라 한다.
2. 관념론적 관점
   - 관념론적 관점에서는 문화를 보려는 사람들의 실제적인 행동으로서의 말과 그것을 지배하는 규칙 또는 원리를 구별하여 문화라는 말을 관념적인 영역에만 한정시켜 지칭한다.
   - 구트나이프: 문화란 사람의 행위나 구체적인 사물 그 자체가 아니라 사람들의 마음속에 있는 모델이요, 그 구체적인 현상으로부터 추출된 하나의 추상에 불과하다. 한 사회의 성원들의 생활양식이 기초하고 있는 관념체계 또는 개념체계이다.
   - 구체적으로 관찰된 행동 그 자체가 아니라 그런 행위를 규제하는 규칙의 체계가 곧 문화이며 사람들은 이 규칙에 의해 행동하게 된다.

## [2] 청소년 문화의 성격

### (1) 청소년 문화를 미숙한 문화로 보는 입장
어른의 시각에서 청소년 문화를 거의 간과하거나 무시하는 입장으로, 어른들의 눈에 청소년들은 언제나 모자라고 미숙하게만 생각되는 것이다.

### (2) 청소년 문화를 비행문화로 보는 입장
① 바람직하지 못한 문제투성이의 문화 또는 기존 질서를 파괴하거나 무시함으로써 수많은 사회적 문화를 야기하게 되는 심각한 일탈과 비행의 부정적인 문화로 바라보는 입장이다.
② 청소년들을 항상 부모나 교사 또는 성인들의 감독하에 두어야 한다고 믿으며, 아이들끼리 어울리게 해서는 문제만 일으킨다고 생각한다.

### (3) 청소년 문화를 하위문화로 보는 입장
하위문화로서 청소년 문화는 독립적이고 주류적인, 즉 기성문화와 대등한 또 하나의 문화로서가 아니라 단지 기성문화의 아류문화로 보려는 시각이다.

### (4) 청소년 문화를 대항문화(counter culture) 또는 반(反)문화로 보는 입장
① 기성문화는 주류문화이고 청소년 문화는 반주류문화이다.
② 청소년의 문화는 기존의 질서와 기성세대의 모든 문화적 틀을 거부·부정하고 무시하며 자신들의 새로운 문화를 대안으로 내세우면서 개혁과 변화를 요구한다.

### (5) 청소년 문화를 새로운 문화로 보는 입장
사회는 세대를 거듭하면서도 핵심적인 문화요소는 크게 변하지 않지만, 세대가 바뀌어 감에 따라 새로운 문화요소가 생성되어 문화에 변화를 가져온다. 이러한 변화는 사회의 발전을 가져온다.

## [3] 청소년 문화의 문제

(1) 우리나라 청소년이 처한 사회적 환경은 매우 열악하다. 청소년 문화 자체가 건실하게 형성되지 못하였기 때문에 사실상 청소년 문화라고 규정지을 만한 것이 부족하다.

(2) 청소년 문화의 문제점
① 청소년 문화 공간이 없다.
청소년들이 여가를 활용하여 자신의 감정을 표출시킬 수 있는 문화시설이나 공간은 거의 없는 상태이다.

② 성인세대의 상업주의가 청소년의 불건전한 퇴폐문화를 조장하고 있다.

노래, 비디오, 만화, 방송 등 청소년들이 자주 접촉하는 모든 것들에 경쟁적 상업주의가 침투하여 오로지 이윤 추구의 수단으로만 이용되고 있다.

③ 교육제도와 노동조건이 문제다.

우리나라의 입시제도 특성상 과중한 학습활동과 비인간적인 생활이 청소년 문화의 형성을 방해하고 있다.

④ 청소년 간의 문화 불평등이 존재하고 있다.

남녀, 직업, 계층 간의 불평등은 청소년들에게도 그대로 전파되어 학업성취도 수준에 따른 불평등과 신체적 외모나 운동능력에 따른 불평등을 경험한다.

---

**\* 문화의 속성**
- 공유성: 문화는 어떤 사회 구성원이 공통적으로 가지고 있는 생활양식을 의미한다. 문화의 공유성은 어떤 구체적 상황에서 상대방이 어떻게 행동할 것인지 또 서로에게 무엇을 기대할 것인지를 예측할 수 있게 해 준다.
- 다양성: 문화는 기본적인 유사성이 있으며 내용 측면으로는 다양성을 지니고 있다.
- 학습성: 문화란 생물학적·선천적인 것이 아니라, 후천적으로 학습되는 것을 뜻한다. 인간은 특정의 문화를 가지고 태어나는 것이 아니라 단지 학습할 능력을 가지고 태어난다.
- 가변성: 한 사회의 문화는 어느 정도의 규칙성이 있으나 고정 불변으로 정체되어 있는 것이 아니라 시간이 지나면서 변한다. 다른 문화와 접촉을 하면서 혹은 내부적으로 새로운 문화 요소의 발명에 의하여, 혹은 새로운 기술이나 지식의 축적 등에 의해서 변한다.
- 축적성: 문화는 학습된 것이라는 특성을 갖지만 학습된 모든 것을 문화라고 하지는 않는다. 문화는 인간의 언어와 문자 사용 능력을 통해서 한 세대에서 다음 세대로 전승되고 쌓이는 축적성이라는 속성을 가지고 있다.

## 2 청소년의 대중매체 문화

**(1) 대중매체의 특징과 문제점**
① 대중매체는 신속성·동시성·대중성·효과성을 갖는다.
② 다양하고 복잡한 정보들을 선별·소화·활용하는 능력이 부족할 경우 무비판적으로 정보를 받아들이고 이용당할 수 있다.
③ 대중매체의 이용이 증가되면서 개인 간 대화가 감소하고 단절된다.
④ 개인의 주체적인 자기결정을 어렵게 만든다.
⑤ 매스미디어의 마술적 힘으로 인하여 개인들은 정상적이고 합리적인 사고를 할 수 없게 된다.
⑥ 수용자의 사고·감정·행동을 획일화하여 평균인을 양산하고, 개인의 개성과 창의성을 말살한다.
⑦ 폭력이나 물질만능의 사고를 조장한다.

**(2) 청소년 문제 원인으로서 대중매체**
① 일부 대중매체는 이미 청소년 삶의 한 부분이 되어 있고, 청소년 대중매체 문화를 형성해 가고 있다.
② 광고수입을 목적으로 하는 대중매체의 상업성이 시청률을 높이기 위해 극단적이고 선정적인 내용을 제공한다.
③ 감수성이 예민하고, 판단력이 부족한 청소년들이 가상세계를 현실로 인식하여 모방하기도 한다.
④ 청소년 비행이 확대 보도됨으로써 비행에 대한 무감각·호기심·기대를 유발하고 수용태도를 갖게 할 수도 있다.
⑤ 비행집단 청소년은 자신의 범죄행위를 합리화하거나 보강하는 수단으로 대중매체 내용을 이용한다.

**(3) 청소년을 위한 대중매체 문화의 개선방안**
① 가치를 주입하려고 하지 말고, 가치관을 명료화할 수 있도록 객관적인 정보를 제공한다.
② 청소년들의 사고, 정서, 생활양식, 태도 등을 인정하고 존중해야 한다.
③ 독창적이고 활발한 문화 활동을 격려하고 건전한 문화 활동 공간을 확대해 주는 노력을 해야 한다.
④ 비행이나 탈선에 대한 무조건적인 비판보다는 원인분석과 해결방안을 제시해야 한다.
⑤ 매체의 올바른 이용방법에 대한 체계적인 교육이 있어야 한다.

## 3 청소년의 여가문화

**(1) 여가의 의미**
① 여가의 특성과 본질(Kaplan): 자발적인 활동, 즐거운 활동, 자유시간 활동
② 여가가 아닌 활동(Dumazedier): 의무적으로 해야 하는 일, 필수적인 일
③ 여가의 조건: 자유시간에 스스로 하는 즐거운 활동이다.
　㉠ 시간 조건: 생활필수시간이나 노동시간이 아닌 자유시간에 이루어지는 활동이다.
　㉡ 활동 조건: 가족, 사회적 의무가 아닌 자발적인 활동이다.
　㉢ 상태 조건: 불쾌하거나 부담감이 없는 유쾌한 마음 상태에서 이루어지는 활동이다.
④ 여가의 개념: 자유선택성이 높고 내재적인 동기에 의한 활동으로 적극적이고 새로운 것을 추구하는 개인적·사회적으로 유의미한 활동이다.

**(2) 여가의 유형 분류 방식**
① 스포츠 활동, 취미·교양활동, 관람·감상활동, 놀이·오락·사교활동
② 정신활동, 신체활동, 사회활동, 오락활동
③ 활동형, 소극형, 중간형, 오락형

**(3) 청소년 여가활동의 의의**
① 재학 청소년의 경우
　㉠ 피로와 긴장 완화, 기분전환 유도: 여가의 치료적 기능으로 입시 위주의 교육으로부터 초래되는 긴장·피로·불안현상으로부터 벗어나게 도와준다.
　㉡ 자기표현의 기회: 획일적이고 경직된 학교교육으로부터 벗어나 자기 표현을 위한 자기 투자이다.
　㉢ 연대관계 증가: 집단 여가활동을 통해 무력감, 극단적인 이기심을 극복하고 인간관계의 개선, 사회적 자질을 향상시켜 사회통합에 이바지할 수 있게 한다.
② 근로청소년의 경우
　㉠ 단순노동의 육체적·심리적 마멸현상을 회복시켜 주고, 세분화되고 단조로운 작업상의 권태를 벗어나게 해 준다.
　㉡ 근로현장과 사회현실로부터의 부정적인 요소를 해소·치료한다. 환경으로부터 단절된 세계로 도피, 일상적인 구속에서 벗어나고자 하는 충동, 심리적·정신적 갈등현상, 욕구불만, 좌절감 등을 해소·치료한다.

ⓒ 타인과 어울릴 수 있는 기회를 제공하고 인간적인 유대 관계를 강화하며 인간관계 기술을 증진시킨다.
ⓒ 사회구성원의 결속감, 소속집단에의 귀속감 조성에 이바지하고 사회통합에 기여한다.

### (4) 청소년기 여가활동의 특성
① 여가활동에 대한 저해 요인
  ㉠ 도시화로 인한 신체적 활동의 장소 감소
  ㉡ 능력주의 사회의 대두로 인한 고학력화 경향과 그에 따른 입시경쟁의 과열화
  ㉢ 여가활동 시간의 감소, 심리적 여유 감소
  ㉣ 핵가족화에 따른 인간관계의 빈곤
  ㉤ 여가활동 경비의 부족
② 여가에 대한 올바른 지식과 태도가 결여되어, 현대 산업사회의 소비지향 여가관과 전통적 여가관 사이에서 갈등을 겪는다.
③ 옥외활동형의 여가활동이 가장 강하게 나타나는 시기이다.
  ㉠ 동적인 여가활동 중심
  ㉡ 청소년기의 신체적 발달, 생리적 욕구와 연관
④ 부모의 사회문화적·경제적 배경에 강한 영향을 받는다.

### (5) 청소년들의 여가 활동 실태
① 컴퓨터 게임이나 인터넷을 이용한 활동
② TV 시청과 같은 수동적인 여가활동
③ 여가활동의 다양성 감소
④ 공부시간 비중의 증가
⑤ 교제활동 시간의 감소
⑥ 갈 곳, 시간, 경비, 같이 할 사람, 마음의 여유의 부재

### (6) 청소년 여가교육의 과제
① 학교 환경 속에서 여가활용의 중요성을 인식하고 그를 향유할 수 있는 기능, 태도 등을 개발시켜야 한다.
  ㉠ 학교교육은 상급학교 진학 준비뿐 아니라 여가지도를 중시해야 한다. 학습활동의 촉진, 학생 개인의 적성 발견, 진로 탐색 기회를 제공하여 행복한 삶을 향유할 수 있는 토대가 이루어질 수 있도록 해야 한다.

ⓒ 정서 함양, 자기표현 기능, 호연지기 등을 높여야 한다.
② 가정, 학교, 지역사회의 각 사회교육기관이 유대관계를 강화해야 한다.
　　㉠ 각 기관의 시설이 학생들을 위해 충분히 개방될 필요가 있다.
　　ⓒ 사회교육의 관계자에게 일임하는 형식에서 벗어나 협력 추구, 사회교육시설의 이용, 교육력의 극대화가 요구된다.
③ 여가시설의 적극적 활용을 위한 유인체제가 필요하다.
　　→ 여가시설의 대폭적인 확충, 체계적인 정비, 이용체계의 확립
④ 청소년들의 집단활동 및 사회참가를 적극적으로 권장하고 지원해야 한다.
　　→ 사회성, 자기객관화, 연대성의 형성
⑤ 여가 관련 프로그램을 다양화하고 지도자를 양성해야 한다.

## 4 청소년 문화정책의 지향과 대안

바람직한 청소년 문화 형성은 이들을 문화의 객체 혹은 구매대상이 아닌 문화의 주체로 설 수 있게 하는 것이며, 이는 청소년들이 주체적으로 문화의 의미를 이해하고 선택적으로 수용할 수 있게끔 하는 훈련과 교육이 중요하다.

### (1) 기본적으로 두 방향에서 동시에 접근해야 할 과제
하나는 다양한 문화프로그램을 양적으로 증대시키는 것이고 또 하나는 이 프로그램을 보다 잘 수용할 수 있도록 문화감수성 교육을 실시하는 일이다.
① 청소년을 위한 가장 좋은 거점이며 전달 매체인 것은 무엇보다 공공도서관인데 이 도서관을 문화센터화하는 것도 대안이 될 수 있다.
② 문화전담 TV채널을 확보하는 것도 효율적인 접근이 될 수 있다.

### (2) 청소년 문화의 교육적 함의
① 본류문화로의 성장을 돕는 교육
② 청소년 문화 형성을 위한 문화적 소프트웨어의 구축
③ 청소년을 위한 가족 공동체 문화
④ 청소년에 대한 이해와 관심과 사랑
⑤ 세대차의 극복과 문화적 갈등의 해소
⑥ 대중문화 영상매체들의 교육적 역할 제고
⑦ 청소년 문화 환경으로서의 사회 정화

# Chapter 3
# 청소년 복지

| 1  청소년 복지의 개념과 의의

| 2  청소년 복지의 발전과정

| 3  청소년 복지의 특성

| 4  청소년 복지의 실태와 프로그램

# 1  청소년 복지의 개념과 의의

## [1] 청소년 복지의 개념

### (1) 청소년 복지의 정의

청소년 복지는 청소년의 기본적 욕구의 충족과 건강한 성장·발달의 촉진은 물론 청소년이 현재 사회 구성원의 한 사람으로서 주체적인 삶을 영위하도록 하고, 더 나아가 청소년을 둘러싼 환경이 청소년의 성장을 돕기 위해 최적의 기능을 발휘할 수 있도록 청소년과 가정, 사회를 통해 직·간접적으로 제공되는 모든 사회정책과 관련 제도 및 전문적 활동이다.

### (2) 청소년 복지의 개념에 포함된 속성

① 가정이나 사회로부터 버려지거나 적응하지 못하는 청소년들뿐만 아니라, 모든 청소년들의 복지에 관심을 둔다.
② 청소년들의 기본적인 욕구충족뿐만 아니라 전인적인 성장과 발달을 목적으로 한다.
③ 청소년들의 생활에 직접적인 영향을 주는 환경뿐만 아니라 청소년의 삶의 질에 간접적인 영향을 주는 환경까지도 포함한다.
④ 청소년들에 대한 직접적인 서비스뿐만 아니라 간접적으로 제공되는 모든 정책과 제도들을 포함한다.

### (3) 소극적 측면에서의 청소년 복지와 적극적인 측면에서의 청소년 복지

① 소극적인 측면에서의 청소년 복지: 사회적으로 소외되거나 적응에 실패한 청소년에게 사회복지정책과 개별서비스의 전달을 통해 사회 구성원으로서 정당하게 생활하고 나아가 신체적·심리적 사회적 자립능력을 갖도록 하는 복지를 의미한다.
② 적극적인 측면에서의 청소년 복지: 성, 능력, 신체, 정신, 사회적 조건에 관계없이 모든 청소년이 인간답게 생활하는 데 필요한 권리와 책임을 갖게 하여 청소년으로서의 삶을 풍요롭게 누릴 수 있고, 잠재적 능력을 개발하도록 돕는 복지를 의미한다.

> **＊ 청소년복지 지원법 제4조(청소년증)**
> ① 특별자치도지사 또는 시장·군수·구청장(자치구의 구청장을 말한다. 이하 같다)은 9세 이상 18세 이하의 청소년에게 청소년증을 발급할 수 있다.
> ② 제1항에 따른 청소년증은 다른 사람에게 양도하거나 빌려주어서는 아니 된다.
> ③ 누구든지 제1항에 따른 청소년증 외에 청소년증과 동일한 명칭 또는 표시의 증표를 제작·사용하여서는 아니 된다.
> ④ 제1항에 따른 청소년증의 발급에 필요한 사항은 여성가족부령으로 정한다.

## [2] 청소년 복지의 의의

### (1) 청소년 복지의 요인
① 인구학적 측면에서 볼 때 한국 사회 구성원의 1/3을 차지하는 청소년의 인구가 주요한 사회적 집단으로 부각되는 잠재적 가능성이다.
② 인적 자원의 개발을 통해서 국가경쟁력을 확보해야 할 한국 사회에서의 차세대의 주역이 될 청소년들을 어떻게 육성하느냐가 미래사회를 대비하는 데 있어 주요 관건이 되기 때문이다.
③ 인생주기의 측면에서 볼 때, 현대 사회의 삶의 조건은 과거 어느 때보다도 청소년기가 장기화되었기 때문에 청소년 인구의 관심·이해·요구가 사회의 모든 부문과 제 측면에 확대 반영되고 있으며 한국 사회가 안고 있는 문제들이 직·간접적으로 청소년과 결부되고 있는 성향이 점차 두드러지고 있기 때문이다.

### (2) 청소년 복지의 필요성
① 가족적 측면
  ㉠ 핵가족화로 인한 가정양육기능의 약화 문제(청소년 문제의 원천-핵가족화)
  ㉡ 이혼이나 여성 취업으로 인한 가족해체 문제
  ㉢ 청소년 가장의 증가
  ㉣ 미혼모의 증가와 그 자녀의 문제
② 사회적 측면
  ㉠ 문화가치의 실조(도덕적 규범의 부재현상 초래, 문화의 혼란과 왜곡)
  ㉡ 환경의 파괴

---

* **청소년복지기관: 한국청소년상담복지개발원, 청소년상담복지센터, 이주배경청소년지원센터**

청소년복지 지원법 제31조(청소년복지시설의 종류) 「청소년 기본법」 제17조에 따른 청소년복지시설(이하 "청소년복지시설"이라 한다)의 종류는 다음 각 호와 같다.
1. 청소년쉼터: 가출청소년에 대하여 가정·학교·사회로 복귀하여 생활할 수 있도록 일정 기간 보호하면서 상담·주거·학업·자립 등을 지원하는 시설
2. 청소년자립지원관: 일정 기간 청소년쉼터 또는 청소년회복지원시설의 지원을 받았는데도 가정·학교·사회로 복귀하여 생활할 수 없는 청소년에게 자립하여 생활할 수 있는 능력과 여건을 갖추도록 지원하는 시설
3. 청소년치료재활센터: 학습·정서·행동상의 장애를 가진 청소년을 대상으로 정상적인 성장과 생활을 할 수 있도록 해당 청소년에게 적합한 치료·교육 및 재활을 종합적으로 지원하는 거주형 시설
4. 청소년회복지원시설: 「소년법」 제32조 제1항 제1호에 따른 감호 위탁 처분을 받은 청소년에 대하여 보호자를 대신하여 그 청소년을 보호할 수 있는 자가 상담·주거·학업·자립 등 서비스를 제공하는 시설

## 2 청소년 복지의 발전과정

### (1) 맹아기(광복 이후~1961년)

> 이 시기는 광복 후부터 아동복지법과 미성년자보호법이 제정된 1961년까지에 해당된다. 이 시기의 사회복지는 조선구호령과 미군정 법령에 따라 해방 이후 해외 난민의 유입과 한국전쟁으로 인한 긴급구호적 성격을 강하게 띠었다. 사회복지의 대상은 65세 이상의 무의탁 노인, 6세 이하의 아동을 부양하는 여자, 13세 이하의 아동, 요보호 임산부, 심시장애인 등에 한정되었으므로, 청소년 복지에 관련되는 부분은 13세 이하의 아동에 관한 복지였다. 이 밖에 아동시설의 인가, 18세 미만 아동노동의 보호, 20세 미만 비행청소년 보호 등이 청소년 복지의 형성에 기초가 되었다.

① 전쟁 후 전쟁고아 등 긴급구호 대상자의 증가에 따라 정부는 아동시설을 인가시설로 하고 지원과 감독을 강화하였다.
② 미군정의 아동노동법규에 따라 14세 미만의 상공업체 고용 금지, 18세 미만의 위험 직종 또는 유해 직종 종사 금지 등이 규정되었다.
③ 소년법(1958년)이 제정되어 반사회적인 성향을 가진 20세 미만 소년의 생활환경 조정과 성행 교정을 위해 보호처분을 행하고, 형사처분에 있어 특별조치를 하도록 하였다.

### (2) 도입기(1961~1987년)

> 이 시기는 아동복리법과 미성년자보호법이 제정된 1961년부터 청소년육성법이 제정된 1987년에 이르는 기간이다. 이 시기에는 위의 두 법이 제정되어 청소년 복지가 시작되는 계기가 되었으며, 그 외에도 근로청소년과 장애청소년 등 요보호청소년에 대한 복지가 시행되었다.

① 아동복리법의 제정으로 요보호아동의 연령이 13세 이하에서 18세 미만으로 조정되어 복지의 대상이 확대되었으며, 아동복지에 대한 국가의 책임을 명시하였다는 점에서 의의가 크다.
② 장애청소년에 대한 복지사업이 확대되었다. 1977년 특수교육진흥법이 제정되어 장애인에 대한 특수교육과 일반교육의 기회가 제공되었으며, 1981년에는 심신장애자복지법이 제정되어 장애인복지에 대한 관심이 증진되었다.

③ 미성년자보호법의 제정으로 미성년자의 보호와 선도가 행해졌다. 이 법은 미성년자의 흡연, 음주, 기타 풍속을 저해하는 행위를 금지하고, 미성년자의 건강보호와 선도를 도모하기 위해 제정되었다. 그러나 통제와 처벌 위주로 집행되는 부작용도 있었다.
④ 근로청소년을 위한 복지사업으로 일반학교 야간 특별학급과 산업체 부설학교가 개설되어 근로청소년에게 교육기회가 확대되었다. 또한 근로청소년을 위한 근로청소년회관과 근로청소년 임대아파트가 건립되었다. 이러한 지원에는 노동력 양성과 확보가 큰 비중을 차지하고 있다.
⑤ 청소년 보호를 위한 중앙기구로서 청소년보호대책위원회가 설치되었다.

### (3) 전개기(1987년~현재)

> 이 시기는 청소년육성법의 제정 이후 현재까지에 해당된다. 1987년에는 청소년정책의 근거법으로 청소년육성법이 제정되었고, 1991년에는 이를 전면 개정한 청소년기본법이 제정되어 청소년 정책을 위한 기본법제와 조직을 갖추게 되었다. 또한 청소년헌장의 제정(1990)과 개정(1998), 청소년보호법의 제정(1997) 등 다양한 법과 제도가 정비되었다.

① 청소년 정책의 대상을 9세부터 24세로 명확히 하고, 청소년 복지가 국가의 책임이라는 것을 명시하였다. 또한 청소년의 건전한 성장을 위한 법적·제도적 장치와 재원을 마련할 책임을 국가와 지방자치단체에 부여하였다.
② 청소년 정책을 수행할 조직과 기구를 정비하여, 서비스 전달체계를 갖추고 책임행정이 이루어지도록 하였다.
③ 청소년헌장을 통해 청소년의 권리와 책임을 규정하여, 청소년의 권익을 옹호하고 보장하는 근거를 마련하였다.
④ 청소년 복지를 청소년 정책의 한 분야로 인정하였다. 그러나 사회복지사업법과 연계가 이루어지지 않아 사회복지체계와 연계되지 못하는 문제가 있다.
⑤ 청소년을 유해환경으로부터 보호하기 위한 청소년보호법이 제정되었다. 시행기관으로 청소년보호위원회를 설치하여 검사 및 조사권, 수거 및 파기 명령권, 시정명령권 등을 부여하였다.

## 3 청소년 복지의 특성

청소년 복지는 사회복지의 한 분야로, 청소년을 대상으로 그들의 복지 증진을 목적으로 국가와 사회가 행하는 여러 가지 노력이라고 할 수 있다. 그러므로 청소년 복지는 사회복지의 기본 이념이나 가치, 방법 등을 이어받지만 청소년과 청소년기의 특성에 따라 다른 분야와 차별되는 특성을 갖는다.

(1) 청소년은 독립적이고 통합된 인격체로 존중되어야 하며, 차별 없이 그들의 개별적이고 다양한 요구를 인정하여야 한다.
(2) 청소년은 성장과정에 있는 존재이기 때문에 청소년에 대한 접근은 긍정적이며 신속하고, 지속적인 보호와 지원, 격려가 제공되어야 한다.
(3) 청소년 복지는 독특한 발달단계인 청소년기를 고려한 과학적이고 체계적이며 전문적인 개입이어야 한다.
(4) 청소년은 청소년 복지의 대상인 동시에 주체이다. 청소년은 나름대로의 창의성, 호기심, 도전의식, 비판의식, 잠재력을 가진 존재이다. 가정과 사회의 보호를 필요로 하지만, 독립된 인격체로 스스로의 참여와 활동을 보장하고 격려해야 한다.
(5) 청소년 복지는 관련 사회정책과 밀접한 관계 속에서 통합적으로 다루어져야 한다. 청소년 복지는 사회보장제도, 가족복지, 교육정책, 노동정책 등 관련 정책과 연계되어 통합적으로 추진되어야 하며, 장기적이고 거시적인 안목에서 다루어져야 한다.
(6) 청소년 복지는 청소년 개인의 변화와 함께 환경의 변화를 추구해야 한다.
(7) 청소년 복지에는 정부는 물론 전문가에서부터 지역주민에 이르기까지 다양한 사람의 협조가 필요하다. 청소년 복지는 개별적이고 전문적인 서비스를 필요로 하며 의사, 교사, 경찰, 사회복지사 등 다양한 전문가와 함께 자원봉사자 등 지역주민의 참여가 요청되는 특성을 가지고 있다.
(8) 청소년 복지는 문제가 있거나 어려운 형편에 있는 청소년에서부터 일반 청소년까지 모든 청소년을 대상으로 한다. 치료나 재활과 함께 예방적 서비스 등 다양한 서비스를 필요로 하며, 전체 청소년의 건강하고 문화적인 삶이 영위되도록 최적의 수준이 되어야 한다.

# 4 청소년 복지의 실태와 프로그램

## [1] 가족 양육의 보완

### (1) 생활보호

① 청소년기는 부모의 보호를 받으면서 살아가는 시기이기 때문에 부모가 없거나 한쪽 부모밖에 없다는 것은 그 자체가 결손이다. 각종 사고나 재해로 인한 사망자 수의 증가와 함께 과거에 비해 가정불화로 이혼·별거하는 부부가 크게 늘고 있기 때문에 결손가정이 증가되고 있고 결손가정이 되는 과정에서 흔히 경제적 손실과 정신적 손상을 받기 쉽다.

② 그동안 청소년복지사업은 아동복지의 하나인 육아시설보호사업을 중심으로 이루어졌다.
  ㉠ 아동복지법은 "아동이 건전하게 출생하여 행복하게 육성되도록 그 복지를 보장함을 목적으로 한다."라고 규정하고 있지만 실제로 보호를 받은 아동들은 대부분 요보호아동이고 이들은 시설보호를 받았다. 아동복지시설은 대부분 아동양육시설보호와 밀접히 관련된 것들이다.
  ㉡ 시설에 입소한 후에는 아동의 보호자에게 아무런 책임도 묻지 않는 관행은 아동양육을 기피하는 보호자에게 남용될 수 있다. 현재 아동양육시설에서 보호를 받고 있는 아동의 약 8할은 부나 모가 생존해 있다는 사실에서 볼 때, 보호자의 양육기피로 인한 아동의 가정복귀 지연은 큰 사회문제이다.
  ㉢ 보호자가 없는 아동과 청소년을 소년소녀가장세대로 지정한 후에 국가와 지방자치단체가 적절한 서비스를 제공하지 못한 것도 문제이다.

③ 요보호아동에 대한 보호자의 책임과 국가와 지방자치단체의 책임을 적절히 조정할 필요가 있다.
  ㉠ 요보호아동이 발생하면 시장·군수는 그 보호자와 협의하여 보호방법과 기간을 문서로 명시하여 보호조치를 취하고, 보호기간이 지나면 욕구사정을 다시 하여야 한다.
  ㉡ 보호자의 양육 여건과 청소년의 욕구 등을 충분히 고려하여, 거택보호와 시설보호가 유기적으로 연계성을 가지고 보호방법이 이루어져야 한다.
  ㉢ 시설보호기간 중에도 명절이나 연휴기간에는 아동이 보호자를 방문하게 하고, 보호자도 복지시설을 방문하여 상담할 수 있도록 하여 조기 귀가를 촉진시킨다.

### (2) 교육급여

① 정부는 빈곤가족의 자녀교육비를 보충하기 위하여 국민기초생활보장 수급자에게는 1979년부터 중학교 입학금과 수업료를 지원하기 시작하여서, 현재는 고등학교까지 확대하고 있

지만, 그 혜택을 받는 사람은 전체 중고등학생의 3.3%에 불과하다

- ㉠ 고등학교 취학률이 98.0% 이상이고 대학 취학률이 8할이 넘는 상황에서 교육급여의 범위를 중고등학교로 한정하는 것은 교육의 기회균등과 선택의 자유라는 취지에서 볼 때 불합리하다.
- ㉡ 소년소녀가장세대에게만 주고 있는 교과서대, 학용품비 등 교육비를 다른 수급자에게 확대하고, 점차 대학이나 대학교까지 교육급여 확대가 필요하다.
② 학습 능력이 있는 요보호청소년은 대학교에 진학할 수 있도록 긍정적 차별을 제도화할 필요가 있다.
- ㉠ 선진외국에서는 무상교육의 기간을 고등교육으로 늘려서 각 가족의 교육비 부담을 줄이고, 자녀양육비를 공적으로 분담하기 위해서 세계 82개국에서 대체로 16세 미만 아동의 양육비의 일정비율을 국가가 가족(보호자)에게 '가족수당(혹은 아동수당)'으로 제공하고 있다.

### (3) 시설보호

① 부모 혹은 보호자가 청소년을 보호할 수 없을 때, 그 청소년은 사회복지시설 등에서 보호를 받게 된다.
② 우리나라 청소년 복지는 해방과 6.25로 귀환동포와 전쟁고아를 긴급히 보호하는 문제가 가장 시급하였기 때문에 시설보호에 최우선순위를 두었다. 그러나 전쟁고아가 성장하면서 점차 시설보호자의 수는 감소하였고, 소년소녀가장세대 지원사업과 같이 요보호아동을 가정에서 보호하는 방식을 장려하고 있다.
③ 현재의 시설보호방식은 '보호자가 없거나 보호자가 있어도 보호할 능력이 없는' 경우로 한정하고 있기 때문에 부모의 양육을 받지 못하는 아동·청소년 중에는 국가의 지원을 받는 사회복지시설에 입소하지 못하고 국가의 지원을 받지 못하는 소규모 시설에서 보호받기도 한다.
④ 1997년에 개정된 사회복지사업법은 사회복지법인이 운영하지 않는 소규모 시설도 일정한 신고요건을 갖추면 사회복지사업을 할 수 있도록 하였는데, 개정법의 취지를 살려서 시설보호를 소규모화하고 시설보호의 수준을 향상시켜야 할 것이다.

## [2] 청소년 복지 프로그램

청소년 복지는 개별사회사업과 집단사회사업·지역사회조직·사례관리 등의 기술론적 접근법과 사회복지정책·사회복지행정·사회복지법제 등의 정책론적 접근으로 전개해 나갈 수 있다.

**(1) 건전 가정의 육성**
① 가정은 청소년의 성장에 중요한 영향을 주는 곳으로, 청소년에게 일차적인 방어선으로서의 기능을 수행한다.
② 가정은 이들에게 삶의 희망과 꿈을 주며 성실하게 생활할 수 있는 환경을 조성해 주어야 하며, 부모들도 교육기회를 가져 올바른 자녀로 성장시키는 데 필요한 지식과 방법을 터득하는 동시에 신뢰받는 조언자가 되도록 해야 한다.
③ 청소년이 인내심과 자립심을 갖도록 진지한 가정교육이 필요하고, 가정을 통한 최소한의 물질적인 욕구가 충족되도록 경제적인 혜택과 안정이 보장되는 서비스가 전개되어야 한다.

**(2) 교육기회의 제공**
① 청소년들에게는 각자가 희망하는 학교에서 학문할 수 있는 교육기회가 제공되어야 함은 물론, 그들의 능력과 적성에 적합한 직업교육, 여가활동이 이루어지도록 배려되어야 한다.
② 다양한 교육시설과 각종 단체 활동에 참여시켜 건전한 청소년기를 맞이할 수 있도록 다양한 사회복지서비스가 제공되어야 한다.

**(3) 청소년의 선도**
국가에서는 청소년을 보호·지도·육성하기 위한 기구와 단체를 설립하여 청소년의 국가관 및 윤리관의 확립과 교육지도를 강화하고, 청소년 건전육성 체육시설 등을 확충하고, 근로청소년의 직업훈련과 교육기회를 확대하고, 불우청소년의 보호와 심신장애 청소년의 재활 사업을 실시하고, 청소년 유해환경을 정화하고, 비행청소년의 예방과 교정 등의 주요사업을 전개하고 있다.

**(4) 사회봉사활동의 기회 제공**
청소년이 사회복지의 공동체에서 공익에 대한 책임성과 공동체의식, 사회연대감을 갖도록 하기 위해서는 각종 사회적인 조직활동에 참여시킴으로써 공동체의식과 사회성을 길러 가고 사회봉사활동의 기회와 아울러 소중한 경험을 갖게 하는 것이 필요하다.

# Chapter 4
# 청소년 환경

| 1  가정

| 2  지역사회

| 3  학교

| 4  교우관계

| 5  대중매체

# 1 가정

청소년을 이해하고 효율적으로 지원하기 위해서는 청소년이라는 시기에 발생하는 피할 수 없는 신체적·생리적 특성 및 심리적·사회적 특성에 대한 이해와 더불어 그들의 현재의 행동에 영향을 미치고 있는 환경에 대한 이해가 필수적이다. 청소년기는 아동기와 달리 환경과의 상호작용이 양적·질적으로 급격히 증가하고 있지만 성인처럼 스스로 환경을 통제하고 조절하기보다는 환경으로부터 절대적인 영향을 받는다는 점에서 청소년을 둘러싼 환경에 대한 이해는 매우 중요하다.

### (1) 가정환경과 청소년
① 인간은 사회적 존재로서, 인간의 삶은 제1차 사회화 기관인 가정의 영향을 가장 크게 받는다.
② 청소년들의 가치관·도덕관의 형성은 가정의 양육방식에 의해 크게 영향을 받는다.

### (2) 가정의 기능
가정의 기능은 사회 분화에 따라 달라지며 현대 사회에서 요구하는 가정의 기능은 다음과 같다.
① 자녀의 출산과 양육의 기능: 여러 가지 기능 중 가장 중요한 고유 기능으로 종족을 보존하여 사회의 존속 발전에 크게 이바지한다.
② 경제적 기능: 생산·소비의 기능과 가족들의 생활 보장 기능을 가리킨다. 가족들은 직업을 통해서 가족의 생활을 보장하고 사회에 노동력을 제공한다. 저축과 투자로 사회의 자본을 형성하고 물자와 서비스를 구입하여 경제 발전에 이바지한다. 또 가정이 부담하는 세금은 사회 복지 사업을 지원한다.
③ 심신 안정의 기능: 복잡한 현대 사회에서 특히 중요하게 여겨지는 기능의 하나이다. 가정 밖에서 생긴 가족의 긴장과 피로, 고독감, 소외감, 불안 등을 사랑과 믿음으로 위로하고 영양, 휴식, 수면 등으로 몸과 마음의 피로를 회복하여 활동적인 노동력을 재생산한다.
④ 문화 계승과 창조의 기능: 교육의 기능을 말한다. 가정에서는 자녀를 양육하고 사회생활에 적응해 나가는 데 필요한 지식과 기술, 언어 습관, 도덕 등을 가르침으로써 사회 질서를 유지하고 문화를 계승하며 새로운 문화를 창조해 나간다.

## 2 지역사회

(1) 청소년의 인격형성은 청소년의 일상생활을 영위하고 있는 가정, 학교 및 사회의 장에서 행해지지만, 가정이나 학교가 충분히 그 역할을 수행하기 위해서는 지역사회와의 제휴·협력이 필요하다.

**(2) 청소년 복지에서 지역사회가 중요한 이유**
① 지역사회는 사람이 태어나서 성인이 될 때까지는 물론, 전 생애를 통하여 가장 직접적이고 실체적인 생활의 장소이며 인격형성의 장소이다. 청소년들에게 있어 지역사회는 구체적인 생활의 원천적 거점이다.
② 지역사회는 청소년들의 교육의 장이 될 뿐만 아니라 지역사회에 존재하는 모든 물질적·문화적·인간적 자원은 청소년들을 위한 교육적 자원이 된다.
③ 지역사회에는 청소년에게 유용한 자원들이 잠재되어 있다. 청소년 복지가 성공적으로 이루어지기 위해서는 국가의 과감한 재정적인 지원과 정책 추진과 더불어 지역사회에 산재된 자원의 발견, 조직화, 관리를 통해 지역사회에 있는 인적·물적 자원을 동원해서 청소년 복지 서비스의 효과를 높일 수 있다.
④ 지역사회는 중앙정부가 작성한 정책의 효과가 구체적으로 발생하는 전선(front line)이다. 그러므로 청소년과 관련된 국가의 정책의지가 그 실효성을 거둘 수 있는 현장이 바로 지역사회이다.

## 3 학교

(1) 학교는 가정으로부터 교육기능의 전담을 부여받은 유일한 형식화된 곳으로 청소년들은 학교생활을 통해서 자신의 미래를 설계하고 진로를 결정하게 된다. 수면 시간을 제외한 하루 중 거의 대부분의 시간을 학교에서 보내고 있는 만큼 청소년들에 있어서 학교가 차지하는 비중이 크며 많은 영향을 미치고 있다.

**(2) 최근 학교의 현실들에 여러 가지 문제점이 제기되고 있다.**
① 성적 제일주의의 가치가 지배하고 있으며 입시 중심의 주입식 교육으로 청소년들에 대한 전인적인 교육은 소홀해질 수밖에 없으며 건전한 인간육성을 위한 생활교육과 인격 완성과는 거리가 멀다.
② 성적 중심의 경쟁은 이기주의의 사고를 불러일으켰을 뿐만 아니라 경쟁에서 뒤진 청소년들은 좌절감과 패배감을 경험함으로써 부정적 자아개념의 형성으로 인해 비행의 가능성을 높여 학교교육이 오히려 청소년 문제를 제기하는 결과를 초래하게 되었다.
③ 교사와의 상호작용의 문제이다. 교육은 인격과 인격의 만남이다. 대부분의 교사들은 헌신적이고 열성적으로 학생의 지도에 임하고 있으나 일부 교사에 의해 자행되고 있는 학생에 대한 비인간적인 처우 문제 등은 한창 예민한 청소년들에게는 씻을 수 없는 치욕적인 경험과 상처가 되어 교사에 대한 분노와 공격성을 낳게 한다.

**(3) 학교의 역할**
① 학교와 비행 간의 상관관계가 없다는 시각에서부터 매개체의 역할을 하거나 비행 유발의 주요한 요인으로 작용한다는 시각까지 다양한 관점이 있다.
② 학교는 청소년비행의 예방 및 나아가 이를 교정하기 위한 수단과 절차를 충분히 갖출 수 있는 곳일 뿐 아니라, 학교 이외의 주요 사회적 세력의 영향을 끊임없이 수용할 수밖에 없는 열린 체계이며 가정보다 제도적·체계적인 변화가 행정적으로 가능한 체계이다.
③ 학교는 비행과 관련된 문제해결뿐만 아니라 청소년 육성지도에 중요한 역할을 할 수 있는 풍부한 자원과 능력이 있는 곳이다.
④ 대다수의 청소년들이 학생임을 고려할 때 적절한 학교의 기능과 역할은 우리나라와 같이 청소년 복지가 열악한 실정에서 청소년의 인권이 보장되고 청소년 복지가 제도화되는 출발점이자 전환점의 계기를 제공해 줄 수 있다.

㉠ 최근 학교는 더 이상 학생의 교육적 기능만을 전담하는 사회제도가 아니라 청소년들의 기본적인 삶과 복지를 향상시키는 사회복지적 기능을 도입해야 한다는 주장이 대두되고 있다.

㉡ 학생의 기본적 교육권은 학교에서 수업을 받을 수 있는 학습의 권리뿐만 아니라 학교와 집을 오갈 수 있는 통학의 권리, 학습에 필요한 준비물을 보장받을 수 있는 권리, 학교에서 생활하는 동안에 점심을 제공받을 수 있는 권리, 자신의 능력과 장애에 따라 개별화된 교육을 받을 수 있는 특수교육의 권리들을 모두 포함해야 한다.

## 4 교우관계

    청소년기의 주요 발달과업은 자율성과 친밀감의 획득이다. 이 과업은 부모와의 의존관계에서 또래와의 의존관계로 변화하는 분화라는 과정과 동등한 관계로의 전환이 이루어지는 개별화 과정을 성공적으로 거쳐야 성취할 수 있다. 이러한 점에서 청소년기의 또래관계는 매우 중요한 의미를 지닌다.

### (1) 청소년의 교우관계의 기능
① 친구는 함께 시간을 보내고, 활동도 할 수 있는 친근한 대상이 된다.
② 친구를 통해 흥미로운 정보, 신나는 느낌, 즐거움 등 자극을 받게 된다.
③ 시간, 자원과 도움 등 물리적 지원을 받게 된다.
④ 친구들이 지지와 격려를 해 줌으로써 자기 자신이 유능하고 매력적이고 가치 있는 존재라는 느낌을 갖게 된다.
⑤ 친구를 통해 자기 자신이 어느 수준에 와 있는지, 제대로 하고 있는 것인지에 관한 사회적 비교준거를 얻게 된다.
⑥ 청소년은 친구관계를 통해 따뜻하고 신뢰할 만한 관계를 이루면서 그 속에서 자신에 대해 개방할 수 있는 친밀감 및 정서적 유대감을 얻게 된다.

### (2) 청소년 또래관계의 특성
① 청소년들은 또래관계를 통해 자신의 가치를 확인한다.
    청소년들은 가족과 함께 있기보다는 친구들과 보다 많은 시간을 보낸다. 교제하는 친구들이 많아지고 다양한 친구들을 만나기 때문에 아동기에서 청소년기로의 전환을 '사회적 확장'이라고 부르기도 한다. 청소년들은 여기서 많은 갈등과 혼란을 겪게 되나, 그를 통해 만족감을 경험하기도 하며, 이러한 관계를 유지 및 발전시키는 능력을 개발하기도 한다.
② 청소년들은 자발성을 기초로 교우관계를 형성한다.
    청소년의 또래관계는 다른 대인관계들에 비해 상호의존성이 높으며, 이 상호의존도 자발성에 기초하고 있다. 교우관계는 가족이나 직장에서의 대인관계와 달리 그 속성상 특별한 사회적 압력 없이 자발적으로 선택되기 때문에, 자기가 원하는 또래들과 선택적인 또래관계를 유지하려는 경향이 있다.
③ 청소년의 또래관계의 주목적은 수단적이기보다 사회적·정서적인 것이다.
    친구관계는 어떤 배후의 동기를 충족시키기 위해서라기보다는 그들의 상호작용 자체에서 만

족을 얻는다. 친구들끼리 서로 도움을 주기도 하지만, 그들은 도움을 주기 때문에 친구가 되는 것이 아니라 또래관계 그 자체에서 즐거움을 경험한다.
④ 청소년들은 또래관계를 통해 자신의 가치를 확인한다.
이들은 우의, 가치 확인, 친밀감 등의 욕구를 충족시키고자 친구들에게 의존한다. 또래 친구들은 자기 자신을 측정하고 점검하는 하나는 커다란 투사스크린의 역할을 하며, 자기 존재 가치를 확인할 수 있는 귀중한 준거가 된다.
⑤ 또래집단에 대한 강한 동조 경향을 지닌다.
같은 집단에 속하는 청소년들은 서로의 가치관이나 태도, 취미나 흥미 등이 같을 것이라고 기대하며, 또한 또래들과 어울리면서 그렇게 되려고 한다.
⑥ 청소년들은 자신들의 또래관계를 부모로부터 인정받기를 원한다.
청소년들은 부모들이 자신들의 친구들을 인정해 줄 것을 기대하며, 그로 인해 자녀-부모 관계가 더욱 돈독해지며, 자기를 긍정적으로 생각한다. 이와 반대로 부모로부터 친구들이 수용받지 못하며 자신이 거부당한 것을 알고 부정적 정서반응을 보인다.
⑦ 청소년들의 친밀하고 안정적인 또래관계 발달은 부모와의 관계 질에 달려 있다.
개방적·상호존중적이며 친밀한 가정에서 자란 청소년들은 그들의 또래 친구와도 친밀한 관계를 가질 준비가 되어 있다. 그렇지 못한 경우, 또래 친구들로부터 거부되고 반사회적 또래 집단에 속하기 쉽다.

### (3) 친구관계 형성에 영향을 주는 개인적 특성
① 타인에 대한 이해와 공감능력
② 자신의 역할을 충실히 하는 것
③ 갈등을 건설적으로 해결할 수 있는 사회적 기술
④ 성격 좋고 리더십이 있는 것
⑤ 자신을 개방하고 상호 비밀을 지킬 수 있는 능력
⑥ 무언가 나누어 쓸 수 있는 관계 능력

### (4) 또래관계 형성을 잘하지 못하는 청소년의 특징
① 지배적이며 조종하는 유형: 자신보다 약한 아이들을 조종하여 자신의 욕구를 만족시키는 유형으로 이들은 리더십은 있으나 또래를 배려하고 돌보는 진정성은 없다. 공부를 잘하거나 모범생으로 평가받는 경우도 있다. 따라서 부모나 교사가 이들이 괴롭힘의 주범이라는 사실을 못 알아챌 수 있다.

② 공격적이고 가학적인 유형: 또래들과 일상적인 관계를 회피. 그러나 자신이 기분이 나쁠 때 폭력을 휘두르거나 괴롭힌다. 무법자이나 평소에는 괴롭히는 일이 드물다. 어떤 경우에는 또래들을 어린아이 취급하기도 하며, 그의 심기를 불편하게 하면 또래는 피해를 당하게 된다.

③ 기생적 유형: 속칭 똘마니 유형으로 독립적인 힘도 없으면서 힘센 아이 밑에서 그들의 힘을 믿고 또래를 괴롭히는 아이들이다. 갈등 상황을 많이 만들고 학교폭력을 주도하기도 한다. 자존감이 낮으며 강자에게는 약하고 약자에게는 군림하는 비굴한 또래관계를 보인다.

④ 고립적 의존 유형: 또래들에게 정서적으로 의존하는 아이들이다. 대체로 친구가 1~2명뿐이며 다른 이들과는 친밀한 관계를 맺지 못한다. 이 소수의 친구들에게 과도하게 의존하며, 그 관계가 위협받으면 심각한 부적응 현상을 보인다.

⑤ 경쟁적 질투 유형: 누군가와 끊임없이 비교하며 그와의 경쟁에서 승리하려고 한다. 대인관계는 피상적이며, 내적 갈등과 불안이 많다. 경쟁에서 지는 것을 못 참으며 미워하는 또래들이 많고, 사소한 일에 적대감을 표출하기도 한다. 끊임없이 관심의 대상이 되고 싶어 하기 때문에 또래들로부터 배척을 당하기 쉽다.

⑥ 좌절에 따른 회피 유형: 또래관계를 두려워하며 피해의식을 가지고 있다. 이들은 또래관계를 원하나 오랜 대인관계에서의 좌절로 인해 또래관계를 회피한다. 상습적인 폭력 피해자의 경우가 많다. 심한 경우 정신질환을 겪는 경우도 있다.

⑦ 나 홀로 유형: 이들은 또래관계를 맺으려 하지 않고 혼자만의 생활을 유지하려고 한다. 이들은 늘 외롭고 우울하다. 흔히 또래들로부터 관계에서 분위기 파악이 느려 또래들은 그를 답답해하거나 재미없는 아이로 취급한다.

## 5 대중매체

　오늘날 대중매체가 청소년의 생활 속에 깊이 잠식해 있다는 사실을 감안할 때 대중매체는 특히 가치교육에 관한 한 가정이나 학교보다 더 큰 영향을 미치고 있다는 것을 부인하기 어렵다. 매스미디어 간의 경쟁 속에 매스컴은 광고수입의 증대, 판로의 확장을 노린 나머지 극단적인 상업주의에 빠지게 되고 그 결과 선정적인 자극은 감수성이 예민한 청소년들에게 부정적인 영향을 미치고 있다.

# Chapter 5
# 청소년 문제이론

**1** 청소년 문제의 정의

**2** 청소년 문제의 원인에 관한 이론

## 1 청소년 문제의 정의

**(1) 청소년 문제의 의미**
① 청소년 문제라고 하면 보통 청소년 비행을 연상할 만큼 비행의 개념이 폭넓게 적용되고 있다.
　㉠ 비행이라는 말은 라틴어의 과오를 범하다, 의무에 태만하다는 뜻에서 유래된 것으로 그 사전적 의미가 도리나 도덕 또는 법규에 어긋나는 행위를 나타낸다.
　㉡ 비행은 본래 법률적인 용어로서 주로 청소년들에게만 적용되고 성인인 경우에는 범죄라는 말을 사용한다.
　㉢ 비행과 유사한 말로 청소년들에겐 일탈이라는 말을 많이 사용하기도 한다.
② 문제행동과 관련하여 부적응이라는 말을 사용하기도 하는데, 이는 정신적·행동적 비정상과 관련된 개념으로 심리학과 정신의학에서 많이 사용되고 있다. 일반적으로 청소년 문제와 관련된 용어들은 청소년 비행과 부적응 행동으로 나눌 수 있다.
③ 청소년 비행에 대해 살펴보면, 비행은 매우 광범위한 의미로 사용되고 있지만, 청소년이 저지른 법규에 저촉되는 행위는 물론 가정과 사회에서 말썽 피우는 행위, 무단결석, 음주, 약물남용, 가출 등 광범위한 사회생활 및 법률 준수와 관련된 것들을 내포하는 것으로 사용된다.
④ 부적응 행동은 주어진 문제상황이나 사회적 조건에 적절히 대처하지 못함으로써 나타나는 이상 반응 또는 적응 장애를 말한다.
　㉠ 부적응 행동은 청소년 개인의 정서 장애를 초래하며, 이것은 불안, 우울, 낮은 자기존중감, 충동성 장애, 섭식 장애, 자살 생각 등을 강화한다.
　㉡ 부적응 청소년들은 개인 내적 장애와 더불어 사회적 장애를 경험하며, 이는 곧 교우관계와 가족관계를 비롯한 대인관계의 악화와 사회적응의 실패를 초래하게 된다.

**(2) 청소년 비행의 원인**
① 개인 관련 요인
　㉠ 청소년 비행의 원인으로 행위자의 내재적 특성에 초점을 두는 입장은 신체적 특성, 유전적 특성, 성격 특성 등 개인차 요인에서 그 원인을 찾는다.
　㉡ 그동안 선행연구들에서 다루어진 개인특성 요인은 성과 성적인 발달, 우울성, 공격성과 충동성, 자기통제력, 자아개념, 자아존중감, 신체상 등 여러 요인들이 비행과 관계가 있음을 밝히고 있다.

② 가정 관련 요인: 부모의 양육태도, 부모와의 관계
　㉠ 부모의 학력이 높을수록 자녀의 문제행동은 감소하며, 어머니의 교육수준이 높을수록 자녀의 행동에 대한 감독이 강하며 자녀의 비행행동은 감소한다. 또한 가정소득이 낮을수록, 부의 직업이 단순노무직일수록, 결손가정일수록 가정불화나 갈등이 많을수록 문제행동을 낳는다.
　㉡ 가정의 구조적·지위적 환경도 중요하지만 부모와 자녀 간의 상호작용의 중요성, 부부 간의 결혼 만족, 훈육의 유형이나 정도 등과 같은 가정의 질적인 요소인 기능적 측면이 비행과 더 강한 관계가 있다고 한다.

③ 학교 관련 요인: 성취도, 학교 애착
　㉠ 현대사회에서 성인 생활 준비에 중요한 역할을 수행하는 곳이 학교인 만큼 불량가정이나 가정훈육의 부족이 청소년 비행과 관련되어 있는 것과 같이 청소년 비행은 역시 학교교육의 부족이나 학교의 실패에 기인한다고 볼 수 있다.
　㉡ 청소년 비행은 학교생활에의 부적응, 즉 낮은 성취도, 낮은 학교애착, 학습무능력, 학교에서의 잘못된 경험 등과 깊은 관계를 지닌다.
　㉢ 따라서 학교에 대한 애착, 수용, 참여도가 높을수록, 즉 유대가 높을수록 비행은 그만큼 줄어들게 된다.

④ 동료와 개인 경험 요인
　㉠ 청소년들은 친구를 통해 수직적 인간관계가 아닌 수평적 관계에서 가정과 학교에서 얻지 못하는 다양한 정보뿐만 아니라 심리적 안정감을 얻으며 생활 속에서 스트레스에 효과적으로 대처할 수 있는 기술을 얻게 된다.
　㉡ 비행하위문화이론이나 문화전달이론 등은 청소년 비행을 비행적 가치나 태도를 비행교우로부터 얻게 된다고 지적해 왔다.
　　가정의 애정적 유대와 훈육기능이 약화되고, 학교가 관습적 가치를 적절하게 내면화시키지 못하는 시점에서 학교에서 학생들의 실패는 학생들로 하여금 동료에게서 정서적 동일화를 추구하게 하고, 비행교우와의 접촉 가능성을 증가시켜 비행적 가치의 학습을 통해 비행을 낳게 된다.
　㉢ 통제이론에서는 청소년 비행은 비행의 성향을 지닌 청소년이 비행 친구를 찾고 비행을 하게 되는데, 특히 이러한 모습은 자기 통제력이 낮은 청소년들에게 주로 나타난다고 본다.
　㉣ 비행청소년들은 가정과 학교의 복합적인 여러 요인과 결부되어 자기 반 급우들과 우정을 나누기보다 학교생활에 불만을 가지고 있거나 학교생활에서 소외된 급우들이나 비진학반 교우들을 친구로 사귀며, 학교 밖의 친구들과 어울리는 경우가 많다.

## 2 청소년 문제의 원인에 관한 이론

청소년 문제에 관한 이론은 생물학적 이론, 심리학적 이론, 사회학적 이론으로 나누어 볼 수 있다.

### [1] 생물학적 접근

이 이론적 접근은 청소년 문제의 원인을 사람의 유전인자나 신체적 모습과 관련시켜 설명하는 것이다. 인간 행동은 신경 계통의 기능과 밀접한 관계가 있으므로 개인의 신체적 발달의 결합과 정상인과 구별되는 특수체질이 비행의 원인이 된다.

#### (1) 롬브로소(Lombroso)의 골상학론

범죄인의 특성을 특정한 유전인자, 즉 골상학적으로 두뇌의 크기, 두개골의 형태, 팔의 길이, 귀의 크기, 머리털의 색깔, 신체유형 등에 의해 구별될 수 있다.

#### (2) 쉘든(Sheldon)의 신체형론

인간의 신체형을 내배엽형·중배엽형·외배엽형으로 구분하고 신체 긴장형의 성격을 보이는 중배엽형에 비행 청소년이 많다.

#### (3) 염색체 이론

XYY 염색체를 가진 사람이 공격적이며 범죄자가 많다.

#### (4) 생물학적 이론의 모순점

① 특정한 범죄와 특정한 신체적 장애를 연관 지을 수 없다.
② 청소년 비행은 대부분 신체적으로 결함이 없는 청소년에 의해 발생하고 있다.

### [2] 심리학적 접근

#### (1) 좌절-공격이론

① 개인의 욕구가 충족되지 않을 때에는 인간은 거의 본능적으로 그것을 방해하는 것에 공격적인 행동으로 반응한다.
② 어떤 장애물 때문에 욕구가 저지되는 경우
  ㉠ 그 욕구가 강하지 않으면 우회행동을 취하게 된다.
  ㉡ 장애물의 저항력이 강하고 욕구도 강하면 욕구불만의 상태에 빠져 결국 공격행동을 한다.

③ 욕구좌절과 불만의 축적으로 인한 생리적·심리적 갈등과 긴장을 완화하고 제거하기 위한 여러 가지 반응
  ㉠ 가장 초보적인 공격행동인 개인적 언쟁·폭력으로부터 계급투쟁 및 전쟁과 같은 사회집단 간에 벌어지는 대규모 공격에 이르기까지 그 질이나 규모의 차이가 난다.
  ㉡ 욕구좌절의 대상이 자기보다 강력하거나 그 원인을 찾지 못하면 대리공격물을 찾아 그 분풀이를 할 때도 있다.

### (2) 일탈행동론
① 주창자: 프로이트
② 일탈행동은 충동적이고 동물적인 무의식 속의 id와 사회적 욕구 사이의 갈등에서 빚어진다.
③ 죄의 원인은 억제요인이 내재적인 공격성이나 파괴적 성향을 억제하기에 너무 약할 때 일어난다.
④ 인간은 문화적 차이나 사회화 정도에 관계없이 생태적으로 탈선 가능성이 있다.
⑤ 범죄의 양상이 다른 것은 고의성, 계획성 및 복잡화한 행동의 여부에 달린 것이다.

## [3] 사회학적 접근

비행을 사회적 구조나 상황에 관심을 두고 비행, 범죄행동, 일탈행동 등을 설명한다. 이 이론에는 거시적 이론과 미시적 이론이 있는데 거시적 이론에는 아노미 이론, 하위문화이론, 갈등이론이 있고, 미시적 이론에는 사회통제이론, 차별접촉이론, 낙인이론이 있다.

### (1) 아노미이론
① 뒤르켐(Durkheim)에 의해 시작된 것으로 머튼(Merton)의 사회구조이론에 기초하여 정립된 이론이다.

> ▶ 아노미(아노미 현상)
>   − 뒤르켐: 무규범 상태 또는 규칙의 붕괴 사태
>   − 머튼: 한 사회의 문화목표와 제도화된 수단 간의 괴리현상

② 사회구조가 특정 집단의 사람에게는 정당한 방법으로 문화적으로 규정된 목표를 달성할 수 없게 되어 있어 비행이 일어난다.
③ 하위집단에 속하는 사람들은 상위집단에 속하는 사람들보다 자기들의 목표를 추구할 기회가 제한되어 있어 정당한 수단을 부여받기 어렵기 때문에 아노미(사회적 긴장)가 발생한다.
  ㉠ 사람들의 욕구는 생태적인 것이 아니라 사회적 관습이나 문화적 전통에 의해서 형성되는 것이며, 개인적인 욕구 충족의 정도에 따라서 욕구의 수준이 달라진다.

ⓒ 사람들이 추구하는 목표는 문화적으로 형성되며 이를 달성하는 수단 역시 문화적으로 규정된다.

ⓒ 사회적 기회구조에 접근하기 어려운 개인이나 집단은 정상적이지 않은 방법으로 자신의 목표를 달성하고자 하는 경우가 있으며, 결과적으로 위법이지만 효과적인 방법을 선택하는 이들은 범죄로 빠져들 개연성이 크다.

④ 머튼은 개인이 문화적 목표와 제도화된 수단에 어떻게 적응하는가에 따라 다섯 가지 적응양식을 제시하였다.

| 동조형 (conformity) | • 정상적인 기회구조에 접근할 수는 없지만, 그래도 문화적 목표와 제도화된 수단을 수용하는 적응방식이다.<br>• 정상적인 방법으로 목표를 달성하고자 노력하며, 반사회적이지 않다. |
|---|---|
| 혁신형 (innovation) | • 문화적 목표는 수용하지만 제도화된 수단은 거부하는 적응방식이다.<br>• 비합법적인 수단으로 사회적으로 가치 있는 목표를 달성하려 하는 대부분의 일탈행동이 이 유형에 해당된다.<br>• 횡령, 탈세, 매춘, 강도, 절도 등이 여기에 속한다. |
| 의례형 (ritualism) | • 문화적 목표를 거부하고 제도화된 수단만을 수용하는 적응방식이다.<br>• 조직의 목표보다는 절차적 규범이나 규칙만을 준수하는 데 치중하는 무사 안일한 관료가 대표적인 예이다. |
| 도피형 (retreatism) | • 문화적 목표와 제도화된 수단을 모두 거부하고 사회로부터 후퇴 내지는 도피해 버리는 적응양식이다.<br>• 만성적 알코올 중독자 또는 마약상습자 등이 여기에 속한다. |
| 반역형 (rebellion) | • 기존의 문화적 목표와 제도화된 수단을 모두 거부하면서 동시에 새로운 문화적 목표와 제도화된 수단으로 대치하려는 적응양식이다.<br>• 사회운동가, 히피 등이 대표적 예이다. |

⑤ 일탈행동의 원인을 사회구조의 모순에서 찾으려고 하는 것으로, 하류계층에 일탈행동이 많은 이유를 설명하고자 하는 이론으로 볼 수 있다.

⑥ 비판점

ⓐ 기회구조가 차단되지 않은 많은 사람들이 일탈행동을 하는 것을 설명하지 못한다.

ⓑ 재산범죄에 대한 설명력은 강하나 폭력범죄에 대한 설명력은 약하다.

## (2) 하위문화이론

① 아노미이론과 사회해체론의 절충 형태이다.

② Walter B. Miller(1958)가 경제적으로 열악한 지위에 있는 하층 남성 조직의 비행에 관심을 가지고 연구한 것이다.

③ 해체된 지역사회에는 하위계층의 독자적인 문화가 발전하고 나름의 가치와 신념체계가 존재한다.

㉠ 하류계층의 하위문화는 중류계층의 행동 기준을 충족시킬 수 없는 도시지역의 하류층이 선택할 수 있는 매력적인 대안으로, 통상적인 사회규범과 마찰이 발생할 수 있다.
㉡ 슬럼지역의 거주자들은 무규범 때문이 아니라 하위문화의 규범에 동조하기 때문에 일탈 행동을 하게 된다.

④ 일탈행동
㉠ 하위계층문화에 따른 젊은이들의 선택으로, 하위계층문화의 기준에 따라 인정을 받기 위해 선택하는 한 가지 방법이다.
㉡ 하위계층 청소년들은 하위계층문화의 '중점 관심'에 따라 학습하고 행동하며, 비행 청소년들은 특히 이를 과장된 방법으로 표현하고 행위로 나타낸다.
㉢ 하위계층 청소년들은 중점 관심에 포함되는 특징을 강조하거나 보여줌으로써 길거리 집단에 소속되고 지위를 획득한다.

⑤ 하위계층의 중점 관심

| 말썽(trouble) | 법을 위반하면서 문제행위를 일삼는다. |
|---|---|
| 사나움(toughness) | 육체적인 힘이 있으며 두려움이 없다는 것을 과시한다. |
| 영악함(smartness) | 길거리 세계에서 필요한 실제적인 지식을 가지고 있으며 상대방을 능가할 수 있다는 이미지를 가지고 있다. |
| 흥분(excitement) | 스릴을 찾아 위험을 감수한다. |
| 숙명(fatalism) | 운명을 좌우하는 강한 정신적 힘에 의해 생이 좌우된다는 신념을 가지고 있다. |
| 독자성(autonomy) | 경찰, 교사, 부모 등의 권위로부터 독립적이다. |

**(3) 갈등이론**
① 정치적 요인에 의해 비행이나 범죄가 발생한다는 이론이다.
② 마르크스(Marx)의 경제 이론에 연결되는 것으로 지배계급에 의한 비행과 범죄의 규정과 통제방식을 분석하려는 데 있다.
③ 마이어(Meier)의 새 범죄학 이론은 지배계급이 피지배계급에 대한 통제와 억압의 수단으로서의 현행법을 어떻게 이용하고 있는가를 감시하려는 데 그 의의가 있다고 본다.
④ 퀸네이(Quinney)는 자본주의는 자본가계급을 위한 것으로 노동자계급에게는 불리하게 만들어졌으며, 지배계급과 피지배계급 사이에 범죄는 조성되고 만들어진다는 주장이다.

⑤ 주요 이론

| 가치갈등론 | • 특정 집단이 자신들의 가치관을 사회에 전파하는 과정에서 다른 집단의 가치관과 관련된 문제들을 사회 문제로 규정(상충하는 가치관의 대립)한다고 본다.<br>• 집단들 간의 가치와 이해관계의 차이가 사회문제의 원인이다.<br>• 해결방안은 합의와 타협이다. |
|---|---|
| 사회긴장론 | 개인 간 혹은 집단 간의 불화, 대립, 투쟁 등으로 나타나는 긴장 상태라고 본다. |

### (4) 사회통제이론(사회유대이론)

① 허쉬(Hirschi)가 주장한 것으로, 비행을 개인과 그가 속한 사회의 속박과 관련시켰다.

② 사람들은 보편적으로 일탈경향이 있는 잠재적 범죄자라는 것을 전제로, 일탈은 관습적인 신념과 규범에 관한 사회의 일반적인 합의에 기초한 사회통제기제의 결함 또는 부재 때문에 발생한다는 이론이다.

③ 허쉬는 사회유대요인이 잘 유지되어야만 사회가 결속되어 비행을 저지르지 않게 된다고 보며 비행은 사회적으로 하위계층에 속하거나 경제적으로 빈곤하다는 것보다 사회적 유대의 약화에서 비롯된다고 보고 있다.

④ 사회적 억제력이 약화되면 비행의 확률이 높아진다.

⑤ 일탈의 동기보다는 어떠한 시점에서 사회통제가 무너짐으로써 일탈의 여지가 생기는지 그 조건을 분석하는 데 강조점을 둔다.

⑥ 비슷한 생리적·심리적 특성을 지닌 개인들이 비슷한 환경 속에서 살다가도 일탈행동을 저지르는 것은 결국 외적인 사회통제의 메커니즘이 깨진다거나 내적 규제 능력이 약화될 때일 것으로 본다.

⑦ 사회인들이 비행 또는 일탈행동을 하지 않고 규범을 준수하는 것은 비행동기가 없기 때문이 아니라 내·외적인 사회통제에 연유한다는 이론이다.

* 사회유대 요인
- 애착: 애정과 정서적 관심을 통하여 개인이 사회와 맺고 있는 유대관계를 의미하며, 부모와의 사랑이나 학교 선생님에 대한 존경심 등에 의하여 형성된다. 허쉬(Hirschi)는 사회의 가치나 규범을 개인이 내면화하기 위해서는 다른 사람들에 대한 애착관계가 형성됨으로써 가능하다는 점에서 애착을 가장 강조하였다.
- 관여: 규범 준수에 따른 사회적 보상에 얼마나 관심을 갖는가에 관한 것으로, 충실한 학교생활은 이후에 안락한 생활을 보장해 줄 수 있다는 정서 등을 의미한다.
- 참여: 행위적 측면에서 개인이 사회와 맺고 있는 유대의 한 형태로 관습적 목표에 얼마나 많은 시간을 투자하고 있는가 하는 것으로 평가될 수 있다.
- 신념: 사회가치를 받아들이는 것이다. 관습적인 규범의 내면화를 통하여 개인이 사회와 맺고 있는 유대의 형태로 사회규범을 준수해야 한다고 믿는 정도에 따라 비행의 발생 가능성이 다르다는 것 등으로 구성된다.

### (5) 차별접촉이론(차별연합이론)

① 가장 많이 적용되는 비행이론으로, 서더랜드(Sutherland)에 의해 이론으로 성립되고 그레시(Gresey)에 의해 알려졌다.

② 모든 종류의 범죄나 비행을 학습된 것으로 보고, 이러한 범죄나 비행행위는 타인(범죄자, 비행자)과의 상호작용을 통해 학습된다는 것이다.

㉠ 일탈행동은 개인의 성향이나 사회경제적 지위의 발현으로 나타나는 것은 아니다.

㉡ 일탈행동도 일반적인 행위와 마찬가지로 학습을 통해서 배우게 되고 일탈행위자 역시 일반인과 마찬가지의 학습과정을 가진다.

㉢ 학습은 주로 친밀한 사람들과의 상호작용을 통해 일어나며, 일탈에 대한 부정적 정의보다 긍정적 정의에 많이 노출될수록 일탈가능성이 높다.

③ 서더랜드의 9가지 명제

㉠ 일탈행동은 학습된다.

㉡ 일탈행동은 타인과의 상호작용 속에서 의사소통과정을 통해 학습된다.

㉢ 일탈행동의 학습의 주된 부분은 친밀한 1차 집단들 내에서 일어난다. 라디오·TV·영화·신문·잡지 등과 같은 비인격적 매체는 범죄행위의 학습과 관련이 없다.

㉣ 일탈행동이 학습될 때 그 학습은 일탈행동의 기술(때로는 매우 복잡하고 또는 매우 단순한 기술에 이르기까지 다양), 동기, 충동, 합리화 및 태도의 특정한 지향을 포함한다.

㉤ 동기와 충동의 특정한 지향은 법규에 의해 긍정적 혹은 부정적인 것으로서 학습된다.

㉥ 어떤 사람이 일탈자가 되는 것은 규범 위반에 대한 긍정적 정의가 규범위반에 대한 부정적 정의를 초과하기 때문이다.

㉦ 차별접촉은 빈도(frequency), 기간(duration), 우선순위(priority), 그리고 강도(intensity)에 있어 다양한 형태를 띤다.

㉧ 일탈적·반일탈적 패턴과의 접촉을 통해 일탈행동을 학습하는 과정은 일상생활 속에서 이루어지는 다른 행위의 학습과정과 동일한 메커니즘을 이룬다.

㉨ 일탈행동은 사회의 일반적 욕구와 가치의 표현이기는 하지만, 일탈행동은 일반적 욕구와 가치만으로 설명될 수 없다. 왜냐하면 준법행동도 같은 욕구와 가치의 표현이기 때문이다.

④ 비판점: 이 이론의 문제점은 맨 처음의 범죄자나 비행자가 누구에게 어떻게 배웠으며, 상당수의 범죄나 비행을 합리적·체계적으로 보지 않으며, 또한 이 이론에서 사용하는 용어들이 애매하다는 점이다.

### (6) 낙인이론

① 상징적 상호작용 이론에 기초한 것으로 레머트(Lemert)와 베커(Beker)가 대표자이다.

㉠ 레머트(Lemert)

ⓐ 사회적 반응으로 인하여 비행자로서 스스로를 인정하게 되면 제2의 비행을 저지르게 된다.

ⓑ 1차적 비행은 다양한 맥락에서 일어날 수 있으나 2차적 비행의 중요한 원인은 낙인이라는 것이다.

ⓒ 그러나 모든 1차적 비행이 2차적 비행으로 연결되는 것이 아니고 1차적 비행이 낙인에 의해 사회적 냉대나 제재로 연결될 때 2차적 비행이 발행한다.

㉡ 베커(Beker)

ⓐ 비행자라는 낙인은 하나의 사회적 지위와 같고, 개인이 가지고 있는 여러 가지 지위 중 대표되는 지위가 된다고 하였다.

ⓑ 비행자는 처음에는 이를 거부하지만 계속적인 사회적 반응은 그로 하여금 스스로 비행자라는 자아개념을 갖게 만든다.

② 자기 자신을 비행자로 인식하는 데에는 남들이 그 사람을 비행자라고 낙인찍는 데서 크게 영향을 받아 비행을 저지르게 된다.

③ 낙인과정에 의해 비행이 낙인되어 의식적으로 비행을 저지르게 된다.

④ 낙인과정은 '모색단계 ⇨ 명료화 단계 ⇨ 공고화 단계' 순이다.

### (7) 중화이론

① 사이크스(Sykes)와 마이짜(Mayza)의 견해로 자기합리화이론, 사회통제 무력화이론이다.

② 비행은 기존 규범에 대항하는 가치관 때문에 발생하는 것이 아니고 학습된 변명과 정당화를 통하여 발생한다.

③ 청소년들은 전통적인 도덕 가치를 부정하는 것이 아니라, 여러 상황에서 그것을 중화시키는 기술을 가지고 있으며 그럼으로써 별 죄의식 없이 비행을 저지른다.

④ 중화의 기술

| 책임의 부정 | 내 잘못이 아니야. |
|---|---|
| 상해의 부정 | 부자놈들은 훔친 게 많으니까 내가 훔친 건 아무것도 아니야. |
| 피해자의 부정 | 나쁜 놈한테서 훔친 것은 괜찮은 거야. |
| 비난자에 대한 비난 | 우리를 잡아들이는 검사 놈들이 더 도둑놈들이야. |
| 더 높은 충성심에의 호소 | 우리의 불법시위는 숭고한 조국통일을 위한 일이야. |

# Chapter 6
# 청소년 문제행동

| 1 청소년 폭력

| 2 청소년 가출

| 3 청소년 자살

| 4 학업중단

| 5 약물중독

| 6 인터넷 중독

# 1 청소년 폭력

## [1] 청소년 폭력의 개념 및 특징

### (1) 청소년 폭력의 개념

학교 폭력이란 학생 간에서 일어나는 폭행, 상해, 감금, 위협, 약취, 유인, 모욕, 공갈, 강요, 강제적인 심부름, 명예훼손, 따돌림, 성폭력, 언어폭력 등 폭력을 이용하여 학생의 정신적 및 신체적 피해를 주는 폭력 행위이다.

### (2) 청소년 폭력의 특징

① 청소년 폭력의 잔악성 정도가 단순한 비행이나 탈선의 차원을 넘어 심각한 범죄의 단계에 이르고 있다.
② 폭력행위가 비행청소년에만 국한되는 것이 아니라 일반 청소년에게 쉽게 발견될 수 있는 일반화된 비행유행이 되고 있다.
③ 청소년들은 폭력을 저지른 후 자신의 폭력행위에 대해 죄의식이나 책임감을 크게 느끼지 못하고 있다.
④ 청소년 폭력이 집단화되는 경향이 있다.
⑤ 청소년들은 뚜렷한 목적이나 동기도 없이 장난삼아 폭력을 저지르곤 한다.

## [2] 학교폭력의 일반적 유형

### (1) 강도·성폭행

매우 충격적이지만 그 수는 많지 않다. 그러나 최근에는 그 정도가 더욱 잔인해지고, 발생 건수가 증가하는 경향이 있다.

### (2) 싸움

개인 간의 의견 충돌을 폭행으로 해결하려는 가장 흔한 폭력 유형이다. 전통적으로 어느 사회에서나 존재하지만, 최근에는 흉기를 사용하는 등 과격화되고 있어 문제이다.

### (3) 패싸움

적게는 2~3명으로부터 많게는 수십 명에 이르기까지 집단적으로 싸우는 것으로, 클럽이나 학교의 세력 확대로부터 학원 폭력집단의 주도권 쟁탈에 이르기까지 다양하다.

### (4) 집단 괴롭힘
적게는 2~3명, 많게는 10여 명이 새로 온 전입생이나 신체적 또는 정신적으로 약한 학생을 골라 조롱, 금품갈취, 신체적 고통 등으로 괴롭히고, 괴롭히는 자신들은 즐거워하는 폭력이다.

### (5) 금품갈취
개인 또는 집단으로 학교 안이나 학교 주변에서 학생들로부터 현금, 시계, 옷, 신발 등을 폭력을 사용하여 협박하면서 강제로 빼앗는 것이다. 대상이 1회에 그칠 수도 있으나, 동일한 대상을 오랫동안 여러 차례 빼앗는 경우도 있다. 가장 널리 보편화된 학생들 대상의 범죄이다.

### (6) 교사, 부모, 연장자 등에 대들기
교사나 부모 등 교육하는 사람들이나 일반적으로 충고하는 연장자의 가르침을 공손하게 받아들이지 않고, 거칠게 대들거나 주먹을 쥐거나 흉기를 만지는 등의 방법으로 반항을 표시하는 행위이다.

## [3] 청소년 폭력의 원인

### (1) 심리적 요인
① 심리적 특성으로는 자기 자신을 학대하거나 열등감을 느끼고 자기 자신에 대해서 별로 높은 기대를 하지 않으며 그 개인의 행동이 적극적이거나 부정적인 경향이 있고 외적 자아 기준체계에서 불안한 심리상태이며 자기 가족에 대한 불만족, 불화, 적대감을 가지고 대인관계에 있어서도 성공하지 못하였으며 소외되어 불행한 인간관계를 가지고 있다.
② 정상적인 사람은 양심과 도덕, 자기 통제력이 있지만 정신이 정상적인 성장을 하지 못하는 경우 부정적인 사고 경향이 강하며 폭력적인 성향과 반사회적 행동특성을 가진다.
　㉠ 이러한 학생들은 반사회적 행동 후 반성하거나 고민하지 않으며, 감수성이 예민하고 감정에 치우치며 분위기에 휩싸이기를 잘하며, 자기중심적으로 행동하고 지적 판단능력과 자아조절 기능이 약하다.
　㉡ 이들의 공통점은 정서불안적 요인을 내포하고 있으며 욕구가 해소되지 않으면 모든 생활에 대한 불만과 좌절이 거듭되어 가정과 학교생활에 대한 의욕 상실로 욕구 불만과 당혹감을 운동적 언어, 즉 폭력 등의 반사회적 행동으로 나타나는 것이다.

### (2) 가정적 요인
① 가정은 인간의 성장 발달과정에서 가장 중요한 작용을 하는 교육적 환경으로 기본적인 일차사회이며 지속적으로 영향을 주는 환경이다.

② 가정은 기초 집단으로 인간의 지능, 성격, 신체, 정서 형성의 근간이 된다. 따라서 가정이 본래의 참 기능을 잃게 될 때, 자녀들의 가치 혼란과 주체성 상실은 크다.
③ 가정의 유형이 핵가족화로 변화되어 대인관계에서의 양보심, 협동심 등의 학습기회가 상실되었고, 가족 중심의 이기주의로 공동체의식과 연대의식이 약화됨에 따라 정서적으로 불안한 가정으로 전락하고 있다.
④ 청소년들은 불안한 가정 안의 생활보다는 오락실, 비디오방, 유흥장 등 가정 외에서 안정감과 행복을 찾으려고 한다.
　㉠ 이런 생활 속에서 초보적인 폭력이나 비행을 저지르게 된다.
　㉡ 가출, 방랑, 절도 등 점점 더 심한 일탈, 비행, 폭력으로 이어져 가정·학교·사회에서도 적응하지 못하게 된다.

### (3) 학교적 요인
① 입시 위주 시험체제
② 교과서 중심 교육
③ 과대학교·과밀학급에서 오는 인간관계
④ 인성교육의 소홀

### (4) 사회적 요인
① 산업화로 인한 지역사회의 해체
　㉠ 산업의 급격한 발달은 지금까지 통용되었던 가치 체계를 변화하게 만들었고 가치관의 동요와 갈등은 학생들에게 적응 곤란의 문제를 가져왔다.
　㉡ 산업화로 인해 공동체 관계가 단절되고, 사람이 조직 속에서 소외되면 규범에서 벗어나 폭력 등 비합법적인 방법으로 목적을 달성하게 된다.
② 입시경쟁의 긴장과 좌절감에서 오는 공격성
　㉠ 입시 경쟁과 학업성적을 둘러싼 청소년들의 긴장, 부모와의 갈등, 실망과 좌절감 등의 심각성은 심리적 상황으로 이어져 가출, 자살을 생각하게 하는 가장 중요한 원인이 된다.
　㉡ 긴장의 연속은 신경을 계속 자극하여 충동적인 범죄와 심각한 폭력으로 발전될 수 있다.
③ 매스미디어에 의한 폭력의 모방과 학습
　㉠ 감수성이 예민하고 모방성이 강한 청소년기에는 주위에서 폭력을 보는 경우 영향을 많이 받을 수 있다.
　㉡ 매스컴의 역기능으로 TV, 비디오, 잡지 등에 지나친 상업적·선정적·폭력적·향락적인 내용을 경쟁적으로 취재 방영·보도하고 있는데, 청소년들이 이를 무비판적으로 받아들일 때에는 문제가 크다.

ⓒ 폭력적인 장면을 많이 접하게 되면 정서적 동일시와 공감을 얻게 되어 공격 행동의 경향이 높아진다.
　④ 사회 전반의 유해환경
　　　㉠ 향락산업의 번창과 성인문화의 노출은 학생들을 자극하고 있으며, 불량만화·비디오방·오락실, 유흥·숙박업소 등이 학교 주변까지 침범하여 민감한 학생들을 쉽게 유혹하고 있다.
　　　ⓒ 학생들은 부도덕한 모습을 자주 목격하게 되고, 정서적으로 순화되거나 인정되지 못하고, 때로는 이러한 곳에서 전개되는 폭력에 직접 가담하게 되기도 한다.

## [4] 당면 문제

### (1) 폭력행위에 대한 책임의 부정
① 또래 폭력 가해청소년들은 대부분 자신이 폭력적 행동에 대한 책임은 인정하지만 그 행위의 잘못에 대해서는 인정하지 않는다고 한다. 즉, 피해학생이 폭력을 사용하게끔 원인을 제공하였다는 식으로 자신을 정당화한다는 것이다.
② 이러한 부인행동은 크게 두 가지 이유에서 기인된다.
　㉠ 폭력청소년의 경우 폭력에 대한 판단을 내림에 있어 폭력을 행사한 사람이 아니라 그 원인을 제공한 사람의 부도덕성에 초점을 두는 경향이 높다는 점이다.
　ⓒ 교사나 부모와 같은 권위를 가진 성인들이 상대 청소년을 처벌하지 않을 것이라고 믿기 때문에 자신이 스스로 상대 청소년에게 폭력을 가함으로써 처벌을 한다는 것이다.

### (2) 폭력 가해청소년의 상당수가 폭력피해를 경험
폭력피해를 당한 학생들 중 상당수가 가해 경험을 동시에 가지고 있으며 일부 폭력적인 청소년들이 서로 피해자가 되기도 하고 가해자가 되기도 하는 악순환을 거듭한다.

### (3) 가정이나 학교에서 폭력적 훈육을 받은 경험과 그를 통한 폭력을 학습
① 폭력비행 경험이 있는 소년들은 없는 소년들에 비해 개인적인 성격이나 의식이 더 폭력적이고 그들을 둘러싼 제반 환경도 매우 폭력적이어서 전반적으로 폭력에 노출되어 있다.
② 폭력 경험이 있는 청소년이 그렇지 않은 청소년에 비해 가정 분위기가 더 폭력적일 뿐 아니라 부모로부터 맞은 경험도 더 많아 가정환경이 매우 폭력적인 것으로 나타났고, 교사로부터 맞은 경험도 더 많은 것으로 나타나 학교환경 역시 폭력적인 것으로 나타났다.

### (4) 현실에 대한 부적응
① 청소년들의 폭력행위는 개인이 생활환경에 적응하지 못한 상태로부터 탈출하는 행동이기도 하다.
② 학교폭력을 행사하는 가해자들의 상당수는 부모나 교사의 기대만큼 공부를 잘하지 못하고 가정과 학교생활에 잘 적응하지 못함으로 인해 상당한 스트레스를 경험하고 있다.
③ 학교나 가정에서의 욕구불만이나 소외감, 열등감, 죄악감 등은 더욱더 현실생활에의 적응을 어렵게 한다.

### (5) 공격적 성향
① 학교폭력을 행사하는 학생은 대부분 공격적 성향을 갖고 있으며, 이러한 공격적 성향이 폭력행동을 주기적으로 개발한다.
② 주변의 상황에 의하여 폭력을 행사하도록 암묵적으로 기대된 소년은 주위의 예언적 기대에 따라 실제로 폭력을 실현해 간다.

## [5] 개입

청소년 폭력은 청소년기의 발달 심리적 특성과 가정·학교·사회적 요인의 다차원적이고 복합적인 상호작용의 결과로 발생하기 때문에 청소년 폭력 감소를 위한 대책 강구는 결코 간단하지 않다. 청소년 폭력을 단편적이고 일시적이며 산발적 대책으로는 근본적 해결이 불가능하다. 청소년 폭력을 예방하고 문제 해결을 위해서는 가정과 학교, 기관과의 유기적·조직적 공동대처가 절대적으로 필요하다.

### (1) 학교폭력의 대책
① 학교폭력에 대한 시각 전환
  ㉠ 학교폭력의 해결에 있어서는 무엇보다도 청소년들의 인권이 존중되어야 하며, 해결과정에서 청소년이 대상화되지 않도록 하는 것이 중요하다.
    ⓐ 학교폭력은 학생 간의 폭력 외에도 교장-교사, 교사-학생, 학교-학생, 수도권-지방 등의 제도화된 폭력과 연결되어 있다.
    ⓑ 진정한 학교폭력의 해결을 위해서는 제도화된 폭력을 없애는 것이 중요하다.
  ㉡ 가해-피해자라는 이분법적 사고에서의 방향 전환이 필요하다.
    ⓐ 한국형사정책연구에서 나온 결과에 따르면 폭력피해를 당한 학생들의 3분의 2가 가해 경험을 가지고 있다는 것이 현실이다. 이를 감안해 본다면 소수의 문제학생에게 다수의 선량한 학생이 피해를 당한다는 구도는 별로 현실적이지 않다.

ⓑ 가해학생과 피해학생의 구별이 모호하고 오히려 동일성 원리가 강하며 한 개인에게 피해와 가해가 함께 일어난다는 점을 고려하여 앞으로의 학교폭력 대처방안은 가해 유발요인에 대한 효과적인 통제 쪽으로 전환되어야 한다.
ⓒ 징벌 위주에서 치료적·예방적 차원으로의 전환이 필요하다.
　ⓐ 학교에서 퇴학당한 청소년들의 비행 증가는 처벌 위주의 대응이 초래하는 폐해를 단적으로 보여 주는 것이다. 이것은 또 다른 폭력과 범죄의 재생산을 낳을 수 있고 장기적으로는 이들에 대한 통제를 위한 사회적 비용의 엄청난 증대를 예고한다.
　ⓑ 근본적인 문제해결을 위해서는 치료적이고 예방적인 차원에서의 대책이 강구되어야 한다. 또한 문제 학생을 학교나 사회 내에서 건강하게 적응할 수 있도록 하는 노력이 행해져야 한다.
ⓓ 가정·학교·정부·사회적 차원에서의 종합적이고 체계적인 협력체계 구축이 필요하다.
　ⓐ 가정에서나 학교에서의 폭력근절 및 청소년을 끌어들이고 받아들일 수 있는 토대가 먼저 조성되어야 한다.
　ⓑ 폭력을 조장하는 사회 분위기의 쇄신 및 청소년의 지도와 보호에 민간단체와 지역주민이 적극 참여함으로써 종합적이고 체계적인 협력체계를 구축하는 것이 필요하다.

② 학교폭력 예방을 위한 환경 조성 방안
㉠ 가정적 측면: 청소년 시기 혹은 그 이전의 시기에 적절한 범위 내에서 욕구좌절의 경험을 통하여 스스로 자신을 통제할 수 있도록 가정에서의 과잉보호가 지양되어야 하며 자녀에 대한 무관심과 대화 단절, 불안감 조성을 하는 기능적 결손가정의 분위기는 자녀를 학교폭력 청소년으로 이끄는 지름길일 것이다. 따라서 가족에 대한 개입이 필요하다.
㉡ 학교적 측면
　ⓐ 학교가 자체적으로 발생한 문제를 스스로 풀어갈 수 있는 제도와 기능을 복원하는 것이 필요하며, 학교가 주민들에게나 학생, 학부모들에게 개방되어야 한다.
　ⓑ 학생자치활동 및 동아리는 다양성을 인정하며 차이 속에서 조화를 찾는 학습의 장이므로 활성화되어야 한다.
㉢ 사회적 측면
　ⓐ 유해환경의 제거와 대중매체의 폭력에 대한 자율적 규제와 청소년의 건전한 놀이문화 육성을 위한 문화공간의 확보가 필요하다.
　ⓑ 청소년 폭력의 피해자를 위한 충분한 상담지원과 법률적 지원체계가 마련되어야 한다.
　ⓒ 폭력의 가해자로서 스스로 다른 삶의 대안을 찾기 어려워하는 청소년들을 위한 치료센터 설립과 치료프로그램 개발이 필요하다.

* 학교폭력대책심의위원회의 심의사항
- 학교폭력의 예방 및 대책
- 피해학생의 보호
- 가해학생에 대한 교육, 선도 및 징계
- 피해학생과 가해학생 간의 분쟁 조정
- 학교폭력의 예방 및 대책과 관련하여 학교의 장이 건의하는 사항

* 학교폭력예방 및 대책에 관한 법률상 가해학생에 대한 조치

학교폭력이 발생되면 심의위원회가 소집될 경우 피해학생의 보호와 가해학생의 선도 및 교육을 위하여 가해학생에 대하여 다음과 같이 조치를 할 것을 학교의 장에게 요청을 해야 한다. 다만, 퇴학처분은 의무교육과정에 있는 가해학생에 대하여 적용하지 아니한다.
- 피해학생에 대한 서면 사과
- 피해학생 및 신고, 고발 학생에 대한 접촉, 협박 및 보복행위 금지
- 학교에서의 봉사
- 사회봉사
- 학내외 전문가에 의한 특별 교육이수 또는 심리치료
- 출석 정지
- 학급 교체
- 전학
- 퇴학

## 2  청소년 가출

### [1] 가출의 정의(가출청소년 개념)

(1) 가출이란 가정생활에 불만을 갖거나 외부의 유혹에 끌려 가정에서 안정된 생활을 하지 못하고 집을 나가는 행위를 말한다.

(2) 우리나라에서 사용되고 있는 가출청소년의 정의는 '부모나 보호자의 동의 없이 집을 떠나서 24시간 이상 집에 들어가지 않는 18세 미만의 청소년'이다.

### [2] 가출의 원인

**(1) 어떤 생각에서 집을 나가는가?**

스스로 집을 떠나는 청소년의 경우 나름대로는 어떤 문제의 해결책인 경우가 많다. 가출 청소년의 50%에서 공통적으로 말하는 것은 부모와 대화가 안된다는 것이다. 대부분 가족 규칙이 지나치게 엄격하고 무조건 따르라고 한다며 불평을 한다. 다음과 같은 생각에 가출을 결심한다.

① 획일적인 생활에서 벗어나고 싶다.
② 구속과 억압에서 해방되고 싶다.
③ 공부라는 현실을 도피하고 싶다.
④ 여행이나 자기발전을 해 보고 싶다.
⑤ 집안의 규율이 지나치게 엄격해서 대화나 협상할 여지가 없다.
⑥ 부모의 자신에 대한 부정적 행동에 대한 좌절을 느낀다.
⑦ 자신이 현재 있는 가족 문제의 원인이 된다고 생각한다.
⑧ 좋지 않은 분위기에 사는 것보다는 가정에서 벗어나는 것이 나 자신을 위해 훨씬 나을 것이라고 생각한다.
⑨ 다른 가족의 분위기는 다를 것이다.

**(2) 요인별로 본 가출의 원인**

① 개인적 요인

㉠ 정신적 요인: 개인의 내적인 문제, 우울적 성향, 병리적 성향, 신경질적 기질 등이 가출에 영향을 준다.

㉡ 행동적 요인: 약물남용, 비행, 부적절한 성적 표현, 공격성, 적절한 통제의 어려움, 피해의식, 자살시도와 연관되어 있다.

ⓒ 생활사건 요인: 스트레스를 유발하는 생활사건에 대한 대처능력의 결함이 가출을 유발한다.
② 가족적 요인
　　㉠ 구조적 요인: 가족 기능의 결손
　　㉡ 심리적 요인: 핵가족화의 여성의 사회참여로 인해 자녀양육을 다른 기관에 의뢰함으로써 가족 내의 교육적·심리적 기능의 약화
　　㉢ 학대요인: 가정 내의 신체적·성적 학대
　　㉣ 기타 가정 요인: 빈곤가정, 교육수준이 낮을 경우, 부모의 수입이 낮은 경우
③ 또래요인: 가족 내의 구조적 기능적 결함 혹은 부가된 사회 표준에 대한 반발이 가출에 대한 방출 요인인 반면 또래집단은 이를 수용하는 요인의 성격(예 집단가출, 줄줄이 가출 등)이다.
④ 학교요인: 입시 위주의 교육으로 인한 압박감과 열등의식을 조장되고 있다. 청소년 가출은 입시 위주의 학교교육에서 탈출하고 싶은 욕구와 유해한 사회 환경의 유인에 의해 일어난 경우도 많다.
⑤ 지역사회, 환경 요인: 도시화와 산업화로 인한 사회 구성원의 결속과 도덕심이 약화되어 있다.

## [3] 가출청소년의 당면 문제

### (1) 정서적 문제
① 가출청소년의 정서적 문제가 가장 심각한 문제이다. 대부분 가출청소년들이 불신감, 분노, 외로움, 소외감, 열등감, 자책감을 갖고 있으며, 가정 내 학대와 폭력을 경험한 경우에는 특히 더 심리적 문제가 크다.
② 이들이 공통적으로 갖고 있는 것은 안정과 수용에 대한 갈망과 동시에 돌아다니고 싶은 충동과 욕구를 갖고 있다.

### (2) 고용 및 주거문제
① 가출청소년들이 가출 기간 동안 당면하는 가장 큰 문제는 돈과 주거문제이다.
② 일반적으로 가출청소년이 취업할 수 있는 합법적인 직업의 종류가 적고, 또한 그 직업도 단순직과 불법적인 부분에 종사한 것으로 나타났다.
③ 취업을 한 경우에도 월급을 제대로 받지 못하거나 노동착취의 대상이 되기도 하여 한 곳에 오래 있지 못하고 단기취업에 그친다.

④ 가출청소년들은 가출 초기에는 친구 집, 친구의 자취방, 여관 등에서 기거하게 되는데 가출이 장기화되면 돈과 주거가 함께 보장되는 직장을 선호하게 되고, 그런 곳이란 결국 유해업소나 열악한 환경일 수밖에 없다.

### (3) 교육문제
① 가출청소년들은 잦은 가출로 인해 성적이 낮고, 계속적인 학업이수가 어렵고, 복학을 하더라도 입시 위주의 획일적 학교생활에 적응상의 문제가 예상된다.
② 교사와 급우 간의 관계에 대한 두려움과 불안을 갖고 있다.
③ 이러한 교육의 단절은 학력이 중시되는 우리 사회에서 사회 적응에 또 하나의 장애로 등장할 것이며, 또한 이러한 학력문제는 이들이 성인이 된 후에도 빈곤의 악순환을 초래할 가능성이 있다.

### (4) 성문제 및 건강문제
① 가출은 부적절한 숙식과 길거리 생활에 의해 심각한 건강문제를 갖게 된다. 특히 여성 가출청소년들의 경우 성문제가 심각하다.
② 가출이나 집 없는 아이들의 성적 경험 유형은 크게 강간, 생존형, 단순 관계 이렇게 세 가지 유형이 있다.
③ 이들은 가출 후 무질서한 생활로 인해 임신이나 에이즈 및 성 접촉으로 전염되는 각종 질병에 훨씬 많이 노출되어 있으나 성병이나 임신에 대한 지식이 부족하고 의료기관의 이용률이 낮다.
④ 불규칙적인 식사 및 고르지 못한 영양 상태, 과다한 흡연·음주·약물 사용에 따른 청소년의 건강문제는 청소년 자신들에게는 덜 중요한 것처럼 간주되기 쉽지만 실제로 그 파급효과는 매우 크다.
⑤ 가출은 매우 어린 나이에 임신을 하게 하고 원치 않는 부모가 되는 결과를 야기시키고 이러한 문제는 미혼모뿐 아니라 그 자녀에게도 심각한 영향을 미칠 수 있다.

### (5) 비행문제
① 모든 가출을 비행으로 간주하기는 어렵지만 가출 전이나 가출 후 비행으로 연결될 가능성은 매우 높다.
② 가출 전 비행과 가출 후 비행을 비교한 연구에서도, 가출 후의 비행이 전체적으로 많은 것으로 나타났다.
③ 가출 시 경험해 본 비행에 관해서는 전반적인 지위비행(유흥장 출입, 음주, 흡연 등 성인이 범했을 때는 비행이 되지 않는 비행), 폭력비행(패싸움, 폭행, 욕설이나 폭언 등 폭력성이

강한 비행), 재산비행(물건을 훔치는 거와 같은 경제적 손실을 발생시키는 비행), 성비행의 순으로 나타났다.

### (6) 가정 및 학대 문제
① 가출청소년의 사회경제적 배경은 매우 상이하지만 자녀를 가출로 이끌게 하는 일정한 가족 형태의 역동성이 있다.
② 특히 이들 가출청소년들이 집 없는 청소년화되거나 폭력적이게 되는지 여부는 부모의 알코올중독, 박탈, 방치, 신체적·성적 학대와 더 많이 관련된다.

### (7) 재가출
귀가 후에 가출청소년이 겪는 어려움을 구체적으로 살펴보면 '친구들의 편견', '교사의 차별대우', '가족 간의 갈등' 순으로 나타났다.

## [4] 청소년 가출을 막기 위한 대책들

### (1) 정책 및 제도적 측면
가출청소년보호법의 제도화, 위기전화의 개설, 공공직업 소개소의 설치

### (2) 서비스 체계의 확립
청소년 쉼터의 활성화, 가출청소년을 위한 거리활동 봉사자 활용, 사후지도

### (3) 개인적 측면
지지적인 상담의 제공, 대처기술의 훈련, 독립된 생활의 준비

### (4) 가족적 측면
가족 치료, 부모교육, 아동 학대의 예방

### (5) 교육적 측면
학교에서의 가출 발생의 사전예방과 사후 조치, 문제 청소년의 처우 개선

### (6) 사회적 측면
청소년 전용 이용 시설 확대, 지역사회 활용 방안

## * 바움린드(D. Baumrind)의 부모의 유형

1. 권위 있는
   - 애정적·반응적이고 자녀와 항상 대화를 갖는다.
   - 자녀의 독립심을 격려하고 훈육 시 논리적 설명을 사용한다.
   - 자녀는 책임감·자신감·사회성이 높다.
2. 권위주의적
   - 엄격한 통제와 규칙을 강요한다.
   - 훈육 시 처벌 사용 및 논리적 설명을 잘 하지 않는다
   - 자녀는 비효율적 대인관계, 사회성 부족, 의존적·복종적·반항적이다.
3. 허용적
   - 애정적·반응적이나 자녀에 대한 통제가 거의 없다.
   - 일관성 없는 훈육을 한다.
   - 자녀는 자신감 있고, 적응을 잘 하지만 규율을 무시하고 제멋대로 행동한다.
4. 방임적
   - 애정이 없고 냉담하며 엄격하지도 않고 무관심하다.
   - 자녀는 독립심이 없고 자기통제력이 부족하며, 문제행동을 많이 보인다.

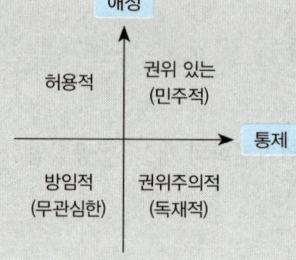

# 3 청소년 자살

## [1] 자살의 개념
(1) 자살이란 희생자 자신이 행한 적극적 또는 소극적 행위가 그러한 결과를 가져오도록 노력한 것으로부터 직접적 또는 간접적으로 발생한 모든 경우의 죽음이다(Durkheim).

(2) **자살 행동의 구분**
일반적으로 자살행동은 자살생각, 자살시도, 자살로 구분된다.
① 자살생각: 우리가 살아가면서 누구나 한 번쯤 일시적으로 갖게 되는 '인생이 가치 없다' 또는 '죽고 싶다'는 생각과 같은 보편적인 현상에서부터 자신이 정말 죽으려고 구체적인 계획을 세우는 것까지 포함된다.
② 자살시도: 정말 죽으려는 의도를 가지지 않고 자살행동을 통해 다른 목적(예 타인의 관심을 끌거나 다른 사람에 대한 위협 수단 등)을 달성하려는 것에서부터 죽으려고 하였으나 다른 사람의 개입으로 인해 결과적으로 그 목적을 달성하지 못한 경우를 말한다.

## [2] 자살의 유형
(1) **내향형 자살**
① 보통 행동이나 태도가 내향적이고 소심한 편이며 학교나 가정에서 대체적으로 문제가 있다고는 생각하지 않으나 내면으로 고독한 소외감이 강하여 고민이 많고 처리할 수 없는 일도 많이 갖고 있다.
② 성적이 나빠서 상급학교를 인문계와 실업계로 나누어 진학해야 하는 기로에서 청소년 자신은 인문계로 진학하기를 원할 경우 이러한 내면적 갈등이 자살의 계기가 되기도 한다.
③ 어른이 보기에 대수롭지 않게 여기는 단순한 문제로 고민하는 경우, 여러 가지 문제가 복잡하게 얽히거나 겹쳐서 나타나기도 한다.

(2) **우수성 자살**
① 이러한 경우는 많지 않지만 학교에서 성적도 우수하고 리더의 역할도 하지만 부모나 주변 사람들의 기대가 본인에게 강한 부담으로 작용되어 모든 면에서 지위를 유지하기 힘들게 되면 스트레스를 받아 위기감을 갖는다.
② 이럴 때 성적이 갑자기 나빠지면 비관적으로 생각하지만 자신의 고민을 남에게 이야기하지 않기 때문에 표면적으로는 드러나지 않고 내면적으로 악순환되면서 자살에 이르게 된다.

### (3) 감정형 자살

① 감정이 격해서 충동적으로 생명을 끊을 수단으로 자살을 택하게 된다. 이러한 유형의 청소년은 언어와 행동에서 분명히 하는 경우이다.
② 즉, 그 감정은 이성과 의지로 억제할 수 없어서 공격성이 외부로 나타나지 않고 자신으로 향하여 자살하게 된다.
③ 청소년의 자살은 에너지를 정신 내적으로 방향을 바꾸면서 고정시키는 것인데 Bibring(1953)은 극단의 상황에서 살려고 하는 의지는 죽으려고 하는 의지로 다시 배치된다고 했다.

### (4) 정신장애형 자살

① 정신장애를 갖는 청소년에게서 자살이 흔하다. 자살은 정신분열증이나 조울증의 초기, 불안이나 강박을 보이는 신경증에서 시작된다.
② 사춘기는 일반적으로 정서가 불안정한데 여기에 정신장애가 겹쳐서 불안정이 더욱 가속되면서 절망감을 느끼고 위기감을 지속시킨다.
③ 정신불안증은 환각 증세나 망상 속에서 강한 공포, 불안, 충동성이 자살로 이끈다.

### (5) 신체장애형 자살

① 신체의 상해나 장애를 고민해서 자살하기도 하는데 사춘기에는 신체의 장애에 민감해서 신체적 이상을 수용하기 힘들고 과민하게 반응하여 열등감을 갖게 된다.
② 신체적 열등의식은 다른 청소년과의 경쟁에서 뒤지게 된다는 생각 속에 특히 생활의 빈곤과 겹치게 되면 더욱 스스로를 포기하게 된다.

### (6) 문제행동성 자살

① 약물남용, 가정폭력과 같은 문제행동을 보이는 경우에서도 자살이 발생한다.
② 이는 심리적으로 위기 상황으로 인식하기 때문인데 어른들은 청소년의 행동을 상식적으로나 규율적으로 이해 없이 엄격하게 대응하면 자살로 이어지는 경우가 흔하다.

## [3] 청소년 자살의 특성

### (1) 발달 단계적 특성상 자살 시도율이 높은 시기이다.

① 전두엽 발달이 완전하지 못하여 종합적 사고가 어려운 시기
② 많은 신체적·정서적 변화로 인한 격동의 시기
③ 지적 변화로 기존의 가치나 규범에 도전하는 시기
④ 자아정체성이 확립되지 않은 정체성 혼란의 시기
⑤ 학교생활과 학업 스트레스가 많은 시기

**(2) 계획적인 경우보다 충동적인 경우가 많다.**
   ① 무가치하다고 생각될 때 충동적으로 선택
   ② 부모나 주변 어른들의 잔소리가 싫어질 때 충동적으로 선택
   ③ 여러 사람 앞에서 비난이나 꾸중을 들을 때 충동적으로 선택

**(3) 자기 나름대로의 분명한 자살동기를 갖는다.**
   ① 자살을 준비하던 중 '나가 죽어라'라는 말이 방아쇠가 되어 바로 시도
   ② 고통의 끝이나 문제해결의 대안으로 선택
   ③ 분명한 이유를 만들어 합리화하는 경향
   ④ 남을 조정하거나 보복하려는 동기로 선택

**(4) 동반자살 및 모방자살 가능성이 있다.**
   ① 피암시성이 강함
   ② 자살사이트를 통한 관심
   ③ 연예인이나 추종자의 죽음으로 연쇄 자살

**(5) 죽음에 대한 환상을 갖고 있다.**
   ① 판타지 소설류나 인터넷 게임의 영향
   ② 대중매체가 전하는 자살 소식을 여과장치 없이 수용
   ③ 죽음을 문제해결방법으로 잘못 생각

## [4] 청소년 자살의 원인

**(1) 가정불화**
   ① 가족문제는 가족관계의 부재나 과도한 관심, 두 가지로 요약 될 수 있다.
   ② 부모의 무관심, 사회시설에서의 양육 등으로 인한 관계의 부재와 독재적 혹은 과보호로 표현되는 과도한 관심이다.
   ③ 자살시도하는 청소년군은 빈번한 이사로 전학 또한 잦고 학업에 문제가 있거나 중단하였으며 사회·문화적 환경이 불리하고 문화·체육 활동 참여도가 낮은 것으로 나타난다.
   ④ 부모 중 한 사람이 중병을 앓거나 입원, 별거 등으로 가족 내 문제가 생기면 자살 관련 위험률은 더욱 높아진다.

### (2) 약물복용
① 청소년의 약물 사용과 자살생각, 자살시도는 자살과 서로 밀접한 관련이 있다.
② 약물 사용은 사회적 소외, 우울, 낮은 자존감, 학교나 직장에서의 기회 상실, 가족·친구로부터의 소외로 이끌게 된다.
③ 약물 사용은 스트레스를 일으켜 개인을 자살행동으로 이끌기도 한다.

### (3) 경제적 어려움
① 청소년의 소비가 급증하고 있고, 과시적 소비 자체가 중요한 또래관계의 도구로 작용하는 현실적 상황을 고려해 볼 때 중요한 원인이 될 수 있다.
② 많은 경우 경제적 어려움은 성인의 자살원인으로 작용하고 있다.

### (4) 결손가정
① 결손가정 자체가 청소년 자살과 많은 관련을 가지고 있지는 않다.
② 결손가정에서 발생할 수 있는 사회적 차별 인식, 고립감, 외로움, 경제적 문제 등과 같은 요인들이 특정 계기를 통해 강화되는 경우 청소년 자살 가능성을 높일 수 있다.

### (5) 부모의 과잉보호
① 과잉보호는 청소년 자살을 유발할 수 있는 원인이 될 수 있다.
② 지속적인 부모의 과보호가 청소년에게 자발적이고 주체적인 행위와 사고를 제약함으로써 자아정체성 확립 및 자존감 등에 문제를 발생시킬 수 있다.
③ 모든 부분에 있어 부정적이고 수동적인 태도가 강화되어 상황이 극도에 도달하면 자신을 포기할 수 있다.

### (6) 학업문제
① 입시 위주의 교육정책 안에서 청소년들의 미래는 언제나 불확실하며 경쟁에서 밀리거나 사회의 낙오자가 될 수도 있다고 하는 강박관념에 사로잡힐 수도 있게 된다.
② 학업성적에 과도하게 집착함으로써 발생되는 불안감 해소를 위해 청소년들은 약물 오·남용과 중독 등에 빠지기도 하며, 해결책이 없다고 판단될 때 자살에 이르기도 한다.

### (7) 모방
집단모방은 매우 중요한 자살요인이다.

> **＊ 자살의 유형(Durkheim)**
> – 이타적 자살: 사회 통합의 정도가 과도하여 구성원 간의 유대감이 강할 때 발생. 집단의 이익과 목표의 달성을 위하여 자기가 희생되어도 무방하다고 생각하여 벌이는 자살
> – 이기적 자살: 개인이 사회적 유대를 거의 느끼지 못하거나 자기파괴적인 행동에 대한 사회적 제재를 적게 받는 경우에 발생
> – 아노미적 자살: 사회적 소속감이 깊은 상태에서 개인의 행동을 통제하는 규범이나 규칙이 약화되어 혼란스럽게 느끼거나 불안정할 때에 발생
> – 숙명론적 자살: 과도한 사회규제로 인하여 사회가 자신의 뜻대로 돌아가지 못함을 깨닫고 삶의 희망을 상실하는 경우에 발생

### [5] 청소년 자살 방지를 위한 대책

#### (1) 자살의 징후와 발견

① 자살의 의사표현은 여러 가지의 형태로 나타나게 되는데 두 가지 차원에서, 즉 언어와 행동으로 보여 주기도 하고 때로는 직접적 또는 간접적으로 보여 주기도 한다. 이러한 징후를 발견하기 위해서는 가정과 학교에서 자살과 관련된 기본적인 문제를 파악하는 것이 중요하다.

② 자살을 예방하기 위해서는 우선 자살을 시도하는 사람들의 특성을 알아야 한다. 지금까지의 연구에 따르면 다음의 요인들이 자살의 좋은 예측자로 밝혀졌다(Ray, 1983).
  ㉠ 자살하겠다고 위협하는 것이 자살의 가장 좋은 예측자이다.
  ㉡ 이전의 자살시도 경력도 좋은 예측변인이다.
  ㉢ 심하게 우울했던 사람이 회복되는 과정에서 자살하는 경우가 종종 있다.
  ㉣ 가족 중에 자살한 사람이 있는 경우 자살률이 높다.

③ 예전에는 자살하는 사람이 자살 의도를 드러내지 않는다고 믿었지만 실제로는 대다수의 자살자들이 자살을 시사하는 단서를 남기고 있음이 밝혀졌다.

④ 청소년들의 자살 경고 신호
  ㉠ 말
    ⓐ "차라리 태어나지 않았으면 좋았을 걸."
    ⓑ "내가 없어져 버리면 아마 마음 아프겠죠."
    ⓒ "난 자살할거야."
    ⓓ "더 이상 살고 싶지 않아."
    ⓔ "모든 것을 끝내고 싶어."
  ㉡ 행동 변화
    ⓐ 소중하게 여기던 물건을 남에게 주는 것
    ⓑ 생명에 위험이 되는 행동을 무릅쓰는 것
    ⓒ 자주 사고를 내는 것
    ⓓ 심한 외로움이나 단조로움을 호소하는 것

ⓔ 지나치게 초조해하고 안절부절하는 행동
ⓕ 학교에서 문제를 일으키거나 범법행동을 하는 것
ⓖ 식욕과 수면 패턴의 변화
ⓗ 갑작스러운 성적의 저하
ⓘ 주의집중의 어려움
ⓙ 친구들을 만나지 않고 좋아하던 행동을 하지 않는 것
ⓒ 상황적 요인
ⓐ 부모와 대화에서의 어려움
ⓑ 학교에서의 어려움
ⓒ 사랑하는 사람과의 이별
ⓓ 약물이나 알코올에 탐닉하기 시작할 때

---

**\* 자살행동의 경고적 징후(Nazarlo, 1994)**
- 타인에게 자살할 것이라고 위협을 한다.
- 타인에게 죽고 싶다는 이야기를 자주한다.
- 죽음에 대한 생각을 한다.
- 충동적으로 행동을 보인다.
- 슬픔의 감정이 오래 지속된다.
- 가족을 잃는다.
- 친구를 만나지 않는다.
- 이전에는 좋아했던 활동을 하지 않는다.
- 학교 성적이 갑자기 떨어진다.
- 식사량이 줄거나 갑자기 늘어난다.
- 수면량이 줄거나 갑자기 늘어난다.
- 자신의 가치에 대해서 부정적인 언급을 한다.
- 아끼는 물건을 다른 사람에게 주거나 버려 버린다.
- 술, 담배 등의 약물 사용의 빈도가 늘어난다.
- 심각한 죄책감을 가진다.

---

**(2) 자살 위험도의 판정**

① 자살의 위험도를 판정하기 위해서는 우선 자살할 우려가 있는 위험을 파악하는 것이 대단히 중요하다. 크게 두 가지 방법이 있는데 하나는 본인의 진술이고, 다른 하나는 본인이 기록한 글을 분석하는 것이다.

② 자살의 위험도를 판정하는 것 중에서 한 가지는 자살징후인데, 평가하는 방법에는 몇 가지가 있다.

㉠ 우선 평가표를 사용할 수 있지만 이러한 평가표는 산술적으로 처리할 수 없고 신뢰할 수도 없으며 잘못할 가능성을 지니므로 다른 판정도구와 조합하여 판단해야 한다.

ⓒ 일반적인 심리검사 도구가 좋긴 하지만 솔직하게 답변하지 않을 가능성이 있으므로 투사법을 활용한 다른 방법으로 상황에 따라 적용하는 것이 좋다. 예를 들어 작문이나 감상문 쓰기, 그림 그리기, 자유로운 대화 등의 방법이 일반적이다. 이 중에서 본인에게 직접 쓰게 하는 방법은 수업 중에 적당한 주제를 주고 작문이나 감상문을 쓰게 하거나 독후감을 작성하여 제출하게 하고, 이로부터 본인의 심리가 반영된 위험한 징후를 발견하는 것이다.

③ 문제가 있는 아이가 자살을 하느냐의 여부를 안다는 것은 매우 어려운 일이다. 이에 로스앤젤레스의 자살 방지 센터에서 만들어낸 척도가 자살가능성을 알아내는 데 도움이 될 것이다. 청소년이 자살을 시도할 것이냐의 가능성을 평가하기 위해 다음과 같은 근거를 이용할 수 있다.

㉠ 나이와 성: 남자의 경우 13살과 24살 사이에 자살 가능성이 높고, 여자는 10살과 16살 사이에 높다.

㉡ 증상: 우울, 무력감, 고독감, 허무감 같은 정서를 나타내거나 술과 약물을 사용하기 시작하면 이것들이 자살가능성의 증상이 되기도 한다.

㉢ 스트레스: 부모의 이혼이나 별거, 죽음을 통해 느끼는 스트레스와 심한 병 때문에 얻게 된 스트레스 또는 다른 중요한 문제 때문에 스트레스를 겪고 있을 때 자살의 위험성이 높다.

㉣ 즉각적 자살과 잠재적 자살: 즉각적인 자살 가능성은 특별한 증상이 갑자기 나타났을 때 높고, 잠재적 자살 가능성은 특별한 증상이 다시 나타나거나 우울증 경향이 증가할 때 높다.

㉤ 자살 계획: 자살방법과 계획을 구체적으로 준비하는 정도에 비례하여 자살 가능성이 높다. 예를 들면, 칼, 수면제, 면도날, 기타 비슷한 물건을 모으기 시작할 때 가능성이 가장 높다.

㉥ 주위 환경: 가족이나 친구가 없거나 도와주려 하지 않을 때 자살을 시도할 확률이 높다.

㉦ 자살 기도: 자살을 시도한 적이 있는 아이는 다시 시도할 확률이 높고, 가까운 형제가 자살하였을 경우에도 위험률이 높다.

㉧ 질병: 만성적이고 회복이 늦은 질병으로 고생하거나 건강과 관련된 고통스러운 경험이 많을 때 자살을 생각한다.

㉨ 대화 형태: 아이가 가족이나 친구와 대화가 없거나, 대화하려는 가족과 친구의 노력을 거절할 때 자살 가능성이 높다.

㉩ 중요한 친구의 반응: 아이들이 중요하다고 생각하는 사람이나 친구에게 거절을 당했을 때 자살을 시도할 확률이 높다.

㉢ 가족의 상호작용: 따뜻한 사랑을 보여주지 못하는 부모이거나 가정 안에 심각한 갈등이 존재하거나 자녀에게 부정적인 태도를 지니고 있는 가정환경에서 자살률이 높다. 또한 어린이 학대 경력이 있는 가정, 가족 구성원 중에 알코올 중독자나 정서적인 문제를 지닌 사람이 있는 가정, 재혼하여 아이를 고독, 손실감, 죄책감, 갈등 속으로 몰아넣은 가정도 위험률이 높다.
  ④ 청소년에서 자살의 위험이 발견되면 예방적 차원의 즉각적인 개입과 치료를 위한 접근이 최소한 두 가지, 즉 일차적 수준과 이차적 수준에서 이루어진다.
    ㉠ 일차적 예방은 조건의 원인을 이해하고 수정하여 자살빈도를 감소시키는 데 목적이 있다.
    ㉡ 이차적 예방은 자살과정에서 치료하거나 차단함으로써 수정하는 것을 의미한다.
    ㉢ 대부분의 잠재적인 자살시도자는 시도에 앞서 일주일이나 한 달 전에 주변 사람이나 전문가에게 어느 정도 표현하기 때문에 관심과 주의를 기울여 예방에 노력해야 한다.

### (3) 정신건강의 증진

  ① 일반적인 방법으로서 어른들은 우선 청소년의 정신건강 증진을 위해 이해와 대책을 강구해야 한다. 청소년의 정신건강을 증진시키기 위해서는 일상생활에서 나타나기 쉬운 심리적 스트레스를 해소하고, 이를 위해서는 정신건강의 이해를 지녀야 한다. 특히 정신건강의 기준에 대한 이해가 필요하다.
  ② 청소년의 정신건강이란 여러 가지 환경에서 청소년이 정상적인 심신의 기능을 잃지 않는 상태를 말하는데 정상적인 기준은 다음과 같이 나열할 수 있다.
    ㉠ 자기 자신에 대한 이해가 필요하다.
    ㉡ 분명한 관점을 갖고 사실에 대한 객관적인 판단을 갖도록 해야 한다.
    ㉢ 활동성, 유연성, 정서적 안정성, 낙천적 태도를 갖도록 하고, 특히 신체적으로 건강하여 타인과의 조화를 이루도록 한다.
    ㉣ 여러 가지 생활 사건으로부터 야기되는 스트레스를 해소하도록 지도해야 한다. 청소년의 일상생활은 많은 스트레스를 주기 쉬운데 스트레스에 계속적으로 노출되면 심리적·사회적·행동적 결과를 보여주기 때문에 특정한 스트레스 해소를 위해서 가족이나 친구의 사회적 지지체계를 제공함으로써 해소방안을 찾아야 한다.

### (4) 가정에서의 대처

  ① 청소년들이 여러 가지 자살의 징후를 보일 때 우선 부모나 형제들은 자세하게 그의 기분, 자살 생각을 갖게 된 이유 등에 대해 직접 질문을 하여 솔직한 대답을 듣도록 한다. 자살에 대해 직접 질문을 하는 것이 자살에 대한 생각을 불러일으키지는 않는다. 오히려 그 대답을 심각하게 본인이 고려해 봄으로써 생명을 구하게 될 수도 있다.

② 많은 경우 이런 대화가 자살을 생각했던 사람으로 하여금 정서적인 안정감을 느끼게 하여 자살기도를 포기하게 되는 경우가 많다. 만약 이런 시도에도 불구하고 자살에 대한 사고가 변화되지 않으면 정신과 의사, 임상심리학자, 상담가 등 전문가에게 도움을 요청하는 것이 필요하다.

### (5) 학교에서의 대처
① 청소년의 자살을 예방하는 데 있어서는 교우관계의 활용이 매우 중요한 역할을 한다. 청소년들에게 평소에 청소년 자살자들의 특성, 자살 신호, 자살 신호에 대한 대처방법 등을 교육함으로써 주위 친구들의 자살을 예방하는 중요한 사회적 자원으로 이들을 활용할 수 있다.
② 자살 위험이 있는 학생들을 조사하여 적시에 조처를 취할 수 있도록 사전 조사체계가 갖추어져야겠고 자격 있는 상담교사의 유치로 전문적인 대처를 할 수 있도록 한다.
③ 청소년들이 다양한 활동에 참가하도록 장려하고 격려해야 한다.
   ㉠ 청소년의 일상생활의 대부분은 학교에서 이루어지며 여러 면에서 인간관계가 중심이 되는데 폭넓은 인간관계를 유지하도록 하기 위해서는 다양한 활동을 장려한다.
   ㉡ 청소년 단체의 활동, 멀리 있는 친구에게 편지쓰기, 우표나 동전 수집, 음악, 미술, 스포츠, 캠프, 야영활동, 레크레이션, 사회참가 중심의 봉사활동 등 청소년이 다양한 활동을 통해 평소에 건전한 인성을 기를 수 있도록 다양한 프로그램을 마련토록 한다.

### (6) 사회의 대처
① 자살에 대한 사회와 언론의 태도는 청소년의 자살에 민감한 영향을 미친다. 미국의 한 연구에 의하면, 언론이 청소년 자살 사건을 보도한 일주일간 청소년 자살 건수가 유의미하게 증가함을 발견하였다. 이 연구는 '이와 같은 현상이 발생한 원인은 외부의 자극에 쉽게 감염되는 10대들의 모방 심리 때문'이라고 결론을 내렸다.
② 위와 같은 연구 결과는 대중매체가 청소년의 자살을 어떻게 다루어야 하는지에 관한 중요한 시사점을 제공해 준다.
   ㉠ 언론은 청소년의 자살을 보도할 경우, 그 자살이 마치 사회적인 요인 때문에 어쩔 수 없이 이루어진 것, 즉 자살자가 희생자라는 태도나 동정적인 태도는 철저히 배제해야 한다.
   ㉡ 자살에 대해 인간 생명 존엄성의 포기라는 가치의 측면, 그리고 자살이란 자기 생명에 대해 자기 스스로가 포기하고 책임을 회피하는 것이라는 측면에서 비판적으로 다루어야만 모방 심리에 의한 충동적인 자살을 예방할 수 있다.
③ 청소년이 활동성과 창조성을 자유롭게 발휘할 수 있도록 여러 사회 시설을 이용할 기회를 제공해야 한다.

㉠ 신문, TV, 잡지 등의 대중매체도 청소년을 육성한다는 차원에서 청소년에게 부정적인 영향을 미칠 수 있는 프로그램을 제거하고 보다 긍정적이며 건전한 방향으로 바뀌어야 한다.

㉡ 대중매체는 청소년이 살아가는 방법에 대해 생명의 존중을 중심으로 한 정보를 제공하고 부적절한 출판물이나 환경의 정화를 위해서도 노력해야 한다.

## 4 학업중단

### [1] 학교중퇴의 개념
학교중퇴는 중도탈락으로도 불리는 것으로, 학생이 다른 학교로 전학하는 과정 없이 학교를 졸업하기 전에 학업을 중단하는 것을 의미한다.

### [2] 학교중퇴의 원인

**(1) 개인적 원인**
① 중퇴 청소년들은 자아존중감, 자아정체감, 가치관은 낮은 반면 우울이나 불안의 정도는 높은 경향을 보인다.
② 중퇴 청소년의 성격의 측면에서도 집에서는 적대적 행동을 보이고 학교에서는 소심하고 잘 울고 친구도 없는 등교거부증과 유사한 특징을 보였다.
③ 중퇴 청소년은 안정성, 사회성, 책임성, 우월성, 남성성은 낮게 나타난 반면, 충동성은 높게 나타났다.
④ 이것은 중퇴 청소년이 어떤 행동을 할 때 계획적이기보다는 충동적으로 하는 경향이 있음을 의미하는 것으로, 중퇴에 대한 결정도 심사숙고 끝에 내리기보다는 충동적이고 우발적으로 할 가능성이 높다.
⑤ 중퇴 청소년은 재학생에 비해 약물오남용, 폭력이나 조기 성경험과 관련이 더 많다. 즉, 학업 중퇴 청소년이 재학생보다 비행과 밀접한 관계를 갖고 있는 것을 알 수 있다.

**(2) 가정환경 원인**
① 구조적 측면: 결손, 이혼, 별거, 재혼과 같은 가족의 형태
② 기능적 측면: 부모의 양육 태도, 중퇴를 경험한 가족구성원 존재, 부모의 음주나 폭력문제, 잦은 이사 문제
③ 사회경제적 측면: 부모의 교육 수준, 가정의 경제적 문제, 청소년이 가정의 생계를 도와야 할 경우, 부모의 교육 지원과 기대

**(3) 사회환경 원인**
① 학교환경: 낮은 학업성적, 근신, 정학, 비우호적 또래관계, 무단결석 등
② 지역사회환경(생태 체계적 관점): 지역사회 내 불량 친구와 접촉 여부, 유흥·향락문화, 청소년을 도와줄 수 있는 지지체계 미비 등

## [3] 학교중퇴의 유형

### (1) 능동형 중퇴
① 재학생이 자신이 처한 상황에서 제기되는 문제를 적극적으로 해결하기 위해 중퇴하는 경우이다.
② 능동적인 원인으로 중퇴한 청소년은 중퇴 이후 자신의 진로개척에 적극적인 태도를 보일 것이다.
③ 원인: 취업 및 기술 습득, 검정고시 등

### (2) 도피형 중퇴(소극적 중퇴)
① 학교 상황에서 탈출하기 위하여 뚜렷한 대안 없이 학교를 그만두는 것이다.
② 자신이 부딪힌 문제를 적극적으로 해결하기 위해 중퇴한 것이 아니라 더 이상 학교에 다니기 싫어서, 학교를 빠져나가 흥미로운 생활을 하고 싶어서 막연히 학교를 중퇴하는 경우이다.
③ 중퇴 청소년의 대다수가 도피형으로 분리될 수 있는데, 일단 학교를 떠났지만 대안을 마련하지 못해 시간을 낭비하고 유해환경에 노출되는 경우가 많다.
④ 원인: 학교 기피, 교칙 위반, 성적 불량, 교사 기피, 불량 교우, 학업 태만, 급우로부터의 소외

### (3) 불가피형 중퇴
① 학교를 이탈할 수밖에 없는 상황에서 중퇴한 경우로 집안형편상 계속 학업에 전념할 수 없는 경우이다.
② 심각한 비행으로 학교에서 제적을 당한 경우 등이 이에 해당된다.
③ 불가피형은 능동형이나 도피형 중퇴 청소년보다 개인 외적 상황에 크게 구속된다.
④ 원인: 가정빈곤 및 결손가정, 강제퇴학(교칙 위반, 수업시수 미달)

> \* 중퇴자의 5가지 유형
> - 바람직하지 않은 학생으로 판단되어 '밀려나는 학생들(push outs)'
> - 학교와 관련되기를 원하지 않는 '비제휴형의 학생들(the unaffiliated)'
> - 학교의 프로그램을 완료하지 못한 '교육적 사망자(educational mortalities)'
> - 능력은 있으나 학교의 요구와 맞지 않아서 중퇴하는 '능력형 중퇴자(capable dropouts)'
> - 결국은 학교로 돌아오는 '중퇴 중지자(stop outs)'

### [4] 학업중퇴와 관련된 요인

#### (1) 학업과 관련된 요인(academic factors)
① 성적부진(한두 해 정도 학업능력이 뒤떨어져 있다.)
② 학교의 구조화된 활동을 견디지 못한다.
③ 동료들에 비해 직업적 열망이 낮다.
④ 추상적 사고, 일반화 및 관계형성에 어려움이 있다.
⑤ 읽기 능력과 수학성적이 모자라다.

#### (2) 행동적 요인(behavioral factors)
① 무단결석과 장기 결석률이 높다.
② 특별활동에 참여하지 않는다.
③ 건강에 빈번히 문제가 있다.
④ 충동적인 의사결정을 많이 한다.
⑤ 약물남용, 비행자, 자살미수자가 많다.

#### (3) 가정적 요인(family factors)
① 편모나 편부가정으로 저수입 가정에 속한다.
② 가족과의 유대가 매우 적다.
③ 이사를 자주 한다.
④ 전통적인 학교 프로그램에서 성공과 연관된 문화적 경험이 부족하다.

#### (4) 심리적 요인(psychological factors)
① 학교에서 거부되었다고 느낀다.
② 학교에 대해 부정적 태도를 가진다.
③ 학교생활에서 성취에 대한 동기화가 부족하다.
④ 사회적으로 고립되어 있고 감정적으로 불안하다.
⑤ 자아개념이 부실하고 분명한 정체성이 없다.
⑥ 학대받은 경험과 같은 깊은 상처가 마음속에 있다.
⑦ 권위적인 인물에 자신을 연결시키지 못한다.
⑧ 돈 벌기나 사회생활의 경험에 매력을 느낀다.

### [5] 중퇴 청소년의 문제

**(1) 교육 기회와 소속감의 상실은 진로 개척에 심각한 걸림돌로 작용한다.**
① 학교생활에서 직업으로의 이전이 어렵다.
② 학벌을 중시하는 우리나라에서 직장을 구하거나 직장생활을 영위할 때 커다란 차이를 나타내고, 현대 산업사회는 육체를 요하는 직업은 적고 교육수준과 기술수준을 요하는 직업은 많아 중퇴자의 실업률은 한층 더해진다.
③ 졸업자보다 수입이 적어 경제적 손실을 갖게 되며, 비전문직이고 비기술직인 직장이나 열악한 환경에서 일할 가능성이 크다.

**(2) 중퇴자의 사회적 적응문제이다.**
① 청소년 시기는 자아정체감이 형성되는 시기로 사회성, 대인관계기술, 환경과의 조화, 집단생활과 같은 사회적 기술을 배우는 시기이다.
② 그러나 중퇴는 이러한 기술을 배우는 기회를 상실하게 하여 환경과의 적응에서 불리해진다.

**(3) 중퇴는 개인적 수준을 넘어 국가나 사회에 많은 비용을 요구한다.**
중퇴로 발생되는 여러 부정적 요인들로 인해 사회복지비용이나 범죄 비용 등 국가나 사회 전체가 부담해야 할 비용이 늘어날 것이다.

**(4) 중퇴가 청소년 비행이나 범죄로 이어진다는 점이다.**
중퇴자 보호 소년의 수를 분석한 자료에서 과반수 이상이 중퇴자에서 중퇴 청소년의 사회에 방치되면서 비행의 정도가 심해짐을 알 수 있다.

# 5 약물중독

### (1) 약물중독의 의미

① 약물사용: 약의 사용과 남용에 대한 범위를 일컫는다.

② 약물오용: 의학적인 목적으로 약물을 사용하는데, 이를 의사의 처방에 따르지 않고 임의로 사용하거나 또는 처방된 약물을 제대로 사용하지 않는 것을 말한다.

③ 약물남용: 약물의존 행동의 하나로서 지속적 혹은 산발적으로 불법 약물을 사용하거나 불법 유무를 떠나 어떤 약물이든지 그 약물을 사용자의 육체적·정신적 안녕에 위협이 되는 수준까지 사용하는 것을 말한다.

④ 약물의존: 약물을 지속적·주기적으로 사용하여 사용자가 정신적·신체적 변화가 발생하여 사용자가 약물사용의 조절이 어렵게 되는 상태이다.

⑤ 약물중독: 고의 혹은 실수로 치료적 약물을 과량 복용하여 약물이 나타내는 치료적 효과 외의 독성 부작용이 발생할 것으로 예견되는 상태를 말한다.

---

**\* 약물남용 4단계**

1. 1단계: 실험단계
   - 청소년은 약물을 처음 접해 보게 되고, 호기심이나 또래집단의 압력 등으로 약물을 사용하여 그 힘을 경험하게 된다.
   - 이를 통해 약물이 일반적으로 행복한 느낌과 강력한 힘 같은 감정 변화를 일으킨다는 것을 배우게 된다.
   - 이런 감정 변화는 즐겁기도 하고, 긍정적이고 보상적이다. 특히 이 시기에는 약물사용으로 인한 어떤 손상이나 역기능이 거의 없다는 것이다.
   - 이런 탐색적인 단계는 초기 사용자에게도 약물을 계속 사용하고 싶은 영향력을 미친다.
2. 2단계: 규칙적인 사용단계
   - 이 단계에 이르면 여러 가지 약물을 시도하고 스트레스 해결을 위해 약물을 사용한다.
   - 약물로 인한 감정 변화(짜증, 우울, 기분 좋은 느낌 등)가 생기고 약물과 관련된 여러 가지 문제들이 학교생활이나 개인 생활 등과 관련되어 생기게 된다.
   - 친구들의 모임에서도 약물을 좀 더 많이 자주 사용하기 시작한다. 그러나 아직은 적절한 조절능력이 있는 상황이다.
3. 3단계: 강박적인 단계
   - 이 단계는 의존단계에 도달하기 위해서 약물을 사용하는 것이다.
   - 약물사용으로 인한 인생의 손실(예 학교 퇴학, 성적 저하, 부모형제와의 갈등, 친구관계의 어려움)로 고통을 겪기 시작하지만 아직은 특정 시간에 주로 약물을 사용한다.
   - 의존이 진행됨에 따라 도덕적인 규범이나 가족의 가치를 저버리고 급격한 감정의 변화(죄책감, 수치심, 외로움, 우울감)를 경험하게 되며, 약물사용의 조절능력 상실을 경험한다.
   - 예측할 수 없는 행동이 지속되며, 감정적인 상처를 피하기 위하여 계속적인 약물복용을 통해서 긍정적인 느낌이나 행복한 느낌을 얻는다. 이에 따라 중독자는 분노와 저항을 느끼기 시작하고 내성이 증가하며, 자신 인생의 사회, 심리, 신체, 금전적인 모든 측면에서 왜곡되기 시작한다. 이를 감추기 위한 방어적인 행동이나 망상이 나타난다. 절도 등 범법행위, 폭력 등 심각한 문제가 생긴다.
   - 이 단계에서 계속적으로 약물을 사용하는 것은 신체적 손상, 심지어는 죽음까지도 불러일으킨다.

4. 4단계: 의존단계
   - 행복감을 추구하기 위하여 약물을 사용하기보다는 자신이 경험해 왔던 정상적인(사실은 정상적이 아닌) 것들을 경험하기 위하여 사용하는 치명적인 단계이다.
   - 약물남용에 적합한 친구나 환경을 선호하는 생활양식으로 변한다.
   - 약물이 일시적인 고통을 경감시키는 데 사용되지만 이미 악화되어 버린 모든 역기능들이 자신의 인생 모든 영역을 지배하고 행동이나 생활에 대한 조절력을 상실한다.
   - 만성적인 손상으로 인해서 심한 우울증, 불안 그리고 심각한 금단 증상(예 심한 두통, 매스꺼움, 손 떨림, 식은땀, 환시, 환청)들이 약물 사용을 중단하면 나타날 수 있다.

### (2) 청소년의 유해약물
① 술, 담배, 「마약류 관리에 관한 법률」의 규정에 의한 마약류
② 「화학물질관리법」의 규정에 의한 환각물질
③ 기타 중추 신경에 작용하여 습관성, 중독성, 내성 등을 유발하여 인체에 유해작용을 미칠 수 있는 약물 등으로 청소년의 사용을 제한하지 않으면 심신의 건강을 심각하게 훼손할 우려가 있는 약물로서 대통령령이 정하는 기준에 따라 청소년 보호위원회가 결정하여 고시한 것

### (3) 약물남용의 증상
① 금단현상(禁斷現象): 약물을 중단했을 때 나타나는 신체적 이상으로 맥박수의 증가, 식은땀, 멀미, 환각증세, 불안감
② 관용현상(寬容現象): 약물 사용에 대해 신체가 익숙하게 되어 자주 사용하면 할수록 더 많은 양을 사용하지 않으면 안 되는 상태

### (4) 약물의 유형과 남용 실태
① 약물의 유형
   ㉠ 음주, 흡연, 각성제 등의 자극제
      ⓐ 특성: 약물 중에서 가장 흔히 사용, 사회적 합법화, 인체에 미치는 영향이 다른 약물에 비하여 크지 않다.
      ⓑ 종류: 카페인, 알코올, 니코틴 등
      ⓒ 현황: 70~80%의 청소년들이 경험하고 있다.
      ⓓ 영향: 다른 약물과의 상호 관련, 즉 나중에 다른 약물을 사용할 가능성이 커진다.
   ㉡ 본드, 시너, 가스 등의 흡입환각제
      ⓐ 특성: 뇌에 직접적인 손상을 주어 기억력 감퇴로 인한 학습능력 저하, 정서적 불안, 판단장애 유발, 혈액 생산에 영향을 미치며, 각종 면역계통 질병의 원인이 된다.

ⓑ 종류: 본드, 시너, 부탄가스
ⓒ 현황: 1970년대 이후 청소년들 사이에서 유행되면서 1980년대에 사회문제로 부각되었다.
ⓓ 영향: 장기간 반복 사용 시 중추신경체제의 영구손상, 간장 및 장, 혈액, 척수를 손상시켜 질식 및 호흡 중지로 사망케 할 수 있다.
ⓒ 마약류의 환각제
　ⓐ 특성: 자극과 억제의 두 기능을 번갈아 하면서 사람의 지각, 감각, 사고, 자기인식, 감정 등에 영향을 미치는 약물로서 시간에 대한 감각의 변화, 망상, 환상 등을 유발한다.
　ⓑ 종류: 대마초(마리화나), LSD, 필로폰
　ⓒ 현황: 약물남용에서 가장 문제가 되고 있다.
　ⓓ 영향: 장기간 사용할 경우 마리화나는 간장 장애, 뇌기능 손실, 유전적 결함, LSD의 경우 환각을 반복 경험하는 플래시 백(flashback) 효과, 필로폰의 경우 심한 중독증상, 뇌 및 간에 미치는 피해가 보고되고 있다.

### (5) 청소년 약물남용 실태
① 청소년들이 가장 많이 사용하는 약물: 술 > 진통제 순
② 담배의 경우 습관적 사용경험이 매우 높은 약물이다.
③ 그 외 각성제, 수면제, 진해제, 신경안정제, 본드, 부탄가스, 시너 등은 5~10% 내외
④ 대마초, 필로폰, 마약, 코카인, 누바인, 아나볼릭 스테로이드의 경우 소년원 청소년들의 경우 사용경험이 높은 것으로 나타나고 있어 청소년들을 마약으로의 접근으로부터 보호해야 할 필요가 있다.

> **\* 청소년 남용 약물의 종류**
> – 중추 신경 흥분제(뇌신경 세포의 기능을 흥분시키는 약물): 담배, 카페인, 암페타민류(필로폰), 코카인
> – 중추 신경 억제제(뇌신경 세포의 기능을 억제하는 약물): 술, 마약류, 신경안정제
> – 환각제(뇌신경 세포의 기능을 흥분시키기도 하고, 억제하기도 하는 약물): 대마초, LSD 등

### (6) 약물남용의 원인
① 개인적 요인
　㉠ 성격이론(personality theory): 약물 중독자들은 그렇지 않은 사람들에 비하여 수동적이고 의존적인 성격의 소유자가 많다.
　㉡ 성격이론만으로 설명하기에는 어려움이 있으나, 성격이 개인의 행동결정에서 중요한 역할을 하기 때문에 나름대로 인정을 받고 있다.

② 가정적 요인
　　㉠ 모델링 효과: 부모가 약물을 남용하는 경우 자녀 또한 그러한 경우가 많다.
　　㉡ 부모의 이혼이나 부모 자녀 간 가치갈등, 과잉기대, 부모의 지나친 간섭, 부모의 무관심 등 가정 문제가 자녀들의 약물남용의 간접적 원인이 된다.
③ 교육 환경적 요인: 우리나라의 엄격한 주입식 교육, 입시 중심 교육환경으로 인한 스트레스는 약물 중독과 높은 상관관계를 보인다.
④ 또래집단적 요인
　　㉠ 청소년들은 또래집단으로부터 약물에 대한 정보와 관련 기술 및 비행을 습득할 뿐만 아니라 약물의 효과에 대해서 과장된 정보를 획득한다.
　　㉡ 또래와의 동일시가 강한 청소년들의 경우 거절하는 데 어려움을 겪거나 거절했을 때 따르는 불이익 때문에 약물을 사용하기도 한다.
　　㉢ 또래집단 내 소외당하는 청소년의 경우 우울함에서 벗어나기 위하여 약물을 복용하는 경우도 있다.
⑤ 사회환경적 요인
　　㉠ 도덕이나 규범의 와해 및 지역사회의 붕괴현상
　　㉡ 급격한 사회변동의 결과 나타나는 구·신세대 간 가치관의 갈등
　　㉢ 저질 외래문화의 도입 및 쾌락 추구 현상, 금전만능주의의 사회풍조
　　㉣ 지역사회의 붕괴
　　㉤ 빈민지역이나 야산이 많은 환경: 친구들이나 형제들의 흡입장면 목격에 의한 영향

**(7) 약물남용의 대책**
① 마약이나 대마 및 향정신성 의약품의 일관성 있는 규제를 위한 법규 제정
② 청소년에 대한 국가 및 사회 가정에서의 관심과 사랑
③ 청소년 약물남용의 예방 및 치료를 위한 학교급별 교육프로그램 개발 및 실시
④ 약물남용 방지를 위한 부모교육 및 약물상담전문가 양성 프로그램 개발
⑤ 학교 및 지역사회 상담기관 및 치료기관 등의 긴밀한 협조체제 구축
⑥ 청소년 약물남용에 대한 지속적인 관심 제고 및 상담서비스와 교육 프로그램의 지속적인 시행

## 6  인터넷 중독

"인터넷 중독이란 인터넷 사용에 대한 금단과 내성을 지니고 있으며 이로 인해 일상생활 장애가 유발되는 상태"이다(한국정보문화진흥원).

### (1) 인터넷 중독의 원인

① 환경적 요인
  ㉠ 일상생활을 하고 있는 환경이 영향을 미쳐서 중독에 이르게 되는 것이다.
  ㉡ 예를 들면 학업 혹은 직장 내 스트레스 상황, 취미활동 부족, 건강한 놀이문화의 미형성, 대인관계 부족, 부모의 양육태도와 습관 등이 이에 해당된다.

② 콘텐츠 요인
  ㉠ 사이버 공간 자체가 중독적 요인을 갖고 있다는 것이다.
  ㉡ 예를 들면 익명성을 보장해 주며, 편리한 상호작용, 다양하고 자극적인 콘텐츠를 제공한다는 것이 여기에 해당된다.

③ 심리적 요인
  ㉠ 개인의 심리적 부분이 중독에 영향을 주는 것이다.
  ㉡ 개인의 소외감, 좌절감, 무기력감, 화 등 부정적 감정을 해소하는 공간으로 선택하여 **빠져 들** 수 있다는 것이다.

### (2) 인터넷 중독의 종류

게임 중독, 검색 중독, 음란물 중독, 채팅 중독, 커뮤니티 중독 등을 들 수 있으며, 이 중 게임 중독이 대부분을 차지하고 있다.

### (3) 인터넷 중독의 증후

① 내성·금단·남용 증상이 있다.
② 현실에의 적응 및 일상생활에서의 곤란을 경험한다.
③ 신체적·정신적 건강상에 문제가 발생한다.
④ 수면장애가 발생한다.
⑤ 과도한 인터넷 사용으로 수업에 집중하기 어려우며, 수업시간에 잠을 자기도 한다.
⑥ 가족이나 또래 친구와 소원해지는 등 대인관계에 문제가 발생한다.
⑦ 하루도 **빠짐없이** 인터넷을 한다.

⑧ 인터넷에 접속하는 경우 시간 가는 줄 모른다.
⑨ 인터넷 사용으로 상당한 시간을 소모한다는 사실을 부인한다.
⑩ 식사시간이 줄어들며, 모니터 앞에서 식사를 하기도 한다.
⑪ 가족이나 주위 사람들이 모니터 앞에 너무 오래 앉아 있다고 나무란다.
⑫ 가족이 없는 경우 오히려 편안한 마음으로 인터넷을 한다.

### (4) 인터넷중독의 단계
① 제1단계: 호기심
② 제2단계: 대리만족
③ 제3단계: 현실탈출

### (5) 인터넷에 중독된 아이를 다루는 방법(Young. 1998, 1999)
① 어머니와 아버지가 함께 통일된 입장을 견지해야 한다.
② 애정을 보여준다.
③ 인터넷 사용시간을 정한다.
④ 합리적인 규칙을 정한다.
⑤ 컴퓨터를 보이는 위치에 놓게 한다.
⑥ 인터넷 이외의 다른 취미활동을 더 권장하도록 한다.
⑦ 아이들을 중독된 상태에서 벗어나도록 도와주어야 한다.
⑧ 필요하면 외부의 도움을 받는다.

### (6) 인터넷중독의 치료재활(DREAM)
① Danger(위험): 가정환경과 학교생활을 분석하고 인터넷 사용을 점검함으로써 인터넷중독의 원인 및 위험 요소와 함께 그로 인한 손실을 명확히 파악한다.
② Return(반향): 평소 인터넷중독에 대한 기본적인 지식을 습득하여 인터넷중독자로 하여금 인터넷중독의 위험을 인식하도록 도움으로써 변화에의 동기 및 욕구를 불러일으킨다.
③ Evaluate(평가): 상담센터를 이용하여 인터넷중독 상태를 평가하는 등 인터넷 과몰입 상태를 객관적으로 분석하고 진단한다.
④ Appreciate(이해): 청소년 문화에 대한 이해와 변함없는 신뢰 형성에의 노력을 통해 그들의 인격적인 가치를 인정해 주고 지지해 준다.
⑤ Miracle(기적): 인터넷중독의 근본적인 원인을 제거하는 동시에 미래 기적을 창조하기 위한 생활 개조에 착수함으로써 가정환경과 학교생활에서 균형이 이루어지도록 한다.

* **청소년 보호법 제27조(인터넷게임 중독·과몰입 등의 예방 및 피해 청소년 지원)**

여성가족부장관은 관계 중앙행정기관의 장과 협의하여 인터넷게임 중독·과몰입(인터넷게임의 지나친 이용으로 인하여 인터넷게임 이용자가 일상생활에서 쉽게 회복할 수 없는 신체적·정신적·사회적 기능 손상을 입은 것을 말한다) 등 매체물의 오용·남용을 예방하고 신체적·정신적·사회적 피해를 입은 청소년과 그 가족에 대하여 상담·교육 및 치료와 재활 등의 서비스를 지원할 수 있다.

* **청소년복지 지원법상 청소년복지시설**

제31조(청소년복지시설의 종류) 「청소년 기본법」 제17조에 따른 청소년복지시설(이하 "청소년복지시설"이라 한다)의 종류는 다음 각 호와 같다.
1. 청소년쉼터: 가출청소년에 대하여 가정·학교·사회로 복귀하여 생활할 수 있도록 일정 기간 보호하면서 상담·주거·학업·자립 등을 지원하는 시설
2. 청소년자립지원관: 일정 기간 청소년쉼터 또는 청소년회복지원시설의 지원을 받았는데도 가정·학교·사회로 복귀하여 생활할 수 없는 청소년에게 자립하여 생활할 수 있는 능력과 여건을 갖추도록 지원하는 시설
3. 청소년치료재활센터: 학습·정서·행동상의 장애를 가진 청소년을 대상으로 정상적인 성장과 생활을 할 수 있도록 해당 청소년에게 적합한 치료·교육 및 재활을 종합적으로 지원하는 거주형 시설
4. 청소년회복지원시설: 「소년법」 제32조 제1항 제1호에 따른 감호 위탁 처분을 받은 청소년에 대하여 보호자를 대신하여 그 청소년을 보호할 수 있는 자가 상담·주거·학업·자립 등 서비스를 제공하는 시설

# 확인학습 문제

**01** 우리나라의 청소년 관련 법령상 청소년의 연령 구분으로 옳지 않은 것은?

① 청소년 기본법 – 9세 이상 24세 이하의 자
② 청소년 보호법 – 만 19세 미만의 자
③ 청소년복지 지원법 – 18세 미만의 자
④ 청소년활동 지원법 – 9세 이상 24세 이하의 자
⑤ 소년법 – 19세 미만의 자

**정답** ③
**해설**
청소년복지 지원법에서 청소년은 9세 이상 24세 이하의 자로 규정한다.

**02** 청소년기에 관한 설명으로 옳지 않은 것은?

① 우리나라의 청소년 기본법에서는 9세 이상 24세 이하의 자를 청소년기로 규정하고 있다.
② 현대사회는 고등교육으로 인한 재학 기간의 연장, 직업훈련 기간의 연장 등으로 청소년기가 점점 짧아지고 있다.
③ 심리학적인 측면에서 보면 청소년기는 부모로부터 정서적으로 독립되며 자아정체감이 형성되는 시기이다.
④ 청소년은 발달과정상 다른 시기와 차별화를 이루는 독특한 특징을 지닌다.
⑤ 사춘기가 시작되며 성적 생식능력이 완성되는 시기이다.

**정답** ②
**해설**
현대사회는 고등교육으로 인한 재학 기간의 연장, 직업훈련 기간의 연장 등으로 청소년기가 점점 길어지는 추세이다.

**03** 청소년기의 범위 및 특성에 관한 설명으로 옳지 않은 것은?

① 청소년기는 급격한 신체 발달과 함께 성호르몬의 분비에 변화가 심하다.
② 청소년기를 결정하는 것은 사회학적인 의미이다.
③ 청소년기는 외적인 양적 변화가 급격히 이루어진다.
④ 청소년기의 성적 성숙은 심리적 발달에 큰 영향을 미친다.
⑤ 청소년기는 인간발달에 있어 과도기적 특성을 지닌다.

**정답** ②
**해설**
청소년기를 규정하는 것은 생물학적 입장이고, 성인기는 사회학적 입장으로 규정된다. 그러나 청소년기와 성인기를 명확히 구분하기는 어렵다.

**04** 현대 청소년의 특징으로 옳지 않은 것은?

① 성장과정에서 여러 가지 어려움들을 겪고 있다.
② 보다 더 쉽게 과체중 상태로 된다.
③ 경제적으로 착취당하고 있다.
④ 자신들의 권리에 대하여 더 많이 알고 있다.
⑤ 부모로부터 일찍 경제적인 독립을 한다.

**정답** ⑤
**해설**
* 오늘날 청소년들의 특성
 – 몸매에 보다 많은 관심을 갖고 있다.
 – 보다 더 쉽게 과체중 상태로 된다.
 – 어린 나이에 이성에 더 많은 관심을 가지고 있다.
 – 성적으로 보다 더 개방적이다.
 – 보다 더 자기 자신만을 생각한다.
 – 성공, 돈, 학벌 지향적이다.
 – 성장과정에서 여러 가지 어려움을 겪고 있다.
 – 보다 조숙하여 성인세계에 일찍 발을 들여놓고 있다.
 – 보다 쉽게 취업하여 일하고 있다.
 – 보다 쉽게 일을 그만두고 실업자가 된다.
 – 경제적으로 착취당하고 있다.
 – 장기간 부모에 경제적으로 의존하고 있다.
 – 술과 약물을 더 많이 사용하고 있다.
 – 자신들의 권리에 대하여 더 많이 알고 있다.
 – 가족, 학교, 지역 등의 활동에 보다 더 자발적으로 참여하려 한다.
 – 대중매체로부터 더 많은 영향을 받는다.

**05** 청소년기의 특징에 해당하지 않는 것은?

① 심리적 이유기  ② 과도기  ③ 예비적 단계
④ 불안정기  ⑤ 성숙기

정답 ⑤
해설
* 청소년기의 특성
  - 성장기: 신체적 성장 급등과 심리적 성숙이 일어나는 시기
  - 과도기: 아동에서 청년으로 가는 중간 시기
  - 전환기: 아동에서 성인으로 이행하는 시기
  - 불안정기: 심리적 갈등, 번민으로 지속성·일관성이 부족한 시기
  - 생식가능 시기: 성적 발달로 인해 생식능력을 갖는 시기

**06** 청소년기의 특징에 해당하지 않는 것은?

① 자기중심성이 강해진다.
② 성적 발달로 인해 생식능력을 갖는다.
③ 정서는 순수한 반면 불안정하고 충동적인 면이 강하다.
④ 집단의 규율과 규칙을 무시한다.
⑤ 추상적 상징과 은유를 활용하는 능력이 생긴다.

정답 ④
해설
청소년기의 사회적 특성에는 집단의 규율과 규칙을 중요시하는 것이 있다.

**07** 신체와 정신의 성숙이 왕성한 시기에 부모의 보호와 간섭으로부터 벗어나려는 경향을 보이는 청소년기의 특성을 나타내는 말은?

① 심리적 이유기  ② 사춘기  ③ 주변인
④ 질풍노도의 시기  ⑤ 제2차 성징기

정답 ①
해설
홀링워스(Hollingworth)는 신체와 정신의 성숙이 왕성한 시기에 부모의 보호와 간섭으로부터 벗어나려는 경향을 보이는 청소년기의 특성을 가리켜 '심리적 이유기(離乳期)'라고 했다.

**08** 둘 이상의 서로 다른 사회나 집단에 속해 있으면서 양쪽의 영향을 받고 있지만 어느 쪽에도 소속되지 못하고 있다는 의미에서 청소년기를 나타낸 것은?

① 심리적 이유기  ② 사춘기  ③ 주변인
④ 질풍노도의 시기  ⑤ 제2차 성징기

**정답 ③**
**해설**
독일의 심리학자인 레빈(Kurt Lewin, 1890~1947)은 둘 이상의 서로 다른 사회나 집단에 속해 있으면서 양쪽의 영향을 받고 있지만 어느 쪽에도 소속되지 못하고 있다는 의미에서 청소년기를 가리켜 '주변인(周邊人)'이라고 했다. 아동으로부터 성인으로의 이행기에 있는 청소년은 신체적·지적인 면에서는 아동의 세계를 벗어나 있지만, 사회적·경제적인 면에서는 성인이라고 보기 힘들기 때문에 아동과 성인의 경계선 또는 그 주변에 머물러 있다는 것이다.

**09** '청소년기'라는 개념을 처음하고 청소년기를 '질풍노도의 시기'로 규정한 사람은?

① 홀(Hall)  ② 레빈(Lewin)  ③ 홀링워스(Hollingworth)
④ 로크(Locke)  ⑤ 루소(Rousseau)

**정답 ①**
**해설**
미국의 심리학자인 홀(Granville Stanley Hall, 1844~1924)은 청소년기를 '질풍노도의 시기'라고 했다. 이는 꿈과 이상, 실망과 좌절이 교차하는 청소년기의 격정적인 감정을 나타내는 말로, 과도기적 시기에 내재하는 청소년의 불안정하고 동요적인 면을 표현한다고 할 수 있다.

**10** 다음 설명에 해당하는 청소년기를 나타내는 말은?

> '우리는 두 번 태어난다. 한 번은 생존을 위해 태어나고, 또 한 번은 생활하기 위해 태어난다.'

① 제2의 탄생  ② 제2차 성징기  ③ 심리적 이유기
④ 심리적 유예기  ⑤ 사춘기

**정답 ①**
**해설**
프랑스의 사상가이자 소설가인 루소(Jean-Jacques Rousseau, 1712~1778)는 '우리는 두 번 태어난다. 한 번은 생존을 위해 태어나고, 또 한 번은 생활하기 위해 태어난다.'라고 주장하며, 청소년기를 가리켜 '제2의 탄생'이라고 했다. 이는 육체의 자연적 탄생 이후 청소년기에 이르러서야 자각하는 정신이 탄생한다는 의미이다.

**11** 청소년기에 관한 설명으로 옳지 않은 것은?

① 결정적 지능의 발달이 거의 정점에 이른다.
② 성충동의 급증으로 정서적 혼란 경험한다.
③ 자아정체성에 대한 고민을 하는 시기이다.
④ 생활공간의 다양성이 심화되는 시기이다.
⑤ 동년배 간의 연대의식이 강하다.

> 정답 ①
> 해설
> 청소년기에 유동적 지능의 발달이 거의 정점에 이른다.

**12** 사춘기의 생리적인 특성으로 옳지 않은 것은?

① 성장 호르몬의 양은 신체의 양적 발달에 영향을 미친다.
② 사춘기의 신체·생리적 발달에 가장 강력한 영향을 미치는 것은 뇌하수체 후배엽이다.
③ 남자는 안드로겐의 왕성한 분비가 이루어진다.
④ 여자는 에스트로겐의 왕성한 분비가 이루어진다.
⑤ 사춘기는 뇌하수체와 성선이 특징적으로 활성화된다.

> 정답 ②
> 해설
> 뇌하수체 전배엽에서는 여러 호르몬을 자극하는 '자극' 호르몬들을 분비하는데, 이는 사춘기의 신체·생리적 발달에 가장 강력한 영향을 준다.

**13** 청소년기의 신체와 성에 관한 설명으로 옳지 않은 것은?

① 성장 급등기에 개인차가 나타나는 것은 민족, 유전인자, 영양상태, 사회적 환경, 생활양식, 질병, 스트레스 등의 요인 때문이다.
② 오늘날 청소년들은 과거보다 일찍 성장기를 맞고 더 어린 나이에 성인의 체격에 도달한다.
③ 청소년기에 들어서면 신장과 체중이 급성장하고, 성적인 성숙이 급격히 이루어지게 되는데 이를 '성장폭발'이라고 한다.
④ 성적 발달의 시기는 평균적인 시기로서 개인차가 크고 발달순서에도 개인차가 크다.
⑤ 급등기 신장의 성장은 여자보다 남자가 더 큰 폭으로 이루어진다.

정답 ④
해설
성적 발달의 시기는 평균적인 시기로서 개인차가 크지만 발달순서에는 개인차가 적다. 청소년들의 체격 변화와 성적인 성숙은 이전 단계에서의 신체발달의 속도와 변화의 폭을 비교할 때, 개인별 그리고 성별로 차이가 크게 벌어지게 된다.

**14** 사춘기의 신체·생리적 발달에 관한 설명으로 옳지 않은 것은?

① 남자는 키가 크는 것과 동시에 성기가 커지고 음모가 자라며, 목소리가 변하게 된다.
② 여자는 키가 크면서 가슴이 커지고 생리를 시작하며, 음모가 자라게 된다.
③ 여자(10~12세 정도)가 남자(12~14세 정도)보다 빨리 시작되고 빨리 완료된다.
④ 성장급등기로 다른 어떤 시기보다 개인차가 심하다.
⑤ 성장급등기의 개인차는 유전인자로 결정된다.

정답 ⑤
해설
성장급등기의 개인차는 유전인자, 영양상태, 사회적 환경, 생활양식 등의 요인 때문이다.

**15** 청소년의 사춘기가 과거에 비해 가속화되는 이유로 가장 적절한 것은?

① 문화적·정신적 환경의 변화와 풍부한 영양의 섭취로 신체발달이 증진되었다.
② 학교생활과 직업 선택의 문제와 욕구가 강해졌다.
③ 청소년이 접할 수 있는 문화환경이 많아졌다.
④ 과거에 비해 성에 대한 사고가 개방적이 되었다.
⑤ 청소년이 공동체적 삶을 더 중요시하는 경향이 있기 때문이다.

> **정답** ①
> **해설**
> 근래에 들어서 문화적·정신적 환경의 변화 그리고 영양이 풍부한 음식물의 섭취로 인하여 과거에 비해 사춘기의 시작이 앞당겨지는 경향이 뚜렷해지고 있다.

**16** 청소년기의 발달과업에 해당하는 것을 모두 고르면?

```
ㄱ. 직업을 준비              ㄴ. 새로운 인간관계 확립
ㄷ. 윤리적 체계 획득          ㄹ. 정서적으로 독립
```

① ㄴ, ㄹ
② ㄱ, ㄴ, ㄷ
③ ㄱ, ㄷ, ㄹ
④ ㄴ, ㄷ, ㄹ
⑤ ㄱ, ㄴ, ㄷ, ㄹ

> **정답** ⑤
> **해설**
> **\* 하비거스트의 청소년기 발달과업**
> - 자신의 체격을 인정하고 자신의 성 역할을 수용
> - 동성이나 이성의 친구와 새로운 관계 확립
> - 부모와 다른 성인들로부터 정서적으로 독립
> - 사회적으로 책임 있는 행동을 원하고 이를 실천
> - 직업을 준비
> - 유능한 시민으로서 갖추어야 할 지적 기능과 개념을 획득
> - 결혼과 가정생활을 준비
> - 행동의 안내자로서 가치관과 윤리체계를 획득

**17** 자신의 과거·현재·미래에 대한 총체적·함축적·일관적인 믿음과 느낌을 의미하는 것은?

① 자아정체감　　② 모라토리엄　　③ 중간인
④ 질풍노도의 시기　　⑤ 제2의 탄생

**정답 ①**
**해설**
자아정체감(ego identity)이란 '나는 누구인가'에 대한 함축적·총체적·일관적인 믿음과 느낌을 말한다. 에릭슨(Erikson)에 따르면 인간은 자신의 과거의 노력과 현재의 문제점들, 그리고 미래의 기대 간의 일관성을 추구하는 존재로서, 기본적으로 정체성을 추구하는 동물이다(Erikson, 1968). 보통 자아정체감은 청소년기의 특수 문제로 많이 다루어진다. 물론 청소년기가 자아 정체감 확립에 매우 중요한 발달적 시기인 것은 분명하지만, 자아정체감이 청소년기에 갑작스럽게 형성되는 것은 아니다. 자아정체감은 유아기와 아동기를 통해 자기(self)에 대한 개념을 발달시키는 데서 출발하며, 청소년기 이르러 다양한 사회적 갈등과 생물학적 성숙 간의 괴리를 해결하려는 노력 끝에 확립된다. 그리고 청소년기 이후의 인생에 있어서도 끊임없이 개인에게 영향을 주는 개념이다.

**18** 에릭슨이 제시한 청소년기의 가장 중요한 발달과업은?

① 친밀감 형성
② 자아정체감 형성
③ 주도성 형성
④ 근면성 형성
⑤ 자율성 형성

**정답 ②**
**해설**
① 청년기의 중요한 발달과업이다.
③ 유아기의 중요한 발달과업이다.
④ 아동기의 중요한 발달과업이다.
⑤ 영아기의 중요한 발달과업이다.

**19** 청소년기의 발달과업으로 옳은 것은?

① 결혼과 직업 선택이 중요하다.
② 자아통정감을 형성한다.
③ 경제적 독립의 필요성을 느낀다.
④ 새로운 자아정체감을 형성한다.
⑤ 다양한 자존감의 획득을 위한 노력을 한다.

**정답** ④
**해설**
① 청년기의 발달과업이다.
② 노년기의 발달과업이다.
③ 청년기의 발달과업이다.
⑤ 아동기의 발달과업이다.

**20** 청소년기의 발달과업에 해당하지 않는 것은?

① 신뢰감을 형성한다.
② 부모로부터 정서적으로 독립한다.
③ 사회적으로 책임 있는 행동을 원하고 이를 실천한다.
④ 부모로부터 경제적으로 독립의 필요성을 느낀다.
⑤ 결혼과 가정생활을 준비한다.

**정답** ①
**해설**
신뢰감을 형성하는 시기는 영아기이다.

**21** 청소년기에 있어서 신체적 발달에 관한 설명으로 옳지 않은 것은?

① 청소년기는 여자는 10~13세에, 남자는 10~14세에 시작된다.
② 신장, 체중, 성적 성숙은 운동능력의 변화를 가져온다.
③ 신체적 발달의 시기와 속도는 유전적 소인에 의해 결정된다.
④ 오늘날의 청소년은 신체 성장이 과거에 비해 빨라지고 성장률도 높아졌다.
⑤ 체중발달은 청소년 초기에는 여자가 남자보다, 청소년 후기에는 남자가 여자보다 빠르게 발달한다.

**정답 ③**
**해설**
생물학적 발달은 유전적 소인에 의하여 결정되지만 그 시기와 속도는 환경이나 맥락의 영향을 받는다.

**22** 청소년기의 인지적 발달의 특징으로 옳지 않은 것은?

① 지능은 유전적 요인과 환경과의 경험의 상호작용으로 변화한다.
② 뇌는 출생 후 급속히 성장을 보이다가 청소년기 이후에 느려지기 시작한다.
③ 형식적 조작을 할 수 있다.
④ 유동적 지능은 청소년기 이후에도 꾸준히 발달하는 양상을 보인다.
⑤ 결정적 지능은 교육에 의해 지속적으로 발달 가능하다.

**정답 ④**
**해설**
청소년기에는 유동적 지능의 발달이 거의 정점에 이른다.

**23** 청소년기 사고의 특성에 관한 설명으로 옳지 않은 것은?

① 피아제의 형식적 조작기에 해당된다.
② 귀납적 사고에서 연역적 사고로 문제해결을 할 수 있다.
③ 논리적 문제에 대해 논리적·체계적으로 사고할 수 있다.
④ 청소년기는 현실 지향적 사고에서 가능성 지향적 사고로의 변화가 일어난다.
⑤ 이상적·관념적·현실적 사고를 한다.

> **정답** ⑤
> **해설**
> 청소년기는 이상적·관념적·비현실적 사고를 한다.

**24** 청소년기 사고의 질적 특징에 관한 설명으로 옳지 않은 것은?

① 추상적 추론을 하는 사고
② 가설연역을 하는 사고
③ 고정관념에서 탈피하려는 사고
④ 기존의 지식에 대하여 수용하는 사고
⑤ 지나치게 이상적이고 모험적인 행동을 계획

> **정답** ④
> **해설**
> **\* 청소년기 사고의 질적 특징**
> 1. 형식적 조작
>   - 추상적 추론을 하는 사고
>   - 연역적 추론을 하는 사고
>   - 조합적 분석(대안 작성)을 하는 사고
>   - 가설연역을 하는 사고
> 2. 상대적 사고(절대성을 부인하려는 사고)
>   - 고정관념에서 탈피하려는 사고
>   - 기존의 지식에 대하여 회의하는 사고
>   - 새로운 가능성 탐색 사고
>   - 기상천외의 발상을 하는 사고
>   - 가상적인 인과관계를 추론하는 사고
>   - 지나치게 이상적이고 모험적인 행동을 계획

**25** 청소년기 정서의 특징으로 옳지 않은 것은?

① 청소년기는 성충동의 급증으로 정서적 혼란을 경험한다.
② 청소년기는 정서적 불안감, 과민성, 긴장감이 증가한다.
③ 청소년의 정서표현은 단일한 감정으로 표출되는 경향성이 있다.
④ 청소년은 현실도피적, 현실 부정적 행동을 많이 한다.
⑤ 청소년의 정서표현은 그들의 다양한 생활조건에 따라 개인차가 크게 나타난다.

**정답** ③
**해설**
청소년의 감정표출은 양가감정으로 나타나는 경향이 있다(예 자만심과 열등감, 의존과 자립, 부모에 대한 존경과 경멸 등 이율배반적 감정).

**26** 청소년 문화의 성격으로 옳지 않은 것은?

① 청소년 문화를 미숙한 문화로 보는 관점은 정신적으로 미숙하고, 사회적 책임능력이 낮은 청소년들이 만들어 내는 삶의 양식으로 본다.
② 청소년 문화를 하위문화로 보는 입장에서는 전체 문화의 일부분을 구성하는 문화이며, 청소년세대의 문화로 본다.
③ 청소년 문화를 비행문화 시각에서 보면 기성세대의 주류문화를 거부하고, 개혁과 변화를 요구하는 문화로 본다.
④ 청소년 문화를 새로운 문화로 보는 입장에서는 청소년들이 스스로 새로운 문화를 창조·형성해 갈 수 없으므로 어른들이 새로운 문화를 계속해서 만들어주어야 하는 것으로 생각한다.
⑤ 청소년 문화를 비행문화 시각에서 보면 공부나 일보다 놀기를 좋아하고, 몰래 나쁜 짓을 하고, 규범과 질서를 깨뜨리는 데서 쾌감을 얻는 생활방식이다.

**정답** ③
**해설**
저항문화(반문화, 대항문화)로 보는 시각으로 청소년 문화를 보는 입장이다.

**27** 청소년 문화에 관한 설명으로 옳지 않은 것은?

① 청소년들의 언어, 복장, 행동, 인식, 감정, 태도, 가치관 등을 포함한다.
② 청소년 세대가 갖는 특징적인 삶의 방식이다.
③ 청소년들이 기성세대와 동일시 존재가 되고자 하는 욕구이다.
④ 청소년기의 불안정에서 오는 불안·혼란·동요를 동료집단 속에서 해결하고자 하는 욕구이다.
⑤ 청소년 문화는 다양성이 존재한다.

**정답 ③**
**해설**
* **청소년들이 청소년 문화를 만드는 이유**
  - 자신들의 존재를 드러내고 싶은 욕구(다른 사람들의 주목·이목을 끌고 싶어 하는 욕구)
  - 기성세대와 구별되는 존재가 되고자 하는 욕구
  - 청소년기의 불안정에서 오는 불안·혼란·동요를 동료집단 속에서 해결하고자 하는 욕구

**28** 청소년들을 항상 부모나 교사 또는 성인들의 감독하에 두어야 한다고 믿으며 아이들끼리 어울리게 해서는 문제만 일으킨다고 생각한다는 입장과 연관된 것은?

① 청소년 문화를 미숙한 문화로 보는 입장
② 청소년 문화를 비행문화로 보는 입장
③ 청소년 문화를 하위문화로 보는 입장
④ 청소년 문화를 저항의 문화 또는 반(反)문화로 보는 입장
⑤ 청소년 문화를 새로운 문화로 보는 입장

**정답 ④**
**해설**
* **청소년 문화를 비행문화로 보는 입장**
  바람직하지 못한 문제투성이의 문화 또는 기존 질서를 파괴하거나 무시함으로써 수많은 사회적 문화를 야기하게 되는 심각한 일탈과 비행의 부정적인 문화로 바라보는 입장이다. 청소년들을 항상 부모나 교사 또는 성인들의 감독하에 두어야 한다고 믿으며, 아이들끼리 어울리게 해서는 문제만 일으킨다고 생각한다.

**29** 청소년 문화의 문제점에 관한 설명으로 옳지 않은 것은?

① 청소년들이 여가를 활용하여 자신의 감정을 표출시킬 수 있는 문화시설이나 공간은 거의 없는 상태이다.
② 노래, 비디오, 만화, 방송 등 청소년들이 자주 접촉하는 모든 것들에 경쟁적 상업주의가 침투하여 오로지 이윤추구의 수단으로만 이용되고 있다.
③ 우리나라의 입시제도 특성상 과중한 학습활동과 비인간적인 생활이 청소년의 심신에 피로를 가져와 이를 해결하고자 청소년 문화가 형성되고 있다.
④ 남녀, 직업, 계층 간의 불평등은 청소년들에게도 그대로 전파되어 학업성취도 수준에 따른 불평등과 신체적 외모나 운동능력에 따른 불평등을 경험한다.
⑤ 청소년 간의 문화 불평들을 해소시키는 것이 청소년 문화 육성에 있어서 필요하다.

**정답 ③**
**해설**
우리나라의 입시제도 특성상 과중한 학습활동과 비인간적인 생활이 청소년 문화의 형성을 방해하고 있다.

**30** 학교교육의 문제점에 관한 설명으로 옳지 않은 것은?

① 성적 제일주의의 가치가 지배하고 있다.
② 성적 중심의 경쟁이 비행을 부추기고 있다.
③ 교사와 학생 간의 인격적 상호작용이 부족하다.
④ 전면적인 의무교육의 실시로 교육 수준이 저하된다.
⑤ 입시 위주의 교육으로 건전한 인간 육성을 위한 생활교육과 인격 완성이 소홀히 다루어진다.

**정답 ④**
**해설**
우리나라는 1949년 교육법이 공포됨에 따라 의무교육이 출범되었고, 헌법에 "모든 국민은 능력에 따라 균등하게 교육을 받을 권리가 있다."라고 명시하고 교육기본법 제8조 제2항에서 "모든 국민은 의무교육을 받을 권리를 가진다."라고 밝히고 있다. 현재 우리나라는 6년간의 초등 의무교육과 3년의 중등 의무교육을 실시하고 있다.

**31** 학교문화의 기능에 해당하지 않는 것은?

① 청소년의 다양한 욕구 충족
② 청소년의 사회화 촉진
③ 능력에 맞는 진로지도
④ 행동의 준거틀 제시
⑤ 사회변동 촉진

정답 ③
해설
* 학교문화의 기능
  - 청소년의 다양한 욕구 충족: 독특한 생활과 세계 체험, 소속감과 자아정체감 획득
  - 청소년의 사회화 촉진: 특정 사회 내의 공유된 규칙 내면화 → 집단생활 적응
  - 청소년행동의 준거틀 제시: 옳고 그름의 판단 기준
  - 사회변동 촉진: 문화변동 → 새로운 형태의 사회적 관계, 행동패턴 창출

**32** 학교문화의 특성 중 학교에는 다른 사회제도와 구별되는 다른 독특한 문화가 창출되고 있다는 점을 특히 강조하는 것은?

① 학교문화의 특수성
② 학교문화의 포괄성
③ 학교문화의 다양성
④ 학교문화와 유기적 관련성
⑤ 학교문화의 보편성

정답 ①
해설
* 학교문화의 특성
  - 특수성: 다른 조직과는 다른 독특한 문화 창출, 학생들은 나름대로의 독특한 의식구조와 생활양식 소유
  - 포괄성: 표현된 문화(행동, 언어) + 내재된 문화(가치관, 태도, 의미 부여)
  - 전체 문화와의 유기적 관련성: 청소년문화, 성인문화와 긴밀한 상호작용, 영향
  - 다양성: 학교문화 내에 다양한 하위문화 존재

**33** 대중매체의 영향에 관한 설명으로 옳지 않은 것은?

① 다양하고 복잡한 정보들을 선별·소화·활용하는 능력이 부족할 경우 무비판적으로 받아들이고 이용당할 수 있다.
② 대중매체 이용이 많아지면서 개인 간 대화가 감소·단절된다.
③ 주체적 자기결정을 어렵게 만든다.
④ 매스미디어의 마술적 힘으로 인하여 개인들은 정상적이고 합리적인 사고를 할 수 없게 된다.
⑤ 대중매체를 접하는 기회가 증대됨에 따라 다양한 내용을 접하고 학습하므로 개인의 창의성이 증대된다.

**정답** ⑤
**해설**
대중매체의 확산은 수용자의 사고·감정·행동을 획일화하여 평균인을 양산하고, 개인의 개성과 창의성을 말살한다.

\* 대중매체의 확산에 따른 문제점
　- 정보의 홍수
　- 언어의 편향성
　- 공간개념의 확대
　- 개인의 획일화
　- 대중매체의 허구성

**34** 대중매체가 청소년에게 미치는 영향으로 옳지 않은 것은?

① 청소년 가치형성에 큰 영향을 미치고 있다.
② 관찰학습을 통하여 학습능력을 강화한다.
③ 비행과 관련된 보도를 함으로써 감각을 둔화시키고 가치기준을 저하시킨다.
④ 무분별하게 범죄 행위를 모방한다.
⑤ 비행행위의 직접적 동기가 될 수 있는 가능성이 있다.

**정답** ②
**해설**
청소년비행의 문제는 많은 사회적 특성과 문화적 요인에서 발생하고 있지만 청소년의 가치관에 상대적으로 많은 영향을 미치는 매스미디어의 환경은 가히 위협적이다.

**35** 현대사회의 미디어 환경에 대한 설명으로 옳은 것을 모두 고른 것은?

> ㄱ. 정보의 홍수
> ㄴ. 공간 개념의 확장
> ㄷ. 언어의 편향적 섭취

① ㄱ   ② ㄱ, ㄴ   ③ ㄱ, ㄷ
④ ㄴ, ㄷ   ⑤ ㄱ, ㄴ, ㄷ

**정답 ⑤**
**해설**
현대사회의 미디어 환경은 정보의 홍수, 공간 개념의 확장, 언어의 편향적 섭취로 설명할 수 있다.

**36** 청소년들에게 부과되는 지배적 가치 체계가 요구하는 물질적 조건을 실제로 갖추고 있기 때문에 그러한 가치에 대해 별다른 모순이나 저항을 느끼지 못하는 부유층 청소년들의 대중가요 수용방식은?

① 실제적 편입의 유형
② 상징적 편입의 유형
③ 상상적 편입의 유형
④ 실용적 편입의 유형
⑤ 대안적 편입의 유형

**정답 ①**
**해설**
* **청소년들의 대중가요 수용방식**
 – 실제적 편입의 유형: 청소년들에게 부과되는 지배적 가치 체계가 요구하는 물질적 조건을 실제로 갖추고 있기 때문에 그러한 가치에 대해 별다른 모순이나 저항을 느끼지 못하는 부유층 청소년들의 문화 수용방식
 – 상상적 편입의 유형: 자신들에 부과되는 지배적 가치체계를 수용하지만 실제 현실적 조건과 가치체계의 모순을 느끼는 계층의 청소년 문화 수용방식
 – 상징적 저항의 유형: 부모세대의 가치관을 완전히 거부하지는 못하지만 나름대로의 상징적인 방식을 통해 이에 대한 저항을 표현하는 방식의 수용행위
 – 대안 추구의 유형: 환상 속으로 도피함으로써 현실의 문제를 잊으려 하기보다는 적극적으로 현실을 이해하고자 하며 나름대로 현실 속에서 주체성을 찾고자 함

**37** 청소년에게 영향을 미치는 가정의 기능으로 옳지 않은 것은?

① 가정은 청소년에게 만족을 주어 안정성의 기반이 된다.
② 가정은 청소년의 능력을 계발하고 발달시키는 장소이다.
③ 가정은 청소년의 인격대우를 충족시켜 줌으로써 사회적 인격의 기반을 만들어 준다.
④ 가족과의 인간관계에서 청소년은 자기중심적 행동을 학습한다.
⑤ 청소년은 가족 내의 상호작용을 통해서 교육받을 수 있는 편리한 수단을 학습한다.

**정답** ④
**해설**
가족과의 인간관계에서 청소년은 자기중심적 행동만을 해서 안 된다는 것을 알고 언제나 다른 사람과의 관계 안에서 행동해야 한다는 사실을 학습한다.

**38** 브론펜브레너(Bronfenbrenner)의 생태학적 접근에서 청소년의 가족과 학교 간의 관계에 해당하는 것은?

① 미시체계　② 외부체계　③ 중간체계
④ 사회체계　⑤ 거시체계

**정답** ③
**해설**
* 브론펜브레너(Bronfenbrenner)의 생태학적 접근에 따른 4가지의 환경
  – 미시체계(microsystem): 가정환경이나 학교환경처럼 개인에게 직접적인 영향을 주는 체계이다.
  – 중간체계(mesosystem): 미시체계들을 연결시켜주며 미시체계들이 중복되어서 생기는 대인관계를 의미한다. 아동의 경우 가정과 학교의 관계, 가정과 동료집단과의 관계가 대표적이다.
  – 외체계(exosystem): 개인이 직접적인 관련성은 없으나 개인에게 영향을 미치는 사회적 구조인 환경요소를 포함한다. 예로는 아동의 경우, 부모의 직장, 손위형제가 다니는 학교, 학급, 이웃의 특징, 학교와 지역사회 간의 관계가 속한다.
  – 거시체계(macrosystem): 거시체계(거대체계)는 개인이 속한 사회나 하위문화의 이념 및 제도의 유형으로 사회문화적 규범과 같은 커다란 체계를 말하며 개인에게 간접적 영향을 준다.

**39** 청소년기의 교우관계에 관한 설명으로 옳지 않은 것은?

① 청소년들은 친구와의 상호작용 시간이 부모와의 의미 있는 상호작용 시간보다 길다.
② 청소년들은 정서적 만족보다는 놀이활동의 만족을 얻기 위해 친구를 필요로 하며 서로에게 의존한다.
③ 청소년들은 우의, 중요성, 친밀감 등의 욕구 충족을 위해 부모보다 더 의존한다.
④ 청소년들은 안정된 또래집단을 형성하고 유지하게 만들며, 또래 간의 상호 유사성을 증진시킨다.
⑤ 청소년들은 충성심, 솔직함, 신뢰 등이 친구의 중요한 특징이라고 생각한다.

**정답** ②
**해설**
청소년들은 놀이활동보다는 정서적 만족을 얻기 위해 친구를 필요로 하며 서로에게 의존한다.

**40** 또래관계의 특성에 관한 설명으로 옳지 않은 것은?

① 청소년의 또래관계의 주목적은 사회적·정서적이기보다 수단적인 것이다.
② 청소년들은 또래관계를 통해 자신의 가치를 확인한다.
③ 또래집단에 대한 강한 동조 경향을 지닌다.
④ 청소년들은 자신들의 또래관계를 부모로부터 인정받기를 원한다.
⑤ 청소년들은 자발성을 기초로 교우관계를 형성한다.

**정답** ①
**해설**
청소년의 또래관계의 주목적은 수단적이기보다 사회적·정서적인 것이다.

**41** 친구관계 형성에 영향을 주는 개인적 특성으로서 가장 거리가 먼 것은?

① 무언가 나누어 쓸 수 있는 관계 능력
② 자신의 역할을 충실히 수행하는 것
③ 자신을 개방하고 서로 간의 비밀을 지킬 수 있는 능력
④ 성격 좋고 리더십이 있는 것
⑤ 자신을 이해하고 갈등을 회피하는 기술

정답 ⑤
해설
* 친구관계 형성에 영향을 주는 개인적 특성
  - 타인에 대한 이해와 공감능력
  - 자신의 역할을 충실히 수행하는 것
  - 갈등을 건설적으로 해결할 수 있는 사회적 기술
  - 성격 좋고 리더십이 있는 것
  - 자신을 개방하고 서로 간의 비밀을 지킬 수 있는 능력
  - 무엇인가 나누어 쓸 수 있는 관계능력

**42** 청소년이 또래와의 연대를 통해 가지게 되는 궁극적인 영향을 모두 고른 것은?

> ㄱ. 관심분야와 능력에 대한 확정
> ㄴ. 새로운 대인관계 기술을 학습함
> ㄷ. 자율성의 발달
> ㄹ. 자신감 증진

① ㄱ, ㄴ, ㄱ
② ㄱ, ㄴ, ㄹ
③ ㄱ, ㄷ, ㄹ
④ ㄴ, ㄷ, ㄹ
⑤ ㄱ, ㄴ, ㄷ, ㄹ

정답 ②
해설
또래와의 연대를 통해 자율성은 발달이 저해되는 부정적 영향을 받는다.

**43** 청소년기 이성교제에 관한 설명으로 옳지 않은 것은?

① 초기 청소년기까지 대부분의 또래집단은 동성으로 이루어진다.
② 여자는 성격과 행동을 보다 중시한다.
③ 남자는 외모나 성적 매력을 보다 중시한다.
④ 이성과의 교제는 이성에 대한 성적 호기심의 충족, 적응력의 신장을 가능하게 한다.
⑤ 초기에는 상보성이 크게 작용하나, 후기에는 매력의 요인으로 근접성·유사성의 비중이 이전보다 높아진다.

**정답** ⑤
**해설**
초기에는 근접성·유사성이 매력의 요인으로 크게 작용하나, 후기에는 상보성(서로 보완할 수 있는 요소)의 비중이 이전보다 높아진다.

* **청소년들의 이성친구 선택**
  - 초기에는 외모, 집단 내 인기, 운동, 음악, 여가활동 등 외적 요인의 영향을 크게 받는다.
  - 후기에는 흥미, 가치관, 삶의 목적 등 보다 내적 요인의 영향을 크게 받는다.
  - 남자는 외모나 성적 매력을 보다 중시한다.
  - 여자는 성격과 행동을 보다 중시한다.
  - 초기에는 근접성·유사성이 매력의 요인으로 크게 작용하나, 후기에는 상보성(서로 보완할 수 있는 요소)의 비중이 이전보다 높아진다.

**44** 청소년의 위험(모험)행동의 특징을 모두 고른 것은?

> ㄱ. 자신의 신체적 건강을 위협하는 행동(난폭운전, 싸움, 흡연, 약물 사용, 무분별한 성접촉 등)을 한다.
> ㄴ. 자신의 사회·경제적 지위를 위협하는 행동(가출, 무단결석, 학교 중퇴 등)을 한다.
> ㄷ. 위험행동은 서로 상이한 심리적·환경적·생물학적 선행조건을 공유한다.

① ㄱ   ② ㄴ   ③ ㄱ, ㄴ
④ ㄱ, ㄷ   ⑤ ㄴ, ㄷ

**정답** ③
**해설**
ㄷ. 청소년들의 위험(모험)행동은 서로 비슷한 심리적·환경적·생물학적 선행조건을 공유한다.

**45** 청소년 위험행동에 관한 설명으로 옳지 않은 것은?

① 위험행동이 긍정적으로 발달하면 적응행동으로 나타난다.
② 위험행동이 부정적으로 발달하면 병적 위험행동으로 나타난다.
③ 위험행동은 비슷한 심리적·환경적·생물학적 선행 조건을 공유한다.
④ 하나의 위험행동은 다른 위험행동들과 구별되어 행해지는 경향이 있다.
⑤ 하나의 위험행동은 상호적으로 일어난다.

**정답** ④
**해설**
청소년의 하나의 모험행동은 다른 모험행동들과 동시에 행해지는 경향이 있다.

**46** 청소년의 위험행동의 원인 중에서 사회적·환경적 이론에 대한 내용으로 옳은 것은?

① 사춘기의 조숙, 만숙
② 우울증과 스트레스
③ 자존심의 결여, 인지의 미발달
④ 호르몬·유전인자 영향
⑤ 부모와의 분리와 또래집단에의 애착 정도

**정답** ⑤
**해설**
① 사춘기의 조숙, 만숙: 생물학적 이론
② 우울증과 스트레스: 심리학적·인지적 이론
③ 자존심의 결여, 인지의 미발달: 심리학적·인지적 이론
④ 호르몬·유전인자: 생물학적 이론

* **청소년 위험행동의 원인 – 사회적·환경적 이론**
– 모험행동은 가족 및 동료와의 상호작용, 지역사회와 사회적인 규범에서 기인된다.
– 한부모 가족, 가족 간 갈등 수준, 양육방식 등이 모험행동과 관련된다.
– 부모와의 분리와 또래집단에의 애착 정도도 관련이 있다.
– 매스미디어, 문화적인 기대가 모험행동에 영향을 준다.

**47** 청소년문제에 관한 설명으로 옳지 않은 것은?

① 범죄행위로 규정된 행동 유형만을 말한다.
② 문제행동과 관련하여 부적응이라는 말을 사용하기도 한다.
③ 비행현상뿐만 아니라 청소년 자신들이 느끼는 고민·문제·의식도 포함한다.
④ 부적응 청소년들은 개인 내적 장애와 더불어 사회적 장애를 경험한다.
⑤ 비행은 본래 법률적인 용어로서 주로 청소년들에게만 적용되고, 성인인 경우에는 범죄라는 말을 사용한다.

**정답 ①**
**해설**
청소년 비행에 대해 살펴보면, 비행은 매우 광범위한 의미로 사용되고 있지만, 청소년이 저지른 법규에 저촉되는 행위는 물론 가정과 사회에서 말썽 피우는 행위, 무단결석, 음주, 약물남용, 가출 등 광범위한 사회생활 및 법률준수와 관련된 것들을 내포하는 것으로 사용된다.

**48** 청소년문제의 사회문화적 요인에 해당하는 것을 모두 고른 것은?

> ㄱ. 청소년기의 확대
> ㄴ. 경쟁사회
> ㄷ. 세대차
> ㄹ. 성적 발달

① ㄴ, ㄷ　　　　② ㄴ, ㄹ　　　　③ ㄱ, ㄴ, ㄷ
④ ㄱ, ㄷ, ㄹ　　　⑤ ㄴ, ㄷ, ㄹ

**정답 ③**
**해설**
* **사회문화적 요인**
　청소년 비행의 원인을 청소년을 둘러싼 환경에 초점을 두는 입장이다. 청소년 문제의 사회문화적 요인으로는 가족, 또래, 학교, 지역사회, 대중매체 등이 있다.

* **개인 관련 요인**
　청소년 비행의 원인으로 행위자의 내재적 특성에 초점을 두는 입장은 신체적 특성, 유전적 특성, 성격 특성 등 개인차 요인에서 그 원인을 찾는다. 그동안 선행 연구들에서 다루어진 개인특성 요인은 성과 성적인 발달, 우울성, 공격성과 충동성, 자기통제력, 자아개념, 자아존중감, 신체상 등 여러 요인들이 비행과 관계가 있음을 밝히고 있다.

**49** 청소년의 학업중퇴 유형 중 자신이 부딪힌 문제를 적극적으로 해결하기 위해 중퇴한 것이 아니라 더 이상 학교에 다니기 싫어서, 학교를 빠져나가 흥미로운 생활을 하고 싶어서 막연히 학교를 중퇴하는 유형은?

① 능동형 중퇴　　② 도피형 중퇴　　③ 불가피형 중퇴
④ 탈선형 중퇴　　⑤ 흥미형 중퇴

> **정답** ②
> **해설**
> * **학교중퇴의 유형**
>   – 능동형 중퇴: 재학생이 자신이 처한 상황에서 제기되는 문제를 적극적으로 해결하기 위해 중퇴하는 경우이다.
>   – 도피형 중퇴(소극적 중퇴): 학교 상황에서 탈출하기 위하여 뚜렷한 대안 없이 학교를 그만두는 것이다.
>   – 불가피형 중퇴: 학교를 이탈할 수밖에 없는 상황에서 중퇴한 경우로 집안형편상 계속 학업에 전념할 수 없는 경우이다.

**50** 중퇴청소년의 특징에 해당하지 않는 것은?

① 중퇴청소년들은 동료들에 비해 직업적 열망이 높다.
② 중퇴청소년들은 특별활동에 참여하지 않는다.
③ 중퇴와 관련된 요인으로 잦은 이사를 들 수 있다.
④ 중퇴청소년들은 자아개념이 부실하고 분명한 정체성이 없다.
⑤ 중퇴청소년들은 돈 벌기나 사회생활의 경험에 매력을 느낀다.

> **정답** ①
> **해설**
> 중퇴청소년들은 동료들에 비해 직업적 열망이 낮은 경향성을 보인다.

**51** 사회적 규범의 동요·이완·붕괴 등에 의하여 일어나는 혼돈상태 또는 구성원의 욕구나 행위의 무규제 상태를 나타내는 것은?

① 모라토리엄  ② 아노미(Anomie)  ③ 카오스
④ 비행  ⑤ 부적응

**정답 ②**
**해설**
* 아노미(Anomie) 현상
뒤르켐에 의하면, 사회적 분업의 발달은 사회의 유기적 연대를 강화하지만, 이상상태에 있어서는 사회의 전체적 의존관계가 교란되어, 무규제·무통제의 분업이 사회적 아노미 상황의 원인이 된다고 한다. 뒤르켐 이후에도 아노미의 개념은 현대사회학에서 사회해체 현상을 분석·기술하는 유효한 개념으로서 사용되기도 한다.

**52** 비행청소년의 특성으로 옳지 않은 것은?

① 중류 이상의 가정 출신의 범죄가 줄어들고 있다.
② 정규교육 과정에 있는 학생 청소년의 비행이 늘어나고 있다.
③ 약물과 관련된 청소년 범죄가 증가하고 있다.
④ 비행을 저지르는 연령이 낮아지고 있다.
⑤ 뚜렷한 동기나 이유가 없는 범죄가 증가하고 있다.

**정답 ①**
**해설**
중류 이상의 가정 출신의 범죄가 점차 늘어나고 있는 추세이다.

**53** 청소년 비행에 있어서 청소년 개인과 연관된 요인과 가장 거리가 먼 것은?

① 낮은 자아개념
② 우울성향
③ 사회적 기술의 부족
④ 감정 및 욕구의 인식과 표현능력 발달
⑤ 공격성과 충동성

**정답 ④**
**해설**
비행청소년은 감정 및 욕구의 인식 및 표현 능력의 부족한 경향성을 보인다.

**54** 비행에 관하여 사회학적으로 접근할 때 다음 설명과 연관된 이론은?

> 사회구조가 특정 집단의 사람에게는 정당한 방법으로 문화적으로 규정된 목표를 달성할 수 없게 되어 있어 비행이 일어난다.

① 아노미이론  ② 하위문화이론  ③ 사회통제이론
④ 차별접촉이론  ⑤ 갈등이론

**정답 ①**
**해설**
\* **아노미이론**
뒤르켐(Durkheim)에 의해 시작된 것으로 머튼(Merton)의 사회구조 이론에 기초하여 정립된 이론이다. 사회적 기회구조에 접근하기 어려운 개인이나 집단은 정상적이지 않은 방법으로 자신의 목표를 달성하고자 하는 경우가 있으며, 결과적으로 위법이지만 효과적인 방법을 선택하는 이들은 범죄로 빠져들 개연성이 크다.

**55** 비행하위문화이론에 관한 설명으로 옳지 않은 것은?

① 아노미이론과 사회해체론의 절충형태이다.
② 하위계층문화에 따른 젊은이들의 선택으로, 하위계층문화의 기준에 따라 인정을 받기 위해 선택하는 한 가지 방법이다.
③ 하위문화는 중류계층의 행동 기준을 충족시킬 수 없는 도시지역의 하류층이 선택할 수 있는 매력적인 대안이다.
④ 미국 사회의 하층청소년들의 비행문화를 말한다.
⑤ 일탈이란 하위계층문화에 따른 젊은이들의 선택으로, 중류계층문화의 기준에 따라 인정을 받기 위해 선택하는 한 가지 방법이다.

**정답 ⑤**
**해설**
일탈이란 하위계층문화에 따른 젊은이들의 선택으로, 하위계층문화의 기준에 따라 인정을 받기 위해 선택하는 한 가지 방법이다.

**56** 차별접촉이론에서 서더랜드(Sutherland)가 제시한 명제로 옳지 않은 것은?

① 일탈행동은 학습된다.
② 일탈행동의 학습의 주된 부분은 친밀한 1차 집단들 내에서 일어난다.
③ 어떤 사람이 일탈자가 되는 것은 규범 위반에 대한 부정적 정의가 강하기 때문이다.
④ 일탈행동은 사회의 일반적 욕구와 가치의 표현이다.
⑤ 일탈행동은 타인과의 상호작용 속에서 의사소통과정을 통해 학습된다.

**정답** ③
**해설**
어떤 사람이 일탈자가 되는 것은 규범 위반에 대한 긍정적 정의가 규범 위반에 대한 부정적 정의를 초과하기 때문이다.

**57** 상징적 상호작용에 기초한 비행이론으로 어떤 행동이 왜 비행으로 정의되고 일탈자로 취급 되는지의 과정에 대한 관심을 둔 이론은?

① 아노미이론   ② 차별적 접촉이론   ③ 낙인이론
④ 하위문화이론   ⑤ 중화이론

**정답** ③
**해설**
* **낙인이론**
 – 사회적 반응으로 인하여 비행자로서 스스로를 인정하게 되면 제2의 비행을 저지르게 된다.
 – 1차적 비행은 다양한 맥락에서 일어날 수 있으나 2차적 비행의 중요한 원인은 낙인이라는 것이다.
 – 낙인과정: '모색 단계 ⇨ 명료화 단계 ⇨ 공고화 단계'

**58** 낙인이론에 관한 설명으로 옳지 않은 것은?

① 규칙을 위반한 사람일지라도 사회적으로 인식되거나 낙인찍지 않으면 일탈자가 되지 않는다.
② 규칙을 위반하지 않았을지라도 일탈자로 낙인찍힐 수가 있다.
③ 일탈이란 한 사람의 행위에 대한 타인의 반응의 결과이다.
④ 1차적 비행의 중요한 원인은 낙인이라는 것이며, 2차적 비행은 다양한 맥락에서 일어날 수 있다.
⑤ 규칙위반행위가 일탈로서 성립하려면 사회적 반응 혹은 낙인이 필수요건이므로 일탈을 생산하는 것은 낙인이다.

**정답** ④
**해설**
1차적 비행은 다양한 맥락에서 일어날 수 있으나, 2차적 비행의 중요한 원인은 낙인이라는 것이다.

**59** 다음의 사례를 분석하기에 적합한 사회심리학적 접근이론은?

> 철수는 우연히 친구들과 학교 유리창을 깬 적이 있다. 이 사건이 담임선생님에게 발각되어 문제 학생으로 지목을 받았다. 그 후 같은 반 친구들은 그를 비행소년으로 간주하여 멀리하였다. 주변에 친구들이 없어진 철수는 자연히 비슷한 또래이면서 학교에 다니지 않는 동네 친구들과 어울려 다니게 되었다. 철수는 아이들과 함께 보다 심각한 일탈행위에 적극적으로 가담하고 때로는 나쁜 일을 주도하기도 하였다.

① 낙인이론    ② 하위문화이론    ③ 사회통제이론
④ 중화이론    ⑤ 아노미이론

**정답** ①
**해설**
낙인이론은 일탈은 어떠한 행위 자체가 가지는 특성 말고 그 행위가 발생하는 상황에 따라 규정된다고 보는 것이다.

**60** 비행은 기존 규범에 대항하는 가치관 때문에 발생하는 것이 아니고 학습된 변명과 정당화를 통하여 발생한다는 이론은?

① 아노미이론  ② 차별접촉이론  ③ 사회통제이론
④ 중화이론  ⑤ 낙인이론

정답 ④
해설
* 중화이론
– 사이크스(Sykes)와 마이짜(Mayza)의 견해로 자기합리화이론, 사회통제 무력화이론이다.
– 비행은 기존 규범에 대항하는 가치관 때문에 발생하는 것이 아니고 학습된 변명과 정당화를 통하여 발생한다.
– 청소년들은 전통적인 도덕 가치를 부정하는 것이 아니라, 여러 상황에서 그것을 중화시키는 기술을 가지고 있으며, 그럼으로써 별 죄의식 없이 비행을 저지른다.

**61** 중화에 사용되는 기법으로서 자신의 문제를 외적인 환경 탓으로 돌려서 자신의 행동을 합리화하는 것은?

① 책임의 부정  ② 상해의 부정  ③ 피해자의 부정
④ 비난자에 대한 비난  ⑤ 더 높은 충성심에의 호소

정답 ①
해설
* 중화의 기술

| | |
|---|---|
| 책임의 부정 | 내 잘못이 아니야. |
| 상해의 부정 | 부자 놈들은 훔친 게 많으니까 내가 훔친 건 아무것도 아니야. |
| 피해자의 부정 | 나쁜 놈한테서 훔친 것은 괜찮은 거야. |
| 비난자에 대한 비난 | 우리를 잡아들이는 검사 놈들이 더 도둑놈들이야. |
| 더 높은 충성심에의 호소 | 우리의 불법시위는 숭고한 조국통일을 위한 일이야. |

**62** 머튼(Merton)은 개인이 문화적 목표와 제도화된 수단에 어떻게 적응하느냐에 따라 5가지 유형으로 구분하였다. 문화적 목표를 거부하고 제도화된 수단만을 수용하는 적응방식에 해당되는 유형은?

① 동조형      ② 혁신형      ③ 의례형
④ 도피형      ⑤ 반역형

**정답** ③
**해설**
* 머튼(Merton)의 사회구조이론에 따른 적응양식(일탈의 유형)

| | |
|---|---|
| 동조형(conformity) | • 정상적인 기회구조에 접근할 수는 없지만, 그래도 문화적 목표와 제도화된 수단을 수용하는 적응방식이다.<br>• 정상적인 방법으로 목표를 달성하고자 노력하며, 반사회적이지 않다. |
| 혁신형(innovation) | • 문화적 목표는 수용하지만 제도화된 수단은 거부하는 적응방식이다.<br>• 비합법적인 수단으로 사회적으로 가치 있는 목표를 달성하려 하는 대부분의 일탈행동이 이 유형에 해당된다.<br>• 횡령, 탈세, 매춘, 강도, 절도 등이 여기에 속한다. |
| 의례형(ritualism) | • 문화적 목표를 거부하고 제도화된 수단만을 수용하는 적응방식이다.<br>• 조직의 목표보다는 절차적 규범이나 규칙만을 준수하는 데 치중하는 무사 안일한 관료가 대표적인 예이다. |
| 도피형(retreatism) | • 문화적 목표와 제도화된 수단을 모두 거부하고 사회로부터 후퇴 내지는 도피해버리는 적응양식이다.<br>• 만성적 알코올 중독자 또는 마약상습자 등이 여기에 속한다. |
| 반역형(rebellion) | • 기존의 문화적 목표와 제도화된 수단을 모두 거부하면서 동시에 새로운 문화적 목표와 제도화된 수단으로 대치하려는 적응양식이다.<br>• 사회운동가, 히피 등이 대표적 예이다. |

**63** 비행이론 중 중화이론에 관한 설명으로 옳은 것은?

① 청소년은 자신의 문제행동이 바람직하지 않다는 것을 알고 있다고 가정한다.
② 비행을 저지르도록 강요하는 사회구조적인 긴장상태는 없다.
③ 일탈은 정상적인 행위이며 오히려 동조행위가 설명되어야 한다.
④ 사회적 유대 요인 몇 개인의 유대 요인을 강조한다.
⑤ 개인에 대한 유대가 통제력이 되어 청소년들로 하여금 법과 규범을 지키게 한다.

**정답 ①**
**해설**
②, ③, ④, ⑤ 사회통제이론에 대한 설명이다.

**64** 범죄행위도 일반 행위와 같이 배워서 한다는 것으로, 법에 대한 우호 또는 비우호 태도로 인해 범죄자는 비우호적인 태도를 우호적인 태도보다 더 많이 배웠고, 역으로 비범죄자는 우호적인 태도를 더 많이 배웠다는 이론은?

① 차별접촉이론　　② 낙인이론　　③ 사회유대이론
④ 하층계급문화이론　　⑤ 기회구조이론

**정답 ①**
**해설**
차별접촉이론은 모든 종류의 범죄나 비행을 학습된 것으로 보고, 이러한 범죄나 비행행위는 타인(범죄자, 비행자)과의 상호작용을 통해 학습된다는 것이다.

**65** 사회의 일부 집단이 공유하고 있는 하위문화가 청소년 비행을 쉽게 일으키게 한다고 보는 이론은?

① 차별접촉이론　　② 낙인이론　　③ 사회유대이론
④ 하위문화이론　　⑤ 중화이론

**정답 ④**
**해설**
하위문화이론은 하류계층 청소년들의 비행행위는 중산층의 규범과 가치에 대한 반항이라는 것이다.

**66** 사회화 과정이론에서 하위문화를 이루는 결정요인에 해당하는 것을 모두 고른 것은?

> ㄱ. 말썽  ㄴ. 사나움
> ㄷ. 숙명  ㄹ. 독자성

① ㄱ, ㄴ   ② ㄱ, ㄷ   ③ ㄱ, ㄴ, ㄷ
④ ㄱ, ㄷ, ㄹ   ⑤ ㄱ, ㄴ, ㄷ, ㄹ

**정답** ⑤
**해설**
* 하위문화를 이루는 결정요인

| 말썽(trouble) | 법을 위반하면서 문제행위를 일삼는다. |
|---|---|
| 사나움(toughness) | 육체적인 힘이 있으며 두려움이 없다는 것을 과시한다. |
| 영악함(smartness) | 길거리 세계에서 필요한 실제적인 지식을 가지고 있으며, 상대방을 능가할 수 있다는 이미지를 가지고 있다. |
| 흥분(excitement) | 스릴을 찾아 위험을 감수한다. |
| 숙명(fatalism) | 운명을 좌우하는 강한 정신적 힘에 의해 생이 좌우된다는 신념을 가지고 있다. |
| 독자성(autonomy) | 경찰, 교사, 부모 등의 권위로부터 독립적이다. |

**67** 청소년 가출의 원인 중 청소년을 사회 쪽에서 끌어당기는 요인에 해당하는 것은?

① 방출요인   ② 유인요인   ③ 촉발요인
④ 개인요인   ⑤ 혼합요인

**정답** ②
**해설**
가출은 집 밖으로 내쫓는 방출요인, 사회 쪽에서 끌어당기는 유인요인, 그리고 가출을 실제로 유발시키는 촉발요인들이 복합적·역동적으로 작용함으로써 일어난다.

**68** 청소년의 가출의 원인을 정신병리적 입장에서 설명한 것으로 옳은 것은?

> ㄱ. 신체적·성적 학대
> ㄴ. 성인과의 관계 능력 부족
> ㄷ. 강한 자의식
> ㄹ. 과민반응

① ㄹ  ② ㄱ, ㄴ  ③ ㄴ, ㄷ
④ ㄱ, ㄴ, ㄹ  ⑤ ㄱ, ㄴ, ㄷ, ㄹ

**정답** ⑤
**해설**
**\* 가출의 요인**
가출은 집 밖으로 내쫓는 방출요인, 사회 쪽에서 끌어당기는 유인요인, 그리고 가출을 실제로 유발시키는 촉발요인들이 복합적·역동적으로 작용함으로써 일어난다.
- 개인적 요인: 독립된 삶의 체험에 대한 동경 또는 탈출의 욕구 등
- 정신병리적 요인: 과중한 기대나 과업으로 인한 스트레스·우울·불안, 강한 자의식, 비판이나 무시에 과민반응, 충동성, 미숙한 판단력, 성인과의 관계 능력 부족, 주위 환경 통제 곤란, 신체적 또는 성적 학대 등
- 가정환경 요인: 독립요구, 가족 간 갈등, 재구성 가족에서의 낮은 적응성, 가족으로부터의 안정적 지지 결여, 형제 간 차별대우, 의사 불통, 관심 부족, 보호회피, 부모의 거절과 적대적 통제, 폭행, 몰이해, 몰인정, 부모 간 불화, 가족의 구조적·기능적 해체 등
- 학교 요인: 입시 위주 교육에의 부적응, 교사의 차별대우, 학업성적 불량, 친구로부터의 소외, 학교폭력, 학교에 대한 부정적 태도, 문제해결력 저조, 문제행동으로 인한 처벌 등
- 또래 요인: 줄줄이 가출, 집단가출에서 볼 수 있는 친구의 유혹과 권유, 일반 또래관계의 어려움 등
- 사회환경 요인: 청소년을 이용하고, 청소년을 대상으로 하는 유흥업소들

**69** 가출청소년의 문제에 관한 설명으로 옳지 않은 것은?

① 가출 후 외로움과 불안감, 우울증 등의 정신적 고통을 겪는다.
② 가출은 학교중퇴로 이어지고 그 결과로 취직에 더욱 곤란을 겪는다.
③ 생활비 마련을 위해 경우에 따라 범죄, 매춘, 기타 불법행위를 하게 된다.
④ 통제의 약화, 호기심, 해방감에서 알코올과 약물에 접근한다.
⑤ 가출청소년의 자살 시도율과 일반 청소년의 자살 시도율은 차이가 없다.

**정답** ⑤
**해설**
* **가출청소년의 문제**
 - 가출 후 외로움과 불안감, 우울증 등의 정신적 고통을 겪는다.
 - 신체적 건강 악화, 정신적 황폐화와 존재감 상실 등을 겪는다.
 - 가출은 학교 중퇴로 이어지고 그 결과로 취직에 더욱 곤란을 겪는다.
 - 생활비 마련을 위해 경우에 따라 범죄, 매춘, 기타 불법행위를 하게 된다.
 - 가출 후 유해환경과 향락산업, 폭력조직 등에 쉽게 젖어들어 더 많은 학대 위험에 빠져들게 된다.
 - 통제의 약화, 호기심, 해방감에서 알코올과 약물에 접근한다.
 - 문란한 성관계로 성병에 감염되고, 임신과 출산을 하기도 한다.
 - 가출 청소년의 자살 시도율이 일반 청소년보다 월등히 높다.

**70** 가출청소년의 특징에 해당하지 않는 것은?

① 부모의 자신에 대한 부정적 행동에 대한 좌절을 느낀다.
② 부모가 이혼하였거나 별거 상태 등 구조적 결손가정 출신이다.
③ 청소년들은 가출 후 일정한 이동경로를 거친다.
④ 가출청소년들이 가출기간 동안 당면하는 가장 큰 문제는 돈과 주거문제이다.
⑤ 많은 가출청소년들은 기능적으로 결손된 가정이 문제를 가지고 있다.

**정답** ③
**해설**
청소년들은 가출 후 다양한 이동경로를 거친다. 가출청소년들은 가출 초기에는 친구 집, 친구의 자취방, 여관 등에서 기거하게 되는데 가출이 장기화되면 돈과 주거가 함께 보장되는 직장을 선호하게 되고, 그런 곳이란 결국 유해업소나 열악한 환경일 수밖에 없다.

**71** 가출의 유형 중 청소년이 가정으로부터 버림받거나 쫓겨난 경우 유형에 해당하는 것은?

① 시위형 ② 방출형 ③ 도피형
④ 축출형 ⑤ 탈출형

정답 ④
해설
* 가출의 결과 또는 의도를 기준에 의한 분류
 - 시위성 가출: 가족의 관심을 끌거나 자신의 주장을 표명하기 위해 일어나는 가출
 - 도피성 가출: 불만족스러운 가정환경으로부터 탈출하기 위해 집을 떠나는 것
 - 축출성 가출: 청소년이 가정으로부터 버림받거나 쫓겨난 경우

**72** 청소년이 약물을 하는 요인으로 볼 수 없는 것은?

① 가정불화, 가족붕괴 ② 유전적 효소의 유무 ③ 낮은 사회계층
④ 동료의 압력 ⑤ 남근기로의 퇴행

정답 ⑤
해설
* 약물 사용의 요인
 - 약물의 대사 및 중추신경계의 반응에 영향을 주는 선천적인 효소의 유무
 - 가정불화, 가족붕괴, 양친의 거부적 태도, 부모 이혼 등의 가정환경적 요인
 - 낮은 사회계층, 합법적 역할모델 결여 등의 지역사회 요인
 - 동료의 압력이나 매스컴의 영향
 - 구강기로의 퇴행

**73** 청소년 폭력의 특징으로 옳은 것을 모두 고른 것은?

> ㄱ. 단독범행보다 2인 이상으로 이루어지는 것이 일반적이다.
> ㄴ. 청소년 폭력을 비롯한 범죄가 고연령화되고 있다.
> ㄷ. 단순비행이나 탈선의 수준을 넘는 잔인성은 심각한 사태에 이르고 있다.
> ㄹ. 상해와 단순폭행은 감소하는 반면, 집단화, 상습화, 흉포화하고 있다.
> ㅁ. 피해 학생의 경우 그 사실을 부모나 선생님에게 잘 알리지 않는다.

① ㄱ, ㄴ, ㄷ, ㄹ
② ㄱ, ㄷ, ㄹ, ㅁ
③ ㄱ, ㄴ, ㄷ, ㅁ
④ ㄴ, ㄷ, ㄹ, ㅁ
⑤ ㄱ, ㄴ, ㄷ, ㄹ, ㅁ

**정답 ②**
**해설**
청소년 폭력을 비롯하여 범죄를 저지르는 연령이 점차 낮아지고 있는 것이 사회의 문제이다.

**74** 최근 청소년폭력의 특징으로 옳지 않은 것은?

① 청소년폭력 경험이 있는 청소년이 그렇지 않은 청소년에 비해 가정 분위기가 더 폭력적이다.
② 청소년폭력이 늘어나고 있음에도 불구하고 피해자들은 폭력피해에 대해 적극적으로 알리지 않는 경우가 많다.
③ 학교나 가정에서의 욕구불만이나 소외감, 열등감, 죄악감 등으로 청소년폭력이 발생할 수 있다.
④ 폭력행위가 일반 청소년에게서 자행되는 것이 아니라 비행청소년에게서 나타난다.
⑤ 청소년폭력 가해 청소년의 상당수가 폭력피해를 경험하였다.

**정답 ④**
**해설**
폭력행위가 비행청소년에게서만 자행되는 것이 아니라 일반 청소년에게서 쉽게 발견된다.

**75** 약물을 지속적·주기적으로 사용하여 사용자가 정신적·신체적 변화가 발생하여 사용자가 약물사용의 조절이 어렵게 되는 상태는?

① 약물사용  ② 약물남용  ③ 약물중독
④ 약물의존  ⑤ 약물오용

**정답 ④**
**해설**
① 약물사용: 약물사용은 약의 사용과 남용에 대한 범위를 일컫는다.
② 약물남용: 약물의존 행동의 하나로서 지속적 혹은 산발적으로 불법 약물을 사용하거나 불법 유무를 떠나 어떤 약물이든지 그 약물을 사용자의 육체적·정신적 안녕에 위협이 되는 수준까지 사용하는 것을 말한다.
③ 약물중독: 고의 혹은 실수로 치료적 약물을 과량 복용하여 약물이 나타내는 치료적 효과 외의 독성 부작용이 발생할 것으로 예견되는 상태를 말한다.
⑤ 약물오용: 의학적인 목적으로 약물을 사용하는데, 이를 의사의 처방에 따르지 않고 임의로 사용하거나 또는 처방된 약물을 제대로 사용하지 않는 것을 말한다.

**76** 약물과 알코올 남용에 관한 설명으로 옳지 않은 것은?

① 알코올은 청소년이 가장 쉽게 경험하는 약물이다.
② 담배는 청소년들 사이에 가장 흔히 사용되고 있는 약물이다.
③ 청소년의 약물 사용 결정 요인은 약물 이용 가능성이 아니라, 약물의 위험성에 대한 인식과 또래집단의 영향이었다.
④ 위험은 약물 사용이 다른 문제행동을 발생시킬 수 있는 가능성에 있다.
⑤ 일부 청소년들의 경우 청소년기의 약물 사용은 실험적이고 순간적이며 일시적인 경험이다.

**정답 ②**
**해설**
담배는 알코올 다음으로 청소년들 사이에 흔히 사용되고 있는 약물이다

**77** 약물남용의 원인으로 옳지 않은 것은?

① 약물 중독자들은 그렇지 않은 사람들에 비하여 능동적이고 독립적인 성격의 소유자가 많다.
② 부모가 약물을 남용하는 경우 자녀 또한 그러한 경우가 많다.
③ 부모의 이혼이나 부모-자녀 간 가치갈등, 과잉기대, 부모의 지나친 간섭, 부모의 무관심 등 가정 문제가 자녀들의 약물 남용의 간접적 원인이 된다.
④ 우리나라의 엄격한 주입식 교육, 입시 중심 교육환경으로 인한 스트레스는 약물 중독과 높은 상관관계를 보인다.
⑤ 청소년들은 또래집단으로부터 약물에 대한 정보와 관련 기술 및 비행을 습득할 뿐만 아니라 약물의 효과에 대해서 과장된 정보를 획득한다.

> **정답** ①
> **해설**
> 약물 중독자들은 그렇지 않은 사람들에 비하여 수동적이고 의존적인 성격의 소유자가 많다.

**78** 성적 흥분을 경험하기 위해 유별난 행동을 나타내는 것으로 보통 성욕을 일으키지 않는 사물이나 행위에 대해 성욕을 느끼거나 원치 않는 상대와 지속적 성행위를 하는 형태를 보이는 성 비행은?

① 성도착증　　② 성폭력　　③ 성희롱
④ 성매매　　　⑤ 관음증

> **정답** ①
> **해설**
> 성도착증(性倒錯症, paraphilias)은 심리성적 장애의 하나로서 성적 흥분을 경험하기 위해 유별난 행동을 나타내는 것이다. 보통 성욕을 일으키지 않는 사물이나 행위에 대해 성욕을 느끼거나 원치 않는 상대와 지속적 성행위를 하는 형태를 띤다. 이러한 행동은 환자의 의도와는 관계없이 끊임없이 반복적으로 계속된다. 가학증, 피학증, 노출증, 관음증, 물품음란증, 의상도착증, 소아기호증 등 30가지 이상의 성도착증 유형이 있다.

**79** 청소년 자살의 특징으로 옳지 않은 것은?

① 13세 이하 아동의 자살 발생률은 매우 낮다. 이는 애착대상에게 강하게 의존적이며 정체성을 확립하였기 때문이다.
② 소외, 심적 고통, 고립, 분노, 죄책감, 심한 우울증, 무력감과 같은 극심한 정서적 혼란과 심리적 고통에서 일종의 도피방법으로 자살을 기도한다.
③ 동반자살은 자살의 두려움과 불안, 용기 부족을 없애주기 때문에 자주 일어난다.
④ 성적 및 학교생활과 관련된 문제로 인한 자살이 많다.
⑤ 타인의 관심을 끌거나 다른 사람에 대한 위협 수단으로, 친구의 지지를 얻기 위한 수단으로 자살을 시도한다.

**정답 ①**
**해설**
13세 이하 아동의 자살 발생률은 매우 낮다. 이는 애착대상에게 강하게 의존적이며 정체성을 확립하지 못했기 때문이다.

**80** 자살에 관한 설명으로 옳지 않은 것은?

① 청소년들의 자살 사망자 수는 다른 연령대에 비하여 많지 않으나 청소년 사망 원인 중에서 차지하는 비율이 높다.
② 청소년 여자들은 남자보다 자살 시도율이 3배나 더 많다.
③ 전체적으로 남자보다 여자의 자살시도가 더 많으므로 자살사망은 여자가 더 많다.
④ 자살시도 청소년은 주요 우울증으로 진단될 가능성이 크다.
⑤ 아동기와 초기 청소년기에는 자살이 거의 없으나 대략 15세경부터 자살률이 극적으로 증가한다.

**정답 ③**
**해설**
전체적으로 남자보다 여자의 자살시도가 더 많다. 그러나 자살사망은 남자가 더 많다.

**81** 청소년 자살방지를 위한 대책에 해당하지 않는 것은?

① 청소년 자살을 예방하기 위해서는 과잉기대를 피하고, 많은 대화가 필요하다.
② 자살예방에 있어서 위기개입의 개념이 중요하다.
③ 시도자의 부정적인 측면들을 지적해 주되, 비난은 하지 말아야 한다.
④ 가정·학교·사회의 연계적 접근을 통한 대책이 마련되어야 한다.
⑤ 청소년 자살에 대한 사회적 관심의 증가와 이에 대한 종합적이고 지속적이며 체계적 연구가 이루어져야 한다.

**정답 ③**
**해설**
시도자의 긍정적인 측면들을 지적해 주며, 비난하지 말아야 한다.

**82** 청소년의 자살의 경고적 징후에 해당하는 것을 모두 고른 것은?

> ㄱ. 슬픔의 감정이 오래 지속된다.
> ㄴ. 자신의 가치에 대해서 부정적인 언급을 한다.
> ㄷ. 수면량이 줄거나 갑자기 늘어난다.
> ㄹ. 가족을 잃는다.
> ㅁ. 심각한 죄책감을 갖는다.

① ㄱ, ㄴ, ㄷ, ㄹ　　② ㄱ, ㄷ, ㄹ, ㅁ　　③ ㄱ, ㄴ, ㄷ, ㅁ
④ ㄴ, ㄷ, ㄹ, ㅁ　　⑤ ㄱ, ㄴ, ㄷ, ㄹ, ㅁ

**정답 ⑤**
**해설**
* **자살행동의 경고적 징후(Nazarlo, 1994)**
  - 타인에게 자살할 것이라고 위협을 한다.
  - 죽음에 대한 생각을 한다.
  - 슬픔의 감정이 오래 지속된다.
  - 친구를 만나지 않는다.
  - 학교성적이 갑자기 떨어진다.
  - 수면량이 줄거나 갑자기 늘어난다.
  - 아끼는 물건을 다른 사람에게 주거나 버려 버린다.
  - 심각한 죄책감을 가진다.
  - 타인에게 죽고 싶다는 이야기를 자주 한다.
  - 충동적으로 행동을 보인다.
  - 가족을 잃는다.
  - 이전에는 좋아했던 활동을 하지 않는다.
  - 식사량이 줄거나 갑자기 늘어난다.
  - 자신의 가치에 대해서 부정적인 언급을 한다.
  - 술, 담배 등의 약물 사용의 빈도가 늘어난다.

**83** 청소년 자살의 행동변화 징후에 해당하지 않는 것은?

① 죄의식과 수치감을 상실하는 것
② 약물을 남용하는 것
③ 학교 성적이 갑작스럽게 떨어지는 것
④ 충동적으로 행동하는 것
⑤ 자살을 시도하는 것

정답 ①
해설
죄의식과 수치감을 상실하는 것이 아니라 심각한 죄의식과 수치감을 갖는다.

**84** 과도한 사회규제로 인하여 사회가 자신의 뜻대로 돌아가지 못함을 깨닫고 삶의 희망을 상실하는 경우에 발생하는 자살은?

① 이기적 자살　　② 이타적 자살　　③ 숙명적 자살
④ 통제적 자살　　⑤ 아노미적 자살

정답 ③
해설
* 자살의 유형(뒤르켐)
 – 이타적 자살: 사회 통합의 정도가 과도하여 구성원 간의 유대감이 강할 때 발생. 집단의 이익과 목표의 달성을 위하여 자기가 희생되어도 무방하다고 생각하여 벌이는 자살
 – 이기적 자살: 개인이 사회적 유대를 거의 느끼지 못하거나 자기파괴적인 행동에 대한 사회적 제재를 적게 받는 경우에 발생
 – 아노미적 자살: 사회적 소속감이 깊은 상태에서 개인의 행동을 통제하는 규범이나 규칙이 약화되어 혼란스럽게 느끼거나 불안정할 때에 발생
 – 숙명론적 자살: 과도한 사회규제로 인하여 사회가 자신의 뜻대로 돌아가지 못함을 깨닫고 삶의 희망을 상실하는 경우에 발생

**85** 청소년 인터넷 문화에 관한 설명으로 옳지 않은 것은?

① 인터넷 중독은 장시간 인터넷이나 컴퓨터 사용으로 신체건강과 정신건강의 손상, 대인관계 장애행동, 일상생활에의 부적응을 보이는 현상이다.
② 인터넷 몰입은 현실과 유리된 사고를 하게 하여 청소년들의 정체감 형성을 위협할 수 있다.
③ 인터넷 중독과 정신적 장애, 사회적 일탈행동과의 유의미한 상관은 없다.
④ 인터넷 문화에 대한 대책으로 청소년들이 자기조절 능력을 갖도록 하는 것이며, 이를 통해 스스로의 행동과 감정을 통제하도록 지도하는 것이 요구된다.
⑤ 청소년이 피해자가 되고 있는 사이버 범죄에는 사이버 성폭력, 인터넷 매매춘 알선, 인터넷 도박 등이다.

정답 ③
해설
인터넷 중독은 정신적 장애, 사회적 일탈행동의 가능성을 높인다.

**86** 청소년들의 인터넷 중독 실태에 관한 설명으로 옳지 않은 것은?

① 장시간 인터넷이나 컴퓨터 사용으로 신체건강과 정신건강의 손상, 대인관계 장애행동, 일상생활에의 부적응을 보이는 현상이다.
② 인터넷 몰입과 중독은 자신의 역할과 진로에 대한 고민의 기회를 갖지 못하게 한다.
③ 현실과 유리된 사고를 하게 하므로 청소년들의 독특한 자아정체감 형성이 가능하다.
④ 여자보다는 남자, 중소도시보다는 대도시와 농촌지역, 중산층보다는 상류·하류층에서 높게 나타난다.
⑤ 정신적 장애, 사회적 일탈행동의 가능성을 높인다.

정답 ③
해설
인터넷 몰입과 중독은 자신의 역할과 진로에 대한 고민의 기회를 갖지 못하게 하고, 현실과 유리된 사고를 하게 하여 청소년들의 정체감 형성을 위협할 수 있다.

**87** 청소년의 사회적 문제행동 중 최근 문제가 되고 있는 청소년 사이버 일탈에 관한 설명으로 옳지 않은 것은?

① 사이버 범죄는 사이버 공간 내에서 타인의 명예손상, 재산상의 손실 등을 의도적으로 야기시키는 일체 행위이다.
② 컴퓨터나 인터넷을 통한 가상공간에서의 삶은 청소년들에게 정체감 형성을 크게 위협할 수 있는 요인으로 지적되고 있다.
③ 사이버 범죄는 사이버 공간상에서 지식과 정보에 대한 권리의 불법적인 침해, 불건전 정보의 유통, 사생활 침해, 사기와 폭력, 오프라인상으로 연결되는 절도와 폭력 등이다.
④ 청소년이 피해자가 되고 있는 사이버 범죄에는 사이버 성폭력, 인터넷 매매춘 알선, 인터넷 도박 등이 있다.
⑤ 사이버 일탈행동을 예방하고 극복하기 위해서는 적극적인 사회의 규제가 가장 강력하고 최선의 대책이 된다.

**정답** ⑤
**해설**
사이버 일탈을 예방하고 극복하기 위해서는 자율규제활동 강화, 넷티켓 교육 확산, 부모의 사이버 참여 증진, 정보기술 관계법과 청소년법의 보완 등이 필요하다.

**88** 인터넷 중독의 치료재활(DREAM) 과정에서 다음 설명에 해당하는 것은?

> 청소년 문화에 대한 이해와 변함없는 신뢰 형성에의 노력을 통해 그들의 인격적인 가치를 인정해 주고 지지해 준다.

① Danger(위험)
② Return(반향)
③ Evaluate(평가)
④ Appreciate(이해)
⑤ Miracle(기적)

**정답** ④
**해설**
\* DREAM
- Danger(위험): 가정환경과 학교생활을 분석하고 인터넷 사용을 점검함으로써 인터넷 중독의 원인 및 위험 요소와 함께 그로 인한 손실을 명확히 파악한다.
- Return(반향): 평소 인터넷 중독에 대한 기본적인 지식을 습득하여 인터넷 중독자로 하여금 인터넷 중독의 위험을 인식하도록 도움으로써 변화에의 동기 및 욕구를 불러일으킨다.
- Evaluate(평가): 상담센터를 이용하여 인터넷 중독 상태를 평가하는 등 인터넷 과몰입 상태를 객관적으로 분석하고 진단한다.
- Appreciate(이해): 청소년 문화에 대한 이해와 변함없는 신뢰 형성에의 노력을 통해 그들의 인격적인 가치를 인정해 주고 지지해 준다.
- Miracle(기적): 인터넷 중독의 근본적인 원인을 제거하는 동시에 미래 기적을 창조하기 위한 생활 개조에 착수함으로써 가정환경과 학교생활에서 균형이 이루어지도록 한다.

# 청소년수련활동론

# Chapter 1
# 청소년활동 이해

| 1 청소년활동의 개념

| 2 활동 관련 이론

## 1 청소년활동의 개념

### (1) 법적 개념

① "청소년활동"이란 청소년의 균형 있는 성장을 위하여 필요한 활동과 이러한 활동을 소재로 하는 수련활동·교류활동·문화활동 등 다양한 형태의 활동을 말한다(청소년 기본법 제3조 제3호).

② "청소년수련활동"이란 청소년이 청소년활동에 자발적으로 참여하여 청소년 시기에 필요한 기량과 품성을 함양하는 교육적 활동으로서 「청소년 기본법」 제3조 제7호에 따른 청소년지도자(이하 "청소년지도자"라 한다)와 함께 청소년수련거리에 참여하여 배움을 실천하는 체험활동을 말한다(청소년활동 진흥법 제2조 제3항).

> **\* 청소년활동 진흥법 제2조(정의)**
> 이 법에서 사용하는 용어의 뜻은 다음과 같다.
> 1. "청소년활동"이란 「청소년 기본법」 제3조 제3호에 따른 청소년활동을 말한다.
> 2. "청소년활동시설"이란 청소년수련활동, 청소년교류활동, 청소년문화활동 등 청소년활동에 제공되는 시설로서 제10조에 따른 시설을 말한다.
> 3. "청소년수련활동"이란 청소년이 청소년활동에 자발적으로 참여하여 청소년 시기에 필요한 기량과 품성을 함양하는 교육적 활동으로서 「청소년 기본법」 제3조 제7호에 따른 청소년지도자(이하 "청소년지도자"라 한다)와 함께 청소년수련거리에 참여하여 배움을 실천하는 체험활동을 말한다.
> 4. "청소년교류활동"이란 청소년이 지역 간, 남북 간, 국가 간의 다양한 교류를 통하여 공동체의식 등을 함양하는 체험활동을 말한다.
> 5. "청소년문화활동"이란 청소년이 예술활동, 스포츠활동, 동아리활동, 봉사활동 등을 통하여 문화적 감성과 더불어 살아가는 능력을 함양하는 체험활동을 말한다.
> 6. "청소년수련거리"란 청소년수련활동에 필요한 프로그램과 이와 관련되는 사업을 말한다.
> 7. "숙박형 청소년수련활동"이란 19세 미만의 청소년(19세가 되는 해의 1월 1일을 맞이한 사람은 제외한다. 이하 같다)을 대상으로 청소년이 자신의 주거지에서 떠나 제10조 제1호의 청소년수련시설 또는 그 외의 다른 장소에서 숙박·야영하거나 제10조 제1호의 청소년수련시설 또는 그 외의 다른 장소로 이동하면서 숙박·야영하는 청소년수련활동을 말한다.
> 8. "비숙박형 청소년수련활동"이란 19세 미만의 청소년을 대상으로 제10조 제1호의 청소년수련시설 또는 그 외의 다른 장소에서 실시하는 청소년수련활동으로서 실시하는 날에 끝나거나 숙박 없이 2회 이상 정기적으로 실시하는 청소년수련활동을 말한다.

### (2) 청소년수련활동의 일반적 특성

① 집단경험적 활동: 청소년수련활동은 개인적 활동이 아니라 두 사람 이상이 상호작용을 통하여 정서적 유대, 지위와 역할, 가치와 규범 등 다양한 인간관계의 형태를 경험하게 하는 집단활동이다.

② 청소년 중심의 활동: 청소년수련활동은 참여하는 모든 청소년들의 개인적 특성과 상황적 요소를 충분히 고려하여 참여자들에게 의미 있는 경험을 제공하고자 하는 것이다.

③ 자발적 활동: 청소년수련활동은 참가자가 스스로 참여하며 자신의 활동을 선택하게 한다.
④ 체험적 활동: 청소년수련활동은 참여자 자신이 실제로 보거나, 듣거나, 느끼거나, 만지거나, 활동하여 지금까지 경험해 보지 않은 일을 새롭게 실행하는 과정이다.
⑤ 탐구적 활동: 청소년수련활동은 탐구적 활동으로서 창의적인 생각을 하고, 여러 방안을 궁리하며, 자료와 정보를 수집하고 분석하며, 판단하는 종합적인 과정이다.
⑥ 모험적 활동: 청소년수련활동은 도전적 활동을 통해 용기를 기르고, 공동체 활동의 경험을 하게 하며, 단순하고 잘 알려진 활동에서 시작하여 믿음을 심어주는 활동으로 참여자를 이끌어 가는 것이다.
⑦ 지속적·반복적·장기적 활동: 청소년수련활동은 단순히 순간적 경험과 관련 내용의 이해에 그치는 것이 아니고, 이를 내면화하여 항시 자신의 사고와 활동에서 발현되는 품성을 함양하도록 돕기 위한 것이다.

### (3) 청소년수련활동의 영역
① 문화적 감성을 함양하기 위한 수련활동
② 과학 및 정보화 능력을 함양하기 위한 수련활동
③ 봉사와 협력정신을 배양하기 위한 수련활동
④ 모험심과 개척정신을 키울 수 있는 수련활동
⑤ 전문적 직업능력을 준비할 수 있는 수련활동
⑥ 국제감각을 고양하기 위한 수련활동
⑦ 환경의식을 함양하기 위한 수련활동
⑧ 기타 청소년 건전육성에 필요한 수련활동

### (4) 수련활동의 덕목별 분류
① 건강증진 및 관리: 체력단련, 응급처치 등
② 정서함양: 예술감상, 독서활동 등
③ 용기배양: 야영, 해양탐험활동 등
④ 예절수양: 생활예절 익히기, 전통예절문화활동 등
⑤ 협동심 증진: 사회봉사, 인간관계 개발 등
⑥ 긍지함양: 역사연극, 문화권 탐방 등

### (5) 청소년활동의 핵심구성요소
① 활동주체로서의 청소년
② 학습경험 촉진자로서의 지도자
③ 활동경험으로서의 프로그램
④ 활동환경으로서의 활동터전

---

*** 청소년활동 시설의 종류(청소년활동 진흥법 제10조)**

1. 청소년수련시설
   가. 청소년수련관: 다양한 청소년수련거리를 실시할 수 있는 각종 시설 및 설비를 갖춘 종합수련시설
   나. 청소년수련원: 숙박기능을 갖춘 생활관과 다양한 청소년수련거리를 실시할 수 있는 각종 시설과 설비를 갖춘 종합수련시설
   다. 청소년문화의 집: 간단한 청소년수련활동을 실시할 수 있는 시설 및 설비를 갖춘 정보·문화·예술 중심의 수련시설
   라. 청소년특화시설: 청소년의 직업체험, 문화예술, 과학정보, 환경 등 특정 목적의 청소년활동을 전문적으로 실시할 수 있는 시설과 설비를 갖춘 수련시설
   마. 청소년야영장: 야영에 적합한 시설 및 설비를 갖추고, 청소년수련거리 또는 야영편의를 제공하는 수련시설
   바. 유스호스텔: 청소년의 숙박 및 체류에 적합한 시설·설비와 부대·편익시설을 갖추고, 숙식편의 제공, 여행청소년의 활동 지원(청소년수련활동 지원은 제11조에 따라 허가된 시설·설비의 범위에 한정한다)을 기능으로 하는 시설
2. 청소년이용시설: 수련시설이 아닌 시설로서 그 설치 목적의 범위에서 청소년활동의 실시와 청소년의 건전한 이용 등에 제공할 수 있는 시설

---

### (6) 청소년활동의 교육적 의의
① 공동생활의 태도와 기술을 학습한다.
② 자발적 활동체험을 한다.
③ 사회적응력을 향상시킨다.
④ 원만한 인간관계를 배운다.
⑤ 행동내성이 향상된다.

## 2 활동 관련 이론

### [1] 경험학습이론

#### (1) 경험학습의 개념

① 교사가 교과서를 통해 가르치는 것을 간접적으로 받아들이는 학습이 아니고, 현실사회 또는 자연과 접촉하며 생활하는 가운데 얻은 경험을 바탕으로 하는 학습이다.
② 경험학습은 경험에서 시작하여 경험학습으로 끝맺는 학습이라고 할 수 있으므로 학습자에게 생생한 동기를 주며 학습을 생활화·사회화하도록 하여야 한다.
③ 경험학습은 전통적인 교육에서 간접경험에 대하여 직접경험하고 행동하고 활동함으로써 배우는 학습이다.

#### (2) 경험학습의 특징(Kolb, 1984)

① 학습은 결과가 아니라 과정이다.
② 학습은 경험에 기반을 둔 계속적인 과정이다.
③ 학습 과정에는 세계에 대해 변증법적으로 대립하는 방식 간의 갈등해결이 필요하다.
④ 학습은 세상에 적응하는 총체적 과정이다.
⑤ 학습에는 학습자와 환경 사이의 상호작용을 통한 변화와 성장이 포함된다.
⑥ 학습은 지식을 만드는 과정이다.

#### (3) 콜브(Kolb) 경험학습과정

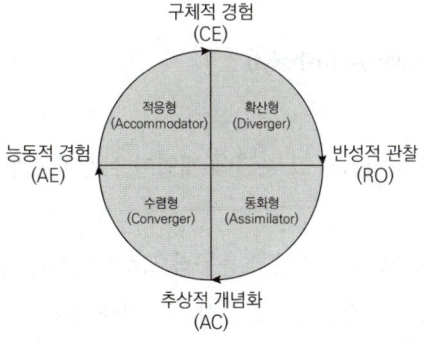

① 구체적 경험(Concrete Experience)
　㉠ 학습자가 새로운 경험이나 상황에 직접 참여하는 단계이다.

ⓒ 이는 실제 상황에서의 직접적인 참여나 관찰을 통해 이루어질 수 있으며, 기존의 경험을 새로운 관점에서 재해석하는 것을 포함할 수도 있다.
ⓒ 이 과정에서 학습자는 실제 상황에서의 감정·반응·상호작용을 경험하며, 이는 학습의 기초가 된다.
② 반성적 관찰(Reflective Observation)
㉠ 학습자가 경험한 사건을 반성하고 관찰하는 단계이다.
㉡ 이 과정에서 학습자는 자신이 경험한 것을 기존의 지식, 가치, 이전 경험과 비교하며 생각한다. 특히 경험과 기존 이해 사이의 불일치에 주목하며, 이를 통해 새로운 관점이나 통찰을 얻을 수 있다.
㉢ 이 단계는 학습자가 자신의 경험을 깊이 있게 이해하고, 그 의미를 탐색하는 데 중요하다.
③ 추상적 개념화(Abstract Conceptualization)
㉠ 관찰과 반성을 통해 얻은 정보를 분석하고, 이를 일반화하여 새로운 이론이나 개념을 개발하는 단계이다.
㉡ 반성을 통해 얻은 통찰을 바탕으로 새로운 아이디어나 개념을 형성하거나 기존의 추상적 개념을 수정한다.
㉢ 이 과정에서 학습자는 자신의 경험을 보다 넓은 맥락에서 이해하고, 이를 체계화하는 데 도움을 받는다.
④ 실험(Active Experimentation)
㉠ 새롭게 형성되거나 수정된 개념을 실제 상황에 적용해 보는 단계이다.
㉡ 학습자가 새로운 아이디어나 접근 방식을 실험하고, 이를 통해 얻은 결과를 관찰한다.
㉢ 이 단계는 학습자가 새로운 지식을 실제 세계에 적용하고, 그 효과를 평가하는 데 중요하다.

## [2] 몰입이론(칙센트미하이, Csikzentmihalyi)

### (1) 몰입(flow)의 개념
① 어떤 행위에 깊게 빠져 있어서 그 순간에 개인이 시간의 흐름과 자아를 잊게 되버리는 상태이다(칙센트미하이).
② 사람들이 현재 수행하고 있는 과업에 능동적으로 참여함과 동시에 과업을 수행하면서 느끼는 현재의 경험이 최적의 경험이라고 인식하는 상태이다.

### (2) 몰입의 9가지 구성요소
① 자기목적적: 행위 그 자체 말고는 어떤 외부적인 보상이나 목표도 필요로 하지 않는 내재적으로 보상받는 경험을 의미한다.

② 명확한 목표: 사전에 분명한 목표를 설정함으로써 정확히 무엇을 해야 할지 아는 것을 의미한다.
③ 도전과 능력의 조화: 상황에 대한 도전과 그 도전에 적절한 개인의 능력 사이의 균형에 대한 지각을 의미한다.
④ 구체적인 피드백: 수행 중의 활동에 대한 정확하고 신속한 피드백을 의미한다.
⑤ 과제에 대한 집중: 완벽하게 과제에 집중하여 불필요한 정보가 마음에 스며들지 못하도록 하는 상태를 의미한다.
⑥ 통제감: 몰입하는 동안 실질적으로 통제하려고 노력하지 않아도 수행자가 통제감각을 가지는 것을 의미한다.
⑦ 행위와 의식의 통합: 몰입 상태에서 자신들의 활동이 자발적으로 거의 자동적으로 진행되는 것을 의미한다.
⑧ 자의식의 상실: 몰입 상태에 있는 사람은 자신의 행동은 의식하지만 의식한다는 사실 자체를 의식하지는 않는다. 자의식의 상실이란 단지 자아에 대한 인식이 없어진다는 의미이다.
⑨ 시간감각의 왜곡: 시간의 인식이 평상시처럼 되지 않거나 시간에 대한 지각이 사라지는 것을 의미한다.

### (3) 칙센트미하이 몰입모델

① 3채널 모델: 불안, 지루함, 몰입
② 4채널 모델: 불안, 지루함, 무관심, 몰입
③ 8채널 모델: 불안, 걱정, 무관심, 지루함, 이완, 통제, 몰입, 각성

〈몰입 8채널 모델〉

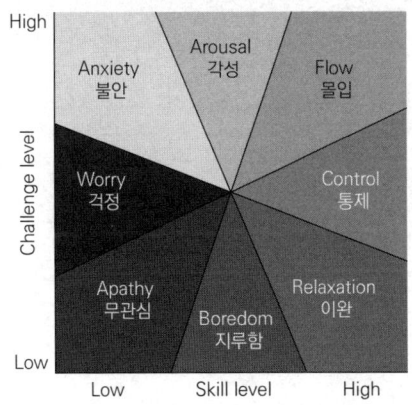

# Chapter 2
# 청소년활동 프로그램 이론

1 프로그램 개발

2 프로그램 실행

3 프로그램 평가

# 1 프로그램 개발

## [1] 청소년활동 프로그램 이해

### (1) 청소년활동 프로그램의 의미
① 청소년활동을 실현시키는 데 필요한 모든 활동들을 체계적으로 연결하여 종합적으로 자세히 제시한 것으로 목표, 계획, 설계, 수단과 방법, 창안된 행위, 정돈된 준비, 도식화 등을 포함하고 있는 광범위하고 포괄적인 개념이다.
② 청소년의 건전한 성장과 성공적인 성인으로서의 이행을 위한 수단으로 작용한다.

### (2) 청소년활동 프로그램의 성격
① 청소년활동에서 앞으로 전개될 행동을 예측하여 이를 바탕으로 미래의 행동노선을 사전에 수립하는 미래지향적인 성격을 가지고 있다.
② 제시되는 활동이 최종적으로 실현하거나 도달하려는 결과로서의 목표가 명확하게 명시되는 목표지향적인 성격을 가지고 있다.
③ 구체적인 목표를 효율적으로 달성하기 위한 최적의 전략을 선정하여 보다 합리적이고 구체적인 방안을 의식적으로 모색하고 제시하는 수단적인 성격을 가지고 있다.
④ 어떤 일을 실현하는 데 필요한 실제 행동을 전제로 하는 행위지향적인 성격을 가지고 있다.
⑤ 일정한 공간과 기간 내에서 수행되어야 하는 활동들이 변화하고 발전하는 시간적인 연속상태를 내용으로 하는 동태적인 성격을 가지고 있다.

### (3) 청소년활동 프로그램의 기능
① 청소년집단의 풍토를 수정하고 청소년집단 내에 바람직한 효과를 불러일으키기 위해 자체 활동을 변경시키는 데 도움을 준다.
② 청소년들에게 이익을 줄 수 있고 활동에 대한 만족에도 영향을 주며, 활동의 전 과정을 촉진시키기 위해서도 유용하게 활용된다.
③ 청소년에게 간접적 수단을 제공하고 바람직한 활동목표를 달성하기 위해 집단 지도자에 의해 의도적으로 사용된다.
④ 청소년들의 의사 및 사회의 가치와 규범을 변화·유지시키고 집단성원의 흥미와 요구 충족시킨다.
⑤ 청소년들 사이의 상호작용을 촉진시키며 정서적 긴장 및 갈등의 완화에 도움을 준다.

⑥ 청소년들에게 과제수행에 필요한 정보를 수집할 기회를 제공하며, 특별한 생활과제를 위한 기술을 개발하는 수단으로 활용된다.
　⑦ 바람직한 태도의 변화와 다양한 삶의 장면에서 발현될 수 있는 기량을 배양하고, 지식을 함양하며, 역량을 개발촉진한다.

**(4) 청소년활동 프로그램의 유형**
① 개발주체에 따른 분류
　㉠ 국가 및 사회적 수준의 프로그램: 국가가 청소년지도의 활성화를 위해 정책적으로 개발·보급하는 프로그램으로, 중앙집권적·획일적·보편적 성격을 지닌다.
　㉡ 기관 수준의 프로그램: 청소년 단체나 시설 등에서 독자적으로 개발하는 사업적인 성격을 지닌 프로그램으로, 기관의 목적 및 목표를 달성하기 위한 기본 수단으로 활용되고 성격이 뚜렷하며 활동내용이 명확하다.
　㉢ 청소년지도자 수준의 프로그램: 청소년지도활동에서 지도자가 기관의 독자적인 프로그램에 기초하여 한 단위의 활동을 전개하는 데 필요한 구체적인 활동계획을 수립하는 것을 의미한다.
② 프로그램 구조화 정도에 따른 분류
　㉠ 구조화 프로그램: 프로그램의 목적 및 목표가 명확하고, 이를 달성하기 위한 내용 및 경험이 적절하게 선정·조직되어 있으며 지도방법과 절차, 매체 등이 합리적으로 계획되어 있고, 평가 전략과 피드백 과정까지도 분명하게 제시되어 있는 체계적인 프로그램을 의미한다.
　㉡ 비구조화 프로그램: 단순한 행사 진행표나 일정표 등을 말한다. 청소년지도의 전문성과 지속성을 확보하고 신장시키는 데 적합하지는 않다고 할 수 있다.
③ 프로그램의 구성범위에 따른 분류
　㉠ 단위 프로그램: 하나의 내용을 한 번에 지도하기 위한 일회성 프로그램이다.
　㉡ 연속 프로그램: 하나의 주제를 여러 개의 내용으로 나누어서 일정한 순서에 따라 지속하는 프로그램이다.
　㉢ 통합 프로그램: 하나의 주제에서 세분화된 여러 활동이나 비슷한 성격의 활동들을 모아 하나의 체계 속에 연결하여 하나의 활동으로 통합하여 구성한 프로그램이다.
　㉣ 종합 프로그램: 부분별 프로그램의 각각의 고유한 성격과 목표를 유지하면서 하나의 주제에 맞추어 여러 영역의 활동이 일관성 있게 진행하는 프로그램이다.
　㉤ 개별 프로그램: 부분별 프로그램이 각각 고유의 목표와 성격을 유지하는 프로그램이다.

④ 프로그램의 형태에 따른 분류
  ⊙ 일일정기형 프로그램: 일정한 장소에서 한 가지 주제를 장기간 수행하는 형태이다.
  ⓒ 숙박형 프로그램: 집을 벗어나 일정한 시기 동안 숙박을 하면서 이루어지는 형태이다.
  ⓒ 이동형 프로그램: 한 장소에 머물러 있지 않고 계속 이동하면서 프로그램을 운영하는 형태이다.
⑤ 활동내용에 따른 분류
  ⊙ 수련활동
  ⓒ 문화 활동
  ⓒ 교류활동
  ② 동아리활동
  ⓜ 참여활동

## [2] 청소년활동 프로그램의 개발

### (1) 청소년활동 프로그램 개발의 의미

① 구조적 측면: 프로그램 개발의 범위

어디까지를 프로그램 개발로 규정할 것인가와 관계된다. 일반적으로 프로그램 개발은 프로그램의 계획·설계·시행·평가하는 수단과 방법까지를 포괄하는 광의의 개념으로 규정되는 것이 일반적이다.

② 절차적 측면: 프로그램 개발단계와 기법

프로그래머가 평생교육 프로그램을 효과적으로 개발하기 위해 프로그램을 기획·시행·평가를 수행하는 모든 활동의 순서나 차례로 규정되는 일련의 과정이다.

③ 행위적 측면: 프로그램 개발자의 역할과 행위

프로그램개발자의 역할과 행위에 초점을 맞추어 규정된다. 프로그램을 창출해내는 협동적·실천적 연구행위가 프로그램개발이다.

④ 현상적 측면: 프로그램 개발의 총체적인 현상

청소년과 청소년지도자 간의 상호작용 내용을 창출·선정·조직하는 일련의 행위이다.

### (2) 프로그램 개발의 성격

① 프로그램 개발은 청소년기관의 적응 및 혁신기제로서 청소년기관의 변화창출 전략이다.
② 프로그램 개발은 청소년 개개인의 행동변화뿐만 아니라 청소년집단의 변화를 지향하고, 청소년을 둘러싼 지역사회 및 환경을 변화시키는 목적이 있다.
③ 프로그램 개발은 계속적인 집단적 의사결정과정이다.

④ 프로그램 개발은 청소년의 요구와 필요를 확인하고 분석하기 위해 청소년단체 및 청소년기관과 청소년대표가 참여하는 공동의 노력이다.
⑤ 프로그램 개발은 여러 계층의 사람들이 복잡한 절차와 단계에 공동으로 참여하는 집단 활동으로 하나의 체제로 간주될 수 있다.
⑥ 프로그램 개발은 청소년단체 및 청소년기관이 성장하고 발전하는 데 필요한 정보와 전략을 획득하는 피드백 수단이다.

### (3) 프로그램 개발의 특성
① 청소년지도에서 프로그램 개발의 기본 단위와 주체가 청소년단체와 청소년기관 등 조직체를 기본단위로 한다.
② 청소년단체 및 청소년기관이 학교교육 기관에 비해 대체적으로 소규모적이고 여건이 열악하지만 프로그램 개발은 학교교육과는 다르게 청소년기관 및 단체를 중심으로 보다 역동적으로 이루어진다.
③ 프로그램 개발에서 청소년지도사의 역할이 학교교육 현장에 종사하는 교사보다 월등히 크다는 특징이 있다.
④ 청소년기관 및 단체의 성격, 프로그램 유형, 프로그램의 단위, 참여자의 형태, 프로그램 개발자의 성향에 따라 다른 양상을 보인다.

### (4) 프로그램 개발의 기본원리
① 청소년 프로그램 개발의 출발점은 청소년에게 필요한 프로그램의 내용이 무엇인가에 대한 질문에서부터 시작되어야 한다.
② 개발하고자 하는 프로그램의 필요성에 대한 분명한 해답을 가지고 있어야 한다.
③ 청소년의 요구와 필요분석을 통해 프로그램의 내용을 선정하는 과정에 임해야 한다.
④ 프로그램 개발은 협동적 노력이며 집단적 의사결정과정이다.
⑤ 프로그램 개발은 기술적 측면, 내용적 측면, 설계 측면, 의사결정 측면, 정치적 측면이 고려된 통합적인 조화가 이루어져야 한다.
⑥ 프로그램 개발 과정에 참여하게 될 청소년지도자에게 과정전문가, 학습설계전문가, 내용전문가, 의사결정전문가, 협상가의 역할이 필요하다.
⑦ 프로그램 개발은 단순한 선형적 접근보다는 순환적이고 체계적인 접근이 바람직하다.
⑧ 프로그램 개발은 창조성·현실성·논리성이 필요하다.

### (5) 프로그램 개발의 접근원리
① 선형적 접근
- ㉠ 프로그램 개발을 위한 접근방법 중 가장 일반적으로 사용되는 것으로, 청소년지도 현장에서 주로 사용되었던 전통적인 기법이다.
- ㉡ 한 단계가 마무리된 후에 다음 단계에서 수행될 절차가 연속적으로 진행된다.
- ㉢ 각 단계마다 과업이 명확하고 단순하여 안정감이 있으며 초보자도 쉽게 이용 가능하다.
- ㉣ 환경 변화에 능동적으로 대처하는 유연성과 융통성이 부족하다.

② 비선형적 접근
- ㉠ 같은 시간에 몇 개의 절차가 동시에 이루어져 시간상의 제약을 받지 않으며, 각 단계가 계속적으로 순환되는 특징을 가지고 있다.
- ㉡ 시간과 자원 할당에 보다 많은 융통성을 부여받게 되고, 각 단계마다 적절한 평가가 되풀이되고 피드백된다.
- ㉢ 선형접근법에 비해 훨씬 어렵고 더 많은 자원을 필요로 하며, 기획에 상당한 능력과 전문성이 요구된다.

③ 비통합적 접근
- ㉠ 프로그램의 참여가 예상되는 잠재적 고객인 청소년의 참여를 고려하지 않고 청소년 단체나 기관, 청소년지도자가 독자적으로 프로그램을 전개하는 방식이다.
- ㉡ 프로그램 개발자가 프로그램 개발 과정에서 기존에 이미 존재하는 다른 프로그램을 차용하여 모방하는 방식을 선호하는 경향이 있다.

④ 통합적 접근
- ㉠ 프로그램 개발에 영향을 미치는 요인들을 종합적으로 고려하는 방식으로, 체제분석적 접근이라고도 한다.
- ㉡ 전개방식이 총체적이고 분석적이기 때문에 프로그램 개발의 전 과정이 복잡하고 프로그램 개발자의 전문적인 능력이 필요하지만, 여타 접근방법에 비해 오차를 최소화시킬 수 있다.

### (6) 청소년활동 프로그램 개발 패러다임
① 실증주의 패러다임(경험-분석적 패러다임)
- ㉠ 프로그램은 청소년의 외부 세계에 존재하는 새로운 지식과 정보, 기술 등을 청소년에게 전달하거나 가르칠 수 있도록 하는 도구적이고 공학적인 성격으로 규정한다.
- ㉡ 사전에 설정된 목표와 직접적으로 관련된 내용과 활동만을 강조하고, 외현적인 행동변화에 초점을 맞추는 행동주의 학습 원리를 따른다.

ⓒ 청소년지도자는 청소년을 일정한 의도하에 가르치는 통제자로서 주어진 내용을 효과적으로 전달하는 사람으로 간주한다.
② 구성주의 패러다임(실제적-해석적 패러다임)
ⓐ 인간을 의미를 창조해 가는 주체적인 존재, 실존적 존재로 간주하고 청소년지도의 과정을 청소년지도자와 청소년이 함께 '의미를 창출하는 상호작용의 과정'으로 규정한다.
ⓑ 청소년은 프로그램 속에서 체험하는 다양한 교육적 경험을 통해 지속적인 반성적 숙고 과정을 거치게 된다.
ⓒ 프로그램 개발은 특정 분야의 내용 전문가에게 전적으로 위임하지 않고, 청소년지도자와 청소년 중심의 프로그램 개발을 강조한다.
③ 비판주의 패러다임(비판적-해방적 패러다임)
ⓐ 청소년지도의 과정이 청소년과 청소년지도자와의 대화와 타협을 통해 이루어진다고 가정한다.
ⓑ 프로그램의 내용은 청소년의 반성과 행위의 상호작용으로 설명되는 비판적 실천행위이다.
ⓒ 프로그램은 가상적 세계가 아닌 실제 세계에서 청소년지도자와 청소년 간의 반성과 행위의 상호작용을 통해 의미를 창출하는 과정이다.

### (7) 청소년 프로그램 개발의 접근방법
① 전통적 합리주의적 접근방법
ⓐ 기술공학적인 합리성에 기초를 두고 청소년지도의 효능성과 효율성을 증진하기 위해 프로그램 개발의 실천적 절차에 초점을 두는 이론으로 가장 오래되고 지배적인 프로그램의 접근방법 중에 하나이다.
ⓑ 수단-목적 접근방법으로서 논리적이고 처방적 접근방법으로 프로그램을 명료하게 설명하는 데 필요한 모형, 계획, 전략을 포함하고 있다.
ⓒ 청소년지도 목표가 학습경험 및 프로그램 내용을 결정한다.
② 자연주의적 접근방법
ⓐ 모든 참여자의 신중한 숙의적·실제적 추론의 역동적 과정에 의한 경험의 공유를 통해 합의된 결정에 도달하는 순환적-합의 모델이다.
ⓑ 청소년지도 목표를 프로그램 개발을 위한 유일한 원리로서 받아들이지 않고 더 나은 프로그램을 만들도록 해 주는 방법들 중의 하나로 간주한다.
ⓒ 지도목표를 설정하는 일보다 실제 학습을 안내할 지도 내용에 더 관심을 보이며, 교육목표에 의한 학습자의 행동 결과보다는 교육 내용을 통해 나타난 학습자의 행동 자체에 관심을 갖는다.

③ 체계적 접근방법
  ⊙ 청소년기관을 하나의 사회체제로 간주하고 학습자, 청소년기관 및 조직체, 환경 등과 상호작용을 통해 프로그램을 개발한다.
  ⓒ 청소년지도가 청소년과 사회의 요구에 부응할 수 있게 하며, 참여자의 역할을 강조하고 결과 획득의 절차를 고려하여 프로그램을 개발한다.
  ⓒ 프로그램 개발 과정을 단순히 지도 목표설정이나 프로그램 내용 선정 및 조직 차원에서 보지 않고 그 기관의 모든 자원을 고려한 총체적인 차원에서 이루어져야 함을 강조한다.
④ 비판적 실천 접근방법
  ⊙ 전통적 합리이론이 프로그램 개발을 가치중립적 행위로 보고 프로그램 개발 구성의 절차적 요소를 강조하고 있음을 비판한다.
  ⓒ 교육 프로그램을 통한 변화의 대상을 사회적·문화적 실체까지 확장하고, 사회·문화적 모순을 변화시키기 위해 학습주체자들이 능동적으로 참여하여 산출된 사회적 구성물이 프로그램 내용이다.
  ⓒ 사전에 프로그램 개발이 전개되는 것이 아니라 학습자의 비판적 실천행위 그 자체를 프로그램 개발로 규정한다.
⑤ 경영관리 접근방법
  ⊙ 청소년 프로그램 개발의 경영관리적 성격은 청소년기관이 점차 조직화·전문화·제도화되어 감에 따라 부각되고 있다.
  ⓒ 프로그램 개발자는 행정에 대한 보조적인 역할에서 벗어나 보다 독자적인 역할을 수행해야만 한다.
  ⓒ 프로그램 개발은 경영관리적 차원에서 인적·물적자원을 효율적으로 중재하기 위한 하나의 전략으로 간주된다.

### (8) 청소년활동 프로그램 개발 과정
① 프로그램 기획
  ⊙ 프로그램 개발 전문가가 미래의 교육활동을 위해 준비하는 미래지향적인 활동으로, 프로그램과 관련된 상황을 분석하고 프로그램 개발이 기본방향을 설정하는 단계
  ⓒ 프로그램 개발팀(PDT) 구성, 청소년기관 분석, 잠재적 참여자(청소년) 분석, 프로그램 개발 타당성 분석, 프로그램 개발 기본방향 설정, 프로그램 아이디어 창출, 청소년의 요구 및 필요 분석, 우선순위 설정 등
② 프로그램 설계
  ⊙ 전 단계에서 확인된 청소년의 요구 및 필요와 프로그램 개발의 기본방향에 맞게 프로그램의 목적과 목표를 설정하고, 이것과 관련된 프로그램 내용을 선정·조직하고, 지도방

법을 체계화시키고, 교육매체를 개발하는 단계
ⓒ 프로그램 목적 및 목표 설정, 프로그램 내용 선정, 프로그램 내용 계열화, 활동체계 설계, 활동내용 설계, 활동운영 설계, 활동매체 설계 등
③ 프로그램 마케팅
㉠ 프로그램에 잠재적 고객의 참여를 유도하고 촉진시키기 위해 조치를 취하는 단계
ⓒ 잠재적 고객 분할, 프로그램 마케팅 방법 및 기법 결정, 프로그램 마케팅 자료 및 매체 제작, 프로그램 마케팅 실행 등

> **\* 마케팅 4P모델**
> 프로그램 비용(Price), 프로그램 장소(Place), 프로그램 내용(Product), 프로그램 홍보(Promotiom)

④ 프로그램 실행
㉠ 완성된 프로그램을 실제 적용하고 전개하는 단계
ⓒ 청소년 관리(등록, 학습, 참여), 지도자 관리(섭외, 교수, 촉진), 활동자료 관리(교재, 매뉴얼, 매체), 자원확보 및 관리(물적 자원과 시설관리) 등
⑤ 프로그램 평가
㉠ 일정기간 동안 실시된 청소년 프로그램을 대상으로 하여 그것이 의도한 대로 수행되었는지 판단하는 단계
ⓒ 프로그램 평가 목적 설정, 프로그램 평가 영역 및 준거 설정, 프로그램 평가 지표 및 도구개발, 프로그램 평가 자료수집 및 분석, 프로그램 보고 및 개정 등

## [3] 청소년활동 프로그램 기획

### (1) 청소년 프로그램 기획의 필요성
① 불확실성의 감소: 계획의 부재는 프로그램에 확신을 주지 못한다.
② 합리성 증진: 선택의 범위를 확대하고 여러 가지의 대안들의 잠재적 결과를 제시한다.
③ 책임성 향상: 의사결정 과정을 공개하여 구성원들이 통제력을 행사할 수 있게 한다.
④ 잠재적 가능성 향상: 의사결정 과정에서의 참여를 증진시키거나 확대될 수 있도록 한다.
⑤ 효율성과 효과성 증대: 가장 효율적인 목표 달성을 위한 대안을 선택하게 한다.

### (2) 청소년 프로그램 기획의 특징
① 미래지향적
② 연속적 과정
③ 의사결정의 과정

④ 목표지향적
⑤ 수단과 목적의 연계
⑥ 행동지향적 활동
⑦ 준비과정

### (3) 효과적인 청소년 프로그램 기획을 위한 고려요인
① 프로그램 개발 과정에서 청소년들이 파트너로서 충분한 참여가 보장되어야 한다.
② 프로그램에서 특정한 기능, 능력 및 자산을 강조한다는 명확한 목표를 가지고 시작되어야 한다.
③ 프로그램에 청소년들의 복합적인 학습양식을 나타내는 다양한 활동과 경험을 포함해야 한다.
④ 프로그램을 통해서 청소년들에게 성인들과 또래집단들 간에 긍정적이고 지속적인 관계를 형성할 수 있는 기회를 제공해야 한다.

### (4) 청소년활동 프로그램 기획자의 역할
① 합리성과 책임성을 고양시키는 역할
② 특별한 대상을 위한 대변자로서의 역할
③ 주요한 자원을 요구와 연결하고 제한된 자원에 대한 갈등을 중재하는 중개인으로서의 역할

### (5) 청소년활동 프로그램 기획자가 갖추어야 할 능력
① 단순한 서비스보다는 사회적 조건과 결부시켜 프로그램을 기획할 수 있어야 한다.
② 공통의 목적과 측정 가능한 목표를 설정할 수 있어야 한다.
③ 프로그램에 대한 다양한 욕구를 파악할 수 있는 능력을 개발해야 한다.
④ 우선순위 설정 과정에서 분석적 도구를 사용하고, 그러한 과정에 적정하게 참여할 수 있는 능력이 있어야 한다.
⑤ 프로그램의 상대적인 효율성을 분석할 수 있어야 한다.
⑥ 다양한 대안을 확인하고 합리적인 기준에 의해서 프로그램을 선정할 수 있는 능력이 필요하다.
⑦ 프로그램의 성과를 측정하는 능력을 개발하는 것이 중요하다.

### (6) 프로그램 기획의 3모델

| 모델<br>단계 | 점증주의<br>(Incrementalism) | 제한적 합리주의<br>(Limited Rationality) | 완전 합리주의<br>(Comprehensive Rationality) |
|---|---|---|---|
| 문제확인 | 사실의 발견에 의한 문제의 확인 | 제한요인의 확인을 통하여 범위를 좁힌 후 문제와 요구의 체계적 확인 | 제한요인에 대한 고려 없이 문제와 요구의 체계적 확인 |
| 목표설정 | 문제가 되는 사실에 대한 입증이 없는 한 기존 목적과 목표가 적절할 것이라고 가정함 | • 목적과 목표가 개념적으로 활동과 결과의 연계를 통해서 위계적으로 설정됨<br>• 최소한 1개 수준의 목표에 대한 경험적 측정을 필요로 함 | 모든 목표에 경험적인 측정을 필요로 한다는 점만 제외하고는 제한적 합리주의와 동일함 |
| 프로그램 과정 | 편의에 의해서 기존 프로그램이 점증적으로 조정됨 | • 제한요인이 먼저 확인되고 프로그램 개발의 기초가 수립됨<br>• 수용할 수 없는 대안은 제거되고 나머지 대안의 효율성·효과성 및 기타 기준에 의해서 체계적으로 분석됨 | • 모든 대안들이 체계적으로 확인되고 제한요인 없이 비교됨<br>• 효율성·효과성 등의 기준이 프로그램 선택에 사용됨 |
| 평가 | 새로 입증된 사실이 없는 한 기존 프로그램이 효과적일 것으로 가정됨 | 선정된 프로그램의 효율성과 효과성이 경험적으로 측정됨 | 모든 프로그램의 효율성과 효과성이 경험적으로 측정됨 |

### (7) 프로그램 기획의 단계

| 단계 | 목적 |
|---|---|
| 1. 한계의 설정 | • 실천의 범위를 결정하기 |
| 2. 문제의 분석 | • 변화되어야 할, 그리고 프로그램 전략의 지침이 될 사회적 상황을 분석하기 |
| 3. 욕구분석 | • 어떤 문제가 사람들에게 어느 정도 퍼져있는지 측정하기<br>• 실천되어야 할 대상 설정 |
| 4. 목적과 목표 규정 | • 문제해결을 위한 프로그램을 안내<br>• 프로그램 결과 평가를 위한 실천대상을 설정하기 |
| 5. 우선순위 결정 | • 프로그램 의사결정에 가치를 체계적으로 소개하기<br>• 자원의 할당을 안내하기 |
| 6. 대안분석 | • 프로그램의 효율성과 효과성을 최대화<br>• 프로그램활동을 안내하기 |
| 7. 대안선택 | • 프로그램의 최적해결책을 분석하기<br>• 자원 할당을 안내하기 |
| 8. 필요자원의 결정과 산출 목표의 규정 | • 프로그램 노력의 수준을 분석하기<br>• 자원 할당하기 |

| 9. 적용 | • 프로그램 목표의 실현을 확실하게 하기 |
|---|---|
| 10. 평가 | • 목표가 얼마나 잘 달성되었는가를 결정하기<br>• 프로그램의 성공/실패의 이유를 결정하기 |

### (8) 프로그램 내용 편성원리

① 타당성의 원리: 프로그램 내용의 선정 시 목표를 충실하게 반영해야 한다.

② 통합성의 원리: 학습경험을 횡적으로 상호 조화롭게 연결 지어 조직한다.

③ 계속성의 원리: 중요한 경험요소가 어느 정도 계속해서 반복되도록 조직한다.

④ 계열성의 원리: 점차 경험의 수준을 높여서 더욱 깊이 있고 폭넓은 학습경험을 할 수 있도록 조직한다.

⑤ 범위의 원리: 어떤 내용을 어느 정도의 깊이와 넓이로 다루어야 하는지 결정한다.

⑥ 균형성의 원리: 여러 경험들 사이에 균형을 유지한다.

## [4] 요구분석

### (1) 요구의 유형

① 기본 요구: 인생의 전 생애에 걸쳐 발생되는 교육적 동기, 학습동기와 관련된 개념

② 느낀 요구: 학습자가 인식하고 있으나 행동으로 나타나지 않은 요구

③ 표현된 요구: 학습자에 의해 표출되거나 행동화된 요구

④ 규범적 요구: 전문가의 기준에 의해 결정된 요구, 객관적 차원에서 진단된 요구

⑤ 비교 요구: 다른 집단과의 비교에 의해 생성된 요구

### (2) 요구분석의 목적

① 프로그램 계획을 세우는 데 필요한 정보를 획득한다.

② 시스템이 가지고 있는 취약점을 발견하여 개선한다.

③ 프로그램을 평가한다.

### (3) 요구분석 방법

① 서베이법(조사연구): 연구자가 관심 대상들에게 설문지나 면접절차를 사용해 정보를 수집하는 보편적이고 체계적인 조사 방법이다.

② 관찰법: 관찰자가 개인, 집단, 지역사회의 사회현상을 현장에서 직접 보거나 들어서 필요한 정보나 상황을 정확히 알아내고자 하는 방법이다.

③ 개별적 소개법(개별이력법): 요구를 개인적으로 결정하고 기록하는 방법이다.

④ 결정적 사건 기법: 해당 분야의 경험이 많거나 높은 지위에 있는 사람으로부터 구체적인 행동기록을 얻어내는 방법이다.

⑤ 능력분석법: 전문분야의 직무수행에 필요한 전문적 능력을 해당 전문가로부터 정보를 제공받는 방법이다.

⑥ 델파이법: 전문가의 경험적 지식을 통한 문제해결 및 미래예측을 위한 방법이다.

⑦ 데이컴법: 교과과정을 개발하는 데 활용되며, 교육 훈련을 목적으로 교육목표와 교육내용을 비교적 단시간 내 추출하는 데 효과적인 방법이다.

⑧ 비형식적 분석방법
  ㉠ 비형식적 대화: 일상적인 활동에서 교육대상자, 동료들과의 접촉과정, 모임 후의 반응, 투서함, 모임에서 제기된 문제
  ㉡ 비활동적 측정: 물리적 흔적, 기록물, 관찰

### (4) 요구분석의 9단계

① 요구분석의 상황분석: 요구분석이 필요한 상황을 이해, 요구분석에서 필요한 정보를 분석하는 단계이다.

② 요구분석의 목적 결정: 요구분석을 통해 찾아내고자 하는 정보가 무엇인가를 결정하는 단계이다.

③ 정보의 출처 확인: 가장 정확한 정보를 얻을 수 있는 대상을 선정하는 단계이다.

④ 요구분석 도구 선정: 목적을 달성하기 위해 요구분석에 사용할 여러 가지 분석도구를 선택하는 단계이다.

⑤ 요구분석 계획: 요구분석 실행계획을 수립하는 단계이다.
  ㉠ 요구분석 계획서를 작성함으로써 구체화한다.
  ㉡ 요구분석의 목적, 도구, 절차, 팀 소개, 역할분담, 실행일정 등

⑥ 요구분석 실행

⑦ 자료분석: 자료를 체계적으로 분석하는 단계이다.
  ㉠ 기관이나 학습자들과 관련한 다양한 정보, 현재 상태, 미래 계획 등을 중심으로 분석

⑧ 우선순위 정하기: 분석된 요구를 목록으로 작성하는 단계이다.
  ㉠ 우선순위 차트 활용
  ㉡ 선정된 요구의 프로그램 목표 기술

⑨ 결과 보고: 공식적인 보고서, 프레젠테이션, 대화, 공식적·비공식적 커뮤니케이션하는 단계이다.

## 2 프로그램 실행

**(1) 청소년활동 프로그램 실행의 의의**
① 청소년활동 프로그램 실행은 청소년들의 참여활동을 지도하고, 도와주고, 촉진하고 그리고 활동동기를 유발시킴으로써 궁극적으로는 청소년의 성장과 발달을 촉진시킨다.
② 기본적인 지식의 획득과 관련된 활동만을 그 대상으로 하는 것이 아니라 그 활동이 어떠한 것이든 생활기능상의 제 영역과 관련된 행동양식을 습득하는 데 적극적으로 기여한다.

**(2) 청소년활동 프로그램 실행과 관련된 요인**
① 개인적 요인: 성별, 연령, 직업, 학력, 신념, 요구, 생활양식, 생활주기 등
② 환경요인: 청소년이나 지도자가 속한 집단의 특성, 조직풍토 및 전체 사회 문화적 요인

**(3) 청소년활동 프로그램 실행단계**
① 도입단계
  ㉠ 동기 유발의 단계, 개시의 단계, 또는 오리엔테이션의 단계 등을 포함한다.
  ㉡ 청소년의 자발적 활동에 의하여 다음의 중심적인 프로그램 활동이 이행될 수 있도록 활동의욕을 환기시키고 충분한 계획과 준비를 시키는 단계이다.
  ㉢ 청소년들이 프로그램 목표를 인식하는 것으로부터 출발하여 프로그램이 끝날 때까지의 일체의 행동을 적극적으로 하려는 의욕을 불러일으켜 프로그램 지도를 효과적으로 이끌어 나가기 위한 단계이다.
② 전개 및 심화단계
  ㉠ 지도과제의 해결 및 그 수행단계에 해당하는 것이므로 지도활동의 과정에서 가장 많은 활동이 이루어지는 시기이다.
  ㉡ 지도과제의 성질이나 과제에 따라 강의, 관찰, 토의, 실험, 조사, 견학 등 많은 활동이 개별적 또는 복합적으로 전개되어 나가는 단계이다.
  ㉢ 프로그램의 성과를 거두기 위해 지도자는 지도방법의 기준이 될 수 있는 원리에 근거하여 참가자의 프로그램활동을 조성·지도해야 한다.
③ 종결단계
  ㉠ 전 단계에서 지도하고 실시한 프로그램의 내용을 총괄하고, 조직하고, 결론짓는 총결산의 단계이다.
  ㉡ 지금까지의 활동을 정리·발표하고, 비판·반성이 필요한 단계이다.

ⓒ 프로그램 참가에 대한 확신감을 갖도록 하고, 그 결과를 강화할 수 있는 제반 활동을 해야 한다.
ⓔ 참여결과를 일상생활에 적용할 수 있도록 하고, 활동 성과를 다른 참여자와 교환하고 통합하는 기회를 갖도록 한다.
④ 정리단계
ⓐ 실시한 프로그램 활동의 과정 및 결과에 대하여 기록·정리하고, 평가·보고하는 단계이다.
ⓑ 프로그램 실행과정에 대한 충분한 검토를 하고 이를 반성할 수 있는 구체적 전략이 필요하다.

# 3  프로그램 평가

### (1) 청소년활동 프로그램 평가의 개념
① 프로그램의 가치나 장점을 판단하거나 결정하는 것이다.
② 프로그램의 효과 및 영향을 파악하고 판단하는 것이다.
③ 프로그램 실시로 인한 효과나 영향을 사정 및 판단하는 것이다.
④ 프로그램의 목적 달성 정도를 확인하는 것이다.
⑤ 프로그램에 대한 의사결정을 보조하는 것이다.

### (2) 청소년활동 프로그램 평가의 의의
① 평가는 프로그램이 계획대로 추진되거나 이행되고 있는 효율성과 전달 목적의 타당성을 분석하는 과정이므로, 특히 청소년활동과 같은 비형식적이고 무계획적인 교육방식이 적용되는 프로그램에서는 그 당위성이 매우 중요하다.
② 평가의 주목적은 학습자인 청소년들에게 어떠한 학습경험을 전달할 것이며, 그러한 경험을 전달하고자 의도한 목적이 충분히 반영되고 있는가를 고려하는 것이다.

### (3) 청소년활동 프로그램 평가의 목적
① 교육평가와 프로그램 진단
  ㉠ 청소년활동에 등록한 각각의 청소년들로부터 학습에 대한 결과의 샘플을 얻게 되고 평가, 결과는 학습에 대한 진단으로 활용된다.
  ㉡ 청소년들을 평가나 테스트에 익숙하도록 함으로써 새로운 환경에 대한 걱정을 감소시키고 청소년들에게 긍정적인 자세를 가르치게 된다.
  ㉢ 청소년들이 수행하는 활동을 체계적으로 진단할 수 있다.
  ㉣ 평가의 결과와 학습의 진단을 활용하여 청소년들을 교정하는 데 활용한다.
  ㉤ 교정과 레크리에이션 관계자와의 협동으로 새로운 지표를 개발하고 훈련하는 목적으로 활용된다.
② 교정
  ㉠ 계획된 활동을 통해서 청소년 개개인의 학습을 진단할 수 있다.
  ㉡ 평가자들의 체계적인 조사로 얻은 결과를 학습진단에 통합시킬 수 있다.
  ㉢ 학습진단의 영향력을 체계적으로 살펴보고 평가할 수 있다.
  ㉣ 청소년들을 위한 효과적인 관리를 계획할 수 있다.

ⓑ 학습진단의 개발에 있어서 관계자들과 협동이 가능하다.

**(4) 프로그램 평가의 기준**
① 유용성
  ㉠ 평가자는 정보적이고, 시기적절하고, 영향을 줄 수 있어야 한다.
  ㉡ 평가자가 평가와 관련한 이해당사자들이 누구인지를 알고, 이해 당사자들의 정보욕구를 인식하며, 이 요구에 반응하는 평가를 기획하고, 관련된 정보를 분명하게 보고하는 것이다.
  ㉢ 평가와 관련된 이해 관계자의 실제적인 정보욕구를 만족시켜줄 수 있는가와 관련 있다.
② 실행 가능성: 평가가 현실적이고, 신중하고, 외교적이며, 경제적일 것을 보장하는 것이다.
③ 정당성: 평가결과에 의해 영향받게 될 사람뿐만 아니라 평가에 포함된 사람들의 복지에 관한 합법적·윤리적 책임 수행을 의미한다.
④ 정확성
  ㉠ 가치나 장점을 결정하려는 연구대상의 특성에 대해 기술적으로 충분한 정보를 찾아내고, 전달할 수 있도록 수행되어야 함을 의미한다.
  ㉡ 평가를 통해 얻어지는 정보가 통계적으로 정확해야 하며, 또한 타당하고 신뢰로운 방법에 의해 수집되어야 한다.

**(5) 청소년활동 프로그램 평가 단계**
① 평가 목표 설정
② 평가 영역 및 준거 설정
③ 평가 지표 및 도구 개발
④ 평가 자료수집 및 분석
⑤ 평가 보고 및 개정

**(6) 프로그램 평가 모형**
① 목표중심 평가
  ㉠ 행동주의 철학에 기초하고 있는 것으로, 프로그램 평가 중에서 가장 오래되고 가장 널리 사용되는 평가모형이다.
  ㉡ 평가의 기능은 프로그램의 목표나 목적을 어느 정도 성취했느냐를 판단하는 것이다.
  ㉢ 프로그램을 실시하기 이전에 미리 세워 두었던 프로그램 목표에 청소년들이 얼마나 도달하였는가를 판단하는 접근이다.
② 의사결정중심 평가
  ㉠ 평가는 의사결정자에게 필요한 정보를 제공하여 의사결정을 돕는 과정이다.

ⓒ 프로그램 운영자의 입장에서 평가하는 것으로 그 프로그램 진행 여부에 대해 결정하기 위한 평가이다.
　　ⓒ 프로그램의 요구분석, 계획, 시행, 평가 등 모든 국면을 평가하여 의사결정자에게 유용한 정보를 제공한다 하여 정보처리모형 혹은 과정 모형이라 부르기도 한다.
③ 판단중심 평가
　　㉠ 평가를 프로그램이 지닌 장점이나 가치를 판단하거나 결정하는 일로 정의한다.
　　ⓒ 프로그램의 목표나 관련 인사의 의사결정과는 무관하게 프로그램이 지닌 장점과 가치를 파악하는 평가모형이다.
　　ⓒ 프로그램의 단기·장기 효과, 의도한 효과·의도하지 않은 효과, 수단적·목적적 가치 등을 평가요구자의 입장에서 판단하는 모형이다.
④ 전문성중심 평가
　　㉠ 평가 대상 프로그램과 관련된 분야의 전문가들이 전문성을 이용하여 프로그램의 진가를 평가하는 모형이다.
　　ⓒ 인정평가모형: 전문가들이 하나의 팀을 이루어 사전에 체계적인 평가기준 및 평가원칙을 개발하고, 그에 입각하여 일정기간 동안 자체 연구를 한 후 프로그램이 운영되고 있는 현장을 방문하여 프로그램의 수행과정을 인증하고자 할 때 적용하는 모형이다(청소년프로그램인증제).
　　ⓒ 전문가 심의모형: 특정 분야에 권위 있는 전문가들의 심의, 검토, 평정지도를 활용하여 여러 목적에 활용하는 평가모형이다(졸업사정제).
⑤ 참여-반응중심 평가
　　㉠ 프로그램에 참여하거나 그로 인해 영향을 받은 관련 인사들의 다양한 반응에 입각하여 프로그램의 역동적인 측면을 중시하여 그 장점과 가치를 파악하려는 모형이다.
　　ⓒ 프로그램과 관련된 복합적인 인간성 문제를 이해하고 가치의 다원성을 인정 및 수용하며, 프로그램이 실시되는 현장을 중시한다.

### (7) 평가 시기와 진행단계의 유형
① 요구평가: 프로그램이 수행될 때의 계획과 현실 사이의 격차는 어느 정도 존재하는가를 분석한다.
② 타당성 조사: 프로그램의 제한점이나 성공할 가능성은 어느 정도 존재하는가를 분석한다.
③ 과정평가: 프로그램을 진행하면서 수행하고자 하는 방법에 대해 분석한다.
④ 경과평가: 프로그램의 목적과 목표가 잘 결합되고 효과적인가를 분석한다.
⑤ 비용분석: 프로그램이 재정적으로 잘 뒷받침되고 또 가치 있는가를 분석한다.

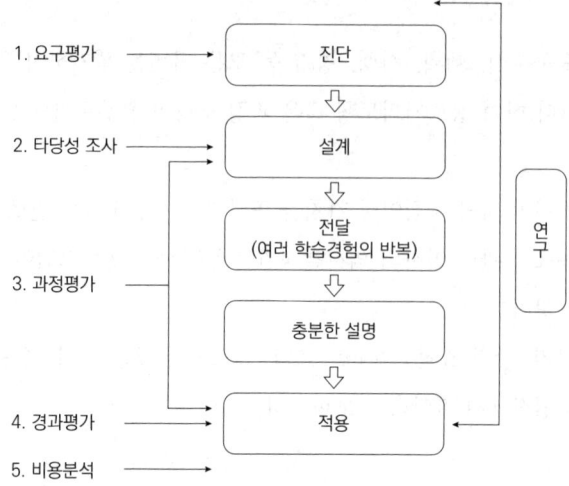

〈프로그램 평가 시기에 따른 분류〉

# Chapter 3
# 청소년활동지도

1 지도원리

2 지도방법

3 청소년지도사

# 1 지도원리

### (1) 청소년지도의 개념
청소년들의 균형된 성장·발달과 역량개발에 필요한 다양한 체험활동이 조직적이고 체계적으로 전개되는 전 과정에 청소년지도자의 적절한 개입과 작용을 통해 청소년활동이 지향하는 본래의 목적을 달성하기 위한 계획적인 활동이다.

### (2) 청소년지도의 개념적 분석
① 개인의 욕구와 사회적 요구를 동시에 충족한다.
② 프로그램에 기초한 경험학습이다.
③ 청소년의 자발적 참여를 전제한다.
④ 전문지도사에 의한 활동이다.
⑤ 지속적인 활동이다.
⑥ 조력과정이다.

### (3) 청소년지도의 기본전제
① 청소년에 대한 정확한 이해
② 청소년 문화에 대한 통찰
③ 청소년의 교육적 요구의 정확한 분석
④ 지도자와 청소년 간 공감대 형성

### (4) 청소년지도원리
① 개별성의 원리: 개인의 특성과 욕구를 수용하기 위해 다양한 프로그램과 지도방법을 마련한다.
② 자율성과 창의성의 원리: 청소년 스스로 활동을 계획하고 운영함으로써 자신의 행동에 책임감을 느끼고 활동의 결과에 대해 만족할 수 있도록 한다.
③ 전인성의 원리: 인지, 정서, 신체 기능적 특성의 조화로운 발달을 도모한다.
④ 체험성의 원리: 청소년 스스로 공동체의 삶과 문화적 양식, 규범 생활 기능 등을 직접 체험할 수 있게 계획한다.
⑤ 동기유발의 원리: 프로그램의 내용이 청소년의 관심을 끌고 가치감을 느끼게 하고 만족감을 줄 수 있어야 한다.

**(5) 청소년지도 평가준거**
　① 효과성(effectiveness): 목표를 달성하였는가?
　② 효율성(efficiency): 목표를 최소의 비용, 시간, 노력으로 달성하였는가?
　③ 매력성(attractiveness): 청소년의 흥미와 동기 유발을 시켰는가?

## 2 지도방법

**(1) 청소년지도방법의 개념**
  ① 청소년지도자가 청소년의 활동과 학습을 촉진시키고 프로그램의 목적을 효과적으로 성취하기 위해 전개하는 일체의 행동과 수단을 의미한다.
  ② 청소년의 조직화, 수련 및 활동촉진 기법, 수련 및 활동촉진 매체, 프로그램 운영 등이 포함된 통합적인 개념이다.

**(2) 청소년지도방법의 특성**
  ① 청소년지도방법은 청소년지도의 이념과 목표를 실현하기 위한 도구적 성격을 지닌다.
  ② 청소년지도방법은 청소년지도자에 의해서 실행된다.
  ③ 청소년지도방법은 체계적이고 의도적인 활동이다.
  ④ 청소년지도방법은 학교 밖의 장에서 실행된다.
  ⑤ 청소년지도방법은 청소년의 자기주도적이고 능동적인 참여를 전제로 한다.

**(3) 청소년지도방법의 원리**
  ① 존중의 원리: 청소년의 인격과 자율성을 귀중하게 대하는 것으로, 청소년지도에서 항상 청소년의 인격을 존중하고 기본적인 예의를 지켜야 한다.
  ② 자기 주도의 원리: 청소년지도방법에서 청소년이 활동의 주체가 되어 적극적으로 참여하고, 활동의 목적 내용·시기·속도 등을 스스로 선택하고 결정할 수 있도록 해야 한다.
  ③ 활동 중심의 원리: 청소년지도방법에서 청소년의 실천적 행위와 체험이 중심이 되어야 하며, 활동을 통한 전인적 성장을 위해 활동에 대한 반성적 과정이 포함되어야 한다.
  ④ 맥락의 원리: 청소년지도방법에서 청소년이 처한 환경과의 관계를 총체적으로 고려하여 청소년을 이해하고 그 상황에 적합한 방법을 적용해야 한다.
  ⑤ 다양성의 원리: 청소년이 속한 사회계층, 지역적 특성, 가족관계, 종교 등 청소년의 다양한 차이와 요구를 반영하여 이에 적합한 청소년지도방법을 모색해야 한다.
  ⑥ 협동성의 원리: 청소년지도방법의 계획과 실행에서 청소년 상호 간의 유기적인 협력이 이루어질 수 있어야 한다.
  ⑦ 창의성의 원리: 청소년지도방법에서 창의적인 방법의 계발, 청소년의 창의적 능력을 함양하도록 고려해야 한다.
  ⑧ 효율성의 원리: 청소년지도방법에서 효과성과 능률성을 염두에 두어야 한다.

### (4) 청소년지도방법의 이론적 토대
① 경험학습이론: 청소년들을 활동의 주체로 간주하고 청소년들이 사전에 마련된 프로그램에 적극적으로 참여하고 행함으로써 체험한 후에 청소년들이 자신들의 체험을 서로 공유하고 자신만의 소중한 경험으로 새롭게 조직하고 내면화시켜 일상생활 속에서 자연스럽게 적용시켜 나가는 과정을 중요시한다.
② 구성주의이론: 지식은 학습자의 삶의 맥락에 따라 주관적으로 구성되는 것으로, 객관적 지식보다는 지식의 인식과 획득의 과정을 중요시한다.
③ 프로그램이론: 청소년지도는 프로그램 중심으로 이루어지기 때문에 프로그램 개발에 있어서 청소년들의 요구를 정확하게 파악하여 프로그램의 목표를 설정하고 목표에 맞게 활동, 방법, 자원 등을 배치시켜야 함을 중요시한다.
④ 동기이론: 청소년지도는 청소년의 자발적인 참여와 활동을 중심으로 이루어지기 때문에 청소년들의 행동을 활성화하고 행동의 방향을 이끌어 주는 심리적 요인인 동기를 중요시한다.
⑤ 의사소통이론: 청소년지도는 청소년지도자와 청소년 간의 교육적 상호작용이다. 청소년지도가 성공하려면 모든 구성원들 간의 원활한 의사소통이 이루어져야 함을 중요시한다.

### (5) 청소년지도방법의 이론적 과정
① 교수학습의 과정
  ㉠ 교수학습과정은 청소년과 청소년지도사 사이의 관계를 형성하는 기초적인 과정이다.
  ㉡ 교육이란 교수학습의 과정을 통하여 교육대상자들에게 학습경험을 부여함으로써 교육목표에 도달하게 하는 활동이다.
  ㉢ 청소년지도에서 청소년들이 학습경험을 가질 때 비로소 청소년지도의 목표에 도달하게 된다.
  ㉣ 학습경험은 자아를 둘러싸고 있는 환경과의 상호작용을 의미한다.
    ⓐ 인적 환경: 청소년지도자, 자원지도자 등
    ⓑ 물적 환경: 청소년지도가 이루어지는 제반 시설
    ⓒ 문화적 환경: 프로그램 내용
② 협동학습 과정
  ㉠ 협동학습이란 학습자들이 공유하고 있는 목표를 성취하기 위해 함께 노력하는 것이다.
  ㉡ 협동학습의 요소
    ⓐ 긍정적인 상호의존성: 집단의 성원들이 모든 구성원의 성공 없이는 어떠한 성공도 이룰 수 없다는 공동체 의식을 강조한다.
    ⓑ 상호작용의 촉진과 대면관계의 선호: 청소년들이 함께 목표에 도달하기 위하여 정보와 자원을 공유하고, 서로를 격려하고, 지원하고, 칭찬하고, 조력하는 과정이 필요하다.

ⓒ 개인 및 집단의 책무성: 집단은 목표를 성취하기 위해 나름대로 책무성을 가지고 있어야 하고, 집단의 각 구성원도 이러한 목표에 도달하기 위하여 자신의 역할에 최선을 다할 책임을 가져야 한다.
ⓓ 대인 및 소집단 기술: 리더십, 집단의사결정, 신뢰 구축, 커뮤니케이션, 갈등 관리 등 사회적 기술이 필요하다.
ⓔ 집단화 과정: 구성원들이 자신들의 공통 목표를 잘 달성할 수 있도록, 효과적이고 긴밀한 상호협조 관계를 유지할 것인가를 토의하는 과정이 필요하다.

③ 커뮤니케이션 과정
㉠ 청소년지도는 청소년과 청소년지도자와의 끊임없는 의사소통의 과정이다.
㉡ 청소년지도는 청소년들이 경험하는 커뮤니케이션의 결과라 할 수 있으므로 커뮤니케이션이 매우 중요하다.
㉢ 커뮤니케이션이란 언어적·비언어적 상징들이 보내지고 받아들여지면서 의미가 전달되는 과정이다.
㉣ 커뮤니케이션의 원칙
ⓐ 명료성의 원칙: 발신자는 수신자가 이해할 수 있는 공통적인 언어로써 명료하게 의사소통을 행하여야 한다.
ⓑ 일관성의 원칙: 발신자는 전달하는 메시지의 내용, 표현방법, 언어의 사용, 매체의 이용 등에 있어서 일관성을 갖는 것이 효과적이다.
ⓒ 적시성의 원칙: 커뮤니케이션을 통해서 지도과정의 모든 기능이 수행되므로 활동이 이루어지는 적시에 커뮤니케이션이 이루어져야 한다.
ⓓ 배분성의 원칙: 커뮤니케이션은 조직 전체의 필요한 모든 경로에 적절히 배분되어야 한다.
ⓔ 적정성의 원칙: 조직의 의사소통 내용도 피전달자가 수용 가능한 정도의 것이어야 한다.
ⓕ 관심과 수용의 원칙: 의사전달은 전달하는 데 의의가 있는 것이 아니라 수용하는 데에 큰 의의가 있다.

④ 집단역동과정
㉠ 청소년은 집단활동을 통해 많은 것을 경험하고 배우게 되며, 청소년지도과정은 집단활동을 통해 이루어지는 경우가 많다.
㉡ 집단역동은 청소년을 둘러싸고 있는 집단 내외적으로 많은 힘이 여러 가지 방향과 형태로 상호작용하는 것을 의미한다.
㉢ 집단역동 활용 방법: 브레인스토밍, 필립66, 역할연기, 소시오메트리, 감수성훈련, 포럼, 심포지엄, 세미나, 배심토론, 소집단 원탁토론, 소집단 분과토의 등

⑤ 리더십과정
　㉠ 청소년기에 리더십을 개발하는 것은 자기존중감을 강화시키고, 위험행동을 예방하고 성공적인 성인기를 위한 출발점으로서의 역할을 수행한다.
　㉡ 청소년지도자 리더십 접근과정
　　ⓐ 권위-영향력 접근: 리더십의 효과를 리더가 소유하고 있는 권위의 양, 권위의 유형, 권위 행사 방법에 의해 달라진다는 일반적인 과정을 의미한다.
　　ⓑ 행동 접근: 청소년지도사의 행동이 청소년들에게 얼마나 호감과 만족감을 주느냐를 의미한다.
　　ⓒ 특성적 접근: 리더로서 성공을 하기 위해 지칠 줄 모르는 정력, 사물을 꿰뚫는 직관, 신비한 통찰력 및 거역할 수 없는 설득력, 그리고 호감이 가는 외모 등이 관련된다.
　　ⓓ 상황적 접근: 리더의 권위와 재량, 조직 내에서 수행되는 리더의 업무, 추종자의 능력 및 동기, 외부환경의 성질, 추종자 및 동료와 기타 외부인들에 의해 요구되는 역할 등 상황에 따라 리더십이 발휘되는 것을 의미한다.

⑥ 조직행동과정
　㉠ 조직행동은 한 사회 속에서 건전한 조직인으로서 사회 생활을 영위해 나가기 위한 인간의 노력을 의미한다.
　㉡ 청소년지도 조직행동과정은 청소년으로만 구성된 조직 혹은 청소년지도자가 함께 참여하는 조직 속에서 청소년의 행동을 체계적으로 이해하고 지도하는 과정이다.

⑦ 경험학습과정
　㉠ 학교 밖에서 이루어지는 청소년지도와 관련된 많은 프로그램에서 하나의 대안적인 방법론으로 제기되고 있는 접근방법이다.
　㉡ 청소년들의 경험과 체험을 바탕으로 한 행동변화과정을 중요시한다.
　㉢ 청소년지도과정에서 경험학습은 한 개인이 활동에 참여하고, 자신의 참여와 활동 경험을 비평적으로 돌이켜보고, 그것의 유용성·중요성을 판단하고, 이를 토대로 또 다른 활동을 수행하기 위해 이전의 경험을 통하여 형성된 정보를 활용하는 접근방법이다.

⑧ 참여과정
　㉠ 참여란 수동적이고 능동적인 의미를 모두 포함하고 있는 개념으로, 청소년들의 참여과정은 자원봉사활동과 지역사회개발 지원, 환경보호활동 등 다양한 형태로 나타나고 있다.
　㉡ 청소년지도자는 청소년지도 과정에서 참여과정에 대해 정확히 이해하고 실제 현장에서 적용시켜 나아갈 필요성이 있다.

(6) 청소년지도방법의 효과성 제고를 위한 원리
① 자율참여의 원리
㉠ 자율참여의 의미: 자율참여는 청소년활동 참가 여부를 청소년이 스스로 결정하는 것뿐만 아니라 청소년활동에 참가한 이후의 활동진행과정 전반에 대한 의사결정을 청소년들이 스스로 결정하는 것까지도 포괄하는 개념이다.
㉡ 자율참여의 방법
ⓐ 청소년들은 프로그램의 기획자로 참여할 수 있다.
ⓑ 청소년은 프로그램의 지도자로 참여할 수 있다.
ⓒ 청소년은 프로그램의 평가자로 참여할 수 있다.
ⓓ 청소년은 대표단으로 참여할 수 있다.
ⓔ 청소년은 자문위원으로 참여할 수 있다.
ⓕ 청소년은 조직의 운영위원(youth governance)으로 참여할 수 있다.
㉢ 자율참여 촉진 원칙
ⓐ 청소년들에게 자신의 활동에 대한 책임감을 갖도록 해야 한다.
ⓑ 청소년지도자는 일관성 있고 헌신적이어야 한다.
ⓒ 청소년들의 활동참여를 격려(encourage)하여야 한다.
ⓓ 청소년들에게 활동참여를 통해 얻을 수 있는 결과를 이해시켜야 한다.
ⓔ 활동과제를 흥미롭고 이해하기 쉽게 제시하여야 한다.
ⓕ 청소년지도자와 청소년 간에 상호 존중하고 친밀한 관계가 형성되어야 한다.
ⓖ 성공적인 활동수행을 청소년 자신의 능력·노력·지식에 귀인하여야 한다.
ⓗ 필요하다면 건설적인 비판(constructive criticism)을 하여야 한다.
ⓘ 재미(fun)있는 시간을 가져야 한다. 청소년들은 재미있는 것을 좋아해야 한다.
ⓙ 청소년들이 서로 의지할 수 있도록 해야 한다.
㉣ 청소년 참여모델/하트(Hart) 참여사다리 모델

| | | |
|---|---|---|
| 비참여 수준 | 1단계<br>성인이 이용하는 단계(조작단계) | 어른이 의도적으로 청소년의 목소리를 이용하는 단계 |
| | 2단계<br>장식처럼 동원되는 단계 | 성인과 청소년이 같이 참여하기는 하나 프로그램의 이해도가 낮은 단계 |
| | 3단계<br>명목상 참여단계 | 기획에 참여하기는 하나 의견 수렴이 되지 않는 단계 |
| 형식적 참여수준 | 4단계<br>제한적 위임과 정보제공단계 | 프로그램은 성인이 계획하지만 프로그램의 의도를 이해하고 자원봉사 등을 참여하는 단계 |
| | 5단계<br>상의와 정보제공단계 | 프로그램 계획은 성인이 주도하지만 청소년들의 의사가 반영되는 단계 |

| | 6단계<br>성인 주도 단계 | 청소년들의 의견이 계획부터 실행까지 전반적으로 반영되는 단계 |
|---|---|---|
| 실질적<br>참여수준 | 7단계<br>청소년 주도 단계 | 청소년이 주도하고 감독하는 단계 |
| | 8단계<br>동등한 파트너십 단계 | 청소년들이 주도로 프로그램을 계획하고 성인이 청소년의 시선에서 의사결정을 공유하는 단계 |

② 심성계발의 원리
  ㉠ 심성계발의 의미: 청소년지도에서 심성계발은 청소년활동 프로그램 참여를 통해 청소년들이 인간에 대한 이해의 폭을 넓히고, 주체성과 사회성 그리고 긍정적 자아개념을 확립하도록 하는 것을 의미한다.
  ㉡ 심성계발 수련활동의 기본전제
    ⓐ 인간은 인간관계의 산물이다.
    ⓑ 모든 참 삶은 만남이다.
    ⓒ 집단이 작용한다.
  ㉢ 심성계발의 원리를 설명하는 주요 개념: 인간성장, 자기노출, 의사소통, 집단과정, 상호반응

▶ 조하리의 창(Johari's window)
  조하리의 창 이론은 조셉 러프트(Joseph Luft)와 해리 잉햄(Harry Ingham)이라는 두 심리학자의 이름을 결합한 것으로, 나와 타인과의 관계 속에서 내가 어떤 상태에 처해 있는지를 보여주고 어떤 면을 개선하면 좋을지를 보여주는 데 유용한 분석틀이다.

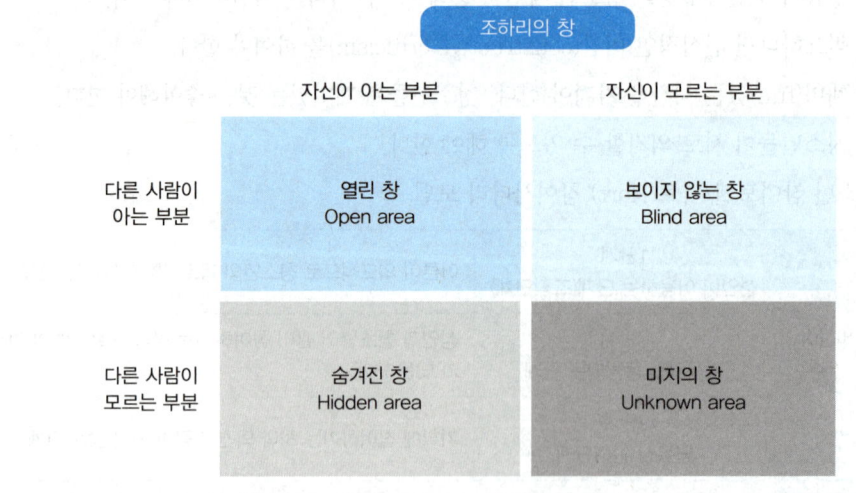

ㄹ 심성계발프로그램 구성
    ⓐ 심성훈련은 모호한 상황에서 비조직적으로 시작되어야 한다.
    ⓑ 심리적 안정을 취할 수 있는 허용적 분위기가 조성되어야 한다.
    ⓒ 학습의 자료는 현재의 행동, 즉 지금 여기에 치중해야 한다.
    ⓓ 참여자들에게 관찰적 참여의 태도를 유지하도록 해야 한다.
    ⓔ 상대방의 행동에 대해 상호 간에 정직하고도 솔직하게 도움을 주는 반응, 즉 피드백의 교환이 있어야 한다.
    ⓕ 낡은 행동은 포기하고 새로운 행동을 실험할 수 있는 기회를 제공해야 한다.
    ⓖ 인간관계 훈련집단은 그의 진행절차는 물론 내용까지도 통제할 수 있는 집단규범을 발달시켜 나가야만 한다.
ㅁ 심성계발프로그램의 효과
    ⓐ 인간은 무한한 가능성과 그의 평등함을 공감하게 한다.
    ⓑ 인간은 존엄한 존재임을 공감한다.
    ⓒ 성취동기와 자기 신뢰감이 증진된다.
    ⓓ 개척정신이 신장된다.
    ⓔ 정서순화의 방법을 체험한다.
    ⓕ 의사결정과 유연성을 기른다.
    ⓖ 참된 자유의 생활을 경험한다.
    ⓗ 인간의 정의, 감정, 경험의 관계를 이해한다.
    ⓘ 학습을 생활화할 수 있게 된다.
    ⓙ 원만한 인간관계를 이루게 된다.
    ⓚ 자기일치를 이루게 된다.
    ⓛ 자연과 사물의 소리를 들을 수 있는 능력이 개발된다.
③ 문제해결의 원리
    ㄱ 문제해결의 의미: 문제해결이란 정해진 목표를 달성하기 위한 일련의 행위과정이다.
    ㄴ 문제해결의 단계
        ⓐ 1단계: 문제인식단계
        ⓑ 2단계: 대안을 결정하기
        ⓒ 3단계: 정보를 수집하기
        ⓓ 4단계: 대안을 평가하기
        ⓔ 5단계: 실행 가능한 해결책을 선택하기
        ⓕ 6단계: 선택을 실행하기
        ⓖ 7단계: 결과를 평가하기

④ 현장학습의 원리
  ㉠ 현장학습의 의미: 현장학습은 학습장소를 학습자료가 있는 현장으로 옮김으로써 학습의 목표를 효율적으로 달성하려는 학습방법이다.
  ㉡ 현장학습의 특징
    ⓐ 자연적·사회적·현상을 구체적이고 직접적으로 관찰할 수 있으므로 흥미와 관심을 높이고 자주적인 학습 태도를 높일 수 있다.
    ⓑ 학습자들이 실제 사회 환경에 직면하게 하여 폭넓은 경험을 함으로써 사회적 태도나 능력 및 사회인으로서의 행동양식을 기를 수 있다.
    ⓒ 교과와 관련된 문제들을 실제 체험을 통해 배우고, 배운 것을 실천할 수 있는 계기가 된다.
    ⓓ 자기의 주변 환경을 통찰하고 새로운 의미를 발견하며 탐구력과 사고력을 기를 수 있다.
    ⓔ 지도자와 학습자가 공동으로 현장 조사를 계획하고 실행하며 평가하는 등의 다양한 활동을 함께 함으로써 보다 풍부한 교육환경을 접할 수 있고 지식을 심화시킬 수 있다.

**(7) 대상별 청소년지도방법**
  ① 개인 중심 청소년지도방법
    ㉠ 도제제도: 주로 기술습득과 관련된 영역에서 선택적으로 사용되는 개인 중심 지도방법으로, 경험이 있고 숙련된 지도자와 개인 사이에서 기술을 전수하는 것이다.
    ㉡ CAI(Computer Assisted Instruction): 사전에 프로그래밍된 소프트웨어를 갖고 컴퓨터를 통해 개인이 필요한 내용과 수준을 선택해 학습하고 지도하는 방법이다.
    ㉢ 원격교육: 교육현장에서 가르치는 사람과 청소년 사이에 물리적인 거리가 존재할 때 이를 방송이나 통신수단 또는 기타의 방법을 이용하여 극복하고 개별적으로 학습하게 하는 방법이다.
    ㉣ 상담: 훈련받은 상담자의 도움을 받아 청소년 스스로가 자신의 문제를 해결하는 방식이다.
    ㉤ 직접 개별학습: 일정한 지도자에 의존하여 청소년이 수시로 직접 만나 쌍방 커뮤니케이션을 통해 학습하는 방식으로, 개인지도나 멘토링(mentoring), 코칭(coaching) 등이 포함된다.
    ㉥ 개인학습 프로젝트: 프로젝트 기반 학습(project based learning)이라 하는 개인학습 프로젝트는 흔히 대안학교나 대안교육현장 등에서 상용하는 개인중심 지도방법이다.
    ㉦ 인턴십: 도제제도와 현장경험을 조합한 방식으로, 전문적인 역할 습득 방법으로 실습과정과 연계하여 다양한 영역에서 활발하게 사용되는 방법이다.
    ㉧ 멀티미디어 학습: 사용 가능한 모든 매체를 활용하여 개별학습을 돕는 방식이다.
  ② 집단중심 청소년지도방법
    ㉠ 강의법: 교수기법 중 가장 전통적인 방식으로, 지도자가 다수의 청소년에게 비교적 단시간 내에 많은 지도 내용을 전달할 수 있다.

ⓒ 토론법: 언어적 상호작용에 의해 의견을 교환하고 집단 내 문제를 접할 수 있는 지도방법이다.
ⓒ 심포지움: 동일한 주제 또는 상호 관련된 몇 개의 소주제를 중심으로 소수의 사람들이 공식발표 형태로 각자의 전문 지식과 의견을 제시하고 토론하는 공식적인 좌담 토론의 형태이다.
ⓔ 세미나: 특정한 주제에 대하여 학생이 모여서 연구 발표나 토론을 통해서 공동으로 연구하는 교육 방법이다.
ⓜ 배심(panel)토론: 특정 주제에 대해 3~6명의 패널 구성원이 청중 앞에서 유목적인 대화 형태로 토론을 하는 학습기법이다.
ⓗ 공개토론(forum): 25명 이상의 집단 구성과 1인 이상의 전문가 및 사회자로 구성되며, 사회자의 진행 아래 15~60분간의 공개적인 토론을 진행하는 기법이다.
ⓢ 소집단 분과토론: 활발한 토의진행을 위해 모든 구성원이 다함께 토의에 직접 참여하기 어려운 대집단을 약 5~12명 정도의 소집단으로 나누어 분과형태의 토론을 진행하는 방식이다.
ⓞ 필립66: 버즈(Buzz)학습의 한 형태로 필립스(Phillips)가 고안한 6·6법이다. 6·6법은 한 분단을 6명으로 편성하고, 6분간 토의한 뒤 토의 결과를 가지고 다시 전체 학생이 토론하는 형태이다.
ⓩ 브레인스토밍(brainstorming): 다양한 사고를 자극시키려고 새로운 아이디어를 자유롭게 창출하는 방법으로, 참여자들은 어떤 제약이나 규정 없이 자유롭게 자신의 의견을 제안한다.

> **\* 브레인스토밍의 특징**
> – 완전히 비형식적이다.
> – 보통의 제약 또는 금지규정과 사항을 고려하지 않고 문제의 토의를 가능하게 한다.
> – 청소년으로 하여금 그들의 능력 범위 안에 있는 것뿐만 아닌 대안들에 관하여 생각할 수 있는 기회를 준다.
> – 집단을 구성하고 있는 청소년들 사이의 상호자극과 창조적 신장을 위한 최대한의 기회를 제공한다.
> – 안정되고 해방된 분위기를 조성하고 그 안에서 자유롭게 아이디어와 의견을 교환함으로써 집단의 사기와 단결심을 높인다.

ⓩ 역할연기: 소집단 구성원들에게 서로 다른 역할을 주고 어떤 가상적 상황에서 서로 협의하여 결정을 유도하게 하여 다른 역할을 맡은 사람들과 원만한 타협을 보도록 하며, 나 아닌 다른 사람들의 역할이나 기능을 이해하도록 돕는 기법이다.
ⓚ 현장경험: 조직적인 계획에 의해 현장에서 실제 경험을 통한 학습과 지도를 받는 방식이다.
ⓔ 게임 및 시뮬레이션: 게임이나 시뮬레이션은 인위적인 문제, 사건, 상황, 주제와 유사한 환경을 게임이나 시뮬레이션 프로그램으로 제공하는 것으로, 활동에 참여하는 집단에게 안정성을 보장하면서 직접적인 체험을 가능케 하는 기법이다.

### (8) 청소년지도 단계
① 시작단계(초기 단계)
- ㉠ 친밀감과 신뢰감 분위기의 조성
- ㉡ 동기 유발
- ㉢ 지도목표의 전달
- ㉣ 선수학습 및 경험의 진단과 재생 등

② 실행단계
- ㉠ 사전에 기획되고 설계된 지도내용들을 실제로 수행하여 애초에 설정한 목표를 달성해 가는 구체적인 과정
- ㉡ 사전 준비단계에서 기획한 내용들을 청소년들이 현실적으로 습득해 나가는 단계
- ㉢ 사전 준비단계에서 준비한 단위 프로그램 계획서와 세부실행계획서, 체크리스트 등을 기반으로 실행

③ 평가단계
- ㉠ 청소년지도활동의 목표달성 정도와 계획수행을 종합적으로 분석·평가
- ㉡ 평가결과에 근거하여 지도방법 개선
- ㉢ 평가보고서 작성

## 3 청소년지도사

### (1) 청소년지도자의 개념

① 청소년지도자란 청소년 기본법(제3조 제7호)에 의한 청소년지도사 및 청소년상담사와 청소년시설, 청소년단체, 청소년 관련 기관 등에서 청소년육성 및 지도업무에 종사하는 자를 총칭한다.

② 청소년지도사(청소년 기본법 제21조): 여성가족부장관은 청소년지도사 자격검정에 합격하고 청소년지도사 연수기관에서 실시하는 연수과정을 마친 사람에게 청소년지도사의 자격을 부여한다.

③ 청소년상담사(청소년 기본법 제22조): 여성가족부장관은 청소년상담사 자격검정에 합격하고 청소년상담사 연수기관에서 실시하는 연수과정을 마친 사람에게 청소년상담사의 자격을 부여한다.

### (2) 청소년지도자의 역할

① 전문가로서의 역할
② 프로그램설계자 및 운영자로서의 역할
③ 촉진자로서의 역할
④ 지역사회지도자로서의 역할
⑤ 과학자 및 예술가의 특성을 조화할 수 있는 역할

---

**\* 청소년지도자의 역할(김진화, 1999)**
- 청소년단체(기관)의 이념 및 목적 실현가
- 타 단체와 관계형성 및 파트너십(협력) 조정자
- 자발적 행동유발·동기화 → 리더십 발휘자
- 활동 및 프로그램 기획 및 설계자
- 활동 및 프로그램 운영(진행)관리자
- 평가자 및 모니터링 요인
- 시설·인적자원 관리자 및 동원자
- 유익환경 조성자
- 청소년인권 옹호 및 운동가
- 청소년의 조직행동 촉진자
- 청소년 잠재능력 개발을 위한 교육자
- 청소년활동 정보제공자 및 커뮤니케이터
- 청소년 가이드 및 상담자
- 청소년 집단역동 지도자
- 청소년지도를 위한 전문특기 전문가
- 청소년의 국내 및 국제교류 촉진자

### (3) 청소년지도자의 자질
① 성숙한 판단력
② 성실성
③ 변화에의 민감성
④ 상상력

### (4) 청소년지도자의 기술적 능력
① 전문적 기술
② 인간관계 기술
③ 의사소통 기술
④ 의사결정 기술

### (5) 청소년활동지도자의 유형

| 지도유형 | 내용 | |
|---|---|---|
| 지도성격에 따른 분류 | • 청소년전문지도자<br>• 청소년자원지도자 | • 청소년일반지도자<br>• 청소년상담지도자 |
| 지도대상에 따른 분류 | • 학생청소년 지도자<br>• 농어촌청소년지도자<br>• 복무청소년지도자 | • 근로청소년지도자<br>• 장애청소년지도자<br>• 무직, 미진학청소년지도자 |
| 지도업무에 따른 분류 | • 수련활동지도자<br>• 상담지도자<br>• 청소년행정담당 공무원 | • 각 고유영역별 고유업무 담당 지도자<br>• 교정담당지도자 |
| 지도수준과 기능에 따른 분류 | • 관리조정자<br>• 보조지도자 | • 활동지도자 |
| 지도참여정도에 따른 분류 | • 상근지도자 | • 비상근지도자 |

**(6) 청소년지도자 배치대상 및 배치기준(청소년 기본법 시행령 별표5)**

① 청소년지도사의 배치대상 및 배치기준

㉠ 청소년 수련시설

| 배치대상 | 배치기준 |
|---|---|
| 청소년수련관 | 1급 또는 2급 청소년지도사 각각 1명 이상을 포함하여 4명 이상의 청소년지도사를 두되, 수용인원이 500명을 초과하는 경우에는 500명을 초과하는 250명당 1급, 2급 또는 3급 청소년지도사 중 1명 이상을 추가로 둔다. |
| 청소년수련원 | 1) 1급 또는 2급 청소년지도사 1명 이상을 포함하여 2명 이상의 청소년지도사를 두되, 수용정원이 500명을 초과하는 경우에는 1급 청소년지도사 1명 이상과 500명을 초과하는 250명당 1급, 2급 또는 3급 청소년지도사 중 1명 이상을 추가로 둔다.<br>2) 지방자치단체에서 폐교시설을 이용하여 설치한 시설로서 특정 계절에만 운영하는 시설의 경우에는 청소년지도사를 두지 않을 수 있다. |
| 유스호스텔 | 청소년지도사를 1명 이상 두되, 숙박 정원이 500명을 초과하는 경우에는 1급 또는 2급 청소년지도사 1명 이상을 추가로 둔다. |
| 청소년야영장 | 1) 청소년지도사를 1명 이상 둔다. 다만, 설치·운영자가 동일한 시·도 안에 다른 수련시설을 운영하면서 청소년야영장을 운영하는 경우로서 다른 수련시설에 청소년지도사를 둔 경우에는 그 청소년야영장에 청소년지도사를 별도로 두지 않을 수 있다.<br>2) 국가, 지방자치단체, 그 밖에 공공법인이 설치·운영하는 청소년야영장으로서 청소년수련거리의 실시 없이 이용 편의만 제공하는 경우에는 청소년지도사를 두지 않을 수 있다. |
| 청소년문화의 집 | 청소년지도사를 1명 이상 둔다. |
| 청소년특화시설 | 1급 또는 2급 청소년지도사 1명 이상을 포함하여 2명 이상의 청소년지도사를 둔다. |

㉡ 청소년단체

| 배치대상 | 배치기준 |
|---|---|
| 청소년단체 | 청소년회원 수가 2천명 이하인 경우에는 1급 청소년지도사 또는 2급 청소년지도사 1명 이상을 두되, 청소년회원 수가 2천명을 초과하는 경우에는 그 초과하는 2천명마다 1급 청소년지도사 또는 2급 청소년지도사 1명 이상을 추가로 두며, 청소년회원 수가 1만명 이상인 경우에는 청소년지도사의 5분의 1 이상은 1급 청소년지도사로 두어야 한다. |

② 청소년상담사의 배치대상 및 배치기준

| 배치대상 청소년시설 | 배치기준 |
|---|---|
| 특별시·광역시·도 및 특별자치도에 설치된 청소년상담복지센터 | 청소년상담사 3명 이상을 둔다. |
| 시·군·구에 설치된 청소년상담복지센터 | 청소년상담사 1명 이상을 둔다. |
| 청소년복지시설<br>(청소년쉼터, 청소년자립지원관, 청소년치료재활센터) | 청소년상담사 1명 이상을 둔다. |

# Chapter 4
# 청소년활동기관 설치 및 운영

| 1 수련시설·기관 운영

| 2 청소년단체

# 1 수련시설·기관 운영

## [1] 청소년수련시설

### (1) 수련시설의 설치 및 운영(청소년활동 진흥법 제11조)

① 국가 및 지방자치단체는 「청소년 기본법」 제18조 제1항에 따라 다음 각 호와 같은 수련시설을 설치·운영하여야 한다.

   ㉠ 국가는 둘 이상의 시·도 또는 전국의 청소년이 이용할 수 있는 국립청소년수련시설을 설치·운영하여야 한다.

> ▶ 국립수련시설: 국립중앙청소년수련원, 한국청소년활동진흥원, 국립평창청소년수련원, 국립청소년농생명센터, 국립청소년해양센터, 국립청소년우주센터, 국립청소년미래환경센터, 국립청소년생태센터

   ㉡ 특별시장·광역시장·특별자치시장·도지사·특별자치도지사(이하 "시·도지사"라 한다) 및 시장·군수·구청장은 각각 청소년수련관을 1개소 이상 설치·운영하여야 한다.

   ㉢ 시·도지사 및 시장·군수·구청장은 읍·면·동에 청소년문화의 집을 1개소 이상 설치·운영하여야 한다.

   ㉣ 시·도지사 및 시장·군수·구청장은 청소년특화시설·청소년야영장 및 유스호스텔을 설치·운영할 수 있다.

② 국가는 수련시설의 설치·운영 경비의 전부 또는 일부를 예산의 범위에서 보조할 수 있다.

③ 수련시설을 설치·운영하려는 개인·법인 또는 단체는 특별자치시장·특별자치도지사·시장·군수·구청장의 허가를 받아야 한다. 허가받은 사항 중 대규모의 부지 변경, 건축 연면적의 증감 등 대통령령으로 정하는 중요 사항을 변경하려는 경우에도 또한 같다.

④ 국가 또는 지방자치단체는 제3항에 따른 허가를 받아 수련시설을 설치·운영하는 자(이하 "수련시설 설치·운영자"라 한다)에게 예산의 범위에서 그 설치 및 운영에 필요한 경비의 일부를 보조할 수 있다.

### (2) 수련시설의 허가요건(청소년활동 진흥법 제12조 제1항)

① 시설기준·안전기준 및 운영기준에 적합할 것
② 해당 시설의 설치·운영에 필요한 자금을 조달할 능력이 있을 것
③ 해당 시설의 설치에 필요한 부동산을 소유하거나 사용할 수 있는 권한이 있을 것
④ 그 밖에 여성가족부령으로 정하는 기준에 적합할 것

**(3) 수련시설의 입지조건(청소년활동 진흥법 시행규칙 별표3)**
① 청소년수련관, 청소년문화의 집, 청소년특화시설: 일상생활권, 도심지 근교 및 그 밖의 지역 중 청소년수련활동 실시에 적합한 곳으로서 청소년이 이용하기에 편리한 지역이어야 한다.
② 청소년수련원, 청소년야영장: 자연경관이 수려한 지역, 국립·도립·군립공원, 그 밖의 지역 중 자연과 더불어 행하는 청소년수련활동 실시에 적합한 곳으로서 청소년이 이용하기에 편리한 지역이어야 한다.
③ 유스호스텔: 명승고적지, 역사유적지 부근 및 그 밖의 지역 중 청소년이 여행활동 시 이용하기에 편리한 지역이어야 한다.

**(4) 시범수련시설의 지정 및 육성(청소년활동 진흥법 시행령 제9조)**
① 여성가족부장관과 지방자치단체의 장은 수련시설 설치·운영의 활성화 및 청소년수련거리의 보급·확산을 위하여 관할구역에서 다음 중 어느 하나에 해당하는 수련시설을 시범수련시설로 지정하여 육성할 수 있다.
　㉠ 시설·설비내용이 우수하고 청소년수련거리의 운영에 모범이 되는 수련시설
　㉡ 국가 및 지방자치단체 등에서 개발·보급하는 청소년수련거리의 시범적용을 담당할 수련시설
　㉢ 그 밖에 특별히 육성할 필요성이 있다고 인정되는 수련시설
② 국가 및 지방자치단체는 제1항에 따라 지정된 시범수련시설(이하 "시범수련시설"이라 한다)에 대해서는 다른 수련시설에 우선하여 수련시설의 설치·운영경비 등을 지원할 수 있다.
③ 여성가족부장관과 지방자치단체의 장은 시범수련시설의 지정 및 육성에 관한 업무를 관련 전문기관에 위탁하여 실시할 수 있다.
④ 시범수련시설의 지정 및 육성·지원에 관하여 그 밖에 필요한 사항은 여성가족부장관이 정한다.

**(5) 수련시설 건립 시 타당성의 사전 검토(청소년활동 진흥법 제28조)**
① 국가 및 지방자치단체는 제11조 제1항에 따라 설치되는 수련시설이 청소년활동에 적합하도록 하기 위하여 입지 조건, 내부 구조, 그 밖의 설계사항 등 건립의 타당성에 관한 사항을 포함한 기본계획을 수립하고, 관련 설계사항을 사전에 심의한 후 시행하여야 한다.
② 제1항에 따른 기본계획 및 관련 설계사항의 심의 과정에는 청소년 관련 전문가 및 청소년이 참여할 수 있다.
③ 제1항 및 제2항의 심의 과정에 관하여 필요한 사항은 대통령령으로 정한다.

### (6) 수련시설건립심의위원회(청소년활동 진흥법 시행령 제15조)

① 국가 및 지방자치단체는 법 제28조 제2항에 따라 심의 과정에 청소년 관련 전문가 및 청소년이 참여할 수 있도록 하기 위하여 소관 수련시설 건립 시 수련시설건립심의위원회(이하 "심의위원회"라 한다)를 구성하여 운영하여야 한다.

② 심의위원회의 위원은 5명 이상 10명 이하로 구성하며, 위원 중 청소년 및 청소년 전문가의 참여 비율은 각각 5분의 1 이상으로 한다.

③ 위원장은 위원 중에서 호선한다.

④ 위원장은 심의위원회를 대표하고, 심의위원회의 직무를 총괄한다.

⑤ 위원장이 부득이한 사유로 직무를 수행할 수 없는 경우에는 위원장이 미리 지명한 위원이 그 직무를 대행한다.

⑥ 위원장은 필요시 회의를 소집하며, 그 의장이 된다.

⑦ 회의는 재적위원 과반수의 출석으로 개의(개의)하고, 출석위원 과반수의 찬성으로 의결한다.

⑧ 수련시설을 설치하는 국가 및 지방자치단체에서는 수요자 요구조사, 운영계획 및 건축물의 설계계획 등을 포함한 기본계획을 심의위원회에 제출하여 심의하도록 하고, 심의 결과는 수련시설의 설계 및 건축 시 반영하여야 한다.

⑨ 심의위원회는 심의에 필요한 경우 현장 확인을 실시할 수 있다.

⑩ 이 영에 규정된 것 외에 심의위원회의 운영에 필요한 사항은 심의위원회의 의결을 거쳐 위원장이 정한다.

### (7) 수련시설의 운영기준(청소년활동 진흥법 제19조)

① 수련시설의 운영대표자는 그 종사자에 대하여 연 1회 이상 수련시설의 운영·안전·위생 등에 관한 교육을 실시하여야 한다.

② 수련시설의 운영대표자는 제1항에 따라 교육을 실시한 후 그 결과를 여성가족부장관 및 특별자치시장·특별자치도지사·시장·군수·구청장에게 제출하여야 한다.

③ 수련시설의 청소년수련거리 운영, 생활지도, 시설의 관리 및 운영, 종사자교육 등 운영기준은 수련시설 종류별로 여성가족부령으로 정한다.

### (8) 수련시설의 운영중지명령(청소년활동 진흥법 제20조의2)

① 특별자치시장·특별자치도지사·시장·군수·구청장은 수련시설의 운영 또는 청소년활동 중에 다음 각 호의 어느 하나에 해당하는 사유가 발생한 경우에는 수련시설 설치·운영자 또는 위탁운영단체, 숙박형등 청소년수련활동 주최자에게 3개월 이내의 기간을 정하여 시설 운영 또는 활동의 중지를 명할 수 있다.

㉠ 시설이 붕괴되거나 붕괴할 우려가 있는 등 안전 확보가 현저히 미흡한 경우
　　㉡ 숙박형등 청소년수련활동의 실시 중 참가자 또는 이용자의 생명 또는 신체에 심각한 피해를 입히는 사고가 발생한 경우
　　㉢ 「성폭력범죄의 처벌 등에 관한 특례법」 제2조의 성폭력범죄 또는 「아동·청소년의 성보호에 관한 법률」 제2조 제2호 및 제3호의 아동·청소년대상 성범죄 및 아동·청소년대상 성폭력범죄가 발생한 경우
　　㉣ 「아동복지법」 제17조의 금지행위가 발생한 경우
　② 제1항에 따른 행정처분의 자세한 기준은 그 위반행위의 유형과 정도 등을 고려하여 여성가족부령으로 정한다.

**(9) 수련시설 설치·운영자 또는 위탁운영단체 금지행위(청소년활동 진흥법 제21조)**
　① 정당한 사유 없이 청소년의 수련시설 이용을 제한하는 행위
　② 청소년활동이 아닌 용도로 수련시설을 이용하는 행위. 다만, 대통령령으로 정하는 용도로 이용하는 경우는 제외한다.
　③ 청소년단체가 아닌 자에게 수련시설을 위탁하여 운영하게 하는 행위

**(10) 수련시설 허가 또는 등록의 취소(청소년활동 진흥법 제22조)**
　① 특별자치시장·특별자치도지사·시장·군수·구청장은 수련시설 설치·운영자가 다음 각 호의 어느 하나에 해당하는 경우에는 그 수련시설의 허가 또는 등록을 취소할 수 있다. 다만, ㉠ 또는 ㉡에 해당하는 경우에는 허가 또는 등록을 취소하여야 한다.
　　㉠ 거짓이나 그 밖의 부정한 방법으로 허가를 받거나 등록을 한 경우
　　㉡ 최근 2년 이내에 제72조 제2항 제8호에 따른 과태료처분을 2회 이상 받고 다시 같은 호에 따른 위반행위를 한 경우
　　㉢ 정당한 사유 없이 수련시설의 허가를 받거나 등록을 한 후 1년 이내에 그 수련시설의 설치 착수 또는 운영을 시작하지 아니하거나 특별자치시장·특별자치도지사·시장·군수·구청장이 정하는 기간에 수련시설의 등록을 하지 아니한 경우
　　㉣ 고의 또는 중대한 과실로 제20조의2 제1항 각 호의 사유가 발생한 경우
　　㉤ 종합평가에서 가장 낮은 등급을 연속하여 3회 이상 받은 경우

**(11) 수련시설 운영대표자의 자격(청소년활동진흥법 시행령 제8조)**
　① 1급 청소년지도사 자격증 소지자
　② 2급 청소년지도사 자격증 취득 후 청소년육성업무에 3년 이상 종사한 사람

③ 3급 청소년지도사 자격증 취득 후 청소년육성업무에 5년 이상 종사한 사람
④ 「초·중등교육법」 제21조에 따른 정교사 자격증 소지자 중 청소년육성업무에 5년 이상 종사한 사람
⑤ 청소년육성업무에 8년 이상 종사한 사람
⑥ 7급 이상의 일반직공무원 또는 이에 상당하는 별정직공무원(고위공무원단에 속하는 일반직공무원 또는 별정직공무원을 포함한다)으로서 청소년육성업무에 3년 이상 종사한 사람
⑦ 제6호 외의 공무원 중 청소년육성업무에 5년 이상 종사한 사람

### (12) 수련시설의 안전기준(청소년활동 진흥법 시행령 별표1)

① 수련시설의 설치·운영자는 항상 안전사고 예방에 주의를 기울여야 하며, 특히 장애 청소년 및 미취학아동 등 특별한 보호를 필요로 하는 이용자에 대하여는 안전사고 발생에 대비하여 대피가 편리한 숙소를 배정하고, 안전사고 예방을 위한 인솔자 교육을 강화하는 등 특별한 주의를 기울여야 한다.
② 부상자·병자에 대하여 응급처치를 할 수 있는 구호설비·기구를 갖추어야 한다.
③ 지방자치단체, 병원, 경찰관서 및 소방관서 등과 비상연락망을 유지하여야 한다.
④ 안전사고·응급환자 발생 등에 대비하여 긴급 후송대책 등의 방안을 마련하여야 한다.
⑤ 위험한 장소에는 방벽(防壁)·울타리·위험표지물 등 안전시설을 설치하여야 하며, 이용자가 있을 때에는 안전요원 또는 긴급구조요원을 배치하여야 한다.
⑥ 자연체험시설 등을 설치한 경우에는 시설의 종류에 따라 안전모·안전띠·구명대 등 필요한 개인보호장구를 갖추고, 이를 이용자에게 착용하도록 하여야 한다.
⑦ 매월 1회 이상 시설물에 대한 안전점검(세부적인 점검사항은 여성가족부령으로 정하는 바에 따른다)을 실시하여야 하며, 점검결과를 시설물 안전점검기록대장에 기록·관리하여야 한다.
⑧ 시설물에 위험요인이 발견될 때에는 즉시 그 시설물의 이용을 중단시키고 보수 등의 조치를 취하여야 한다.
⑨ 수련시설의 종사자에 대하여 정기적으로 안전교육을 실시하여야 한다.
⑩ 시설의 이용방법, 유의사항, 비상시의 대피경로 등을 이용자들이 잘 볼 수 있는 장소에 게시하여야 한다.
⑪ 해당 시설이용 및 수련활동에 관한 안전교육 프로그램을 마련하여 이용자(인솔자를 포함한다)에 대하여 사전 안전교육을 실시하여야 한다.
⑫ 태풍·홍수·해일 등 재해발생의 우려가 있는 경우에는 이용자들을 신속히 대피시켜야 한다.
⑬ 해당 수련시설 안에 법 제33조 제2항 각 호의 영업을 위한 시설 또는 그 밖에 다른 법령에 따른 시설이 설치된 경우에 이 기준에서 특별히 정한 경우를 제외하고는 그 법령에서 정

한 안전기준 등을 준수하여야 한다.

⑭ 청소년수련시설의 숙박·집회시설 및 숙박·집회시설과 이어진 건축물에는 샌드위치 판넬 등 연소 시 유독가스가 발생되는 건축자재는 사용할 수 없다.

### (13) 수련시설의 안전점검(청소년활동 진흥법 제18조)

① 수련시설의 운영대표자는 시설에 대하여 정기 안전점검 및 수시 안전점검을 실시하여야 한다.

② 수련시설의 운영대표자는 제1항에 따라 정기 안전점검 및 수시 안전점검을 실시한 후 그 결과를 특별자치시장·특별자치도지사·시장·군수·구청장에게 제출하여야 한다.

③ 제2항에 따른 결과를 받은 특별자치시장·특별자치도지사·시장·군수·구청장은 필요한 경우 수련시설의 운영대표자에게 시설의 보완 또는 개수(改修)·보수(補修)를 요구할 수 있다. 이 경우 수련시설의 운영대표자는 그 요구에 따라야 한다.

④ 국가 또는 지방자치단체는 예산의 범위에서 제1항부터 제3항까지의 규정에 따른 안전점검이나 시설의 보완 및 개수·보수에 드는 비용의 전부 또는 일부를 보조할 수 있다.

⑤ 정기 안전점검 및 수시 안전점검을 받아야 하는 시설의 범위·시기, 안전점검기관, 안전점검 절차 및 안전기준은 대통령령으로 정한다.

### (14) 안전교육(청소년활동 진흥법 시행규칙 제8조의3)

법 제18조의2에 따라 수련시설 설치·운영자 또는 위탁운영단체는 수련시설의 이용자 및 청소년수련활동에 참여하는 청소년에게 다음 각 호의 안전교육을 실시하여야 한다.

> 1. 수련시설 이용 시 유의사항 및 비상시 행동요령에 관한 사항
> 2. 청소년수련활동 유형별 안전사고 예방에 관한 사항
> 3. 성폭력·성희롱 예방 및 대처요령에 관한 사항
> 4. 그 밖의 해당 수련시설의 이용 및 청소년수련활동에 필요한 안전에 관한 사항

### (15) 수련시설 안전교육 내용 및 방법(청소년활동 진흥법 시행규칙 제8조의4)

① 안전교육의 내용

㉠ 청소년수련활동 및 수련시설의 안전관련 법령

㉡ 청소년수련활동 안전사고 예방 및 관리

㉢ 수련시설의 안전점검 및 위생관리

㉣ 그 밖에 수련시설 종사자 등의 안전관리 역량 강화 및 안전사고 예방을 위하여 필요한 사항

② 안전교육의 방법: 집합교육 또는 이러닝과 집합교육을 혼합한 방법
③ 안전교육은 매년 1회 이상 실시한다.

### (16) 감독기관의 종합 안전·위생점검(청소년활동 진흥법 제18조의3)
① 여성가족부장관 또는 특별자치시장·특별자치도지사·시장·군수·구청장은 수련시설의 안전과 위생관리를 위하여 정기적으로 수련시설에 대한 종합 안전·위생점검을 실시하고 그 결과를 공개하여야 한다.
② 여성가족부장관 또는 특별자치시장·특별자치도지사·시장·군수·구청장은 제1항에 따른 종합 안전·위생점검을 실시하려면 미리 수련시설의 운영대표자에게 그 종합 안전·위생점검의 절차, 방법 및 기간을 통보하여야 한다.
③ 여성가족부장관 또는 특별자치시장·특별자치도지사·시장·군수·구청장은 제2항에 따른 통보를 할 때 또는 그 통보 후에 수련시설의 운영대표자에게 제1항에 따른 종합 안전·위생점검에 필요한 자료의 제출을 요구할 수 있다. 이 경우 수련시설의 운영대표자는 정당한 사유가 없으면 그 요구에 따라야 한다.
④ 국가 및 지방자치단체는 제1항에 따른 종합 안전·위생점검 결과에 따라 수련시설의 운영대표자에게 시설의 보완 또는 개수·보수, 위생상태의 개선을 요구할 수 있다. 이 경우 운영대표자는 특별한 사정이 없으면 그 요구에 따라야 한다.
⑤ 제1항에 따른 종합 안전·위생점검의 주기, 절차, 방법 및 점검결과의 공개 등에 필요한 사항은 대통령령으로 정한다.

### (17) 수련시설의 이용(청소년활동 진흥법 제31조)
① 수련시설을 운영하는 자는 청소년단체가 청소년활동을 위하여 시설 이용을 요청할 때에는 특별한 사유가 없으면 그 요청에 따라야 한다.
② 수련시설을 운영하는 자는 청소년활동에 지장을 주지 아니하는 범위에서 다음의 용도로 수련시설을 제공할 수 있다.
㉠ 법인·단체 또는 직장 등에서 실시하는 단체연수활동 등에 제공하는 경우
㉡ 「평생교육법」에 따른 평생교육의 실시를 위하여 제공하는 경우
㉢ 청소년수련원, 유스호스텔 및 청소년야영장에서 개별적인 숙박·야영 편의 등을 제공하는 경우
㉣ 해당 수련시설에 설치된 관리실·사무실 등을 청소년단체의 활동공간으로 제공하는 경우
㉤ 그 밖에 여성가족부령으로 정하는 용도로 이용하는 경우
③ 상기의 ㉠부터 ㉢까지에 따른 이용은 여성가족부령으로 정하는 이용 범위를 초과할 수 없다.

**(18) 수련시설의 종합평가 등(청소년활동 진흥법 제19조의2)**

① 여성가족부장관은 수련시설의 전문성 강화와 운영의 개선 등을 위하여 시설 운영 및 관리체계, 활동프로그램 운영 등 수련시설 전반에 대한 종합평가를 정기적으로 실시하고 그 결과를 공개하여야 한다.
② 여성가족부장관은 제1항에 따른 종합평가를 실시하려면 미리 수련시설의 운영대표자에게 그 종합평가의 절차, 방법 및 기간을 통보하여야 한다.
③ 여성가족부장관은 제2항에 따른 통보를 할 때 또는 그 통보 후에 수련시설의 운영대표자에게 제1항에 따른 종합평가에 필요한 자료의 제출을 요구할 수 있다. 이 경우 수련시설의 대표자는 정당한 사유가 없으면 그 요구에 따라야 한다.
④ 국가 및 지방자치단체는 제1항에 따른 종합평가의 결과 우수한 수련시설에 대하여 포상 등을 실시할 수 있다.
⑤ 여성가족부장관은 제1항에 따른 종합평가의 결과에 따라 수련시설의 운영대표자에게 미흡사항에 대한 개선이나 그 밖의 필요한 조치를 하도록 요구할 수 있다.
⑥ 여성가족부장관은 제1항에 따른 종합평가의 결과를 교육부장관 등 관계 기관의 장에게 알려야 한다.
⑦ 제1항에 따른 종합평가의 주기·방법·절차 및 평가결과의 공개 등에 필요한 사항은 여성가족부령으로 정한다.

*** 청소년활동 진흥법 시행규칙 제9조의2(수련시설의 종합평가 방법 등)**
① 여성가족부장관은 법 제19조의2 제1항에 따른 수련시설에 대한 종합평가를 2년마다 1회 이상 실시하여야 한다.
② 제1항에 따른 종합평가는 수련시설의 관리·운영, 청소년수련활동 프로그램의 내용·전문성, 시설·설비 및 안전관리 등을 평가기준으로 하여 서면, 전산입력 등의 방법으로 평가하되, 필요한 경우 현장평가를 할 수 있다.
③ 여성가족부장관은 제1항에 따른 종합평가 결과를 교육부장관 및 지방자치단체의 장 등 관계기관에 통보하고, 여성가족부 홈페이지 또는 여성가족부장관이 지정하는 인터넷 홈페이지에 공개하여야 한다.
④ 제1항부터 제3항까지에서 규정한 사항 외에 수련시설의 종합평가에 관하여 필요한 사항은 여성가족부장관이 정하여 고시한다.

**(19) 수련시설의 이용범위(청소년활동 진흥법 시행규칙 제13조)**

① 법 제31조 제2항 제5호에서 "여성가족부령으로 정하는 용도로 이용하는 경우"란 청소년 외의 자에게 다음 각 호의 용도로 수련시설을 제공하는 경우를 말한다.

> 1. 당일에 한하는 일시적인 집회에의 사용
> 2. 청소년수련원, 청소년야영장 및 유스호스텔에서 생활관 또는 숙박실 외의 부대·편익시설 등의 사용
> 3. 청소년수련관, 청소년문화의 집 및 청소년특화시설에서 청소년의 이용이 적은 시간대의 사용

② 법 제31조 제3항에서 "여성가족부령으로 정하는 이용 범위"란 해당 수련시설을 이용한 청소년 외의 연간이용자 수가 그 수련시설 연간이용가능인원 수의 100분의 40 이내인 범위를 말하되, 가족이 청소년과 함께 수련시설을 이용한 경우 그 가족은 청소년 외의 연간 이용자 수에 포함시키지 아니한다. 다만, 전년도의 외국인 이용자가 연간 5만명 이상인 유스호스텔의 경우에는 100분의 60 이내인 범위를 말한다.

## [2] 기관 운영

### (1) 청소년수련지구의 개념

청소년활동을 지원하기 위하여 필요한 경우에 명승고적지, 역사유적지 또는 자연경관이 수려한 지역으로서 청소년활동에 적합하고 이용이 편리한 지역에 대하여 「청소년활동진흥법」에 따라 지정·고시된 지구를 말한다.

### (2) 청소년수련지구의 지정(청소년활동 진흥법 제47조)

① 특별자치시장·특별자치도지사·시장·군수·구청장은 청소년활동을 지원하기 위하여 필요한 경우 명승고적지, 역사유적지 또는 자연경관이 수려한 지역으로서 청소년활동에 적합하고 이용이 편리한 지역을 청소년수련지구(이하 "수련지구"라 한다)로 지정할 수 있다.
② 특별자치시장·특별자치도지사·시장·군수·구청장은 제1항에 따라 수련지구를 지정하거나 그 지정 내용을 변경하려면 관계 행정기관의 장과 협의하여야 한다. 다만, 대통령령으로 정하는 경미한 사항을 변경하는 경우에는 그러하지 아니하다.
③ 특별자치시장·특별자치도지사·시장·군수·구청장은 제1항에 따라 수련지구를 지정하였을 때에는 수련지구의 구역, 면적, 지정 연월일, 그 밖에 필요한 사항을 고시하여야 한다.
④ 수련지구의 지정 절차, 수련지구에 설치하여야 하는 시설의 종류·범위 및 면적, 수련지구에 설치할 수 없는 시설 등에 관하여 필요한 사항은 대통령령으로 정한다.

### (3) 청소년수련지구의 지정 절차(청소년활동 진흥법 시행령 제27조)

시장·군수·구청장이 청소년활동진흥법에 따라 청소년수련지구(이하 "수련지구"라 한다)를 지정함에 있어 관계 행정기관의 장과 협의하려는 경우에는 협의요청서에 다음 각 호의 서류를 첨부하여 관계 행정기관의 장에게 송부하여야 한다. 이 경우 협의요청서를 받은 관계 행정기관의 장은 특별한 사유가 없는 한 협의요청서를 받은 날부터 40일 이내에 이에 대한 의견을 회신하여야 한다.

① 수련지구의 지정사유 설명서
② 수련지구로 지정할 구역의 지번 및 지적조서
③ 「국토의 계획 및 이용에 관한 법률」, 그 밖의 다른 법률에 따라 지역·지구 등으로 지정된 지역에 수련지구를 지정하는 경우 그 법률에서 해당 행정기관의 장과 협의하도록 규정된 경우에는 그 협의에 필요한 서류
④ 수련지구로 지정하는 지역의 도면(축척 2만5천분의 1 이상)

### (4) 수련지구조성계획(청소년활동 진흥법 제48조)

① 특별자치시장·특별자치도지사·시장·군수·구청장은 제47조 제1항에 따라 수련지구를 지정한 경우에는 수련지구조성계획(이하 "조성계획"이라 한다)을 수립·시행하여야 한다.
② 법인 또는 단체는 수련지구를 지정한 특별자치시장·특별자치도지사·시장·군수·구청장의 승인을 받아 대통령령으로 정하는 규모 이하의 조성계획을 수립·시행할 수 있다.
③ 제1항 및 제2항에 따른 조성계획은 자연 상태를 최대한 보존할 수 있도록 수립하여야 한다.
④ 특별자치시장·특별자치도지사·시장·군수·구청장은 제1항 및 제2항에 따라 조성계획을 수립하거나 승인하였을 때에는 그 조성계획을 대통령령으로 정하는 바에 따라 고시하여야 한다.
⑤ 국가는 제1항 및 제2항에 따른 조성계획의 시행에 필요한 비용의 일부를 보조할 수 있다.

### (5) 수련지구에 설치하여야 하는 시설의 종류·범위 및 면적(청소년활동 진흥법 시행령 별표4)

① 시설의 종류

| 시설종류 | 내용 |
| --- | --- |
| 수련시설 | 법 제10조 제1호 다목 및 바목에 따른 청소년수련원 및 유스호스텔 각각 1개소 이상 |
| 체육시설 | 실내체육시설 1개소 이상 및 실외체육시설 3개소 이상 |
| 문화시설 | 공연장, 박물관, 미술관, 과학관, 그 밖에 이와 유사한 시설 중 1개소 이상 |
| 자연탐구시설 또는 환경학습시설 | 자연학습원, 환경학습장, 동·식물원, 그 밖에 이와 유사한 시설 중 1개소 이상 |

| 모험활동시설 | 수상·해양·항공 또는 산악 훈련장, 극기훈련장, 모험활동장, 그 밖에 이와 유사한 모험활동 시설 중 1개소 이상 |
|---|---|
| 녹지 | 수련지구 지정면적의 10퍼센트 이상 |

② 범위 및 면적
　㉠ 시설의 면적은 해당 수련지구 내 전체 시설면적 중 도로·광장 등 공용시설을 제외한 시설면적의 100분의 50 이상이어야 한다.
　㉡ 시설의 설치에 드는 투자비는 해당 수련지구의 조성에 드는 전체 투자비 중 도로·광장·상하수도 등 기반시설에 투자되는 비용을 제외한 투자비의 100분의 50 이상이어야 한다.

### (6) 수련지구 내 금지시설(청소년활동진흥법 시행령 제29조 제2항)
① 「식품위생법 시행령」에 따른 단란주점영업 및 유흥주점영업을 하기 위한 시설
② 「사행행위 등 규제 및 처벌특례법」에 따른 사행행위영업을 하기 위한 시설
③ 「체육시설의 설치·이용에 관한 법률」에 따른 무도학원업 및 무도장업을 하기 위한 시설
④ 「화학물질관리법」에 따른 유해화학물질 영업을 하기 위한 시설
⑤ 「산업집적활성화 및 공장설립에 관한 법률」에 따른 공장. 다만, 수련지구의 관리 또는 청소년수련활동을 위하여 필요한 시설로서 여성가족부령으로 정하는 것은 제외한다.
⑥ 「폐기물관리법」에 따른 폐기물처리시설. 다만, 수련지구의 관리 또는 청소년수련활동을 위하여 필요한 시설로서 여성가족부령으로 정하는 것은 제외한다.
⑦ 그 밖에 특별자치시·특별자치도·시·군·구(자치구를 말한다)의 조례로 정하는 시설

# 2 청소년단체

## [1] 청소년단체의 이해

### (1) 청소년단체의 정의
① 청소년단체란 청소년 육성을 주된 목적으로 설립된 법인 또는 대통령령이 정하는 단체를 말한다(청소년 기본법 제3조 제8호).
② 청소년을 대상으로 그들의 인격형성에 기본 목표를 두고 활동을 전개하는 사회적 조직체이다.

### (2) 청소년단체의 역할(청소년 기본법 제28조)
① 청소년단체는 다음 각 호의 역할을 수행하기 위하여 최선의 노력을 하여야 한다.
   ㉠ 학교교육과 서로 보완할 수 있는 청소년활동을 통한 청소년의 기량과 품성 함양
   ㉡ 청소년복지 증진을 통한 청소년의 삶의 질 향상
   ㉢ 유해환경으로부터 청소년을 보호하기 위한 청소년 보호업무 수행
② 청소년단체는 제1항에 따른 역할을 수행할 때에 청소년의 의견을 적극 반영하여야 한다.

### (3) 청소년단체활동의 의의
① 미비한 학교교육의 보완
② 사회발전에의 동참
③ 청소년문화 창조
④ 열린학습사회 실현에 기여

### (4) 청소년단체활동의 기본요건
① 학습자로서의 청소년
② 학습경험 촉진자로서의 지도자
③ 학습경험으로서의 프로그램
④ 학습환경

### (5) 청소년단체의 활동
① 극기활동: 등산, 야영, 국토순례
② 탐사활동: 오리엔티어링, 유적지 탐방 학술조사, 동굴·수중 탐사
③ 안전구호활동: 안전생활훈련, 대피방호훈련, 재해구호활동

④ 지역사회 봉사활동: 자원봉사활동, 지역개발운동, 환경보전운동, 교통안전활동, 소비자활동
⑤ 자아탐색활동: 심성개발프로그램, 진로탐색프로그램

### (6) 청소년단체활동의 문제점
① 프로그램 개발과정에서 청소년 욕구 반영 미흡
② 청소년 지도 인력의 전문성 부족
③ 대도시 및 학생청소년 중심의 단체활동
④ 청소년단체의 재정적 영세성
⑤ 단체활동 참여 청소년 비율 저조
⑥ 각 청소년단체의 전문화·특성화 부족

### (7) 청소년단체활동의 활성화 방안
① 청소년단체 프로그램의 전문화와 특성화
② 청소년지도사 배치 의무와 전문적 지도력 강화
③ 청소년단체협의회의 역할과 기능 회복
④ 지역단위, 시설 중심의 청소년단체활동 강화
⑤ 청소년단체활동에 대한 사회적 인식 확보

## [2] 관련법상 청소년단체

### (1) 한국청소년단체협의회(청소년 기본법 제40조)
① 청소년단체는 청소년육성을 위한 다음 각 호의 활동을 하기 위하여 여성가족부장관의 인가를 받아 한국청소년단체협의회를 설립할 수 있다.
  ㉠ 회원단체의 사업과 활동에 대한 협조·지원
  ㉡ 청소년지도자의 연수와 권익 증진
  ㉢ 청소년 관련 분야의 국제기구활동
  ㉣ 외국 청소년단체와의 교류 및 지원
  ㉤ 남·북 청소년 및 해외교포청소년과의 교류·지원
  ㉥ 청소년활동에 관한 조사·연구·지원
  ㉦ 청소년 관련 도서 출판 및 정보 지원
  ㉧ 청소년육성을 위한 홍보 및 실천 운동
  ㉨ 지방청소년단체협의회에 대한 협조 및 지원
  ㉩ 그 밖에 청소년육성을 위하여 필요한 사업

② 한국청소년단체협의회는 법인으로 한다.
③ 한국청소년단체협의회는 주된 사무소의 소재지에서 설립등기를 함으로써 성립한다.
④ 한국청소년단체협의회에 관하여 이 법에 규정된 것을 제외하고는 「민법」 중 사단법인에 관한 규정을 준용한다.
⑤ 국가는 한국청소년단체협의회의 운영과 활동에 필요한 경비를 지원할 수 있다.
⑥ 한국청소년단체협의회는 설립 목적에 지장이 없는 범위에서 수익사업을 할 수 있으며, 발생한 수익은 한국청소년단체협의회의 운영 또는 한국청소년단체협의회의 시설 운영 외의 목적에 사용할 수 없다.
⑦ 개인·법인 또는 단체는 한국청소년단체협의회의 운영과 사업 등을 지원하기 위하여 금전이나 그 밖의 재산을 출연하거나 기부할 수 있다.
⑧ 한국청소년단체협의회는 제1항에 따른 활동의 일부를 정관에서 정하는 바에 따라 회원단체에 위탁할 수 있다.

### (2) 지방청소년단체협의회(청소년 기본법 제41조)
① 특정지역을 활동 범위로 하는 청소년단체는 청소년육성을 위하여 그 지역을 관할하는 시·도의 조례로 정하는 바에 따라 시·도지사의 인가를 받아 지방청소년단체협의회를 설립할 수 있다.
② 지방자치단체는 예산의 범위에서 해당 지방청소년단체협의회의 운영경비의 전부 또는 일부를 지원할 수 있다.

### (3) 한국청소년활동진흥원의 설치(청소년활동 진흥법 제6조)
① 청소년육성을 위한 다음의 사업을 하기 위하여 한국청소년활동진흥원(이하 "활동진흥원"이라 한다)을 설치한다.
　㉠ 청소년활동, 청소년복지, 청소년보호에 관한 종합적 안내 및 서비스 제공
　㉡ 청소년육성에 필요한 정보 등의 종합적 관리 및 제공
　㉢ 청소년수련활동 인증위원회 등 청소년수련활동 인증제도의 운영
　㉣ 청소년 자원봉사활동의 활성화
　㉤ 청소년활동 프로그램의 개발과 보급
　㉥ 국가가 설치하는 수련시설의 유지·관리 및 운영업무의 수탁
　㉦ 국가 및 지방자치단체가 개발한 주요 청소년수련거리의 시범운영
　㉧ 청소년활동시설이 실시하는 국제교류 및 협력사업에 대한 지원
　㉨ 청소년지도자의 연수

ⓒ 숙박형등 청소년수련활동 계획의 신고 지원에 대한 컨설팅 및 교육
㉠ 수련시설 종합 안전·위생점검에 대한 지원
㉡ 수련시설의 안전에 관한 컨설팅 및 홍보
㉤ 안전교육의 지원
㉥ 그 밖에 여성가족부장관이 지정하거나 활동진흥원의 목적을 수행하기 위하여 필요한 사업
② 활동진흥원은 법인으로 한다.
③ 활동진흥원은 그 주된 사무소의 소재지에서 설립등기를 함으로써 성립한다.

### (4) 한국청소년수련시설협회(청소년활동 진흥법 제40조)
① 수련시설 설치·운영자 및 위탁운영단체는 수련시설의 운영·발전을 위하여 여성가족부장관의 인가를 받아 다음의 사업을 하는 한국청소년수련시설협회(이하 "시설협회"라 한다)를 설립할 수 있다.
㉠ 시설협회의 회원인 수련시설 설치·운영자 및 위탁운영단체가 실시하는 사업과 활동에 대한 협력 및 지원
㉡ 청소년지도자의 연수·권익증진 및 교류사업
㉢ 청소년수련활동의 활성화 및 수련시설의 안전에 관한 홍보 및 실천운동
㉣ 청소년수련활동에 대한 조사·연구·지원사업
㉤ 지방청소년수련시설협회에 대한 지원
㉥ 그 밖에 수련시설의 운영·발전을 위하여 필요하다고 여성가족부장관이 인정하는 사업
② 시설협회는 법인으로 한다.
③ 시설협회는 그 주된 사무소의 소재지에서 설립등기를 함으로써 성립한다.
④ 국가는 예산의 범위에서 시설협회의 운영경비의 전부 또는 일부를 지원할 수 있다.
⑤ 시설협회는 사업의 일부를 대통령령으로 정하는 바에 따라 지방청소년수련시설협회에 위탁할 수 있다.
⑥ 시설협회에 관하여는 이 법에서 규정한 것을 제외하고는 「민법」 중 사단법인에 관한 규정을 준용한다.

### (5) 지방청소년수련시설협회(청소년활동 진흥법 제41조)
① 특정 지역을 활동범위로 하는 수련시설은 시설의 효율적인 운영·발전을 위하여 그 지역을 관할하는 시·도의 조례로 정하는 바에 따라 시·도지사의 승인을 받아 지방청소년수련시설협회를 설치할 수 있다.
② 지방자치단체는 예산의 범위에서 해당 지방청소년수련시설협회의 운영경비의 일부를 지원할 수 있다.

# Chapter 5
# 청소년활동 실제

| 1 수련활동

| 2 교류활동

| 3 문화활동

| 4 동아리활동

| 5 참여활동

| 6 기타 활동

# 1 수련활동

## [1] 청소년수련활동

### (1) 청소년수련활동의 정의(청소년활동 진흥법 제2조)
① 청소년수련활동: 청소년이 청소년활동에 자발적으로 참여하여 청소년 시기에 필요한 기량과 품성을 함양하는 교육적 활동으로서 청소년지도자와 함께 청소년수련거리에 참여하여 배움을 실천하는 체험활동을 말한다.
② 청소년수련거리: 청소년수련활동에 필요한 프로그램과 이와 관련되는 사업을 말한다.

### (2) 청소년수련거리의 개발·보급(청소년활동 진흥법 제34조)
① 국가 및 지방자치단체는 청소년수련활동에 필요한 청소년수련거리를 그 이용대상·나이·이용장소 등을 종합적으로 고려하여 유형별로 균형 있게 개발·보급하여야 한다.
② 국가 및 지방자치단체는 청소년의 발달원리와 선호도에 근거하여 청소년수련거리를 전문적으로 개발하여야 한다.

## [2] 청소년수련활동 인증제

### (1) 청소년수련활동 인증제의 정의
청소년활동 진흥법 제35조에 의거하여 시행되는 제도로, 다양한 청소년활동에 '수련활동이 갖는 일정기준 이상의 형식적 요건과 질적 특성을 갖춘 청소년활동이 정당한 절차로 성립되었음을 공적 기관에 의해 증명하는 제도'이다.

### (2) 추진배경 및 목적
① 청소년이 안전하고 유익한 활동을 선택하여 참여할 수 있도록 양질의 프로그램 제공
② 청소년에게 안전하고 질적 수준이 담보된 다양한 청소년활동 정보 제공
③ 참여한 활동 내용을 국가가 기록·유지·관리하여 자기계발과 진로모색에 활용하도록 자료 제공
④ 건전한 청소년활동 선택의 장을 조성하고 청소년활동 전반에 대한 국민적 신뢰 확보

### (3) 청소년수련활동인증제의 운영목적
① 국가가 청소년수련활동의 공공성과 신뢰성을 인증함으로써 청소년활동 정책의 실용성 제고
② 청소년의 교육, 사회적 환경 변화에 따를 양질의 청소년활동 정책과 참여기회 제공
③ 다양한 청소년활동 정보 제공 및 청소년 활동 참여 활성화

④ 자기계발 및 진로모색 등에 활용 가능한 활동 기록 관리·제공

**(4) 청소년수련활동의 특징**
① 인증수련활동은 청소년의 성장발달과 욕구를 바탕으로 프로그램이 운영된다.
　㉠ 인증수련활동은 대상 청소년의 정신적·신체적 특성을 고려하고 청소년들이 필요로 하는 활동의 욕구분석을 하여 청소년전문가가 기획 및 운영한다.
　㉡ 매회 참가 청소년들의 만족도 조사를 진행하여 더욱더 유익하고 재미있는 프로그램이 될 수 있도록 개선된다.
② 인증수련활동은 전문가가 꼼꼼하게 지도한다.
　㉠ 인증수련활동은 청소년지도사또는 청소년상담사 자격증을 취득한 사람이거나 현장에서 5년 이상의 전문경력을 가진 청소년지도자가 프로그램을 직접개발하고 운영한다.
　㉡ 청소년 인원수에 청소년지도자의 적정배치 인원수가 의무화되어 있어 보다 안전하고 보다 개별적으로 관심을 가지고 지도할 수 있도록 한다.
③ 인증수련활동은 위험요소를 최소화한다.
　㉠ 활동환경의 적절성 및 안정성, 안전관리계획 및 교육, 비상조치계획, 보험가입 등 안전과 관련하여 엄격한 심사기준으로 위험요소를 최소화하고 있다.
　㉡ 수상, 항공, 산악, 국토대장정 등의 안전고려활동은 인증심사원이 이행 여부 확인을 통해 다시 한번 프로그램의 안전을 확인한다.
④ 인증수련활동의 기록확인서는 언제든지 발급받을 수 있고, 포트폴리오를 작성할 수 있다.
　㉠ 인증수련활동에 참여한 청소년은 인증수련활동 기록확인서를 온라인(yap.youth.go.kr)으로 언제든지 실시간으로 발급받을 수 있으며, 활동기록확인서 외에도 포트폴리오를 스스로 작성하여 발급받을 수 있다.
⑤ 인증수련활동의 기록은 진학 및 취업 등의 자료로 활동된다.
　㉠ 인증수련활동기록확인서는 국가에서 관리 및 발급하는 공신력 있는 자료로서 협약을 체결한 대학에 입학전형 및 가점(활용) 반영이 된다.
　㉡ 인증수련활동 청소년 참여기록을 대학 입학전형 시 활용된다.

**(5) 청소년수련활동 인증제도의 운영(청소년활동 진흥법 제35조)**
① 국가는 청소년수련활동이 청소년의 균형 있는 성장에 기여할 수 있도록 그 내용과 수준을 향상시키기 위하여 청소년수련활동 인증제도를 운영하여야 한다.
② 국가는 청소년수련활동 인증제도를 운영하기 위하여 청소년수련활동 인증위원회(이하 "인증위원회"라 한다)를 활동진흥원에 설치·운영하여야 한다.

③ 인증위원회는 위원장과 부위원장 각 1명을 포함한 15명 이내의 위원으로 구성한다.
④ 인증위원회의 위원은 다음에 해당하는 사람으로 한다. 이 경우 ㉢에 해당하는 사람이 1명 이상 포함되어야 한다.
  ㉠ 여성가족부와 교육부의 고위공무원단에 속하는 일반직공무원 또는 이에 상당하는 특정직공무원 중에서 해당 기관의 장이 각각 지명하는 사람
  ㉡ 활동진흥원의 이사장
  ㉢ 청소년활동의 안전에 관한 전문자격이나 전문지식을 가진 사람 중에서 여성가족부장관이 위촉하는 사람
  ㉣ 그 밖에 청소년활동에 관한 지식과 경험이 풍부한 사람 중에서 여성가족부장관이 위촉하는 사람
⑤ 국가는 인증을 받은 청소년수련활동(이하 "인증수련활동"이라 한다)을 공개하여야 하며, 인증수련활동에 참여한 청소년의 활동기록을 유지·관리하고, 청소년이 요청하는 경우에는 이를 제공하여야 한다.
⑥ 인증위원회의 구성·운영, 청소년의 활동기록의 유지 및 관리 등에 필요한 사항은 대통령령으로 정한다.

### (6) 청소년수련활동의 인증 절차(청소년활동 진흥법 제36조)

① 국가와 지방자치단체 또는 개인·법인·단체 등은 청소년수련활동에 필요한 프로그램을 개발하여 실시하려는 경우에는 인증위원회에 그 인증을 신청할 수 있다.
② 위탁·재위탁을 포함하여 여성가족부령으로 정하는 바에 따라 참가 인원이 일정 규모 이상이거나 위험도가 높은 청소년수련활동을 주최하려는 자는 그 청소년수련활동에 대하여 미리 인증위원회의 인증을 받아야 한다. 다만, 다음의 어느 하나에 해당하는 단체가 회원을 대상으로 수련활동을 실시하는 경우에는 그러하지 아니하다.
  ㉠ 「스카우트활동 육성에 관한 법률」에 따른 스카우트주관단체
  ㉡ 「스카우트활동 육성에 관한 법률」에 따른 걸스카우트주관단체
  ㉢ 「한국청소년연맹 육성에 관한 법률」에 따라 운영되는 한국청소년연맹
  ㉣ 「한국해양소년단연맹 육성에 관한 법률」에 따라 운영되는 한국해양소년단연맹
  ㉤ 「한국4에이치활동 지원법」에 따라 운영되는 4에이치활동 주관단체
  ㉥ 「대한적십자사 조직법」에 따라 운영되는 청소년적십자
  ㉦ 그 밖에 여성가족부령으로 정하는 단체
③ 인증을 신청하려는 자는 청소년지도자와 다음의 어느 하나에 해당하는 인력(이하 "전문인력"이라 한다)을 갖추어야 한다. 다만, 청소년지도자가 전문인력에 해당하는 경우에는 전문인력을 갖춘 것으로 본다.

㉠ 여성가족부령으로 정하는 응급처치에 관한 교육을 이수한 사람
㉡ 청소년활동의 안전에 필요한 전문자격이나 전문지식을 가진 사람으로서 여성가족부령으로 정하는 사람
④ 인증을 신청하려는 자는 청소년수련활동에 필요한 프로그램을 진행하는 활동의 장소·시기·목적·대상·내용·진행방법·평가·자원조달·청소년지도자 및 전문인력 등에 관한 사항을 작성하여 인증위원회에 제출하여야 한다.
⑤ 인증위원회는 인증을 할 때에는 현장방문 등 필요한 방법으로 인증신청의 내용을 확인할 수 있다.
⑥ 인증위원회는 인증신청의 내용을 확인한 결과 ④에 따른 신청사항이 누락되거나 신청사항을 보완할 필요가 있는 경우에는 대통령령으로 정하는 바에 따라 20일 이내의 기간을 정하여 보완을 요구할 수 있다.
⑦ 청소년수련활동 인증의 절차와 방법 등에 관하여 필요한 사항은 대통령령으로 정한다.

### (7) 인증신청·절차 및 방법 등(청소년활동 진흥법 시행령 제21조)
① 수련활동의 인증을 받으려는 자는 참가자 모집 또는 활동실시 시작 45일 이전에 인증위원회에 인증을 요청하여야 한다.
② 인증위원회는 인증을 요청받은 경우에는 인증위원회에서 정하는 인증기준에 따라 심사하고, 인증을 요청한 자에게 그 결과를 통지하여야 한다.
③ 인증위원회는 심사를 위하여 필요한 경우에 인증을 요청한 자의 의견을 들을 수 있으며, 보완 또는 개선이 필요하다고 판단되는 경우에는 이를 보완 또는 개선하도록 요구할 수 있다.
④ 보완 또는 개선의 요구를 받은 자는 10일 이내에 그 보완 또는 개선사항을 제출하여야 한다.
⑤ 인증위원회는 보완 또는 개선을 요구받고도 정당한 사유 없이 이에 응하지 아니하는 경우에는 인증요청서를 반려할 수 있다.

### (8) 인증의 사후 관리(청소년활동 진흥법 제36조의2)
① 인증위원회는 인증의 유효기간을 설정할 수 있다.
② 인증위원회는 인증수련활동의 실시에 대하여 인증사항의 이행 여부를 확인할 수 있다.
③ 인증위원회는 인증수련활동의 내용과 실제로 실시되는 청소년수련활동의 내용에 차이가 있는 경우에는 이를 시정하도록 요구할 수 있다.
④ 인증의 유효기간, 이행 여부 확인 및 시정 요구에 관하여 필요한 사항은 여성가족부령으로 정한다.

**(9) 인증의 취소 등(청소년활동 진흥법 제36조의3)**
　① 인증위원회는 청소년수련활동을 인증받은 자가 다음의 어느 하나에 해당하는 경우에는 그 인증을 취소하거나 6개월 이내의 기간을 정하여 그 인증의 정지를 명할 수 있다. 다만, ㉠의 경우에는 그 인증을 취소하여야 한다.
　　㉠ 거짓이나 그 밖의 부정한 방법으로 인증을 받은 경우
　　㉡ 인증을 받은 후 정당한 사유 없이 1년 이상 계속하여 인증수련활동을 실시하지 아니한 경우
　　㉢ 인증수련활동의 내용과 실제로 실시되는 청소년수련활동의 내용에 중요한 차이가 있는 경우로서 그 원인이 인증받은 자의 고의나 중대한 과실로 인한 경우
　② 인증위원회는 인증을 받은 자가 제1항에 따른 정지명령을 위반하여 정지기간 중 인증수련활동을 실시하였을 때에는 그 인증을 취소할 수 있다.
　③ 행정처분의 세부기준은 그 위반행위의 종류와 위반 정도 등을 고려하여 여성가족부령으로 정한다.

**(10) 청소년수련활동 인증위원회의 구성·운영 등(청소년활동 진흥법 시행령 제19조)**
　① 청소년활동의 안전에 관한 전문자격이나 전문지식을 가진 사람 중에서 여성가족부장관이 위촉하는 사람에 해당하는 위원의 임기는 3년으로 한다.
　② 인증위원회의 위원장과 부위원장은 위원 중에서 호선한다.
　③ 위원장은 인증위원회를 대표하고, 인증위원회의 직무를 총괄한다.
　④ 위원장이 부득이한 사유로 직무를 수행할 수 없는 경우에는 부위원장이 그 직무를 대행하며, 위원장 및 부위원장이 모두 부득이한 사유로 직무를 수행할 수 없는 경우에는 위원장이 미리 지명한 위원이 그 직무를 대행한다.
　⑤ 위원장은 필요시 회의를 소집하고, 그 의장이 된다.
　⑥ 인증위원회의 업무를 효율적으로 수행하기 위하여 필요한 경우에는 소위원회를 둘 수 있으며, 소위원회의 설치·운영 등 인증위원회의 운영에 필요한 사항은 인증위원회의 의결을 거쳐 위원장이 정한다.

**(11) 인증심사원의 자격 및 선발 등(청소년활동 진흥법 시행규칙 제15조)**
　① 청소년수련활동인증위원회(이하 "인증위원회"라 한다)는 다음의 어느 하나에 해당하는 자격요건을 갖춘 사람 중에서 인증심사원을 선발한다.
　　㉠ 1급 또는 2급 청소년지도사 자격 소지자
　　㉡ 청소년활동분야에서 5년 이상의 실무경력이 있는 사람

② 인증심사원이 되려는 사람은 인증위원회에서 실시하는 면접 등 절차를 거쳐 선발한다.
③ 인증심사원이 되려는 사람은 인증기준, 인증절차 등 인증심사와 관련된 내용을 중심으로 인증위원회가 실시하는 직무연수를 40시간 이상 받아야 한다.
④ 인증심사원은 2년마다 20시간 이상의 직무연수를 이수하여야 한다.

### (12) 활동기록 유지·관리 등(청소년활동 진흥법 시행령 제20조)
① 국가는 인증수련활동에 참여한 청소년의 활동기록을 확인하는 등의 절차를 거쳐 해당 활동이 끝난 후 20일이 경과한 날부터 그 기록을 제공할 수 있도록 하여야 한다.
② 국가는 활동참여 청소년의 기록 자료가 효율적으로 유지·관리·제공될 수 있도록 종합관리체계를 구축하여야 하며, 수련활동 참여기록이 청소년 본인의 동의 없이 공개 또는 유출되지 아니하도록 하는 등의 필요한 조치를 하여야 한다.

### (13) 수련활동 내용 등의 기록 및 통보(청소년활동 진흥법 시행령 제23조)
① 인증수련활동을 실시한 활동시설 및 개인, 법인·단체는 법 제37조 제1항에 따라 청소년이 참여한 수련활동에 관하여 개별 청소년의 인적사항, 활동참여 일자·시간, 장소, 주관기관, 수련활동 내용 등을 기록하여야 한다.
② 인증수련활동을 실시한 활동시설 및 개인, 법인·단체는 제1항에 따른 개별 청소년의 활동기록 및 인증수련활동 결과를 해당 인증수련활동이 끝난 후 15일 이내에 인증위원회에 통보하여야 한다.

### (14) 위험도가 높은 청소년수련활동(청소년활동 진흥법 시행규칙 별표7)

| 구분 | 프로그램 |
| --- | --- |
| 수상활동 | 래프팅, 모터보트, 동력요트, 수상오토바이, 고무보트, 수중스쿠터, 레저용 공기부양정, 수상스키, 조정, 카약, 카누, 수상자전거, 서프보드, 스킨스쿠버 |
| 항공활동 | 패러글라이딩, 행글라이딩 |
| 산악활동 | 암벽타기(자연암벽, 빙벽), 산악스키, 야간등산(4시간 이상의 경우만 해당한다) |
| 장거리 걷기활동 | 10Km 이상 도보이동 |
| 그 밖의 활동 | 유해성 물질(발화성, 부식성, 독성 또는 환경유해성 등), 하강레포츠, ATV탑승 등 사고위험이 높은 물질·기구·장비 등을 활용하여 이루어지는 청소년수련활동 |

### (15) 수련활동인증 기준

| | | |
|---|---|---|
| 공통기준 | 활동프로그램 | • 프로그램 구성<br>• 프로그램 지원운영 |
| | 지도력 | • 지도자 자격<br>• 지도자 역할 및 배치 |
| | 활동환경 | • 공간과 설비의 확보 및 관리<br>• 안전관리 계획 |
| 개별기준 | 숙박형 | • 숙박관리<br>• 안전 관리인력 확보<br>• 영양관리사 자격 |
| | 이동형 | • 숙박관리<br>• 안전관린 인력 확보<br>• 영양관리사 자격<br>• 이동관리<br>• 휴식관리 |
| 특별기준 | 위험도가 높은 행동 | • 전문지도자의 배치<br>• 공간과 설비의 법령준수 |
| | 학교단체 숙박형 | 학교단체 숙박형 활동관리 |
| | 비대면방식 실시간 쌍방향 | 실시간 쌍방향 활동 운영 및 관리 |
| | 비대면방식 콘텐츠 활용 중심 | 콘텐츠 활용 중심 활동 운영 및 관리 |
| | 비대면방식 과제수행 중심 | 과제수행 중심 활동 운영 및 관리 |

### (16) 활동유형(인증대상)

| 활동유형 | 내용 |
|---|---|
| 기본형 | 전체 프로그램 운영 시간이 2시간 이상으로서, 실시한 날에 끝나거나 또는 2일 이상의 각 회기로 구성되어 있으며 숙박 없이 수일에 걸쳐 이루어지는 활동 |
| 숙박형 | 숙박에 적합한 장소에서 일정기간 숙박하며 이루어지는 활동 |
| 이동형 | 활동 내용에 따라 선정된 활동장을 이동하여 숙박하며 이루어지는 활동 |
| 학교단체숙박형 | 학교장이 참가를 승인한 숙박형 활동 |

## [3] 숙박형 및 비숙박형 청소년수련활동

### (1) 숙박형등 청소년수련활동 계획의 신고(청소년활동 진흥법 제9조의2)

① 숙박형 청소년수련활동 및 비숙박형 청소년수련활동(이하 "숙박형등 청소년수련활동"이라 한다)을 주최하려는 자는 여성가족부령으로 정하는 절차와 방법에 따라 특별자치시장·특

별자치도지사·시장·군수·구청장(자치구의 구청장을 말한다. 이하 같다)에게 그 계획을 신고하여야 한다. 다만, 다음의 경우는 제외한다.

㉠ 다른 법률에서 지도·감독 등을 받는 비영리 법인 또는 비영리 단체가 운영하는 경우
㉡ 청소년이 부모 등 보호자와 함께 참여하는 경우
㉢ 종교단체가 운영하는 경우
㉣ 비숙박형 청소년수련활동 중 인증을 받아야 하는 활동이 아닌 경우

② 특별자치시장·특별자치도지사·시장·군수·구청장은 ①에 따른 신고를 받은 날부터 14일 이내에 신고수리 여부를 신고인에게 통지하여야 한다.

③ 특별자치시장·특별자치도지사·시장·군수·구청장이 ②에서 정한 기간 내에 신고수리 여부 또는 민원 처리 관련 법령에 따른 처리기간의 연장을 신고인에게 통지하지 아니하면 그 기간(민원 처리 관련 법령에 따라 처리기간이 연장 또는 재연장된 경우에는 해당 처리기간을 말한다)이 끝난 날의 다음 날에 신고를 수리한 것으로 본다.

④ 숙박형등 청소년수련활동을 주최하려는 자는 제1항에 따른 신고가 수리되기 전에는 모집활동을 하여서는 아니 된다.

⑤ 특별자치시장·특별자치도지사·시장·군수·구청장은 다음의 어느 하나에 해당하는 사람이 숙박형등 청소년수련활동을 운영 또는 보조하려는 경우에는 신고를 수리하여서는 아니 된다.

㉠ 「아동복지법」 위반에 따른 죄, 「성폭력범죄의 처벌 등에 관한 특례법」에 따른 성폭력범죄 또는 「아동·청소년의 성보호에 관한 법률」에 따른 아동·청소년대상 성범죄를 범하여 형 또는 치료감호를 선고받고 그 형 또는 치료감호의 전부 또는 일부의 집행이 끝나거나 집행이 유예·면제된 날부터 10년이 지나지 아니한 사람
㉡ 「청소년기본법」에 따라 청소년지도사가 될 수 없는 사람

⑥ 특별자치시장·특별자치도지사·시장·군수·구청장은 관계 기관의 장에게 제5항에 따른 범죄경력 등을 확인하기 위한 자료의 제공을 요청할 수 있다. 이 경우 관계 기관의 장은 정당한 사유가 없으면 그 요청에 따라야 한다.

⑦ 특별자치시장·특별자치도지사·시장·군수·구청장은 숙박형등 청소년수련활동 계획의 신고를 수리한 때에는 그 계획을 여성가족부장관에게 통보하여야 한다.

⑧ 여성가족부장관은 제7항에 따라 통보받은 숙박형등 청소년수련활동 계획에 보완이 필요하다고 인정될 때에는 그 계획을 통보한 특별자치시장·특별자치도지사·시장·군수·구청장에게 보완사항을 통보하여야 한다.

⑨ 보완사항을 통보받은 특별자치시장·특별자치도지사·시장·군수·구청장은 그 내용을 숙박형등 청소년수련활동 주최자에게 통보하여야 한다.

### (2) 숙박형등 청소년수련활동 관련 정보의 공개(청소년활동 진흥법 제9조의4)
① 특별자치시장·특별자치도지사·시장·군수·구청장은 제9조의2에 따라 숙박형등 청소년수련활동 계획의 신고를 수리한 경우에는 여성가족부령으로 정하는 절차와 방법에 따라 해당 내용을 인터넷 홈페이지 등을 이용하여 공개하여야 한다.
② 여성가족부장관은 공개를 위하여 온라인 종합정보제공시스템을 구축·운영하여야 한다.
③ 여성가족부장관은 종합정보제공시스템의 운영을 활동진흥원에 위탁할 수 있다.

### (3) 숙박형등 청소년수련활동 관련 정보의 표시·고지(청소년활동 진흥법 제9조의5)
숙박형등 청소년수련활동 계획의 신고가 수리된 자는 모집활동 및 계약을 할 경우 여성가족부령으로 정하는 바에 따라 다음의 사항을 표시하고 고지하여야 한다.
① 인증을 받은 청소년수련활동인지 여부
② 이 법 또는 다른 법률에 따른 안전관리 기준의 충족 여부
③ 보험 등 관련 보험의 가입 여부 및 보험의 종류와 약관

### (4) 숙박형등 청소년수련활동의 제한(청소년활동 진흥법 제9조의6)
이 법 또는 다른 법률에 따라 신고·등록·인가·허가를 받지 아니한 단체 및 개인은 숙박형 청소년수련활동, 비숙박형 청소년수련활동 중 참가 인원이 일정 규모 이상이거나 위험도가 높은 청소년수련활동을 하여서는 아니 된다. 다만, 청소년이 부모 등 보호자와 함께 참여하는 경우 또는 종교단체가 운영하는 경우에는 그러하지 아니하다.

### (5) 관계 기관과의 협력(청소년활동 진흥법 제9조의7)
① 특별자치시장·특별자치도지사·시장·군수·구청장은 숙박형등 청소년수련활동 계획의 신고를 수리한 후 필요할 경우에는 그 사실을 관계 기관에 알려 필요한 조치를 요청하여야 한다.
② 요청을 받은 관계 기관은 특별한 사정이 없으면 다음의 조치를 위한 준비를 하여야 한다.
  ㉠ 내수면, 해수면 등에서 이루어지는 청소년수련활동인 경우 「수상레저안전법」에 따른 안전점검
  ㉡ 청소년수련활동인 경우 「119구조·구급에 관한 법률」에 따른 구조·구급활동
  ㉢ 신고 수리된 숙박형등 청소년수련활동인 경우 「경찰관 직무집행법」에 따른 보호조치 등과 위험발생의 방지
  ㉣ 그 밖에 다른 법률에서 정하는 안전에 관련한 조치

# 2 교류활동

## [1] 청소년교류활동의 개념

"청소년교류활동"이란 청소년이 지역 간, 남북 간, 국가 간의 다양한 교류를 통하여 공동체의식 등을 함양하는 체험활동을 말한다(청소년활동 진흥법 제2조 제4호).

## [2] 청소년교류활동의 지원

### (1) 청소년교류활동의 진흥(청소년활동 진흥법 제53조)

① 국가 및 지방자치단체는 청소년교류활동 진흥시책을 개발·시행하여야 한다.
② 국가 및 지방자치단체는 청소년활동시설과 청소년단체 등에 대하여 청소년교류활동을 장려하기 위한 다양한 형태의 청소년교류활동 프로그램을 개발하여 운영하게 할 수 있다.
③ 국가 및 지방자치단체는 예산의 범위에서 제2항에 따른 청소년교류활동 프로그램의 개발·운영에 필요한 경비의 전부 또는 일부를 지원할 수 있다.

### (2) 국제청소년교류활동의 지원(청소년활동 진흥법 제54조)

① 국가 및 지방자치단체는 정부·지방자치단체·국제기구 또는 민간 등이 주관하는 국제청소년교류활동을 지원하기 위한 시행계획을 수립하고 이를 추진하여야 한다.
② 국가는 다른 국가와 청소년교류협정을 체결하여 국제청소년교류활동이 지속적으로 발전할 수 있는 기반을 조성하여야 한다.
③ 국가 및 지방자치단체는 민간기구가 국제청소년교류활동을 시행할 때에는 이를 지원할 수 있다.

### (3) 국제청소년교류활동의 지원(청소년활동 진흥법 시행령 제32조)

① 국가 및 지방자치단체는 법 제54조 제1항에 따라 국제청소년교류활동의 지원에 관한 시행계획의 수립·추진을 위하여 필요한 경우에는 공공기관, 사회단체, 청소년단체 등의 장에게 사전 협의와 협조를 요청할 수 있다.
② 국가 및 지방자치단체는 제1항에 따른 시행계획을 수립한 경우에는 이를 관계 공공기관, 사회단체, 청소년단체 등에 통보하여야 한다.
③ 여성가족부장관은 법 제54조 제2항에 따라 외교부장관과 협의하여 청소년교류협정의 체결을 연차적으로 확대하고 다변화하여야 한다.

### (4) 지방자치단체의 자매도시협정 등(청소년활동 진흥법 제55조)

① 지방자치단체는 자매도시협정을 체결할 때에는 청소년교류활동에 관한 사항을 포함하도록 노력하여야 한다.

② 지방자치단체는 청소년 교류를 위하여 청소년단체 등 민간기구의 활동을 지원할 수 있다.

### (5) 교포청소년교류활동의 지원(청소년활동 진흥법 제56조)

① 국가 및 지방자치단체는 교포청소년의 모국방문·문화체험 및 국내 청소년과의 청소년교류활동을 지원하고 장려하여야 한다.

② 국가는 청소년단체 또는 「청소년 기본법」 제3조 제6호에 따른 청소년시설이 주관하는 교포청소년교류활동의 확대·발전을 위하여 행정적·재정적 지원을 할 수 있다.

> ▶ 「청소년 기본법」 제3조 제6호
> "청소년시설"이란 청소년활동·청소년복지 및 청소년보호에 제공되는 시설을 말한다.

### (6) 청소년교류활동의 사후 지원(청소년활동 진흥법 제57조)

국가 및 지방자치단체는 청소년교류활동을 통한 성과가 지속되고 발전·향상되기 위한 시책을 마련하여야 한다.

### (7) 청소년교류센터의 설치·운영(청소년활동 진흥법 제58조)

① 국가는 제53조부터 제57조까지의 업무를 효율적으로 지원하기 위하여 청소년교류센터를 설치·운영할 수 있다.

② 청소년교류센터의 운영은 대통령령으로 정하는 바에 따라 청소년단체 등에 위탁할 수 있으며, 이 경우 운영에 필요한 경비를 지원할 수 있다.

### (8) 남·북청소년교류활동의 제도적 지원(청소년활동 진흥법 제59조)

① 국가는 남·북청소년 교류에 관한 기본계획을 수립하고, 남·북청소년이 교류할 수 있는 제도적 여건을 조성하여야 한다.

② 국가는 남·북청소년 교류를 위한 기반을 조성하기 위하여 필요한 체계적인 통일교육을 실시할 수 있다.

# 3 문화활동

## [1] 청소년문화활동의 개념

"청소년문화활동"이란 청소년이 예술활동, 스포츠활동, 동아리활동, 봉사활동 등을 통하여 문화적 감성과 더불어 살아가는 능력을 함양하는 체험활동을 말한다(청소년활동 진흥법 제2조 제5호).

## [2] 청소년문화활동의 지원

### (1) 청소년문화활동의 진흥(청소년활동 진흥법 제60조)

① 국가 및 지방자치단체는 청소년문화활동 프로그램 개발, 문화시설 확충 등 청소년문화활동에 대한 청소년의 참여 기반을 조성하는 시책을 개발·시행하여야 한다.

② 국가 및 지방자치단체는 제1항에 따른 시책을 수립·시행할 때에는 문화예술 관련 단체, 청소년동아리단체, 봉사활동단체 등이 청소년문화활동 진흥에 적극적이고 자발적으로 참여할 수 있도록 하여야 한다.

③ 국가 및 지방자치단체는 제2항에 따른 자발적 참여에 대해서는 예산의 범위에서 그 경비의 전부 또는 일부를 지원할 수 있다.

### (2) 청소년문화활동의 기반 구축(청소년활동 진흥법 제61조)

① 국가 및 지방자치단체는 다양한 영역에서 청소년문화활동이 활성화될 수 있도록 기반을 구축하여야 한다.

② 문화예술 관련 단체 등 각종 지역사회의 문화기관은 청소년문화활동의 기반 구축을 위하여 적극 협력하여야 한다.

### (3) 전통문화의 계승(청소년활동 진흥법 제62조)

국가 및 지방자치단체는 전통문화가 청소년문화활동에 구현될 수 있도록 필요한 시책을 수립·시행하여야 한다.

### (4) 청소년축제의 발굴지원(청소년활동 진흥법 제63조)

국가 및 지방자치단체는 청소년축제를 장려하는 시책을 수립하여 시행하여야 한다.

**(5) 청소년동아리활동의 활성화(청소년활동 진흥법 제64조)**

① 국가 및 지방자치단체는 청소년이 자율적으로 참여하여 조직하고 운영하는 다양한 형태의 동아리활동을 적극 지원하여야 한다.

② 청소년활동시설은 제1항에 따른 동아리활동에 필요한 장소 및 장비 등을 제공하고 지원할 수 있다.

**(6) 청소년의 자원봉사활동의 활성화(청소년활동 진흥법 제65조)**

국가 및 지방자치단체는 청소년의 자원봉사활동을 활성화할 수 있는 기반을 조성하여야 한다.

## 4 동아리활동

**(1) 청소년동아리활동의 개념**
① 청소년동아리란 공통의 목적과 관심사인 취미, 소질, 가치관, 문제의식 등을 공유하는 청소년들에 의해 자치적이고 지속적으로 활동하는 모임을 말한다.
② 학교라는 제한된 공간 내에서 이루어지는 학교 중심의 동아리활동에서 지역사회 내 청소년수련관 등 학교 밖에서 행해지는 청소년 동아리활동까지를 모두 포함하는 개념이다.

**(2) 청소년동아리활동의 특징**
청소년동아리활동은 청소년 스스로 운영하는 자치활동으로서의 특징, 공통된 취미와 관심사를 다수의 청소년이 활동하는 집단활동으로서의 특징, 취미·교양·문화활동·친교활동 등 여가활동으로서의 특징을 갖는다.

## 5 참여활동

**(1) 참여활동의 개념**

청소년의 시각에서 정책 및 사업에 대한 의견제시와 자문, 평가, 그리고 다양한 청소년 관련 프로그램, 캠페인, 토론회 등 행사를 직접 기획 및 진행하는 활동이다.

**(2) 청소년참여기구**

① 청소년특별회의
  ㉠ 청소년특별회의란 청소년 및 관련 전문가들이 토론과 활동을 통해 범정부적 청소년정책과제를 정부에 제안하는 전국 단위의 청소년참여기구이다.
  ㉡ 국가는 범정부적 차원의 청소년정책과제의 설정·추진 및 점검을 위하여 청소년 분야의 전문가와 청소년이 참여하는 청소년특별회의를 해마다 개최하여야 한다.

② 청소년특별회의의 참석대상·운영방법 등 세부적인 사항은 대통령령으로 정한다.
  ㉠ 위원구성: 기획추진단(30명) 및 권역별 지역회의 위원(70~100명)을 각각 위촉
  ㉡ 활동기간: 당해연도 12월 말까지
  ㉢ 활동내용
    ⓐ 전국단위 회의(4월 출범식, 9월 본회의 등)와 지역단위 정기회의(청소년 제안 정책 논의, 현장방문 등)
    ⓑ 지역별로 필요시 캠페인, 토론회, 워크숍 등 행사 참여
  ㉣ 활동혜택: 여성가족부장관 명의 '위촉장' 및 '활동확인서'를 발급, 참여활동 우수자 포상 등

③ 청소년참여위원회
  ㉠ 청소년참여위원회란 지방자치단체 청소년정책 수립 및 시행과정에 청소년이 참여하고 의견을 제안하는 청소년참여기구이다.
  ㉡ 운영주체: 지방자치단체(시·도, 시·군·구)
  ㉢ 구성절차: 매년 2~3월경에 각 운영주체별로 공개모집, 기관추천(학교·청소년시설 등), 청소년 선거 등 과정을 거쳐 구성(지역별 여건에 따라 대표성 제고를 위한 방안을 선택하여 시행)
  ㉣ 신청대상: 9세에서 24세까지의 청소년
  ㉤ 활동기간: 당해연도 12월 말까지가 원칙이나 지역별로 달라질 수 있다
  ㉥ 활동내용: 청소년 관련 정책 및 사업에 대한 논의·제안, 청소년 권리·인권 모니터링 및 개선 제안, 지역별 캠페인·토론회·워크숍 등 개최 및 참여

ⓐ 활동혜택: 지방자치단체장 명의 '위촉장' 및 '활동확인서'를 발급, 참여활동 우수자 포상 추천 등
④ 청소년운영위원회
　㉠ 청소년운영위원회란 청소년수련시설(청소년수련관, 문화의 집 등) 사업·프로그램 등 운영에 청소년이 참여하여 의견제시와 자문, 평가 등의 활동을 하는 청소년참여기구이다.
　㉡ 위원구성: 매년 1~2월경에 청소년수련시설별 공개모집 및 추천을 통해 구성
　㉢ 신청대상: 9세에서 24세까지의 청소년
　㉣ 활동기간: 원칙적으로 1년이나 사정에 따라 달라질 수 있다.
　㉤ 활동내용: 월별 정기회의(청소년 제안 정책 토의 등) 참석, 지역별 캠페인, 토론회, 워크숍 등 개최 및 참여
　㉥ 활동혜택: 청소년수련시설장 명의 '위촉장' 및 '활동확인서' 발급, 우수 청소년운영위원회 장관상 수여 등

> **\* 청소년활동 진흥법 시행령 제3조(청소년운영위원회의 구성·운영)**
> ① 법 제4조 제1항에 따른 청소년운영위원회(이하 "운영위원회"라 한다)는 10명 이상 20명 이하의 청소년으로 구성하여야 한다.
> ② 위원의 임기는 1년으로 한다.
> ③ 위원장은 위원 중에서 호선(互選)한다.
> ④ 위원장은 운영위원회를 대표하고, 운영위원회의 직무를 총괄한다.
> ⑤ 위원장이 부득이한 사유로 직무를 수행할 수 없는 경우에는 위원장이 미리 지명한 위원이 그 직무를 대행한다.
> ⑥ 위원장은 필요시 회의를 소집하며, 그 의장이 된다.
> ⑦ 이 영에 규정된 것 외에 운영위원회의 운영에 필요한 사항은 위원회의 의결을 거쳐 위원장이 정한다.
> ⑧ 국가 및 지방자치단체는 예산의 범위에서 운영위원회의 운영에 필요한 경비를 지원할 수 있다.

## 6  기타 활동

### [1] 봉사활동

#### (1) 자원봉사의 개념

자원봉사는 지역사회 복지증진을 위하여 개인이 가지고 있는 자원이나 능력을 활용하여 자발적으로 참여하여 물질적 보상 없이 인간존중정신으로 자아실현을 추구하고자 하는 지속적이고 계획적인 활동이며, 개인이나 사회를 위해 돕는 사람들의 다양한 행위를 의미한다.

#### (2) 자원봉사의 특성

① 자발성: 자원봉사활동은 개인의 자발성을 전제로 하며, 자발적 의사를 토대로 성립한다.
② 공익성: 개인, 단체, 조직의 이익뿐만 아니라 정당이나 종교단체의 이익까지 초월하는 보편성과 공익성을 중요시한다.
③ 자아실현성: 자원봉사에 참여함으로써 심리적 만족감 및 성취감, 기술 및 경험의 습득 등으로 자아를 실현시키는 데 도움이 되고 자신의 가능성을 발견하고 장래를 설계할 수 있다는 것이다.
④ 교육성: 자원봉사활동을 통해 다른 사람에게 얼마나 도움이 되는가도 중요하지만 봉사활동을 계획하고 실천하는 과정에서 자원봉사자 자신도 많은 것을 배우고 느끼게 되는 교육적 효과가 중요하다.
⑤ 무보수성: 자원봉사활동은 철저한 무보수성으로 출발했으며 금전적 반대급부를 목적으로 하지 않고 있다.
⑥ 지속성: 자원봉사활동이 일회성이나 이벤트로 끝나는 것은 바람직하지 않다. 자원봉사자가 자발적 의지에 의해 일을 시작했다고 하더라도 최소한 6개월, 1년 이상 지속적으로 자원봉사활동에 참여할 수 있는 방안을 강구할 필요가 있다.
⑦ 조직성: 자원봉사활동이 개인의 자발성에 의해 시작되더라도 단편적이거나 비조직적으로 일하기보다 체계적·조직적으로 일을 수행해야 한다.

#### (3) 자원봉사의 의의

① 개인이 가지고 있는 기술과 지식을 나누어 배풂으로써 학습의 보람과 가치를 느낀다.
② 자원봉사자 자신의 자존감과 정신건강에 도움을 준다.
③ 가족 간의 대화 및 원만한 관계를 형성하는 데 도움을 준다.
④ 자신감과 성취감을 느끼게 한다.

⑤ 자신의 삶을 더욱 의미 있게 만드는 계기가 될 수 있다.
⑥ 인간관계를 다양하고 폭넓게 함으로써 원만하게 해준다. 새로운 경험과 기술을 배우는 기회를 갖게 해준다.
⑦ 자신의 잠재능력을 발견하는 기회가 될 수 있다.
⑧ 직업이나 진로를 결정하는 계기가 될 수 있다.

### [2] 창의적 체험활동
(출처: 창의적 체험활동 교육과정 교육부고시 제2022-33호)

**(1) 창의적 체험활동의 개념**

창의적 체험활동은 학생들이 건전하고 다양한 활동에 자발적으로 참여하여, 나눔과 배려를 실천하고 개인의 소질과 잠재력을 계발하며, 창의적인 삶의 태도와 공동체 의식을 함양하는 교육과정이다.

**(2) 창의적 체험활동의 성격**

① 창의적 체험활동은 역량 함양을 위한 학습자 주도의 교육과정이다.

> ▶ 핵심역량: 자기관리 역량, 지식정보처리 역량, 창의적 사고 역량, 심미적 감성 역량, 협력적 소통 역량, 공동체 역량

② 창의적 체험활동은 연계와 통합을 추구하는 교육과정이다.
③ 창의적 체험활동은 학교급별 특수성을 고려하여 설계·운영하는 교육과정이다.
④ 창의적 체험활동은 학교의 자율적인 설계와 운영을 강조하는 교육과정이다.

**(3) 창의적 체험활동 영역**

① 자율활동, 자치활동
  ㉠ 자율활동
    ⓐ 자율활동은 자기주도성과 창의성을 함양하기 위한 활동이다.
    ⓑ 개인 연구, 소집단 공동 연구, 프로젝트 등의 주제 탐구 활동, 입학 초기 적응, 학교 이해, 정서 지원, 관계 형성 등의 적응 및 개척 활동, 개인 혹은 공동 프로젝트형 봉사활동 등
  ㉡ 자치활동
    ⓐ 자치활동은 자신의 삶을 능동적이고 주도적으로 영위하며, 공동체를 조직하고 운영

하는 역량을 함양하기 위한 활동이다.
ⓑ 기본 생활습관 형성 활동인 자기 관리, 환경·생태의식 함양, 생명존중 의식 함양 활동, 민주시민 의식 함양 활동, 관계형성 및 소통 활동인 사제동행 활동, 토의·토론 활동, 협력적 놀이 활동, 공동체 자치활동인 학교·학년·학급 등 공동체 중심의 자치활동, 지역 사회연계 자치활동 등

② 동아리활동
㉠ 학술·문화 및 여가 활동
ⓐ 학술·문화 및 여가 활동은 자신의 흥미 및 진로를 탐색하여 관련한 소질과 적성을 기르기 위한 동아리활동이다.
ⓑ 학술 동아리인 교과 연계 및 학술 탐구 활동, 예술 동아리인 음악 관련 활동, 미술 관련 활동, 공연 및 전시 활동, 스포츠 동아리인 구기 운동, 도구 운동, 계절운동, 무술, 무용, 놀이 동아리인 개인 놀이, 단체 놀이 등

㉡ 봉사활동
ⓐ 봉사활동은 공동체와 사회에 기여함으로써 포용성과 시민성을 함양하기 위한 활동이다.
ⓑ 또래 상담, 지속 가능한 환경 보호 활동 등의 교내 봉사활동, 지역사회 참여, 학교폭력 예방, 안전사고 예방, 성폭력 예방, 생태환경 보호 등의 캠페인활동, 재능 기부 등의 지역사회 봉사활동, 각종 청소년 단체 활동 등
ⓒ 봉사활동은 동아리활동의 하위 활동으로 편성되어 있으나, 그 성격상 창의적 체험활동 모든 영역의 활동과 연계·통합하여 운영할 수 있다.

③ 진로활동
㉠ 진로 탐색 활동
ⓐ 진로 탐색 활동은 자신의 진로와 관련된 교육 및 직업 정보를 탐색하기 위한 활동이다.
ⓑ 자기이해, 생애 탐색, 가치관 확립 등 자아탐색 활동, 직업 흥미 및 적성 탐색, 진로 검사, 진로성숙도 탐색 등 진로이해 활동, 직업관 확립, 일과 직업의 역할 이해, 직업 세계의 변화 탐구 등 직업이해 활동, 학업 및 진학 정보 탐색, 직업 정보 및 자격(면허) 제도 탐색, 진로진학 및 취업 유관기관 탐방 등 정보탐색 활동

㉡ 진로 설계 및 실천 활동
ⓐ 진로 설계 및 실천 활동은 희망하는 진로와 직업의 경로를 설계하고 실천하기 위한 활동이다.
ⓑ 진로 목표 설정, 진로 실천 계획 수립 등의 진로 준비 활동, 진로 상담, 진로의사 결정, 진로 설계 등의 진로계획 활동, 지역사회·대학·산업체 연계 직업 체험활동 등의 진로체험활동

# Chapter 6
# 청소년활동 제도 및 지원

| 1 활동 관련 정책사업

| 2 안전 및 시설관리

## 1  활동 관련 정책사업

### [1] 제7차 청소년기본정책(2023~2027년)

**(1) 수립방향**

① 청소년의 역량 강화를 위한 플랫폼 기반 청소년 활동 활성화
② 지원이 필요한 청소년을 촘촘히 지원할 수 있도록 데이터를 활용한 청소년 지원망 구축
③ 증가하는 유해환경으로부터 청소년을 안전하게 보호할 수 있도록 유해환경 차단 및 보호 강화
④ 청소년이 건강하고 균형 있게 성장할 수 있도록 참여 권리 보장 강화
⑤ 청소년정책의 효과성과 실효성을 높일 수 있도록 총괄 조정 기능 내실화

**(2) 비전 및 목표**

① 비전: 디지털 시대를 선도하는 글로벌 K-청소년
② 목표: 청소년 성장기회 제공, 안전한 보호환경 조성

**(3) 정책과제**

| 대과제(5개) | 중과제(14개) |
|---|---|
| 1. 플랫폼 기반 청소년활동 활성화 | 1-1. 청소년 디지털역량 활동 강화<br>1-2. 청소년 미래역량 제고<br>1-3. 다양한 체험활동 확대<br>1-4. 학교안팎 청소년활동 지원 강화 |
| 2. 데이터 활용 청소년 지원망 구축 | 2-1. 위기청소년 복지지원체계 강화<br>2-2. 청소년 자립 지원 강화<br>2-3. 청소년 유형별 맞춤형 지원 |
| 3. 청소년 유해환경 차단 및 보호 확대 | 3-1. 청소년이 안전한 온·오프라인 환경 조성<br>3-2. 청소년 범죄 예방 및 회복 지원<br>3-3. 청소년 근로보호 강화 |
| 4. 청소년의 참여·권리 보장 강화 | 4-1. 청소년 참여 활동 강화<br>4-2. 청소년 권익 증진 |
| 5. 청소년정책 총괄 조정 강화 | 5-1. 청소년정책 인프라 개선<br>5-2. 지역 맞춤형 청소년정책 추진체계 구축 |

## [2] 국제청소년성취포상제(The Duke Of Edinburgh's International Award)

### (1) 개념

국제청소년성취포상제는 1956년 영국 에딘버러 공작에 의해 설립되었으며 청소년들이 다양한 활동영역에서 자기주도적으로 활동하여 스스로의 잠재력을 최대한 개발하고 삶의 기술을 갖도록 하는 전 세계 130여 개국에서 운영되는 국제적으로 공인된 자기성장 프로그램이다.

### (2) 활동개요

| 참가대상 | 만 14세~만 24세 청소년 |
|---|---|
| 활동영역 | 봉사활동, 자기개발활동, 신체단련활동, 탐험활동, 합숙활동(금장에 한함) |
| 포상단계 | 동장(6개월), 은장(6개월~12개월), 금장(12개월~18개월) |
| 참여방법 | 포상센터의 포상지도자와 상담 후 e청소년 사이트 홈페이지(www.youth.go.kr)를 통해 입회 신청 |

### (3) 활동철학

① 개별성(Individual)
② 비경쟁적(Non-competitive)
③ 성취지향적(Achievable)
④ 자발적(Voluntary)
⑤ 발전적(Development)
⑥ 균형적(Balanced)
⑦ 단계적(Progressive)
⑧ 영감을 주는(Inspirational)
⑨ 지속적(Persistence)
⑩ 즐기는(Enjoyable)

### (4) 활동기준

| 구분 | 봉사활동 | 자기개발활동 | 신체단련활동 | 탐험활동 | 합숙활동 |
|---|---|---|---|---|---|
| 금장<br>16세 이상 | 12개월<br>48시간 이상 | 12개월<br>48시간 이상 | 12개월<br>48시간 이상 | 3박 4일<br>(1일 최소 야외<br>활동 8시간) | 4박 5일<br>합숙활동 |
| | 은장을 보유하지 않은 자는 봉사, 자기개발, 신체단련 중 하나를 선택하여 추가로 6개월 수행 | | | | |

| 은장<br>15세 이상 | 6개월<br>24시간 이상 | 6개월<br>24시간 이상 | 6개월<br>24시간 이상 | 2박 3일<br>(1일 최소 야외<br>활동 7시간) | |
| --- | --- | --- | --- | --- | --- |
| | 동장을 보유하지 않은 자는 봉사, 자기개발, 신체단련 중 하나를 선택하여 추가로 6개월 수행 | | | | |
| 동장<br>14세 이상 | 3개월<br>12시간 이상 | 3개월<br>12시간 이상 | 3개월<br>12시간 이상 | 1박 2일<br>(1일 최소 야외<br>활동 6시간) | |
| | 참가자는 봉사, 자기개발, 신체단련 중 하나를 선택하여 추가로 3개월 수행 | | | | |

※ 활동 1회당 주 1회 간격, 매회 1시간 이상
※ 탐험활동은 사전 기본교육 및 예비탐험활동 필수사항
※ 활동영역별 최소 필요 시간과 성취목표를 모두 달성해야 각 단계별 포상을 받게 됨

(출처: KYWA 한국청소년활동진흥원)

## [3] 청소년자기도전포상제(Korea Achievement Award)

### (1) 개념

청소년자기도전포상제는 만 7세~만 15세(초등학교 1학년~중학교 3학년) 청소년들이 자기개발, 신체단련, 봉사활동, 탐험활동, 진로개발활동 중 선택한 4가지 활동영역에서 자기 스스로 정한 목표를 성취해 가며, 숨겨진 끼를 발견하고 꿈을 찾아가는 자기성장 프로그램이다.

### (2) 활동 개요

| 참여연령 | 만 7세~만 15세(초등학교 1학년~중학교 3학년) 청소년 |
| --- | --- |
| 포상단계 | 금장(24주~48주), 은장(16주~32주), 동장(16주) |
| 활동영역 | 봉사활동, 자기개발활동, 신체단련활동, 탐험활동, 진로개발활동 |
| 참여방법 | 포상센터의 포상지도자와 상담 후 e청소년 사이트 홈페이지(www.youth.go.kr)를 통해 청소년 또는 포상담당관이 입회신청 |

### (3) 활동철학

① 다양한 활동(Various Activities)
② 스스로 하는 활동(Self-Activity)
③ 재능의 발견 및 개발의 기회(Finding and Developing Talents)
④ 단계적 활동(Step by Step Activity)
⑤ 경쟁이 없는 활동(Non-Competitive Activity)
⑥ 성취 지향적 활동(Achievement-Focused Activity)
⑦ 좋은 친구가 되기 위한 활동(Activity to be a Good friend)
⑧ 즐길 수 있는 활동(Enjoyable Activity)

(4) 활동기준

| 포상단계 | 활동구분 | 활동영역 | | | | |
|---|---|---|---|---|---|---|
| | | 봉사활동 | 자기개발활동 | 신체단련활동 | 탐험활동 | 진로개발활동 |
| 금장 | 도전활동 | 24주(회) | 24주(회) | 24주(회) | 2박 3일/15시간 | 7개 과제 |
| | 성취활동 | 은장 미보유 청소년: 봉사, 자기개발, 신체단련활동 중 한 가지 영역을 선택하여 추가로 24주(회) 이상 수행 | | | | |
| 은장 | 도전활동 | 16주(회) | 16주(회) | 16주(회) | 1박 2일/10시간 | 14개 과제 |
| | 성취활동 | 동장 미보유 청소년: 봉사, 자기개발, 신체단련활동 중 한 가지 영역을 선택하여 추가로 16주(회) 이상 수행 | | | | |
| 동장 | 도전활동 | 8주(회) | 8주(회) | 8주(회) | 1일/5시간 | 10개 과제 |
| | 성취활동 | 참여청소년은 봉사, 자기개발, 신체단련활동 중 한 가지 영역을 선택하여 추가로 8주(회) 이상 수행 | | | | |

※ 자기개발, 신체단련, 봉사활동, 진로개발활동은 활동 1회당 주 1회 간격, 매회 40분 이상
※ 단계별로 5가지 활동 영역 중 4가지 영역을 선택하여 모두 이수해야 함
※ 탐험활동은 사전 기본교육이 필수로 진행되어야 함
※ 진로개발활동은 단계별 과제 수행 시마다 1회 활동으로 간주하며, 진로개발활동은 워크북 활동, 캠프형 활동으로 운영할 수 있음.

* 포상단계 및 참가연령
  동장: 만 7세~만 15세(최소 4개월 이상)
  은장: 만 7세~만 15세(최소 4개월~8개월 이상)
  금장: 만 10세 이상(최소 6개월~12개월 이상)

(출처: KYWA 한국청소년활동진흥원)

## [4] 청소년방과후아카데미

### (1) 개념

여성가족부와 지방자치단체에서는 공적 서비스를 담당하는 청소년 수련시설(청소년수련관, 청소년문화의집 등)을 기반으로 방과후 돌봄이 필요한 청소년(초등 4학년~중등 3학년)의 자립역량을 개발하고 건강한 성장을 지원하고자 방과후 학습지원, 전문체험 활동, 학습 프로그램, 생활지원 등 종합서비스를 제공하는 국가정책지원 사업이다.

### (2) 사업목적

① 민주시민으로서의 정의 권리·의무·책임을 배우는 전인적 성장 발달 도모
② 맞벌이·한부모 가정 등 돌봄이 필요한 가정에 교육복지 지원을 통해 청소년의 성장기반 마련
③ 지역사회 네트워크를 통한 다양한 인적자원 활용

### (3) 법적 근거

① 청소년 방과 후 활동의 지원(청소년 기본법 제48조의 2)
  ㉠ 국가 및 지방자치단체는 학교의 정규교육으로 보호할 수 없는 시간 동안 청소년의 전인적(全人的) 성장·발달을 지원하기 위하여 다양한 교육 및 활동 프로그램 등을 제공하는 종합적인 지원 방안을 마련하여야 한다.

ⓒ 종합적인 지원 방안 마련에 필요한 사항은 대통령령으로 정한다.
② 청소년 방과 후 활동 종합지원계획의 수립(청소년 기본법 시행령 제33조의3)
　　㉠ 여성가족부장관과 특별시장·광역시장·특별자치시장·도지사·특별자치도지사(이하 "시·도지사"라 한다)는 매년 청소년 방과 후 활동 종합지원계획(이하 이 장에서 "방과후 종합지원계획"이라 한다)을 수립·시행하여야 한다.
　　ⓒ 방과후종합지원계획에는 다음 각 호의 사항이 포함되어야 한다.

> 1. 방과 후 활동의 수요 및 현황 조사
> 2. 방과 후 교육 및 활동 프로그램의 개발 및 보급
> 3. 방과 후 활동에 필요한 시설의 확보, 전문인력의 선발 및 배치
> 4. 제33조의4에 따른 방과 후 활동 종합지원사업의 운영 및 평가
> 5. 그 밖에 관할 구역의 학교와 청소년의 방과 후 활동을 지원하는 기관 및 단체 등과의 연계 등에 관한 사항

③ 방과 후 활동 종합지원사업 실시(청소년 기본법 시행령 제33조의4)
　　㉠ 여성가족부장관과 시·도지사 및 시장·군수·구청장은 청소년의 방과 후 활동을 지원하는 청소년 방과 후 활동 종합지원사업(이하 이 장에서 "방과후사업"이라 한다)을 실시할 수 있다. 이 경우 방과후사업은 장애청소년과 다문화청소년 등 특별한 교육 및 활동이 필요한 청소년을 대상으로 할 수 있다.
　　ⓒ 방과후사업은 다음 각 호의 활동을 포함한다.

> 1. 청소년의 역량 개발 지원
> 2. 청소년의 기본학습 및 보충학습 지원
> 3. 청소년의 안전하고 건강한 방과 후 활동을 위한 급식, 시설 지원 및 상담
> 4. 청소년의 안전하고 건강한 방과 후 활동을 위한 학부모 교육, 청소년의 방과 후 활동을 지원하는 기관 및 단체 등의 개발 및 연계
> 5. 그 밖에 청소년의 방과 후 활동을 지원하기 위해 필요한 활동

④ 청소년 방과 후 활동 지원센터의 설치·운영(청소년 기본법 시행령 제33조의5)
　　㉠ 여성가족부장관과 시·도지사는 청소년의 방과 후 활동을 종합적으로 지원하기 위하여 청소년 방과 후 활동 지원센터(이하 이 조에서 "지원센터"라 한다)를 설치·운영할 수 있다.
　　ⓒ 여성가족부장관과 시·도지사는 지원센터를 방과 후 사업운영에 관한 전문성이 있는 법인 또는 단체에 위탁하여 운영할 수 있다.
　　ⓒ 지원센터는 다음 각 호의 사업을 수행한다.

> 1. 방과후종합지원계획의 수립·시행
> 2. 방과후사업의 운영 관리, 컨설팅 및 평가
> 3. 청소년의 방과 후 활동 지원을 위한 국내외 자료조사
> 4. 방과후사업의 업무 종사자를 위한 교육·연수(여성가족부장관이 설치하는 지원센터만 해당한다)
> 5. 방과후사업의 운영모형 개발(여성가족부장관이 설치하는 지원센터만 해당한다)
> 6. 그 밖에 청소년의 방과 후 활동을 종합적으로 지원하기 위하여 필요한 사업

### (4) 지원 내용

| 구분 | | 세부 내용 |
|---|---|---|
| 체험·역량 강화 활동 | 디지털 체험활동 | 강습형태가 아닌 디지털분야 체험활동으로 운영<br>* 디지털분야: 코딩, AI, App제작, VR·AR 체험, 드론, 로봇, 영상제작, 미디어, 컴퓨터 활용 등 |
| | 진로개발 역량 프로그램<br>(진로체험) | • 강습형태가 아닌 전문적인 체험활동으로 운영<br>• 청소년 주도의 프로젝트(PBL, Program-Based Learning)장 방식의 프로그램 운영 권장 |
| | 창의·융합 프로그램 | |
| | 일반 체험활동 | 강습형태가 아닌 체험활동 위주로 청소년들의 창의·인성 함양을 위한 다양한 체험활동 프로그램 운영(예술체험활동, 봉사활동, 리더십개발활동 등) |
| | 지역사회참여활동 | 방과후아카데미 자체 기획으로 청소년들이 지역사회에서 봉사활동을 하거나, 지역에서 개최하는 각종 지역행사에 의미 있는 역할을 담당하여 참여하는 활동으로 주말체험활동과 연계하여 편성 |
| | 주말체험활동<br>(반기별 2회 급식포함 5시수) | 주말체험활동과정 운영 시 외부활동 권장<br>* 외부는 단순히 운영시설의 건물 밖 공간을 의미하는 것만이 아니라, 다양한 테마활동이 가능한 외부현장(시설, 공간)을 의미함 |
| | 주중자기개발활동과정 | • 청소년들이 중심이 되어 진행하는 활동(자치활동, 동아리활동 등) |
| | 주중자기개발활동과정<br>(필요시 1회당 2시수 이상) | • 각 운영기관에서 자유롭게 편성하여 운영하는 과정<br>• 실무자가 중심이 되어 운영하는 프로그램 |
| | 특별지원 | 청소년캠프(방학), 부모(보호자) 교육, 초청인사 특별강의, 발표회 등 |
| 학습지원 | 보충학습지원 | 청소년들의 자율적인 숙제, 보충학습지도, 독서지도 등의 프로그램 위주로 운영 |
| | 교과학습 | 전문 강사진의 교과학습 중심의 학습지원 |
| 생활지원 | | 급식, 상담, 건강관리, 생활일정 관리(메일링서비스) 등의 생활지원 |

## [5] 청소년정책위원회

### (1) 청소년정책위원회(청소년 기본법 제10조)

① 청소년정책에 관한 주요 사항을 심의·조정하기 위하여 여성가족부에 청소년정책위원회를 둔다.

② 청소년정책위원회는 다음 각호의 사항을 심의·조정한다.

> 1. 청소년육성에 관한 기본계획의 수립에 관한 사항
> 2. 청소년정책의 분야별 주요 시책에 관한 사항
> 3. 청소년정책의 제도개선에 관한 사항
> 4. 청소년정책의 분석·평가에 관한 사항
> 5. 둘 이상의 행정기관에 관련되는 청소년정책의 조정에 관한 사항
> 6. 그 밖에 청소년정책의 수립·시행에 필요한 사항으로서 대통령령으로 정하는 사항

③ 청소년정책위원회는 위원장 1명을 포함하여 30명 이내의 위원으로 구성한다. 이 경우 제4항 제15호 및 제16호에 따라 위촉되는 위원이 각각 전체 위원의 5분의 1 이상이어야 한다.

④ 위원장은 여성가족부장관이 되고, 위원은 다음 각 호의 사람이 된다. 이 경우 복수 차관이 있는 기관은 해당 기관의 장이 지명하는 차관으로 한다.

> 1. 기획재정부차관
> 2. 교육부차관
> 3. 과학기술정보통신부차관
> 4. 통일부차관
> 5. 법무부차관
> 6. 행정안전부차관
> 7. 문화체육관광부차관
> 8. 산업통상자원부차관
> 9. 보건복지부차관
> 10. 고용노동부차관
> 11. 중소벤처기업부차관
> 12. 방송통신위원회부위원장
> 13. 경찰청장
> 14. 그 밖에 대통령령으로 정하는 관계 중앙행정기관의 차관 또는 차관급 공무원

15. 청소년정책에 관하여 학식과 경험이 풍부한 사람 중에서 여성가족부장관이 위촉하는 사람
16. 청소년정책과 관련된 활동실적 등이 풍부한 청소년 중에서 여성가족부장관이 위촉하는 청소년

⑤ 제4항 제15호 및 제16호에 따른 위원의 임기는 2년으로 한다.
⑥ 청소년정책위원회에서 심의·조정할 사항을 미리 검토하거나 위임된 사항을 처리하는 등 청소년정책위원회의 운영을 지원하기 위하여 청소년정책위원회에 청소년정책실무위원회를 둔다.
⑦ 제1항부터 제6항까지에서 규정한 사항 외에 청소년정책위원회 및 청소년정책실무위원회의 구성, 운영 및 위촉기준 등에 필요한 사항은 대통령령으로 정한다.

### (2) 청소년정책위원회의 운영(청소년 기본법 시행령 제3조)
① 법 제10조 제1항에 따른 청소년정책위원회(이하 "위원회"라 한다)의 위원장(이하 이 조에서 "위원장"이라 한다)은 위원회를 대표하고 업무를 총괄한다.
② 위원회의 회의는 위원장이 소집하며, 재적위원 과반수의 출석으로 개의(開議)하고 출석위원 과반수의 찬성으로 의결한다.
③ 청소년정책에 관한 전문적인 사항을 조사·연구하기 위하여 위원회에 5명 이내의 전문위원을 둘 수 있다.
④ 위원회의 사무를 처리하기 위하여 위원회에 간사 1명을 두며, 간사는 여성가족부 소속 공무원 중에서 위원장이 지명한다.
⑤ 위원회는 그 업무 수행에 필요하다고 인정되면 관계기관 등에 필요한 자료를 요청하거나 관계기관 등의 직원 또는 전문가로부터 의견을 들을 수 있다.
⑥ 위원회에 출석한 위원과 관련 전문가 등에게는 예산의 범위에서 수당을 지급할 수 있다. 다만, 공무원이 그 소관 업무와 직접 관련하여 출석하는 경우에는 수당을 지급하지 아니한다.
⑦ 제1항부터 제6항까지에서 규정한 사항 외에 위원회의 운영에 필요한 사항은 위원회의 의결을 거쳐 위원장이 정한다.

### [6] 청소년육성 전담공무원(청소년 기본법 제25조)
(1) 특별시·광역시·특별자치시·도·특별자치도(이하 "시·도"라 한다), 시·군·구(자치구를 말한다. 이하 같다) 및 읍·면·동 또는 제26조에 따른 청소년육성 전담기구에 청소년육성 전담공무원을 둘 수 있다.

(2) 제1항에 따른 청소년육성 전담공무원은 청소년지도사 또는 청소년상담사의 자격을 가진 사람으로 한다.
(3) 청소년육성 전담공무원은 관할구역의 청소년과 청소년지도자 등에 대하여 그 실태를 파악하고 필요한 지도를 하여야 한다.
(4) 관계 행정기관, 청소년단체 및 청소년시설의 설치·운영자는 청소년육성 전담공무원의 업무 수행에 협조하여야 한다.
(5) 제1항에 따른 청소년육성 전담공무원의 임용 등에 필요한 사항은 조례로 정한다.

# 2 안전 및 시설관리

**종합 안전·위생점검**

**(1) 점검대상**

청소년수련시설(수련관, 문화의집, 특화시설, 수련원, 야영장, 유스호스텔)

**(2) 점검기관**

한국전기기술인협회, 한국가스안전공사, 한국소방안전원, 식품의약품안전처

**(3) 점검분야**

| 분야 | 점검사항 |
|---|---|
| 건축 | 누수, 낙하물, 안전난간, 미끄럼방지 등 |
| 토목 | 지반침하, 낙석, 배수로 정비, 안전난간 등 |
| 기계 | 급수급탕, 공조설비, 우수, 위생설비 등 |
| 소방 | 소화설비, 경보설비, 피난설비, 방화구획, 위험물 취급 등 |
| 전기 | 인입구배선, 누전차단기, 배선용차단기, 분전함 등 |
| 가스 | 정압실, 압력조정기, 가스계량기 등 |
| 위생 | 급수시설, 보관시설, 식재료 보관 및 위생관리 등 |

**(4) 안전·위생점검 특징**

① 안전전문기관과의 연계·협력을 통한 점검수행으로 공정성 및 전문성 강화
② 시설물 안전 관련 제반사항 및 안전관리 방안 제시
③ 안전·위생점검 결과는 수련시설 종합평가에 활용

**(5) 안전·위생점검 사후관리**

① 안전·위생점검 등급을 교육부, 지자체 통보 및 인터넷 홈페이지 공개
② 안전·위생점검 결함 등 지적사항은 개·보수요구 및 조치이행 여부 확인
③ 결함사항 및 보수·보강방안 등이 포함된 기관별 안전·위생점검 결과 안내

# Chapter 7
# 청소년활동 여건과 환경

1 교육제도 및 연계

2 지역사회 연계

# 1 교육제도 및 연계

## [1] 자유학기제

### (1) 자유학기제의 개념
중학교 과정 중 한 학기 동안 학생들이 시험 부담에서 벗어나 꿈과 끼를 찾을 수 있도록 토론·실습 등 학생 참여형으로 수업을 운영하고, 진로탐색 활동 등 다양한 체험 활동이 가능하도록 교육과정을 자율적으로 운영하는 제도이다.

### (2) 추진배경
우리나라 초·중등 교육을 학생들의 꿈과 끼를 키우는 행복교육으로 변화시키는 전기를 마련하기 위해 '자유학기제 확산'을 교육개혁 핵심과제로 선정하고, 2016년부터 모든 중학교에서 시행한다.

### (3) 추진목적
① 꿈과 끼 탐색: 학생들이 스스로 꿈과 끼를 찾고, 자신의 적성과 미래에 대해 탐색·고민·설계하는 경험을 통해 지속적인 자기성찰 및 발전할 수 있는 기회 제공
② 핵심역량 함양: 지식과 경쟁 중심 교육을 창의성, 인성, 자기주도 학습능력 등 미래 핵심역량 함양이 가능한 교육으로 전환
③ 행복 교육: 공교육 변화 및 신뢰회복을 통해 학생이 행복한 학교생활 제공

### (4) 기본방향
① 자유학기에 집중적인 진로수업 및 체험을 실시하여 초등학교(진로인식) – 중학교(진로탐색) – 고등학교(진로설계)로 이어지는 진로교육 활성화
② 꿈과 끼를 키우는 교육 프로그램 운영이 원활히 이루어질 수 있도록 학교의 교육과정 자율성 대폭 확대
③ 자유학기제 대상학기는 학생들의 발달단계를 고려하여 결정하되, 연구학교의 운영 등을 통해 신중히 결정
④ 자유학기에 특정 기간에 집중되어 실시되는 중간·기말시험은 실시하지 않고, 학생의 기초적인 성취 수준 확인 방법 및 기준 등은 학교별 마련
⑤ 자유학기를 교육과정 운영, 수업방식 등 학교 교육방법 전반의 변화를 견인하는 계기로 활용

### (5) 운영모형

| | 교육과정 편성<br>학생 중심 교육과정 | 교수·학습 방법<br>참여와 활동 중심 | 평가 및 기재<br>과정 중심 평가 |
|---|---|---|---|
| 오전 | **교과**<br>» 학교 교육과정 편성·운영 자율성 제고<br>» 교육과정 재구성 | **교과**<br>» 교과 교육과정 재구성을 통한 교과 융합 수업<br>» 토론, 문제해결, 의사소통, 실험·실습, 프로젝트 학습 | **교과**<br>» 형성평가, 협력 기반 수행평가, 포트폴리오 평가 등<br>» 성장과 발달에 중점을 둔 평가 실시 |
| 오후 | **자유학기 활동**<br>» 주제 선택 활동<br>» 예술·체육 활동<br>» 동아리 활동<br>» 진로탐색 활동 | **자유학기 활동**<br>» 학생의 흥미, 관심사에 기반한 프로그램 편성<br>» 능동적, 자기주도적 학습경험 제공 | **자유학기 활동**<br>» 참여 및 협력 정도, 열성, 특별한 활동 내역 등 평가<br>» 학생의 참여 활동 내역 위주로 학생부 기재 |

**주제선택 활동**
» 학생의 흥미, 관심사를 반영한 여러 가지 전문 프로그램 운영으로 학습동기 유발
(예시) 드라마와 사회, 3D프린터, 웹툰, 금융·경영 교육, 헌법·법질서교육, 인성교육, 스마트폰 앱 개발등

**예술체육 활동**
» 다양하고 내실 있는 예술·체육 교육을 통해 학생들의 소질과 잠재력 계발
(예시) 연극, 뮤지컬, 오케스트라, 작사·작곡, 벽화 그리기, 디자인, 축구, 농구, 스포츠리그 등

**자유학기 활동**
학생 중심의 다양한 체험 및 활동 운영

**동아리 활동**
» 학생들의 공통된 관심사를 기반으로 조직·운영함으로써 학생 자치활동 활성화 및 특기·적성 개발
(예시) 문예 토론, 라인댄스, 과학실험, 천체관측, 사진, 동영상, 향토 예술 탐방 등

**진로탐색 활동**
» 학생이 적성과 소질을 탐색하여 스스로 미래를 설계할 수 있도록 체계적인 진로교육 실시
(예시) 진로검사, 초청강연, 포트폴리오 제작 활동, 현장체험 활동, 직업 탐방, 모의 창업 등

### [2] 책임교육학년제

#### (1) 책임교육학년제의 정의

책임교육학년제는 교과 학습이 시작되는 초3과 중등교육이 시작되는 중1 학생을 대상으로 방과후 소규모 교과 보충 프로그램, 방학 기간 기초학력 보장 프로그램 등을 운영해 체계적인 학습 지원을 제공하는 제도이다.

#### (2) 지원내용

① 학력진단 강화: 학년 초 성취수준 진단을 위해 초3, 중1 학생 대상 컴퓨터 기반 학업성취평가 시행

② 체계적 학습 지원: 정규수업 및 방과후 지도 시 AI맞춤형 학습, 학습 관리 튜터링을 연계 제공
③ 학습지원 대상 확대: 기초학력 미달 학생(전체의 5% 규모) → 중·하위 수준 학생(전체의 30% 규모)
④ 기초소양 교육 강화: 언어·수리·디지털 소양 강화를 위해 방학 기간 중 '학습도약 계절학기(가칭)' 도입
⑤ 자유학기 내실화(중1 대상): 진로적성 진단을 확대, 체계적 진로체험 제공, 학생 활동형 인성교육 프로그램을 활용한 교과 및 창의적 체험활동 운영

# 2 지역사회 연계

**지방청소년활동진흥센터**

**(1) 설립근거(청소년활동 진흥법 제7조 지방청소년활동진흥센터의 설치 등)**

특별시·광역시·특별자치시·도·특별자치도(이하 "시·도"라 한다) 및 시·군·구(자치구를 말한다. 이하 같다)는 해당 지역의 청소년활동을 진흥하기 위하여 지방청소년활동진흥센터를 설치·운영할 수 있다.

**(2) 설립목적**

지역의 청소년활동을 진흥시켜 청소년의 잠재역량 계발과 인격형성을 도모하고 수련·참여·교류·권리증진 활동 등 청소년정책을 종합적으로 지원하고자 함이다.

**(3) 사업수행(청소년활동 진흥법 제7조 지방청소년활동진흥센터의 설치 등)**
① 지역 청소년활동의 요구에 관한 조사
② 지역 청소년 자원봉사활동의 활성화
③ 청소년수련활동 인증제도의 지원
④ 인증받은 청소년수련활동의 홍보와 지원
⑤ 청소년활동 프로그램의 개발과 보급
⑥ 청소년활동에 대한 교육과 홍보
⑦ 숙박형등 청소년수련활동 계획의 신고에 대한 지원
⑧ 숙박형등 청소년수련활동 관련 정보공개에 대한 지원
⑨ 그 밖에 청소년활동을 위하여 필요한 사업

**(4) 청소년활동 정보의 제공 등(청소년활동 진흥법 제8조)**
① 활동진흥원과 지방청소년활동진흥센터는 청소년의 요구를 수용하여 청소년의 발달단계와 여건에 맞는 프로그램과 정보를 상시 안내하고 제공하여야 한다.
② 활동진흥원과 지방청소년활동진흥센터는 제1항에 따른 사업을 시행하기 위하여 해당 지역 청소년의 활동 요구를 정기적으로 조사하고, 그 결과를 그 지역의 청소년활동시설과 청소년단체에 제공하여야 한다.

### (5) 학교와의 협력 등(청소년활동 진흥법 제9조)

① 활동진흥원과 지방청소년활동진흥센터는 학교 및 평생교육시설과의 협력체제를 구축하여야 한다.

② 활동진흥원과 지방청소년활동진흥센터는 해당 지역 각급학교 및 평생교육시설에서 필요로 하는 청소년활동 관련 사항을 지원할 수 있다.

③ 활동진흥원과 지방청소년활동진흥센터는 매년 1회 이상 상호 협의하여 청소년수련거리를 개발하고, 해당 지역의 수련시설에 이를 보급하여야 한다.

④ 활동진흥원과 지방청소년활동진흥센터는 학생인 청소년을 위한 청소년수련거리를 개발할 때 필요하면 교육청 및 각급학교에 관련 자료를 요청할 수 있다. 이 경우 관계 기관은 특별한 사유가 없으면 그 요청에 적극 협조하여야 한다.

# 확인학습 문제

**01**  청소년 기본법상 청소년활동 지원에 관한 내용으로 옳지 않은 것은?

① 국가 및 지방자치단체의 청소년활동 지원
② 청소년활동과 학교교육·평생교육을 연계하여 교육적 효과를 높일 수 있는 시책 수립
③ 학교의 정규교육으로 보호할 수 없는 시간 동안 다양한 교육 및 활동 프로그램을 제공할 수 있는 방안 마련
④ 청소년육성기금의 사용
⑤ 청소년이 수송·문화·여가·수련 등의 시설 이용료 면제, 할인을 받을 수 있는 청소년증 발급

**정답** ⑤
**해설**
청소년증은 청소년복지 지원법상의 내용이다.

* **청소년복지 지원법 제4조(청소년증)**
① 특별자치시장·특별자치도지사 또는 시장·군수·구청장(자치구의 구청장을 말한다. 이하 같다)은 9세 이상 18세 이하의 청소년에게 청소년증을 발급할 수 있다.
② 제1항에 따른 청소년증은 다른 사람에게 양도하거나 빌려주어서는 아니 된다.
③ 누구든지 제1항에 따른 청소년증 외에 청소년증과 동일한 명칭 또는 표시의 증표를 제작·사용하여서는 아니 된다.
④ 제1항에 따른 청소년증의 발급에 필요한 사항은 여성가족부령으로 정한다.

**02**  청소년활동의 핵심 구성요소에 해당하지 않는 것은?

① 교구재    ② 지도자    ③ 청소년
④ 프로그램   ⑤ 활동터전

**정답** ①
**해설**
* **청소년활동의 핵심 구성요소**
 - 활동주체로서의 청소년
 - 학습경험 촉진자로서의 지도자
 - 활동경험으로서의 프로그램
 - 활동환경으로서의 활동터전

**03** 청소년활동 진흥법령상 청소년수련시설에 해당하는 것은?

① 어린이회관  ② 청소년특화시설  ③ 청소년쉼터
④ 청소년치료재활센터  ⑤ 청소년자립지원관

> **정답** ②
> **해설**
> * **청소년활동시설(청소년활동 진흥법 제10조)**
>   1. 청소년수련시설
>     가. 청소년수련관: 다양한 청소년수련거리를 실시할 수 있는 각종 시설 및 설비를 갖춘 종합수련시설
>     나. 청소년수련원: 숙박기능을 갖춘 생활관과 다양한 청소년수련거리를 실시할 수 있는 각종 시설과 설비를 갖춘 종합수련시설
>     다. 청소년문화의 집: 간단한 청소년수련활동을 실시할 수 있는 시설 및 설비를 갖춘 정보·문화·예술 중심의 수련시설
>     라. 청소년특화시설: 청소년의 직업체험, 문화예술, 과학정보, 환경 등 특정 목적의 청소년활동을 전문적으로 실시할 수 있는 시설과 설비를 갖춘 수련시설
>     마. 청소년야영장: 야영에 적합한 시설 및 설비를 갖추고, 청소년수련거리 또는 야영편의를 제공하는 수련시설
>     바. 유스호스텔: 청소년의 숙박 및 체류에 적합한 시설·설비와 부대·편익시설을 갖추고, 숙식편의 제공, 여행청소년의 활동지원(청소년수련활동 지원은 제11조에 따라 허가된 시설·설비의 범위에 한정한다)을 기능으로 하는 시설
>   2. 청소년이용시설: 수련시설이 아닌 시설로서 그 설치 목적의 범위에서 청소년활동의 실시와 청소년의 건전한 이용 등에 제공할 수 있는 시설

**04** 청소년활동 진흥법상 다음 설명과 청소년수련시설의 연결로 옳은 것은?

> ㄱ. 청소년의 직업체험·문화예술·과학정보·환경 등 특정 목적의 청소년활동을 전문적으로 실시할 수 있는 수련시설
> ㄴ. 간단한 수련활동을 실시할 수 있는 시설 및 설비를 갖춘 정보·문화·예술 중심의 수련시설
> ㄷ. 다양한 수련거리를 실시할 수 있는 각종 시설 및 설비를 갖춘 종합수련시설

|   | ㄱ | ㄴ | ㄷ |
|---|---|---|---|
| ① | 청소년특화시설 | 청소년야영장 | 청소년수련원 |
| ② | 청소년수련원 | 청소년야영장 | 청소년수련관 |
| ③ | 청소년특화시설 | 청소년문화의 집 | 청소년수련관 |
| ④ | 청소년문화의 집 | 청소년 특화시설 | 청소년수련원 |
| ⑤ | 청소년수련관 | 청소년 특화시설 | 청소년야영장 |

**정답** ③
**해설**
ㄱ. 청소년특화시설에 대한 설명이다.
ㄴ. 청소년문화의 집에 대한 설명이다.
ㄷ. 청소년수련관에 대한 설명이다.

**05** 청소년활동 진흥법상 청소년수련시설이 아닌 것은?
① 유스호스텔  ② 청소년수련원  ③ 청소년야영장
④ 청소년수련관  ⑤ 청소년자립지원관

**정답** ⑤
**해설**
\* **청소년자립지원관**
자립준비청소년이 안정적으로 자립생활을 영위할 수 있도록 해당 시설의 자원, 지역 공공서비스 및 민간자원 등을 활용하여 사례관리와 주거 지원을 기반으로 경제적 지원, 소득·생계·금융지원, 교육·진학지원, 취업·훈련지원, 건강·일상지원을 개인별 맞춤형으로 제공하는 청소년복지시설이다.

**06** 콜브(D. Kolb)가 제시한 경험학습의 진행과정을 순서대로 옳게 나열한 것은?

> ㄱ. 적극적 실험(Active Experimentation)
> ㄴ. 구체적 경험(Concrete Experience)
> ㄷ. 반성적 관찰(Reflective Observation)
> ㄹ. 추상적 개념화(Abstract Conceptualization)

① ㄱ – ㄴ – ㄹ – ㄷ
② ㄱ – ㄷ – ㄴ – ㄹ
③ ㄴ – ㄷ – ㄱ – ㄹ
④ ㄴ – ㄷ – ㄹ – ㄱ
⑤ ㄴ – ㄹ – ㄷ – ㄱ

**정답 ④**
**해설**
* 콜브(Kolb) 경험학습과정

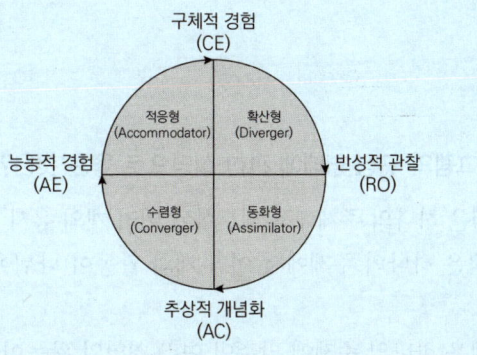

**07** 청소년활동 학습몰입에 관한 설명으로 옳지 않은 것은?

① 자신이 학습하고자 하는 목적의식을 갖고 있다.
② 학습과정의 결과에 대한 피드백을 얻게 된다.
③ 자신이 참여하는 활동과제에 관심이 집중되어 있다.
④ 행위와 인식의 일체감을 경험하게 된다.
⑤ 양적 시간개념을 명확하게 인식하고 있다.

정답 ⑤
해설
몰입이란 사람들이 현재 수행하고 있는 과업에 능동적으로 참여함과 동시에 과업을 수행하면서 느끼는 현재의 경험이 최적의 경험이라고 인식하는 상태이다. 몰입 시에는 양적 시간개념이 상실된다.

**08** 청소년활동 프로그램의 구성 형태에 관한 설명으로 옳은 것은?

① 연속 프로그램은 하나의 주제에서 세분화된 여러 개의 유사 활동이 체계적으로 연결된다.
② 통합 프로그램은 하나의 주제에서 여러 개의 활동이 나뉘어져 일정한 순서에 따라 연결된다.
③ 종합 프로그램은 하나의 주제에 맞추어 여러 영역의 활동이 연관성 있게 전개된다.
④ 단위 프로그램은 여러 개의 활동이 단일 목표를 달성하기 위하여 체계적으로 구성된다.
⑤ 개별 프로그램은 하나의 주제를 바탕으로 단위 활동이 이루어진다.

정답 ③
해설
① 연속 프로그램: 하나의 주제를 여러 개의 내용으로 나누어서 일정한 순서에 따라 지속하는 프로그램이다.
② 통합 프로그램: 하나의 주제에서 세분화된 여러 활동이나 비슷한 성격의 활동들을 모아 하나의 체계 속에 연결하여 하나의 활동으로 통합하여 구성한 프로그램이다.
④ 단위 프로그램: 하나의 내용을 한 번에 지도하기 위한 일회성 프로그램이다.
⑤ 개별 프로그램: 부분별 프로그램이 각각 고유의 목표와 성격을 유지하는 프로그램이다.

**09** 청소년활동 프로그램의 특성으로 옳지 않은 것은?

① 순환적이다.  ② 도구적이다.  ③ 변동적이다.
④ 미래지향적이다.  ⑤ 결과지향적이다.

**정답** ⑤
**해설**
청소년활동 프로그램은 어떤 일을 실현하는 데 필요한 실제 행동을 전제로 하는 행위지향적인 성격을 가지고 있다. 즉, 결과보다 그 활동 자체에 초점을 두는 과정지향적이다.

**10** 청소년활동 프로그램 개발 시 적용되는 선형모형에 관한 설명으로 옳지 않은 것은?

① 개발 단계별 지도자의 직무를 파악하는 데 효과적이다.
② 개발 단계별 순차적 논리성이 강조된다.
③ 개발 경험이 적은 초보자에게 효과적이다.
④ 개발이 완료되면 이전 단계로 되돌려 전면 수정하기 어렵다.
⑤ 개발 단계별 구성요소에 대한 의사결정 과정이 강조된다.

**정답** ⑤
**해설**
* **선형적 접근**
  - 프로그램개발을 위한 접근방법 중 가장 일반적으로 사용되는 것으로 청소년지도 현장에서 주로 사용되었던 전통적인 기법이다.
  - 한 단계가 마무리된 후에 다음 단계에서 수행될 절차가 연속적으로 진행된다.
  - 각 단계마다 과업이 명확하고 단순하여 안정감이 있으며 초보자도 쉽게 이용 가능하다.
  - 환경 변화에 능동적으로 대처하는 유연성과 융통성이 부족하다.

**11** 다음에서 설명하는 청소년프로그램 개발 패러다임은?

> ○ 실제적-해석적 패러다임이라고도 불린다.
> ○ 절대적 진리가 존재하는 것이 아니라 청소년과 청소년지도사 간에 긴밀한 상호작용을 통해 교육적 의미가 만들어진다.
> ○ 듀이(J. Dewey)의 실용주의 입장과 해석학적 인식론이 혼합된 패러다임이다.

① 실증주의  ② 논리실증주의  ③ 구성주의
④ 비판주의  ⑤ 합리주의

**정답 ③**
**해설**
* 구성주의 패러다임(실제적-해석적 패러다임)
  인간을 의미를 창조해 가는 주체적인 존재, 실존적 존재로 간주하고 청소년지도의 과정을 청소년지도자와 청소년이 함께 '의미를 창출하는 상호작용의 과정'으로 규정한다.

**12** 청소년활동 프로그램의 단계별 평가 유형에 관한 설명으로 옳은 것은?

① 요구평가는 프로그램의 제한점이나 성공가능성 여부에 대한 평가이다.
② 타당성평가는 프로그램 실행 시 계획과 현실 사이의 차이점에 대한 평가이다.
③ 경과평가는 프로그램의 목적과 목표가 잘 결합되고 효과적인가에 대한 평가이다.
④ 과정평가는 프로그램 개발에 필요한 재원 산출에 대한 평가이다.
⑤ 형성평가는 프로그램을 진행하면서 수행하는 지도방법에 대한 평가이다.

**정답 ③**
**해설**
① 타당성평가에 관한 설명이다.
② 요구평가에 관한 설명이다.
④ 비용평가에 관한 설명이다.
⑤ 과정평가에 관한 설명이다.

**13** 청소년활동 프로그램의 평가 과정을 순서대로 옳게 나열한 것은?

> ㄱ. 평가도구 제작  ㄴ. 평가의 세부 목표 설정
> ㄷ. 평가내용과 방법 결정  ㄹ. 프로그램 평가 실시
> ㅁ. 프로그램 평가의 활용  ㅂ. 평가결과의 처리와 분석

① ㄱ - ㄴ - ㄷ - ㄹ - ㅂ - ㅁ
② ㄴ - ㄷ - ㄱ - ㄹ - ㅂ - ㅁ
③ ㄴ - ㄷ - ㄱ - ㄹ - ㅁ - ㅂ
④ ㄷ - ㄱ - ㄴ - ㄹ - ㅂ - ㅁ
⑤ ㄷ - ㄴ - ㄱ - ㄹ - ㅁ - ㅂ

정답 ②
해설
* **청소년활동 프로그램 평가 단계**
  1. 평가 목표 설정
  2. 평가 영역 및 준거 설정(평가내용과 방법 결정)
  3. 평가 지표 및 도구 개발
  4. 평가 자료수집 및 분석(평가실시, 평가분석)
  5. 평가 보고 및 개정(평가활용)

**14** 청소년활동 프로그램의 실행 과정에 영향을 미치는 환경적 요인이 아닌 것은?

① 청소년수련시설의 접근성
② 청소년보호자의 의식
③ 청소년집단의 규모
④ 청소년의 자발성
⑤ 청소년지도자의 역할

정답 ④
해설
청소년의 자발성은 개인적 요인에 해당한다.

* **청소년활동 프로그램 실행과 관련된 요인**
  - 개인적 요인: 성별, 연령, 직업, 학력, 신념, 요구, 생활양식, 생활주기 등
  - 환경요인: 청소년이나 지도자가 속한 집단의 특성, 조직풍토 및 전체 사회 문화적 요인 등

**15** 프로그램 개발 과정에서 적용되는 다음의 요구분석 기법은?

> ○ 교육과정 개발에 활용되어 온 직무분석의 기법
> ○ 교육이나 훈련을 목적으로 교육목표와 교육내용을 비교적 단시간 내에 추출하는 데 효과적인 방법
> ○ 분석 협조자(panel member)로 구성된 위원회를 중심으로 집중적인 워크숍 개최

① 데이컴법　　　　② 관찰법　　　　③ 개별이력분석법
④ 델파이법　　　　⑤ 능력분석법

**정답 ①**
**해설**
② 관찰법: 관찰자가 조사 대상의 개인, 사회집단 또는 지역사회의 행동이나 사회현상을 현장에서 직접 보거나 들어서 필요한 정보나 상황을 정확히 알아내리는 방법이다.
③ 개별이력분석법: 요구를 개인적으로 결정하고 기록하는 데 이용되는 방법이다. 이 기법은 주로 의사나 변호사 등 전문직에 종사하는 사람들의 교육요구를 분석하고자 할 때 그들의 개인이력을 보고 요구를 파악하는 방법이다.
④ 델파이법: 예측하려는 문제에 관하여 전문가들의 견해를 유도하고 종합하여 집단적 판단으로 정리하는 일련의 절차이다.
⑤ 능력분석법: 특정 영역의 전문가가 반드시 소유하고 있어야 할 최소한의 전문적 능력을 현재 그 영역에 종사하고 있는 사람으로부터 확인하여 교육적 요구를 분석하는 방법이다.

**16** 다음에서 설명하는 프로그램 유형은?

> ○ 어떤 하나의 내용을 한 번에 지도하기 위한 일회성 프로그램이다.
> ○ 비교적 짧은 시간에 달성해야 하는 특정한 활동을 중심으로 구성된다.

① 단위 프로그램　　　② 연속 프로그램　　　③ 통합 프로그램
④ 종합 프로그램　　　⑤ 단계적 프로그램

**정답 ①**
**해설**
* **프로그램의 구성범위에 따른 분류**
  – 단위 프로그램: 하나의 내용을 한 번에 지도하기 위한 일회성 프로그램이다.
  – 연속 프로그램: 하나의 주제를 여러 개의 내용으로 나누어서 일정한 순서에 따라 지속하는 프로그램이다.
  – 통합 프로그램: 하나의 주제에서 세분화된 여러 활동이나 비슷한 성격의 활동들을 모아 하나의 체계 속에 연결하여 하나의 활동으로 통합하여 구성한 프로그램이다.
  – 종합 프로그램: 부분별 프로그램의 각각의 고유한 성격과 목표를 유지하면서 하나의 주제에 맞추어 여러 영역의 활동이 일관성 있게 진행하는 프로그램이다.
  – 개별 프로그램: 부분별 프로그램이 각각 고유의 목표와 성격을 유지하는 프로그램이다.

**17** 청소년프로그램 개발 패러다임 중 비판주의 패러다임에 관한 설명으로 옳은 것은?

① 외부세계에 존재하는 새로운 지식과 정보, 기술을 청소년에게 전달하는 도구적인 성격이 강하다.
② 청소년지도사는 빈 그릇 상태인 청소년에게 무엇인가를 채워주는 권위 있는 사람으로 인식된다.
③ 프로그램의 목표에 의해 프로그램의 내용이 결정되는 성격이 강하다.
④ 교육을 의식화 과정으로 간주하고, 억압상태로부터의 해방과 비판적 실천행위를 강조한다.
⑤ 프로그램에 참여하는 청소년은 수동적이고 피동적인 존재로 간주된다.

> **정답** ④
> **해설**
> \* 비판주의 패러다임(비판적-해방적 패러다임)
> – 청소년지도의 과정이 청소년과 청소년지도자와의 대화와 타협을 통해 이루어진다고 가정한다.
> – 프로그램의 내용은 청소년의 반성과 행위의 상호작용으로 설명되는 비판적 실천행위이다.
> – 프로그램은 가상적 세계가 아닌 실제 세계에서 청소년지도자와 청소년 간의 반성과 행위의 상호작용을 통해 의미를 창출하는 과정이다.

**18** 프로그램 개발 통합모형에서 프로그램 관련 상황분석과 프로그램 개발의 기본방향이 설정되는 단계는?

① 프로그램 설계     ② 프로그램 기획     ③ 프로그램 마케팅
④ 프로그램 실행     ⑤ 프로그램 평가

> **정답** ②
> **해설**
> '프로그램 기획'은 프로그램 개발 전문가가 미래의 교육활동을 위해 준비하는 미래지향적인 활동으로, 프로그램과 관련된 상황을 분석하고 프로그램 개발이 기본방향을 설정하는 단계이다.

**19** 요구(needs)에 관한 설명으로 옳은 것을 모두 고른 것은?

> ㄱ. 느낀 요구(felt needs): 학습자에 의해 인식된 요구
> ㄴ. 표현된 요구(expressed needs): 학습자에 의해 표출되거나 행동화된 요구
> ㄷ. 규범적 요구(normative needs): 주관적 차원에서 진단된 요구
> ㄹ. 비교 요구(comparative needs): 타인이나 다른 집단과의 비교에 의해 생성된 요구

① ㄱ, ㄷ   ② ㄴ, ㄹ   ③ ㄱ, ㄴ, ㄹ
④ ㄴ, ㄷ, ㄹ   ⑤ ㄱ, ㄴ, ㄷ, ㄹ

**정답 ③**
**해설**
규범적 요구는 전문가의 기준에 의해 결정된 요구, 객관적 차원에서 진단된 요구이다.

**20** 다음이 설명하는 프로그램 내용 편성의 원리는?

> ○ 프로그램 내용의 선정 시 프로그램의 목표를 충실하게 반영해야 한다.
> ○ 프로그램이 왜 실시되어야 하는가를 판단해 주는 준거가 된다.

① 통합성의 원리   ② 계속성의 원리   ③ 타당성의 원리
④ 계열성의 원리   ⑤ 범위의 원리

**정답 ③**
**해설**
* **프로그램 내용 편성원리**
  - 타당성의 원리: 프로그램 내용의 선정 시 목표를 충실하게 반영해야 한다.
  - 통합성의 원리: 학습경험을 횡적으로 상호 조화롭게 연결 지어 조직한다
  - 계속성의 원리: 중요한 경험요소가 어느 정도 계속해서 반복되도록 조직한다.
  - 계열성의 원리: 점차 경험의 수준을 높여서 더욱 깊이 있고 폭넓은 학습경험을 할 수 있도록 조직한다.
  - 범위의 원리: 어떤 내용을 어느 정도의 깊이와 넓이로 다루어져야 하는지 결정한다.
  - 균형성의 원리: 여러 경험들 사이에 균형을 유지한다.

**21** 청소년 프로그램 마케팅의 4P 모델에 해당하지 않는 것은?

① 프로그램 내용(Product)
② 프로그램 참가비(Price)
③ 프로그램 장소(Place)
④ 프로그램 자부심(Pride)
⑤ 프로그램 홍보(Promotion)

**정답 ④**
**해설**
* **마케팅 4P모델**
 프로그램 비용(Price), 프로그램 장소(Place), 프로그램 내용(Product), 프로그램 홍보(Promotiom)

**22** 청소년 프로그램 기획의 성격이 아닌 것은?

① 미래지향성　　② 연계성　　③ 연속성
④ 목적성　　⑤ 고착성

**정답 ⑤**
**해설**
* **청소년 프로그램 기획의 특징(성격)**
 – 미래지향적
 – 연속적 과정
 – 의사결정의 과정
 – 목표지향적
 – 수단과 목적의 연계
 – 행동지향적 활동
 – 준비과정

**23** 다음 내용에서 설명하는 청소년 프로그램 평가모형은?

○ 행동주의 철학에 기초한다.
○ 평가모형 중 가장 널리 사용된다.
○ 대표적인 모형으로 간극모형, 3차원모형, 비용 효과분석모형 등이 있다.

① 목표중심 평가모형　　② 의사결정중심 평가모형　　③ 판단중심 평가모형
④ 전문성중심 평가모형　　⑤ 참여-반응중심 평가모형

**정답 ①**
**해설**
**\* 프로그램 평가모형**
- 목표중심 평가: 행동주의 철학에 기초하고 있는 것으로 프로그램 평가 중에서 가장 오래되고 가장 널리 사용되는 평가모형이다.
- 의사결정중심 평가: 프로그램 운영자의 입장에서 평가하는 것으로 그 프로그램 진행 여부에 대해 결정하기 위한 평가이다.
- 판단중심 평가: 프로그램의 목표나 관련 인사의 의사결정과는 무관하게 프로그램이 지닌 장점과 가치를 파악하는 평가모형이다.
- 전문성중심 평가: 평가 대상 프로그램과 관련된 분야의 전문가들이 전문성을 이용하여 프로그램의 진가를 평가하는 모형이다.
- 참여-반응중심 평가: 프로그램에 참여하거나 그로 인해 영향을 받은 관련 인사들의 다양한 반응에 입각하여 프로그램의 역동적인 측면을 중시하여 그 장점과 가치를 파악하려는 모형이다.

**24** 다음 내용에서 공통으로 설명하는 활동지도 이론은?

○ 대표적인 학자는 듀이(J. Dewey)이다.
○ 학습의 중심은 개개인의 현실세계의 내적 의식 구축에 있다.
○ 청소년활동은 자기중심교육과 반성적 사고에 초점을 둔다.
○ 활동의 적용은 야외교육, 수련활동에 적합하다.

① 경험주의이론　　② 인지주의이론　　③ 인본주의이론
④ 사회학습이론　　⑤ 행동주의이론

**정답 ①**
**해설**
**\* 경험주의이론(경험학습이론)**
청소년들을 활동의 주체로 간주하고 청소년들이 사전에 마련된 프로그램에 적극적으로 참여하고 행함으로써 체험한 후에 청소년들이 자신들의 체험을 서로 공유하고 자신만의 소중한 경험으로 새롭게 조직하고 내면화시켜 일상생활 속에서 자연스럽게 적용시켜 나가는 과정을 중요시한다.

**25** 다음 내용에서 설명하는 청소년지도방법 이론은?

> ○ 청소년지도사와 청소년 상호 간 의사소통을 중요시한다.
> ○ 발신자, 메시지, 매체, 수신자 등이 주요한 구성 요소이다.
> ○ 언어적, 비언어적 방법이 있다.

① 경험학습이론　　② 구성주의이론　　③ 프로그램이론
④ 동기이론　　　　⑤ 커뮤니케이션이론

**정답** ⑤
**해설**
* **커뮤니케이션이론(의사소통이론)**
청소년지도는 청소년지도자와 청소년 간의 교육적 상호작용이다. 청소년지도가 성공하려면 모든 구성원들 간의 원활한 의사소통이 이루어져야 함을 중요시한다.

**26** 다음에서 설명하는 청소년지도방법의 원리는?

> 청소년이 활동의 주체가 되어 적극적으로 참여하고, 활동의 목적, 내용, 시기 등을 선택하며 결정할 수 있도록 하는 원리

① 창의성의 원리　　② 다양성의 원리　　③ 협동성의 원리
④ 활동 중심의 원리　⑤ 자기주도성의 원리

**정답** ⑤
**해설**
① 창의성의 원리: 청소년지도방법에서 창의적인 방법의 계발, 청소년의 창의적 능력을 함양하도록 고려해야 한다.
② 다양성의 원리: 청소년이 속한 사회계층, 지역적 특성, 가족관계, 종교 등 청소년의 다양한 차이와 요구를 반영하여 이에 적합한 청소년지도방법을 모색해야 한다.
③ 협동성의 원리: 청소년지도방법의 계획과 실행에서 청소년 상호 간의 유기적인 협력이 이루어질 수 있어야 한다.
④ 활동 중심의 원리: 청소년지도방법에서 청소년의 실천적 행위와 체험이 중심이 되어야 하며, 활동을 통한 전인적 성장을 위해 활동에 대한 반성적 과정이 포함되어야 한다.

**27** 청소년지도방법의 심성계발 원리에 해당하는 것을 모두 고른 것은?

> ㄱ. 집단역동과 같은 집단활동 이론을 심리치료 목적에 응용하면서 시작되었다.
> ㄴ. 지적 학습보다는 정의적 학습에 비중을 둔다.
> ㄷ. 인간성장, 자기노출, 의사소통을 중요시한다.
> ㄹ. 문제해결능력 향상을 주목표로 한다.

① ㄱ
② ㄴ, ㄹ
③ ㄱ, ㄴ, ㄷ
④ ㄴ, ㄷ, ㄹ
⑤ ㄱ, ㄴ, ㄷ, ㄹ

**정답** ③
**해설**
ㄹ. 문제해결의 원리에 해당한다.
심성계발 프로그램의 주된 목적은 청소년들이 청소년기의 발달적 요구에 응해질 수 있도록 관계를 발전시키는 것이며, 자신을 보다 잘 이해함으로써 자아정체감을 확립할 수 있게 하고, 긍정적인 인간관계의 형성과 유지에 필요한 태도와 기능을 학습할 수 있는 계기를 제공해주는 것이라 할 수 있다.

**28** 청소년지도방법의 문제해결원리 중 과학적 체계 7단계를 순서대로 옳게 나열한 것은?

> ㄱ. 대안 평가  ㄴ. 문제 인식  ㄷ. 대안 탐색
> ㄹ. 해결책 선택  ㅁ. 정보 수집  ㅂ. 선택 실행
> ㅅ. 결과 평가

① ㄴ → ㄷ → ㅁ → ㄱ → ㄹ → ㅂ → ㅅ
② ㄴ → ㅁ → ㄷ → ㄹ → ㄱ → ㅂ → ㅅ
③ ㄴ → ㅁ → ㄹ → ㄷ → ㄱ → ㅅ → ㅂ
④ ㅁ → ㄴ → ㄷ → ㄱ → ㄹ → ㅂ → ㅅ
⑤ ㅁ → ㄷ → ㄴ → ㄹ → ㄱ → ㅅ → ㅂ

**정답** ①
**해설**
\* 문제해결의 단계
 - 1단계: 문제 인식
 - 2단계: 대안을 탐색(결정)하기
 - 3단계: 정보를 수집하기
 - 4단계: 대안을 평가하기
 - 5단계: 실행 가능한 해결책 선택하기
 - 6단계: 선택을 실행하기
 - 7단계: 결과를 평가하기

**29** 개인중심 청소년지도방법에 해당하는 것을 모두 고른 것은?

> ㄱ. 멘토링(mentoring)
> ㄴ. 도제제도(apprenticeship)
> ㄷ. 브레인스토밍(brainstorming)

① ㄴ  ② ㄱ, ㄴ  ③ ㄱ, ㄷ
④ ㄴ, ㄷ  ⑤ ㄱ, ㄴ, ㄷ

**정답** ②
**해설**
 ㄷ. 브레인스토밍은 집단중심 지도방법이다.

**30** 브레인스토밍 지도법에 관한 설명으로 옳은 것을 모두 고른 것은?

> ㄱ. 집단의 구성원이 어떤 문제나 과제에 대해 창의적인 집단사고를 통하여 해결방안을 모색하는 방법이다.
> ㄴ. 비형식적이며 참여자의 지위, 능력 등에 구애받지 않고 문제를 토의한다.
> ㄷ. 구성원의 어떠한 아이디어에 대해서도 비판하지 않는다.
> ㄹ. 논리적인 맥락과 긍정적, 부정적 예를 많이 제시한다.
> ㅁ. 참여교육의 원리에 기초하여 강의를 전개한다.

① ㄱ, ㄴ, ㄷ  ② ㄱ, ㄴ, ㄹ  ③ ㄱ, ㄷ, ㅁ
④ ㄴ, ㄷ, ㄹ  ⑤ ㄷ, ㄹ, ㅁ

**정답 ①**
**해설**
브레인스토밍(brainstorming)은 다양한 사고를 자극시키려고 새로운 아이디어를 자유롭게 창출하는 방법으로, 참여자들은 어떤 제약이나 규정 없이 자유롭게 자신의 의견을 제안하는 방식이다.

**31** 소집단 대상 지도기법을 모두 고른 것은?

> ㄱ. 역할연기     ㄴ. 개인프로젝트학습   ㄷ. 소시오메트리
> ㄹ. 감수성훈련   ㅁ. 도제학습집

① ㄱ, ㄴ, ㄹ  ② ㄱ, ㄷ, ㄹ  ③ ㄱ, ㄷ, ㅁ
④ ㄴ, ㄷ, ㅁ  ⑤ ㄴ, ㄹ, ㅁ

**정답 ②**
**해설**
소집단 대상 지도기법에는 강의법, 토론법, 브레인스토밍, 역할연기, 감수성훈련, 프로젝트법, 참여훈련기법, 소시오메트리 등이 있다.

**32** 다음 내용에서 공통으로 설명하는 하트(R. Hart)의 청소년 참여 사다리 단계는?

> ○ 청소년들이 제도나 규정에 따라 대표자로 회의에 참여하거나 주도하지는 않는다.
> ○ 실질적인 청소년 참여로 보지 않는다.

① 청소년이 명목상(tokenism)으로 참여하는 단계
② 성인들이 정보를 제공하고 협의하는 단계
③ 성인 주도로 청소년과 의사결정을 공유하는 단계
④ 청소년이 주도하고 감독하는 단계
⑤ 성인들이 지시하고 정보를 제공하는 단계

**정답 ①**
**해설**
\* 청소년 참여모델/하트(Hart) 참여사다리 모델

| | | |
|---|---|---|
| 비참여 수준 | 1단계<br>성인이 이용하는 단계(조작단계) | 어른이 의도적으로 청소년의 목소리를 이용하는 단계 |
| | 2단계<br>장식처럼 동원되는 단계 | 성인과 청소년이 같이 참여하긴 하나 프로그램의 이해도가 낮은 단계 |
| | 3단계<br>명목상 참여단계 | 기획에 참여하긴 하나 의견 수렴이 되지 않는 단계 |
| 형식적 참여수준 | 4단계<br>제한적 위임과 정보제공단계 | 프로그램은 성인이 계획하지만 프로그램의 의도를 이해하고 자원봉사 등을 참여하는 단계 |
| | 5단계<br>상의와 정보제공단계 | 프로그램 계획은 성인이 주도하지만 청소년들의 의사가 반영되는 단계 |
| 실질적 참여수준 | 6단계<br>성인 주도 단계 | 청소년들의 의견이 계획부터 실행까지 전반적으로 반영되는 단계 |
| | 7단계<br>청소년 주도 단계 | 청소년이 주도하고 감독하는 단계 |
| | 8단계<br>동등한 파트너십 단계 | 청소년들이 주도로 프로그램을 계획하고 성인이 청소년의 시선에서 의사결정을 공유하는 단계 |

**33** 청소년 기본법령상 청소년지도자 자격검정 응시기준에 관한 설명으로 옳은 것은?

① 1급 청소년지도사는 2급 청소년지도사 자격 취득 후 청소년활동 등 청소년육성업무 종사 경력이 2년 이상이면 응시할 수 있다.
② 1급 청소년상담사는 석사학위 학위를 취득한 후 상담 실무경력이 3년 이상이면 응시할 수 있다.
③ 2급 청소년상담사는 3급 청소년상담사로서 상담 실무경력이 1년 이상이면 응시할 수 있다.
④ 3급 청소년상담사는 고등학교 졸업 후 상담 실무경력이 5년 이상이면 응시할 수 있다.
⑤ 2급 청소년지도사는 3급 청소년지도사 자격 취득 후 청소년활동 등 청소년육성업무 종사경력이 1년 이상이면 응시할 수 있다.

**정답 ④**
**해설**
① 1급 청소년지도사: 2급 청소년지도사 자격 취득 후 청소년활동 등 청소년육성업무에 종사한 경력이 3년 이상인 사람
② 1급 청소년상담사: 대학원에서 상담 관련 분야의 석사학위를 취득한 후 상담 실무경력이 4년 이상인 사람
③ 2급 청소년상담사: 3급 청소년상담사로서 상담 실무경력이 2년 이상인 사람
⑤ 2급 청소년지도사: 3급 청소년지도사 자격 취득 후 청소년활동 등 청소년육성업무에 종사한 경력이 2년 이상인 사람

**34** 청소년 기본법령상 청소년수련관의 청소년지도사 배치기준에 관한 내용이다. (   )에 들어갈 숫자를 순서대로 옳게 나열한 것은?

> 1급 또는 2급 청소년지도사 각각 1명 이상을 포함하여 (   )명 이상의 청소년지도사를 두되, 수용 인원이 500명을 초과하는 경우에는 500명을 초과하는 (   )명당 1급, 2급 또는 3급 청소년지도사 중 1명 이상을 추가로 둔다.

① 3, 150
② 3, 200
③ 3, 250
④ 4, 200
⑤ 4, 250

**정답 ⑤**
**해설**
* 청소년지도자 배치기준(청소년 기본법 시행령 제25조 제2항 별표5)
청소년수련관: 1급 또는 2급 청소년지도사 각각 1명 이상을 포함하여 4명 이상의 청소년지도사를 두되, 수용인원이 500명을 초과하는 경우에는 500명을 초과하는 250명당 1급, 2급 또는 3급 청소년지도사 중 1명 이상을 추가로 둔다.

**35** 청소년 기본법상 수용인원이 500명 이하인 청소년수련관에 배치해야 하는 급별 최소 청소년지도사 수는?

① 1급 1명, 2급 1명, 3급 2명
② 1급 1명, 2급 2명, 3급 3명
③ 1급 1명, 2급 3명, 3급 3명
④ 1급 2명, 2급 2명, 3급 2명
⑤ 1급 2명, 2급 3명, 3급 3명

**정답 ①**
**해설**
1급 또는 2급 청소년지도사 각각 1명 이상을 포함하여 4명 이상의 청소년지도사를 두되, 수용인원이 500명을 초과하는 경우에는 500명을 초과하는 250명당 1급, 2급 또는 3급 청소년지도사 중 1명 이상을 추가로 둔다.

**36** 청소년 기본법령상 (　　)에 들어갈 내용이 순서대로 옳게 나열한 것은?

> 청소년수련시설에 종사하는 청소년지도사는 (　　)년마다 (　　)시간 이상의 보수교육을 받아야 한다.

① 1, 8　　② 2, 8　　③ 1, 15
④ 2, 15　　⑤ 2, 20

**정답 ④**
**해설**
청소년지도사는 2년(직전의 교육을 받은 날부터 기산하여 2년이 되는 날이 속하는 해의 1월 1일부터 12월 31일까지를 말한다)마다 15시간 이상의 보수교육을 받아야 한다.

**37** 청소년활동 진흥법상 수련시설의 설치·운영에 관한 설명으로 옳은 것은?

① 청소년수련관은 읍·면·동에 1개소 이상 설치·운영하여야 한다.
② 청소년문화의집은 시·군·구에 1개소 이상 설치·운영하여야 한다.
③ 청소년수련시설의 설치 허가권자는 여성가족부장관이다.
④ 시·도지사 및 시장·군수·구청장은 청소년특화시설을 설치·운영할 수 있다.
⑤ 국가는 수련시설의 설치·운영에 필요한 경비를 보조해야 한다.

**정답 ④**
**해설**
① 청소년문화의 집은 읍·면·동에 1개소 이상 설치·운영하여야 한다.
② 청소년수련관은 시·군·구에 1개소 이상 설치·운영하여야 한다.
③ 수련시설을 설치·운영하려는 개인·법인 또는 단체는 특별자치시장·특별자치도지사·시장·군수·구청장의 허가를 받아야 한다.
⑤ 국가 또는 지방자치단체는 제3항에 따른 허가를 받아 수련시설을 설치·운영하는 자(이하 "수련시설 설치·운영자"라 한다)에게 예산의 범위에서 그 설치 및 운영에 필요한 경비의 일부를 보조할 수 있다.

**38** 청소년단체 및 수련시설에 관한 설명으로 옳지 않은 것은?

① 청소년단체 상호 간의 교류·협력 등을 위하여 한국청소년단체협의회를 두고 있다.
② 청소년단체는 청소년 기본법상 일부 수익사업을 할 수 있다.
③ 청소년수련시설의 운영·발전을 위하여 한국청소년수련시설협회를 두고 있다.
④ 청소년이용시설은 과학관, 청소년직업체험센터, 청소년성문화센터 등이 있다.
⑤ 청소년수련시설 건립 시 타당성 사전검토를 위하여 설계사항의 심의과정에 청소년이 참여할 수 있다.

**정답 ④**
**해설**
청소년이용시설은 수련시설이 아닌 시설로서 그 설치 목적의 범위에서 청소년활동의 실시와 청소년의 건전한 이용 등에 제공할 수 있는 시설이다. 청소년직업체험센터, 청소년성문화센터 등은 청소년 수련시설 중 청소년특화시설에 해당한다.

**39** 청소년활동 진흥법령상 청소년수련시설 종합평가를 실시하여야 하는 자는?

① 여성가족부장관
② 보건복지부장관
③ 한국청소년수련시설협회장
④ 한국청소년상담복지개발원장
⑤ 한국청소년활동진흥원 이사장

정답 ①
해설
* **수련시설의 종합평가 등(청소년활동 진흥법 제19조의2)**
  여성가족부장관은 수련시설의 전문성 강화와 운영의 개선 등을 위하여 시설 운영 및 관리 체계, 활동프로그램 운영 등 수련시설 전반에 대한 종합평가를 정기적으로 실시하고 그 결과를 공개하여야 한다.

**40** 청소년활동 진흥법상 수련시설의 허가 또는 등록을 취소할 수 있는 자는?

① 여성가족부장관
② 보건복지부장관
③ 한국청소년수련시설협회장
④ 한국청소년활동진흥원 이사장
⑤ 특별자치시장·특별자치도지사·시장·군수

정답 ⑤
해설
* **수련시설 허가 또는 등록의 취소(청소년활동 진흥법 제22조)**
  특별자치시장·특별자치도지사·시장·군수·구청장은 수련시설 설치·운영자가 다음 각 호의 어느 하나에 해당하는 경우에는 그 수련시설의 허가 또는 등록을 취소할 수 있다.

41  청소년활동 진흥법상 청소년수련시설 운영 중지 명령의 사유에 해당하는 것은?

① 청소년활동이 아닌 용도로 수련시설을 이용하는 경우
② 정당한 사유 없이 청소년의 수련시설 이용을 제한하는 경우
③ 수련시설 종합평가에서 가장 낮은 등급을 연속하여 3회 이상 받은 경우
④ 시설이 붕괴되거나 붕괴할 우려가 있는 등 안전 확보가 현저히 미흡한 경우
⑤ 청소년단체가 아닌 자에게 수련시설을 위탁하여 운영하게 하는 경우

**정답 ④**
**해설**
* **수련시설의 운영중지명령(청소년활동 진흥법 제20조의2)**
  - 시설이 붕괴되거나 붕괴할 우려가 있는 등 안전 확보가 현저히 미흡한 경우
  - 숙박형등 청소년수련활동의 실시 중 참가자 또는 이용자의 생명 또는 신체에 심각한 피해를 입히는 사고가 발생한 경우
  - 「성폭력범죄의 처벌 등에 관한 특례법」 제2조의 성폭력범죄 또는 「아동·청소년의 성보호에 관한 법률」 제2조 제2호 및 제3호의 아동·청소년대상 성범죄 및 아동·청소년대상 성폭력범죄가 발생한 경우
  - 「아동복지법」 제17조의 금지행위가 발생한 경우

42  시·도지사 및 시장·군수 등이 읍·면·동에 1개소 이상 설치·운영하여야 하는 수련시설은?

① 유스호스텔   ② 청소년수련관   ③ 청소년문화의 집
④ 청소년야영장   ⑤ 청소년수련원

**정답 ③**
**해설**
* **수련시설의 설치·운영 등(청소년활동 진흥법 제11조)**
  ① 국가 및 지방자치단체는 「청소년 기본법」 제18조 제1항에 따라 다음 각 호와 같은 수련시설을 설치·운영하여야 한다.
    1. 국가는 둘 이상의 시·도 또는 전국의 청소년이 이용할 수 있는 국립청소년수련시설을 설치·운영하여야 한다.
       > 국립수련시설: 국립중앙청소년수련원, 한국청소년활동진흥원, 국립평창청소년수련원, 국립청소년농생명센터, 국립청소년해양센터, 국립청소년우주센터, 국립청소년미래환경센터, 국립청소년생태센터
    2. 특별시장·광역시장·특별자치시장·도지사·특별자치도지사(이하 "시·도지사"라 한다) 및 시장·군수·구청장은 각각 청소년수련관을 1개소 이상 설치·운영하여야 한다.
    3. 시·도지사 및 시장·군수·구청장은 읍·면·동에 청소년문화의 집을 1개소 이상 설치·운영하여야 한다.
    4. 시·도지사 및 시장·군수·구청장은 청소년특화시설·청소년야영장 및 유스호스텔을 설치·운영할 수 있다.

**43** 청소년활동 진흥법상 청소년 수련시설 설치·운영자에게 금지된 행위를 모두 고른 것은?

> ㄱ. 정당한 사유 없이 청소년의 수련시설 이용 제한
> ㄴ. 수련시설에 대한 정기 안전점검 및 수시 안전점검 실시
> ㄷ. 청소년단체가 아닌 자에게 수련시설을 위탁하여 운영하게 하는 행위

① ㄱ  ② ㄱ, ㄴ  ③ ㄱ, ㄷ
④ ㄴ, ㄷ  ⑤ ㄱ, ㄴ, ㄷ

**정답 ③**
**해설**
* 수련시설 설치·운영자 또는 위탁운영단체 금지행위(청소년활동 진흥법 제21조)
1. 정당한 사유 없이 청소년의 수련시설 이용을 제한하는 행위
2. 청소년활동이 아닌 용도로 수련시설을 이용하는 행위. 다만, 대통령령으로 정하는 용도로 이용하는 경우는 제외한다.
3. 청소년단체가 아닌 자에게 수련시설을 위탁하여 운영하게 하는 행위

**44** 청소년활동 진흥법령상 청소년수련시설 설치의 개별 기준에 따라 체육활동장을 설치해야 하는 시설은?

① 청소년수련관, 청소년문화의집, 청소년특화시설
② 청소년수련원, 유스호스텔, 청소년야영장
③ 청소년문화의집, 청소년수련원, 청소년야영장
④ 청소년수련원, 유스호스텔, 청소년특화시설
⑤ 청소년수련관, 청소년수련원, 청소년야영장

**정답 ⑤**
**해설**
청소년활동 진흥법 시행규칙 제8조 별표3의 개별기준에 따르면 청소년수련관, 청소년수련원, 청소년야영장에는 체육활동장을 설치해야 한다.

**45** 청소년활동 진흥법상 ( )에 들어갈 숫자로 옳은 것은?

> 특별자치시장·특별자치도지사·시장·군수·구청장은 수련시설의 운영 또는 청소년활동 중에 「성폭력범죄의 처벌 등에 관한 특례법」 제2조의 성폭력범죄가 발생한 경우 수련시설 설치·운영자 또는 위탁운영단체, 숙박형등 청소년수련활동 주최자에게 ( )개월 이내의 기간을 정하여 시설 운영 또는 활동의 중지를 명할 수 있다.

① 3   ② 4   ③ 5   ④ 6   ⑤ 9

**정답 ①**
**해설**
* **수련시설의 운영 중지 명령(청소년활동 진흥법 제20조의2)**
  ① 특별자치시장·특별자치도지사·시장·군수·구청장은 수련시설의 운영 또는 청소년활동 중에 다음 각 호의 어느 하나에 해당하는 사유가 발생한 경우에는 수련시설 설치·운영자 또는 위탁운영단체, 숙박형등 청소년수련활동 주최자에게 3개월 이내의 기간을 정하여 시설 운영 또는 활동의 중지를 명할 수 있다.
    1. 시설이 붕괴되거나 붕괴될 우려가 있는 등 안전 확보가 현저히 미흡한 경우
    2. 숙박형등 청소년수련활동의 실시 중 참가자 또는 이용자의 생명 또는 신체에 심각한 피해를 입히는 사고가 발생한 경우
    3. 「성폭력범죄의 처벌 등에 관한 특례법」 제2조의 성폭력범죄 또는 「아동·청소년의 성보호에 관한 법률」 제2조 제2호 및 제3호의 아동·청소년대상 성범죄 및 아동·청소년대상 성폭력범죄가 발생한 경우
    4. 「아동복지법」 제17조의 금지행위가 발생한 경우

**46** 청소년활동 진흥법령상 청소년수련시설의 종사자를 대상으로 실시하여야 하는 안전교육 내용이 아닌 것은?

① 청소년수련활동 및 수련시설의 안전 관련 법령
② 청소년수련활동 안전사고 예방 및 관리
③ 수련시설의 안전점검 및 위생관리
④ 수련시설 종사자의 안전관리 역량 강화
⑤ 안전 관련 보험의 가입 여부 및 보험의 종류와 약관

**정답 ⑤**
**해설**
* **수련시설 안전교육의 내용·방법 등(청소년활동 진흥법 시행규칙 제8조의4)**
  ① 안전교육의 내용
    1. 청소년수련활동 및 수련시설의 안전관련 법령
    2. 청소년수련활동 안전사고 예방 및 관리
    3. 수련시설의 안전점검 및 위생관리
    4. 그 밖에 수련시설 종사자 등의 안전관리 역량 강화 및 안전사고 예방을 위하여 필요한 사항
  ② 안전교육 방법: 집합교육 또는 이러닝과 집합교육을 혼합한 방법
  ③ 안전교육은 매년 1회 이상 실시한다.

**47** 청소년활동 진흥법상 수련시설의 안전점검에 관한 내용으로 옳지 않은 것은?

① 수련시설의 운영대표자는 시설에 대하여 정기 및 수시 안전점검을 실시하여야 한다.
② 지방자치단체는 안전점검을 받아야 하는 시설의 범위·시기, 안전점검기관, 안전점검 절차 및 안전기준을 정하여야 한다.
③ 지방자치단체는 예산의 범위에서 안전점검이나 시설의 보완 및 개수·보수에 드는 비용의 전부를 보조할 수 있다.
④ 수련시설의 운영대표자는 안전점검 결과를 특별자치시장·특별자치도지사·시장·군수·구청장에게 제출하여야 한다.
⑤ 특별자치시장·특별자치도지사·시장·군수·구청장은 필요한 경우 시설의 보완을 요구할 수 있으며 수련시설의 운영대표자는 그 요구에 따라야 한다.

**정답** ②
**해설**
정기 안전점검 및 수시 안전점검을 받아야 하는 시설의 범위·시기, 안전점검기관, 안전점검 절차 및 안전기준은 대통령령으로 정한다.

**48** 청소년활동 진흥법령상 청소년수련시설의 안전기준에 관한 내용이다. (     )에 들어갈 내용으로 옳은 것은?

> 수련시설의 운영대표자는 (     ) 이상 시설물에 대한 안전점검(세부적인 점검사항은 여성가족부령으로 정하는 바에 따른다)을 실시하여야 하며, 점검 결과를 시설물 안전점검기록대장에 기록·관리하여야 한다.

① 매월 1회     ② 분기별 1회     ③ 반기별 1회
④ 매년 1회     ⑤ 2년마다 1회

**정답** ①
**해설**
* 수련시설의 안전기준(청소년활동 진흥법 시행령 별표1)
매월 1회 이상 시설물에 대한 안전점검(세부적인 점검사항은 여성가족부령으로 정하는 바에 따른다)을 실시하여야 하며, 점검결과를 시설물 안전점검기록대장에 기록·관리하여야 한다.

**49** 청소년활동 진흥법령상 수련시설의 종합평가에 관한 내용으로 옳지 않은 것은?

① 여성가족부장관은 수련시설에 대한 종합평가를 2년마다 1회 이상 실시하여야 한다.
② 여성가족부장관은 종합평가결과를 교육부장관 등 관계 기관의 장에게 알려야 한다.
③ 종합평가의 주기·방법·절차에 필요한 사항은 한국청소년활동진흥원이 정한다.
④ 국가는 종합평가의 결과가 우수한 수련시설에 대하여 포상 등을 실시할 수 있다.
⑤ 종합평가는 수련시설의 전문성 강화와 운영의 개선 등을 위하여 실시된다.

**정답 ③**
**해설**
종합평가의 주기·방법·절차 및 평가결과의 공개 등에 필요한 사항은 '여성가족부령'으로 정한다.

**50** 청소년활동 진흥법 제2조(정의) 규정의 일부이다. (   )에 들어갈 내용이 순서대로 옳은 것은?

> "비숙박형 청소년수련활동"이란 19세 미만의 청소년을 대상으로 제10조 제1호의 청소년수련시설 또는 그 외의 다른 장소에서 실시하는 청소년수련활동으로서 실시하는 날에 끝나거나 숙박 없이 (   )회 이상 (   )으로 실시하는 청소년수련활동을 말한다.

① 1, 비정기적  ② 1, 정기적  ③ 2, 비정기적
④ 2, 정기적  ⑤ 3, 비정기적

**정답 ④**
**해설**
* 청소년활동 진흥법 제2조(정의)
"비숙박형 청소년수련활동"이란 19세 미만의 청소년을 대상으로 제10조 제1호의 청소년수련시설 또는 그 외의 다른 장소에서 실시하는 청소년수련활동으로서 실시하는 날에 끝나거나 숙박 없이 2회 이상 정기적으로 실시하는 청소년수련활동을 말한다.

**51** 청소년활동 진흥법의 내용 중 (　)에 들어갈 용어로 옳은 것은?

> 특별자치시장·특별자치도지사·시장·군수·구청장은 청소년활동을 지원하기 위하여 필요한 경우 명승고적지, 역사유적지 또는 자연경관이 수려한 지역으로서 청소년활동에 적합하고 이용이 편리한 지역을 (　)(으)로 지정할 수 있다.

① 청소년 블루존　　② 청소년 두드림존　　③ 청소년수련거리
④ 청소년수련지구　　⑤ 청소년야영장

**정답 ④**
**해설**
\* 청소년수련지구의 지정(청소년활동 진흥법 제47조)
　특별자치시장·특별자치도지사·시장·군수·구청장은 청소년활동을 지원하기 위하여 필요한 경우 명승고적지, 역사유적지 또는 자연경관이 수려한 지역으로서 청소년활동에 적합하고 이용이 편리한 지역을 청소년수련지구(이하 "수련지구"라 한다)로 지정할 수 있다.

**52** 다음은 청소년 기본법상 청소년단체에 대한 정의이다. (　)에 들어갈 용어로 옳은 것은?

> 청소년단체란 (　ㄱ　)을(를) 주된 목적으로 설립된 법인이나 (　ㄴ　)으로 정하는 단체를 말한다.

① ㄱ: 청소년육성, ㄴ: 여성가족부령
② ㄱ: 청소년육성, ㄴ: 대통령령
③ ㄱ: 청소년참여, ㄴ: 여성가족부령
④ ㄱ: 청소년참여, ㄴ: 대통령령
⑤ ㄱ: 청소년보호, ㄴ: 여성가족부령

**정답 ②**
**해설**
청소년단체란 청소년육성을 주된 목적으로 설립된 법인이나 대통령령으로 정하는 단체를 말한다(청소년 기본법 제3조).

53 청소년활동 진흥법상 명시된 한국청소년활동진흥원의 사업에 해당되지 않는 것은?

① 청소년육성에 필요한 정보 등의 종합적 관리 및 제공
② 청소년의 자립능력 향상을 위한 자활 및 재활 지원
③ 청소년수련활동 인증위원회 등 청소년수련활동 인증제도의 운영
④ 국가 및 지방자치단체가 개발한 주요 청소년수련거리의 시범운영
⑤ 숙박형등 청소년수련활동 계획의 신고 지원에 대한 컨설팅 및 교육

정답 ②
해설
* 청소년활동진흥원의 사업내용
  - 청소년활동, 청소년복지, 청소년보호에 관한 종합적 안내 및 서비스 제공
  - 청소년육성에 필요한 정보 등의 종합적 관리 및 제공
  - 청소년수련활동 인증위원회 등 청소년수련활동 인증제도의 운영
  - 청소년 자원봉사활동의 활성화
  - 청소년활동 프로그램의 개발과 보급
  - 국가가 설치하는 수련시설의 유지·관리 및 운영업무의 수탁
  - 국가 및 지방자치단체가 개발한 주요 청소년수련거리의 시범운영
  - 청소년활동시설이 실시하는 국제교류 및 협력사업에 대한 지원
  - 청소년지도자의 연수
  - 숙박형등 청소년수련활동 계획의 신고 지원에 대한 컨설팅 및 교육
  - 수련시설 종합 안전·위생점검에 대한 지원
  - 수련시설의 안전에 관한 컨설팅 및 홍보
  - 안전교육의 지원
  - 그 밖에 여성가족부장관이 지정하거나 활동진흥원의 목적을 수행하기 위하여 필요한 사업

**54** 청소년 기본법상 한국청소년단체협의회의 청소년육성을 위한 활동에 해당하는 것을 모두 고른 것은?

> ㄱ. 청소년지도자의 연수와 권익 증진
> ㄴ. 청소년 관련 분야의 국제기구활동
> ㄷ. 해외교포청소년과의 교류·지원
> ㄹ. 청소년 관련 도서 출판 및 정보 지원

① ㄱ, ㄷ  ② ㄷ, ㄹ  ③ ㄱ, ㄴ, ㄹ
④ ㄴ, ㄷ, ㄹ  ⑤ ㄱ, ㄴ, ㄷ, ㄹ

정답 ⑤
해설
* 청소년단체협의회 활동
  - 회원단체의 사업과 활동에 대한 협조·지원
  - 청소년지도자의 연수와 권익 증진
  - 청소년 관련 분야의 국제기구활동
  - 외국 청소년단체와의 교류 및 지원
  - 남·북청소년 및 해외교포청소년과의 교류·지원
  - 청소년활동에 관한 조사·연구·지원
  - 청소년 관련 도서 출판 및 정보 지원
  - 청소년육성을 위한 홍보 및 실천 운동
  - 지방청소년단체협의회에 대한 협조 및 지원
  - 그 밖에 청소년육성을 위하여 필요한 사업

**55** 청소년활동 진흥법 제2조(정의) 규정의 일부이다. (    )에 들어갈 용어로 옳은 것은?

> (    )(이)란 청소년수련활동에 필요한 프로그램과 이와 관련된 사업을 말한다.

① 청소년이용시설  ② 청소년수련시설  ③ 청소년수련거리
④ 청소년수련지구  ⑤ 청소년어울림마당

정답 ③
해설
'청소년수련거리'란 청소년수련활동에 필요한 프로그램과 이와 관련되는 사업을 말한다.

**56** 청소년활동 진흥법상 ( )에 들어갈 내용으로 옳은 것은?

> 국가는 청소년수련활동 인증제도를 운영하기 위하여 청소년수련활동 인증위원회를 ( )에 설치·운영하여야 한다.

① 한국청소년정책연구원　② 한국청소년단체협의회　③ 한국청소년활동진흥원
④ 한국청소년수련시설협회　⑤ 한국청소년상담복지개발원

정답 ③
해설
* **청소년수련활동 인증제도의 운영(청소년활동 진흥법 제35조)**
  ① 국가는 청소년수련활동이 청소년의 균형 있는 성장에 기여할 수 있도록 그 내용과 수준을 향상시키기 위하여 청소년수련활동 인증제도를 운영하여야 한다.
  ② 국가는 청소년수련활동 인증제도를 운영하기 위하여 청소년수련활동 인증위원회(이하 "인증위원회"라 한다)를 활동진흥원에 설치·운영하여야 한다.

**57** 청소년수련활동인증제도의 인증수련활동 영역 분류체계에 해당하지 않는 것은?

① 교류활동　② 과학정보활동　③ 봉사활동
④ 경제교육활동　⑤ 환경보존활동

정답 ④
해설
* **인증수련활동 영역**
  건강/스포츠, 모험개척, 역사탐방, 환경보존, 봉사협력 교류, 과학정보, 진로탐구, 자기개발, 문화예술

**58** 청소년수련활동 인증제도에 관한 설명으로 옳지 않은 것은?

① 청소년수련활동 인증위원회는 청소년활동 전문가 중에서 인증심사원을 선발하여 활용할 수 있다.
② 청소년수련활동 인증위원회가 인증을 요청받은 때에는 인증기준에 따라 심사하고, 그 결과를 통지하여야 한다.
③ 국가는 청소년수련활동 인증제도를 운영하기 위하여 청소년수련활동 인증위원회를 한국청소년활동진흥원에 설치·운영하여야 한다.
④ 청소년수련활동 인증위원회의 구성·운영, 기록유지 및 관리 등에 관해 필요한 사항은 대통령령으로 정한다.
⑤ 인증수련활동을 실시한 시설 및 개인, 법인·단체는 그 결과를 인증수련활동이 끝난 후 10일 이내에 인증위원회에 통보하여야 한다.

**정답** ⑤
**해설**
인증수련활동을 실시한 활동시설 및 개인, 법인·단체는 제1항에 따른 개별 청소년의 활동기록 및 인증수련활동 결과를 해당 인증수련활동이 끝난 후 '15일' 이내에 인증위원회에 통보하여야 한다.


**59** 청소년활동 진흥법령상 청소년수련활동 인증위원회의 구성·운영에 관한 설명으로 옳은 것은?

① 청소년수련활동 인증위원회는 20명 이내의 위원으로 구성한다.
② 청소년수련활동진흥원 이사장은 인증위원이 된다.
③ 청소년수련활동 인증위원회 위원의 임기는 2년이며, 연임할 수 있다.
④ 청소년수련활동진흥원 이사장은 청소년활동에 관한 지식과 경험이 풍부한 사람 중에서 인증위원을 위촉할 수 있다.
⑤ 청소년수련활동 인증위원회는 위원장 1인과 부위원장 2인을 두며, 위원장은 위원 중에서 호선한다.

**정답** ②
**해설**
① 청소년수련활동 인증위원회는 위원장과 부위원장 각 1명을 포함한 15명 이내의 위원으로 구성한다.
③ 청소년활동의 안전에 관한 전문자격이나 전문지식을 가진 사람 중에서 여성가족부장관이 위촉하는 사람에 해당하는 위원의 임기는 3년으로 한다.
④ 여성가족부장관은 청소년활동에 관한 지식과 경험이 풍부한 사람 중에서 인증위원을 위촉할 수 있다.
⑤ 청소년수련활동 인증위원회는 위원장 1인과 부위원장 1인을 두며, 위원장과 부위원장은 위원 중에서 호선한다.

**60** 청소년수련활동 인증위원회의 인증위원 구성에서 ( )에 들어갈 알맞은 숫자는?

> 인증위원회는 위원장과 부위원장 각 1명을 포함한 ( )명 이내의 위원으로 구성한다.

① 15
② 20
③ 25
④ 30
⑤ 35

**정답 ①**
**해설**
* 청소년수련활동 인증제도의 운영(청소년활동 진흥법 제35조)
  청소년수련활동 인증위원회는 위원장과 부위원장 각 1명을 포함한 15명 이내의 위원으로 구성한다.

**61** 청소년활동 진흥법상 청소년수련활동 인증제의 인증심사원에 관한 설명으로 옳지 않은 것은?

① 인증심사원은 1급 청소년지도사 또는 1급 청소년상담사 자격증 소지자로 한다.
② 청소년활동분야에서 5년 이상의 실무경력이 있는 사람은 인증심사원 선발에 응시할 수 있다.
③ 청소년수련활동 인증위원회에서 면접 등 절차를 거쳐 선발한다.
④ 인증심사원이 되려는 사람은 청소년수련활동 인증위원회가 실시하는 직무연수를 40시간 이상 받아야 한다.
⑤ 인증심사원은 2년마다 20시간 이상의 직무연수를 이수하여야 한다.

**정답 ①**
**해설**
청소년수련활동 인증위원회(이하 "인증위원회"라 한다)는 다음의 어느 하나에 해당하는 자격요건을 갖춘 사람 중에서 인증심사원을 선발한다.
- 1급 또는 2급 청소년지도사 자격 소지자
- 청소년활동분야에서 5년 이상의 실무경력이 있는 사람

**62** 청소년활동 진흥법령상 (　)에 들어갈 숫자로 옳은 것은?

> 국가는 인증수련활동에 참여한 청소년의 활동기록을 확인하는 등의 절차를 거쳐 해당 활동이 끝난 후 (　)일이 경과한 날부터 그 기록을 제공할 수 있도록 하여야 한다.

① 7　　　　② 10　　　　③ 14
④ 15　　　　⑤ 20

**정답 ⑤**
**해설**
* 활동기록 유지·관리 등(청소년활동 진흥법 시행령 제20조)
  국가는 인증수련활동에 참여한 청소년의 활동기록을 확인하는 등의 절차를 거쳐 해당 활동이 끝난 후 20일이 경과한 날부터 그 기록을 제공할 수 있도록 하여야 한다.

**63** 청소년활동 진흥법령상 위험도가 높은 청소년수련활동에 해당하는 것을 모두 고른 것은?

> ㄱ. 행글라이딩　　　　ㄴ. 하강래포츠
> ㄷ. 2시간의 야간등산　ㄹ. 8km의 도보이동

① ㄱ, ㄴ　　　　② ㄱ, ㄷ　　　　③ ㄱ, ㄴ, ㄹ
④ ㄴ, ㄷ, ㄹ　　⑤ ㄱ, ㄴ, ㄷ, ㄹ

**정답 ①**
**해설**
ㄷ. 야간등산(4시간 이상의 경우만 해당한다)은 위험도가 높은 청소년수련활동에 해당한다.
ㄹ. 10km 이상의 도보이동은 위험도가 높은 청소년수련활동에 해당한다.

**64** 다음에서 설명하는 것은?

> ○ 청소년활동 진흥법에 근거를 두고 있다.
> ○ 19세 미만의 청소년을 대상으로 하는 청소년수련활동에 적용된다.
> ○ 청소년수련활동 관련 안전사고 예방을 위해 도입되었다.
> ○ 이동숙박형, 고정숙박형 등의 활동이 대상이 된다.

① 청소년수련시설종합평가제
② 청소년수련활동신고제
③ 청소년자기도전포상제
④ 자유학기제
⑤ 학교 내 청소년단체활동

**정답 ②**
**해설**
청소년수련활동신고제는 19세 미만의 청소년을 대상으로 하는 청소년수련활동의 실시 계획을 신고하도록 하고, 신고 수리된 내용을 공개하여 국민이 정보를 활용할 수 있도록 하는 제도이다.

**65** 청소년활동 진흥법령상 '숙박형등 청소년수련활동 계획의 신고'에 관한 설명으로 옳은 것은?

① 20세 청소년집단을 대상으로 숙박형등 청소년수련활동을 주최하려는 자는 그 활동계획을 신고하여야 한다.
② 숙박형등 청소년수련활동을 주최하려는 자는 그 활동계획의 신고가 수리되기 전이라도 모집활동을 할 수 있다.
③ 활동계획의 신고서는 한국청소년활동진흥원에 제출하여야 한다.
④ 활동계획을 신고한 자는 신고한 내용의 변경이 필요한 경우, 활동 후 3일 이내에 변경신고서를 제출하여야 한다.
⑤ 청소년이 부모 등 보호자와 함께 참여하는 경우는 활동계획의 신고 대상에서 제외된다.

**정답 ⑤**
**해설**
① 19세 미만의 청소년을 대상으로 숙박형등 청소년수련활동을 주최하려는 자는 그 활동계획을 신고하여야 한다.
② 숙박형등 청소년수련활동을 주최하려는 자는 신고가 수리되기 전에는 모집활동을 하여서는 아니 된다.
③ 숙박형 청소년수련활동 및 비숙박형 청소년수련활동을 주최하려는 자는 여성가족부령으로 정하는 절차와 방법에 따라 특별자치시장·특별자치도지사·시장·군수·구청장에게 그 계획을 신고하여야 한다.
④ 활동계획을 신고한 자는 신고한 내용의 변경이 필요한 경우, 청소년수련활동 시작 3일 전까지 변경신고서를 제출하여야 한다.

**66** 청소년활동 진흥법상 국가 또는 지방자치단체의 지원 대상인 청소년교류활동에 해당하지 않는 것은?

① 국제청소년교류활동
② 청소년자원봉사활동의 활성화
③ 지방자치단체의 자매도시협정
④ 청소년교류센터의 설치·운영
⑤ 남·북청소년교류활동

> **정답 ②**
> **해설**
> 청소년자원봉사활동의 활성화는 청소년문화활동영역에 해당한다.

**67** 현행 교육과정에서 창의적 체험활동 4대 영역에 해당하지 않는 것은?

① 자율활동  ② 동아리활동  ③ 봉사활동
④ 집단활동  ⑤ 진로활동

> **정답 ④**
> **해설**
> 창의적 체험활동 영역은 자율활동, 동아리활동, 봉사활동, 진로활동이다.

**68** 유사한 관심사를 가진 청소년들이 자기개발, 진로탐색 등을 위해 자율적으로 참여하여 조직하고 운영하는 형태의 청소년활동은?

① 청소년멘토링  ② 청소년교류활동  ③ 오리엔티어링
④ 청소년동아리활동  ⑤ 방과후학교활동

> **정답 ④**
> **해설**
> 동아리는 특정한 테두리 안에서 공동의 관심사나 목적을 가진 사람들이 다소 느슨한 결속력으로 모인 집단을 뜻한다.

**69** 청소년자원봉사활동의 특성으로 적절하지 않은 것은?

① 자발성　　② 공익성　　③ 무보상성
④ 의존성　　⑤ 계속성

**정답 ④**
**해설**
자원봉사의 특성에는 자발성, 공익성, 자아실현성, 교육성, 무보수성, 지속성, 조직성이 있다.

**70** 청소년자원봉사활동의 준비단계에 해당되지 않는 것은?

① 청소년자원봉사활동이 진행될 현장을 답사한다.
② 청소년들에게 교육적으로 적합한 활동인지 파악한다.
③ 청소년자원봉사활동이 어떻게 전개될 것인지 검토한다.
④ 청소년 봉사활동의 확인서를 발급한다.
⑤ 필요한 물품목록을 확인한다.

**정답 ④**
**해설**
봉사활동 확인서 발급은 봉사활동 후의 사항에 해당한다.

**71** 국제청소년성취포상제에 관한 설명으로 옳지 않은 것은?

① 영국의 에딘버러(Edinburgh) 공작에 의해 시작되었다.
② 은장 단계에서는 4박 5일의 합숙 활동을 해야 한다.
③ 기본이념에는 비경쟁성이 포함된다.
④ 동장 단계에서는 봉사, 자기개발, 신체단련, 탐험을 해야 한다.
⑤ 한국청소년활동진흥원이 국제청소년성취포상제의 한국사무국이다.

**정답 ②**
**해설**
금장 단계에서는 4박 5일의 합숙 활동을 해야 한다.

**72** 국제청소년성취포상제 활동 영역이 아닌 것은?

① 탐험활동 ② 봉사활동 ③ 자기개발활동
④ 신체단련활동 ⑤ 체험활동

**정답** ⑤
**해설**
국제청소년성취포상제 활동 영역에는 봉사활동, 자기개발활동, 신체단련활동, 탐험활동, 합숙활동(금장에 한함)이 있다.

**73** 청소년방과후아카데미에 관한 설명으로 옳지 않은 것은?

① 청소년 기본법에 법적 근거를 두고 있다.
② 초등학교 1학년부터 중학교 3학년까지가 지원 대상이다.
③ 한국청소년활동진흥원에서 운영지원을 하고 있다.
④ 청소년수련시설에 설치·운영할 수 있다.
⑤ 담임(SM)은 상담 및 생활기록·관리 업무를 수행한다.

**정답** ②
**해설**
여성가족부와 지방자치단체에서는 공적 서비스를 담당하는 청소년 수련시설(청소년수련관, 청소년문화의집 등)을 기반으로 방과 후 돌봄이 필요한 청소년(초등 4학년~중등 3학년)의 자립역량을 개발하고 건강한 성장을 지원하고자 방과 후 학습지원, 전문체험 활동, 학습 프로그램, 생활지원 등 종합서비스를 제공하는 국가정책지원 사업이다.

**74** 특별한 교육 및 활동이 필요한 청소년을 대상으로 지원하는 청소년 기본법령상의 방과후사업에 명시되지 않은 활동은?

① 청소년의 역량 개발 지원
② 청소년의 기본학습 및 보충학습 지원
③ 학교폭력 예방 및 대책에 관한 계획의 이행 지도
④ 청소년의 안전하고 건강한 방과 후 활동을 위한 급식, 시설 지원 및 상담
⑤ 청소년의 방과 후 활동을 지원하는 기관 및 단체 등의 개발 및 연계

**정답 ③**
**해설**
* **방과후사업**
  - 청소년의 역량 개발 지원
  - 청소년의 기본학습 및 보충학습 지원
  - 청소년의 안전하고 건강한 방과 후 활동을 위한 급식, 시설 지원 및 상담
  - 청소년의 안전하고 건강한 방과 후 활동을 위한 학부모 교육, 청소년의 방과 후 활동을 지원하는 기관 및 단체 등의 개발 및 연계
  - 그 밖에 청소년의 방과 후 활동을 지원하기 위해 필요한 활동

**75** 청소년 기본법령상 청소년특별회의에 관한 설명으로 옳지 않은 것은?

① 2년마다 개최하여야 한다.
② 참석대상과 운영방법 등의 세부사항은 대통령령으로 정한다.
③ 여성가족부장관은 회의참석 대상을 정할 때 성별·연령별·지역별로 각각 전체 청소년을 대표할 수 있도록 노력해야 한다.
④ 특별시·광역시·도·특별자치도 단위의 지역회의를 개최한 후에 전국 단위의 회의를 개최하여야 한다.
⑤ 청소년 분야의 전문가와 청소년이 참여한다.

**정답 ①**
**해설**
청소년특별회의는 해마다 개최하여야 한다.

**76** 청소년 기본법령상 청소년특별회의에 관한 설명으로 옳지 않은 것은?

① 여성가족부장관은 특별회의 참석 대상을 정할 때에는 성별·연령별·지역별로 각각 전체 청소년을 대표할 수 있도록 노력하여야 한다.
② 여성가족부장관이 공개모집을 통하여 선정한 청소년은 참석대상이 된다.
③ 특별회의는 2년마다 개최하여야 한다.
④ 참석대상·운영방법 등 세부적인 사항은 대통령령으로 정한다.
⑤ 여성가족부장관은 특별회의 의제와 관련된 중앙행정기관의 장이 회의에 참석하도록 협조를 요청할 수 있다.

**정답 ③**
**해설**
청소년특별회의는 청소년 기본법 제12조에 의거 범정부적 차원의 청소년정책과제의 설정, 추진 및 점검을 위해 청소년과 전문가가 참여하여 매년 개최된다.

**77** 시·군·구 등의 지방자치단체가 청소년정책과 관련한 청소년 의견을 수렴하기 위하여 설치·운영하고 있는 청소년기구는?

① 청소년복지위원회　　② 청소년보호위원회　　③ 청소년참여위원회
④ 청소년특별위원회　　⑤ 청소년활동위원회

**정답 ③**
**해설**
청소년참여위원회는 정부 및 지방자치단체의 청소년정책을 만들고 추진해 가는 과정에 주체적으로 참여할 수 있도록 마련된 제도적 기구이다.

**78** 다음이 설명하는 기관은?

> ○ 1996년부터 청소년자원봉사센터로 출범하여 2006년에 개편·설치되었다.
> ○ 청소년의 요구를 수용하여 청소년의 발달단계와 여건에 맞는 프로그램과 정보를 상시 안내하고 제공한다.
> ○ 지역의 각 학교 및 평생교육시설에서 필요로 하는 청소년활동 관련 사항을 지원할 수 있다.
> ○ 국가(중앙)-지방(시·도)-지역(시·군·구)으로 이어지는 청소년정책 전달체계의 기관이다.

① 한국청소년단체협의회　　　　　② 시·도 청소년상담복지센터
③ 한국청소년쉼터협의회　　　　　④ 지방청소년활동진흥센터
⑤ 한국청소년수련시설협회

**정답 ④**
**해설**
지방청소년활동진흥센터는 지역의 청소년활동을 진흥시켜 청소년의 잠재역량 계발과 인격형성을 도모하고 수련·참여·교류·권리증진 활동 등 청소년정책을 종합적으로 지원하는 기관이다.

# 제21회
# 청소년상담사 3급
# 기출문제

• 1교시 •

| 제1과목(필수): 발달심리

| 제2과목(필수): 집단상담의 기초

| 제3과목(필수): 심리측정 및 평가

| 제4과목(필수): 상담이론

• 2교시 •

| 제1과목(필수): 학습이론

| 제2과목(선택): 청소년이해론

| 제3과목(선택): 청소년수련활동론

# 1교시 제1과목(필수): 발달심리

**001** 발달에 관한 설명으로 옳지 않은 것은?

① 머리에서 발 방향으로 진행된다.
② 발달 순서는 개인마다 제각기 다르다.
③ 유전과 환경의 상호작용을 통해 발달한다.
④ 인지적, 사회정서적, 신체적 발달은 상호작용한다.
⑤ 전 생애에 걸쳐 이루어지는 모든 변화의 양상과 과정이다.

**002** 발달연구방법에 관한 설명으로 옳지 않은 것은?

① 횡단적 연구법은 피험자를 추적 조사함으로써 연령에 따른 발달의 추이를 규명한다.
② 실험연구에서는 독립변수와 종속변수 간의 인과관계를 파악한다.
③ 상관연구에서는 둘 이상의 변수 간 관계를 상관계수로 표현한다.
④ 종단적 연구법에서는 연구 과정에서 피험자 탈락, 연습효과 등이 연구결과를 왜곡할 수 있다.
⑤ 계열법(sequential method)은 연령, 출생동시집단, 측정시기의 효과를 분리할 수 있다.

**003** 발달의 불연속적 측면을 강조하는 이론으로 옳은 것을 모두 고른 것은?

> ㄱ. 피아제(J. Piaget)의 도덕성 발달이론
> ㄴ. 스키너(B. Skinner)의 조작적 조건형성이론
> ㄷ. 에릭슨(E. Erikson)의 심리사회적 발달이론
> ㄹ. 브론펜브레너(U. Bronfenbrenner)의 생태학적 체계이론

① ㄱ  ② ㄹ  ③ ㄱ, ㄴ
④ ㄱ, ㄷ  ⑤ ㄷ, ㄹ


**004** 태내 발달에 관한 설명으로 옳은 것을 모두 고른 것은?

> ㄱ. 태아기(fetal period)에 태반, 탯줄, 양막, 양수가 발달한다.
> ㄴ. 산모의 과도한 음주는 태아 알코올 증후군을 유발할 수 있다.
> ㄷ. 배아기(embryonic period)에 수정란은 내배엽, 중배엽, 외배엽으로 분화된다.
> ㄹ. 수정란이 자궁벽에 착상한 임신 2주 이후부터 임신 8주까지 6주간의 기간을 발아기(germinal period)라 한다.

① ㄱ, ㄹ  ② ㄴ, ㄷ  ③ ㄱ, ㄷ, ㄹ
④ ㄴ, ㄷ, ㄹ  ⑤ ㄱ, ㄴ, ㄷ, ㄹ


**005** 신생아에 관한 설명으로 옳지 않은 것은?

① 감각 중 시각은 비교적 덜 발달된 상태에서 태어난다.
② 손가락을 조절하여 물건을 잡을 수 있다.
③ 어머니의 젖 냄새를 구분할 수 있다.
④ 갑작스럽고 강렬한 소음에 모로반사(Moro reflex)를 보인다.
⑤ 수면 중 약 50%는 렘(REM) 수면이다.

**006** 영유아기 정서발달에 관한 설명으로 옳은 것을 모두 고른 것은?

ㄱ. 자신을 인식하게 되면서 자의식적 정서가 나타난다.
ㄴ. 기쁨, 분노, 공포 등의 일차 정서는 영아기 초기에 나타난다.
ㄷ. 유아는 사람들이 진짜로 느끼는 정서와 표현하는 정서를 잘 구별한다.
ㄹ. 영아는 불확실한 상황에서 사회적 참조를 통해 타인의 정서를 해석한다.

① ㄱ, ㄴ  ② ㄴ, ㄷ  ③ ㄱ, ㄴ, ㄹ
④ ㄱ, ㄷ, ㄹ  ⑤ ㄴ, ㄷ, ㄹ

**007** 유아기의 발달 특징에 관한 설명으로 옳은 것을 모두 고른 것은?

ㄱ. 성안정성을 획득한다.
ㄴ. 심리적 특성으로 자신을 묘사한다.
ㄷ. 젖니가 나기 시작한다.
ㄹ. 언어의 과잉 일반화 현상이 나타난다.

① ㄱ, ㄴ  ② ㄱ, ㄹ  ③ ㄴ, ㄹ
④ ㄷ, ㄹ  ⑤ ㄱ, ㄷ, ㄹ

**008** 다음 사례에 나타난 기억 전략에 관한 설명으로 옳은 것을 모두 고른 것은?

바지, 자동차, 양말, 비행기, 접시, 냄비를 주방용품, 의류, 교통수단의 세 범주로 구분하여 기억한다.

ㄱ. 유아기부터 자발적으로 사용
ㄴ. 반복시연 전략보다 시기적으로 나중에 나타남
ㄷ. 정교화 전략임

① ㄴ  ② ㄱ, ㄴ  ③ ㄱ, ㄷ
④ ㄴ, ㄷ  ⑤ ㄱ, ㄴ, ㄷ

**009** 청소년기 자아중심성의 한 특징으로 엘킨드(D. Elkind)가 설명한 개념은?

> ○ 자신이 타인의 집중적 관심과 주의의 대상이라 믿는다.
> ○ 자신을 무대 위의 주인공처럼, 다른 사람을 관중처럼 생각한다.
> ○ 주변 사람에게 신경 쓰느라 자신의 외모와 행동에 관심을 집중한다.

① 메타인지　　　　② 개인적 우화　　　　③ 조합적 사고
④ 상상적 청중　　　⑤ 가설연역적 사고

**010** 성인의 적응 방식을 방어기제 수준으로 설명한 베이런트(G. Vaillant)의 이론으로 옳지 않은 것은?

① 시련이나 위기에 직면한 개인이 나타내는 심리적 적응방식에서의 발달적 변화에 관심을 가졌다.
② 베이런트는 프로이트(S. Freud)의 방어기제 중에는 더 성숙한 방어기제도 있다고 간주한다.
③ 방어기제 수준을 정신병적 방어기제, 신경증적 방어기제, 성숙한 방어기제의 3수준으로 구분한다.
④ 개인생활과 직업생활에서 성공적인 사람들은 미성숙한 방어기제보다는 더 성숙한 방어기제를 사용하는 쪽으로 이동한다.
⑤ 망상적 투사, 부정, 왜곡은 정신병적 방어기제의 대표적 유형이다.

**011** 피아제(J. Piaget)의 형식적 조작기 이후 성인기 인지발달에 관한 학자들의 설명으로 옳은 것은?

① 아르린(P. Arlin): 지식의 습득단계에서 실생활에 적용하는 단계로 전환
② 리겔(K. Riegel): 형식적 사고가 아닌 변증법적 사고가 이루어지는 시기
③ 라부비-비에(G. Labouvie-Vief): 성인기는 문제해결보다는 문제발견의 시기라고 간주
④ 페리(W. Perry): 문제해결과정에서 논리적 사고보다는 실용적 사고를 하게 됨
⑤ 샤이(K. Schaie): 이원론적 사고에서 벗어나 다원론적인 상대적 사고를 하게 됨

012 언어발달에 관한 설명으로 옳지 않은 것은?

① 스키너(B. Skinner): 조작적 조건형성과정의 강화원리에 의해 언어발달이 이루어짐
② 반두라(A. Bandura): 관찰을 통한 모방에 의해 언어발달이 가능함
③ 촘스키(N. Chomsky): 선천적으로 언어습득장치를 지니고 태어남
④ 브루너(J. Bruner): 아동의 언어발달에 기여하는 부모 역할을 언어습득 지원체제라고 함
⑤ 르네버그(E. Lenneberg): 문화권에 따라 언어발달 순서가 다르며 언어발달의 결정적 시기는 없음

013 지능이론에 관한 설명으로 옳지 않은 것은?

① 길포드(J. Guilford)의 지력구조론: 지능은 기능 × 조작 × 산출의 세 차원으로 구성됨
② 서스톤(I. Thurstone)의 기초정신능력이론: 지능은 상호 독립적인 일곱 가지 하위요인으로 구성됨
③ 카텔(R. Cattell)의 Gf-Gc이론: 결정적 지능(Gc)은 성인기에도 다양한 지적 자극을 통해 유지되거나 향상될 수 있음
④ 스피어만(C. Spearman)의 이요인이론: 일반요인(g)은 모든 유형의 지적 활동에 관여하는 일반적 능력임
⑤ 가드너(H. Gardner)의 다중지능이론: 지능은 문화권에 따라 다르게 정의될 수 있으며 각 하위지능들의 상대적 중요성은 동일함

014 다음 설명에 해당하는 피아제(J. Piaget) 감각운동기의 하위단계는?

> 영아는 우연히 수행한 어떤 행동이 흥미 있는 결과를 초래할 경우, 다시 그 결과를 유발하기 위해 그 행동을 반복한다.

① 반사운동기
② 일차 순환반응기
③ 이차 순환반응기
④ 이차 순환반응의 협응기
⑤ 삼차 순환반응기

**015** DSM-5의 자폐스펙트럼장애의 진단 기준 및 설명으로 옳지 않은 것은?

① 사회적·정서적 상호작용에서 결함을 보인다.
② 제한적이고 반복적인 행동 양식과 흥미, 활동을 보인다.
③ 여성과 남성의 발병 비율이 유사하다.
④ 마음이론을 발달시키지 못해 다른 사람의 관점을 잘 이해하지 못한다.
⑤ 조기발견과 개입을 하게 되면 자폐스펙트럼장애가 지적장애로 이어지는 비율을 감소시킬 수 있다.

**016** 애착발달에 관한 설명으로 옳지 않은 것은?

① 볼비(J. Bowlby)는 애착형성을 본능적 반응의 결과로 설명한다.
② 분리불안은 영아가 애착 대상에게서 떨어질 때 나타나는 불안반응이다.
③ 애착을 형성하기 위해서는 대상영속성이 획득되어야 한다.
④ 할로우(H. Harlow)는 영아가 수유욕구를 충족시켜주는 사람과 애착을 형성한다고 보았다.
⑤ 영아는 어머니 외에 다른 대상에게도 동시에 애착을 형성할 수 있다.

**017** 프로이트(S. Freud)의 심리성적 발달이론에 관한 설명으로 옳지 않은 것은?

① 인간의 정신적 지각 수준인 무의식, 전의식, 의식의 세 영역 중 무의식 세계를 가장 중시한다.
② 방어기제를 습관적으로 반복 사용하는 것은 건강하지 못한 성격의 징표로 볼 수 있다.
③ 다섯 단계로 이루어지는 성격발달단계는 누구든 차례대로 거치게 된다.
④ 자아가 원초아의 세력을 조절하지 못해서 두려움을 느끼는 경우 도덕적 불안을 경험하게 된다.
⑤ 인간의 모든 행동에는 그 원인이 있다는 심리적 결정론을 주장한다.

018  셀먼(R. Selman)의 조망수용 발달단계 중 '가' 단계에 관한 설명으로 옳은 것은?

> 미분화된 조망수용 → 사회정보적 조망수용 → ( 가 ) → 제 삼자적 조망수용 → 사회관습적 조망수용

① 자신과 상대방의 입장에서 벗어나 제 삼자의 입장에서 자신과 상대방이 어떻게 보일지 상상할 수 있다.
② 자신의 생각, 감정, 행동을 다른 사람의 입장에서 볼 수 있으며, 다른 사람도 이렇게 할 수 있음을 알게 된다.
③ 자신과 타인이 다른 생각과 감정을 가진다는 사실을 알지만 종종 혼동한다.
④ 사람들이 다른 정보를 가지고 있으면 다른 조망을 가지게 된다고 생각한다.
⑤ 제 삼자의 입장이 사회적 가치체계의 영향을 받을 수 있음을 이해한다.

019  개인심리학을 주장한 아들러(A. Adler) 성격이론의 주요 개념으로 옳지 않은 것은?

① 생활양식
② 사회적 관심
③ 허구적 최종목표
④ 긍정심리자본과 성격강점
⑤ 열등감 극복과 우월감 추구

020  A의 반응을 가장 잘 설명하는 공격성 발달이론은?

> A는 길을 가다가 우연히 다른 아이가 던진 공에 맞았다. A는 공에 맞은 상황을 자기에게 일부러 공을 던졌다는 적의적 의도로 해석하였고, 또래에게 공격적으로 반응하였다. 결국 이러한 행동은 또래로 하여금 A를 거부하거나 배척하는 반응을 낳게 하였다.

① 로렌즈(K. Lorenz)의 동물행동학적 이론
② 프로이트(S. Freud)의 정신분석이론
③ 패터슨(G. Patterson)의 보상이론
④ 반두라(A. Bandura)의 사회학습이론
⑤ 닷지(K. Dodge)의 사회적 정보처리이론

021 마샤(J. Marcia)의 이론에 근거하여, A와 B의 자아정체감 유형을 옳게 나열한 것은?

> ○ A는 성악과 진학을 결정했다. 진로에 대해 고민이 많아 다양한 활동을 경험하던 중 합창단 활동에서 노래에 대한 희열을 느꼈고, 성악가의 꿈을 가지게 되었다.
> ○ B는 외식조리학과 진학을 결정했다. 요리를 좋아하는지는 잘 모르겠지만, 외식업계에 종사하는 부모님이 권유해서 고민 없이 선택했다.

① A: 정체감 성취, B: 정체감 유실
② A: 정체감 유실, B: 정체감 성취
③ A: 정체감 성취, B: 정체감 혼미
④ A: 정체감 유실, B: 정체감 유예
⑤ A: 정체감 혼미, B: 정체감 유실

022 여성의 도덕성 발달에 관하여 다음과 같이 주장한 학자는?

> ○ 남성에 비해 여성의 도덕성 발달수준이 낮다는 기존 연구 결과는 남성중심적인 편파적 해석이다.
> ○ 여성은 남성과는 다른 도덕적 추론을 한다.
> ○ 여성은 타인에 대한 돌봄과 배려를 도덕성 판단의 기준으로 적용한다.

① 피아제(J. Piaget)  ② 투리엘(E. Turiel)  ③ 길리건(C. Gilligan)
④ 반두라(A. Bandura)  ⑤ 프로이트(S. Freud)

**023** DSM-5의 주의력 결핍 및 과잉행동장애(ADHD) 중 과잉행동/충동 우세형에 관한 진술로 옳지 않은 것은?

① 진단을 위한 증상 9개 중 6개 이상이 최소 6개월 동안 발달수준에 적합하지 않아야 한다.
② 증상이 사회적·학업적 또는 직업적 기능의 질을 방해하거나 감소시킨다는 명확한 증거가 있다.
③ 진단의 지표가 되는 증상 9개 중 몇 개는 2개 이상의 환경(가정, 학교, 대인관계 등)에서 나타난다.
④ 진단의 지표가 되는 증상 9개 중 몇 개는 12세 이전에 나타난다.
⑤ 학령전기의 주요 발현 양상은 부주의이지만, 초등학교 시기에는 과잉행동이 두드러진다.

**024** DSM-5의 불안장애에 해당하지 않는 것은?

① 선택적 함구증  ② 광장공포증  ③ 특정공포증
④ 공황장애  ⑤ 파괴적 기분조절부전장애

**025** 영아기 대근육 운동발달을 순서대로 옳게 나열한 것은?

> ㄱ. 가슴을 든다.  ㄴ. 받쳐주면 앉는다.
> ㄷ. 계단을 오른다.  ㄹ. 의자를 잡고 일어선다.

① ㄱ - ㄴ - ㄹ - ㄷ
② ㄴ - ㄱ - ㄷ - ㄹ
③ ㄴ - ㄱ - ㄹ - ㄷ
④ ㄷ - ㄹ - ㄱ - ㄴ
⑤ ㄹ - ㄴ - ㄱ - ㄷ

## 1교시 제2과목(필수): 집단상담의 기초

**026** 집단상담자의 윤리적 행동에 관한 설명으로 옳은 것을 모두 고른 것은?

> ㄱ. 집단원이 집단참여 정도를 스스로 결정할 수 있도록 촉진한다.
> ㄴ. 집단원이 자발적으로 참여를 희망할 경우에도 사전동의 절차를 밟는다.
> ㄷ. 집단상담의 치료적 영향력이 적극적인 집단원에게 집중될 수 있도록 한다.
> ㄹ. 집단상담 종결과 추수상담에서 그동안 진행된 집단원의 집단 경험을 평가한다.

① ㄱ, ㄴ  ② ㄱ, ㄹ  ③ ㄱ, ㄴ, ㄹ
④ ㄴ, ㄷ, ㄹ  ⑤ ㄱ, ㄴ, ㄷ, ㄹ

**027** 구조화 집단상담 계획에 관한 내용으로 옳지 않은 것은?

① 집단의 발달단계를 고려하여 계획한다.
② 회기별 계획을 세울 때에는 주제와 활동 외에 소요시간도 결정한다.
③ 집단원의 특성을 고려하여 집단상담을 계획한다.
④ 집단상담 과정 중에 참여를 하지 않거나 지각 혹은 탈락한 집단원을 위한 계획도 수립한다.
⑤ 회기 내에 진행되는 세부 활동의 시간을 모두 동일하게 배분한다.

**028** 다음에 나타난 집단상담자의 반응으로 옳은 것은?

> 지윤: 제가 집단에 참여한 지도 벌써 3주가 지났어요. 솔직히 말하면 이 집단이 제가 기대했던 것과는 다른 거 같아요. 별로 얻은 것도 없는 거 같아서 속상해요.
> 상담자: 지윤씨의 말씀은 이해되지만, 집단참여에 너무 소극적이고 자기를 잘 드러내지 않는 지윤씨에게도 책임이 있지 않을까요?

① 자기돌봄  ② 폐쇄적 반응  ③ 방어적 반응
④ 모범보이기  ⑤ 용기

**029** 집단상담의 이론과 기법의 연결이 옳지 않은 것은?

① 해결중심 – 예외질문, 척도질문
② 실존주의 – 역설적 의도, 탈숙고
③ 교류분석 – 게임분석, 각본분석
④ 행동주의 – 자극통제, 행동조성
⑤ 심리극 – 거울기법, 대사역할

**030** 게슈탈트 집단상담에 관한 설명으로 옳은 것은?

① 개인화는 권위 있는 사람의 행동이나 가치관을 무비판적으로 받아들이는 현상이다.
② 접촉경계는 집단원들 간의 경계를 의미한다.
③ 전경과 배경의 교체가 방해를 받을 때, 게슈탈트가 형성된다.
④ 투사는 자신의 요구 또는 감정을 자각하는 것이 두려워 책임을 타인에게 돌리는 현상이다.
⑤ 반전은 자신의 요구를 인식하지만 겉으로 나타내지 못하고 안으로 억압하는 상태이다.

**031** 이야기치료에 관한 설명으로 옳은 것을 모두 고른 것은?

> ㄱ. 사회구성주의와 포스트모더니즘의 원리 및 철학에 토대를 두고 있다.
> ㄴ. 외현화 대화법은 문제를 개인으로부터 분리하여 자신의 문제를 새로운 방식으로 볼 수 있도록 돕는 기법이다.
> ㄷ. 상담자는 집단원의 경험에 대한 주 해석자이며, 집단원과 함께 대안적인 이야기를 만드는 작업을 한다.
> ㄹ. 질문은 상담자가 집단원의 정보를 수집하기 위해서 사용되는 기법이다.

① ㄱ, ㄴ
② ㄷ, ㄹ
③ ㄱ, ㄴ, ㄹ
④ ㄴ, ㄷ, ㄹ
⑤ ㄱ, ㄴ, ㄷ, ㄹ

**032** 개인심리학 집단상담 발달단계에 관한 설명으로 옳지 않은 것은?

① 분석·사정 단계에서는 집단의 부적절한 생활양식을 파악하고 집단원의 신념, 감정, 동기, 목표를 이해한다.
② 상담관계형성 단계에서는 집단원에 대한 정보를 얻기 위해 생애사 질문지를 활용한다.
③ 해석·통찰 단계에서는 상담자는 집단원의 진술에 대한 해석을 통해 집단원의 자각과 통찰을 돕는다.
④ 상담관계형성 단계에서는 상담자와 집단원은 우호적이며 대등한 관계가 형성되어야 한다.
⑤ 재정향 단계에서는 집단원의 비효율적인 신념과 행동에 대한 대안을 선택하여 변화를 추구한다.

**033** 정신분석 집단상담에 참여한 철수의 행동을 설명하는 용어로 옳은 것은?

> 철수는 최근 집단에서 비협조적이고 무관심한 태도를 보이기 시작하더니, 지난 회기에는 지각하고 오늘은 아무 연락 없이 결석하였다.

① 억압  ② 퇴행  ③ 전치  ④ 저항  ⑤ 부인

**034** 집단원의 권리에 관한 내용으로 옳은 것을 모두 고른 것은?

> ㄱ. 회기 중의 녹음이나 녹화에 대해 거부할 수 있는 권리
> ㄴ. 상담자와 집단원들에게 비밀을 보장받을 권리
> ㄷ. 상담자와 집단원들이 부여하는 가치관을 강요받지 않을 권리
> ㄹ. 집단참여로 인해 위기가 생겼을 때, 상담자가 도와줄 수 없으면 다른 전문가에게 도움받을 수 있는 권리

① ㄱ, ㄴ  ② ㄷ, ㄹ  ③ ㄱ, ㄴ, ㄷ
④ ㄴ, ㄷ, ㄹ  ⑤ ㄱ, ㄴ, ㄷ, ㄹ

035 인간중심 집단상담의 내용으로 옳은 것을 모두 고른 것은?

> ㄱ. 지각된 자기와 실제적 경험 사이의 불일치로 긴장이나 혼란을 경험한다.
> ㄴ. 실현경향성은 인간에게 국한된 것으로, 선천적으로 타고나며 인간을 유지·성장 방향으로 발달시키는 성향이다.
> ㄷ. 어린 시절부터 부모나 보호자의 긍정적 존중을 얻기 위해 노력한 결과, 가치조건화가 형성된다.
> ㄹ. 상담자는 일치성을 유지하기 위해서 높은 수준의 자각과 자기수용, 자기신뢰가 필요하다.

① ㄱ, ㄴ
② ㄷ, ㄹ
③ ㄱ, ㄷ, ㄹ
④ ㄴ, ㄷ, ㄹ
⑤ ㄱ, ㄴ, ㄷ, ㄹ


036 코리(G. Corey)의 집단상담자의 인간적 특성에 관한 내용으로 옳은 것은?

> ㄱ. 자신이 타인에게 끼치는 영향에 대해 인식하는 것
> ㄴ. 의식으로 굳어진 기법이나 습관화된 진행방식을 탈피하고 새로운 아이디어로 집단을 진행하는 것

① ㄱ: 공감, ㄴ: 정체성
② ㄱ: 개인적 힘, ㄴ: 창의성
③ ㄱ: 함께 함, ㄴ: 창의성
④ ㄱ: 정체성, ㄴ: 개인적 힘
⑤ ㄱ: 정체성, ㄴ: 창의성


037 집단상담 이론과 목표에 관한 설명으로 옳지 않은 것은?

① 정신분석: 과거의 경험을 분석·해석하고 무의식적 수준에서 작동하는 심리적 역동에 대해 통찰하도록 한다.
② 개인심리학: 격려를 통해 집단원들에게 용기를 북돋아 주고 사회적 관심을 갖게 하고, 생활양식을 수정하도록 한다.
③ 현실치료: 스스로 책임지고 선택한 방법으로 각자의 심리적 욕구를 충족할 수 있도록 한다.
④ 인간중심이론: 서로 다른 자아 상태를 학습하고 현실에 가장 적절한 자아 상태를 작동하는 방법을 모색하게 한다.
⑤ 합리적 정서행동치료: 비합리적 신념을 변화시킴으로써 부정적인 감정을 완화시킨다.

**038** 집단유형에 관한 설명으로 옳지 않은 것은?

① 성장집단은 자신의 잠재력 개발에 관심 있는 사람들로 구성된다.
② 치료집단은 참만남집단, 감수성집단이 대표적이다.
③ 과업집단은 특정과업을 완수하기 위한 목적으로 구성된다.
④ 교육집단의 상담자는 집단원의 학습효과를 극대화하기 위해 교육자와 촉진자의 역할을 동시에 수행한다.
⑤ 지지집단은 공통적인 관심사가 있는 집단원들로 구성되어 특정문제와 관심사에 대해 공유한다.

**039** 집단상담 초기단계에 상담자가 수행해야 할 과업으로 옳지 않은 것은?

① 집단구조화
② 집단규칙 설명
③ 집단원의 참여 촉진
④ 문제해결을 위한 과제부과
⑤ 집단원의 적절한 자기개방 촉진

**040** 얄롬(I. Yalom)이 제시한 치료적 요인으로 옳은 것을 모두 고른 것은?

| ㄱ. 정보제공하기 | ㄴ. 이타주의 |
| ㄷ. 집단응집력 | ㄹ. 주지화 |
| ㅁ. 자기노출 | ㅂ. 현실검증 |

① ㄱ, ㅂ
② ㄴ, ㄷ
③ ㄱ, ㄴ, ㄷ
④ ㄱ, ㄴ, ㄷ, ㅁ
⑤ ㄱ, ㄴ, ㄹ, ㅁ, ㅂ

041 문제행동을 보이는 집단원이 있을 때 상담자의 개입전략으로 옳지 않은 것은?

① 집단원과 집단의 진행과정에 대해 솔직하게 이야기를 나눈다.
② 문제행동을 보이는 집단원의 인격을 폄하하지 않는다.
③ 갈등을 회피하지 않고 탐색할 수 있는 방법을 찾는다.
④ 방어하는 행동을 멈추도록 강요하지 않는다.
⑤ 관찰한 사실이나 느낀 것을 권위적인 태도로 말한다.


042 비행청소년 집단상담에 관한 설명으로 옳지 않은 것은?

① 초기단계에서 집단원은 집단과 상담자에 대한 신뢰감이 낮고 무반응을 보이는 경우가 많다.
② 집단상담의 목표가 구체적이어서 집단원의 집단에 대한 적응이 빠르게 이루어진다.
③ 상담자는 집단응집력을 높이기 위한 활동을 도입한다.
④ 필요한 경우, 상담자는 집단원의 왜곡된 사고나 감정의 불일치를 알아차릴 수 있도록 직면을 사용한다.
⑤ 상담자는 집단원 스스로 대안을 찾을 수 있도록 격려한다.


043 집단 성장에 부정적인 영향을 미치는 집단역동 관련 요인으로 옳은 것은?

① 집단원의 참여가 광범위하게 이루어지는 집단
② 지금-여기에 초점이 맞추어진 의사소통
③ 명성이나 능력에 따라 형성된 비공식적 하위집단
④ 집단의 강한 응집력
⑤ 적절한 내용의 제안을 자유롭게 하는 집단원


044 청소년집단 상담자가 갖추어야 할 전문성에 관한 설명으로 옳지 않은 것은?

① 자발적인 집단과 비자발적인 집단의 특성을 이해한다.
② 청소년들이 성장하면서 경험하게 되는 갈등의 종류들을 이해해야 한다.
③ 집단상담의 집중도를 높일 수 있도록 게임이나 활동을 활용한다.
④ 비자발적인 청소년집단의 경우, 초기 회기 동안 집단원이 부정적인 감정이나 행동을 표현할 수 있도록 허락한다.
⑤ 주도권을 잡으려는 집단원에게 집단을 이끌게 한다.

**045** 청소년집단 상담자가 '차단하기' 기술을 사용해야 할 상황으로 옳지 않은 것은?

① 집단의 주제를 벗어나는 이야기가 계속될 때
② 집단원 간에 논쟁이 생겼을 때
③ 회기가 끝나가는 시점에 새로운 문제를 꺼낼 때
④ 발언권을 가진 집단원이 횡설수설하고 있을 때
⑤ 집단원이 집단과 다른 집단원에 대해 부정적인 피드백을 할 때

**046** 회기를 시작할 때 사용할 수 있는 집단상담자의 진술로 옳은 것은?

① "집단에 오기 전에 어떤 생각이 들었는지 잠시 이야기 나눠 볼까요?"
② "여러분 중에는 오늘 우리가 나눈 이야기에 동의하지 않는 사람도 있을 겁니다. 그렇지만 서로의 생각을 나누는 것도 중요해요."
③ "다음 회기에 어떤 결과가 나타날지 기대가 되는군요."
④ "오늘 집단을 통해 무엇을 얻으셨나요?"
⑤ "여러분이 어떤 목표를 가지고 일주일을 보낼 것인가에 대해 이야기를 나눠 봅시다."

**047** 집단상담 평가에 관한 설명으로 옳지 않은 것은?

① 집단원의 태도, 문제행동, 집단에서의 역할 등을 평가한다.
② 면접, 관찰, 토의, 심리검사 등을 활용한다.
③ 집단상담 평가는 집단원 평가, 상담자 평가, 프로그램 평가, 기관 평가로 구분한다.
④ 평가결과는 집단상담의 내용과 방법에 대한 수정 및 보완에 활용된다.
⑤ 추수평가에서는 집단이 종결된 후, 일부 집단원을 불러 모아 변화가 지속되고 있는지를 확인한다.

**048** 학교집단상담의 특성에 관한 설명으로 옳은 것을 모두 고른 것은?

> ㄱ. 비자발적인 학생은 사전동의 제외 대상이다.
> ㄴ. 학생에게 또래와의 상호작용과 관계발달의 기회를 제공한다.
> ㄷ. 보호자 및 교육적 필요에 의해 비밀유지가 제한될 수 있다.
> ㄹ. 학생의 보호자 및 학교교육 책임자의 승인과 관련자의 협조를 필요로 한다.

① ㄱ, ㄴ  ② ㄷ, ㄹ  ③ ㄱ, ㄴ, ㄹ
④ ㄴ, ㄷ, ㄹ  ⑤ ㄱ, ㄴ, ㄷ, ㄹ


**049** 다음의 특성들이 공통으로 드러나는 집단 발달단계에서의 상담자 역할로 옳은 것은?

> ○ 자발적 자기개방이 증가한다.
> ○ 지금 – 여기에 초점을 두고 원활하게 소통이 이루어진다.
> ○ 집단 신뢰와 결속력이 높아져 실험적 행동도 시도한다.
> ○ 집단원의 변화를 위한 도전 행동이 나타날 수 있다.

① 집단참여에 대한 기대와 불안을 다룬다.
② 집단원에게 집단목표와 진행절차를 설명한다.
③ 집단규범을 명시적 혹은 암시적으로 제시한다.
④ 집단원이 깊은 수준의 자기탐색을 할 수 있도록 돕는다.
⑤ 추수상담 일정을 결정한다.


**050** 학교 밖 청소년 집단상담에서 다음에 사용된 상담기술은?

> 상담자: 오늘 우리는 최근의 소망에 대해 이야기했습니다. 학교에 복귀하고 싶다는 사람도 있었고, 창업을 하고 싶다는 사람도 있었어요. 집단활동을 마치기 전에 오늘 경험한 것에 대해 잠시 이야기를 나눠봅시다.

① 요약  ② 명료화  ③ 반영
④ 직면  ⑤ 재구조화

# 1교시 제3과목(필수): 심리측정 및 평가

**051** 심리측정과 심리검사에 관한 설명으로 옳지 않은 것은?

① 심리적 속성은 직접적으로 측정할 수 없다.
② 심리검사는 개인의 특성을 이해하는 데 도움을 줄 수 있다.
③ 타당도와 신뢰도가 높은 심리검사는 오차가 없다.
④ 심리적 구성개념을 측정하는 방법은 다양할 수 있다.
⑤ 표준화 검사와 비표준화 검사가 있다.

**052** 준거참조검사(criterion-referenced test)에 관한 설명으로 옳지 않은 것을 모두 고른 것은?

> ㄱ. 규준을 참조하여 검사결과를 해석한다.
> ㄴ. 다른 사람들의 점수와 개인의 점수를 비교하는 데 목적을 둔다.
> ㄷ. NEO-PI-R은 준거참조검사에 속한다.

① ㄱ
② ㄱ, ㄴ
③ ㄱ, ㄷ
④ ㄴ, ㄷ
⑤ ㄱ, ㄴ, ㄷ

**053** 척도에 관한 설명으로 옳은 것을 모두 고른 것은?

> ㄱ. 비율척도와 등간척도는 선형변환이 가능하다.
> ㄴ. 백분위 점수는 등간척도이다.
> ㄷ. 서열척도는 절대 영점을 가정한다.
> ㄹ. 대부분의 심리검사는 비율척도를 사용한다.

① ㄱ
② ㄱ, ㄴ
③ ㄷ, ㄹ
④ ㄴ, ㄷ, ㄹ
⑤ ㄱ, ㄴ, ㄷ, ㄹ

**054** 규준 점수에 관한 설명으로 옳은 것은?

① Z점수는 2.5보다 큰 값이 나올 수 없다.
② Z점수를 알면 T점수를 계산할 수 있다.
③ Z점수는 음의 값이 나올 수 없다.
④ T점수 계산 공식은 검사 유형에 따라 달라진다.
⑤ 스테나인 점수는 정상분포상 점수 9에 가장 많은 사례가 위치한다.


**055** 신뢰도에 관한 설명으로 옳지 않은 것은?

① 신뢰도는 검사측정치가 얼마나 일관적인가를 의미한다.
② 신뢰도는 문항 수의 영향을 받는다.
③ 관찰자 간 신뢰도는 관찰 결과가 관찰자들 사이에서 얼마나 유사한가를 의미한다.
④ 타당도가 낮으면서 신뢰도가 높은 검사는 존재할 수 없다.
⑤ 검사-재검사 신뢰도는 검사 실시 간격에 따라 신뢰도 계수가 다르게 추정될 수 있다.


**056** 타당도에 관한 설명으로 옳은 것은?

① 구인타당도 검증을 위해 요인분석을 사용할 수 있다.
② 내용타당도는 수검자의 평가를 통해 판단된다.
③ 구인타당도는 검사 결과가 처치에 어떤 변화를 일으키는지 알아보기 위한 타당도이다.
④ 안면타당도는 준거타당도에 속한다.
⑤ 구인타당도가 높으면 안면타당도는 높아진다.


**057** 문항분석에 관한 설명으로 옳은 것은?

① '문항의 난이도가 높다'는 의미는 검사에서 높은 점수를 받은 사람과 낮은 점수를 받은 사람을 잘 구분한다는 것이다.
② 검사 점수들의 변산도(variability)는 문항의 난이도가 .70일 때 최댓값이 된다.
③ 문항의 변별력이 높으면 검사의 신뢰도는 낮아진다.
④ 상하부 지수(upper-lower index, ULI)에 따른 문항변별도에서 0의 값이 나올 수 있다.
⑤ 문항난이도(item difficulty)의 범위는 -1부터 1까지이다.

**058** 통계에 관한 설명으로 옳지 않은 것은?

① 표본(sample)은 전집의 하위집단이다.
② 최빈치(mode)는 분포 내에서 가장 빈도가 높은 점수이다.
③ Pearson 상관계수($r$)의 범위는 0부터 1까지이다.
④ 변인(variable)은 연구자가 관심을 가지는 연구대상의 속성을 의미한다.
⑤ 모수치(parameter)는 전집의 수량적 특성을 의미한다.


**059** 심리검사 개발에 관한 설명으로 옳지 않은 것은?

① 검사 개발의 목적에 따라 검사 개발 절차와 내용이 결정된다.
② 예비검사의 대상은 그 검사를 실제 사용할 모집단의 성격을 잘 대표할 수 있도록 구성한다.
③ 검사 개발의 첫 단계는 규준의 작성과 양호도를 분석하는 것이다.
④ 심리검사에서 우수한 문항은 불필요한 정보를 담고 있지 않다.
⑤ 진위형 문항(true/false item)은 사실적 정보에 대한 지식을 평가하는 데 유용하다.


**060** 분석적 능력, 창의적 능력, 실제적 능력에 기초한 성공지능(successful intelligence)을 주장한 학자는?

① 카텔(R. Cattell)
② 길포드(J. Guilford)
③ 가드너(H. Gardner)
④ 스턴버그(R. Sternberg)
⑤ 스피어만(C. Spearman)


**061** 홀랜드(J. Holland)의 직업적 성격유형 중 대표적인 직업이 '교육자, 상담가'에 해당하는 것은?

① 기업적 유형(Enterprising type)
② 관습적 유형(Conventional type)
③ 현실적 유형(Realistic type)
④ 사회적 유형(Social type)
⑤ 탐구적 유형(Investigative type)

**062** K-WISC-Ⅳ에 관한 설명으로 옳은 것은?

① 10개의 주요 소검사와 15개의 보충 소검사로 구성되었다.
② 언어이해 지표와 지각추론 지표의 합산점수는 인지효율성 지표 점수로 산출된다.
③ 환산점수는 각 소검사의 원점수 총점을 평균 10, 표준편차 7로 변환해서 산출한 표준점수이다.
④ 토막짜기는 작업기억 지표의 주요 소검사이다.
⑤ 처리점수(process scores)는 다른 소검사 점수로 대체할 수 없다.

**063** 다음에 해당하는 행동 기록 방법은?

○ 관찰하고자 하는 행동을 척도를 이용해서 평가하는 방법이다.
○ 보통 관찰 기간 이후에 작성하며, 행동과 관련된 일반적인 인상을 통해 행동을 척도 상에 채점한다.
○ 관찰과 채점 사이에 시간이 너무 많이 경과할 경우 채점이 정확하지 않을 수 있다.

① 평정 기록        ② 간격 기록        ③ 사건 기록
④ 이야기 기록      ⑤ 시간표집 기록

**064** 심리검사를 선정하고 시행하는 과정에서 고려해야 할 사항으로 옳은 것을 모두 고른 것은?

ㄱ. 검사가 의뢰된 목적
ㄴ. 검사가 시행되는 환경
ㄷ. 검사의 신뢰도와 타당도
ㄹ. 검사가 여러 개인 경우 시행 순서

① ㄱ, ㄴ, ㄷ        ② ㄱ, ㄴ, ㄹ        ③ ㄱ, ㄷ, ㄹ
④ ㄴ, ㄷ, ㄹ        ⑤ ㄱ, ㄴ, ㄷ, ㄹ

**065** 일반적인 심리검사 윤리에 관한 설명으로 옳지 않은 것은?

① 검사가 필요한 이유를 설명하고 수검자의 사전 동의를 얻는다.
② 윤리적 딜레마가 생길 경우, 검사자의 권리를 최우선으로 고려한다.
③ 검사재료를 안전하게 보관하고 자격 없는 사람이 접근하지 못하도록 한다.
④ 검사를 통해 얻은 개인정보는 사용이 제한되고 지정된 목적을 위해 사용되어야 한다.
⑤ 검사 매뉴얼에 맞게 검사를 실시한 후 채점하고 해석한다.

**066** MMPI-2에는 포함되지 않으면서 청소년용으로 개발된 MMPI-A 척도는?

① A　　② IMM　　③ APS　　④ INTR　　⑤ DISC

**067** MMPI-2의 보충척도가 아닌 것은?

① R　　② Es　　③ Do　　④ PK　　⑤ ANX

**068** 다음 사례를 가장 잘 반영하는 MMPI-2 척도는?

> A는 심리적으로 미성숙하여 때로는 유아적으로 보이기까지 하고, 감정기복이 심한 편이다. 또한 자기중심적이고, 자기도취적이며, 타인으로부터 많은 관심과 애정을 갈구한다.

① Hs　　② Hy　　③ Pa　　④ Pt　　⑤ Ma

**069** '인식된 정보를 가지고 판단을 내릴 때 쓰는 기능'을 반영하는 MBTI의 선호지표는?

① 외향성 – 내향성　　② 감각형 – 직관형　　③ 사고형 – 감정형
④ 판단형 – 인식형　　⑤ 자극추구 – 위험회피

**070** 다음에 해당하는 NEO-PI-R의 척도는?

○ 개인의 정신적인 연상(association)의 폭과 깊이의 정도를 측정한다.
○ 점수가 높은 사람은 상상력이 풍부하고 아이디어가 많으며 창의력이 있고 정서적으로 풍부함을 의미한다.

① 신경증(N)　　② 외향성(E)　　③ 개방성(O)
④ 친화성(A)　　⑤ 성실성(C)

**071** 투사적 검사의 일반적인 특성에 관한 설명으로 옳은 것은?

① 채점 및 해석이 비교적 용이하다.
② 의도적으로 반응을 왜곡할 수 있다.
③ 신뢰도와 타당도가 잘 확립되어 있다.
④ 규준을 통한 개인 간 비교가 가능하다.
⑤ 자유롭고 풍부한 반응을 하는 것이 가능하다.

**072** HTP검사 실시방법에 관한 설명으로 옳지 않은 것은?

① 지우개 사용을 허용한다.
② 종이는 모두 세로로 제시한다.
③ 그림 단계가 끝난 후 질문 단계를 진행한다.
④ 그림을 그리는 데 제한 시간은 없지만 소요 시간은 측정한다.
⑤ 사람 그림의 경우, 특정 성(性)의 그림을 먼저 그리라는 지시를 하지 않는다.

**073** 문장완성검사에 관한 설명으로 옳지 않은 것은?

① 집단 대상으로는 실시가 불가능하다.
② 단어연상 검사의 변형으로 발전되었다.
③ 투사적 검사로 보기 어렵다는 견해도 있다.
④ 미완성 문장을 수검자가 자기 생각대로 완성하도록 하는 검사이다.
⑤ 문장의 전반적인 흐름과 미묘한 뉘앙스를 통해 수검자의 성격 패턴을 도출할 수 있다.

**074** 로샤(Rorschach)검사에서 반응 영역 기호로 옳지 않은 것은?

① W   ② D   ③ S   ④ H   ⑤ Dd

**075** TAT에 관한 설명으로 옳은 것을 모두 고른 것은?

> ㄱ. 개인의 성격과 환경의 상호관계를 알려준다.
> ㄴ. 백지 카드를 포함해 흑백 그림 카드로만 이루어져 있다.
> ㄷ. 여러 해석방법 중 직관적 해석법, 욕구 – 압력 분석법이 있다.
> ㄹ. 대인관계의 역동적 측면을 파악하는 데 유용하다.

① ㄱ, ㄴ, ㄷ   ② ㄱ, ㄴ, ㄹ   ③ ㄱ, ㄷ, ㄹ
④ ㄴ, ㄷ, ㄹ   ⑤ ㄱ, ㄴ, ㄷ, ㄹ

## 1교시 제4과목(필수): 상담이론

**076** 해결중심상담에서 사용하는 질문기법 중 다음에 해당하는 것은?

> ○ 최근 문제가 일어나지 않은 때는 언제였습니까?
> ○ 문제가 발생하지 않았다는 것을 어떻게 압니까?
> ○ 지금까지 살아오면서 우울함을 느끼지 않았던 순간이 한 번쯤 있었다면, 그 순간은 언제였나요?

① 기적질문
② 대처질문
③ 척도질문
④ 예외질문
⑤ 관계성질문

**077** 현실치료에 관한 설명으로 옳지 않은 것은?

① 선택이론에 근거하고 있다.
② 좋은 세계는 개인의 욕구와 소망이 충족되는 세계이다.
③ 인간은 기본적으로 생존, 사랑과 소속, 존중, 힘, 자유의 욕구가 있다.
④ 전행동(total behavior)의 '생각하기'에는 공상과 꿈이 포함된다.
⑤ 좋은 세계 안에는 우리에게 중요한 것과 가장 원하는 것이 반영되어 있으며 도덕적 기반은 존재하지 않는다.

**078** 중간신념과 자동적 사고에 관한 설명으로 옳지 않은 것은?

① 중간신념은 핵심신념으로부터 나온 것이다.
② 자동적 사고는 매우 빠르게 의식 속을 지나간다.
③ 중간신념은 삶에 대한 태도, 규범, 기대 등으로 구성된다.
④ 자동적 사고는 핵심신념과 중간신념을 매개한다.
⑤ 자동적 사고는 사실인 것처럼 무비판적으로 받아들이게 된다.

**079** 인지치료에서 사용하는 질문기법 중 다음에 해당하는 것은?

> ○ 내담자의 인지적 변화를 촉진하기 위한 기법이다.
> ○ 해결책 제시 혹은 논박보다 질문을 통해 스스로 자신의 해결책을 찾도록 돕는다.
> ○ 내담자 생각이 잘못되었음을 지적하는 것이 아니라 대안적 사고를 찾도록 돕는다.

① 왜-질문(why-question)
② 폐쇄형 질문
③ 양자택일형 질문
④ 소크라테스식 질문
⑤ 수렴적 개방형 질문

**080** 두 개 이상의 치료 이론을 토대로 각 이론의 기법들을 종합하여 개념적 틀을 만드는 통합적 접근은?

① 기술적 통합　　② 이중적 통합　　③ 동화적 통합
④ 이론적 통합　　⑤ 공통요인적 접근

**081** 다문화상담자가 갖추어야 할 역량으로 옳은 것을 모두 고른 것은?

> ㄱ. 내담자의 문화적 배경에 대해 구체적인 정보와 지식을 학습한다.
> ㄴ. 다양한 배경 사이에 존재하는 공통 배경에 주의를 기울이는 것을 배운다.
> ㄷ. 문화의 다양한 차원들과 그것이 치료에 어떤 영향을 미치는지 배운다.
> ㄹ. 자신의 가치관이 다른 문화권의 내담자를 상담할 때 방해가 될 수 있음을 인식한다.

① ㄱ, ㄴ　　② ㄴ, ㄷ　　③ ㄷ, ㄹ
④ ㄱ, ㄷ, ㄹ　　⑤ ㄱ, ㄴ, ㄷ, ㄹ

**082** 여성주의 상담의 목표에 해당하는 것을 모두 고른 것은?

> ㄱ. 다양성의 중시와 지지
> ㄴ. 평등성
> ㄷ. 남성중심문화 적응을 위한 노력
> ㄹ. 독립성과 상호의존성의 균형

① ㄱ, ㄴ  ② ㄷ, ㄹ  ③ ㄱ, ㄴ, ㄹ
④ ㄴ, ㄷ, ㄹ  ⑤ ㄱ, ㄴ, ㄷ, ㄹ

**083** 상담구조화의 내용으로 옳지 않은 것은?

① 상담시간 안내, 취소 및 연기가 필요할 때의 방법
② 비밀보장의 원칙
③ 상담자의 역할
④ 내담자의 역할
⑤ 상담자의 전문성 정도

**084** 상담의 종결에 관한 설명으로 옳지 않은 것은?

① 상담의 목표달성 여부를 점검한다.
② 내담자가 먼저 종결을 제안하는 경우는 없다.
③ 종결에 따른 이별 감정을 다룬다.
④ 문제의 재발방지방안에 대해 다룬다.
⑤ 추수상담 일정에 대해 논의한다.

**085** 다음 청소년내담자의 이야기에서 찾아볼 수 있는 인지적 특징에 관한 설명으로 옳지 않은 것은?

> 선생님, 저는 완전 쓰레기예요. 애들이 저를 싫어하는 거 같아요. 제 짝꿍한테 인사를 하고 싶어서 다가갔어요. 짝꿍은 뒤에 앉은 애랑 얘기를 하고 있었거든요. 근데 저랑 눈이 마주친 거 같은데, 계속 얘기를 하더라고요. 나를 쳐다보고 싶지도 않다는 거겠죠. 늘 이렇게 무시당하는 건 정말 최악이에요. (목소리가 높아지며 화를 내면서) 친구라면 당연히 잘 해줘야 하는 거 아닌가요? 정말 끔찍해요.

① 경직된 사고
② 당위론적 사고
③ 높은 좌절인내력(high frustration tolerance)
④ 독심술(mind-reading)
⑤ 잘못된 명명(mislabelling)

**086** 상담목표 설정의 고려사항으로 옳은 것을 모두 고른 것은?

> ㄱ. 현실성　　　　　　　ㄴ. 성취가능성
> ㄷ. 구체성　　　　　　　ㄹ. 일관성

① ㄱ, ㄴ　　　　② ㄴ, ㄷ　　　　③ ㄷ, ㄹ
④ ㄱ, ㄴ, ㄷ　　　⑤ ㄱ, ㄴ, ㄷ, ㄹ

**087** 교류분석이론의 라켓에 관한 설명으로 옳은 것을 모두 고른 것은?

> ㄱ. 자신도 모르게 벌이는 일련의 각본에 따른 행동
> ㄴ. 초기 결정을 확증하기 위해 타인을 조작하는 과정
> ㄷ. 스트레스 상황에서 자주 경험하게 되는 감정
> ㄹ. 표정, 감정, 태도, 언어, 기타 여러 형태의 행동으로 상대방에 대한 자신의 반응을 알리는 행위

① ㄱ, ㄹ　　　　② ㄴ, ㄷ　　　　③ ㄷ, ㄹ
④ ㄱ, ㄴ, ㄷ　　　⑤ ㄱ, ㄴ, ㄷ, ㄹ

088 다음에서 상담자가 활용하고 있는 상담기술은?

> ○ (입술을 삐죽대는 내담자에게) 동생이 자랑스럽다고 말하면서도 동생의 이중적인 태도를 비난하는 것처럼 보이네요.
> ○ 최고의 대학에 가고 싶다고 하지만, 매일 게임을 하거나 잠을 자며 보냈네요.

① 해석  ② 요약  ③ 직면  ④ 공감  ⑤ 경청

089 상담자의 윤리로 옳지 않은 것을 모두 고른 것은?

> ㄱ. 성인상담과 달리 청소년 내담자와의 상담에서는 어떠한 경우라도 비밀은 보장되어야 한다.
> ㄴ. 상담자는 교수와 학생, 가까운 친구나 친인척, 직장 동료와의 관계 등 이중관계를 피해야 한다.
> ㄷ. 상담자는 내담자의 사전 동의하에 기록 및 녹음 등을 할 수 있고 전문적인 서비스를 제공하기 위하여 상담내용을 기록하고 보관할 수 있다.

① ㄱ  ② ㄴ  ③ ㄱ, ㄴ
④ ㄴ, ㄷ  ⑤ ㄱ, ㄴ, ㄷ

090 다음 사례에서 A가 사용한 방어기제는?

> A는 또래에 비하여 키가 작고 덩치가 왜소하여 친구들에게 괴롭힘을 당했고 이로 인해 분노감과 열등감이 심해졌다. 그런데 태권도를 접한 후, 친구들에 대한 분노감과 열등감을 운동으로 달래고 자신의 작은 덩치를 극복하기 위해 열심히 연습하여 유단자가 되었고, 학교 대표로 태권도 대회에 나가게 되었다.

① 투사  ② 동일시  ③ 퇴행
④ 승화  ⑤ 반동형성

**091** 상담에 관한 설명으로 옳은 것을 모두 고른 것은?

> ㄱ. 상담은 반드시 본인이 신청하지 않아도 된다.
> ㄴ. 상담은 상담자가 내담자를 조력하는 과정이다.
> ㄷ. 상담의 주요 구성요소는 상담자, 내담자, 상담관계이다.
> ㄹ. 상담자는 전문적 자질뿐만 아니라 인간적 자질을 갖추어야 한다.

① ㄱ, ㄴ  ② ㄷ, ㄹ  ③ ㄱ, ㄴ, ㄹ
④ ㄴ, ㄷ, ㄹ  ⑤ ㄱ, ㄴ, ㄷ, ㄹ

**092** 다음 사례에 부합하는 상담의 기본원리로 옳은 것은?

> A는 아주 민감한 성향을 가지고 있으며 우울증을 앓고 있어서 외출하는 것이 쉽지 않다. 게다가 운전이 미숙하여 상담실을 찾아오는 것에도 어려움을 호소한다. 따라서 상담자는 내담자의 상황에 맞게 내담자가 편리한 시간대에 상담을 진행하기로 하였다. 또한 내담자의 우울증과 민감한 성향을 배려하여 충분히 기다려주고 작은 반응에도 세심하게 응대하고 있으며, 상황에 따라 전화상담 등 매체상담도 계획하고 있다.

① 비밀보장의 원리  ② 개별화의 원리  ③ 자기결정의 원리
④ 무비판적 태도의 원리  ⑤ 의도적 감정표현의 원리

**093** 상담자가 갖추어야 할 전문적 자질로 옳지 않은 것은?

① 상담자의 윤리
② 상담기법의 활용
③ 상담이론에 대한 이해
④ 완벽을 지향하는 태도
⑤ 심리검사의 이해

094 다음 사례에 해당하는 아들러(A. Adler)의 개인심리학적 상담기법은?

> A는 항상 우울하고 시무룩하여, 상담을 받고 있다. 상담자는 A에게 우울과 행복의 경험을 번갈아 가면서 생각하도록 하고 우울과 행복을 각각 상징하는 인형을 보여주며, 어떤 인형과 함께 놀고 싶은지 선택하게 하였다. 그리고 선택한 인형과 놀아보는 과제를 주어서, 자기가 어떤 감정과 상황을 선택할 것인지를 생각해보게 하였다.

① 수프에 침 뱉기  ② 가족구도 분석  ③ 우월성 추구
④ 단추 누르기  ⑤ 마치 ~처럼 행동하기

095 행동주의 상담기법으로 옳은 것을 모두 고른 것은?

> ㄱ. 소거(extinction)　　　　ㄴ. 용암법(fading)
> ㄷ. 노출법(exposure)　　　　ㄹ. 토큰 경제(token economy)

① ㄱ, ㄴ  ② ㄷ, ㄹ  ③ ㄱ, ㄷ, ㄹ
④ ㄴ, ㄷ, ㄹ  ⑤ ㄱ, ㄴ, ㄷ, ㄹ

096 엘리스(A. Ellis)의 비합리적 사고와 합리적 사고의 변별기준으로 옳은 것을 모두 고른 것은?

> ㄱ. 논리성의 여부　　　　ㄴ. 경험적 현실과 일치 여부
> ㄷ. 삶의 목표 달성에 도움 여부　　ㄹ. 융통성과 유연성의 여부

① ㄱ, ㄴ  ② ㄴ, ㄷ  ③ ㄷ, ㄹ
④ ㄴ, ㄷ, ㄹ  ⑤ ㄱ, ㄴ, ㄷ, ㄹ

097 인간중심상담이 효과적으로 진행될 때, 내담자에게 나타나는 변화로 옳지 않은 것은?

① 자기자각 증가  ② 자기수용 증가  ③ 자기표현 증가
④ 자기개방 증가  ⑤ 자기방어 증가

098 다음에 해당하는 게슈탈트 치료의 개념과 용어를 옳게 연결한 것은?

> ㄱ. 긍정과 성장, 개인적 통합을 위한 핵심 개념으로 개체가 자신의 유기체적 욕구나 감정을 지각하여 명료한 전경으로 떠올리는 행위이다.
> ㄴ. 밀접한 관계에 있는 두 사람이 서로의 독자성을 무시하고 동일한 가치와 태도를 지닌 것처럼 여기는 것으로 흔히 외로움이나 공허감을 피하기 위한 경우가 많다.

(a) 알아차림   (b) 편향   (c) 융합

① ㄱ – a, ㄴ – b  ② ㄱ – a, ㄴ – c  ③ ㄱ – b, ㄴ – a
④ ㄱ – b, ㄴ – c  ⑤ ㄱ – c, ㄴ – b

099 실존치료에서 실존적 불안의 조건으로 옳지 않은 것은?

① 죽음       ② 고립(고독)    ③ 무의식
④ 무의미     ⑤ 자유와 책임

**100** 인간중심상담의 개념과 용어를 옳게 연결한 것은?

> ㄱ. 가설적이고 이상적 사회의 궁극적 목표로 무조건적 존중을 통하여 실현됨
> ㄴ. 인간이 자신을 유지시키면서 잠재력을 건설적인 방향으로 성취하려는 선천적인 성향
> ㄷ. 자신의 개인적 특성 또는 타인과의 관계 속에서 형성된 특징에 대해 스스로 가지고 있는 개념

(a) 충분히 기능하는 인간(fully functioning person)
(b) 유기체의 가치화과정(organismic valuing process)
(c) 실현 경향성(actualizing tendency)
(d) 진실성(genuineness)
(e) 자기 개념(self-concept)

① ㄱ – a, ㄴ – b, ㄷ – c
② ㄱ – a, ㄴ – c, ㄷ – e
③ ㄱ – b, ㄴ – c, ㄷ – a
④ ㄱ – b, ㄴ – d, ㄷ – e
⑤ ㄱ – c, ㄴ – d, ㄷ – a

# 제1과목(필수): 학습이론

**01** 지식과 기능의 구인, 정신적 구조와 기억네트워크의 발달, 정보처리과정 등을 강조하는 학습이론으로 옳은 것은?

① 행동주의이론  ② 인지주의이론  ③ 인본주의이론
④ 생태주의이론  ⑤ 정신분석이론

**02** 습득된 지식과 기능이 새로운 맥락이나 상황에 새로운 방식으로 적용되는 것은?

① 부호화(encoding)
② 전이(transfer)
③ 민감화(sensitization)
④ 습성화(habituation)
⑤ 감각적 적응(sensory adaptation)

**03** 헐(C. Hull)이 제시한 공리(postulates)에 해당하지 않는 것은?

① 하나의 행동은 하나의 자극에 의해 발생한다.
② 유기체는 욕구가 생길 때 유발되는 반응 위계를 가지고 태어난다.
③ 강화는 추동 감소이다.
④ 만일 자극이 반응을 유도하고 반응이 생리적 욕구를 만족시키면 자극과 반응의 관계는 강해진다.
⑤ 반응제지는 근육활동으로 인한 피로에 의해 유발되며 과제수행을 위한 작업량과도 관계된다.

**04** 행동주의 학습이론에서 다음 설명에 해당하는 것은?

> 학습자가 달성해야 할 최종 목표행동(goal behavior)에 이르는 행동단위들(target behaviors)을 난이도에 따라 분리한 다음, 각각의 행동단위를 순차적으로 조건화해 나감으로써 궁극적으로 최종 목표행동을 학습시킨다.

① 조성(shaping)
② 대체 강화(backup reinforcement)
③ 프리맥의 원리(Premack principle)
④ 역치법(threshold)
⑤ 모순된 반응법(incompatible response method)

**05** 처벌의 효과적 사용을 위한 지침으로 옳지 않은 것은?

① 처벌은 일관성이 있어야 한다.
② 처벌받는 행동이 받아들여질 수 없는 이유에 대해 설명해 주어야 한다.
③ 처벌받는 행동을 대신할 바람직한 행동에 대한 학습 기회를 제공해야 한다.
④ 처벌받는 행동은 분명하고 구체적인 용어로 제시되어야 한다.
⑤ 처벌은 시차를 두고 부적절한 행동들을 취합한 후 주어져야 한다.

**06** 자기교시법(self-instruction)의 단계 중 다음 사례에 해당하는 것은?

> 교사가 충동성이 높은 학생에게 문제해결법을 가르치기 위하여 큰소리로 문제해결과정을 진행하는 시범을 보여주었고, 그러한 교사의 언어와 행동을 관찰한 학생이 교사의 도움 없이 혼자서 소리 내어 말하면서 문제를 풀어가는 과정

① 외현적 지도
② 인지적 재구성
③ 외현적 자기안내
④ 내재적 자기지시
⑤ 외현적 자기안내의 소멸

**07** 션크와 루드(D. Schunk&H. Rude)가 제시한 효과적인 모방학습 모델의 특성에 해당하지 않는 것을 모두 고른 것은?

> ㄱ. 유사성    ㄴ. 지위    ㄷ. 능력    ㄹ. 적극성    ㅁ. 진실성

① ㄱ, ㄴ
② ㄱ, ㅁ
③ ㄴ, ㄷ
④ ㄷ, ㄹ
⑤ ㄹ, ㅁ

**08** 다음 사례에 해당하는 강화계획으로 옳은 것은?

> ○ 도박꾼들이 언제 돈을 딸 수 있을지 모르지만 계속해서 베팅을 하는 행동
> ○ 낚시꾼들이 여러 차례 낚시를 던져 물고기가 잡히지 않는데도 낚시를 계속하는 행동

① 연속강화
② 고정간격강화
③ 변동간격강화
④ 고정비율강화
⑤ 변동비율강화

**09** 학습의 정의에 관한 설명으로 옳은 것은?

① 유기체가 속한 종(種) 특유의 행동(species-specific behavior)
② 유기체의 경험에 의해 비교적 영속적으로 변화된 행동
③ 유기체가 속한 종(種)의 계통발생학적 행동
④ 약물에 의해 일시적으로 변화된 행동
⑤ 유전인자에 의한 행동

**10** 반두라(A. Bandura)가 제시한 모방학습의 과정을 순서대로 옳게 나열한 것은?

① 주의과정 - 파지과정 - 운동 재생산 과정 - 동기과정
② 주의과정 - 파지과정 - 동기과정 - 운동 재생산 과정
③ 주의과정 - 운동 재생산 과정 - 파지과정 - 동기과정
④ 파지과정 - 주의과정 - 동기과정 - 운동 재생산 과정
⑤ 파지과정 - 동기과정 - 주의과정 - 운동 재생산 과정

**11** 행동주의 학습이론에서 다음 사례에 해당하는 것은?

> A의 부모는 A에게 규칙적인 생활 습관을 학습시키기 위하여 정해진 시간에 일어나면 스티커 하나를 주기로 하지만 기상 시간을 지키지 못할 경우 주어진 스티커 하나를 회수하기로 하였다.

① 질책(reprimands)
② 타임아웃(time-out)
③ 과잉교정(overcorrection)
④ 자동강화(automatic reinforcement)
⑤ 반응대가(response-cost)

**12** 고전적 조건형성에서 다음 사례에 해당하는 것은?

> 고전적 조건형성을 이용하여 흰쥐에 대한 공포반응이 조건화된 아이가 하얀 수염이 난 할아버지나 하얀 토끼에 대해서도 동일한 공포반응을 보였다.

① 변별(discrimination)
② 소거(extinction)
③ 일반화(generalization)
④ 자발적 회복(spontaneous recovery)
⑤ 고차적 조건화(higher-order conditioning)

**13** 다음 중 고전적 조건형성의 원리를 응용한 상담의 기법을 모두 고른 것은?

> ㄱ. 체계적 둔감법(systematic desensitization)
> ㄴ. 혐오요법(aversion therapy)
> ㄷ. 모방학습(modeling)
> ㄹ. 수반성계약법(contingency contract)

① ㄱ, ㄴ
② ㄱ, ㄷ
③ ㄴ, ㄷ
④ ㄴ, ㄹ
⑤ ㄷ, ㄹ

**14** 매슬로우(A. Maslow)의 욕구단계이론에 관한 설명으로 옳지 않은 것은?

① 자아실현 욕구는 모든 인간에게 내재되어 있다.
② 자존감 욕구는 성장욕구에 해당한다.
③ 생존에 필수적인 욕구와 성장을 추구하는 욕구가 있다.
④ 생리적인 욕구는 평형을 유지하려는 욕구이다.
⑤ 자아실현 욕구는 완전히 만족되지 않는다.

**15** 톨만(E. Tolman)의 학습이론에 관한 설명으로 옳지 않은 것은?

① 강화(reinforcement)는 학습에 필수적이지 않다.
② 학습된 것이 행동으로 드러나지 않을 수 있다.
③ 보상의 유무는 학습된 결과가 행동으로 나타나는 것에 영향을 미친다.
④ 학습의 결과는 인지도(cognitive map)로 만들어진다.
⑤ 학습은 점진적이 아니라 갑자기 이루어진다.

**16** 성취목표 중 숙달목표(mastery goal)와 수행목표(performance goal)에 관한 설명으로 옳지 않은 것은?

① 수행목표는 남의 눈에 유능하게 보이는 것에 해당한다.
② 숙달목표는 스스로 더 유능한 사람이 되려는 것에 해당한다.
③ 숙달목표 지향적인 사람은 학습과 행동을 스스로 조절한다.
④ 수행목표 지향적인 사람은 선생님을 조언자로 여긴다.
⑤ 숙달목표 지향적인 사람은 실패를 해도 수행에 만족할 수 있다.

**17** 뇌 발달에 관한 설명으로 옳지 않은 것은?

① 성인기 이후에도 신경생성(neurogenesis)은 계속된다.
② 거울뉴런(mirror neuron)은 타인의 행동을 마치 자신의 행동을 보는 것처럼 느끼게 하는 뉴런이다.
③ 신생아의 뇌를 구성하는 뉴런의 숫자는 성인의 25%에 불과하다.
④ 전두엽 발달은 유아기 때 빠르며, 사춘기 이후에도 계속된다.
⑤ 뉴런의 두께가 두꺼워지는 과정을 수초화라고 하며, 수초화가 된 뉴런은 정보를 더 빨리 전달한다.

**18** 다음 사례를 설명하는 기억 이론은 무엇인가?

> A는 내일 치를 역사 시험을 위해 시험범위에 있는 사건과 연도를 소리 내어 읽어가며 열심히 외웠다. 다음 날, 시험에서 A가 외웠던 문제가 나왔다. 그러나 A의 머릿속에 떠오른 건 그 연도를 외우면서 들었던, A가 좋아하는 아이돌 그룹의 노래가사에 담긴 숫자였다. A는 결국 그 문제의 답을 틀렸다.

① 파이비오(A. Paivio)의 이중부호이론
② 크레이그와 록하트(F. Craik & R. Lockhart)의 처리수준이론
③ 배들리와 힛치(A. Baddeley & G. Hitch)의 작업기억이론
④ 앳킨슨과 쉬프린(R. Atkinson & R. Shiffrin)의 이중기억이론
⑤ 스펜스(C. Spence)의 S-R이론


**19** 기억에 관한 설명으로 옳지 않은 것은?

① 메타인지 전략으로는 계획하기, 평가하기, 점검하기 등이 있다.
② 나중에 학습한 정보가 앞서 학습한 정보의 회상을 방해하는 것을 역행간섭(역행제지)이라고 한다.
③ 감각등록기(sensory register)는 매우 짧은 시간 동안 많은 정보를 저장한다.
④ 기억의 이중구조 모형에 따르면 정보는 병렬적으로 처리된다.
⑤ 기억은 재인 기억과 회상 기억으로 나눌 수 있다.


**20** 다음에 제시한 사례와 이를 설명하는 이론을 옳게 짝지은 것은?

> ㄱ. 내가 지난 시험 성적이 나빴던 이유는 하필 그날 배탈이 났기 때문이다.
> ㄴ. 나는 남들보다 뛰어난 사람이라고 믿기 때문에 남들보다 더 어려운 과제를 골라서 도전한다.

(a) 에클스(J. Eccles)의 기대가치이론(expectancy-value theory)
(b) 아이크스(H. Ickes)의 자기충족적 예언(self-fulfilling prophecy)
(c) 코빙튼(M. Covington)의 자아가치이론(self-worth theory)
(d) 션크(D. Schunk)의 자기점검(self-monitoring)

① ㄱ-a, ㄴ-b  ② ㄱ-b, ㄴ-c  ③ ㄱ-b, ㄴ-d
④ ㄱ-d, ㄴ-c  ⑤ ㄱ-c, ㄴ-a

21  학습과 수행에 관한 이론 중에서 다음 사례를 설명하는 것은?

> A는 학교 장기자랑을 위해 집에서 문제없이 연주했던 기타 연주곡을 준비했다. 그러나 실제로 많은 관중이 지켜보는 무대에 오르자 A는 실수를 연발하며 연주를 망쳤다.

① 칙센트미하이(M. Csikszentmilhalyi)의 몰입(flow)
② 드웩(C. Dwek)의 마인드셋(mindset)
③ 헵(D. Hebb)의 최적각성수준(optimal level of arousal)
④ 헐(C. Hull)의 추동감소 모형(drive reduction model)
⑤ 손다이크(E. Thorndike)의 효과의 법칙(law of effect)

22  학습 동기에 관한 이론 중에서 다음 사례에 해당하는 것은?

> 새 학기를 시작하기 전에 A는 화학 과목을 별로 좋아하지 않았다. 그러나 새로운 화학 선생님에게 호감을 느낀 A는 학기가 끝날 때쯤에는 화학 과목을 좋아하는 학생이 되었다.

① 솔로몬(R. Solomon)의 반대과정이론
② 켈러(F. Keller)의 ARCS이론
③ 하이더(F. Heider)의 균형이론
④ 로터(J. Rotter)의 통제소재이론
⑤ 우드워드(R. Woodworth)의 태도확산이론

23  다음 (    ) 안에 들어갈 내용은?

> 학습자의 기존 지식에 일치하지 않는 정보를 먼저 보여주고 학습을 시작하는 것은 학습의 내재적 동기 중 (    )요소에 해당한다.

① 상상    ② 통제    ③ 호기심    ④ 도전    ⑤ 근접

**24** 라이언과 데시(R. Ryan & E. Deci)의 자기결정성 이론의 관점에서 외재적 동기의 내면화 수준이 낮은 것에서 높은 것의 순서대로 옳게 나열한 것은?

> ㄱ. 부모님의 인정과 존중을 얻기 위해 시험공부를 한다.
> ㄴ. 부모님에게 야단맞지 않기 위해서 시험공부를 한다.
> ㄷ. 시험 성적이 높으면 내 목표를 달성할 가능성이 높아지기 때문에 시험공부를 한다.

① ㄱ - ㄴ - ㄷ  ② ㄱ - ㄷ - ㄴ  ③ ㄴ - ㄱ - ㄷ
④ ㄴ - ㄷ - ㄱ  ⑤ ㄷ - ㄴ - ㄱ

**25** 어떤 사건이나 정보를 기억할 때 그 기억에 감정을 결합시키는 역할을 하는 뇌의 부위는?

① 전두엽(frontal lobe)
② 시상(thalamus)
③ 시상하부(hypothalamus)
④ 편도체(amygdala)
⑤ 측두엽(temporal lobe)

## 제2과목(선택): 청소년이해론

**26** 청소년심리에 대한 주요 이론과 학자의 연결이 옳은 것은?

① 장이론 – 반두라(A. Bandura)
② 경험학습이론 – 콜버그(L. Kohlberg)
③ 재현이론 – 홀(S. Hall)
④ 신경생리학습이론 – 뢰빙거(J. Loevinger)
⑤ 사회학습이론 – 에릭슨(E. Erikson)

**27** 브론펜브레너(U. Bronfenbrenner)의 생태학적 이론에서 청소년 환경체계에 관한 설명으로 옳은 것을 모두 고른 것은?

> ㄱ. 미시체계는 가정, 친구, 학교 등을 의미하는데, 청소년은 이 체계들과 상호작용하면서 발달하게 된다.
> ㄴ. 중간체계는 지역사회 수준에서 기능하고 있는 환경으로 정부기관, 지역사회 공공기관이 해당된다.
> ㄷ. 거시체계는 청소년을 둘러싸고 있는 문화적 환경으로 법, 관습이 해당된다.

① ㄱ
② ㄴ
③ ㄱ, ㄷ
④ ㄴ, ㄷ
⑤ ㄱ, ㄴ, ㄷ

**28** 진로선택 및 진로발달을 설명하는 학자와 주요 개념의 연결이 옳은 것은?

① 로우(A. Roe) – 부모의 양육방식과 직업선택의 관계
② 긴즈버그(E. Ginzberg) – 생애역할
③ 블라우(P. Blau) – 생애진로발달단계
④ 크럼볼츠(J. Krumboltz) – 직업적응유형
⑤ 갓프레드슨(L. Gottfredson) – 진로의사결정유형

**29** 바움린드(D. Baumrind)의 부모양육 유형에 관한 내용이다. (    )에 들어갈 내용으로 옳은 것은?

> ○ ( ㄱ ) 부모는 애정 수준은 높으나 통제수준은 낮다.
> ○ ( ㄴ ) 부모는 애정과 통제 수준이 모두 높다.

① ㄱ: 권위 있는(authoritative),   ㄴ: 권위주의적(authoritarian)
② ㄱ: 허용적(permissive),         ㄴ: 권위주의적(authoritarian)
③ ㄱ: 허용적(permissive),         ㄴ: 권위 있는(authoritative)
④ ㄱ: 무관심한(neglecting),       ㄴ: 허용적(permissive)
⑤ ㄱ: 무관심한(neglecting),       ㄴ: 권위주의적(authoritarian)

**30** 스턴버그(R. Sternberg)가 제안한 사랑의 삼각형 이론에 관한 설명으로 옳은 것을 모두 고른 것은?

> ㄱ. 친밀감(intimacy)은 사랑의 정서적 측면을 반영하는 특성이다.
> ㄴ. 열정(passion)은 사랑의 동기적 측면을 이루는 구성요소이다.
> ㄷ. 낭만적 사랑(romantic love)은 인지적 요소의 사랑이다.
> ㄹ. 사랑의 유형을 8가지로 분류하고 있다.

① ㄱ, ㄴ         ② ㄱ, ㄷ         ③ ㄴ, ㄹ
④ ㄱ, ㄴ, ㄹ      ⑤ ㄴ, ㄷ, ㄹ

**31** 안나 프로이트(A. Freud)가 제안한 청소년기 성적 긴장에 적응하기 위한 방어기제에 해당하는 것을 모두 고른 것은?

> ㄱ. 금욕주의(asceticism)         ㄴ. 주지화(intellectualization)
> ㄷ. 고정화(consolidation)        ㄹ. 불멸(immortality)의 신념

① ㄱ, ㄴ         ② ㄷ, ㄹ         ③ ㄱ, ㄴ, ㄷ
④ ㄱ, ㄷ, ㄹ      ⑤ ㄱ, ㄴ, ㄷ, ㄹ

**32** 특정 문화유형이 다른 문화유형과 상호작용을 거쳐 또 다른 제3의 문화유형을 만들어 내는 문화변동의 현상은?

① 문화전계  ② 문화접변  ③ 문화이식
④ 문화결핍  ⑤ 문화지체

**33** 엘킨드(D. Elkind)의 개인적 우화(personal fable)에 관한 설명으로 옳은 것을 모두 고른 것은?

> ㄱ. 자기중심성(egocentrism)의 현상 중 하나이다.
> ㄴ. 예를 들어, 버스에 타면 앉아 있는 사람이 모두 나를 쳐다볼 것이라고 생각한다.
> ㄷ. 자신의 경험은 독특하고 특이하기 때문에 다른 사람과는 다르다고 생각한다.
> ㄹ. 다른 사람들이 나를 관심의 초점으로 생각하는 현상이다.

① ㄱ, ㄴ  ② ㄱ, ㄷ  ③ ㄱ, ㄷ, ㄹ
④ ㄴ, ㄷ, ㄹ  ⑤ ㄱ, ㄴ, ㄷ, ㄹ

**34** 만화 속의 캐릭터와 똑같은 패션 스타일과 분위기 및 외모와 개성을 표현하려는 문화현상은?

① 이모(emo)  ② 차브(chav)
③ 노마드(nomad)  ④ 코스프레(cospre)
⑤ 리셋 신드롬(reset syndrome)

**35** 근접발달영역(ZPD)의 개념을 통해 인지능력의 발달을 설명하는 학자는?

① 길리건(C. Gilligan)  ② 매슬로우(A. Maslow)  ③ 설리반(H. Sullivan)
④ 로저스(C. Rogers)  ⑤ 비고츠키(L. Vygotsky)

**36** 피아제(J. Piaget)가 제시한 청소년기 인지발달단계의 특징에 해당하지 않는 것은?

① 추상적 사고  ② 물활론적 사고  ③ 가설연역적 사고
④ 가능성에 대한 사고  ⑤ 사고과정에 대한 사고

**37** 청소년문화를 바라보는 관점 중 다음이 설명하는 것은?

> ○ 성인의 입장에서 볼 때 청소년들이 규범에서 벗어나 문제아의 소행을 지향한다.
> ○ 사회적 규범을 깨뜨리는 것에서 쾌감을 느끼고, 규범적 질서에 따르지 않음으로써 청소년문화의 정체성을 찾는다.

① 미숙한 문화  ② 비행문화  ③ 하위문화
④ 준거문화  ⑤ 새로운 문화

**38** 다음이 설명하는 문화의 속성은?

> ○ 사회구성원들은 모두 유사한 생활습관을 보인다.
> ○ 규칙에 위배되는 언어나 행위를 사용했을 때는 사회적 제재가 가해지기도 한다.

① 공유성  ② 다양성  ③ 체계성  ④ 축적성  ⑤ 가변성

**39** 알코올(술)에 관한 설명으로 옳지 않은 것은?

① 중추신경 흥분제이다.
② 심장박동과 호흡을 느리게 하여 과다복용 시 치명적일 수 있다.
③ 중독 시 신체적 의존과 심리적 의존을 나타낸다.
④ 중독 시 갑자기 복용을 중단하면 금단현상이 일어난다.
⑤ 일반적인 금단현상으로는 신경과민, 구토, 손떨림, 초조함, 불안 등이 나타난다.

**40** 「소년법」상 보호처분에 관한 설명으로 옳은 것은?

① 수강명령은 14세 이상의 소년에게만 할 수 있다.
② 장기 소년원 송치는 14세 이상의 소년에게만 할 수 있다.
③ 단기 보호관찰기간은 6개월로 한다.
④ 사회봉사명령은 200시간을 초과할 수 없다.
⑤ 장기 보호관찰기간은 2년이며, 3년의 범위에서 한 번에 한하여 그 기간을 연장할 수 있다.

**41** 청소년비행에 관한 사회유대이론의 설명으로 옳지 않은 것은?

① 허쉬(T. Hirschi)가 주창하였다.
② 비행을 예방하는 요인으로 사회적 유대감을 중시한다.
③ 관습적 신념이 높아지면 비행의 가능성이 높아진다.
④ 사회에서 용인된 전통적 목표를 수용하면 비행의 가능성이 낮아진다.
⑤ 4가지의 사회유대요인은 애착(attachment), 헌신(commitment), 참여(involvement), 신념(belief)이다.

**42** 「청소년복지 지원법」상 위기청소년 특별지원에 해당하는 것을 모두 고른 것은?

| ㄱ. 생활지원 | ㄴ. 학업지원 | ㄷ. 의료지원 |
| ㄹ. 직업훈련지원 | ㅁ. 청소년활동지원 | |

① ㄱ, ㄴ, ㄷ
② ㄴ, ㄹ, ㅁ
③ ㄱ, ㄷ, ㄹ, ㅁ
④ ㄴ, ㄷ, ㄹ, ㅁ
⑤ ㄱ, ㄴ, ㄷ, ㄹ, ㅁ

**43** 「학교 밖 청소년 지원에 관한 법률」상 학교 밖 청소년을 위한 교육지원에 해당하는 것을 모두 고른 것은?

> ㄱ. 「초·중등교육법」 제2조의 초등학교·중학교로의 재취학
> ㄴ. 「초·중등교육법」 제2조의 고등학교로의 재입학
> ㄷ. 「초·중등교육법」 제60조의3의 대안학교로의 진학

① ㄱ     ② ㄴ     ③ ㄱ, ㄷ
④ ㄴ, ㄷ     ⑤ ㄱ, ㄴ, ㄷ

**44** "지역사회 청소년통합지원체계"에 관한 설명으로 옳지 않은 것은?

① 「청소년 보호법」에 근거하여 구축·운영한다.
② 국가는 구축·운영을 지원하여야 한다.
③ 광역시는 전담기구를 설치할 수 있다.
④ 교육청은 필수연계기관이다.
⑤ 관할구역의 위기청소년을 조기에 발견하여 보호하고, 청소년복지 및 청소년보호를 효율적으로 수행함을 목적으로 한다.

**45** 「청소년복지 지원법」상 청소년증에 관한 내용이다. (   )에 들어갈 내용은?

> 특별자치시장·특별자치도지사 또는 시장·군수·구청장(자치구의 구청장을 말한다.)은 (   )의 청소년에게 청소년증을 발급할 수 있다.

① 9세 이상 15세 미만     ② 9세 이상 18세 이하     ③ 9세 이상 24세 이하
④ 13세 이상 18세 미만     ⑤ 13세 이상 18세 이하

46 「학교폭력예방 및 대책에 관한 법률」상 용어의 정의로 옳지 않은 것은?

① "피해학생"이란 학교폭력으로 인하여 피해를 입은 학생을 말한다.
② "장애학생"이란 신체적·정신적·지적 장애 등으로 「장애인 등에 대한 특수교육법」제15조에서 규정하는 특수교육이 필요한 학생을 말한다.
③ "가해학생"이란 가해자 중에서 학교폭력을 행사하거나 그 행위에 가담한 학생을 말한다.
④ "따돌림"이란 학교 내에서 3명 이상의 학생들이 특정인이나 특정집단의 학생들을 대상으로 심리적 공격을 가하여 상대방이 고통을 느끼도록 하는 모든 행위를 말한다.
⑤ "사이버 따돌림"이란 인터넷, 휴대전화 등 정보통신기기를 이용하여 학생들이 특정 학생들을 대상으로 지속적, 반복적으로 심리적 공격을 가하거나, 특정 학생과 관련된 개인정보 또는 허위사실을 유포하여 상대방이 고통을 느끼도록 하는 모든 행위를 말한다.

47 다음이 설명하는 유엔아동권리협약의 기본원칙은?

> 아동은 책임감 있는 어른이 되기 위해 아동 자신의 능력에 맞게 적절한 사회활동에 참여할 기회를 가지고, 자신의 생활에 영향을 주는 일에 대하여 의견을 말할 수 있어야 하며, 그 의견을 존중받을 수 있어야 한다.

① 무차별의 원칙  ② 아동 최선의 이익 원칙  ③ 생존 및 발달보장의 원칙
④ 참여의 원칙  ⑤ 보호의 원칙

48 「아동·청소년의 성보호에 관한 법률」상 아동·청소년대상 성범죄로 유죄판결이 확정된 자의 신상정보를 공개하는 경우, 공개하도록 제공되는 등록정보에 해당되지 않는 것은?

① 사진  ② 출신 학교
③ 등록대상 성범죄 요지  ④ 신체정보(키와 몸무게)
⑤ 성폭력범죄 전과사실(죄명 및 횟수)

**49** 청소년복지 지원법령상 청소년의 건강보장에 관한 설명으로 옳지 않은 것은?

① 차상위계층에 해당하는 사람의 가구원인 여성청소년은 국가 및 지방자치단체의 생리용품 지원대상이다.
② 여성가족부장관은 청소년의 성장 환경을 고려하여 5년 이내의 기간마다 청소년의 건강·체력기준을 새로 설정하여야 한다.
③ 국가 및 지방자치단체는 청소년의 건강 증진과 체력 향상을 위한 시책으로서 청소년이 참가하는 체육대회를 장려하고, 예산의 범위에서 체육대회 개최에 필요한 경비를 지원할 수 있다.
④ 국가 및 지방자치단체는 청소년의 체력검사와 건강진단을 실시할 수 있다.
⑤ 청소년의 체력검사·건강진단 실시와 그 결과 통보에 필요한 사항은 대통령령으로 정한다.

**50** 청소년복지 지원법령상 청소년부모에 대한 가족지원서비스 및 복지지원에 해당되지 않는 것은?

① 교육·상담 등 가족 관계 증진 서비스
② 아동의 양육 및 교육서비스
③ 「지역보건법」에 따른 방문건강관리사업 서비스
④ 청소년부모에게 필요한 법률상담, 소송대리 등 법률구조서비스 연계 지원
⑤ 「청소년활동 진흥법」에 따른 청소년출입제한지역알림서비스

## 2교시 제3과목(선택): 청소년수련활동론

**51** 청소년자기도전포상제에 관한 설명으로 옳지 않은 것은?

① 만 8세는 금장에 참여할 수 있다.
② 정해진 최소 활동기준을 충족하고 성취목표를 달성해야 포상을 받을 수 있다.
③ 탐험활동은 사전 기본교육이 필수로 진행되어야 한다.
④ 포상활동은 봉사, 자기개발, 신체단련, 탐험으로 구성된다.
⑤ 포상단계는 동장, 은장, 금장이 있다.

**52** 국제청소년성취포상제에 관한 설명으로 옳은 것은?

① 동장 참가자는 1박 2일의 탐험활동을 해야 한다.
② 미국에서 시작된 청소년포상제도이다.
③ 참여연령은 만 9세부터 만 24세이다.
④ 기본이념에는 경쟁성이 포함된다.
⑤ 은장 참가자는 합숙훈련을 수행해야 한다.

**53** 청소년참여기구에 관한 설명으로 옳지 않은 것은?

① 청소년특별회의는 해마다 개최하여야 한다.
② 청소년특별회의는 범정부적 차원의 청소년정책과제의 설정·추진 및 점검을 위하여 청소년 분야의 전문가와 청소년이 참여한다.
③ 청소년운영위원회의 위원의 임기는 1년으로 한다.
④ 청소년운영위원회는 10명 이상 20명 이하의 청소년으로 구성하여야 한다.
⑤ 청소년참여위원회는 「청소년활동 진흥법」에 근거를 두고 있다.

**54** 청소년방과후아카데미에 관한 설명으로 옳지 않은 것은?

① 돌봄취약계층의 청소년을 지원하는 사업이다.
② 여성가족부와 지방자치단체가 공동으로 예산지원을 한다.
③ 초등학교 1학년에서 고등학교 3학년까지가 지원대상이다.
④ 청소년수련시설 등에서 설치·운영할 수 있다.
⑤ 체험활동·학습지원·급식·상담 등 종합적인 교육·복지·보호 서비스를 제공한다.

**55** 청소년활동 진흥법령상 수련시설의 종사자에 관한 안전교육 내용으로 옳은 것을 모두 고른 것은?

> ㄱ. 안전교육은 매년 1회 이상 실시하여야 한다.
> ㄴ. 수련시설의 안전점검 및 위생관리가 포함된다.
> ㄷ. 이러닝과 집합교육을 혼합한 방법으로 실시할 수 있다.

① ㄱ  ② ㄴ  ③ ㄱ, ㄷ
④ ㄴ, ㄷ  ⑤ ㄱ, ㄴ, ㄷ

**56** 「청소년 기본법」상 청소년단체협의회의 기능이 아닌 것은?

① 청소년지도자의 연수와 권익 증진
② 청소년 관련 분야의 국제기구활동
③ 청소년 관련 도서 출판 및 정보 지원
④ 남·북청소년 및 해외교포청소년과의 교류·지원
⑤ 국가 청소년정책에 관한 주요 사항을 심의·조정

**57** 경험학습(experiential learning)이론에 관한 설명으로 옳지 않은 것은?

① 청소년의 흥미와 관심을 강조하고 있다.
② 미국 진보주의 교육에 영향을 받았다.
③ 콜브(D. Kolb)는 경험학습 사이클을 제시하였다.
④ 학습상황에서 청소년은 환경자극에 수동적으로 반응한다고 본다.
⑤ 청소년의 경험을 학습과정에 통합하는 접근이다.

**58** 칙센트미하이(M. Csikszentmihalyi)가 제시한 몰입(flow)경험의 특징으로 옳지 않은 것은?

① 자의식(self-consciousness)이 사라진다.
② 자신의 행동이 타인에 의해 통제되고 있음을 느낀다.
③ 수행중인 과제에 관심이 집중된 상태이다.
④ 행위와 인식의 일체감을 느낀다.
⑤ 자신의 활동목적이 분명하다.

**59** 청소년 관련법의 제정연도가 빠른 순서대로 옳게 나열한 것은?

| ㄱ. 청소년 기본법 | ㄴ. 청소년육성법 |
| ㄷ. 청소년활동 진흥법 | ㄹ. 청소년 보호법 |

① ㄱ - ㄴ - ㄷ - ㄹ
② ㄱ - ㄴ - ㄹ - ㄷ
③ ㄴ - ㄱ - ㄷ - ㄹ
④ ㄴ - ㄱ - ㄹ - ㄷ
⑤ ㄹ - ㄴ - ㄱ - ㄷ

**60** 청소년활동 진흥법령상 위험도가 높은 청소년수련활동 프로그램에 해당하는 것을 모두 고른 것은?

> ㄱ. 12km 도보이동  ㄴ. 자연암벽타기
> ㄷ. 3시간 야간등산  ㄹ. ATV탑승

① ㄱ  ② ㄱ, ㄹ  ③ ㄴ, ㄷ
④ ㄱ, ㄴ, ㄹ  ⑤ ㄴ, ㄷ, ㄹ

**61** 청소년활동 진흥법령상 청소년수련활동 인증위원회에 관한 설명으로 옳은 것은?

① 위원의 임기는 1년으로 한다.
② 위원장은 대통령이 지명한다.
③ 위원 구성은 30명으로 한다.
④ 구성·운영에 관한 사항은 여성가족부령으로 정한다.
⑤ 한국청소년활동진흥원에 설치·운영한다.

**62** 청소년수련활동인증제의 인증기준 중 공통기준에 해당하는 것은?

① 안전관리 계획  ② 숙박관리  ③ 안전관리인력 확보
④ 영양관리자 자격  ⑤ 이동관리

**63** 화랑도의 세속오계(世俗五戒)에 해당하지 않는 것은?

① 사군이충(事君以忠)  ② 임전무퇴(臨戰無退)  ③ 살생유택(殺生有擇)
④ 군신유의(君臣有義)  ⑤ 교우이신(交友以信)

64. 청소년지도방법의 원리 중 효과성과 능률성을 반영하여야 한다는 원리는?

① 존중의 원리　　② 효율성의 원리　　③ 다양성의 원리
④ 협동성의 원리　　⑤ 자기주도의 원리

65. 「청소년 기본법」상 용어의 정의이다. (　)에 들어갈 내용은?

> "(　)"(이)란 청소년활동·청소년복지 및 청소년보호에 제공되는 시설을 말한다.

① 청소년회관　　② 청소년기관　　③ 청소년쉼터
④ 청소년시설　　⑤ 청소년단체

66. 청소년활동 진흥법령상 청소년수련시설에 관한 내용이다. (　)에 들어갈 내용은?

> 여성가족부장관과 지방자치단체의 장은 수련시설 설치·운영의 활성화 및 청소년수련 거리의 보급·확산을 위하여 관할구역에서 시설·설비내용이 우수하고 청소년수련거리 의 운영에 모범이 되는 수련시설을 (　)로 지정하여 육성할 수 있다.

① 전문수련시설　　② 인증수련시설　　③ 시범수련시설
④ 우수수련시설　　⑤ 특화수련시설

67. 하트(R. Hart)가 제시한 참여사다리 8단계 모형에서 장식 단계(decoration)는 몇 단계에 해당하는가?

① 1단계　　② 2단계　　③ 3단계　　④ 4단계　　⑤ 5단계

**68** 「청소년 기본법」상 수련시설이 아닌 시설로서 그 설치 목적의 범위에서 청소년활동의 실시와 청소년의 건전한 이용 등에 제공할 수 있는 시설은?

① 유스호스텔　　② 청소년수련거리　　③ 청소년특화시설
④ 청소년이용시설　　⑤ 청소년문화의집

**69** 청소년 기본법령상 청소년특화시설의 청소년지도사 배치기준에 관한 내용이다. (　)에 들어갈 내용은?

> 1급 또는 2급 청소년지도사 ( ㄱ )명 이상을 포함하여 ( ㄴ )명 이상의 청소년지도사를 둔다.

① ㄱ: 1, ㄴ: 1　　② ㄱ: 1, ㄴ: 2　　③ ㄱ: 1, ㄴ: 3
④ ㄱ: 2, ㄴ: 2　　⑤ ㄱ: 2, ㄴ: 3

**70** 청소년활동 진흥법령상 청소년수련시설 운영대표자의 자격을 갖추지 못한 사람은?

① 청소년육성업무에 8년 종사한 사람
② 2급 청소년지도사 자격증 취득 후 청소년육성업무에 2년 종사한 사람
③ 7급 일반직공무원으로서 청소년육성업무에 3년 종사한 사람
④ 3급 청소년지도사 자격증 취득 후 청소년육성업무에 5년 종사한 사람
⑤ 「초·중등교육법」 제21조에 따른 정교사 자격증 소지자 중 청소년육성업무에 5년 종사한 사람

**71** 「청소년활동 진흥법」상 청소년수련시설의 허가 또는 등록을 취소하는 경우에 관한 내용이다. (　)에 들어갈 내용은?

> 특별자치시장·특별자치도지사·시장·군수·구청장은 수련시설 설치·운영자가 여성가족부장관이 실시하는 수련시설의 종합평가에서 가장 낮은 등급을 연속하여 (　)회 이상 받은 경우에는 그 수련시설의 허가 또는 등록을 취소할 수 있다.

① 1　　② 2　　③ 3　　④ 4　　⑤ 5

**72** 프로그램 마케팅의 4P 모델에 해당하는 것을 모두 고른 것은?

> ㄱ. 유통(Place)　　ㄴ. 사람(Person)
> ㄷ. 가격(Price)　　ㄹ. 촉진(Promotion)

① ㄱ, ㄴ　　② ㄱ, ㄷ　　③ ㄱ, ㄷ, ㄹ
④ ㄴ, ㄷ, ㄹ　　⑤ ㄱ, ㄴ, ㄷ, ㄹ

**73** 청소년활동 진흥법령상 청소년이용권장시설의 지정에 관한 내용이다. (　)에 들어갈 내용은?

> 시장·군수·구청장은 청소년이용권장시설 지정신청을 한 시설부터 반경 (　)미터 이내에 「청소년 보호법」 제2조 제5호에 따른 청소년유해업소 또는 그 밖에 청소년의 이용에 적합하지 아니한 시설이 있는지 여부를 고려하여 청소년이용권장시설의 지정 여부를 결정하여야 한다.

① 50　　② 100　　③ 150　　④ 200　　⑤ 250

74 「청소년활동 진흥법」상 숙박형 청소년수련활동의 계획을 신고하지 않아도 되는 경우를 모두 고른 것은?

> ㄱ. 종교단체가 운영하는 경우
> ㄴ. 청소년이 부모 등 보호자와 함께 참여하는 경우
> ㄷ. 다른 법률에서 지도·감독 등을 받는 비영리 법인이 운영하는 경우

① ㄷ  ② ㄱ, ㄴ  ③ ㄱ, ㄷ
④ ㄴ, ㄷ  ⑤ ㄱ, ㄴ, ㄷ

75 「청소년활동 진흥법」상 숙박기능을 갖춘 생활관과 다양한 청소년수련거리를 실시할 수 있는 각종 시설과 설비를 갖춘 종합수련시설은?

① 유스호스텔  ② 청소년수련관  ③ 청소년수련원
④ 청소년야영장  ⑤ 청소년문화의집

# 제22회 청소년상담사 3급 기출문제

## • 1교시 •

- 제1과목(필수): 발달심리
- 제2과목(필수): 집단상담의 기초
- 제3과목(필수): 심리측정 및 평가
- 제4과목(필수): 상담이론

## • 2교시 •

- 제1과목(필수): 학습이론
- 제2과목(선택): 청소년이해론
- 제3과목(선택): 청소년수련활동론

## 1교시 제1과목(필수): 발달심리

**001** 영유아기에 나타나는 초기 언어 발달의 특징에 관한 내용으로 옳은 것을 모두 고른 것은?

> ㄱ. 수용언어는 표현언어보다 먼저 발달한다.
> ㄴ. 일어문 단계에서 전보식(telegraphic) 언어가 나타난다.
> ㄷ. 단어의 의미를 지나치게 제한적으로 사용한다.
> ㄹ. 목울림, 옹알이, 울음 등은 전언어(prelinguistic) 단계에서 나타난다.
> ㅁ. 레느버그(H. Lenneberg)에 의하면 인간은 언어 습득장치를 가지고 태어난다.

① ㄱ, ㄴ, ㄹ  ② ㄱ, ㄴ, ㅁ  ③ ㄱ, ㄷ, ㄹ
④ ㄴ, ㄷ, ㅁ  ⑤ ㄷ, ㄹ, ㅁ

**002** 애착 이론에 관한 설명으로 옳은 것은?

① 회피애착아는 주양육자에 대한 분리불안이 높다.
② 저항애착아는 주양육자에게 양가적 태도를 보인다.
③ 볼비(J. Bowlby)는 낯선 상황 실험을 고안해 애착을 측정하였다.
④ 에인스워스(M. Ainsworth)는 애착형성을 4단계로 분류하였다.
⑤ 할로우(H. Harlow)는 새끼조류의 행동을 연구해 각인 개념을 제시하였다.

**003** 기억 발달에 관한 내용으로 옳은 것을 모두 고른 것은?

> ㄱ. 정교화 전략은 조직화 전략보다 더 먼저 나타난다.
> ㄴ. 영아의 지연모방은 회상기억 능력이 있음을 보여준다.
> ㄷ. 조직화 전략은 기억해야 할 정보를 여러 번 반복하는 것이다.
> ㄹ. 성인 후기의 일화기억은 대부분 의미기억보다 빨리 쇠퇴한다.

① ㄱ, ㄹ  ② ㄴ, ㄷ  ③ ㄴ, ㄹ
④ ㄱ, ㄴ, ㄷ  ⑤ ㄴ, ㄷ, ㄹ

**004** 신생아의 발바닥을 간지럽히면 발가락을 벌렸다가 오므리는 반사 행동은?

① 걷기반사　　　　② 모로반사　　　　③ 파악반사
④ 근원반사　　　　⑤ 바빈스키반사

**005** 피아제(J. Piaget)의 구체적 조작기에 관한 내용으로 옳은 것은?

① 보존개념이 획득된다.
② 비가역적 사고를 한다.
③ 물활론적 사고를 한다.
④ 자아중심성이 확장된다.
⑤ 분류화, 서열화를 할 수 없다.

**006** 다음에 해당하는 신체 및 운동발달의 원리는?

> 뒤집기 → 머리들기 → 배밀이 → 네발기기 → 짚고 일어서기 → 걷기

① 근원발달　　　　② 대뇌발달　　　　③ 두미발달
④ 위계발달　　　　⑤ 협응발달

**007** 에릭슨(E. Erikson)의 발달 단계 중 (가) 시기에 해당하는 프로이트(S. Freud)의 발달 단계에 관한 설명으로 옳은 것을 모두 고른 것은?

주도성 대 죄책감 → (가) → 정체감 형성 대 역할 혼미

ㄱ. 리비도가 몸 전체에 잠복된다.
ㄴ. 사회적, 도덕적 가치를 습득한다.
ㄷ. 구순적 경험을 통해 쾌감을 느낀다.
ㄹ. 리비도가 항문에서 생식기로 이동한다.

① ㄱ, ㄴ  ② ㄴ, ㄷ  ③ ㄷ, ㄹ
④ ㄱ, ㄴ, ㄷ  ⑤ ㄴ, ㄷ, ㄹ

**008** 아동 A가 속한 피아제(J. Piaget)의 인지 발달 단계에 관한 설명으로 옳지 않은 것은?

아동 A는 자신이 낮잠을 자지 않았기 때문에 아직 오후가 아니라고 생각한다.

① 직관적 사고를 한다.  ② 전환적 추론을 한다.  ③ 가역적 사고를 한다.
④ 중심화 경향이 있다.  ⑤ 상징적 사고를 한다.

**009** 생후 1개월 이내의 신생아에게 나타나는 발달 특성으로 옳지 않은 것은?

① 후각이 발달되어 있다.
② 원시반사 행동을 보인다.
③ 끈적거리고 냄새가 없는 태변을 본다.
④ 시각이 잘 발달되지 않아 가시거리가 짧다.
⑤ 렘(REM) 수면의 비율이 일생 중 가장 낮다.

010 마샤(J. Marcia)의 이론으로 A의 정체감 유형을 옳게 분석한 것은?

> 부모님은 유아교사가 되기를 원하시나 A는 아직 진로에 대해 고민해 본 적이 없다.

① 정체감 유실   ② 정체감 혼미   ③ 정체감 유예
④ 정체감 성취   ⑤ 정체감 획득

011 두뇌 및 신경계 발달에 관한 내용으로 옳지 않은 것은?

① 변연계 중 편도체는 정서와 감정을 관장한다.
② 투쟁 – 도피 반응은 교감신경계 활성화와 관계있다.
③ 시각피질의 시냅스 생성은 출생 후 1년까지 활발하게 진행된다.
④ 베르니케 영역은 언어 산출을, 브로카 영역은 언어 이해를 담당한다.
⑤ 출생 이후 전전두엽 피질의 활성화로 인지적 통제기능이 점차 향상된다.

012 다음 행동이 처음 나타나는 피아제(J. Piaget)의 감각운동기 하위단계의 특성으로 옳지 않은 것은?

> 혜수가 곰인형을 잡으려고 손을 뻗자 엄마가 손으로 인형을 가렸다. 혜수는 인형 앞을 가로막은 엄마 손을 치우고 인형을 잡았다.

① 지연모방이 불가능하다.
② 두 가지 도식을 협응한다.
③ A – not – B 오류가 나타난다.
④ 대상영속성 개념이 형성되고 있다.
⑤ 새로운 가능성 탐색을 위한 시행착오적 시도가 나타난다.

013 DSM-5의 지적장애 진단기준에 관한 내용으로 옳지 않은 것은?

① 현재의 심각도를 명시한다.
② 장애는 발달 시기 동안에 시작된다.
③ 개념, 사회, 실행 영역에서 결함이 나타난다.
④ 지적 기능의 결함만으로도 진단내릴 수 있다.
⑤ 임상 평가와 표준화된 지능 검사로 확인된 지적 기능의 결함이 있다.

014 브론펜브레너(U. Bronfenbrenner)의 이론에 관한 설명으로 옳은 것을 모두 고른 것은?

> ㄱ. 중간체계에는 부모의 직장 환경이 포함된다.
> ㄴ. 외체계는 아동이 직접 경험하지는 않지만 발달에 영향을 미치는 맥락이다.
> ㄷ. 거시체계에는 문화적 환경이 포함된다.
> ㄹ. 시간체계에는 개인이 겪는 생물학적, 인지적, 심리적 변화가 포함된다.

① ㄱ, ㄴ　　② ㄷ, ㄹ　　③ ㄱ, ㄷ, ㄹ
④ ㄴ, ㄷ, ㄹ　　⑤ ㄱ, ㄴ, ㄷ, ㄹ

015 콜버그(L. Kohlberg)의 '헤인즈 딜레마'에 대하여 다음과 같은 대답이 나왔을 때, 이에 해당하는 콜버그의 도덕성 발달 단계는?

> 약을 훔치지 않아야 한다는 법률이 인간의 생명을 구하는 것보다 더 중요하다고 할 수 없다. 인간의 권리나 존엄을 위협하는 법이라면 부당하기 때문에 수정되어야 한다.

① 2단계　　② 3단계　　③ 4단계
④ 5단계　　⑤ 6단계

016 다음의 (    )에 들어갈 피아제(J. Piaget) 이론의 개념은?

> (  ㄱ  )은/는 동화(assimilation)와 조절(accommodation)의 상보적 활동에 의해 이루어지며, 이 활동이 균형을 이룬 상태를 (  ㄴ  )(이)라고 한다.

① ㄱ: 적응(adaptation), ㄴ: 평형(equilibrium)
② ㄱ: 적응(adaptation), ㄴ: 조직화(organization)
③ ㄱ: 평형(equilibrium), ㄴ: 적응(adaptation)
④ ㄱ: 평형(equilibrium), ㄴ: 조직화(organization)
⑤ ㄱ: 조직화(organization), ㄴ: 평형(equilibrium)

017 혼(J. Horn)과 카텔(R. Cattell)이 주장한 유동성 지능(fluid intelligence)에 관한 설명으로 옳지 않은 것은?

① 새로운 문제를 다루는 능력이다.
② 공간지각 및 추론 능력과 관련된다.
③ 성인 중기 전후에 퇴보하기 시작한다.
④ 유전적 요인에 의해 결정되는 지능이다.
⑤ 어휘력 및 사회적 상황에 대한 반응으로 측정한다.

018 퀴블러-로스(E. Kübler-Ross)가 제시한 죽음을 받아들이는 과정 중 다음과 같은 반응을 하는 단계는?

> ○ '왜 하필 나인가?'
> ○ '왜 나만 죽어야 하는가?'

① 부정   ② 분노   ③ 타협
④ 우울   ⑤ 수용

**019** 21번 염색체의 이상으로 나타나는 증후군은?

① 다운 증후군　② 터너 증후군　③ XYY 증후군
④ X결함 증후군　⑤ 클라인펠터 증후군

**020** DSM-5의 주요 및 경도 신경인지장애의 병인에 해당하는 것을 모두 고른 것은?

> ㄱ. 파킨슨병　　　ㄴ. 혈관 질환
> ㄷ. HIV 감염　　　ㄹ. 알츠하이머병
> ㅁ. 외상성 뇌손상

① ㄱ, ㄴ, ㄹ　② ㄱ, ㄷ, ㅁ　③ ㄴ, ㄷ, ㄹ
④ ㄱ, ㄴ, ㄹ, ㅁ　⑤ ㄱ, ㄴ, ㄷ, ㄹ, ㅁ

**021** 횡단 설계법에 관한 내용으로 옳은 것을 모두 고른 것은?

> ㄱ. 개인의 발달 안정성과 변화를 관찰할 수 있다.
> ㄴ. 종단 설계법보다 시간과 비용이 더 많이 요구된다.
> ㄷ. 동시대 집단효과(cohort effect)가 나타날 수 있다.
> ㄹ. 서로 다른 연령집단을 동시에 표집하여 연령별 차이를 살펴볼 수 있다.

① ㄱ, ㄴ　② ㄱ, ㄷ　③ ㄴ, ㄹ
④ ㄷ, ㄹ　⑤ ㄱ, ㄷ, ㄹ

**022** 에릭슨(E. Erikson) 이론의 발달 과업과 샤이(K. Schaie) 이론의 발달 단계가 동일한 시기로 옳게 연결된 것은?

① 생산성 획득 – 책임 단계
② 자율성 획득 – 실행 단계
③ 근면성 획득 – 성취 단계
④ 자아통합 획득 – 획득 단계
⑤ 정체감 획득 – 재통합 단계

**023** 배아기(embryonic period)에 관한 내용으로 옳지 않은 것은?

① 태반, 탯줄, 양수가 발달한다.
② 외배엽으로부터 신경관이 형성된다.
③ 심장이 형성되어 박동하기 시작한다.
④ 임신 2주부터 8주까지의 기간에 해당한다.
⑤ 빨기, 삼키기 등의 반사 반응이 나타난다.

**024** 발달에 관한 설명으로 옳지 않은 것은?

① 성숙은 주로 학습과 환경의 영향을 받는다.
② 역사적 혹은 문화적 맥락은 발달에 영향을 미친다.
③ 규준적(normative) 발달이란 전형적이고 평균적인 발달을 말한다.
④ 가소성(plasticity)이란 경험에 반응하여 변화하는 능력을 의미한다.
⑤ 발달은 생명의 시작에서 죽음에 이르기까지의 전 생애 동안 이루어지는 모든 과정이다.

**025** 다음에서 설명하고 있는 노화이론은?

○ 사회적인 활동을 철회하는 것
○ 일에 대한 스트레스와 책임이 줄어드는 것
○ 신체 및 인지적 쇠퇴에 적응하며 내면에 더 집중하는 것

① 활동 이론(activity theory)
② 유리 이론(disengagement theory)
③ 손상 이론(wear-and-tear theory)
④ 사회정서적 선택 이론(socioemotional selectivity theory)
⑤ 보상을 수반한 선택적 최적화 이론(selective optimization with compensation theory)

# 1교시 제2과목(필수): 집단상담의 기초

**026** 집단상담 초기 단계에서 집단규범 형성을 위한 상담자의 역할로 옳지 않은 것은?

① 자기개방을 격려하기
② 비생산적인 행동에 대해 개입하기
③ 솔직하고 자연스러운 언행을 촉진하기
④ 집단원의 행동에 즉각적으로 논평하기
⑤ 지금-여기에서 집단원의 느낌을 표현하도록 격려하기

**027** 집단상담 제안서를 검토할 때 고려해야 할 내용으로 옳지 않은 것은?

① 집단의 필요성에 관한 합당한 근거를 제시하고 있는가?
② 집단에서 달성하고자 하는 목표는 무엇인가?
③ 집단 모임시간, 횟수, 전체 시간이 제시되어 있는가?
④ 목표 달성을 평가할 수 있는 전략이 있는가?
⑤ 집단의 명시적 및 암묵적 규범이 구체적으로 제시되어 있는가?

**028** 집단상담 구조화에 관한 설명으로 옳지 않은 것은?

① 이론적 배경에 따라 구조화의 정도와 종류가 다르다.
② 단기로 진행하는 심리교육집단은 대부분 비구조화 집단으로 운영한다.
③ 초기 단계의 구조화는 집단원의 집단참여에 대한 불안을 어느 정도 줄여준다.
④ 구조화 집단에서 갈등이 발생할 경우 구조화 활동을 잠시 미루고 갈등을 다루는 것이 바람직하다.
⑤ 지나친 구조화는 집단의 발달을 방해한다.

**029** 아동·청소년 집단상담에서 사용하는 전략으로 옳지 않은 것은?

① 부모나 특정 기관에 맞서서 전적으로 아동이나 청소년의 편을 들어야 한다.
② 집단 종결 전에 집단원에게 어느 정도의 기간을 두고 종결 시점을 상기시켜 준다.
③ 매 회기를 철저히 준비하되 주어진 회기마다 구성과 주제를 조절할 수 있는 융통성이 있어야 한다.
④ 아동·청소년과 관련된 법률을 숙지하고 있어야 한다.
⑤ 아동과 청소년이 집단에서 얻을 수 있는 이점을 학교 담당자, 교사, 부모에게 명확히 설명해야 한다.

**030** 교류분석 집단상담에서 라켓(Racket)에 관한 설명으로 옳은 것은?

① 어린 시절에 격려받고 학습되어진 친숙한 정서로써 다양한 상황에서 경험된다.
② 심리적 게임 후에는 사라지는 감정이다.
③ 성인이 라켓을 사용하면 문제해결에 도움을 받을 수 있다.
④ 아이의 부모가 허용했던 감정을 다른 감정으로 대체한 것이다.
⑤ 사람들에게 어디로 가고 그 곳에서 무엇을 할 것인지를 말해주는 청사진이다.

**031** 코리(G. Corey)의 집단상담 작업단계에 있는 집단원의 전형적인 특징을 모두 고른 것은?

> ㄱ. 다소 거부감을 일으킬 수 있는 일이라도 주저 없이 노출한다.
> ㄴ. 집단원 간의 갈등이 있음을 인정하고 해결해 나간다.
> ㄷ. 내재된 적대감과 불신이 있으나 표현하지 않는다.
> ㄹ. 피드백을 주어도 방어적인 태도를 취한다.

① ㄱ   ② ㄱ, ㄴ   ③ ㄴ, ㄷ
④ ㄱ, ㄴ, ㄷ   ⑤ ㄴ, ㄷ, ㄹ

032 집단상담에서 얄롬(I. Yalom)의 '지금-여기'를 활성화 하는 상담자 개입으로 옳은 것은?

> 집단원: 엄마는 내 말을 아예 들으려고도 하지 않아요. 내가 무슨 말을 하던 간에 아예 관심도 안 보이고, 돌아서서 청소기를 가져와 바쁘게 청소를 해요. 그럴 때마다 나는 화가 나서 엄마를 밀치고 집을 나가 버려요.
> 상담자: _____

① 자신을 무시하는 엄마에게 몹시 화가 났었군요.
② 엄마가 왜 그런 식으로 관심을 보이지 않았을까요?
③ 이번 일 말고 과거에도 엄마가 화를 낸 적이 있는지 이야기해볼래요?
④ 만약 본인이 이 집단 안에서 그런 식으로 화를 낸다면 어떤 사람에게 화를 낼 수 있나요?
⑤ 혹시 학교에서나 친구들에게도 그런 식으로 화를 낸 적이 있나요? 그런 경험을 나누어 주면 어떨까요?

033 얄롬(I. Yalom)의 치료적 요인에 해당하는 것을 모두 고른 것은?

> ㄱ. 이타주의   ㄴ. 대인관계-투입   ㄷ. 자기이해
> ㄹ. 정화      ㅁ. 현실검증

① ㄱ, ㄴ
② ㄴ, ㄷ, ㄹ
③ ㄷ, ㄹ, ㅁ
④ ㄱ, ㄴ, ㄷ, ㄹ
⑤ ㄱ, ㄴ, ㄷ, ㄹ, ㅁ

034 청소년 집단상담에서 상담자가 사용한 기법은?

> 상담자: 부모님에 대해 무척 좋은 분이라고 말하고 있으면서 부모님에 대한 자신의 생각을 이야기할 때 다소 목소리가 커지고 흥분되어 보이네요.

① 노출하기
② 직면하기
③ 공감하기
④ 요약하기
⑤ 재진술하기

035 얄롬(I. Yalom)의 치료적 요인 중 응집성에 관한 설명으로 옳은 것을 모두 고른 것은?

ㄱ. 나 자신도 다른 사람들처럼 잘 지내고 있다는 것을 알게 된다.
ㄴ. 자신의 수치스러운 면이 드러나더라도 여전히 집단에 수용된다.
ㄷ. 더 이상 혼자라는 느낌이 들지 않는다.
ㄹ. 다른 사람들과 친밀한 접촉을 지속한다.

① ㄱ, ㄴ
② ㄷ, ㄹ
③ ㄱ, ㄴ, ㄷ
④ ㄴ, ㄷ, ㄹ
⑤ ㄱ, ㄴ, ㄷ, ㄹ

036 실존주의 집단상담의 목적으로 옳지 않은 것은?
① 집단원 자신을 신뢰하기
② 집단원 자신과 주변 세계에 대한 조망 확대하기
③ 현재와 미래의 삶에 부여할 의미 명료화하기
④ 과거, 현재, 미래의 위기에 대해 성공적으로 협상하기
⑤ 미지의 영역 탐색에 대한 한계 규정하기

037 아들러(A. Adler) 집단상담에서 초기기억 회상의 목적으로 옳은 것은?
① 초기 유아기의 트라우마 분석
② 자기, 타인, 세상, 윤리적 입장에 대한 개인의 확신 탐색
③ 유아 시절 대상관계 역동의 분석
④ 삶의 각본과 심리적 자세의 탐색
⑤ 현상학적 자기와 실제 자기 간의 일치점 발견

038 집단상담 및 치료의 잠재적인 위험을 모두 고른 것은?

> ㄱ. 집단상담자의 과도한 힘의 사용
> ㄴ. 집단원의 사적인 삶의 무분별한 공유
> ㄷ. 희생양 만들기
> ㄹ. 집단원의 한계를 넘어서는 직면

① ㄱ  ② ㄱ, ㄴ  ③ ㄴ, ㄷ
④ ㄴ, ㄷ, ㄹ  ⑤ ㄱ, ㄴ, ㄷ, ㄹ

039 청소년 집단에서 비생산적인 집단에 개입할 상황으로 옳은 것을 모두 고른 것은?

> ㄱ. 각자가 다른 사람을 대변하는 경우
> ㄴ. 집단 밖의 사람에 관해서만 이야기하는 경우
> ㄷ. 집단원이 '난 항상 그랬었다'로 넘겨버릴 경우
> ㄹ. 한 집단원이 장황하게 설명하여 다른 집단원들이 지루해 할 경우

① ㄱ, ㄴ  ② ㄷ, ㄹ  ③ ㄱ, ㄴ, ㄷ
④ ㄴ, ㄷ, ㄹ  ⑤ ㄱ, ㄴ, ㄷ, ㄹ

040 청소년 집단상담자의 개입 기술로 옳은 것은?

> 지금 수진이가 친구관계에서의 어려움을 얘기했는데, 이 얘기는 영희가 지난주에 이야기한 것과 유사한 부분이 있는 것 같네요. 영희는 지금 수진이의 이야기를 들으니 마음이 어때요?

① 요약  ② 반영  ③ 해석
④ 재진술  ⑤ 연결하기

**041** 비자발적인 청소년 집단상담에 관한 설명으로 옳지 않은 것은?

① 비밀유지의 한계에 대해 명확하게 알려준다.
② 집단원으로서의 책임과 권리를 인식할 수 있도록 한다.
③ 감당할 수 있을 만큼의 자기개방을 하도록 안내한다.
④ 참여하기 싫은 마음을 집단에서 개방적으로 논의하는 것은 바람직하지 않다.
⑤ 집단을 완료하지 못할 경우 어떤 결과가 초래되는지 안내한다.

**042** 집단상담의 치료적 요인과 집단원의 경험을 옳게 연결한 것은?

① 실존적 요인: "내 삶의 의미는 내가 찾아야 해. 내 삶에 책임을 지는 사람은 결국 나 자신이야."
② 감정 정화: "이 집단을 통해 나의 문제를 해결하고 나 자신도 변화할 수 있을 거야."
③ 이타주의: "저 사람의 행동과 태도를 잘 관찰하고 배워서 따라해야겠다."
④ 자기노출: "내가 다른 사람에게 도움이 된 것 같아."
⑤ 동일시: "나만 외롭다고 생각했는데 아니구나."

**043** 집단상담에서 피드백(feedback)에 관한 설명으로 옳지 않은 것은?

① 긍정적인 피드백이 부정적인 피드백보다 더 잘 받아들여진다.
② 부정적인 피드백은 긍정적인 피드백 이후에 줄 때 더 쉽게 받아들여진다.
③ 집단 초기 단계에서 상담자가 피드백 시범을 보이는 것은 집단원의 피드백 교환에 도움이 되지 않는다.
④ 집단에서의 행동과 관련된 '지금-여기' 피드백이 모호한 피드백보다 더 도움이 된다.
⑤ 집단 발달이 어느 정도 이루어지고 신뢰관계가 형성되었을 때 부정적인 피드백을 하는 것이 효과적이다.

044 집단상담 평가에 관한 설명으로 옳지 않은 것은?

① 상담자가 집단상담 전후에 심리검사를 실시하여 집단원 행동 변화를 평가할 때 평가의 주체는 상담자, 평가 대상은 집단원이 된다.
② 집단상담 실시 이전에 집단상담 수요 평가, 집단원 행동 기초선 평가를 실시할 수 있다.
③ 심리검사를 통해 수치화된 정보를 수집하고 통계적으로 분석하는 것을 양적 평가라 한다.
④ 집단상담 계획단계에서부터 집단상담 평가에 대한 방향을 설정하여야 한다.
⑤ 추수 평가는 집단상담 종결 회기에 실시한다.


045 다음 상담자의 질문기법을 활용하는 집단상담 이론에 관한 설명으로 옳은 것은?

> 집단원: 요즘 너무 우울해서 아무것도 할 수 없어요.
> 상담자: 혹시 우울하지 않거나 덜 우울한 날은 무엇이 다른가요?

① 어린 시절 가족환경, 특히 부모와의 관계를 바탕으로 인생각본이 형성된다.
② 인간은 기본욕구인 생존, 사랑과 소속감, 힘, 자유, 즐거움에 의해 행동한다.
③ 심리적 고통이나 문제는 당위주의에 바탕을 둔 비합리적 신념체계에서 비롯된다.
④ 집단원이 자기 삶의 전문가이므로 상담자는 알지 못함의 자세를 취해야 한다.
⑤ 인간은 전경과 배경의 원리에 따라 세상을 경험한다.


046 다음의 집단원 특성이 나타나는 집단상담 발달단계에서 상담자의 역할로 옳은 것은?

> ○ 방어와 주저하는 행동
> ○ 집단상담자에 대한 도전
> ○ 집단원 간의 갈등과 경쟁

① 집단을 통해 학습한 새로운 행동을 일상생활에서 실천하게 한다.
② 집단의 목적, 규칙, 과정에 관하여 안내한다.
③ 집단원의 저항을 자연스러운 반응으로 이해하고 존중한다.
④ 집단원의 개인별 목표 설정을 돕는다.
⑤ 집단원의 변화행동을 평가하고 지속적으로 수행하도록 격려한다.

**047** 다음을 주요 개념으로 하는 집단상담의 기법으로 옳지 않은 것은?

┌─────────────────────────────────────────────────────┐
│   ○ 내사        ○ 투사        ○ 반전        ○ 융합   │
└─────────────────────────────────────────────────────┘

① 외재화            ② 꿈작업            ③ 과장기법
④ 빈의자기법        ⑤ 환상기법


**048** 행동주의 집단상담에서 라자루스(A. Lazarus)의 BASIC-ID를 설명한 것으로 옳지 않은 것은?

① B: 행동과 습관, 반응은 어떠한가?
② S: 신체적 감각은 어떠한가?
③ C: 문화적 배경은 어떠한가?
④ I: 다른 사람과의 관계는 어떠한가?
⑤ D: 약물, 물질 복용, 건강문제는 어떠한가?


**049** 집단상담 종결 회기에서 상담자 개입으로 옳은 것을 모두 고른 것은?

┌─────────────────────────────────────────────────────────────┐
│ ㄱ. 혹시 이 집단 참여에 대한 어떤 두려움이나 의심이 있나요?   │
│ ㄴ. 이 집단에서 자신에 관해 알게 된 것들 중 가장 중요한 것은   │
│     무엇인가요?                                              │
│ ㄷ. 집단에 참여함으로써 삶에서 가장 중요한 사람들에 대한      │
│     태도에 변화가 있었다면 어떤 것인가요?                     │
│ ㄹ. 자신의 가장 어려운 고민거리를 지금 여기서 공개한다면 어떤 │
│     일이 일어날 것이라고 생각하나요?                          │
└─────────────────────────────────────────────────────────────┘

① ㄱ, ㄴ            ② ㄱ, ㄹ            ③ ㄴ, ㄷ
④ ㄴ, ㄷ, ㄹ        ⑤ ㄱ, ㄴ, ㄷ, ㄹ


**050** 집단상담에서 공동지도자의 행동으로 옳은 것은?

① 집단회기 전후에 공동지도자와 집단에 대한 계획과 소감, 서로의 협력에 대해 논의한다.
② 공동지도자와 의사소통하지 않고 회기계획과 목표를 세운다.
③ 공동지도자보다 자신이 더 좋은 사람으로 보이도록 노력한다.
④ 공동지도자와 함께 촉진하는 대신에 돌아가며 한 회기씩 집단을 이끈다.
⑤ 공동지도자와 옆자리에 앉아서 지속적으로 눈 맞춤과 사인을 주고받는다.

## 1교시 제3과목(필수): 심리측정 및 평가

**051** 심리검사에 관한 설명으로 옳지 않은 것은?

① 한계보다 장점이 많으므로 모든 결과를 신뢰할 수 있다.
② 심리적 특성에 대한 개인 간 차이 또는 개인 내 차이를 확인하는 방법이다.
③ 개인의 대표적인 행동표본을 심리학적 방법으로 측정한다.
④ 심리적 구성개념을 측정하는 도구이다.
⑤ 올바른 활용을 위해 기능과 용도를 정확하게 알아야 한다.

**052** 다음에서 설명하는 유형의 척도는?

○ 측정 변인의 연속선상에서 문항이 놓이는 위치가 그 문항의 척도값이 됨
○ 수검자의 최종점수는 자신이 선택한 문항 척도값들의 중앙치가 됨
○ 척도값은 주어진 문항에 대해 일치한다고 반응한 수검자에게 주어지는 점수임

① 리커트 척도　　② 써스톤 척도　　③ 가트만 척도
④ 의미변별척도　　⑤ 형용사 검목표

**053** 심리검사의 개발에 관한 설명으로 옳은 것은?

① 소음, 조명과 같은 물리적 환경은 수검자에게 영향을 미치지 않는다고 가정한다.
② 개발된 규준표는 개정하지 않아도 된다.
③ 표집에서 얻은 자료를 토대로 규준표를 작성하게 된다.
④ 문항분석을 하여 문제가 있는 문항이라도 제거하지 않는다.
⑤ 개발자는 검사 실시 과정에서 발생할 수 있는 문제들을 고려하지 않아도 된다.

**054** 심리검사의 규준과 해석에 관한 설명으로 옳은 것을 모두 고른 것은?

> ㄱ. 백분위는 수검자의 상대적 위치를 알려준다.
> ㄴ. 집중경향치는 한 집단의 점수 분포를 나타내는 대표치에 해당한다.
> ㄷ. 표준점수는 평균으로부터 떨어진 거리와 방향을 동시에 나타낼 수 있다.
> ㄹ. 빈도분포나 그래프는 집단에서 개인의 위치를 확인하는 데 유용하다.

① ㄱ, ㄴ  ② ㄷ, ㄹ  ③ ㄱ, ㄴ, ㄷ
④ ㄴ, ㄷ, ㄹ  ⑤ ㄱ, ㄴ, ㄷ, ㄹ

**055** 척도에 관한 설명으로 옳은 것은?

① 명명척도는 대상을 공통속성에 근거하여 둘 이상의 범주로 유목화하는 것이다.
② 비율척도는 절대영점이 존재하지 않는다.
③ 서열척도는 대상을 절대 영점을 가진 동일-단위의 척도로 평정하는 것이다.
④ 성별은 서열척도이다.
⑤ 운동선수의 등번호는 비율척도이다.

**056** 융(C. Jung)의 유형론을 근거로 제작된 심리검사로 옳은 것은?

① NEO-PI  ② MMPI  ③ MBTI
④ PAI  ⑤ CPI

**057** 신뢰도에 관한 설명으로 옳지 않은 것은?

① 검사-재검사 신뢰도에서 시간 간격은 오차의 원인이 된다.
② 신뢰도는 측정점수의 일관성을 의미한다.
③ 평정자 간 신뢰도를 산출하려면 두 명 이상의 평가자가 필요하다.
④ 관찰자 간 일치도를 문항 간 신뢰도라 한다.
⑤ 검사-재검사 신뢰도를 안정성계수라고도 한다.

**058** 신뢰도에 영향을 주는 요인으로 옳은 것을 모두 고른 것은?

> ㄱ. 무선적인 오차  ㄴ. 검사집단의 동질성
> ㄷ. 검사점수의 변산도  ㄹ. 검사문항의 수

① ㄱ, ㄹ  ② ㄴ, ㄷ  ③ ㄱ, ㄴ, ㄷ
④ ㄴ, ㄷ, ㄹ  ⑤ ㄱ, ㄴ, ㄷ, ㄹ


**059** 타당도에 관한 설명으로 옳은 것은?

① 문항들이 측정하고자 하는 영역을 얼마나 대표하는지를 말한다.
② 구인타당도는 요인분석을 통해 검증할 수 없다.
③ 안면타당도는 다른 점수와의 관계를 분석하여 추정한다.
④ 예언타당도는 준거타당도에 속하지 않는다.
⑤ 수검자의 반응경향이나 허위반응은 타당도에 영향을 주지 않는다.


**060** 심리검사 실시에서 라포 형성에 관한 설명으로 옳지 않은 것은?

① 감정적 유대, 작업동맹이라고도 한다.
② 상호 간에 감정적으로 친밀하게 느끼는 인간관계를 의미한다.
③ 수검자가 협력적인 태도를 갖도록 동기를 유발하는 우호적 분위기를 의미한다.
④ 수검자에게 전문적인 용어를 사용할 때 형성된다.
⑤ 아동을 대상으로 개인검사를 실시할 때 필수적이다.


**061** 심리검사자의 윤리에 관한 설명으로 옳지 않은 것은?

① 심리검사를 정확하게 실시하고 해석하기 위한 훈련이 필요하다.
② 수검자의 권리를 보호해야 한다.
③ 검사결과가 한 개인을 낙인찍지 않도록 주의를 기울여야 한다.
④ 하나의 심리검사 결과만으로 개인을 판단해서는 안 된다.
⑤ 수검자에게 검사 결과만을 알려주어야 한다.

**062** 심리검사에 관한 설명으로 옳지 않은 것은?

① 성격검사는 객관적 검사와 투사적 검사로 구분할 수 있다.
② 대표적인 투사적 검사로 로샤검사와 주제통각검사가 있다.
③ 검사자의 숙련도는 검사결과에 영향을 준다.
④ 인원수에 따라 개별검사와 집단검사로 구분할 수 있다.
⑤ 객관적 검사는 투사적 검사에 비해 독특한 개인의 반응을 이끌어 낼 수 있다.

**063** 가드너(H. Gardner)의 다중지능에 해당하는 내용을 모두 고른 것은?

> ㄱ. 언어지능(linguistic intelligence)
> ㄴ. 기초적 정신능력(primary mental abilities)
> ㄷ. 개인 내 지능(intrapersonal intelligence)
> ㄹ. 논리-수학지능(logical-mathematical intelligence)
> ㅁ. 결정성지능(crystallized intelligence)

① ㄱ, ㄴ
② ㄱ, ㄷ, ㄹ
③ ㄴ, ㄷ, ㄹ
④ ㄷ, ㄹ, ㅁ
⑤ ㄴ, ㄷ, ㄹ, ㅁ

**064** 지능의 개념과 측정에 관한 설명으로 옳지 않은 것은?

① 연령규준을 설정할 때 성인보다 아동의 경우 연(월) 간격을 좁게 한다.
② 스피어만(C. Spearman)은 지능이 일반요인과 특수요인으로 구성되어 있다고 주장하였다.
③ 써스톤(L. Thurstone)은 지능에 대해 7가지의 기초정신능력을 제시하였다.
④ 웩슬러지능검사는 축적된 지능을 측정할 수 있는 집단용 지능검사이다.
⑤ 길포드(H. Guilford)는 지능의 3차원 구조모델을 제시하였다.

**065** K-WISC-IV의 지각추론지표(PRI)에 해당하는 소검사로 옳은 것은?

① 숫자　　② 지우기　　③ 공통성
④ 토막짜기　　⑤ 기호쓰기

**066** K-WISC-IV의 실시와 채점에 관한 설명으로 옳지 않은 것은?

① 핵심소검사 시행이 어려운 경우에 적절한 보충소검사로 대체할 수 있다.
② 소검사 대체는 각 지표점수 내에서 단 한 번씩만 허용된다.
③ 토막짜기 소검사는 연속하여 5문항이 0점일 때 중지한다.
④ 시간을 초과하여 정답을 맞힌 경우에는 정답으로 채점하지 않는다.
⑤ 추가질문을 사용했을 때 기록용지에 P로 표기한다.

**067** MMPI-2 척도에 관한 설명으로 옳지 않은 것은?

① ES척도는 자아강도를 나타내는 보충척도이다.
② F척도는 이상반응 경향성을 탐지하기 위한 척도이다.
③ L척도의 상승은 자신을 완벽하고 이상적으로 가장하려는 경향성을 나타낸다.
④ D는 우울 증상을 측정하는 임상척도이다.
⑤ PSYC는 정신증을 나타내는 타당도척도이다.

**068** MMPI-2에서 반사회적 행동을 나타내는 재구성 임상척도로 옳은 것은?

① RCd　　② RC1　　③ RC2
④ RC3　　⑤ RC4

**069** MMPI-A 내용척도에서 높은 점수를 보인 청소년에 관한 설명으로 옳은 것은?

① A-dep: 이치에 맞지 않는 걱정과 사소한 일을 걱정한다.
② A-biz: 매우 이상한 사고와 경험을 보고한다.
③ A-cyn: 다른 사람들과 커다란 정서적 거리감을 느낀다.
④ A-con: 수줍음이 많고 혼자 있는 것을 선호한다.
⑤ A-fam: 절도, 거짓말, 기물파손, 반항적 행동 등을 보인다.

**070** 개인이 정보를 인식하는 방식의 경향성을 반영하는 MBTI 선호지표로 옳은 것은?

① 감각형-직관형(SN)  ② 외향성-내향성(EI)  ③ 사고형-감정형(TF)
④ 판단형-인식형(JP)  ⑤ 능동형-수동형(AP)

**071** 홀랜드(J. Holland)의 직업적 성격에서 사회적(Social)유형이 선호하는 직업에 해당하지 않는 것은?

① 사회복지사  ② 교육자  ③ 엔지니어
④ 간호사  ⑤ 언어재활사

**072** PAI의 치료척도를 모두 고른 것은?

ㄱ. 공격성 척도(AGG)   ㄴ. 우울 척도(DEP)
ㄷ. 자살 관련 척도(SUI)  ㄹ. 약물문제 척도(DRG)
ㅁ. 비지지 척도(NON)

① ㄱ, ㄴ, ㄷ   ② ㄱ, ㄷ, ㅁ   ③ ㄴ, ㄷ, ㄹ
④ ㄴ, ㄹ, ㅁ   ⑤ ㄷ, ㄹ, ㅁ

**073** 객관적 검사와 비교하여 투사적 검사에 관한 설명으로 옳지 않은 것은?

① 채점 및 해석이 어렵다.
② 검사자극이 불분명하고 모호하다.
③ 개인의 반응이 다양하게 표현된다.
④ 검사자 변인이나 검사 상황변인의 영향을 덜 받는다.
⑤ 수검자의 자기 방어가 어렵다.

**074** 문장완성검사(SCT)에 관한 설명으로 옳은 것은?

① 자유연상을 이용한 투사검사이다.
② 개인용 검사로만 사용된다.
③ 수검자의 검사 시작 시간과 끝낸 시간은 기록하지 않는다.
④ 정답과 오답이 있다.
⑤ 검사 후 검사자가 질문을 하면 안 된다.

**075** 주제통각검사(TAT)에 관한 설명으로 옳지 않은 것은?

① 대인관계의 역동적 측면을 파악하는 데 유용하다.
② 주제는 개인의 내적 욕구와 환경적 압력의 결합을 의미한다.
③ 백지카드를 포함한 흑백과 컬러의 그림카드로 이루어져 있다.
④ 개인의 욕구가 이야기 속의 동일시한 인물을 통해 투사된다.
⑤ 수검자가 비구성적인 장면을 완성하면서 자신의 성격을 드러낸다.

## 1교시 제4과목(필수): 상담이론

**076** 접수면접 시 상담자의 역할로 옳지 않은 것은?

① 내담자 기본 정보 수집
② 호소문제 확인
③ 작업동맹 확립
④ 현재의 기능수준 파악
⑤ 스트레스 정도 및 위험요인 평가

**077** 상담기록에 관한 설명으로 옳지 않은 것은?

① 상담회기보고서는 상담의 진행과정을 기록한 문서이다.
② 축어록은 상담자와 내담자가 상담과정에서 나눈 대화를 녹음한 원자료이다.
③ 상담기록부 파일은 상담관리를 위한 것으로 내담자의 이름과 일련번호가 기록된다.
④ 상담종결보고서에는 상담 시작에서 종결까지 진행되어 온 상담과정의 요약과 상담 성과의 평가가 포함된다.
⑤ 상담 신청 시 작성하는 상담신청서에는 내담자에 관한 최소한의 정보가 수록된다.

**078** 다음 설명에 해당하는 키치너(K. Kitchener)의 윤리적 의사결정 원칙으로 옳은 것은?

ㄱ. 상담자로서 무능하거나 부정직하면 내담자의 성장 또는 복지에 도움을 줄 수 없다는 사실을 인식한다.
ㄴ. 내담자와의 계약을 위반하거나 신뢰를 저버리는 행위를 하지 않는다.

① ㄱ: 무해성(nonmaleficence), ㄴ: 공정성(justice)
② ㄱ: 선의(beneficence), ㄴ: 충실성(fidelity)
③ ㄱ: 무해성(nonmaleficence), ㄴ: 충실성(fidelity)
④ ㄱ: 선의(beneficence), ㄴ: 공정성(justice)
⑤ ㄱ: 자율성(autonomy), ㄴ: 선의(beneficence)

079 상담윤리에 합당한 청소년상담자의 행동은?

① 상담을 중단하고 싶어 하는 내담자를 설득하여 정해진 상담 횟수를 채우고 종결하였다.
② 교육을 받지 않은 심리검사를 시험 삼아 친구들에게 실시하고 해석하였다.
③ 내담자의 신상이 드러나지 않도록 조치를 취하여 수퍼비전을 받은 후 내담자에게 동의를 구했다.
④ 조현병의 전조 증상을 보이는 내담자를 상담하는 데 어려움을 느껴 다른 전문가에게 의뢰하였다.
⑤ 사이버상담의 특성상 내담자의 전자 전송 자료에 여러 사람의 접근이 가능하다는 사실을 내담자에게 고지하지 않았다.

080 내담자 A가 경험한 상담의 치료적 요인으로 옳은 것은?

> 만성적인 두통에 시달리는 A는 상담을 받으면서 어릴 때부터 자주 싸우는 부모님 사이에서 긴장하고 짜증 한번 내지 못했던 자신의 어린 시절이 떠올랐다. 긴장하며 살고 있는 현재의 모습이 어린 시절의 경험과 연결되어 있음을 이해하면서 마음이 편해지고 두통이 줄어드는 경험을 하였다.

① 통찰
② 둔감화
③ 일치 경험
④ 관점 변화
⑤ 보편성

**081** 방어기제와 예시의 연결이 옳은 것을 모두 고른 것은?

> ㄱ. 합리화(rationalization): 반려동물의 죽음이 너무 슬픈데 친구에게 마치 인터넷 뉴스에 난 기사를 전하듯 무감각하게 말한다.
> ㄴ. 치환(substitution): 외출 후 세균에 감염된 것 같은 불안감을 떨쳐내기 위해 여러 번 손을 씻는다.
> ㄷ. 반동형성(reaction formation): 싫어하는 친구에게 선물을 사주고 호감을 표현한다.
> ㄹ. 분열(splitting): 아빠는 완전 악마이고, 엄마는 100% 좋은 사람이라고 생각한다.

① ㄱ, ㄴ　　② ㄱ, ㄷ　　③ ㄴ, ㄷ
④ ㄷ, ㄹ　　⑤ ㄴ, ㄷ, ㄹ

**082** 정신분석에 관한 설명으로 옳은 것을 모두 고른 것은?

> ㄱ. 현실적 불안과 신경증적 불안의 원인은 외부에 존재한다.
> ㄴ. 자아는 현실원리에 따라 원초아와 초자아를 중재한다.
> ㄷ. 정신분석의 목표는 무의식의 의식화를 통한 성격재구성이다.
> ㄹ. 전이는 치료의 진척을 막고 무의식적 내용의 의식화를 방해하는 모든 시도를 의미한다.

① ㄱ, ㄴ　　② ㄴ, ㄷ　　③ ㄷ, ㄹ
④ ㄱ, ㄴ, ㄷ　　⑤ ㄱ, ㄴ, ㄷ, ㄹ

**083** 다음 설명에 해당하는 상담접근으로 옳은 것은?

> ㄱ. 경계선 성격장애로 진단 받은 만성적 자살 위험이 있는 내담자를 치료하기 위해 마샤 리네한(M. Linehan)이 개발
> ㄴ. 인지적 탈융합과 마음챙김을 통해 심리적 건강과 삶의 질을 향상시킬 수 있다고 보는 이론으로 스티븐 헤이즈(S. Hayes)에 의해 발전

① ㄱ: 변증법적 행동치료, ㄴ: 수용전념치료
② ㄱ: 수용전념치료, ㄴ: 변증법적 행동치료
③ ㄱ: 변증법적 행동치료, ㄴ: 마음챙김기반 인지치료
④ ㄱ: 실존치료, ㄴ: 수용전념치료
⑤ ㄱ: 대상관계치료, ㄴ: 마음챙김기반 인지치료

**084** 내담자의 알아차림을 촉진하기 위한 게슈탈트 상담자의 개입으로 옳지 않은 것은?

① 과거에는 그 문제에 어떻게 대처했나요?
② 생각을 멈추고 지금 느끼는 감정에 집중해보세요.
③ 당신이 가장 원하는 것은 무엇인가요?
④ 당신의 손은 무엇을 말하려고 하나요?
⑤ 눈을 감고 그 사람의 얼굴을 떠올려 보세요.

085 상담의 통합적 접근에 관한 설명으로 옳은 것을 모두 고른 것은?

> ㄱ. 기술적 통합: 다양한 접근 중에서 효과가 입증된 기법을 통합하는 것으로 정서중심치료(EFT)가 해당된다.
> ㄴ. 이론적 통합: 다양한 접근의 최상의 개념을 종합하여 새로운 개념적 틀을 창조하는 것으로 변증법적 행동치료(DBT)가 해당된다.
> ㄷ. 동화적 통합: 특정 이론적 접근에 근거하여 다른 치료적 접근의 기법을 선택적으로 결합하는 방법으로 마음챙김기반 인지치료(MBCT)가 해당된다.
> ㄹ. 공통요인 접근: 다양한 이론으로부터 공통 요소를 찾아내어 상담에 적용하는 것으로 변화단계모델이 해당된다.

① ㄱ, ㄴ　　　　② ㄱ, ㄷ　　　　③ ㄴ, ㄷ
④ ㄴ, ㄹ　　　　⑤ ㄷ, ㄹ


086 합리적 정서행동상담(REBT)의 ABCDE 모델에 관한 설명으로 옳지 않은 것은?

① A: 촉발사건
② B: 촉발사건에 대한 신념
③ C: 비합리적 신념의 결과로 나타난 부정적 감정과 행동
④ D: 비합리적 신념에 대한 논박
⑤ E: 자기실현 경향성 회복


087 상담 구조화에 포함되어야 할 내용을 모두 고른 것은?

> ㄱ. 상담자와 내담자의 역할
> ㄴ. 상담의 특성, 조건, 절차
> ㄷ. 심리검사 해석
> ㄹ. 비밀보장에 대한 약속과 한계

① ㄱ　　　　　　② ㄱ, ㄷ　　　　③ ㄴ, ㄹ
④ ㄱ, ㄴ, ㄹ　　　⑤ ㄴ, ㄷ, ㄹ

**088** 인지치료에 관한 설명으로 옳지 않은 것은?

① 자가치료(self-treatment)의 철학을 강조한다.
② 인지도식은 과거경험을 일반화한 인지적 구조로 자신과 세상 등에 대한 신념으로 구성된다.
③ 핵심신념은 개인이 어떻게 생각하고 느끼고 행동하는지에 대한 기본이 된다.
④ 중간신념은 핵심신념으로부터 나온 태도, 규칙, 기대, 가정 등으로 구성된다.
⑤ 자동적 사고는 누구나 즉시 인식할 수 있다.

**089** 교류분석 상담자의 개입으로 옳은 것은?

① 어른 자아를 중심으로 어버이 자아, 어린이 자아가 균형 있게 기능하도록 돕는다.
② 계약 – 교류분석 – 구조분석 – 각본분석 – 게임분석 – 재결단 순으로 상담을 진행한다.
③ 교류분석을 통해 내담자가 교차교류를 할 수 있도록 격려한다.
④ 라켓을 통해서 느끼는 감정이 아닌 자신의 진정한 감정을 느끼고 표현할 수 있도록 한다.
⑤ 내담자가 게임을 지속할 수 있도록 긍정적 스트로크를 제공한다.

**090** 해결중심상담에 관한 설명으로 옳은 것은?

① '잘 알지 못함(not-knowing)'의 자세를 취하고 내담자를 전문가로 여긴다.
② 문제가 발생하는 상황을 구체적으로 탐색한다.
③ 문제의 해결에 초점을 맞추고 근본적인 변화를 강조한다.
④ 내담자의 취약한 점과 강점을 모두 고려한다.
⑤ 다양한 질문기법을 활용해 문제의 원인을 파악한다.

**091** 여성주의 상담에 관한 설명으로 옳지 않은 것은?

① 상담자와 내담자의 평등한 관계를 지향한다.
② 내담자의 문제를 유발한 사회·문화적 요인에 초점을 맞춘다.
③ 내담자가 힘을 회복하여 자신의 권리를 지킬 수 있도록 한다.
④ 남성과 여성의 성역할 및 행동의 차이는 사회화에 기인한 것으로 본다.
⑤ 남녀를 동질적 존재로 보는 알파편견은 남녀의 삶 사이에 존재하는 차이를 간과할 위험이 있다.

**092** 현실치료의 WDEP모델을 순서대로 나열한 것은?

> ㄱ. 당신이 하고 있는 행동은 원하는 것을 얻는 데 도움이 되나요?
> ㄴ. 당신이 진정으로 원하는 것은 무엇인가요?
> ㄷ. 원하는 것을 얻을 수 있는 보다 효과적인 방법은 무엇인가요?
> ㄹ. 원하는 것을 얻기 위해 무엇을 하고 있나요?

① ㄱ - ㄴ - ㄹ - ㄷ
② ㄴ - ㄹ - ㄱ - ㄷ
③ ㄴ - ㄹ - ㄷ - ㄱ
④ ㄷ - ㄱ - ㄴ - ㄹ
⑤ ㄹ - ㄴ - ㄱ - ㄷ

**093** 상담이론별 심리적 부적응의 원인으로 옳지 않은 것은?

① 게슈탈트 상담: 접촉 경계 장애
② 정신분석: 자아기능의 약화, 미숙한 방어기제
③ 개인심리학: 공동체 의식과 사회적 관심의 결여
④ 실존주의 상담: 심리기능의 불균형, 외상경험의 억압
⑤ 인간중심 상담: 가치의 조건화, 자기와 경험의 불일치

**094** 행동주의 상담기법에 관한 설명으로 옳지 않은 것은?

① 체계적 둔감법은 고전적 조건형성과 상호제지원리를 토대로 하였다.
② 교통법규를 위반했을 때 내는 과태료는 반응대가에 해당한다.
③ 타임아웃, 과잉교정, 홍수법은 처벌의 일종이다.
④ 내현적 모델링은 모델을 관찰할 수 없을 때, 내담자가 모델의 행동을 시각적으로 떠올려 보도록 하는 기법이다.
⑤ 다이어트를 위해 친구들과 만나는 약속을 자제하는 것은 자극통제에 해당한다.

095 다음 사례의 상담자 반응에 해당하는 인간중심상담의 기법은?

> ⟨상황⟩ 내담이가 상담 초기에는 시간을 잘 맞추어 오더니 5회기가 지나면서 계속 10분 정도 늦는다.
> 내담이: 죄송해요. 지난주에도 늦어서 오늘은 빨리 오려고 했는데 버스를 놓쳐서 늦었어요. 다음 주에는 늦지 않을게요.
> 상담자: 내담이가 자주 늦는 게 마음에 걸려요. 혹시 상담에 오기 싫은 건 아닌가 걱정이 되기도 해요.

① 반영
② 진솔성
③ 명료화
④ 공감적 이해
⑤ 무조건적 긍정적 존중

096 사례개념화의 구성요소에 포함되는 것을 모두 고른 것은?

> ㄱ. 문제의 발생과 배경
> ㄴ. 내담자의 자원 및 취약점
> ㄷ. 문제에 대한 종합적 이해
> ㄹ. 상담목표 및 계획

① ㄱ, ㄴ
② ㄱ, ㄷ
③ ㄴ, ㄹ
④ ㄱ, ㄷ, ㄹ
⑤ ㄱ, ㄴ, ㄷ, ㄹ

097 상담기법과 설명의 연결이 옳은 것은?

① 재진술: 내담자의 문제를 새로운 관점에서 조망할 수 있도록 설명해주는 것
② 직면: 내담자의 불일치하거나 모순된 부분을 자각하도록 해주는 것
③ 해석: 내담자가 말한 둘 이상의 언어적 표현을 요약하는 것
④ 정보제공: 내담자의 말에 담긴 주된 감정을 상담자의 말로 되돌려 주는 것
⑤ 반영: 내담자에게 필요한 특정 주제에 대한 객관적 자료나 사실을 전달하는 것

098 해결중심 상담의 질문기법과 예시의 연결이 옳은 것을 모두 고른 것은?

> ㄱ. 대처질문 – 이렇게 힘든 상황을 지금까지 어떻게 견뎌낼 수 있었어요?
> ㄴ. 기적질문 – 지금 했던 말을 아빠가 들으시면 뭐라고 하실까요?
> ㄷ. 척도질문 – 현재의 자신감이 2점이라면, 1점을 올리기 위해 무엇을 할 수 있을까요?
> ㄹ. 예외질문 – 최근에 동생과 싸우지 않은 때는 언제였나요?

① ㄱ, ㄴ
② ㄷ, ㄹ
③ ㄱ, ㄷ, ㄹ
④ ㄴ, ㄷ, ㄹ
⑤ ㄱ, ㄴ, ㄷ, ㄹ

099 상담 중기단계에 관한 설명으로 옳지 않은 것은?

① 자신의 문제에 대한 통찰을 얻는다.
② 사고의 경직성에서 벗어나 융통성을 갖게 된다.
③ 주호소 문제를 탐색한다.
④ 실제적인 변화를 결심한다.
⑤ 새로운 대안을 찾고 실천한다.

100 다음 사례의 내담자 B에 해당하는 개인심리학의 생활양식 유형은?

> 통제적이고 지배적인 가정에서 성장한 B는 에너지는 많지만 공격적이고 다른 사람에게 무관심하다.

① 저항형
② 비난형
③ 기생형
④ 회피형
⑤ 지배형

## 2교시 제1과목(필수): 학습이론

**01** 행동의 동기가 나머지와 다른 하나는?

① 부모님 몰래 만화책을 보는 것
② 시험기간에도 취미로 드럼 연습을 하는 것
③ 태블릿을 받기 위해 학습지를 열심히 푸는 것
④ 용돈을 모아 안나푸르나 등반을 계획하는 것
⑤ 공부하면서 틈틈이 소설을 쓰는 것

**02** 다음 사례에 적용된 이론(원리)은?

> 학생 C는 매일 30분씩 운동을 하기로 엄마와 약속하였다. 운동을 좋아하지 않는 C는 약속을 지키지 않았다. 엄마는 운동을 30분씩 하면 좋아하는 게임을 1시간씩 하도록 허락해주었다. 이후 C는 매일 30분씩 운동을 하게 되었다.

① 추동감소이론
② 반응박탈이론
③ 자극대체이론
④ 2과정 이론
⑤ 프리맥의 원리

**03** 조작적 조건형성의 사례로 옳은 것은?

① 장미 꽃가루에 알레르기가 있는 사람은 장미를 보기만 해도 재채기를 한다.
② 유명 연예인이 광고한 제품은 소비자의 호감을 유발한다.
③ 손톱을 깎고 시험을 본 날 성적이 좋았다면 시험을 볼 때마다 손톱을 깎는다.
④ 부정적인 단어와 특정 민족을 짝지어 제시하면 편견이 생길 수 있다.
⑤ 자라 보고 놀란 가슴 솥뚜껑 보고 놀란다.

**04** 다음 사례에 해당하는 강화계획은?

> 정류장에 도착하기 직전에 버스가 출발했다. 15분에 한 대씩 버스가 온다는 사실을 알고 있어서 처음 몇 분간은 버스가 오는지 신경을 쓰지 않다가 15분이 다 되어감에 따라 버스가 오는지를 자주 쳐다보게 된다.

① 연속강화계획  ② 고정간격강화계획  ③ 변동간격강화계획
④ 고정비율강화계획  ⑤ 변동비율강화계획

**05** 기억에 관한 설명으로 옳은 것을 모두 고른 것은?

> ㄱ. 수업에서 가장 중요한 개념을 먼저 소개하는 것은 초두효과 때문이다.
> ㄴ. 영어가 모국어인 학생이 라틴어를 배우면 라틴어가 영어 이해에 도움이 되는데 이를 역행촉진이라 한다.
> ㄷ. 일주일 전 먹었던 저녁메뉴를 기억하지 못하는 것은 순행간섭 때문이다.
> ㄹ. 친구가 이름을 개명했는데 예전 이름만 떠오르는 것은 역행간섭 때문이다.

① ㄱ, ㄴ  ② ㄱ, ㄷ  ③ ㄴ, ㄹ
④ ㄱ, ㄴ, ㄷ  ⑤ ㄴ, ㄷ, ㄹ

**06** 반두라(A. Bandura)가 제시한 자기효능감의 근원이 아닌 것은?

① 생리적 각성  ② 대리경험
③ 외재적 동기  ④ 사회적 설득
⑤ 완숙경험(mastery experience)

**07** 다음 사례에서 집단 B의 학습유형은?

> ○ 톨만과 혼지크(Tolman & Honzik)는 쥐를 사용하여 미로 찾기 실험을 실시하였다.
> ○ 집단 A의 쥐에게는 목표지점에 도달할 때마다 보상을 하였다.
> ○ 집단 B의 쥐에게는 처음 10일 동안 보상을 하지 않다가 11일째부터 목표지점에 도달하면 보상을 하였다. 그 결과 집단 B의 쥐는 11일째 시행부터 오류가 급격하게 줄었다.

① 변별학습    ② 통찰학습    ③ 관찰학습
④ 잠재학습    ⑤ 미신학습

**08** 뇌의 구조와 기능에 관한 설명으로 옳지 않은 것은?

① 뇌의 국소화(localization)는 출생 후 2~3년에 걸쳐 이루어진다.
② 신경가소성(neuroplasticity)은 뇌가 경험한 결과들을 재조직하거나 수정하는 능력이다.
③ 해마의 손상은 절차적 기억의 응고화를 방해할 수 있다.
④ 편도체는 정서와 공격성의 통제를 담당한다.
⑤ 도파민은 강화중추와 관련 있는 호르몬이다.

**09** 다음 설명에 해당하는 학습전략은?

> ○ 정보집합을 관계성에 기초하여 하위 집단으로 분류하는 것
> ○ 테이블, 버스, 모자, 트럭, 책상, 구두의 순으로 제시된 정보를 테이블과 책상, 버스와 트럭, 모자와 구두 등으로 범주화하는 것
> ○ 윤곽잡기(outlining), 도식화하기, 그룹화하기 등

① 정의적 전략    ② 정교화 전략    ③ 시연 전략
④ 주의집중 전략   ⑤ 조직화 전략

**10** 학습에 관한 설명으로 옳지 않은 것은?

① 정서적 변화는 학습에 포함된다.
② 성숙에 의한 변화는 학습으로 보지 않는다.
③ 태도 변화는 학습에 포함된다.
④ 비교적 영속적인 행동의 변화가 나타나야 한다.
⑤ 학습과 수행(performance)은 같은 개념으로 볼 수 있다.

**11** 다음 사례에 적용된 조작적 조건형성의 개념은?

> 두통이 있던 사람이 진통제를 먹었더니 두통이 사라졌다. 두통이 생길 때마다 진통제를 먹는다.

① 부적강화, 회피   ② 정적강화, 도피   ③ 부적처벌, 회피
④ 부적강화, 도피   ⑤ 정적강화, 회피

**12** 학습에서의 전이(transfer)유형에 관한 설명으로 옳은 것을 모두 고른 것은?

> ㄱ. 정적(positive)전이: 선행학습이 후행학습을 촉진할 때 일어나는 것
> ㄴ. 무(zero)전이: 선행학습이 후행학습을 더 어렵게 만들거나 지장을 주는 것
> ㄷ. 원격(far)전이: 원래의 맥락과 전이 맥락이 유사하며 기능 속달과 관련되는 것
> ㄹ. 특수(specific)전이: 선행학습과 후행학습 간의 구체적 요인에서만 일어나는 것

① ㄱ, ㄴ   ② ㄱ, ㄹ   ③ ㄴ, ㄷ
④ ㄴ, ㄹ   ⑤ ㄴ, ㄷ, ㄹ

**13** 각성에 관한 설명으로 옳은 것을 모두 고른 것은?

> ㄱ. 역도나 달리기처럼 많은 에너지가 소비되는 과제는 높은 각성 수준에서 최적으로 수행된다.
> ㄴ. 일반적으로 각성 수준이 높을수록 최적의 수행이 이루어진다.
> ㄷ. 단순한 과제는 광범위한 각성 수준에서 최적으로 이루어진다.
> ㄹ. 망상활성계(reticular activation system)와 관련이 있다.

① ㄱ, ㄴ  ② ㄴ, ㄷ  ③ ㄷ, ㄹ
④ ㄱ, ㄷ, ㄹ  ⑤ ㄴ, ㄷ, ㄹ

**14** 강화계획에 관한 설명으로 옳지 않은 것은?

① 변동비율강화계획에서는 비교적 꾸준한 수행이 나타난다.
② 고정비율강화계획과 고정간격강화계획에서는 강화 후 휴지가 나타난다.
③ 변동비율강화계획은 고정비율강화계획보다 소거에 대한 저항이 크다.
④ 연속강화계획은 기대하는 반응이 나타날 때마다 강화를 주는 것으로 소거가 잘되지 않는다.
⑤ 변동간격강화계획은 일정 시간을 기준으로 강화가 주어지나 그 시간 간격이 평균시간을 전후로 불규칙하게 변한다.

**15** 고전적 조건형성과 조작적 조건형성에서 공통적으로 나타나는 현상을 모두 고른 것은?

> ㄱ. 변별  ㄴ. 미신행동  ㄷ. 자극일반화
> ㄹ. 조형(shaping)  ㅁ. 소거

① ㄱ, ㄴ  ② ㄱ, ㄹ  ③ ㄱ, ㄷ, ㅁ
④ ㄴ, ㄷ, ㄹ  ⑤ ㄷ, ㄹ, ㅁ

**16** 학습심리 학자들의 이론적 주장으로 옳지 않은 것은?

① 헵(D. Hebb): 풍요로운 환경은 인지적 발달을 촉진한다.
② 볼스(R. Bolles): 행동적 시행착오 외에도 대리적 시행착오가 존재한다.
③ 로저스(C. Rogers): 조건적 존중(conditional regard)은 개인의 성장을 방해한다.
④ 에스테스(W. Estes): 유기체는 의사결정을 할 때 기억에 저장된 정보를 이용하고 가장 이익이 되는 결과를 산출한다.
⑤ 스키너(B. Skinner): 강화인을 제거하면 소거(extinction)가 발생한다.

**17** 학습전이에 관한 이론과 설명이 옳지 않은 것은?

① 형식도야설(formal discipline): 연습과 훈련을 통해 주의력, 기억력, 판단력을 향상시킬 수 있다.
② 동일요소설(identical elements): 학습과제 사이에 유사성의 정도가 높을수록 전이가 많이 일어난다.
③ 일반화설(generalization): 선행학습에서 획득한 원리나 법칙을 후속학습에 활용할 수 있다.
④ 형태이조설(transposition): 선행과 후속학습 간의 관계적 통찰이 전이를 일으킨다.
⑤ 상황학습이론(situated learning): 대부분의 학습은 맥락의존적이어서 서로 다른 상황에서 전이가 더 잘 일어난다.

**18** 학습된 무기력에 관한 설명으로 옳지 않은 것은?

① 우울증과 관련이 깊다.
② 인간에게만 나타나는 현상이다.
③ 실패를 내적이고 안정적이며 광범위한 상황에 일반화할 수 있는 원인으로 귀인한다.
④ 셀리그만(M. Seligman) 등은 면역훈련을 통해 예방할 수 있다고 하였다.
⑤ 통제불가능한 혐오적 사건에 반복적으로 노출되면 발생한다.

**19** 다음 설명에 해당하는 것은?

○ 상호작용하는 상대방의 표정, 자세 등을 무의식적으로 흉내내는 것을 가능하게 한다.
○ 다른 대상의 행동을 부호화함으로써 같은 행동의 실행을 촉진한다.
○ 카멜레온 효과(chameleon effect)를 가능하게 한다.

① 일회시행학습(one-trial learning)
② 프리맥의 원리(Premack's principle)
③ 조형(shaping)
④ 적소 논증(niche argument)
⑤ 거울 뉴런(mirror neurons)

**20** 다음에서 설명하는 행동수정 기법은?

○ 금주를 하려는 사람에게 술을 마신 뒤 매번 메스꺼움을 유발하는 약물을 복용하도록 하였다.
○ 약물 복용으로 인해 술을 마시는 횟수가 줄어들었다.

① 소거
② 역조건형성
③ 홍수법
④ 체계적 둔감화
⑤ 정적강화

**21** 다음 사례에 해당하는 코빙튼(M. Covington)의 성취동기 유형은?

> 학생 A는 공부를 매우 열심히 하지만 항상 불안해하고 스트레스를 받는다. 선생님께 수시로 자신의 성적을 확인하고 친구들에게도 걱정을 토로한다.

① 성공지향자   ② 실패수용자   ③ 실패회피자
④ 과잉노력자   ⑤ 실패도피자

**22** 메타인지(meta-cognition)에 관한 설명으로 옳지 않은 것은?

① 15~17세경에 발달하기 시작한다.
② 메타인지에 영향을 주는 변인으로 학습자 변인, 과제변인, 전략변인 등이 있다.
③ '내가 무엇을 모르고 무엇을 아는가를 아는 인지'이다.
④ 플라벨(J. Flavell)은 초인지적 지식과 초인지적 경험으로 구분했다.
⑤ 초인지 전략으로 자기조절학습이 있다.

**23** 다음 설명에 해당하는 반두라(A. Bandura)의 관찰학습 과정은?

> 모델의 행동을 말이나 심상으로 표상하여 회상에 도움이 되게 하는 과정

① 주의과정(attentional process)
② 파지과정(retentional process)
③ 동기과정(motivational process)
④ 운동재현과정(motor reproductive process)
⑤ 내면화과정(internalization process)

**24** 다음 사례에 해당하는 장기기억의 유형은?

> 오랜만에 자전거를 타게 된 A는 균형을 잡지 못해 잠시 당황했지만, 곧 예전처럼 왼쪽으로 기울면 즉각적으로 무게 중심을 오른쪽으로 실어 균형을 유지하며 자전거를 잘 탈 수 있었다.

① 절차기억  ② 의미기억  ③ 일화기억
④ 간섭기억  ⑤ 감각기억

**25** 다음 설명에 해당하는 동기유형은?

> A의 어머니는 A가 의대를 가기를 바라고 있다. A는 몸이 아프신 어머니의 기대를 저버리지 않기 위해 의대 진학을 목표로 공부를 하고 있다. 의대 진학에 실패하면 어머니가 실망하실 것 같아서 마음이 불안하다.

① 내사된 조절(introjected regulation)
② 통합된 조절(integrated regulation)
③ 동일시된 조절(identified regulation)
④ 외부적 조절(external regulation)
⑤ 내재적 조절(intrinsic regulation)

## 2교시 제2과목(선택): 청소년이해론

**26** 다음이 설명하는 이론과 관련된 학자는?

> ○ 성역할 개념의 습득과정을 설명하는 정보처리이론이다.
> ○ 아동은 성도식(gender schema)을 구성하고 그에 맞는 성역할을 발달시킨다.
> ○ 성에 따라 조직되는 행동양식을 설명한다.

① 벰(S. Bem)  ② 설리반(H. Sullivan)  ③ 레빈(K. Lewin)
④ 로저스(C. Rogers)  ⑤ 하트(R. Hart)

**27** 기성세대의 생활양식을 거부하고 저항적 실천으로 새로운 문화를 추구하고자 하는 청소년문화의 특징은?

① 미숙한 문화  ② 물질문화  ③ 정신문화
④ 대항문화  ⑤ 주류문화

**28** 청소년발달을 설명하는 이론과 학자의 연결이 옳은 것을 모두 고른 것은?

> ㄱ. 미드(M. Mead)의 문화인류학적 이론
> ㄴ. 홀(S. Hall)의 재현이론
> ㄷ. 에릭슨(E. Erikson)의 생태학적 이론
> ㄹ. 게젤(A. Gesell)의 성숙이론

① ㄱ, ㄴ  ② ㄷ, ㄹ  ③ ㄱ, ㄴ, ㄹ
④ ㄱ, ㄷ, ㄹ  ⑤ ㄱ, ㄴ, ㄷ, ㄹ

**29** 도덕성 발달 이론에 관한 설명으로 옳지 않은 것은?

① 피아제(J. Piaget)에 따르면 청소년기는 타율적 도덕성 단계에 해당된다.
② 콜버그(L. Kohlberg)의 도덕성 발달 이론에 따르면 4단계는 법과 질서 지향의 단계이다.
③ 길리건(C. Gilligan)은 배려 지향적 도덕성 이론을 제시하였다.
④ 반두라(A. Bandura)는 도덕적 행동 발달을 사회학습이론으로 설명하였다.
⑤ 프로이트(S. Freud)는 도덕성 발달이 초자아의 발현을 통해서 이루어진다고 보았다.

**30** 진로이론에 관한 설명으로 옳은 것을 모두 고른 것은?

ㄱ. 홀랜드(J. Holland)는 성격 특성에 적합한 직업을 선택했을 때 성공가능성이 높다고 하였다.
ㄴ. 긴즈버그(E. Ginzberg)의 직업선택이론에서 현실적 시기(realistic period)는 11세부터 17세에 해당된다.
ㄷ. 수퍼(D. Super)의 이론에서 직업선택은 자아개념 발달과 밀접한 관련이 있다.
ㄹ. 로우(A. Roe)는 진로선택의 특성-요인 이론을 제안하였다.

① ㄱ, ㄴ
② ㄱ, ㄷ
③ ㄱ, ㄷ, ㄹ
④ ㄴ, ㄷ, ㄹ
⑤ ㄱ, ㄴ, ㄷ, ㄹ

**31** 다음에 해당하는 소비는?

○ 베블렌(T. Veblen)에 의해 주장된 개념이다.
○ 소비는 상품의 효용가치보다 사치나 낭비를 통한 사회적 인정을 목적으로 한다.
○ 일부의 청소년들은 타인에게 보여주기 위해 유명 상표의 옷을 사는 경향이 있다.

① 모방소비
② 과시소비
③ 충동소비
④ 동조소비
⑤ 계획소비

**32** 다음이 설명하는 개념은?

> ○ 부르디외(P. Bourdieu)에 의해 도입된 개념이다.
> ○ 사회계급이나 학력수준 등에 따라 문화향유 방식이나 취향 차이를 드러나게 한다.
> ○ 일상적 실천에서 자신의 계급과 다른 계급을 구분 짓는 역할을 한다.

① 팬덤(fandom)   ② 보보스(bobos)   ③ 아우라(aura)
④ 아비투스(habitus)   ⑤ 헤게모니(hegemony)

**33** 청소년 여가활동 중 TV시청 등 미디어 소비나 단순 휴식에 해당하는 것은?

① 신체적 여가활동   ② 진지한 여가활동   ③ 소극적 여가활동
④ 사회적 여가활동   ⑤ 구조화된 여가활동

**34** 청소년 관련법과 그 법에 명시된 청소년 연령 기준이 바르게 연결된 것은?

① 청소년복지 지원법: 19세 미만
② 청소년 보호법: 9세 이상 19세 미만
③ 아동·청소년의 성보호에 관한 법률: 9세 이상 24세 미만
④ 청소년 기본법: 9세 이상 24세 이하
⑤ 학교 밖 청소년 지원에 관한 법률: 19세 미만

**35** 엘킨드(D. Elkind)의 상상적 청중(imaginary audience)에 관한 설명으로 옳지 않은 것은?

① 청소년기 자기중심적 사고와 관련이 있다.
② 타인들이 자신을 주시하고 있다고 생각한다.
③ 스스로 주인공이 되어 무대 위에 있는 것처럼 행동한다.
④ 다른 사람들의 눈에 띄고 싶은 욕망으로부터 나온다.
⑤ 다른 사람들을 위한 배려와 희생을 우선시한다.

36  마샤(J. Marcia)의 자아정체감 이론 중 다음이 설명하는 것은?

> ○ 자신에게 중요한 문제에 대해 고민하지 않고 타인의 결정을 그대로 따른다.
> ○ 부모가 제안하는 장래 직업에 대해 탐색하지 않고 바로 수용한다.

① 정체감 혼미(identity diffusion)
② 정체감 유예(identity moratorium)
③ 정체감 유실(identity foreclosure)
④ 정체감 성취(identity achievement)
⑤ 정체감 구성(identity construction)

37  청소년기 특성에 관한 설명으로 옳지 않은 것은?

① 추상적 사고가 가능해지는 시기이다.
② 또래집단의 영향이 중요해지는 시기이다.
③ 사춘기에는 신장과 체중의 증가 속도가 대체로 느리다.
④ 오늘날 청소년기는 더 연장되는 추세이다.
⑤ 사춘기에는 2차 성징이 나타나면서 성적 호기심이 증가한다.

38  청소년복지 지원법령상 생리용품 지원을 받을 수 있는 여성청소년을 모두 고른 것은?

> ㄱ. 부모가 국민기초생활 보장법에 따른 차상위계층에 해당하는 사람
> ㄴ. 국민기초생활 보장법에 따른 교육급여 수급자
> ㄷ. 조모가 한부모가족지원법에 따른 지원대상자
> ㄹ. 학교 밖 청소년 지원에 관한 법률에 따른 학교 밖 청소년

① ㄱ, ㄴ   ② ㄱ, ㄷ   ③ ㄴ, ㄹ
④ ㄱ, ㄴ, ㄷ   ⑤ ㄱ, ㄴ, ㄷ, ㄹ

**39** ( )에 들어갈 내용이 순서대로 옳게 나열된 것은?

> 소년법상 형벌 법령에 저촉되는 행위를 한 ( )세 이상 ( )세 미만인 소년은 소년부의 보호사건으로 심리한다.

① 9, 14  ② 10, 14  ③ 10, 19
④ 12, 14  ⑤ 12, 19

**40** 학교 밖 청소년 지원에 관한 법령상 학교 밖 청소년 실태조사에 포함되어야 할 사항이 아닌 것은?

① 학교 밖 청소년의 종교활동
② 학교 밖 청소년의 경제상태
③ 학교 밖 청소년의 친구관계
④ 학교 밖 청소년의 학업중단 시기, 원인
⑤ 학교 밖 청소년 지원 프로그램 활용 현황

**41** 유엔아동권리협약의 기본원칙을 모두 고른 것은?

> ㄱ. 차별금지 원칙
> ㄴ. 발달권 보장의 원칙
> ㄷ. 아동 이익 최우선의 원칙
> ㄹ. 아동 의견존중 원칙

① ㄱ, ㄴ  ② ㄷ, ㄹ  ③ ㄱ, ㄴ, ㄷ
④ ㄴ, ㄷ, ㄹ  ⑤ ㄱ, ㄴ, ㄷ, ㄹ

**42** 다음이 설명하는 비행이론은?

○ 서덜랜드(E. Sutherland)가 대표적인 학자이다.
○ 비행을 체계적인 학습의 결과로 본다.
○ 또래집단의 중요성을 부각시켰다.

① 아노미이론  ② 차별적 접촉이론  ③ 차별적 기회구조이론
④ 낙인이론  ⑤ 하위문화이론

**43** 청소년 가출위험 요인 중 개인적 요인에 해당하지 않는 것은?

① 낮은 자존감  ② 공격성이 높은 기질  ③ 높은 감각 추구 성향
④ 학교 부적응  ⑤ 높은 충동성

**44** 청소년복지 지원법령상 청소년 우대 대상에 관한 내용이다. ( )에 들어갈 내용이 순서대로 옳게 나열된 것은?

○ ( ㄱ )세 이상 ( ㄴ )세 이하인 청소년
○ 초·중등교육법 제2조에 따른 학교에 재학 중인 ( ㄷ )세 초과 ( ㄹ )세 이하인 청소년

① ㄱ: 7, ㄴ: 12, ㄷ: 12, ㄹ: 18
② ㄱ: 9, ㄴ: 12, ㄷ: 12, ㄹ: 18
③ ㄱ: 9, ㄴ: 12, ㄷ: 14, ㄹ: 20
④ ㄱ: 9, ㄴ: 14, ㄷ: 18, ㄹ: 24
⑤ ㄱ: 9, ㄴ: 18, ㄷ: 18, ㄹ: 24

**45** 청소년복지 지원법령상 위기청소년 특별지원에 해당하지 않는 것은?

① 초·중등교육법 제2조에 따른 중학교의 입학금
② 초·중등교육법 제2조에 따른 고등학교의 수업료
③ 고등학교 졸업 학력 검정고시 학원비
④ 취업준비를 위한 미용기술 학원비
⑤ 상습적인 인터넷 사기 행위로 인한 소송비용

**46** 청소년복지 지원법령상 지역사회 청소년통합지원체계에 반드시 포함되어야 하는 필수연계 기관이 아닌 것은?

① 청소년상담복지센터  ② 지방자치단체  ③ 교육청
④ 청소년수련원  ⑤ 보호관찰소

**47** 청소년이 또래집단의 언어, 행동, 패션 등을 따르는 현상을 설명할 수 있는 개념이 아닌 것은?

① 관찰학습  ② 대상화  ③ 강화
④ 동조  ⑤ 사회적 비교

**48** 학교 폭력 피해학생과 보호자가 심의위원회 개최를 원하지 않을 때, 학교폭력예방 및 대책에 관한 법률상 학교의 장이 자체적으로 해결할 수 있는 경미한 학교폭력 사건이 아닌 것은?

① 2주 이상의 신체적 치료가 필요한 진단서를 발급받지 않은 경우
② 2주 이상의 정신적 치료가 필요한 진단서를 발급받지 않은 경우
③ 재산상 피해가 없거나 즉각 복구된 경우
④ 학교폭력이 지속되지 않은 경우
⑤ 학교폭력 사건에 대한 보복행위인 경우

49 「청소년복지 지원법」상 청소년복지지원기관이나 청소년복지시설이 아니어도 사용할 수 있는 명칭은?

① 한국청소년상담복지개발원
② 이주배경청소년지원센터
③ 청소년쉼터
④ 청소년치료재활센터
⑤ 청소년행복지원센터

50 청소년증 발급의 근거 법령은?

① 청소년복지 지원법
② 청소년활동 진흥법
③ 학교 밖 청소년 지원에 관한 법률
④ 학교폭력예방 및 대책에 관한 법률
⑤ 소년법

## 2교시 제3과목(선택): 청소년수련활동론

**51** 「청소년 기본법」상 명시된 청소년활동을 모두 고른 것은?

> ㄱ. 수련활동 ㄴ. 자치활동 ㄷ. 교류활동
> ㄹ. 문화활동 ㅁ. 단체활동

① ㄱ, ㄴ
② ㄱ, ㄴ, ㄹ
③ ㄱ, ㄷ, ㄹ
④ ㄴ, ㄷ, ㄹ
⑤ ㄴ, ㄷ, ㄹ, ㅁ

**52** 경험학습이론에 관한 설명으로 옳지 않은 것은?

① 학습을 사람과 환경 사이의 교호작용으로 본다.
② 학습을 결과물이 아니라 계속적인 과정으로 이해한다.
③ 경험은 능동적 측면과 수동적 측면으로 결합되어 있다.
④ 경험학습과정에서 반성적 고찰이 중요하다.
⑤ 콜브(D. Kolb)에 의하면 학습은 구체적 경험 – 적극적 실험 – 반성적 관찰 – 추상적 개념화의 순서로 일어난다.

**53** 청소년지도자의 역할이 아닌 것은?

① 지역사회 지도자
② 변화촉진자
③ 동기유발자
④ 방관자
⑤ 프로그램 개발 및 운영자

**54** 다음이 설명하는 청소년지도방법의 원리는?

○ 인간성장, 자기노출, 의사소통을 중요시한다.
○ 지적 학습보다는 정의적 학습에 비중을 둔다.
○ 집단역동과 같은 집단활동 이론을 심리치료 목적에 응용하면서 시작되었다.

① 심성계발 원리　　② 문제해결 원리　　③ 자율참여 원리
④ 현장학습 원리　　⑤ 개인지도 원리

**55** 브레인스토밍 기법에 관한 설명으로 옳지 않은 것은?

① 참가자들 사이에 상호자극의 기회를 제공한다.
② 아이디어 교환을 통하여 집단의 사기와 단결심을 높인다.
③ 참가자들은 자유롭게 의견을 제안한다.
④ 제약과 금지 규정이 고려되지 않기 때문에 부정적인 비판이 허용된다.
⑤ 개방성과 융통성이 요구된다.

**56** 멘토링에 관한 설명으로 옳은 것을 모두 고른 것은?

ㄱ. 멘토링의 어원은 그리스 신화 '오디세이'에서 기원한다.
ㄴ. 경험과 지식이 풍부한 멘토는 단기적, 지도적 만남을 통하여 멘티를 돕는다.
ㄷ. 비슷한 연령대에서도 멘토-멘티 관계가 형성 가능하다.

① ㄱ　　　　　　② ㄴ　　　　　　③ ㄱ, ㄷ
④ ㄴ, ㄷ　　　　⑤ ㄱ, ㄴ, ㄷ

**57** 청소년 기본법령상 청소년특별회의에 관한 내용으로 옳은 것을 모두 고른 것은?

> ㄱ. 여성가족부장관은 청소년특별회의 참석 대상을 정할 때에는 성별·연령별·지역별로 각각 전체 청소년을 대표할 수 있도록 노력하여야 한다.
> ㄴ. 여성가족부장관이 공개모집을 통하여 선정한 청소년을 참석대상에 포함된다.
> ㄷ. 청소년특별회의는 2년마다 개최하여야 한다.
> ㄹ. 청소년특별회의는 청소년 분야의 전문가와 청소년이 참여한다.

① ㄱ, ㄴ  ② ㄱ, ㄷ  ③ ㄱ, ㄴ, ㄹ
④ ㄴ, ㄷ, ㄹ  ⑤ ㄱ, ㄴ, ㄷ, ㄹ

**58** 청소년 자원봉사활동에 관한 설명으로 옳지 않은 것은?

① 최저임금 수준의 보상은 보장된다.
② 교육적 목적을 가지고 안내되고 조정되는 활동이다.
③ 이웃돕기활동, 환경보호활동 등의 구체적 활동이 있다.
④ 1995년 '5·31 교육개혁방안'으로 제도적 틀이 마련되었다.
⑤ '자기주도형 봉사활동'은 청소년이 지역사회의 문제나 변화가 필요한 주제를 스스로 조사·분석하고, 참여하는 봉사활동이다.

**59** 청소년활동 진흥법상 수련시설의 종합평가를 정기적으로 실시하고 그 결과를 공개해야 하는 사람은?

① 여성가족부장관
② 한국청소년정책연구원장
③ 한국청소년수련시설협회장
④ 한국청소년상담복지개발원 이사장
⑤ 한국청소년활동진흥원 이사장

**60** 다음이 설명하는 청소년 활동은?

○ 학교 내외의 공간에서 이루어지는 활동이다.
○ 공통의 취미나 관심사를 갖는 비슷한 연령대의 소집단 활동이다.
○ 청소년 스스로 조직하고 운영하는 것을 기본원칙으로 한다.

① 특별활동  ② 지도활동  ③ 학습활동
④ 상담활동  ⑤ 동아리활동

**61** 자유학기(년)제와 관련된 설명으로 옳지 않은 것은?

① 아일랜드의 전환학년제, 영국의 갭이어, 덴마크의 애프터스쿨 등의 정책을 참고하여 도입되었다.
② 청소년 진로교육 강화에 대한 사회적 분위기를 반영하였다.
③ 자유학기제는 2016년 전국의 모든 중학교로 확대되었고, 2018년부터 자유학년제가 시범적으로 도입되었다.
④ 비교과 활동을 활성화하고 과정중심평가를 강화한다.
⑤ 현재 교육부가 주도적으로 정책을 추진하며 여성가족부가 지원한다.

**62** 청소년 기본법령상 (    )에 들어갈 내용이 순서대로 옳게 나열된 것은?

청소년복지 지원법에 따른 청소년상담복지센터에 종사하는 청소년상담사는 ( ㄱ )년마다 ( ㄴ )시간 이상의 보수교육을 받아야 한다.

① ㄱ: 1, ㄴ: 5   ② ㄱ: 1, ㄴ: 8   ③ ㄱ: 1, ㄴ: 10
④ ㄱ: 2, ㄴ: 12  ⑤ ㄱ: 2, ㄴ: 14

63  청소년 기본법령상 정원 800명인 청소년수련원이 연중 운영될 때 의무적으로 배치해야 하는 청소년지도사 수는?
① 2명  ② 3명  ③ 4명
④ 5명  ⑤ 6명

64  청소년활동 진흥법상 청소년활동시설을 모두 고른 것은?

> ㄱ. 유스호스텔  ㄴ. 청소년쉼터
> ㄷ. 청소년문화의 집  ㄹ. 청소년자립지원관

① ㄱ, ㄴ  ② ㄱ, ㄷ  ③ ㄴ, ㄷ
④ ㄴ, ㄹ  ⑤ ㄷ, ㄹ

65  청소년활동 진흥법령상 청소년이용권장시설을 지정할 수 있는 사람은?
① 시장  ② 도지사  ③ 여성가족부장관
④ 국무총리  ⑤ 대통령

66  청소년활동 진흥법상 (    )에 들어갈 용어로 옳은 것은?

> 청소년수련시설을 설치·운영하는 개인·법인·단체 및 제16조제3항에 따른 위탁운영단체는 청소년활동을 활성화하고 청소년의 참여를 보장하기 위하여 청소년으로 구성되는 (    )를 운영하여야 한다.

① 청소년특별회의  ② 청소년운영위원회  ③ 청소년참여위원회
④ 청소년정책위원회  ⑤ 지방청소년육성위원회

67 국제청소년성취포상제의 금장단계에서만 요구되는 포상활동 영역은?

① 봉사활동　　② 탐험활동　　③ 합숙활동
④ 자기개발활동　　⑤ 신체단련활동

68 청소년활동 진흥법령상 청소년수련활동 인증심사원의 자격 및 선발에 관한 설명으로 옳지 않은 것은?

① 청소년수련활동인증위원회가 선발한다.
② 1급 또는 2급 청소년지도사 자격 소지자 중 선발한다.
③ 인증심사원은 2년마다 20시간 이상의 직무연수를 이수하여야 한다.
④ 청소년활동분야에서 5년 이상의 실무경력이 있는 사람 중 선발한다.
⑤ 인증심사원이 되려는 사람은 인증위원회가 실시하는 직무연수를 20시간 이상 받아야 한다.

69 청소년수련활동 신고제 신고대상을 모두 고른 것은?

> ㄱ. 래프팅
> ㄴ. 8Km 도보이동
> ㄷ. 3시간의 야간등산
> ㄹ. 숙박하는 수련활동
> ㅁ. 청소년 참가인원이 160명인 수련활동

① ㄱ, ㅁ　　② ㄱ, ㄹ, ㅁ　　③ ㄱ, ㄴ, ㄷ, ㄹ
④ ㄱ, ㄷ, ㄹ, ㅁ　　⑤ ㄴ, ㄷ, ㄹ, ㅁ

70 청소년수련활동 인증제에서 청소년수련활동 인증을 위한 공통기준이 아닌 것은?

① 휴식관리
② 안전관리 계획
③ 지도자 역할 및 배치
④ 지도자 전문성 확보계획
⑤ 공간과 설비의 확보 및 관리

71 청소년활동 진흥법령상 청소년수련시설 종사자를 대상으로 실시하는 안전교육 내용을 모두 고른 것은?

ㄱ. 안전관련 보험의 종류와 약관
ㄴ. 수련시설의 안전점검 및 위생관리
ㄷ. 청소년수련활동 및 수련시설의 안전관련 법령

① ㄱ
② ㄴ
③ ㄱ, ㄷ
④ ㄴ, ㄷ
⑤ ㄱ, ㄴ, ㄷ

72 청소년활동 프로그램 내용 선정과 조직에 필요한 기본 원리 중 다음이 설명하는 원리는?

○ 내용 수준 변화를 점진적으로 구성한다.
○ 프로그램 내용을 일반적인 것으로부터 특수한 것으로, 단순한 것으로부터 복잡한 것으로, 쉬운 것으로부터 어려운 것으로 조작한다.

① 타당성의 원리
② 통합성의 원리
③ 계속성의 원리
④ 계열성의 원리
⑤ 학습전이의 원리

**73** 다음이 설명하는 프로그램 평가 준거는?

> ○ 평가가 정보를 제공하고, 시기적절하며, 영향을 줄 수 있는지와 관련된다.
> ○ 평가가 이해 관계자의 실제적인 정보욕구를 만족시켜 줄 수 있는가와 관련된다.

① 유용성　　　② 효과성　　　③ 정당성
④ 정확성　　　⑤ 실행가능성

**74** 프로그램개발 접근원리 중 비선형적 접근(nonlinear approaches)의 특징이 아닌 것은?

① 시간과 자원 할당에 융통성이 많다.
② 기획에 상당한 능력과 전문성이 요구된다.
③ 각 단계의 과업이 명확하고 단순하며, 안정감이 있다.
④ 프로그램 개발을 위한 몇 개의 절차가 동시에 이루어진다.
⑤ 평가가 중심핵이 되어 각 단계마다 평가가 되풀이되고 피드백 된다.

**75** 프로그램 개발 통합모형에서 프로그램을 매개로 청소년지도자와 청소년이 만나는 단계이자 프로그램의 매력성, 효과성, 효율성을 결정짓는 단계는?

① 프로그램 기획　　　② 프로그램 설계　　　③ 프로그램 마케팅
④ 프로그램 실행　　　⑤ 프로그램 평가

# 제23회
# 청소년상담사 3급
# 기출문제

### • 1교시 •

| 제1과목(필수): 발달심리

| 제2과목(필수): 집단상담의 기초

| 제3과목(필수): 심리측정 및 평가

| 제4과목(필수): 상담이론

### • 2교시 •

| 제1과목(필수): 학습이론

| 제2과목(선택): 청소년이해론

| 제3과목(선택): 청소년수련활동론

# 1교시 제1과목(필수): 발달심리

**001** 발달에 관한 설명으로 옳은 것을 모두 고른 것은?

> ㄱ. 유전과 환경 간 상호작용의 결과이다.
> ㄴ. 성숙은 훈련이나 연습에서 기인하는 발달적 변화를 의미한다.
> ㄷ. 인간 발달의 모든 단계에 긍정적 변화와 부정적 변화가 모두 존재한다.
> ㄹ. 발달 과정에서 인간은 역사적·사회적 환경과 서로 영향을 주고받는다.

① ㄱ, ㄷ　　② ㄴ, ㄷ　　③ ㄴ, ㄹ
④ ㄱ, ㄷ, ㄹ　　⑤ ㄴ, ㄷ, ㄹ

**002** 발달연구방법에 관한 설명으로 옳은 것은?

① 종단적 설계에서는 연령 변화와 출생동시집단(cohort) 효과의 구분이 어렵다.
② 횡단적 설계에서는 같은 참가자들을 일정한 기간 동안 반복해서 연구한다.
③ 계열적 설계에서는 여러 연령집단을 표집하여 일정한 기간 동안 반복 관찰한다.
④ 상관설계에서는 변인 간의 인과관계를 파악한다.
⑤ 실험설계에서 통제집단은 과외변인의 효과를 비교하는 역할을 한다.

**003** 발달 이론가와 그의 주장이 올바르게 짝지어진 것이 아닌 것은?

① 에릭슨(E. Erikson): 특정 발달 단계에서의 위기 극복에 실패하더라도 다음 단계로 발달이 진행된다.
② 베일런트(G. Vaillant): 성인발달은 질적으로 다른 네 개의 시기로 구성되며, 각 시기는 전환기로 시작한다.
③ 비고츠키(L. Vygotsky): 아동의 발달을 사회적 상호작용과 문화로부터 분리할 수 없다.
④ 브론펜브레너(U. Bronfenbrenner): 개인과 생태학적 체계 간의 관계는 양방향적이다.
⑤ 설리반(H. Sullivan): 질풍노도의 시기는 성·친밀감·안전 욕구 간의 충돌로 인해 일어난다.

**004** 피아제(J. Piaget)가 제시한 전조작기 발달 특성으로 옳은 것을 모두 고른 것은?

> ㄱ. 무생물체도 생명이 있다고 생각한다.
> ㄴ. 자신의 조망과 타인의 조망을 구분할 수 있다.
> ㄷ. 구체적 사실이 없어도 가설 연역적 추론을 할 수 있다.

① ㄱ  ② ㄱ, ㄴ  ③ ㄱ, ㄷ
④ ㄴ, ㄷ  ⑤ ㄱ, ㄴ, ㄷ

**005** 다음 (　)에 해당하는 개념은?

> (　)(이)란 물체가 시야에서 사라져도 그것이 사라지지 않고 계속 존재한다는 것을 아는 것을 의미한다. (　)(을)를 획득하지 않은 영아는 눈앞에서 물체가 사라져도 이를 찾기 위해 노력하지 않는다.

① 실행기능  ② 대상영속성  ③ 지연모방
④ 마음이론  ⑤ 메타인지

**006** 다음 설명에 해당하는 애착의 유형은?

> 낯선 상황 실험에서 어머니를 안전기지로 삼아 환경을 탐색하며, 주위의 환경을 탐색하기 위해서 어머니로부터 쉽게 분리된다. 어머니가 실험실 밖으로 나가면 울기도 하지만 대안적인 위안을 찾고, 어머니가 돌아오면 영아는 울음을 멈추고 어머니를 반기며 적극적으로 접촉하고 쉽게 편안해한다.

① 회피 애착  ② 저항 애착  ③ 혼란 애착
④ 몰입 애착  ⑤ 안정 애착

**007** 다음 사례에 해당하는 언어 발달 특징으로 옳은 것은?

> 양육자가 고양이를 가리키며 "야옹이"라고 말했을 때, 영아는 자신이 본 고양이와 다르게 생긴 고양이는 "야옹이"라고 부르지 않는다.

① 공동 주의  ② 과잉 축소  ③ 과잉 확대
④ 전보식 언어  ⑤ 과잉 일반화

**008** 아동기의 인지 발달특징으로 옳은 것은?

① 상상적 청중  ② 상징적 사고  ③ 다중 유목화
④ 개인적 우화  ⑤ 추상적 사고

**009** 청소년기 인지 발달특징에 관한 설명으로 옳은 것을 모두 고른 것은?

ㄱ. 뇌량의 수초화가 완성된다.
ㄴ. 전전두엽의 발달은 아직 미성숙하다.
ㄷ. 형식적 조작 사고의 발달은 문화보편적으로 일어난다.
ㄹ. 메타인지가 발달하면서 자신의 인지과정을 계획하고 조정할 수 있다.

① ㄱ, ㄴ  ② ㄷ, ㄹ  ③ ㄱ, ㄴ, ㄷ
④ ㄱ, ㄴ, ㄹ  ⑤ ㄴ, ㄷ, ㄹ

**010** 청소년기 발달에 관한 발달 이론가의 주장으로 옳은 것은?

① 안나 프로이트(A. Freud)는 청소년기를 질풍노도의 시기로 보는 관점을 부정한다.
② 셀먼(R. Selman)에 따르면 조망수용 발달의 마지막 단계에 있는 청소년들은 제3자의 입장이 사회제도, 관습 등의 영향을 받을 수 있음을 이해한다.
③ 에릭슨(E. Erikson)은 심리적 유예기를 자아정체감 위기로 보았다.
④ 마샤(J. Marcia)는 정체감 위기를 경험하지 않고, 직업선택에 대한 관심이 없는 지위를 정체감 유실(foreclosure)이라고 하였다.
⑤ 길리건(C. Gilligan)은 여성은 남성과 유사하게 도덕적 추론을 한다고 주장한다.

**011** 다음에 해당하는 발테스(P. Baltes)의 성공적 노화의 요인은?

> 특정 영역에서 수행을 유지하기 위해 예전보다 연습에 더 많은 시간을 투자한다.

① 최적화　　　　② 보상　　　　③ 의도적–선택
④ 상실기반–선택　　⑤ 사회정서적–선택

**012** 노년기 발달특징에 관한 설명으로 옳은 것을 모두 고른 것은?

> ㄱ. 비관련 정보들의 처리를 억제하는 데 어려움을 겪는다.
> ㄴ. 조직화와 같은 기억 전략을 더 사용한다.
> ㄷ. 경험에 대한 개방성이 증가한다.
> ㄹ. 긍정적 정보에 더 많은 주의를 기울인다.

① ㄱ, ㄹ　　　　② ㄴ, ㄷ　　　　③ ㄴ, ㄹ
④ ㄱ, ㄴ, ㄷ　　⑤ ㄴ, ㄷ, ㄹ

013 전생애 발달적 조망에서 발달에 미치는 영향요인에 관한 설명으로 옳은 것은?

① 40대 직업전환은 규범적 연령관련 요인이다.
② 사춘기는 규범적 역사관련 요인이다.
③ 청소년기 부모의 실직은 규범적 연령관련 요인이다.
④ 출생동시집단 효과는 비규범적 요인이다.
⑤ 코로나 팬데믹은 규범적 역사관련 요인이다.

014 다음에 해당하는 성염색체 이상 증후군은?

○ 남성이 여분의 X염색체를 가진다.
○ 고환이 미성숙하고, 유방이 돌출되는 등 여성의 2차 성징을 보인다.

① 취약 X증후군　　② XYY증후군　　③ 터너증후군
④ 다운증후군　　⑤ 클라인펠터 증후군

015 태내발달에 관한 설명으로 옳지 않은 것은?

① 태아기는 임신 2개월부터 출생까지의 시기이다.
② 임신 28주경이 되면 태아는 자궁 밖에서 생존 가능하다.
③ 배아기는 기형유발물질에 의한 중추신경계 손상에 가장 민감한 시기이다.
④ 산모의 과도한 흡연은 과체중아 문제를 야기한다.
⑤ 태아기 동안 실제로 필요한 뉴런보다 훨씬 더 많은 뉴런이 생성된다.

**016** 다음 사례에 해당하는 신생아의 반사행동은?

> 생후 1개월 된 신생아가 문을 쾅 닫는 소리에 등을 구부리고 팔다리를 앞으로 쭉 뻗는 행동을 보였다.

① 바빈스키 반사  ② 수영 반사  ③ 모로 반사
④ 파악 반사  ⑤ 걸음마 반사


**017** 소근육 운동 발달 순서를 옳게 나열한 것은?

> ㄱ. 잡기 반사가 나타난다.
> ㄴ. 손바닥으로 물체를 잡는다.
> ㄷ. 물건을 향해 팔을 휘두른다.
> ㄹ. 엄지와 검지를 이용해 작은 물체를 잡는다.

① ㄱ – ㄴ – ㄹ – ㄷ
② ㄱ – ㄷ – ㄴ – ㄹ
③ ㄴ – ㄱ – ㄷ – ㄹ
④ ㄷ – ㄹ – ㄱ – ㄴ
⑤ ㄹ – ㄴ – ㄱ – ㄷ


**018** 지능에 관한 설명으로 옳은 것을 모두 고른 것은?

> ㄱ. 카텔(R. Cattell)과 혼(J. Horn)은 지능을 유동성 지능과 결정성 지능으로 구분한다.
> ㄴ. 플린효과(Flynn effect)는 세대가 반복될수록 평균 지능검사의 점수가 상승하는 현상이다.
> ㄷ. 스턴버그(R. Sternberg)는 지능을 인지적 요인과 정서적 요인으로 구분한다.
> ㄹ. 스피어만(C. Spearman)은 지능을 일반 지능과 특수 지능으로 구분한다.

① ㄴ  ② ㄱ, ㄴ  ③ ㄷ, ㄹ
④ ㄱ, ㄴ, ㄹ  ⑤ ㄴ, ㄷ, ㄹ

019 다음 A의 행동을 설명하는 발달 이론은?

> A는 길을 가다가 우연히 다른 아이가 넘어졌을 때 도와주는 친구를 보았다. 이를 보고 A는 친구의 행동에 감명을 받아 기억하고 또 다른 친구가 어려움에 처했을 때 도와주었다. 도움을 받은 친구는 A에게 고마움을 표했고, A는 뿌듯함에 계속 친구들을 도와주게 되었다.

① 피아제(J. Piaget)의 인지발달이론
② 프로이트(S. Freud)의 정신분석이론
③ 반두라(A. Bandura)의 사회학습이론
④ 로렌즈(K. Lorenz)의 동물행동학적 이론
⑤ 브론펜브레너(U. Bronfenbrenner)의 생태학적 이론

020 콜버그(L. Kohlberg)의 이론으로 A, B, C가 획득한 성 역할 발달특성을 옳게 분석한 것은?

> A: 나는 남자야.
> B: 머리 모양이 달라졌다고 해도 남자가 여자가 되지는 않아.
> C: 남자는 자라서 남자 어른이 되고, 여자는 자라서 여자 어른이 되는 거야.

① A: 성정체성, B: 성항상성, C: 성안정성
② A: 성정체성, B: 성안정성, C: 성항상성
③ A: 성안정성, B: 성정체성, C: 성항상성
④ A: 성안정성, B: 성항상성, C: 성정체성
⑤ A: 성항상성, B: 성안정성, C: 성정체성

**021** 공격성 발달에 관한 설명으로 옳지 않은 것은?

① 닷지(K. Dodge)는 공격성이 잘못된 사회인지적 판단에 기인한다고 본다.
② 적대적 공격성은 타인에게 고통이나 해를 가하는 것 자체가 목적이다.
③ 영아의 공격성은 대체로 물건을 차지하기 위한 도구적 공격성이다.
④ 유아는 언어적 공격성을 먼저 보이지만 점차 물리적 공격성을 더 많이 보이게 된다.
⑤ 보상이론가들은 공격적 행동은 그러한 행동이 결과적으로 공격자에게 보상을 가져다주기 때문에 발달한다고 주장한다.

**022** 콜버그(L. Kohlberg)의 도덕성 발달단계 중 '가' 단계에 관한 설명으로 옳은 것은?

> 벌과 복종 지향 → 목적과 상호교환 지향 → 착한 아이 지향 → 법과 질서 지향 → ( 가 ) → 보편적 원리 지향

① 자신의 최고 이익에 따라 도덕적 판단을 한다.
② 남들에게 칭찬을 받고 비난받지 않기 위해 법을 지킨다.
③ 사회적 규범이나 법을 지키는 것을 전체적인 사회질서를 유지하기 위한 것이라고 생각한다.
④ 스스로 규정한 도덕적 정의와 원칙을 지향한다.
⑤ 사회적 규범이나 법칙이 절대적이 아니라는 것을 알게 된다.

**023** 정서 발달에 관한 설명으로 옳지 않은 것은?

① 일차 정서는 학습으로 인해 나타난다.
② 공포는 위험에 대한 반응으로 나타난다.
③ 자아의 인식 이후에 이차 정서가 나타난다.
④ 연령이 증가할수록 만족지연 능력이 증가한다.
⑤ 유아는 사람들이 진짜로 느끼는 정서와 그들이 표현하는 정서를 잘 구별하지 못한다.

**024** DSM-5에서 품행장애의 진단기준에 해당하지 않는 것은?

① 재산파괴
② 사기 또는 절도
③ 심각한 규칙 위반
④ 사람과 동물에 대한 공격성
⑤ 보복적 특성

**025** DSM-5의 신경발달장애 중 투렛장애 진단기준으로 옳지 않은 것은?

① 여러 가지 운동 틱과 한 가지 또는 그 이상의 음성 틱이 질병 경과 중 일부 기간 동안 나타난다.
② 틱은 처음 틱이 나타난 시점으로부터 1년 미만으로 나타난다.
③ 물질의 생리적 효과나 다른 의학적 상태로 인한 것이 아니다.
④ 18세 이전에 발병한다.
⑤ 운동 틱과 음성 틱이 반드시 동시에 나타날 필요는 없다.

# 1교시 제2과목(필수): 집단상담의 기초

**026** 집단상담에 관한 설명으로 옳지 않은 것은?

① 여러 사람들이 모여서 자신의 성장과 변화를 도모하는 상담경험이다.
② 다양한 집단원들과 함께 대인관계 기술을 연습할 수 있다.
③ 집단상담의 목표는 집단 전체의 목표와 집단원 개인의 목표로 나눌 수 있다.
④ 집단의 역동을 다루기보다 개인의 문제 해결에 중점을 둔다.
⑤ 집단 참여에 대한 압력을 받아 심리적 부담을 느낄 수 있다.

**027** 집단상담 유형에 관한 설명으로 옳지 않은 것은?

① 비구조화 집단에서는 집단의 내용과 활동을 집단상담자가 미리 구성한 대로 진행한다.
② 집중적 집단상담은 일정기간 동안 집중적으로 실시하는 형태이며, 마라톤 집단이 해당된다.
③ 자조집단에서는 공통의 관심사나 어려움을 경험했던 사람들끼리 집단을 이끌어간다.
④ 과업집단은 집단원들에게 당면한 과제를 해결할 필요가 있을 때 운영되는 집단이다.
⑤ 성장집단에는 참만남 집단, 자기성장 집단, 감수성 훈련집단이 해당된다.

**028** 집단상담기술에 관한 설명으로 옳은 것을 모두 고른 것은?

> ㄱ. 연결: 집단원들 간에 공통의 관심사를 공유함으로써 응집력을 촉진시키는 역할을 한다.
> ㄴ. 질문: 어떤 사실이나 상황에 대한 정보를 얻을 목적으로 사용된다.
> ㄷ. 재진술: 집단원이 이야기한 내용을 집단상담자가 동일한 내용의 다른 말로 바꾸어 줌으로써 의미를 분명하게 해준다.
> ㄹ. 명료화: 핵심이 되는 주제에 초점을 맞추게 하거나 혼란스러운 감정을 분명하게 정리해 준다.

① ㄱ, ㄴ　　② ㄴ, ㄷ　　③ ㄱ, ㄷ, ㄹ
④ ㄴ, ㄷ, ㄹ　　⑤ ㄱ, ㄴ, ㄷ, ㄹ


**029** 집단상담 평가에 관한 설명으로 옳지 않은 것은?

① 집단상담 계획 시에 집단상담 효과성 평가를 위한 계획을 수립해야 한다.
② 집단원은 평가 대상이면서 평가자가 되기도 한다.
③ 청소년 상담기관에서 집단상담을 실시할 경우 상담기관이 평가주체가 될 수 있다.
④ 평가방법은 주로 면접, 심리검사, 관찰 등으로 이루어진다.
⑤ 추수평가는 집단상담의 전 과정이 끝날 무렵 1~2회의 모임을 할애하여 진행된다.


**030** 집단상담자의 윤리적 행동으로 옳은 것을 모두 고른 것은?

> ㄱ. 보호관찰 명령으로 집단에 참여하는 집단원이 중도에 집단을 포기하려고 할 때, 그 선택으로 발생할 수 있는 문제를 안내하고 참여 여부를 스스로 선택하게 한다.
> ㄴ. 청소년 집단원이 성폭력 피해에 대한 신고를 원하지 않을 경우, 비밀을 보장한다.
> ㄷ. 집단원들의 사생활에 관한 이야기를 외부에 발설하지 않도록 안내한다.
> ㄹ. 집단상담자와 연인관계에 있는 사람도 집단참여자로 선정한다.

① ㄱ, ㄴ　　② ㄱ, ㄷ　　③ ㄴ, ㄹ
④ ㄱ, ㄷ, ㄹ　　⑤ ㄴ, ㄷ, ㄹ

**031** 합리적정서행동치료(REBT)의 ABCDE 모형을 순서대로 옳게 나열한 것은?

> ㄱ. 개인이 가진 비합리적 신념에서 비롯된 결과
> ㄴ. 활성화된 사건에 대한 개인의 비합리적 신념
> ㄷ. 반응을 일으키는 사건, 상황, 환경
> ㄹ. 합리적 신념에서 비롯된 새로운 감정이나 행동
> ㅁ. 결과를 야기한 비합리적 신념을 논박

① ㄴ → ㄱ → ㄷ → ㅁ → ㄹ
② ㄴ → ㄱ → ㅁ → ㄷ → ㄹ
③ ㄷ → ㄴ → ㄱ → ㅁ → ㄹ
④ ㄷ → ㄴ → ㅁ → ㄱ → ㄹ
⑤ ㄷ → ㄱ → ㅁ → ㄹ → ㄴ

**032** 해결중심 집단상담에서 집단원에게 하는 주요 질문기법으로 옳지 않은 것은?

① 그런 문제가 덜 일어날 때는 언제입니까?
② 당신이 어렸을 때 겪었던 가장 고통스런 경험은 무엇인가요?
③ 지난 집단 회기 이후에 나아진 것이 있습니까?
④ 지금 당신의 불안을 0에서 10점의 척도에서 몇 점을 줄 건가요?
⑤ 만약 밤에 자는 동안 지금의 문제가 사라져 버렸다면, 당신의 문제가 해결된 것을 어떻게 알 수 있고 무엇이 다른지를 어떻게 알 수 있을까요?

**033** 집단상담 이론과 목표에 관한 설명으로 옳은 것은?

① 정신분석: 어릴 때 형성된 왜곡된 관계에서 일그러진 생애각본을 변경한다.
② 여성주의치료: 현재 자기가 경험하고 있는 정서적 장애의 원인이 자기상실에 있다는 것을 각성하게 한다.
③ 게슈탈트: 집단원이 자신과 환경을 이해하고 자신을 수용하며 접촉할 수 있는 힘을 증진시킨다.
④ 동기강화상담: 스스로 선택하고 책임질 수 있는 방법으로 각자의 생존, 소속, 권력, 자유, 즐거움 등의 심리적 욕구를 충족할 수 있도록 돕는다.
⑤ 실존주의: 사회적 관심을 갖게 하고, 재교육을 통해 생활양식을 재정향한다.

**034** 집단상담 이론에 관한 설명으로 옳은 것을 모두 고른 것은?

> ㄱ. 인간중심상담에서는 인간이 현상학적 장을 경험하고 지각하며, 그것에 주관적인 의미를 부여하는 존재임을 강조한다.
> ㄴ. 이야기치료에서 집단원은 자신의 경험에 대한 주 해석자이다.
> ㄷ. 해결중심상담은 과거 미해결 문제를 현재로 가져와서 다루는 데 초점을 둔다.
> ㄹ. 실존주의상담에서는 집단원에게 이중자아의 역할을 해보게 한다.

① ㄱ, ㄴ
② ㄴ, ㄷ
③ ㄱ, ㄷ, ㄹ
④ ㄴ, ㄷ, ㄹ
⑤ ㄱ, ㄴ, ㄷ, ㄹ

**035** 집단상담의 이론과 기법의 연결로 옳은 것은?

① 현실치료 – 유머 사용, 역설적 기법
② 개인심리학 – 각본 분석, 역설적 의도
③ 교류분석 – 자기표현, 버튼 누르기
④ 게슈탈트 – 빈의자 기법, 탈숙고
⑤ 행동주의 – 자극통제, 마치 ~처럼 행동하기

**036** 다음에서 사용되는 방어 기제에 관한 설명으로 옳은 것은?

> 자신의 공격적이거나 성적인 감정을 받아들이기 어려운 집단원이 다른 집단원을 적대적이거나 유혹적이라고 느낀다.

① 심각한 스트레스를 경험할 때 종종 어릴적 취했던 방식으로 되돌아가는 것이다.
② 타인에게 드러내고 싶은 감정이나 행동을 자신에게 되돌려 표현하는 것이다.
③ 타인의 신념이나 기준을 자신의 것으로 소화하지 못한 채 무비판적으로 받아들이는 경향이다.
④ 개인의 내적 경험과 외적 현실 사이의 구별이 모호한 상태를 의미한다.
⑤ 수용할 수 없는 자신의 생각, 감정, 행동, 동기를 타인에게 돌리는 것이다.

**037** 심리극 집단상담 단계에 관한 설명으로 옳지 않은 것은?
① 워밍업 단계에서는 심리극이 시작되기 전 집단의 목표, 한계 등을 안내한다.
② 워밍업 단계는 연출자의 준비, 신뢰감 형성 등의 활동이 포함된다.
③ 시연단계에서는 연출자가 다양한 기법을 활용하여 주인공의 무의식 속 욕망, 갈등 등이 드러나게 한다.
④ 시연단계에서는 연출자가 공개적으로 주인공의 문제를 분석하고 자신의 유사한 경험을 개방한다.
⑤ 종결단계에서는 연출자는 참여자들이 심리극 과정에 참여하면서 느낀 소감을 주인공과 함께 나누도록 돕는다.

**038** 집단역동에 관한 설명으로 옳지 않은 것은?
① 네 가지 차원(level)으로 설명된다.
② 집단원에게 해를 끼칠 가능성도 있다.
③ 집단에서 발생하는 다양한 상호작용과 역동적인 과정을 포괄하는 개념이다.
④ 집단역동이라는 단어를 최초로 사용한 학자 루빈(K. Lewin)은 "소집단 안에서 일어나는 모든 것을 의미한다."고 하였다.
⑤ 집단의 성격과 방향에 영향을 미쳐서 집단의 분위기를 만든다.

**039** 집단역동 중 개인 내적 역동을 파악하기 위한 내용으로 옳은 것을 모두 고른 것은?

> ㄱ. 집단원의 생각, 감정, 태도
> ㄴ. 집단 내에서 발생하는 갈등, 연합, 동맹
> ㄷ. 집단의 규범, 리더십 역학, 집단 유대감
> ㄹ. 집단원의 동기, 방어, 어린 시절의 기원
> ㅁ. 희생양 만들기, 집단 수준의 저항

① ㄱ, ㄴ
② ㄱ, ㄹ
③ ㄱ, ㄴ, ㄹ
④ ㄴ, ㄷ, ㄹ, ㅁ
⑤ ㄱ, ㄴ, ㄷ, ㄹ, ㅁ

**040** 코리(G. Corey)의 집단발달단계 중 초기단계에서 집단상담자의 역할로 옳지 않은 것은?

① 집단상담자와 집단원의 책임과 역할을 명확히 한다.
② 집단원들의 염려와 질문을 개방적으로 다룬다.
③ 적극적으로 경청하고 반응하기와 같은 기본적인 대인관계 기술을 알려준다.
④ 집단원들이 구체적인 개인 목표를 설정하도록 돕는다.
⑤ 미성년자인 경우 보호자 또는 법적 대리인의 동의서를 받는다.

**041** 코리(G. Corey)의 집단상담 과도기 단계의 특징으로 옳은 것을 모두 고른 것은?

> ㄱ. 불안과 방어가 다양한 행동으로 나타난다.
> ㄴ. 기본적인 규칙을 개발하고 규범을 세운다.
> ㄷ. 통제와 힘과 관련된 문제가 드러나거나 집단 내의 다른 사람들과 갈등을 경험하기도 한다.
> ㄹ. 집단원은 집단 환경이 얼마나 안전한지 판단하기 위해 집단상담자와 다른 집단원들을 시험한다.

① ㄱ, ㄴ  ② ㄴ, ㄷ  ③ ㄱ, ㄴ, ㄷ
④ ㄱ, ㄷ, ㄹ  ⑤ ㄱ, ㄴ, ㄷ, ㄹ

**042** 집단발달단계에 따른 특징을 순서대로 옳게 나열한 것은?

> ㄱ. 저항이 표출되고, 갈등이 나타난다.
> ㄴ. 집단원들은 분위기를 시험하며 친밀감을 형성해 간다.
> ㄷ. 집단과정에서 일어난 미해결 문제를 표현하고 다룰 수 있다.
> ㄹ. 역기능적인 행동 패턴을 탐색하고 변화를 위한 시도를 한다.

① ㄱ→ㄴ→ㄷ→ㄹ  ② ㄱ→ㄴ→ㄹ→ㄷ  ③ ㄴ→ㄱ→ㄷ→ㄹ
④ ㄴ→ㄱ→ㄹ→ㄷ  ⑤ ㄴ→ㄹ→ㄱ→ㄷ

**043** 집단상담의 종결단계에 관한 설명으로 옳지 않은 것은?

① 소극적 참여
② 이별 감정과 작별인사
③ 저항분석과 감정의 정화
④ 성장과 변화에 대한 평가
⑤ 추수상담에 대한 안내

**044** 학교에서 이루어지는 청소년 집단상담에 관한 설명으로 옳은 것을 모두 고른 것은?

ㄱ. 집단상담은 자발적 참여자를 대상으로만 운영한다.
ㄴ. 학교의 승인을 받아 집단을 운영한다.
ㄷ. 대상의 연령에 따라 집단 운영 시간은 다를 수 있다.
ㄹ. 교육을 목적으로 한 집단상담인 경우 사전 동의서는 불필요하다.

① ㄱ, ㄴ
② ㄴ, ㄷ
③ ㄱ, ㄷ, ㄹ
④ ㄴ, ㄷ, ㄹ
⑤ ㄱ, ㄴ, ㄷ, ㄹ

**045** 청소년상담사 윤리강령에 근거하여 집단상담을 진행할 때 '사전 동의'에 관한 설명으로 옳지 않은 것은?

① 집단상담의 목표와 한계에 대해 명확히 알려야 한다.
② 집단상담자와 집단원 모두의 권리와 책임에 대해 알려야 한다.
③ 사례지도 및 교육을 위해 녹음과 녹화가 원칙적으로 진행됨을 안내한다.
④ 만 14세 미만의 청소년인 경우, 보호자 또는 법정대리인의 상담 활동에 대한 사전 동의를 구해야 한다.
⑤ 집단상담에 대해 집단원이 충분한 설명을 듣고 선택할 수 있도록 적절한 정보를 제공해야 한다.

**046** 청소년 집단상담을 초기, 중기, 종결기로 나누었을 때 종결기의 효과적인 개입전략은?

① 집단의 구조화
② 긴장과 불안 줄이기
③ 자발성과 신뢰감 형성을 위한 활동하기
④ 분리감과 상실감 다루기
⑤ 집단행동의 모범을 보이기

**047** 청소년 집단상담에서 집단원 선정 시 제외해야 할 대상으로 옳은 것은?

① 이혼가정의 청소년
② 임산부인 청소년
③ 왕따를 당하고 있는 청소년
④ 조현병 진단을 받은 청소년
⑤ 교우관계 갈등을 겪고 있는 청소년

**048** 청소년 집단상담에서 밑줄 친 부분의 집단상담자 반응 기술로 옳은 것은?

> 향기: 저는 어려서 교통사고로 눈가에 흉터가 있어요. 그래서 흉터를 가리려고 늘 모자를 눌러쓰거나 머리를 길러서 얼굴을 가리고 있어야만 해요.
> 집단상담자: 눈가에 있는 흉터 때문에 모자를 쓰거나 머리를 기르고 있었구나. 많이 힘들었겠다. <u>근데 지금 내가 자세히 보니 흉터가 눈에 띄지 않는구나. 향기가 말하지 않았다면 흉터가 있는지도 몰랐을 것 같은데, 옆에 있는 나무는 향기의 흉터가 어떻게 보여지는지 말해줄 수 있겠니?</u>

① 피드백　　② 명료화　　③ 공감　　④ 연결　　⑤ 해석

**049** 다음 집단원에 대한 청소년 집단상담자의 공감반응으로 옳은 것은?

> 어제 엄마가 저에게 시험이 며칠 남지 않았는데 게임 좀 그만 하라고 화를 내시는 거예요. 사실 엄마가 방에 들어오기 전까지 진짜 열심히 공부하고 있었거든요.

① 공부하고 있었는데 하필 게임할 때 엄마가 들어 오셨구나.
② 게임을 더 하고 싶은데 그러지 못해 화가 났구나.
③ 시험이 며칠 남지 않아서 엄마가 걱정을 많이 하고 있나 보다.
④ 열심히 공부하고 있었는데 엄마가 몰라주고 오해해서 속상했구나.
⑤ 엄마에게 공부 열심히 하고 있었다고 솔직히 말을 해보는 게 좋을 것 같은데.

**050** 청소년 집단상담의 기법과 효과의 연결로 옳지 않은 것은?

① 구조화: 집단원들의 불안 감소
② 초점 맞추기: 집단원의 내면 탐색
③ 피드백: 변화의 계기 제공
④ 경청: 타인에 대한 올바른 이해
⑤ 명료화: 응집력 향상

# 1교시 제3과목(필수): 심리측정 및 평가

**051** 정규화된 표준화 점수인 T점수에서 평균(M)과 표준편차(SD)는?

① 평균(M) = 50, 표준편차(SD) = 10
② 평균(M) = 100, 표준편차(SD) = 15
③ 평균(M) = 100, 표준편차(SD) = 10
④ 평균(M) = 50, 표준편차(SD) = 15
⑤ 평균(M) = 5, 표준편차(SD) = 2

**052** 의미변별척도의 단점으로 옳지 않은 것은?

① 똑같은 형용사 쌍이라도 수검자들의 개별적인 경험에 따라 각기 다른 의미로 인식될 수 있다.
② 동일한 대상자의 다른 특성에 대해서는 평가와 의미부여가 달라 일관성이 없는 경우가 많다.
③ 동일한 대상에게 여러 가지 유사한 개념들을 사용할 경우, 수검자들이 과제에 흥미를 잃고 지루해할 수 있다.
④ 형용사 반응의 차이들을 제곱하여 합하는 방식이기 때문에 특성에 대한 전반적인 차이를 계산할 수 없다.
⑤ 형용사 쌍이 중복된다고 판단될 경우 나중 반응은 별 의미가 없을 수 있다.

**053** 통계에 관한 설명으로 옳지 않은 것은?

① 표준편차(standard deviation)와 분산(variance)은 변산도를 측정하는 지표이다.
② 비모수통계는 모집단의 확률분포가 정상분포를 따르지 않을 때 사용하는 방법이다.
③ 비율척도는 서열 사이의 간격이 동일하지만 절대영점은 존재하지 않는 척도이다.
④ 유층표집은 전집을 여러 개의 하위집단으로 나눈 후 하위 집단 내에서의 비율을 고려하여 무선표집하는 방법이다.
⑤ 리커트 척도는 순위는 정할 수 있으나 서열의 크기와 정도는 비교할 수 없다.

**054** 문항반응이론의 기본가정에 관한 설명으로 옳지 않은 것은?

① 모든 문항은 오직 하나의 잠재적 특성만을 측정해야 한다.
② 특정 문항에 대한 반응은 다른 문항에 대한 반응에 영향을 미치지 않아야 한다.
③ 문항 특성은 표본의 특성에 따라 달라지지 않아야 한다.
④ 수검자의 능력 수준은 능력을 측정하기 위해 사용하는 문항에 따라 달라지지 않아야 한다.
⑤ 검사점수를 설명하기 위해서는 수검자가 여러 가지 능력이 있다고 가정한다.

**055** 검사문항 간(inter-item) 정답과 오답의 일관성을 종합적으로 측정하는 상관계수는?

① Kuder-Richardson 계수
② 불확실성(uncertainty) 계수
③ Pearson 적률상관계수
④ Spearman 순위상관계수
⑤ Kendall의 tau-b 계수

**056** 신뢰도에 영향을 주는 요인에 관한 설명으로 옳지 않은 것은?

① 신뢰도는 문항 난이도의 영향을 받는다.
② 검사-재검사 신뢰도는 검사를 시행하는 시간간격의 영향을 받는다.
③ 신뢰도는 검사문항 수의 영향을 받는다.
④ 신뢰도는 사례 수의 영향을 받는다.
⑤ 동형검사 신뢰도는 연습효과의 영향을 받지 않는다.

**057** 문항반응이론에서 문항별 능력추정치(ability estimate)에 해당하는 것을 모두 고른 것은?

> ㄱ. 문항곤란도 ㄴ. 문항변별도
> ㄷ. 추측정답 가능성 ㄹ. 정답문항 제시의 무작위성
> ㅁ. 낮은 수검동기

① ㄱ, ㄴ, ㄷ ② ㄱ, ㄷ, ㄹ ③ ㄱ, ㄹ, ㅁ
④ ㄴ, ㄷ, ㄹ ⑤ ㄷ, ㄹ, ㅁ

**058** 다음 내용에서 설명하는 타당도는?

> ○ 관심이 있는 동일한 특성을 측정하는 현재 검사 외의 다른 대안적 방법에서 측정된 내용과의 관계를 보는 것
> ○ 동일 시점에서 측정된 내용과의 상관관계를 보는 타당도

① 내용(content) 타당도 ② 예언(predictive) 타당도
③ 공인(concurrent) 타당도 ④ 안면(face) 타당도
⑤ 구성(construct) 타당도

**059** 분류기준상 학업성취도 검사가 해당되는 유형은?

① 성향검사 ② 교육검사 ③ 모의상황검사
④ 축소상황검사 ⑤ 목적위장검사

**060** 검사자를 문제해결의 권위자로 인식시키고, 수검자를 검사자에게 의존하게 만든다고 비판하면서 심리검사를 반대했던 연구자는?

① 비네(Binet) ② 로저스(Rogers) ③ 로샤(Rorschach)
④ 융(Jung) ⑤ 터먼(Terman)

**061** 심리검사 및 평가의 윤리에 관한 설명으로 옳은 것은?

① 자해 위험성이 있는 경우라도 비밀보장의 원칙은 반드시 지켜야 한다.
② 검사 전-후의 사적인 만남은 관계형성에 필요하다.
③ 심리검사의 결과는 수검자에게 무조건 비밀로 해야 한다.
④ 검사의 경우, 수검자와의 이중관계는 문제가 되지 않는다.
⑤ 평가 의뢰인과 수검자가 동일하지 않은 경우, 평가서나 의뢰보고서는 의뢰인의 동의가 전제되어야 수검자에게 열람될 수 있다.

**062** 수검자나 수검자의 법적 대리인으로부터 '동의'가 필요하지 않은 경우를 모두 고른 것은?

ㄱ. 법률이나 정부 규정에 따라 검사실시가 필요할 때
ㄴ. 동의 능력이 없는 아동에게 검사를 실시할 때
ㄷ. 고용이나 입학 허가 등 동의의 뜻이 명확하게 내포되어 있을 때

① ㄱ
② ㄱ, ㄴ
③ ㄱ, ㄷ
④ ㄴ, ㄷ
⑤ ㄱ, ㄴ, ㄷ

**063** K-WAIS-IV에 관한 설명으로 옳은 것을 모두 고른 것은?

ㄱ. 10개 핵심 소검사와 5개 보충 소검사로 구성되어 있다.
ㄴ. 소검사의 표준 점수 평균은 10이고 표준 편차는 3이다.
ㄷ. 전체 지능 지수(FS IQ) 범위는 30~150 사이에서 산출된다.
ㄹ. 일반 지능 지수(GAI)는 작업 기억과 처리 속도의 핵심 소검사로 구성된 조합점수이다.

① ㄱ, ㄴ
② ㄱ, ㄷ
③ ㄴ, ㄷ
④ ㄴ, ㄹ
⑤ ㄷ, ㄹ

064 K-WISC-IV와 K-WISC-V에 관한 설명으로 옳지 않은 것은?

① K-WISC-V는 만 6세 0개월에서 16세 11개월까지의 아동과 청소년에게 실시된다.
② 산수 소검사는 K-WISC-V에서 처리 속도 지표에 포함된다.
③ K-WISC-V는 언어 이해, 시공간 기능, 유동 추론, 작업 기억, 처리 속도의 5개 지표점수로 구성된다.
④ K-WISC-IV는 언어 이해, 지각 추론, 작업 기억, 처리 속도의 4개 지표점수로 구성된다.
⑤ 토막짜기 소검사는 K-WISC-V에서 시공간 기능 지표에 포함된다.

065 K-WAIS-IV의 숫자(digit span) 소검사가 측정하는 것을 모두 고른 것은?

| ㄱ. 주의지속력 | ㄴ. 즉각적이고 단순한 회상능력 |
| ㄷ. 언어적 지식 | ㄹ. 시각적 구성력 |
| ㅁ. 청각적 연속능력 | |

① ㄱ, ㄴ, ㄷ   ② ㄱ, ㄴ, ㅁ   ③ ㄱ, ㄷ, ㄹ
④ ㄴ, ㄹ, ㅁ   ⑤ ㄷ, ㄹ, ㅁ

066 지능에 관한 개념과 이론에 관한 설명으로 옳지 않은 것은?

① 스피어만(Spearman)은 지능이 일반요인과 특수요인의 2요인으로 구성되어 있다고 주장하였다.
② 가드너(Gardner)는 언어, 유창성, 수, 기억, 공간, 지각속도, 논리적 사고 등 다요인의 기초 정신능력을 주장하였다.
③ 길포드(Guilford)는 요인분석을 통해 '내용, 조작 및 결과' 차원의 3차원 모델을 제시하였다.
④ 카텔과 호른(Cattell & Horn)은 유동지능과 결정지능의 Gf-Gc 이론을 제안하였다.
⑤ CHC(Cattell-Horn-Carroll) 이론에서는 지능을 일반지능 1층위, 소수의 넓은 인지능력 2층위, 몇십 개의 좁은 인지기능 3층위로 구성된다고 본다.

**067** 벤더 도형 검사(BGT)의 정신병리 채점에서 형태의 일탈(변화)에 포함되는 것은?

① 단순화(simplification)
② 폐쇄 곤란(closure difficulty)
③ 퇴영(retrogression)
④ 단편화(fragmentation)
⑤ 중첩 곤란(중복 곤란, overlapping difficulty)

**068** MMPI-2에서 임상척도 2번(D)이 70점 이상 상승(다른 임상척도는 60점 이하)할 때 임상적, 정서적 증상이나 특징으로 옳지 않은 것은?

① 심리적, 행동적인 에너지 수준이 낮음
② 슬픔이나 불행감을 자주 경험함
③ 밝고 즐거운 정서 경험이 낮음
④ 다른 사람 탓을 하고 적대적임
⑤ 흥미와 의욕이 저하됨

**069** MMPI-2에서 임상척도 4번(Pd)이 70점 이상 상승(다른 임상 척도는 60점 이하)할 때 임상적, 정서적 증상이나 특징으로 옳지 않은 것은?

① 사회적 가치와 규범을 내재화하는 데 어려움이 있음
② 가족 갈등과 불화가 많을 수 있음
③ 권위에 대한 거부감이 강함
④ 무기력감이 강함
⑤ 자기중심성이 강함

**070** 5요인 성격검사(Neo-PI-R)에서 성실성에 포함되는 하위요인을 모두 고른 것은?

> ㄱ. 유능감　　　ㄴ. 성취동기　　　ㄷ. 책임감
> ㄹ. 심미성　　　ㅁ. 활동성

① ㄱ, ㄴ, ㄷ　　② ㄱ, ㄴ, ㅁ　　③ ㄱ, ㄷ, ㄹ
④ ㄴ, ㄹ, ㅁ　　⑤ ㄷ, ㄹ, ㅁ

**071** 성격평가질문지(PAI) 척도에 관한 설명으로 옳지 않은 것은?

① 조증(MAN): 활동수준의 증가, 자기-과대감, 초조함, 인내심 저하
② 지배성(DOM): 타인에 대한 지배, 독립성과 자기주장
③ 망상(PAR): 과도한 경계심과 의심, 피해의식, 불신과 원한
④ 비지지(NON): 사회적 지지의 부족이나 결여
⑤ 치료거부(RXR): 대인관계에서의 윤리적 태도와 온정성

**072** 객관적 검사와 비교하여 투사 검사의 특성에 관한 설명으로 옳은 것을 모두 고른 것은?

> ㄱ. 검사자극이 무엇을 보여주는지 불명료하고 모호하다.
> ㄴ. 채점과 해석이 어렵다.
> ㄷ. 자기를 긍정적이거나 부정적인 방향으로 보여주고 과장, 축소하기 쉽다.
> ㄹ. 검사자의 태도와 주관이 개입되기 어렵다.
> ㅁ. 각 개인의 고유하고 특유한 심리적 반응이 산출된다.

① ㄱ, ㄴ, ㄷ　　② ㄱ, ㄴ, ㅁ　　③ ㄱ, ㄷ, ㄹ
④ ㄴ, ㄹ, ㅁ　　⑤ ㄷ, ㄹ, ㅁ

**073** 문장완성검사에 관한 설명으로 옳지 않은 것은?

① 문장에 따라 모호함의 정도가 다르다.
② 자유연상검사와 단어연상검사 등으로부터 발전하였다.
③ Sacks의 문장완성검사는 '가족, 성(이성), 대인관계, 자기개념'의 네 가지 영역으로 구분된다.
④ 구조화가 분명하므로 투사검사로 볼 수 없다.
⑤ 각 문장을 읽고 즉각적으로, 제일 먼저 떠오르는 것을 완성하도록 한다.

**074** MMPI-2와 문장완성검사(SCT)에 관한 설명으로 옳은 것은?

① 문장완성검사에서는 개인의 독특하고 고유한 성격과 심적 갈등이 반영될 수 없다.
② MMPI-2는 정신병리와 성격 요인에 대한 개인 내 비교가 불가능하다.
③ 문장완성검사에는 표준화된 채점과 해석이 있다.
④ 문장완성검사는 규준을 통한 개인 간 비교가 가능하다.
⑤ MMPI-2 실시에는 시간 제한이 없다.

**075** 엑스너(Exner)의 로샤(Rorschach) 검사 종합체계에서 결정인 채점기호가 아닌 것은?

① FC   ② FC'   ③ FA   ④ FV   ⑤ FT

# 1교시 제4과목(필수): 상담이론

**076** 상담에 관한 설명으로 옳지 않은 것은?

① 내담자가 가지고 있는 문제를 해결해주는 과정이다.
② 상담자, 내담자, 상담관계는 상담의 주요 구성요소이다.
③ 상담자는 상담에 대한 전문적, 인간적, 윤리적 자질을 갖추어야 한다.
④ 2인 이상의 내담자를 동시에 상담하기도 한다.
⑤ 내담자의 긍정적인 변화와 성장을 목표로 한다.

**077** 상담관계에 관한 설명으로 옳지 않은 것은?

① 상담관계를 기초로 상담의 목적을 이루어간다.
② 직접 대면으로 형성되거나 전화, 인터넷, 문자 등의 매체를 통해 형성된다.
③ 신뢰와 존중, 친밀감을 기초로 하기 때문에 상담목표를 향한 작업 관계이자 사교적 관계이다.
④ 상담자와 내담자가 대등한 위치에서 상담에 참여하는 것이 바람직하다.
⑤ 상담관계가 올바르게 형성되지 않으면 상담의 효율적 진행은 불가능해진다.

**078** 비밀유지 원칙의 예외 상황으로 옳은 것을 모두 고른 것은?

> ㄱ. 내담자가 자신을 해칠 의도나 계획을 말하는 경우
> ㄴ. 내담자의 아동학대 피해 사실을 알게 되는 경우
> ㄷ. 법원에서 공개를 요구하는 경우
> ㄹ. 전문가에게 슈퍼비전을 받는 경우

① ㄱ, ㄴ
② ㄷ, ㄹ
③ ㄱ, ㄴ, ㄷ
④ ㄱ, ㄴ, ㄹ
⑤ ㄱ, ㄴ, ㄷ, ㄹ

**079** 다음 설명에 해당하는 개인심리학적 상담기법은?

> 내담자가 반복적으로 나타내는 자기패배적 행동의 감춰진 동기를 확인하고 그것을 매력적이지 못한 것으로 만듦으로써 그 행동의 유용성을 제거하는 기법

① 단추 누르기
② 수프에 침 뱉기
③ 마치 ~인 것처럼 행동하기
④ 수렁 피하기
⑤ 직면

**080** 인지오류의 유형과 예시의 연결이 옳은 것을 모두 고른 것은?

> ㄱ. 정신적 여과: (벤치에 앉아 있는 사람들이 웃는 것을 보고) 저 사람들이 제 외모를 보고 비웃는 것 같아요.
> ㄴ. 과잉일반화: 저는 수학을 못 하니까 형편없는 학생이에요.
> ㄷ. 임의적 추론: (여자 친구가 바쁜 상황으로 연락을 자주 못하자) 이제 여자 친구가 나를 멀리 하는 것 같아요.
> ㄹ. 개인화: 제가 소풍을 갈 때마다 비가 와요.

① ㄱ, ㄴ
② ㄷ, ㄹ
③ ㄱ, ㄴ, ㄷ
④ ㄴ, ㄷ, ㄹ
⑤ ㄱ, ㄴ, ㄷ, ㄹ

**081** 합리정서행동치료(REBT)의 ABCDE 모델에서 B에 해당하는 것은?

① "저는 A를 받아야만 해요. A를 받지 못한다면 한심한 인간이 될 거예요."
② "제 자신에 대해 너무 화가 나고 수치심마저 느껴져요."
③ "네가 다른 친구들보다 성적이 더 높아야 하는 이유는 무엇이니?"
④ "이번 중간고사에서 수학 성적이 평균보다 낮게 나왔어요."
⑤ "한 번 시험에 망했다고 해서 끝은 아니죠. 이번 시험에서 망한 이유를 살펴보고 재도전 해 볼게요."

**082** 정신분석에 관한 설명으로 옳지 않은 것은?

① 불안을 느끼게 되면 방어기제가 작동된다.
② 성적 추동은 인간의 가장 기본적인 욕구이다.
③ 개인의 행동을 이해하기 위해 어린 시절의 경험을 탐색한다.
④ 자아는 현실원리에 따라 본능적 욕구와 외적인 현실 세계를 중재한다.
⑤ 개인이 겪는 심리적 문제의 원인은 외부에 존재한다.

**083** 행동주의 상담에 관한 설명으로 옳은 것을 모두 고른 것은?

ㄱ. 내담자의 현재 문제에 영향을 주는 요인들을 다룬다.
ㄴ. 과학적 방법의 원리와 절차에 근거한다.
ㄷ. 심리적 문제의 근원에 대한 역동적 통찰을 요구한다.
ㄹ. 행동변화의 전략은 내담자의 필요와 요구에 따라 개별화된다.

① ㄱ, ㄴ    ② ㄱ, ㄹ    ③ ㄴ, ㄷ
④ ㄱ, ㄴ, ㄹ    ⑤ ㄴ, ㄷ, ㄹ

**084** 다음에서 설명하는 게슈탈트 상담이론의 접촉경계 혼란 현상은?

○ 부모나 사회의 영향에 의해 형성된 가치관
○ '항상 열심히 일해야 한다', '늘 다른 사람을 먼저 배려해야 한다'와 같은 가르침을 아무 비판 없이 수용하는 경향성

① 내사    ② 투사    ③ 융합    ④ 반전    ⑤ 편향

**085** 게슈탈트 상담에 관한 설명으로 옳지 않은 것은?

① '지금-여기'에서 경험하는 것들에 초점을 맞춘다.
② 내담자가 회피하려는 행동을 직면시킨다.
③ 내담자의 자기인식과 문제해결을 돕기 위해 다양한 실험을 활용한다.
④ 내담자가 실존적 삶을 살아가도록 돕는다.
⑤ 알아차림-접촉 주기는 '배경 → 감각 → 알아차림 → 행동 → 에너지동원 → 접촉'의 순으로 이루어진다.

**086** 인간중심 상담이론에 관한 설명으로 옳지 않은 것은?

① 유기체적 경험과 자기개념 간의 불일치는 심리적 부적응의 원인이다.
② 모든 인간은 자기실현경향성을 가지고 태어난다.
③ 내담자에 대한 진실성, 무조건적 긍정적 존중, 공감적 이해를 중시한다.
④ 궁극적인 목표는 내담자가 온전히 기능하도록 돕는 것이다.
⑤ 현실적 자기는 다른 사람으로부터 긍정적으로 평가받기 위한 가치의 조건을 반영한다.

**087** 다음 인간관에 기초한 상담이론은?

> ○ 세상에 우연히 던져진 존재
> ○ 유한성을 지닌 존재
> ○ 자유와 책임을 지닌 존재

① 게슈탈트　　② 실존주의　　③ 인간중심
④ 개인심리학　　⑤ 분석심리학

**088** 다음 설명에 해당하는 상담이론은?

> ㄱ. 내담자와 문제를 분리하고, 새로운 관점에서 삶과 미래를 재저작하는 것을 강조한다. 대표 학자는 화이트(M. White)와 엡스턴(D. Epston)이다.
> ㄴ. 성격이론이면서 상담 및 심리치료이론으로 창시자는 번(E. Berne)이다.

① ㄱ: 이야기치료, ㄴ: 교류분석
② ㄱ: 이야기치료, ㄴ: 게슈탈트
③ ㄱ: 마음챙김기반 인지치료, ㄴ: 교류분석
④ ㄱ: 마음챙김기반 인지치료, ㄴ: 게슈탈트
⑤ ㄱ: 사회구성주의이론, ㄴ: 게슈탈트

**089** 현실치료에 관한 설명으로 옳은 것을 모두 고른 것은?

> ㄱ. 인간을 자신의 행동을 선택하는 존재로 가정한다.
> ㄴ. 경험·환경이 형성한 5가지 욕구를 가정한다.
> ㄷ. 뇌 속의 비교장소를 상정한다.
> ㄹ. 주요 개념은 4R, 전행동, 선택이다.
> ㅁ. 개인의 선택과 삶에 대한 통제를 중시한다.

① ㄱ, ㄴ, ㄷ
② ㄱ, ㄷ, ㄹ
③ ㄱ, ㄷ, ㅁ
④ ㄴ, ㄹ, ㅁ
⑤ ㄷ, ㄹ, ㅁ

**090** 해결중심상담에 관한 설명으로 옳지 않은 것은?

① 상담자와 내담자가 내담자 운명의 공동건축가라고 본다.
② 내담자가 중요하다고 생각하는 것을 상담목표로 세운다.
③ 문제 해결에 필요한 자원을 내담자 자신이 갖고 있다고 본다.
④ 긍정적 예외상황 탐색, 새로운 해결책 도출에 초점을 둔다.
⑤ 악몽질문은 기적질문, 예외질문 등이 효과가 없을 때 주로 사용된다.

**091** 상담이론과 설명의 연결로 옳은 것은?

① 교류분석: 세 자아상태 중 한 상태, 세 자아기능 중 한 기능으로 메시지를 주고받는다.
② 개인심리학: 부모나 환경에 대한 반응으로서의 결정들을 토대로 인생각본이 형성된다.
③ 변증법적 행동치료: 삶이라는 클럽의 회원구성을 새롭게 함으로써 자신의 정체성을 재구성한다.
④ 현실치료: 선택이론에서 통제이론으로 초점을 옮기면서 의료에서 교정, 학교 영역까지 확장되었다.
⑤ 인지행동치료: 타 이론의 효과적 기법들을 수용한 복합적, 다요인적 접근이다.

**092** 다음 사례개념화에 부합하는 상담이론은?

> 내담자는 쪽지시험 실수, 친구에게 한 실언 등 통제하지 못한 실패에 집착하여 불면, 스트레스성 소화장애에 시달린다. 본 상담에서는 내담자가 자신의 생각과 감정으로부터 떨어져 바라보게 해서 더 명료하게 알아차릴 수 있도록 돕고, 자신에게 가치 있는 삶에 집중할 수 있도록 돕는 접근이 필요하다.

① 개인심리학　　　② 동기강화상담　　　③ 수용전념치료
④ 실존주의상담　　⑤ 마음챙김기반 인지치료

**093** 변증법적 행동치료(DBT)에 관한 설명으로 옳은 것을 모두 고른 것은?

> ㄱ. 경계선 성격장애 치료를 위해 개발되었다.
> ㄴ. 정서적 취약성을 타고난 경우 어려움을 겪는다고 가정한다.
> ㄷ. 파괴적 행동의 수정과 감정의 비판단적 수용을 강조한다.
> ㄹ. 기술훈련모듈에는 인지처리, 감정조절, 고통감내, 대인조절이 있다.

① ㄱ, ㄴ　　　　　② ㄷ, ㄹ　　　　　③ ㄱ, ㄴ, ㄷ
④ ㄴ, ㄷ, ㄹ　　　⑤ ㄱ, ㄴ, ㄷ, ㄹ

**094** 통합적 접근에 관한 설명으로 옳지 않은 것은?

① 최근 동향에서는 이론적 통합을 지향한다.
② 효과성을 기준으로 선택한 개입전략들의 조합이 바람직하다.
③ 상담자의 숙고와 철학에 바탕을 두고 다양한 접근을 조화롭게 통합하여 사용하는 것이다.
④ 정서중심치료는 공감, 표현예술치료, 마음챙김의 통합이다.
⑤ 변증법적 행동치료는 인지행동, 마음챙김, 인간중심, 전략적 요소 등의 통합이다.

**095** 여성주의 상담에 관한 설명으로 옳지 않은 것은?

① 여성의 삶의 맥락에 주목한다.
② 다양한 정체성을 가진 위험·취약 집단 여성에 주목한다.
③ 내담자 자신의 경험과 판단을 신뢰하도록 격려한다.
④ 권력분석은 내담자와 상담자 사이 권력차이를 감소시킨다.
⑤ 여성이 사회적으로 여전히 존재하는 성차별주의와 분투 중이라 본다.

**096** 다문화 사회정의 및 옹호 상담자에 관한 설명으로 옳지 않은 것은?

① 내담자에게 필요한 자원 및 지지 제공을 위해 지역사회 내 단체, 지도자, 교장 등과 협력한다.
② 연결(linking) 기법을 사용하여 지역사회 내 단체들 간 협력을 지원한다.
③ 내담자가 강점 인식 및 자기 옹호를 배우도록 조력한다.
④ 정치적 행동을 취할 필요가 있는 사회 문제를 인식한다.
⑤ 개인-체제 간 균형잡힌 관점으로 문제의 원인을 개념화한다.

**097** 상담을 시작하기 전 준비해야 할 사항으로 옳은 것은?

① 변화를 위한 실천행동 계획
② 상담할 공간의 편안함과 쾌적함 점검
③ 상담 진행방식에 대한 안내와 합의
④ 상담에서 제시할 과제 목록 작성
⑤ 보호자의 심리검사 실시 후 결과 확보

098 상담목표에 관한 설명으로 옳은 것을 모두 고른 것은?

> ㄱ. 내담자를 주체로, 상태나 행동을 진술한다.
> ㄴ. 내담자의 연령, 특성을 고려하여 세운다.
> ㄷ. 목표수립은 다음 단계인 촉진적 관계 형성을 활성화한다.

① ㄱ  ② ㄴ  ③ ㄷ
④ ㄱ, ㄴ  ⑤ ㄴ, ㄷ

099 호소문제에 관한 설명으로 옳은 것을 모두 고른 것은?

> ㄱ. 상담자는 호소문제를 우선적으로 들어야 한다.
> ㄴ. 호소문제를 해결하는 상담목표를 수립해야 한다.
> ㄷ. 호소문제를 들으면서 비언어적 행동을 면밀히 관찰해야 한다.

① ㄷ  ② ㄱ, ㄴ  ③ ㄱ, ㄷ
④ ㄴ, ㄷ  ⑤ ㄱ, ㄴ, ㄷ

100 상담자의 자기개방에 관한 설명으로 옳지 않은 것은?
① 자기공개, 자기노출, 자기폭로라고 불린다.
② 상담자에게 이해받는다는 인식을 하게 한다.
③ 상담자와 내담자 간 동질감을 형성하게 한다.
④ 모델링 학습의 목적으로 사용한다.
⑤ 변화가능성과 도전을 위한 용기를 불어넣고자 할 때 사용한다.

## 2교시 제1과목(필수): 학습이론

**01** 학습의 정의에 관한 설명으로 옳지 않은 것은?

① 학습은 직접적으로 관찰 가능해야 한다.
② 성숙에 의한 변화는 학습이 아니다.
③ 수행(performance)이 없어도 학습은 일어날 수 있다.
④ 행동 변화는 학습 경험 후에 즉시 일어나지 않아도 된다.
⑤ 약물에 의한 일시적 신체 변화는 학습의 범주에 포함되지 않는다.

**02** 손다이크(E. Thorndike)의 이론적 관점에 관한 설명으로 옳지 않은 것은?

① 학습은 통찰적이라기보다 점진적이다.
② 학습된 반응은 이미 형성된 방향으로 일어나기 쉽다.
③ 자극과 반응 간 연합은 연습만으로도 강화된다.
④ 문제해결을 하는 데 걸리는 시간은 시행 횟수가 증가함에 따라 체계적으로 증가한다.
⑤ 반응 다음에 만족스러운 사상태(satisfying state of affairs)가 따라오면 자극과의 연결 강도가 높아진다.

**03** 처벌에 관한 설명으로 옳지 않은 것은?

① 타임아웃(time-out)은 정적 처벌의 하나이다.
② 처벌 전 사전 경고를 하는 것이 효과적이다.
③ 행동과 처벌 간 시간 간격이 길수록 처벌의 효과는 떨어진다.
④ 처벌 받는 행동은 분명하고 구체적인 용어로 제시되어야 한다.
⑤ 처벌 받는 행동이 받아들여질 수 없는 이유에 대해 설명해 주어야 한다.

**04** 학습된 무기력(learned helplessness)에 관한 설명으로 옳은 것을 모두 고른 것은?

> ㄱ. 인간을 포함한 많은 종의 동물들에서 발견할 수 있다.
> ㄴ. 학습된 무기력이 높은 사람은 실패의 원인을 노력 부족으로 생각한다.
> ㄷ. 통제 불가능한 상황에서 혐오자극에 반복적으로 노출되면 발생할 수 있다.
> ㄹ. 인간의 경우 삶의 다양한 시도들이 좌절되어 무기력하고, 움츠러들며, 마지막에는 포기해 버리는 특징이 있다.

① ㄱ, ㄹ  ② ㄱ, ㄴ, ㄷ  ③ ㄱ, ㄷ, ㄹ
④ ㄴ, ㄷ, ㄹ  ⑤ ㄱ, ㄴ, ㄷ, ㄹ

**05** 고전적 조건형성의 적용 사례로 옳지 않은 것은?

① 범죄 뉴스에서 특정 국가의 사람을 보면 그 국가 국민에 대한 편견이 형성된다.
② 노란색 옷을 입고 등교한 날 시험을 잘 보면, 시험 보는 날은 노란색 옷을 입는다.
③ 아이가 토끼 옆에 있을 때 갑자기 큰 소리에 노출되면, 토끼에 대한 공포가 형성된다.
④ 멋진 아이돌 가수가 특정 제품을 광고하면, 그 제품에 대한 긍정적 이미지가 형성된다.
⑤ A는 열 살 때 오이를 먹고 몇 시간 뒤 독감에 걸렸다. 그 후 A는 오이를 싫어하게 되었다.

**06** 다음 실험에서 밑줄 친 부분과 고전적 조건형성의 개념을 옳게 짝지은 것은?

> 파블로프(I. Pavlov)는 배고픈 개에게 고기를 주기 바로 전에 똑딱거리는 메트로놈을 반복적으로 들려주었다. 실험 초반에는 메트로놈의 똑딱거리는 소리가 개에게 침을 흘리게 하지 않았으나, ㉠고기를 줄 때는 개가 ㉡침을 흘렸다. 그러나 결국 개는 고기를 받기 전에 똑딱거리는 ㉢메트로놈 소리만 들려도 ㉣침을 흘리게 되었다.

① ㉠ - 조건 자극, ㉡ - 무조건 반응
② ㉠ - 무조건 자극, ㉣ - 무조건 반응
③ ㉡ - 무조건 반응, ㉢ - 조건 자극
④ ㉡ - 조건 반응, ㉣ - 무조건 반응
⑤ ㉢ - 무조건 자극, ㉣ - 무조건 반응

**07** 고전적 조건형성에서 다음 설명에 해당하는 개념은?

> 메트로놈 소리와 고기를 짝 짓는다. 고기는 배고픈 개에게 침을 흘리게 할 것이고, 메트로놈 소리와 고기가 몇 차례 짝 지어지면 메트로놈 소리만 제시하여도 개는 침을 흘린다. 이후 새로운 조건 자극인 반짝이는 불빛과 이전의 조건 자극(메트로놈 소리)을 짝 짓는다. 이 시행을 몇 차례 반복하면 개는 반짝이는 불빛만 제시하여도 침을 흘린다.

① 변별  ② 일반화  ③ 제지 조건화
④ 차별적 강화  ⑤ 고차적 조건화

**08** 다음 과정에 관한 이요인 이론(two-factor theory; O. Mowrer)의 설명으로 옳지 않은 것은?

> A방에 개가 있다. 그 방의 불빛이 꺼지고 잠시 후 개는 전기충격을 받는다. 곧 개는 장벽을 뛰어넘어 전기충격이 없는 B방으로 간다. 이 과정을 도식화하면 다음과 같다.

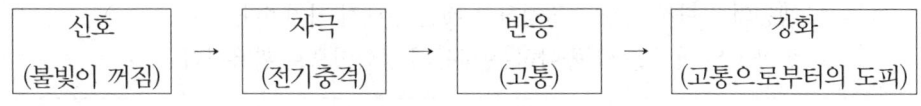

① 고통은 전기충격에 대한 조건 반응이 된다.
② 개가 장벽을 뛰어넘는 것은 부적 강화력을 가진다.
③ 불빛이 꺼지는 것은 고통에 대한 조건 자극이 된다.
④ 고전적 조건화와 조작적 조건화라는 두 종류의 학습 경험이 관여한다.
⑤ 개가 장벽을 뛰어넘는 것은 공포를 종결시키는 활동을 학습한 것으로 해결학습(solution learning)에 해당된다.

**09** 다음 사례에 해당하는 강화계획은?

> A학급에서 B교사는 칭찬스티커 10개를 모은 모둠에게 떡볶이 쿠폰을 준다. 또한 10권의 책을 읽은 학생에게 독서상을 준다.

① 연속강화　　　② 고정간격강화　　　③ 변동간격강화
④ 고정비율강화　　⑤ 변동비율강화

**10** 프리맥 원리(Premack principle)에 관한 설명으로 옳은 것을 모두 고른 것은?

> ㄱ. 높은 빈도로 나타나는 행동이 낮은 빈도로 나타나는 행동을 강화할 수 있다.
> ㄴ. 일차 강화물과 이차 강화물을 구분한다.
> ㄷ. 행동의 강화적 속성을 결정하는 것은 상대적 가치이다.
> ㄹ. 좋아하는 활동을 덜 좋아하는 활동의 강화인으로 활용한다.

① ㄱ, ㄴ, ㄷ　　　② ㄱ, ㄴ, ㄹ　　　③ ㄱ, ㄷ, ㄹ
④ ㄴ, ㄷ, ㄹ　　　⑤ ㄱ, ㄴ, ㄷ, ㄹ

**11** 관찰학습에 관한 설명으로 옳지 않은 것은?

① 모델의 행동을 관찰함으로써 학습하는 것이다.
② 인간 외의 동물들도 관찰을 통해 학습할 수 있다.
③ 인간은 모델이 매력적이고 유명한 사람일 때 더 잘 배우는 경향이 있다.
④ 연령도 관찰학습에 영향을 미치는데, 생활 연령이 정신 연령보다 더 중요하다.
⑤ 비숙련 모델(unskilled model)은 관찰자에게 모델의 성공뿐만 아니라 실패로부터도 배우게 한다.

**12** 관찰학습의 과정을 순서대로 옳게 나열한 것은?

> ㄱ. 학습한 것에 대한 인지적 시연
> ㄴ. 모델에 대한 주의
> ㄷ. 학습한 것에 대한 동기화
> ㄹ. 관찰한 것의 파지

① ㄴ - ㄱ - ㄹ - ㄷ  ② ㄴ - ㄷ - ㄹ - ㄱ  ③ ㄴ - ㄹ - ㄱ - ㄷ
④ ㄷ - ㄴ - ㄱ - ㄹ  ⑤ ㄷ - ㄴ - ㄹ - ㄱ

**13** 통찰학습에 관한 설명으로 옳지 않은 것은?

① 문제해결에서 정신적 숙고의 과정을 거친다.
② 미해결에서 해결로의 전환은 서서히 단계적으로 나타난다.
③ 통찰로 얻은 원리는 구조적으로 유사한 문제에 쉽게 적용할 수 있다.
④ 통찰로 얻은 해결책은 상당한 시간 동안 유지된다.
⑤ 통찰로 얻은 해결책에 기초한 수행은 대개 부드럽고 오류가 없다.

**14** 학습과 인지구조에 관한 비고츠키(L. Vygotsky)의 주장으로 옳지 않은 것은?

① 언어나 상징과 같은 문화적 도구의 중요성을 강조한다.
② 근접발달영역(ZPD)에서 학습이 이루어진다.
③ 지식은 혼자 발견하기보다 타인과의 상호작용을 통해 전수된다.
④ 사회와 문화적 맥락에서의 학습에 초점을 둔다.
⑤ 동화와 조절을 통해 인지구조의 성장이 일어난다.

**15** 앳킨슨과 쉬프린(R. Atkinson & R. Shiffrin)의 기억에 관한 설명으로 옳은 것은?

① 감각등록기(sensory register)는 주의를 기울이는 동안만 유지된다.
② 단기기억은 매우 짧은 시간 동안 매우 많은 정보를 저장한다.
③ 일화기억(episodic memory)은 개인적 경험을 담은 단기기억이다.
④ 장기기억의 저장용량은 기존에 저장된 정보가 많을수록 줄어든다.
⑤ 새로운 정보는 단기기억을 거친 다음에 장기기억으로 이동한다.

**16** 다음 학습 전략은?

> ○ 정보를 단기기억에서 장기기억으로 저장하는 방법
> ○ 어떤 정보를 반복적으로 되새기는 과정

① 암송(rehearsal)
② 정교화(elaboration)
③ 청킹(chunking)
④ 재조직화(reorganization)
⑤ 군집화(clustering)

**17** 기억의 역행간섭(retroactive interference)에 해당하는 사례는?

① 단어목록을 외웠는데 제일 앞 단어만 기억난다.
② 교통사고를 겪은 순간이 잘 기억나지 않는다.
③ A의 첫인상은 뚜렷한데 가장 마지막 인상은 희미하다.
④ 술에 취한 이후에 있었던 일이 기억나지 않는다.
⑤ 전화번호를 바꾼 후 예전 전화번호가 기억나지 않는다.

**18** 파이비오(A. Paivio)의 이중부호이론(dual-coding theory)에 관한 설명으로 옳지 않은 것은?

① 정보가 장기기억에 저장되는 방식에 대한 이론이다.
② 단어보다 그림을 더 잘 기억한다.
③ 정보는 시각적 부호와 언어적 부호로 입력된다.
④ 시청각 교재가 학습효과를 촉진한다.
⑤ 추상적인 단어를 구체적인 단어보다 더 잘 기억한다.

**19** 다음 사례에 해당하는 이론은?

> 철학에 대해 잘 몰랐는데, 철학과 친구와 논쟁적인 철학적 질문들을 찾아 토론하다 보니 철학에 대해 더 많이 알게 되었다.

① 정보처리수준 이론　② S-R 이론　③ 계열위치효과 이론
④ 기대-가치 이론　⑤ 절차적 학습 이론

**20** 학습에 관한 뇌과학적 설명으로 옳지 않은 것은?

① 도파민은 정적 강화를 받을 때 분비되는 신경전달 물질이다.
② 신경생성(neurogenesis)은 청소년기 이후에 중단된다.
③ 편도체는 어떤 사건이나 정보를 기억할 때 그 기억에 감정을 결합시키는 역할을 한다.
④ 베르니케 영역은 언어의 의미를 이해하는 데 중요한 기능을 한다.
⑤ 신경가소성(neuroplasticity)은 뇌가 신경연결을 재조직하거나 수정하는 능력이다.

**21** 다음 사례를 설명하는 이론은?

> 혼자 공부할 때는 책의 내용이 머리에 잘 들어오지 않고 졸리기만 한데 사람이 적당히 많은 스터디카페에서는 정신도 맑아지고 공부가 훨씬 잘된다.

① 켈러(J. Keller)의 ARCS이론
② 드웩(C. Dweck)의 마인드셋
③ 헐(C. Hull)의 추동감소이론
④ 헵(D. Hebb)의 최적각성수준
⑤ 솔로몬(R. Solomon)의 반대과정이론

**22** 몰입(flow)에 관한 설명으로 옳지 않은 것은?

① 활동에 완벽하게 몰두하는 상태를 말한다.
② 내적 동기보다는 외적 동기에 의해 유도된다.
③ 과제 도전정도와 학습자 기술수준의 균형이 맞을 때 나타난다.
④ 도전정도가 기술수준보다 너무 높으면 불안해진다.
⑤ 기술수준이 도전정도보다 너무 높으면 지루해진다.

**23** 매슬로우(A. Maslow)의 욕구위계이론에 관한 설명으로 옳지 않은 것은?

① 결핍 욕구는 만족되면 다음 단계로 넘어갈 수 있다.
② 성장 욕구가 완전히 만족되었을 때 성장이 시작된다.
③ 소속감과 애정에 대한 욕구는 결핍 욕구에 해당한다.
④ 자아실현에 대한 욕구는 성장 욕구에 해당한다.
⑤ 하위 단계의 욕구가 충족된 다음에 상위 단계 욕구가 나타난다.

**24** 다음 사례를 통해 증진시킬 수 있는 학습의 내재적 동기는?

> 고려시대 역사를 공부하는 학생들에게 그 시대 청소년들의 평범한 하루가 어떠했을지 생각해보게 한다.

① 근접(proximity)   ② 도전(challenge)   ③ 통제(control)
④ 상상(fantasy)      ⑤ 주의(attention)

**25** '수행목표(performance goal)' 지향 학습자의 특성을 모두 고른 것은?

> ㄱ. 남들 앞에서 실패를 해도 수행에 만족할 수 있다.
> ㄴ. 시험과 같은 평가 상황에서 특히 더 불안감을 느낀다.
> ㄷ. 도전적인 과제보다는 실패가능성이 낮은 과제를 선호한다.
> ㄹ. 남들과 비교하기보다는 자신이 전보다 더 유능해졌는지가 중요하다.
> ㅁ. 자기불능화(self-handicapping) 전략을 사용하는 경우가 상대적으로 더 많다.

① ㄱ, ㄴ, ㄷ         ② ㄱ, ㄷ, ㄹ         ③ ㄴ, ㄷ, ㅁ
④ ㄴ, ㄹ, ㅁ         ⑤ ㄷ, ㄹ, ㅁ

## 2교시 제2과목(선택): 청소년이해론

**26** 청소년기의 다양한 관점에 관한 설명으로 옳은 것을 모두 고른 것은?

> ㄱ. 스탠리 홀(G. Stanley Hall)은 청소년기를 질풍노도의 시기로 규정하였다.
> ㄴ. 청소년기는 아동에서 성인으로 발달해 나가는 과도기적 발달 시기이다.
> ㄷ. 청소년기를 생물학적 측면에서 정의한다면 성적 성숙이 시작되는 시점부터 성적 성숙이 완성될 때까지의 기간을 의미한다.
> ㄹ. 플라톤은 청소년기의 특징으로 이성의 발달을 주장하였다.
> ㅁ. 우리나라의 청소년관련법에서는 청소년의 연령범위가 하나로 통일되어 있다.

① ㄱ, ㄴ  ② ㄱ, ㄷ, ㅁ  ③ ㄱ, ㄴ, ㄷ, ㄹ
④ ㄴ, ㄷ, ㄹ, ㅁ  ⑤ ㄱ, ㄴ, ㄷ, ㄹ, ㅁ

**27** 〈보기 1〉의 학자와 〈보기 2〉의 내용이 바르게 연결된 것은?

> ─ / 보기 1 / ─
> ㄱ. 에릭슨(E. Erikson)    ㄴ. 프로이트(S. Freud)    ㄷ. 셀먼(R. Selman)

> ─ / 보기 2 / ─
> a. 조망수용 이론    b. 심리성적 발달단계    c. 심리사회적 발달단계

① ㄱ - a, ㄴ - c  ② ㄱ - c, ㄴ - b  ③ ㄱ - c, ㄷ - b
④ ㄴ - b, ㄷ - c  ⑤ ㄴ - c, ㄷ - a

28. 엘킨드(D. Elkind)의 청소년기 자아중심성 개념 중 다음 설명에 해당하는 것은?

○ 어른들은 청소년의 독특함과 특별함을 절대로 이해하지 못한다고 생각한다.
○ 엄마는 내 첫사랑을 절대로 이해하지 못한다고 생각한다.

① 거짓 어리석음　② 상상 청중　③ 위선
④ 개인적 우화　⑤ 가설연역적 사고

29. 마샤(J. Marcia)의 정체감 지위이론에서 자기탐색을 위한 정체감 위기를 경험하지 않고 자신에 대해 쉽게 의사결정을 한 경우에 해당하는 것은?

① 정체감 혼미　② 정체감 유실　③ 정체감 성취
④ 정체감 유예　⑤ 정체감 확산

30. 콜버그(L. Kohlberg)의 도덕발달 단계에서 타인의 눈을 의식하여 친구들에게 좋은 사람으로 인정받기 위해 행동을 결정하는 경우에 해당하는 것은?

① 착한 소년·소녀 지향 단계
② 도구적 쾌락주의 지향 단계
③ 법과 질서 지향 단계
④ 사회계약 지향 단계
⑤ 보편적 원리 지향 단계

**31** 청소년기 신체적 발달의 특징에 관한 설명으로 옳지 않은 것은?

① 청소년기는 신체적 성장급등이 이루어지는 시기이다.
② 여자 청소년들이 임신 가능한 신체로 형성되어 가는 것은 성호르몬인 테스토스테론의 영향에 의한 것이다.
③ 이차 성징이 뚜렷해지는 것과 관련 깊은 내분비선으로는 뇌하수체와 생식선을 들 수 있다.
④ 급격한 신체변화로 인해 자신의 체형에 대한 불만족을 느끼는 경우 청소년의 정신건강에 부정적인 영향을 미칠 수 있다.
⑤ 또래에 비해 신체적 발달이 빨리 이루어지는 경우는 신체적 조숙에 해당한다.

**32** 청소년기 성역할 고정관념의 증가현상을 의미하는 것은?

① 성역할 집중화　　② 성역할 분리화　　③ 성역할 정체감
④ 성역할 동일시　　⑤ 성역할 유형화

**33** 청소년기 또래집단의 기능에 관한 설명으로 옳은 것을 모두 고른 것은?

> ㄱ. 자아정체감 형성에 도움　　ㄴ. 준거집단으로의 기능
> ㄷ. 심리적 지원과 안정감 제공　　ㄹ. 동성애 발달의 기초 제공
> ㅁ. 또래문화에 대한 정보제공의 기능

① ㄱ, ㄴ　　② ㄴ, ㄷ, ㄹ　　③ ㄱ, ㄴ, ㄷ, ㅁ
④ ㄱ, ㄷ, ㄹ, ㅁ　　⑤ ㄱ, ㄴ, ㄷ, ㄹ, ㅁ

**34** 진로 및 직업발달 이론에 관한 설명으로 옳은 것은?

① 수퍼(D. Super)의 이론은 개인의 성격에 적합한 직업을 선택하는 것이 바람직하다는 '성격 유형이론'이다.
② 홀랜드(J. Holland)의 직업발달이론에서 청소년상담사는 탐구적 유형에 해당한다.
③ 긴즈버그(E. Ginzberg)는 진로발달이론에서 욕구와 현실 간의 절충으로 직업발달을 완성해 나간다고 주장하였다.
④ 수퍼(D. Super)의 이론에서 청소년기 자아정체감이 생겨나기 시작하면서 직업에 관해 막연하고 일반적인 생각을 가지게 되는 단계를 '실행' 단계라 하였다.
⑤ 긴즈버그(E. Ginzberg)의 진로발달이론에서 현실적 시기는 환상적 시기 다음에 경험하는 과정이다.

**35** 브론펜브레너(U. Bronfenbrenner)의 생태학적 체계 중 ( )에 들어갈 내용으로 옳은 것은?

> 대중매체는 청소년이 직접적으로 상호작용하지는 않지만 청소년에게 영향을 미치는 지역 사회 수준에서 기능하고 있는 사회적 환경이라는 점에서 ( )에 해당한다.

① 중간체계  ② 미시체계  ③ 거시체계
④ 시간체계  ⑤ 외체계

**36** 청소년 문화를 사회 전체 문화 중 한 부분을 이루는 문화로 보는 입장에 해당하는 것은?

① 미숙한 문화로 보는 입장
② 비행문화로 보는 입장
③ 대항문화로 보는 입장
④ 하위문화로 보는 입장
⑤ 주류문화로 보는 입장

**37** 미디어의 다양한 기능 중 미디어가 상세히 보도하는 이슈를 대중들도 중요한 이슈로 인식하게 되는 현상을 의미하는 것은?

① 문화전승 기능   ② 오락 기능   ③ 환경감시 기능
④ 사회화 기능   ⑤ 의제설정 기능

**38** 명품으로 대변되는 상류사회의 규범과 위선에 반격을 가하는 도전적인 젊은이들이 추구하는 청소년 패션 문화를 의미하는 것은?

① 코스프레 패션   ② 테크노 패션   ③ 피어싱 패션
④ 차브 패션   ⑤ 복고 패션

**39** 청소년기 비행이론 중 허쉬(T. Hirschi)가 제안한 사회유대의 하위차원에 해당하지 않는 것은?

① 애착(attachment)   ② 관여(commitment)   ③ 열정(passion)
④ 참여(involvement)   ⑤ 신념(belief)

**40** 학교폭력예방 및 대책에 관한 법률상 학교폭력대책심의위원회의 기능에 해당하지 않는 것은?

① 피해학생의 전학
② 피해학생의 보호
③ 학교폭력의 예방 및 대책
④ 피해학생과 가해학생 간의 분쟁조정
⑤ 가해학생에 대한 교육, 선도 및 징계

**41** 청소년기 자살에 관한 설명으로 옳은 것을 모두 고른 것은??

> ㄱ. 부모와의 유대는 자살을 예방하는 보호요인이 될 수 없다.
> ㄴ. 모방자살을 하는 경향이 있다.
> ㄷ. 또래와 동반자살을 시도하는 경향이 있다.
> ㄹ. 우울증이나 약물남용은 청소년 자살의 원인 중 하나이다.

① ㄱ, ㄴ  ② ㄷ, ㄹ  ③ ㄱ, ㄴ, ㄹ
④ ㄴ, ㄷ, ㄹ  ⑤ ㄱ, ㄴ, ㄷ, ㄹ

**42** 청소년 보호법상 청소년 유해약물 분류에 해당하지 않는 것은?

① 「주세법」에 따른 주류
② 「담배사업법」에 따른 담배
③ 「마약류 관리에 관한 법률」에 따른 마약류
④ 「화학물질관리법」에 따른 환각물질
⑤ 「약물남용법」에 따른 유해물질

**43** 다음 중 학교부적응 요인으로 옳은 것을 모두 고른 것은?

> ㄱ. 낮은 학업성취도            ㄴ. 입시 위주의 교육
> ㄷ. 또래관계에서의 소외감    ㄹ. 부모와의 친밀한 유대감

① ㄱ, ㄴ  ② ㄷ, ㄹ  ③ ㄱ, ㄴ, ㄷ
④ ㄴ, ㄷ, ㄹ  ⑤ ㄱ, ㄴ, ㄷ, ㄹ

**44** 청소년 보호법령상 인터넷게임 중독·과몰입 등의 예방 및 피해 청소년 지원에 해당하지 않는 것은?

① 청소년과 그 가족의 인터넷게임 중독·과몰입 여부 진단
② 인터넷게임 중독·과몰입 예방을 위한 교육·상담 및 프로그램 개발·운영
③ 인터넷게임 중독·과몰입 청소년과 그 가족의 치료·재활을 위한 프로그램의 개발·운영
④ 인터넷게임 중독·과몰입 청소년과 그 가족의 치료·재활을 위하여 협력하는 병원의 지정
⑤ 청소년상담사 등에 대한 인터넷게임 중독·과몰입 전문상담 교육

**45** 청소년 기본법상 (    )에 들어갈 내용으로 옳은 것은?

> 청소년복지란 청소년이 정상적인 삶을 누릴 수 있는 기본적인 여건을 조성하고 조화롭게 성장·발달할 수 있도록 제공되는 (    ), (    ) 자원을 말한다.

① 심리적, 사회적　　② 사회적, 경제적　　③ 심리적, 경제적
④ 경제적, 문화적　　⑤ 사회적, 문화적

**46** 청소년복지 지원법상 다음이 설명하는 청소년복지시설은?

> ㄱ. 학습·정서·행동상의 장애를 가진 청소년을 대상으로 한다.
> ㄴ. 정상적인 성장과 생활을 할 수 있도록 지원한다.
> ㄷ. 청소년에게 적합한 치료, 교육 및 재활을 종합적으로 지원하는 거주형 시설이다.

① 청소년쉼터
② 청소년회복지원시설
③ 청소년자립지원관
④ 청소년치료재활센터
⑤ 청소년상담복지센터

**47** 다음이 설명하는 청소년 기본법의 조항은?

> 청소년의 기본적 인권은 청소년활동·청소년복지·청소년보호 등 청소년육성의 모든 영역에서 존중되어야 한다.

① 청소년의 자치권 확대
② 청소년육성의 기본 계획
③ 청소년상담사의 의무
④ 국가 및 지방자치단체의 책임
⑤ 청소년의 권리와 책임

**48** 청소년복지 지원법상 청소년증에 관한 설명으로 옳지 않은 것은?

① 9세 이상 18세 이하의 청소년에게 발급한다.
② 다른 사람에게 양도하거나 빌려주어서는 아니된다.
③ 누구든지 청소년증 외에 청소년증과 동일한 명칭의 증표를 사용할 수 있다.
④ 여성가족부가 청소년증의 발급에 필요한 사항을 정한다.
⑤ 특별자치시장·특별자치도지사 또는 시장·군수·구청장이 발급할 수 있다.

**49** 학교 밖 청소년 지원에 관한 법률상 다음이 설명하는 지원에 해당하는 것은?

> 국가와 지방자치단체는 학교 밖 청소년에게 생활지원, 문화공간지원, 의료지원, 정서지원 등을 제공할 수 있다.

① 교육지원   ② 자립지원   ③ 취업지원
④ 상담지원   ⑤ 직업체험지원

**50** 청소년복지 지원법상 지역사회 내 청소년 필수연계기관과 연계하여 위기청소년의 상담, 보호, 교육, 자립 등 맞춤형 서비스를 제공하는 것은?

① 청소년우대정책
② 청소년복지바우처
③ 청소년어울림마당
④ 지역사회 청소년통합지원체계
⑤ 청소년유해환경감시정책

## 2교시 제3과목(선택): 청소년수련활동론

**51** 다음에서 설명하는 청소년활동은?

> ○ 영국의 베이든 포우엘(Baden-Powell)이 주도하였다.
> ○ 군정찰 활동을 청소년 활동에 적용하였다.
> ○ 국가와 사회가 필요로 하는 청소년육성을 목적으로 한다.

① 반더포겔(Wandervogel) 운동
② 4-H 운동
③ 국제청소년성취포상제
④ 스카우트 활동
⑤ YMCA

**52** 칙센트미하이(M. Csikszentmihalyi)의 몰입이론에서 활동과제 수준이 자신의 수행능력을 완전히 초월할 때 경험하는 것은?

① 몰입(flow)  ② 이완(relaxation)  ③ 무관심(apathy)
④ 지루함(boredom)  ⑤ 불안(anxiety)

**53** 프로그램 개발 과정에서 다음이 설명하는 요구분석 기법은?

> ○ 미래에 대한 예측과 정보를 얻는 방법이다.
> ○ 예측하려는 문제에 관해 전문가의 견해를 유도하고 종합하여 집단적으로 정리한다.
> ○ 미국 랜드연구소(Rand Corporation)에서 개발하였다.

① 능력분석법  ② 델파이법  ③ 개별이력분석법
④ 관찰법  ⑤ 데이컴법

**54** 청소년활동 진흥법령상 위험도가 높은 청소년 수련활동에 해당하지 않는 것은?

① 3시간 야간등산  ② 수상스키  ③ 스킨스쿠버
④ 10Km 도보이동  ⑤ 고무보트

**55** 스터플빔(D. Stufflebeam)의 CIPP 평가모형에서 다음에 해당하는 것은?

> ○ 프로그램 종료 후 참여자에게 즉각적으로 나타난 변화 또는 일정기간 후 지속된 변화를 평가한다.
> ○ 프로그램의 공헌도를 측정하고 해석하여 판단하는 것을 목적으로 한다.

① 상황평가  ② 투입평가  ③ 산출평가
④ 과정평가  ⑤ 형성평가

**56** 콜브(D. Kolb)의 경험학습모델에서 추상적 개념화 과정을 통해 도출된 일반원리들을 새로운 상황에 적용하여 검증하는 과정에 해당하는 것은?

① 조작적 개념화(operational conceptualization)
② 구체적 경험(concrete experience)
③ 반성적 관찰(reflective observation)
④ 적극적 실험(active experimentation)
⑤ 긍정적 판단(positive judgement)

**57** 한국청소년활동진흥원에서 운영하는 국립청소년수련시설에 해당하지 않는 것은?

① 국립중앙청소년수련원
② 국립중앙청소년디딤센터
③ 국립청소년우주센터
④ 국립청소년미래환경센터
⑤ 국립청소년해양센터

**58** 제7차 청소년정책 기본계획에서 제시한 '플랫폼기반 청소년활동 활성화'에 포함된 정책 과제가 아닌 것은?

① 청소년 디지털역량 활동 강화
② 청소년 미래역량 제고
③ 위기청소년 복지지원체계 강화
④ 학교안팎 청소년활동 지원강화
⑤ 다양한 체험활동 확대

**59** 청소년활동 진흥법상 청소년의 직업체험, 문화예술, 과학정보, 환경 등 특정 목적의 청소년활동을 전문적으로 실시할 수 있는 시설과 설비를 갖춘 수련시설은?

① 청소년수련관
② 청소년문화의 집
③ 청소년유스호스텔
④ 청소년야영장
⑤ 청소년특화시설

**60** 프로그램 개발 통합모형에서 프로그램의 목표 진술과 프로그램 내용을 선정하는 단계는?

① 프로그램 설계
② 프로그램 기획
③ 프로그램 마케팅
④ 프로그램 실행
⑤ 프로그램 평가

**61** 청소년활동 진흥법령상 청소년수련시설의 운영대표자의 자격을 갖춘 사람에 해당하는 것을 모두 고른 것은?

> ㄱ. 1급 청소년지도사 자격증 소지자
> ㄴ. 2급 청소년지도사 자격증 취득 후 청소년육성업무에 5년 종사한 사람
> ㄷ. 3급 청소년지도사 자격증 취득 후 청소년육성업무에 5년 종사한 사람
> ㄹ. 「초·중등교육법」 제21조에 따른 정교사 자격증 소지자 중 청소년육성업무에 5년 종사한 사람

① ㄱ, ㄹ  ② ㄱ, ㄴ, ㄷ  ③ ㄱ, ㄴ, ㄹ
④ ㄴ, ㄷ, ㄹ  ⑤ ㄱ, ㄴ, ㄷ, ㄹ

**62** 청소년활동 진흥법령상 청소년수련시설 건립심의위원회에 관한 내용이다. (    )에 들어갈 내용으로 옳은 것은?

> 심의위원회의 위원은 5명 이상 10명 이하로 구성하며, 위원 중 청소년 및 청소년 전문가의 참여 비율은 각각 (    ) 이상으로 한다.

① 5분의 1  ② 6분의 1  ③ 7분의 1
④ 8분의 1  ⑤ 10분의 1

**63** 청소년수련활동인증제의 인증기준 중에서 공통기준 영역에 포함되지 않는 것은?

① 프로그램 구성
② 지도자 전문성 확보 계획
③ 안전관리 계획
④ 학교단체 숙박형 활동 관리
⑤ 공간과 설비의 확보 및 관리

**64** 청소년수련활동인증제에서 구분하고 있는 활동유형 중 다음이 설명하고 있는 것을 옳게 나열한 것은?

> ㄱ. 활동내용에 따라 선정된 활동장소로 이동하여 숙박하며 이루어지는 활동
> ㄴ. 전체 프로그램의 운영시간이 2시간 이상으로서, 시행한 날에 끝나거나 또는 2일 이상의 각 회기로 구성되어 있으며, 숙박 없이 수일에 걸쳐 이루어지는 활동

① ㄱ: 이동형, ㄴ: 기본형
② ㄱ: 숙박형, ㄴ: 기본형
③ ㄱ: 이동형, ㄴ: 학교단체 숙박형
④ ㄱ: 숙박형, ㄴ: 학교단체 숙박형
⑤ ㄱ: 이동형, ㄴ: 청소년단체 숙박형

**65** 청소년활동 진흥법상 (    )에 들어갈 내용으로 옳은 것은?

> 특별자치시장·특별자치도지사·시장·군수·구청장은 청소년활동 진흥법 제9조의2 제1항에 따른 숙박형등 청소년수련활동의 계획을 신고 받은 날부터 (    )일 이내에 신고 수리 여부를 신고인에게 통지하여야 한다.

① 14    ② 15    ③ 18    ④ 20    ⑤ 25

**66** 청소년활동 진흥법상 청소년 문화활동의 지원에 해당하지 않는 것은?

① 전통문화의 계승
② 청소년축제의 발굴지원
③ 청소년동아리활동의 활성화
④ 청소년의 자원봉사활동의 활성화
⑤ 교포청소년 교류활동 지원

**67** 청소년활동 진흥법령상 청소년운영위원회에 관한 내용으로 옳지 않은 것은?

① 위원의 임기는 1년으로 한다.
② 위원장은 필요시 회의를 소집하며, 그 의장이 된다.
③ 청소년운영위원회의 구성·운영 등에 필요한 사항은 대통령령으로 정한다.
④ 청소년운영위원회는 10명 이상 25명 이하의 청소년으로 구성하여야 한다.
⑤ 위원장은 운영위원회를 대표하고, 운영위원회의 직무를 총괄한다.

**68** 청소년 방과 후 활동 지원의 근거가 되는 법은?

① 청소년활동 진흥법　② 청소년 기본법　③ 청소년복지 지원법
④ 청소년 보호법　⑤ 소년법

**69** 청소년활동 진흥법령상 청소년수련시설 설치·운영자가 수련시설 이용자에게 실시하여야 하는 안전교육을 모두 고른 것은?

> ㄱ. 수련시설 이용 시 유의사항 및 비상시 행동요령에 관한 사항
> ㄴ. 청소년수련활동 유형별 안전사고 예방에 관한 사항
> ㄷ. 성폭력·성희롱 예방 및 대처요령에 관한 사항

① ㄱ　② ㄱ, ㄴ　③ ㄱ, ㄷ
④ ㄴ, ㄷ　⑤ ㄱ, ㄴ, ㄷ

**70** 청소년활동 진흥법상 인증심사원의 자격 및 선발에 관한 내용이다. (　)에 들어갈 내용으로 옳은 것은?

> 인증심사원이 되려는 사람은 인증기준, 인증절차 등 인증심사와 관련된 내용을 중심으로 인증위원회가 실시하는 직무연수를 (　)시간 이상 받아야 한다.

① 10　　② 20　　③ 25　　④ 30　　⑤ 40

**71** 청소년활동 진흥법령상 수련시설의 종합평가에 관한 내용으로 옳지 않은 것은?
① 여성가족부장관은 수련시설에 대한 종합평가를 3년마다 1회 이상 실시하여야 한다.
② 국가 및 지방자치단체는 종합평가의 결과 우수한 수련시설에 대하여 포상을 실시할 수 있다.
③ 여성가족부장관은 종합평가 결과를 여성가족부 홈페이지 또는 여성가족부 장관이 지정하는 인터넷 홈페이지에 공개하여야 한다.
④ 여성가족부장관은 종합평가 결과에 따라 수련시설 운영대표자에게 미흡사항에 대한 개선이나 그 밖의 필요한 조치를 하도록 요구할 수 있다.
⑤ 종합평가는 필요한 경우 현장평가를 할 수 있다.

**72** 국제청소년성취포상제에서 합숙활동의 최소 활동기준에 관한 설명이다. (　)에 들어갈 내용으로 옳은 것은?

> 국제청소년성취포상제에서 금장의 경우 합숙활동에서는 최소 (　)의 합숙활동을 충족시켜야 한다.

① 1박 2일　　② 2박 3일　　③ 3박 4일
④ 4박 5일　　⑤ 5박 6일

**73** 청소년자기도전포상제의 운영기준에 관한 설명으로 옳지 않은 것은?

① 초등학교 1학년~중학교 3학년이면 누구나 참여할 수 있다.
② 자기개발활동은 주 1회 최소 50분 이상의 활동을 원칙으로 한다.
③ 참여 청소년은 5가지 활동영역 중 4가지 활동을 선택하여 각 영역에서 요구되는 포상단계별 최소 활동 기간을 충족해야 한다.
④ 탐험활동은 사전 기본교육이 필수로 진행되어야 한다.
⑤ 포상활동은 봉사, 자기개발, 신체단련, 탐험, 진로개발 등 5가지 활동영역으로 구성되어 있다.

**74** 청소년방과후아카데미의 운영유형 중에서 일반형에 해당하지 않는 것은?

① 기본형　　　② 장애형　　　③ 주말형
④ 다문화형　　⑤ 농산어촌형

**75** 청소년활동 진흥법상 지방청소년활동진흥센터에서 수행하는 사업이 아닌 것은?

① 지역 청소년활동의 요구에 관한 조사
② 지역 청소년 자원봉사활동의 활성화
③ 청소년수련활동 인증위원회의 설치 및 운영
④ 청소년활동 프로그램의 개발과 보급
⑤ 청소년활동에 대한 교육과 홍보

# 정답 및 해설

## 제21회 청소년상담사 3급 기출문제

### ☑ 빠른 정답표

| 001 | ② | 002 | ① | 003 | ④ | 004 | ② | 005 | ② | 006 | ③ | 007 | ② | 008 | ① | 009 | ④ | 010 | ③ |
|---|---|---|---|---|---|---|---|---|---|---|---|---|---|---|---|---|---|---|---|
| 011 | ② | 012 | ⑤ | 013 | ① | 014 | ③ | 015 | ③ | 016 | ④ | 017 | ④ | 018 | ② | 019 | ④ | 020 | ⑤ |
| 021 | ① | 022 | ③ | 023 | ⑤ | 024 | ⑤ | 025 | ① | 026 | ③ | 027 | ⑤ | 028 | ② | 029 | ⑤ | 030 | ④ |
| 031 | ① | 032 | ② | 033 | ④ | 034 | ⑤ | 035 | ⑤ | 036 | ② | 037 | ⑤ | 038 | ④ | 039 | ④ | 040 | ③ |
| 041 | ⑤ | 042 | ② | 043 | ③ | 044 | ⑤ | 045 | ⑤ | 046 | ① | 047 | ⑤ | 048 | ④ | 049 | ④ | 050 | ① |
| 051 | ③ | 052 | ⑤ | 053 | ① | 054 | ② | 055 | ④ | 056 | ① | 057 | ② | 058 | ② | 059 | ③ | 060 | ④ |
| 061 | ④ | 062 | ⑤ | 063 | ① | 064 | ② | 065 | ② | 066 | ② | 067 | ② | 068 | ② | 069 | ③ | 070 | ② |
| 071 | ⑤ | 072 | ② | 073 | ① | 074 | ④ | 075 | ⑤ | 076 | ④ | 077 | ② | 078 | ④ | 079 | ④ | 080 | ④ |
| 081 | ⑤ | 082 | ② | 083 | ⑤ | 084 | ② | 085 | ② | 086 | ④ | 087 | ④ | 088 | ② | 089 | ① | 090 | ④ |
| 091 | ⑤ | 092 | ② | 093 | ④ | 094 | ④ | 095 | ⑤ | 096 | ⑤ | 097 | ⑤ | 098 | ② | 099 | ③ | 100 | ② |

### 1교시  제1과목(필수): 발달심리

**001** 정답 ②
해설
* **발달의 순서성**
발달에는 순서가 있으며 이 순서는 일정하다. 상부(머리)에서 하부(발)로, 중심에서 말초로, 전체운동에서 부분운동 방향으로 발달한다.

**002** 정답 ①
해설
* **횡단적 연구법**
- 일정 시점에서 여러 연령층의 대상들을 택하여 필요한 발달 특징들을 알아보는 방법으로 가장 이상적인 연구방법이다.
- 연령이 다른 개인(집단) 간에 나타나는 발달적인 차이를 단기간에 한꺼번에 비교하려고 할 때 유용하다.

**003** 정답 ④
해설
- 연속성: 발달과정이 급격한 변화가 없이 점진적으로 완만한 곡선을 보인다는 이론 연속성 이론의 주요 학자는 행동주의자 같은 기계론적 관점을 지닌 학자들이다.
- 불연속성: 성장과정이 계단식 발달과정을 거치며, 각 발달단계는 서로 구별되는 생애기간으로, 독특한 정서, 동기, 행동이 각 생애기간마다 독특한 특징을 보인다는 이론 불연속성 이론의 주요 학자는 프로이트, 피아제, 콜버그, 에릭슨 등이 있다.

## 004 정답 ②
**해설**
ㄱ. '발생기'에 태반, 탯줄, 양막, 양수가 발달한다.
ㄹ. 수정란이 자궁벽에 착상한 임신 2주 이후부터 임신 8주까지 6주간의 기간을 '배아기'라 한다.

## 005 정답 ②
**해설**
2~3세경인 영아기에 손가락을 조절하여 물건을 잡을 수 있다.

**\* 신생아**
- 시신경과 망막의 성숙이 완전하지 않다.
- 단순한 소리의 크기와 음조를 구별한다.
- 쓴맛, 단맛, 신맛을 구별할 수 있다.

## 006 정답 ③
**해설**
유아기 정서이해 능력의 발달은 정서표현 단어를 사용하거나 능력이 급속도로 증가하기 시작한다. 특히 3~4세경에는 기쁨, 슬픔, 놀람 등 비교적 단순한 정서와 이들 1차 정서의 원인에 대한 이해도가 증가하게 된다. 그러나 유아기 정서 이해 능력은 한계를 보이기도 하는데 부정적 정서 이해는 다소 서툰 특징이 있다. 사람들이 느끼는 진짜 정서와 표현하는 정서를 잘 구별하지 못한다.

## 007 정답 ②
**해설**
ㄴ. 아동기 말에 심리적 특성이나 다른 사람과의 관계 등을 중심으로 자신을 묘사한다.
ㄷ. 생후 6개월경부터 젖니가 나기 시작한다.

## 008 정답 ①
**해설**
조직화 전략은 나중에 인출이 용이하도록 조직화하는 것이다. 제시된 기억 자료를 그것이 가지고 있는 속성에 따라 의미 있는 단위로 묶어서 기억하는 방법으로, 군집화와 범주화가 대표적인 전략이다.

## 009 정답 ④
**해설**
**\* 엘킨드(D. Elkind)가 제시한 청소년기 자아중심성으로 인하여 나타나는 현상**
- 상상 속의 청중: 청소년들이 행동할 때 언제나 다른 사람들이 자신의 행동을 주시하고 있다고 생각하는 것으로서 비록 자기 의견이 다른 사람들에게 받아들여지지 않는다 하더라도 어디엔가 자기의 아이디어를 받아주고 갈채를 보내는 청중이 있다고 상상하는 것이다. 사춘기의 소년·소녀들은 '상상의 관중'을 염두에 두고 마치 자신이 무대에 선 배우처럼 타인들의 관심의 초점이 된다고 믿는다.
- 개인적 우화: 자신의 독특성에 대해 비합리적이고 허구적인 관념으로, 자신의 감정과 사고가 너무나 독특해서 다른 사람들은 절대 이해할 수 없으며, 자신이 매우 중요한 인물이라고 믿는다.

## 010 정답 ③
**해설**
조지 어만 베일런트(George Eman Vaillant)의 분류에 따르면, 방어들은 그들 정신의 발달 수준을 드러낸다. 베일런트는 방어기제들을 4단계의 병적, 미성숙, 신경증적 그리고 성숙한 방어들로 분류한다.

## 011 정답 ②
**해설**
리겔(K. Riegel)은 형식적 조작기에 도달해서 인지발달이 완성된다는 피아제의 주장에 반론을 제기하였으며, 성인기 특유의 사고 특징인 변증법적 추론을 주장한 학자이다.

## 012 정답 ⑤
**해설**
르네버그(E. Lenneberg)는 언어의 발달에는 결정적 시기가 있다고 하였다. 언어를 산출하고 이해하는 능력은 인간의 타고난 선천적 특성이며, 언어발달을 관장하는 특정 부분이 뇌 속에 존재하고 있어서 어떤 문화권에서든 아동의 언어발달의 과정은 동일하다.

## 013 정답 ①
**해설**
* 길포드(J. Guilford)의 복합요인설
길포드는 서스톤의 기본 정신능력을 확장하고 발전시켜 지능구조모형을 제안하였다. 인간의 지능은 3개의 필수적인 차원이 존재한다고 보았으며 내용(5) × 조작(6) × 결과(6) 차원을 조합하여 설명하고 있다.

## 014 정답 ③
**해설**
생후 약 4개월 정도가 넘어서면 영유아들은 2차 순환반응(secondary circular reaction)을 보이기 시작하는데 이를 이차순환반응기라 한다. 2차 순환반응이란 아기가 자신이 아닌 외부 세계에서 흥미로운 사건을 발견한 후 이를 반복하려고 하는 도식을 말한다.

## 015 정답 ③
**해설**
* 자폐스펙트럼장애(Autism Spectrum Disorders, ASD)
초기 아동기부터 상호 교환적인 사회적 의사소통과 사회적 상호작용에 지속적인 손상을 보이는 한편 행동 패턴, 관심사 및 활동의 범위가 한정되어 있고 반복적인 것이 특징인 신경 발달 장애의 한 범주이다. 전체 인구의 1% 정도가 자폐스펙트럼에 속하는 것으로 추정되며, 남성의 경우가 여성보다 4배 이상 흔하다.

## 016 정답 ④
**해설**
'에릭슨(Erikson)'은 영아가 수유 욕구를 충족시켜주는 사람과 애착을 형성한다고 보았다.

## 017 정답 ④
**해설**

**\* 도덕적 불안**
개인이 도덕이나 양심의 기준대로 행동하지 못할 때 생기는 불안을 말한다. 초자아에 대한 자아의 의존으로 인해 유발되는 불안이며, 자아가 초자아로부터 처벌의 위협을 받을 때 나타나는 정서적 반응이다.

## 018 정답 ②
**해설**

**\* 자아반영(7~12세)**
다른 사람들과 마찬가지로 타인의 관점으로 자신을 돌아볼 수 있다. 타인도 그러하다는 것을 안다.

## 019 정답 ④
**해설**

긍정심리자본은 인간의 행복과 관련된 실천적 역량의 필요성을 제기하는 긍정심리학(positive psychology)에 기반을 두고 있다.

## 020 정답 ⑤
**해설**

**\* 닷지(K. Dodge)의 사회적 정보처리이론**
- 인지적 요인과 사회적 상호작용으로 사회인지를 설명한다. 실수로 나타난 공격성의 의도를 적의적으로 판단하여 공격적인 행동을 보이고, 이는 다시 공격적인 행동으로 돌아옴으로써 악순환을 가져온다.
- 닷지의 공격성에 대한 사회정보처리과정에 따른 공격성 단계: 해독과정 → 해석과정 → 반응 탐색과정 → 반응 결정과정 → 부호화

## 021 정답 ①
**해설**

**\* 마샤(J. Marcia)의 정체감 상태(지위)**
자아정체감의 지위(status)를 위기와 관여(commitment)에 따라 구분한다.

| | |
|---|---|
| 정체감 혼돈(identity diffusion)<br>(위기의식도 없고 관여도 없다) | 자신이 누구인지, 인생에 있어 무엇을 하고 싶어 하는지 모르고, 삶에 대한 방향감이 결여되어 있다. |
| 정체감 유실(identity foreclosure)<br>(위기의식은 없고 관여만 있다) | 선택 사항들에 대한 고려 없이 부모와 같은 다른 사람이 선택해 준 결정을 수용하는 상태이다. |
| 정체감 유예(identity moratorium)<br>(위기의식은 있고 관여가 없다) | 선택을 위한 노력 중에 있는 상태이다. |
| 정체감 성취(identity achievement)<br>(위기의식이 있고, 거기에 따른 관여가 있다) | 직업이나 이성, 신앙 등을 자유롭게 고려해 본 후에 스스로 선택하여 선택한 삶에 전념하는 상태이다. |

## 022 정답 ③
**해설**
* 길리건(C. Gilligan)의 도덕성발달이론
도덕성의 한 측면으로 여성들에게 보다 강하게 나타나는 타인에 대한 배려가 있으며, 타인과의 관계를 고려하는 도덕적 사고를 중시한다. 추상적인 도덕원리를 강조하는 콜버그의 '정의 지향적 도덕성'을 반대하면서 인간관계의 보살핌·책임·애착·희생을 강조하는 '대인지향성 도덕성'이론이다.

## 023 정답 ⑤
**해설**
* DSM-5 ADHD 진단 기준: 부주의 우세형, 과잉행동/충동 우세형, 혼합형
청소년 및 성인 여성 환자는 과잉행동과 충동성 증상이 적지만 부주의와 주의산만(distractibility) 증상이 더 많다. 10대 및 성인 환자에게서 과잉행동 증상은 나이가 들면서 사라지고 내면의 차분하지 못한 증상으로 자리잡는다.

## 024 정답 ⑤
**해설**
파괴적 기분조절부전장애는 우울장애의 하위유형이다.

## 025 정답 ①
**해설**
* 영아기 대근육 운동발달 순서
가슴을 든다. - 받쳐주면 앉는다. - 의자를 잡고 일어선다. - 계단을 오른다.

## 1교시 제2과목(필수): 집단상담의 기초

**026** 정답 ③
**해설**
집단상담의 치료적 영향력은 모든 집단원에게 집중될 수 있도록 해야 한다.

**027** 정답 ⑤
**해설**
회기 내에 진행되는 세부 활동의 시간은 프로그램의 목적과 중요도에 따라 적절히 배분해야 한다.

**028** 정답 ③
**해설**
* 방어적 태도
- 집단상담자들이 힘들어하는 것들 중 하나가 집단원들의 비판·평가·부정적인 반응이다.
- 집단상담자는 비판적인 태도나 부정적인 반응을 보이는 집단원을 건설적으로 대하는 방법을 마련하면 오히려 치료적 작업을 위한 중요한 기회가 된다.
- 집단상담자는 집단원들이 흔히 다른 사람들의 행동에 대해 보이는 반응을 나타내기보다 자신의 내면에서 일어나는 감정, 사고, 심상 등을 토대로 집단원들의 상위 의사소통의 의미를 면밀하게 검토해 본다.

**029** 정답 ⑤
**해설**
심리극(psychodrama)이란 자신의 갈등상황을 단순히 말로 설명하는 대신 그 사항을 직접 연기로 표현함으로써 자신이 가지고 있는 문제의 심리적 차원을 탐구하는 방법이다.

* 거울기법(mirror technique)
보조자아가 주인공의 모습을 관찰하여 주인공의 행동방식, 표현방식, 생활방식 등을 똑같이 연기함으로써 주인공이 자신의 모습을 객관적으로 바라보고 느낄 수 있도록 도와주는 기법이다.

**030** 정답 ④
**해설**
① 내사는 권위 있는 사람의 행동이나 가치관을 무비판적으로 받아들이는 현상이다.
② 접촉경계는 개체와 환경과의 경계를 의미한다.
③ 전경과 배경의 교체가 방해를 받을 때, 게슈탈트가 형성의 방해요인이 된다.
⑤ 내파층은 자신의 요구를 인식하지만 겉으로 나타내지 못하고 안으로 억압하는 상태이다.

**031** 정답 ①
**해설**
상담자는 질문과 반영을 통해 집단원이 자신의 대안적 이야기를 풍부하게 하고 새롭게 알게 된 지식으로 당면한 문제를 다루는 데 익숙해지도록 돕는 촉진자 역할을 한다.

## 032 정답 ②
**해설**
생애사 질문지 활용은 분석·사정 단계에서 사용한다.

## 033 정답 ④
**해설**
① 억압: 정서적인 아픔이 너무 커서 그 일이 전혀 기억이 나지 않는 경우
② 퇴행: 극심한 스트레스나 좌절을 경험할 경우, 어렸을 때의 행동양식으로 돌아감
③ 전치: 어떤 대상에게 느낀 감정을 덜 위협적인 다른 상대에게 표출하는 것
⑤ 부인: 의식화되는 경우 감당하기 어려운 고통이나 욕구를 무의식적으로 부정하는 것

## 034 정답 ⑤
**해설**
**\* 집단구성원의 권리**
- 집단에 관한 충분한 사전 안내와 양해
- 개인정보를 보호받을 권리
- 협박이나 부당한 집단 압력으로부터 보호
- 집단과정에 공정한 분배받을 권리

## 035 정답 ③
**해설**
ㄴ. 로저스(Rogers)는 모든 유기체는 선천적으로 실현화 경향성이 있다고 보았다.

## 036 정답 ②
**해설**
**\* 코리(G. corey)의 유능한 집단지도자의 개인적 특성**
- 유머: 자기 자신에 대해 웃을 수 있고 자신의 인간적인 취약점을 유머 감각으로 살릴 수 있고 함께 볼 수 있는 능력을 갖춰야 한다.
- 개인적 힘: 자신이 타인에게 미치는 영향력을 스스로 인식하고 있어야 하며, 집단원들의 역량을 강화시킬 수 있어야 한다.
- 용기: 상담자라는 역할 뒤에 숨지 않아야 한다. 자신의 실수를 인정할 수 있어야 하고 자신의 통찰과 신념에 따라 행동할 수 있어야 한다.
- 함께 함: 자신의 감정을 자각하고 표현할 수 있어야 하며, 집단원들과 마음을 함께 나눌 수 있어야 한다.
- 집단 과정에 대한 신뢰: 집단의 치료적 힘을 믿어야 한다. 집단 안에서 발생하는 갈등을 조정하기 위해 노력해야 하는 것이다.
- 창의성: 새로운 아이디어로 집단에 접근하는 능력이다.

## 037 정답 ④
**해설**
*인간중심 상담의 목표
- 인간중심 상담의 궁극적인 목적은 내담자로 하여금 '완전히 기능하는 사람'이 되도록 돕는 것이다.
- 상담자는 상담의 과정에서 내담자가 방어적인 행동을 하도록 하는 가치조건들을 해제하도록 조력한다.
- 상담자는 내담자가 유기체적 경험에의 개방성을 증대시킬 수 있도록 하며, 자아와 경험 간의 일치의 정도를 높일 수 있도록 원조한다.

## 038 정답 ②
**해설**
*치료집단
- 성원들의 행동이나 기능상의 문제를 치료하거나 완화시키는 것을 목적으로 개별 성원들의 사회심리적 요구를 충족시키는 데 주목적을 두는 집단을 말한다.
- 치료집단의 유형: 지지집단, 교육집단, 성장집단, 치료집단, 사회화 집단 등

## 039 정답 ④
**해설**
문제해결을 위한 과제부과는 종결단계에서 이루어진다.

## 040 정답 ③
**해설**
*얄롬(I. Yalom)이 제시한 치료적 요인 11가지
희망 심어주기, 보편성, 정보전달, 이타심, 1차 가족집단의 교정적 재현, 사회화 기술의 발달, 모방행동, 대인관계 학습, 집단응집력, 정화, 실존적 요인들

## 041 정답 ⑤
**해설**
관찰한 사실이나 느낀 것을 권위적인 태도가 아니라 객관적이고 중립적인 태도로 말한다.

## 042 정답 ②
**해설**
비행청소년 집단은 각각의 특징에 따라 목표가 달라지며 여러 가지 방법으로 상담과정을 회피한다. 침묵, 거부 등을 사용하여 변화와 집단상담자에게 저항하기 때문에 집단에 대한 적응이 빠르게 이루어지기 어렵다.

## 043 정답 ③
**해설**
비공식 하위집단들이 파벌을 만들어서 집단역동에 부정적인 영향을 미친다.

## 044 정답 ⑤
**해설**
상담자는 타인의 이야기를 듣지 않고 자신의 이야기만 하거나 집단을 주도하는 집단원을 제재해야 한다.

## 045 정답 ⑤
**해설**
* '차단하기' 기술을 사용해야 하는 상황
 – 집단의 주제를 벗어나는 이야기가 계속될 때
 – 집단원 간에 논쟁이 생겼을 때
 – 회기가 끝나는 시점에 새로운 문제를 꺼낼 때

## 046 정답 ①
**해설**
②, ⑤ 회기 진행 중의 적절한 진술이다.
③, ④ 회기 종결단계의 적절한 진술이다.

## 047 정답 ⑤
**해설**
추수평가는 일부 집단원을 대상으로 하는 것이 아니라 전체 집단원을 대상으로 해야 한다.

## 048 정답 ④
**해설**
집단상담에 대한 사전동의는 집단상담 참여의 자발성 여부와 관계없이 시행해야 한다.

## 049 정답 ④
**해설**
제시된 특성들이 드러나는 단계는 생산단계이다. 생산단계에서 집단 상담자는 집단원이 보여주는 행동의 의미를 해석해 주어 더욱 깊은 자기탐색이 가능하도록 돕고, 집단원들의 생각과 감정, 행동의 긍정적인 변화가 실질적인 행동으로 이어질 수 있도록 격려해야 한다.

## 050 정답 ①
**해설**
'요약'은 집단원의 생각이나 감정 등에서 나타나는 주제를 전체적으로 묶어 간략하게 정리하는 것이다.

## 1교시 제3과목(필수): 심리측정 및 평가

**051 정답 ③**
해설
모든 검사는 측정오차가 발생한다. 심리검사를 통해 얻은 점수는 관찰점수이다. 관찰점수와 진점수의 차이가 측정오차이다.

**052 정답 ⑤**
해설
ㄱ, ㄴ, ㄷ 모두 규준참조검사에 관한 내용에 해당한다.
준거참조검사는 절대평가로, 주로 연구자가 정한 특정 기준을 토대로 당락을 결정할 목적으로 사용된다.

**053 정답 ①**
해설
ㄴ. 백분위 점수는 서열척도이다.
ㄷ. 비율척도는 절대 영점을 가정한다.
ㄹ. 대부분의 심리검사는 서열척도와 등간척도를 사용한다.

**054 정답 ②**
해설
T점수 = 10Z + 50

**055 정답 ④**
해설
신뢰도는 일관성, 타당도는 충실성과 관련이 있다. 신뢰도가 높다고 타당도가 높은 것은 아니며 타당도가 낮다고 신뢰도가 낮은 것도 아니다. 즉, 타당도가 낮아도 신뢰도가 높을 수 있다.

**056 정답 ①**
해설
구인타당도를 검증하는 방법으로는 요인분석, 수렴타당도, 변별타당도가 있다.

**057 정답 ④**
해설
* 문항변별도
한 검사에서 각 문항이 피험자의 능력 수준을 변별할 수 있는 정도를 나타내는 지수이다. 문항변별지수는 −1.0에서 +1.0 사이의 값을 갖는다. 이 값이 +1.0에 가까울수록 변별력이 높은 문항이고, 0에 가까울수록 변별력이 떨어지는 문항이다.

## 058 정답 ③
**해설**
Pearson 상관계수는 두 변수의 선형 상관관계를 계량화한 수치로, 범위는 -1부터 1까지이다.

## 059 정답 ③
**해설**
규준의 작성과 양호도 분석은 검사 개발 마지막 단계에서 한다.

## 060 정답 ④
**해설**
스턴버그(R. Sternberg)는 지능이 크게 세 가지 요소들, 즉 분석적인 지능, 창의적인 지능, 실용적인 지능으로 이루어져 있다고 주장했다. 가장 먼저 분석적인 지능은 과제와 관련된 지식을 얻거나 내가 어느 만큼의 지식을 알고 있는지 의식하는 메타 인지 능력이 포함되며, 문제 해결을 위한 전략을 적용하고 목표를 위해 자기를 규제할 수 있는 능력을 말한다.

## 061 정답 ④
**해설**
사회적 유형은 다른 사람과 함께 일하거나 다른 사람을 돕는 것을 좋아하는 성격유형이다.

## 062 정답 ⑤
**해설**
* 처리점수
K-WISC-IV에서는 아동이 소검사를 수행하는 데 기여하는 인지적 능력에 대해 더욱 자세한 정보를 주기 위해 처리점수를 제공하고 있다. 3개의 소검사(토막짜기, 숫자, 선택)의 수행에 기반하여 총 7개의 처리점수가 산출된다. 이는 3개의 검사에 대한 아동의 수행에 기초하는 것으로, 다른 소검사로 대체할 수 없으며, 처리점수가 합산점수에 포함되지는 않는다.

## 063 정답 ①
**해설**
* 행동 기록 방법
- 서술 기록법: 특정 사건이나 행동의 모든 것을 이야기하듯 있는 그대로 사실적으로 묘사
- 간격 기록법: 관찰기간을 일정한 간격으로 나눠서 기록, 발생 빈도가 매우 높은 행동의 관찰에 적합
- 사건 기록법: 관찰기간 동안 지속적으로 관찰하여 관찰대상 행동이 발생할 때마다 기록
- 시간표집 기록: 관찰을 계속 진행하지 않고 정해진 짧은 시간 동안 시간 간격에 맞추어 미리 선정된 행동의 발생 여부를 반복하여 관찰하는 것

## 064 정답 ⑤
**해설**
심리검사를 선정하고 시행하는 과정에서는 ㄱ~ㄹ의 내용뿐 아니라 검사의 경제성과 실용성 고려, 수검자의 특성 등을 고려해야 한다.

## 065 정답 ②
**해설**
윤리적 딜레마가 생길 경우, 수검자의 권리를 최우선으로 고려한다.

## 066 정답 ②
**해설**
* 청소년을 위해 개발된 보충척도
- IMM(미성숙): 미래를 계획하기보다는 현재에만 관심을 집중, 자신감 결여, 통찰과 내성의 결여, 인지적 복합성의 결여
- ACK(알코올/약물 문제 인정): 점수가 높은 청소년은 자신이 알코올 및 다른 약물 문제를 인정하고 있음을 나타낸다.
- PRO(알코올/약물 문제 가능성): 성취에 대한 부정적 태도, 부모와의 갈등, 또래집단의 부정적 영향

## 067 정답 ⑤
**해설**
* MMPI-2의 보충척도(15개)
- 불안(A)
- 억압(R)
- 자아 강도(Es)
- 지배성(Do)
- 사회적 책임감(Re)
- 대학생활 부적응(Mt)
- 적대감(Ho)
- 적대감 과잉통제(O-H)
- 중독 인정(AAS)
- 중독 가능성(APS)
- 남성적 역할(GM)
- 여성적 역할(GF)
- 결혼생활 부적응(MDS)
- 외상 후 스트레스 장애(PK)
- 알코올 중독(MAC-R)

## 068 정답 ②
**해설**
척도 3. 히스테리(Hy: Hysteria)는 현실적 어려움이나 갈등을 처리하기 위한 존재부인의 양과 형태를 측정한다.

## 069 정답 ③
**해설**
- 에너지방향(외향 E / 내향 I)
- 인식기능(감각 S / 직관 N)
- 판단기능(사고 T / 감정 F)
- 생활양식(판단 J / 인식 P)

## 070 정답 ③
**해설**
① 신경증(N): 정서적으로 얼마나 안정되어 있고, 자신이 세상을 얼마나 통제할 수 있으며, 세상을 위협적이지 않다고 생각하는지의 정도
② 외향성(E): 자신의 감정을 솔직하게 표현할 수 있고, 사람 사귀기를 좋아하는 성격
④ 친화성(A): 다른 사람과 더불어 잘 지내는 성격
⑤ 성실성(C): 수행 중인 과업과 목표 달성에 관심과 노력을 잘 집중

## 071 정답 ⑤
**해설**
①, ②, ③, ④ 객관적 검사의 특성이다.

## 072 정답 ②
**해설**
처음 집(H)을 그리도록 할 때에는 용지를 가로로 제시하고, 이후 나무(T)나 사람(P), 반대 성의 사람을 그리도록 할 때에는 용지를 세로로 제시한다.

## 073 정답 ①
**해설**
SCT는 집단 대상으로 실시 가능하다.

## 074 정답 ④
**해설**
* 로샤(Rorshach) 검사의 반응영역
  - W: 전체 반응
  - D: 흔히 사용하는 부분에 반응
  - Dd: 드문 부분반응 또는 이상 부분반응
  - S: 흰 공간부분이 사용되었을 경우의 공백반응

## 075 정답 ⑤
**해설**
* 주제통각검사(TAT)
머리와 모건(1935)이 개발한 투사적 그림검사로 회화통각검사라고도 한다. 개인이 가지고 있는 욕구(need)-압력(pressure) 관계를 비롯한 여러 가지 심리적 역동관계를 분석·진단·해석하려는 것으로서 로샤(Rorschach) 검사와 함께 가장 널리 사용되고 있는 대표적인 투사검사다.

## 1교시 제4과목(필수): 상담이론

### 076 정답 ④
**해설**
예외질문이란 문제해결을 위해 우연적이고 성공적으로 실행한 방법을 찾아내어, 이를 의도적으로 실행하도록 하는 것이다. "문제가 발생하지 않은 때는 언제였습니까?"등의 질문이 여기에 해당한다.

### 077 정답 ③
**해설**
현실치료 욕구에는 소속, 통제, 자유, 재미, 생존이 있다.

### 078 정답 ④
**해설**
중간신념이 핵심신념과 자동적 사고를 매개한다.

### 079 정답 ④
**해설**
소크라테스식 질문(산파법)은 자동적 사고를 바꾸는 기법 중 역기능적 사고 변화에 중추적 역할을 하는 인지치료의 질문기법으로 신중한 질문을 통해 스스로 해결책과 대안적 사고를 찾도록 돕는다.

### 080 정답 ④
**해설**
* **통합치료**
  - 두 가지 이상의 심리치료접근법을 사용하여 내담자에게 도움을 주고자 하는 시도, 또는 심리치료와 상담기술 간의 통합이다.
  - 이론적 통합은 다양한 상담심리이론과 개념을 통합하여 새로운 이론을 재창조하는 것이다.

### 081 정답 ⑤
**해설**
* **다문화상담자가 갖추어야 할 역량**
  기본상담역량, 다문화 역량, 지역사회 연계 역량

### 082 정답 ③
**해설**
남녀를 이분법적으로 구분하는 것에서 벗어나 다양성을 인정하고 수용하도록 돕는다.

**083** 정답 ⑤
**해설**
상담구조화란 상담을 진행해 나가는 데 필요한 구조적 형태를 상담자가 주도적으로 만들어 가는 작업이다.

**084** 정답 ②
**해설**
내담자가 먼저 종결을 제안할 수도 있다.

**085** 정답 ③
**해설**
이야기의 내담자는 낮은 좌절인내력을 갖고 있다. 낮은 좌절인내력이란 욕구좌절이 되는 상황을 충분히 참지 못하는 경우를 말한다.

**086** 정답 ④
**해설**
초기에 목표를 설정한 경우라도 수정할 필요가 있다면 새로운 목표를 설정할 수 있다.

* 상담목표 설정 시 유의점
  - 상담의 목표는 구체적이어야 한다.
  - 상담의 목표는 실현 가능해야 한다.
  - 상담의 목표는 내담자가 원하고 바라는 것이어야 한다.
  - 상담의 목표는 상담자의 기술과 양립 가능해야 한다.

**087** 정답 ④
**해설**
ㄹ. 스트로크(stroke)에 대한 설명이다.

**088** 정답 ③
**해설**
'직면'이란 내담자가 미처 깨닫지 못하거나 인정하기를 거부하는 생각과 느낌에 주목하도록 하는 것으로써 언어적 행동과 비언어적 행동이 불일치되는 점을 깨닫게 하는 방법이다.

**089** 정답 ①
**해설**
성인상담이든 청소년 상담이든 상담에서 비밀보호의 예외사항이 있다.

**090** 정답 ④
**해설**
'승화'란 억압당한 욕구가 사회적·문화적으로 가치 있는 목적으로 향하도록 노력함으로써 욕구를 충족하는 기제이다.

## 091 정답 ⑤
**해설**
ㄱ, ㄴ, ㄷ, ㄹ 상담에 대하여 모두 옳은 내용이다.

## 092 정답 ②
**해설**
* **개별화의 원리**
  상담자는 내담자의 개인차를 고려하여 내담자의 개성과 특성을 이해하고 보다 나은 적응을 위해 조력해야 하며, 상담 방법도 내담자에 따라 상이한 방법과 기술을 활용해야 한다.

## 093 정답 ④
**해설**
* **상담자의 전문적 자질**
  - 상담이론 및 다양한 심리학적 지식에 대한 심층적인 이해와 활용
  - 상담기술의 훈련 및 올바른 적용
  - 다양한 환경 및 문화적 차이에 대한 이해
  - 상담자의 윤리 준수
  - 자신의 능력의 한계에 대한 인정

## 094 정답 ④
**해설**
'단추 누르기'란 유쾌한 경험과 유쾌하지 않은 경험을 번갈아 가면서 상상하도록 하고 감정을 스스로 인식하도록 돕는 기법이다.

## 095 정답 ⑤
**해설**
ㄱ. 소거: 조건화되었던 행동이 사라지는 것
ㄴ. 용암법: 변별력을 훈련할 때 자극의 양을 조금씩 조절하여 최종적으로는 새롭거나 변화된 자극에도 반응 할 수 있게 하는 것
ㄷ. 노출법: 내담자가 두려움을 느끼게 하는 상황이나 자극에 반복적으로 노출시켜 불안을 줄이는 기법
ㄹ. 토큰 경제: 바람직한 행동을 했을 때 직접 보상 대신에 상표나 점수를 주어 강화하는 방식

## 096 정답 ⑤
**해설**
합리적 사고와 비합리적 사고의 세 가지 변별기준: 융통성, 현실성, 기능적 유용성

## 097 정답 ⑤
**해설**
인간중심상담이 효과적으로 진행될 때 내담자에게 자기방어 감소가 나타난다.

## 098 정답 ②
**해설**
6. 편향: 감당하기 힘든 내적 갈등이나 환경자극에 노출될 때 이에 압도당하지 않으려고 자신의 감각을 둔화시키는 것이다.

## 099 정답 ③
**해설**
* **실존치료에서 실존적 불안의 조건**
  - 죽음의 불가피성과 삶의 유한성
  - 타인과 세계로부터 근본적인 고립
  - 삶의 의미를 상실한 무의미한 상태
  - 개인이 갖고 있는 자유와 책임에 대한 인식

## 100 정답 ②
**해설**
b. 유기체의 가치화과정: 자아를 실현하는 과정에서 각 개인은 유기체적 가치화(평가) 과정을 갖게 된다.
d. 진실성: 내담자와의 관계에서 매 순간 경험하는 자신의 감정이나 태도를 있는 그대로 솔직하게 인정하고 표현하는 상담자의 태도를 의미한다.

## 빠른 정답표

| 01 | ② | 02 | ② | 03 | ① | 04 | ① | 05 | ⑤ | 06 | ③ | 07 | ⑤ | 08 | ⑤ | 09 | ② | 10 | ① |
|----|---|----|---|----|---|----|---|----|---|----|---|----|---|----|---|----|---|----|---|
| 11 | ⑤ | 12 | ③ | 13 | ① | 14 | ② | 15 | ⑤ | 16 | ④ | 17 | ③ | 18 | ② | 19 | ④ | 20 | ⑤ |
| 21 | ③ | 22 | ③ | 23 | ③ | 24 | ③ | 25 | ④ | 26 | ③ | 27 | ③ | 28 | ① | 29 | ③ | 30 | ④ |
| 31 | ① | 32 | ② | 33 | ② | 34 | ④ | 35 | ⑤ | 36 | ② | 37 | ③ | 38 | ① | 39 | ① | 40 | ④ |
| 41 | ③ | 42 | ⑤ | 43 | ⑤ | 44 | ① | 45 | ② | 46 | ② | 47 | ④ | 48 | ② | 49 | ⑤ | 50 | ⑤ |
| 51 | ①,④ | 52 | ① | 53 | ⑤ | 54 | ③ | 55 | ⑤ | 56 | ⑤ | 57 | ④ | 58 | ② | 59 | ④ | 60 | ② |
| 61 | ⑤ | 62 | ① | 63 | ④ | 64 | ② | 65 | ④ | 66 | ③ | 67 | ② | 68 | ④ | 69 | ② | 70 | ② |
| 71 | ③ | 72 | ③ | 73 | ① | 74 | ⑤ | 75 | ③ | | | | | | | | | | |

## 2교시 제1과목(필수): 학습이론

**01** 정답 ②
해설
* 인지주의이론
  - 학습이란 학습자가 기억 속에서 학습사태에서 일어나는 여러 가지 사상에 관한 정보를 보존하고 조직하는 인지구조(cognitive structure)를 형성함으로써 일어난다고 주장한다.
  - 인지주의 학습이론의 주된 주제는 개념 형성, 사고과정, 지식의 획득 등이며, 인간의 지각, 인식, 의미, 이해 그리고 이와 유사한 의식적 경험 등이 학습을 결정하는 중심개념이라고 본다.

**02** 정답 ②
해설
* 전이
  - 어떤 상황에서 학습한 내용을 새로운 장면에 적용하거나 사용하는 것이다.
  - 학습의 효과가 다음 학습이나 적응에 영향을 주는 학습효과이다.
  - 선행학습이 후행학습에 미치는 영향 또는 효과를 말한다.
  - 선행학습장면과 후행학습장면이 서로 다르다는 것을 전제로 한다.

**03** 정답 ①
해설
행동은 하나의 자극이 아닌 여러 자극의 영향을 받는다.

**04** 정답 ①
해설
'조성'이란 목표행동을 향해 점진적으로 접근해 가는 과정, 초기 행동부터 바람직한 행동으로 근접할 때마다 각 단계별로 강화를 제공하는 것이다.

**05** 정답 ⑤
해설
처벌은 부적절한 행동이 끝난 후 즉시 해야 한다.

## 06 정답 ③
**해설**
외현적 자기안내 단계에서 아동은 모델의 시범이 없이 혼자서 큰소리를 내어 모델이 한 것과 똑같은 자기교시를 하면서 과제를 수행한다.

## 07 정답 ⑤
**해설**
모방학습 모델의 유사성, 지위, 능력, 신분관계, 신뢰, 전문성 등이 영향을 준다.

## 08 정답 ⑤
**해설**
'변동비율강화'는 평균적으로 반응횟수를 정하여 대략적으로 그만큼의 반응이 일어났다고 볼 때 강화를 제공하는 것이다.

## 09 정답 ②
**해설**
학습이란 경험이나 연습의 결과로 발생하는 비교적 지속적인 행동의 변화이다. 행동은 외현적 행동과 내면적 행동 모두를 포함한다.

## 10 정답 ①
**해설**
\* 관찰학습의 과정
주의과정 → 파지과정 → 운동 재생산 과정 → 동기과정

## 11 정답 ⑤
**해설**
'반응대가'는 바람직하지 못한 행동을 했을 때 그 행동에 대한 대가로서 이미 주어진 정적 강화를 상실하게 하는 것이다.

## 12 정답 ③
**해설**
'일반화'는 일단 조건이 형성되고 난 후 유기체가 유사한 조건자극에 대해서 모두 반응하는 것을 의미한다.

## 13 정답 ①
**해설**
ㄷ. 모방학습(modeling) - 사회학습이론
ㄹ. 수반성계약법(contingency contract) - 신행동주의 학습이론

**14** 정답 ②
**해설**
자존감 욕구는 '결핍욕구'에 해당한다.

**15** 정답 ⑤
**해설**
톨만의 학습이론에서 학습이란 환경에 대한 인지도를 신경조직 속에 형성하는 과정으로, 시행착오를 겪으며 점진적으로 이루어진다.

**16** 정답 ④
**해설**
수행목표 지향적인 사람은 선생님을 '평가자'로 여기고, 숙달목표 지향적인 사람은 학습에서의 실수나 실패도 배움의 과정으로 받아들인다.

**17** 정답 ③
**해설**
신생아와 성인의 뉴런의 숫자는 똑같다. 신생아의 뇌의 무게가 성인의 25%다.

**18** 정답 ②
**해설**
\* 처리수준이론
  기억을 단일구조로 보는 이론이다. 학습의도 자체보다는 처리의 깊이가 중요하다는 이론 정보처리 수준이 깊은 것이 더 잘 기억된다. 우연학습도 의도학습만큼 효과적일 수 있다.

**19** 정답 ④
**해설**
이중구조 모형에 따르면 정보는 일련의 단계를 거쳐 순차적으로 처리된다.

**20** 정답 ⑤
**해설**
a. 기대가치이론: 자신이 성공할 것이라는 높은 기대를 가진 학생이 더 많은 것을 성취한다는 이론이다.
c. 자아가치이론: 사람은 누구나 자기를 가치 있는 존재로 인식하려는 욕구가 있어 실패의 원인을 외부에서 찾는다는 이론이다.

## 21
**정답** ③
**해설**
* **헵(D. Hebb)의 최적각성수준**
  인간에게는 최적각성수준이 존재하는데 너무 낮으면 뇌에 전달된 감각정보를 이용할 수 없고 너무 높으면 정보의 양이 많아져서 부적절한 행동으로 이어진다.

## 22
**정답** ③
**해설**
* **균형이론**
  - 사람들은 다른 사람, 그리고 대상과의 연합관계에서 일관성을 유지하려는 욕구가 있다.
  - 자신과 다른 사람, 그리고 대상 간의 세 관계에서 인지 요소들이 심리적 조화 및 일관성을 이루는 상태를 말한다.

## 23
**정답** ③
**해설**
* **래퍼와 호델의 내재적 동기의 원칙**
  호기심, 도전, 통제, 상상

## 24
**정답** ③
**해설**
- 외적 조절(external regulation): 외재적 동기 중 자율성이 가장 낮으며 외부의 압력, 강요가 주된 이유가 된다. 보상에 의해 움직이거나 처벌을 피하려 하는 차원이다.
- 부과된 조절(introjected regulation): 조절의 힘이 개인 내부에 있으나 죄책감, 불안 같은 타율적인 압력에 기초한다.
- 확인된 조절(identified regulation): 개인적 중요성이나 목표에 부합된다고 판단되면 스스로 선택, 행동하는 것이다.
- 통합된 조절(intergrated regulation): 외재적 동기 중 자율성이 가장 높다. 확인된 조절이 자신의 가치, 목표, 욕구, 정체성 등과 조화를 이루며 통합될 때 발생한다.

## 25
**정답** ④
**해설**
편도체는 사람의 감정 변화에 반응하고, 감정을 조절하는 역할을 한다.

## 2교시 제2과목(선택): 청소년이해론

**26** 정답 ③
해설
* 홀(S. Hall)의 재현이론(Recapitulation Theory)
  모든 사람은 인류가 오늘날의 인류가 되기 위해서 역사적으로 걸어왔던 단계들을 개인적인 발달을 할 때에도 재현한다고 한다.

**27** 정답 ③
해설
중간체계(mesosystem)는 미시체계들을 연결시켜 주며 미시체계들이 중복되어서 생기는 대인관계를 의미한다. 즉, 아동이 적극적으로 참여하는 두 개 또는 더 많은 수의 환경들 간의 상호관계를 말한다.

**28** 정답 ①
해설
* 로(A. Roe)의 욕구이론
  초기 부모의 양육방식이 직업선택에 영향을 미친다.

**29** 정답 ③
해설
* 바움린드(D. Baumrind)의 부모양육 유형

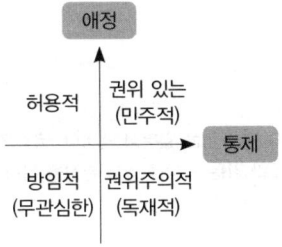

**30** 정답 ④
해설
* 낭만적 사랑(romantic love)
  친밀감과 열정은 있지만 헌신행위는 없는 사랑의 경우이며, 서로 친밀하고 열정은 느끼지만 결혼 같은 미래의 확신이나 약속은 없이 서로 사랑하는 경우이다.

## 31 정답 ①
**해설**
ㄱ. 금욕주의: 사춘기의 급격한 성욕에 대한 두려움에서 모든 욕망에 대해 자기 부정하는 것
ㄴ. 주지화: 개인이 감정적 영향을 받지 않고, 사고 내용은 의식적으로 받아들이는 것. 불안을 통제하고 긴장감 감소를 위해 본능적 욕망을 지적 활동에 묶어 두는 것

## 32 정답 ②
**해설**
* **문화접변**

서로 다른 두 문화체계의 접촉으로 문화요소가 전파되어 새로운 양식의 문화로 변화되는 과정이나 그 결과를 말한다. 문화는 진공 상태에서 형성된 것이 아니라 일정한 역사적 상황에 의해서 사회적 소산으로 나타난다. 그러므로 두 문화가 접촉하여 서로의 유사성이 증가해 가는 변화과정이다. 다른 문화권 간의 접촉은 식민통치·전쟁·군사지배와 점령·이주·선교활동·외교·학술 및 문화교류·방문·초청·비즈니스·여행·매스미디어 등 다원적 채널을 통해 이루어진다.

## 33 정답 ②
**해설**
* **엘킨드(D. Elkind)가 제시한 청소년기 자아중심성으로 인하여 나타나는 현상**
- 상상 속의 청중: 청소년들이 행동할 때 언제나 다른 사람들이 자신의 행동을 주시하고 있다고 생각하는 것으로서 비록 자기 의견이 다른 사람들에게 받아들여지지 않는다 하더라도 어디엔가 자기의 아이디어를 받아주고 갈채를 보내는 청중이 있다고 상상하는 것이다. 사춘기의 소년·소녀들은 '상상의 관중'을 염두에 두고 마치 자신이 무대에 선 배우처럼 타인들의 관심의 초점이 된다고 믿는다.
- 개인적 우화: 자신의 독특성에 대해 비합리적이고 허구적인 관념으로 자신의 감정과 사고가 너무나 독특해서 다른 사람들은 절대 이해할 수 없으며, 자신이 매우 중요한 인물이라고 믿는다.

## 34 정답 ④
**해설**
* **코스프레(cospre)**

'의상'을 의미하는 'costume'과 '놀이'를 의미하는 'play'의 합성어를 줄여서 표현한 일본식 용어다. 코스프레는 유명 게임이나 만화, 애니메이션, 영화 등에 등장하는 캐릭터를 모방하여 그들과 같은 의상을 입고 분장을 하며 행동을 흉내 내는 놀이로 일종의 퍼포먼스에 해당한다.

## 35 정답 ⑤
**해설**
* **근접발달영역(ZPD)**

아동이 타인의 도움 없이 스스로 문제를 해결할 수 있는 실제적 발달 수준과 또래나 성인이 도움을 주면 문제를 해결할 수 있는 잠재적 발달 수준 사이의 이론적인 영역을 뜻한다. 러시아의 심리학자 비고츠키(L. Vygotsky)가 지능 검사는 아동의 잠재 능력의 측정과 거리가 멀기 때문에 발달 가능성을 고려하여 평가하고 교육하는 것이 바람직하다는 것을 강조하기 위하여 사용하였다.

## 36 정답 ②
**해설**
* **형식적 조작기(11세 이후)**
  - 추상적 개념의 이해(추상적 사고)
  - 문제해결에 있어 형식적 조작 가능
  - 사물의 인과관계 터득
  - 가설검증 능력, 연역적 사고 가능
  - 추리력과 적용력 발달

## 37 정답 ②
**해설**
* **청소년문화를 비행문화로 보는 입장**
  - 바람직하지 못한 문제투성이의 문화 또는 기존 질서를 파괴하거나 무시함으로써 수많은 사회적 문화를 야기하게 되는 심각한 일탈과 비행의 부정적인 문화로 바라보는 입장이다.
  - 청소년들을 항상 부모나 교사 또는 성인들의 감독하에 두어야 한다고 믿으며 아이들끼리 어울리게 해서는 문제만 일으킨다고 생각한다.

## 38 정답 ①
**해설**
* **공유성**
  문화는 어떤 사회 구성원이 공통적으로 가지고 있는 생활양식을 의미한다. 문화의 공유성은 어떤 구체적 상황에서 상대방이 어떻게 행동할 것인지 또 서로에게 무엇을 기대할 것인지를 예측할 수 있게 해 준다.

## 39 정답 ①
**해설**
알코올은 '중추신경 억제제'이다.

## 40 정답 ④
**해설**
① 수강명령은 '12세' 이상의 소년에게만 할 수 있다.
② 장기 소년원 송치는 '12세' 이상의 소년에게만 할 수 있다.
③ 단기 보호관찰기간은 '1년'으로 한다.
⑤ 장기 보호관찰기간은 2년으로 한다. 다만, 소년부 판사는 보호관찰관의 신청에 따라 결정으로써 '1년'의 범위에서 한 번에 한하여 그 기간을 연장할 수 있다.

## 41 정답 ③
**해설**
관습적 신념이 높아지면 비행의 가능성이 낮아진다.

## 42 정답 ⑤
**해설**
* 「청소년복지 지원법」 제14조(위기청소년 특별지원)
  ① 국가 및 지방자치단체는 대통령령으로 정하는 바에 따라 위기청소년에게 필요한 사회적·경제적 지원(이하 "특별지원"이라 한다)을 할 수 있다.
  ② 특별지원은 생활지원, 학업지원, 의료지원, 직업훈련지원, 청소년활동지원 등 대통령령으로 정하는 내용에 따라 물품 또는 서비스의 형태로 제공한다. 다만, 위기청소년의 지원에 반드시 필요하다고 인정되는 경우에는 금전의 형태로 제공할 수 있다.
  ③ 특별지원 대상 청소년의 선정 기준, 범위 및 기간과 그 밖에 필요한 사항은 대통령령으로 정한다.

## 43 정답 ⑤
**해설**
* 「학교 밖 청소년 지원에 관한 법률」 제9조(교육지원)
  ① 국가와 지방자치단체(교육감을 포함한다.)는 학교 밖 청소년이 학업에 복귀할 수 있도록 다음 각 호의 사항을 지원할 수 있다.
    1. 「초·중등교육법」 제2조의 초등학교·중학교로의 재취학 또는 고등학교로의 재입학
    2. 「초·중등교육법」 제60조의3의 대안학교로의 진학
    3. 「초·중등교육법」 제27조의2에 따라 초등학교·중학교 또는 고등학교를 졸업한 사람과 동등한 학력이 인정되는 시험의 준비
    4. 그 밖에 학교 밖 청소년의 교육지원을 위하여 필요한 사항
  ② 제1항에 따른 교육지원의 방법 및 절차 등에 필요한 사항은 여성가족부령으로 정한다.

## 44 정답 ①
**해설**
「청소년 기본법」에 근거하여 구축·운영한다.

## 45 정답 ②
**해설**
* 「청소년복지 지원법」 제4조(청소년증)
  ① 특별자치시장·특별자치도지사 또는 시장·군수·구청장(자치구의 구청장을 말한다. 이하 같다)은 9세 이상 18세 이하의 청소년에게 청소년증을 발급할 수 있다.
  ② 제1항에 따른 청소년증은 다른 사람에게 양도하거나 빌려주어서는 아니 된다.
  ③ 누구든지 제1항에 따른 청소년증 외에 청소년증과 동일한 명칭 또는 표시의 증표를 제작·사용하여서는 아니 된다.
  ④ 제1항에 따른 청소년증의 발급에 필요한 사항은 여성가족부령으로 정한다.

## 46 정답 ④
**해설**
'따돌림'이란 학교 내외에서 2명 이상의 학생들이 특정인이나 특정집단의 학생들을 대상으로 지속적이거나 반복적으로 신체적 또는 심리적 공격을 가하여 상대방이 고통을 느끼도록 하는 모든 행위를 말한다.

## 47 정답 ④
**해설**
유엔아동권리협약(The Convention on the Rights of the Child: CRC)에 따르면 세 가지 기본원칙하에 아동의 기본 권리를 4가지로 규정하고 있다.
1. 기본원칙
    - 첫째, 아동의 연령은 만18세 이하의 자로 정의하고 있다.
    - 둘째, '무차별의 원칙'으로 아동의 권리는 인종, 국적, 종교를 초월하여 모든 어린이에게 해당된다.
    - 셋째, '아동 최선의 이익우선 원칙'으로 모든 조치, 정책들은 아동에게 가장 유익한 방향으로 결정되어야 한다.
2. 4대 권리
    - 생존할 권리(Survival Rights): 생명을 유지하며 또 최상의 건강과 의료혜택을 받을 권리
    - 보호받을 권리(Protection Rights): 차별 대우로부터의 보호와 학대와 방임으로부터의 보호, 그리고 고아들과 난민 아동의 보호
    - 발달할 권리(Development Rights): 정규 교육과 비정규 교육을 포함한 모든 종류의 교육을 받을 권리와 아동이 신체적으로나 정서적으로, 도덕적으로나 사회적으로 성장하는데 필요한 평균수준의 생활을 누릴 권리
    - 참여할 권리(Participation Rights): 아동이 자신과 관련된 모든 일에 대해 자신의 의사를 자유롭게 표현할 수 있는 권리

## 48 정답 ②
**해설**
* 「아동·청소년의 성보호에 관한 법률」 제49조의 등록정보
    - 성명
    - 나이
    - 주소 및 실제 거주지(「도로명주소법」 제2조 제3호에 따른 도로명 및 같은 조 제5호에 따른 건물번호까지로 한다)
    - 신체정보(키와 몸무게)
    - 사진
    - 등록대상 성범죄 요지(판결일자, 죄명, 선고형량을 포함한다)
    - 성폭력범죄 전과사실(죄명 및 횟수)
    - 「전자장치 부착 등에 관한 법률」에 따른 전자장치 부착 여부

## 49 정답 ⑤
**해설**
청소년의 체력검사·건강진단 실시와 그 결과 통보에 필요한 사항은 여성가족부령으로 정한다.

## 50 정답 ⑤
**해설**
* 「청소년복지 지원법」 제18조의2(청소년부모에 대한 가족지원서비스)
    ① 국가 및 지방자치단체는 청소년부모에게 다음 각 호의 가족지원서비스를 제공할 수 있다.
        1. 아동의 양육 및 교육 서비스
        2. 「지역보건법」 제11조 제1항 제5호 사목에 따른 방문건강관리사업 서비스
        3. 교육·상담 등 가족 관계 증진 서비스
        4. 그 밖에 대통령령으로 정하는 청소년부모에 대한 가족지원 서비스
    ② 제1항에 따른 가족지원서비스 대상 청소년부모의 선정 기준, 범위 및 기간과 그 밖에 필요한 사항은 대통령령으로 정한다.

**2교시** 제3과목(선택): 청소년수련활동론

## 51
**정답** ①, ④
**해설**
① 만 10세는 금장에 참여할 수 있다.
④ 포상활동은 자기개발, 신체단련, 봉사활동, 탐험활동, 진로개발활동으로 구성된다.

* **청소년자기도전포상제**
  1. 만 7세~만 15세(초등학교 1학년~중학교 3학년) 청소년들이 자기개발, 신체단련, 봉사활동, 탐험활동, 진로개발활동 중 선택한 4가지 활동영역에서 자기 스스로 정한 목표를 성취해가며, 숨겨진 끼를 발견하고 꿈을 찾아가는 자기성장 프로그램이다.
  2. 포상단계 및 참가연령
     - 동장: 만 7세~만 15세(최소 4개월 이상)
     - 은장: 만 7세~만 15세(최소 4개월~8개월 이상)
     - 금장: 만 10세 이상(최소 6개월~12개월 이상)

## 52
**정답** ①
**해설**
① 동장 참가자는 1박 2일(1일 최소 야외활동 6시간)의 탐험활동을 해야 한다.
② 국제청소년성취포상제는 1956년 영국 에딘버러 공작에 의해 설립되었다.
③ 참여연령은 만 14세부터 만 24세 청소년이다.
④ 기본이념에는 비경쟁성이 포함된다.
⑤ 합숙훈련은 금장단계에서만 시행한다.

## 53
**정답** ⑤
**해설**
⑤ 청소년참여위원회는 「청소년 기본법」 제5조의2에 근거를 두고 있다.

## 54
**정답** ③
**해설**
③ 초등 4학년에서 중등 3학년까지가 지원대상이다.

* **청소년방과후아카데미**
  여성가족부와 지방자치단체에서는 공적 서비스를 담당하는 청소년 수련시설(청소년수련관, 청소년문화의집 등)을 기반으로 방과후 돌봄이 필요한 청소년(초등 4학년~중등 3학년)의 자립역량을 개발하고 건강한 성장을 지원하고자 방과후 학습지원, 전문체험 활동, 학습 프로그램, 생활지원 등 종합서비스를 제공하는 국가정책지원 사업이다.

## 55 정답 ⑤
**해설**

* **수련시설 안전교육내용 및 방법(청소년활동 진흥법 시행규칙 제8조의4)**
  ① 안전교육의 내용
   1. 청소년수련활동 및 수련시설의 안전관련 법령
   2. 청소년수련활동 안전사고 예방 및 관리
   3. 수련시설의 안전점검 및 위생관리
   4. 그 밖에 수련시설 종사자 등의 안전관리 역량 강화 및 안전사고 예방을 위하여 필요한 사항
  ② 안전교육 방법: 집합교육 또는 이러닝과 집합교육을 혼합한 방법
  ③ 안전교육은 매년 1회 이상 실시한다.

## 56 정답 ⑤
**해설**

⑤ 국가 청소년정책에 관한 주요 사항을 심의·조정은 청소년정책위원회의 기능이다.

* **청소년단체협의회의 기능(청소년 기본법 제40조)**
  1. 회원단체의 사업과 활동에 대한 협조·지원
  2. 청소년지도자의 연수와 권익 증진
  3. 청소년 관련 분야의 국제기구활동
  4. 외국 청소년단체와의 교류 및 지원
  5. 남·북청소년 및 해외교포청소년과의 교류·지원
  6. 청소년활동에 관한 조사·연구·지원
  7. 청소년 관련 도서 출판 및 정보 지원
  8. 청소년육성을 위한 홍보 및 실천 운동
  9. 제41조에 따른 지방청소년단체협의회에 대한 협조 및 지원
  10. 그 밖에 청소년육성을 위하여 필요한 사업

## 57 정답 ④
**해설**

④ 경험학습은 학습자가 학습상황에 흥미나 관심을 갖고 적극적으로 참여한다고 본다.

* **경험학습이론**
  청소년들을 활동의 주체로 간주하고 청소년들이 사전에 마련된 프로그램에 적극적으로 참여하고 행함으로써 체험한 후에 청소년들이 자신들의 체험을 서로 공유하고 자신만의 소중한 경험으로 새롭게 조직하고 내면화시켜 일상생활 속에서 자연스럽게 적용시켜 나가는 과정을 중요시한다.

## 58 정답 ②
**해설**

② 수행자 자신이 스스로 행동에 대해 통제감을 느낀다.

* **몰입(flow)의 개념**
  – 어떤 행위에 깊게 빠져 있어서 그 순간에 개인이 시간의 흐름과 자아를 잊게 되어버리는 상태이다(Csikzentmihalyi).
  – 사람들이 현재 수행하고 있는 과업에 능동적으로 참여함과 동시에 과업을 수행하면서 느끼는 현재의 경험이 최적의 경험이라고 인식하는 상태이다.

## 59 정답 ④
**해설**
* 청소년 관련법 제정연도
  - 청소년육성법: 1987년
  - 청소년 기본법: 1991년
  - 청소년 보호법: 1997년
  - 청소년활동 진흥법: 2004년

## 60 정답 ④
**해설**
* 위험도가 높은 청소년수련활동(청소년활동 진흥법 시행규칙 별표7)

| 구분 | 프로그램 |
| --- | --- |
| 수상활동 | 래프팅, 모터보트, 동력요트, 수상오토바이, 고무보트, 수중스쿠터, 레저용 공기부양정, 수상스키, 조정, 카약, 카누, 수상자전거, 서프보드, 스킨스쿠버 |
| 항공활동 | 패러글라이딩, 행글라이딩 |
| 산악활동 | 암벽타기(자연암벽, 빙벽), 산악스키, 야간등산(4시간 이상의 경우만 해당한다) |
| 장거리 걷기활동 | 10Km 이상 도보이동 |
| 그 밖의 활동 | 유해성 물질(발화성, 부식성, 독성 또는 환경유해성 등), 하강레포츠, ATV탑승 등 사고위험이 높은 물질·기구·장비 등을 활용하여 이루어지는 청소년수련활동 |

## 61 정답 ⑤
**해설**
① 위원의 임기는 '3년'으로 한다.
② 위원장과 부위원장은 위원 중에서 호선(互選)한다.
③ 위원장과 부위원장 각 1명을 포함한 15명 이내의 위원으로 구성한다.
④ 인증위원회의 구성·운영, 청소년의 활동기록의 유지 및 관리 등에 필요한 사항은 대통령령으로 정한다.
⑤ 국가는 청소년수련활동 인증제도를 운영하기 위하여 청소년수련활동 인증위원회(이하 "인증위원회"라 한다)를 활동진흥원에 설치·운영하여야 한다(청소년활동 진흥법 제35조 제2항).

## 62 정답 ①
**해설**
②, ③, ④, ⑤ 개별기준에 해당한다.
* 수련활동인증 기준

| | | |
| --- | --- | --- |
| 공통기준 | 활동프로그램 | • 프로그램 구성<br>• 프로그램 지원운영 |
| | 지도력 | • 지도자 자격<br>• 지도자 역할 및 배치 |
| | 활동환경 | • 공간과 설비의 확보 및 관리<br>• 안전관리 계획 |

| | 숙박형 | • 숙박관리<br>• 안전 관리인력 확보<br>• 영양관리사 자격 |
|---|---|---|
| 개별기준 | 이동형 | • 숙박관리<br>• 안전관린 인력 확보<br>• 영양관리사 자격<br>• 이동관리<br>• 휴식관리 |
| | 위험도가 높은 행동 | • 전문지도자의 배치<br>• 공간과 설비의 법령 준수 |
| 특별기준 | 학교단체 숙박형 | 학교단체 숙박형 활동관리 |
| | 비대면방식 실시간 쌍방향 | 실시간 쌍방향 활동 운영 및 관리 |
| | 비대면방식 콘텐츠 활용 중심 | 콘텐츠 활용 중심 활동 운영 및 관리 |
| | 비대면방식 과제수행 중심 | 과제수행 중심 활동 운영 및 관리 |

## 63 정답 ④
**해설**
④ 군신유의(君臣有義)는 삼강오륜에 해당한다.

**\* 세속오계(世俗五戒)**
- 사군이충(事君以忠): 충성으로써 임금을 섬기어야 한다.
- 사친이효(事親以孝): 효로써 부모를 섬기어야 한다.
- 교우이신(交友以信): 믿음으로써 벗을 사귀어야 한다.
- 임전무퇴(臨戰無退): 싸움에 나가서 물러남이 없어야 한다.
- 살생유택(殺生有擇): 살아있는 것을 죽일 때에는 가림이 있어야 한다.

**\* 삼강오륜**
- 삼강: 군위신강(君爲臣綱), 부위자강(父爲子綱), 부위부강(夫爲婦綱)
- 오륜: 부자유친(父子有親), 군신유의(君臣有義), 부부유별(夫婦有別), 장유유서(長幼有序), 붕우유신(朋友有信)

## 64 정답 ②
**해설**
① 존중의 원리: 청소년의 인격과 자율성을 귀중하게 대하는 것으로 청소년지도에서 항상 청소년의 인격을 존중하고 기본적인 예의를 지켜야 한다.
③ 다양성의 원리: 청소년이 속한 사회계층, 지역적 특성, 가족관계, 종교 등 청소년의 다양한 차이와 요구를 반영하여 이에 적합한 청소년지도방법을 모색해야 한다.
④ 협동성의 원리: 청소년지도방법의 계획과 실행에서 청소년 상호 간의 유기적인 협력이 이루어질 수 있어야 한다.
⑤ 자기주도의 원리: 청소년지도방법에서 청소년이 활동의 주체가 되어 적극적으로 참여하고, 활동의 목적 내용·시기·속도 등을 스스로 선택하고 결정할 수 있도록 해야 한다.

## 65
**정답** ④
**해설**
'청소년시설'이란 청소년활동·청소년복지 및 청소년보호에 제공되는 시설을 말한다(청소년 기본법 제3조 제6호).

## 66
**정답** ③
**해설**
* **시범수련시설의 지정 및 육성(청소년활동 진흥법 시행령 제9조)**
  ① 여성가족부장관과 지방자치단체의 장은 수련시설 설치·운영의 활성화 및 청소년수련거리의 보급·확산을 위하여 관할구역에서 다음 중 어느 하나에 해당하는 수련시설을 시범수련시설로 지정하여 육성할 수 있다.
  1. 시설·설비내용이 우수하고 청소년수련거리의 운영에 모범이 되는 수련시설
  2. 국가 및 지방자치단체 등에서 개발·보급하는 청소년수련거리의 시범적용을 담당할 수련시설
  3. 그 밖에 특별히 육성할 필요성이 있다고 인정되는 수련시설

## 67
**정답** ②
**해설**
* **청소년 참여모델 – 하트(R. Hart) 참여사다리 모델**

| | | |
|---|---|---|
| 비참여 수준 | 1단계<br>성인이 이용하는 단계(조작단계) | 어른이 의도적으로 청소년의 목소리를 이용하는 단계 |
| | 2단계<br>장식처럼 동원되는 단계 | 성인과 청소년이 같이 참여하긴 하나 프로그램의 이해도가 낮은 단계 |
| | 3단계<br>명목상 참여단계 | 기획에 참여하긴 하나 의견 수렴이 되지 않는 단계 |
| 형식적 참여수준 | 4단계<br>제한적 위임과 정보제공단계 | 프로그램은 성인이 계획하지만 프로그램의 의도를 이해하고 자원봉사 등을 참여하는 단계 |
| | 5단계<br>상의와 정보제공단계 | 프로그램 계획은 성인이 주도하지만 청소년들의 의사가 반영되는 단계 |
| 실질적 참여수준 | 6단계<br>성인 주도 단계 | 청소년들의 의견이 계획부터 실행까지 전반적으로 반영되는 단계 |
| | 7단계<br>청소년 주도 단계 | 청소년이 주도하고 감독하는 단계 |
| | 8단계<br>동등한 파트너십 단계 | 청소년들의 주도로 프로그램을 계획하고 성인이 청소년의 시선에서 의사결정을 공유하는 단계 |

## 68
**정답** ④
**해설**
* **청소년활동시설의 종류(청소년활동 진흥법 제10조)**
  1. 청소년수련시설
     가. 청소년수련관: 다양한 청소년수련거리를 실시할 수 있는 각종 시설 및 설비를 갖춘 종합수련시설
     나. 청소년수련원: 숙박기능을 갖춘 생활관과 다양한 청소년수련거리를 실시할 수 있는 각종 시설과 설비를 갖춘 종합수련시설

다. 청소년문화의 집: 간단한 청소년수련활동을 실시할 수 있는 시설 및 설비를 갖춘 정보·문화·예술 중심의 수련시설
라. 청소년특화시설: 청소년의 직업체험, 문화예술, 과학정보, 환경 등 특정 목적의 청소년활동을 전문적으로 실시할 수 있는 시설과 설비를 갖춘 수련시설
마. 청소년야영장: 야영에 적합한 시설 및 설비를 갖추고, 청소년수련거리 또는 야영편의를 제공하는 수련시설
바. 유스호스텔: 청소년의 숙박 및 체류에 적합한 시설·설비와 부대·편익시설을 갖추고, 숙식편의 제공, 여행청소년의 활동지원(청소년수련활동 지원은 제11조에 따라 허가된 시설·설비의 범위에 한정한다)을 기능으로 하는 시설
2. 청소년이용시설: 수련시설이 아닌 시설로서 그 설치 목적의 범위에서 청소년활동의 실시와 청소년의 건전한 이용 등에 제공할 수 있는 시설

## 69 정답 ②
**해설**
* 「청소년 기본법 시행령」 별표5
청소년특화시설은 1급 또는 2급 청소년지도사 1명 이상을 포함하여 2명 이상의 청소년지도사를 둔다.

## 70 정답 ②
**해설**
* 수련시설 운영대표자의 자격(청소년활동진흥법 시행령 제8조)
① 1급 청소년지도사 자격증 소지자
② 2급 청소년지도사 자격증 취득 후 청소년육성업무에 3년 이상 종사한 사람
③ 3급 청소년지도사 자격증 취득 후 청소년육성업무에 5년 이상 종사한 사람
④ 「초·중등교육법」 제21조에 따른 정교사 자격증 소지자 중 청소년육성업무에 5년 이상 종사한 사람
⑤ 청소년육성업무에 8년 이상 종사한 사람
⑥ 7급 이상의 일반직공무원 또는 이에 상당하는 별정직공무원(고위공무원단에 속하는 일반직공무원 또는 별정직공무원을 포함한다)으로서 청소년육성업무에 3년 이상 종사한 사람
⑦ 그 외의 공무원 중 청소년육성업무에 5년 이상 종사한 사람

## 71 정답 ③
**해설**
* 수련시설 허가 또는 등록의 취소(청소년활동 진흥법 제22조)
특별자치시장·특별자치도지사·시장·군수·구청장은 수련시설 설치·운영자가 다음 각 호의 어느 하나에 해당하는 경우에는 그 수련시설의 허가 또는 등록을 취소할 수 있다. 다만, 제1호 또는 제2호에 해당하는 경우에는 허가 또는 등록을 취소하여야 한다.
1. 거짓이나 그 밖의 부정한 방법으로 허가를 받거나 등록을 한 경우
2. 최근 2년 이내에 제72조 제2항 제8호에 따른 과태료처분을 2회 이상 받고 다시 같은 호에 따른 위반행위를 한 경우
3. 정당한 사유 없이 수련시설의 허가를 받거나 등록을 한 후 1년 이내에 그 수련시설의 설치 착수 또는 운영을 시작하지 아니하거나 특별자치시장·특별자치도지사·시장·군수·구청장이 정하는 기간에 수련시설의 등록을 하지 아니한 경우
4. 고의 또는 중대한 과실로 제20조의2 제1항 각 호의 사유가 발생한 경우
5. 종합평가에서 가장 낮은 등급을 연속하여 3회 이상 받은 경우

## 72 정답 ③
해설
* 마케팅 4P모델

프로그램 비용(Price), 프로그램 장소(Place), 프로그램 내용(Product), 프로그램 홍보(Promotiom)

## 73 정답 ①
해설
* 청소년이용권장시설의 지정(청소년활동 진흥법 시행규칙 제14조)
    ① 영 제17조 제4항에 따라 청소년이용권장시설의 지정을 신청하려는 자는 별지 제14호 서식의 청소년이용권장시설 지정신청서를 시장·군수·구청장에게 제출하여야 한다.
    ② 시장·군수·구청장은 청소년이용권장시설 지정신청을 한 시설부터 반경(半徑) 50미터 이내에 「청소년 보호법」 제2조 제5호에 따른 청소년유해업소 또는 그 밖에 청소년의 이용에 적합하지 아니한 시설이 있는지 여부를 고려하여 지정 여부를 결정하여야 한다.
    ③ 시장·군수·구청장은 청소년이용권장시설의 지정신청을 받은 날부터 7일 이내에 그 지정 여부를 결정하고 별지 제15호 서식의 청소년이용권장시설 지정서를 교부하여야 한다.

## 74 정답 ⑤
해설
* 숙박형등 청소년수련활동 계획의 신고(청소년활동 진흥법 제9조의2)
    ① 숙박형 청소년수련활동 및 비숙박형 청소년수련활동(이하 "숙박형등 청소년수련활동"이라 한다)을 주최하려는 자는 여성가족부령으로 정하는 절차와 방법에 따라 특별자치시장·특별자치도지사·시장·군수·구청장(자치구의 구청장을 말한다. 이하 같다)에게 그 계획을 신고하여야 한다. 다만, 다음의 경우는 제외한다.
        1. 다른 법률에서 지도·감독 등을 받는 비영리 법인 또는 비영리 단체가 운영하는 경우
        2. 청소년이 부모 등 보호자와 함께 참여하는 경우
        3. 종교단체가 운영하는 경우
        4. 비숙박형 청소년수련활동 중 인증을 받아야 하는 활동이 아닌 경우

## 75 정답 ③
해설
    ① 유스호스텔: 청소년의 숙박 및 체류에 적합한 시설·설비와 부대·편익시설을 갖추고, 숙식편의 제공, 여행 청소년의 활동지원(청소년수련활동 지원은 제11조에 따라 허가된 시설·설비의 범위에 한정한다)을 기능으로 하는 시설
    ② 청소년수련관: 다양한 청소년수련거리를 실시할 수 있는 각종 시설 및 설비를 갖춘 종합수련시설
    ③ 청소년수련원: 숙박기능을 갖춘 생활관과 다양한 청소년수련거리를 실시할 수 있는 각종 시설과 설비를 갖춘 종합수련시설
    ④ 청소년야영장: 야영에 적합한 시설 및 설비를 갖추고, 청소년수련거리 또는 야영편의를 제공하는 수련시설
    ⑤ 청소년문화의 집: 간단한 청소년수련활동을 실시할 수 있는 시설 및 설비를 갖춘 정보·문화·예술 중심의 수련시설

# 제22회 청소년상담사 3급 기출문제

✓ **빠른 정답표**

| 001 | ③ | 002 | ② | 003 | ③ | 004 | ⑤ | 005 | ① | 006 | ③,⑤ | 007 | ① | 008 | ③ | 009 | ⑤ | 010 | ② |
|---|---|---|---|---|---|---|---|---|---|---|---|---|---|---|---|---|---|---|---|
| 011 | ④ | 012 | ⑤ | 013 | ④ | 014 | ④ | 015 | ④ | 016 | ① | 017 | ⑤ | 018 | ④ | 019 | ① | 020 | ⑤ |
| 021 | ④ | 022 | ① | 023 | ⑤ | 024 | ① | 025 | ② | 026 | ④ | 027 | ⑤ | 028 | ④ | 029 | ① | 030 | ① |
| 031 | ② | 032 | ④ | 033 | ④ | 034 | ② | 035 | ④ | 036 | ⑤ | 037 | ② | 038 | ⑤ | 039 | ⑤ | 040 | ⑤ |
| 041 | ④ | 042 | ① | 043 | ④ | 044 | ④ | 045 | ④ | 046 | ① | 047 | ① | 048 | ⑤ | 049 | ③ | 050 | ① |
| 051 | ① | 052 | ② | 053 | ④ | 054 | ⑤ | 055 | ① | 056 | ② | 057 | ④ | 058 | ⑤ | 059 | ① | 060 | ④ |
| 061 | ⑤ | 062 | ② | 063 | ④ | 064 | ④ | 065 | ① | 066 | ③,⑤ | 067 | ④ | 068 | ⑤ | 069 | ② | 070 | ① |
| 071 | ③ | 072 | ② | 073 | ④ | 074 | ① | 075 | ② | 076 | ④ | 077 | ② | 078 | ② | 079 | ④ | 080 | ① |
| 081 | ④ | 082 | ② | 083 | ① | 084 | ① | 085 | ② | 086 | ⑤ | 087 | ④ | 088 | ② | 089 | ① | 090 | ① |
| 091 | ⑤ | 092 | ② | 093 | ④ | 094 | ③ | 095 | ② | 096 | ⑤ | 097 | ② | 098 | ③ | 099 | ③ | 100 | ⑤ |

## 1교시 제1과목(필수): 발달심리

### 001 정답 ③

**해설**

ㄴ. 전보식 언어: 조사나 접속사 등이 생략된 채 몇 개의 핵심 단어만으로 구성된 문장(이어문기)
ㅁ. 촘스키의 언어발달이론 내용이다.

* **일어문 시기에 나타나는 일반적인 특징**

 일어문 시기는 일반적으로 9~15개월 영유아 시기를 의미한다. 이시기 영유아들은 '엄마', '아빠' 등 한 단어로 구성된 음성언어를 구사하며, 비언어적 행동에 반응하면서 이해할 수 없는 말을 하기도 한다. 또한 일어문 시기 영유아들이 표현하게 되는 단어는 추상적 명사보다는 기저수준 단어를 사용하게 되며, 대상이 지각적으로 유사하거나 기능상의 공통성이 존재하면 같은 범주에 속하는 대상이라는 생각하는 과잉확대나 그 반대개념인 과잉축소 오류를 범하기도 한다. 예를 들어 영유아는 친아버지에게 '아빠'라고 말을 할 수 있으며, 나아가 친아버지가 아닌 성인 남성에게도 '아빠'라고 부를 수도 있다. 이는 과잉확대의 대표적 예라 할 수 있다.

* **이어문 시기에 나타나는 일반적인 특징**

 이어문 시기는 생후 21개월령 영유아 시기를 의미한다. 이어문 시기는 언어학적으로 이어문, 어결합기라 불리기도 하며, 일반적으로 21개월령 영유아들은 50여 개 단어를 두 단어씩 결합하여 사용하게 된다. 이 시기 영유아는 음성언어를 함에 있어 핵심이 되는 두 개의 단어를 선택하여 말하게 되며, 지속적으로 새로운 단어를 습득하게 되면서 어휘력을 발달시키게 된다. 예를 들어 보통 배가 고플 때는 '어머니 저 배고파요. 밥 주세요.'라고 말을 하게 되지만, 이어문 시기의 영유아는 '엄마 밥' 혹은 '나 밥', '밥 줘'라는 말을 하게 되는 것이다.

* **촘스키(Chomsky)의 언어발달이론**
 - 그는 인간은 누구나 언어획득기제(LAD: Language Acquisition Device)라고 불리는 구조를 선천적으로 타고난다고 주장한다.
 - 이 기제를 통해 어린이는 그가 청각을 통하여 들은 언어를 처리할 수 있으며, 언어규칙을 구축하고, 문법적으로 알맞은 언어를 이해하며 말할 수 있게 된다는 것이다.
 - 어린이는 성인의 강화나 성인행동의 모방에 의해서보다는 자기자신의 노력을 통해 언어의 구조와 조작을 자발적으로 파악하게 된다.
 - 이 언어능력은 인간의 고유한 현상이며, 모든 문화권에서 공통적으로 규칙적인 순서에 따라 발달한다.

* **렌네베르그(Lenneberg)의 언어발달이론**
  - 그는 언어를 사용하는 것은 인간 특유의 행위로서 선천적으로 타고난 성향이며, 인간의 성숙 및 발달과 상관을 가지고 있다고 보았다.
  - 그래서 언어습득이란 문화적으로 전달된 기술이라기보다는 유전적으로 이미 결정된 기술과 같은 것이라고 보았다.
  - 그는 특히 언어발달과 신체적 발달, 특히 신경계통 간에 상관관계가 있다고 주장했다.
  - 그래서 인간의 언어습득에는 두뇌의 발달에 따르는 '결정적 시기'(critical period)가 있다는 것이다.

## 002 정답 ②
**해설**
① 회피애착(A유형)은 연구대상의 약 20%로, 어머니에게 불안하게 애착되어 있고 어머니를 회피하는 유형이다. 이 유형에 속하는 영아들은 어머니와 재회할 때 어머니를 회피하고 어머니와의 두 번째 짧은 이별 후에 회피행동이 더 강하게 나타난다. 어머니가 아기를 안아주면 대체로 안기려 하지 않는데, 이 유형에 속하는 영아 중 다수는 자신의 어머니보다 낯선 사람을 더 친근하게 대한다.
② 저항애착아는 주양육자에게 양가적 태도를 보인다. 저항애착(C유형)은 연구대상의 약 10~15%로, 어머니에게 불안하게 애착되어 있고 어머니에게 저항하는 유형이다. 이 유형에 속하는 영아들은 어머니와 분리 후 재회할 때 자신을 두고 떠난 어머니에 대하여 화를 내면서도 어머니와 가까이 있고 싶어 하고 접촉하려고 시도하지만 어머니가 안아주면 뿌리치고 밀어내는 양면성을 보이며 쉽게 안정감을 찾지 못한다. 이 유형에 속하는 몇몇 영아들은 다른 영아들에 비해 더 화가 나 있는 것이 눈에 띄며, 소수의 영아들은 좀 더 수동적이다.
③ 애인스워스(Ainsworth)와 그의 동료들은 볼비(J. Bowlby)의 애착이론을 토대로 '낯선 상황실험'이란 실험절차를 고안하여 애착이론을 체계화하였다.
④ 볼비(J. Bowlby)는 애착형성을 4단계로 분류하였다.
⑤ 로렌츠(Lorenz)는 새끼조류의 행동을 연구해 각인 개념을 제시하였다.

## 003 정답 ③
**해설**
ㄱ. 조직화 전략이 정교화 전략보다 더 먼저 나타난다.
  - 정교화 전략: 정교화 전략(elaboration strategy)은 기억해야 할 정보에 무엇인가를 덧붙이거나 다른 정보와 서로 관련시켜 기억하는 것을 말한다.
  - 조직화 전략: 조직화 전략은 흩어진 정보들을 관련 있는 묶음으로 분류해서 조직화하는 것이다. 서로 연관이 있는 것들을 큰 단위로 묶어 범주화하게 되면 더 기억을 잘할 수 있다.
ㄷ. 시연: 기억해야 할 내용을 중얼중얼 반복해서 말하는 것이다.

## 004 정답 ⑤
**해설**
① 걷기반사: 걷기반사(stepping reflex)는 신생아가 출생 직후에 보이는 발 움직임 반사 행동 중 하나이다. 아이를 들어 발바닥을 평평한 바닥에 닿게 하면 이들은 마치 걷는 것처럼 한쪽 발을 하나씩 떼는 행동을 보인다.
② 모로반사: 큰 소리나 신체 위치의 갑작스러운 변화에 의해 야기되는 신생아 반사이다. 예를 들어 머리를 지지하면서 한 손으로 아기를 들고 있다가 갑자기 팔을 낮추게 되면 아기는 팔을 바깥쪽으로 벌렸다가 안쪽으로 가져가는 행동을 보인다.
③ 파악반사: 쥐기반사(grasping reflex), 혹은 잡기반사는 손가락이나 작은 물체를 신생아의 손바닥에 닿게 하면 쉽게 관찰된다. 이때 아기는 손바닥에 닿은 물체를 꽉 쥐게 되는데, 이 행동은 의식적인 쥐기 행동이라기보다는 반사 행동이다.
④ 근원반사: 젖 찾기 반사(또는 근원반사)는 신생아의 입 주변을 손가락으로 가볍게 자극하면 발생한다. 이러한 자극을 받으면 아기는 자극이 주어지는 방향으로 고개를 돌려 무언가 빨 수 있는 것을 탐색한다.

## 005 정답 ①
**해설**
* **구체적 조작기**
피아제(Piaget)가 제시하는 발달 단계로서 7~11세이며, 이때 아동들은 형태가 변해도 양과 부피는 보존됨을 이해한다. 따라서 그들은 사물의 표면 특징을 넘어서 물체들을 색깔과 형태에 따라 한 차원 이상으로 분류할 수 있다. 아동은 이제 무엇을 하기 전에 (행하지 않고도) 목표에 도달하는 여러 행위를 생각할 수 있다. 또한 아동은 이제 어떤 행위들이 가역적(reversible)임을 안다. 즉, 이미 한 일을 원상태로 되돌릴 수 있다. 덧셈을 했다면 뺄셈도 할 수 있다.

## 006 정답 ③, ⑤
**해설**
- 두미발달: 머리에서 발 방향으로 발달이 진행된다. 즉, 머리부분이 사지보다 먼저 발달하는 것으로 고개가누기 – 가슴들기 – 배들기 – 기기 – 서기 – 걷기 순으로 이루어진다.
- 협응발달: 협응발달은 신체의 움직임을 조절하고 원활하게 사용하는 능력이 발달하는 과정이다.
- 근원발달: 안에서 바깥쪽으로, 중심부가 말초보다 먼저 발달한다는 것이다. 팔 → 팔목 → 손 → 손가락, 허벅지 → 종아리 → 발 → 발가락순으로 발달한다
- 세분화발달: 일반적인 것에서 특수한 것으로 발달한다. 물건을 잡을 때 손 전체를 사용하다가 점차 엄지손가락과 집게손가락을 사용하게 된다. 거칠고 산만하고 분화되지 않은 행동이 점차적으로 분화되고 정밀한 행동으로 대체 된다.

## 007 정답 ①
**해설**
(가)에는 근면성 대 열등감 / 잠복기가 들어가는 것이 적절하다.

## 008 정답 ③
**해설**
* **전조작기**
전환적 추론이란 특정 사건으로부터 다른 특정사건을 추론하는 것. 두 가지 사건이 시간적으로 근접해서 발생하며, 두 현상 간에 아무런 관계가 없는데도 인과관계가 있다고 생각하는 것이다.

## 009 정답 ⑤
**해설**
신생아는 하루의 대부분인 18시간 정도 잠을 자며, 수면주기는 3~4시간이다. 신생아의 렘 수면비율은 50%인데 렘 수면이 많은 이유는 수면이 두뇌활동에 중요하기에 신경계의 성장을 도모하기 위한 것이다.

## 010 정답 ②
**해설**
* **마샤(J. Marcia)의 정체감 상태**

| | |
|---|---|
| 정체감 혼돈(identity diffusion) | 자신이 누구인지, 인생에 있어 무엇을 하고 싶어 하는지 모르고, 삶에 대한 방향감이 결여되어 있다. |
| 정체감 유실(identity foreclosure) | 선택 사항들에 대한 고려 없이 부모와 같은 다른 사람이 선택해 준 결정을 수용하는 상태이다. |

| 정체감 유예(identity moratorium) | 선택을 위한 노력 중에 있는 상태이다. |
|---|---|
| 정체감 성취(identity achievement) | 직업이나 이성, 신앙 등을 자유롭게 고려해 본 후에 스스로 선택하여 선택한 삶에 전념하는 상태이다. |

## 011 정답 ④
**해설**
- 베르니케 영역: 언어의 수용과 이해에 관여한다.
- 브로카 영역: 언어의 생성 및 표현, 구사 능력을 담당하는 부위이다.

## 012 정답 ⑤
**해설**
⑤ 삼차순환반응기의 하위특성이다.

*** 감각운동기 하위단계**
- 반사운동기: 감각운동기의 최하위 단계는 반사(reflex)단계이며, 대략 출생에서 약 1개월 정도에 해당된다.
- 일차 순환반응기: 순환반응이란 쉽게 말하면 반복 행동을 뜻한다. 감각운동기 기간의 영아는 같은 행동을 여러 번 반복하는 반복 행동을 자주 보이는데, 이것이 순환반응이다.
- 이차 순환반응기: 생후 약 4개월 정도가 넘어서면 영유아들은 2차 순환 반응(secondary circular reaction)을 보이기 시작한다. 2차 순환반응이란 아기가 자신이 아닌 외부 세계에서 흥미로운 사건을 발견한 후 이를 반복하려고 하는 도식을 말한다.
- 이차 순환반응의 협응기: 이 단계의 영아에게는 도식에 대한 몇 가지 중요한 변화가 일어난다. 첫째, 영아는 이전에 학습했던 도식들을 협응적인 방식으로 통합하고 재통합한다. 둘째, 이들은 이제 목표 행동을 향해 도식들을 조정하면서 의도적인(intentional) 행동을 보일 수 있다.
- 삼차 순환반응기: 3차 순환반응(Tertiary Circular Reactions)기는 대략 돌 전후에 시작되는 시기이다. 이전 단계의 유아들이 하나의 결과를 얻기 위해 복수의 행동을 할 수가 있다면 이 시기부터는 다른 결과를 얻기 위해 복수의 행동을 할 수 있게 된다.
- 도식의 내재화: 감각운동기 하위 단계의 최종 단계로 생후 18개월 정도에 해당된다. 이 단계에 이른 유아의 정신 기능은 이제 감각, 운동의 영역을 벗어나서 내적인 측면으로 변화하게 된다.

| 단계 | 특징 |
|---|---|
| 반사활동기<br>(출생~1개월) | • 외부세계에 대한 대처로써 쥐기, 빨기, 때리기, 차기와 같은 반사적 행동에 의존(가장 우세한 반사는 빨기반사)<br>• 자신과 외부세계의 구분이 없고, 다양한 반사도식들을 사용함으로써 환경의 요구에 더 잘 적응할 수 있게 됨 |
| 1차 순환반응<br>(1~4개월) | • 1차 순환반응은 영아의 여러 신체 부분들이 서로 협응하는 것(빨기와 잡기를 동시에 함)<br>• 같은 행동 반복: 우연한 행동이 재미있는 결과를 초래하게 되면 계속해서 그 행동을 반복함<br>• 영아의 관심은 자기 신체에 있음 |
| 2차 순환반응<br>(4~8개월) | • 자신이 아닌 외부에서 흥미로운 사건을 발견하고 이를 다시 반복하려고 할 때 2차 순환반응이 일어남<br>• 영아의 관심은 자신의 신체 외부에 있는 대상과 사건 |

| 2차 순환반응협응 (8~12개월) | • 영아의 관심은 자신의 신체가 아닌 주위 환경에 있음<br>• 목적지향적 행동: 목표를 위해 행동을 계획하고 실행하기 위해 두 가지 행동을 협응하게 됨<br>• 대상영속성 개념 발달<br>• 위치오류: A-not-B 오류 |
|---|---|
| 3차 순환반응 (12~8개월) | 반응을 보기 위해 여러 행동을 시도함: 새로운 가능성 탐색을 위한 시행착오적 시도가 나타남 |
| 심적 표상 (18~24개월) | • 다양한 상징놀이: 상징적으로 표현되는 것을 이해하는 초보적인 능력이 나타남<br>• 지연모방을 할 수 있음 |

## 013 정답 ④

**해설**

**\* DSM-5의 지적장애 진단기준**

지적장애(지적발달장애)는 발달 시기에 시작되며, 개념, 사회, 실행 영역에서 지적 기능과 적응 기능 모두에 결함이 있는 상태를 말한다. 다음의 3가지 진단기준을 충족해야 한다.

A. 임상적 평가와 개별적으로 실시된 표준화된 지능 검사로 확인된 지적 기능(추론, 문제 해결, 계획, 추상적 사고, 판단, 학업, 경험 학습)의 결함이 있다.

B. 적응 기능의 결함으로 인해 독립성과 사회적 책임 의식에 필요한 발달학적 사회문화적 표준을 충족하지 못한다. 지속적인 지원 없이는 적응 결함으로 인해 다양한 환경(가정, 학교, 일터, 공동체)에서 한 가지 이상의 일상 활동(의사소통 사회적 참여, 독립적 생활) 기능에 제한을 받는다.

C. 지적 결함과 적응 기능의 결함은 발달 시기 동안에 시작된다.

## 014 정답 ④

**해설**

ㄱ. 외체계에 관한 설명이다.

**\* 브론펜브레너(Bronfenbrenne)의 생태학적 접근에 따른 4가지의 환경**

- 미시체계(microsystem): 가정환경이나 학교환경처럼 개인에게 직접적인 영향을 주는 체계이다.
- 중간체계(mesosystem): 미시체계들을 연결시켜주며 미시체계들이 중복되어서 생기는 대인관계를 의미한다. 아동의 경우, 가정과 학교의 관계, 가정과 동료집단과의 관계가 대표적이다.
- 외체계(exosystem): 개인이 직접적인 관련성은 없으나 개인에게 영향을 미치는 사회적 구조인 환경요소를 포함한다. 예로는 아동의 경우, 부모의 직장, 손위형제가 다니는 학교, 학급, 이웃의 특징, 학교와 지역사회 간의 관계가 속한다.
- 거시체계(macrosystem: 거대체계): 개인이 속한 사회나 하위문화의 이념 및 제도의 유형으로 사회문화적 규범과 같은 커다란 체계를 말하며 개인에게 간접적 영향을 준다.

## 015 정답 ④

해설

*도덕성 발달단계

| 수준 | 단계 | 특징 |
|---|---|---|
| 제1수준<br>인습이전 수준<br>(전도덕기)<br>0~6세 | 1. 주관화: 벌과 복종에 의한 도덕성<br>(벌과 복종 지향) | • 신체적·물리적 힘이 복종이나 도덕판단의 기준이 된다.<br>• 신체적 처벌을 피하기 위하여 규칙을 지킨다.<br>• 행동의 결과의 의미나 가치가 문제가 되지 않고 표면적인 결과만으로 도덕적 판단을 한다.<br>= 약을 훔쳐야 된다. → 아내를 죽게 두면 신으로부터 벌을 받기 때문이다.<br>= 약을 훔쳐서는 안 된다. → 도둑이라고 잡혀서 벌을 받기 때문이다. |
| | 2. 상대화: 욕구 충족을 위한 수단으로서의 도덕성<br>(도구적 상대주의 지향) | • 상이나 보답을 받기 위해 규칙을 지키거나 남에게 도움을 준다.<br>• 자기 자신의 개인적 욕구를 충족시키거나 이익과 보상을 얻을 수 있는 일은 옳다.<br>• 인간관계는 상호 호혜의 원칙에 의해 행동의 가치를 결정한다.<br>= 약을 훔쳐야 한다. → 생활하는 데 아내의 도움이 필요하기 때문이다.<br>= 약을 훔쳐서는 안 된다. → 감옥에 가는 것은 아무 이익이 안되기 때문이다. |
| 제2수준<br>인습 수준<br>(타율적 도덕기)<br>6~12세 | 3. 객체화: 대인관계에서 조화를 위한 도덕성<br>(착한 아이 지향) | • 타인의 비난을 피하고 인정받기 위해 규칙을 지킨다.<br>• 다수의 의견이나 사회적 인습에 따른다.<br>= 약을 훔쳐야 한다. → 부인을 돌보는 일이 이기적인 일이 아니기 때문이다.<br>= 약을 훔쳐서는 안 된다. → 남의 것을 훔치는 것은 나쁜 일이기 때문이다. |
| | 4. 사회화: 법과 질서를 준수하는 도덕성<br>(법과 사회질서 지향) | • 법과 질서는 정해진 의무이기 때문에 무조건 지켜야 한다.<br>= 약을 훔쳐야 한다. → 부인이 죽으면 책임을 져야 하기 때문이다.<br>= 약을 훔쳐서는 안 된다. → 도둑질하는 것은 법을 어기는 것이기 때문이다. |
| 제3수준<br>인습 이후 수준<br>(자율적 도덕기)<br>12세 이후 | 5. 일반화: 사회계약 정신으로서의 도덕성<br>(사회계약 지향) | • 법의 목적은 인간의 권리나 복지를 보장하기 위한 것이다.<br>• 법은 사회적 계약이므로 생명이나 자유와 같은 기본적 권리가 침해되지 않는 한 수정가능하다.<br>• 타인의 의지와 권리에 의해 위배되는 행동은 피하고 대다수의 의지와 복지에 따라 행동<br>= 약을 훔쳐야 된다. → 그 상황에 처했다면 누구나 약을 훔칠 수밖에 없을 것이다.<br>= 약을 훔쳐서는 안 된다. → 약을 훔치는 것은 약사의 권리를 침해하기 때문이다. |
| | 6. 궁극화: 양심 및 보편적 도덕원리에 대한 확신으로서의 도덕성<br>(보편적 도덕원리 지향) | • 자기 자신의 양심에 따라 규칙을 지킨다.<br>• 도덕원리는 포괄적·보편적·일관성이 있어야 함을 인정하지만 도덕적 규제자로서 자신의 양심의 소리를 우선적으로 듣는다.<br>= 약을 훔쳐야 된다. → 생명권이 재산권보다 중요하기 때문이다. |

## 016 정답 ①
**해설**
ㄱ. 적응: 현재 자신이 지각하고 이해하고 있는 모든 사물·사상·지식과 새로운 문제해결상황에서 부딪히게 될 현상과 균형을 맞추고자 하는 행동이다.
ㄴ. 평형: 현재의 인지구조와 새로운 정보 간의 균형을 회복하는 과정이다.

## 017 정답 ⑤
**해설**
* **카텔(Cattell)의 유동적 지능(fluid Intelligence)과 결정적 지능(crystallized intelligence)**
카텔은 지능이 유동적인 지능과 결정적 지능 두 가지로 나뉜다고 주장했다. 유동적인 지능은 선천적이며 유전적으로 결정되는 지능으로 생리적인 영향을 받는다. 따라서 노화에 따라서 뇌의 활동이 감소하면서 유동적인 지능지수가 낮아지는 패턴이 나타난다. 유동적인 지능에는 전반적인 언어 능력, 기억력, 암기력, 일반적인 추리 능력 등이 속하며, 이를 측정하는 검사에는 수열 파악하기, 분류 검사, 비언어적인 도형을 통해 원리나 규칙 유추하기가 있다. 결정적인 지능은 선천적으로 결정되는 것이 아니라 사회, 문화적으로 영향을 받으며 교육이나 양육 환경 등에 의해 영향을 많이 받는다. 결정적인 지능에는 어휘 이해력, 일반적인 지식, 상식, 논리적인 추리 능력, 산술 능력 등이 포함되며, 생리적인 영향을 받지 않아 나이가 들어도 결정적인 지능은 유지되거나 경험의 축적으로 인해 결정적인 지능이 향상되기도 한다.

## 018 정답 ②
**해설**
죽음의 5단계(The Five Stages of Grief)로 알려져 있는 퀴블러-로스 모델(The Kübler-Ross model)은 부정(denial), 분노(anger), 타협(bargaining), 우울(depression), 수용(acceptance)의 5단계를 말한다.
- 부정(denial): "난 괜찮아.", "나에게 그런 일이 일어날 리가 없어.", "믿을 수 없어."
  부정은 자신의 병이 불치임을 알게 될 때 의식적 또는 무의식적으로 실제 상황의 받아들이는 것을 거절하는 것으로, 자신에 대한 방어 기제(機制)이다. 오진이거나 좀 더 나은 진단이 바라는 마음에 여러 병원을 찾아다니게 되며, 검사 결과가 바뀌진 않았나 생각하기도 한다.
- 분노(anger): "왜 하필이면 내가?", "어떻게 나한테 이런 일이 일어날 수 있지?"
  분노의 단계에서는 실제 상황을 더 이상 부정할 수 없다는 것을 인식하게 되고, 자기 자신에게나, 가까운 주위 사람 또는 신에게까지 분노를 직접적으로 표현한다.
- 타협(bargaining): 불가피한 사실을 어떻게든 연기하거나 지연할 수 있을 것이라는 희망을 가지고 대개가 신(higher power)과 하는 타협이다.
- 우울(depression): 자신의 병을 더 이상 부인하지 못하게 될 때, 발생할 결과의 확실성을 이해하기 시작한다. 초연한 자세 또는 침묵, 사람들과 만남을 거절하거나 슬퍼하는 데 시간을 쓴다. 이 단계가 진행될 때 슬픔, 후회, 두려움, 불확실성을 느끼는 것은 자연스럽고 그런 감정을 느끼면서 그 사람이 이 상황을 받아들이기 시작했음을 보여준다.
- 수용(acceptance): "괜찮아질거야."
  발생할 결과를 받아들이는 법을 배우기 시작하며, 머나먼 여정을 떠나기 전에 취하는 마지막 휴식과 같은 평온의 상태에 이른다.

**019** 정답 ①
**해설**
② 터너 증후군: 성염색체인 X염색체 부족으로 난소의 기능 장애가 발생하여 조기 폐경이 발생하며, 저신장증, 심장 질환, 골격계 이상, 자가 면역 질환 등의 이상이 발생하는 유전 질환이다.
③ XYY 증후군[수퍼남성 증후군(supermale syndrome)]: 수퍼남성은 정상남성에 비해 한 개의 더 많은 Y염색체를 가지고 있다. 수퍼남성은 정상적인 남성에 비해 공격적인 성격을 가지고 있어서 폭력행위를 저지르기 쉽다.
④ X결함 증후군: 터너 증후군
⑤ 클라인펠터 증후군: 일반적으로 남자의 염색체는 46,XY이다. 그런데 X염색체가 1개 이상이 더 존재할 때 클라인펠터 증후군이라 한다. 염색체 형태는 47, XXY, 48, XXXY, 46,XY/47,XXY 등 다양하게 나타날 수 있다.

**020** 정답 ⑤
**해설**
DSM-5의 주요 및 경도 신경인지장애의 병인은 알츠하이머병, 전측두엽퇴행증, 루이체병, 혈관 질환, 외상성 뇌손상, 물질 및 약물 사용, HIV 감염, 프리온병, 헌팅턴병이 있다.

**021** 정답 ④
**해설**
ㄱ. 종단연구는 개인의 발달 안정성과 변화를 관찰할 수 있다.
ㄴ. 횡단연구는 종단연구보다 시간과 비용이 절약된다.

**022** 정답 ①
**해설**
샤이(K. Schaie) 이론의 발달 단계는 획득 → 성취 → 책임(실행) → 재통합이다.
- 획득단계(성인기 이전): 아동기와 청소년기 동안 다양한 방법으로 지식을 획득한다.
- 성취단계(성인 전기): 직업 선택이나 결혼과 같이 인생의 중대한 문제해결에 지식을 사용하기 시작한다. 문제와 관련된 요인들과 예상되는 결과까지 고려하여 독립적으로 의사결정을 할 수 있는 능력이 발달한다.
- 책임 및 실행단계(성인 중기): 책임자의 위치에서 가족과 직장, 지역사회의 구성원들과 관련된 의사결정을 내리는 데 지식을 활용하게 된다. 책임자의 결정은 어떤 일을 진행시키고 목표를 성취하도록 하기 때문에 실행단계라고 하기도 한다.
- 재통합단계(성인 후기): 인지적·사회적으로 제한된 능력을 효율적으로 활용하는 단계이다. 불필요한 일에 시간을 낭비하지 않고 필요와 중요성에 따라 능력을 분배하게 된다.

**023** 정답 ⑤
**해설**
- 빨기 반사: 영아기 중 계속 보이다 소실된다.
- 삼키기 반사: 평생 지속된다.

**024** 정답 ①
**해설**
성숙이란 신체 내부의 생리적·생화학적(유전, 호르몬)인 질적 변화를 의미한다.

## 025 정답 ②

**해설**

① 활동 이론(activity theory): 노년은 중년의 연장일 뿐이므로 활동을 중단할 것이 아니라 지속할 것을 당연하게 보기 때문에, 노년기의 생의 만족을 적정 수준의 사회적 활동을 유지할 때 가능하다는 견해이다. 사회적 활동은 성공적인 노화에 필요조건이 되는 것으로, 신체적 및 정신적으로 활동에 적극 참여하면 노년기의 기능을 유지하는데 도움이 된다고 본다.

② 유리 이론(disengagement theory): 늙어가면서 사회와 노인들 사이에서 일어나는 현상으로서 노인들은 사회로부터 분리 혹은 은퇴한다는 것이다. 노인들이 서로 떨어지거나 사회적으로 분리되는 것은 자연적 현상 또는 의도적인 현상임을 설명한다.

③ 손상 이론(wear-and-tear theory): 세포가 손상되어 노화가 일어난다.

④ 사회정서적 선택 이론(socioemotional selectivity theory): 사회정서적 선택 이론은 노인들의 인지 과정에서 부적 정서 정보보다 정적 정서 정보에 대한 선호로 나타나는 긍정성 효과가 정서 조절 과정으로 작용하여 노년의 긍정적인 정서 경험과 안녕감에 기여한다고 제안하였다.

⑤ 보상을 수반한 선택적 최적화 이론(selective optimization with compensation theory): SOC모델은 성공적 노화를 비롯한 인간개발 연구 및 인간의 전생애 발달이 선택(selection), 적정화(optimization), 보상(compensation)이라는 세 가지 생애전략과 관련된 과정으로 보았다.

## 1교시 제2과목(필수): 집단상담의 기초

### 026 정답 ④
**해설**
집단원의 행동에 상담자가 논평을 하는 것은 바람직한 상담자의 태도가 아니다. 집단상담자는 집단원들이 자유롭게 자신의 생각과 감정을 표현하도록 유도하며, 편안한 분위기에서 존중과 공감적 수용의 태도를 학습하도록 도와야 한다.

### 027 정답 ⑤
**해설**
⑤ 집단의 첫 회기에 집단원들과 함께 집단 규범에 대해 논의하고 집단규칙을 정한다.

**\* 집단상담계획서 작성 시 고려사항**
집단의 필요성 및 목적, 집단활동, 집단구성, 참여유형, 집단원 선발, 집단 크기, 집단 일정, 집단모임장소, 집단상담자 수, 집단 홍보, 기대효과 및 평가

### 028 정답 ②
**해설**
심리교육집단은 교육적 결핍과 심리적 장애를 예방하는 것을 목표로 한다. 이 집단에서의 활동은 실제적인 정보를 나누고, 토의하고, 실행 계획을 활용함으로써 새로운 정보는 통합된다. 심리교육집단은 특정 주제에 대한 구조화된 프로그램을 많이 사용한다. 이러한 집단은 정부 기관, 학교와 WEE센터 그리고 대학 상담소에서 점점 더 많이 활용되고 있다.

### 029 정답 ①
**해설**
상담자는 객관적이고 중립적인 자세를 견지하여야 한다.

### 030 정답 ①
**해설**
**\* 라켓감정**
어린 시절, 가족관계 속에서 어떤 감정은 장려되는 반면 어떤 것은 금지되는 것을 경험한다. 사람들이 느끼는 라켓 감정은 각자 자신이 자라난 환경에서 '자연스럽게' 형성된 감정이며, 이후로는 스트로크를 얻기 위해 허용되는 감정만을 느끼는 결정이 일어나고, 이 같은 결정은 의식적인 자각 없이 이루어진다. 성인이 되어 생활 속에서 각본을 연출할 때, 어린 시절 허용되었던 감정으로 진실한 감정을 계속 숨기게 된다. 이러한 대치된 감정을 라켓 감정이라 한다. 상대방에게 자주 화를 내는 것은 스트레스 상황에서 자주 느끼는 라켓 감정의 한 예다. 사람마다 라켓 감정이 다르기 때문에 각각의 사람들은 동일한 상황에서 다른 감정을 느낄 수 있다.

### 031 정답 ②
**해설**
ㄷ, ㄹ. 과도기 단계에 해당한다.

**\* 코리(G. Corey)의 집단과정**
초기 단계 → 과도기 단계 → 작업 단계 → 종결 단계

## 032 정답 ④
**해설**
집단상담에서 또 다른 중요한 부분은 내담자들이 지금 여기 이 순간에 집중할 수 있도록, Here-and-Now를 강조하는 것이다. 집단상담으로부터 가장 큰 효과를 보는 것은 지금 주어진 이 시간에 자신이 공유하고 싶은 것들을 다 표현함으로써 다른 내담자들과 공감대를 형성하고, 신뢰를 쌓으며, 자신의 가장 예민하고 연약한 정체성을 공유하고 지지해 주고, 지지를 받는 것이다.

## 033 정답 ④
**해설**
* **얄롬(I. Yalom)의 치료적 요인(11가지)**
  희망의 고취, 보편성, 정보전달, 이타심, 정화, 실존적 요인들, 집단응집력, 대인관계 학습, 모방학습, 사회화 기술의 발달, 초기 가족의 교정적 재현

## 034 정답 ②
**해설**
직면하기는 내담자가 미처 깨닫지 못하거나 인정하기를 거부하는 생각과 느낌에 대해 주목하도록 하는 것으로서, 언어적 행동과 비언어적 행동이 불일치되는 점을 깨닫게 하기 위한 방법이다. 내담자가 가지고 있는 불일치·모순·생략 등을 상담자가 내담자에게 기술해 주는 것으로, 내담자가 자신의 경험의 일부로 지각하기를 두려워하거나 거부하는 어떤 측면에 주의를 돌리도록 요청하는 것이다.

## 035 정답 ④
**해설**
집단응집력: 집단 내에서 자신이 인정받고 수용된다는 소속감은 그 자체로 집단 성원의 긍정적인 변화에 영향을 미친다.
ㄱ. 보편성: 참여자 자신만 심각한 문제, 생각, 충동을 가진 것이 아니라 다른 사람들도 자기와 비슷한 갈등과 생활 경험 문제를 가지고 있다는 것을 알고 위로를 얻는다.

## 036 정답 ⑤
**해설**
* **실존주의 상담의 목적**
  - 실질적인 치료가 아닌 내담자로 하여금 자신의 현재 상태에 대해 인식하고 피해자적 역할로부터 벗어날 수 있도록 돕는다.
  - 내담자가 자신의 무한한 잠재능력을 인정하고 자신에게 주어진 선택과 책임을 통해 자유를 향유할 때 가능하다는 것을 깨닫도록 한다.
  - 내담자가 삶의 의미와 목적을 스스로 발견하도록 하고, 자기 인생에 대한 확고한 방향설정과 결단을 내리도록 돕는다.

## 037 정답 ②
**해설**
① 초기 유아기의 트라우마 분석: 정신분석
③ 유아 시절 대상관계 역동의 분석: 대상관계이론
④ 삶의 각본과 심리적 자세의 탐색: 교류분석
⑤ 현상학적 자기와 실제 자기 간의 일치점 발견: 인간중심상담

**\* 초기기억**
- 초기 어린 시절(생후 6개월부터 8세)에 경험한 사건에 대한 선별된 기억으로, 개인심리학의 주요 개념이다.
- 초기기억은 어린 시절에 가진 삶에 대한 초기관점이나 기억들이 현재 인간관계에 미치는 영향을 평가하기 위해 그 시절에 대한 기억을 말하도록 하는 것으로서 개인심리학의 주요 상담기법이다.
- 초기기억에는 경험한 사건뿐만 아니라 사건과 관련된 감정이나 생각도 포함된다. 초기기억을 통해 내담자의 감각양식(인생의 목적이나 기대, 요구, 신념체계, 생활양식, 기호, 인간관계, 방식 등)을 명확하게 하여 문제해결을 촉진하는 실마리를 발견한다.

## 038 정답 ⑤
**해설**
**\* 집단참여에 따른 위험**
- 힘의 남용: 지도자는 집단이 그 안에 내재한 내적 자원과 능력을 발견하도록 도와줌으로써 집단원들의 힘을 강화하도록 자신의 힘을 사용하는 것이 바람직하다.
- 자기노출: 지나친 사적인 경험의 노출로 사생활 침해가 되지 않도록 한다.
- 비밀 유지: 비밀 유지의 중요성을 계속 강조한다.
- 희생양 만들기: 집단리더는 부정적인 직면의 표적행동을 제거하고 집단에서 일어나고 있는 일을 탐색하기 위해 단호한 조치를 위해야 한다. 희생양을 만들고 있는 사람에게 먼저 초점을 두고 탐색한다.
- 직면: 중대한 심리적 위험을 초래할 수 있는 행동을 경계하고 비생산적인 직면의 위험을 줄이기 위해서 구체적인 행동에 초점을 맞춘 직면이 어떤 것인지 시범을 보여야 하며 집단원들의 인격을 판단하는 행동을 삼가야 한다.

## 039 정답 ⑤
**해설**
**\* 집단원의 문제행동**
- 다른 집단원이나 집단상담자에게 어려움을 주는 행동을 보임
- 집단에 직·간접적으로 부정적인 영향을 미침
- 응집력 있고 생산적인 집단 형성을 방해함
→ 집단상담자는 이러한 문제행동들이 무엇이며, 어떻게 대처해야 할 것인지 사전에 알고, 비난 또는 비판하기보다는 집단원들과 솔직하고 건설적인 방식으로 상호작용할 필요가 있다.

## 040 정답 ⑤
**해설**
'연결하기'란 한 집단성원의 말과 행동을 다른 집단성원의 관심과 연결하는 것이다.

## 041 정답 ④
**해설**
비자발적 참여에 대한 느낌과 생각을 표현할 기회를 준다.

## 042 정답 ①
**해설**
② 희망 심어주기: "이 집단을 통해 나의 문제를 해결하고 나 자신도 변화할 수 있을 거야."
③ 모방행동: "저 사람의 행동과 태도를 잘 관찰하고 배워서 따라해야겠다."
④ 이타주의: "내가 다른 사람에게 도움이 된 것 같아."
⑤ 보편성: "나만 외롭다고 생각했는데 아니구나."

## 043 정답 ③
**해설**
집단초기단계에서 상담자는 모델의 역할을 수행한다. 즉 피드백 시범을 보이는 것은 집단활동에 도움이 된다.

## 044 정답 ⑤
**해설**
추수평가는 상담이나 그 밖의 생활지도를 일단 실시한 뒤에 그런 지도를 받은 사람이 어느 정도 건전하게 적응하고 있는가를 확인한 다음, 경우에 따라서는 필요한 상담이나 그 밖의 교육적 조력을 더해 주기 위한 것이다.

## 045 정답 ④
**해설**
해결중심치료에서는 상담과정에서 내담자가 자신이 가진 문제를 해결하려는 의지와 능력을 가지고 스스로 해결책을 찾아 나가도록 도움을 주는 데 주력하도록 하였다. 따라서 전통적인 심리상담치료가 내담자의 문제의 근원이나 원인을 탐색하는 데 중점을 두었던 것에 비해, 해결중심상담은 문제의 해결과 미래의 모습에 집중하는 차이를 나타낸다.

## 046 정답 ③
**해설**
* **코리(G. Corey)의 과도기 단계의 집단상담자의 과제**
  – 갈등 상황을 인식하고 다루는 것의 가치를 집단원들에게 교육하기
  – 집단원들이 자신의 특성과 방어기제를 인식하도록 돕기
  – 집단원들의 저항을 존중하고, 다양한 저항을 건설적으로 다루도록 돕기
  – 상담자에 대한 도전을 직접적이고 실질적으로 다룸으로써 집단원들에게 모델링하기
  – 집단원의 문제행동 다루기
  – 집단들이 상호 의존적이면서 독립적이도록 돕기
  – 지금–여기와 관련된 반응을 표현하도록 격려하기

## 047 정답 ①
**해설**
형태주의 상담: 접촉을 방해하는 것

* **외재화: 정신분석**
  개인의 내적 현상을 외부 세계로 옮겨놓는 정신 과정을 나타내는 일반적인 용어로서 내재화와 짝을 이루는 개념이다. 이 정신 과정을 통해서 본능적 소망, 갈등, 기분 그리고 사고 방식(인지형태)이 투사된다. 분노와 공격적 충동이 외재화될 때, 어린아이들은 어둠 속 괴물을 무서워하고, 미개인은 밀림 속에 악령들이 살고 있다고 믿으며, 편집증 환자는 도처에서 박해자들이 있다고 생각한다.

## 048 정답 ③
해설
* 라자루스(Lazarus)가 개발한 다중양식치료의 핵심개념인 BASIC-ID
  - 행동(Behavior): 소거, 역조건 형성, 긍정적 강화, 부정적 강화, 처벌
  - 감정적 반응(Affect): 소산, 소유하고 있는 감정
  - 감각(Sensation): 긴장이완, 감각적 쾌감
  - 심상(Imagery): 자기상의 변화, 대처심상
  - 인지(Cognition): 인지적 재구성, 자각
  - 대인관계(Interpersonal): 모델링, 불건전한 공포 분산시키기, 역설적인 책략, 비판적인 수용
  - 약물/생물학적 기능(Drugs/Diet): 의학적 치료, 운동의 이행, 영양섭취, 물질남용 중지, 향정신성 약물의 남용

## 049 정답 ③
해설
* 코리(G. Corey)의 종결 단계의 집단상담자의 과제
  - 종결에 따른 감정을 잘 다스리도록 돕기
  - 집단원들에게 자기표현의 기회 주기
  - 집단원들의 변화를 강화하기
  - 집단원들이 집단에서 습득한 기술을 일상에 적용하도록 돕기
  - 집단원들이 과제를 실천하도록 돕기
  - 집단원들이 집단에서 깨달은 사실을 잊지 않도록 돕기
  - 집단상담 후에도 비밀을 유지하도록 당부하기
  - 집단상담의 효과 평가하기

## 050 정답 ①
해설
공동지도력은 두 명이나 또는 그 이상의 집단지도자로 구성하여 집단을 이끌어 가는 것으로 한 명의 지도자가 주로 집단을 이끄는 역할을 하고 다른 지도자가 보조역할을 할 수도 있고, 집단지도자들의 역할이 동등하게 수행될 수도 있다. 공동지도력은 이론적 배경이 같고 여러 면에서 상호보완적일수록 좋다.

## 1교시 제3과목(필수): 심리측정 및 평가

**051** 정답 ①
**해설**
심리검사의 모든 결과를 신뢰할 수 있는 것은 아니다. 인간의 행동을 측정하는 데에는 오차가 있다는 것을 가정하며 일정한 범위의 오차를 허용한다. 따라서 검사결과 나타난 지수를 절대시하거나 극히 정확한 것으로 생각하는 것은 문제가 있다.

**052** 정답 ②
**해설**
① 리커트 척도(Likert scale): 응답자들의 개인적인 차이를 알아보려 할 때 사용되고 특정 자극에 대하여 응답치 차이를 조사한다. 표준화된 양식을 이용하는 방법으로 각 진술문에 대해 5개의 선택지들 (전혀 그렇지 않다, 그렇지 않다, 보통이다, 그렇다, 매우 그렇다) 중에 하나를 표시하여 응답한 각 진술문의 선택지(5단계)에 부여되어 있는 점수를 합산하여 구한다.
② 써스톤 척도(Thurstone's equal-appearinginterval scales): 특정 응답자에 대하여 자극이 가지고 있는 특성에 대한 응답치의 차이를 조사하여 자극들의 특성 차이를 알아보려는 것이다. 피검사자에게 다수의 진술문들을 제시하여, 동의하는 진술문에는 모두 ∨ 표시를 하고, 동의하지 않는 진술문에는 아무런 표시도 하지 않도록 한다. 각 피검사자의 점수는 ∨ 표시를 한 각 진술문에 부여되어 있는 척도치를 모두 합한 값을 ∨ 표시를 한 진술문의 수로 나누어서 구한다.
③ 거트만 척도(Guttman's scalogram scale): 응답자의 개인특성의 차이와 자극특성의 차이를 동시에 알아보려는 방법이다. 어떤 사상에 대한 태도를 일련의 질문에 의해 측정하는데, 이때 질문이 그 사상에 대하여 호의적·비호의적, 관심·무관심 등의 축(軸)에 관하여, 어떤 순서 하에 나열되도록 하는 것이 특징이다.
④ 의미변별척도: 측정하려고 하는 어떤 대상과 관련된 각 쌍의 형용사를 활용하여 나타내는 심리척도이다.
⑤ 형용사 검목표: 일련의 형용사들로 만들어진 검목표이다. 피험자에게 검사목적과 관련되는 일련의 형용사 어휘들을 제시하고 그중에서 자유롭게 선택하도록 하는 방법으로서 피험자의 인식, 태도, 지각, 감정 등을 양적으로 측정하기 위해 가장 흔히 사용되는 방법 중 하나이다.

**053** 정답 ③
**해설**
① 물리적 환경은 수검자에게 영향을 미친다고 가정한다.
② 심리검사의 규준은 시대의 변화나 문화적 환경에 따라 개정될 필요가 있다.
④ 문항분석을 하여 문제가 있는 문항이라도 제거하거나 수정한다.
⑤ 개발자는 검사 실시 과정에서 발생할 수 있는 다양한 문제들을 고려하여 문항을 제작한다.

**054** 정답 ⑤
**해설**
규준(norm)이란 특정 검사점수의 해석에 필요한 기준이 되는 자료를 의미한다. 규준이란 한 개인이 집단 안에서 어느 정도의 위치를 차지하는가를 알아보기 위한 지표이다. 검사에서 얻어진 원점수는 그 자체로 어떤 의미를 갖지 못한다. 이 검사결과와 비교하고자 하는 어떤 집단의 검사결과와 비교할 때, 비교하고자 하는 집단의 검사결과를 규준이라고 한다. 따라서 ㄱ~ㄹ 모두 옳은 설명이다.

## 055 정답 ①
**해설**
② 비율척도는 차이, 순위, 동간성, 비율에 관한 정보를 모두 갖고 있으며 절대영점이 존재한다.
③ 서열척도는 숫자의 차이로 측정한 속성의 차이에 관한 정보뿐만 아니라 그 순위관계에 대한 정보도 포함하고 있는 척도이다.
④ 성별은 '명명척도'이다. 명명척도는 숫자의 차이로 측정한 속성의 대상에 따라 다르다는 것만을 나타내는 척도이다.
⑤ 운동선수의 등번호는 '명명척도'이다.

## 056 정답 ③
**해설**
* MBTI
  - 에너지방향(외향 E / 내향 I )
  - 인식기능(감각 S / 직관 N)
  - 판단기능(사고 T / 감정 F)
  - 생활양식(판단 J / 인식 P)

## 057 정답 ④
**해설**
1. 문항 간 신뢰도
    서로 동등하고 교체 가능하다고 가정된 둘 혹은 그 이상의 문항들을 비슷한 시점에서 측정했을 때, 해당 문항들로 얻는 측정치들의 일관성을 의미한다.
2. 관찰자 신뢰도
    - 관찰자 간 신뢰도: 관찰 결과가 관찰자들 사이에서 얼마나 유사한가를 의미하는 신뢰도이다.
    - 관찰자 내 신뢰도: 한 관찰자가 모든 측정 대상에 대하여 계속적으로 일관성 있게 측정하는지를 나타낸다.

## 058 정답 ⑤
**해설**
신뢰도에 영향을 주는 요인에는 개인차, 문항 수, 문항에 대한 반응 수, 검사유형, 신뢰도 검증방법이 있다.

## 059 정답 ①
**해설**
② 구인타당도를 검증하는 방법에는 요인분석, 수렴타당도와 변별타당도가 있다.
③ 준거타당도는 다른 점수와의 관계를 분석하여 추정한다.
④ 준거타당도의 종류에는 예언타당도와 동시타당도가 있다.
⑤ 수검자의 반응경향이나 허위반응은 타당도에 영향을 미친다.

## 060 정답 ④
**해설**
라포르 형성을 위해서는 수검자에게 전문적인 용어보다는 수검자의 눈높이에 맞는 용어를 사용하는 것이 바람직하다.

## 061 정답 ⑤
**해설**
심리검사는 해석이 중요하다. 해석 시 검사결과에 대해 이해하기 쉬운 언어를 사용하여 내담자가 이해할 수 있도록 전달하며, 평가환경이나 수검자를 위한 규준의 부적절성으로 인한 타당도나 신뢰도에 관한 모든 제한점을 지적하는 등 심리검사의 제한점도 고려해야 한다.

## 062 정답 ⑤
**해설**
투사적 검사는 객관적 검사에 비해 개인의 독특하고 다양한 반응을 이끌어 낼 수 있다.

## 063 정답 ②
**해설**
다중지능에는 신체근육운동지능, 언어지능, 논리-수학지능, 음악지능, 공간지능, 대인 간 지능, 개인 내 지능, 자연지능, 실존지능이 있다.

## 064 정답 ④
**해설**
웩슬러지능검사는 개인용 지능검사이다.

## 065 정답 ④
**해설**
① 숫자 작업기억지표(WMI)
② 지우기
③ 공통성 언어이해지표(VCI)
⑤ 기호 쓰기 처리속도지표(PSI)
- 언어이해지표(VCI): 공통성, 어휘, 이해, 상식(보충소검사), 단어추리(보충소검사)
- 지각추론지표(PRI): 토막짜기, 공통그림 찾기, 행렬추론, 빠진곳 찾기(보충소검사)
- 작업기억지표(WMI): 숫자, 순차연결, 산수(보충소검사)
- 처리속도지표(PSI): 기호쓰기, 동형찾기, 선택(보충소검사)

## 066 정답 ③, ⑤
**해설**
③ 토막짜기 소검사는 연속하여 3문항이 0점일 때 중지한다.
⑤ 추가질문을 사용했을 때 기록용지에 Q로 표기한다.

## 067 정답 ⑤
**해설**
PSYC는 '성격병리5요인척도'이다.

## 068 정답 ⑤
**해설**
① RCd: 의기소침
② RC1: 신체증상 호소
③ RC2: 낮은 긍정정서
④ RC3: 냉소적 태도

## 069 정답 ②
**해설**
① A-dep(우울, Adolescent-Depression): 이치에 맞지 않는 걱정과 사소한 일을 걱정한다. - 강박성 척도(A-obs Adolescent-obsessiveness)
② A-biz(기태적 정신상태, Adolescent-Bizarre Mentation): 매우 이상한 사고와 경험을 보고한다.
③ A-cyn(냉소적 태도, Adolescent-Cynicism): 다른 사람들과 커다란 정서적 거리감을 느낀다. - (A-aln: Adolescent-Alienation, 소외 척도)
④ A-con(품행 문제 척도, Adolescent-Conduct Problems): 수줍음이 많고 혼자 있는 것을 선호한다. - 사회적 불편감 척도(A-sod: Adolescent-Social Discomfort)
⑤ A-fam(가정 문제 척도, Adolescent-Family Problems): 절도, 거짓말, 기물파손, 반항적 행동 등을 보인다. - 품행 문제 척도(A-con: Adolescent-Conduct Problems)

## 070 정답 ①
**해설**
* MBTI 4개의 양극차원

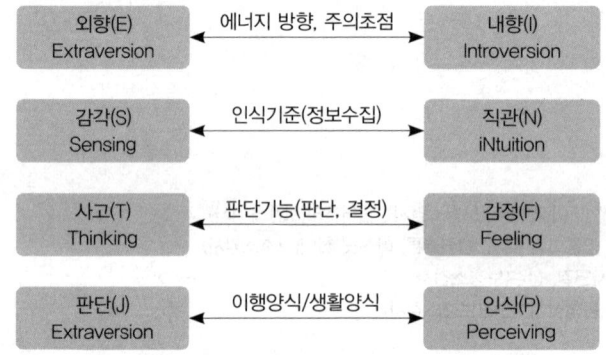

## 071 정답 ③
**해설**
현실형은 솔직, 성실, 소박, 검소하고 말이 적으며, 신체적으로 활동적이고 기계적 적성이 높다. 기술자, 엔지니어, 농부, 자동차정비사, 전자수리기사, 전기기사, 운동선수 등의 직업을 선호한다.

## 072 정답 ②
**해설**
치료척도에는 공격성(AGG), 자살관념, 스트레스, 비지지, 치료 거부가 있으며, 우울척도, 약물문제척도는 임상척도에 해당한다.

## 073 정답 ④
**해설**
투사적 검사는 객관적 검사에 비해 검사자의 인종, 성, 태도, 선입견 등 여러 상황적 요인에 의해 강한 영향을 받는다.

* **투사적 검사의 장단점**
  1. 장점
     - 투사적 검사 반응은 개인에 따라 매우 독특하며 그것은 개인을 이해하는데 매우 유용하다.
     - 반응과정에서 피검사자는 불분명하고 애매모호한 검사자극 때문에 방어를 하기가 어렵다.
     - 검사자극의 모호함으로 인해 개인의 반응이 다양하게 표현되고 그러한 다양성은 개인의 독특한 심리적 특성을 반영해 준다.
  2. 단점
     - 신뢰도 검증에 있어서 재검사 신뢰도가 매우 낮게 평가되고 있다.
     - 검사결과에 대한 해석은 임상적 증거에 의한 것으로 그 타당도 검증이 매우 빈약하다.
     - 검사자의 인종, 성, 태도, 선입견 등 여러 상황적 요인에 의해 강한 영향을 받는다.

## 074 정답 ①
**해설**
② 집단용 검사로도 사용된다.
③ 수검자의 검사 시작 시간과 끝낸 시간은 기록한다.
④ 문항에 정답과 오답이 없다.
⑤ 검사 후 검사자가 질문을 하기도 한다.

* **문장완성검사의 특징**
  - 문장완성검사는 다수의 미완성 문장을 피검자가 자기 생각대로 완성하도록 하는 검사로, 단어 연상 검사의 변형으로 발전된 것이다.
  - 개인의 욕구상태와 부모 및 교사, 동성, 이성 친구들에 대한 태도를 파악하기 위함으로 성격 역동에 대한 심리진단 정보를 얻고 전반적인 심리적 적응을 판단하는 데 사용한다.
  - 생활영역과 타인에 대한 태도, 의견 등 비교적 인격의 표면층을 밝힐 수 있으므로 공포, 걱정, 야망 및 후회 등과 같은 요소가 밝혀지는 경우가 많다.
  - 완성되지 않은 문장을 완성함으로 부모와의 갈등, 집안문제, 대인관계문제, 자아존중감 등 자기 자신에 대한 제반 사항들에 대해 살펴볼 수 있다.

## 075 정답 ③
**해설**
주제통각검사(TAT)는 여러 생활 장면을 반영하는 상황 속에 내담자가 쉽게 동일시하는 인물들을 30매의 흑백 그림카드와 1매의 공백카드로 구성되었다.

## 1교시 제4과목(필수): 상담이론

### 076 정답 ③
**해설**
작업동맹(치료동맹)은 상담가의 도움, 지지와 책임을 제공하는 것으로부터 시작한다. 또한 내담자가 상담 조건(예 규칙적인 참석이나 상담비용 등)과 변화 과정에 기꺼이 참여하겠다고 동의함으로써 형성된다. 즉, 상담자와 내담자가 함께 작업하기로 결정하는 순간부터 작업동맹은 시작된다.

### 077 정답 ②
**해설**
축어록은 상담자와 내담자 간 상담과정의 음성녹음이나 비디오 녹화를 문자화한 것이다.

### 078 정답 ②
**해설**
* Kitchner(1984)의 윤리적 상담을 위한 5가지 원칙
  - 자율성 존중(respect of autonomy): 내담자가 자신의 행동을 스스로 결정하고 처리할 수 있는 자율적인 존재라는 것을 말한다.
  - 비유해성(nonmaleficence): 상담자가 다른 사람에게 손해를 주거나 해를 입히거나 위험에 빠뜨리지 않아야 한다는 것을 의미한다.
  - 선의(beneficence): 상담자가 다른 사람에게 선행을 베풀겠다는 의도를 가지고 행동해야 한다는 것을 말한다.
  - 공정성(justice): 상담자가 인종, 성별, 종교를 이유로 내담자를 차별하지 말아야 한다는 것을 말한다.
  - 충실성(fidelity): 상담자가 내담자를 돕는 일에 열정을 가지고 충실하게 임해야 하며, 약속을 잘 지켜야 한다는 것을 의미한다.

### 079 정답 ④
**해설**
의뢰(위임)는 내담자를 도와주는 한 가지 방법으로서 내담자에게 도움이 되는 다른 지역기관에 보내는 일이다. 상담자가 자신이 할 수 있는 범위를 넘어서는 경우, 예를 들어 정신질환, 자살기도, 알코올중독, 법률문제 등으로 복잡한 것이나, 자신과 이해관계가 있는 경우에는 망설이지 않고 관계기관에 의뢰한다.

### 080 정답 ①
**해설**
통찰은 '알아차리고, 깨닫고, 이해하는 경험'이다.
  - 인지적 통찰: 내담자가 이전에 막연하게 알았던 자신의 생각을 수용하는 것
  - 정서적 통찰: 지적인 이해가 점차 깊어지면서 개인적 경험에서 일어나는 새로운 생각이나 개념을 정서적으로 확고하게 이해하는 것

## 081 정답 ④
**해설**
ㄱ. 격리: 과거의 고통스러운 사실은 기억을 하지만, 그 사실과 관련되었던 감정은 의식에서 격리되어 무의식 속으로 억압(repress)되어 있기 때문에 의식적으로는 느끼지 못하게 된 것을 말한다.
ㄴ. 취소: 무의식적 욕구나 충동, 그에 의해 생긴 피해를 없애고 원상 복구하려는 것을 말한다.

## 082 정답 ②
**해설**
ㄱ. 신경증적 불안: 원초아의 억압된 욕구나 충동을 자아가 통제하지 못해 벌을 받을 특정 행위를 하지 않을까 하는 두려움이다.
ㄹ. 전이: 과거의 상황에 느꼈던 특정 감정 혹은 날 때부터 무의식에 새겨진 정서를 현재의 다른 대상에서 다시 체험하는 것이다.

## 083 정답 ①
**해설**
* **변증법적 행동 치료(DBT)**
  인지행동치료의 한 유형으로, 주요 목표는 순간에 살고, 스트레스에 건강하게 대처하며, 감정을 조절하고, 다른 사람들과의 관계를 개선하는 방법을 사람들에게 가르쳐주는 것이다. 원래 경계성 인격 장애를 가진 사람들을 위한 것이었지만, 이후 환자가 섭식 장애 및 약물 남용과 같은 자기 파괴적 행동을 보이는 다른 조건에 적용되었고, 때로는 외상 후 스트레스 장애를 치료하는 데 사용된다.
* **수용전념치료(ACT)**
  환자가 직면한 고통을 받아들일 수 있도록 도와 당사자의 심리적 이슈의 완화 또는 환자의 정신 질환과 같은 문제의 해결을 목적으로 하는 인지행동치료이다. 우울증, 강박증, 업무 스트레스, 만성통증, 불안, 외상 후 스트레스 장애, 식사 장애, 헤로인이나 대마초 중독, 조현병과 같은 정신질환 치료에서 효과적인 것으로 알려져 있다.
* **마음챙김기반 인지치료(MBCT)**
  불교의 위빠사나 명상수행법을 체계화한 존 카밧진이 개발한 마음챙김기반 스트레스완화프로그램(MBSR)과 우울증상에 대한 전통적인 CBT(인지행동요법)의 통합으로 우울증이 재발하는 것을 막기 위해 고안된 것이다.

## 084 정답 ①
**해설**
알아차림이란 개체가 게슈탈트를 형성하기 위해 자신의 신체감각, 욕구, 감정, 사고, 행동, 환경에 대한 지각이 이루어지는 것을 말한다.
과거는 기억, 후회, 신체 긴장 등으로 지금 존재하기에 알아차릴 수 있고, 미래를 환상이나 희망, 두려움의 경험으로 지금 알아차릴 수 있다.

## 085 정답 ③
**해설**
정서중심치료: 동화적 통합
변화단계모델: 이론적 통합
ㄱ. 기술적 통합: 일관성 있는 이론적 통합을 추구하기보다는 다양한 치료적 전략과 기법을 이론적 입장에 구애받지 않고 내담자의 문제에 따라 적절하게 사용함
ㄴ. 이론적 통합: 하나의 개별적인 치료보다 더 나은 치료효과를 거두기 위해 두 가지 이상의 치료를 이론적으로 통합하는 개념체계를 지향함
ㄹ. 공통요인 이론: 여러 치료에서 공통적으로 나타나는 핵심적인 공통요인을 찾아 그 요인을 중심으로 이론체계를 구성하고 치료적으로 접근함
ㄷ. 동화적 통합(흡수통합접근): 한 치료적 입장의 바탕 위에 다른 치료의 관점이나 기법을 흡수 또는 통합하여 사용하는 방식

## 086 정답 ⑤
**해설**
E: 논박으로 인한 효과

## 087 정답 ④
**해설**
* **상담 구조화**
상담에서 상담자와 내담자의 관계, 상담자와 내담자의 역할, 내담자의 권리, 상담실제, 상담윤리 등에 관한 정보를 상담자가 주도적으로 내담자에게 알려 주는 활동이 상담 구조화이다. 이 같은 활동에 대하여 내담자가 이해할 수 있도록 충분히 설명한 다음 내담자의 이해 정도를 확인해야 하므로 상담의 첫 회기에 상담 구조화를 위한 시간을 충분히 배분해야 한다. 상담 구조화의 내용에는 크게 상담관계, 상담실제, 상담에서의 윤리적 고려사항 등을 들 수 있다.

## 088 정답 ⑤
**해설**
* **자동적 사고**
자극에 대해 자발적으로 일어나는 것으로서 검증되지 않은 순간적·구체적으로 떠오르는 역기능적인 개인의 신념이나 생각을 말한다.

## 089 정답 ④
**해설**
* **라켓감정**
어른이 되어 스트레스 상황에서 각본을 실행할 때 현재 느끼는 실제적인 감정을 어린 시절 허락되었던 감정으로 덮어 버리게 되는데, 이러한 아동기에 학습되고 주위 사람이 부추긴 친숙한 정서를 일컫는 것이다.

## 090 정답 ①
**해설**
* **해결중심상담**
  내담자가 자신이 가진 문제를 해결하려는 의지와 능력을 가지고 스스로 해결책을 찾아 나가도록 도움을 주는 데 주력하도록 하였다. 따라서 전통적인 심리상담치료가 내담자의 문제의 근원이나 원인을 탐색하는 데 중점을 두었던 것에 비해, 해결중심상담은 문제의 해결과 미래의 모습에 집중하는 차이를 나타낸다.

## 091 정답 ⑤
**해설**
* **여성주의 상담**
  여성의 정서적인 문제들이 많은 부분 우리 사회의 성차별주의로 인해 야기된다는 데에 초점을 맞추고 자기인식을 통한 통합된 인간이 되도록 그들의 성장을 돕고, 그와 함께 여성 문제의 원인이 되는 현실적인 차별과 억압을 해소하는 방향으로 나아갈 것을 지향하는 상담적 접근이다.

## 092 정답 ②
**해설**
* **WDEP**
  1. W: 바람(Wants)
     - 상담자는 '당신은 무엇을 원하는가?'라는 질문을 한다.
     - 내담자는 그가 원하는 것, 가지고 있는 것, 얻지 못하고 있는 것을 탐색한다.
  2. D: 지시와 행동(Direction and doing)
     - 상담자는 내담자가 그의 현재 행동에 초점을 두도록 시도한다.
     - 내담자가 원하는 것을 가질 수 있는지 관찰하도록 요구한다.
  3. E: 평가(Evaluation)
     - 상담자는 내담자가 자신의 행동의 질을 판단하도록 한다.
     - 상담자는 '실패에 작용하는 것은 무엇인가?', '성공하기 위해 어떤 변화가 있어야 하는가?' 하는 것을 내담자 스스로 결정하도록 돕는다.
  4. P: 계획(Planning)
     - 계획은 상담과정의 핵심이며 일종의 교수 단계이다.
     - 상담자는 내담자가 자신의 실패 행동을 성공적인 것으로 바꾸는 구체적인 방법을 확립하도록 돕는다.

## 093 정답 ④
**해설**
* **실존주의 상담**
  - 인간에 대한 실존주의 철학의 기본 가정을 현상학적 방법과 결합시켜 내담자에게 자신의 내면세계를 있는 그대로 자각하고 이해하도록 하며, 지금-여기의 자기 자신을 신뢰하도록 하는 데 목표를 두는 상담접근법이다.
  - 부적응의 원인: 자신의 실존적 조건(죽음, 자유, 고립, 무의미)을 직면하지 못한 채 회피하거나 무력감을 느끼는 상태이다.

## 094 정답 ③
**해설**
홍수법은 두려워하는 대상에 장시간, 집중적으로 노출함으로써 공포를 없애는 행동주의 치료법의 일종이다.

## 095 정답 ②
**해설**
'진솔성(일치성)'은 자신의 감정과 태도를 솔직하게 표현하는 것이다.

## 096 정답 ⑤
**해설**
* 사례개념화
  - 내담자의 특징적 행동, 정서, 사고에 이론적인 지식을 적용하여 내담자 문제의 성격과 원인에 대해 상담자가 잠정적인 가설적 설명과 이에 기초한 상담목표 및 전략을 수립하는 일이다.
  - 사례개념화 구성요소: 호소문제, 촉발요인, 부적응적 패턴, 상담자 관점, 상담목표, 상담전략, 예상되는 장애

## 097 정답 ②
**해설**
① 해석: 내담자의 문제를 새로운 관점에서 조망할 수 있도록 설명해주는 것이다.
③ 재진술: 내담자가 말한 둘 이상의 언어적 표현을 요약하는 것이다.
④ 반영: 내담자의 말에 담긴 주된 감정을 상담자의 말로 되돌려 주는 것이다.
⑤ 정보제공: 내담자에게 필요한 특정 주제에 대한 객관적 자료나 사실을 전달하는 것이다.

## 098 정답 ③
**해설**
* 해결중심상담의 주요 질문 기법
  - 대처질문: 어려운 상황에서의 적절한 대처 경험을 상기시키도록 함으로써, 집단성원이 스스로의 강점을 발견하도록 돕는 것이다. "당신은 그 어려운 상황 속에서 어떻게 지금까지 견딜 수 있었나요?"
  - 기적질문: 문제가 해결된 상태를 상상해 보는 것으로서, 해결을 위한 요구사항들을 구체화·명료화하는 데 도움을 준다. "잠자는 동안 기적이 일어나 당신을 여기에 오게 한 그 문제가 극적으로 해결됩니다. 아침에 일어나서 지난 밤 기적이 일어나 모든 문제가 해결되었다는 것을 어떻게 알 수 있을까요?"
  - 척도질문: 숫자를 이용하여 집단성원에게 자신의 문제, 문제의 우선순위, 성공에 대한 태도, 정서적 친밀도, 자아존중감, 치료에 대한 확신, 변화를 위해 투자할 수 있는 노력, 진행에 관한 평가 등의 수준을 수치로 표현하도록 하는 것이다. "폭력을 행사하는 아버지가 어느 정도 싫은지 0점에서 10점까지 점수로 표현할 수 있을까요?"
  - 관계질문: 집단성원과 중요한 관계에 있는 사람들의 관점에서, 그들이 집단성원 자신의 문제에 대해 어떻게 생각할지 추측해보도록 하는 것이다. "만약 당신의 아버지가 지금 여기에 있다고 가정할 때, 당신의 아버지는 당신의 문제가 해결될 경우 무엇이 달라질 거라 말씀하실까요?"

## 099 정답 ③
**해설**
주호소 문제 탐색은 상담 초기에 이루어진다.

## 100 정답 ⑤
**해설**
* 생활양식
  - 지배형: 독단적·공격적·활동적이지만 사회적 인식이나 관심이 거의 없는 사람
  - 기생형: 타인으로부터 많은 것을 얻어내려는 기생적인 방법으로 자신만의 욕구를 충족하려는 사람
  - 도피형: 사회적 관심이 없고 인생에 참여하려는 활동을 하지 않는 사람
  - 사회적 유용형: 자신과 타인의 욕구를 동시에 충족시키려고 노력하고, 인생 과업을 위해 기꺼이 타인과 협동하는 사람

## 빠른 정답표

| 01 | ③ | 02 | ⑤ | 03 | ③ | 04 | ② | 05 | ① | 06 | ③ | 07 | ④ | 08 | ③ | 09 | ⑤ | 10 | ⑤ |
|---|---|---|---|---|---|---|---|---|---|---|---|---|---|---|---|---|---|---|---|
| 11 | ④ | 12 | ② | 13 | ④ | 14 | ④ | 15 | ③ | 16 | ② | 17 | ⑤ | 18 | ② | 19 | ⑤ | 20 | ② |
| 21 | ④ | 22 | ① | 23 | ② | 24 | ① | 25 | ① | 26 | ① | 27 | ④ | 28 | ③ | 29 | ① | 30 | ② |
| 31 | ② | 32 | ① | 33 | ④ | 34 | ④ | 35 | ⑤ | 36 | ② | 37 | ③ | 38 | ④ | 39 | ② | 40 | ① |
| 41 | ⑤ | 42 | ② | 43 | ④ | 44 | ⑤ | 45 | ⑤ | 46 | ④ | 47 | ② | 48 | ⑤ | 49 | ⑤ | 50 | ① |
| 51 | ③ | 52 | ⑤ | 53 | ④ | 54 | ① | 55 | ④ | 56 | ③ | 57 | ③ | 58 | ① | 59 | ① | 60 | ⑤ |
| 61 | ⑤ | 62 | ③ | 63 | ③ | 64 | ② | 65 | ① | 66 | ② | 67 | ③ | 68 | ② | 69 | ② | 70 | ① |
| 71 | ④ | 72 | ④ | 73 | ① | 74 | ③ | 75 | ④ |   |   |   |   |   |   |   |   |   |   |

## 2교시 제1과목(필수): 학습이론

### 01 정답 ③
**해설**
①, ②, ④, ⑤ 내적 동기에 해당한다.
③ 외적 동기에 해당한다.

### 02 정답 ⑤
**해설**
① 추동감소이론: Hull, 생리적 욕구가 생긴 상태가 추동, 이를 감소시키려는 동기에 의해 특정행동을 하게 됨
② 반응박탈이론: 어떤 행동을 박탈당한 만큼 그 행동이 강화됨
③ 자극대체이론: 자극치환이론, 고전적 조건형성에서 조건자극이 무조건 자극을 대체, 조건반응이 무조건반응과 동일하다고 가정함
④ 2과정 이론: 고전적 조건과 조작적 조건 두 종류의 경험이 도피 – 회피학습에 관여
  1과정 이론: 회피에는 조작적 조건 한 가지 경험만 관여
  – 고전적 학습(수동적, 자극–반응) / 조작적 학습(능동적, 행동이 행위의 경과에 따라 달라짐)
  – 도피: 진행 중인 혐오반응 중단 / 회피: 시작 전에 예방
⑤ 프리맥의 원리: 높은 확률로 일어나는 행동을 강화물로 사용하여 일어날 확률이 적은 행동을 하도록 촉진하는 기법

### 03 정답 ③
**해설**
①, ②, ④, ⑤ 고전적 조건형성의 사례이다.

### 04 정답 ②
**해설**
* 강화의 계획
  – 고정간격계획: 유기체의 반응비율과 관계없이 특정한 시간간격을 정해놓고 그 기간이 경과한 후에 강화가 주어지는 것
    예 열심히 일을 하든 않든 간에 정해진 날짜가 되면 받게 되는 월급(고정급)
       학업성취의 정도의 관계없이 정기적으로 보는 중간고사와 기말고사

- 변동간격계획: 강화가 일정한 시간간격에 따라 일어나다가 강화 사이의 간격이 불규칙해져서 예측할 수 없는 것
  예 낚시
- 고정비율계획: 미리 정해 놓은 또는 고정된 횟수의 반응을 수행한 후에 강화를 제공. 특정한 횟수의 행동이 일어난 후에 강화가 주어지는 것
  예 상품의 생산량이나 판매량에 따라 보상이 주어지는 근로자의 성과급
- 변동비율계획: 강화를 받는 데 필요한 반응의 수가 어떤 정해진 평균의 범위 안에서 무작위로 변하는 것
  예 일정한 회수 안에서 거액이 나오도록 설계되어 있지만 언제 나올 것인 가를 알 수 없는 슬롯머신과 경마(도박행위에서 획득할 수 있는 확률)

## 05 정답 ①
**해설**
ㄷ. 역행간섭과 관련 있는 내용이다.
ㄹ. 순행간섭과 관련 있는 내용이다.

## 06 정답 ③
**해설**
자기효능감의 원천에는 성공경험, 대리경험, 사회적 설득(언어적 격려), 생리적·정서적 각성이 있다.

## 07 정답 ④
**해설**
* 잠재학습
강화인이 제공되지 않은 상황에서도 일어나는 학습의 한 형태로, 강화인이 제공되기 전까지 학습된 행동을 사용하지 않고 잠재된 상태로 유지하는 것을 말한다.

## 08 정답 ③
**해설**
* 해마
- 해마는 학습, 기억 및 새로운 것의 인식 등의 역할을 한다.
- 해마의 손상은 서술적 기억의 응고화를 방해할 수 있다.

## 09 정답 ⑤
**해설**
- 정교화: 기존정보와 새로운 정보를 연결해서 기억하는 것이다.
- 조직화: 제시된 자료를 의미 있는 단위로 묶어 기억하는 것이다.

## 10 정답 ⑤
**해설**
수행 없이도 학습은 일어난다.

## 11 정답 ④
**해설**
- 정적 강화는 유쾌한 것을 제공하여 바람직한 행동의 강도를 증가시키는 것이다(예 칭찬, 별표, 사탕 등).
- 부적 강화는 불쾌한 것, 혐오적인 것을 제거하여 바람직한 행동의 강도를 증가시키는 것이다(예 꾸중, 벌, 전기충격 등).
- 도피: 의식적 반응
- 회피: 무의식적 반응

## 12 정답 ②
**해설**
ㄴ. 부적전이에 대한 설명이다.
ㄷ. 근접전이에 대한 설명이다.

## 13 정답 ④
**해설**
ㄴ. 각성 수준이 중간 정도일 때 최적의 수행이 이루어진다(역U형 가설).

## 14 정답 ④
**해설**
연속강화는 강화의 효과가 오래가지 못한다.

## 15 정답 ③
**해설**
ㄴ. 미신행동: 조작적 조건형성에서 나타나는 현상이다.
ㄹ. 조형: 고전적 조건형성에서 나타나는 현상이다.

## 16 정답 ②
**해설**
② 톨맨(E. C. Tolman)의 주장이다.
대리적 시행착오는 직접적인 행동 대신 정신적 예행(豫行)을 하는 것이다. 동물이 미로에서 선택적인 행동을 해야만 되는 경우 단행하기에 앞서 주저하고 망설이고 비교하는 등의 모습을 나타내는 것을 말한다. 톨맨(E. C. Tolman)의 기호학습설(記號學習說)의 한 증거로 제시된다.

## 17 정답 ⑤
**해설**
상황학습이론에서 지식은 개인과 환경이 독특하게 상호 작용한 결과에 의한 역동적인 산물로 보기 때문에, 실제 적용될 상황 속에서 가르치고 그 상황을 통해 일반화될 때 유의미한 가치가 있다고 여긴다.

## 18 정답 ②
**해설**

*** 학습된 무기력(learned helplessness)**
피할 수 없거나 극복할 수 없는 환경에 반복적으로 노출된 경험으로 인하여 실제로 자신의 능력으로 피할 수 있거나 극복할 수 있음에도 불구하고 스스로 그러한 상황에서 자포자기하는 것이다. 학습된 무력감이라고도 한다. 학습된 무기력은 셀리그만(M. Seligman)과 동료 연구자들이 동물을 대상으로 회피 학습을 통하여 공포의 조건 형성을 연구하던 중 발견한 현상이다.

## 19 정답 ⑤
**해설**

④ 적소논증: 학습에 어떤 종류의 경험이 반영되고 어떤 것이 반영되지 않을지를 기대하며, 특정방식으로 행동하는 동물의 선험적 소인을 이용하는 학습 과제는 성공할 가능성이 크다는 것이 적소 논증이다.
⑤ 거울뉴런: 거울 뉴런은 특정 행동을 수행할 때 그리고 타 개체가 그와 유사한 행동을 수행하는 것을 관찰할 때 모두 활성화되는 뉴런이다.

## 20 정답 ②
**해설**

역조건형성은 조건형성의 원리 사고방식과 방법으로 학습된 부적응 행동을 제거하는 과정으로서, 고전적 조건형성의 원리를 응용하여 원치 않는 조건자극과 조건반응의 연합을 약화 또는 소거시키는 절차이다.

## 21 정답 ④
**해설**

① 성공지향자: 학습에서 호기심을 만족시키려고 하고, 학습 자체에 대한 열정이 있으며, 자신의 실력을 키우려는 욕구가 강하다.
② 실패수용자: 학습결과에 따른 어떤 보상도 기대하지 않고 자신들의 실패를 일상적으로 받아들이기 때문에 학습된 무기력을 느낀다.
③ 실패회피자: 실패나 실패의 작은 징후라도 피하려는 목적으로 공부하기 때문에 학습 자체에 대한 재미나 학습과정에 몰입하는 것을 기대하기 어렵다.
④ 과잉노력자: 성공성취동기와 실패회피동기가 모두 높은 학습자로, 과성취학생이 이에 해당한다. 학습결과는 대체로 성공적이고 성적도 좋지만 학습과정 자체가 이들에게는 매우 힘들고 갈등을 불러일으키는 것일 수도 있다.

*** 커빙턴과 오멜리히의 학습자 유형**

|  | 높은 성공 성취동기 |  |
|---|---|---|
| 높은 실패 회피동기 | 과성취 학생 | 성공 지향적 학생 |
|  | 실패 회피적 학생 | 실패 수용적 학생 |
|  | 낮은 성공 성취동기 | 낮은 실패 회피동기 |

출처: Covington & Roberts, 1994

## 22 정답 ①
**해설**
메타인지란 자신의 인지 과정에 대해 한 차원 높은 시각에서 관찰·발견·통제·판단하는 정신 작용으로 '인식에 대한 인식', '생각에 대한 생각', '다른 사람의 의식에 대해 의식', 그리고 고차원의 생각하는 기술로 아동기에 발달하기 시작한다.

## 23 정답 ②
**해설**
파지는 모델을 관찰한 후 일정기간 동안 모델의 행동을 언어적 방법이나 상징적인 형태로 기억하는 것을 말한다.

## 24 정답 ①
**해설**
* 절차기억
  - 절차기억은 의식이 개입되지 않은 비서술적 기억(nondeclarative memory)의 일종으로서 운동과 연관된 특정 작업을 의식의 개입 없이 실행케 하는 기억이다.
  - 피아노 연주, 공 던지기, 운전, 신발끈 묶기와 같은 기술, 습관화된 행동들이 포함된다.
  - 절차기억은 복잡한 활동을 반복하는 학습을 통해서 습득되며, 그 결과 학습과 연관된 신경망이 활성화되면 의식의 개입 없이 자동적으로 학습된 행동이 유도된다.

## 25 정답 ①
**해설**
'내사된 조절'은 생각이나 행동에 대하여 타인의 요구를 받아들이지만 진심으로 수용되지 않은 것을 의미한다.
* 동기의 유형을 나타내는 자기결정 연속선

| 행동 | 동기 | 조절유형 | 지각된 인과소재 | 관련된 조절과정 |
|---|---|---|---|---|
| 자기결정되지 않은 ↕ 자기결정된 | 무동기 | 무조절 | 비개인적 | 무의도, 무가치, 무능, 통제결핍 |
| | 외재동기 | 외적조절 | 외적 | 응종, 외적 보상과 처벌 |
| | | 내사조절 | 어느 정도 외적 | 자기통제, 자아관여, 내적 보상과 처벌 |
| | | 동일시 조절 | 어느 정도 내적 | 개인적 중요성, 의식적 가치부여 |
| | | 통합된 조절 | 내적 | 일치, 자각, 자기와의 통합 |
| | 내적동기 | 내적 조절 | 내적 | 재미, 흥미, 선천적 만족 |

## 2교시 제2과목(선택): 청소년이해론

**26** 정답 ①
해설
* 벰(S. Bem)의 성역할 검사(양성성 성 역할 검사)
  - 이전의 남성성과 여성성은 단일차원, 즉 한 가지 경험만을 갖는 것을 의미했지만, 생물사회적 입장에서는 남성성과 여성성을 두 가지 분리된 차원으로 본다.
  - 남성성이 높다고 해서 여성성이 자동적으로 낮아지는 것이 아니라, 한 사람이 높은 남성성과 높은 여성성을 동시에 지닐 수 있다.
  - 성 역할 고정관념의 틀에서 벗어나 한 문화에서 규정된 남성성이나 여성성을 뛰어넘는 정신건강 개념을 주장하였다.
  - 한 개인이 남성적 속성과 여성적 속성을 모두 자신의 성격에 통합한 경우, 전통적인 성 역할을 고수하는 사람보다 주변에서 더 많은 인기를 얻고 유연하게 행동할 수 있으며, 이러한 양성적인 사람은 환경의 다양한 요구에 더 잘 대처할 수 있다.

**27** 정답 ④
해설
* 청소년문화의 성격
  - 청소년문화를 미숙한 문화로 보는 입장: 어른의 시각에서 청소년문화를 거의 간과하거나 무시하는 입장으로 어른들의 눈에 청소년들은 언제나 모자라고 미숙하게만 생각되는 것이다.
  - 청소년문화를 비행문화로 보는 입장: 바람직하지 못한 문제투성이의 문화 또는 기존 질서를 파괴하거나 무시함으로써 수많은 사회적 문화를 야기하게 되는 심각한 일탈과 비행의 부정적인 문화로 바라보는 입장이다. 청소년들을 항상 부모나 교사 또는 성인들의 감독하에 두어야 한다고 믿으며 아이들끼리 어울리게 해서는 문제만 일으킨다고 생각한다.
  - 청소년문화를 하위문화로 보는 입장: 하위문화로서 청소년문화는 독립적이고 주류적인, 즉 기성문화와 대등한 또 하나의 문화로서가 아니라 단지 기성문화의 아류문화로 보려는 시각이다.
  - 청소년문화를 대항문화(counter culture) 또는 반(反)문화로 보는 입장: 기성문화는 주류문화이고 청소년문화는 반주류문화이다. 청소년의 문화는 기존의 질서와 기성세대의 모든 문화적 틀을 거부, 부정하고 무시하며 자신들의 새로운 문화를 대안으로 내세우면서 개혁과 변화를 요구한다.
  - 청소년문화를 새로운 문화로 보는 입장: 사회는 세대를 변화되면서도 핵심적인 문화요소의 변화는 크지 않지만, 세대가 바뀌어 감에 따라 새로운 문화요소가 생성되어 문화에 변화를 가져온다. 이러한 변화는 사회의 발전을 가져온다.

**28** 정답 ③
해설
ㄷ. 에릭슨(E. Erikson)의 이론은 심리사회성발달이론(자아발달이론)이다.

**29** 정답 ①
해설
* 피아제(Piaget)의 도덕성 발달단계
  피아제는 아동은 정신적 성숙을 통해 규칙을 이해할 수 있기 때문에 도덕성 발달은 인지발달에 병행한다고 생각하였고 본질적으로 도덕성은 단계별로 발달한다고 주장하였다.
  1. 1단계: 도덕적 실재론의 단계 – 타율적 도덕성의 단계(7세 이전)
     - 이 시기의 아동은 이유를 찾거나 판단함이 없이 규칙에 무조건 복종한다.
     - 이 단계에서 아동은 어른들이 정해 놓은 규칙에 그대로 따르며 규칙이란 어른들에 의해서 만들어지고 절대적이고 수정 불가능한 것으로 생각한다.

– 이 단계에서 아동은 어떤 행동의 의도보다는 그것으로 인한 결과에 따라서 그 행동의 옳고 그름을 판단한다.
2. 2단계: 협동과 호혜에 의한 도덕성의 단계 – 자율적 도덕성의 단계(7세 이후)
– 이 단계에서 아동은 어떤 행동의 이면에 놓여 있는 행위자의 의도를 고려하여 행동의 선악을 판단한다.
– 이 단계에서 아동은 도덕적 위반사태가 발생했을 때, 그 당시의 구체적 상황을 고려하기 시작한다.

## 30  정답 ②
**해설**
ㄴ. 긴즈버그 발달단계: 환상기(11세 이전) – 잠정기(11~17세) – 현실기(17세~청장년기)
ㄹ. 로: 욕구이론

## 31  정답 ②
**해설**
* **베블렌 효과(Veblen effect)**
– 가격이 오르는 데도 불구하고 수요가 증가하는 효과를 말한다.
– 가격이 오르고 있음에도 불구하고 특정 계층의 허영심 또는 과시욕으로 인해 수요가 줄어들지 않고 오히려 증가하는 현상이다.
– 이는 주로 충분한 부를 가진 상류층 소비자로부터 나타난다. 그들은 주위의 시선을 의식하거나 자신의 계층을 과시하기 위해서 값비싼 물건을 소비한다. 주로 상류층 소비자의 소비 행태를 말한다는 점에서 상류층이 되기를 선망하는 사람들의 소비 행태를 말하는 파노플리 효과(Panoplie effect)와 미묘한 차이가 있다.

## 32  정답 ④
**해설**
① 팬덤(fandom): 누군가 또는 어떤 것을 열광적으로 좋아하는 팬들 집단을 말한다.
② 보보스(bobos): 보보족은 부르주아(Bourgeois)와 보헤미안(Bohemians)의 합성어이다. 부르주아의 야망과 성공, 보헤미안의 반항과 창조성이라는 이중적 성향을 두루 품고 있는 남성을 가리킨다.
③ 아우라(aura): 인체나 물체가 주위에 발산한다고 하는 신령스러운 기운을 말한다.
④ 아비투스(habitus): 개인의 취향은 배경과 환경, 가치관, 분위기, 종교, 사상, 권력이나 계층과 같은 사회문화적 환경에 의해 결정된다는 것이다.
⑤ 헤게모니(hegemony): 우두머리의 자리에서 전체를 이끌거나 주동할 수 있는 권력, 즉 한 나라의 연맹제국에 대한 맹주권, 지배권, 패권을 뜻하는 말이다.

## 33  정답 ③
**해설**
단순 휴식은 소극적 여가활동이다.

## 34  정답 ④
**해설**
① 청소년복지 지원법: 9세 이상 24세 이하(청소년 기본법에 따라 청소년복지 향상에 관한 사항을 규정)
② 청소년 보호법: 19세 미만
③ 아동·청소년의 성보호에 관한 법률: 19세 미만
⑤ 학교 밖 청소년 지원에 관한 법률: 9세 이상 24세 이하(청소년 기본법에 따라 청소년복지 향상에 관한 사항을 규정)

## 35 정답 ⑤
**해설**
* **엘킨드(D. Elkind)가 제시한 청소년기 자아중심성으로 인하여 나타나는 현상**
  - 상상 속의 청중: 청소년들이 행동할 때 언제나 다른 사람들이 자신의 행동을 주시하고 있다고 생각하는 것으로서 비록 자기 의견이 다른 사람들에게 받아들여지지 않는다 하더라도 어디엔가 자기의 아이디어를 받아주고 갈채를 보내는 청중이 있다고 상상하는 것이다. 사춘기의 소년·소녀들은 '상상의 관중'을 염두에 두고 마치 자신이 무대에 선 배우처럼 타인들의 관심의 초점이 된다고 믿는다.
    예 지나치게 외모에 신경 쓰기
       길을 걸을 때도 다른 사람들이 자기를 보고 있다고 생각하고 의식하기
       다른 사람을 의식해 타인이 알지 못하는 실수에 고민하고 사소한 비판에도 민감하게 반응
  - 개인적 우화: 자신의 독특성에 대해 비합리적이고 허구적인 관념으로 자신의 감정과 사고가 너무나 독특해서 다른 사람들은 절대 이해할 수 없으며, 자신이 매우 중요한 인물이라고 믿는다.
    예 자신의 우정, 사랑 등은 다른 사람은 결코 경험하지 못하는 것으로 생각하는 것
       다른 사람이 경험하는 죽음, 위험, 위기 등은 자신에게는 일어나지 않을 것으로 생각하는 것

## 36 정답 ③
**해설**
* **마샤(J. Marcia)의 정체감 상태**

| 정체감 혼돈(identity diffusion) | 자신이 누구인지, 인생에 있어 무엇을 하고 싶어 하는지 모르고, 삶에 대한 방향감이 결여되어 있다. |
|---|---|
| 정체감 유실(identity foreclosure) | 선택 사항들에 대한 고려 없이 부모와 같은 다른 사람이 선택해 준 결정을 수용하는 상태이다. |
| 정체감 유예(identity moratorium) | 선택을 위한 노력 중에 있는 상태이다. |
| 정체감 성취(identity achievement) | 직업이나 이성, 신앙 등을 자유롭게 고려해 본 후에 스스로 선택하여 선택한 삶에 전념하는 상태이다. |

## 37 정답 ③
**해설**
* **사춘기 - 제2성장 급등기**
  성장이 급속도로 이루어지는 성장 급등은 성장호르몬의 분비가 왕성해지는 청소년기에 한 번 더 일어난다. 여자는 9~11세경, 남자는 11~13세경에 시작하여 대체로 4~5년간 지속된다.
  이 시기에는 신장 대비 머리의 비율이 줄어들고, 얼굴 모양이 길어지며, 팔과 다리가 길어지고, 손과 발이 커지며, 근육과 골격이 발달하여 운동 능력이 향상될 뿐 아니라 심장·폐·위 등의 내부 기관이 발달하게 된다. 따라서 사춘기 시기를 '제2성장 급등기'라고 한다.

## 38 정답 ④
**해설**
* **「청소년복지지원법 시행령」 제3조의2(생리용품 지원의 대상과 방법 등)**
  ① 국가 및 지방자치단체는 법 제5조 제3항에 따라 다음 각 호에 해당하는 사람 또는 그 사람의 가구원인 여성청소년을 대상으로 생리용품을 지원한다.
     1. 「국민기초생활 보장법」 제2조 제10호의 차상위계층에 해당하는 사람
     2. 「국민기초생활 보장법」 제7조에 따른 생계급여, 주거급여, 의료급여 또는 교육급여의 수급자

3. 「한부모가족지원법」 제5조 및 제5조의2에 따른 지원대상자
4. 그 밖에 여성가족부장관이 생리용품 지원이 필요하다고 인정하는 사람

② 국가 및 지방자치단체는 제1항에 따른 여성청소년에게 생리용품을 직접 지급하거나 생리용품의 이용권[생리용품을 이용할 수 있도록 금액이나 수량이 기재(전자적 또는 자기적 방법에 의한 기록을 포함한다)된 증표를 말한다]을 지급할 수 있다.

③ 국가 및 지방자치단체는 지원 대상 결정 등 생리용품 지원 업무를 수행하기 위하여 「사회보장기본법」 제37조 제2항에 따른 사회보장정보시스템을 연계하여 사용할 수 있다.

④ 제2항에 따라 생리용품 또는 생리용품의 이용권을 지급받으려는 여성청소년은 여성가족부령으로 정하는 바에 따라 특별자치시장·특별자치도지사 또는 시장·군수·구청장(자치구의 구청장을 말한다. 이하 같다)에게 신청해야 한다.

⑤ 제1항부터 제4항까지에서 규정한 사항 외에 지원에 필요한 신청 절차 및 방법 등에 관하여 필요한 사항은 여성가족부령으로 정한다.

## 39 정답 ②
**해설**
*「소년법」

제1조(목적) 이 법은 반사회성(反社會性)이 있는 소년의 환경 조정과 품행 교정(矯正)을 위한 보호처분 등의 필요한 조치를 하고, 형사처분에 관한 특별조치를 함으로써 소년이 건전하게 성장하도록 돕는 것을 목적으로 한다.

제2조(소년 및 보호자) 이 법에서 "소년"이란 19세 미만인 자를 말하며, "보호자"란 법률상 감호교육(監護敎育)을 할 의무가 있는 자 또는 현재 감호하는 자를 말한다.

제4조(보호의 대상과 송치 및 통고) ① 다음 각 호의 어느 하나에 해당하는 소년은 소년부의 보호사건으로 심리한다.
1. 죄를 범한 소년
2. 형벌 법령에 저촉되는 행위를 한 10세 이상 14세 미만인 소년
3. 다음 각 목에 해당하는 사유가 있고 그의 성격이나 환경에 비추어 앞으로 형벌 법령에 저촉되는 행위를 할 우려가 있는 10세 이상인 소년
   가. 집단적으로 몰려다니며 주위 사람들에게 불안감을 조성하는 성벽(性癖)이 있는 것
   나. 정당한 이유 없이 가출하는 것
   다. 술을 마시고 소란을 피우거나 유해환경에 접하는 성벽이 있는 것

② 제1항제2호 및 제3호에 해당하는 소년이 있을 때에는 경찰서장은 직접 관할 소년부에 송치(送致)하여야 한다.

③ 제1항 각 호의 어느 하나에 해당하는 소년을 발견한 보호자 또는 학교·사회복리시설·보호관찰소(보호관찰지소를 포함한다. 이하 같다)의 장은 이를 관할 소년부에 통고할 수 있다.

## 40 정답 ①
**해설**
*「학교 밖 청소년 지원에 관한 법률」 제6조(실태조사)

① 여성가족부장관은 학교 밖 청소년의 현황 및 실태 파악과 학교 밖 청소년 지원 정책수립을 위한 기초자료로 활용하기 위하여 2년마다 학교 밖 청소년에 대한 실태조사를 실시하고, 그 결과를 공표하여야 한다.

② 여성가족부장관은 제1항에 따른 실태조사 중 학업중단 현황에 관한 조사는 교육부장관과 협의하여 실시한다.

③ 여성가족부장관은 제1항에 따른 실태조사에 필요한 경우 관계 중앙행정기관의 장, 지방자치단체의 장 또는 「공공기관의 운영에 관한 법률」에 따른 공공기관의 장, 그 밖의 관련 법인·단체에 대하여 필요한 자료 제출 또는 의견 진술을 요청할 수 있다. 이 경우 요청을 받은 자는 정당한 사유가 없으면 이에 협조하여야 한다.

④ 제1항에 따른 실태조사의 내용과 방법 등에 필요한 사항은 여성가족부령으로 정한다.

## 41 정답 ⑤
**해설**
- 유엔아동권리협약: 18세 미만 아동의 생존, 보호, 발달, 참여의 권리 등을 담은 국제적인 약속
- 유엔아동권리협약 기본원칙: 무차별의 원칙, 아동이익 최우선의 원칙, 아동의 생존 보호 발달의 원칙, 아동 의사존중의 원칙

## 42 정답 ②
**해설**
* **차별접촉이론(차별연합이론)**
  1. 가장 많이 적용되는 비행 이론으로, 서덜랜드(E. Sutherland)에 의해 이론으로 성립되고 그레시(Gresey)에 의해 알려졌다.
  2. 모든 종류의 범죄나 비행을 학습된 것으로 보고, 이러한 범죄나 비행행위는 타인(범죄자, 비행자)과의 상호작용을 통해 학습된다는 것이다.
     - 일탈행동은 개인의 성향이나 사회경제적 지위의 발현으로 나타나는 것은 아니다.
     - 일탈행동도 일반적인 행위와 마찬가지로 학습을 통해서 배우게 되고 일탈행위자 역시 일반인과 마찬가지의 학습과정을 가진다.
     - 학습은 주로 친밀한 사람들과의 상호작용을 통해 일어나며, 일탈에 대한 부정적 정의보다 긍정적 정의에 많이 노출될수록 일탈가능성이 높다.

## 43 정답 ④
**해설**
* **개인적 요인**
  - 정신적 요인: 개인의 내적인 문제, 우울적 성향, 병리적 성향, 신경질적 기질 등이 가출에 영향을 준다.
  - 행동적 요인: 약물남용, 비행, 부적절한 성적 표현, 공격성, 적절한 통제의 어려움, 피해의식, 자살시도와 연관되어 있다.
  - 생활사건 요인: 스트레스를 유발하는 생활사건에 대한 대처능력의 결함이 가출을 유발한다.

## 44 정답 ⑤
**해설**
* **「청소년복지 지원법 시행령」 제1조의2(청소년의 우대)**
  ① 「청소년복지 지원법」(이하 "법"이라 한다) 제3조 제1항 또는 제2항에 따라 이용료를 면제받거나 할인받을 수 있는 시설의 종류는 다음 각 호와 같다.
     1. 「대중교통의 육성 및 이용촉진에 관한 법률」 제2조 제2호에 따른 대중교통수단
     2. 「청소년활동 진흥법 시행령」 제17조 제1항에 따른 청소년이용시설
  ② 법 제3조 제1항 또는 제2항에 따라 이용료를 면제받거나 할인받을 수 있는 청소년은 다음 각 호의 어느 하나에 해당하는 청소년으로 한다.
     1. 9세 이상 18세 이하인 청소년
     2. 「초·중등교육법」 제2조에 따른 학교에 재학 중인 18세 초과 24세 이하인 청소년

## 45 정답 ⑤
해설

*「청소년복지 지원법 시행령」제7조(위기청소년 특별지원 내용 등)

① 법 제14조에 따른 위기청소년에 대한 특별지원(이하 "특별지원"이라 한다)은 다음 각 호와 같다. 다만, 제1호 및 제2호에 따른 지원은 제8조 제1항 제3호 및 제4호에 해당하는 경우에만 한다.
  1. 청소년이 일상적인 의·식·주 등 기초생활을 유지하는 데에 필요한 기초생계비와 숙식 제공 등의 지원
  2. 청소년이 신체적·정신적으로 건강하게 성장하기 위하여 요구되는 건강검진 및 치료 등을 위한 비용의 지원
  3. 「초·중등교육법」제2조에 따른 학교의 입학금 및 수업료, 「초·중등교육법 시행령」제97조 제1항 제1호·제98조 제1항제1호에 따른 중학교 졸업학력 검정고시 또는 고등학교 졸업학력 검정고시의 준비 등 학업을 지속하기 위하여 필요한 교육 비용의 지원
  4. 취업을 위한 지식·기술·기능 등 능력을 향상시키기 위하여 필요한 훈련비의 지원
  5. 폭력이나 학대 등 위기상황에 있는 청소년에게 필요한 법률상담 및 소송비용의 지원
  6. 그 밖에 청소년의 건전한 성장을 위하여 필요하다고 여성가족부장관이 인정하는 비용의 지원
② 제1항에 따른 지원은 「국민기초생활 보장법」, 「긴급복지지원법」, 「의료급여법」, 「사회복지사업법」, 「성폭력방지 및 피해자보호 등에 관한 법률」, 「가정폭력방지 및 피해자보호 등에 관한 법률」 등 다른 법령에 따라 동일한 내용의 지원을 받지 않는 경우만 해당하며, 지원 내용에 따른 구체적인 금액은 여성가족부장관이 정한다.
③ 제1항에 따른 지원은 그 지원기간을 1년 이내로 하되, 필요한 경우 1년의 범위에서 한 번 연장할 수 있다. 다만, 제1항 제3호 및 제4호에 따른 지원은 두 번까지 연장할 수 있다.

## 46 정답 ④
해설

*「청소년복지 지원법 시행령」제4조(지역사회 청소년통합지원체계 구성 등)

① 법 제9조 제1항에 따른 지역사회 청소년통합지원체계(이하 "통합지원체계"라 한다)는 다음 각 호의 기관 또는 단체(이하 "필수연계기관"이라 한다)를 반드시 포함하여 구성하여야 한다.
  1. 법 제29조에 따른 청소년상담복지센터 및 법 제31조에 따른 청소년복지시설
  2. 「성매매방지 및 피해자보호 등에 관한 법률」제9조 제1항 제2호에 따른 청소년 지원시설
  3. 「청소년기본법」제3조 제8호에 따른 청소년단체
  4. 「지방자치법」제2조에 따른 지방자치단체
  5. 「지방교육자치에 관한 법률」에 따른 특별시·광역시·특별자치시·도 및 특별자치도(이하 "시·도"라 한다) 교육청 및 교육지원청
  6. 「초·중등교육법」제2조에 따른 학교
  7. 「국가경찰과 자치경찰의 조직 및 운영에 관한 법률」제13조에 따른 시·도경찰청 및 경찰서
  8. 「공공보건의료에 관한 법률」제2조 제3호에 따른 공공보건의료기관
  9. 「지역보건법」제10조에 따른 보건소(보건의료원을 포함한다. 이하 이 조에서 같다)
  10. 「법무부와 그 소속기관 직제」제39조의2에 따른 청소년 비행예방센터
  11. 「고용노동부와 그 소속기관 직제」제19조 및 제23조에 따른 지방고용노동청 및 지청
  12. 「학교 밖 청소년 지원에 관한 법률」제12조 제1항에 따른 학교 밖 청소년 지원센터
  13. 「보호관찰 등에 관한 법률」제14조에 따른 보호관찰소(보호관찰지소를 포함한다. 이하 이 조에서 같다)

## 47 정답 ②
해설

대상화의 정확한 의미는 딱 잘라 말하기 어렵지만, 가능한 한 넓게 정의하자면 한 행위자가 다른 행위자를 이해하고 규정하는 과정에서 상대방의 인간성이 사라지고 사물이나 대상, 물건의 형태로 재현되는 것을 의미한다.

## 48 정답 ⑤
**해설**

* 「학교폭력예방 및 대책에 관한 법률 시행령」 제14조의3(학교의 장의 자체해결)
    학교의 장은 법 제13조의2 제1항에 따라 학교폭력사건을 자체적으로 해결하는 경우 피해학생과 가해학생 간에 학교폭력이 다시 발생하지 않도록 노력해야 하며, 필요한 경우에는 피해학생·가해학생 및 그 보호자 간의 관계 회복을 위한 프로그램을 운영할 수 있다.

## 49 정답 ⑤
**해설**

* 「청소년복지 지원법」 제7장 청소년복지지원기관
    제22조(한국청소년상담복지개발원) ① 국가는 청소년복지 관련 정책 수립을 지원하고 사업을 효율적이고 체계적으로 수행하기 위하여 한국청소년상담복지개발원(이하 "청소년상담원"이라 한다)을 설립한다.
    제29조(청소년상담복지센터) ① 특별시장·광역시장·특별자치시장·도지사 및 특별자치도지사(이하 "시·도지사"라 한다) 및 시장·군수·구청장은 청소년에 대한 상담·긴급구조·자활·의료지원 등의 업무를 수행하기 위하여 청소년상담복지센터를 설치·운영할 수 있다.
    제30조(이주배경청소년지원센터) ① 여성가족부장관은 제18조에 따른 이주배경청소년 지원을 위한 이주배경청소년지원센터를 설치·운영할 수 있다.

* 「청소년복지 지원법」 제8장 청소년 복지시설
    제31조(청소년복지시설의 종류) 「청소년기본법」 제17조에 따른 청소년복지시설(이하 "청소년복지시설"이라 한다)의 종류는 다음 각 호와 같다.
    1. 청소년쉼터: 가정 밖 청소년에 대하여 가정·학교·사회로 복귀하여 생활할 수 있도록 일정 기간 보호하면서 상담·주거·학업·자립 등을 지원하는 시설
    2. 청소년자립지원관: 일정 기간 청소년쉼터 또는 청소년회복지원시설의 지원을 받았는데도 가정·학교·사회로 복귀하여 생활할 수 없는 청소년에게 자립하여 생활할 수 있는 능력과 여건을 갖추도록 지원하는 시설
    3. 청소년치료재활센터: 학습·정서·행동상의 장애를 가진 청소년을 대상으로 정상적인 성장과 생활을 할 수 있도록 해당 청소년에게 적합한 치료·교육 및 재활을 종합적으로 지원하는 거주형 시설
    4. 청소년회복지원시설: 「소년법」 제32조 제1항 제1호에 따른 감호 위탁 처분을 받은 청소년에 대하여 보호자를 대신하여 그 청소년을 보호할 수 있는 자가 상담·주거·학업·자립 등 서비스를 제공하는 시설

## 50 정답 ①
**해설**

* 「청소년복지 지원법」 제4조(청소년증)
    ① 특별자치시장·특별자치도지사 또는 시장·군수·구청장(자치구의 구청장을 말한다. 이하 같다)은 9세 이상 18세 이하의 청소년에게 청소년증을 발급할 수 있다.
    ② 제1항에 따른 청소년증은 다른 사람에게 양도하거나 빌려주어서는 아니 된다.
    ③ 누구든지 제1항에 따른 청소년증 외에 청소년증과 동일한 명칭 또는 표시의 증표를 제작·사용하여서는 아니 된다.
    ④ 제1항에 따른 청소년증의 발급에 필요한 사항은 여성가족부령으로 정한다

## 2교시 제3과목(선택): 청소년수련활동론

**51** 정답 ③
**해설**
'청소년활동'이란 청소년의 균형 있는 성장을 위하여 필요한 활동과 이러한 활동을 소재로 하는 수련활동·교류활동·문화활동 등 다양한 형태의 활동을 말한다(청소년기본법 제3조 제3호).

**52** 정답 ⑤
**해설**
* 콜브(Kolb)의 경험학습과정

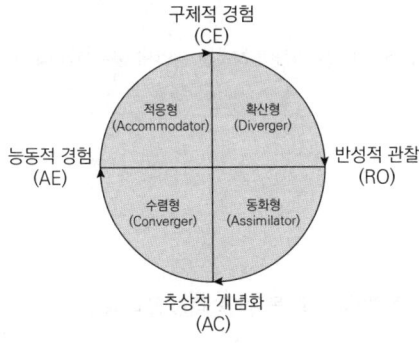

**53** 정답 ④
**해설**
* 청소년지도자의 역할
  - 전문가로서의 역할
  - 프로그램설계자 및 운영자로서의 역할
  - 촉진자, 동기유발자로서의 역할
  - 지역사회지도자로서의 역할
  - 과학자 및 예술가의 특성을 조화할 수 있는 역할

**54** 정답 ①
**해설**
* 청소년지도방법의 원리
  - 심성계발의 원리: 청소년지도에서 심성계발은 청소년활동 프로그램 참여를 통해 청소년들이 인간에 대한 이해의 폭을 넓히고, 주체성과 사회성 그리고 긍정적 자아개념을 확립하도록 하는 것을 의미한다.
  - 문제해결 원리: 문제해결이란 정해진 목표를 달성하기 위한 일련의 행위과정이다.
  - 자율참여 원리: 자율참여는 청소년활동 참가 여부를 청소년이 스스로 결정하는 것뿐만 아니라 청소년활동에 참가한 이후의 활동진행과정 전반에 대한 의사결정을 청소년들이 스스로 결정하는 것까지도 포괄하는 개념이다.
  - 현장학습 원리: 현장학습은 학습장소를 학습자료가 있는 현장으로 옮김으로써 학습의 목표를 효율적으로 달성하려는 학습방법이다.

## 55 정답 ④
**해설**
브레인스토밍은 다양한 사고를 자극시키려고 새로운 아이디어를 자유롭게 창출하는 방법으로, 참여자들은 어떤 제약이나 규정 없이 자유롭게 자신의 의견을 제안하는 방식이다.

## 56 정답 ③
**해설**
멘토링은 경험과 지식이 풍부한 멘토이 장기적이고 주기적인 만남을 통하여 멘티를 돕는 것이다.

## 57 정답 ③
**해설**
ㄷ. 국가는 범정부적 차원의 청소년정책과제의 설정·추진 및 점검을 위하여 청소년 분야의 전문가와 청소년이 참여하는 청소년특별회의를 해마다 개최하여야 한다.

## 58 정답 ①
**해설**
* 청소년자원봉사의 무보수성
  자원봉사활동은 철저한 무보수성으로 출발했으며, 금전적 반대급부를 목적으로 하지 않고 있다.

## 59 정답 ①
**해설**
* 수련시설의 종합평가 등(청소년활동 진흥법 제19조의2)
  여성가족부장관은 수련시설의 전문성 강화와 운영의 개선 등을 위하여 시설 운영 및 관리 체계, 활동프로그램 운영 등 수련시설 전반에 대한 종합평가를 정기적으로 실시하고 그 결과를 공개하여야 한다.

## 60 정답 ⑤
**해설**
* 청소년동아리활동의 개념
  - 청소년동아리란 공통의 목적과 관심사인 취미, 소질, 가치관, 문제의식 등을 공유하는 청소년들에 의해 자치적이고 지속적으로 활동하는 모임을 말한다.
  - 학교라는 제한된 공간 내에서 이루어지는 학교 중심의 동아리활동에서 지역사회 내 청소년수련관 등 학교 밖에서 행해지는 청소년 동아리활동까지를 모두 포함하는 개념이다.

## 61 정답 ⑤
**해설**
자유학기제는 교육과정의 일부로, 교육부에서 정책을 추진하고 지원한다. 자유학기제는 중학교 과정 중 한 학기 동안 학생들이 시험 부담에서 벗어나 꿈과 끼를 찾을 수 있도록 토론·실습 등 학생 참여형으로 수업을 운영하고, 진로탐색 활동 등 다양한 체험 활동이 가능하도록 교육과정을 자율적으로 운영하는 제도이다.

## 62 정답 ②
**해설**

**\* 청소년상담사 보수교육 등(청소년 기본법 시행규칙 제10조의3)**
① 법 제24조의2 제1항에 따라 다음 각 호의 기관 또는 단체에 종사하는 청소년상담사는 매년 8시간 이상의 보수교육을 받아야 한다.
   1. 법 제3조 제8호에 따른 청소년단체 중 여성가족부장관이 정하여 고시하는 단체
   2. 「청소년복지 지원법」 제22조에 따른 한국청소년상담복지개발원(이하 "청소년상담원"이라 한다), 같은 법 제29조에 따른 청소년상담복지센터, 같은 법 제30조에 따른 이주배경청소년지원센터 및 같은 법 제31조에 따른 청소년복지시설
   3. 「초·중등교육법」 제2조에 따른 학교 및 같은 법 시행령 제54조 제3항 제2호에 따른 사업을 수행하는 기관·단체

## 63 정답 ③
**해설**

**\* 청소년수련원 청소년지도사 배치기준(청소년 기본법 시행령 별표5)**
1) 1급 또는 2급 청소년지도사 1명 이상을 포함하여 2명 이상의 청소년지도사를 두되, 수용정원이 500명을 초과하는 경우에는 1급 청소년지도사 1명 이상과 500명을 초과하는 250명당 1급, 2급 또는 3급 청소년지도사 중 1명 이상을 추가로 둔다.
2) 지방자치단체에서 폐교시설을 이용하여 설치한 시설로서 특정 계절에만 운영하는 시설의 경우에는 청소년지도사를 두지 않을 수 있다.

## 64 정답 ②
**해설**

청소년 쉼터, 청소년자립지원관은 청소년복지시설에 해당한다.
청소년활동시설에는 청소년수련시설(청소년수련관, 청소년수련원, 청소년 문화의 집, 청소년 특화시설, 청소년 야영장, 유스호스텔)과 청소년이용시설이 있다.

## 65 정답 ①
**해설**

**\* 청소년이용권장시설의 지정(청소년활동 진흥법 시행규칙 제14조)**
① 영 제17조 제4항에 따라 청소년이용권장시설의 지정을 신청하려는 자는 별지 제14호 서식의 청소년이용권장시설 지정신청서를 시장·군수·구청장에게 제출하여야 한다.
② 시장·군수·구청장은 청소년이용권장시설 지정신청을 한 시설부터 반경(半徑) 50미터 이내에 「청소년 보호법」 제2조 제5호에 따른 청소년유해소 또는 그 밖에 청소년의 이용에 적합하지 아니한 시설이 있는지 여부를 고려하여 지정 여부를 결정하여야 한다.
③ 시장·군수·구청장은 청소년이용권장시설의 지정신청을 받은 날부터 7일 이내에 그 지정 여부를 결정하고 별지 제15호 서식의 청소년이용권장시설 지정서를 교부하여야 한다.

## 66 정답 ②
**해설**
* 청소년운영위원회(청소년활동 진흥법 제4조)
  ① 제10조 제1호의 청소년수련시설(이하 "수련시설"이라 한다)을 설치·운영하는 개인·법인·단체 및 제16조 제3항에 따른 위탁운영단체(이하 "수련시설운영단체"라 한다)는 청소년활동을 활성화하고 청소년의 참여를 보장하기 위하여 청소년으로 구성되는 청소년운영위원회를 운영하여야 한다.
  ② 수련시설운영단체의 대표자는 청소년운영위원회의 의견을 수련시설 운영에 반영하여야 한다.
  ③ 제1항에 따른 청소년운영위원회의 구성·운영 등에 필요한 사항은 대통령령으로 정한다.

## 67 정답 ③
**해설**
* 국제청소년성취포상제 활동기준

| 구분 | 봉사활동 | 자기개발활동 | 신체단련활동 | 탐험활동 | 합숙활동 |
|---|---|---|---|---|---|
| 금장<br>16세 이상 | 12개월<br>48시간 이상 | 12개월<br>48시간 이상 | 12개월<br>48시간 이상 | 3박 4일<br>(1일 최소 야외<br>활동 8시간) | 4박 5일<br>합숙활동 |
| | 은장을 보유하지 않은 자는 봉사, 자기개발, 신체단련 중 하나를 선택하여 추가로 6개월 수행 ||||| 
| 은장<br>15세 이상 | 6개월<br>24시간 이상 | 6개월<br>24시간 이상 | 6개월<br>24시간 이상 | 2박 3일<br>(1일 최소 야외<br>활동 7시간) | |
| | 동장을 보유하지 않은 자는 봉사, 자기개발, 신체단련 중 하나를 선택하여 추가로 6개월 수행 ||||| 
| 동장<br>14세 이상 | 3개월<br>12시간 이상 | 3개월<br>12시간 이상 | 3개월<br>12시간 이상 | 1박 2일<br>(1일 최소 야외<br>활동 6시간) | |
| | 참가자는 봉사, 자기개발, 신체단련 중 하나를 선택하여 추가로 3개월 수행 ||||| 

## 68 정답 ⑤
**해설**
* 인증심사원의 자격 및 선발 등(청소년활동 진흥법 시행규칙 제15조)
  ① 청소년수련활동인증위원회(이하 "인증위원회"라 한다)는 다음의 어느 하나에 해당하는 자격요건을 갖춘 사람 중에서 인증심사원을 선발한다.
    1. 1급 또는 2급 청소년지도사 자격 소지자
    2. 청소년활동분야에서 5년 이상의 실무경력이 있는 사람
  ② 인증심사원이 되려는 사람은 인증위원회에서 실시하는 면접 등 절차를 거쳐 선발한다.
  ③ 인증심사원이 되려는 사람은 인증기준, 인증절차 등 인증심사와 관련된 내용을 중심으로 인증위원회가 실시하는 직무연수를 40시간 이상 받아야 한다.
  ④ 인증심사원은 2년마다 20시간 이상의 직무연수를 이수하여야 한다.

## 69 정답 ②
**해설**

**\* 인증을 받아야 하는 청소년수련활동(청소년활동 진흥법 시행규칙 제15조의2)**

법 제36조 제2항 각 호 외의 부분 본문에 따라 인증을 받아야 하는 청소년수련활동은 다음 각 호와 같다.
1. 청소년 참가인원이 150명 이상인 청소년수련활동
2. 별표 7의 위험도가 높은 청소년수련활동

[별표 7] 위험도가 높은 청소년수련활동

| 구분 | 프로그램 |
|---|---|
| 수상활동 | 래프팅, 모터보트, 동력요트, 수상오토바이, 고무보트, 수중스쿠터, 레저용 공기부양정, 수상스키, 조정, 카약, 카누, 수상자전거, 서프보드, 스킨스쿠버 |
| 항공활동 | 패러글라이딩, 행글라이딩 |
| 산악활동 | 암벽타기(자연암벽, 빙벽), 산악스키, 야간등산(4시간 이상의 경우만 해당한다) |
| 장거리 걷기활동 | 10Km 이상 도보이동 |
| 그 밖의 활동 | 유해성 물질(발화성, 부식성, 독성 또는 환경유해성 등), 하강레포츠, ATV탑승 등 사고위험이 높은 물질·기구·장비 등을 활용하여 이루어지는 청소년수련활동 |

## 70 정답 ①
**해설**

① 휴식관리는 청소년수련활동 인증을 위한 개별가준에 해당한다.

**\* 수련활동인증 기준**

| | | |
|---|---|---|
| 공통기준 | 활동프로그램 | • 프로그램 구성<br>• 프로그램 지원운영 |
| | 지도력 | • 지도자 자격<br>• 지도자 역할 및 배치 |
| | 활동환경 | • 공간과 설비의 확보 및 관리<br>• 안전관리 계획 |
| 개별기준 | 숙박형 | • 숙박관리<br>• 안전 관리인력 확보<br>• 영양관리사 자격 |
| | 이동형 | • 숙박관리<br>• 안전관린 인력 확보<br>• 영양관리사 자격<br>• 이동관리<br>• 휴식관리 |
| 특별기준 | 위험도가 높은 행동 | • 전문지도자의 배치<br>• 공간과 설비의 법령 준수 |
| | 학교단체 숙박형 | 학교단체 숙박형 활동관리 |
| | 비대면방식 실시간 쌍방향 | 실시간 쌍방향 활동 운영 및 관리 |
| | 비대면방식 콘텐츠 활용 중심 | 콘텐츠 활용 중심 활동 운영 및 관리 |
| | 비대면방식 과제수행 중심 | 과제수행 중심 활동 운영 및 관리 |

## 71 정답 ④
**해설**
*** 수련시설 안전교육의 내용·방법 등(청소년활동 진흥법 시행규칙 제8조의4)**
① 안전교육의 내용
1. 청소년수련활동 및 수련시설의 안전관련 법령
2. 청소년수련활동 안전사고 예방 및 관리
3. 수련시설의 안전점검 및 위생관리
4. 그 밖에 수련시설 종사자 등의 안전관리 역량 강화 및 안전사고 예방을 위하여 필요한 사항
② 안전교육 방법: 집합교육 또는 이러닝과 집합교육을 혼합한 방법
③ 안전교육은 매년 1회 이상 실시한다.

## 72 정답 ④
**해설**
*** 프로그램내용 편성원리**
- 타당성의 원리: 프로그램 내용의 선정 시 목표를 충실하게 반영해야 한다.
- 통합성의 원리: 학습경험을 횡적으로 상호 조화롭게 연결 지어 조직한다.
- 계속성의 원리: 중요한 경험요소가 어느 정도 계속해서 반복되도록 조직한다.
- 계열성의 원리: 점차 경험의 수준을 높여서 더욱 깊이 있고 폭넓은 학습경험을 할 수 있도록 조직한다.
- 범위의 원리: 어떤 내용을 어느 정도의 깊이와 넓이로 다루어져야 하는지 결정한다.
- 균형성의 원리: 여러 경험들 사이에 균형을 유지한다.

## 73 정답 ①
**해설**
*** 프로그램 평가의 기준**
- 유용성: 평가는 정보적이고, 시기적절하고, 영향을 줄 수 있어야 한다. 평가자가 평가와 관련한 이해당사자들이 누구인지를 알고, 이해 당사자들의 정보욕구를 인식하며, 이 요구에 반응하는 평가를 기획하고, 관련된 정보를 분명하게 보고하는 것이다. 평가가 관련된 이해 관계자의 실제적인 정보욕구를 만족시켜줄 수 있는가와 관련 있다.
- 실행 가능성: 평가가 현실적이고, 신중하고, 외교적이며, 경제적일 것을 보장하는 것이다.
- 정당성: 평가결과에 의해 영향 받게 될 사람뿐만 아니라 평가에 포함된 사람들의 복지에 관한 합법적, 윤리적 책임 수행을 의미한다.
- 정확성: 가치나 장점을 결정하려는 연구대상의 특성에 대해 기술적으로 충분한 정보를 찾아내고, 전달할 수 있도록 수행되어야 함을 의미한다.

## 74 정답 ③
**해설**
③ 선형적 접근의 특징에 해당한다.
*** 프로그램개발 접근원리 중 비선형적 접근(nonlinear approaches)**
- 같은 시간에 몇 개의 절차가 동시에 이루어져 시간상의 제약을 받지 않으며 각 단계가 계속적으로 순환되는 특징을 가지고 있다.
- 시간과 자원 할당에 보다 많은 융통성을 부여받게 된다.
- 각 단계마다 적절한 평가가 되풀이 되고 피드백된다.
- 선형접근법 비해 훨씬 어렵고 더 많은 자원을 필요로 하며 기획에 상당한 능력과 전문성이 요구된다.

75 **정답** ④
**해설**
① 프로그램 기획: 프로그램 개발 전문가가 미래의 교육활동을 위해 준비하는 미래지향적인 활동으로 프로그램과 관련된 상황을 분석하고 프로그램 개발이 기본방향을 설정하는 단계이다.
② 프로그램 설계: 전 단계에서 확인된 청소년의 요구 및 필요와 프로그램 개발의 기본방향에 맞게 프로그램의 목적과 목표를 설정하고, 이것과 관련된 프로그램 내용을 선정·조직하고, 지도방법을 체계화시키고, 교육매체를 개발하는 단계이다.
③ 프로그램 마케팅: 프로그램에 잠재적 고객의 참여를 유도하고 촉진시키기 위해 취해지는 조치를 취하는 단계이다.
④ 프로그램 실행: 완성된 프로그램을 실제 적용하고 전개하는 단계이다.
⑤ 프로그램 평가: 일정기간 동안 실시된 청소년 프로그램을 대상으로 하여 그것이 의도한 대로 수행되었는지 판단하는 단계이다.

# 제23회 청소년상담사 3급 기출문제

## ✓ 빠른 정답표

| 001 | ④ | 002 | ③ | 003 | ② | 004 | ① | 005 | ② | 006 | ⑤ | 007 | ② | 008 | ③ | 009 | ④ | 010 | ② |
|---|---|---|---|---|---|---|---|---|---|---|---|---|---|---|---|---|---|---|---|
| 011 | ① | 012 | ① | 013 | ⑤ | 014 | ⑤ | 015 | ④ | 016 | ③ | 017 | ② | 018 | ④ | 019 | ③ | 020 | ① |
| 021 | ④ | 022 | ⑤ | 023 | ① | 024 | ⑤ | 025 | ② | 026 | ④ | 027 | ① | 028 | ⑤ | 029 | ⑤ | 030 | ② |
| 031 | ③ | 032 | ③ | 033 | ③ | 034 | ① | 035 | ① | 036 | ⑤ | 037 | ④ | 038 | ① | 039 | ④ | 040 | ⑤ |
| 041 | ④ | 042 | ① | 043 | ③ | 044 | ② | 045 | ① | 046 | ① | 047 | ④ | 048 | ① | 049 | ④ | 050 | ⑤ |
| 051 | ① | 052 | ③ | 053 | ① | 054 | ⑤ | 055 | ① | 056 | ③ | 057 | ① | 058 | ① | 059 | ① | 060 | ② |
| 061 | ⑤ | 062 | ① | 063 | ① | 064 | ② | 065 | ① | 066 | ② | 067 | ② | 068 | ④ | 069 | ① | 070 | ① |
| 071 | ⑤ | 072 | ① | 073 | ④ | 074 | ① | 075 | ③ | 076 | ① | 077 | ③ | 078 | ① | 079 | ② | 080 | ④ |
| 081 | ① | 082 | ⑤ | 083 | ① | 084 | ① | 085 | ② | 086 | ⑤ | 087 | ② | 088 | ① | 089 | ③ | 090 | ① |
| 091 | ⑤ | 092 | ③ | 093 | ③ | 094 | ④ | 095 | ④ | 096 | ② | 097 | ② | 098 | ④ | 099 | ⑤ | 100 | ② |

### 1교시 제1과목(필수): 발달심리

**001** 정답 ④
해설
ㄴ. 학습에 대한 설명이다. 성숙(maturation)이란 유기체의 신체 내에서 일어나는 신경생리학적·생화학적 변화이다.

**002** 정답 ③
해설
① 횡단적 설계에 관한 설명이다.
② 종단적 설계에 관한 설명이다.
④ 상관설계에서는 어떤 두 변인 간의 상호관계를 살펴보고자 하는 설계로 반드시 변인 간의 인과관계를 파악하기 위한 설계는 아니다.
⑤ 실험설계에서 실험집단은 과외변인의 효과를 비교하는 역할을 한다.

**003** 정답 ②
해설
② 레빈슨(Levinson)의 이론이다. 레빈슨은 전 생애 발달은 1년 사계절이 변하는 것처럼 아동청소년기(봄), 성인 전기(여름), 성인 중기(가을), 성인 후기(겨울)의 네 가지 시기와 각 시기가 시작한 시점으로부터 5년 동안의 전환기(transition)로 구성하였다.

**004** 정답 ①
해설
ㄱ. 전조작기[물활론적 사고(animism)]에는 모든 사물이 살아 있고, 각자의 의지에 따라 움직인다고 믿는 생각이다. 전조작기 후기로 가면 움직이는 것들이 살아 있는 것으로 생각한다.
ㄴ. 구체적 조작기에는 자신의 조망과 타인의 조망을 구분할 수 있다.
ㄷ. 형식적 조작기의 특징이다.

## 005 정답 ②
**해설**
① 실행기능: 행동에 대한 인지 조절이 필요한 일련의 인지 처리과정을 말한다. 선택한 목표의 달성을 이루게 하는 행동들을 선택하고 주의하는 것이다.
② 대상영속성: 눈앞에 보이지 않더라도 대상이 존재한다는 사실을 아는 것으로 감각운동기의 특성 중 하나이다.
③ 지연모방: 아동 자신이 마치 '그 모델인 양 행동(pretend)'하는 것으로 이는 아동이 상징적 사고를 한다는 것을 말해준다.
④ 마음이론: 자신과 타인이 목적, 바람, 믿음과 같은 마음상태를 가지고 있으며 이러한 마음상태가 특정 행동을 하도록 만든다는 마음에 대한 지식을 의미한다.
⑤ 메타인지: 어떤 특정한 문제를 해결하기 위해 먼저 문제에 대하여 인식하고 문제해결의 목적 또는 목표에 따라 해결과정에서 자신을 모니터링하고 조정하는 과정을 의미한다.

## 006 정답 ⑤
**해설**
* **에인즈워스(Ainsworth)의 애착유형**
  - 안정애착: 약 65%를 차지하며, 안정애착 유형의 영아는 엄마와 함께 있는 동안에는 방안을 적극적으로 탐색한다. 엄마가 방을 나가면 불안해하지만, 엄마가 돌아왔을 때 반갑게 맞이하며 금방 정서적 안정을 되찾고 다시 탐색을 한다.
  - 불안정-회피애착: 약 20% 정도를 차지하며, 엄마와 분리되었을 때에도 별다른 불안감을 나타내지 않는다. 그리고 엄마가 돌아왔을 때에도 엄마를 별로 신경 쓰지 않는다. 엄마로부터 거절당했던 기억 때문에 자신을 위로해 줄 것이라는 확신이 없는 상태이다.
  - 불안정-저항애착: 약 10~15%를 차지하고, 엄마가 같이 있어도 주변을 잘 탐색하지 않는다. 엄마가 방을 나갔을 때에 심한 불안감을 느낀다. 엄마가 돌아와서 안아주어도 계속 울거나 분노를 표출하는 등의 불안감을 보인다. 엄마가 어떤 때에는 반응을 보이고 어떤 때에는 반응을 보이지 않는 등 일관적인 양육이 되지 않을 때 발생하며, 아기는 부모가 항상 반응해줄 것이라고 확신하지 못한다.
  - 불안정-혼란애착: 약 5~10%를 차지한다. 혼란애착은 엄마가 나갔을 때에 가장 큰 불안감을 느낀다. 엄마가 돌아왔을 때에도 엄마에게 다가가지 못하고 울기만 하거나 제자리에 있는다. 엄마가 위로의 대상인지 혼란의 대상인지 구분하지 못하는 경우이다.

## 007 정답 ②
**해설**
① 공동 주의: 유아가 다른 사람이 주의를 기울이는 대상에 같이 주의를 집중하고, 유아 자신의 흥미를 끄는 대상에 다른 사람이 주의를 기울이게 하는 능력이다.
② 과잉 축소: 통상적으로 받아들여지는 의미의 범주를 축소시켜 특수한 경우에만 적용하는 것이다.
③ 과잉 확대: 성인들이 사용하는 의미의 범주보다 더 넓게 확대해 단어를 사용하는 것이다.
④ 전보식 언어: 조사나 접속사 등이 생략된 채 몇 개의 핵심 단어만으로 구성된 문장으로 말하는 것이다.
⑤ 과잉 일반화: 유아가 어떤 언어 규칙을 터득했을 때, 이를 지나치게 일반화하여 적용하는 것을 말한다.

## 008 정답 ③
**해설**
①, ②, ④, ⑤ 청소년기의 발달 특성이다.
③ 유목화: 물체를 공통의 속성에 따라 분류하고 한 대상이 하나의 유목에 속하는 것으로 분류할 수 있다. 물체를 한 가지 속성에 따라 분류하는 단순 유목화, 두 개 이상의 속성에 따라 분류하는 다중 유목화의 개념이나 상위유목과 하위유목 간의 관계를 이해하는 유목 포함의 개념을 습득한다.

## 009 정답 ④
**해설**
피아제(Piaget)의 주장과 달리 인지발달단계는 모든 문화에 보편적이지 않다. 특정 상황에 대한 기회와 경험 그리고 연습이 형식적 사고의 발달에 더 큰 영향을 미칠 수 있다.

## 010 정답 ②
**해설**
① 안나 프로이트(A. Freud)는 청년기의 질풍과 노도, 혼란과 방황은 초자아와 원초아 간의 관계를 자아가 얼마나 적절하게 평형을 유지하게 해 주느냐에 달려 있다고 보았다
③ 에릭슨(E. Erikson)은 심리적 유예기를 정체감 형성을 위해 대안적인 탐색을 계속 진행하는 시기로 보았다.
④ 마샤(J. Marcia)는 정체감 위기를 경험하지 않고, 직업선택에 대한 관심이 없는 지위를 정체감 혼돈이라고 하였다.
⑤ 길리건(C. Gilligan)은 여성은 남성과 다른 방식으로 도덕적 추론을 한다고 주장한다.

## 011 정답 ①
**해설**
* 발테스와 발테스의 SOC이론(보상을 수반한 선택적 적정화 모델)
선택·적정화·보상 모델은 한 개인이 노화과정에 따라 어떻게 적절하게 대응하고 활용하느냐 하는 문제, 생애과정에서 노화의 손실을 최소화하는 것이 성공적 노화 수준을 연구하는 데 효과적이라는 견해이다.
- 선택: 주어진 환경 속에서 개인의 생활목표(신체적 건강, 가치 등)에 대한 기회와 기능, 역할의 범위를 고려해 활동의 양과 질 및 종류를 선택하는 것이다.
- 최적화: 선택한 목표 달성을 위해 최선의 노력을 다하는 최적화를 중시한다. 다양한 수단과 방법으로 개인이 선택한 목표와 영역을 최대한 달성하는 일이다. 자신의 강점과 잠재적 기능을 동원해 성공적인 사회활동은 물론 건강관리, 레저생활, 사회봉사 등으로 노후생활을 활기차게 만드는 일이다.
- 보상: 생물학적·사회적·인지적 기능의 상실이 일어났을 때, 어떠한 학습이나 보조기구, 외부적 도움, 심리적 보상 기제 등으로 상실을 보완하는 것을 말한다. 활동의 제약과 질병으로 인한 손실을 최소화하면서 긍정적인 역할로, 그리고 주위의 자원을 활용하여 지속적인 성장을 이뤄나가는 것이다. 이렇게 될 때 노화의 주관적인 요소인 정서적인 웰빙, 삶의 만족이라는 보상을 얻게 된다는 주장이다.

## 012 정답 ①
**해설**
ㄴ. 노년기에는 기억자료를 조직화하는 능력이 감소한다.
ㄷ. 경험에 대한 개방성이 감소한다.

## 013 정답 ⑤
**해설**
① 40대 직업전환은 비규범적 요인이다.
② 사춘기는 규범적 연령관련 요인이다.
③ 청소년기 부모의 실직은 비규범적 요인이다.
④ 출생동시집단 효과는 규범적 역사관련 요인이다.

* 전 생애 발달에 영향을 주는 요인
  - 규범적 연령관련 요인: 사춘기 시작, 폐경연령 등
  - 규범적 역사관련 요인: 전쟁, 테러, 인터넷 사용 등
  - 비규범적 요인: 개인의 독특한 경험(가족구성, 질병, 실직 등)

## 014 정답 ⑤
**해설**
① 취약 X증후군: 취약 X증후군(Fragile X syndrome)은 X염색체 이상으로 생기는 증후군이다. 마틴-벨 증후군이라고도 한다. 정신지체와 위아래로 긴 얼굴, 평발 등을 동반한다.
② XYY증후군(수퍼남성 증후군): 수퍼남성은 정상남성에 비해 한 개의 더 많은 Y염색체를 가지고 있다. 따라서 수퍼남성은 정상적인 남성에 비해 공격적인 성격을 가지고 있어서 폭력행위를 저지르기 쉽다
③ 터너증후군: 터너증후군은 성염색체인 X염색체 부족으로 난소의 기능 장애가 발생하여 조기 폐경이 발생하며, 저신장증, 심장 질환, 골격계 이상, 자가 면역 질환 등의 이상이 발생하는 유전 질환이다.
④ 다운증후군: 다운증후군은 가장 흔한 염색체 질환으로서, 21번 염색체가 정상인보다 1개 많은 3개가 존재하여 정신지체, 신체 기형, 전신 기능 이상, 성장 장애 등을 일으키는 유전 질환이다.

## 015 정답 ④
**해설**
니코틴은 혈관 수축, 혈액 감소, 태반을 비정상적으로 성장, 영양물의 전달 저하, 태아 체중 감소, 중추신경계 손상, 성장의 저하를 가져온다.

## 016 정답 ③
**해설**
① 바빈스키 반사: 발바닥을 가볍게 어루만지면 발가락을 발등 쪽으로 부채처럼 편다.
② 수영 반사: 물 속에 넣으면 적절한 팔다리 운동과 호흡을 한다.
④ 파악 반사: 손바닥에 외부 자극이 오면 그 대상을 쥔다.
⑤ 걸음마 반사: 겨드랑이를 잡고 살짝 들어 올려 바닥에 발을 닿게 하면 걸어가듯이 무릎을 구부려 발을 번갈아 땅에 내려놓는다.

## 017 정답 ②
**해설**
출생 시에 신생아들은 소근육기술을 거의 통제하지 못하다가 점차 미숙한 어깨 동작과 팔꿈치 동작을 한다. 그 후 손목을 움직이거나 손을 돌리거나 엄지와 검지를 움직이게 되며, 생후 2년에 걸쳐 눈과 손의 협응력이 증가함에 따라 소근육기술이 향상된다. 영아는 물건을 쥘 때에 손 전체로 쥐다가 그다음에 손가락을 이용하여 쥐게 되고, 그 후에 엄지와 검지를 이용하여 쥘 수 있게 된다.

## 018 정답 ④
**해설**
ㄷ. 스턴버그(R. Sternberg)는 지능을 분석적 지능, 경험적 지능, 맥락적 지능으로 구분한다.

## 019 정답 ③
**해설**
사회학습이론은 행동주의 심리학과 인지주의 심리학 이론이 반영된 것으로, 다른 사람의 행동과 그 결과의 관찰로 학습이 이루어진다고 보는 이론이다. 이 이론은 고전적 조건형성과 조작적 조건화 이론 및 인지심리학 등에 그 기반을 두고 있으며 개체가 개별적으로 어떤 행동을 수정할 수 있다는 면과 함께 다른 개체의 모델행동을 통해 보상하는 모방에서 더 많은 유기체가 그런 유의미한 행동을 효과적으로 학습할 수 있다는 심리학 이론이다.

## 020 정답 ①
**해설**
- 성정체성: 자신이 남자 혹은 여자라는 사실을 인식하는 것이다.
- 성항상성: 성이 남자에서 여자로 혹은 여자에서 남자로 변하는 것이 아니라, 한 번 정해지면 고정된다는 것을 이해하게 되는 것이다.
- 성안정성: 남녀 성별의 구분이 변하지 않기 때문에 남자 아이는 자라서 남자 어른이 되고, 여자 아이는 자라서 여자 어른이 된다는 사실을 이해하는 것이다.

## 021 정답 ④
**해설**
2~3세의 물리적 공격성이 3~6세에 언어적 공격성으로 바뀐다.

## 022 정답 ⑤
**해설**
① 목적과 상호교환 지향에 해당한다.
② 착한 아이 지향에 해당한다.
③ 법과 질서 지향에 해당한다.
④ 보편적 원리 지향에 해당한다.

* (가) 사회계약지향 단계
  - 법의 목적은 인간의 권리나 복지를 보장하기 위한 것이다.
  - 법은 사회적 계약이므로 생명이나 자유와 같은 기본적 권리가 침해되지 않는 한 수정 가능하다.
  - 타인의 의지와 권리에 의해 위배되는 행동은 피하고 대다수의 의지와 복지에 따라 행동한다.

## 023 정답 ①
**해설**
* 1차 정서(primary emotion)
  인간과 동물 모두에서 나타나는 정서로 발달 초기에 나타나는 정서이다.
  예 기쁨, 슬픔, 혐오, 분노, 놀람, 공포
* 2차 정서(자아의식 정서: self-conscious emotion)
  인지발달에 기인한 정서로 사회표준과 자신의 행동에 대한 비교가 가능한 나이 이후에 발달하는 정서이다.
  예 공감, 질투, 당황, 자긍심, 수치심, 죄책감

## 024 정답 ⑤
**해설**
* DSM-5 품행장애 진단기준
1. A. 다른 사람의 기본적인 권리를 침해하고 나이에 맞는 사회 규범 및 규칙을 위반하는, 지속적이고 반복적인 행동 양상으로서, 다음 항목 가운데 3개 이상 항목이 지난 12개월 동안 있어 왔고, 적어도 1개 항목이 지난 6개월 동안 있어 왔다.
   ① 사람과 동물에 대한 공격성
     - 흔히 다른 사람을 괴롭히거나, 위협하거나, 협박한다.
     - 흔히 육체적인 싸움을 도발한다.
     - 다른 사람에게 심각한 손상을 일으킬 수 있는 무기를 사용한다(예 곤봉, 벽돌, 깨진 병, 칼 또는 총).

- 사람에게 신체적으로 잔혹하게 대한다.
- 동물에게 신체적으로 잔혹하게 대한다.
- 피해자와 대면한 상태에서 도둑질을 한다(예 노상 강도, 날치기, 강탈, 무장 강도).
- 다른 사람에게 성적 행위를 강요한다.
② 재산의 파괴
- 심각한 손상을 입히려는 의도로 일부러 불을 지른다.
- 다른 사람의 재산을 일부러 파괴한다(방화는 제외).
- 다른 사람의 집, 건물, 차를 파괴한다.
- 사기 또는 도둑질
- 물건이나 호감을 얻기 위해 또는 의무를 피하기 위해 거짓말을 흔히 한다(예 다른 사람을 속인다).
- 피해자와 대면하지 않은 상황에서 귀중품을 훔친다(예 파괴와 침입이 없는 도둑질, 문서 위조).
③ 심각한 규칙 위반
- 13세 이전에 부모의 금지에도 불구하고 밤늦게까지 집에 들어오지 않는다.
- 친부모 또는 양부모와 같이 사는 동안 적어도 2번 가출한다(또는 오랫동안 돌아오지 않는 1번의 가출).
- 13세 이전에 시작되는 무단 결석
2. B. 행동의 장해가 사회적, 학업적 또는 직업적 기능에 임상적으로 심각한 장해를 일으킨다.
3. C. 18세 이상일 경우 반사회적 인격장애의 진단 기준에 맞지 않아야 한다.

## 025  정답 ②
**해설**
뚜렛장애(증후군)는 불수의적 움직임과 소리를 반복적으로 보이는 신경 질환을 의미한다. 눈 깜박임, 눈동자 굴리기, 얼굴·코의 씰룩임, 어깨 들썩임, 고개를 갑자기 젖힘, 배 근육에 갑자기 힘주기, 다리 차기 등의 운동 틱과 더불어, 기침 소리, 코를 킁킁거리는 소리, 동물의 울음소리, 상스러운 말 하기(욕, 외설증) 등의 음성 틱이 1년 이상 나타나는 것을 의미한다.

**\* 뚜렛장애 진단기준**
- 다양한 운동 틱과 1가지 또는 그 이상의 음성 틱이 장애의 경과 중 일부 기간 동안 나타난다.
- 두 가지 틱이 반드시 동시에 나타나는 것은 아니다.
- 틱은 1년 이상 거의 매일 또는 간헐적으로 하루에 몇 차례 일어나고, 이 기간 동안에 틱이 없는 기간이 3개월 이상 지속되지는 않는다.
- 18세 이전에 발병한다.
- 장애는 물질이나 일반적인 의학적 상태의 직접적인 생리적 효과로 인한 것이 아니다.

### 1교시 제2과목(필수): 집단상담의 기초

**026** 정답 ④
**해설**
집단상담에서는 집단성원들의 목적을 달성하기 위하여 노력할 때 일어나게 되는 상호작용의 힘인 집단역동을 다루는 것에 중점을 둔다.

**027** 정답 ①
**해설**
구조화 집단에서는 집단의 내용과 활동을 집단상담자가 미리 구성한 대로 진행한다. 비구조화 집단은 사전에 정해진 집단활동이 없고, 구성원 개개인의 경험과 관심을 토대로 상호작용함으로써 집단의 치료적 효과를 얻고자 하는 형태의 상담이다.

**028** 정답 ⑤
**해설**
제시된 집단상담의 기술과 설명이 모두 옳은 내용이다.

**029** 정답 ⑤
**해설**
* 추수평가
  - 집단상담의 전 과정이 끝나고 2~3개월이 지난 후에 한 번쯤 모든 집단성원을 불러 모아 추후평가를 갖는 것도 매우 의미가 있다.
  - 집단경험이 일상생활에 어떤 결과를 초래하고 있는지, 그때의 변화가 어느 정도 계속되고 있으며, 그래서 집단상담의 효과가 어느 정도인지 등에 대하여 평가해 볼 수 있다.
  - 어떤 부작용이나 문제점이 있다면 이에 대한 해결책도 모색해야 할 것이다.

**030** 정답 ②
**해설**
ㄴ. 비밀보호의 예외사항에는 아동학대, 성폭력 등 법적인 문제가 해당된다.
ㄹ. 상담자와 내담자가 연인관계인 경우는 상담의 이중관계에 해당된다. 이중관계는 상담자가 내담자에게 두 가지 혹은 그 이상의 역할을 동시에 수행할 때 발생한다. 이중관계의 예로는 감독자와 상담자의 역할, 친구와 상담자의 역할, 친인척과 상담자의 역할 등을 동시에 수행하는 경우를 들 수 있다. 이러한 경우에는 이중관계가 상담에 영향을 줄 수 있기 때문에 가급적 다른 상담자에게 의뢰하는 것이 바람직하다.

## 031 정답 ③
**해설**
* ABCDE 전략
  - A(Activation event, 선행사상): 인간의 정서를 유발하는 어떤 사상(사건이나 현상)을 말한다. 선행사상 또는 촉발사상이라고 할 수 있다.
  - B(Belief, 신념): 선행사상에 대하여 각 사람이 지닌 신념을 의미한다.
  - C(Consequence, 결과): 선행사상과 관련된 신념으로 인해 생긴 정서적 결과이다. 만일 합리적 신념을 가지고 있다면 그 상황에 적절한 정서적 반응을 할 수 있게 되며 비합리적 신념을 가지고 있다면 부적절한 정서, 즉 죄책감·불안·분노 등을 보일 것이다.
  - D(Dispute, 논박): 비합리적 신념·사고·상념에 대하여 도전하고 다시 생각하도록 하면서 재교육하기 위해 적용하는 논박을 의미한다. 비합리적 신념을 철저히 논박하는 것은 부정적 감정을 긍정적 감정으로 바꾸는 데 목적이 있는 것이 아니고 감정적인 균형을 이루는 데 목적이 있다.
  - E(Effect, 효과): 논박의 인지적 효과를 의미한다.

## 032 정답 ②
**해설**
②는 과거에 경험에 대한 질문이기 때문에 해결중심상담 질문기법으로 적절하지 않다. 해결중심상담은 내담자가 원하는 해결이 무엇인지에 초점을 둔 상담으로 변화시킬 수 없는 과거보다 현재와 미래에 초점을 둔다.

## 033 정답 ③
**해설**
① 교류분석상담에 관한 설명이다.
② 실존주의상담에 관한 설명이다.
④ 현실치료에 관한 설명이다.
⑤ 개인심리상담에 관한 설명이다.

## 034 정답 ①
**해설**
ㄷ. 게슈탈트상담에 관한 설명이다.
ㄹ. 심리극에 관한 설명이다.

## 035 정답 ①
**해설**
② 개인심리학 – 역설적 의도, 교류분석 – 각본 분석
③ 행동주의 – 자기표현, 개인심리 – 버튼 누르기
④ 게슈탈트 – 빈의자 기법, 실존주의 – 탈숙고
⑤ 행동주의 – 자극통제, 개인심리 – 마치 ~처럼 행동하기

## 036 정답 ⑤
**해설**
주어진 내용은 투사에 해당한다.
① 퇴행에 대한 설명이다.
② 반전에 대한 설명이다.
③ 내사에 대한 설명이다.
④ 융합에 대한 설명이다.

## 037 정답 ④
**해설**
시연단계에서는 주인공의 문제상황이 '지금 – 여기'에서 일어나고 있는 것처럼 재현되는 단계이다. 종결단계에서 연출자는 집단원들에게 주인공의 이야기를 보면서 느꼈던 감정이나 경험을 공개하도록 한다.

## 038 정답 ①
**해설**
집단역동은 3가지 차원으로 설명된다.

**\* 집단역동의 3가지 차원**
- 개인심리내적 역동: 개인상담에서 보통 탐색하게 되는 심리적 역동으로 동기, 감정, 방어, 어린 시절의 기억 등을 포함한다.
- 대인 간 역동: 집단 안의 두 사람 혹은 그 이상의 사람들 사이의 관계에서 일어나는 역동으로 정서적 반응, 친밀감, 주장, 경계 등을 포함한다.
- 전체로서의 집단역동: 집단의 발달단계, 집단규범, 집단역할, 대표적 리더십 유형, 희생양 만들기, 집단수준의 저항 등을 포함한다.

## 039 정답 ②
**해설**
ㄴ. 대인 간 역동을 파악하기 위한 내용이다.
ㄷ. 전체로서의 집단역동을 파악하기 위한 내용이다.
ㅁ. 전체로서의 집단역동을 파악하기 위한 내용이다.

## 040 정답 ⑤
**해설**
청소년 집단상담에서 보호자 또는 법적 대리인의 동의를 얻는 것이 법적으로 규정되어 있는 것은 아니다. 다만, 만 14세 미만의 경우에는 부모 또는 법적 대리인의 동의서를 작성해야 한다.

## 041 정답 ④
**해설**
ㄴ. 집단상담 초기 단계의 특징에 해당된다.

## 042 정답 ④
**해설**
ㄱ. 과도기적 단계에 해당한다.
ㄴ. 초기단계에 해당한다.
ㄷ. 종결단계에 해당한다.
ㄹ. 생산단계에 해당한다.

## 043 정답 ③
**해설**
저항분석은 과도기 단계, 감정의 정화는 생산단계의 활동이다.

## 044 정답 ②
**해설**
ㄱ. 집단상담은 자발적 참여자뿐 아니라 비자발적 참여자를 대상으로 운영한다.
ㄹ. 집단구성원들은 집단상담에 참여할 것을 결정하기 전에 어떤 집단에서 활동하게 될 것인지에 대하여 알 권리가 있으며 상담자는 이에 대한 사전 동의를 구하여야 한다.

## 045 정답 ③
**해설**
상담에서 녹음과 녹화는 필요시에 진행됨을 안내한다.

## 046 정답 ④
**해설**
① 시작단계에 적절하다.
② 갈등단계에 적절하다.
③ 응집단계에 적절하다.
⑤ 생산단계에 적절하다.

## 047 정답 ④
**해설**
집단상담은 발달단계에서 정상적인 문제가 있는 청소년을 대상으로 한다. 조현병 등 정신적 문제가 있는 청소년은 집단치료를 해야 하는 대상이다.

## 048 정답 ①
**해설**
'피드백'이란 다른 사람의 행동 사고, 감정과 관련하여 개인의 생각과 감정을 언어적 표현으로 되돌려주는 것을 의미한다. 모호한 일반적인 것보다는 집단상담 장면에서 벌어지고 있는 지금 – 현재에 초점을 두는 게 좋다.

## 049 정답 ④
**해설**
공감이란 상담자가 자신의 본연의 입장을 유지하면서 내담자의 입장이 되어 내담자의 세계를 수용, 지각하고 그 생각과 느낌을 표현해 주는 것이다.

## 050 정답 ⑤
**해설**
명료화는 집단성원들의 정리되지 않은 감정과 생각으로 인해 문제에 포함되어 있는 혼돈과 갈등적인 느낌을 가려내 분명하게 해주는 것이다.

## 1교시 제3과목(필수): 심리측정 및 평가

### 051 정답 ①
**해설**
T점수는 평균(M) = 50, 표준편차(SD) = 10으로 환산한 표준점수이다.
$T = 10Z + 50$

### 052 정답 ④
**해설**
* **의미변별척도(의미분석법)**
  오스굿(C. E. Osgood)과 그의 동료들에 의해서 만들어진 척도로 사물, 인간, 사건 등에 대한 개념이나 느낌의 양극의 뜻을 갖는 대비되는 형용사군을 만들어서 의미를 측정하는 방법이다. 형용사 각 쌍에 대한 응답 평균이 계산된다.

### 053 정답 ③
**해설**
비율척도는 차이정보와 서열정보, 등간정보 외에 수의 비율에 관한 정보도 담고 있는 척도이다. 절대영점을 가지고 있는 각 특성들의 등간서열 관계를 설명할 목적으로 숫자 또는 기호를 부여한 척도이다.

### 054 정답 ⑤
**해설**
문항반응이론은 검사의 일차원성을 가정한다. 검사의 일차원성 가정이란 검사가 단일한 능력을 재고 있어야 한다는 것이다. 예를 들어 검사가 학생들의 수학적 능력, 영어 듣기 능력 같은 한 가지 능력을 재고 있어야 문항반응이론을 사용할 수 있다는 것이다.

### 055 정답 ①
**해설**
① Kuder–Richardson 계수: 문항 내적 동질성 신뢰도를 추정하는 방법 중의 하나로 한 검사 내에서 문항에 대한 반응이 얼마나 일관성(합치성)이 있는지를 변산적 오차로 계산한다.
② 불확실성(uncertainty) 계수: 환경 유해 인자의 위해성 평가에서 환경 유해 인자의 독성에 대한 동물 실험 결과를 인체에 외삽하거나 민감한 대상까지 적용하기 위하여 임의로 보정한 값이다.
③ Pearson 적률상관계수: 두 변수 X, Y 간의 상관관계를 수치로 나타낸 것이다.
④ Spearman 순위상관계수: 두 변수의 순위 사이의 통계적 의존성을 측정하는 비모수적인 척도이다.
⑤ Kendall의 tau–b 계수: 순위 상관 계수(rank correlation coefficient)의 한 종류이며 두 변수들 간의 순위를 비교하여 연관성을 계산한다.

### 056 정답 ⑤
**해설**
동형검사 신뢰도는 추정 시 두 검사의 동형성 여부에 따라 동형검사 신뢰도 계수가 달리 추정되는 단점이 있으므로 연구자의 검사도구 제작 능력에 따라 신뢰도 계수가 영향을 받는다. 동형검사는 연습효과에 취약하다. 물론 동일한 검사를 두 번 실시하는 것보다는 연습효과를 줄일 수 있겠지만, 연습효과를 완전히 배제할 수는 없다.

## 057 정답 ①
**해설**
ㄹ. 정답문항 제시의 무작위성: 검사의 구성
ㅁ. 낮은 수검동기: 피검자의 정서성

## 058 정답 ③
**해설**
① 내용(content) 타당도: 타당도의 중심이 되는 것으로 평가도구가 측정하려는 내용을 얼마나 충실하게 측정하고 있는 지를 논리적으로 알아보려는 것이다.
② 예언(predictive) 타당도: 한 검사가 피험자의 미래의 행동이나 특성을 어느 정도 정확하고 완전하게 예언하느냐를 추정하는 것이다.
④ 안면(face) 타당도: 실제로 무엇을 측정하는가의 문제가 아니라 검사가 측정한다고 하는 것을 측정하는 것처럼 보이는가의 문제이다.
⑤ 구성(construct) 타당도: 한 검사가 의도하는 특성을 재어 주고 있는가를 어떤 이론적인 가설을 설정하여 경험적으로 검증하거나 논리적으로 따지는 과정이다.

## 059 정답 ②
**해설**
①, ⑤ 정서적 영역의 검사이다.
③, ④ 검사장면에 따른 분류이다.

## 060 정답 ②
**해설**
로저스(Rogers)는 인간은 경험하는 유기체로서 자신을 실현화하기 위한 기본적 동기를 갖고 있다고 본다. 인간중심 접근 상담자는 유기체의 지혜를 믿으며 인간이 기본적으로 신뢰할 만한 유기체라고 본다.

## 061 정답 ⑤
**해설**
① 자해 위험성이 있는 경우는 비밀보장의 예외사항이다.
② 검사 전-후의 사적인 만남은 이중관계가 될 수 있으므로 좋지 않다.
③ 심리검사의 결과를 수검자는 알 권리가 있다.
④ 피검자는 검사환경, 검사자의 영향을 받을 수 있다.

## 062 정답 ③
**해설**
심리검사 실시 전에 내담자 및 보호자(만 14세 미만 내담 청소년의 경우)에게 사전 동의를 받아야 한다.

**063** 정답 ①
**해설**
ㄷ. 전체 지능 지수(FS IQ) 범위는 40~160 사이에서 산출된다.
ㄹ. 일반 지능 지수(GAI): 언어이해지수, 지각추론지수
  인지효능지수(CPI): 작업 기억, 처리 속도

**064** 정답 ②
**해설**
산수 소검사는 K-WISC-V에서 '작업 기억 지표'에 포함된다.

**065** 정답 ②
**해설**
숫자 소검사는 청각적 단기기억능력, 즉각적인 기계적 회상능력, 연속적 정보처리능력, 암기학습능력, 주의력 범위 및 주의집중력, 정신적 조작능력 등을 측정한다.

**066** 정답 ②
**해설**
써스톤(Thurstone)은 언어, 유창성, 수, 기억, 공간, 지각속도, 논리적 사고 등 다요인의 기초 정신능력을 주장하였다.
가드너(Gardner)는 다중지능(MI)을 제시하였다.

**067** 정답 ②
**해설**
형태의 일탈: 폐쇄 곤란, 교차 곤란, 곡선묘사 곤란, 각의 변화
①, ③, ④, ⑤는 형태의 왜곡이다.

**068** 정답 ④
**해설**
* 척도 2. 우울증(D: Depression)
  - 높은 점수(T 70 이상): 우울증적 증상이 있어 불안해하고 위축되어 있다. 비관적이고, 자기비하적이며, 문제해결능력이 없다고 느낀다.
  - 낮은 점수(T 45 이하): 능동적이고 기민하며, 낙관적인 사람으로 대체로 자신감이 있고, 정서적으로 안정되어 있다.

**069** 정답 ④
**해설**
* 척도 4. 반사회성(Pd: Psychopathic Deviate)
  - 높은 점수(T 65 이상): 화가 나있고 싸우는 사람이다. 주로 권위적 대상과 갈등을 겪고 있는 환자이다. 이 갈등은 적대감이나 반항심으로 나타난다.
  - 경미한 상승(T 56~64): 자기주장을 잘하고 신체적 원기와 욕구를 잘 표현하는 정상인이다.
  - 낮은 점수: 매우 통속적이고 순응적이며 권위에 복종적이다.

## 070 정답 ①
**해설**
성실성: 유능감, 의무감, 성취추구, 질서정연함, 자기절제, 신중성
ㄹ. 심미성: 개방성에 해당한다.
ㅁ. 활동성: 외향성에 해당한다.

## 071 정답 ⑤
**해설**
치료거부(RXR): 심리적·정서적 변화에 대한 개인적 관심을 측정한다.

## 072 정답 ②
**해설**
ㄷ. 투사검사는 방어가 어렵다. 즉, 자기를 긍정적이거나 부정적인 방향으로 보여주고 과장, 축소하기 어렵다.
ㄹ. 객관적 검사에 비해 검사자의 영향을 크게 받는다.

## 073 정답 ④
**해설**
문장완성검사는 개인의 욕구상태와 부모 및 교사, 동성, 이성 친구들에 대한 태도를 파악하기 위한 검사로 성격 역동에 대한 심리진단 정보를 얻고 전반적인 심리적 적응을 판단하는 데 사용되는 투사검사이다.

## 074 정답 ⑤
**해설**
① 문장완성검사도 투사검사이므로 개인의 독특하고 고유한 성격과 심적 갈등이 반영될 수 있다.
② MMPI-2는 정신병리와 성격 요인에 대한 개인 내 비교가 가능하다.
③ 문장완성검사에는 표준화된 채점과 해석이 없다. 피검자의 반응을 고려하여 임상적 해석을 한다.
④ 문장완성검사는 규준참조검사가 아니라 규준을 통한 개인 간 비교가 불가능하다.

## 075 정답 ③
**해설**
- 결정인: 반응을 결정하는 데 영향을 준 반점의 특징은 무엇인가?
- 7가지 범주: 형태, 운동, 유채색, 무채색, 음영, 형태차원, 쌍반응과 반사반응
① FC: 형태 – 색채 반응
② FC': 형태 – 무채색반응
④ FV: 형태 – 차원반응
⑤ FT: 형태 – 재질반응

## 1교시 제4과목(필수): 상담이론

### 076 정답 ①
**해설**
상담은 내담자의 문제해결을 도모하는 것이지 내담자의 문제를 해결해주는 과정은 아니다.

### 077 정답 ③
**해설**
상담관계는 상담목표 달성을 위한 작업 관계는 맞지만 사교적 관계는 아니다.

### 078 정답 ③
**해설**
* 한국상담학회 윤리강령 제7조(비밀보장의 한계)
① 상담자는 아래와 같은 내담자 개인 및 사회에 임박한 위험이 있다고 판단될 때 내담자에 관한 정보를 사회 당국 및 관련 당사자에게 제공해야 한다.
  1. 내담자가 자신이나 타인의 생명 혹은 사회의 안전을 위협하는 경우
  2. 내담자가 감염성이 있는 치명적인 질병이 있다는 확실한 정보를 가졌을 경우
  3. 미성년인 내담자가 학대를 당하고 있는 경우
  4. 내담자가 아동학대를 하는 경우
  5. 법적으로 정보의 공개가 요구되는 경우
② 상담자는 만약 내담자에 대한 상담이 여러 전문가로 구성된 집단에 의한 지속적인 관찰을 포함하고 있다면, 그러한 집단의 존재와 구성을 내담자에게 알릴 의무가 있다.
③ 상담자는 내담자의 사적인 정보의 공개가 요구될 때 기본적인 정보만을 공개한다. 더 많은 사항을 공개하기 위해서는 사적인 정보의 공개에 앞서 내담자에게 알리고 동의를 얻어야 한다.
④ 상담자는 비밀보장의 예외 및 한계에 관한 타당성이 의심될 때에는 다른 전문가나 지도감독자 및 본 학회 윤리위원회의 자문을 구한다.

### 079 정답 ②
**해설**
① 단추 누르기: 내담자가 유쾌한 경험과 유쾌하지 않은 경험을 번갈아 가면서 생각하도록 하고 각 경험과 관련된 감정에 관심을 가지게 하는 기법
② 마치 ~인 것처럼 행동하기: 내담자가 바라는 행동을 가상장면에서 해 보거나 바람직한 자신의 모습을 상상하여 해 보도록 하는 것이다.
③ 수렁 피하기: 내담자의 자기 패배적인 생각을 피하도록 돕는다.
④ 직면: 내담자의 불일치에 도전하는 것이다.

### 080 정답 ④
**해설**
ㄱ. 개인화에 대한 예시이다. 정신적 여과는 상황이나 사건의 주된 내용은 무시하고 특정 일부의 정보에만 주의를 기울여 전체의 의미를 해석하는 오류이다.

## 081 정답 ①
**해설**
② C에 해당한다.
③ D에 해당한다.
④ A에 해당한다.
⑤ E에 해당한다.

* ABCDE 모델
  - A(Activation event, 선행사상): 인간의 정서를 유발하는 어떤 사상(사건이나 현상)을 말한다. 선행사상 또는 촉발사상이라고 할 수 있다.
  - B(Belief, 신념): 선행사상에 대하여 각 사람이 지닌 신념을 의미한다.
  - C(Consequence, 결과): 선행사상과 관련된 신념으로 인해 생긴 정서적 결과이다.
  - D(Dispute, 논박): 비합리적 신념·사고·상념에 대하여 도전하고 다시 생각하도록 하면서 재교육하기 위해 적용하는 논박을 의미한다.
  - E(Effect, 효과): 논박의 인지적 효과를 의미한다.

## 082 정답 ⑤
**해설**
정신분석에서는 심리적 문제의 원인이 개인의 무의식에 기인하는 것으로 본다.

## 083 정답 ④
**해설**
행동주의는 행동에 초점을 두는 상담기법이다. 심리적 문제에 대한 역동적 통찰은 정신분석과 관련된다.

## 084 정답 ①
**해설**
② 투사: 자신의 생각이나 욕구, 감정을 타인의 것으로 지각하는 것을 의미한다.
③ 융합: 개인이 서로의 독자성을 무시하고 동일한 가치와 태도를 지닌 것처럼 여기는 것을 의미한다.
④ 반전: 개인이 다른 사람이나 환경에게 하고 싶은 행동을 자기 자신에게 하는 것, 타인이 자신에게 해주기를 바라는 행동을 스스로 자기 자신에게 하는 것을 의미한다.
⑤ 편향: 환경과의 접촉으로 인해 감당하기 힘든 심리적 결과가 초래될 것이라고 예상할 때 환경과의 접촉을 피해버리거나 자신의 감각을 둔화시킴으로써 환경과의 접촉을 약화시키는 것을 의미한다.

## 085 정답 ⑤
**해설**
알아차림 – 접촉 주기는 '배경 → 감각 → 알아차림 → 에너지동원 → 행동 → 접촉'의 순으로 이루어진다.

## 086 정답 ⑤
**해설**
'타인이 본 자기'는 다른 사람으로부터 긍정적으로 평가받기 위한 가치의 조건을 반영한다.

## 087 정답 ②
**해설**
실존주의적 상담은 실존주의 철학에 영향을 받은 상담이론으로, 인간 불안의 문제를 인간 존재의 가장 중요한 문제로 보고 인간 불안의 문제의 원인을 인간 존재의 의미에서 찾는 상담이다. 이 이론에서는 인간의 부적응 행동은 인간이 타고난 경향성을 실현하지 못한 결과라고 믿고, 인간의 타고난 경향성을 포함한 자신의 존재 의미를 찾아 자아실현하는 것을 목표로 한다.

## 088 정답 ①
**해설**
ㄱ. 이야기치료: 1980년대 이후 포스트모더니즘과 사회구성주의의 영향을 받아 가족치료사인 화이트(M. White)와 문화인류학자인 엡스턴(D. Epston)이 호주와 뉴질랜드를 중심으로 발전시킨 심리치료이론의 하나로, 인간이란 자신의 삶에 대해서 끊임없이 의미를 부여하고 해석하여 이야기하는 존재이며, 또한 그러한 이야기로 구성된 인생을 살아가는 존재라는 생각을 기본 바탕으로 하고 있다.
ㄴ. 교류분석: 창시자는 번(Berne)으로 정신분석학자 융(Jung)의 사상에 영향을 받은 이론이다. 인간 행동의 이면에 숨겨져서 그 행동에 동기를 부여하는 숨겨진 배경들과 그 배경이 나타나는 과정을 분석하는 상담방법으로, 체계적 성격 이론이며 혁신적 상담 이론이다.

## 089 정답 ③
**해설**
ㄴ. 인간에게는 기본적으로 생존, 자유, 힘, 즐거움, 소속의 욕구가 있다고 보는 견해이다.
ㄹ. 주요 개념은 3R(reality, responsibility, right or wrong), 전행동, 선택이다. 욕구충족을 위한 세 가지 능력(3R), 즉 현실성(reality), 책임성(responsibility), 옳고 그름(right or wrong)을 중시한다.

## 090 정답 ①
**해설**
협력 관계 구축 모델은 해결 방안을 발견하고 구축하는 치료과정 중 내담자의 협력을 중시한다. 또한 진정한 협력적인 치료관계는 내담자가 치료자에게 협력할 때뿐 아니라 치료자도 내담자에게 협력할 때 이루어진다고 믿기 때문에 치료자는 내담자가 치료에 협력하도록 시종일관 의식적으로 노력한다.

## 091 정답 ⑤
**해설**
① 교류분석: 어버이(Parent ego), 어른(Adult ego), 어린이(Child ego) 등 세 가지 자아상태(PAC)를 가지고 있고 이 중 어느 하나가 상황에 따라 한 개인의 행동을 지배한다.
② 교류분석: 부모나 환경에 대한 반응으로서의 결정들을 토대로 인생각본이 형성된다.
③ 이야기치료: 삶이라는 클럽의 회원구성을 새롭게 함으로써 자신의 정체성을 재구성한다.
④ 현실치료: 자기상담·개인·또래·집단·가족·군인·의료진·경찰을 대상으로 한 상담과 좋은 학교, 좋은 관리, 좋은 벗 지킴이 등 모두 선택이론에 근거를 두고 있다.

## 092 정답 ③
**해설**

* **수용전념치료(ACT: Acceptance Commitment Therapy)**
내담자가 직면한 고통을 받아들일 수 있도록 도와 당사자의 심리적 이슈의 완화 또는 환자의 정신 질환과 같은 문제의 해결을 목적으로 하는 인지행동치료이다.
수용전념치료는 삶의 고통은 회피하려고 해도 피할 수 없다고 말하며, 심리적 고통에 도전하기 위해 노력하기보다 그것을 기꺼이 받아들이는 것을 강조하였다. 수용전념치료의 수용은 단순히 체념하는 것이 아닌 적극적인 과정이며, 가치에 기반을 둔 전념행동을 증진하는 하나의 방법으로 키우는 것이다.
우울증, 강박증, 업무 스트레스, 만성통증, 불안, 외상 후 스트레스 장애, 식사 장애, 헤로인이나 대마초 중독, 조현병과 같은 정신질환 치료에서 효과적인 것으로 알려져 있다.

## 093 정답 ③
**해설**

ㄹ. 변증법적 행동치료 기술훈련 모듈: 마음챙김, 감정조절, 고통감내, 대인관계 기술

* **변증법적 행동치료(DBT: Dialectical Behavior Therapy)**
미국 워싱턴주립대학교 심리학과 명예교수이자, 동 대학의 행동연구 및 치료 클리닉 소장인 마샤 리네한이 만든 인지행동치료의 새로운 접근이다.
원래 변증법적 행동치료는 반복적인 자살 및 자해 행동을 보이는 이들을 위해 만들어졌으며, 이러한 문제를 보이는 환자들의 대부분이 경계선 성격장애의 진단을 받았기 때문에 '경계선 성격장애를 위한 인지행동치료'로 개발되었다. 그러다 개발과 연구가 발전됨에 따라 현재의 명칭인 변증법적 행동치료로 변경되었다.
변증법적 행동치료는 네 가지 주요 모듈로 구성되어 있다. 4가지 모듈은 정서적, 인지적, 대인 관계적, 행동적 영역의 어려움을 포괄적으로 다루기 위해 개발되었다. 주요하게 현재 순간에 집중하는 능력을 통해 스트레스 감내력을 높이고, 나아가 정서 조절 능력을 향상시켜 행동 조절 및 대인 관계 기술 향상을 목표로 한다.

## 094 정답 ④
**해설**

④ 통합예술치료에 대한 설명이다.

* **정서중심치료(EFT: Emotion Focused Therapy)**
Leslie Greenberg 박사가 창안한 것으로 우리의 정서를 적응적 정서와 부적응적 정서로 구분하여 적응적 정서의 자각과 활성화를 지향하기 위해 부적응적 정서를 탐색하고 변화시켜 역기능적 신념들을 완화하고 자기 통합적 정서의 개발을 돕게 하는 상담기법이다. 실증적 경험에 기반한 이 접근은 내담자가 정서를 수용, 표현, 조절, 이해하도록 돕는 다양한 전략을 강조한다.

## 095 정답 ④
**해설**

권력분석이란 여성들에게 무력함을 사회화시키는 사회 권력 구조에 대해 자각하고 분석하고 이에 대해 다른 여성들과 토론하는 과정을 통해 여성들이 개인적·관계적·제도적 영역에서 힘을 성취하는 방법을 찾을 수 있도록 돕는다.
여성주의 상담은 상담자와 내담자는 평등하다는 원리를 적용한다. 상담 장면에서도 사회에서 경험할 수 있는 불평등한 권력이 재현되지 않도록 상담자와 내담자의 관계가 평등할 수 있도록 노력한다.

## 096 정답 ②
**해설**
연결기법은 상담자가 지역사회 내 단체들과 협력하기 위한 기법이 아니다. 연결은 내담자의 관심사에 도움이 되는 기관 등을 연결하는 것이다.

**\* 다문화 사회정의 상담**
　내담자에게 고통을 야기하는 문제 중 상당 부분은 환경적 억압과 불평등으로 인한 것임을 간파하고, 문제를 해결하기 위해 내담자의 개인적 적응수준을 높이는 데만 집중하는 것이 아니라 내담자를 둘러싼 환경의 개선을 함께 시도한다.

## 097 정답 ②
**해설**
①, ③, ④, ⑤ 상담과정 중 활동들이다.
면담 준비 시 첫 면접을 위해 검사, 질문지, 구조화된 질문지 등을 이용할 수 있고, 상담 신청 시 받은 접수 자료나 기존의 자료를 통해 내담자에 대한 예비적 인상을 얻을 수 있으며, 평가 과정의 중복을 피하거나 면담을 준비하기 위해 자료를 세밀하게 검토한다.

## 098 정답 ④
**해설**
상담의 궁극적 목표는 내담자의 심리적 안녕과 복지를 목표로 내담자의 성장과 발달을 촉진하는 것이다. 촉진적 관계형성 후에 상담목표를 수립한다.

## 099 정답 ⑤
**해설**
ㄱ, ㄴ, ㄷ 모두 옳은 내용이다.
호소문제에 따라 상담목표가 합의되고, 개입방향을 정하고, 상담 종결로 이어진다.

## 100 정답 ②
**해설**
상담자의 자기노출은 상담자가 자신의 사적인 정보를 드러내 보이는 것으로 내담자가 상담자에 대해서 알 수 있도록 하는 것을 의미한다.

## 빠른 정답표

| 01 | ① | 02 | ④ | 03 | ① | 04 | ③ | 05 | ② | 06 | ③ | 07 | ⑤ | 08 | ① | 09 | ④ | 10 | ③ |
|---|---|---|---|---|---|---|---|---|---|---|---|---|---|---|---|---|---|---|---|
| 11 | ④ | 12 | ③ | 13 | ② | 14 | ⑤ | 15 | ⑤ | 16 | ① | 17 | ⑤ | 18 | ⑤ | 19 | ① | 20 | ② |
| 21 | ④ | 22 | ② | 23 | ② | 24 | ④ | 25 | ③ | 26 | ③ | 27 | ② | 28 | ④ | 29 | ② | 30 | ① |
| 31 | ② | 32 | ① | 33 | ③ | 34 | ② | 35 | ⑤ | 36 | ② | 37 | ⑤ | 38 | ② | 39 | ② | 40 | ① |
| 41 | ④ | 42 | ⑤ | 43 | ③ | 44 | ① | 45 | ② | 46 | ④ | 47 | ⑤ | 48 | ③ | 49 | ② | 50 | ④ |
| 51 | ④ | 52 | ⑤ | 53 | ② | 54 | ① | 55 | ③ | 56 | ④ | 57 | ② | 58 | ③ | 59 | ⑤ | 60 | ① |
| 61 | ⑤ | 62 | ① | 63 | ④ | 64 | ① | 65 | ① | 66 | ⑤ | 67 | ④ | 68 | ② | 69 | ⑤ | 70 | ⑤ |
| 71 | ① | 72 | ④ | 73 | ② | 74 | ③ | 75 | ③ | | | | | | | | | | |

## 2교시 제1과목(필수): 학습이론

**01 정답 ①**
해설
학습이란 경험이나 연습의 결과로 발생하는 비교적 지속적인 행동의 변화이다. 행동은 외현적 행동과 내면적 행동 모두를 포함한다.

**02 정답 ④**
해설
문제해결을 하는 데 걸리는 시간은 시행 횟수가 증가함에 따라 점차적으로 감소한다.

**03 정답 ①**
해설
타임아웃(time-out)은 부적 처벌(소극적 처벌)의 하나이다. 부적응 행동을 했을 때 유쾌한 활동을 할 기회를 박탈하는 방법이다.

**04 정답 ③**
해설
ㄴ. 학습된 무기력이 높은 사람은 실패의 원인을 '능력' 부족으로 생각한다.

* **학습된 무기력(learned helplessness)**
마틴 셀리그만과 동료 연구자들이 동물을 대상으로 회피 학습을 통해 공포의 조건 형성을 연구하다가 발견한 현상이다. 피할 수 없거나 극복할 수 없는 환경에 반복적으로 노출된 경험으로 학습하여 이후에 실제로 자신의 능력으로 피할 수 있거나 극복할 수 있으면서도 그런 상황에서 회피하거나 극복하려고 하지 않고 자포자기하는 현상을 뜻한다.

**05 정답 ②**
해설
② 조작적 조건형성의 사례에 해당한다.

## 06 정답 ③
**해설**
㉠ 무조건 자극에 해당한다.
㉡ 무조건 반응에 해당한다.
㉢ 조건 자극에 해당한다.
㉣ 조건 반응에 해당한다.

## 07 정답 ⑤
**해설**
* **고차적 조건화**
  조건 자극이 조건 반응을 형성하고 난 후, 제2의 자극과 짝지어진 경우 제2자극이 조건 반응을 일으키게 되는 것을 말한다. 이런 방식으로 제3, 제4의 조건자극을 만들어 낼 때, 이를 고차적 조건형성이라고 한다.

## 08 정답 ①
**해설**
고통은 전기충격에 대한 '무조건 반응'이다.

## 09 정답 ④
**해설**
① 연속강화: 새로운 행동을 학습할 때 정확한 반응마다 매번 강화를 제공하는 것이다.
② 고정간격강화: 일정한 시간간격을 두고 강화를 제공한다.
③ 변동간격강화: 시간간격을 일정하게 정하지 않고 변동적으로 강화를 제공한다.
④ 고정비율강화: 일정한 반응횟수가 일어날 때마다 강화를 제공한다.
⑤ 변동비율강화: 평균적으로 반응횟수를 정하여 대략적으로 그만큼의 반응이 일어났다고 볼 때 강화를 제공한다.

## 10 정답 ③
**해설**
ㄴ. 일차 강화물과 이차 강화물을 구분하는 것은 아니다.

* **프리맥(Premack) 원리**
  - 학생들이 평소에 자주 나타내 보이는 행동을 강화인으로 사용하는 방법이다.
  - 빈도가 높은 행동은 빈도가 낮은 행동에 대해서 강화력을 갖는다.
  - 보다 더 선호하는 활동이 덜 선호하는 활동의 강화자로 이용될 수 있다.
  - 컴퓨터 게임을 좋아하고 숙제를 싫어하는 아동에게 숙제를 마치면 컴퓨터 게임을 할 수 있도록 한다.

## 11 정답 ④
**해설**
관찰학습에 영향을 주는 특성으로는 모델의 나이, 성, 지위, 행동 유형 등이 있다. 생활 연령이 정신 연령보다 더 중요하다고 볼 수 없다.

**12** 정답 ③
해설
관찰학습의 과정은 '주의집중 – 파지 – 운동재생(시연) – 동기화'이다.

**13** 정답 ②
해설
학습은 시행착오나 자극과 반응의 연합 과정처럼 점진적으로 이루어지는 것이 아니라 순간적인 통찰(insight)에 의하여 이루어진다.

**14** 정답 ⑤
해설
⑤ 피아제(Piaget)의 주장이다.

**15** 정답 ⑤
해설
① 감각등록기(sensory register)는 시각 정보의 경우 약 0.5~1초, 청각의 경우 2~4초 정도 정보를 저장한다.
② 단기기억은 약 20~30초 동안 제한된 정보를 저장한다.
③ 일화기억(episodic memory)은 개인적 경험을 담은 장기기억이다.
④ 장기기억의 저장용량은 무한하다.

**16** 정답 ①
해설
② 정교화(elaboration): 기억하고자 하는 정보를 이미 알고 있는 정보(장기기억 속의 정보)와 연결시키는 것
③ 청킹(chunking): 분리된 항목들을 보다 의미 있는 큰 단위로 묶는 정신과정이다.
④ 재조직화(reorganization): 이미 저장된 정보를 다시 조직화하는 것이다.
⑤ 군집화(clustering): 주어진 정보를 유사한 정보끼리 묶는 것이다.

**17** 정답 ⑤
해설
역행간섭(후행간섭,역행제지)이란 후행학습의 내용에 의해서 선행학습이 방해를 받는 경우이다.

**18** 정답 ⑤
해설
구체적 단어가 추상적 단어보다 더 잘 기억된다.

**19** **정답** ①
**해설**
정보처리수준 이론(처리수준 이론, level of processing model)은 정보가 처리되는 수준이 깊을수록 기억에 남을 가능성이 더 커진다는 이론이다.

**20** **정답** ②
**해설**
신경생성은 신경계에서 신경 자극 등에 의해 신경 조직이 생성되는 과정으로 청소년기 이후에도 계속된다.

**21** **정답** ④
**해설**
헵(D. Hebb)의 최적각성수준에 따르면 인간에게는 최적각성수준이 존재하는데 너무 낮으면 뇌에 전달된 감각정보를 이용할 수 없고 너무 높으면 정보의 양이 많아져서 부적절한 행동으로 이어진다.

**22** **정답** ②
**해설**
몰입(flow)은 내적 동기에 의해 유도된다.

**23** **정답** ②
**해설**
성장의 욕구는 만족되는 욕구가 아니다. 끊임없는 성장을 추구하는 욕구이다.

**24** **정답** ④
**해설**
'상상(fantasy)'이란 외부 자극에 의하지 않고 기억된 생각이나 새로운 심상을 떠올리는 일이다. 재생적 상상과 창조적 상상이 있다.

**25** **정답** ③
**해설**
ㄱ, ㄹ. 숙달목표지향 학습자의 특성이다.

## 2교시  제2과목(선택): 청소년이해론

**26** 정답 ③
해설
* 법률학적 청소년의 범위

| 법령별 | 연령 및 청소년 기준 |
| --- | --- |
| 「청소년 기본법」상 청소년 | 청소년육성정책에 관한 기본적인 사항을 정하고 있는 관계로 그 대상을 9세 이상 24세 이하의 자로 규정(청소년기본법 제3조 제1호) |
| 「청소년 보호법」 | 만 19세 미만의 자 |
| 「청소년활동 진흥법」 | 9세 이상 24세 이하의 자 |
| 「청소년복지 지원법」 | 9세 이상 24세 이하의 자 |
| 「아동복지법」상의 아동 | • 18세 미만으로 규정(아동복지법 제2조)<br>• 유엔의 '아동의 권리에 관한 협약'등 국제적 기준과 같으며 청소년보호법상의 청소년보다 협의의 개념 |
| 「형법」 형사상 미성년자 | 14세 미만의 자 |
| 「근로기준법」상의 연소자 | 18세 미만의 자 |
| 「소년법」상의 소년 | • 19세 미만의 자<br>• 보호처분 대상자: 만 10세~만 19세 미만 |
| 「게임산업진흥에 관한 법률」에 의한 연소자 | 18세 미만 또는 고등학교 재학 중인 학생 |
| 「음악산업진흥에 관한 법률」에 의한 연소자 | 18세 미만 또는 고등학교 재학 중인 학생 |
| 「공연법」에 의한 연소자 | 18세 미만 또는 고등학교 재학 중인 학생 |

**27** 정답 ②
해설
ㄱ. 에릭슨(E. Erikson) – c. 심리사회적 발달단계
ㄴ. 프로이트(S. Freud) – b. 심리성적 발달단계
ㄷ. 셀먼(R. Selman) – a. 조망수용 이론

**28** 정답 ④
해설
* 엘킨드(D. Elkind)가 제시한 청소년기 자아중심성으로 인하여 나타나는 현상
 – 상상 속의 청중: 청소년들이 행동할 때 언제나 다른 사람들이 자신의 행동을 주시하고 있다고 생각하는 것으로서 비록 자기 의견이 다른 사람들에게 받아들여지지 않는다 하더라도 어디엔가 자기의 아이디어를 받아주고 갈채를 보내는 청중이 있다고 상상하는 것이다. 사춘기의 소년·소녀들은 '상상의 관중'을 염두에 두고 마치 자신이 무대에 선 배우처럼 타인들의 관심의 초점이 된다고 믿는다.
 – 개인적 우화: 자신의 독특성에 대해 비합리적이고 허구적인 관념으로 자신의 감정과 사고가 너무나 독특해서 다른 사람들은 절대 이해할 수 없으며, 자신이 매우 중요한 인물이라고 믿는다.

## 29 정답 ②
**해설**
* 마샤(J. Marcia)의 정체감 상태

| | |
|---|---|
| 정체감 혼돈(identity diffusion) | 자신이 누구인지, 인생에 있어 무엇을 하고 싶어 하는지 모르고, 삶에 대한 방향감이 결여되어 있다. |
| 정체감 유실(identity foreclosure) | 선택 사항들에 대한 고려 없이 부모와 같은 다른 사람이 선택해 준 결정을 수용하는 상태이다. |
| 정체감 유예(identity moratorium) | 선택을 위한 노력 중에 있는 상태이다. |
| 정체감 성취(identity achievement) | 직업이나 이성, 신앙 등을 자유롭게 고려해 본 후에 스스로 선택하여 선택한 삶에 전념하는 상태이다. |

## 30 정답 ①
**해설**
* 콜버그(L. Kohlberg)도덕성 발달단계

| 수준 | 단계 | 특징 |
|---|---|---|
| 제1수준<br>인습 이전 수준<br>(전도덕기)<br>0~6세 | 1. 주관화: 벌과 복종에 의한 도덕성(벌과 복종 지향) | • 신체적·물리적 힘이 복종이나 도덕판단의 기준이 된다.<br>• 신체적 처벌을 피하기 위하여 규칙을 지킨다.<br>• 행동의 결과의 의미나 가치가 문제가 되지 않고 표면적인 결과만으로 도덕적 판단을 한다. |
| | 2. 상대화: 욕구 충족을 위한 수단으로서의 도덕성(도구적 상대주의 지향) | • 상이나 보답을 받기 위해 규칙을 지키거나 남에게 도움을 준다.<br>• 자기 자신의 개인적 욕구를 충족시키거나 이익과 보상을 얻을 수 있는 일은 옳다.<br>• 인간관계는 상호 호혜의 원칙에 의해 행동의 가치를 결정한다. |
| 제2수준<br>인습 수준<br>(타율적 도덕기)<br>6~12세 | 3. 객체화: 대인관계에서 조화를 위한 도덕성(착한 아이 지향) | • 타인의 비난을 피하고 인정받기 위해 규칙을 지킨다.<br>• 다수의 의견이나 사회적 인습에 따른다. |
| | 4. 사회화: 법과 질서를 준수하는 도덕성(법과 사회질서 지향) | • 법과 질서는 정해진 의무이기 때문에 무조건 지켜야 한다. |
| 제3수준<br>인습 이후 수준<br>(자율적 도덕기)<br>12세 이후 | 5. 일반화: 사회계약 정신으로서의 도덕성(사회계약 지향) | • 법의 목적은 인간의 권리나 복지를 보장하기 위한 것이다.<br>• 법은 사회적 계약이므로 생명이나 자유와 같은 기본적 권리가 침해되지 않는 한 수정 가능하다.<br>• 타인의 의지와 권리에 의해 위배되는 행동은 피하고 대다수의 의지와 복지에 따라 행동한다. |
| | 6. 궁극화: 양심 및 보편적 도덕원리에 대한 확신으로서의 도덕성(보편적 도덕원리 지향) | • 자기 자신의 양심에 따라 규칙을 지킨다.<br>• 도덕원리는 포괄적·보편적·일관성이 있어야 함을 인정하지만 도덕적 규제자로서 자신의 양심의 소리를 우선적으로 듣는다. |

**31** 정답 ②
해설
여자 청소년들이 임신 가능한 신체로 형성되어 가는 것은 성호르몬인 에스트로겐(estrogen)과 프로게스테론(progesterone) 의 영향에 의한 것이다.

**32** 정답 ①
해설
- 성 역할 고정관념은 남성과 여성의 능력 및 심리, 특성, 사회적 역할 등에 대하여 일반적으로 사람들이 가지는 정형화된 이미지이다.
- 성역할 집중화는 남성과 여성은 자신들의 성역할에 대해 스스로 새로운 정의를 내리고 그에 관한 관념을 구체적으로 형성한다. 이와 같이 청소년기에 있어서 성역할에 대한 고정관념의 증가 현상을 말한다.

**33** 정답 ③
해설
* 청소년 또래집단의 기능
  - 사회적·심리적 지원과 안정감 제공
  - 자아정체감 형성에 도움
  - 준거집단으로서의 역할
  - 보다 성숙한 인간관계를 형성할 기회 제공
  - 사회화 기능
  - 정보의 확인기능
  - 유희성 충족기능

**34** 정답 ③
해설
① 홀랜드(J. Holland)의 이론은 개인의 성격에 적합한 직업을 선택하는 것이 바람직하다는 '성격유형이론'이다.
② 홀랜드(J. Holland)의 직업발달이론에서 청소년상담사는 사회적 유형에 해당한다.
④ 수퍼(D. Super)의 이론에서 청소년기 자아정체감이 생겨나기 시작하면서 직업에 관해 막연하고 일반적인 생각을 가지게 되는 단계를 '탐색' 단계라 하였다.
⑤ 긴즈버그(E. Ginzberg)의 진로발달이론은 '환상기 – 잠정기 – 현실기'로 설명된다.

**35** 정답 ⑤
해설
* 브론펜브레너(U. Bronfenbrenner)의 생태체계
  - 미시체계(microsystem): 직접적으로 접하는 환경에 대한 아동의 능동성과 상호작용 패턴에 관심을 가진다. (예) 가정, 유치원, 학교, 또래집단, 놀이터 등)
  - 중간체계(mesosystem): 미시체계들 간의 상호관계, 즉 아동이 적극적으로 참여하는 환경들 간의 관계성을 강조한다. (예) 가정과 학교의 관계, 가정과 또래의 관계)
  - 외체계(exosystem): 아동이 직접적으로 접촉하지는 않지만 아동에게 영향을 미치는 환경이다. (예) 이웃, 부모의 직장, 정부기구)
  - 거시체계(macrosystem): 아동이 속해 있는 문화적 환경 전체이다. (예) 사회적 가치, 법, 관습)
  - 시간체계: 전 생애에 거쳐 일어나는 변화와 사회역사적인 환경을 의미한다.

## 36 정답 ④
**해설**
**\* 청소년문화의 성격**
- 청소년문화를 미숙한 문화로 보는 입장: 어른의 시각에서 청소년문화를 거의 간과하거나 무시하는 입장으로 어른들의 눈에 청소년들은 언제나 모자라고 미숙하게만 생각되는 것이다.
- 청소년문화를 비행문화로 보는 입장: 바람직하지 못한 문제투성이의 문화 또는 기존 질서를 파괴하거나 무시함으로써 수많은 사회적 문화를 야기하게 되는 심각한 일탈과 비행의 부정적인 문화로 바라보는 입장이다. 청소년들을 항상 부모나 교사 또는 성인들의 감독 하에 두어야 한다고 믿으며 아이들끼리 어울리게 해서는 문제만 일으킨다고 생각한다.
- 청소년문화를 하위문화로 보는 입장: 하위문화로서 청소년문화는 독립적이고 주류적인, 즉 기성문화와 대등한 또 하나의 문화로서가 아니라 단지 기성문화의 아류문화로 보려는 시각이다.
- 청소년문화를 대항문화(counter culture) 또는 반(反)문화로 보는 입장: 기성문화는 주류문화이고 청소년문화는 반주류문화이다. 청소년의 문화는 기존의 질서와 기성세대의 모든 문화적 틀을 거부, 부정하고 무시하며 자신들의 새로운 문화를 대안으로 내세우면서 개혁과 변화를 요구한다.
- 청소년문화를 새로운 문화로 보는 입장: 사회는 세대를 변화되면서도 핵심적인 문화요소의 변화는 크지 않지만, 세대가 바뀌어 감에 따라 새로운 문화요소가 생성되어 문화에 변화를 가져온다. 이러한 변화는 사회의 발전을 가져온다.

## 37 정답 ⑤
**해설**
의제설정 기능은 매스 미디어의 주요 기능 중의 하나로서 의식적 또는 무의식적으로 어떠한 사회적 문제를 강조 보도함으로써 그것을 사회의 중요한 이슈로 부각시키고 그 이슈에 대한 공중의 생각과 토론을 설정하는 기능이다. 안건설정 기능이라고도 한다.

## 38 정답 ④
**해설**
**\* 차브 패션**
싸구려임을 부끄러워하지 않고 저급한 취향을 내세우는 젊은이들의 문화이다. 19세기 집시어의 '차비(chavi)'에서 유래하였다. 차브족의 공통적인 스타일은 커다란 브랜드 로고가 들어간 셔츠, 버버리 야구 모자, 큼지막한 디자인의 펜던트, 커다란 링 귀고리, 트레이닝 팬츠 등으로 구성된다.

## 39 정답 ③
**해설**
**\* 사회유대 요인**
- 애착: 애정과 정서적 관심을 통하여 개인이 사회와 맺고 있는 유대관계를 의미하며, 부모와의 사랑이나 학교 선생님에 대한 존경심 등에 의하여 형성된다. 허쉬(T. Hirschi)는 사회의 가치나 규범을 개인이 내면화하기 위해서는 다른 사람들에 대한 애착관계가 형성됨으로써 가능하다는 점에서 애착을 가장 강조하였다.
- 관여: 규범준수에 따른 사회적 보상에 얼마나 관심을 갖는가에 관한 것으로, 충실한 학교생활은 이후에 안락한 생활을 보장해 줄 수 있다는 정서 등을 의미한다.
- 참여: 행위적 측면에서 개인이 사회와 맺고 있는 유대의 한 형태로, 관습적 목표에 얼마나 많은 시간을 투자하고 있는가 하는 것으로 평가될 수 있다.
- 신념: 사회가치를 받아들이는 것이다. 관습적인 규범의 내면화를 통하여 개인이 사회와 맺고 있는 유대의 형태로 사회규범을 준수해야 한다고 믿는 정도에 따라 비행의 발생 가능성이 다르다는 것 등으로 구성된다.

## 40 정답 ①
해설
* **학교폭력대책심의위원회의 심의사항**
  - 학교폭력의 예방 및 대책
  - 피해학생의 보호
  - 가해학생에 대한 교육, 선도 및 징계
  - 피해학생과 가해학생 간의 분쟁조정
  - 학교폭력의 예방 및 대책과 관련하여 학교의 장이 건의하는 사항

## 41 정답 ④
해설
부모와의 유대는 자살을 예방하는 보호요인이 될 수 있다.

* **청소년 자살의 특성**
  - 발달 단계적 특성상 자살 시도율이 높은 시기이다.
  - 계획적인 경우보다 충동적인 경우가 많다.
  - 자기 나름대로의 분명한 자살동기를 갖는다.
  - 동반자살 및 모방자살 가능성이 있다.
  - 죽음에 대한 환상을 갖고 있다.

## 42 정답 ⑤
해설
* **청소년의 유해약물**
  - 술, 담배, 「마약류 관리에 관한 법률」의 규정에 의한 마약류
  - 「화학물질관리법」의 규정에 의한 환각물질
  - 기타 중추 신경에 작용하여 습관성, 중독성, 내성 등을 유발하여 인체에 유해작용을 미칠 수 있는 약물 등으로 청소년의 사용을 제한하지 않으면 심신의 건강을 심각하게 훼손할 우려가 있는 약물로서 대통령령이 정하는 기준에 따라 청소년 보호위원회가 결정하여 고시한 것

## 43 정답 ③
해설
부모와의 친밀한 유대감은 학교적응 요인으로 기능한다.

## 44 정답 ①
해설
* **「청소년 보호법」 제27조(인터넷게임 중독·과몰입 등의 예방 및 피해 청소년 지원)**
  여성가족부장관은 관계 중앙행정기관의 장과 협의하여 인터넷게임 중독·과몰입(인터넷게임의 지나친 이용으로 인하여 인터넷게임 이용자가 일상생활에서 쉽게 회복할 수 없는 신체적·정신적·사회적 기능 손상을 입은 것을 말한다) 등 매체물의 오용·남용을 예방하고 신체적·정신적·사회적 피해를 입은 청소년과 그 가족에 대하여 상담·교육 및 치료와 재활 등의 서비스를 지원할 수 있다.

## 45 정답 ②
**해설**

*「청소년 기본법」 제3조(정의)
  4. "청소년복지"란 청소년이 정상적인 삶을 누릴 수 있는 기본적인 여건을 조성하고 조화롭게 성장·발달할 수 있도록 제공되는 사회적·경제적 지원을 말한다.

## 46 정답 ④
**해설**

*「청소년복지 지원법」상 청소년복지시설
  제31조(청소년복지시설의 종류) 「청소년 기본법」 제17조에 따른 청소년복지시설(이하 "청소년복지시설"이라 한다)의 종류는 다음 각 호와 같다.
  1. 청소년쉼터: 가출청소년에 대하여 가정·학교·사회로 복귀하여 생활할 수 있도록 일정 기간 보호하면서 상담·주거·학업·자립 등을 지원하는 시설
  2. 청소년자립지원관: 일정 기간 청소년쉼터 또는 청소년회복지원시설의 지원을 받았는데도 가정·학교·사회로 복귀하여 생활할 수 없는 청소년에게 자립하여 생활할 수 있는 능력과 여건을 갖추도록 지원하는 시설
  3. 청소년치료재활센터: 학습·정서·행동상의 장애를 가진 청소년을 대상으로 정상적인 성장과 생활을 할 수 있도록 해당 청소년에게 적합한 치료·교육 및 재활을 종합적으로 지원하는 거주형 시설
  4. 청소년회복지원시설: 「소년법」 제32조 제1항 제1호에 따른 감호 위탁 처분을 받은 청소년에 대하여 보호자를 대신하여 그 청소년을 보호할 수 있는 자가 상담·주거·학업·자립 등 서비스를 제공하는 시설

## 47 정답 ⑤
**해설**

*「청소년 기본법」 제5조(청소년의 권리와 책임)
  ① 청소년의 기본적 인권은 청소년활동·청소년복지·청소년보호 등 청소년육성의 모든 영역에서 존중되어야 한다.
  ② 청소년은 인종·종교·성별·나이·학력·신체조건 등에 따른 어떠한 종류의 차별도 받지 아니한다.
  ③ 청소년은 외부적 영향에 구애받지 아니하면서 자기 의사를 자유롭게 밝히고 스스로 결정할 권리를 가진다.
  ④ 청소년은 안전하고 쾌적한 환경에서 자기발전을 추구하고 정신적·신체적 건강을 해치거나 해칠 우려가 있는 모든 형태의 환경으로부터 보호받을 권리를 가진다.
  ⑤ 청소년은 자신의 능력을 개발하고 건전한 가치관을 확립하며 가정·사회 및 국가의 구성원으로서의 책임을 다하도록 노력하여야 한다.

## 48 정답 ③
**해설**

*「청소년복지 지원법」 제4조(청소년증)
  ① 특별자치시장·특별자치도지사 또는 시장·군수·구청장(자치구의 구청장을 말한다. 이하 같다)은 9세 이상 18세 이하의 청소년에게 청소년증을 발급할 수 있다.
  ② 제1항에 따른 청소년증은 다른 사람에게 양도하거나 빌려주어서는 아니 된다.
  ③ 누구든지 제1항에 따른 청소년증 외에 청소년증과 동일한 명칭 또는 표시의 증표를 제작·사용하여서는 아니 된다.
  ④ 제1항에 따른 청소년증의 발급에 필요한 사항은 여성가족부령으로 정한다.

**49** 정답 ②
해설
* 「학교 밖 청소년 지원에 관한 법률」 제11조(자립지원)
① 국가와 지방자치단체는 대통령령으로 정하는 바에 따라 학교 밖 청소년의 자립에 필요한 생활지원, 문화공간지원, 의료지원(제11조의2에 따라 건강진단을 받은 후 확진을 위한 검사에 사용된 의료비의 지원을 포함한다), 정서지원 등을 제공할 수 있다.
② 국가와 지방자치단체는 경제교육, 법률교육, 문화교육 등 학교 밖 청소년의 자립에 필요한 교육을 지원할 수 있다.
③ 국가와 지방자치단체는 제1항에 따른 지원이 필요한 학교 밖 청소년에게 「청소년복지 지원법」 제14조에 따른 위기청소년 특별지원을 우선적으로 제공할 수 있다.
④ 제2항에 따른 지원의 방법과 내용 등에 필요한 사항은 여성가족부령으로 정한다.

**50** 정답 ④
해설
* 「청소년복지 지원법」 제9조(지역사회 청소년통합지원체계의 구축·운영)
① 지방자치단체의 장은 관할구역의 위기청소년을 조기에 발견하여 보호하고, 청소년복지 및 「청소년 기본법」 제3조 제5호에 따른 청소년보호를 효율적으로 수행하기 위하여 지방자치단체, 공공기관, 「청소년 기본법」 제3조 제8호에 따른 청소년단체 등이 협력하여 업무를 수행하는 지역사회 청소년통합지원체계(이하 "통합지원체계"라 한다)를 구축·운영하여야 한다.
② 국가는 통합지원체계의 구축·운영을 지원하여야 한다.
③ 통합지원체계에 반드시 포함되어야 하는 기관 또는 단체 등 통합지원체계의 구성 등에 필요한 사항은 대통령령으로 정한다.

## 2교시 제3과목(선택): 청소년수련활동론

**51** 정답 ④
해설
스카우트 활동(scout movement)은 전 세계적인 청소년 수련 활동을 의미한다. 1907년 영국의 육군 장군 베이든 포우엘이 20여 명의 소년과 야영을 실시한 것이 시작이었다. 야영 생활과 부모의 의존에서 벗어난 자립 생활을 통해 청소년 개개인의 능력을 개발, 발휘하여 사회에 공헌하게 하는 것이 목적이었다. 스카우트 운동은 처음 야영 및 산악 활동 적응 훈련에서 시작하여, 나중에는 청소년들을 대상으로 스카우트 방법에 의한 교육과 훈련을 통해 민주시민으로서의 자질을 향상시키고, 세계 스카우트 활동을 통한 국제적 이해와 우의 증진 등으로 목표가 확대되었다.

**52** 정답 ⑤
해설
① 몰입(flow): 활동수준과 자기의 수행능력 수준이 모두 높을 때 발생한다.
② 이완(relaxation): 활동수준이 낮고 수행능력 수준이 높을 때 발생한다.
③ 무관심(apathy): 활동수준이 낮고 수행능력 수준이 낮을 때 발생한다.
④ 지루함(boredom): 활동수준이 낮고 수행능력 수준이 보통일 때 발생한다.

**53** 정답 ②
해설
① 능력분석법: 전문분야의 직무수행에 필요한 전문적 능력을 해당 전문가로부터 정보를 제공받는 방법이다.
③ 개별이력분석법: 요구를 개인적으로 결정하고 기록하는 방법이다.
④ 관찰법: 관찰자가 개인, 집단, 지역사회의 사회현상을 현장에서 직접 보거나 들어서 필요한 정보나 상황을 정확히 알아내고자 하는 방법이다.
⑤ 데이컴법: 교과과정을 개발하는 데 활용되며, 교육 훈련을 목적으로 교육목표와 교육내용을 비교적 단시간 내 추출하는 데 효과적인 방법이다.

**54** 정답 ①
해설
\* 위험도가 높은 청소년수련활동(청소년활동 진흥법 시행규칙 별표7)

| 구분 | 프로그램 |
| --- | --- |
| 수상활동 | 래프팅, 모터보트, 동력요트, 수상오토바이, 고무보트, 수중스쿠터, 레저용 공기부양정, 수상스키, 조정, 카약, 카누, 수상자전거, 서프보드, 스킨스쿠버 |
| 항공활동 | 패러글라이딩, 행글라이딩 |
| 산악활동 | 암벽타기(자연암벽, 빙벽), 산악스키, 야간등산(4시간 이상의 경우만 해당한다) |
| 장거리 걷기활동 | 10Km 이상 도보이동 |
| 그 밖의 활동 | 유해성 물질(발화성, 부식성, 독성 또는 환경유해성 등), 하강레포츠, ATV탑승 등 사고위험이 높은 물질·기구·장비 등을 활용하여 이루어지는 청소년수련활동 |

## 55 정답 ③
해설
*** 스터플빔(D. Stufflebeam)의 CIPP 평가모형**
- C: 상황평가(context evaluation), 계획을 위한 평가, 목표 확인과 선정을 위한 의사결정
- I: 투입평가(input evaluation), 의사결정을 구조화하기 위한 평가
- P: 과정평가(process evaluation), 의사결정을 실행하는 데 도움을 주는 평가
- P: 산출평가(product evaluation), 의사결정을 순환시키는 데 도움을 주기 위한 평가, 프로그램이 끝난 후 프로그램의 효과를 측정하는 평가

## 56 정답 ④
해설
*** 콜브(Kolb) 경험학습과정**

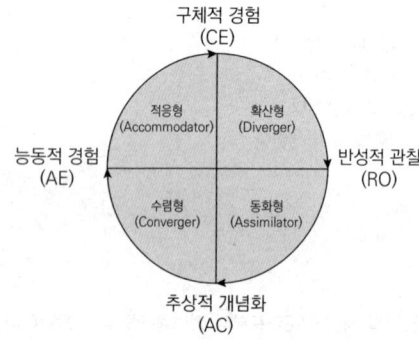

## 57 정답 ②
해설
국립중앙청소년디딤센터는 여성가족부에서 설립하고 한국청소년상담복지개발원에서 위탁·운영하는 청소년보호·복지 시설로 상담·체험활동·교육 등을 통해 청소년이 건강하게 성장하도록 지원하고 청소년의 개인적 특성을 감안한 맞춤형 서비스 및 종합적·전문적 서비스를 제공하기 위한 기관이다.

## 58 정답 ③
해설
위기청소년 복지지원체계 강화는 데이터 활용 청소년 지원망 구축에 해당한다.

*** 제7차 청소년정책 기본계획(2023~2027)**
비전: 디지털 시대를 선도하는 글로벌 K-청소년
목표: 청소년 성장기회 제공, 안전한 보호 환경 조성
1. 플랫폼 기반 청소년활동 활성화
   - 청소년 디지털역량 활동 강화
   - 청소년 미래역량 제고
   - 다양한 체험활동 확대
   - 학교안팎 청소년활동 지원 강화
2. 데이터 활용 청소년 지원망 구축
   - 위기청소년 복지지원체계 강화
   - 청소년 자립 지원 강화
   - 청소년 유형별 맞춤형 지원

3. 청소년 유해환경 차단 및 보호 확대
      – 청소년이 안전한 온오프라인 환경 조성
      – 청소년 범죄 예방 및 회복 지원
      – 청소년 근로보호 강화
   4. 청소년 참여권리 보장 강화
      – 청소년 참여 활동 강화
      – 청소년 권익 증진
   5. 청소년정책 총괄 조정 강화
      – 청소년정책 인프라 개선
      – 지역 맞춤형 청소년정책 추진체계 구축

## 59 정답 ⑤
**해설**
① 청소년수련관: 다양한 청소년수련거리를 실시할 수 있는 각종 시설 및 설비를 갖춘 종합수련시설이다.
② 청소년문화의 집: 간단한 청소년수련활동을 실시할 수 있는 시설 및 설비를 갖춘 정보·문화·예술 중심의 수련시설이다.
③ 청소년유스호스텔: 청소년의 숙박 및 체류에 적합한 시설·설비와 부대·편익시설을 갖추고, 숙식편의 제공, 여행청소년의 활동지원(청소년수련활동 지원은 제11조에 따라 허가된 시설·설비의 범위에 한정한다)을 기능으로 하는 시설이다.
④ 청소년야영장: 야영에 적합한 시설 및 설비를 갖추고, 청소년수련거리 또는 야영편의를 제공하는 수련시설이다.

## 60 정답 ①
**해설**
② 프로그램 기획: 프로그램 개발 전문가가 미래의 교육활동을 위해 준비하는 미래지향적인 활동으로 프로그램과 관련된 상황을 분석하고 프로그램 개발이 기본방향을 설정하는 단계이다.
③ 프로그램 마케팅: 프로그램에 잠재적 고객의 참여를 유도하고 촉진시키기 위해 조치를 취하는 단계이다.
④ 프로그램 실행: 완성된 프로그램을 실제 적용하고 전개하는 단계이다.
⑤ 프로그램 평가: 일정기간 동안 실시된 청소년 프로그램을 대상으로 하여 그것이 의도한 대로 수행되었는지 판단하는 단계이다.

## 61 정답 ⑤
**해설**
* **수련시설 운영대표자의 자격(청소년활동 진흥법 시행령 제8조)**
   1. 1급 청소년지도사 자격증 소지자
   2. 2급 청소년지도사 자격증 취득 후 청소년육성업무에 3년 이상 종사한 사람
   3. 3급 청소년지도사 자격증 취득 후 청소년육성업무에 5년 이상 종사한 사람
   4. 「초·중등교육법」 제21조에 따른 정교사 자격증 소지자 중 청소년육성업무에 5년 이상 종사한 사람
   5. 청소년육성업무에 8년 이상 종사한 사람
   6. 7급 이상의 일반직공무원 또는 이에 상당하는 별정직공무원(고위공무원단에 속하는 일반직공무원 또는 별정직공무원을 포함한다)으로서 청소년육성업무에 3년 이상 종사한 사람
   7. 제6호 외의 공무원 중 청소년육성업무에 5년 이상 종사한 사람

## 62 정답 ①
**해설**
* **수련시설 건립심의위원회(청소년활동 진흥법 시행령 제15조)**
  ① 국가 및 지방자치단체는 법 제28조 제2항에 따라 심의 과정에 청소년 관련 전문가 및 청소년이 참여할 수 있도록 하기 위하여 소관 수련시설 건립 시 수련시설건립심의위원회(이하 "심의위원회"라 한다)를 구성하여 운영하여야 한다.
  ② 심의위원회의 위원은 5명 이상 10명 이하로 구성하며, 위원 중 청소년 및 청소년 전문가의 참여 비율은 각각 5분의 1 이상으로 한다.

## 63 정답 ④
**해설**
④ 특별기준에 해당한다.

* **수련활동 인증기준**

| | | |
|---|---|---|
| 공통기준 | 활동프로그램 | • 프로그램 구성<br>• 프로그램 지원운영 |
| | 지도력 | • 지도자 자격<br>• 지도자 역할 및 배치 |
| | 활동환경 | • 공간과 설비의 확보 및 관리<br>• 안전관리 계획 |
| 개별기준 | 숙박형 | • 숙박관리<br>• 안전 관리인력 확보<br>• 영양관리사 자격 |
| | 이동형 | • 숙박관리<br>• 안전관린 인력 확보<br>• 영양관리사 자격<br>• 이동관리<br>• 휴식관리 |
| 특별기준 | 위험도가 높은 행동 | • 전문지도자의 배치<br>• 공간과 설비의 법령 준수 |
| | 학교단체 숙박형 | 학교단체 숙박형 활동관리 |
| | 비대면방식 실시간 쌍방향 | 실시간 쌍방향 활동 운영 및 관리 |
| | 비대면방식 콘텐츠 활용 중심 | 콘텐츠 활용 중심 활동 운영 및 관리 |
| | 비대면방식 과제수행 중심 | 과제수행 중심 활동 운영 및 관리 |

## 64 정답 ①
**해설**

\* 활동유형(인증대상)

| 활동유형 | 내용 |
|---|---|
| 기본형 | 전체 프로그램 운영 시간이 2시간 이상으로서, 실시한 날에 끝나거나 또는 2일 이상의 각 회기로 구성되어 있으며 숙박 없이 수일에 걸쳐 이루어지는 활동 |
| 숙박형 | 숙박에 적합한 장소에서 일정기간 숙박하며 이루어지는 활동 |
| 이동형 | 활동 내용에 따라 선정된 활동장을 이동하여 숙박하며 이루어지는 활동 |
| 학교단체숙박형 | 학교장이 참가를 승인한 숙박형 활동 |

## 65 정답 ①
**해설**

\* 숙박형등 청소년수련활동 계획의 신고(청소년활동 진흥법 제9조의2)

② 특별자치시장·특별자치도지사·시장·군수·구청장은 제1항에 따른 신고를 받은 날부터 14일 이내에 신고수리 여부를 신고인에게 통지하여야 한다.

## 66 정답 ⑤
**해설**

⑤ 청소년 교류활동의 지원에 해당한다.

\* 「청소년활동 진흥법」 제6장 청소년문화활동의 지원
– 제60조 청소년문화활동의 기반 구축
– 제61조 전통문화의 계승
– 제62조 청소년축제의 발굴지원
– 제63조 청소년동아리활동의 활성화
– 제64조 청소년의 자원봉사활동의 활성화

## 67 정답 ④
**해설**

\* 「청소년활동 진흥법 시행령」 제3조(청소년운영위원회의 구성·운영)
① 법 제4조 제1항에 따른 청소년운영위원회(이하 "운영위원회"라 한다)는 10명 이상 20명 이하의 청소년으로 구성하여야 한다.
② 위원의 임기는 1년으로 한다.
③ 위원장은 위원 중에서 호선(互選)한다.
④ 위원장은 운영위원회를 대표하고, 운영위원회의 직무를 총괄한다.
⑤ 위원장이 부득이한 사유로 직무를 수행할 수 없는 경우에는 위원장이 미리 지명한 위원이 그 직무를 대행한다.
⑥ 위원장은 필요시 회의를 소집하며, 그 의장이 된다.
⑦ 이 영에 규정된 것 외에 운영위원회의 운영에 필요한 사항은 위원회의 의결을 거쳐 위원장이 정한다.
⑧ 국가 및 지방자치단체는 예산의 범위에서 운영위원회의 운영에 필요한 경비를 지원할 수 있다.

## 68 정답 ②
**해설**
* 청소년 방과 후 활동의 지원(청소년 기본법 제48조의2)
  ① 국가 및 지방자치단체는 학교의 정규교육으로 보호할 수 없는 시간 동안 청소년의 전인적(全人的) 성장·발달을 지원하기 위하여 다양한 교육 및 활동 프로그램 등을 제공하는 종합적인 지원 방안을 마련하여야 한다.

## 69 정답 ⑤
**해설**
* 안전교육(청소년활동 진흥법 시행규칙 제8조의3)
  법 제18조의2에 따라 수련시설 설치·운영자 또는 위탁운영단체는 수련시설의 이용자 및 청소년수련활동에 참여하는 청소년에게 다음 각 호의 안전교육을 실시하여야 한다.
  1. 수련시설 이용 시 유의사항 및 비상시 행동요령에 관한 사항
  2. 청소년수련활동 유형별 안전사고 예방에 관한 사항
  3. 성폭력·성희롱 예방 및 대처요령에 관한 사항
  4. 그 밖의 해당 수련시설의 이용 및 청소년수련활동에 필요한 안전에 관한 사항

## 70 정답 ⑤
**해설**
* 인증심사원의 자격 및 선발 등(청소년활동 진흥법 시행규칙 제15조)
  ① 청소년수련활동인증위원회(이하 "인증위원회"라 한다)는 다음의 어느 하나에 해당하는 자격요건을 갖춘 사람 중에서 인증심사원을 선발한다.
    1. 1급 또는 2급 청소년지도사 자격 소지자
    2. 청소년활동분야에서 5년 이상의 실무경력이 있는 사람
  ② 인증심사원이 되려는 사람은 인증위원회에서 실시하는 면접 등 절차를 거쳐 선발한다.
  ③ 인증심사원이 되려는 사람은 인증기준, 인증절차 등 인증심사와 관련된 내용을 중심으로 인증위원회가 실시하는 직무연수를 40시간 이상 받아야 한다.
  ④ 인증심사원은 2년마다 20시간 이상의 직무연수를 이수하여야 한다.

## 71 정답 ①
**해설**
* 「청소년활동진흥법 시행규칙」 제9조의2(수련시설의 종합평가 방법 등)
  ① 여성가족부장관은 법 제19조의2 제1항에 따른 수련시설에 대한 종합평가를 2년마다 1회 이상 실시하여야 한다.
  ② 제1항에 따른 종합평가는 수련시설의 관리·운영, 청소년수련활동 프로그램의 내용·전문성, 시설·설비 및 안전관리 등을 평가기준으로 하여 서면, 전산입력 등의 방법으로 평가하되, 필요한 경우 현장평가를 할 수 있다.
  ③ 여성가족부장관은 제1항에 따른 종합평가 결과를 교육부장관 및 지방자치단체의 장 등 관계기관에 통보하고, 여성가족부 홈페이지 또는 여성가족부장관이 지정하는 인터넷 홈페이지에 공개하여야 한다.
  ④ 제1항부터 제3항까지에서 규정한 사항 외에 수련시설의 종합평가에 관하여 필요한 사항은 여성가족부장관이 정하여 고시한다.

## 72 정답 ④
**해설**
* **합숙활동 기준**
  - 금장: 4박 5일
  - 은장과 동장은 합숙활동이 없다.

## 73 정답 ②
**해설**
자기개발, 신체단련, 봉사활동, 진로개발활동은 활동 1회당 주 1회 간격, 매회 40분 이상의 활동을 원칙으로 한다.

## 74 정답 ③
**해설**
* **청소년방과후 아카데미 운영유형**
  - 일반형: 기본지원형, 농산어촌형, 장애형, 다문화형, 탄력운영형
  - 주말형

## 75 정답 ③
**해설**
* **지방청소년활동진흥센터 사업수행(청소년활동 진흥법 제7조 제2항)**
  1. 지역 청소년활동의 요구에 관한 조사
  2. 지역 청소년 자원봉사활동의 활성화
  3. 청소년수련활동 인증제도의 지원
  4. 인증받은 청소년수련활동의 홍보와 지원
  5. 청소년활동 프로그램의 개발과 보급
  6. 청소년활동에 대한 교육과 홍보
  7. 제9조의2에 따른 숙박형등 청소년수련활동 계획에 신고에 대한 지원
  8. 제9조의4에 따른 정보공개에 대한 지원
  9. 그 밖에 청소년활동을 위하여 필요한 사업

Weport

# Winspec

## 지금, 나를 위한 '성장' 기회, 윈스펙 직무교육

현장에서의 업무 경험만으로는 성장에 한계가 있다는 것을 스스로 느끼고 있지 않으신가요? 날마다 반복되는 업무 속에서 어떻게 하면 더 전문적이고 효율적으로 일할 수 있을지 고민할 때, 바로 **윈스펙 직무교육**이 해답이 될 수 있습니다.

## 분야별 Best 인기강의

### 경영기획
1. [직장인을 위한 협상 능력 UP!] 업무 성과를 높이는 협상 전략
2. [업무능력 500% 상승!] : 노션, 먼데이, Chat GPT, 직장 내 커뮤니케이션 A to Z
3. 왕초보도 바로 따라 하는 실전 비즈니스 영어 회화!

### 마케팅 전략기획
1. 비전공자도 바로 따라하는 디지털 마케팅 : SNS, 언론 홍보
2. [초보 마케터를 위한 패키지] : 마케팅의 기초부터 브랜드&홍보 마케팅까지
3. [구글 패키지] 마케팅 업무 효율을 극대화하는 구글 도구와 SEO, GA

### 사무행정
1. [문서 작성 능력 UP! 패키지] : 왕초보도 쉽게 배우는 노션, 워드 자동화, 보고서 작성법
2. 왕초보를 위한 실무 엑셀 : 데이터 분석과 자동화
3. 왕초보도 쉬운 구글 스프레드시트 활용법 : 나만의 업무 대시보드 제작하기

### 응용SW엔지니어링
1. 비전공자도 쉽게 시작하는 C언어 기초
2. 왕초보도 할 수 있는 파이썬 프로그래밍 : 기초 개념부터 자동 매매봇 구현까지
3. 왕초보를 위한 프론트엔드 개발자 첫걸음 : 기초 코딩, 리액트, 취업 가이드까지 한 번에!

* 이 외 93개 분야, 약 370개 온라인 콘텐츠 보유

# K-디지털 기초역량훈련

「K-디지털 기초역량훈련」은 디지털 역량 부족으로 취업 또는 업무 적응에 어려움을 겪는 구직자 및 재직자를 대상으로 실무 중심의 강의를 제공합니다.

* K-디지털 기초역량훈련 과정은 유효기간에 따라 조기에 판매 종료될 수 있습니다.

### 비전공자도 쉽게 배우는 생산관리 데이터분석 실습

- 실제 현장 데이터를 활용한 실습 중심 커리큘럼
- Colab 활용 기초부터 실무 적용 수준까지 Level up

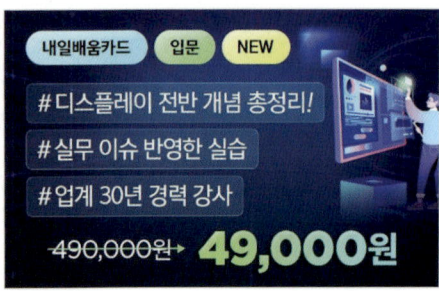

### 비전공자도 쉽게 배우는 디스플레이 제조 공정

- LCD, OLED, Micro-LED 등 최신 제조 공정과 실무 기술을 반영한 커리큘럼

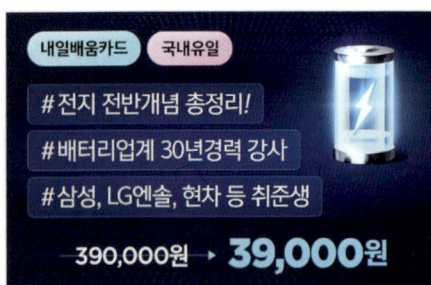

### 비전공자도 쉽게 배우는 2차전지 제조기술 과정

- 2차전지의 원리, 소재, 제조 기술까지 한 번에 배우는 실무 중심 커리큘럼